8° G 7168 sup. 1

Paris
1878

Fétis, François-Joseph

Biographie universelle des musiciens .. Supplément

Tome 1

BIOGRAPHIE

UNIVERSELLE

DES MUSICIENS

SUPPLÉMENT ET COMPLÉMENT

TOME PREMIER

TYPOGRAPHIE FIRMIN-DIDOT. — MESNIL (EURE).

BIOGRAPHIE UNIVERSELLE DES MUSICIENS

ET

BIBLIOGRAPHIE GÉNÉRALE DE LA MUSIQUE

PAR F.-J. FÉTIS

SUPPLÉMENT ET COMPLÉMENT

Publiés sous la direction de

M. ARTHUR POUGIN

TOME PREMIER

PARIS
LIBRAIRIE DE FIRMIN-DIDOT ET Cie
IMPRIMEURS DE L'INSTITUT, RUE JACOB, 56
1881
Tous droits réservés.

PRÉFACE

Il y a quarante ans que Fétis publiait la première édition de sa *Biographie universelle des Musiciens*; il y en a dix-sept qu'il commençait la publication de la seconde édition, qui constituait presque un ouvrage nouveau, tellement le travail primitif s'était agrandi, amélioré, accru de toutes façons. Chacun sait le succès qui accueillit, non-seulement en France, mais dans toute l'Europe artiste et lettrée, ce livre si nouveau, si utile, et si colossalement important. L'auteur, après avoir passé vingt-cinq années de sa vie à le faire, en avait employé vingt-cinq autres à le refaire; et je ne sais trop si l'on trouverait, dans l'histoire de l'art, beaucoup d'exemples d'un tel labeur et d'une telle persévérance, appliqués au même ouvrage.

Cependant, un travail biographique général, consacré à toute une classe d'individus, à toute une catégorie d'artistes, est fatalement destiné à devenir, avec le temps, défectueux et incomplet. L'esprit et le genre humain marchent sans cesse, l'art se poursuit et se renouvelle, des hommes et des œuvres, hier inconnus, naissent à la lumière, des artistes, les uns glorieux, les autres distingués, ceux-là simplement honorables, disparaissent au contraire de la scène du monde, des faits nouveaux se produisent, et chaque jour, en apportant son contingent à l'histoire intellectuelle de l'humanité, oblige cette histoire à se modifier et à se compléter.

Pour ne parler que de la musique, nous vivons précisément en un temps de troubles, nous traversons une période de transition qui rendent les manifestations de cet art merveilleux non pas plus importantes, plus éclatantes que dans le passé, mais plus actives parfois, plus militantes si l'on peut dire, et surtout, il faut bien le reconnaître, plus nombreuses et plus diverses qu'elles n'ont jamais été. On ne doit pas oublier, d'ailleurs, que le goût de la musique se propage chaque jour davantage et s'étend à toutes les classes de la société, qu'il crée de nouveaux besoins pour le public, et que pour satisfaire ces besoins, pour alimenter la curiosité générale, devenue plus pressante, la production doit être activée par un plus grand nombre d'artistes. Les compositeurs deviennent donc sans cesse plus nombreux, leurs travaux se multiplient d'une façon incalculable, et l'annaliste a fort à faire d'enregistrer soigneusement, au jour le jour, chaque fait nouveau qui se présente dans le domaine de l'art.

Un ouvrage tel que la *Biographie universelle des Musiciens* doit donc, pour conserver sa force et son utilité, être remis à jour périodiquement. C'est ce que les éditeurs ont pensé, et ils ont voulu, après quinze ans, livrer au public un Supplément important, qui vînt compléter cet ouvrage et le tenir au courant de tous les faits qui se sont produits depuis sa dernière édition.

Je n'ai pas été, je l'avoue, médiocrement effrayé de l'importance de la tâche qu'on me proposait lorsqu'on a bien voulu m'offrir de me charger de la rédaction de ce Supplément. Peut-être cependant étais-je mieux préparé qu'un autre à un travail de ce genre. Depuis longtemps, en effet, je m'occupais de réunir des matériaux nécessaires à un *Dictionnaire biographique général des musiciens français*, ouvrage auquel je dois renoncer aujourd'hui, mais dont les éléments ont naturellement trouvé leur emploi dans celui-ci ; d'autre part, j'avais étudié avec une attention soutenue le mouvement musical de l'Italie contemporaine, et enfin mes cartons étaient pleins de notes et de documents sur les artistes importants qui depuis vingt ans occupent l'Europe de leur personne et de leurs œuvres.

Néanmoins, je le répète, j'étais effrayé de la responsabilité qui allait peser sur moi, non-seulement à cause de l'immensité de la tâche, mais aussi en raison de la rapidité avec laquelle elle devait être accomplie. Je ne pouvais pas, on le comprend, travailler à loisir et prendre tout mon temps; il fallait me mettre à l'œuvre immédiatement, et procéder aussi vite que possible, afin que le Supplément qu'on me demandait fût bien à jour, et que le commencement n'ait pas trop vieilli lorsque viendrait la fin.

C'est alors que j'eus l'idée, afin de presser le travail et de le rendre à la fois plus complet, de m'adresser à quelques amis, à quelques confrères de France et de l'étranger, et de les prier de m'aider dans la mesure de leurs moyens, selon la spécialité qui convenait le mieux à chacun. Je les remercie ici, du fond du cœur, d'avoir répondu si cordialement à mon appel, et je constate avec joie qu'aucun ne s'est dérobé à mes demandes, tous comprenant qu'il s'agissait d'une œuvre absolument honorable et qui ne pouvait que gagner au concours de tous.

C'est ainsi que, en ce qui concerne l'étranger, M. Casamorata, l'excellent président de l'Institut royal de musique de Florence, a bien voulu me fournir un certain nombre de notices fort intéressantes sur quelques musiciens italiens contemporains; que M. Joaquim de Vasconcellos, l'auteur d'un livre remarquable, *Os musicos portuguezes*, s'est chargé de tout ce qui avait trait aux artistes portugais, ses compatriotes; que M. Edouard de Hartog, un des compositeurs néerlandais les plus distingués de ce temps, m'a confié de nombreux articles sur les musiciens de son pays; que M. Félix Delhasse, un érudit aussi obligeant qu'infatigable, a consenti à se charger de beaucoup de notices relatives aux artistes belges, en même temps qu'il me fournissait des notes, des documents et des matériaux innombrables sur les artistes allemands contemporains (1). Ce

(1) Je ne saurais assez exprimer ici la reconnaissance que je dois à M. Delhasse, pour l'aide qu'il m'a apportée dans ce travail. Possesseur d'une riche bibliothèque, ayant accumulé depuis plus de quarante ans, avec la passion éclairée d'un véritable artiste, une foule de notes et de documents précieux sur tous les musiciens européens, M. Delhasse a mis libéralement tous ces trésors à ma disposition, et, non content de cette obligeance, il s'est encore astreint à relire toutes les épreuves de ce Supplément, me signalant avec une ardeur et une bonté que je ne saurais trop louer toutes les erreurs, les omissions et les lacunes que son intelligente expérience lui faisait découvrir.

n'est pas tout, et je dois signaler aussi le respectable docteur Abramo Basevi, de Florence, mes excellents confrères MM. Filippo Filippi, de Milan, et Carlo Caputo, de Naples, M. Édouard Gregoir, d'Anvers, enfin M. Peña y Goni, de Madrid, qui ont bien voulu, sinon me rédiger des notices, du moins me communiquer sur les artistes de leurs pays respectifs des notes et des renseignements pleins d'intérêt et d'utilité.

Pour ce qui est de la France, il me faut remercier aussi les écrivains et les érudits qui m'ont prêté si obligeamment leur concours : M. Weckerlin, à qui je dois surtout d'intéressants documents sur quelques anciens musiciens; M. Gustave Bertrand, qui, connaissant parfaitement les compositeurs russes contemporains, a signé d'excellentes notices sur quelques-uns d'entre eux; M. Jules Gallay a fait de même pour quelques luthiers, la matière lui étant particulièrement connue; enfin MM. J. de Filippi, Adolphe Jullien, Er. Thoinan, se sont occupés de certains artistes dont la vie leur était familière. Ne voulant pas oublier les musiciens français qui vivent loin de Paris et n'en sont pas moins méritants, je me suis adressé à quelques confrères de province; ils ont de la façon la plus courtoise, répondu à mon appel : M. Alexis Rostand s'est chargé de tout ce qui avait trait à Marseille et au sud-est de la France; M. Anatole Loquin de tout ce qui concernait Bordeaux et le sud-ouest; M. Jules Carlez de ce qui touchait la Normandie.....(1).

Ce Supplément est aussi un complément, comme l'indique son titre. C'est-à-dire que je n'ai pas voulu me borner seulement à retracer les faits qui se sont produits, à mentionner les artistes nouveaux qui se sont fait connaître depuis la publication de la *Biographie universelle des musiciens;* mais que, faisant un retour sur le passé, j'ai non-seulement corrigé un certain nombre des erreurs inséparables d'un ouvrage de ce genre, mais encore augmenté

(1) Je dois ici des remerciments particuliers à la direction du secrétariat du Conservatoire de Paris, qui a mis à ma disposition, de la façon la plus obligeante, les registres de cet établissement, et qui m'a prodigué, sur une foule d'artistes français, les renseignements les plus abondants et les plus précis. Je ne saurais trop lui en exprimer ma gratitude.

PRÉFACE.

cet ouvrage de notices sur des artistes intéressants qui n'y avaient pas été mentionnés, et complété des notices que l'absence de documents positifs avait laissées forcément insuffisantes. On verra d'ailleurs que toutes les fois que j'ai rencontré une œuvre, une date, un fait nouveau sur tel ou tel artiste, je me suis fait un devoir de les produire et de compléter ainsi les renseignements existants.

Un certain nombre de vides qui avaient été signalés dans la *Biographie* se trouvent donc comblés, au moins en partie, dans le présent Supplément, où des artistes méritants ont aujourd'hui leur histoire. On remarquera, entre autres, pour l'ancien personnel de l'Opéra, les noms d'Albert, Marie Aubry, Marie Brigogne, Mlle Chevalier, Chopelet, Mlle Coupé, Cuvillier, Mlle Desmâtins, Mlle Duplant, Mlle Durancy, Gélin, Mme Grassari, Hardouin, Mlle Jawureck, Rosalie Levasseur, Mlle Rousselois, Mlle Saint-Christophe, Tribou; pour les anciens artistes de la Comédie-Italienne et de l'Opéra-Comique, Mlle Billioni, M Carline, Mme Crétu, Darboville, Dozainville, Féréol, Mme Laruette, Mme Lemonnier, Mlle Lescot, Moreau-Sainti, Mme Moulinghem, Nainville, Narbonne; puis, pour les organistes, Carlos Baguer, le P. Bréll, Cabo, Casanovas, le P. Coelho, Cuéllar y Altarriba, Desmazures, Ferrer, les frères Miroir; pour les clavecinistes, deux membres inconnus de la famille Couperin, Duflitz, Lindeman, Thomelin; pour les violonistes, les Dumanoir, Imbault, Pérignon; pour les violoncellistes, Norblin; pour les luthistes, Ballard, Falco; pour les luthiers et facteurs d'instruments, la famille Banks, John et Edward Betts, les Calido, Carest, Davrainville, Dodd, Ducroquet, Fendt, Ferry, les Forster, Gand, Harris, les Henry, D'laine, Lafleur, Montal; pour les éditeurs de musique, Breitkopf et Hærtel, Ricordi, etc. etc.

Parmi les nombreux ouvrages que j'ai consultés, je citerai particulièrement les suivants : pour ceux publiés en France, *les Musiciens polonais et slaves*, de M. Albert Sowinski; l'*Histoire du Conservatoire de musique et de déclamation*, de Lassabathie; les *Essais sur la musique*, de Laborde; le *Parnasse françois*, de Titon du Tillet; l'*État de la France*; le *Journal de Jean Hérouard*; le *Siècle littéraire de Louis XV*, de Daquin; la *Revue des maîtres de chapelle et Musiciens de la métropole de Rouen*, de l'abbé Langlois; *les Musiciens bourguignons*, de M. Charles Poisot; les *Notes sur quelques musiciens dans la Brie*, de M. Th. Lhuillier; l'*Histoire des artistes du département du Gard*, de M. Michel Nicolas; les *Feseurs et les Joueurs d'instruments*, de M. Vidal; le *Puy de Musique érigé à Évreux*, de MM. Bonnin et Chassant; *les Contemporains de Molière*, de M. Victor Fournel; les *Tablettes de renommée des Musiciens* (1785); l'*Art harmonique*, d'Éd. de Coussemaker; le *Dictionnaire des artistes*, de Charles Gabet; le *Guide-manuel de l'orphéoniste*, de M. Poirson; le *Catalogue de la bibliothèque musicale du théâtre de l'Opéra*, de M. Théodore de Lajarte; le *Mémorial du Théâtre-Lyrique* et l'*Histoire des Bouffes-Parisiens*, de M. Albert de Lasalle; *De la littérature musicale en France*, de M. Arthur Pougin; l'*Almanach de la musique*, par «un Musicien»; l'*Annuaire des artistes français*, de Guyot de Fère; le *Dictionnaire critique de biographie et d'histoire*, de Jal; le *Grand Dictionnaire universel du XIXᵉ siècle*, de Larousse; le *Dictionnaire des contemporains*, de M. Vapereau; le *Dictionnaire général de biographie française et étrangère*, de M. Adolphe Bitard; la *Biographie portative et universelle des Contemporains*......

En ce qui concerne les ouvrages français publiés à l'étranger, je mentionnerai : l'*Histoire des sociétés chorales de Belgique*, de M. Thys; la *Musique aux Pays-Bas*, de M. Vander Straeten; l'*Aperçu sur l'ancienne corporation des Musiciens instrumentistes d'Anvers* et les *Recherches sur les facteurs de clavecins et les luthiers d'Anvers*, de M. Léon de Burbure; la *Biographie des artistes musiciens belges* et les *Musiciens néerlandais*, de M. Édouard Gregoir; le *Panthéon musical* et les *Documents historiques relatifs à l'art musical et aux artistes musiciens*, du même auteur; les *Maîtres de chant et organistes de Saint-Donatien et de Saint-Sauveur à Bruges*, de M. Van de Casteele; *Cinquante ans de souvenirs*, d'A. de Peellaert; le *Manuel-annuaire des musiciens de la ville de Liège*; l'*Almanach de la comédie française établie à Bruxelles*; les *Tablettes du musicien*; l'*Annuaire dramatique* belge; la *Musique en Suisse*, de M. George Becker; l'*Orgue du Palais de l'Industrie d'Amsterdam*, de M. Philbert.

Pour l'Italie, j'ai eu recours aux écrits suivants : *Dizionario biografico*, de Francesco Regli; *Cenno storico sulla scuola musicale di Napoli*, de M. Francesco Florimo; *Serie cronologica de' principi* dell' Accademia de' Filarmonici di Bologna; Atti dell' Accademia del R. Istituto musicale di Firenze; Storia del violino in Piemonte, de Francesco Regli; gli Artisti da teatro, de M. A. Ghislanzoni; Biografie di scrittori e artisti musicali, bergamaschi naviti od oriundi, de G. S. Mayr; Cenni storici dell'insegnamento della musica in Lucca e de più notabili maestri compositori che vi hanno fiorito, par M. Agostino Cerù; Memorie risguardanti la storia dell' arte musicale in Bologna al XVI secolo, par M. Gaetano Gaspari (dans les Atti e Memorie della R. deputazione di storia patria per le provincie di Romagna); Cenni storici sul R. Conservatorio di musica in Milano (de M. Lodovico Melzi); Teatro alla Scala, cronologia di tutti gli spettacoli, par M. Luigi Romani; Rappresentazioni date nei reali teatri di Milano, 1778-1873, par M. Pompeo Cambiasi; Teatro Carlo Felice (de Gênes), relazione storico-esplicativa, par M. Cesare da Prato; Cronistoria dei teatri di Modena, par Alessandro Gandini; Dell' arte e del teatro di Padova, par M. C. Leoni; Annuario generale della musica, par M. Carlo Caputo; Annuario musicale universale, par M. Giovanni Paloschi.

On sait que l'Allemagne est, plus que tout autre pays, fertile en bons et solides ouvrages sur la musique et les musiciens. J'ai surtout consulté les publications générales importantes qui y ont été faites dans ces dernières années : le *Musikalisches-Conversations-Lexicon* d'Hermann Mendel, qu'une mort prématurée a empêché cet artiste distingué de mener à terme, mais qui s'achève rapidement sous la nouvelle direction de M. Reissmann; le *Tonkunstler-Lexicon*, de Ledebur; le *Theater-Lexicon*, de Blum; enfin, le petit manuel encyclopédique et biographique de Julius Schuberth, *Kleines musikalisches Conversations-Lexicon*.

En ce qui concerne l'Espagne, qui, à l'encontre de l'Allemagne, est le pays le moins riche de l'Europe en écrits relatifs à la musique, j'ai pu cependant puiser de bons renseignements dans le *Diccionario biografico-bibliografico de efemérides de mùsicos españoles* de M. Baltasar Saldoni, en éprouvant le regret que la publication d'un ouvrage si utile n'ait pu être continuée, et dans un opuscule substantiel du même auteur, *Reseña historica de la escolania o colegio di musica de la virgen de Montserrat*; l'*Almanaque mu-*

sical, de M. Obiols (1868), l'*Almanaque musical y de teatros* (1868), et le *Calendario historico musical*, de M. Soriano Fuertes (1873), m'ont fourni aussi quelques détails sur les compositeurs espagnols contemporains ; je ne citerai guère que pour mémoire le *Diccionario tecnico, historico y biografico de la Musica*, de M. José Parada y Barreto, et les *Biografias de los musicos mas distinguidos de todos los paises*, de M. Fargas y Soler, qui sont des ouvrages de seconde main et dans lesquels on trouverait difficilement un seul renseignement nouveau, un seul fait intéressant.

Il va sans dire que je n'ai pas négligé les monographies spéciales ou les publications intéressantes dont tant de grands artistes ont été l'objet, depuis quinze ans, en France, en Allemagne ou en Italie ; j'y ai trouvé souvent les éléments de rectifications importantes ou d'utiles et nouveaux renseignements, comme on pourra s'en convaincre aux noms d'Adam (Adolphe), Adam de la Halle, Auber, Beethoven, Bellini, Boieldieu, Cherubini, Donizetti, Gluck, Mendelssohn, Pacini, Rossini, Schubert, Verdi, Weber, etc. Les journaux de musique des grandes villes de l'Europe m'ont été aussi fort utiles, et parmi eux je citerai surtout la *Revue et Gazette musicale de Paris*, le *Ménestrel*, le *Guide musical* de Bruxelles, la *Gazzetta musicale* de Milan, la *España musical*, le *Musical World*, le *Musical Standard*, l'*Echo* de Berlin, les *Signale* et le *Musikalisches Wochenblatt* de Leipzig, la *Neue Berliner Musikzeitung*, le *Musik-Theater und Literatur-Journal* de Vienne, *Cæcilia* et la *Hollande musicale* de La Haye. Enfin, j'ai mis aussi à contribution, cela va de soi, les catalogues des grandes maisons de publications musicales de l'Europe : Breitkopf et Hærtel, Ricordi, Lucca, Brandus, Lemoine, Heugel, Flaxland, etc., ainsi que ceux des grandes bibliothèques musicales particulières qui ont été vendues dans ces dernières années, celles de Fétis, d'E. de Coussemaker, d'Adrien de la Fage, de Farrenc, et autres. J'ai trouvé dans ces diverses publications la trace de nombreuses œuvres musicales et d'écrits spéciaux que je ne connaissais pas, et qui n'étaient point mentionnés dans la *Biographie universelle des Musiciens*.

On se fera une idée du travail que je me suis imposé, en considérant que le Supplément que je présente à cet ouvrage ne comprend guère moins de cinq mille noms; cet ensemble formidable me donne la presque assurance que je n'ai pu oublier qu'un bien petit nombre d'artistes parmi ceux qui avaient droit à figurer dans une publication de ce genre. Les jeunes écoles musicales française, italienne et allemande y sont, j'en ai l'espoir, représentées de la façon la plus complète, et je crois pouvoir dire que parmi ceux qui les composent, il en est beaucoup sur la vie desquels le public ne connaissait rien jusqu'ici et dont la carrière lui est retracée pour la première fois. Au nombre des artistes qui se sont ainsi mis en relief depuis un certain temps, il me suffira de citer, pour la France, M⁰ᵉ de Grandval, MM. Georges Bizet, Léo Delibes, Théodore Dubois, Alexandre Guilmant, Ernest Guiraud, Joncières, Charles Lecocq, Lenepveu, J. Massenet, Salvayre; pour l'Italie, MM. Auteri-Manzocchi, Arrigo Boito, Gobati, Gomez, Filippo Marchetti, Ponchielli; pour l'Allemagne, MM. Abert, Max Bruch, Ignace Brüll, Hermann Gœtz, Édouard Grieg, Heinrich Hofmann, Jensen, etc. Si je joins à ces noms ceux de MM. Hamerick et Svendsen pour la Suède, Cui, Davidoff et Tchaïkowski pour la Russie, Pierre Benoit et Brassin pour la Belgique, Gernsheim et Richard Hol pour les Pays-Bas, Barbieri, Hernando et Obiols pour l'Espagne, Holmes, Brinley-Richards et Arthur Sullivan pour l'Angleterre, Lysberg pour la Suisse, on verra que j'ai fait en sorte de n'oublier aucun pays, et que j'ai tâché de faire à chacun la part qui lui est due.

Pourtant je dois déclarer que, malgré mes soins, malgré mes recherches minutieuses, malgré mon désir de ne laisser rien échapper, je ne me crois nullement à l'abri d'erreurs ou d'omissions involontaires. La perfection n'est pas de ce monde, et dans un ouvrage tel que celui-ci, où la matière est à la fois si éparse et si abondante, on ne peut, en dépit de tous les efforts, parvenir qu'à être le moins inexact et le moins incomplet possible. Fétis, qui s'y connaissait, le savait bien, et il l'a prouvé dans une lettre intéressante, que je vais reproduire ici, et qu'il adressait il y a douze ans à M. Weckerlin, l'excellent bibliothécaire actuel du Conservatoire de Paris, en réponse à tout un envoi de renseignements que celui-ci lui avait fait.

Voici cette lettre :

« Bruxelles, le 16 juillet 1865.

« Mon cher monsieur,

« Je saisis l'occasion d'un moment de repos pour répondre à votre lettre de dimanche dernier et vous remercier du cadeau que vous m'avez fait de vos *Poëmes de la mer*. Je n'ai guère l'espoir de les lire avant la fin des concours du Conservatoire ; mais lorsque le temps des vacances sera venu, ce sera une de mes premières occupations.

« Je vous remercie aussi des renseignements bibliographiques qui remplissent la plus grande partie de votre lettre. Je connais depuis environ 50 ans les volumes de la bibliothèque Impériale dont vous avez bien voulu me donner l'indication, et j'en ai pris des notes avec tous les premiers mots des chansons et des auteurs ; mais d'une part, on ne sait rien sur les personnes de ceux-ci, et de l'autre, tout cela est de si peu de valeur, que j'ai un peu de regret d'être obligé de garder le silence à leur égard. J'ai dépensé récemment quelques milliers de francs pour l'acquisition de la plus considérable collection de chansons en musique qui, je crois, a jamais été rassemblée, mais j'aurais pu mieux employer mon argent. Par-ci par-là, je trouve certaines pièces qui ont le mérite d'un sentiment naïf ; mais, en général, tout cela est vulgaire et assez mal écrit.

« Pour quelques noms de valeur qu'on trouve dans ces rarissimes recueils d'Attaignant, de Jacques Moderne, de Nicolas Du Chemin, d'Adrian Le Roy, des deux Phalèse, de Jean Bellère et des Ballard, il y a des centaines de noms obscurs et très-dignes de l'être.

« Les personnes qui prennent la peine de signaler certaines omissions, assez indifférentes, de la *Biographie universelle des Musiciens*, ignorent qu'il existe environ 1,500 compositeurs allemands dont le plus grand nombre ont un mérite réel, et qui néanmoins ne sont pas mentionnés dans les biographies musicales publiées dans leur pays. J'ai dû souvent faire de grands efforts pour les tirer de l'oubli. Tout ce qui a été publié en Italie sur les musiciens de ce pays fourmille d'erreurs et d'inexactitudes que j'ai éclaircies et corrigées. Les musiciens belges des XIVe et XVIe siècles représentent toute l'histoire de la musique de ces époques ; or, on ne les connaît que par leurs œuvres, ou plutôt par leurs noms ; c'est la *Biographie universelle des Musiciens* qui, pour la première fois, donne sur eux des renseignements complets et fait connaître leur énorme influence dans toute l'Europe. En Espagne,

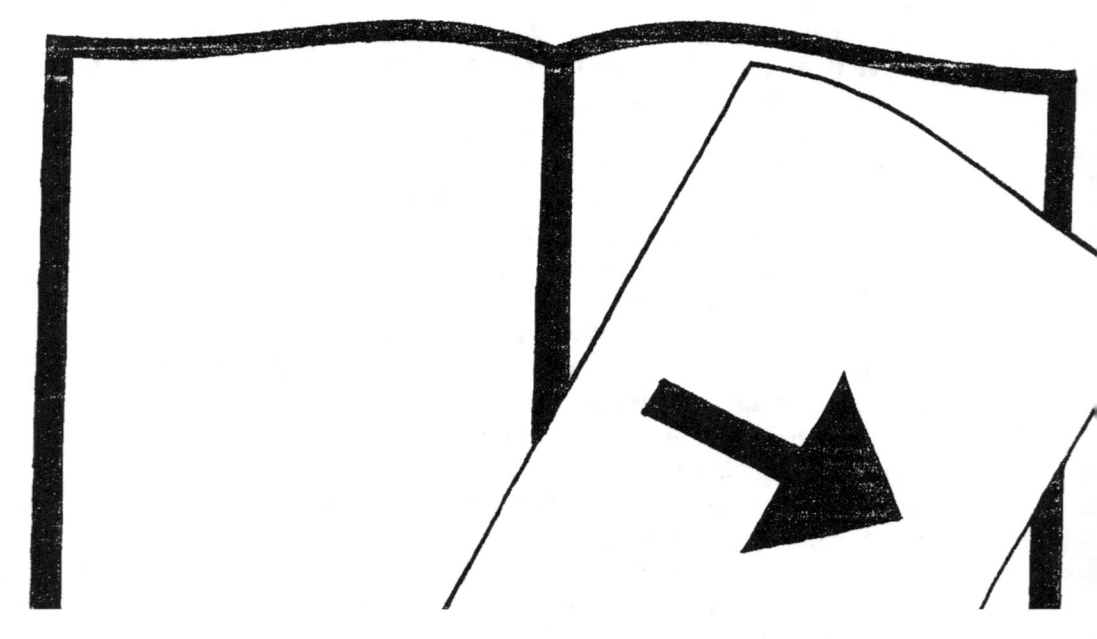

observations ne seront pas perdues, que j'en tiendrai compte par la suite, et que grâce à eux je ne cesserai d'améliorer une œuvre que je considère comme indispensable à quelques-uns, et utile à tous.

Un dernier mot, et je termine. — Ce livre a été fait avec la plus entière bonne foi, et j'ai tâché que la passion en fût absolument exclue; mon plus vif désir est qu'il soit apprécié de bonne foi et sans passion.

Arthur Pougin.

SIGNATURES DES AUTEURS

DU PREMIER VOLUME.

MM.

A. L — N................	Loquin (Anatole).
Ad. J — n................	Jullien (Adolphe).
Al. R — d................	Rostand (Alexis).
Ed. de H................	Hartog (Édouard de)
Er. T....................	Thoinan (Ernest).
F. D.....................	Delhasse (Félix).
G. B.....................	Bertrand (Gustave).
J.-B. W..................	Weckerlin (J.-B.).
J. C — z.................	Carlez (Jules).
J. D. F..................	Filippi (J. de).
J. de V..................	Vasconcellos (Joaquim de).
J. G.....................	Gallay (Jules).
L.-F. C..................	Casamorata (L.-F.).
Y........................	Anonyme.

Tous les articles non signés sont de M. Arthur Pougin.

Tous les noms précédés d'un astérisque sont ceux que l'on trouve dans la *Biographie universelle des Musiciens*, et dont les notices ont été rectifiées, corrigées ou complétées. Les notices qui ne sont accompagnées d'aucun signe sont entièrement nouvelles.

BIOGRAPHIE UNIVERSELLE DES MUSICIENS

SUPPLÉMENT

A

ABADIE (Louis), compositeur de musique légère, s'est fait connaître par une innombrable quantité de chansons et de romances dont quelques-unes obtinrent, dans les années qui suivirent 1848, de véritables succès de popularité. On peut citer surtout *les Feuilles mortes*, *la Fille à Jérôme*, *les plus Beaux Yeux de Castille*, *l'Amoureux de Pontoise*, *D'où viens-tu, beau nuage?* etc., etc. Malgré la vogue de quelques-unes de ces productions, Abadie, qui chercha inutilement et pendant longtemps à se produire au théâtre, finit par tomber dans la misère et mourut à l'hôpital, vers 1860, laissant trois enfants orphelins. Sept années après sa mort, le 11 mai 1867, on représentait au théâtre des Folies-Saint-Germain *le Danseur de corde*, opéra-comique en deux actes dont il avait écrit la musique, qui fut retouchée et orchestrée par M. de Villebichot.

ABBADIA (Luigia), chanteuse fort remarquable, née à Gênes en 1821, reçut d'abord des leçons de son père, qui était maître de chapelle, et d'un violoniste nommé Bianchi. Elle était à peine âgée de quinze ans lorsqu'elle débuta d'une façon très-heureuse à Sassari; elle se rendit ensuite à Mantoue, où son succès fut complet, et c'est alors qu'elle fut engagée par l'*impresario* Merelli, qui en peu de temps la produisait dans un grand nombre de villes : Novare, Brescia, Monza, Bologne, Turin, Vienne, Milan, Padoue, Trieste, Plaisance, etc., où elle excita l'enthousiasme et fut l'objet d'ovations multipliées. Certains ouvrages lui étaient particulièrement favorables, tels que *Corrado d'Altamura*, *la Regina di Golconda*, *il Tem-* *plario*, mais c'est surtout la *Saffo* de Pacini qui lui valut ses plus éclatants triomphes, non-seulement comme chanteuse, mais comme tragédienne. Douée par la nature d'une voix de *mezzo-soprano* étendue, sympathique, puissante, elle en doublait les effets par l'art avec lequel elle la conduisait et par la grandeur de son sentiment dramatique. Un goût parfait, une âme expansive, une ardeur brûlante, un rare enthousiasme, avec cela des élans d'inspiration soudains et imprévus, telles étaient les qualités nombreuses et peu communes qui faisaient de cette cantatrice remarquable une artiste exceptionnelle et de premier ordre. Elle concourut puissamment au succès de *Maria Padilla*, que Donizetti écrivit expressément pour elle, elle était sublime dans *la Vestale*, de Mercadante, et elle trouvait, au dernier acte de l'*Ernani* de Verdi, des accents d'une puissance incomparable. Ceux qui ont entendu une fois la vibration de ses notes inspirées, a dit un biographe, ne sauraient jamais l'oublier. Vers 1859, cette grande artiste se rendit en Allemagne et se fit entendre à Hambourg et à Berlin, où ses succès ne furent pas moins grands que dans sa patrie. J'ignore ce qu'elle est devenue depuis lors.

ABEL (Clamer-Heinrich), musicien de la chambre du duc George-Guillaume de Hanovre et d'Ernest-Auguste de Brunswick. Cet artiste, d'origine hessoise, a vécu dans la seconde moitié du dix-septième siècle. Il a publié un recueil de pièces instrumentales : allemandes, courantes, etc., sous ce titre : *Erstling musikalischer Blumen* (*Premières fleurs musicales*).

Y.

ABELA (Don Placido). Le chevalier Caïetan Abela, issu d'une illustre famille sicilienne originaire d'Espagne, colonel de cuirassiers au service de la République française, étant à Naples en 1814, eut un enfant qu'il appela Joseph-Hilarion. Le chevalier Abela, envoyé en Sicile contre les soldats des Bourbons, laissa son fils à Naples chez les parents de son épouse, morte peu après la naissance de l'enfant. — Celui-ci montrant beaucoup de dispositions pour la musique, on l'envoya étudier le solfége comme externe au collége de musique, dans le ci-devant couvent des Jésuites de *San-Sebastiano*, à Naples. Lors de la translation du collége de *San-Sebastiano* à *San-Pietro a Majella*, le jeune Abela continua d'y étudier la musique, avec Pietro Casella. Mais, en décembre 1820, son père, qui lors de l'insurrection de la Sicile avait commandé les guérillas des insurgés siciliens et, abandonné par les siens, était tombé entre les mains des soldats des Bourbons, ayant été condamné à mort et exécuté, le jeune Abela, âgé alors de treize ans, fut mis par le roi de Naples François 1ᵉʳ dans le collége royal de Maddaloni, où il étudia le piano sous un vieux prêtre, ancien élève du collége de *San-Onofrio* à Naples. A l'âge de seize ans il obtint du roi la permission de se faire religieux dans l'ordre de Saint-Benoît, au couvent de Monte-Cassino, où il reçut le prénom de *Placido*, sous lequel on le connaît à présent, et où il fit en 1835 sa profession religieuse. Il devint peu après organiste de l'église de Monte-Cassino, et commença à étudier de son mieux la composition par lui-même. En 1851, J.-B. de Vecchis, bon maître napolitain, ayant été appelé à Monte-Cassino pour enseigner la musique aux séminaristes et aux collégiens, Abela eut de lui quelques leçons de contre-point; mais le soudain départ de de Vecchis vint interrompre le cours de ses études, qu'il lui fallut continuer par lui-même à l'aide de livres, jusqu'à ce que Philippe Ercolani, élève de Zingarelli, s'étant établi pour quelque temps à San-Germano, au pied du mont sur lequel est bâti Monte-Cassino, Abela put recevoir quelques leçons même de ce maître. — Nonobstant l'irrégularité de ses études, le père Abela, à présent Prieur Cassinois (*Priore Cassines*), aidé de sa bonne volonté et de ses dispositions naturelles pour la musique, devint bon harmoniste et contrepointiste, et il y a plusieurs morceaux de musique sacrée de sa composition qui sont très-dignes d'attention. La plus grande partie de ses œuvres, soit à voix seules, soit avec accompagnement d'orgue, a été publiée à Naples par Girard et Cⁱᵉ. L. F. C.

ABERT (J.-J.), compositeur de symphonies et d'opéras, est né en 1832 à Kachowitz, en Bohême. Grâce à sa jolie voix de soprano, Abert dut la faveur d'être admis au nombre des enfants de chœur de l'église hospitalière de sa ville natale, où il reçut sa première éducation et apprit les éléments de la musique. Il avait huit ans à peine lorsque le prieur des Augustins, frappé de ses heureuses dispositions, le prit sous sa protection et l'emmena, du consentement de ses parents, dans son couvent, où il lui fit donner une instruction littéraire et musicale aussi complète que le comportait le savoir des bons pères Augustins. Les progrès d'Abert furent rapides, et ses connaissances musicales furent bientôt assez étendues pour qu'on pût lui confier la direction de la chapelle du couvent. Il en profita pour faire exécuter les pièces religieuses qu'il composait dès cette époque, et pour passer en revue tous les morceaux de maîtres que renfermait la bibliothèque de la maîtrise.

Cependant, Abert touchait à sa quinzième année, et son esprit d'indépendance ne tardait pas à s'éveiller, en même temps qu'il sentait grandir son désir d'étendre le cercle de ses études. Un beau jour il prit la poudre d'escampette, sauta par-dessus les murs de sa prison et courut se réfugier chez un de ses oncles qui habitait Prague. En dépit de son escapade d'écolier, Abert fut reçu à bras ouverts, et grâce à la protection de son oncle il ne tarda pas à entrer au Conservatoire de Prague, dont il devint en peu de temps un des plus brillants élèves. Après trois ans d'études assidues, son éducation était assez complète pour qu'il pût faire exécuter, par ses camarades, deux ouvertures de sa composition et une grande symphonie qui lui valut les suffrages du maître de chapelle P. Lindpaintner. C'est par la protection de cet artiste qu'Abert entra en 1852 au service du roi de Würtemberg, en qualité de contre-bassiste. Il occupa ce poste modeste jusqu'en 1867, travaillant sans relâche et profitant de tous les loisirs que lui laissaient ses fonctions, pour se livrer à la composition. C'est ainsi qu'il produisit successivement sa *Symphonie en ut mineur*, exécutée pour la première fois à la Redoute de Stuttgardt en 1853, sa *Symphonie en la majeur*, écrite en 1856, et une quantité de quatuors et de *lieder*. C'est en 1859 seulement qu'il fit jouer au théâtre de Stuttgardt son premier opéra : *Anna von Landskron*, dont le succès très-honorable ne dépassa pourtant pas les limites de la ville qui l'avait vu naître. Son second ouvrage dramatique, *le roi Enzio*, joué en 1862, ne fut guère plus heureux, mais son poëme symphonique

Columbus, écrit en 1864, popularisa son nom dans toute l'Allemagne et le fit connaître à Paris même, lorsque M. Pasdeloup eut mis cette œuvre intéressante au programme des Concerts populaires (1). Le troisième ouvrage dramatique d'Abert, *Astorga*, représenté à Stuttgardt en 1866, bénéficia de la réputation que s'était faite son auteur, et réussit avec éclat sur les principales scènes allemandes. Il a été traduit en français par M. Victor Wilder, et publié à Paris chez les éditeurs Durand et Schœnewerk. L'année 1867 eut sur la carrière d'Abert une influence décisive. Pendant la fermeture du théâtre de Stuttgardt, une partie de la troupe se dirigea sur Bade pour y donner quelques représentations. Abert accompagna les comédiens voyageurs, et prit la direction de l'orchestre. L'habileté dont il fit preuve dans ces nouvelles fonctions lui valut la succession d'Eckert, un des meilleurs chefs d'orchestre de l'Allemagne et maître de chapelle du roi de Wurtemberg. Eckert, à la suite de quelques différends avec son directeur, ayant jugé à propos de se démettre de ses fonctions, Abert fut désigné, par l'opinion unanime des musiciens, pour le remplacer. Il troqua sans regret l'archet du contre-bassiste contre le bâton du chef d'orchestre.

Comme si toutes les bonnes fortunes devaient lui arriver à la fois, il obtint vers la même époque la main d'une opulente héritière à qui ses succès de compositeur avaient tourné la tête. Depuis ce temps, la muse d'Abert s'est endormie, et sa veine productive semble s'être épuisée. On promet cependant un nouvel ouvrage de lui : *Enzio*, qu'il ne faut pas confondre avec son deuxième ouvrage théâtral, portant à peu près le même titre. Y.

ABINGDON (Lord), amateur distingué de musique, qui vivait à Londres dans la seconde moitié du dix-huitième siècle, jouait fort bien de la flûte et composait pour cet instrument. En 1783, il fut mis à la tête d'une grande entreprise de concerts à laquelle on donna son nom, et dont le compositeur allemand Frédéric-Hermann Graf fut nommé chef d'orchestre et compositeur. Le concert Abingdon était l'un des plus fameux de toute l'Europe, tant par le grand nombre que par la supériorité des artistes qui venaient s'y faire entendre.

*ABOS (Jérôme). A la liste des ouvrages dramatiques de ce compositeur, il faut ajouter deux opéras bouffes, l'un, *le Duc Zingare*, représenté au théâtre Nuovo, de Naples, en 1742; l'autre, *la Moglie gelosa*, donné en 1745 au théâtre des Florentini, de la même ville.

ABRAHAMSON (Werner-Hans-Frédéric), écrivain esthéticien, naquit à Schleswig le 10 avril 1744. Il a composé un assez grand nombre de mélodies, dont plusieurs sont devenues populaires en Danemark; mais ce qui le recommande spécialement aux lecteurs de ce dictionnaire, c'est la belle collection de *Chansons populaires et guerrières du Danemark* (5 volumes, Copenhague, 1812-14), qu'il a publiées en collaboration avec Nyerup et Rahbek. Abrahamson est mort avant l'achèvement de ce petit monument national, le 22 septembre 1812. Y.

*ABT (François). C'est le Paul Henrion de l'Allemagne. Destiné par ses parents à l'état ecclésiastique, il fréquenta pendant quelque temps la Thomas-Schule de Leipzick. C'est là qu'il trouva l'occasion d'achever son éducation musicale. Après quelques années de séjour à Zurich et à Brunswick, il fit, en 1872, une tournée musicale en Amérique, d'où il revint chargé de dollars. Abt, revenu au pays natal, continue de se livrer à la production non interrompue de *lieder* et de chœurs qui ont popularisé son nom. On a publié de lui à Paris un recueil de quarante mélodies, avec paroles françaises, chez Durand et Schœnewerk. Y.

ACEVES (........), compositeur dramatique espagnol de l'époque actuelle, s'est fait connaître par la représentation de plusieurs *sarzuelas* qui ont été très-bien accueillies du public, et qui l'ont mis au rang des bons auteurs en ce genre. Je ne connais que les suivantes : 1° *Dos comicos de provincia*; 2° *Sensitiva*, deux actes; 3° *el Manco de Lepanto*, épisode historique en un acte écrit pour l'anniversaire de la mort de Michel Cervantes, Madrid, th. du Cirque, 23 avril 1867; 4° *la Bola negra*, un acte, 1872 ou 1873; 5° *el Testamento azul*, trois actes (en société avec MM. Barbieri et Oudrid), th. du Buen-Retiro, 20 juillet 1874.

ACHARD (Léon), chanteur distingué, fils

---

(1) La symphonie de *Columbus* faillit coûter la vie à son auteur, dans les circonstances suivantes. On venait de l'exécuter à Stuttgardt, où elle lui avait fait décerner un véritable triomphe. Presque aussitôt invité à se rendre à Lœwenberg pour en diriger une exécution à la chapelle du prince, il se mit en route; mais, arrivé à une lieue environ de Lœwenberg, le cheval attelé à son traîneau (c'était au mois de février 1864) prit le mors aux dents et entama une course folle. Le traîneau fut bientôt renversé, et l'artiste, qui avait été singulièrement maltraité par les premiers écarts du cheval, resta évanoui sur la route, par un froid âpre et rigoureux. Un voyageur, l'ayant trouvé en cet état une heure après, s'empressa de le faire conduire à Lœwenberg, où les soins d'un médecin fin rent par le rappeler à la vie. Mais ce n'est qu'au bout de quelques semaines que le compositeur fut remis de cet accident. — A. P.

d'un comédien qui se fit une grande réputation au théâtre du Palais-Royal, avec Mlle Déjazet, est né à Lyon le 16 février 1831. Après avoir appris de bonne heure les premiers éléments de la musique, M. Achard fit ses études littéraires au collége Henri IV, où il eut pour condisciple M. Victorien Sardou, puis suivit les cours de l'École de droit, et se fit recevoir licencié en 1852. Il entra alors dans une étude d'avoué, et en même temps devint élève de Bordogni au Conservatoire. Ayant obtenu, dans cet établissement, un second accessit d'opéra-comique en 1853 et le premier prix en 1854, il fut engagé aussitôt au Théâtre-Lyrique, et débuta à ce théâtre, le 9 octobre, dans un opéra de M. Gevaert, *le Billet de Marguerite*, qui servait aussi de début à Mme Deligne-Lauters, devenue depuis Mme Gueymard. Fort bien accueilli par le public, M. Achard, dont la jolie voix de ténor était fraîche et pleine de charme, et chez qui l'on entrevoyait déjà les qualités d'un bon comédien, fit successivement plusieurs créations, dans *les Charmeurs*, de M. Poise, *le Muletier de Tolède*, d'Adam, *les Compagnons de la Marjolaine*, de M. Hignard, *l'Habit de noces*, de Paul Cuzent, et joua aussi plusieurs ouvrages du répertoire : *le Barbier de Séville*, *Ma Tante Aurore*, *Marie*, *la Sirène*, etc.

En 1856, la mort de son père vint éloigner momentanément M. Achard du théâtre (1). Pourtant, après un silence de quelques mois, le jeune chanteur signa un engagement avec M. Halanzier, alors directeur du Grand-Théâtre de Lyon, et alla tenir dans cette ville l'emploi des premiers ténors légers, jusqu'à l'époque où M. Perrin l'appela à l'Opéra-Comique. Il débuta à ce théâtre, le 4 octobre 1862, dans *la Dame blanche*, joua successivement *Haydée*, *le Songe d'une nuit d'été*, *le Domino noir*, *le Pré aux Clercs*, et créa des rôles importants dans *le Ca-*

---

(1) Pierre-Frédéric Achard, père du chanteur qui fait l'objet de cette notice, était à tous les points de vue un artiste fort distingué. On s'en rendra compte par ce seul fait. Fils d'un simple ouvrier tisseur en soies, Achard, qui avait d'abord suivi la profession paternelle, était ensuite devenu comédien, avait acquis fort jeune une véritable renommée en province, et venait débuter, le 10 juillet 1831, au Palais-Royal, où son succès n'était pas douteux un seul instant; mais, tandis qu'il tenait à ce théâtre l'emploi des jeunes comiques, Achard, qui était doué d'une très-jolie voix et qui sentait le besoin de savoir l'utiliser dans des rôles où le chant tenait alors une place fort importante, n'hésita pas à se faire admettre au Conservatoire, où il suivit les cours de vocalisation de Bordogni, et ceux de Nourrit pour le chant proprement dit. En 1835, il obtenait le second prix de chant, et l'année suivante il partageait le premier avec Alizard. Né à Lyon le 4 novembre 1808, Achard mourut le 14 août 1856.

---

pitaine *Henriot*, *Fior d'Aliza*, *Mignon*, et divers autres ouvrages.

En 1871, M. Achard, qui avait étudié déjà le chant italien, se rendit à Milan, reprit ces études sous la direction d'un maître habile, puis, après avoir signé un traité avec le théâtre de la Fenice, de Venise, alla passer une saison en cette ville, où il fut fort bien accueilli, et où il chanta, entre autres ouvrages, *Romeo e Giulietta* de M. Marchetti, et la traduction italienne de *Mignon*. Bientôt M. Halanzier, devenu directeur de l'Opéra, l'engagea à ce théâtre pour créer le rôle de Yorick dans *la Coupe du roi de Thulé*, l'ouvrage couronné de M. Diaz (V. ce nom). Après avoir établi ce rôle, M. Achard se montra successivement dans *les Huguenots*, où il obtint surtout du succès, dans *l'Africaine*, *Faust*, *Don Juan* et *la Favorite*. Depuis lors il est rentré à l'Opéra-Comique, où il a créé un rôle important dans un ouvrage de M. Ernest Guiraud, *Piccolino*.

M. Achard a épousé, au mois de juillet 1864, Mlle Le Poitevin, fille du peintre de ce nom. Un de ses frères, chanteur comme lui, est depuis plusieurs années directeur du Conservatoire de Dijon.

ACUNZO (Filippo), compositeur italien, est l'auteur d'une *farsa* en un acte, *il Pittore d'un morto vivo*, représentée à Trani au mois de février 1867.

*ADAM DE LA HALE ou DE LA HALLE, surnommé LE BOSSU D'ARRAS. — M. de Coussemaker a élevé un monument à la mémoire de ce trouvère fameux, qui peut être considéré comme un novateur et un artiste de génie, puisqu'il trouva une forme nouvelle de l'art, que c'est à lui qu'on doit le premier essai d'opéra comique connu (*le Jeu de Robin et de Marion*), et qu'il écrivit tout à la fois les paroles et la musique de cet ouvrage, qui, comme l'a fort bien dit l'auteur de la *Biographie universelle des Musiciens*, « aurait dû suffire pour l'immortaliser ». M. de Coussemaker, qui s'est acquis ainsi de nouveaux titres à l'estime et à l'affection de tous les amis de l'art, a entrepris et su mener à bonne terme une publication qui jusqu'ici, que je sache, n'avait point d'analogue, celle de toutes les productions, *littéraires et musicales*, du célèbre trouvère artésien : *Œuvres complètes du trouvère Adam de la Halle* (poésies et musique), *publiées sous les auspices de la Société des sciences, des lettres et des arts de Lille*, par E. de Coussemaker (Paris, Durand et Pedone-Lauriel, 1872, in-4° de LXXIV-440 pages).

Cette édition des œuvres d'Adam de la Halle,

aussi précieuse en ce qui concerne les origines de notre langue que relativement à celles de notre musique, est telle qu'on la pouvait attendre de la part d'un érudit comme M. de Coussemaker. L'éditeur a consulté tous les manuscrits connus pour contenir des productions de notre trouvère, et il a eu recours aux bibliothèques Nationale et de l'Arsenal, à Paris, à celle du Vatican, à Rome, à celles d'Arras, de Cambrai, d'Aix (Provence), de Sienne et d'Oxford. C'est ainsi qu'il a pu réunir, avec une exactitude que la collation de textes multiples rendait souvent difficile, trente-quatre chansons, dix-sept jeux-partis, seize rondeaux, cinq motets, la pièce de vers intitulée *le Congé*, le fragment de poëme qui a pour titre *le Roi de Sicile*, et enfin *le Jeu d'Adam*, *le Jeu de Robin et de Marion*, et *le Jeu du Pèlerin* (1). Les chansons, jeux-partis, rondeaux et motets sont reproduits non-seulement avec la musique, mais avec une traduction en notation moderne, et il en est de même pour la pièce inappréciable de ce recueil, *le Jeu de Robin et de Marion*. J'avais donc raison de dire que c'est là, à une distance de six siècles, un véritable monument élevé à la mémoire d'Adam de la Halle.

M. de Coussemaker a accompagné son édition d'une esquisse biographique sur Adam, d'une description sommaire des manuscrits dans lesquels on retrouve quelques-unes de ses œuvres, d'une indication des éditions partielles qui ont été faites de celles-ci, enfin d'une étude critique de ses mélodies et de ses compositions harmoniques.
« En examinant, dit M. de Coussemaker, les poésies chantées des trouvères, il est indispensable de tenir compte de l'élément musical qui, avec toute évidence, y exerçait une influence déterminée. Les œuvres d'Adam de la Halle surtout doivent être étudiées à ce point de vue, car le trouvère artésien était à la fois poète et musicien ; musicien mélodiste et harmoniste. Il est même à remarquer qu'il a donné à l'harmonie une certaine impulsion ; ce qui semble témoigner qu'il a dû faire, soit au monastère de Vaucelles, soit à l'Université de Paris, des études musicales complètes et sérieuses... Ses rondeaux et ses motets présentent un véritable intérêt historique pour l'art. Le trouvère d'Arras l'emporte souvent sur ses contemporains par la manière facile et chantante dont les parties sont agencées entre elles. Mais en quoi il est supérieur, c'est dans les compositions mélodiques ; quelques-unes offrent une originalité, une grâce, une naïveté et une fraîcheur telles, qu'elles sont devenues populaires et se chantent encore aujourd'hui, sans qu'on se doute de leur origine. »

Plus loin, l'éditeur caractérise plus profondément le génie musical (je crois que le mot n'a rien d'exagéré) d'Adam de la Halle, et donne les raisons de la double tendance qui se remarque dans ses œuvres : « Adam de la Halle doit être considéré comme un des musiciens les plus distingués du treizième siècle. Son mérite est pour le moins égal à celui des meilleurs déchanteurs de cette époque ; il est incontestablement supérieur à celui des autres trouvères. Ses productions musicales peuvent se diviser en deux classes : les unes mélodiques, les autres harmoniques. A la première appartiennent ses chansons, ses jeux-partis et les airs dont il a orné *le Jeu de Robin et de Marion* ; dans la seconde se rangent ses rondeaux et ses motets. Quand on examine les diverses mélodies d'Adam, qu'on les analyse et les compare entre elles, on remarque une différence sensible entre celles des chansons et des jeux-partis et celles du *Jeu de Robin et de Marion*. Celles-ci sont naturelles, faciles, chantantes ; les autres, au contraire, sont souvent maniérées, d'une forme difficile à retenir. Cette différence provient de ce que les mélodies du *Jeu de Robin et de Marion* sont le résultat de l'inspiration spontanée, ce qui leur donne un caractère tout à fait populaire, tandis que les autres sont des compositions artistiques, c'est-à-dire soumises à des règles de convention. Dans les premières, le musicien pouvait donner libre carrière à son imagination ; l'inflexion tonale et le rhythme étaient abandonnés à sa spontanéité. Nulle contrainte, nulle obligation de se renfermer dans un cadre convenu ; liberté pleine et entière dans le mouvement, dans les allures ; de là le naturel, la facilité qu'on remarque dans la tournure mélodique de ces airs ; de là aussi la popularité dont ils ont joui immédiatement et longtemps après. Mais cette popularité tenait encore à une autre cause ; elle tenait à leur tonalité. Pour bien comprendre ce fait particulier et essentiel, il est nécessaire de remarquer que la musique religieuse était, à cette époque, la seule dont les bases fussent réglées par une théorie, par des principes de tonalité ; c'était la musique artistique. La tonalité diatonique fixée par saint Grégoire et adoptée par ses successeurs était la tonalité officielle, si l'on peut s'exprimer ainsi. Mais, à côté de cette tonalité calme, majestueuse, si bien appropriée aux chants chrétiens, il en existait une autre dont les allures et les inflexions s'adaptaient mieux aux passions mondaines, à la fougue populaire. Cette dernière est fort ancienne et son origine semble être septentrionale... C'es

---

(1) Il n'est pas inutile de faire remarquer que les chansons, jeux-partis, rondeaux et motets étaient restés jusqu'ici *complétement inédits*.

cette tonalité qu'il est facile de reconnaître dans les mélodies du *Jeu de Robin et de Marion ;* c'est encore cette tonalité qu'on remarque dans plusieurs airs adaptés aux chansons et aux jeux-partis d'Adam de la Halle... »

On voit que par la publication des œuvres d'Adam de la Halle, M. de Coussemaker a ouvert un champ nouveau aux investigations des théoriciens, et, par suite, à celles des historiens de l'art. Il a donc rendu un signalé service, non-seulement aux admirateurs d'Adam de la Halle, à ceux qui considèrent à juste titre ce trouvère comme une des personnalités les plus originales et les plus éclatantes de la musique française, mais aussi à ceux qui voudront percer les obscurités et les mystères qui enveloppent encore les origines de cette musique. A ce double titre, l'article complémentaire qui est ici consacré à Adam de la Halle avait sa raison d'être.

*ADAM (Adolphe-Charles). A la liste, déjà si nombreuse, des ouvrages de ce compositeur, il faut ajouter les suivants : 1° *les Mohicans*, ballet en deux actes, Opéra, 5 juillet 1837 ; 2° *Lambert Simnel* (partition d'Hippolyte Monpou, terminée par Adam), Opéra-Comique, 14 septembre 1843) ; 3° *les Premiers Pas*, prologue pour l'inauguration de l'Opéra-National (en société avec Auber, Carafa et Halévy), 15 novembre 1847 ; 4° *Griselidis, ou les Cinq Sens*, ballet en cinq actes, Opéra, 16 février 1848 ; 5° *les Nations*, divertissement-cantate, Opéra, 6 août 1851 ; 6° *la Fête des Arts*, cantate, Opéra-Comique, 16 novembre 1852 ; 7° *le Bijou perdu*, trois actes, Théâtre-Lyrique, 6 octobre 1853 ; 8° *Chant de Victoire*, cantate, Opéra-Comique et Théâtre-Lyrique, 13 septembre 1855 ; 9° *Cantate*, Opéra, 17 mars 1856. Quant à *la Faridondaine*, ce n'était pas un opéra en un acte, comme on pourrait le croire par la mention qui en a été faite, mais un grand drame populaire en cinq actes, mêlé de musique, dans lequel Mme Hébert-Massy, ancienne cantatrice de l'Opéra-Comique, remplissait un rôle important. En ce qui concerne les ouvrages très-nombreux et souvent très-considérables qu'Adam fit jouer sur divers théâtres de genre (Gymnase, Vaudeville, Nouveautés) avant d'aborder les grandes scènes lyriques, je renvoie le lecteur curieux de les connaître au livre publié par moi : *Adolphe Adam, sa vie, sa carrière, ses Mémoires artistiques* (Paris, Charpentier, 1876, in-12). Je dois ajouter qu'on a publié sous ce titre : *Derniers Souvenirs d'un musicien* (Paris, Lévy, 1859, in-12), un second volume composé de différents travaux littéraires donnés par Adam à divers journaux. Ce volume n'est pas moins intéressant que le premier.

* ADAM (Charles-Ferdinand), compositeur, né en Saxe, est mort le 23 décembre 1867.

*ADAMI (Henri-Joseph), écrivain musical, est mort à Vienne le 2 octobre 1865.

ADELBURG (Auguste von), violoniste et compositeur hongrois, est né à Constantinople en 1833. Comme virtuose, il fut l'élève de Mayseder, avec lequel il travailla à Vienne de 1850 à 1854. Comme compositeur, il a demandé son instruction aux principaux Conservatoires de l'Allemagne. Von Adelburg a écrit quatre quatuors pour instruments à cordes, plusieurs petites compositions, et un grand opéra sur paroles hongroises, intitulé *Zrynyi*, qui fut joué pour la première fois sur le théâtre national de Pesth en 1866. Cet ouvrage, reçu avec un véritable enthousiasme par les compatriotes de von Adelburg, est resté au répertoire. Y.

* ADRIEN (Martin-Joseph), ou plutôt Andrien. Cet artiste était né à Liége, non en 1766, mais le 26 mai 1767. Il a écrit la musique d'un mélodrame de Victor Ducange, *Élodie, ou la Vierge du Monastère*, représenté au théâtre de l'Ambigu-Comique le 10 janvier 1822.

ADYE (Willet), écrivain anglais, est l'auteur d'un opuscule intitulé : *Musical Notes* (Londres, Bentley, 1870, in-12 de 112 pp.). Cet écrit, un peu superficiel et qui semble plutôt destiné aux dilettantes et aux amateurs qu'aux travailleurs et aux érudits, est divisé en trois chapitres : 1° *les grands compositeurs ;* 2° *les violonistes et le violon ;* 3° *le violon et son histoire.*

AELBRECHTS (Jacques), facteur de clavecins à Anvers au milieu du seizième siècle, était reçu dans la gilde de Saint-Luc en 1558. Son fils, Luc Aelbrechts, exerça la même profession et fut reçu dans la même corporation, comme fils de maître, en 1588.

AERTS (F.......), violoniste, professeur et compositeur belge, né à Saint-Trond le 4 mai 1827, fit ses études musicales au Conservatoire de Bruxelles, puis suivit un cours de composition sous la direction de C. Hanssens. Devenu premier violon au théâtre de la Monnaie, il fut ensuite chef d'orchestre du théâtre de Tournai, puis se fixa à Paris pendant plusieurs années. De retour en Belgique en 1862, M. Aerts obtint au concours la place de professeur de musique à l'École normale de Nivelles, qu'il occupe encore. Cet artiste a publié : 1° *Méthode théorique et pratique pour l'accompagnement du plain-chant, précédée d'un Traité de l'harmonie consonnante*, Liége, Dessain ; 2° *Manuel théorique et pratique du plain-chant, conforme aux vrais principes du chant gré-*

gorien, id., id.; 3° *Éléments complets de musique, et Solfége gradué*, Bruxelles, Schott; 4° *Recueil de six litanies de la Sainte-Vierge Marie*, Liége, Dessain; 5° *le Chansonnier des écoles*, Nivelles, Desprel; 6° un grand nombre de fantaisies pour orchestre, airs variés pour le violon, romances, etc.

AFFANAJEFF (N........), musicien russe contemporain, a publié chez l'éditeur Bessel, à Saint-Pétersbourg, quatre morceaux pour violon et piano : 1° *Allegro*; 2° *Variations russes*; 3° *Valse*; 4° *Adagio*. Je n'ai pas d'autres renseignements sur cet artiste.

AGNELLI (SALVATORE), né à Palerme en 1817, fit ses études musicales d'abord dans un établissement de cette ville, puis au Conservatoire de Naples, où il eut successivement pour professeur Furno, Zingarelli, Donizetti, et d'où il sortit en 1834. Il tourna bientôt ses vues du côté du théâtre, et fit représenter les ouvrages suivants : 1° *i Due Pedanti*, (Naples, th. Nuovo, 1834); 2° *il Lazzarone napolitano* (id., id., 1838); 3° *Una Notte di Carnevale*, opéra bouffe (Palermo, th. Carolino, 1838); 4° *i Due Gemelli* (id., id., 1839); 5° *i Due Forzati* (id., id., 1839); 6° *la Locandiera*, deux actes (Naples, th. Nuovo, 1839); 7° *la Sentinella notturna* (id., th. Parthenope, 1840); 8° *l'Omicido immaginario* (Naples, th. de la Fenice, 1841); 9° *i Due Pulcinelli simili* (id., id., 1841); 10° *il Fantasma* (id., id., 1842). En 1846, M. Agnelli vint se fixer à Marseille. Il fit représenter au Grand-Théâtre de cette ville *la Jacquerie*, grand opéra en trois actes (22 avril 1849); *Léonore de Médicis*, grand-opéra en quatre actes (23 mars 1855); *les Deux Avares*, opéra-comique en trois actes (22 mars 1860); la musique de ce dernier ouvrage fut écrite sur le poëme qui servit à Grétry pour son opéra du même nom, et l'auteur conserva dans sa partition la *Marche célèbre de Grétry*. Outre ces opéras, M. Agnelli a écrit à Marseille la musique de trois ballets : *Calisto*, *Blanche de Naples*, *la Rose*. Cet artiste a en portefeuille trois autres opéras inédits : *Cromwell*, dont quelques fragments ont été entendus il y a une dizaine d'années dans un salon de Paris; *Stefania*, en trois actes; et *Sforza*, en quatre actes. Enfin il est encore l'auteur d'un *Miserere* à double chœur, d'un *Stabat Mater* à plusieurs voix avec orchestre, et d'une cantate, l'*Apothéose de Napoléon I*er, qui a été exécutée en 1856 à Paris, par trois orchestres, dans le Jardin des Tuileries. AL. R-D.

AGNESI (LOUIS - FERDINAND - LÉOPOLD AGNIEZ, dit), chanteur distingué, né à Erpent, province de Namur, le 17 juillet 1833, est mort à Londres le 2 février 1875. Admis de bonne heure au Conservatoire de Bruxelles, il y étudia l'harmonie avec M. Bosselet et le contre-point avec Fétis, y obtint divers prix, et prit part aux concours de Rome en 1853 et 1855. Devenu maître de chapelle de l'église Sainte-Catherine et directeur de l'Union chorale et de la société Limnander, il s'essaya dans la composition dramatique par un opéra en deux actes, *Harmold le Normand*, qui fut joué au théâtre de la Monnaie le 16 mars 1858, et n'obtint qu'un médiocre succès. Agnesi se résolut alors à embrasser la carrière du chant. Doué d'une belle voix de basse chantante, qu'il avait déjà travaillée, il vint à Paris en 1861 pour se perfectionner à l'école de M. Duprez, puis il s'engagea dans la compagnie italienne dirigée par M. Merelli, et c'est alors qu'il modifia son nom et se fit appeler Luigi Agnesi. Il fit d'abord une grande tournée en Allemagne, en Hollande et en Belgique, puis fut engagé au Théâtre-Italien de Paris, où il resta plusieurs années, et où son talent sobre et sûr, quoique manquant parfois un peu de distinction, fut fort apprécié. Dans ces dernières années, Agnesi s'était fixé en Angleterre, où il chantait avec succès, soit au théâtre de la Reine, soit dans les festivals, soit dans les grandes solennités musicales des trois royaumes. Il était devenu un des meilleurs interprètes des oratorios de Haendel. Agnesi a écrit un assez grand nombre de mélodies, de motets et de chœurs.

AGOLINI-UGOLINI (G..... - A.), écrivain italien, a publié l'ouvrage suivant : *l'Accordo tra i fisici ed i musici, o nuova teoria fisico-matematico - naturale della musica* (Fermo, 1871).

AGOSTI (........), compositeur russe du dix-huitième siècle, est l'auteur d'un grand nombre d'opéras-comiques dont la plupart sont encore au répertoire. L'un d'eux : *Une Aventure d'automne*, a passé avec succès sur les scènes allemandes. Le dictionnaire de Mendel : *Musikalisches Conversations-Lexicon*, auquel nous empruntons cette courte notice, dit qu'on n'a aucun détail sur l'existence de cet artiste.

Y.

AGOSTINI (........). Un compositeur de ce nom a fait représenter en 1864, sur le théâtre de Valence (Espagne), un opéra italien intitulé *Una Vendetta*.

AGUIAR (ALEXANDRE DE), musicien portugais, naquit à Porto, vers le milieu du seizième siècle. Il faisait partie de la chapelle royale (*musico de camera*) du cardinal-roi D. Henrique, et passa ensuite en Espagne, au service de Philippe II. Son talent de chanteur était très-apprécié, tant à Lisbonne qu'à Madrid, mais ce qui rendit sa réputation universelle dans les Espagnes, ce fut son jeu admirable sur un instrument appelé *Viola de sete cordas* (instrument de la famille des luths et qui est encore très-répandu en Portugal). De retour de Madrid à Lisbonne en 1803, il périt d'une façon désastreuse entre Talaveria et Lobon, sur le passage d'une rivière, en compagnie d'autres gentilshommes portugais. Ses *Lamentações de Jeremias* étaient très-estimées à Lisbonne, où on les chantait pendant la semaine sainte. J.-DE V.

AGUIRRE (ABELINO), compositeur dramatique espagnol, est l'auteur d'un opéra sérieux italien, *gli Amanti di Teruel*, qui a été représenté sur le théâtre principal de Valence le 10 décembre 1865.

AHLEFELDT (Mme la comtesse VON), célèbre pianiste allemande, vivait vers la fin du siècle dernier. On connaît d'elle la musique d'un opéra-ballet : *Télémaque et Calypso*, qui prouve des connaissances musicales solides.
Y.

AHLSTROEM, compositeur suédois de la fin du dernier siècle, était attaché à la cour de Stockholm. Il a écrit beaucoup de musique de chambre et plusieurs opéras, auxquels ses compatriotes accordent grand mérite. Ahlstræm a également composé beaucoup de chansons populaires suédoises, dont quelques-unes ont été popularisées plus tard par la célèbre cantatrice Mme Jenny Lind. Y.

* **AIBLINGER** (JOSEPH-GASPARD), compositeur, est mort à Munich au mois de mai 1867.

AIMON (ESPRIT), père de Léopold Aimon, dont il est parlé dans l'article suivant, né à Lisle (Vaucluse) en 1754, mort à Paris en 1828, était un violoncelliste remarquable. Il dirigea quelque temps la musique du comte de Rantzau, ministre de Danemark, qui s'était établi dans le Comtat ; puis il vint se fixer à Marseille, où il vécut plusieurs années. Cet artiste a composé des quatuors et quintettes pour instruments à cordes, et un opéra de circonstance, *l'Autel de la Patrie*, qu'il fit représenter à Marseille pendant la Révolution. AL. R-D.

***AIMON** (PAMPHILE-LÉOPOLD-FRANÇOIS) est mort à Paris le 2 février 1866. A la liste de ses œuvres, il faut ajouter : 1° *la Fée Urgèle*, opéra-comique en un acte, joué au Gymnase (1821) avec un très-grand succès ; 2° *les Sybarites de Florence*, pastiche mêlé de musique tirée de diverses œuvres de Weber, de Meyerbeer et de Rossini et de musique nouvelle composée par Aimon et M. Barbereau, et représenté aux Nouveautés le 8 novembre 1831 ; 3° des chœurs remarquables écrits pour une tragédie de Casimir Delavigne, *le Paria*, à la Comédie-Française. La onzième édition de l'*Abécédaire musical* d'Aimon a été publiée en 1866 (Paris, Heugel, in-12).

AIRETON (EDWARD), luthier anglais établi à Londres dans la seconde moitié du dix-huitième siècle, a produit un grand nombre des violons et violoncelles qui furent assez estimés. Il copiait principalement les formes du grand luthier Amati, et son vernis, tirant sur le jaune, était d'une belle qualité. Aireton mourut en 1807, âgé de quatre-vingts ans.

***ALARD** (DELPHIN). Cet excellent artiste a pris sa retraite de professeur au Conservatoire au mois d'octobre 1875. Sa classe, qui était une des plus brillantes de cet établissement, a fourni un grand nombre d'élèves remarquables, parmi lesquels on peut surtout citer MM. Garcin (Voy. ce nom), Lancien, Adolphe Blanc, White, Sarasate, Paul Martin, Accursi, Paul Jullien, Mlles Bastin, Tayau, Pommereul, etc. Les dernières séances de musique de chambre dans lesquelles M. Alard s'est fait entendre, ont été données par lui dans la grande salle du Conservatoire, en 1871 et 1872, en compagnie de son vieux partenaire M. Franchomme, et de M. Francis Planté. Elles produisirent un très-grand effet. Dans ces dernières années, il a publié encore un grand nombre de compositions pour son instrument, consistant surtout en fantaisies sur des motifs d'opéras célèbres. M. Alard était le gendre de l'excellent luthier Vuillaume, mort récemment.

***ALARY** (JULES-EUGÈNE-ABRAHAM). On trouve les renseignements suivants sur M. Alary dans une note autobiographique publiée par lui (4 pp. in-8°, Paris, imp. Kugelmann). M. Alary est né en 1814, à Mantoue, de parents français ; élevé au Conservatoire de Milan, il arriva à Paris en 1833, devint chef du chant au Casino-Paganini en 1836, et en 1840 alla faire représenter à Florence un opéra sérieux en 2 actes, intitulé *Rosmunda*. De retour aussitôt à Paris, il acceptait, en 1841, les fonctions de chef du chant et de bibliothécaire de la Société de musique religieuse et classique fondée par le prince de la Moskowa. En 1850, il faisait exécuter au Théâtre-Italien *Rédemption*, mystère en cinq parties, et donnait au même théâtre, l'année suivante, un opéra bouffe en trois actes, *le Tre Nozze*. Appelé à Saint-Pétersbourg, en 1852, pour y faire représenter un grand opéra en cinq actes, *Sardanapale*, il était nommé, dès son retour en France en 1853, accompagnateur de la chapelle impériale, fonctions qu'il conserva jusqu'à la chute de l'empire, et en même temps devenait directeur de la musique au Théâtre-Italien. Depuis lors, il a fait jouer les ouvrages suivants : aux Bouffes-Parisiens (1856), *l'Orgue de Barbarie*, opérette en un acte ; à l'Opéra-Comique (1861), *la Beauté du diable*, opéra-comique en un acte ; au casino d'Ems (1861), *le Brasseur d'Amsterdam*, opérette en un acte ; à l'Opéra (1861), *la Voix humaine*, opéra en deux actes ; enfin, au Théâtre-Italien (1866), *Locanda gratis*, opéra-bouffe en un acte. Ces divers ouvrages n'obtinrent aucun succès.

M. Alary a publié, soit en France, soit à l'étranger, un grand nombre de compositions vocales, scènes, airs, romances en langue française, anglaise, italienne ou allemande, duos, trios, quatuors, etc. Je citerai, parmi les plus importantes : *Jane Shore*, *la Fille de Jephté*, *Marie Stuart*, *le Dies iræ*, *le Dernier Son de la harpe*, *le Dernier Chant de Sapho*, *Stance à l'immortalité*, *Sulla tomba di Bellini*, *Eloisa nel Chiostro*, *la Preghiera*, *Paolo a Francesca de Rimini* (duo), *Ave Maria* (duo), *Serenata in gondola* (duo), *les Brigands italiens* (duo), *le Serment des Horaces* (trio), *la Speranza* (trio en canon), *il Brindisi* (quatuor), *la Costanza* (quatuor en canon).

ALBANESI (Luigi), pianiste et compositeur, né à Rome le 3 mars 1821, était fils d'un peintre en miniature qui voulait lui faire suivre sa profession. L'enfant avait six ans lorsque, sa famille étant allée s'établir à Naples, il commença l'étude du piano sous la direction de son frère et de sa sœur, élèves eux-mêmes d'un Allemand nommé Senderach, et reçut de sa mère des leçons de latin. Toutefois, et par la volonté des siens, la musique n'était pour lui qu'un passe-temps, et à vingt ans le jeune Albanesi était portraitiste. Mais à cet âge il voulut absolument se faire musicien. Il reçut alors des conseils de M. Ernest Coop, pianiste fort distingué, étudia l'harmonie avec Giuseppe Polidoro et Salvatore Lavigna, et, abandonnant définitivement la peinture, il se produisit activement comme virtuose et se voua à l'enseignement du piano. M. Albanesi s'est fait connaître aussi comme compositeur, et a publié plus de cent cinquante œuvres de musique de piano qui se font remarquer par de réelles qualités. Dans un genre plus sérieux, il a écrit deux messes, un oratorio intitulé *les Sept Paroles de Jésus-Christ*, et un grand nombre de motets, avec accompagnement d'orgue, ou d'harmonium, ou de piano avec quelques instruments. — Le fils de cet artiste, M. Carlo Albanesi, né à Naples au mois de novembre 1856, est déjà un pianiste distingué. Élève de M. Sabino Falconi pour l'harmonie et le contre-point, il a publié pour son instrument un certain nombre de compositions, entre autres un recueil intitulé *Sei Fogli d'album*, op. 13, Milan, Ricordi.

ALBANO, nom d'une famille assez nombreuse de musiciens napolitains. Le premier, Michele Albano, chanteur, avait étudié son art au Conservatoire de la *Pietà dei Turchini*. — Son fils aîné, Giuseppe Albano, né à Naples le 20 décembre 1813, étudia d'abord le chant avec Mosé Tarquinio, castrat de la chapelle Palatine, qui avait été le condisciple de son père, puis travailla la flûte avec Belpasso, Sergio Nigri et Giuseppe Capecelatro, et devint première flûte au théâtre San-Carlo, puis au théâtre du Fondo, d'où il revint au San-Carlo, où il se trouve encore aujourd'hui. Il a publié dans sa jeunesse quelques compositions pour son instrument. — Le frère de cet artiste, M. Vincenzo Albano, né à Naples le 22 juin 1823, fut son élève pour la flûte, puis, à l'âge de 17 ans, abandonna cet instrument pour la harpe, qu'il étudia avec la signora Valerio, et qu'il enseigne depuis longues années, après avoir fait partie de divers orchestres. On lui doit la publication d'un grand nombre d'œuvres pour cet instrument. — M. Michele Albano, fils de M. Giuseppe Albano, né à Naples le 20 mars 1841, est élève de son oncle Vincenzo pour la harpe, et tint l'emploi de premier harpiste au théâtre San-Carlo, de 1860 à 1866. Il entreprit alors un long voyage, se fit entendre à Paris, à Londres, à New-York, où il resta plusieurs années, revint à Naples en 1872, passa ensuite quelque temps à Salerne, puis à Milan et à Plaisance, et est aujourd'hui à Buenos-Ayres. Il a publié aussi un assez grand nombre de morceaux pour la harpe. — Enfin, M. Francesco Albano, frère de ce dernier, né à Naples le 20 octobre 1853, élève de son père pour la flûte et de M. B. Cesi pour le piano, se consacre à l'enseignement.

ALBERINI (Nicola), musicien italien, a fait la musique de *Don Saverio*, opéra semi-sérieux en trois actes, paroles du comte César Cerroni, de Rome, représenté en cette capitale au mois d'août 1875 avec un certain succès.

J. DE F.

ALBERT (......), fut l'un des chanteurs les plus estimés de l'Opéra dans la première moitié du dix-huitième siècle. Il entra à ce théâtre en 1734, le quitta au mois de novembre 1736 pour aller passer une saison à Lyon, y revint en 1737, et prit sa retraite en 1751, avec une pension de 1,000 livres. A partir de ce moment, il occupa un emploi dans l'administration de l'Opéra. Albert créa certains rôles importants dans

Castor et Pollux, Zaïde, reine de Grenade, Dardanus, Nitétis, le Temple de Gnide, les Amours de Ragonde, Isbé, Don Quichotte chez la Duchesse, les Caractères de la Folie, Zélindor, Zaïs, le Carnaval du Parnasse, Léandre et Héro, etc. On trouve les vers suivants sur cet artiste dans le *Calendrier historique des théâtres* pour 1751 :

> Albert, par son chant plein de grâces,
> S'il n'efface point ses rivaux,
> Par des chemins toujours nouveaux
> Il marche du moins sur leurs traces.

Devenu contrôleur à l'amphithéâtre de l'Opéra, Albert vivait encore en 1775.

ALBERT (ÉMILE), pianiste distingué et compositeur, né à Montpellier en 1823, a publié pour le piano une cinquantaine de morceaux de genre d'une facture soignée et d'une aimable inspiration. Il avait écrit aussi plusieurs œuvres plus importantes et d'un caractère plus élevé, des symphonies, des trios pour piano, violon et violoncelle, des sonates pour piano et violon, mais je crois que rien de tout cela n'a vu le jour. Pendant longues années il chercha à se produire à la scène, sans pouvoir réussir même à forcer les portes des théâtres secondaires; il avait fini pourtant par faire recevoir aux Folies-Nouvelles, en 1858, une opérette en un acte, qui, après avoir été répétée pendant plusieurs semaines, ne fut jamais jouée; enfin, il parvint à faire représenter au théâtre Saint-Germain, aujourd'hui théâtre Cluny, un autre petit ouvrage en un acte, *les Petits du premier* (décembre 1864), qui fut repris au mois de mars suivant sur celui des Bouffes-Parisiens. Las, découragé de l'inutilité de ses efforts, cet artiste intelligent, dont l'ambition légitime ne trouvait aucune issue, et dont la santé était délicate, se voyait déjà, à cette époque, atteint d'une grave affection de poitrine. Obligé de se rendre dans le Midi pour essayer d'y rétablir ses forces, il se fixa à Bagnères-de-Bigorre; il y était à peine depuis quelques mois, et s'occupait de la représentation, sur le théâtre de cette ville, d'un petit opéra intitulé *Jean le Fol*, lorsqu'il fut frappé par la mort, au mois d'août 1865.

ALBERTI (CARLO), compositeur dramatique, né en 1848 ou 1849, a fait ses débuts en donnant au théâtre des Florentini, de Naples, dont son père était directeur, un opéra intitulé *Armando e Maria*, qui fut bien accueilli. Cet ouvrage fit son apparition au mois de mai 1869, l'auteur étant âgé de vingt ans environ. En février 1872, M. Carlo Alberti a fait représenter au Politeama, de la même ville, son second opéra, *Oreste*.

ALBINI (FRANCESCO-MARIA), compositeur italien, est l'auteur d'un opéra bouffe, *un Giorno di quarantena*, représenté au théâtre Contavalli, de Bologne, le 6 mars 1866. Cet artiste a écrit la musique d'un autre ouvrage intitulé *Lamberto Malatesta*, mais je ne crois pas que celui-ci ait encore été représenté.

*****ALBONI** (MARIETTA). Nous allons compléter rapidement l'histoire de la carrière de cette célèbre et admirable cantatrice. — Lorsque, après avoir fait une première apparition à l'Opéra, Mme Alboni eut été parcourir triomphalement l'Amérique, elle rentra au Théâtre-Italien de Paris pour y jouer la *Nina* de Coppola, puis reparut à l'Opéra, où elle créa en 1854 (et non en 1851) *Zerline* ou *la Corbeille d'oranges*, d'Auber. Elle chanta ensuite à Lisbonne, à Barcelone, à Londres, à Rouen, puis fut attachée de nouveau, pendant plusieurs années, à notre Théâtre-Italien, en même temps qu'elle faisait les saisons d'été à Londres; c'est alors qu'elle chanta à Paris *Rigoletto, il Giuramento, Marta, un Ballo in Maschera, Cosi fan tutte*, etc. Vers 1863, au plus fort de ses succès, elle résolut de se retirer, de quitter à jamais la scène, et aucune instance ne put la faire revenir sur cette décision. Cependant, en 1869, après la mort de Rossini, Mme Alboni consentit à reparaître sur la scène du Théâtre-Italien pour faire entendre la « Petite messe solennelle » du maître qui avait été son guide et son ami, et fut engagée par M. Strakosch pour coopérer aux exécutions de cette œuvre admirable qui étaient organisées par lui à l'étranger. Depuis lors, Mme Alboni, définitivement fixée à Paris, n'a pas quitté sa retraite, et son incomparable talent n'est plus, pour ceux qui ont eu le bonheur de l'entendre, qu'un merveilleux souvenir. — On a publié sur cette célèbre artiste : *Marietta Alboni, célèbre contralto*, biographie, par Mme Élisa Aclocque, suivie d'une notice sur Fanny Cerrito, ornée du portrait de Mme Alboni (Paris, Moquet, 1848, in-12 de 26 pp.).

*****ALDAY** (.......). C'est l'un des deux frères ainsi nommés, tous deux violonistes, qu'est due la musique d'un ouvrage lyrique en trois actes, *Geneviève de Brabant*, donné sous le nom d'Alday, au théâtre Louvois, en 1791. Un annaliste du temps disait à ce sujet : « M. Alday a un grand talent pour l'archet ; mais il ne connaît pas assez la scène pour composer des opéras. »

Celui des deux frères qui était allé s'établir à Lyon eut un fils, qui plus tard se fit une grande réputation comme professeur en cette ville et devint violon-solo au Grand-Théâtre. Celui-ci eut lui-même un fils violoniste, mais qui ne continua que médiocrement les traditions de sa famille; il était, en 1860, attaché à l'orchestre de l'Opéra-Comique.

ALDRED (......), luthier anglais du seizième siècle, fut un des premiers fabricants de violes d'Angleterre, et jouissait d'une grande réputation dans son pays vers l'an 1600.

ALEIX (Ramon), compositeur de musique religieuse, fut pendant vingt ans maître de chapelle de l'église de Santa-Maria del Mar, à Barcelone, et écrivit, pour l'usage de cette chapelle, un certain nombre de compositions. On ignore le lieu et la date de naissance de cet artiste, qui mourut le 1er mai 1850, dans un âge avancé.

ALESSIO (....... D'), compositeur italien, a fait représenter au Politeama, de Naples, dans les premiers mois de 1875, deux opéras bouffes, dont l'un intitulé *Elena in Troja*, l'autre, *le Figlie di Bianca*.

*ALEXANDRE (Charles-Guillaume), violoniste et compositeur. — Je crois que l'auteur de la *Biographie universelle des Musiciens* a été trompé par de faux renseignements lorsqu'il a dit que cet artiste avait fait recevoir à l'Opéra, sans les y pouvoir faire jouer, les deux ouvrages intitulés *le Triomphe de l'amour conjugal* et *la Conquête du Mogol*. Ces deux ouvrages n'étaient point des productions lyriques, ne convenaient nullement à l'Opéra et ne furent point écrits pour lui : c'étaient deux pièces à machines, imaginées par le fameux mécanicien théâtral Servandoni, accompagnées d'une musique descriptive écrite par Alexandre, et qui furent représentées dans la grande salle des Tuileries. Dans son recueil chronologique : *Opéras, ballets et autres ouvrages lyriques*, le duc de la Vallière donne ainsi les titres de ces deux pièces, qui, je l'ai dit, n'étaient nullement lyriques : 1° *Le Triomphe de l'Amour conjugal, ou l'Histoire d'Admète et d'Alceste*, spectacle orné de machines, animé d'acteurs pantomimes et accompagné d'une musique qui exprime les différentes actions, représenté sur le grand théâtre du palais des Thuilleries le 16 mars (1755); l'invention est du Sr Servandoni, la musique du Sr Alexandre; 2° *La Conquête du Mogol par Thamas Koulikan, roi de Perse, et son triomphe*, spectacle de l'invention du Sr Servandoni, musique du Sr Alexandre, représentée (sic) sur le théâtre du palais des Thuilleries le 4 avril (1756).

ALEXANDRE père et fils, facteurs d'harmoniums, se sont fait une réputation assez rapide dans la fabrication des orgues de salon, auxquels ils avaient donné le nom d'*orgues Alexandre*, et surtout par le bas prix auquel ils donnaient une certaine catégorie de ces instruments, baptisés dans le commerce : *orgues à cent francs*. Alexandre père fondait en 1829 un établissement qui prenait bientôt une grande extension, et plus tard lui et son fils se rendaient acquéreurs des procédés brevetés de M. Martin (de Provins), relatifs à un nouveau système de percussion des orgues. La maison Alexandre, après avoir sacrifié des sommes considérables pour employer et répandre ces procédés, prit part à l'Exposition universelle de 1855, et obtint une médaille d'honneur. En 1858, MM. Alexandre fondèrent à Ivry, près de Paris, une usine modèle, qui devint le centre d'une colonie ouvrière, mais des spéculations étrangères à leur industrie vinrent porter un coup fatal à celle-ci. M. Alexandre fils, qui avait été décoré en 1860, luttait contre la mauvaise fortune lorsqu'il mourut, il y a quelques années. La femme de celui-ci (Mlle Charlotte Dreyfus) s'est fait depuis longtemps remarquer par son talent délicat et distingué sur l'harmonium. M. Jacob Alexandre père est mort à Paris le 11 juin 1876.

On a publié, sous le nom d'Alexandre, une *Méthode pour l'accordéon* (Paris, 1840), et une *Notice sur les orgues mélodium d'Alexandre et fils, inventeurs* (Paris, 1844).

*ALFIERI (l'abbé Pierre). On doit à ce savant musicien la publication d'un choix considérable de compositions sacrées de Palestrina, mises en notation moderne (Rome, Sprithover, 7 vol. in-f°), un ouvrage intitulé *Prodromo sulla restaurazione de' libri di canto ecclesiastico detto gregoriano* (Rome, Monaldi, 1857), et un opuscule biographique sur le célèbre compositeur Jommelli : *Notizie biografiche di Nicolo Jommelli* (Rome, 1845, in-8°). L'abbé Alfieri a donné à la *Gazzetta musicale* de Milan un certain nombre d'articles biographiques intéressants sur divers musiciens italiens, et il avait préparé une collection de toutes les hymnes de l'église catholique, traduites en notation moderne et mesurées, avec accompagnement d'orgue; malheureusement, ses ressources ne lui permirent pas de livrer au public ce travail utile et important. Comme compositeur, il s'est fait connaître par la publication de quelques morceaux de chant religieux, à voix seule, qui ne sont point sans mérite. Cet artiste estimable et laborieux est mort fou, il y a quelques années.

*ALIX (l'abbé Céleste) est auteur d'un *Cours complet de chant ecclésiastique* (Paris, 1853, in-8°). On lui doit aussi un *Recueil de 15 Motets*, avec accompagnement d'orgue ou d'harmonium (Paris, Repos).

ALLEAUMES (Moritz), violoniste allemand

et compositeur pour son instrument, naquit dans les dernières années du dix-huitième siècle. Longtemps attaché à la cour de Bavière, il fit en 1835 un voyage à travers l'Allemagne, qui lui valut une grande réputation. On ignore la date de sa mort, aussi bien que celle de sa naissance.
  Y.

ALLU (......), compositeur espagnol contemporain, a écrit, en société avec MM. Cepeda et Oudrid, la musique d'un drame en trois actes intitulé *Dalila*, et, seul, celle d'une *zarzuela* représentée sous le titre de *la Cola del Diablo*.

ALMAGRO (Antonio-Lopez), pianiste et compositeur espagnol, né à Murcie le 17 septembre 1839, s'est fait connaître par la publication d'un certain nombre de compositions pour le piano. Il est aussi l'auteur d'une *Nouvelle Méthode complète d'harmonium, orgue expressif ou mélodium*, Madrid, Romero y Andia. Cet artiste a fait ses débuts de compositeur dramatique en faisant représenter au mois d'octobre 1875, sur le théâtre de la Zarzuela, de Madrid, une *zarzuela* en trois actes intitulée *el Hidalguillo de Ronda*.

* **ALMEIDA** (Antonio de). Je crois que Fétis s'est trompé en disant (t. I, p. 75), que Almeida a composé la musique d'un oratorio : *la Humana sarça abrazada, el Gran Martyr S. Laurentio*. (Coïmbre, 1556, in-4°, chez Thomé Carvalho.) Barbosa Machado, où Fétis a puisé ses renseignements, parle de son talent de poëte comique (*poeta comico*) et cite à l'appui de son dire l'ouvrage ci-dessus. Il se peut que Almeida ait été, en même temps que l'auteur des paroles, celui de la musique, mais je ne saurais le garantir. Les renseignements de Fétis sur les autres compositeurs portugais de ce nom ne sont pas tous exacts. *Fr. Fernando de Almeida* fit profession en 1638 au couvent de Thomar, de l'Ordre du Christ (Fétis dit 1636, au couvent de Saint-Thomas), appartenant à la ville du même nom. Il mourut dans son couvent (et non à Lisbonne), où se gardait encore la majeure partie de ses compositions vers le milieu du dix-huitième siècle. — Les quatuors de *Carlos Francisco de Almeida*, publiés chez Pleyel, portent probablement la date de 1798, car la *Gazette musicale de Leipzig* en parle dans son 1er volume (1798, p. 555) avec éloges. Le titre en est : *Six Quatuors pour deux Violons, Alto et Basse*, par C. F. Almeyda, au service du roi d'Espagne, Op. 2. Premier livre, à Paris, chez Pleyel, auteur, etc. Prix 7 livr. 10 s.
  J. DE V.

ALMENRÆDER (Charles), bassoniste, compositeur et facteur d'instruments, naquit le 5 octobre 1786 à Ronsdorf, près d'Elberfeld. Parmi ses compositions, on cite quatre concertos pour basson et un grand nombre de fantaisies pour musique militaire. Depuis 1822 jusqu'à sa mort, survenue le 13 septembre 1843, il a été placé à la tête de la fabrique d'instruments de la maison Schott, de Mayence. On doit à Almenræder plusieurs perfectionnements dans la construction du basson.
  Y.

ALMERI (Giovanni-Paolo), musicien italien du dix-septième siècle, fut maître de chapelle de Boccapaduli, nonce du pape à Venise. Il a publié en cette ville (Gardano, 1654) un recueil de *Motetti a voce sola*.

ALOYSIO (Antonio), musicien italien, est l'auteur d'un nouveau système de notation musicale, qui renverse de fond en comble le système usuel en supprimant tout d'abord la portée et l'armure de la clef. Il a expliqué son système dans l'écrit suivant : *Nuovo Sistema di notazione musicale, che tende a facilitare la lettura, la esecuzione e la stampa della musica a tipi mobili* (Venise, Cecchini, 1872 in-8° de 18 pp., avec planches). Aloysio avait aussi inventé toute une famille d'instruments qu'il appelait *métallicordes* et qui, en somme, n'étaient autre chose que nos instruments ordinaires à archet, un peu modifiés dans leur forme et construits d'après le principe de la viole d'amour, c'est-à-dire avec un jeu de cordes métalliques venant renforcer celui des cordes de boyau. En obtenant de ses instruments un volume de son plus considérable, il avait pour but de diminuer le nombre des musiciens d'un orchestre et il affirmait qu'un *métallicorde* soprano égalait en puissance quatre violons ordinaires. Aloysio, qui avait consacré trente ans de sa vie en essais, en tâtonnements et en perfectionnements de toutes sortes, n'avait pas obtenu, sous le rapport de la qualité du son, des résultats aussi satisfaisants qu'en ce qui concerne la quantité ; bien loin de là. Cet artiste est mort à Venise, le 20 septembre 1874, à l'âge de 58 ans. Son frère, M. Giuseppe Aloysio, musicien aussi, s'occupe, depuis lors, de la facture et du perfectionnement des métallicordes, pour lesquels un brevet a été obtenu. Ces instruments sont d'ailleurs d'un prix élevé, et on ne les vend pas moins de 300 à 500 francs.

ALPHONSE X, roi de Castille et de Léon, surnommé le *Sage* en raison des grandes connaissances qu'il sut acquérir dans les sciences, dans les arts et dans les lettres, élevé au trône en 1252, mort en 1284, se fit la renommée d'un habile musicien pour les nombreux cantiques qu'il composa, et dont on trouve encore des copies dans la bibliothèque du palais de l'Escurial et dans celle de l'église de Tolède. C'est à ce prince qu'on doit la création, à l'université de Salamanque, de la première chaire musicale qui ait été établie en Europe.

ALPHONSE DEL CASTILLO, docteur de l'Université de Salamanque, né au quinzième siècle, a publié un traité intitulé *l'Art du plainchant*, Salamanque, 1504, in-4°.

ALSLEBEN (JULES), pianiste, compositeur et écrivain sur la musique, est né à Berlin le 24 mars 1832. Quoique destiné à la musique dès son enfance, il fit des études universitaires très-complètes. Après avoir obtenu le grade de docteur en philosophie, Alsleben s'adonna pendant quelque temps à l'étude des langues orientales; mais il ne tarda pas à revenir à son art favori, et se fit bientôt connaître dans les concerts comme virtuose-pianiste. On a de lui plusieurs compositions pour le chant et pour le piano, ainsi qu'une histoire de la musique, qui n'est autre que le recueil de conférences faites antérieurement par lui. Alsleben a contribué pour une forte part à la fondation de la Société des compositeurs de Berlin, dont il est aujourd'hui le président.

Y.

ALSTEDT (JEAN-HENRI), savant mathématicien et acousticien, est né à Herborn en 1588. On a de lui deux ouvrages intéressant la musique : 1° *Admirandorum mathematicorum libri IX* (Herborn, 1613), dont le livre VII, consacré à l'art des sons, traite : a) *de Cantus natura in genere*, b) *de Cantus natura in specie*, c), *de Contrapuncto*, d) *de Musica instrumentali*; 2° *Elementale mathematicum* (Francfort, 1611), qui renferme un *elementale musicum* traitant : a) *de Musica simplici*, b) *de Musica harmonica*.

Y.

ALT (PHILIPPE-SAMUEL), organiste et compositeur, naquit à Weimar, le 16 janvier 1689, et mena de front la culture de la musique et la jurisprudence. Après avoir terminé ses études de droit à l'université d'Iéna, il revint dans sa ville natale, où il fut nommé avocat de la cour et organiste de l'église Saint-Jacques. Dans les loisirs que lui laissaient ses doubles fonctions, il se livrait à la composition. Ses manuscrits, qui ne sont pas sans valeur, paraît-il, sont aujourd'hui à la bibliothèque grand-ducale de Weimar. Alt est mort en 1750.

Y.

* **ALTÈS** (JOSEPH-HENRY), flûtiste et compositeur. Cet artiste, qui fait encore aujourd'hui partie de l'orchestre de l'Opéra, a été appelé, au mois de novembre 1868, à succéder à M. Dorus comme professeur de flûte au Conservatoire. Les compositions publiées par lui s'élèvent au chiffre de quarante environ, parmi lesquelles un certain nombre de transcriptions et de fantaisies sur des motifs d'opéras célèbres.

* **ALTÈS** (ERNEST-EUGÈNE), violoniste, frère du précédent. Depuis plusieurs années, cet artiste, qui est attaché comme premier violon à l'orchestre de la Société des Concerts du conservatoire, est devenu second chef de celui de l'Opéra. Il a publié quelques fantaisies pour le violon, avec accompagnement de piano.

ALVARO (...), compositeur portugais, vécut vers le milieu du quinzième siècle. Il dédia au roi D. Alfonso V un *Officio* en plain-chant, qui célébrait la conquête de Arzilla (1472) : *Vesperæ, Matutinum et Laudes cum Antiphonis et figuris musicis de inclyta ac miraculosa victoria in Africa parte ad Arzillam*. Le manuscrit original de cet ouvrage existait dans la bibliothèque du célèbre Infant D. Pedro, qui périt à Alfarrobeira. On n'a pas d'autres renseignements sur ce compositeur.

J. DE V.

ALVERA (ANDREA), écrivain italien, est l'auteur d'un recueil intéressant publié sous ce titre : *Canti popolari tradizionali Vicentini, colla lora musica originaria a pianoforte, raccolti e annotati da Andrea Alverà* (Vicence, Longo, 1844).

AMADÉ (LADISLAS, baron VON), né à Kaschau, en Hongrie, le 12 mars 1703, est l'auteur d'un grand nombre de chansons nationales hongroises dont il a écrit à la fois les paroles et la musique. Il est mort à Felbar le 22 décembre 1764.

Y.

AMADÉ (THADDÉE, comte VON), pianiste distingué, naquit à Presbourg le 10 janvier 1783. Comme improvisateur, Amadé s'est mesuré avec J.-N. Hummel, dont il balança longtemps la réputation. Il a eu l'insigne honneur de former et de révéler au monde le génie musical de Franz Liszt. Amadé est mort à Vienne le 17 mai 1845.

Y.

AMADEI (ROBERTO), compositeur et organiste, né à Loreto, dans les Marches, le 29 novembre 1840, a commencé l'étude de la musique avec son père, après quoi il compléta son éducation avec le maître de chapelle de Loreto, Luigi Vecchiotti. Celui-ci étant mort en 1863 et ayant eu pour successeur M. Amadei père, le jeune Amadei fut nommé organiste et succéda bientôt lui-même à son père, qui prit sa retraite. Depuis lors, et tout en exerçant ces fonctions, il s'est activement livré à la composition et à l'enseignement. Outre un grand nombre de compositions religieuses, parmi lesquelles un motet à 8 parties réelles, en style rigoureux, qui a été couronné à l'un des concours de l'Institut musical de Florence, il a publié de nombreux morceaux de piano et de chant. On lui doit aussi deux opéras sérieux, l'un, *Luchino Visconti*, en 3 actes, représenté à Lugo (1869), l'autre, *Bianca de' Rossi*, joué à Bari. Il a en portefeuille un opéra-comique intitulé *Il Bacchettone*.

AMANTIUS (BARTHOLOMÉ), né à Landsberg (Bavière), vers 1500, et mort en 1555, est l'auteur d'une histoire de la musique que l'on trouve dans son grand ouvrage intitulé : *Flores celebriorum sententiarum* (Dilingæ, 1556, in-folio).

Y.

* **AMAT** (PAUL-LÉOPOLD), compositeur de romances, né à Toulouse en 1814, vint à Paris vers 1845, et commença aussitôt à s'y faire connaître en publiant un assez grand nombre de romances, mélodies, nocturnes, chansonnettes, dont quelques-unes étaient accueillies dans les salons avec une faveur marquée. En 1850, Amat se rendit à Alger, où il fonda une maison de commerce de musique ; cette entreprise n'ayant pas réussi au gré de ses désirs, il revint à Paris, obtint la direction du petit théâtre Beaumarchais en 1856, mais ne put donner suite à cette affaire, faute des fonds nécessaires à l'exploitation. Il continua alors de se livrer à la composition.

Outre les nombreuses mélodies vocales qu'il a publiées, et parmi lesquelles on cite particulièrement *la Feuille et le Serment*, *Tu m'oublieras*, *la Fleur fanée*, *le Page et la Bachelette*, *l'Étoile*, *Blonds Chérubins*, *Où vas-tu, petit oiseau?* etc., Amat a donné aux Bouffes-Parisiens, le 19 janvier 1856, une opérette en un acte, intitulée *Élodie ou le Forfait nocturne*. Il a fait exécuter aussi au Vaudeville, le 13 juin 1860, à la suite de la réunion de la Savoie et du comté de Nice à la France, une cantate politique : *le Chant des Niçois*, qui lui valut la décoration de la Légion d'honneur. Amat est mort à Nice, le 31 octobre 1872.

***AMBROS** (AUGUSTE-GUILLAUME). Dans une autobiographie encore inédite, dont nous trouvons un court extrait dans le dictionnaire de Mendel : *Musikalisches Conversations-Lexicon*, nous lisons cette phrase : « Il est assez singulier de remarquer que Fétis parle avec détail de mes compositions musicales et ne souffle mot de mes travaux historiques, tandis qu'en Allemagne on ne connaît guère que mes travaux historiques et pas du tout mes compositions. »

L'observation est juste. Le véritable mérite d'Ambros est bien plutôt dans ses écrits que dans sa musique, qui n'est qu'un reflet de celle de Schumann. Ambros a publié : 1° *Die Grenzen der Poesie und Musik* (*les Limites de la poésie et de la musique*), Prague, 1856 ; 2° *Die Musik als Culturmoment in der Geschichte* (*la Musique considérée comme élément de civilisation dans l'histoire*) ; 3° *Culturhistorisches Bilder* (*Tableaux de civilisation historique*) Leipzig, Matthes ; 4° une grande Histoire de la musique, dont la publication a commencé en 1861. Trois volumes de cet ouvrage ont paru ; on annonce le quatrième, qui terminera l'histoire du dix-septième siècle. Ambros a été nommé professeur de théorie et d'histoire de la musique à l'Université de Prague, au mois de septembre 1869. Depuis 1872, il a passé en la même qualité à l'Université de Vienne.

Y.

AMETLLER (le Père MAURO), moine de l'abbaye de Montserrat, dans la Catalogne, compositeur dans le genre religieux, naquit à Gérone dans la seconde moitié du dix-huitième siècle. Doué d'un esprit très-ouvert et d'une intelligence active, ce religieux se fit remarquer à la fois comme musicien et comme naturaliste. Sa cellule était comme un véritable musée d'histoire naturelle, dont il allait chercher lui-même les éléments dans les campagnes et sur les montagnes environnantes, et qui faisait l'étonnement de tous les étrangers qui visitaient le couvent. En même temps il se distinguait comme compositeur, et on lui doit, sous ce rapport, plusieurs hymnes remarquables à quatre voix, ainsi que divers motets à deux chœurs avec accompagnement d'orchestre. Il eut l'idée singulière de construire lui-même un piano d'un nouveau genre, qu'il appelait *Vela-cordio*, et qui affectait la forme d'une voile de navire. Le roi Charles IV, ayant vu cet instrument dans sa cellule pendant une visite qu'il faisait au couvent, voulut récompenser son génie inventif en lui faisant une pension de cinq réaux par jour. On croit que cet instrument étrange est conservé à Barcelone.

AMMERBACH (EUSÈBE), célèbre organiste du commencement du seizième siècle était attaché à la chapelle de St-Ulrich d'Augsbourg, dont l'orgue renommé était son propre ouvrage.

Y.

AMOUROUX (CHARLES), compositeur organiste de la cathédrale de Bordeaux, s'est fait connaître par plusieurs œuvres importantes produites en cette ville. Au mois de novembre 1865, cet artiste faisait entendre, dans un salon la musique d'un opéra en deux actes, *la Reine d'Ellore*, ou *Reine et Bergère*; le 28 mars 1867, il faisait représenter au théâtre du Gymnase un opéra-comique en un acte intitulé : *Il a été perdu un Roi*; en 1872, il obtenait une troisième mention honorable au concours ouvert par la Société de Sainte-Cécile de Bordeaux pour la composition d'un *Stabat Mater*; et enfin, en 1873, il faisait exécuter à la cathédrale un *Attende, Domine*, composition fort importante pour soli, chœurs et orchestre.

AMPÈRE (Jean-Jacques-Antoine), écrivain, membre de l'Institut, né à Lyon le 12 août 1800, est mort le 27 mars 1864. Lorsqu'un décret en date du 13 septembre 1852 prescrivit la formation d'un *Recueil des poésies populaires de la France* et en confia la publication au comité de la langue, de l'histoire et des arts de la France, celui-ci publia d'abord sous ce titre : *Instructions relatives aux poésies populaires de la France* (Paris, Impr. impériale, 1853, in-8° de 64 p.), une brochure substantielle destinée à faire comprendre le but qu'il poursuivait, et la façon dont il entendait procéder dans le choix des poésies qu'il jugerait dignes d'introduire dans le recueil projeté. Une note de cette brochure, dans laquelle il est longuement parlé des chansons populaires de la France, apprend au lecteur que « ces *Instructions* ont été rédigées par M. Ampère, membre du comité ».

ANCESSY (Joseph-Jacques-Augustin), chef d'orchestre, naquit à Paris le 25 avril 1800. Après avoir été, en 1846, second chef d'orchestre aux Spectacles-Concerts, petit théâtre établi dans les sous-sols du bazar Bonne-Nouvelle, cet artiste devint chef-d'orchestre de l'Odéon, puis du Théâtre-Français. De 1855 à 1859, il fit jouer au gentil théâtre des Folies-Nouvelles les trois opérettes suivantes : 1° *Estelle et Némorin*; 2° *Jean et Jeanne*; 3° *un Troc*. Il a publié aussi, chez l'éditeur Meissonnier, six sonatines pour violon, avec accompagnement d'un second violon. L'éducation musicale d'Ancessy était nulle, et ses productions n'avaient aucune valeur. Il est mort à Paris, pendant le siège de cette ville, le 2 janvier 1871.

* ANDER ou ANDERL (Jean), compositeur et organiste, né en Bavière, est mort à Jamnitz, en Moravie, le 19 août 1865, à l'âge de soixante-dix-huit ans. J'ai lieu de croire que cet artiste est le même que celui mentionné sous ce nom : *Anderl (Q.....)* au 1er volume de la *Biographie universelle des Musiciens*. Il eut un fils, Aloys Ander, dont il fut le premier maître, qui devint un ténor dramatique fort remarquable, et qui était le chanteur favori des Viennois. Celui-ci, devenu presque complétement fou, mourut quelques mois avant son père, le 11 décembre 1864, à Wartemberg-les-Eaux, où les médecins l'avaient envoyé pour lui faire recouvrer la raison et la santé.

* ANDERS (Godefroid-Engelbert), est mort à Paris le 22 septembre 1866. Ce littérateur musicien possédait une des plus belles bibliothèques musicales qui se pussent réunir ; cette riche collection a été vendue, à sa mort, à un amateur russe habitant Paris. On assure qu'Anders s'occupait, depuis longues années, de deux ouvrages importants : une *Littérature générale de la musique*, et un *Dictionnaire de musique* conçu d'après les plans de Walther, et contenant la technologie et la biographie. Étant données ses facultés philologiques et sa rare connaissance de la matière, nul mieux que lui n'eût pu mener à bien deux projets aussi vastes, mais son état de santé, et surtout son incurable paresse lui interdisaient une tâche semblable. Ce que je crois pouvoir affirmer, c'est qu'Anders, qui passait uniquement son temps à lire et à prendre des notes, n'a pas écrit une seule ligne des deux ouvrages en question. Cet être singulier avait l'étrange manie de tracer ses notes personnelles en caractères hiéroglyphiques que lui seul pouvait lire, de telle sorte qu'à sa mort, cet unique fruit de ses recherches est resté stérile et inutile.

ANDOLFATI (Andrea), musicien italien, vivait au milieu du dix-huitième siècle, et fit exécuter à Modène, au mois de février 1752, une cantate intitulée *la Gloria ed il Piacere*.

ANDRÉ (le dr Jules) a publié une biographie de Hippolyte Duprat (Marseille, Barlatier, 1873, in-18 de 35 pp.)   Al.-R—d.

* ANDREOZZI (Gaetano). Dans son livre sur les musiciens napolitains, M. Francesco Florimo mentionne les opéras suivants, qui doivent prendre place dans le catalogue des œuvres d'Andreozzi : 1° *Arsinoe*, opéra sérieux en deux actes, Naples, th. San-Carlo, 1795 ; 2° *Armida e Rinaldo*, id., id., id., 1802 ; 3° *Piramo e Tisbe*, id., id., 1803 ; 4° *il Trionfo d'Alessandro*, opéra sérieux, id., id., 1803 ; 5° *il Finto Cieco*, Naples, th. Nuovo, 1791.

* ANDREVI (François). Dans son *Diccionario tecnico, historico y biografico de la Musica*, M. José Parada y Barreto fixe la date de la naissance de cet artiste distingué au 16 novembre 1786, et celle de sa mort au 23 novembre 1853. Andrevi, qui était prêtre, fut successivement maître de chapelle de la cathédrale de Segorbe, de l'église de Santa-Maria del Mar, de Barcelone, de la cathédrale de Valence, de celle de Séville, et enfin devint maître de la chapelle royale. Après s'être réfugié à Bordeaux, par suite des événements politiques qui affligeaient son pays, et y avoir occupé aussi les fonctions de maître de chapelle de la cathédrale, il vint se fixer à Paris en 1845, et enfin, en 1849, retourna en Espagne, et devint, à Barcelone, maître de chapelle de l'église de la Merci et directeur de l'*escolanie* annexée à cette chapelle. Parmi les œuvres les plus importantes de cet artiste, on cite surtout un oratorio, *le Jugement dernier*, une messe des morts écrite pour les funérailles du roi Ferdinand VII, et un *Stabat Mater* composé pendant son séjour à Bordeaux.

ANDREZ (BENOIT), graveur de musique, qui vivait à Liége au milieu du dix-huitième siècle, est l'un des premiers qui aient publié, dans les Pays-Bas, un recueil périodique de musique. Celui qu'il mit au jour, en janvier 1758, portait ce titre : *l'Écho, ou Journal de musique française, italienne, contenant des airs, chansons, brunettes, duos tendres ou bachiques, rondes, vaudevilles, contredanses, etc.* (A Liége, chez B. Andrez, derrière Saint-Thomas, 1758, in-4°). Ce recueil paraissait tous les mois, par livraison de 24 pages, et le prix d'abonnement annuel était de quinze livres de France.

ANDRIES (JEAN), violoniste et violoncelliste, compositeur, professeur et écrivain sur la musique, né à Gand le 25 avril 1798, est mort en cette ville le 21 janvier 1872. Devenu en 1835 professeur de la classe de violon et des classes d'ensemble instrumental au Conservatoire de Gand, cet artiste succéda à Mengal, en 1851, comme directeur de cet établissement, et joignit alors, à l'enseignement qu'il y professait déjà, celui de l'harmonie et de la composition. Sa direction fut, dit-on, particulièrement profitable à cette école ; pour s'y dévouer entièrement, Andries, qui occupait l'emploi de violon-solo au Grand-Théâtre, résigna ces fonctions en 1855. Cependant, dès l'année suivante il se voyait obligé de prendre sa retraite, et reçut alors le titre de directeur honoraire du Conservatoire. Andries a écrit, pour le violon et pour le violoncelle, un certain nombre de morceaux, qui, je crois, sont restés inédits. Comme écrivain spécial, il a publié un *Aperçu historique de tous les instruments de musique actuellement en usage* (Gand, in-8°), et un *Précis de l'histoire de la musique depuis les temps les plus reculés, suivi de notices sur un grand nombre d'écrivains didactiques et théoriciens de l'art musical* (Gand, Busscher, 1862, in-8°), écrit dont le plan n'est pas très-rationnel et qui pèche un peu par l'ampleur des vues, mais qui renferme quelques renseignements intéressants. Andries avait annoncé la prochaine publication d'un *Manuel des principes de l'harmonie* ; je ne crois pas que cet ouvrage ait paru.

ANDRYSOWIC (LAZARE), imprimeur polonais, établi à Cracovie dans le milieu du seizième siècle, donna un grand essor à la publication de la musique, et livra au public un grand nombre de recueils de chants religieux.

ANET (BAPTISTE), violoniste distingué, ordinaire de la musique du roi, avait été élève de Corelli. Il a publié en 1724, chez Boivin, un *Premier livre de sonates à violon seul et la basse continue*.

* **ANFOSSI** (PASCAL). Les deux ouvrages suivants, *il Principe di Lagonegro*, opéra, et *Sant'Elena al Calvario*, oratorio, doivent prendre place dans la liste des œuvres de ce compositeur.

ANGELERI (ANTONIO), pianiste et professeur d'une grande renommée, considéré comme le Nestor du piano en Italie, est né à Pieve del Cairo (Piémont), le 26 décembre 1801. Élève du célèbre Pollini, il a toujours su maintenir les saines et pures traditions de son maître, aussi bien que celles de Clementi et de Cramer ; c'est dire qu'il est constamment resté dans les voies du grand style et de l'élégance classique. Nommé dès le 8 janvier 1829 professeur de piano au Conservatoire de Milan, M. Angeleri ne prit sa retraite qu'en 1870, et, durant ce long professorat de quarante années, il donna à l'école de piano de cet établissement un essor magnifique et une incontestable supériorité. On peut citer au nombre de ses meilleurs élèves Adolfo et Disma Fumagalli, MM. Giulio Alary, Sangalli, Liugi Minoja, Meiners, Fasanotti, etc., etc. L'un des plus distingués, M. Carlo Andreoli, lui a succédé dans sa classe, et continue aujourd'hui ses traditions. M. Angeleri, qui était professeur au collège royal de Milan en même temps qu'au Conservatoire, a couronné sa carrière enseignante en publiant, vers 1872, sous ce titre : *il Piano-forte*, un manuel excellent relatif à la pose des mains sur l'instrument et à la façon d'attaquer le son. Ce livre, illustré de plusieurs eaux-fortes superbes, a été édité avec le luxe et le bon goût que la maison Ricordi apporte à ses moindres publications. — Un frère de M. Antonio Angeleri, M. Filippo Angeleri, est aussi pianiste et compositeur.

ANGELONI (......), compositeur italien, a fait représenter au mois de janvier 1871, sur le théâtre de Lucques, un opéra sérieux intitulé *Osrade degli Abencerraggi*.

* **ANGER** (LOUIS), pianiste, organiste et

compositeur, est mort à Lunebourg le 18 janvier 1870.

ANGERMANN (........), célèbre organiste à Altenburg, vivait vers 1740. Il est cité par Mattheson dans son *Arc de triomphe musical : « Musikalischen Ehrenpforte, »* comme un des meilleurs compositeurs de son temps. Y.

ANGERMANN (Frédéric), professeur de chant, né à Wusterhausen, a beaucoup écrit sur son art dans les journaux de musique de Berlin et publié un ouvrage théorique dont le titre m'est inconnu. Il est mort le 13 mars 1856.
β Y.

ANGIOLINI (........), compositeur et chorégraphe italien, était attaché au théâtre de la Scala, de Milan, comme maître de ballets, vers la fin du dix-huitième siècle. On lui doit les scénarios d'un grand nombre d'ouvrages de ce genre, dont il écrivait parfois aussi la musique, ainsi qu'on peut le voir par le catalogue dressé par M. Cambiasi sous ce titre : *Rappresentazioni date nei reali teatri di Milano*, 1778-1872. Voici la liste de ceux de ces ouvrages dont il composa la musique : 1° *Demofoonte*, 1780; 2° *Divertissement*, 1780; 3° *Solimano*, 1781; 4° *gli Scherzi*, 1781; 5° *il Trionfo d'amore*, 1782; 6° *il Diavolo a quattro*, 1782; 7° *l'Amore al cimento*, 1782; 8° *Dorinna e l'uomo selvatico*, 1789; 9° *Amore e Psiche*, 1789.

* **ANGLEBERT** (Jean-Baptiste-Henri d'), claveciniste de la chambre de Louis XIV, naquit vers 1628, car il était âgé de soixante-trois ans lorsqu'il mourut à Paris le 23 avril 1691. Il avait épousé le 12 octobre 1659 une demoiselle Madeleine Champagne, qui lui donna une fille et plusieurs fils, dont l'aîné portait les mêmes prénoms que son père et eut Lully pour parrain. D'Anglebert fut d'abord organiste du duc d'Orléans, après quoi il devint « ordinaire de la musique de la chambre du Roy pour le clavecin » en même temps que « joueur d'épinette de la chambre de Sa Majesté » en survivance (1).

ANGLEBERT (Jean-Baptiste-Henri d'), fils du précédent, naquit à Paris le 5 septembre 1661. Claveciniste comme son père, il fut sans doute son élève, et lui succéda dans la charge de claveciniste de la chambre du roi, qu'il occupait encore en 1699. J'ignore la date de sa mort, et je ne sais s'il a publié quelques compositions.

ANGLEBERT (Jean-Henri d'), frère cadet du précédent, fut aussi claveciniste. Je ne connais pas la date précise de sa naissance, mais il était âgé de quatre-vingts ans lorsqu'il mourut à Paris le 9 mars 1747.

ANGLOIS (Luigi), musicien italien, né à Turin le 25 octobre 1801, était fils d'un contre-bassiste renommé, Giorgi Anglois, se fit lui-même une grande réputation par son talent d'exécution sur la contre-basse, et donna avec succès des concerts à Paris, à Londres, à Lisbonne et en Amérique. Cet artiste, qui a laissé une Méthode estimée pour son instrument, est mort à Turin le 24 avril 1872.

ANICHINI (Francesco), compositeur, professeur à l'Institut royal de musique de Florence, s'est fait remarquer à plusieurs reprises dans les concours ouverts par M. le docteur Basevi pour la composition d'œuvres de musique de chambre, principalement de quatuors pour instruments à cordes. Plusieurs des quatuors présentés par M. Anichini dans ces concours ont obtenu des récompenses, mentions honorables, seconds ou premiers prix (1862, 1863, 1865), et l'un d'eux a été publié en partition par l'éditeur M. Guidi, de Florence, dans sa jolie collection d'éditions de poche. M. Anichini a publié aussi diverses autres compositions, entre autres un *Ave Maria* à 4 voix (Milan, Ricordi), et un *Requiem* à grand orchestre.

ANJOS (DOS). Au compositeur portugais de ce nom, Dionisio dos Anjos, mentionné dans la *Biographie universelle des Musiciens*, il faut ajouter *Luiz dos Anjos* et *Simão dos Anjos*. Le premier jouissait d'une grande réputation à Lisbonne vers le commencement du dix-huitième siècle; le second fut un des disciples distingués du célèbre Manoel Mendes.
J. DE V.

ANNA (le P. Domingos de Sant'), compositeur portugais, né en 1722, était en 1755 *Cantor-Mor* du couvent de la Trinité à Lisbonne, et fut enseveli sous les ruines de ce couvent lors du grand tremblement de terre qui détruisit la ville (1755). On louait beaucoup son talent sur la basse (rabecão). Un autre religieux du même couvent, frère *Joaquim de Sant' Anna*, eut le même sort; il chantait fort bien, et jouissait d'une grande réputation comme organiste. Les deux orgues du couvent de la Trinité étaient des instruments magnifiques et n'étaient surpassées que par celles du couvent de Notre-Dame de Grâce, qui en possédait trois. Chacun de ces instruments n'avait pas coûté moins de 25,000 *cruzados* en 1569!
J. DE V.

* **ANNUNCIAÇÃO** (le Fr Gabriel da),

---
(1) Ces renseignements sur la famille des d'Anglebert sont extraits du *Dictionnaire critique de biographie et d'Histoire* de Jal, d'après les documents authentiques cités par cet écrivain.

musicien portugais, né en 1681 à Ovar, où il fit ses études musicales, entra dans l'ordre de S. François en 1706. Il acheva ses études à Leiria, et occupa ensuite des places importantes dans les couvents de son ordre à Coimbra, à Porto, et en dernier lieu à Lisbonne, où il vivait encore en 1747. La *Biographie universelle des Musiciens* n'a pas mentionné les compositions de cet artiste, qui sont très-nombreuses, et qui comprennent des *Messes*, des *Antiennes*, des *Motets*, etc. Elle n'a pas cité non plus son *Manual e Ceremonial do Canto*. On ignore, du reste, si cet ouvrage a été publié. (Pour le reste, V. *Musicos Portuguezes*, t. Ier, page 10.) Un autre musicien du même nom, *Philippe da Annunciação*, vivait vers le milieu du dix-huitième siècle à Coimbra, où il exerçait les fonctions de chanoine dans le célèbre couvent de Santa-Cruz (S. Agostinho). Son talent d'organiste était très-estimé. On a de cet artiste : *Acompanhamentos para Orgão ; de Hymnos, Missas, e tudo o mais que se canta no coro dos Conegos Regulares Lateranenses da Congr. Reformada de S. Cruz de Coimbra, Compostos pelo R. D. Ph. da Annunciação, Conego regular da mesma Congregação. Anno de 1754*, gr. in-4°. L'auteur de cette notice possède le manuscrit original de cet ouvrage, qui n'a pas été imprimé. Les exemples en sont savamment écrits, et l'on y reconnaît l'influence du style de Manuel Rodrigues Coelho (*Voyez* ce nom) et de ses *Flores de Musica*. J. DE V.

* ANSIAUX (JEAN-HUBERT-JOSEPH). L'ouverture de *l'Apothéose de Grétry*, due à cet artiste, n'était pas une simple ouverture de concert ; elle faisait partie d'un ouvrage lyrique en un acte, portant ce titre, et dont la première représentation eut lieu le jour de l'inauguration du nouveau théâtre de Liége, en novembre 1820. Ansiaux est aussi l'auteur d'une cantate intitulée *la Fête de Sainte-Cécile*, et il a écrit un assez grand nombre de morceaux importants pour orchestre et pour harmonie militaire.

ANTHIOME (EUGÈNE-JEAN-BAPTISTE), professeur et compositeur, est né à Lorient le 19 août 1836. Admis au Conservatoire, d'abord dans la classe d'harmonie écrite de M. Elwart, puis dans la classe d'orgue de M. Benoist, il obtint un second accessit d'harmonie au concours de 1856. Devenu un peu plus tard élève de Carafa pour la fugue et la composition, il se présenta en 1861 au concours de l'Institut et obtint le premier second grand prix de composition. Nommé en 1863 répétiteur d'une classe d'étude du clavier au Conservatoire, M. Anthiome, qui occupe encore aujourd'hui cet emploi, a fait représenter au petit théâtre des Fantaisies-Parisiennes, le 6 mai 1866, une opérette en un acte, intitulée : *Semer pour récolter*, et le 3 février 1876, aux Folies-Bergère, un autre petit ouvrage du même genre : *le Dernier des Chippeways*. Il a publié quelques compositions légères, entre autres une suite de morceaux de piano intitulés 6 *Croquis d'album*, Paris, Grus.

ANTOLISEI (........), compositeur italien, n'est encore connu que par la musique de deux farces en un acte qu'il a fait représenter, au mois de juillet 1875, sur le théâtre de Cingoli. L'un de ces petits ouvrages était intitulé *i Due Metastasiani*, le second avait pour titre *Lisella*.

ANTONIETTI (........), compositeur italien, a fait représenter à Taganrog, au mois de janvier 1872, un opéra intitulé *il Franco Bersagliere*.

ANTONII (GIOVANNI-BATTISTA), frère de Pietro degli Antonii, fut un organiste renommé. Élève de Giacomo Predieri, il a publié diverses compositions pour violoncelle et clavecin, violon et violoncelle, des ballets, courantes, gigues pour trois instruments, et des versets pour l'orgue. En 1684, il fut admis au nombre des membres de l'Académie des Philharmoniques de Bologne.

ANTONIO (le Fr. JOSÉ DE SANTO), théoricien portugais, a publié un petit traité de musique : *Elementos de Musica*, Lisbonne, Antonio Vicente da Silva (imprimeur ou éditeur ?), 1761, in-4° de 16 pages. Ce traité, qui est signé par l'anagramme de l'auteur : *Frazenio de Soyto Jonaton*, est rare. La Bibliothèque du couvent de Jésus, à Lisbonne, en possédait un exemplaire. J. DE V.

AOUST (le marquis JULES D'), compositeur amateur, né vers 1825, s'est fait connaître par un certain nombre de mélodies vocales et par la musique de deux opérettes en un acte : *l'Amour voleur*, exécutées dans un salon en 1865, et *la Ferme de Miramar*, représentée dans un concert donné au théâtre de l'Athénée le 11 avril 1874.

* APOLLONI (GIUSEPPE), compositeur dramatique italien, est né à Vicence, et non dans le royaume de Naples, comme il a été dit par erreur. Outre *l'Ebreo* et *Pietro d'Albano*, cet artiste a fait représenter plusieurs autres opéras, parmi lesquels *Adelchi* (Venise, th. de la Fenice, 1856 ou 57), *il Conte di Kœnigsberg* (Florence, th. de la Pergola, 17 mars 1866), et *Gustavo Wasa* (Trieste, th. Communal, décembre 1872). Bien qu'ils aient été accueillis avec assez de faveur, aucun de ces ouvrages n'a retrouvé le succès éclatant qui avait signalé l'apparition de *l'Ebreo*, et qui avait fait faire à cet opéra le tour triomphal de l'Italie entière. C'est que le public, qui avait été tout à la fois étonné et charmé de la vigueur et de l'abondance d'inspiration qui distinguait cette partition, n'a plus retrouvé ce flot mélodique dans les œuvres que l'auteur lui offrit par la suite ; et comme M. Apolloni est surtout un musicien d'instinct, dont le savoir est absolument insuffisant et dont l'instruction manque de solidité, il n'a pas pu renouveler son talent et s'est vu dans l'impossibilité d'écrire, au point de vue de la forme et de la facture, une œuvre d'un mérite sérieux et durable.

APTOMMAS, nom de deux harpistes anglais, tous deux compositeurs pour leur instrument, nés à Bridgend, l'un en 1826, l'autre en 1829. L'un d'eux a fait un voyage en Amérique, d'où il est revenu à Londres en 1862 ; il vint l'année suivante à Paris donner quelques concerts, dans lesquels son double talent de virtuose et de compositeur fut très-apprécié, puis il retourna à Londres, où il retrouva ses succès passés et continua de se livrer à l'enseignement. Le jeu de cet artiste, qui est élégant, fin et plein de grâce, présente cette particularité que le virtuose, au rebours des harpistes ordinaires, exécute la partie de chant avec la main gauche, et celle de la basse avec la main droite.

ARAGO (Mme Victoria), compositeur, s'est fait connaître par la publication d'un certain nombre de romances, dont plusieurs ont obtenu du succès. Sous le règne de Louis-Philippe, à l'époque où ce genre de compositions jouissait encore de toute sa vogue, Mme Victoria Arago, comme Clapisson, comme Masini, comme Frédéric Bérat, comme M. Paul Henrion, publiait chaque année, chez l'éditeur Meissonnier, un album de romances que le public accueillait avec faveur.

* **ARANDA** (Matheus de), musicien portugais ou espagnol, fut nommé professeur de musique à l'Université du Coimbre par une résolution du 26 juillet 1544. La chaire de musique date du temps même de la fondation de l'Université (1290). Aranda était en même temps maître de chapelle de la cathédrale de Coimbre. Il paraît qu'il avait occupé auparavant les mêmes fonctions à la Sé (cathédrale) de Lisbonne. Il a publié un *Tratado de cantollano y contrapunto por Matheo de Aranda, Maestro de Capilla de la Sé de Lixboa. Dirigido al illustrissimo señor D. Alonso cardenal infante de Portugal, Arçobispo de Lixboa y obispo de Evora, Comendatario de Alcobaça. Com privilegio real.* Lisbonne 1533, German Gallarde, in-4° de IV-145 pages (non numérotées). La partie relative au *cantollano* (plain-chant) comprend 14-71 pages, celle relative au *contrapunto* IV-66 pages. Toutes les deux sont imprimées en caractères gothiques. Fétis n'a pas vu ce traité, qui est excessivement rare, et le titre qu'il en donne est incomplet ; d'ailleurs, il suppose qu'Aranda fut un musicien espagnol, jugeant d'après le titre de son ouvrage. On n'est pas encore fixé sur la nationalité de cet artiste. J. de V.

ARANGUREN (José), pianiste et professeur espagnol, est né à Bilbao le 25 mai 1821. Il étudia le solfége et le piano sous la direction de Nicolas Ledesma, maître de chapelle et organiste en cette ville, et le violon avec Fausto Sanz. En 1843, il se rendit à Madrid dans le but d'y étudier la composition, et y devint, de 1844 à 1848, l'élève de M. Hilarion Eslava. M. Aranguren se livra ensuite à l'enseignement, et publia en 1855 une *Méthode de piano* dont on a fait cinq éditions, en 1861 un *Prontuario para los cantantes é instrumentistas*, et un *Traité complet d'harmonie élémentaire*. Ces divers ouvrages ont paru chez l'éditeur Romero y Andia. M. Aranguren, à qui l'on doit encore un grand nombre de compositions religieuses estimées, est professeur auxiliaire d'harmonie au conservatoire de Madrid depuis le 2 mars 1867.

* **ARAUJO** (Francisco Corrêa de), organiste remarquable et compositeur pour son instrument. Son nom s'écrit aussi Arauxo ; *Araujo* en est la forme moderne. Presque tous les auteurs qui se sont occupés de cet artiste ont été mal renseignés. C'est surtout à propos de son ouvrage sur l'orgue que les erreurs se sont multipliées ; aucun n'en a donné le titre exact : *Libro de tientos y discursos de musica practica y theorica de organo, intitulado Facultad organica : con el qual, y con moderado estudio y perseverança qualquier mediano tañedor puede salir aventajado en ella ; sabiendo destramente cantar, y sobretodo teniendo buen natural*, Alcala, Antonio Arnão, 1626, in-fol. de V-204 feuilles, dont 26 pour le texte et le reste en exemples de musique. Cet ouvrage, aussi rare que celui de Coelho (V. ce nom), et d'ailleurs très bon, ne peut cependant lui être comparé. J'ai combattu (*Musicos portuguezes*, t. I, p. 18) l'opinion de M. Eslava (*Museo organico español*) à propos de la nationalité de Corrêa de Araujo. Ces deux noms sont portugais : *Arauxo* est la forme ancienne d'Araujo, comme *Corrêa* est la forme ancienne de

Correia ; ces deux noms sont encore très en usage en Portugal, tandis qu'ils sont fort rares en Espagne. On a peu de renseignements sur la vie de cet artiste distingué ; il a été organiste de l'église de S. Salvador à Séville, remplit successivement plusieurs fonctions importantes dans la hiérarchie ecclésiastique, et finit par occuper l'évêché de Ségovie. Araujo appartenait à une famille très-distinguée ; il naquit vers 1581, et mourut dans un âge avancé, en 1663. Araujo avait écrit deux ouvrages : *Casos morales de la musica*, et un livre : *De Versos* (probablement un *recueil* de pièces variées) dont il parle dans son *Libro de tientos*; mais ces ouvrages n'ont pas été publiés. Le premier existait en manuscrit dans la célèbre bibliothèque de musique du roi D. Jean IV, ainsi qu'une quantité de *Psalmos*, *Motetes* et *Vilhancicos*.

J. DE V.

ARBAN (JOSEPH-JEAN-BAPTISTE-LAURENT), virtuose sur le cornet à pistons et chef d'orchestre, naquit à Lyon le 28 février 1825. Admis au Conservatoire, dans la classe de trompette de Dauverné, au mois de décembre 1841, il obtint le second prix de trompette au concours de 1844 et le premier l'année suivante. C'était l'époque où le cornet à pistons faisait fureur ; adoptant cet instrument, M. Arban se fit bientôt remarquer dans les concerts par son jeu brillant et facile, et obtenait surtout des succès par ses *triples coups de langue*. Lors de la création des concerts de M. Musard fils au boulevard des Capucines, en 1856, sa vogue fut très-grande. Peu de temps après, un entrepreneur, ayant fondé le Casino-Cadet, confia à M. Arban la direction de l'orchestre de cet établissement, dans lequel on donnait alternativement des bals et des concerts de musique légère. Cet artiste se fit alors une réputation de chef d'orchestres de bals, et dirigea tour à tour ceux du Casino, de Valentino, de Frascati, et même de l'Opéra, lors de la retraite de M. Strauss et jusqu'à l'incendie de la salle de la rue Le Peletier.

Le 8 juin 1857, M. Arban avait été nommé professeur de la classe de sax-horn ouverte au Conservatoire pour les élèves militaires ; le 1er février 1869, une classe régulière de cornet à pistons étant créée dans cet établissement, il en fut nommé titulaire, et M. Maury le remplaça dans celle de sax-horn. Depuis lors, il a donné sa démission. M. Arban a publié une *Grande Méthode complète de cornet à pistons et de sax-horn* (Paris, Escudier), et un *Extrait* de cette méthode (Id., id.). On lui doit aussi un grand nombre de fantaisies et morceaux de concert pour le cornet à pistons (entre autres quinze fantaisies sur les opéras de Verdi, publiées chez l'éditeur Escudier), et une quantité considérable de morceaux de musique de danse, polkas, polkas-mazurkas, schotischs, quadrilles, etc., pour piano ou pour orchestre, presque tous écrits sur des motifs d'opéras en vogue.

* **ARCADELT** (JACQUES). Outre les éditions citées du premier livre des madrigaux de ce grand musicien, il en faut mentionner une, qui serait vraisemblablement la quatrième, puisqu'elle est datée de 1544 : *Il primo libro de' Madrigali d'Archadelt a quattro voci, con nuova gionta ultimamente impressi* (Venetiis, apud Hieronymum Scotum, 1544). Cette édition contient 56 madrigaux, c'est-à-dire trois de plus que les précédents ; les paroles de deux d'entre eux sont de Michel-Ange ; aussi ces deux derniers ont-ils été publiés de nouveau à Florence, en 1875, à l'occasion des fêtes du centenaire de ce grand homme, par les soins et avec un commentaire de M. Leto Puliti. (V. ce nom.)

ARCAIS (FRANCESCO, marquis D'), critique musical italien et compositeur, né vers 1830, est issu d'une ancienne et noble famille de Sardaigne, aujourd'hui déchue de sa splendeur passée. Il a fait de bonnes études musicales, et depuis près de vingt ans est chargé du feuilleton musical et dramatique du journal politique *l'Opinione*, l'un des plus estimés de toute l'Italie ; il a suivi ce journal dans ses pérégrinations diverses, de Turin à Florence, puis de Florence à Rome, et il y donne tous les lundis un feuilleton très-lu, tout en faisant chaque jour une petite chronique des théâtres. Artiste délicat, homme instruit et de bonne compagnie, M. d'Arcais a le talent de se faire lire et comprendre de tout le monde ; ses articles, écrits dans une langue claire et facile, sont des modèles d'urbanité et de bon goût. Malheureusement, le tempérament musical de M. d'Arcais est un peu arriéré, et reste rebelle non-seulement à toute manifestation artistique un peu audacieuse, mais encore à toute espèce de nouveauté et de progrès. Le critique est un ultra-Italien, et un Italien du passé, un peu confit dans les formules et dans les moules classiques, et se laissant trop volontiers guider par le courant paresseux de l'opinion, au lieu de chercher à la guider lui-même et à lui inspirer l'amour de la liberté et de la personnalité dans l'art. Partisan acharné de la vieille école italienne, M. d'Arcais ne s'est pas borné à faire à M. Richard Wagner et à ses œuvres une guerre sans merci, refusant au musicien allemand toute espèce de qualité et de faculté musicale ; il a encore pris à partie M. Gounod, et a constamment nié la valeur de *Faust*, déclarant tout d'abord que l'œuvre n'était pas viable et s'obstinant dans son opinion, même quand *Faust*, acclamé dans toute l'Italie, comme il l'avait été en France et en Allemagne, eut été joué partout, jusque dans les plus petites villes de l'île de Sardaigne, sa patrie. En un mot, M. d'Arcais, dont le jugement est très-sain lorsqu'il n'a à s'exercer que sur les œuvres italiennes dont le genre se rapporte à ses préférences, manque de cet éclectisme vigoureux, large, ouvert, sans lequel la critique court le risque de ne pas survivre au moment qui l'a vu naître.

M. d'Arcais, qui est un des collaborateurs actifs de la *Gazzetta musicale*, de Milan, s'est essayé comme compositeur, et par trois fois, mais sans succès, a abordé le théâtre, avec de petits ouvrages bouffes: *i Due Precettori*, représenté il y a une quinzaine d'années; *Sganarello*, donné au théâtre Re, de Milan, au mois d'avril 1871; enfin, *la Guerra amorosa*, petit opéra à deux personnages, joué à Florence. Il a écrit aussi une messe funèbre, qui a été accueillie favorablement par la presse, et je crois qu'il a publié quelques romances et mélodies vocales. Parmi ces dernières, je signalerai surtout une composition importante, *l'Addio del Condannato*, scène dramatique pour voix de baryton, dédiée au chanteur Aldighieri et publiée à Turin, par les éditeurs Giudici et Strada.

ARCHAMBEAU (Jean-Michel d'), organiste et compositeur belge, né à Herve (province de Liége), le 3 mars 1823, reçut d'abord des leçons de piano et de violon de son père, puis devint élève de D. Goffin et de Joseph Massart. Il étudia ensuite l'harmonie et le contre-point dans les traités de Cherubini, de Catel et de Fétis, et à peine âgé de quinze ans il devint professeur de musique au collège de sa ville natale. Dix ans après, il fut nommé organiste à Petit-Rechain, et il occupait encore ce poste en 1862. M. d'Archambeau, qui a fait représenter en 1859, sur le théâtre du Gymnase de Liége, une opérette dont j'ignore le titre, a publié plusieurs compositions de divers genres : 2 messes solennelles à 3 voix d'hommes, avec accompagnement d'orgue; 12 litanies; 7 motets; des romances sans paroles pour piano, et beaucoup de morceaux de musique légère. — Le frère de cet artiste, M. *Édouard d'Archambeau*, né à Herve le 8 décembre 1834, commença l'étude du piano avec son frère, puis devint, au Conservatoire de Liége, élève de Ledent et de Wanson, et obtint, en 1852, un premier prix de piano et un second prix de violon. Il a publié quelques compositions pour le piano.

ARDITI (le marquis Michele), compositeur italien, probablement amateur, naquit en 1745, et fit représenter à Naples un opéra sérieux, *l'Olimpiade*, écrit sur le poème de Métastase qui a servi à tant d'autres compositeurs. Je ne connais pas d'autres œuvres de cet artiste, qui est mort en 1838, âgé de quatre-vingt-treize ans.

ARDITI (Luigi), violoniste, chef d'orchestre et compositeur, est né à Crescentino (Piémont), le 22 juillet 1822. Il fit ses études musicales au Conservatoire de Milan, où il entra le 17 mars 1836 et d'où il sortit le 6 septembre 1842, après y avoir écrit et fait représenter un opéra en deux actes intitulé *i Briganti*. Il se produisit d'abord comme virtuose, en donnant des concerts à Varèse, à Novare, à Voghera, fut engagé ensuite comme chef d'orchestre à Verceil, puis remplit les mêmes fonctions à Milan et à Turin, et enfin recommença à donner des concerts, en compagnie du fameux contrebassiste Bottesini (*voyez* ce nom), jusqu'au moment où il signa un engagement comme chef d'orchestre et concertiste pour le théâtre de la Havane. De la Havane il se rendit à New-York, où il devint chef d'orchestre de l'Académie de musique, théâtre pour lequel il écrivit un grand opéra sérieux, *la Spia*, qui fut chanté par Mme Anna de La Grange, MM. Brignoli et Morelli. Après avoir passé quelques années en Amérique, M. Arditi fut appelé à Constantinople, puis, M. Lumley l'ayant attiré à Londres, il prit la direction de l'orchestre du Théâtre italien de cette ville, où il obtint de grands succès. C'est à Londres qu'il commença à publier toute une série de mélodies vocales, qui furent accueillies avec la plus grande faveur, entre autres celle intitulée *Omaggio alla Bosio*, et la fameuse valse *il Bacio*, qui fut le triomphe de Mlle Piccolomini, et que Mme Patti contribua ensuite à faire devenir populaire. Depuis lors, M. Arditi n'a guère quitté Londres, où il se livre à l'enseignement, et où, dans ces dernières années, il était directeur d'une grande entreprise de concerts (1). Parmi les mélodies de M. Arditi qui ont obtenu le plus de succès, il faut citer *l'Orologio*; *Kellog*, valse chantée; *Capriccio-Mazurka*; *l'Ardita*, valse chantée; *il Bacio*, id.; *la Stella*, id.; *la Farfalletta*, mazurka chantée; *Bolero*; *la Tradita*; *Forosetta*, tarentelle chantée; *l'Incontro*, valse chantée; *Trema, o vil!* duo dramatique pour soprano et contralto; *Vuoi amor un giovin cor*, rondo, etc. M. Arditi a publié aussi un certain nombre de compositions pour le violon, parmi lesquelles je citerai : *il*

---

(1) Au moment où cette notice est écrite (novembre 1873), M. Arditi dirige encore, au théâtre de Covent-Garden, 'ces concerts qui obtiennent un grand succès

Trovatore, fantaisie brillante, avec accompagnement de piano ; *Norma*, caprice, id. ; *i Due Foscari*, fantaisie, id. ; *Souvenir de Donizetti*, fantaisie, id. ; scherzo brillant sur divers chants américains, id. ; scherzo brillant pour deux violons, id., etc., etc.

ARENDS (LÉOPOLD), né le 1er décembre 1817 à Rakiski, dans le cercle de Wilna, est connu dans le monde musical par un ouvrage intitulé : *Ueber den Sprachgesang der Vorzeit und die Herstellbarkeit der althebraïschen Vocalmusik : Du langage chanté des anciens et de la restauration de l'ancienne musique vocale des Hébreux* (Berlin, 1867).

Y.

* **ARETINUS** (PAUL). A la liste des compositions de cet artiste, il faut joindre le recueil suivant : *Libro primo delli madrigali cromatici di messer Paolo Aretino* (Venetiis, apud Hieronymum Scotum, 1549).

ARGILLIÈRES (ROCH D'), facteur d'orgues, vivait en Normandie dans la seconde moitié du seizième siècle. Il fut l'un des fondateurs du puy de musique érigé à Évreux, en 1570, en l'honneur de Sainte-Cécile, et s'engagea à « raccorder » les orgues à chaque solennité de cette institution.

ARIENZO (NICOLA D'), compositeur distingué, est né à Naples le 24 décembre 1843. Élève de Pietro Labriola pour le piano et de Vincenzo Fioravanti pour l'harmonie et le contre-point, il n'était âgé que de seize ans lorsqu'il fit ses débuts de compositeur dramatique en donnant, au théâtre Nuovo, au mois de juin 1860, l'opéra bouffe en dialecte napolitain intitulé : *Monzù Gnazio o la Fidanzata del Parrucchiere*, qui fut très-bien accueilli. Au mois de février 1864, il se produisait à la fois comme compositeur et comme virtuose, en faisant entendre dans un des concerts du cercle Bonamici, un trio en *ut* majeur. En février 1866, il donnait au théâtre Bellini un nouvel opéra en dialecte, avec dialogue, *i due Mariti*, qui fut reproduit en 1871, au nouveau théâtre Re de Milan, traduit en italien, avec des récitatifs remplaçant le dialogue. Il fit représenter ensuite *le Rose* (Naples, th. Bellini, février 1868) ; *il Cacciatore delle Alpi* (2 actes, Naples, 23 juin 1870) ; et *il Cuoco* (3 actes, Naples, th. Rossini, 11 juin 1873). M. d'Arienzo, qui est aujourd'hui professeur d'harmonie et de composition à l'*Albergo de' Poveri* et au collège de musique de San Pietro a Majella, de Naples, s'est fait connaître encore par diverses autres œuvres : il a obtenu de la *Società del Quartetto* de Milan, en 1869, un second prix pour quatre Nocturnes à 2, 3 et 4 voix ; il a fait exécuter à Rome, en 1871, un *Pensiero sinfonico*, dont une réduction pour le piano à 4 mains a été publiée à Milan, chez Lucca ; enfin, il a publié un grand nombre de compositions pour le chant, ainsi qu'un manuel intitulé *Elementi di lettura musicale* (Naples, Cottrau). Il a en portefeuille un opéra sérieux, *Rita di Lister*, écrit sur un poëme de son oncle, M. Marco d'Arienzo, un opéra bouffe, *i Viaggi*, et une grande cantate sacrée pour soli, chœur et orchestre, *il Cristo sulla croce*.

ARMINGAUD (J......), violoniste fort distingué, né vers 1824, s'est acquis à Paris une réputation méritée par le talent dont il a fait preuve dans les séances de musique de chambre qu'il donnait en compagnie de MM. Léon Jacquard, Édouard Lalo et Mas. Cette société de quatuors, que M. Armingaud organisa vers 1855 et dans laquelle il tenait la partie de premier violon, était certainement une des meilleures de Paris au point de vue de l'ensemble et de la fermeté de l'exécution, et M. Armingaud y brillait particulièrement par la grâce de son jeu, la solidité de son style et la belle qualité de son qu'il tirait de son instrument ; elle s'est augmentée et transformée, par l'adjonction de quelques instruments à vent, et a pris depuis lors le titre de *Société classique*. Cet artiste modeste et remarquable, qui s'est fait applaudir aussi dans des concerts particuliers, a publié un certain nombre de morceaux de violon, avec accompagnement de piano : *Aubade; Sérénade*, op. 9, Paris, Gérard ; *Villanelle*, op. 10, id., id. ; *Chanson vénitienne*, id., id. ; et différentes fantaisies sur des motifs d'opéras célèbres, ainsi que quelques mélodies vocales.

* **ARNAUD** (ÉTIENNE), est mort à Marseille au mois de janvier 1863, des suites d'une fluxion de poitrine. Cet artiste avait publié plus de deux cents romances, dont la plupart, empreintes d'un joli sentiment, eurent de véritables succès.

ARNEIRO (JOSÉ-AUGUSTO FERREIRA VEIGA, vicomte D'), dilettante et compositeur portugais, appartient à une famille qui s'est distinguée dans la musique. Ses frères sont des amateurs plus ou moins habiles, fort bien vus dans les salons de Lisbonne, et l'un d'eux, M. João Ferreira Veiga, a obtenu des succès sur plusieurs scènes d'Italie ; je l'ai entendu il y a quelques années à Porto, et j'ai pu constater qu'il possédait une voix de baryton fort agréable, quoique manquant un peu d'accent et d'énergie sur la scène ; son extrême embonpoint nuisait d'ailleurs beaucoup à l'effet dramatique, et il a dû, plus tard, renoncer au théâtre.

M. le vicomte d'Arneiro, fils d'un père Portugais et d'une mère Suédoise, est né à Macao, en Chine, le 22 novembre 1838. Après avoir fait et achevé ses études de droit à Coimbre, il reprit avec ardeur, en 1859, les études musicales qu'il avait commencées à l'âge de huit ans : il apprit l'harmonie avec le professeur Manoel Joaquim Botelho, artiste de l'orchestre du théâtre San-Carlos, de Lisbonne, étudia le contre-point et la fugue avec Vicente Schira, chef d'orchestre du même théâtre, et eut pour maître de piano l'habile virtuose Antonio José Soares, maître de chapelle de l'ancien Séminaire patriarcal. Les essais de composition de M. d'Arneiro qui datent de cette époque sont très-nombreux, et consistent en pièces d'orchestre, entr'actes, morceaux, romances, duos, auxquels il faut ajouter une petite comédie : *A Questão do Oriente*, jouée avec succès sur le théâtre Académique, une messe en *sol* majeur à quatre voix avec accompagnement d'orgue, et plusieurs autres morceaux de musique religieuse. Une partie de ces travaux, notamment ceux qui datent d'après 1859, ont été enregistrés aux archives de la Société des auteurs et compositeurs dramatiques de Paris. En mars 1866, M. le vicomte d'Arneiro fit représenter au théâtre San-Carlos un ballet fantastique en un acte et trois tableaux, intitulé *Ginn*, dont le scénario lui avait été fourni par M. Luigi Arcieri, et dont le principal rôle était fort bien tenu par Mlle Lamarre. La musique de cet ouvrage fut très-applaudie, et l'on y remarqua, outre des idées originales et en maint endroit empreintes de poésie, une facture soignée et un sentiment délicat des effets d'orchestre ; on jugea que c'était là, en somme, une œuvre de mérite, et l'on attendit l'auteur à d'autres épreuves plus décisives.

Ce fut seulement en 1871 que le compositeur présenta son ouvrage le plus important, son grand *Te Deum*, exécuté dans l'église de St-Paul, à Lisbonne, lors de la fête de Notre-Dame de la Conception. Malheureusement, l'exécution en était confiée à une société d'amateurs, qui ne sut pas faire ressortir toute la valeur de la partition, les difficultés de celle-ci étant d'ailleurs très-grandes, tant pour l'orchestre que pour les chœurs. Des amateurs aussi étaient chargés des *soli*, et un seul d'entre eux, le ténor Gazul (alors premier violon à l'orchestre du théâtre San-Carlos), se distingua. Les chœurs surtout furent très-faibles, car à Lisbonne, comme dans tout le Portugal, tout enseignement choral fait complètement défaut. L'orchestre, auquel étaient mêlés quelques artistes de celui de San-Carlos, se conduisit mieux. Plus tard, on reproduisit dans un concert de bienfaisance donné à San-Carlos (mai 1871) les pièces les plus importantes de ce grand *Te Deum*. Je ne puis parler de cette seconde audition, n'y ayant pas assisté, mais j'ai entendu dire qu'elle avait été plus satisfaisante. Peu de temps après la première exécution, M. le vicomte d'Arneiro me fit la bonne grâce de me prêter sa partition pour en rendre compte. Obligé de quitter Lisbonne à l'improviste, je ne pus alors m'acquitter de ma tâche ; mais je tiens à rendre justice, ici, à son œuvre si remarquable, et je n'exagérerai pas en disant que depuis Bontempo on n'a rien produit en Portugal d'aussi important que ce *Te Deum*. Après la mort de ce maître illustre, les musiciens portugais semblaient n'avoir d'autre préoccupation que de rabaisser de plus en plus la musique d'église ; déjà, de son vivant, Casimiro et ses imitateurs avaient donné le coup de grâce à cet art admirable, et les canevas sur des thèmes d'opéras italiens, les *soli* aux variations de petite flûte, les duos, trios, etc., construits sur des thèmes de contredanse, faisaient les délices des amateurs de Lisbonne. Chaque jour voyait naître de nouveaux imitateurs de Casimiro, qui se moquaient à qui mieux mieux de Bontempo et de son style sévère. Après la mort de Casimiro, lui-même on se tut, l'épuisement devint complet, manifeste ; c'est ainsi qu'en Portugal on a presque oublié jusqu'à l'existence de la musique religieuse, tant nationale qu'étrangère. Je n'ai pas entendu les œuvres de M. Miguel Angelo Pereira, de Porto, auteur de l'*Enrico* (V. ce nom), qu'on dit très-sérieuses ; se sont les seules dont on ait parlé avant l'audition du *Te Deum* de M. d'Arneiro. L'œuvre de celui-ci, quoique mal exécutée, a fait sensation à Lisbonne, et l'on s'aperçut aussitôt qu'on avait affaire à un talent remarquable. L'élévation des idées, l'expression profonde et énergique du dialogue vocal, la richesse de l'orchestre, c'est-à-dire l'attention toute particulière accordée à chaque instrument et l'entente rare dans leur emploi, le caractère grandiose des chœurs, tout cela produisit à Lisbonne un effet dont on ne sut pas d'abord se rendre compte. Les uns disaient que c'était de la musique dramatique, d'autres en parlaient comme d'une sorte d'oratorio, d'autres encore y trouvaient des éléments symphoniques. Le fait est que le *Te Deum* de M. d'Arneiro touche à tous ces genres divers, par le caractère des morceaux dont il se compose ; on peut reprocher à l'œuvre de manquer d'unité dans le style, on peut dire à l'auteur que son éclectisme lui a fait adopter et employer des procédés opposés entre eux, par exemple ceux de l'école allemande pour les chœurs, ceux de l'école française (Halévy,

Gounod) pour l'orchestre, enfin ceux de l'école italienne pour le caractère des morceaux concertants, et que tout cela nuit à l'ensemble de la composition. Peut-être est-ce pour cela que M. d'Arneiro a changé le titre de son œuvre lorsqu'il l'a fait exécuter à Paris, et qu'il a baptisé alors son *Te Deum* du nom de *symphonie-cantate*, titre qui en définissait mieux le caractère et la portée. L'œuvre de M. d'Arneiro fut très-bien reçue à Paris, et la critique lui fit un excellent accueil. MM. Oscar Comettant, Victorin Joncières, de Thémines, Gustave Bertrand et bien d'autres en rendirent compte d'une manière très-flatteuse; quelques journaux anglais, allemands et italiens s'en occupèrent aussi. Leur opinion fut la même; on en parla comme d'une composition très-remarquable, qui dénote des qualités précieuses chez l'auteur. Cependant M. le comte d'Arneiro n'est pas encore parvenu à s'assimiler les qualités de ses modèles à ce point qu'il ait pu produire une œuvre d'un style original, à lui. D'ailleurs on fera bien d'attendre que le compositeur nous ait appris, dans une seconde *symphonie-cantate*, ce qu'il entend par ce nouveau genre, quelle est son esthétique musicale à ce sujet, s'il a en vue de créer une forme nouvelle ou s'il reviendra tout bonnement à la forme traditionnelle du *Te Deum*. Le programme de l'exécution faite à Paris reproduisait les morceaux suivants : 1re partie : *Te Deum, Tibi Omnes, Tibi Cherubin, Te Gloriosus*; 2e partie : *Patrem immensæ majestatis, Tu ad liberandum, Judex crederis*; 3e partie : *Salvum fac populum, Per singulos dies, Dignare Domine, Miserere, In te Domine speravi*. Les *soli* étaient confiés à Mme Mélanie Reboux, Mlle Amanda Holmberg, MM. Miguel et Léon Lafont ; les chœurs étaient conduits par M. Léon Martin, et l'orchestre était placé sous la direction de M. Danbé, chef d'orchestre des concerts du Grand-Hôtel. L'exécution fut bonne de la part des chœurs et de l'orchestre, mais les *soli*, dit-on, laissèrent parfois beaucoup à désirer. Retourné en Portugal, M. d'Arneiro se remit au travail ; un *Scherzo* en mi bémol, une *Polonaise de concert*, un Recueil de morceaux caractéristiques : *Refrains du Printemps*, et un opéra semi-sérieux, *Elisire di giovinezza*, sont les fruits de ses derniers travaux. Ce dernier ouvrage, qui est en 4 actes, et dont les paroles ont été écrites par M. Jean-Jacques Magne, a été mis à l'étude au théâtre San-Carlos, où il doit être bientôt chanté par Mme Vitali et MM. Corsi, Rota, Vidal et Rellini (1).   J. DE V.

(1) Cet ouvrage vient d'être représenté (mars 1876) au théâtre San Carlos. — A. P.

ARNOLD (YOURY VON), compositeur et écrivain sur la musique, est né à Saint-Pétersbourg le 1er novembre 1811. Ses parents, qui le destinaient à la carrière diplomatique, lui firent faire son droit, mais il ne tarda pas à quitter cette carrière pour l'état militaire. Entré comme porte-enseigne dans un régiment de cuirassiers, il fit en 1831 la campagne de Pologne. Décoré de l'ordre de Saint-Georges et promu au grade d'officier, il se retira du service en 1838 afin de s'adonner exclusivement à l'étude de la musique, pour laquelle il avait un penchant qui datait de ses premières années. Après avoir travaillé quelque temps avec Jean-Léopold Fuchs, il se sentit assez fort pour aborder la composition d'un opéra russe : *la Bohémienne*. En 1859, il remporta le prix dans un concours ouvert par la Société philharmonique de Saint-Pétersbourg pour la composition de *Swætlana*, grande ballade de Schukowsky. A dater de ce moment, Youry von Arnold produisit assez rapidement trois opéras russes et plusieurs petites compositions au nombre desquelles il faut compter quelques chœurs à quatre voix et environ cent vingt *lieder*. Il a fait aussi à Saint-Pétersbourg et à Moscou plusieurs conférences sur l'histoire de la musique et sur la théorie musicale, qu'il a publiées. En 1863 il vint s'établir à Leipzig, où il fonda un journal de musique intitulé : *Allgemeine neue Zeitschrift für Theater und Musik* (*Nouvelle gazette générale pour le théâtre et la musique*), dont les tendances ultra-progressistes ne trouvèrent qu'un écho bien faible dans le public. Il publia vers la même époque plusieurs écrits sur la musique. Depuis 1870, Youry von Arnold est retourné dans sa patrie, ayant été nommé au conservatoire de Moscou professeur de la théorie du chant.

Y.

*ARNOULD (MADELAINE-SOPHIE), chanteuse célèbre, est morte, non en 1803, comme il a été dit par erreur, mais le 22 octobre 1802. Deux écrits ont été publiés sur elle : 1° *Arnoldiana, ou Sophie Arnould et ses contemporains*, recueil choisi d'anecdotes piquantes, de reparties et de bons mots de Mlle Arnould, précédé d'une notice sur sa vie et sur l'Académie impériale de musique, par l'auteur du *Biévriana* (Paris, Gérard, 1813, in-12 avec portrait); 2° *Sophie Arnould, d'après sa correspondance et ses Mémoires inédits*, par MM. Edmond et Jules de Goncourt (Paris, Poulet-Malassis, 1857, in-12). Sophie Arnould a été mise deux fois en scène par les vaudevillistes, dans deux pièces, chacune en 3 actes, qui portaient son nom : l'une, de Barré, Radet et Desfontaines, jouée au Vaudeville en 1805; l'autre, de MM. de Leuven, de Forges et Dumanoir, donnée au Palais-Royal en 1833. Dans la première, Sophie était personnifiée par l'aimable Mme Belmont, qui fit peu d'années après les beaux jours de l'Opéra-Comique; c'est Mlle Déjazet qui la représentait dans la seconde.

ARQUIMBAU (Domingo), compositeur espagnol, a joui dans sa patrie d'une certaine renommée. On ignore également et la date de sa naissance et celle de sa mort : on sait seulement qu'après avoir été maître de chapelle de la cathédrale de Gérone, il remplissait, en 1823, les mêmes fonctions à celle de Séville. Ayant envoyé une de ses compositions à l'Académie des Philharmoniques de Bologne, cette compagnie s'en montra très-satisfaite et l'admit au nombre de ses membres.

***ARRESTI** (Floriano), et non *Aresti*, était fils de Jules-César Arresti. Sa naissance remonte plus haut que la fin du dix-septième siècle, car dès 1684 il était reçu membre de l'Académie des Philharmoniques de Bologne, dont il devint prince en 1715. Comme organiste, il avait été élève de Bernardo Pasquini, et fit lui-même d'excellents disciples.

***ARRIAGA Y BALZOLA** (Juan-Crisostomo-Jacobo-Antonio), musicien espagnol, naquit à Bilbao le 27 janvier 1806. Je rétablis ici d'une façon précise les noms, prénoms et date de naissance de cet artiste intéressant, d'après M. Baltazar Saldoni (*Efemérides de músicos españoles*), qui a eu sous les yeux son acte de baptême.

***ARRIETA** (D. Juan-Emilio), l'un des compositeurs dramatiques les plus actifs et les plus estimés de l'Espagne contemporaine, est né à Puente la Reina, dans la Navarre, le 21 octobre 1823. Il alla faire son éducation musicale en Italie, partit pour ce pays en 1838, fut admis au Conservatoire de Milan le 3 janvier 1842, et devint dans cet établissement, où il eut pour condisciple M. Antonio Cagnoni, l'élève de Vaccaj pour la composition. Étant sorti du Conservatoire après un peu moins de quatre ans d'études, le 3 septembre 1845, M. Arrieta eut la chance de faire représenter sur un théâtre secondaire de Milan son premier ouvrage dramatique, *Ildegonda*, opéra semi-sérieux qui, s'il ne réussit que médiocrement, donnait cependant de l'espoir pour l'avenir du jeune compositeur.

Dès les premiers jours de l'année 1848, à la première approche des événements politiques qui troublèrent si profondément l'Italie à cette époque, M. Arrieta revint dans sa patrie. Il songea tout d'abord à y reprendre sa carrière de compositeur dramatique, aussitôt interrompue que commencée, et il écrivit la musique d'un grand opéra espagnol en trois actes, *Isabelle la Catholique, ou la Conquête de Grenade*, qui fut joué avec succès en 1850, et repris en 1855. On était alors à l'époque où un certain nombre de jeunes écrivains et de jeunes musiciens, réunissant leurs efforts pour une action commune, avaient formé le projet de faire revivre et refleurir la *zarzuela*, ou opéra-comique espagnol. M. Arrieta vint se joindre à ce petit groupe entreprenant, actif et intelligent, dans lequel se trouvaient déjà MM. Olona, Barbieri et Gaztambide, et, grâce à l'initiative et au zèle de ces jeunes artistes, le genre de la zarzuela, qui peut être considéré comme un produit national, prit un essor surprenant. Pour sa part, M. Arrieta a écrit, depuis 1852 jusqu'à ce jour, environ quarante ouvrages de ce genre, qui se font, dit-on, remarquer par la jeunesse, la vivacité, la gaieté, la véhémence et des qualités tout à fait particulières, et dont quelques-uns, *el Dominó azul*, *la Estrella de Madrid*, *Marina*, *el Grumete*, ont obtenu des succès retentissants et prolongés.

Voici, d'ailleurs, la liste des productions dramatiques de M. Arrieta, liste que je crois assez près d'être complète : 1° *Ildegonda*, opéra italien, Milan, vers 1847; 2° *Isabel la Católica, ó sea la Conquista de Granada*, grand opéra espagnol, Madrid, 1850; 3° *el Dominó azul*, 3 actes, 19 février 1853; 4° *el Grumete*, un acte, 17 juin 1853; 5° *la Vuelta del Corsario* (suite et seconde partie d'*el Grumete*), 1 acte; 6° *Marina*, 2 actes, 21 septembre 1855; 7° *la Estrella de Madrid*, 3 actes; 8° *De tal palo tal astilla*, 1 acte; 9° *el Hombre feliz* (monologue); 10° *el Sonámbulo*, 1 acte, 11 octobre 1856; 11° *Guerra á muerte*, 1 acte; 12° *la Dama del Rey*, 1 acte; 13° *Un Ayo para el niño*, 1 acte; 14° *1804 y 1865*, 1 acte; 15° *A Cadena perpétua*, 2 actes; 16° *el Conjuro*, un acte (en société avec M. Lopez de Ayala), 24 novembre 1866; 17° *Un sarao y una soirée*, 2 actes, 12 décembre 1866; 18° *Quien manda, manda*, 2 actes; 19° *Llamada y tropa*, 2 actes; 20° *Azon Visconti*, 3 actes; 21° *Cadenas de Oro*, 3 actes; 22° *Dos Coronas*, 3 actes; 23° *el Cautivo en Argel*, 3 actes; 24° *el Capitan negrero*, 3 actes; 25° *el Agente de matrimonios*, 3 actes; 26° *el Caudillo de Baza*, 3 actes; 27° *el Planeta Venus*, 3 actes; 28° *el Toque de Ánimas*, 3 actes; 29° *la Ínsula Barataria*, 3 actes; 30° *la Carcería real*, 3 actes; 31° *la Suegra del Diablo*, 3 actes, 23 mars 1867; 32° *la Tabernera de Londres*, 3 actes; 33° *los Circasianos*, 3 actes; 34° *un Trono y un Desengaño*, 3 actes; 35° *el Motin contra Esquilache*, 3 actes. A tout cela il faut ajouter une cantate pour l'inauguration du théâtre de la Zarzuela, qui eut lieu le 11 octobre 1856, une part de collaboration dans le prologue d'ouverture de ce théâtre, *la Zarzuela*, donné le même jour, et une *Cantate à Rossini*, exécutée en 1864. — Professeur de composition au Conservatoire de Madrid depuis le 14 décembre 1857, conseiller d'instruction publique depuis le mois de novembre 1875, époque où M. Hilarion Eslava donna sa démission de cette charge, M. Arrieta est aujourd'hui directeur du Conservatoire.

ARRIGO (GIUSEPPE), organiste et compositeur, est né à Mede, dans la Lomelline, le 9 septembre 1838. Élève de Domenico Cagnoni, puis de Carlo Coccia, et enfin de M. Raimondo Boucheron, il devint, à la suite d'un concours, organiste de la petite ville de Bardi, dans l'Émilie, position qu'il échangea plus tard contre celle de directeur de l'école musicale de Cassine, qu'il occupe encore aujourd'hui. M. Arrigo a fondé avec Giuseppe de Paoli et dirige seul maintenant un grand recueil de musique sacrée pour orgue qui, sous le titre de *Arpa Davidica*, est publié depuis 1869 à Milan par l'éditeur Vismara, et qui a été l'objet d'appréciations élogieuses de la part des critiques italiens. Ce recueil, qui contient quelques pages estimables, est cependant médiocre au point de vue général, et les morceaux qui le composent sont loin d'atteindre ce qu'on peut considérer comme l'idéal de la bonne musique d'orgue. M. Arrigo, à qui l'on doit aussi une brochure assez insignifiante sur l'orgue et la musique sacrée, n'a pu réussir encore à faire représenter un opéra bouffe, qu'il a écrit sous le titre de *Don Stazio*.

ARRONGE (ADOLPHE), compositeur de musique, né le 8 mars 1838 à Hambourg, est l'auteur d'un grand nombre d'opéras-comiques et d'opérettes au nombre desquelles on cite : *Das Gespenst* (le Fantôme), et *Der Zweite Jacob* (le Deuxième Jacob). Depuis 1868 il semble avoir abandonné la carrière de compositeur dramatique, et s'être adonné plus spécialement à l'enseignement du chant. Y.

ARTOT (MAURICE MONTAGNEY, dit), né à Gray (Haute-Saône) le 3 février 1772, servit sous la République française comme musicien et chef de musique, puis vint à Bruxelles comme premier cor au théâtre de la Monnaie, place qu'il occupa pendant vingt ans; il fut aussi maître de musique à l'église du Béguinage, professeur de chant, de guitare et de violon, instrument sur lequel il excellait; il était surtout parfait musicien. En 1811, lors du passage de Napoléon 1er et de Marie-Louise à Bruxelles, il se fit entendre dans un concert donné à Laëken à cette occasion, et l'empereur le nomma premier cor.

Il était marié à Thérèse-Ève Ries, fille d'Adam Ries, maître de chapelle du Dôme de Cologne, et cousine du célèbre compositeur Ferdinand Ries. Il est mort à Bruxelles le 8 janvier 1829. F. D.

ARTOT (JEAN-DÉSIRÉ MONTAGNEY, dit), né à Paris le 1er vendémiaire de l'an XII de la République (23 septembre 1803), fils de Maurice Artot, commença à l'âge de six ans son éducation musicale sous la direction de son père, qui lui enseigna le chant et le violon, et qui, lorsqu'il eut atteint sa onzième année, lui donna ses premières leçons de cor; il fit de rapides progrès sur cet instrument, et en 1819 entra comme premier cor au 31e régiment suisse, sous la direction de l'habile chef de musique Jacques Bender. En 1823, il entra à l'orchestre du théâtre royal de Bruxelles, et en 1829, à la mort de son père, il fut nommé premier cor de la musique particulière de S. M. le roi des Pays-Bas. En 1832, Valentin Bender l'engagea comme premier cor et sous-chef de musique au régiment des guides, qu'il quitta en 1835 pour voyager en Allemagne et en France. Revenu en Belgique, il rentra au théâtre de la Monnaie et au régiment des guides, d'où il prit définitivement son congé en 1852.

En 1843, il fut nommé professeur de cor au Conservatoire royal de musique de Bruxelles. Le 24 mars 1849, S. M. le roi Léopold 1er le nomma premier cor solo de sa musique particulière. Le 29 novembre 1873, il fut mis à la pension après trente ans de professorat.

Artot s'est fait connaître comme compositeur pour son instrument, et voici la liste de ses œuvres publiées : 1° Six fantaisies concertantes pour cor chromatique, avec accompagnement de piano (Bruxelles, Katto); 2° 48 études adoptées comme exercices par les Conservatoires et écoles de musique de Belgique (Bruxelles, Schott); 3° 18 mélodies pour cor ou violoncelle, avec accompagnement de piano (*id.*, *id.*); 4° 12 quatuors pour cors chromatiques ou cornets à pistons (*id.*, *id.*); 5° 12 trios et 12 quatuors pour les mêmes instruments (*id.*, *id.*). F. D.

ARTOT (CHARLES-HENRI-NAPOLÉON MONTAGNEY, dit), frère du précédent, né le 12 avril 1810 à Bruxelles, est mort en cette ville le 4 mai 1854. Il s'était fait une réputation comme timbalier au théâtre de la Monnaie et était excellent pianiste et organiste.

Une sœur de cet artiste et du précédent s'est

distinguée comme cantatrice en Belgique, en France, en Allemagne et en Angleterre, où elle a donné des concerts en société avec ses trois frères Alexandre, Charles et Désiré. Elle est morte, jeune encore, à Bagnères de Luchon.

F. D.

*ARTOT (ALEXANDRE-JOSEPH MONTAGNEY, dit), violoniste extrêmement remarquable, naquit à Bruxelles, non le 4 février, mais le 25 janvier 1815. Ce n'est point la croix de la Légion d'honneur qu'il reçut (16 janvier 1845), mais celle de l'ordre belge de Léopold (1).

F. D.

ARTOT (MARGUERITE - JOSÉPHINE - DÉSIRÉE MONTAGNEY, dite), cantatrice distinguée, fille de M. Désiré Artot, ancien professeur de cor au conservatoire de Bruxelles, et nièce du fameux violoniste belge Joseph-Alexandre Artot, naquit à Paris, le 21 juillet 1835, pendant un voyage de ses parents en cette ville. L'éducation musicale de Mlle Artot fut commencée de bonne heure dans sa famille, mais sa voix ne se forma et ne se caractérisa qu'assez tardivement. Devenue élève de Mme Viardot, elle resta pendant deux années sous la direction de cette grande artiste, et se fit entendre vers 1857, à Bruxelles, dans quelques concerts où elle fit sensation. Protégée par Meyerbeer, à qui Mme Viardot l'avait fait connaître, elle fut engagée à Paris, par la direction de l'Opéra, et débuta à ce théâtre, au commencement de 1858, dans le rôle de Fidès, du *Prophète*. Sa belle voix de mezzo-soprano, puissante et corsée, ses accents passionnés, son talent déjà réel de cantatrice, lui firent obtenir du public parisien un accueil particulièrement favorable. Cependant, les tiraillements qui se produisent volontiers sur notre première scène lyrique à l'arrivée d'un *nouveau sujet* décidèrent Mlle Artot à quitter l'Opéra au bout de peu de temps, après y avoir chanté plusieurs rôles du répertoire, et elle songea à embrasser la carrière italienne. Avant de réaliser ce projet, toutefois, elle alla donner dans diverses villes de province, à Bordeaux, à Lyon, à Orléans, à Montpellier, puis en Belgique, à Bruxelles, à Anvers, à Liège, à Gand, des représentations qui excitèrent l'enthousiasme. Elle se fit entendre aussi en Hollande, à Amsterdam, et enfin partit pour l'Italie, pour s'y perfectionner dans le chant italien.

C'est alors qu'elle fut engagée pour Berlin, et que commença pour la jeune artiste une carrière pleine de succès éclatants et de véritables triomphes. Après cinq ou six années passées à Berlin, où elle chanta tour à tour en italien et en allemand, elle se fit entendre dans presque toutes les grandes villes d'Allemagne, puis à Pesth, à Copenhague, à Londres, sur les deux théâtres de Covent-Garden et de Hay-Market, et enfin à Varsovie, à St-Pétersbourg et à Moscou, où peut-être elle a obtenu ses plus grands succès. Dans le cours de ses voyages, Mlle Artot, qui ne cessait de travailler et d'acquérir, sut donner plus d'ampleur encore à sa voix et plus d'étendue, et, tout en conservant intactes ses belles notes du médium et du registre grave, lui faire atteindre dans le haut plusieurs sons aigus qui lui permirent d'aborder des rôles tels que ceux de Valentine des *Huguenots* et de Rachel de *la Juive*, créés naguère par Mme Falcon et dans lesquels ses facultés passionnées pouvaient se donner librement carrière.

L'existence artistique de Mlle Artot a été des plus brillantes, et cette cantatrice remarquable n'a cessé jusqu'à ce jour de recevoir et de mériter les faveurs du public. En 1869, elle a épousé M. Padilla, chanteur espagnol voué, comme elle, au chant italien, et qui ne manque ni de mérite ni de distinction.

ASANTSCHEWSKY (MICHEL D'), compositeur russe, est né à Moscou en 1838. Il a séjourné pendant quelque temps à Leipzig, où il a terminé ses études musicales sous la direction de Hauptmann et de Richter. En 1866 il vint à Paris, où il fit l'acquisition de la bibliothèque d'Anders, collection qu'il joignit à la sienne, déjà très-nombreuse, pour l'offrir au Conservatoire de St-Pétersbourg, dont il venait d'être nommé le directeur en remplacement d'Antoine Rubinstein.

M. d'Asantschewsky a écrit pour le piano, pour le quatuor et pour l'orchestre plusieurs compositions estimées.

Y.

*ASCHER (JOSEPH), pianiste et compositeur, est mort à Londres en juin ou juillet 1869, à la suite d'une maladie qui avait complètement dérangé ses facultés mentales. Élève de Mendelssohn et de Moscheles, ami de Thalberg, Ascher s'était lancé dans la voie ouverte par ce dernier, et, avec un talent moins complet, mais brillant et léger, il avait conquis une véritable réputation. Ses compositions, dont le nombre dépasse une centaine, furent un moment très-recherchées, et l'on citait surtout : *les Commères*, *les Cloches du village*, *Marche de la Reine*, *Sérénade vénitienne*, *Belle de nuit*, *les Contemplations*, *Rapsodie polonaise*, *Chants de l'Ukraine*, *le Sourire*, *la Fileuse*

---

(1) On a vu, par ces trois notices, que le nom véritable de la famille Artot est *Montagney*, et non *Montagny*, comme il a été imprimé par erreur dans la *Biographie universelle des Musiciens*.

la *Prise de voile*, les *Hirondelles*, les *Gouttes d'eau*, *Danse espagnole*, *Dans ma barque*, le *Papillon*, etc., etc.

ASIOLI (F........), compositeur italien, a fait représenter sur le théâtre de la Scala, de Milan, le 10 février 1859, un opéra sérieux intitulé *Maria de' Ricci*. J'ignore si cet artiste est un descendant du fameux compositeur et théoricien Bonifazio Asioli.

*ASPA (MARIO). Ce compositeur n'a pas écrit et fait représenter moins de quarante-deux opéras. Il m'a été malheureusement impossible d'en dresser la liste complète, car beaucoup déjà sont oubliés, et le seul qui soit resté vraiment populaire et qui se maintienne au répertoire des théâtres d'Italie est celui qui a pour titre : *il Muratore di Napoli*. Je n'en connais que quatre parmi ceux qui n'ont pas été mentionnés dans la *Biographie universelle des Musiciens* : *Emo*, *Margherita d'Aragona*, *Gustavo Wasa*, et *Piero di Calais*.

*ASTARITA (JANVIER). Ce compositeur a fait représenter les trois opéras suivants, qui manquent à la liste de ses œuvres : 1° *l'Isola disabitata* ; 2° *le Cinesi* ; 3° *l'Impresario in scompiglio*, farsa en un acte. Cette dernière a été donnée au théâtre de la Canobbiana, de Milan, en 1791.

* ATYS ou ATIS (.....). On doit à cet artiste la publication suivante, qui n'est point la première, puisqu'elle porte le n° 5 comme chiffre d'œuvre : *Clef facile et méthodique pour apprendre en peu de temps à battre la mesure, à distinguer les modulations, à préluder et à phraser la musique, par le moyen de la ponctuation grammaticale et typographique; ouvrage utile et intéressant pour les commençants, suivi de 6 petites sonates méthodiques, servant d'exemples pour l'intelligence et la pratique de cette méthode* (Paris, l'auteur). Cet ouvrage fut publié en 1763, et le *Mercure de France*, en l'annonçant, reproduisit l'introduction placée en tête par l'auteur. Atys a encore publié une *Première Suite de menuets en symphonies, à sept parties*, y compris un basson obligé ou violoncelle, qui ont été exécutés à la Comédie-Italienne.

AUBE (PAUL), compositeur amateur, a fait représenter sur le grand théâtre de Toulon, au mois de janvier 1875, un grand opéra en 4 actes, intitulé *Gheysa*.

*AUBER (DANIEL-FRANÇOIS-ESPRIT), est mort à Paris, le 12 mai 1871, au plus fort de l'épouvantable guerre civile qui désolait alors la capitale de la France. Il était âgé de 89 ans, étant né à Caen le 29 janvier 1782, ainsi que le prouve son acte de baptême, publié pour la première fois en 1873. C'est M. V. Legentil, qui, dans un rapport adressé à la Société des Beaux-Arts de Caen et inséré dans le *Bulletin* de cette société, a le premier rendu public ce document, dont voici l'exacte reproduction :

« L'an mil sept cent quatre-vingt-deux, le mercredi 30 janvier, nous, curé soussigné, avons baptisé un fils *né d'hier du légitime mariage* de Jean-Baptiste-Daniel Auber, officier des chasses du roi, et de Françoise-Adélaïde-Esprit Vincent, demeurant à Paris, aux petites écuries du Roi, faubourg Saint-Denis, à Paris, paroisse Saint-Laurent, lequel a été nommé Daniel-François-Esprit par Daniel-François Auber, peintre du Roi, assisté de Françoise-Sophie-Vincent, ledit parrain représenté par J.-B. Normand, et ladite marraine par Marie Duclos, qui ont conjointement signé avec nous.

« DESBORDEAUX,

« curé de Saint-Julien. »

Un renseignement important, contenu dans l'acte qui précède, est celui qui nous fait savoir que le père d'Auber, à l'époque de la naissance de son fils, était officier des chasses du roi, et non point marchand d'estampes, comme on l'a dit; il ne le devint donc que plus tard, et sans doute lorsque la Révolution lui eut fait perdre son emploi. Ce qu'on ignorait encore, c'est que le père d'Auber était peintre. J'en ai trouvé la preuve dans le livret de 1808 de la Société académique des Enfants d'Apollon, qui, dans la liste de ses membres, porte ces deux mentions : « Auber père, amateur de chant et de violon, peintre, reçu en 1784; » et « Auber fils, compositeur, reçu en 1806. » Ceci nous apprend en outre que, si Auber ne s'est produit que fort tard au théâtre, il n'en fut pas moins musicien de bonne heure, puisqu'il prenait la qualification de compositeur, et se faisait recevoir à ce titre dans une société artistique. D'autre part, on peut affirmer que l'aïeul d'Auber était, dans un autre genre, un artiste de talent. Dans la *Notice du mobilier dépendant de la succession de M. Auber*, notice qui a servi à la vente effectuée le 26 juillet 1871, on voit inscrits trois objets d'art importants : 1° bas-relief en bois sculpté, bouquet de fleurs dans un vase, signé : *Auber fecit*, 1772; 2° petit bas-relief en bois finement sculpté, représentant des fleurs et des attributs de jardinage, exécuté par le même; 3° très-beau baromètre en bois finement sculpté et doré, à feuillages de laurier, guirlandes de fleurs et médaillon, exécuté par le même. La *Notice*, évidemment bien informée, ajoute : « Ces trois objets, d'un rare mérite d'exécution, sont de l'aïeul paternel de M. Auber. » Enfin, l'acte de baptême du maître mentionne, comme parrain de l'enfant, Daniel Auber, « peintre du roi. » Qu'était celui-ci ? Sans doute un frère de son père, c'est-à-dire un oncle à lui. Quoi qu'il en soit, on voit que si Auber ne naquit point dans un milieu musical, il appartenait du moins à une véritable famille d'artistes, et que ses premières années durent s'écouler dans une incessante communion intellectuelle.

Je n'entreprendrai pas ici de tracer une caractéristique du génie d'Auber; un tel travail excéderait de beaucoup les bornes que je dois donner à cette notice complémentaire. Je m'en tiendrai à quelques réflexions, et ferai remarquer tout d'abord que l'œuvre du maître semble se diviser en quatre parties principales, correspondant chacune à quatre périodes distinctes de sa manière. La première, s'étendant depuis *le Séjour militaire* jusqu'à *la Neige* (je passe sous silence *Vendôme en Espagne* et *les Trois genres*, œuvres de commande et de circonstance écrites en collaboration, et sans valeur personnelle), comprend les œuvres de jeunesse, les premiers essais, qui ne faisaient qu'indiquer et donner le pressentiment d'une individualité future ; avec *le Concert à la cour*, *Léocadie*, *le Maçon*, Auber est entré en pleine possession de lui-même, et cette seconde partie de sa carrière se clôt par le succès éclatant, légitime et incontesté de *la Muette*, son début à l'Opéra, coup d'essai qui put, ou jamais, passer pour un coup de maître (il faut remarquer que *la Muette* est la première œuvre importante et vigoureuse qui vint après *la Vestale* et *Fernand Cortes*, et qu'elle précéda *Guillaume Tell*, *Robert-le-Diable* et *la Juive*) ; viennent ensuite, avec quelques autres productions moins heureuses, quoique fort honorables, à l'Opéra, les vrais chefs-d'œuvre d'Auber dans le genre de l'opéra-comique, *la Fiancée*, *Fra Diavolo*, *Lestocq*, *le Cheval de bronze*, *le Domino noir*, *Zanetta*, dans lesquels le génie du maître a acquis toute sa grâce, toute sa souplesse, tout son charme séduisant ; enfin, avec *les Diamants de la couronne*, il entre dans une voie nouvelle, agrandit ce genre aimé par lui, et lui donne une ampleur de forme, une grandeur de conception dramatique, une puissance instrumentale en rapport avec les progrès introduits et réalisés dans le grand drame lyrique ; à cette période appartiennent *la Part du Diable*, *la Sirène* et *Haydée*, l'une de ses œuvres les plus parfaites. Quant à ses dernières productions, celles-là, il faut bien le dire, ne sont plus dignes de lui, et n'appartiennent à aucun classement. Il y a encore de jolies pages dans *Manon Lescaut*, dans *la Circassienne* et même dans le *Premier jour de bonheur*, mais *la Fiancée du roi de Garbe* et *Rêves d'amour* ne sont autre chose que les produits de la sénilité.

Quoi qu'il en soit, et quelle que puisse être la valeur des réserves que l'on peut faire au sujet de l'influence exercée par Auber sur l'école française pendant près d'un demi-siècle, on ne peut nier que ce musicien extrêmement remarquable et si essentiellement français ne tienne une place d'honneur dans les annales de l'art national. A une fécondité rare, à une variété d'accents que quelques-uns ont vainement essayé de méconnaître, à un respect incontestable et trop peu commun de la langue dont il s'est servi pendant tant d'années, il joignait des qualités toutes personnelles et assez brillantes pour que celui qui les possédait occupe une place distinguée dans l'histoire de l'art. Cette place lui sera faite, on n'en saurait douter, et elle sera tout à l'honneur de la France, qu'il a illustrée.

Le répertoire d'Auber doit se compléter par les ouvrages suivants : 1° *Cantate* exécutée à Pau pour la fête d'inauguration de la statue d'Henri IV (1); 2° *les Premiers Pas*, prologue d'inauguration de l'Opéra National (en société avec Adam, Carafa et Halévy, 15 novembre 1847 ; 3° *Cantate* en l'honneur de l'armée, Opéra, 12 janvier 1856; 4° *Marco Spada*, ballet en 3 actes et 5 tableaux, Opéra, 1er avril 1857 ; 5° *le Cheval de Bronze*, opéra-ballet en 4 actes (amplification de l'ouvrage donné sous le même titre à l'Opéra-Comique), Opéra, 21 septembre 1857 ; 6° *Magenta*, cantate, Opéra, 6 juin 1859 ; 7° *la Circassienne*, 3 actes, Opéra-Comique, 2 février 1861 ; 8° *la Fiancée du roi de Garbe*, Opéra-Comique, 11 janvier 1864 ; 9° *le Premier jour de bonheur*, Opéra-Comique, 15 février 1868 ; 10° *Rêves d'amour*, 3 actes, Opéra-Comique, 20 décembre 1869.

On a publié sur Auber un certain nombre d'écrits. En voici la liste : 1° *Auber* (Paris, librairie universelle, 1841, in-16, avec portrait), no-

(1) Cette composition est restée jusqu'ici absolument ignorée, et je n'en ai retrouvé la trace que dans une collection de programmes des concerts et spectacles donnés à la cour, dans les différentes résidences royales, de 1810 à 1847. L'un de ces programmes, à la date du 2s novembre 1843, mentionnait cette cantate, dont l'exécution à Pau était récente sans doute, et dont les paroles avaient été écrites par M. Lisdères, officier d'ordonnance du roi Louis-Philippe, auteur dramatique, et natif de cette ville.

tice comprise dans une série biographique ainsi intitulée : *Écrivains et artistes vivants, français et étrangers*, et qui avait pour auteurs MM. Xavier Eyma et Arthur de Lucy ; 2° *M. Auber* (Paris, 1842, in-16, avec portrait), notice qui fait partie de la collection biographique publiée sous ce titre : « *Galerie des contemporains illustres*, par un homme de rien, » et dont l'auteur était M. Louis de Loménie; 3° *Auber*, par Eugène de Mirecourt (Paris, Havard, 1857, in-18 avec portrait); 4° *D.-F.-E. Auber, sa vie et ses œuvres*, par B. Jouvin (Paris, Heugel, 1864, grand in-8° avec portrait et autographes); 5° *Une statue à Auber*, par V. Legentil (Caen, typ. Le Blanc-Hardel, 1873, gr. in-8°); 6° *Auber, ses commencements, les origines de sa carrière*, par Arthur Pougin (Paris, Pottier de Lalaine, 1873, in-12); 7° *l'Œuvre d'Auber*, par Jules Carlez (Caen, typ. Le Blanc-Hardel, 1874, in-8°); 8° *Auber, aperçu biographique et critique, la statue projetée, la cavalcade du 3 juin 1875*, par Jules Carlez (id., id., 1875, in-18). Je signalerai aussi, parce qu'ils contiennent des détails intimes et inconnus, deux feuilletons publiés par l'auteur de la présente notice dans *le Charivari* (3 et 6 février 1872), sous ce titre : *les Derniers jours d'Auber*.

Je ne terminerai pas cette notice sans rappeler deux faits intéressants. Seul des membres de la section de musique de l'Académie des Beaux-Arts, Auber fut appelé à faire partie de la commission instituée, en 1838, pour la souscription et l'érection du monument à élever à Molière, à l'angle de la rue Richelieu et de la rue alors Traversière. — Dans ses dernières années, Auber avait formellement promis à la Société des concerts du Conservatoire, dont il était le président, d'écrire une symphonie pour elle. Cette promesse n'a jamais été réalisée. D'autre part, Auber a composé, très-peu de temps avant de mourir, c'est-à-dire pendant les jours funèbres de mars et avril 1871, plusieurs quatuors pour instruments à cordes. Ces quatuors, d'une forme absolument libre, ne reproduisent en aucune façon les allures des compositions classiques de ce genre, et seraient plutôt, à proprement dire, des morceaux pour quatuor d'instruments à cordes. J'ignore ce qu'ils sont devenus (1).

(1) Je rappellerai, en terminant, les titres de quelques-unes des premières compositions vocales d'Auber : *Amour et Folie*, scène; *le Cri de la Charité*, stances; *le Moine*, barcarolle; *la Petite Glaneuse*, chansonnette; *l'Asile*, nocturne à deux voix..... Il faut signaler aussi la *Marche* à grand orchestre écrite par lui, en 1861, pour l'Exposition de Londres, et la marche funèbre composée pour les funérailles de Napoléon 1er et exécutée à cette cérémonie, le 15 décembre 1840.

AUBERT (........). Un musicien de ce nom qui pourrait bien être Jacques Aubert, surnommé *le Vieux*, puisqu'il vivait précisément à l'époque où celui-ci travaillait pour l'Opéra, a écrit des divertissements pour les deux pièces suivantes, représentées à l'Opéra-Comique : *Arlequin gentilhomme malgré lui* (3 actes, 1716), et *Arlequin hulla* ou *la Femme répudiée* (un acte, 1716).

AUBERT (l'abbé), organiste de la cathédrale de Digne, est l'auteur d'une *Méthode élémentaire de plain-chant*, accompagnée de quinze tableaux, publiée il y a quelques années, à Paris, par l'éditeur Repos.

AUBERT DE VITRY (François-Jean-Philippe). Un écrivain de ce nom a donné, dans le *Dictionnaire de la Conversation et de la Lecture*, quelques notices biographiques sur des musiciens, entre autres sur Sacchini et Sarti. Né à Paris le 2 avril 1765, Aubert de Vitry est mort au mois de juin 1849.

*AUBÉRY DU BOULLEY (Prudent-Louis), est mort à Verneuil, son pays natal, au mois de février 1870. Une troisième édition du grand ouvrage didactique de cet artiste a été faite sous ce titre : *Grammaire musicale, ou Méthode analytique et raisonnée pour apprendre et enseigner la lecture de la musique, suivie d'observations sur les erreurs, préjugés et fausses opinions concernant la musique* (Paris, Duverger et Richault, in-8°). Les compositions musicales d'Aubéry du Boulley ne comportent pas moins de 156 numéros d'œuvres, dont on trouve la liste complète et détaillée dans l'écrit qui porte ce titre : *Société philharmonique de l'Eure, de l'Orne et d'Eure-et-Loir, fondée en 1835 par P.-L. Aubéry du Boulley* (L'Aigle, impr. Ginoux, 1859, in-8° de 68 p.), où l'auteur a noyé les comptes-rendus de cette société au milieu d'un véritable amas de renseignements sur sa vie et ses ouvrages. Une édition augmentée de cet écrit a été faite en 1866 (L'Aigle, impr. Ginoux, in-8° de 108 p.).

AUBÉRY DU BOULLEY (Émile), fils du précédent, a publié un certain nombre de compositions musicales, consistant surtout en morceaux de danses pour le piano (Paris, Richault), et en fantaisies pour fanfare et harmonie militaire. Il a écrit aussi, en société avec son père, deux duos pour piano et violoncelle ou violon : *le Départ et le Retour*, et *le Printemps et l'Automne* (Paris, Richault).

AUBRY (Marie), fut l'une des premières actrices qui parurent sur la scène de l'Opéra. Fille d'un maître paveur, elle faisait partie de la musique du duc Philippe d'Orléans lorsque Cambert lui confia un rôle dans sa pastorale *les Peines et les Plaisirs de l'amour*. Quand Lully fut parvenu à s'emparer de l'Opéra au détriment de Cambert et de l'abbé Perrin, il la conserva dans sa troupe aux appointements annuels de 1,200 livres. Elle se retira en 1684, après avoir créé d'une façon admirable, dit-on, le rôle d'Oriane dans *Amadis de Gaule*; elle avait établi auparavant, avec un véritable talent, ceux d'Io dans *Isis*, de Proserpine dans l'opéra de ce nom, d'Églé dans *Thésée*, de Sangaride dans *Atys*, de Philonoé dans *Bellérophon*, et d'Andromède dans *Persée*. L'auteur anonyme de l'*Histoire de l'Académie royale de musique* publiée par *le Constitutionnel* dit de Marie Aubry : « C'était une des bonnes actrices qui aient paru sur ce théâtre. Elle quitta l'Opéra en 1684, après avoir joué au mieux le rôle d'Oriane. Ce ne fut point l'âge qui lui fit quitter sa profession; mais elle était devenue d'une taille si prodigieuse qu'elle ne pouvait marcher et qu'elle paraissait toute ronde. Elle était petite, la peau blanche et les cheveux noirs; elle mourut vers 1704. » Amie intime de Mlle Brigogne, Marie Aubry se trouva mêlée, comme celle-ci, au procès fameux que Lully intenta à Guichard, en l'accusant d'avoir voulu l'empoisonner; elle ne fut pas plus que sa compagne ménagée par Guichard, qui, dans les factums qu'il publia à cette occasion, en fit l'objet des imputations les plus outrageantes et que l'on peut croire les plus justifiées.

AUBRYET (XAVIER), écrivain français, né à Épernay (Marne) en 1827, s'est fait remarquer par son goût pour la musique. Dans un volume de critique intitulé : *les Jugements nouveaux* (Paris, librairie nouvelle, 1860, in-12), M. Aubryet a consacré quelques chapitres à divers musiciens : Mozart, Boieldieu, Hérold, Rossini, Grisar, Donizetti, Weber, Adam. Les remarques de l'écrivain au sujet de ces artistes, présentées peut-être d'un ton un peu doctoral, que ne justifie point la faiblesse ou plutôt l'absence de ses connaissances musicales, n'en sont pas moins celles d'un homme de goût et d'un esprit délicat.

AUDICHON (HENRI D'), archiprêtre de Lambègère, est l'auteur d'un recueil intéressant publié sous ce titre : *Recueils de Noëls choisis sur les airs les plus agréables, les plus connus et les plus en vogue dans la province de Béarn* (Bagnères, Dossun, in-32 de 96 p.).

*****AUDIFFRET**(PIERRE-HYACINTHE-JACQUES-JEAN-BAPTISTE). Une erreur a été commise au sujet de cet écrivain. Ce n'est point pour l'*Almanach des spectacles* publié par Barba (de 1822 à 1838) qu'il fut le collaborateur de Ragueneau, mais pour l'*Annuaire dramatique* publié par Mme Cavanagh de 1805 à 1822. Il prit une part importante à la rédaction des deux premiers volumes de ce recueil anonyme (1805 et 1806) et contribua aussi à celle de quelques-uns des suivants. En 1809, il rédigea, seul, un *Almanach des Spectacles* dont il ne parut que cette année (Paris, Collin, in-18).

*****AUDINOT** (NICOLAS-MÉDARD). Cet artiste, on le sait, a fait représenter sous son nom une comédie à ariettes , *le Tonnelier*, dont il a toujours été censé avoir écrit les paroles et la musique. Fort intrigué de ce fait, n'ayant pu découvrir qu'Audinot eût jamais été réellement musicien, j'avais longtemps cherché quel avait pu être son collaborateur anonyme, lorsque je trouvai dans l'*Histoire anecdotique du théâtre et de la littérature* (t. I, p. 373) de Charles Maurice, son contemporain, le petit récit suivant : — « Le directeur de l'Ambigu-Comique vient de mourir. Il était fils du fameux Audinot, fondateur de ce théâtre, et qui, étant acteur à l'Opéra-Comique, y donna *le Tonnelier*. Le moyen qu'il a pris pour produire cet ouvrage, n'étant pas assez musicien pour en faire la partition, fut très-original. Il invita tour à tour à dîner un nombre de compositeurs égal à celui des morceaux de chant qu'il avait placés dans sa pièce, et au dessert, sans paraître y attacher plus d'importance qu'à un amusement, il demanda à chacun de mettre en musique les vers qu'il lui avait secrètement destinés. De cette façon, l'œuvre se trouva complète. On la représenta en septembre 1761, tout uniment sous le nom d'Audinot, sans que les collaborateurs songeassent à revendiquer un travail que leur amitié traitait volontiers de pure bagatelle. »

Le fait révélé ici par Charles Maurice n'a rien que de vraisemblable, et le mystère de la composition du *Tonnelier* pourrait bien être éclairci par ces lignes.

Toutefois, on peut croire qu'Audinot, sans être capable d'écrire une partition d'opéra, était cependant un peu musicien, et le petit recueil annuel intitulé *les Étrennes de Polymnie* a donné, dans son volume de 1785, quatre chansons dont la musique est inscrite sous son nom.

La fille de cet artiste, chanteuse et claveciniste distinguée, se fit entendre à la cour dès ses plus jeunes années, et fit partie du personnel de l'Opéra.

AUDLEY (Mme A.), écrivain musical, a inséré dans le journal *le Français*, vers 1869, une série d'articles sur le génie de Bellini, et a publié les deux ouvrages suivants : 1° *Louis Van Beethoven, sa vie et ses œuvres, d'après les plus récents documents* (Paris, Didier, 1867, in-12);

Franz Schubert, sa vie et ses œuvres (id., id., 1871, in-12). Ces deux écrits ne peuvent, malheureusement, être d'aucune utilité, car non-seulement l'auteur n'a point fait preuve de sens critique, n'y a point développé les qualités d'analyse que l'on doit s'attendre à rencontrer dans des travaux de ce genre, s'attaquant à de si grands artistes, mais encore on n'y trouve, au point de vue historique, aucun fait nouveau et aucun renseignement important, parce que l'écrivain, ne remontant point aux sources, s'est borné à puiser les éléments de ses récits dans les grandes publications faites précédemment. Or, dans l'état de jour en jour plus satisfaisant et plus intéressant de la science historique en matière musicale, un livre qui ne possède point quelqu'une des qualités que nous venons d'énumérer à propos des études superficielles de Mme Audley, nous semble bien près d'être un livre inutile.

AUDRAN (Marius), chanteur distingué et professeur au Conservatoire de Marseille, est né à Aix, le 26 septembre 1816. Deux ans après sa naissance, ses parents vinrent se fixer à Marseille, où il fut élevé. Son père, qui était maçon, le destinait à l'état d'entrepreneur, et lui fit suivre les cours de dessin et d'architecture au Musée de cette ville. Mais, vers 1834, une circonstance fortuite décida autrement de son sort. Il était alors employé à la construction d'un établissement de bains de mer : les propriétaires de cet établissement, qui étaient grands amateurs de musique, entendirent le jeune ouvrier chanter en travaillant, et furent frappés de la fraîcheur et du timbre de sa voix de ténor. Ils l'engagèrent à la cultiver et s'intéressèrent à lui. Peu de temps après M. Audran faisait partie d'un petit groupe d'amateurs qui jouait la comédie et l'opéra sur un théâtre de salon. Ce fut dans une de ces représentations intimes qu'Étienne Arnaud le remarqua et se chargea de lui apprendre le chant. Après un an d'études, son maître l'envoya à Paris en le recommandant à Panseron. M. Audran entra au Conservatoire en qualité d'élève externe, et suivit toutes celles des classes de l'école où il pouvait compléter son éducation de musicien et de chanteur. Malheureusement, l'année suivante, en 1836, le jeune artiste ne put plus compter sur l'appui de sa famille, et dut solliciter son admission comme pensionnaire. Cherubini, qui avait déjà réservé à un autre la seule place vacante, repoussa durement la demande d'Audran, et lui donna le conseil d'abandonner une carrière où, disait-il, « *il ne ferait jamais rien.* » Leborne, professeur de solfège, appuya le sévère horoscope du maître. Panseron, seul, soutint qu'ils se trompaient tous deux. Cependant M. Audran n'avait plus le moyen de continuer ses études à Paris ; il revint à Marseille, attristé, mais non découragé, et se remit au travail sous la direction dévouée d'Étienne Arnaud. En même temps, il se préparait à affronter le public et se créait des sympathies et des appuis, en faisant entendre dans le monde des fragments d'opéras nouveaux. Ces occasions n'étaient pas rares : car c'était une époque où la musique dramatique était très-aimée et le véritable art du chant très-cultivé à Marseille. Enfin, en 1837, M. Audran débuta au grand théâtre de cette ville dans *le Chalet*, *la Dame blanche* et *le Pré aux clercs*; il fut accueilli avec faveur par le public. L'année suivante il eut une audition à l'Opéra-Comique, et alla remplacer au théâtre de la Monnaie, à Bruxelles, le ténor Thénard qui venait de mourir. Le jeune chanteur avait à ce moment une voix franche et sympathique, une éducation musicale à peu près achevée, et une diction chaleureuse. Il eut beaucoup de succès, surtout en établissant le rôle d'Horace du *Domino noir*, et employa utilement son année, jouant beaucoup, apprenant sans cesse de nouveaux rôles, et achevant de se rompre à la scène. L'année suivante, il chantait à Bordeaux, puis en 1840 et 1841, à Lyon. Il avait encore une saison à passer dans cette ville, quand Crosnier, ayant entendu parler de lui, le fit venir à Paris, l'apprécia, et l'engagea pour trois ans à l'Opéra-Comique. Il débuta à ce théâtre en mai 1842, en jouant successivement *la Dame blanche*, *les Diamants de la Couronne* et *le Chaperon rouge*. Adolphe Adam, qui avait beaucoup contribué à son engagement, écrivit pour lui un rôle charmant dans *le Roi d'Yvetot*. A ce moment, la prédiction de Cherubini se trouvait complètement démentie : Audran était soliste à la Société des concerts du Conservatoire, et membre du jury à ce même Conservatoire d'où cinq ans auparavant il avait été éloigné. Il resta dix ans à l'Opéra-Comique, et y fournit une brillante et laborieuse carrière. On peut dire que son succès y a été interrompu. Son rôle, déjà très-actif avant le départ de Roger, s'élargit encore quand cet artiste quitta l'Opéra-Comique pour passer à l'Opéra, et son nom est resté attaché à bien des créations qui ont marqué dans l'art lyrique français. En voici la liste : *Le Roi d'Yvetot*, d'Ad. Adam ; *Angélique et Médor*, d'Amb. Thomas ; *le Puits d'Amour*, de Balfe ; *le Mousquetaire* et *le Conseiller*, de Bousquet ; *Sultana*, de Bourges ; *La Sirène*, d'Auber ; *la Cachette*, de Boulanger ; *la Charbonnière*, de Montfort ; *la Sérafina*, de Clémenceau St-Julien ; *le Bouquet de l'Infante*, de Boieldieu fils ; *Ne Touchez pas à la Reine*, de X. Boisselot ; *Haydée*, d'Auber (rôle d'Andréa) ; *le Val d'Andorre*, d'Halévy ; *Giralda*, d'Ad. Adam ; *la Fée aux roses*, d'Halévy ; *Madelon*, de Bazin ; *la Chanteuse voilée*, de V. Massé ; *Oreste et Pylade*, de Thys ; enfin (au Théâtre-Lyrique, après sa sortie de l'Opéra-Comique), *la Demoiselle d'honneur*, de Semet ; et *Christophe Colomb*, de Félicien David.

Le nombre des ouvrages qu'il reprit est si grand qu'il est impossible de les mentionner tous. On peut pourtant signaler parmi les plus intéressants : *Jean de Paris*, *Cendrillon*, *le Chaperon rouge*, *Marie*, *une Folie*, *le Muletier*, *Fra Diavolo*, *le Postillon de Lonjumeau*. Il joua ces deux derniers aussitôt après Chollet.

En 1852, à la suite d'un désaccord avec la direction Perrin, M. Audran quitta l'Opéra-Comique et vint donner des représentations à Marseille, où il fit monter la plupart des opéras qu'il avait créés. De 1853 à 1856, il chanta à Marseille, puis à Bordeaux, et, en 1857, retourna à Paris où il créa au Théâtre-Lyrique un rôle dans *la Demoiselle d'honneur*, de Semet. Pendant les quatre années qui suivirent, il fit de brillantes tournées en province et à l'étranger, puis, à la suite d'une sérieuse maladie, vint définitivement se fixer à Marseille, en 1861. Deux ans plus tard, il fut nommé professeur au Conservatoire de cette ville, où il est encore, et où il dirige les classes de chant et de déclamation lyrique. Il a formé de nombreux élèves, parmi lesquels on peut citer Mlles Artot, Praud, Trichon, MM. Mayot, Aumerat, Dauphin, qui ont suivi la carrière dramatique, ou se sont voués à l'enseignement.

Cet artiste distingué, qui a rendu tant de services à l'art musical, comme chanteur et comme professeur, a aussi composé beaucoup de mélodies d'une inspiration gracieuse et facile. Les plus connues sont : *La Colombe du soldat*, *le Vagabond*, *Marguerite* (avec P. Dupont), *le Guide des montagnes*, *Vous pleurez d'être heureux*, *les Œufs de Pâques*, *l'Amandier fleuri*, etc., etc. Ces romances ont été publiées à Paris, Bruxelles, Lyon et Marseille.

AL. R-D.

AUDRAN (EDMOND), fils du précédent, est né à Lyon le 11 avril 1842. Il fit ses études à Paris jusqu'à l'âge de 14 ans, et les abandonna pour entrer à l'École Niedermeyer qui venait d'être fondée. Il y obtint successivement un accessit d'orgue, un accessit d'harmonie, un prix de piano, et, en 1859, le prix de composition. En 1861, il vint, avec son père, se fixer à Marseille où il réside encore, et où il est maître de chapelle à l'église St-Joseph. En 1862, il fit jouer au Grand-Théâtre de cette ville un petit opéra intitulé *l'Ours et le Pacha*, dont le poëme n'était autre que le vaudeville de Scribe transformé, et qui eut cinq représentations. Deux ans après, il donna au même théâtre *la Chercheuse d'esprit*, opéra en un acte d'après Favart, qui obtint du succès, et où on remarqua notamment un charmant duettino. Plusieurs morceaux de cet ouvrage ont été publiés à Marseille par l'éditeur Carbonel. A l'occasion de la mort de Meyerbeer, il écrivit une marche funèbre qui fut également exécutée au Grand-Théâtre dans une solennité de circonstance. En 1866, il fit représenter, toujours à Marseille, mais cette fois, au Gymnase, *la Nivernaise*, opéra en un acte, qui eut onze représentations, puis, en 1868, *le Petit Poucet*, opérette en trois actes, qui fut accueillie moins favorablement par le public. En 1873, M. Ed. Audran a fait entendre à l'église Saint-Joseph, à Marseille, puis à Saint-Eustache, à Paris, une messe pour soli, chœurs et orchestre qui dénote un sensible progrès dans son talent. Il y a dans certaines parties, *le Kyrie*, *l'Adoro te supplex*, *l'Agnus Dei*, un sentiment mélodique distingué, des harmonies ingénieuses, et l'entente des effets.

On connaît encore de cet artiste divers motets inédits, une mazurka et une romance sans paroles pour le piano, une valse chantée et une romance rustique, publiées chez Carbonel, à Marseille ; 2 mélodies pour la voix, chez Sylvain St-Étienne, à Paris ; une valse pour le piano, six mélodies, chansons ou sérénades, chez Langlois ; enfin chez Pépin frères, à Marseille, *Petits Oiseaux*, romance qu'il a écrite pour être intercalée dans une féerie et qui a eu de la vogue.

AL. R-D.

AUDUBERT (JULES), professeur de chant à Paris, a publié récemment sous ce titre : *l'Art du chant, suivi d'un traité de maintien théâtral*, avec figures explicatives (Paris, Brandus, 1876, in-8), un ouvrage remarquable, neuf à beaucoup de points de vue, et dans lequel on regrette seulement que l'auteur semble vouloir faire passer en seconde ligne, dans l'éducation d'un chanteur, l'étude si absolument indispensable du solfége. Cette remarque faite, on ne peut que louer le professeur de ses excellents préceptes et de son respect pour un art malheureusement bien déchu aujourd'hui de son ancienne splendeur, et à la décadence duquel on doit en partie la crise qui sévit depuis si longtemps sur les scènes lyriques de l'Europe entière.

AUER (Léopold), violoniste hongrois fort distingué, né vers 1846, a fait son éducation musicale à Vienne, et devint ensuite élève de M. Joachim. Dès 1863, il se fit entendre avec grand succès à Londres, dans les concerts de l'Union musicale, s'y produisit de nouveau l'année suivante, et y retourna encore en 1873. Le jeu de cet artiste se fait remarquer par une sonorité puissante, un excellent mécanisme, beaucoup de feu et d'expansion, enfin par un grand sentiment passionné et une rare faculté d'expression. Depuis plusieurs années déjà M. Auer est fixé à Saint-Pétersbourg, où il exerce les fonctions de professeur au Conservatoire, de maître de concert et de violon solo au théâtre impérial.

*** AULETTA** (Pierre). A la liste des ouvrages dramatiques de ce compositeur, il faut ajouter les deux opéras suivants : 1° *Il Marchese Sgrana*, Naples, th. Nuovo, 1738 ; 2° *l'Amor costante*, Naples, th. des Fiorentini, 1739.

AUNE (A.-J.-B.), instituteur et chantre à Marolles (Calvados), a publié en 1864 une *Méthode pour apprendre facilement le nouveau plain-chant* (Caen, Poisson, in-8°), bon ouvrage dont il a été fait plusieurs éditions.

J. C-z.

AUTERI-MANZOCCHI (Salvatore), jeune compositeur italien, a débuté par un coup d'éclat en donnant au théâtre de la Pergola, de Florence, dans les premiers mois de 1875, un opéra intitulé *Dolores*, qui a obtenu un très-grand succès. Fils d'une cantatrice fameuse en Italie, Mme Manzocchi, M. Auteri-Manzocchi n'avait d'abord cultivé la musique qu'en amateur, et des revers de fortune l'ont seuls forcé à chercher une ressource dans l'exercice d'un art qu'il n'avait étudié que pour son agrément. Il travailla sérieusement alors, d'abord à Palerme, sous la direction de M. Platania, puis à Florence, avec M. Mabellini. C'est dans cette dernière ville que devait être représenté son premier ouvrage, *Marcellina*, et celui-ci était en pleines répétitions lorsque la maladie d'un artiste chargé d'un des rôles les plus importants en empêcha l'apparition. M. Auteri, sans se décourager, s'attacha alors à un second ouvrage, *Dolores*, dont un de ses oncles, M. Michele Auteri-Pomar, qui est à la fois sculpteur de beaucoup de talent et poëte dramatique habile, lui avait confié le livret. Le jeune compositeur donna connaissance du rôle principal à une cantatrice de grande valeur et de grand renom, Mme Galletti-Gianoli, et cette artiste voulut aussitôt s'en charger. *Dolores* fut donc jouée à la Pergola, et l'œuvre, charmante par elle-même et rendue plus aimable encore par le merveilleux talent de sa principale interprète, remporta un succès éclatant. Elle fut reproduite aussitôt à Milan, à Palerme, et dans d'autres villes, et partout rencontra la même fortune. « M. Auteri, m'écrit-on d'Italie, est une des plus belles promesses de la jeune école italienne. Sa musique est facile, bien faite, claire, et elle a pour principales qualités la faculté mélodique, l'expression sentimentale et passionnée. Sicilien comme Bellini, M. Auteri est un des musiciens qui ressemblent le plus à ce maître. » M. Auteri travaille en ce moment à un nouvel opéra, *il Negriero*, dont son oncle lui a encore fourni le livret.

AVOLIO (..........), compositeur napolitain, est l'auteur d'un opéra bouffe en 3 actes, *Rosella la Giardiniera*, qui a été représenté avec quelque succès, sur le théâtre Rossini, de Naples, au mois d'avril 1872.

AZEVEDO (Alexis-Jacob), critique et écrivain musical, est né à Bordeaux le 18 mars 1813. Après avoir acquis avec son père la connaissance des premiers principes du solfége, il entreprit l'étude du violon, puis celle de la flûte. Au mois d'octobre 1832 il vint à Paris, et passa quelque temps, au Conservatoire, dans la classe de Tulou, tout en faisant partie de l'orchestre de quelques théâtres secondaires, tels que l'Ambigu, le Cirque et les Folies-Dramatiques. Bientôt il quitta la musique pour les affaires, puis y revint, au bout de quelques années, pour s'occuper de critique. Il donna d'abord quelques articles au *Siècle*, à la *France musicale*, puis, vers 1846, fonda lui-même un journal spécial, *la Critique musicale*, qui n'eut qu'une existence éphémère. Après avoir passé à la *Presse*, il entra comme feuilletoniste musical à l'*Opinion nationale*, et y resta depuis 1859, époque de la création de cette feuille, jusqu'en 1870. C'est là surtout que M. Azevedo a donné carrière à son tempérament batailleur, recherchant avec ardeur les polémiques, frappant d'estoc et de taille, à tort et à travers, et s'inquiétant peu d'avoir raison pourvu qu'il criât fort et qu'il fît beaucoup de bruit. Il serait injuste de ne pas convenir pourtant que sur certains points de l'histoire de la musique il a soutenu avec succès quelques discussions.

Malheureusement, et en ce qui concerne la critique des œuvres et des artistes, M. Azevedo était doué de deux grands défauts : d'une part, son instruction musicale était complètement insuffisante et le mettait dans l'impossibilité de recourir à toute espèce d'étude analytique, sans laquelle il n'est point de critique sérieuse et valable ; de l'autre, passionné à l'excès, il ne reconnaissait qu'un genre de musique, restait complétement sourd aux beautés répandues dans les œuvres qui ne procèdent point de l'école italienne, et considérait comme ennemi quiconque ne pensait pas comme lui. Pendant vingt ans, M. Azevedo a déversé l'injure sur de grands artistes tels que Meyerbeer, Berlioz, Halévy, M. Gounod, les traînant aux gémonies, et préférant à leurs chefs-d'œuvre n'importe quelles platitudes signées d'un nom ultramontain. En ce qui concerne les productions musicales, aussi bien que leur interprétation, quand M. Azevedo, qui est un néologiste forcené, avait parlé de l'école du civet sans lièvre, du *casserolage*, de la *braillardocratie*, etc., il croyait avoir tout dit et trouvait superflu de donner les raisons de son mépris.

Tout le monde ne juge pas que ce soit tout à fait ainsi que doive s'exercer la critique; quelques-uns pensent qu'elle doit être instructive, et qu'elle ne perd rien de sa valeur à revêtir des formes courtoises. Or, M. Azevedo traitait de Turc à More tous ceux qui ne partageaient pas sa fureur contre certains artistes, son adoration irraisonnée pour Rossini, dont il estimait les pochades de jeunesse à l'égal de *Guillaume Tell* ou du *Barbier*, ou qui osaient soutenir que le système Chevé est à la notation musicale ce que le dessin linéaire est à la peinture. Il est vrai qu'à force d'exagérations de toutes sortes, M. Azevedo perdit assez rapidement son crédit, et qu'aujourd'hui il n'est plus guère question de toutes les grandes batailles qu'il a livrées.

Voici la liste des productions de cet écrivain :

1° *Sur le livre intitulé :* Critique et littérature musicales *de M. P. Scudo* (Paris, 1852, in-12); 2° *Félicien David, sa vie et son œuvre* (Paris, Heugel, 1863, gr. in-8° avec portrait et autographes); 3° *G. Rossini, sa vie et ses œuvres* (Paris, Heugel, 1865, grand in-8° avec portraits et autographes); 4° *Sur un nouveau signe proposé pour remplacer les trois clefs de la notation musicale* (Paris, Escudier, 1868, in-8°); 5° *Dictionnaire musico-humoristique, par le docteur Aldo, membre de la Fourchette harmonique et de plusieurs autres sociétés savantes*, précédé d'un avertissement par *Alexis Azevedo* (Paris, Gérard, 1870, in 12), écrit entièrement dû à M. Azevedo; 6° *M. Aimé Paris et ses inventions*, trois feuilletons de M. Alexis Azevedo dans l'*Opinion nationale*, 25 août, 1er et 8 septembre 1863 (Dieppe, impr. Delevoye, s. d. [1863], in-8°); 7° *la Transposition par les nombres* (Paris, l'auteur, in-8°).

M. Azevedo a collaboré au *Ménestrel* (où il a publié d'abord, sous forme d'articles, ses deux études sur Rossini et M. Félicien David), à l'*Art musical*, à la *Politique universelle*, au *Soleil*, à la *Réforme musicale*, et à la *Mélomanie*. En 1874, il a publié un petit recueil critique périodique, « *les Doubles-croches malades*, petite revue bi-mensuelle de critique musicale », rédigé par lui seul et dont il a paru douze numéros (1).

(1) Au moment où je corrige les épreuves de cette notice, on annonce la mort de M. Azevedo, à Paris (21 décembre 1875).

B

B. (Madame J. DE). Sous ces initiales, une dame a publié en 1863 un *Annuaire spécial des artistes musiciens*, 1re année, 1863 (Paris, 77, Faubourg Poissonnière, in-12), livre conçu sur un plan absolument défectueux et incomplet.

BABIC (Benko) naquit à Raguse au commencement du seizième siècle. Musicien et religieux dominicain, il introduisit le premier le chant grégorien dans son ordre.

Y.

BACCE (Domenico), célèbre chanteur italien, naquit à Crémone le 27 janvier 1549.

BACCELLI (le P. Matteo), compositeur de musique religieuse, né à Lucques vers 1680, fut maître de musique au séminaire de San-Giovanni. Les registres de la Compagnie de Sainte-Cécile de cette ville attestent que, de 1717 à 1734, cet artiste écrivit pour la fête de la patronne de cette Société plusieurs services religieux consistant en messes, graduels, motets et psaumes à quatre voix concertantes. On trouve aussi, dans les archives du séminaire de San-Martino, un *Domine*, un *Dixit* et un *Magnificat* à 4 voix, avec accompagnement instrumental, de sa composition. Baccelli mourut à Lucques en 1756.

BACCHINI (Cesare), compositeur, est né à Florence en 1846, et fut élève de M. Anichini pour le piano et l'harmonie, de M. Giovacchino Giovacchini pour le violon, et de M. Mabellini pour la composition. Ce jeune artiste a fait représenter en 1871, à Florence, un opéra intitulé *il Quadro parlante*, qui fut assez bien accueilli. L'année suivante, il écrivit, en société avec plusieurs autres jeunes composipositeurs, MM. De Champs, Felici, Gialdini, Tacchinardi et Usiglio, la musique d'une bouffonnerie, *la Secchia rapita* (Florence, th. Goldoni, avril 1872). Enfin, M. Bacchini a donné au théâtre Pagliano, de la même ville, le 14 février 1874, un opéra sérieux, *la Cacciata del duca d'Atene*, qui fut très-froidement accueilli du public.

BACCINI (Maria), célèbre chanteuse italienne, douée d'une belle voix de contralto, naquit vers 1750 et mourut à Brême en 1782.

Y.

BACH (Samuel). *Voyez* Ferrière-le-Vayer (le marquis DE).

BACH (Otto), compositeur, né à Vienne en 1833, est actuellement directeur du *Mosarieum* de Salzbourg. Il a écrit des symphonies, de la musique de chambre et des opéras, parmi lesquels on cite *Sardanapale* et *die Liebesprobe* (*l'Épreuve amoureuse*).

BADARZEWSKA (Thécla), pianiste distinguée et compositeur, née à Varsovie en 1838, est morte en 1862. Elle a écrit plusieurs compositions pour son instrument, notamment une *Prière à la Vierge* qui a eu du succès et qui est connue par toute l'Europe.

Y.

BADER (Daniel), facteur d'orgues et de clavecins, né en Allemagne dans la seconde moitié du seizième siècle, s'établit à Anvers, où, dès les premières années du dix-septième siècle, il fut reçu dans la corporation de Saint-Luc.

* **BADIA** (Charles-Augustin). Trois oratorios doivent être ajoutés à la liste des œuvres de ce compositeur, tous trois exécutés à la chapelle impériale de Vienne : 1° *la Clemenza di Davide*, 1703; — 2° *San Romoaldo*, 1704; — 3° *Santa Teresa*, 1706.

* **BADIA** (Louis). Cet artiste a donné au théâtre de la Pergola, de Florence, en 1851, un drame lyrique intitulé *il Conte di Leicester*. C'est sans doute cet ouvrage qui a été mentionné comme n'ayant eu qu'une seule représentation.

* **BADIALI** (Cesare), chanteur renommé, était né vers 1800, et mourut le 18 novembre 1865. C'est sur les conseils de Rossini, de Sampieri et de Tadolini qu'il avait abandonné la carrière administrative pour embrasser celle du théâtre. Il ne parcourut pas seulement l'Autriche et l'Italie, l'Espagne et le Portugal, mais se fit entendre encore avec succès à la Havane, à Mexico, à New-York, à Philadelphie, à Boston, à la Nouvelle-Orléans, à Paris, à Londres, à Manchester, à Dublin, etc. Il s'était, après plus de trente ans de triomphes, retiré à Imola, mais avait consenti à quitter momentanément sa retraite pour chanter à Pesaro, lors des fêtes qui eurent lieu en cette ville pour l'inauguration de la statue de Rossini, du vivant de celui-ci. Il mourut à Imola le 18 novembre 1865, et Rossini, en apprenant la mort de son vieil ami Badiali, écrivit à son fils : «.... Vous avez perdu le meilleur des pères, et moi je suis du même coup privé du plus cher de mes amis, du plus vaillant de mes interprètes.... »

BÆDEKERL (CHARLES), tromboniste, mort à Berlin en 1849. On a de lui des danses et des variations pour le trombone. Y.

BÆNDER (JEAN-HENRI), virtuose sur le basson et sur la contre-basse, né à Rœhrenfort, dans la Hesse électorale, en 1785, a joui d'une certaine réputation. Y.

BÆUMEL (FRÉDÉRIC-HENRI), violoniste célèbre en son temps, né vers 1730 à Wurzbourg, mourut à Bamberg en 1796. Y.

BAGAUS (CHARLES), célèbre virtuose sur la trompette, naquit à Berlin le 5 novembre 1799. On ignore l'époque de sa mort. Y.

BAGLIONCELLA (FRANCESCA), musicienne italienne, compositeur, naquit à Pérouse et vivait au seizième siècle. Elle a écrit un grand nombre de madrigaux. Y.

BAGUER (CARLOS), compositeur et organiste espagnol, surnommé *Carlets* par ses contemporains, était né vers 1768. Organiste de la cathédrale de Barcelone, cet artiste, dont le talent paraît avoir été extraordinaire, a été oublié par tous les biographes, de telle sorte que les détails de sa vie sont absolument inconnus. M. Baltasar Saldoni, le seul qui ait rappelé son nom (dans ses *Efemérides de músicos españoles*), n'en a parlé que d'après les souvenirs d'un de ses amis, Mateo Ferrer (*voy*. ce nom), musicien fort distingué lui-même, qui avait été l'élève de Baguer, et qui conservait pour lui une admiration pleine d'enthousiasme. D'après Ferrer, Baguer était un organiste d'une nature et d'une valeur absolument exceptionnelles, original dans les idées, harmoniste accompli, fuguiste merveilleux, possédant une exécution rapide et supérieure, et tirant de son cerveau des mélodies enchanteresses, toujours empreintes du plus pur sentiment religieux, en un mot un artiste dont on ne pouvait expliquer et comprendre le talent sans l'avoir entendu, et supérieur à tout ce qu'on pouvait imaginer. Je laisse, bien entendu, à Ferrer, la responsabilité de ses assertions; mais, en admettant même que son admiration fût quelque peu exagérée, on ne peut considérer comme un artiste ordinaire celui qui laisse une telle impression dans l'esprit de ceux qui ont été à même de l'entendre et de l'apprécier. Il n'en est que plus regrettable de constater qu'un tel artiste n'ait laissé qu'un souvenir fugitif, et que son nom soit pour ainsi dire perdu pour l'histoire de l'art. Je crois qu'il ne reste rien des œuvres composées pour l'orgue par Baguer, que M. Soriano Fuertes, dans son *Historia de la Música española*, dit être l'auteur d'un oratorio intitulé *la Muerte de Abel*. Baguer est mort à Barcelone, le 29 février 1808, à l'âge de quarante ans seulement.

BAILLE (GABRIEL), compositeur, directeur du Conservatoire de Perpignan, a publié pour divers instruments des compositions dont le nombre s'élève à plus de cinquante. Parmi ces compositions se trouvent, outre divers morceaux de genre pour piano, une série de pièces élémentaires et progressives pour deux violons portant pour titre *École concertante de violon* (Paris, Brandus). M. Baille publie aussi un recueil permanent, intitulé : *Præludium, recueil de musique pour orgue*. Cette collection, dont il paraît chaque année deux livraisons, en compte déjà sept.

BAILLET (..........), est auteur d'un opuscule ainsi intitulé : *Musique en lettres, idée sur l'étude de la musique vocale, ou Exposé d'une méthode nouvelle* (Toulouse, 1864, in-8°).

* **BAILLOT** (PIERRE-MARIE-FRANÇOIS DE SALES). On a publié en 1872 un écrit posthume de ce grand artiste, ainsi intitulé : *Observations relatives aux concours de violon du Conservatoire de musique* (Paris, Didot, in-8° de 34 pp.). On doit signaler aussi les deux notices suivantes, dont Baillot était l'objet : 1° *Baillot*, par Ad. Guéroult (Paris, s. l. n. d. [Extrait de la *Gazette musicale*], in-8° de 7 pp.) ; 2° *Hommage à la mémoire de Baillot*, discours prononcé par M. D. Tajan-Rogé à la soirée musicale qui a eu lieu dans la petite salle du Conservatoire national de musique le 4 avril 1872, pour l'inauguration de la statuette en bronze de Baillot (Paris, Le Chevalier, 1872, in-12). Enfin il faut mentionner encore, pour ceux qui voudraient se renseigner d'une façon complète sur l'admirable violoniste, la notice publiée dans les *Annales de l'Académie des Beaux-Arts* (t. XII) par M. Charles du Rozoir, et celle publiée en 1872, dans le *Ménestrel*, par M. Arthur Pougin.

BAILLOT (RENÉ-PAUL), fils du précédent, est né à Paris le 23 octobre 1813. Après avoir travaillé le violon avec son père, il se livra à l'étude du piano, sous la direction de Desormery et de Pleyel. Il se consacra ensuite à l'enseignement, et publia un certain nombre de compositions pour le piano. En 1848, M. René Baillot devint professeur de la classe d'ensemble instrumental au Conservatoire, classe créée pour lui, mais dont il ne fut pourtant nommé titulaire que le 1er janvier 1851.

* **BAILLY** (HENRI DE), surintendant de la musique de Louis XIII. On trouve des notes intéressantes sur la famille de cet artiste dans l'écrit de M. Th. Lhuillier : *Note sur quelques musiciens dans la Brie* (Meaux, typ. Carro, 1870, in-8°).

Je crois que cet artiste ne faisait qu'un avec Bailly, chanteur et joueur de luth de Louis XIII enfant, très-fréquemment cité par Jean Héroard dans son *Journal sur l'enfance et la jeunesse de Louis XIII*. Bailly, qui jouait aussi de la lyre, endormait le soir le jeune prince au son de sa musique, que pourtant celui-ci écoutait avec un vif plaisir.

* BAJETTI (Jean), compositeur, ancien *maestro concertatore* du théâtre de la Scala au temps de la Pasta et de la Malibran, est mort à Milan le 28 avril 1876. A la liste des ouvrages de cet artiste, il faut joindre le ballet de *Faust* (Milan, Scala, 12 février 1848), dont il écrivit la musique conjointement avec Costa et Panizza.

BALAKIREFF (M......), compositeur russe contemporain, a écrit pour le drame de Shakspeare *le Roi Lear* une partition qui comprend une ouverture, une marche et quatre entr'actes, et qui a été publiée chez l'éditeur Bessel, à Saint-Pétersbourg. M. Balakireff a publié aussi un arrangement pour deux pianos d'un quatuor de Beethoven.

BALART (Gabriel), compositeur espagnol, est né à Barcelone le 8 juin 1824. Il commença l'étude de la musique dans sa patrie, dès ses plus jeunes années, puis vint à Paris pour compléter son éducation. De retour en Espagne en 1852, il se fit connaître d'abord par la publication d'un certain nombre de pièces de musique vocale et instrumentale, et écrivit aussi quelques *zarzuelas*, qui furent généralement bien accueillies. Parmi les ouvrages de ce genre de M. Balart, je citerai les suivants, qui seuls sont venus à ma connaissance : 1° *Un Rapacin de Cándas*, un acte, Barcelone, août 1866; 2° *los Guardias del Rey de Siam*, id., id., 3° *el Tulipan de los Mares*; 4° *Amor y Arte*. M. Balart a été chef d'orchestre des principaux théâtres de Barcelone et de quelques-uns de Madrid.

* BALBI (Melchior). L'auteur de la *Biographie universelle des Musiciens* a été évidemment trompé, au sujet de cet artiste, par de faux renseignements. Voici ceux que je trouve sur M. Balbi dans l'intéressant *Annuario generale della Musica* de M. Caputo (*voy.* ce nom) pour 1875.

M. Balbi est né à Venise, de famille patricienne, le 4 juin 1796. Son père s'étant réfugié à Padoue par suite des événements politiques, le jeune homme étudia le piano et l'orgue d'abord avec Alessandro Nini, puis avec Gaetano Valeri, et fit ensuite une étude sévère des *partimenti*, de l'harmonie et de la fugue avec Antonio Calegari. Nommé, en 1818, *maestro concertatore* dans les deux théâtres, il conserva cet emploi jusqu'en 1853, époque à laquelle il fut nommé maître de chapelle de la basilique de Sant'Antonio. Élu, en 1868, académicien correspondant de l'Institut musical de Florence, il écrivit trois Mémoires sur la question posée par cette académie : « s'il est possible et pratique d'inventer un système d'harmonie fondé sur la division de l'octave en douze demi-tons. » Aux trois Mémoires l'académie répondit par trois délibérations dans lesquelles elle félicitait M. Balbi et l'encourageait à poursuivre et à conduire à terme la tâche qu'il avait entreprise. A la suite de ce fait, M. Balbi fut nommé chevalier de la couronne d'Italie et élu membre d'un grand nombre de sociétés italiennes et étrangères.

Outre une messe solennelle et une messe de *Requiem* exécutées à Saint-Antoine de Padoue, la première en 1831, la seconde en 1869, M. Balbi en a produit une troisième (le 8 décembre 1871), pour chœurs, orchestre, et quatre orgues. Comme théoricien, cet artiste a publié : 1° *Sistema armonico d'Antonio Calegari*, avec notes et appendice de Melchior Balbi (Milan, Ricordi, 1829); 2° *Grammatica ragionata della musica sotto l'aspetto di lingua* (1845); 3° *Nuova Scuola basata sul sistema semitonato equabile*, 1re partie (Milan, Vismara, 1872). Quant à l'ouvrage dont M. Balbi aurait été l'éditeur posthume, *Trattato armonico di Antonio Calegari*, Fétis a fait évidemment sur ce sujet une double confusion, dont on peut se rendre compte en lisant les trois notices qu'il a consacrées à *François-Antoine Calegari*, à Antoine Calegari et à M. *Melchior Balbi*. Dans la première, il attribue cet ouvrage à François-Antoine Calegari, et dit qu'il fut publié fort longtemps après sa mort, en 1829, par M. Balbi; dans la seconde, il fixe la mort d'Antoine Calegari au 22 juillet 1828; enfin, dans la troisième, il attribue le même ouvrage à M. Balbi, qui aurait exposé lui-même la méthode de son maître Antoine Calegari dans l'écrit en question, et qui l'aurait laissé manuscrit à sa mort, arrivée en juillet 1828, de telle façon qu'on l'aurait publié l'année suivante. Or, on peut saisir la confusion par le rapprochement des dates, dont une est fausse, puisque M. Balbi est encore vivant. Voici ce qui me semble devoir être la vérité : le *Trattato del sistema armonico* est d'Antoine Calegari et non de François-Antoine Calegari; cet artiste l'aura laissé inédit à sa mort, le 22 juillet 1828, en chargeant son élève, M. Balbi, de le publier; enfin, celui-ci se sera ponctuellement acquitté de ce soin. On voit combien la lumière est difficile à faire en matière d'histoire, et à quel point un faux renseignement peut engendrer d'erreurs.

BALDI (João-José), musicien portugais, est né à Lisbonne de parents italiens établis depuis longtemps en cette ville. En 1781, à peine âgé de onze ans, il entra au séminaire patriarcal, d'où il sortit au mois de septembre 1789 pour aller occuper la place de maître de chapelle à la cathédrale de Guarda; il fut ensuite appelé à Lisbonne, et nommé organiste de la chapelle du palais royal de Bemposta. Il a écrit une grande quantité de musique d'église, à laquelle on accorde du mérite; on cite surtout une *Litania* en *la*, comme particulièrement remarquable.

J. DE V.

* **BALFE** (MICHEL-GUILLAUME BALPH, dit) est mort le 21 octobre 1870, à sa maison de campagne de Rowney-Abbey. Au répertoire dramatique de ce compositeur, si populaire en Angleterre, et qui d'ailleurs, s'il manquait d'originalité, était loin de manquer de talent, il faut ajouter les opéras suivants, représentés à Londres : *the Puritan's daughter* (1861), *the Armurer of Nantes* (1863), *Blanche de Nevers* (1863), *la Rose de Castille*, et *Bianca*, *la Fiancée du Bravo*.

Une fille de cet artiste, cantatrice d'un talent remarquable, élève de son père, avait débuté avec succès à Londres, le 28 mai 1857, dans le rôle d'Amina de *la Sonnambula*. Mariée, peu d'années après, à sir John Crampton, dont elle se sépara en 1863 à la suite d'un procès étrange et qui eut un grand retentissement, elle épousa en secondes noces un noble Espagnol, le duc de Frias. La duchesse de Frias mourut jeune, à Madrid, peu de mois après son père, en janvier ou février 1871 (1).

BALIUS Y VILA (JAIME), compositeur espagnol, vivait dans la seconde moitié du dix-huitième siècle. On ignore le lieu et la date de sa mort, et l'on sait seulement que vers 1780 il remplissait les fonctions de maître de chapelle de la cathédrale de Gerona, fonctions qu'il occupa plus tard à Cordoba et au monastère de l'Incarnation, de Madrid. Cet artiste s'est fait connaître par de nombreuses compositions religieuses, parmi lesquelles on remarque surtout ses *Lamentations* pour le jeudi-saint, ainsi que l'hymne : *Deus tuorum militum*, qu'il écrivit pour le concours de la maîtrise de Cordoba.

BALLARD, joueur de luth distingué, fut le maître de Louis XIII, alors dauphin de France, pour cet instrument, ainsi qu'on le voit dans le *Journal de Jean Héroard sur l'enfance et la jeunesse de Louis XIII*, lequel dit, à la date du 1er septembre 1612, en parlant du jeune prince : « Il commence à apprendre à jouer du luth par Ballard. » Il me semble que cet artiste pourrait bien être *Pierre Ballard*, fils du chef de la dynastie des imprimeurs de musique de ce nom, qui succéda à son père comme *seul imprimeur de la musique de la chambre, chapelle et menus-plaisirs du roi*. On peut supposer aussi qu'il est l'auteur ou du moins l'arrangeur du recueil publié par lui, en 1617, sans nom d'auteur et sous ce titre : *Airs de différens auteurs, mis en tablature de luth*.

BALLICOURT (........), compositeur et flûtiste français du dix-huitième siècle, a passé sa vie en Angleterre, où son talent de virtuose était estimé, ainsi que ses compositions.

Y.

BALTHASAR - FLORENCE (HENRI-MATHIAS BALTHASAR, dit), compositeur belge, est né à Arlon le 21 octobre 1844. Musicien dès l'âge le plus tendre, il se produisit pour la première fois en public à neuf ans, comme pianiste, dans sa ville natale. Admis en 1857 au Conservatoire de Bruxelles, il y fut élève de M. Auguste Dupont pour le piano, de M. Lemmens pour l'orgue, de M. Adolphe Samuel pour l'harmonie, de Fétis pour le contre-point et la fugue, et obtint successivement tous les premiers prix des cours qu'il suivait avec ces professeurs. Marié en 1863 à Mlle Clémence Florence, fille d'un facteur de pianos dont il ajouta le nom au sien, il alla, quelques années plus tard, s'établir à Namur comme dépositaire des produits de la fabrique de son beau-père, ce qui ne l'empêcha pas de se livrer avec ardeur à la composition et de se produire souvent comme virtuose dans les concerts. En 1868, il faisait exécuter aux Concerts populaires de Bruxelles une grande ouverture dramatique; peu après, il donnait au théâtre de la Monnaie, de cette ville, un opéra-comique intitulé *Une Croyance bretonne*, et au Casino des Galeries Saint-Hubert une opérette en un acte, *le Docteur Quinquina*. En 1870, il fait entendre aux Concerts populaires des fragments symphoniques, et exécute dans une séance donnée au théâtre de Namur un grand concerto symphonique pour piano et orchestre, qui lui vaut un double succès de virtuose et de compositeur. En 1872, dans l'église du collège de la Paix, de la

---

(1) La veuve du compositeur Balfe a fait don au British museum, de Londres, des manuscrits autographes de toutes les œuvres publiées de son mari.

même ville, il produit une messe solennelle pour chœur et orchestre, dont l'effet est très grand, et successivement il fait entendre deux Bénédictions et un *Laudate Dominum*, également pour chœur et orchestre. M. Balthasar-Florence, dont le talent est très-goûté en Belgique, a écrit encore la musique d'un ballet en deux actes, non représenté jusqu'ici, divers morceaux de caractère pour le piano, un concerto pour la trompette, un quintette pour instruments à cordes, des fantaisies pour violoncelle, pour cor, etc. Lors de l'exécution de sa messe solennelle à Namur, une appréciation très-élogieuse de cette œuvre parut dans le journal *l'Ami de l'Ordre*, de cette ville, et fut ensuite publiée sous forme de brochure : *Messe solennelle de Balthasar-Florence* par le R. P. Louis Girod, de la compagnie de Jésus (Namur, impr. Doux fils, 1872, in 8°). Enfin, en 1875, la municipalité de Lille ayant mis au concours une cantate en l'honneur de Notre-Dame de la Treille, pour soli, chœurs et orchestre, et M. Balthasar ayant pris part à ce concours, il en fut proclamé vainqueur. Son œuvre fut exécutée à Lille avec un véritable succès, et fut l'objet de grands éloges.

BALVANSKY (.....), compositeur hongrois, a vécu vers la fin du siècle dernier et le commencement de celui-ci. Il a écrit des duos pour piano et violon.   Y.

* **BAMBINI** (Félix). A la liste, assez peu nombreuse d'ailleurs, des œuvres de cet artiste, il faut ajouter *Suzanne*, oratorio exécuté avec succès au Concert spirituel, et deux livres de chacun trois sonates pour piano et violon (Paris, Leduc). Bambini, dont la vie fut obscure et la carrière peu brillante, avait été cependant une sorte d'enfant prodige, et voici ce qu'en disait J.-J. Rousseau, dans sa *Lettre sur la musique française*, à l'époque où, son père étant directeur de la troupe de bouffons italiens qui donnait des représentations à l'Opéra, le petit Bambini était l'accompagnateur de cette troupe : — « Vous ressouvenez-vous, monsieur, d'avoir entendu quelquefois, dans les intermèdes qu'on nous a donnés cette année, le fils de l'entrepreneur italien, jeune enfant de dix ans au plus, accompagner quelquefois à l'Opéra ? Nous fûmes frappés, dès le premier jour, de l'effet que produisait sous ses petits doigts l'accompagnement du clavecin ; et tout le spectacle s'aperçut, à son jeu précis et brillant, que ce n'était pas l'accompagnement ordinaire.... »

* **BANDERALI** (David). Dans son *Histoire du Conservatoire*, Lassabathie, qui écrivait d'après les registres de cet établissement, où Banderali a été professeur fixe Palazzo et le 15 janvier 1789 comme lieu et date de la naissance de cet artiste. Je me borne à mentionner le fait, n'ayant pas les moyens d'établir laquelle a raison, de l'*Histoire du Conservatoire* ou de la *Biographie universelle des Musiciens*. Je dois constater cependant qu'un compatriote de Banderali, le docteur Francesco Regli, dans son *Dizionario biografico*, le dit né à Palazzolo le 12 janvier 1789. — La fille de cet artiste, chanteuse de goût et de style qui s'est fait une réputation dans les concerts parisiens, a épousé un compositeur distingué, M. Barthe. (*Voy.* ce nom.)

BANESTRE (Gilbert), contrepointiste anglais qui jouit d'une grande renommée, florissait vers 1490.   Y.

BANEUX (........), artiste qui semble devoir être le père et le grand-père des deux virtuoses cornistes mentionnés dans la *Biographie universelle des Musiciens*, a écrit, en société avec Navoigille, la musique de trois drames-pantomimes représentés au théâtre du Palais : 1° *Naissance de la Pantomime* (un acte, 1798); 2° *l'Héroïne suisse*, ou *Amour et courage* (trois actes, 1798); 3° *l'Empire de la Folie*, ou *la Mort et l'Apothéose de Don Quichotte* (trois actes, 1799).

BANK (Jean-Charles-Henri), organiste et compositeur de *lieder*, a vécu dans la dernière moitié du dix-huitième siècle. En 1806, il était encore organiste du Domchor de Magdebourg.   Y.

BANKS (Benjamin), chef d'une famille de luthiers anglais, naquit en 1727 et mourut en 1795. Il s'était établi à Salisbury, et produisit beaucoup de violons et de violoncelles, réussissant surtout ces derniers. Quelques-uns de ses instruments sont marqués en plusieurs endroits de ses initiales : B. B.; d'autres portent son étiquette, avec ses nom et prénom en toutes lettres et la date de leur fabrication. Benjamin Banks, qui est considéré en Angleterre comme un des premiers luthiers de ce pays, copiait principalement Nicolas Amati. Son vernis, très-beau, se reconnaît facilement.

BANKS (Benjamin), fils du précédent, naquit au mois de septembre 1754, et mourut en 1820. Il travailla longtemps avec son père à Salisbury, puis alla se fixer à Londres.

BANKS (James et Henry), second et troisième fils de Benjamin Banks 1er, continuèrent ensemble les affaires de leur père après la mort de celui-ci, et quittèrent plus tard Salisbury pour aller s'établir à Liverpool. Les instruments signés de leurs deux noms sont estimés en Angleterre.

BANIÈRES (Jean), savant français, vivait dans la première moitié du dix-huitième siècle.

On a de lui un *Traité physique de la lumière et des couleurs, des sons et des différents tons*, qui a été inséré dans *le Journal des Savants* de 1737.

Y.

BAPTISTA (le Fr. Francisco), compositeur portugais du dix-septième siècle, est né à Campo-Maior, dans la province d'Alemtejo. Il eut pour maître le célèbre Antonio Pinheiro, et jouissait vers le milieu du dix-septième siècle (1620-1660) d'une telle réputation qu'il fut appelé à Cordoba (Espagne) en qualité de maître de chapelle d'un couvent de son ordre (Saint-Augustin). Ses compositions, très-nombreuses, étaient conservées dans la Bibliothèque de musique du roi D. Jean IV.

J. DE V.

BARBA (José), compositeur espagnol, naquit à Barcelone le 15 avril 1804. A l'âge de huit ans il entra comme enfant de chœur dans une église de sa ville natale, y fit toute son éducation musicale sous la direction d'un artiste nommé Francisco Sampera, et eut terminé ses études au bout de dix années. En 1825, il devint maître de chapelle de la cathédrale de Gerona, qu'il quitta, dans la même année, pour celle de Valladolid, retournant bientôt à Gerona, où on lui offrait un traitement plus considérable. En 1850, il passa en la même qualité à l'église de da Santa-Maria del Mar de Barcelone, et conserva ses fonctions jusqu'en 1866. Cet artiste a écrit un assez grand nombre de compositions religieuses pour les diverses chapelles qu'il a occupées.

BARBARA (Pierre-Henri), pianiste et compositeur de musique de piano, né à Orléans (Loiret) le 28 avril 1823, mourut à Libourne (Gironde) le 9 mai 1863.

Dès son enfance, le jeune Barbara ayant manifesté les plus heureuses dispositions pour le piano, son père, luthier à Orléans, l'envoya à Francfort-sur-le-Mein prendre des leçons d'Aloys Schmitt, alors célèbre en Allemagne comme professeur. Revenu dans sa ville natale en 1838, Barbara y donna un concert qui lui procura de suite de nombreux élèves de piano. Il continua de suivre la carrière du professorat, fixant tour à tour sa résidence à Montpellier, à Narbonne, à Avignon, et finalement à Libourne où il réunit une fort belle clientèle.

A partir de 1843, Barbara commença à faire paraître quelques morceaux de piano qui attirèrent de suite sur lui l'attention des dilettantes: une *valse brillante* (Bernard-Latte), *Ondine*, étude de salon (Fleury), *Amélie* (Ravayre-Raver), *le Retour*, et surtout *Iduna*, rêverie en forme de valse (Colombier), obtinrent un succès de vente considérable. Malheureusement, l'auteur de ces œuvres distinguées, fort peu remuant de sa nature, tout en composant toujours de temps en temps, ne cherchait pas à publier ses productions et à les faire valoir. Aussi n'a-t-il pas paru de lui, en tout, plus de douze ou quinze morceaux de piano.

Henri Barbara était le frère cadet du romancier Charles Barbara, l'auteur de *l'Assassinat du Pont-Rouge* et des *Histoires émouvantes* (1). — Une notice étendue a été consacrée à ce pianiste de talent dans *le Progrès, Revue de Bordeaux*, n° du 1er mars 1867.

A. L—N.

BARBATI (Aniello), professeur et compositeur, fils d'un riche commerçant, est né à Naples le 4 septembre 1824, et n'étudia la musique qu'au point de vue de son agrément, suivant un cours d'harmonie avec Francesco Catugno, et étudiant ensuite le contre-point et la composition avec Salvatore Pappalardo. Des revers de fortune vinrent l'obliger à utiliser des talents qu'il n'avait acquis que par plaisir, et à vingt-deux ans il se consacra à l'enseignement de la théorie de l'art. Cela ne l'empêcha pas d'écrire trois opéras, qui furent représentés au théâtre Nuovo, de Naples : *la Bottega da caffè* (1852), *la Marchesa e il Tamburino* (mars 1857), et *Maria la fioraia* (mai 1859). On doit encore à M. Barbati un certain nombre de compositions jusqu'ici restées inédites, ouvertures, messes, vêpres, etc., et *le Quattro Stagioni*, recueil de quatre *soli* pour soprano, contralto, ténor et basse, avec accompagnement de quatuor et de quelques autres instruments obligés.

BARBEDETTE (H........), amateur distingué de musique et écrivain musical, né vers 1825, a fait de fortes études littéraires et juridiques, et n'a cultivé l'art qu'en vue de son agrément. Devenu juge au tribunal de la Rochelle, M. Barbedette était en même temps président de la Société philharmonique de cette ville et à qui sa situation de fortune assurait l'indépendance, s'est démis il y a quelques années de ses fonctions de magistrat pour pouvoir se livrer sans réserve à ses travaux favoris sur l'histoire de la musique et des grands hommes qui l'ont illustrée. Pianiste exercé, il n'avait pas négligé

(1) Charles Barbara, qui était musicien lui-même, et qui, dans ses jeunes années, avait appartenu à l'orchestre de différents théâtres de Paris, aimait beaucoup, comme Hoffmann, à faire intervenir la musique dans ses récits littéraires, ainsi qu'il le fit notamment dans *l'Assassinat du Pont-Rouge* et dans *l'Esquisse de la vie d'un virtuose*. Né à Orléans en 1822, Charles Barbara est mort fou, à Paris, en 1866. — A. P.

l'étude de l'harmonie, et a mis au jour un certain nombre de compositions, parmi lesquelles un sextuor instrumental qui a été publié. Depuis une quinzaine d'années, M. Barbedette a publié dans le journal *le Ménestrel* plusieurs notices importantes sur de grands musiciens, particulièrement sur les maîtres de l'école allemande, notices qui ont paru ensuite sous forme de brochures. Dans ces travaux, M. Barbedette a fait preuve d'un goût réel et d'un bon sentiment musical; on peut regretter toutefois que les études qu'il a consacrées à d'illustres artistes laissent à désirer, au point de vue biographique, en ce qui concerne l'abondance des faits et la façon de les enchaîner. La littérature allemande est si riche aujourd'hui en études biographiques, en recueils de correspondances, en catalogues d'œuvres publiées ou inédites, en documents de toutes sortes sur les grands compositeurs d'outre-Rhin, que les écrivains étrangers à ce pays doivent se montrer particulièrement soucieux d'avoir recours à ces publications si nombreuses, de puiser directement à ces sources auxquelles on pourrait parfois reprocher leur surabondance, mais dont il n'est pas permis de ne tenir compte qu'à demi. Cette réserve faite, on ne peut disconvenir que les travaux de M. Barbedette sont intéressants. En voici la liste : 1° *Beethoven, esquisse musicale*, la Rochelle, Siret, 1859, in-8° (*Beethoven, sa vie et ses œuvres*, 2° édition, Paris, Heugel, 1870, gr. in-8° avec portrait); 2° *Chopin, essai de critique musicale*, Paris, Lieber, 1861, in-8° (*F. Chopin, essai de critique musicale*, 2° édition, Paris, Heugel, 1869, gr. in-8° avec portrait et autographes); 3° *Weber, essai de critique musicale*, Paris, Heugel, 1862, in-8° (*Ch.-M. de Weber, sa vie et ses œuvres*, 2° édition, Paris, Heugel, 1874, gr. in-8° avec portrait et autographes); 4° *F. Schubert, sa vie, ses œuvres, son temps*, Paris, Heugel, 1866, gr. in-8° avec portrait et autographes; 5° *Félix Mendelssohn-Bartholdy, sa vie et ses œuvres*, Paris, Heugel, 1869, gr. in-8° avec portrait et autographes; 6° *Stephen Heller, sa vie et ses œuvres*, Paris, Maho, 1876, in-8 avec autographe. Deux autres études de M. Barbedette, sur Haydn et sur Gluck, insérées dans *le Ménestrel*, n'ont pas encore été publiées à part.

* **BARBELLA** (Emmanuel). Ce violoniste fort distingué s'est essayé au moins une fois comme compositeur dramatique, et a écrit, en société avec Logroscino, *Elmira generosa*, opéra de demi-caractère qui fut représenté à Naples, sur le théâtre Nuovo, pendant le carnaval de 1753.

* **BARBEREAU** (Mathurin-Auguste-Balthasar), fut désigné après la mort d'Auber, par M. Ambroise Thomas, le nouveau directeur du Conservatoire, comme titulaire d'une des classes de composition de cet établissement, mais il échangea cette situation contre celle de professeur de la chaire d'histoire musicale, qui venait d'être créée et dont il prit possession au mois de février 1872. Malheureusement, il ne réussit pas, malgré ses grandes et solides connaissances en cette matière, dans la tâche qui lui était dévolue, le talent de la parole lui manquant absolument, et il dut céder la place à M. Eugène Gautier, qui fut appelé à lui succéder. Vers 1852 ou 1853, lorsque M. Seghers donna sa démission de chef d'orchestre de la Société de Sainte-Cécile, M. Barbereau le remplaça dans ses fonctions, qu'il conserva jusqu'à la dissolution de la Société. Je dois faire remarquer qu'avant de remporter, en 1824, le premier grand prix de composition musicale, M. Barbereau avait obtenu le second prix en 1822, et une mention en 1820. En 1813, un second prix de violon lui avait été décerné.

BARBIER (Frédéric-Étienne), compositeur, né à Metz (Moselle) le 15 novembre 1829, fit ses études littéraires au collège de Bourges, en même temps qu'il recevait des leçons de solfège, de piano, d'harmonie et de contre-point de Darondeau (*V.* ce nom), alors organiste de cette ville. Son père, officier du génie, désirait le voir entrer à l'École polytechnique, dont lui-même avait été l'élève; mais le gouvernement de 1848 ayant créé une nouvelle école, dite d'administration, le jeune Barbier préféra concourir pour cette dernière, et y fut admis. Cette école ayant été dissoute peu de mois après, il reçut comme dédommagement des inscriptions de droit, et commença ses études de droit. Mais la musique, qu'il n'avait jamais abandonnée au milieu de travaux d'un ordre bien différent, reprit bientôt le dessus dans son esprit. M. Barbier, qui avait déjà écrit et fait représenter à Bourges un petit opéra-comique en un acte, *le Mariage de Colombine*, songeait à se produire à Paris, sur une scène musicale. Présenté par des personnages influents à Séveste, alors directeur du Théâtre-Lyrique, il fit à ce théâtre la connaissance d'Adolphe Adam, qui s'intéressa à lui, lui donna d'abord des conseils, puis des leçons particulières, et enfin lui fit recevoir son premier ouvrage, une *Nuit à Séville*, opéra-comique en un acte joué au Théâtre-Lyrique le 14 septembre 1855 et très-favorablement accueilli. Deux mois après, le 21 novembre, M. Barbier donnait au même théâtre un nouvel ouvrage en un acte intitulé *Rose et Narcisse*. Depuis lors, et dans un espace de vingt années, il a fait représenter sur toutes les petites scènes lyriques de Paris et dans des cafés-concerts plus de soixante ouvrages plus ou moins importants, opéras-comiques, opérettes ou ballets. On peut regretter que M. Barbier, qui est bien doué au point de vue de l'imagination, qui a de la verve et qui sait écrire, ait ainsi gaspillé ses forces sans profit pour son nom, tandis qu'il aurait pu sans doute, avec un peu moins de fièvre et de hâte dans la production, acquérir une situation plus enviable.

Voici la liste des ouvrages dramatiques de ce compositeur : THÉATRE DE BOURGES. *Le Mariage de Colombine*, un acte. — THÉATRE-LYRIQUE. *Une Nuit à Séville*, un acte, 1855; *Rose et Narcisse*, id., 1855. — FOLIES NOUVELLES. *Le Pacha*, un acte, 1858; *Francastor*, id., id.; *le Page de Mme Malbrough*, id., id.; *le Faux Faust*, parodie en trois actes, 1858; *le Docteur Tam-Tam*, 1 acte, 1859. — THÉATRE DÉJAZET. *Monsieur Deschalumeaux*, deux actes, 1859; *le Grand roi d'Yvetot*, trois actes, 1859; *le Loup et l'Agneau*, un acte, 1862; *Simon Terre-Neuve*, id., 1863; *Deux Permissions de dix heures*, id., 1864; *Panne aux Airs*, parodie en un acte. — THÉATRE DU CHALET DES ILES (Bois de Boulogne). *Les Amours d'un shah*, deux actes, 1861; *Flamberge au vent*, un acte, 1861. — FOLIES-MARIGNY. *Versez, marquis*, un acte, 1862; *la Cigale et la Fourmi*, id., id.; *la Gamine du Village*, id., 1863; *les Trois Normandes*, id., id.; *Achille chez Chiron*, id., 1864. — THÉATRE SAINT-GERMAIN. *La Bouquetière de Trianon*, deux actes, 1864. — BOUFFES-PARISIENS. *Mme Pygmalion*, un acte, 1863; *Un Congrès de modistes*, un acte, 1865; *Une Femme qui a perdu sa clef*, id., 1866. — THÉATRE INTERNATIONAL (à l'Exposition de 1867). *Gervaise*, un acte, 1867. — FANTAISIES PARISIENNES. *Les Oreilles de Midas*, un acte, 1866; *les Légendes de Gavarni*, trois actes, 1867; *le Soldat malgré lui*, deux actes, 1868. — FOLIES-BERGÈRE. *Mam'zelle Pierrot*, un acte, 1869. — VARIÉTÉS. *Mam'zelle Rose*, un acte, 1874. — CONCERT DE L'ELDORADO. *Le Souper d'Arlequin; Balladine et Casquenfer; un Mariage au gros sel; Don Ferocio; le Beau Chasseur; Fermé le dimanche; un Procès en séparation; On demande un pître; un Souper chez la Contal; l'Acteur omnibus; un Lendemain de noce; la Bonne de ma tante; une Cause célèbre; le Nez de carton; le Coq est mort! la Nourrice d'Hercule; Millionnaire! les Points jaunes; M. l'Alcade; Mam' Nicolas; le Champagne de ma tante; la Fermière et son garçon; les deux Choristes; Marion de l'Orme*, parodie; *Lucrèce d'Orgeat*, id.; *le Trésor de Cassandre*, pantomime; *les Cascades de Pierrot*, id.; *la Balle enchantée*, id. — ALCAZAR (Champs-Élysées). *La Fête de Mme Denis; un Scandale à l'Alcazar; l'Orchestre des Danoises; les Piffferari*, ballet.

Il faut ajouter à tout cela : *le Miroir*, opérette en un acte, non représentée, publiée dans *le Magasin des Demoiselles; la Veuve Omphale*, id., publiée chez l'éditeur M. Vieillot; *la Chaumière indienne*, opéra-comique en un acte, reçu naguère à l'Opéra-Comique et non représenté; *Corinne*, opéra-comique en trois actes, et *les Incroyables*, opéra-bouffe en trois actes, non représenté; environ 300 duos, romances, mélodies vocales, chansonnettes, de nombreux morceaux de musique de danse pour le piano, des marches de concert et des fantaisies pour orchestre sur des motifs d'opéras, etc., etc. M. Frédéric Barbier a été, en 1867, chef d'orchestre du Théâtre International, et il remplit aujourd'hui les mêmes fonctions au concert de l'Alcazar. Cet artiste s'est essayé aussi dans la critique, et a collaboré à quelques petits journaux, entre autres l'*Avenir musical* (1853), et *l'Indépendance dramatique*.

BARBIERI (AMERICO), théoricien, professeur et musicographe italien, né dans la première moitié de ce siècle, est mort à Milan au mois de juillet 1869. Auteur d'une *Scienza nuova dell'armonia de' suoni*, qui est plutôt un traité d'acoustique que de musique et dans lequel, à côté d'aperçus assez heureux, d'idées parfois remarquables, on rencontre mainte utopie extravagante, cet artiste avait entrepris la publication d'une grande encyclopédie musicale à laquelle il avait donné le titre suivant : *Dizionario artistico scientifico-storico-tecnologico-musicale, con nozioni di estetica, di poesia epica, lirica e drammatica, e di quanto collegasi colla musica* (Milan, Giacomo Pirola, in-8°). Il avait fait paraître à peine quelques livraisons de cet ouvrage fort important, lorsqu'il fut surpris par la mort. Celui-ci dut être repris et continué par M. Giovanni Battista Beretta. Je n'ai pu me procurer de renseignements biographiques sur ce musicien instruit et laborieux.

BARBIERI (GIROLAMO), organiste et compositeur, né à Plaisance le 2 octobre 1808, étudia dans sa jeunesse plusieurs instruments, et acquit une réelle habileté sur le piano et surtout sur l'orgue. Il se livra d'abord à l'enseignement, puis, à la suite d'un concours, devint organiste, maître de chapelle et directeur de l'école de chant de Caravaggio; au bout de cinq années, et à la suite d'un autre concours, il passa en la même qualité à Crémone (1842), et enfin, en 1847, revint dans sa ville natale, où il se livra à la composition de nombreuses œuvres de musique religieuse et fit briller son beau talent d'organiste. Parmi ses compositions, assez faibles en général, il faut surtout citer le recueil qu'il a publié sous ce titre : *Le Mois de Mai dédié à Marie*, qui renferme une suite de chansons spirituelles, motets et litanies pour chaque jour du mois, à une, deux et trois voix, avec accompagnement d'orgue ou piano. Cet artiste mourut à Plaisance, le 4 juin 1871, à la suite d'une longue et douloureuse maladie. M. Giovanni Bianchi a publié sur lui une notice biographique : *Della vita e delle opere di Girolamo Barbieri*, Plaisance, 1871.

* **BARBIERI** (CHARLES, ou plutôt LOUIS DE), compositeur italien, était né à Gênes en 1822, et avait été élève de Crescentini pour le chant et de Mercadante pour la composition. Chef d'orchestre non-seulement à Berlin et à Vienne, mais encore à Hambourg, à Brême, à Rio-Janeiro et à Pesth, il avait fait jouer, outre *Christophe Colomb*, deux autres opéras : *Perdita* et *Arabella*, et avait composé plusieurs messes. Cet artiste est mort à Pesth le 29 septembre 1867.

* **BARBIERI** (FRANCISCO ASENJO), l'un des compositeurs espagnols les plus féconds, les plus populaires et les plus distingués de l'époque actuelle, est né à Madrid le 3 août 1823. Après avoir fait d'excellentes études littéraires et scientifiques, s'être familiarisé avec les mathématiques, la physique, la chimie, M. Barbieri, qui devait d'abord embrasser la carrière de médecin, puis celle d'ingénieur, se sentit pris un jour d'un goût passionné pour la musique, dont il avait commencé l'étude avec un musicien du théâtre de la Cruz, nommé José Mayorito. Il entra au Conservatoire de Marie-Christine, et là travailla simultanément le piano avec Pedro Albeniz, la clarinette avec Ramon Broca, le chant avec M. Baltazar Saldoni, et plus tard la composition avec Carnicer.

Lorsqu'il eut terminé ses études, M. Barbieri se trouva seul à Madrid. Sa mère, veuve d'un courrier de cabinet qui s'était fait tuer, un jour de combat, en portant un pli important à un général de l'armée libérale, s'était remariée et avait quitté la capitale pour aller se fixer en province. Réduit aux seules ressources qu'il pourrait se procurer, le jeune musicien, qui avait déjà le goût et le désir de se produire au théâtre, dut commencer par chercher les moyens d'assurer son existence, ce qui ne lui fut pas d'abord très-facile. Premièrement, il s'engagea comme clarinettiste dans le 5ᵉ bataillon de la milice nationale ; mais, comme la solde n'était que de trois réaux par jour, il prit en même temps une place dans un théâtre, fit de la copie de musique, joua dans les bals, donna des leçons de piano à dix sous le cachet, fit enfin ce que font tous les jeunes artistes qui doivent gagner leur vie tout en travaillant à leur avenir. Bientôt il publie quelques chansons et romances, et devient choriste au théâtre du Cirque, où il supplée le chef de chœurs. C'est alors qu'il écrit le livret et la musique d'une *zarzuela* en un acte, *Felipa*, qui devait être jouée dans une représentation extraordinaire donnée au bénéfice des choristes de ce théâtre, mais qu'il ne put terminer pour l'époque indiquée. Au bout de quelque temps, M. Barbieri quitte Madrid et s'engage comme chef de chœurs et souffleur d'une troupe d'opéra italien qui allait exploiter quelques villes du Nord de l'Espagne, Pampelune, Vittoria, Bilbao ; c'est dans cette troupe qu'un jour, l'artiste qui devait jouer Basile du *Barbier de Séville* se trouvant indisposé, il se présente à sa place et chante le rôle à l'improviste. Après cette première campagne, il en fait d'autres dans les mêmes conditions, et visite Murcie, Carthagène, Almeria, Alicante.

De retour à Madrid en 1847, il écrit la musique d'un opéra italien en deux actes, *Il Buon Tempo*, qu'il fait recevoir au théâtre du Cirque, mais qu'il ne peut parvenir à faire jouer. Bientôt il est reçu dans une société qui se fonde dans le but de provoquer à Madrid la création d'une scène lyrique espagnole, d'un théâtre de *zarzuelas*, devient secrétaire de cette société, et est chargé de la rédaction d'une foule de mémoires, de projets, de communications de toutes sortes. Intelligent, actif, laborieux, il était d'ailleurs toujours prêt à saisir l'occasion de se produire. C'est ainsi qu'il se charge de la traduction espagnole d'un opéra italien de M. Arrieta, *Ildegonda*, et qu'en 1849 il devient critique musical du journal *la Ilustracion*. Tout cela ne l'empêchait pas d'écrire de nombreux morceaux pour les orchestres civils et militaires, et de commencer sa réputation de professeur.

Enfin, l'année 1850 voit ses débuts de compositeur dramatique. Il donne au théâtre des Variétés son premier ouvrage, *Gloria y Peluca*, zarzuela en un acte qui obtient un énorme succès et devient aussitôt populaire. Il fait suivre cette aimable production de plusieurs petites pièces du même genre, et enfin fait représenter, le 6 octobre 1851, une grande zarzuela en trois actes, *Jugar con fuego*, qui est accueillie avec enthousiasme et qui fait courir tout Madrid.

Cette fois le compositeur est lancé, son avenir artistique est assuré, et il devint l'un des *zarzueleros* les plus aimés du public et les plus recherchés des administrations théâtrales. Dans l'espace de vingt-cinq ans, il donne ainsi 60 ouvrages, dont 12 en collaboration, et écrit plus de cent actes d'opéra-comique.

Voici la liste complète des productions dramatiques de M. Barbieri : 1° *Gloria y Peluca*, un acte, th. des Variétés, 9 mars 1850 ; 2° *Tramoya*, un acte, 27 juin 1850 ; 3° *Escenas de Chamberi*, un acte (en société avec MM. Oudrid, Hernando et Gaztambide), Variétés, 19 novembre 1850 ; 4° *la Jacara*, ballet en un acte avec chœurs, Cirque, 15 mars 1851 ; 5° *la Picaresca*, 2 actes (avec Gaztambide), 29 mars 1851 ; 6° *Jugar con fuego*, 3 actes, Cirque, 6 octobre 1851 ; 7° *Por seguir á una mujer*, quatre actes (avec MM. Oudrid, Inzenga et Gaztambide), id., 24 décembre 1851 ; 8° *la Hechicera*, trois actes, id., 24 avril 1852 ; 9° *el Manzanares*, un acte, id., 19 juin 1852 ; 10° *Gracias á Dios que está puesta la mesa*, un acte, id., 24 décembre 1852 ; 11° *la Espada de Bernardo*, trois actes, id., 14 janvier 1853 ; 12° *el Marqués de Caravaca*, deux actes, id., 8 avril 1853 ; 13° *Don Simplicio Bobadilla*, trois actes (avec Gaztambide, MM. Hernando et Inzenga), id., 7 mai 1853 ; 14° *Galanteos en Venecia*, trois actes, id., 24 décembre 1853 ; 15° *un Dia de reinado*, trois actes (avec Gaztambide, MM. Inzenga et Oudrid), id., 11 février 1854 ; 16° *Aventura de un cantante*, un acte, id., 16 avril 1854 ; 17° *los Diamantes de la Corona*, trois actes, id., 15 septembre 1854 ; 18° *Mis dos mujeres*, trois actes, id., 26 mars 1855, 19° *los Dos Ciegos*, un acte, id., 25 octobre 1855 ; 20° *el Visconde*, un acte, id., 1er décembre 1855 ; 21° *el Sargento Federico*, quatre actes, id., 22 décembre 1855 ; 22° *Entre dos aguas*, trois actes (avec Gaztambide), id., 4 avril 1856 ; 23° *Gato por liebre*, un acte, id., 21 juin 1856 ; 24° *la Zarzuela*, un acte (avec Gaztambide et M. Arrieta), th. de la Zarzuela (pour l'inauguration), 10 octobre 1856 ; 25° *el Diablo en el poder*, trois actes, id., 11 décembre 1856 ; 26° *el Relampago*, trois actes, id., 15 octobre 1857 ; 27° *Por Conquista*, un acte, id., 5 février 1858 ; 28° *Amar sin conocer*, trois actes (avec Gaztambide), id., 24 avril 1858 ; 29° *un Caballero particular*, un acte, id., 28 juin 1858 ; 30° *el Robo de las Sabinas*, deux actes, id., 17 février 1859 ; 31° *el Niño*, un acte, id., 15 juin 1859 ; 32° *Compromisos del no ver*, un acte, id., 14 octobre 1859 ; 33° *Entre mi mujer y el negro*, deux actes, id., 14 octobre 1859 ; 34° *un Tesoro escondido*, trois actes, id., 12 novembre 1861 ; 35° *los Herederos*, un acte, id., 6 juin 1862 ; 36° *el Secreto de una Dama*, trois actes, id., 20 décembre 1862 ; 37° *Dos Pichones del Turia*, un acte, id., 28 novembre 1863 ; 38° *Pan y Toros*, trois actes, id., 22 décembre 1864 ; 39° et 40° *Gibraltar en 1890*, un acte, *el Rabano por las hojas*, un acte, id., 22 janvier 1866 ; 41° *Revista de un muerto, juicio del año 1865*, un acte (avec M. Rogel), 3 février 1866 ; 42° *De tejas arriba*, un acte, th. des Variétés, 22 décembre 1866 ; 43° *el Pavo de Navidad*, un acte, id., 24 décembre 1866 ; 44° *el Pan de la boda*, deux actes, Cirque, 24 octobre 1868 ; 45° *el Soprano*, un acte, Zarzuela, 23 février 1869 ; 46° *la Maya*, trois actes, th. del Principe, 12 octobre 1869 ; 47° *Robinson*, trois actes, Cirque, 18 mars 1870 ; 48° *los Holgazanes*, trois actes, Zarzuela, 25 mars 1871 ; 49° et 50° *Don Pacifico*, un acte, *el Hombre es débil*, un acte, id., 14 octobre 1871 ; 51° *el Tributo de las cien Doncellas*, trois actes, id., 7 novembre 1872 ; 52° *Sueños de oro*, trois actes, id., 21 décembre 1872 ; 53° *el Proceso de Can-can*, deux actes, th. des jardins du Buen-Retiro, 10 juillet 1873 ; 54° *los Comediantes de antaño*, deux actes, Zarzuela, 13 février 1874 ; 55° *la Despedida*, monologue lyrique, th. royal, mars 1874 ; 56° *el Domador de fieras*, un acte, Zarzuela, 14 avril 1874 ; 57° *el Testamento azul*, trois actes (avec MM. Oudrid et Aceves), th. du Buen-Retiro, 20 juillet 1874 ; 58° *el Barberillo de Lavapiés*, trois actes, Zarzuela, 19 décembre 1874 ; 59° *la Vuelta al mundo*, quatre actes (avec M. Rogel), Cirque, 18 août 1875.

Quelle qu'ait été sa fécondité à ce point de vue, et l'on voit qu'elle est remarquable, l'existence artistique de M. Barbieri est loin de s'être concentrée dans la production de ses œuvres dramatiques. Esprit pénétrant et large, intelligence ouverte et vive, tempérament plein de souplesse et d'initiative, cet artiste s'est trouvé mêlé d'une façon très-active à tous les essais, à toutes les tentatives intéressantes dont Madrid était le théâtre dans le domaine de l'art. En 1848, il fait partie de la société formée sous le nom de Lycée artistique et littéraire de Madrid, et en 1851 il devient l'un des membres les plus actifs de l'association de poëtes et de compositeurs qui s'organise pour l'exploitation du genre de la *zarzuela* au théâtre du Cirque, et ensuite au nouveau théâtre de la Zarzuela ; il est en même temps chef des chœurs, puis chef d'orchestre de l'entreprise. En 1857, il est nommé membre de la junte consultative du Conservatoire, et l'année suivante il coopère à la fondation de la Société artistique et musicale de secours mutuels. En 1859, il organise au théâtre de la Zarzuela des concerts spirituels, qu'il dirige, à la tête de 200 exécutants. En 1863, il fait exécuter à l'église de la Trinité, dans une cérémonie célébrée pour l'anniversaire de la mort de Cervantes, diverses compositions de musiciens espagnols des XVIe et XVIIe siècles. En 1864, lors de l'inauguration du théâtre Rossini aux Champs-Élysées, il est chargé de la formation de la troupe, fait un voyage en France et en Angleterre pour recruter des artistes, revient à Madrid, est nommé directeur artistique de l'entreprise, monte avec un soin extrême *Faust* et *Guillaume Tell* et dirige l'orchestre aux applaudissements du public, puis organise et dirige dix-huit concerts en plein air, nouveauté qui obtient un immense succès. En 1866, il fonde et dirige les concerts de musique classique, dont il fait en 1867 la Société des concerts de Madrid, donne la première année vingt-six, et la seconde *cinquante* séances, dans lesquelles il fait exécuter les plus grandes œuvres instrumentales et vocales des grands maîtres de l'école allemande. En 1868, il est nommé simultanément professeur d'harmonie et d'histoire de l'art musical au Conservatoire, et refuse d'accepter ces fonctions. Enfin, en 1869, il dirige l'orchestre du théâtre royal, et en 1873 est nommé membre de la section de musique de l'Académie des beaux-arts.

Tout cela n'a pas empêché M. Barbieri d'écrire, en dehors du théâtre, un grand nombre de compositions plus ou moins importantes : ouvertures, marches triomphales, hymnes, motets, chansons espagnoles, fantaisies instrumentales, etc., etc., exécutées en diverses circonstances, non plus que de prendre part à la rédaction d'une foule de journaux dans lesquels il s'occupait d'histoire, de littérature et de critique musicales : *la Ilustracion*, *las Novedades*, *la Zarzuela*, *el Constitucional*, *la Gaceta musical Barcelonesa*, *la España*, *las Noticias*, *el Eco de Aragon*, *la Nacion*, *la Revista de Archivas, Bibliotecas y Museos*, *la Revista de España*, *la España musical*, *la Revista Europea*, et bien d'autres encore. Au reste, les questions historiques et critiques relatives à la musique ont toujours intéressé beaucoup M. Barbieri, qui les étudie avec ardeur, qui a fait à ce sujet plusieurs voyages en France, en Angleterre, en Belgique et en Allemagne, et qui, dit-on, possède une bibliothèque musicale de premier ordre, réunie avec beaucoup de soins, contenant beaucoup de manuscrits, et riche surtout en œuvres espagnoles. Enfin, comme détail curieux relatif à la physionomie véritablement intéressante de cet artiste si distingué, je dirai que M. Barbieri est l'un des fondateurs de la *Société des Bibliophiles espagnols*, constituée en 1866 (1).

BARBIERI-NINI (Mme ANNA), cantatrice distinguée, née à Florence, fut élève de Romani, et acquit dans sa patrie une renommée considérable, qu'elle n'obtint pas cependant sans efforts. Douée d'un physique peu flatteur, manquant de ce prestige que certaines artistes, grâce à leurs qualités extérieures, exercent immédiatement sur le public, elle eut à vaincre de nombreux obstacles avant de conquérir la situation à laquelle son talent lui donnait droit. Elle y parvint cependant, grâce à la puissance et à l'étendue de sa belle voix de soprano, à l'agilité qu'elle sut lui donner, au sentiment profond dont elle sut l'empreindre. Lorsqu'après plusieurs années passées dans une demi-obscurité, elle fut appelée à déployer ses brillantes et solides qualités sur la scène du théâtre de la Pergola, de Florence, elle eut enfin les succès qu'elle méritait, et bientôt excita chez ses compatriotes l'enthousiasme expansif et bruyant qui leur est habituel. Elle retrouva ces succès à Rome, à Venise, à la Scala, de Milan, à Barcelone, à Madrid et ailleurs.

La Barbieri-Nini brillait surtout dans le genre dramatique, où elle trouvait des accents pathétiques, des élans passionnés qui transportaient ses auditeurs. Elle était surtout remarquable, dit-on, dans la *Lucrezia Borgia*, de Donizetti, où la puissance tragique était par elle poussée au comble. Plusieurs compositeurs travaillèrent expressément à son intention, et c'est pour elle que Mabellini écrivit *il Conte di Lavagna*, Pacini *Lorenzino de' Medici*, M. Verdi *Macbeth*, *i Due Foscari* et *la Battaglia di Legnano*. Mme Barbieri-Nini se fit entendre au Théâtre-Italien de Paris en 1851, mais je crois qu'elle n'y resta pas longtemps.

Cette artiste fort distinguée épousa en premières noces le comte Barbieri, de Sienne, dont elle eut deux fils, puis, devenue veuve, se remaria avec un pianiste autrichien, M. Léopold Hackensöllner. Elle a renoncé depuis plusieurs années à la carrière dramatique, et demeure aujourd'hui à Florence.

BARBIROLLI (LORENZO), compositeur italien, a fait représenter en 1837, au théâtre

---

(1) J'ai tiré une grande partie des éléments de cet article d'une notice vive et intéressante, publiée récemment en Espagne : *Barbieri*, par M. Antonio Peña y Goñi (Madrid, Ducazcal, 1875, in-8° de 61 pages, avec portrait).

Apollo, de Venise, un opéra intitulé : *Trojani in Laurento.*

BARBOT (Joseph-Théodore-Désiré), chanteur et professeur, est né à Toulouse le 12 avril 1824. Son éducation musicale se fit à la maîtrise de la cathédrale de Toulouse, et il commença par apprendre le violon, qu'il étudiait d'ailleurs sans enthousiasme. Pourtant, à cette époque, il ne songeait nullement à devenir un chanteur, car il n'avait que très-peu de voix, et elle était d'un timbre défectueux. M. Barbot vint à Paris, et fut admis au Conservatoire comme élève d'harmonie, le 25 mars 1843, dans la classe de M. Elwart. Peu de jours après, sur le conseil de ce dernier, il demandait à entrer dans une classe de chant, et en effet, le 25 mars suivant, il devenait l'élève de Garcia, et un peu plus tard de Morin et de Moreau-Sainti (pour l'opéra-comique, et de Michelot pour l'opéra. Devenu pensionnaire en 1846, il ne prit part, je crois, à aucun concours, ce qui ne l'empêcha pas d'être engagé à l'Opéra à la fin de 1848, lorsqu'il quitta le Conservatoire. Chanteur remarquable à beaucoup d'égards, quoique sa voix fût incomplète, M. Barbot sut obtenir des succès, et l'un des plus brillants qu'il remporta lui fut procuré par le rôle de Faust, qu'il créa avec beaucoup de talent au Théâtre-Lyrique dans le chef-d'œuvre de M. Gounod. Mais la plus grande partie de sa carrière active s'écoula à l'étranger, où il avait abordé le genre italien, et qu'il parcourut pendant longues années avec sa femme. On n'entendait plus parler de M. Barbot, lorsqu'un arrêté du ministre des beaux-arts, en date du 1er octobre 1875, le plaça à la tête de la classe de chant laissée vacante au Conservatoire par la démission de Mme Pauline Viardot.

Mme Caroline Barbot, femme de cet artiste, née à Paris vers 1830, est une cantatrice d'un talent remarquable. Élève de Delsarte et de son mari, elle a obtenu en France et à l'étranger de légitimes succès. Après avoir tenu l'emploi des chanteuses légères, elle aborda le chant dramatique, fut très-bien accueillie à l'Opéra, où elle était en 1859, puis embrassa avec son mari la carrière italienne. Douée d'un beau physique, d'une voix ample, d'une grande énergie, d'un sentiment passionné, avec cela pourvue d'une éducation musicale très-sérieuse, enfin comédienne intelligente et chaleureuse, Mme Barbot s'est fait vivement applaudir à Bologne, à Turin, à Rome, à Milan, à Saint-Pétersbourg et dans beaucoup d'autres villes fort importantes.

BARBOT (François Cécile-Paul), pianiste et compositeur, cousin des précédents, est né à Toulouse en 1828. Il commença l'étude du piano sous la direction de Mme Rey, puis entra au Conservatoire de Toulouse, d'où il sortit en 1842 avec un premier prix, ayant composé lui-même son morceau de concours avec accompagnement d'orchestre. A la fin de la même année il fut admis, au Conservatoire de Paris, dans la classe de Zimmermann ; mais bientôt, se voyant en possession d'une belle voix de fort ténor, il quitta cet établissement, et, au mois de septembre 1844, partit pour Naples, où il se fit recevoir au collège de musique de S. Pietro a Majella, et où il commença l'étude du chant sous la direction de Crescentini. Six mois après, le ténor Tamberlick ayant rompu l'engagement qui le liait au théâtre du Fondo, M. Paul Barbot fut engagé par l'*impresario* Flauto en qualité de premier ténor double, ayant pour chefs d'emploi Donzelli et Fraschini, et débuta à ce théâtre dans *le Cantatrici villane.* Il travailla alors avec Donzelli, qui fut son véritable professeur, et passa l'année suivante au théâtre San-Carlo, où il fut bien accueilli et encouragé.

De retour en France en 1846, M. Barbot éprouva, pendant la traversée, un accident qui lui fit perdre à tout jamais la voix, et l'obligea à modifier sa carrière. Après une année de tâtonnements et d'indécision, il reprit avec ardeur ses études de piano et de composition, et se fixa définitivement à Toulouse, où il se fit rapidement une excellente position comme professeur et comme exécutant. Bientôt il écrivit, sur le sujet de *l'École des Femmes,* de Molière, les paroles et la musique d'un opéra-bouffe avec récits à l'italienne, qui, représenté à Toulouse, y obtint un assez vif succès. Depuis lors, M. Barbot a composé et publié plus de cent morceaux de piano, parmi lesquels on peut surtout signaler ceux dont les titres suivent : *le Réveil-matin, la Danse des Treilles, les Soirées d'Espagne, Souviens-toi, Fleur des Alpes, Pinson et Fauvette,* etc. Ces morceaux ont paru chez les éditeurs Choudens, Heugel, Heu, Colombier, Prilipp et Langlois. M. Paul Barbot, qui a fait avec ses enfants (V. ci-après) des tournées artistiques en Angleterre, en Hollande et en Belgique, a organisé, à Toulouse, des soirées d'élèves d'un genre nouveau, qui ont produit en cette ville une grande impression, et dans lesquelles il faisait exécuter par un orchestre composé de six pianos, à vingt-quatre mains, les chefs-d'œuvre symphoniques de Beethoven, de Weber, de Meyerbeer, etc., spécialement arrangés par lui à cet effet.

BARBOT (Jean-François-Gaston), pianiste et violoncelliste, fils du précédent, est né à Toulouse en 1847. Élève d'abord de son père pour le piano, il fut admis au Conservatoire de sa ville natale, dans la classe de M. Garreau, d'où il sortit avec un brillant premier prix. Il vint alors à Paris, entra au Conservatoire, où il devint élève de M. Marmontel pour le piano, de Franchomme pour le violoncelle, puis retourna à Toulouse, où il est aujourd'hui fixé.

BARBOT (MADELAINE-PHILIPPINE-ANDRÉE), sœur du précédent, est née à Toulouse en 1854. Douée d'une belle voix de mezzo-soprano, elle a travaillé le chant avec son père, et Laget, alors professeur au Conservatoire de Paris, l'ayant fait entendre à l'Opéra, elle fut engagée à ce théâtre pour trois ans et y débuta, dans *le Trouvère*, le 13 mars 1872. Quoique ce début ait été bien accueilli, le père de Mlle Barbot jugea qu'il était prématuré, et s'entendit avec l'administration de l'Opéra pour faire chanter sa fille dans plusieurs villes de la province et de l'étranger, et la faire travailler encore avant de lui laisser tenir son emploi sur notre première scène lyrique. C'est ainsi que Mlle Barbot a été successivement engagée et fort bien reçue à la Haye, à Anvers, et enfin à Rouen, où elle se trouve aujourd'hui (1875).

* BARCA (FRANCISCO), compositeur portugais, naquit à Evora vers 1603. Il entra en 1625 dans l'ordre militaire de S. Jacques, en faisant profession dans le couvent de Palmella, où il était entré en 1624. En 1640 il était maître de chapelle de ce couvent, et remplit plus tard les mêmes fonctions à l'hôpital royal de *Todos os Sanctos*, de Lisbonne, où il mourut. Tous ses ouvrages étaient conservés, en manuscrit, dans la bibliothèque de musique du roi D. Jean IV. Dans sa notice sur ce musicien, Gerber a commis plusieurs erreurs, qui ont été reproduites dans la *Biographie universelle des Musiciens*.

J. DE V.

* BARCA (le Père ALEXANDRE). On trouve une notice intéressante sur ce théoricien dans le recueil qui a été fait récemment des écrits de Mayr : *Biografie di scrittori e artisti musicali Bergamaschi nativi od oriundi* (Bergame, Pagnoncelli, 1875, in-4°). L'éditeur de ce recueil, M. l'abbé Antonio Alessandri, y a joint quelques notes fort utiles.

BARCELONA (le P. JOSÉ DE), compositeur espagnol, moine de Guadalupe, fit au commencement de ce siècle ses études artistiques au collège de musique de l'abbaye de Montserrat, dans la Catalogne. On lui doit un certain nombre d'œuvres de musique religieuse, parmi lesquelles un office de vêpres pour la Vierge, avec accompagnement d'orchestre et d'orgue obligé.

BARECHA (le P. FR. BERNARDO), musicien espagnol, naquit à Vinacet, en Aragon, on ne sait en quelle année. Il était en 1623 maître de musique au collège établi au monastère fameux de Montserrat, dans la Catalogne. Doué d'une superbe voix de basse, il était premier chanteur dans cette abbaye et, jouissait de la réputation d'un excellent musicien.

BARECHA (le P. FR. MIGUEL), sans doute frère du précédent, naquit, comme lui, à Vinacet. Après avoir servi dans la marine sous les ordres du prince de Savoie, il prit, en 1617, l'habit de moine au monastère de Montserrat. Musicien habile et laborieux, il écrivit un recueil d'antiennes pour le service religieux de la Septuagésime jusqu'à Pâques. Cet artiste mourut en 1628.

BARGIEL (WOLDEMAR), compositeur, est né à Berlin le 3 octobre 1828. Il est le fils du professeur de musique Auguste-Adolphe Bargiel, qui épousa la femme divorcée de Frédéric Wieck, père de Mme Clara Schumann. Il a écrit de la musique de piano, de la musique de chambre et d'orchestre. Dans ces derniers temps, il s'est également essayé dans la musique vocale. Bargiel, dont les compositions sont très-estimées en Allemagne, suit les tendances de son beau-frère Robert Schumann, mais sans abdiquer toutefois son individualité. En 1859, Bargiel fut attaché au Conservatoire de Cologne. Il a quitté ce poste en 1865 pour prendre la direction de l'école de musique de Rotterdam. Parmi ses meilleures œuvres, on cite ses ouvertures de *Médée* et de *Prométhée*, une symphonie, et trois trios pour piano, violon et violoncelle.

Y.

BARILLAULT (........), musicien vivant au seizième siècle, était au service d'un sieur de Roville. Il remporta en 1576, au concours du puy de musique d'Évreux, le prix du triomphe, pour une chanson française intitulée : *Race de roys*.

BARIONA (MADELKA-SIMON), compositeur, vivait au seizième siècle. La bibliothèque de Munich possède de lui : *Septem Psalmi pœnitentiales 5 vocum* (Altorf, 1586).

Y.

BARNARD (Mme CHARLES). *Voyez* CLARIBEL.

BARNEWITZ (........), violoniste distingué, est né à Berlin le 12 novembre 1800. C'est aussi, dit-on, un compositeur de mérite.

BARONI (........), compositeur italien contemporain, a fait représenter il y a quinze ou vingt ans, sur un théâtre de la Péninsule, un opéra sérieux intitulé *Ricciarda*, dont le retentissement a été médiocre.

BARRETT (John), luthier anglais, était établi à Londres au commencement du dix-huitième siècle. Ses instruments, imités de Stainer, sont recherchés aujourd'hui dans son pays.

* **BARROILHET** (Paul), est mort à Paris, au mois d'avril 1871. Pendant son séjour à Naples, cet artiste remarquable avait créé les rôles de baryton dans deux opéras de Mercadante, *Elena da Feltre* et *la Vestale*, représentés au théâtre San-Carlo. C'est dans cette ville qu'il connut Nourrit, avec qui il se lia d'une vive amitié. Lorsque ce grand chanteur eut terminé sa vie par un suicide, Barroilhet en conçut un tel chagrin qu'il fit une maladie grave, par laquelle ses jours furent mis en danger; après son rétablissement, il voulut à toute force quitter Naples et revenir en France. Ce fut alors qu'il fut engagé à l'Opéra, où il débuta, le 3 décembre 1840, par le rôle d'Alphonse de *la Favorite*. Il fut aussitôt accueilli par le public, et son succès fut assuré par les reprises de *Guillaume Tell* et de *Don Juan*. Il créa ensuite *la Reine de Chypre*, *Charles VI* et *le Lazzarone*, d'Halévy, *Dom Sébastien de Portugal*, de Donizetti, *Richard en Palestine*, d'Adam, et *Marie Stuart*, de Niedermeyer, puis se retira en 1847, par suite de difficultés survenues entre lui et l'administration de l'Opéra. Il abandonna bientôt complètement la carrière dramatique pour se livrer sans réserve à ses goûts capricieux pour la peinture, faisant, vendant, refaisant et revendant sans cesse ses collections de tableaux. Barroilhet mourut subitement à Paris, en jouant aux dominos. Par son testament olographe, il léguait une somme de 800 francs « aux blessés de l'armée du Rhin natifs de Bayonne », et exprimait le désir que son corps fût transporté à Bayonne, sa ville natale.

M. Francis Roch a publié en 1845, dans la *Revue générale biographique et nécrologique*, une Notice sur Barroilhet (Paris, in 8°). Je ne sache pas qu'on ait jusqu'ici relevé ce fait, que Barroilhet avait composé et publié un certain nombre de romances.

BARSANTI (Donato), compositeur de musique religieuse, naquit auprès de Lucques le 18 septembre 1759, et fut élève du séminaire de Saint-Michel. Doué d'un goût particulier pour la musique, il l'étudia avec ardeur, sans négliger aucunement l'étude des lettres, sous la direction de Pasquale Soffi, et se livra de bonne heure à la composition. On connaît de lui un assez grand nombre d'œuvres de musique religieuse, parmi lesquelles une messe de *Requiem*, une autre messe à quatre voix concertantes, une troisième messe à deux chœurs, un grand motet à huit voix, un autre à quatre voix : *O sacrum convivium*, des psaumes, etc. Encore jeune, Barsanti se retira dans une propriété qu'il possédait auprès de Lucques, y ouvrit une sorte d'école de musique vocale pour les paysans, et forma ainsi une espèce de chapelle avec laquelle il allait faire des exécutions de musique religieuse dans les églises voisines. A l'âge de soixante-quatre ans, le 1er novembre 1823, il fut frappé mortellement d'apoplexie.

* **BARSOTTI** (Thomas-Gaspard-Fortuné), est mort à Marseille au mois d'avril 1868. Depuis le mois d'octobre 1852 il avait abandonné la direction du Conservatoire de cette ville, fondé par lui, et cette direction avait passé dans les mains de M. Auguste Morel. (*Voyez* ce nom.)

BARTA (Joseph), organiste et compositeur, naquit en Bohême l'an 1744. Il a écrit 6 sonates pour piano, 6 quatuors, des *lieder* et plusieurs opéras italiens ou allemands, qu'il fit représenter à Vienne, où il s'était établi dès 1778. Parmi ses ouvrages dramatiques, on cite : *Il Mercato di Malmantile*, *Der adelige Tagelœhner* (*l'Ouvrier noble*) et *Die donnernde Legion*. (*la Légion tonnante*). Barta est mort à Vienne dans les premières années de ce siècle.

Y.

* **BARTH** (Henri), maître de chapelle à Gand. Dans son *Historique des sociétés chorales de Belgique*, M. Auguste Thys dit que ce compositeur alla étudier en Italie sous la direction du fameux Durante, et donne sur lui les détails suivants : « La vie de cet artiste fut marquée par une particularité qui mérite d'être mentionnée : étant devenu veuf, il embrassa l'état ecclésiastique, et lors de la célébration de sa première messe ses deux fils remplirent l'office d'enfants de chœur assistants Avant de se marier il avait été militaire. Henri Barth, successivement musicien de profession et soldat, père de famille, maître de chapelle et finalement prêtre, a dû parcourir une carrière sinon agitée, au moins singulièrement variée. La cathédrale de Gand conserve de Barth des vêpres pour toutes les fêtes de l'année, compositions qui s'exécutent encore aujourd'hui. Elle possède aussi les Lamentations de Jérémie et des messes mises en musique par le même compositeur. Mais ces dernières pièces sont dépareillées.

BARTHE (Nicolas-Thomas), poète dramatique, né à Marseille en 1734, fit représenter à la Comédie-Française plusieurs comédies, dont deux surtout, *la Mère jalouse* et *les Fausses Infidélités*, furent très-bien accueillies du public. Il n'est cité ici que pour un poëme plaisant, les *Statuts de l'Opéra*, qu'il écrivit en 1777 et qui commençait ainsi :

> Nous qui régnons sur des coulisses,
> Et dans de magiques palais,
> Nous, juges de l'orchestre, intendants des ballets,
> Premiers inspecteurs des actrices :
> A tous nos fidèles sujets,
> Vents, fantômes, démons, déesses infernales,
> Dieux de l'Olympe et de la mer,
> Habitants des bois et de l'air,
> Monarques et bergers, satyres et vestales,
> SALUT. A notre avénement
> Chargés d'un grand peuple à conduire,
> De lois à réformer et d'abus à détruire,
> Et voulant signaler notre gouvernement ;
> Oui notre conseil sur chaque changement
> Que nous désirions introduire,
> Nous avons rédigé ce nouveau règlement,
> Conforme au bien de notre empire.

La plaisanterie se poursuivait sur le même ton, et les *Statuts*, divisés en vingt-deux articles, se continuaient en deux cent cinquante vers. Cette facétie eut un succès fou.

Barthe est mort à Paris, des suites d'une opération douloureuse, le 17 juin 1785.

BARTHE (Grat-Norbert, dit Adrien), compositeur, naquit à Bayonne le 7 juin 1828. Il se livra d'abord à l'étude du piano, puis à celle de la composition, et devint, au Conservatoire de Paris, élève de Leborne pour la fugue. Il remporta en 1854 le premier grand prix de composition à l'Institut, avec une cantate intitulée *Francesca de Rimini*, écrite sur des paroles de M. Bounaure. Pendant la troisième année de son séjour à Rome, M. Barthe ayant fait à l'Académie des beaux-arts son envoi réglementaire, et cet envoi consistant en un oratorio intitulé *Judith*, la partition de cet ouvrage parut si remarquable à l'Académie que celle-ci décerna aussitôt au jeune compositeur un des plus importants parmi les prix mis à sa disposition par d'intelligentes libéralités, le prix Édouard Rodrigues (1). L'année précédente, M. Barthe avait envoyé à l'Académie un opéra intitulé *Don Carlos*, et le rapport du secrétaire perpétuel (Halévy) constatait que, « bien écrit, instrumenté avec soin, indiquant un vif sentiment scénique, cet ouvrage, malgré quelques parties un peu prétentieuses, donne de véritables espérances pour l'avenir de M. Barthe. »

Cependant, à son retour de Rome, le jeune artiste faisait comme tant d'autres : il essayait inutilement d'aborder le théâtre, et il se voyait malgré lui réduit au silence, lorsqu'en 1864 un

(1) Ce prix, d'une valeur de 1500 francs, a été institué par son fondateur « pour le meilleur ouvrage, dans le style choral, tel que oratorio, messe ou motet. »

concours fut ouvert au Théâtre-Lyrique entre tous les prix de Rome qui n'avaient eu encore aucun ouvrage joué. Cinq concurrents s'étant présentés, on leur remit le livret choisi, qui était celui d'un opéra en trois actes, *la Fiancée d'Abydos*, dû à M. Jules Adenis. M. Barthe sortit vainqueur de la lutte, et son œuvre fut produite le 30 décembre 1865, au Théâtre-Lyrique. Elle n'obtint, un peu par la faute du poëme, que ce qu'on appelle un succès d'estime, et ne réussit pas à se maintenir au répertoire. Depuis lors M. Barthe, qui avait sans doute espéré davantage, semble avoir renoncé complétement à la carrière de compositeur, et s'être livré d'une façon absolue à l'enseignement. Cet artiste a épousé une femme charmante, Mlle Bandera, fille du chanteur de ce nom, qui s'est fait elle-même une réputation très-légitime et très-distinguée comme chanteuse de concerts.

BARTHOLOMEUS (J.....N.....), musicien hollandais contemporain, était, en 1864, organiste et maître de chapelle de l'église Saint-Servais, à Maestricht. Entre autres compositions religieuses, on lui doit une messe solennelle à trois voix, un *Ave Maria* (chœur à trois voix) et un grand salut solennel comprenant quatre motets. M. Bartholomeus a publié aussi à Bruxelles (Meyne) et à Liége (Muraille) quelques morceaux de genre et fantaisies légères pour le piano.

* **BASEVI** (le docteur Abramo), est né à Livourne au mois de décembre 1818. Depuis la disparition, en 1859, du journal *l'Armonia* fondé par lui, il a collaboré activement au *Boccherini*, feuille musicale appartenant à l'éditeur M. Guidi, et dont il a été pendant plusieurs années le rédacteur en chef. En 1859, M. Basevi a organisé à Florence des *Matinées Beethoveniennes*, qui furent le germe de la *Società del Quartetto*, dans les séances de laquelle furent exécutés les quatuors couronnés aux concours institués par lui, à ses propres frais, à l'Institut musical. Appelé à faire partie de la commission nommée en 1859 par le gouvernement provisoire toscan dans le but d'amener la création de cet Institut, M. Basevi publia à ce sujet une brochure intéressante. En 1863, il provoqua la fondation des concerts populaires de musique classique, dont le premier fut donné au Pagliano le 26 mars de cette année. Outre son intéressant ouvrage : *Studio sulle opere di Verdi*, M. Basevi a publié : 1° *Introduzione ad un nuovo sistema d'armonia* (Florence, Tofani, 1862, in-8°), écrit dédié à Meyerbeer dont une traduction française a été faite par M. Louis Delâtre (Florence, Guidi, 1865, in-8°); 2° *Studj sull' Armonia* (id., id., id., id.,

2° *Compendio della Storia della Musica* (id., id., 1860, in-12 en deux parties). Depuis plusieurs années, M. Basevi a abandonné ses études sur la musique pour se livrer sans réserve à d'importants travaux philosophiques. L'auteur de cette notice doit cependant à son obligeance des notes nombreuses et intéressantes qui lui ont servi pour la rédaction de divers articles de ce dictionnaire (1).

* BASLER (CHARLES). Une traduction française de la Méthode d'harmonie de ce professeur a été faite par M. Johannès Weber, sous ce titre : *Carte routière des modulations harmoniques, ou Plan figuratif des relations des tons*, Paris, Perrotin, 1850, in-folio de 11 pages avec 2 planches.

* BASSANI (JEAN-BAPTISTE). Il existe, des *Armonici Entusiasmi di Davide*, une édition antérieure aux deux éditions de 1695 et 1698, mentionnées au nom de ce compositeur ; celle-ci, qui est probablement la première, est de Venise, 1690.

BASSINI (ACHILLE BASSI, dit DE), chanteur fameux en Italie par sa belle voix de *basso cantante* et son talent dramatique, naquit à Milan en 1819. Il fit de bonnes études littéraires et philosophiques au lycée de Saint-Alexandre de sa ville natale, puis devint l'élève de l'ingénieur Paganini ; mais la musique, qu'il avait étudiée pour son plaisir, l'attirait invinciblement, et, après avoir pris des leçons de chant pendant une année avec le compositeur Perelli, il débutait en 1837, à Pavie, dans un opéra de cet artiste, *Manfredi*. Dès ses premiers pas dans la carrière, ses succès furent éclatants, et ils se poursuivirent dans toutes les villes qu'il parcourut, à Rome, à Milan, puis à Vienne, à Londres et à Saint-Pétersbourg, où il obtint de véritables triomphes. Artiste intelligent, plein d'âme et de feu, doué d'un beau physique et d'un rare sentiment pathétique, acteur non moins que chanteur, M. de Bassini, avec un geste, un regard, un élan de voix inattendu et opportun, excitait l'enthousiasme du public et soulevait une salle entière, en produisant sur les masses une impression indescriptible. Ses compatriotes le surnommèrent *il secondo Ronconi*. Depuis quelques années il s'est retiré, fort riche, dans une magnifique villa qu'il possède à Portici.

* BASTIAANS (J....— G.,....), l'un des meilleurs organistes néerlandais, né à Wilp

(1) Le titre d'un des opéras de M. Basevi a été inexactement transcrit : ce n'est point *Enrico Odoardo*, mais *Enrico Howard*.

(Gueldre), en 1812, prit d'abord des leçons de musique d'un nommé Rohner, à Deventer, et se rendit ensuite à Dessau, où il reçut des leçons de Fr. Schneider. De là, il fit un voyage à Leipzig, se fit présenter à Mendelssohn-Bartholdy, et fit auprès du célèbre maître une tentative pour qu'il voulût consentir à ce qu'il pût achever son éducation musicale auprès de lui. Mendelssohn posa comme condition la composition d'une double fugue dans un délai déterminé, et, quand Bastiaans lui apporta la fugue, Mendelssohn l'accepta d'emblée comme élève.

Après avoir fini ses études à Leipzig, il vint se fixer à Amsterdam, y fut nommé organiste du *Zuiderkerk*, puis devint professeur d'orgue à l'Institut des aveugles. En 1868, il quitta cette ville pour aller résider à Harlem, où il obtint la place d'organiste à l'église de Saint-Bavon, église dans laquelle se trouve le plus bel orgue du royaume des Pays-Bas, si fameux depuis longtemps sous le nom de l'orgue d'Harlem. Bastiaans demeura à Harlem jusqu'à l'époque de sa mort (1874) ; il y forma de bons élèves comme pianistes et comme organistes, et y donna aussi des leçons d'harmonie et de contre-point.

Il publia aussi quelques compositions, des *lieder* (Amsterdam, Roothaan), un recueil de chorals à quatre parties (Amsterdam, der Wiel), et laissa en manuscrit un hymne pour orgue, chœur et orchestre, des motets et des pièces d'orgue (1).

ED. DE H.

* BASTON (JOSQUIN). On trouve plusieurs chansons de cet artiste dans le recueil divisé en six livres que Pierre Phalèse publia à Louvain en 1555-1556, et dont le premier livre parut sous ce titre : *Premier livre des chansons à quatre parties, nouvellement composés (sic) et mises en musique, convenables tant aux instruments comme à la voix* (Louvain, 1555, in-4°).

* BATAILLÉ (GABRIEL), et non BATAILLE, luthiste fort distingué, aurait été, d'après l'écrit de M. Th. Lhuillier (*V.* ce nom) : *Note sur quelques musiciens dans la Brie*, surintendant

(1) Le 31 juillet 1851, à l'occasion du 101° anniversaire de la mort de Jean-Sébastien Bach, Bastiaans donna à Amsterdam un grand concert historique d'orgue, dans lequel il fit entendre différentes œuvres du grand Bach lui-même, de J.-L. Krebs, Guillaume-Friedmann Bach, J.-C. Kittel, M.-G. Fischer, Ch.-H. Rinck, Mendelssohn, Kühmstedt, Fr. Schneider, Jean Schneider, A. Ritter, C.-F. Becker, J.-A. Van Eyken, et quelques-unes de ses propres compositions.

La fille de cet artiste, M¹¹ᵉ Marie Bastiaans, pianiste distinguée, née à Amsterdam et élève de son père, s'est produite avantageusement dans les concerts. — A P.

de la musique de la reine Anne d'Autriche, et aurait eu un fils, comme lui musicien distingué. « Les anciens actes paroissiaux de Guérard, canton de Coulommiers, dit M. Lhuillier, constatent que le fameux compositeur des fêtes de Louis XIII était pourvu de la surintendance de la musique de la reine Anne d'Autriche, et qu'il habitait la paroisse Saint-Paul à Paris. Il eut un fils qui fut son élève et à qui Louis XIII avait accordé en survivance la surintendance de sa musique; aussi, à la mort de Bataillé, ce fils, tout jeune encore, fut-il bien venu à la cour et réussit-il pleinement dans l'exercice de sa charge, jusqu'au moment où la perte d'une personne qui lui était chère le détermina subitement à se vouer au culte du Seigneur. Gabriel Bataillé fils avait quarante ans. Délaissant son emploi, ses biens et plusieurs bénéfices qu'il avait obtenus, il se fit ermite et se retira à Saint-Blandin, oratoire isolé situé sur la paroisse de Guérard, où il est mort le 30 avril 1676, à l'âge de soixante ans. L'ermite de Saint-Blandin, qui faisait vœu de chasteté, pauvreté et obéissance, n'était attaché à aucun ordre religieux ; il se trouvait simplement sous la dépendance de l'évêque de Meaux. »

M. Lhuillier reproduit l'acte d'inhumation de Bataillé fils, qui confirme les faits avancés par lui : — « Ce premier may 1676, dit cet acte, a
« été inhumé en la chapelle de Saint-Blandin,
« par moy curé soussigné, frère Gabriel Ba-
« taillé, décédé en l'hermitage le 30 avril et aagé
« de soixante ans ou environ, homme d'une
« haute vertu et singulière probité, lequel a
« esté admiré pendant sa vie, et regretté après
« sa mort de tous ceux qui le congnoissoient à
« à cause de ses rares qualitez ; il estoit nay
« en la paroisse de Saint-Paul de Paris; son
« père étoit maitre Gabriel Bataillé, intendant
« de la musique de la reine Anne d'Autriche ; sa
« mère s'appeloit Catherine Carré. Il eust l'hon-
« neur d'estre reçu en la charge de son père en
« survivance par le Roy Louis treize, d'heureuse
« mémoire, immédiatement après son décès,
« quoy qu'il fût encore fort jeune ; aymé de toute
« la cour à cause de son esprit et honesteté,
« il a exercé cette charge avec honneur jusqu'au
« décès de sa bonne maîtresse, lequel arrivé, il
« songea à sa retraite, à cause de quoi il se dé-
« pouilla généreusement de tous ses biens patri-
« moniaux et autres assez considérables, mesme
« d'un canonicat de la Sainte-Chapelle de Dijon,
« d'un autre de Châteauvillain, ensemble de
« quelques prieurez simples, comme de Jouarre
« et autres, desquels le Roy l'avoit bien voulu
« honorer, pour embrasser la vie hérémitique,
« laquelle il a exercée en toute simplicité et
« pauvreté, n'y ayant rien de si humilié que luy ;
« il passa les dix derniers ans de sa vie en cest
« estat le plus abject de tous, après avoir res-
« piré l'air de la cour l'espace de 40 années con-
« sécutives. »

Il n'y a pas à douter des faits contenus dans cet acte authentique. Il faut donc croire que le poste de surintendant de la musique de la reine Anne d'Autriche n'était pas dévolu à un seul individu, puisque, à l'époque où Bataillé père et fils l'exercèrent successivement, Cambert (V. ce nom) en était aussi pourvu, et l'on doit supposer que ces fonctions s'exerçaient, de même qu'à la chapelle du roi, soit par quartiers, soit par semestres.

BATISTE (ANTOINE-ÉDOUARD), organiste et professeur, né à Paris le 28 mars 1820, est le fils de l'excellent chanteur et comédien de ce nom qui jouit pendant si longtemps d'une grande renommée à l'Opéra-Comique. Admis au Conservatoire en 1828, comme page de la Chapelle royale, il y fit de brillantes études et fut successivement élève de Leborne et de Bienaimé pour le solfége, de M. Le Couppey, puis de Dourlen pour l'harmonie et accompagnement, d'Halévy pour la composition, enfin de M. Benoist pour l'orgue. Ses succès d'école furent très-grands, et voici la liste des récompenses qu'il obtint : 2e prix de solfége en 1832 et 1er prix en 1833 ; 2e prix d'harmonie et accompagnement en 1836 et 1er prix en 1837 ; 2e prix de contre-point et fugue et 2e prix d'orgue en 1838 ; 1er prix de contre-point et fugue et 1er prix d'orgue en 1839 ; enfin, second grand prix de Rome en 1840.

M. Batiste n'a jamais quitté le Conservatoire, où il était déjà professeur bien avant d'avoir terminé ses études. En effet, de 1836 à 1838 il était accompagnateur des classes de chant et de déclamation lyrique ; en 1836, il était nommé professeur adjoint de solfége ; en 1839, professeur de la classe de chœurs (hommes) ; en 1850, professeur de chant simultané, classe supprimée en 1870, et qui, dans l'espace de vingt ans, avait été fréquentée par 5,000 élèves ; le 1er octobre 1852, il devenait professeur de la classe de solfége collectif, et, le 8 octobre 1872, il prenait possession d'une classe d'harmonie et accompagnement pour les femmes. Ses occupations de professeur n'empêchaient pas M. Batiste de suivre sa carrière d'organiste et, après avoir tenu, de 1842 à 1854, l'orgue de l'église Saint-Nicolas-des-Champs, il devenait, le 1er juillet de cette dernière année, organiste du grand orgue de Saint-Eustache. En même temps, M. Batiste se livrait à la composition, publiait un nombre considérable d'œuvres pour l'orgue, donnait une nouvelle édition, en *douze volumes*, des *Solféges du Conservatoire*, annotée par lui, avec accompagnement de piano ou orgue d'après la basse chiffrée (Paris, Heugel), et enfin livrait au public un *Petit Solfége harmonique* (id., id.), qui était l'objet d'un rapport très-élogieux de la part du comité des études du Conservatoire. La nouvelle édition des *Solféges du Conservatoire* et ses ouvrages personnels sur l'enseignement ont valu à M. Batiste, en 1867, une récompense exceptionnelle : le jury de la classe 89, appréciant le mérite de l'œuvre, ne voulut point se borner à accorder une médaille de première classe à l'éditeur exposant, mais il décerna la même récompense à l'auteur *non-exposant*.

* BATKA (JEAN NÉPOMUCÈNE), fils de Michel Batka, est mort à Presbourg le 13 août 1874.

* BATTA (ALEXANDRE). Fixé depuis plusieurs années à Versailles, cet artiste, qui a donné dans un journal de cette ville, l'*Union libérale et démocratique de Seine-et-Oise*, un certain nombre d'articles de critique musicale, a été nommé chevalier de la *Légion d'honneur* au mois d'août 1875. Dans la série biographique publiée sous ce titre : *Écrivains et Artistes vivants, français et étrangers*, par MM. Xavier Eyma et Arthur de Lucy, on a donné une notice sur *M. Alexandre Batta* (Paris, Librairie universelle, 1840, in-16 avec portrait).

BATTAILLE (CHARLES-AMABLE), chanteur distingué, naquit à Nantes le 30 septembre 1822. Son père était médecin en cette ville, et résolut de lui faire embrasser la même profession. Après avoir été faire ses études à Caen et s'y être fait recevoir docteur, Battaille revint donc s'établir dans sa ville natale. Mais la clientèle n'arrivant pas assez vite à son gré, il résista aux nouvelles instances de son père, qui avait toujours contrarié son goût pour le théâtre, et s'en vint tenter la fortune à Paris. Un biographe contemporain affirme qu'il fut refusé à l'unanimité, en novembre 1845, aux examens d'admission du Conservatoire. Ceci est évidemment inexact, puisque, dès le concours de 1846, Battaille obtenait un accessit de chant. En 1847, il remportait simultanément les trois premiers prix de chant, d'opéra et d'opéra-comique, et se voyait couronner en même temps que Balanqué, Meillet et M. Gueymard, et en compagnie d'une jeune fille appelée à devenir l'une des premières artistes de son temps, Mlle Félix-Miolan, aujourd'hui Mme Carvalho. Au Conservatoire, Battaille avait été l'élève de Manuel Garcia.

Il fut engagé presque aussitôt à l'Opéra-Comique, où ses débuts, qui devaient avoir lieu le 23 février 1848, furent retardés par les événements. Ce n'est que le 22 juin suivant qu'il fit son apparition sur la scène Favart, où il se montra pour la première fois dans un rôle secondaire, celui de Sulpice de *la Fille du Régiment*. Mais sa voix de basse chantante était belle, guidée avec un goût remarquable, il montrait déjà de l'intelligence comme comédien, et Halévy, qui se connaissait en artistes et qui s'apprêtait à donner son *Val d'Andorre*, n'hésita pas à lui confier la création d'un des rôles les plus importants de cet ouvrage, monté d'une façon presque exceptionnelle, et qui était joué, pour les autres personnages, par MM. Audran, Jourdan, Mocker, Mlles Lavoye, Darcier et Révilly.

Le succès de Battaille fut complet dans ce rôle de Jacques Sincère, le vieux chevrier, dont il sut faire un type, et dans lequel il déploya des qualités dramatiques vraiment remarquables. Bientôt il montra toute la souplesse et la flexibilité de son talent, en en jouant un autre d'un caractère tout opposé, celui de don Belflor dans *le Toréador*, d'Adolphe Adam. Ici, Battaille fut plein de rondeur, de bonhomie, de gaîté, fit voir qu'au point de vue du chant il comprenait aussi bien le genre bouffe que le genre dramatique, et réunit tous les suffrages. Je ne ferai que donner les titres de ses autres créations, qui sont les suivantes : *la Fée aux Roses* (Atalmuc), *le Songe d'une nuit d'Été* (Falstaff), *la Dame de pique* (Roskow), *le Carillonneur de Bruges* (Mathéus), *le Père Gaillard* (Gaillard), *Marco Spada* (Torrido), *l'Étoile du Nord* (Pierre), *la Cour de Célimène* (le Commandeur), *le Hussard de Berchini* (Gédéon), *les Saisons* (Nicolas), *Valentine d'Aubigny* (Gilbert), et *Psyché* (Mercure).

Il faut avoir vu jouer à Battaille *le Toréador* et *l'Étoile du Nord* pour se rendre bien compte de la souplesse de son jeu comme comédien ; il faut lui avoir entendu chanter la cavatine de don Belflor : *Oui, la vie n'est jolie.....* et l'admirable romance du czar Pierre : *Pour fuir ton souvenir, qui semble me poursuivre*, pour comprendre quelle était son intelligence des divers styles musicaux et avec quelle aisance, quelle facilité, quelle sûreté il passait de l'un à l'autre. Sa belle voix de *basso cantante*, ronde, pleine, bien timbrée, flatteuse et caressante parfois, énergique et puissante en d'autres cas, faisait merveille dans les genres les plus opposés.

Vers la fin de 1857, je crois, l'excellent artiste, atteint d'une grave affection de larynx, se crut obligé de renoncer à une carrière dans laquelle il n'avait rencontré que des succès. Pourtant, après avoir pris quelque repos, il entra en 1860 au Théâtre-Lyrique, y reprit son rôle de Jacques Sincère du *Val d'Andorre*, fit une de ses plus importantes créations dans *Philémon et Baucis*, de M. Gounod, puis retourna pour un instant sur la scène de ses premiers succès. Mais bientôt il abandonnait définitivement le théâtre, bornant son action artistique au professorat qu'il exerçait au Conservatoire depuis le 1er février 1851.

Bataille s'était occupé d'études sur la construction, la nature et les facultés de l'appareil vocal. Il publia sur ce sujet une brochure importante, dont voici le titre complet : « *Nouvelles recherches sur la phonation*, Mémoire présenté et lu à l'Académie des sciences le 15 avril 1861, par Ch. Bataille, ex-interne des hôpitaux, ex-prosecteur d'anatomie à l'École de médecine de Nantes, professeur de chant au Conservatoire impérial de musique et de déclamation (Paris, V. Masson, 1861, in-8° avec planches). » Ces recherches constituaient, comme il le disait lui-même dans le dernier chapitre, « la première partie d'un ouvrage ayant pour titre : *De l'enseignement du chant*, lequel sera publié incessamment en entier. » Deux ans après, en effet, il lançait une nouvelle publication : « *De l'enseignement du chant*, 2e partie. *De la physiologie appliquée à l'étude du mécanisme vocal*. » Mais tout cela ne formait pas un corps d'ouvrage complet. Je ne sache pas pourtant que Bataille ait terminé cette publication.

Bataille aimait beaucoup à parler en public. Sa belle tête, fière, fine et intelligente, couverte de cheveux noirs, abondants et ondulés, son regard fixe et scrutateur, bien qu'atteint de myopie, sa parole élégante, facile et ornée, sa grande habitude du public, lui donnait sur son auditoire une autorité véritable. En 1865, 1866 et 1867, il fit, tantôt dans les salons de la rue de la Paix ou dans ceux du Grand-Orient, tantôt dans l'Amphithéâtre de l'École de médecine ou à l'Association philotechnique, un certain nombre de conférences, qui furent remarquées : sur la musique et ses transformations, sur le *Don Juan* de Mozart, sur le *Pré aux Clercs* d'Hérold, etc. Le texte d'un de ces entretiens fut même publié, dans les *Conférences de l'Association philotechnique*, année 1865 (Paris, V. Masson, 1866, in-12).

En réalité, Bataille fut un artiste extrêmement distingué, auquel la perte précoce de sa voix ne laissa pas le temps d'arriver à la célébrité, ni même peut-être d'atteindre à l'apogée de son talent, mais qui a laissé un nom honorable sous tous les rapports, et qui a été à la fois chanteur remarquable, comédien bien doué, professeur accompli et théoricien distingué.

Une particularité de sa vie est assez curieuse : Bataille, à la suite des événements du 4 septembre 1870, avait été nommé sous-préfet d'une petite ville du département de la Loire-Inférieure, Ancenis. Il professait d'ailleurs des opinions libérales, et prit au sérieux son nouveau rôle, mettant toute son intelligence au service de ses fonctions et déployant beaucoup de zèle et d'activité dans l'organisation et l'armement des corps levés dans son district. Il se signala même d'une façon toute particulière, dans des circonstances exceptionnelles : la petite vérole s'étant déclarée dans une commune des environs, qui se trouvait cruellement ravagée par le fléau, Bataille se souvint qu'il était médecin, se joignit à ses confrères, et s'en allait chaque soir porter ses soins aux malades, après avoir passé sa journée à gérer les affaires de sa sous-préfecture.

Bataille est mort à Paris le 2 mai 1872, enlevé en trois jours par une fièvre muqueuse.

* BATTISTA (VINCENT), compositeur dramatique, est mort à Naples le 14 novembre 1873. Il était né en cette ville le 5 octobre 1823. Élevé au collège royal de musique de Naples, Battista était seulement âgé de vingt ans, lorsque, pendant le carême de 1844, il fit ses débuts d'une façon très-brillante en donnant au théâtre San-Carlo sa partition d'*Anna la Prie*, qui obtint un très-vif succès et qui est restée l'un de ses meilleurs titres à l'estime de ses contemporains. Cet ouvrage était chanté par Fraschini, Tamberlick, Beneventano et la Gruitz. A l'exception de *Rosvina de la Forest*, donnée à la Scala de Milan, toutes les productions dramatiques de Battista ont vu le jour dans sa ville natale, la plupart au théâtre San-Carlo, les autres au Fondo ou au Nuovo. En voici, je crois, la liste bien complète : 1° *Anna la Prie*, San-Carlo, 1844 ; 2° *Margherita d'Aragona*, id., 1845 ; 3° *Rosvina de la Forest*, Milan, Scala, 1845 ; 4° *Ermo*, San-Carlo, 1846 ; 5° *Irene*, Fondo ; 6° *Leonora Dori*, San-Carlo, 7° *Mudarra*, id. ; 8° *il Corsaro*, Nuovo, 1853 ; 9° *Ermelinda* ; 10° *Giovanna di Castiglia*, San-Carlo, 1863 ; 11° *Alba d'Oro*, id., 1869. Tous ces ouvrages sont du genre sérieux, et Battista ne s'est jamais essayé dans la musique bouffe. Cet artiste a laissé deux autres partitions complètement achevées, mais qui, je crois, sont absolument inédites : *Maria Tudor* et *la Penitta*. Battista était estimé en Italie, et les Napolitains, ses compatriotes, en faisaient grand cas. Il est cependant mort, dit-on, dans un état voisin de la misère.

BATTMANN (Jacques-Louis), organiste et compositeur, est né à Masseraux (Haut-Rhin), le 25 août 1818. Il n'était point destiné à la carrière musicale, et fit ses études d'abord au collège de Belfort, puis à l'École normale de Colmar, pour être instituteur. Il le devint en effet, mais plus tard s'adonna complétement à la musique, qu'il avait cultivée dès sa plus tendre enfance. Il avait reçu ses premières leçons de solfége, de piano et de violon de son grand-père maternel, organiste à Belfort, et ensuite, à Colmar, travailla l'harmonie et la composition avec Th. Schlosser, professeur de musique à l'École normale, en même temps qu'il étudiait l'orgue avec Martin Vogt, organiste de la cathédrale. Un hasard, qui le mit en présence du célèbre médecin Orfila, grand amateur de musique, fut sur le point de l'amener à Paris, où ce dernier voulait le faire entrer au Conservatoire; mais, au moment de quitter l'École normale, M. Battmann vit pleurer son maître, qui l'aimait beaucoup, et se refusa à partir.

Ses études terminées, et son brevet obtenu, M. Battmann fut envoyé comme instituteur à Thann. Cette carrière lui plaisait peu, mais il s'était résigné à la suivre pour obéir aux instances de son père, lorsqu'un nouveau hasard vint le ramener à la musique. Il était à Thann depuis dix-huit mois, quand un de ses amis, apprenant que la place d'organiste à Belfort était vacante, l'appelle en cette ville. Le jeune instituteur se présente, est mis en rapport avec le curé, touche l'orgue à la messe, et un quart-d'heure après est nommé organiste. C'était en 1840. Depuis lors, M. Battmann a été appelé à remplir les mêmes fonctions à Vesoul, où il se trouve encore aujourd'hui.

Pendant les loisirs que lui laissaient ses fonctions, M. Battmann s'est beaucoup occupé de composition. Outre une *Méthode d'harmonium* (une des premières qui aient paru), une *Méthode de piano* et un grand *Traité d'harmonie* spécialement appliqué à l'étude de l'accompagnement du plain-chant, cet artiste a publié jusqu'à ce jour un nombre d'œuvres qui atteint presque le chiffre de 400. Dans ce nombre il faut distinguer : 1° *Premières études* pour le piano, avec Préludes pour les petites mains, Paris, Heugel; 2° 24 *Études mélodiques pour les petites mains*, op. 67, id., id.; 3° *la Petite Chapelle*, 100 morceaux faciles pour orgue de salon ou grand orgue, id., id.; 4° 25 *Offertoires* pour orgue, id., id.; 5° *le Trésor des organistes*, 100 morceaux faciles pour orgue ou harmonium, op. 240, Paris, Leduc ; 6° 15 *Études faciles pour harmonium*, op. 68, Paris, Le-

moine ; 7° 60 *Leçons pour harmonium*, id., id.; 8° 72 *Morceaux faciles pour harmonium*, pouvant servir aux différentes parties du service divin, op. 60, Paris, Colombier; 9° 400 *Versets courts et faciles*, dans tous les tons, pour harmonium, op. 88, id., id.; 10° 1re, 5e, 9e, 21e, 24e et 25e suites de *l'Arène des organistes*, op. 30, 43, 54, 85, 93 et 136, id., id. A tout cela, il faut ajouter des motets, des messes, des chœurs religieux ou profanes, sans accompagnement, des transcriptions et des arrangements pour piano et pour harmonium, des duos et trios pour 2 et 3 violons, des morceaux de genre pour le piano, enfin des romances, chansonnettes, et un nombre infini de valses, polkas, mazurkas, quadrilles, etc., etc.

* **BATTU** (Pantaléon), ancien second chef d'orchestre à l'Opéra, d'où il avait pris sa retraite depuis plusieurs années, est mort à Paris le 17 janvier 1870.

BATTU (Mlle Marie), fille du précédent, chanteuse distinguée, est née vers 1840. Élevée dans un milieu très-artistique, elle fut musicienne de bonne heure, et fit ses études vocales sous la direction de M. Duprez, qui sut lui donner la noblesse d'accent et la grandeur de style à l'aide desquelles il s'était créé lui-même une renommée si considérable et si légitime. Son éducation terminée, Mlle Battu débuta d'une façon très-heureuse au Théâtre-Italien de Paris, le 12 janvier 1860, par le rôle d'Amina dans *la Sonnambula* de Bellini. Douée d'une voix mordante et corsée, d'une beauté régulière et pure, d'une tournure élégante et aisée, elle réussit à souhait, ses qualités musicales étant rehaussées encore par une intelligence très-sûre et un bon sentiment de la scène. Elle chanta successivement, sur notre scène italienne, Elisetta d'*il Matrimonio segreto*, Gilda de *Rigoletto*, le page d'*un Ballo in maschera*, Zerlina de *Don Giovanni*, Eleonora d'*il Furioso*, Despina de *Cosi fan tutte*, puis, au bout de quelques années, se décida, sur les conseils de Rossini, à aborder la scène française.

Engagée à l'Opéra, Mlle Battu y parut pour la première fois, avec un très-grand succès, dans la reprise de *Moïse* qui eut lieu le 7 décembre 1864. Sa belle voix sonore et pleine, ses vocalises légères et perlées, son trille parfait et serré, son style nerveux et pur, toutes ses qualités enfin produisirent sur le public la plus vive impression, à ce point que son début fut presque un triomphe. Moins de cinq mois après ce début, elle eut le bonheur de faire une création fort importante, celle du rôle d'Inès dans *l'Africaine*, qui lui fit beaucoup d'honneur. Elle se montra ensuite dans Mathilde de *Guillaume Tell*, dans la reine des *Huguenots*, et joua avec le même succès la Zerline de *Don Juan*, au moment où Mlle Patti et Mme Carvalho se faisaient applaudir dans ce rôle, la première aux Italiens, la seconde au Théâtre-Lyrique. Enfin, la reprise d'*Alceste* vint la mettre tout à fait hors de pair, et la plaça au premier rang des cantatrices de notre première scène lyrique; elle ne craignit pas, après cela, de reprendre le rôle de Lydia, créé dans *Herculanum* par Mme Gueymard, et celui de Sélika, créé dans *l'Africaine* par Mme Marie Sass. Cependant, si Mlle Battu faisait toujours preuve d'un très-grand talent dans l'art du chant proprement dit, ces grands rôles inspiraient le regret qu'elle ne fût pas douée de la qualité suprême sans laquelle il n'est pas de véritable cantatrice dramatique dans toute l'étendue de ce mot : je veux dire l'émotion. Toute artiste qu'elle se montrât à beaucoup d'égards, Mlle Battu restait toujours un peu froide, un peu sèche, et ne montrait en aucun cas cette expression de tendresse qui émeut, ou ces élans de passion débordante qui soulèvent une salle et la tiennent suspendue aux lèvres d'un chanteur. Cette critique pourtant ne doit pas être exagérée, et ne saurait porter atteinte au talent très-réel, très-correct et très-distingué de Mlle Marie Battu.

Cependant la jeune artiste quitta l'Opéra au bout de quelques années. Elle fit partie de la compagnie qui, en province et à l'étranger, se donna pour mission de faire connaître, après la mort de Rossini, la *messe* du maître immortel, puis alla tenir l'emploi de première chanteuse au théâtre de la Monnaie, de Bruxelles. Entre temps, elle fit une courte apparition au théâtre de l'Opéra-Comique, où elle joua le rôle de la comtesse dans *les Noces de Figaro* (février 1872). Depuis lors, on ne l'a plus entendue à Paris.

BATZ (........), facteur d'orgues néerlandais, artiste fort distingué, chef de la maison Batz et Witte, d'Utrecht, est l'auteur des orgues de la cathédrale et de l'église de Zuider à Rotterdam, ainsi que de celles d'Amsterdam, de la Haye et d'Utrecht, qui sont particulièrement estimées. MM. Batz et Witte portent le titre de facteurs de S. M. le roi des Pays-Bas.

BAUDELAIRE (Charles-Pierre), poëte et critique, particulièrement connu pour sa traduction française des œuvres d'Edgar Poë, naquit à Paris au mois d'avril 1821, et mourut dans la même ville, au mois de septembre 1867, dans une maison de santé où il avait dû être placé à la suite d'une maladie qui avait atteint ses facultés mentales. A l'époque de la représentation à Paris du *Tannhæuser* de M. Richard Wagner, Baudelaire publia, pour la défense de l'un et de l'autre, une brochure intitulée : *Richard Wagner et Tannhæuser* (Paris, Dentu, 1861, in-12 des 70 pages). Cet écrit absolument inutile ne peut rien apprendre à ceux qu'intéresse la question, et n'est qu'un plaidoyer entrepris en faveur de l'œuvre par un avocat inhabile à en discuter la valeur, c'est-à-dire ignorant jusqu'aux préceptes les plus élémentaires de l'art.

BAUDOIN (Jules). Un écrivain de ce nom a publié, lors de la reprise d'*Alceste* qui eut lieu à l'Opéra en 1861, une brochure ainsi intitulée : L'Alceste *de Gluck*, étude dédiée à Mme Pauline Viardot (Paris, Lebigre-Duquesne, 1861, in-12 de 65 pp.). Cette étude, faite acte par acte, est précédée d'une courte « notice historique » sur Gluck.

BAUDRIMONT (Alexandre-Édouard), éminent chimiste et polygraphe remarquable. Né à Compiègne (Oise) le 7 mai 1806, professeur agrégé à la faculté de médecine de Paris, chevalier de la Légion d'honneur, etc., M. Baudrimont occupe, depuis de longues années, la chaire de chimie à la faculté des sciences de Bordeaux. Il a publié en 1869, chez Gounouilhou (Bordeaux), un résumé substantiel de ses *Travaux et Publications*, formant une brochure in-4° de 86-X pages.

D'après M. Baudrimont, « le son n'est pas « produit seulement par les ondes qui, par- « ties du corps sonore, vont frapper l'oreille, mais « par une réaction de la sphère sonore sur elle- « même, avant qu'elle atteigne cet organe. »

Les ouvrages sur la musique de M. Baudrimont sont les suivants : 1° *Lois générales de l'acoustique*, analyse et discussion des principaux phénomènes physiologiques qui s'y rapportent, in-4°, Paris, Paul Renouard, 128 pages (sans date). — 2° *Observations sur la production du son*, dans les *comptes-rendus de l'Académie des sciences*, tome XXXIII, pages 428 et suivantes. — 3° *Conférence sur la théorie de la musique*, faite à la faculté des sciences de Bordeaux le 16 mars 1869, un volume grand in-8°, de 100 pages, avec planches et tableaux.

A. L-N.

* **BAUDRON** (Antoine-Laurent). Parmi les ouvrages pour lesquels cet artiste écrivit de la musique, il faut citer *le Roi de Cocagne*, comédie de Legrand, pour laquelle il composa un divertissement (19 février 1781), et *Pyrame et Thisbé*, scène lyrique dont les paroles avaient pour auteur le célèbre comédien Larive (2 juin 1783).

BAUMANN (Louis), violoniste, né à Lille

en 1789, fut d'abord soldat, et, après avoir obtenu son congé, entra en 1815 au Conservatoire, dans la classe de Baillot. Après avoir obtenu un premier prix en 1818, il alla se fixer à Lyon et s'y livra à l'enseignement, maintenant intactes et pures les belles traditions qu'il tenait de son illustre maître. Baumann ne quitta plus Lyon jusqu'à sa mort, arrivée au mois de mai 1861. Cet artiste a écrit un concerto de violon dédié à Baillot, et un recueil d'études remarquables.

BAUMANN (Joseph), flûtiste fameux, naquit à Carlsruhe le 16 décembre 1799. Il a écrit pour son instrument des compositions estimées.

Y.

BAUMANN (Emmanuel), pianiste et compositeur français, né vers 1825, s'est fait connaître par la publication d'un certain nombre d'agréables morceaux de genre pour le piano. Cet artiste a fait jouer en 1874, à l'Alcazar de Marseille, une opérette en un acte intitulée *Clairette Angot en Turquie*.

BAUMER (Erdmann), corniste de talent, naquit à Cassel en 1734, et mourut en 1796.

Y.

BAUMER (Frédéric), compositeur de musique de piano et de musique de danse, frère du précédent, né à Cassel en 1736, mourut en 1802.

Y.

BAUMFELDER (Frédéric-Auguste-Guillaume), compositeur de musique, est né le 28 mai 1836 à Dresde. Il a composé tour à tour des pièces faciles et de la musique sérieuse : symphonies, ouvertures et concertos. Ce jeune musicien cherche encore sa voie.

Y.

BAUMGART (Ernest-Frédéric), professeur d'orgue et de théorie de la musique à l'Institut musical de Breslau, est né vers 1800. Il s'est fait connaître par une édition des œuvres de clavecin de Philippe-Emmanuel Bach.

Y.

* **BAUMGARTNER** (Guillaume), directeur de musique à Saint-Gall, est mort à Zurich, au mois de mars 1867, âgé de quarante-sept ans.

BAUR (......), compositeur, né à Parme, a fait ses études musicales à Milan, devint ensuite chef de musique du régiment des hussards de Plaisance, et commença à se faire connaître par de jolis airs de danse. Il a donné à Parme, sans succès, un premier opéra dont j'ignore le titre, et a fait représenter ensuite à Milan, en 1857, un second ouvrage, intitulé *le Due Fidanzate*, qui fut mieux accueilli, et dont l'éditeur Canti publia quelques morceaux détachés avec accompagnement de piano. M. Baur est surtout considéré, dans sa patrie, comme un compositeur de *ballabile* fort distingué.

BAUWENS (Jacques), musicien belge, né à Bruges dans la seconde moitié du dix-huitième siècle, fut maître de chapelle de l'église Saint-Jacques de cette ville, et a composé un grand nombre de messes et de motets qui, dit-on, ne sont pas sans valeur.

BAUX (Léon) est auteur de l'écrit suivant : *A la Musique*, poëme, par Léon Baux, de Charleville (Charleville, l'auteur, 1854, in-32).

BAVIN (Claude), musicien distingué et compositeur de musique religieuse, fut maître de chapelle de la cathédrale de Rouen de 1598 à 1601.

* **BAWR** (Alexandrine-Sophie GOURY DE CHAMPGRAND, comtesse DE), fille du marquis de Champgrand et d'une actrice de l'Opéra, naquit à Paris le 8 octobre 1773, et mourut en cette ville le 31 décembre 1860, à l'âge de quatre-vingt-sept ans. Cette femme intelligente, dont les aptitudes artistiques étaient remarquables, surtout par leur diversité, avait reçu dans sa jeunesse des leçons de composition de Grétry, en même temps qu'elle travaillait le chant avec Boïeldieu, Elleviou et Garat. Elle écrivit à cette époque un certain nombre de romances, auxquelles ce dernier donna une grande vogue en les chantant dans les salons fameux sous le consulat. Dans un livre publié par elle : *Mes Souvenirs* (Paris, Passard, 1823, in-12), on trouve quelques détails utiles sur Grétry et plusieurs autres artistes. On ignore assez généralement que cette femme intéressante, avant de devenir Mme de Bawr, avait épousé le comte de St-Simon, le fondateur de la secte saint-simonienne, de qui elle s'était ensuite séparée par le divorce. Elle a été l'objet de la notice suivante, pleine de renseignements précis à son sujet : *Madame de Bawr, étude biographique sur sa vie et ses ouvrages*, par Mme Élise Gagne (Élise Moreau), Paris, Didier, 1861, in-12 de 60 pages.

BAY (l'abbé DE), musicien du dix-huitième siècle, était maître de chapelle de l'église métropolitaine de Cambrai, et se fit une certaine réputation comme compositeur de musique religieuse. Les événements révolutionnaires obligèrent cet artiste à quitter Cambrai, et à se réfugier dans un couvent de Paderborn (Bas-Rhin). C'est là qu'il fit des recherches sur les lois de l'harmonie, et qu'il établit une théorie basée sur les faits que lui avaient livrés ces recherches. M. Brun-Lavainne, apparenté à l'abbé de Bay, a publié en 1844, dans *la France musicale*, une étude détaillée de la théorie musicale de celui-ci.

BAZILLE (Auguste-Ernest), organiste et compositeur, né à Paris le 27 mai 1828, a fait son éducation musicale au Conservatoire de cette ville, où il fut admis dès ses plus jeunes années, et où il remporta les récompenses suivantes : en 1840, le second prix de solfége ; en 1841, le premier prix ; en 1842, un accessit d'harmonie et accompagnement; en 1843, le second prix ; en 1845, le premier prix, avec un second prix d'orgue ; en 1846, le premier prix de fugue ; en 1847, le premier prix d'orgue. Ayant pris part, en 1848, au concours de l'Institut, il obtint le premier second grand prix de composition musicale. Peu de temps après il entrait à l'Opéra-Comique en qualité d'accompagnateur; il remplit aujourd'hui les fonctions de premier chef du chant à ce théâtre, en même temps qu'il est organiste du grand orgue à l'église Sainte-Élisabeth. M. Bazille a écrit naguère un certain nombre de couplets pour les scènes de vaudeville, et il a publié quelques mélodies vocales. On lui doit la réduction au piano d'un grand nombre de partitions. Enfin, cet artiste distingué a eu une part, avec Clapisson, MM. Gautier, Gevaert, Jonas, Mangeant et Poise, dans la musique de *la Poularde de Caux*, opérette en un acte représentée au théâtre du Palais-Royal.

* **BAZIN** (François-Emmanuel-Joseph). Le répertoire dramatique de ce compositeur se complète par les deux ouvrages suivants : 1° le *Voyage en Chine*, opéra-comique en trois actes représenté à l'Opéra-Comique le 9 décembre 1865; 2° *l'Ours et le Pacha*, ancien vaudeville de Scribe arrangé en opéra-comique et représenté au même théâtre vers 1869. M. Bazin, qui a écrit de nombreux chœurs orphéoniques, est aussi l'auteur d'une opérette non représentée, *Marianne*, qui a été publiée dans le journal le *Magasin des Demoiselles*. — Lorsque M. Ambroise Thomas eut été nommé directeur du Conservatoire après la mort d'Auber (1871), M. Bazin lui succéda comme professeur de composition, et abandonna sa classe d'harmonie et accompagnement. Après la mort de Carafa, il fut élu membre de l'Académie des beaux-arts en remplacement de cet artiste.

M. Bazin a en portefeuille les partitions de deux opéras-comiques, chacun en trois actes, qui n'ont pas encore été représentés : *Mascarille*, et *la Belle au bois dormant*.

BAZZINI (Francesco et Natale), musiciens italiens du dix-septième siècle, se firent remarquer par leur triple talent d'organistes, de chanteurs et compositeurs. Ces deux frères étaient nés à Lovere. Natale mourut à Bergame en 1639, et Francesco le 15 avril 1660. Ce dernier, dont la renommée semble avoir été la plus brillante, peut-être parce qu'il a vécu plus longtemps, a été successivement attaché aux cours de Modène, de Vienne, de Venise, de Parme et de Florence. En 1628, l'imprimeur Bartolomeo Magni, de Venise, publiait les œuvres suivantes de Natale Bazzini : 1° *Messe, motletti e dialoghi a cinque, concertati*; 2° *Libri due di motletti ad una, due, tre e quattro voci*; 3° *Messe e salmi a tre, concertati*; 4° *Arie nuove, e diverse*. Francesco a, dit-on, composé davantage, mais on ne connaît aujourd'hui de lui que les œuvres suivantes : 1° *La rappresentazione di S. Orsola, con diversi strumenti*; 2° *Suonate di tr b a*; 3° *Canzonette a voce sola*.

M. Antonio Bazzini, l'admirable violoniste dont il est parlé dans la notice suivante, descend directement de ces deux musiciens, ainsi que M. Alfredo Piatti, le violoncelliste renommé.

* **BAZZINI** (Antonio). C'est le 10 mars 1818, que ce grand artiste est né à Brescia. S'il faut en croire un de ses biographes, Francesco Regli, il avait à peine treize ans lorsqu'il publia sa première composition, et à dix-sept ans il avait déjà fait exécuter au théâtre de Brescia six ouvertures à grand orchestre. A cette époque, il était maître de chapelle de l'église St-Philippe, pour laquelle il écrivit une messe et des vêpres. En 1836, il joua devant Paganini, qui, enchanté de son talent, le pressa dans ses bras, et lui dit : *Voyagez vite!* L'année suivante, il se rendit à Milan, où il publia diverses compositions pour le violon, et quelques romances, et où il se fit entendre à plusieurs reprises avec un grand succès; dès ce moment, il manifesta sa prédilection pour la musique de chambre, et surtout son admiration pour les chefs-d'œuvre de Beethoven. En 1840, son parrain, l'avocat Buccelloni, lui fournit les moyens d'entreprendre un grand voyage artistique, et M. Bazzini se mit alors à parcourir une partie de l'Europe, se faisant entendre successivement à Venise, Trieste, Dresde, Berlin, Vienne, Pesth, Copenhague, Varsovie, Leipzig, etc., et se faisant applaudir à la fois comme compositeur et comme virtuose. De retour en Italie en 1846, il la parcourut en entier, donnant des concerts à Turin, Gênes, Florence, Rome, Naples, Palerme, Parme, et partout excitant l'enthousiasme. Il visita ensuite la France et l'Espagne, se rendit à Marseille, Bordeaux, Madrid, Séville, Cadix, Valence, Barcelone, Malaga, puis, revenant sur ses pas, s'arrêta enfin à Paris. C'était vers 1852, et, outre les trois auditions qu'il donna au Théâtre-Italien, il se fit entendre une vingtaine de fois au Gymnase dramatique. Tout jeune artiste alors, je faisais partie de l'orchestre de ce théâtre, et je me rappelle l'impression que le talent de M. Bazzini produisit sur ma jeune imagination, l'admiration que faisait naître en moi ce style noble et fier, si pur et si chaleureux, cet archet si solide et si varié, ce jeu pathétique et passionné.

M. Bazzini est certainement l'un des plus grands violonistes qu'ait produits l'Italie. Pourtant, depuis plusieurs années, il semble avoir voulu modifier sa carrière. J'ai eu le plaisir de le rencontrer à Milan en 1873, et j'ai vu qu'il ne s'occupait plus guère que de composition. Il venait d'ailleurs d'être nommé professeur de contre-point et de haute composition au Conservatoire de cette ville. Au reste, et sous ce rapport, peu de musiciens en Italie peuvent lui être comparés pour la profondeur et la pureté du style. Ses Psaumes, parmi lesquels *la Résurrection du Christ* peut être considérée comme une œuvre hors ligne, ses Symphonies-cantates, ses ouvertures, surtout celle de *Saül* (dont la partition a été publiée à Florence, par l'éditeur Guidi), le prouvent surabondamment, et cette dernière œuvre, particulièrement, est pleine de chaleur, de noblesse et de passion expansive. Si l'opéra que M. Bazzini a donné il y a quelques années à la Scala, *Turandot* (13 janvier 1864), n'a pas réussi, on en pourrait conclure seulement que l'auteur ne possède peut-être pas le véritable sentiment scénique ; ce n'est pas d'ailleurs sur un seul essai de ce genre qu'on peut juger un compositeur, et M. Bazzini ne se croit sans doute plus assez jeune pour renouveler une telle épreuve. Il n'en est pas moins vrai que, à quelque point de vue qu'on envisage son talent, M. Bazzini est un très-grand artiste, respectueux de lui-même, ferme en ses principes, richement doué par la nature, et qui n'a jamais sacrifié au mauvais goût et à la légèreté de la foule.

Parmi les compositions que M. Bazzini a écrites pour son instrument, je citerai les suivantes : 1° Deuxième fantaisie sur *la Sonnambula*, op. 26 ; — 2° Fantaisie de concert sur *il Pirata*, op. 27 ; — 3° *Le Carillon d'Arras*, air flamand varié, op. 36 ; — 4° Fantaisie sur *la Straniera*, op. 40 ; — 5° Trois morceaux lyriques (1. Nocturne, 2. Scherzo, 3. Berceuse), op. 41 ; — 6° Concerto militaire, op. 42 ; — 7° Deux morceaux fantastiques (1. Ballade, 2. Danse des Gnomes), op. 43 ; — 8° Trois morceaux en forme de sonates (1. *Allegro*, 2. *Romance*, 3. *Finale*), op. 44. On doit aussi à M. Bazzini quelques compositions vocales : *Il povero Fanciullo*, *Chi ami? Ostriche del fusaro*, etc.

BAZZONI (Jean-Louis), compositeur et professeur italien qui a longtemps vécu en France, était né à Milan en 1816. Il fit ses études musicales et commença sa carrière dans sa ville natale, où il donna d'abord, le 24 juin 1836, au théâtre de la Canobbiana, une *farsa* intitulée *i Tre Mariti*, qu'il fit suivre, le 27 juin de l'année suivante, de *Salvator Rosa*, opéra sérieux représenté au même théâtre avec un succès absolument négatif. Quelques années après, Bazzoni vint s'établir à Paris, où il se livra à l'enseignement du chant et où, vers 1852, il se vit chargé des fonctions de chef du chant au Théâtre-Italien. Il publia alors un certain nombre de mélodies vocales, *le Naufrage*, *Seule au monde*, *la Fille de l'hôtesse*, *le Sommeil de l'enfant*, *Basquinette*, *Voici la neige*, *l'Hirondelle*, quelques morceaux de genre pour le piano : *Rimprovero*, romance sans paroles, *la Farfalla*, valse poétique, *Lagrima d'addio*, rêverie, et une série de six duos italiens pour chant : *le Zingare*, *la Sera*, *il Brindisi*, *la Costanza*, *la Pietà*, *la Fuga della Schiava*. Vers 1858, Bazzoni fit représenter au petit théâtre des Folies-Nouvelles une opérette en un acte, *le Quart-d'heure de Rabelais*, dont la musique était loin d'être bonne ; quelques années après, il retournait en Italie, et faisait jouer sur le théâtre Regio, de Turin, un opéra sérieux en 4 actes, *Il Rinnegato Fiorentino*, dont la chute fut lamentable et qui n'eut qu'une seule représentation. Ce artiste infortuné revint alors à Paris, où il mourut, au mois de septembre 1871, dans une situation misérable.

BEAUGOIS (......) est auteur d'une *Nouvelle Méthode de plain-chant, de musique et de serpent* (Amiens, 1827, in-8°).

* **BEAULIEU** (Marie-Désiré-Martin). Cet artiste distingué, dont le cœur, comme l'esprit, était ouvert à tous les grands sentiments, est mort au mois de décembre 1863. L'Association musicale de l'Ouest, fondée par Beaulieu dans le but de propager dans cette région de la France, à l'aide de belles exécutions, le goût de la grande musique classique, a été créée par lui dans des conditions qu'il a fait connaître lui-même par une lettre adressée à son ami Halévy. Possesseur d'une soixantaine de lettres originales du Poussin, de son testament et de nombreuses notes autographes sur les missions dont le grand artiste avait été chargé pendant son séjour en Italie par l'intendance générale des beaux-arts en France, Beaulieu avait cru devoir céder ces documents précieux à la Bibliothèque impériale (vers 1859), moyennant une somme de 5,000 francs, qui était loin de représenter leur valeur; mais il ne voulut même pas profiter personnellement de cette somme ni en grossir son héritage, et il résolut d'en tirer parti, d'une façon fort intelligente, pour le bien de l'art, et d'en faire le point de départ de la fondation qu'il rêvait. « Mes revenus ordinaires, disait-il dans sa lettre, ne me permettant pas de donner suite à ma pensée, je me suis décidé, non sans quelque peine, à vendre ma portion du bien que m'a laissé mon père, et, au moyen du capital que j'ai retiré de cette vente, je puis, dès à présent, essayer, étudier, réaliser même, au moins en partie, mon projet........ Je ferai tous les frais de ces séances, et le produit se partagera en deux parts égales, dont l'une entrera dans la caisse de l'Association des artistes musiciens, et l'autre viendra s'ajouter au capital que je destine dès aujourd'hui à continuer après moi mon entreprise. Ce capital est de 100,000 francs. De mon vivant, je dois nécessairement prélever sur les intérêts de cette somme l'équivalent de ce que j'ai de moins en revenu territorial, mais le surplus est, je crois, très-suffisant pour commencer.... »

Beaulieu commença, en effet, dès 1860, et bientôt l'Association musicale de l'Ouest d'une part, et, de l'autre, la Société de chant classique à Paris, toutes deux fondées par lui, fonctionnèrent régulièrement. A sa mort, la somme de 100,000 francs annoncée par lui fut léguée à cette double fondation, et son testament portait que le produit des concerts donnés à Paris serait partagé entre l'Association des artistes musiciens et la Société de chant classique. Ce sont les conditions de cette création à la fois artistique et bienfaisante qui me faisaient dire que le cœur, comme l'esprit de Beaulieu, était ouvert à tous les grands sentiments.

Aux écrits sur la musique publiés par Beaulieu, il faut ajouter les deux suivants : 1° *Mémoire sur quelques airs nationaux qui sont dans la tonalité grégorienne* (Niort, impr. Favre, 1858, in-8°); 2° *Mémoire sur l'origine de la musique* (Paris, 1859, in-8° de 27 pp.). On a publié à Niort (1865, in-8°) : *Notices sur Dés.-Martin Beaulieu et Pierre-Th. Segrétain*.

BEAUMARCHAIS (Pierre-Augustin Caron de), né à Paris le 24 janvier 1732, fut célèbre à divers titres, mais surtout pour les deux chefs-d'œuvre qu'il donna à la scène française, *le Barbier de Séville* et *le Mariage de Figaro*, qui plus tard enrichirent la scène lyrique, grâce au génie de Mozart et à celui de Rossini. Il n'est mentionné ici que pour la partie de ses travaux qui se rapporte à la musique, car la vaste intelligence de cet homme remarquable lui permit de s'occuper des choses les plus diverses. « Il fit d'excellentes études (dit l'auteur de la notice qui lui est consacrée dans la *Biographie universelle et portative des Contemporains*), se livra à la littérature et aux mathématiques, et fit de rapides progrès dans les sciences mécaniques. L'horlogerie lui doit l'invention d'un nouvel échappement approuvé par l'Académie des sciences. Malgré ce succès, il quitta l'état de son père, et se livra à l'étude de la musique, pour laquelle il était passionné; des compositions gracieuses, et un talent supérieur sur la guitare et sur la harpe, dont il avait perfectionné le mécanisme, fixèrent l'attention sur lui; les filles de Louis XV devinrent ses écolières, et l'admirent dans leur société intime, dont son esprit le rendait aussi digne que ses talents... »

Beaumarchais était en effet un excellent musicien, ne se bornant pas à être un virtuose sur la harpe, mais s'occupant aussi de composition. Il a écrit, on le sait, les paroles et la musique d'un assez grand nombre de chansons et de romances; dans un voyage que M. Édouard Fournier fit à Londres vers 1862, cet écrivain fut assez heureux pour acquérir, au compte de la Comédie-Française, sept volumes de manuscrits *inédits* de Beaumarchais, parmi lesquels se trouve un volume de chansons, paroles et musique. Cette précieuse collection fait partie aujourd'hui des archives de notre grande scène littéraire.

Une fois au moins, dans ses écrits, Beaumarchais s'est occupé directement de musique : c'est dans la préface de l'opéra de *Tarare*, représenté en 1787, et dont il avait construit le poëme pour Salieri. Cette préface, qui ne compte pas moins de 26 pages, et qui porte pour titre : *Aux abonnés de l'Opéra qui voudraient aimer l'opéra*, est une sorte de poétique du drame lyrique, tel que le concevait et l'aurait voulu Beaumarchais. Elle est un peu équivoque, un peu incohérente, mais elle peut, au fond, se résumer dans ces quelques lignes que Beaumarchais écrivait lui-même dans la préface du *Barbier de Séville* : « Moi, qui ai toujours chéri la musique, sans inconstance, et même sans infidélité, souvent aux pièces qui m'attachent le plus je me surprends à pousser de l'épaule, à dire tout bas avec humeur : *Va donc, musique! Pourquoi tant répéter? N'es-tu pas assez lente? Au lieu de narrer vivement, tu rabâches : au lieu de peindre la passion, tu t'accroches oiseusement aux mots !* » Il y a dans ces réflexions, relatives au style musical alors en faveur pour l'opéra, un fonds véritable de justesse.

Beaumarchais mourut subitement, le 19 mai 1799. On chanta pendant longtemps à Paris une de ses chansons : *Cœurs sensibles, cœurs fidèles*, dont l'air était, dit-on, charmant. Choron et Fayolle, dans leur *Dictionnaire historique des Musiciens*, disent que la musique de Beaumarchais valait mieux que ses vers.

* **BEAUMESNIL.** (HENRIETTE-ADÉLAÏDE-VILLARD DE). Cette artiste, plusieurs années après qu'elle eut pris sa retraite à l'Opéra, écrivit la musique d'un opéra-comique en 2 actes : *Plaire, c'est commander*, qui fut représenté au théâtre Montansier le 12 mai 1792.

BEAUMONT (......), compositeur aujourd'hui inconnu, qui vivait dans la première moitié du seizième siècle, a fourni au recueil de chansons françaises à quatre parties publié vers 1530 par l'imprimeur Pierre Attaignant, la musique de la chanson : *Ma povre bourse*.

BEAUPUIS (GIUSEPPE DE), compositeur italien, dont le nom trahit une origine française, est né à Naples le 5 mars 1820. Dès sa plus tendre jeunesse il s'appliqua à l'étude du violon, et il avait à peine 17 ans lorsqu'il fut chargé des fonctions de chef d'orchestre au petit théâtre de la Fenice, fonctions qu'il remplit ensuite à Bari, à Lecce, et dans diverses autres villes. C'est dans ces commencements de sa carrière qu'il écrivit et fit représenter quelques opérettes bouffes : *i Due Pedanti* (Caserta), *Monsieur des Chalumeaux* (Trani), *Miss Baba* (Naples, th. de la Fenice), et qu'il composa aussi de nombreux morceaux pour musique militaire. De retour à Naples, il entra comme violoniste à l'orchestre du théâtre San-Carlo, mais en sortit bientôt, après avoir vainement essayé de se produire comme compositeur de ballets. C'est alors, qu'ayant fait exécuter dans un couvent une messe de *Gloria*, il devint maître de chapelle de diverses maisons religieuses, et écrivit un grand nombre de compositions de musique sacrée, consistant en messes, motets, vêpres, etc. Aujourd'hui, et depuis dix ans environ, M. de Beaupuis a tourné presque exclusivement ses efforts du côté de l'enseignement. Cet artiste a publié dans la *Gazzetta musicale* de Naples un Mémoire divisé en 29 articles, sur la décadence des études musicales au Conservatoire de cette ville; il a donné au journal *Napoli musicale* (1871) plusieurs articles destinés à soutenir la candidature de M. Lauro Rossi à la direction de ce Conservatoire, et il a été collaborateur d'une autre feuille, *l'Artista*.

BEAUQUIER (CHARLES), écrivain français, né vers 1830, s'occupa d'abord de politique et prit part à la rédaction de plusieurs journaux de Paris ou de la province. Plus tard, et un goût prononcé le portant à s'occuper des choses de la musique, il prit, comme on dit, le taureau par les cornes, et, pour son coup d'essai en ces matières, écrivit et publia une *Philosophie de la musique* (Paris, Germer-Baillière, 1865, in-12) (1). Je ne voudrais pas assurer que ce titre ne soit un peu ambitieux, et que nous possédons aujourd'hui une véritable philosophie de la musique ; un tel livre m'a toujours semblé terriblement difficile à faire, et il me parait que pour le mener à bien il est besoin de connaissances musicales plus étendues que celles que possède M. Beauquier, connaissances qui donnent en plus d'un endroit prise à la critique. Toutefois ce livre, écrit avec soin par un homme intelligent, qui sait ce qu'il veut dire et qui trouve l'expression juste, est un essai qui n'est point sans mérite. Peu de temps après sa publication, l'auteur devint l'un des collaborateurs de la *Revue et Gazette musicale de Paris*. En 1870, après la chute de l'empire, M. Beauquier fut nommé sous-préfet dans un de nos départements de l'Est. Il ne conserva que peu de temps cette situation, et a repris, depuis, ses travaux littéraires.

C'est M. Beauquier qui a écrit le livret de *Fiesque*, opéra de M. Édouard Lalo (V. ce nom) qui a obtenu une mention très honorable au concours ouvert au Théâtre-Lyrique en 1867.

* **BEAUVARLET - CHARPENTIER** (JACQUES-MARIE). Cet artiste a publié un petit recueil de chansons et romances sans accompagnement, comme il s'en faisait tant alors, ainsi intitulé : *le Troubadour, ou les Étrennes d'Érato*, avec la musique des airs nouveaux, choisis ou composés par M. Beauvarlet-Charpentier (Paris, librairie économique, 1806, in-18). Ce recueil contenait en effet beaucoup d'airs écrits par lui-même ; j'ignore s'il en a continué la publication pendant plusieurs années.

BEAUVOIR (ÉDOUARD-ROGER DE BULLY, dit ROGER DE), écrivain français, né à Paris le 28 novembre 1809, mourut en 1866. Parmi ses nombreux écrits, nous avons à signaler les deux suivants : 1° *l'Opéra* (Paris, Havard, 1854, in-18), petit volume compris dans une publication qui portait pour titre général : *Paris historique, pittoresque et anecdotique*; 2° *le Chevalier de St-Georges* (Paris, 1840, 4 vol.), roman d'imagination dont le héros est ce fameux mulâtre si recherché à Paris vers le milieu du dix-huitième siècle, et qui se fit remarquer

---

(1) Le titre du volume porte la date de 1865, et la couverture celle de 1866.

comme violoniste et compositeur. Roger de Beauvoir a tiré de ce roman une pièce qu'il fit représenter sous le même titre et qu'il avait écrite en société avec Mélesville.

BEAUX (J.....-J......), est auteur d'un écrit publié sur ce sujet singulier : *De l'influence de la magnétisation sur le développement de la voix et du goût en musique* (Paris, 1855, in-12).!

BECHEFORT ou **BOUCHEFORT** (.......), musicien aujourd'hui inconnu, qui vivait au commencement du seizième siècle, a écrit la musique de plusieurs des chansons à quatre parties contenues dans le fameux recueil de Pierre Attaignant (V. ce nom dans la *Biographie*), publié vers 1530. Son nom se trouve ainsi écrit, de deux manières, dans ce recueil, auquel il a fourni la musique des chansons suivantes : *J'ay souhaité depuis trois mois, Ta grand' beauté a tant, Tous compaignons qui buvez, Tant que vivray en âge, Trop de regrets pour vous, Trop longuement avez tenu, Trop se fier aux promesses.*

J.-B. W.

BÉCHEM (Charles). Un écrivain de ce nom a donné à la seconde édition du *Dictionnaire de la Conversation et de la Lecture* un certain nombre d'articles sur la musique.

BECHER (Joseph), compositeur, est né le 1er août 1821 à Neukirchen, en Bavière. Il a écrit beaucoup de musique religieuse : 12 messes solennelles et 50 petites messes, 24 grandes et 13 petites litanies, 23 *Requiem*, 8 vêpres, 100 graduels et offertoires, sans compter plusieurs *Te Deum*, hymnes, motets, etc.

Y.

BECHSTEIN (Frédéric-Guillaume-Charles), né à Gotha le 1er juin 1826, est le fondateur de la grande fabrique de pianos de Berlin qui porte son nom. Après avoir passé comme ouvrier dans les principales fabriques de l'Allemagne, il alla travailler à Londres et à Paris dans les ateliers de Pape et de Kriegelstein. Sa maison eut les origines les plus modestes. En 1856, il ouvrit ses ateliers avec une douzaine d'ouvriers ; cinq ans plus tard, il en employait déjà plus de 200. Les pianos de Bechstein, patronnés par Hans de Bülow, Liszt, Tausig et Dreyschock, ont figuré avec honneur aux expositions universelles de Londres et de Paris.

Y.

BECK (Jean-Népomucène), premier baryton de l'Opéra impérial de Vienne, est né à Pesth le 5 mai 1828. C'est un artiste doué d'une voix puissante et d'un remarquable talent de comédien.

Y.

BECKER (Jean-Tobias), compositeur de musique d'église, né à Grulich, en Bohême, l'an 1699 ou l'an 1700, est mort à Leidsberg, dans la basse Autriche, le 5 juillet 1779.

Y.

BECKER (Vincent-Ernest), né en 1833 à Wurzbourg, où il est *regens chori*, a composé des *lieder* et des chœurs pour voix d'hommes, devenus populaires.

Y.

BECKER (Jean), violoniste fort distingué et brillant surtout dans l'exécution de la musique de chambre, est né à Manheim le 11 mai 1836. Il fit son éducation musicale en cette ville, et devint violon solo au théâtre. Après avoir fait ensuite un séjour de deux années à Paris, sans, je crois, s'y faire entendre, il se rendit à Londres, où il se produisit avec un grand succès dans les séances de l'*Union musicale* dirigée par M. John Ella (1860). Il retourna ensuite dans sa patrie, et y commença sa réputation en se présentant fréquemment dans les concerts, après quoi il revint en France et demanda à Paris la consécration de sa jeune renommée. Les succès qu'il y obtint furent très-grands, et le public parisien, toujours enthousiaste lorsqu'il se sent en présence d'une grande individualité, ne marchanda ni ses éloges ni ses bravos à un artiste d'un talent vraiment exceptionnel, chez lequel une imagination poétique autant que passionnée et une inspiration incontestable venaient se joindre à une instruction vaste et sûre aux plus nobles comme aux plus rares qualités du virtuose. M. Becker alla s'établir en 1865 à Florence, à l'époque où, grâce à l'initiative intelligente de M. le docteur Basevi et aux efforts de la *Società del Quartetto*, la musique de chambre pour instruments à cordes prenait en cette ville une extension étonnante. M. Becker y fonda une société de quatuors qui se fit aussitôt remarquer par son excellente exécution, et dont les succès furent tels que, sous le nom de *Quatuor florentin*, cette société entreprit une série de voyages artistiques et se fit entendre dans les premières villes de l'Europe au milieu d'applaudissements unanimes.

M. Jean Becker est non-seulement un virtuose de premier ordre, mais un musicien solide, dont le talent s'est nourri et fortifié aux sources les plus pures de l'art, et qui est l'un des interprètes les plus remarquables des chefs-d'œuvre classiques des grands maîtres.

BECKER (George), musicographe suisse est l'auteur d'un livre publié récemment sous ce titre un peu trop ambitieux : *la Musique en Suisse, depuis les temps les plus reculés jus-*

qu'à la fin du dix-huitième siècle, — *notices historiques, biographiques et bibliographiques* (Genève, Richard, 1874, in-12). Une partie de ce livre avait paru, par fragments, dans différents journaux, et ces fragments ont été reproduits tels quels, avec quelques chapitres ajoutés; c'est ce qui explique qu'il est conçu sans plan ni méthode. *La Musique en Suisse* n'est qu'une collection de notices recueillies et publiées non par époque, ce qui eût paru plus logique, mais par contrées et par localités, système hostile à toute espèce de vues d'ensemble. Encore ces notices sont-elles parfois tellement incomplètes, qu'elles n'offrent qu'un bien médiocre intérêt. En somme, le côté utile de ce modeste volume peut être caractérisé ainsi : c'est un recueil de documents pouvant servir plus tard de base à un petit Dictionnaire biographique des musiciens suisses. A ce titre, le travail de M. George Becker est encore digne d'estime.

Cet artiste a publié quelques petits morceaux de piano, qui se distinguent par d'aimables qualités.

* **BECQUIÉ DE PEYREVILLE** (JEAN-MARIE), est mort à Paris, au mois de janvier 1876. Il avait été pendant de longues années attaché à l'orchestre du Théâtre-Italien, d'abord comme premier violon, ensuite comme alto.

BEER (JULES), dilettante distingué, est le propre neveu du grand homme qui fut Meyerbeer. M. Jules Beer est un musicien amateur dont l'ambition vise sans doute un peu trop haut, mais qui, en somme, a fait de bonnes études et qui a presque le droit d'être considéré comme un artiste. Il s'était d'abord essayé en écrivant la musique de deux opéras-comiques en un acte, *En état de siége* et *les Roses de M. de Malesherbes*, qu'il avait fait exécuter chez lui, le premier en 1859, le second en 1861. M. Beer voulut alors aborder une véritable scène, et il fit représenter au Théâtre-Lyrique, le 23 avril 1862, un ouvrage en deux actes, intitulé *la Fille d'Égypte*, qui n'obtint qu'un médiocre succès. Au mois de mars 1871, il donna à Bruxelles, au théâtre de la Monnaie, un grand opéra en quatre actes, *Élisabeth de Hongrie*, qui fut accueilli avec la plus complète indifférence. M. Jules Beer a encore en portefeuille un grand opéra, qui pour titre *le Paria*, et qui n'a pas encore été représenté. Il a mis aussi en musique le psaume CXXXVII de David, vaste composition pour *soli*, chœurs et orchestre, qu'il a fait exécuter chez lui, le 23 janvier 1868, avec Mlle Mauduit, MM. Caron et Warot pour principaux interprètes. Enfin, M. Jules Beer a composé un certain nombre de mélodies vocales, dont quelques-unes ont été publiées : *A une jeune mère, la Résurrection, la Chute des Feuilles, le Chant du dimanche, Ballade orientale, la Marguerite, Gondoline, les Plaintes de la jeune fille, A une rose, Prière*, etc.

* **BEETHOVEN** (LOUIS VAN). Les livres et les écrits relatifs à la vie et aux travaux de ce grand homme se sont singulièrement multipliés dans ces dernières années, et ont fini par former comme une sorte de littérature spéciale, qui n'est pas sans analogie avec celle qui s'est produite chez nous au sujet de Molière. Aux anciennes biographies de Wegeler et Ries, de Schlosser, de Schindler (traduite en anglais par Moscheles, et dont une 2ᵉ édition allemande a été faite à Münster en 1845 et une 3ᵉ en 1860), de Marx (dont une 2ᵉ édition a paru en 1863), d'Oulibicheff, il faut ajouter les ouvrages suivants : 1° *Biographie de Beethoven*, par W. Neumann, Cassel, 1854; 2° *Beethoven's Leben* (*Vie de Beethoven*), 1ᵉʳ vol. (*la jeunesse de Beethoven*), Vienne, 1864, 2ᵉ vol. (*Beethoven à l'âge viril*), Leipzig, 1867; 3ᵉ vol. (*Beethoven et ses œuvres*), étude biographique et bibliographique par O. Mühlbrecht, Leipzig, 1866; 4° *Ludwig van Beethoven's Leben* (*Vie de Louis Van Beethoven*), par A.-W. Thayer, Berlin, 1866, (ouvrage commencé d'une façon remarquable, qui doit comprendre trois volumes, mais dont le premier seul a paru); 5° 83 *Nouvelles Lettres originales de Beethoven à l'archiduc Rodolphe*, publiées par L. de Köchel, Vienne, 1865; 6° *Beethoven et Marie Pachler-Koschak*, par le docteur F. Pachler, Berlin, 1866; 7° *les Lettres de Beethoven à la comtesse Marie Erdödy et à Madeleine Brauchle*, publiées par le docteur Alfred Schöne, Leipzig, 1867; 8° *les Lettres de Beethoven avec quelques compositions de circonstance non imprimées, extraites de son journal de notes et de ses lectures*, publiées par L. Nohl, Stuttgard, 1868; 9° *Études sur Beethoven*, par G. Nottebohm, Leipzig, 1865; 10° *Louis Van Beethoven comme compositeur dramatique*, par C.-E. Alberti, Stettin, 1858; 11° *les Symphonies de Beethoven et d'autres maîtres célèbres*, par F. de Dürenberg, Leipzig, 1863; 12° *les Sonates de Beethoven expliquées*, par E. d'Elterlein, 2ᵉ édition, Leipzig, 1857, 3ᵉ, Leipzig, 1866; 13° *les Symphonies de Beethoven d'après leur portée idéale*, par le même, 2ᵉ édition, Dresde, 1858; 14° *Introduction pour l'exécution des œuvres de piano de Beethoven*, par A.-B. Marx, Berlin, 1863; 15° *les Sonates de piano de Beethoven*, par un impartial, Berlin, 1863. A ces divers ouvrages, il faut ajouter encore le volumineux catalogue critique de De Lenz (Hambourg, 1860), le *Catalogue thématique avec des observations chronologiques et biographiques* de G. Nottebohm (Leipzig, 1868), et le *Catalogue chronologique* dressé par A.-W. Thayer (Berlin, 1868).

En France aussi, quelques notices et quelques traductions de biographies allemandes ont été publiées dans ces dernières années. En voici la liste : 1° *Beethoven, esquisse musicale*, par H. Barbedette, la Rochelle, Siret, 1859, in-8° (2° édition : *Beethoven, sa vie et ses œuvres*, Paris, Heugel, 1870, in-8° avec portrait) ; 2° *Notices biographiques sur L. Van Beethoven*, par le Dr F.-G. Wegeler et Ferdinand Ries, suivies d'un supplément publié à l'occasion de l'inauguration de la statue de L.-V. Beethoven à Bonn, sa ville natale, traduites de l'allemand par A.-F. Legentil, Paris, Dentu, 1862, in-12 ; 3° *Notice sur l'origine du célèbre compositeur Louis Van Beethoven*, suivi (sic) du testament de l'illustre maître, par Edouard-G.-J.-Gregoir, Anvers, impr. Jorssen, 1863, in-8° ; 4° *Histoire de la vie et de l'œuvre de Ludwig Van Beethoven*, par Antoine Schindler, traduite par Albert Sowinski, Paris, Garnier, 1865, in-8° avec portrait ; 5° *Beethoven, sa vie, son caractère, sa musique*, par Édouard de Pompéry, Paris, lib. du *Petit-Journal*, 1865, in-12 de 50 pp. ; 6° *Sur le Beethoven de M. A. de Lemud*, par M. Em. Michel, Metz, Blanc, 1865, in-8° ; 7° *Louis Van Beethoven, sa vie et ses œuvres*, d'après les plus récents documents, par Mme A. Audley, Paris, Didier, 1867, in-12.

* **BEFFROY DE REIGNY** (Louis-Abel), dit *le Cousin-Jacques*. Au répertoire dramatique de cet artiste excentrique, il faut ajouter les ouvrages suivants : 1° *la Fédération du Parnasse*, un acte (paroles et musique), th. Beaujolais, 1790 ; 2° *Jean-Bête*, « comédie en 3 actes, avec ouverture nouvelle, ronde et vaudeville » (paroles et musique), th. des Grands-Danseurs du roi (Nicolet), 1790 ; 3° *Louis XII*, 3 actes, « mêlés d'airs, » Délassements-Comiques, 1790 ; 4° *les Folies dansantes*, 2 actes (paroles et musique), Délassements-Comiques, 1790 ; 5° *Allons, ça va, ou le Quaker en France*, un acte (paroles et musique), th. Feydeau, 1793 ; 6° *Un Rien, ou l'Habit de noces*, un acte (id.), Ambigu, 1798 ; 7° *le Grand Genre*, un acte (id.), Ambigu, 1799 ; 8° *des Deux Charbonniers*, 2 actes (id.), th. Montansier, 1799 ; 9° *le Bonhomme, ou Poulot et Fanchon*, un acte (id.), th. Montansier, 1799. Je ne sais s'il y avait de la musique dans *le Retour du Champ-de-Mars*, divertissement en un acte du Cousin-Jacques, donné en 1790 au théâtre Beaujolais. Il a écrit en effet plusieurs pièces sans musique, telles que *Démosthènes*, *Émilie* ou *les Caprices*, *les Capucins*, de même qu'il lui est arrivé de faire les paroles de deux opéras dont Lemoyne composa la musique : *le Compère Luc, ou les Dangers de l'ivrognerie*, et *Toute la Grèce, ou Ce que peut la Liberté*. C'est aussi lui qui a fait les compliments de clôture du théâtre Favart en 1787, 1788 et 1789, ainsi que le discours d'ouverture du théâtre Montansier. Quant à ses écrits en dehors du théâtre, je ne puis que renvoyer à la très-substantielle et charmante notice que M. Charles Monselet a consacrée au Cousin-Jacques dans son excellent livre : *les Oubliés et les Dédaignés*. Cette notice est d'ailleurs très-utile à lire, le musicien, dans le Cousin-Jacques, s'enchevêtrant parfois singulièrement avec l'écrivain. A tout prendre, cet artiste présente une physionomie curieuse et intéressante à étudier. Dans une notice publiée par moi sur Devienne (Paris, 1864), j'ai inséré une longue lettre du Cousin-Jacques.

* **BEGREZ** (Pierre-Ignace), chanteur belge, fixé à Londres depuis longues années, est mort en cette ville le 13 décembre 1863, peu de jours avant d'accomplir sa soixante-seizième année. C'est en 1815 que cet artiste fut attaché au Théâtre du Roi, de cette ville, en qualité de premier ténor. Ses succès furent considérables, non-seulement à ce théâtre, mais aussi dans les salons de la haute aristocratie anglaise, qui l'avait pris en grande affection, et qui ne lui marchandait ni les applaudissements ni les guinées. Au bout de dix années environ, il renonça complétement à la scène pour ne plus chanter que dans les concerts publics ou particuliers, qui lui donnaient le succès et la fortune. Il assura d'abord le bonheur de sa famille, fit une pension à son vieux père, puis maria ses deux sœurs en leur faisant des dots. Il s'acheta ensuite un hôtel magnifique, et enfin se donna le luxe d'un riche équipage. Sa vogue était telle qu'elle portait préjudice aux succès des autres artistes, même des plus justement glorieux. On raconte à ce sujet que le dernier concert donné à Londres (26 mai 1826) par Weber, alors mourant, n'attira personne, parce que ce jour-là même, Begrez chantait chez le duc de Saint-Albans, et que toute l'aristocratie de la grande métropole s'était donné rendez-vous pour entendre son chanteur favori. Weber, l'immortel auteur d'*Obéron* et du *Freischütz*, ne couvrit même pas ses frais, tandis que Begrez, le chanteur à la mode, fit une recette de près de cinq cents guinées !

BÉGUIN-SALOMON (Louise-Frédérique COHEN, dite SALOMON, épouse BÉGUIN, connue sous le nom de Mme), pianiste et professeur, née à Marseille le 9 août 1831, fut admise le 7 juillet 1843 au Conservatoire de Paris, dans la classe de clavier de Mlle Jousselin, et passa ensuite dans la classe de piano de Mme Farrenc, dont elle est restée l'une des meilleures élèves. Elle suivait aussi un cours de solfége, et, dès l'année 1846, obtenait dans les concours un premier prix de solfége et un accessit de piano ; le second prix pour cet instrument lui était décerné l'année suivante, et, après avoir remporté en 1850 un second prix d'harmonie et accompagnement, elle se voyait attribuer le premier en 1851. Ses études terminées, Mme Béguin-Salomon se consacra à l'enseignement, où elle conquit rapidement une notoriété justifiée, tandis qu'elle faisait fréquemment apprécier dans les concerts un solide talent d'exécution, rendu plus remarquable encore par ses rares qualités de musicienne. C'est surtout, en effet, dans l'interprétation des grandes œuvres classiques que brillait tout à la fois le jeu net, élégant et limpide de la jeune artiste, son style ferme, sobre, mesuré, enfin son tempérament empreint de grâce féminine et de passion nerveuse. Mme Béguin-Salomon devint bientôt une des meilleures pianistes de Paris, une des artistes les plus aimées du public et de celles dont l'autorité s'impose à l'attention. Il est juste d'ajouter que chez elles les qualités de l'artiste étaient complètes, en ce sens qu'elle était toujours prête à mettre son talent à la disposition des jeunes compositeurs, et à les aider à produire leurs œuvres. Plus d'un lui a dû ses premiers succès, et j'en sais qui ont conservé pour elle, à ce sujet, un sentiment de véritable reconnaissance. Mme Béguin-Salomon, dont le renom de professeur est très-grand à Paris, est elle-même compositeur, et a publié pour son instrument quelques morceaux de genre d'un sentiment aimable et délicat.

* **BEHRENS** ou **BERENS** (HERMANN). Cet artiste, né en Allemagne, est établi depuis longues années à Stockholm, où, en 1860, il a été nommé chef d'orchestre du second théâtre. J'ignore quelle est aujourd'hui sa situation, et je n'ai pu réunir sur ce compositeur d'autres renseignements que ceux qui se rapportent aux opéras qu'il a fait représenter à Stockholm, et qui, à ma connaissance, sont au nombre de quatre : 1° *Violetta*, grand opéra, dont l'effet fut médiocre et qui n'obtint que ce qu'on appelle un succès d'estime; 2° *Le Songe d'une Nuit d'été*, opéra-comique en 2 actes, qui fut accueilli plus favorablement et qui obtint vingt représentations consécutives ; 3° *Lully et Quinault*, opéra-comique en 2 actes, dont le succès fut plus marqué encore, et dont le livret était imité de celui que Nicolo mit naguère en musique sous le même titre; celui-ci fut représenté au mois de décembre 1859 ; 4° *Riccardo*, opéra en 3 actes, représenté au mois de février 1869; les paroles de ce dernier, imitées d'un ouvrage de Scribe, étaient l'œuvre d'un chanteur du théâtre royal de Stockholm, M. Fr. Arlberg, qui remplissait le principal rôle. M Behrens a publié un certain nombre de morceaux de genre pour le piano ; ces compositions se montent au chiffre de soixante environ , dont plusieurs ont été éditées par la maison Schott (Mayence, Bruxelles et Londres).

BEHRENDT (NICOLAÏ), compositeur danois, a fait représenter sur le théâtre royal de Copenhague, au mois de novembre 1860, un opéra qui avait pour titre *l'Épreuve du cœur*. Je n'ai pas d'autres renseignements sur cet artiste.

BERHER (JEAN-HENRI), violoniste et organiste néerlandais, né à Windschoken, dans la province de Groningue, le 5 janvier 1826, fit ses études à l'école de musique de La Haye, où il reçut des leçons d'orgue de M. F. Smit, organiste de la cour. Nommé en 1847 organiste à Meppel, dans la province de Drenthe, il devint en 1851 maître de musique de la ville de Gouda. Il a publié plusieurs cantates, des morceaux de piano, entre autres trois sonatines, un recueil de 14 chants d'enfants, etc. On connaît aussi de lui deux ouvertures de concert, une marche triomphale pour orchestre, un hymne à 4 voix et différentes autres compositions.

BELARI (EMILIO), chanteur italien, est l'auteur d'une brochure publiée sous ce titre : *La voix à tout le monde* (Paris, 1875). Dans cet opuscule, l'écrivain se flatte d'être possesseur d'un secret merveilleux pour la découverte et la culture de la voix chez les individus qui semblent le plus complètement déshérités sous ce rapport. Ce n'est pas la première fois que pareille utopie aura été mise en cours, et ce ne sera vraisemblablement pas la dernière.

* **BELCKE** (FRÉDÉRIC-AUGUSTE), est mort à Lucka, sa ville natale, le 10 décembre 1874.

BELLA (JEAN-LÉOPOLD), compositeur, est né à Saint-Nicolas, dans la haute Hongrie, en 1843. Il a principalement écrit de la musique d'église, qu'on dit très-remarquable. Y.

BELLAPART (FRANCISCO), musicien espagnol, a fait exécuter le 10 avril 1868, en l'église Saint-Augustin, de Barcelone, un *Stabat Mater*, de sa composition.

BELLASIS (Edward), écrivain musical anglais, est l'auteur d'un ouvrage publié sous ce titre : *Cherubini, memorials illustrative of his life*, Londres, Burns et Oates, 1874, in-8°.

BELLERMANN (Henri), fils de Jean-Frédéric Bellermann (V. *Biographie universelle des Musiciens*, t. Ier), est né à Berlin le 10 mars 1832. Comme toute sa famille, il s'est adonné à la musique, et a spécialement étudié celle du moyen âge. Depuis 1866, il est professeur de musique à l'Université de Berlin, où il a remplacé A. B. Marx. Il a publié plusieurs travaux scientifiques, qui ont paru dans les *Jahrbücher für musikalische Wissenschaft* (Annuaire de la science musicale) de Chrysander, ou dans l'*Allgemeinen musikalischen Zeitung* (Gazette générale de la musique de Leipzig). Il a publié séparément à Berlin, en 1858 : *Die mensural Noten und Tactzeichen des 15 und 16 Jahrhunderts* (les signes de durée et de mesure du quinzième et du seizième siècle). Bellermann a également publié un ouvrage de théorie sur le contre-point « *Der Contrapunct* » (Berlin, 1862) et écrit plusieurs compositions musicales : oratorios, psaumes, motets, ouvertures, etc., sans compter les chœurs et les mélodrames qu'il a faits pour plusieurs tragédies de Sophocle. — Y.

* **BELLI** (Jules). M. Brigidi a publié sur cet artiste (Modène, 1865, in-8°) une notice ainsi intitulée : *Cenni sulla vita e sulle opere di Giulio Belli, Longianese, maestro e scrittore di musica del secolo XVI*.

* **BELLINI** (Vincent). Nous complétons ici la liste des écrits publiés sur Bellini : 1° *Osservazioni sul merito musicale dei maestri Bellini e Rossini, in risposta ad un parallelo tra medesimi pubblicato in Palermo* (Bologna, 1834, in-8°); 2° *In morte di Vincenzo Bellini*, da Luigi Scovazzo (Napoli, s. d., in-8°); 3° *Discorso e componimenti poetici in occasione del ritorno in patria dell' esimio maestro di musica l'incenso Bellini*, recitati nella gran sala casa comunale di Catania, nel 18 marzo 1832 (Catania, 1832, in-8°); 4° *Rossini et Bellini*, réponse de M. le marquis de San-Jacinto à un écrit publié à Palerme, revue, réimprimée à Bologne et traduite en français par M. le Chevalier de Ferrer (Paris, impr. Everat, 1835, in-8°); 5° *Vita di Vincenzo Bellini*, scritta dall' avvocato Filippo Cicconetti (Prato, tip. Alberghetti, 1859, in-12 avec portrait); 6° *Bellini*, par M. Labat (Bordeaux, Gounouilhou, 1865, in-8); 7° *Bellini, sa vie, ses œuvres*, par Arthur Pougin (Paris, Hachette, 1868, in-12 avec portrait et autographes).

On ne doit pas oublier de mentionner ici les cérémonies grandioses qui eurent lieu en 1876 pour la translation des cendres de Bellini sur la terre natale du maître. Bellini, on le sait, était mort à Puteaux le 23 septembre 1835, et avait été inhumé à Paris, dans le cimetière du Père-Lachaise. Le gouvernement italien ayant fait demander au gouvernement français la remise de ses restes mortels, et celui-ci ayant aussitôt consenti, une députation de la ville de Catane se rendit à Paris, où la cérémonie de l'exhumation eut lieu le 15 septembre 1876; le corps fut immédiatement dirigé sur l'Italie, où toutes les villes par lesquelles passa le convoi lui firent un accueil enthousiaste, et arriva à Catane le 23 septembre, jour qui était le quarante et unième anniversaire de la mort de Bellini. Là, de grandes fêtes furent célébrées, et la cérémonie funèbre fut entourée d'une pompe et d'un éclat indescriptibles. L'Italie entière fit aux mânes du grand artiste un accueil digne d'elle et de lui. A cette occasion plusieurs écrits furent encore publiés, qui doivent être mentionnés ici : 1° *Vincenzo Bellini, scene intime in cinque parti*, da Nicola Argenti (Rome, Riccomanni, 1876); 2° *Parole su Vincenzo Bellini, dette da Gaetano Ardizzeni nel palazzo municipale di Catania il di 23 settembre 1876* (Catane, Galatola, 1876); 3° *Vincenzo Bellini, racconto storico* di Carlo Zappalà Scammacca (Catane, 1876); 4° *Ricordi delle feste belliniane* (Catane, 1876). Au moment même où les cendres de Bellini arrivaient à Catane, un journal musical se fondait en cette ville, sous le titre de *Bellini* (1).

* **BELLINI** (Pio). Au nombre des ballets dont cet artiste a écrit la musique pour le théâtre de la Scala, de Milan, il faut citer *la Duchessa di Mazarino* (1847), et le *Villanelle di Chambéry* (26 décembre 1846).

BELLINI (Giusti). Cet artiste a fait représenter les ouvrages suivants : 1° *Le 15 Août en Algérie*, cantate, Folies Saint-Germain, 15 août 1865; 2° *les Chevrons de Jeanne*, opérette en un acte, Folies-Marigny, 2 octobre 1865; 3° *Glaces et Coco*, opérette en un acte, théâtre Saint-Germain, 5 octobre 1865; 4° *Raphaël*, grand opéra en cinq actes, Athénée, 28 mai 1873. Tout cela était de la musique d'orgue de Barbarie, et le « grand opéra » intitulé *Raphaël* a obtenu l'un des succès de fou-rire les plus complets que

---

(1) Sous ce titre : *Un dernier hommage à Bellini*, j'ai publié dans le journal *le Ménestrel* (1er 8 et 15 octobre 1876) un compte-rendu très-complet et détaillé de la cérémonie de l'exhumation des cendres de Bellini, de leur transport en Italie et de leur arrivée à Catane.

les annales du théâtre aient jamais eu à enregistrer.

BELLISI (Filippo-Carlo), violoniste distingué et compositeur, né à Bologne vers le milieu du dix-septième siècle, a publié un certain nombre de compositions consistant en ballets, courantes, gigues, etc., à trois instruments. En 1685, il fut reçu à l'Académie des philharmoniques de sa ville natale.

* **BELLOLI** (Louis). Cet artiste était attaché en qualité de premier cor à l'orchestre du théâtre de la Scala, de Milan.

* **BELLOLI** (Augustin), qui était peut-être le frère, ou le fils du précédent, remplit, après lui, l'emploi de premier cor au théâtre de la Scala (1819-1829). A la liste des ballets dont il écrivit la musique pour ce théâtre, il faut ajouter les suivants : 1° *Maometto*, 11 juin 1822 ; 2° *Gabriella di Vergy* (en société avec P. Romani), 24 août 1822 ; 3° *Adelasia di Guesclino* (et non *Adelaide di Guesclino*), 7 juin 1823 ; 4° *I Baccanali aboliti*, 23 août 1823 ; 5° *la Vedova spiritosa*, 1823.

BELLOUR (Ferdinand). Un écrivain de ce nom a publié une brochure ainsi intitulée : *Explication des applications du gammomètre universel transpositeur, ou la Science de l'art musical expliquée et appliquée par tout le monde* (Paris, 1865, in-4° de 23 pp., avec *fac-simile* d'une lettre de Rossini adressée à l'auteur).

* **BELOSELSKY** (le prince Alexandre). Une confusion s'est produite dans la notice consacrée à cet écrivain par l'auteur de la *Biographie universelle des Musiciens*. Loin d'injurier Gluck, le prince Beloselsky fait au contraire en assez bon termes, dans sa brochure : *De la Musique en Italie*, l'éloge du grand compositeur, tout en ne lui consacrant que vingt-cinq lignes. Ce n'est point dans l'écrit du prince russe que se trouve le jugement textuellement rapporté par Fétis, et voici l'explication de ce malentendu singulier.

Marmontel, on le sait, fit dans le *Mercure de France* de juillet 1778 une analyse de la brochure de Beloselsky, et il en profita pour dire que le P. Martini n'était pas aussi enthousiaste de Gluck que les partisans de celui-ci voulaient le faire croire. Suard répondit à Marmontel dans le *Mercure* d'août, et s'exprima ainsi, après avoir cité les passages de Martini ayant trait à Gluck : « Il n'y a certainement point d'excès dans ces éloges ; mais encore ne sont-ils pas si éloignés de l'enthousiasme des admirateurs de M. Gluck, que du mépris impitoyable avec lequel il a été traité par ses détracteurs. Le Père Martini est bien loin de penser que ce soit un barbare qui eût fallu renvoyer dans les forêts de la Germanie ; que ceux qui l'applaudissent sont des barbares ; qu'il a reculé l'art d'un siècle ; qu'il n'a ni chant, ni mélodie, etc., etc. » On le voit, les paroles injurieuses attribuées à tort à Beloselsky ne sont nullement de lui, et appartiennent au contraire à un défenseur de Gluck, qui les prête au figuré aux détracteurs du maître. Marmontel répondit à Suard dans le *Mercure* du 5 septembre 1778, et ce dernier répliqua une seconde fois et assez longuement dans le numéro du 5 octobre du même journal. (*Voyez* Gluck.)

Er. T.

BENDAZZI (Luigia), chanteuse fort distinguée, qui s'est fait en Italie une réputation solide et rapide, est née à Ravenne en 1833. Après avoir travaillé avec M. Piacenti à Milan, puis à Bologne avec M. Dallara, elle débuta en 1850 au théâtre San-Benedetto, de Venise ; ses qualités de style, son sentiment pathétique, et en même temps la nature de sa voix, remarquable par un rare velouté et par une puissance étonnante, lui valurent aussitôt de très-grands succès, qui se reproduisirent dans les diverses villes où elle se fit entendre par la suite : Rovigo, Trieste, Naples, Florence, Parme, Vienne, Rome, Bergame, Gênes, Bologne, etc. Pendant plusieurs années, cette cantatrice fut l'idole du public, qui l'accueillait toujours avec enthousiasme. Elle a épousé un musicien piémontais, M. Benedetto Secchi.

* **BENDEL** (Charles), compositeur, est né à Prague le 16 avril 1838. Il a composé des messes, des chœurs, et environ 200 mélodies pour voix seule, qui sont populaires par toute la Bohême. Il a également abordé le théâtre ; et l'on connaît de lui un opéra romantique, *Lejlo*, représenté avec grand succès sur le théâtre national de Prague, le 4 janvier 1868. Un autre drame musical de sa composition porte le titre de *Bretislav*. Y.

BENDEL (François), pianiste et compositeur, est né en Bohême le 3 mars 1833. C'est un des virtuoses les plus remarquables de notre époque. Il a écrit une messe, et une foule de compositions pour son instrument. Il est actuellement fixé à Berlin. Y.

* **BENDER** (Jean-Valentin), inspecteur des musiques de l'armée belge, directeur de la musique de la maison militaire du roi et de celle du régiment des guides, est mort à Bruxelles le 14 avril 1873. Il était né à Bechtheim (Hesse-Darmstadt) non en 1800, mais le 19 septembre 1801, et avait été naturalisé Belge en 1842. — Un neveu de cet artiste, *Adam Bender*, fils de Jacques Bender, est mort au mois de septembre

1873, à Hasselt ; c'était, ainsi que son père et son oncle, un clarinettiste distingué, et il avait dirigé pendant quelque temps l'orchestre du casino des Galeries-Saint-Hubert de Bruxelles, ainsi que la société l'*Harmonie royale* de Vilvorde ; il était en dernier lieu chef de musique du 11ᵉ régiment des grenadiers. — Un frère de celui-ci, M. *Constantin Bender*, est chef de musique du régiment des grenadiers.

BENDIX (CHARLES), compositeur, est né à Stockholm en 1818. On connaît de lui un opéra, *la Fée du Rhin*, qui a brillamment réussi sur les scènes suédoises. Y.

BENEDETTI (GIOVANNI-FRANCESCO), compositeur de musique religieuse, né à Lucques, fut maître de musique au service de la cour de Mantoue, et publia à Venise, un recueil de psaumes à quatre voix concertantes, avec accompagnement de violons. On connaît aussi de lui une messe concertée à quatre voix avec instruments. Cet artiste est mort vers le milieu du dix-huitième siècle.

* **BÉNÉDICT** (JULES). Le temps n'a fait que consolider et rendre plus brillante la situation presque exceptionnelle que cet artiste fort distingué a su se créer à Londres. En 1859, il était tout à la fois chef d'orchestre du théâtre italien de Covent-Garden, chef-directeur de la *Vocal Association*, et directeur des Concerts populaires du lundi (*Monday popular Concerts*), en même temps qu'il était chargé de la direction des fameux festivals de Norwich, si célèbres en Angleterre. En 1865, une souscription fut ouverte pour offrir à M. Bénédict un magnifique *testimonial* à l'occasion de la trentième année de son séjour en Angleterre. Les œuvres suivantes doivent être ajoutées à la liste des compositions importantes de cet artiste : 1° *Undine*, légende lyrique, exécutée au festival triennal de Norwich, en septembre 1860 ; — 2° *Le Lac de Glenaston*, opéra représenté avec grand succès au théâtre de Covent-Garden, en février 1862 ; — 3° *The Lilly of Killerney* (*Le lys de Killerney*), opéra joué vers la même époque à l'Opéra anglais, et qui n'obtint pas moins de soixante représentations ; joué ensuite en Allemagne sous le titre de *la Rose d'Erin*, cet ouvrage, traduit en français par MM. D'Ennery et Hector Crémieux, devait être représenté à Paris, au Théâtre-Lyrique, en 1865, avec Mᵐᵉ Carvalho comme principale interprète ; — 4° *The Bride of Song*, opéra en un acte, joué au théâtre de Covent-Garden le 3 décembre 1864 ; — 5° *Richard Cœur-de-Lion*, cantate exécutée avec un énorme succès au festival triennal de Norwich, en septembre 1863 ; — 6° *Sainte-Cécile*, cantate exécutée au festival triennal de Norwich, en novembre 1866 (chantée à l'Opéra de Paris, quelques années plus tard, par Mˡˡᵉ Christine Nilsson) ; — 7° *Saint-Peter*, oratorio, exécuté au festival triennal de Norwich, en 1872 ; — 8° Symphonie en *sol* mineur, exécutée au même festival ; 9° Cantate pour les fêtes du retour du prince de Galles de son voyage aux Indes, Portsmouth, 11 mai 1876 ; — 10° concerto de piano (nouveau), avec accompagnement d'orchestre, exécuté par l'auteur en 1863 ; — 11° Sonate pour piano et violon, op. 88. M. Bénédict a écrit des récitatifs pour la version italienne de l'*Oberon* de Weber, qu'il fit exécuter au théâtre de Drury-Lane en 1859 ou 1860.

BÉNÉDIT (PIERRE-GUSTAVE), né à Marseille le 7 avril 1802, apprit la musique à la maîtrise des Pénitents-bleus de cette ville. Ayant perdu de bonne heure son père, capitaine au long cours, il tenta d'abord la carrière commerciale. Il y renonça vers l'âge de vingt ans, et se rendit à Paris, où il entra au Conservatoire pour compléter son éducation musicale. Il en sortit en 1827, avec le premier prix de déclamation lyrique et un accessit de vocalisation. Il fit aussitôt après son début réglementaire à l'Odéon dans le rôle de « Figaro » du *Barbier*, en même temps que Duprez qui jouait « Almaviva ». Acteur lourd et sans verve, il eut le bon esprit de sentir lui-même ses défauts, et renonça au théâtre. De retour dans sa ville natale, il se mêla activement au mouvement politique et littéraire qui se produisit vers la fin de la Restauration. Il fut journaliste militant, et écrivit des satires politiques en vers français. Quelque temps employé à la préfecture des Bouches-du-Rhône, en 1830, il devint bientôt définitivement professeur de chant et critique dramatique musical. Il prit une part suivie comme chanteur soliste aux concerts Thubaneau, qui exerçaient une grande influence sur le mouvement musical à Marseille. Nommé professeur de chant et de déclamation au Conservatoire de cette ville, il conserva ces fonctions jusqu'à sa mort, et forma de nombreux élèves, qui ont marqué dans la carrière dramatique : la liste en serait trop longue pour qu'elle puisse être rapportée ici. Enfin, comme critique musical, il rédigea également jusqu'à sa mort le feuilleton musical du journal le « *Sémaphore* », dans lequel il avait acquis une réelle autorité. Plusieurs de ses articles, écrits avec sagacité sur la question du diapason, ont été réunis et publiés en brochure sous le titre : *le Diapason normal* (Marseille, impr. Barlatier, 1860, in-18). Il mourut le 8 décembre 1870, laissant d'unanimes regrets, que lui valaient la bonté de son cœur et la loyauté de son caractère.

Les véritables titres de Bénédit à la notoriété sont ses poëmes en patois provençal : Il a laissé dans ce genre de petits chefs-d'œuvre, notamment le *Chichois*, peinture spirituelle et exacte des mœurs populaires provençales. En français, Bénédit perdait une bonne part de sa verve et de son esprit : ses feuilletons sont écrits lourdement et non sans une certaine affectation pédantesque. Il était en outre assez ignorant de tout ce qui en musique sortait du domaine purement dramatique. Son jugement n'était pas éclairé par des connaissances techniques suffisantes : il connaissait mal la musique de chambre et les chefs-d'œuvre symphoniques. Mais il jugeait très sainement les choses du théâtre, dont il avait l'expérience. Comme professeur il a rendu de longs et réels services. — AL. R—D.

BENITO (COSME DE), violoncelliste espagnol contemporain, a publié chez l'éditeur Romeo y Andia, à Madrid, une *Nouvelle Méthode élémentaire de violoncelle*.

* **BENNETT** (WILLIAM STERNDALE). Cet artiste remarquable est mort à Londres le 1ᵉʳ février 1875, à l'âge de cinquante-neuf ans. Il s'était fait une grande situation en Angleterre, et ce qui le prouve, c'est que c'est lui qui fut choisi pour mettre en musique l'ode de M. Tennyson destinée à être exécutée lors de la cérémonie de l'inauguration de l'Exposition universelle de Londres en 1862, inauguration pour laquelle trois compositions instrumentales avaient été demandées à Meyerbeer, à Auber et à M. Verdi. M. Bennett était donc considéré, en cette circonstance, comme le champion de l'école musicale anglaise, les écoles allemande, française et italienne étant représentées par les trois compositeurs qui viennent d'être nommés. Bennett, qui était à cette époque *principal* (directeur) de la *Royal Academy of music*, chef d'orchestre de la *Philharmonic-Society* et de la *Bach-Society*, se vit conférer dans la grande salle du sénat de l'Université de Cambridge, le 31 octobre 1867, le grade de *Master of Arts*. Il était professeur de musique à cette Université depuis 1856. En 1871, la reine d'Angleterre l'avait créé baronnet, en même temps que deux autres musiciens, M. Julius Benedict et le docteur Elvey.

La ville de Londres fit à Bennett des funérailles splendides, et son corps fut déposé dans l'abbaye de Westminster, ce panthéon des hommes illustres de l'Angleterre. Au mois de décembre 1875, son buste, œuvre du sculpteur Malampré, fut inauguré dans la belle salle de concert de Sheffield, et sur le piédestal fut placée l'inscription suivante : « *Sir William Sterndale Bennett, docteur en musique, professeur de musique à l'Université de Cambridge, et principal de l'Académie royale de musique, né à Sheffield le 13 avril 1816, mort le 1ᵉʳ février 1875, inhumé à l'abbaye de Westminster.* »

Parmi les œuvres de Bennett, il faut signaler, outre celles qui ont été mentionnées dans la *Biographie universelle des Musiciens* : 1° Symphonie en *mi* mineur; 2° Symphonie en *sol* mineur, considérée comme son chef-d'œuvre : 3° *la Femme de Samarie*, oratorio exécuté en 1867 au festival de Birmingham; 4° Ouverture du *Paradis et la Péri*; 5° Ouverture, chœurs et marche funèbre d'*Ajax*; 6° de nombreuses mélodies vocales, entre autres les suivantes : *Musing on the roaring ocean, May dew, Forget me not, To Chloe, the Past, Gentle zephyr*, formant le recueil op. 23; *Indian love, Winter's gone, Dawn, gentle flower, Castle gorden, As lonesome through the woods, Sing, maiden, sing* formant le recueil op. 35; *Maiden mine, Sunset, Dancing lightly, Staymy, charmer*, formant le recueil posthume op. 47.

BENNEWITZ (WILHELM), compositeur allemand contemporain, a fait représenter sur le théâtre de Chemnitz, le 24 mars 1876, un opéra intitulé *Die Rose von Woodstock*.

* **BENOIST** (FRANÇOIS), professeur d'orgue au Conservatoire de Paris, est né à Nantes le 10 septembre 1794 (et non 1795, comme il a été dit par erreur). C'est le 1ᵉʳ avril 1819 qu'il fut nommé professeur de la classe d'orgue au Conservatoire, classe qui n'existait pas et qui fut créée pour lui. Il a pris sa retraite au mois de février ou de mars 1872, après cinquante-trois années d'exercice, seul exemple d'une aussi longue carrière dans cet établissement. Ses principaux élèves ont été, pendant ce long professorat, Adolphe Adam, Fessy, Lefébure-Wély, Alexis de Garaudé, Vauthrot, Chauvet, MM. Édouard Batiste, Renaud de Vilbac, Alkan aîné, Bazin, Edmond Hocmelle, Duvernoy, Bazille, César et Joseph Franck, Georges Bizet, Charles Colin, Deslandres, Salomé, Théodore Dubois, Paladilhe, Henri Fissot, Lavignac.

Le répertoire dramatique de M. Benoist, d'ailleurs peu nombreux, se compose des ouvrages suivants : 1° *Léonore et Félix*, un acte, Opéra-Comique, 1821; 2° *la Gipsy*, ballet en trois actes, en société avec Marliani et M. Ambroise Thomas, Opéra, 1839; 3° *le Diable amoureux*, ballet, en société avec M. Henri Reber, Opéra, 1840; 4° *l'Apparition*, opéra en 2 actes, Opéra, 1848; 5° *Nisida* ou *les Amazones des Açores*, ballet en deux actes, Opéra, 1848; 6° *Pâquerette*, ballet, Opéra, 1851. En dehors de ses travaux de compositeur et de professeur, M. Benoist a su trouver le temps de se mêler aussi à la littérature musicale, ce qu'aucun biographe n'a remarqué jusqu'ici. Il a collaboré pendant assez longtemps à la *Gazette musicale*, et j'ai noté, dans le *Dictionnaire de la Conversation et de la Lecture*, les mots suivants, qui sont signés de lui : *Consonnance, Da Capo, Déchiffrer, Decrescendo, Della Maria* (biographie), *Dessus, Détonner, Diatonique, Dissonance, Do, Doigter, Enharmonique*. Cet artiste honorable et distingué est chevalier de la Légion d'honneur depuis le 18 novembre 1851. Il a été, pendant plusieurs années, chef des chœurs à l'Opéra.

* BENOIT (Pierre-Léonard-Léopold), compositeur, directeur de l'école flamande de musique d'Anvers (1). Cet artiste très-actif et très-bien doué s'est fait en Belgique une situation particulière et considérable, grâce à son talent d'abord, talent sérieux et incontestable, ensuite grâce à l'habileté qu'il a mise à se placer à la tête du parti musical flamand, parti où ses tendances portent du côté de l'Allemagne et qui considère l'art français avec une sorte de commisération dédaigneuse. Ce n'est pas ici le lieu d'établir une discussion de principes à ce sujet. En rendant l'hommage le plus complet aux grandes et nobles traditions de l'Allemagne musicale, en constatant les immenses services que ce pays a rendus à l'art, nous ne serons pas sans doute taxé d'outrecuidance en affirmant que la France n'a pas été tout à fait étrangère à la grande évolution qui s'est produite dans la musique depuis un siècle, évolution que les artistes étrangers sont venus opérer chez nous, sachant que notre public était plus prêt que le leur à les écouter, à les comprendre et à les admirer. Nous croyons donc pouvoir dire que la France n'a jamais été en arrière du progrès musical, qu'elle l'a, au contraire, plus accéléré peut-être que les autres pays, en acceptant d'être le champ-clos où les étrangers viendraient se mesurer entre eux et produire leurs plus grands chefs-d'œuvre.

Ceci dit, il nous sera permis de trouver étranges les idées et les prétentions d'une certaine école belge à vouloir fonder un art prétendu flamand, dont l'existence nous paraît impossible et chimérique. Cette école, en effet, n'innove rien au point de vue purement musical; son génie l'éloignant de l'esprit français, elle cherche à se rapprocher le plus possible de l'esprit allemand. Ceci est affaire de tempérament, et de telles tendances sont absolument indiscutables. Quelle est donc la théorie de l'école néo-flamande, et quel moyen entend-elle employer pour devenir un art national, un art *sui generis*, un art flamand en un mot? Ce moyen est bien simple, et consiste uniquement à écrire de la musique sur des paroles flamandes! Voilà, en vérité, une jolie découverte, et l'on peut se demander si les qualités purement musicales de l'art belge seront transformées comme par enchantement parce que certains musiciens abjureront la langue française pour composer sur un idiome différent.

A supposer que les tendances de l'école dont M. Benoit est aujourd'hui le chef le plus accrédité viennent à prévaloir, qu'arrivera-t-il en Belgique en ce qui concerne la musique dramatique, c'est-à-dire celle qui ne peut se passer du secours d'un texte écrit? Il arrivera que les compositeurs, travaillant pour un public extrêmement restreint et dont la langue n'est comprise nulle part, travailleront en pure perte, ne laisseront à leurs œuvres la possibilité d'aucune expansion, et les condamneront à un éternel oubli. Est-ce là ce qu'ils veulent? Ce n'est pas supposable. Si Grétry, si Gossec, si Grisar avaient voulu s'astreindre à n'écrire que sur des paroles flamandes, ils ne seraient point devenus célèbres, et depuis longtemps leurs œuvres seraient tombées dans l'oubli; pour mieux dire même, la plupart de ces œuvres n'existeraient pas. Il faut bien que les artistes belges se rendent exactement compte qu'ils ne peuvent rien par eux-mêmes, c'est-à-dire par leur pays, dont le peu d'étendue les condamne à une notoriété toute locale et sans rayonnement possible; si, au point de vue musical, ils veulent la gloire, la renommée, la fortune, il faut, de toute nécessité, qu'ils les aillent chercher à l'étranger, comme plusieurs l'ont déjà fait, car, encore un coup, leur pays est inhabile à les leur procurer. Pour ce qui est de la musique dramatique, ils n'ont que deux partis à prendre, selon que leur tempérament les porte de l'un ou de l'autre côté : faire des opéras allemands, ou faire des opéras français. Quant à l'opéra flamand, à l'opéra prétendu national, c'est une pure utopie.

Ces réflexions n'étaient pas inutiles du moment qu'il s'agissait de faire connaître l'œuvre et la carrière de M. Benoit, le champion le plus décidé de l'art flamand et l'un des musiciens les plus remarquables de la Belgique contemporaine. Or, si M. Benoit, malgré sa grande valeur, n'est pas parvenu à faire percer son nom au-delà des

---

(1) Le nom du pays natal de M. Benoit a été défiguré à l'impression dans le 1er volume de la *Biographie universelle des Musiciens*. C'est à Harlebeke qu'est né cet artiste.

frontières de son pays, s'il est resté inconnu du public allemand comme du public français (je dis : *du public*, parce que si la critique instruite et éclairée connaît l'artiste, la masse ignore jusqu'à son nom), c'est que M. Benoit a voulu précisément se confiner dans l'art flamand, qui ne pouvait le mener à rien. Si M. Gevaert avait fait comme lui, il n'occuperait pas aujourd'hui, en dépit de ses grandes facultés, la haute position qu'il a conquise.

Et cependant l'activité de M. Benoit ne s'est jamais démentie, et son talent, quelques réserves qu'on ait pu faire au sujet de telle ou telle œuvre, n'a jamais été contesté. Après de grands succès d'école, il fit un voyage en Allemagne, d'où il envoya à l'Académie royale de Belgique un écrit intitulé : *De l'École de musique flamande et de son avenir*, et une *Petite cantate de Noël*, que Daussoigne-Méhul, dans son rapport à ce sujet, qualifiait de « composition remarquable à plus d'un titre ». A son retour en Belgique, il fit exécuter, à Bruxelles et à Gand, une messe solennelle, « grande composition, disait à son tour Fétis, digne de fixer l'attention sous les deux points de vue qui embrassent toute la valeur d'une œuvre d'art, à savoir, la pensée et sa réalisation ». C'est encore Fétis qui disait : « Ce qui frappe au premier abord dans la musique du jeune compositeur, c'est l'accord du style avec l'objet religieux de l'œuvre. Ce style est grave. Mais ce n'est pas dire que ce soit celui de la musique d'église des maîtres qui ont écrit dans la seconde moitié du dix-huitième siècle ni dans la première moitié du dix-neuvième, car le jeune artiste marche dans une voie qui est la sienne, et n'accepte pas l'autorité de la tradition. »

C'est après ce premier succès obtenu dans son pays que M. Benoit vint à Paris (1861) avec l'espoir d'y faire jouer un opéra en trois actes, *le Roi des Aulnes*, qui, dit-on, fut reçu au Théâtre-Lyrique, mais ne fut jamais représenté. En attendant la mise à la scène de cet ouvrage, il accepta — qui le croirait aujourd'hui — la place de chef d'orchestre aux Bouffes-Parisiens (avril 1862), et remplit pendant quelque temps ces fonctions, dont le seul souvenir doit lui être singulièrement amer ! Mais bientôt il retourna à Bruxelles, et reprit ses travaux de composition avec une activité qui depuis lors ne s'est jamais ralentie. C'est de cette époque que datent ses tendances ultra-flamandes, et ce sont ces tendances qui le firent choisir, en 1867, pour occuper le poste de directeur de l'école flamande de musique d'Anvers, qu'il a conservé jusqu'à ce jour.

La liste des œuvres de M. Benoit est très-fournie, et la fécondité du musicien est d'autant plus remarquable que ces œuvres sont, pour la plupart, fort importantes. En voici la nomenclature, que je crois bien près d'être complète (1) : 1° Petite cantate de Noël, 1860; — 2° Messe solennelle, exécutée à Bruxelles et à Gand, 1862; — 3° *Te Deum*, 1863; — 4° Messe de *Requiem*, 1863; — 5° *Quadrilogie*, exécutée à Anvers au mois d'avril 1864; cette œuvre, divisée en quatre parties, n'était que la réunion des quatre compositions précédentes, formant une sorte de vaste oratorio; elle obtint un grand succès; — 6° Concerto de piano, avec accompagnement d'orchestre, exécuté à Bruxelles en 1866; — 7° Concerto de flûte, avec orchestre, exécuté à Bruxelles en 1866; — 8° *Lucifer*, oratorio flamand, Bruxelles, 30 septembre 1866; — 9° *Isa*, opéra flamand en trois actes, Bruxelles, théâtre flamand, 24 février 1867; — 10° *l'Escaut*, oratorio flamand, 1869; — 11° Cantate, 1869; — 12° *l'Église militante, souffrante et triomphante*, drame religieux pour *soli* et chœurs avec orgue, violoncelles, contre-basses, trompettes et trombones, exécuté à Anvers en 1871; cet ouvrage a donné lieu à une brochure pseudonyme de M. Goovaerts (*Voyez* ce nom), publiée sous ce titre : *Une nouvelle œuvre de Pierre Benoit analysée par Pierre Phalèse* (Anvers, Sermon, 1871, in-8° de 19 pp.), et qui a paru aussi en flamand. — 13° *De Oorlog (la Guerre)*, sorte de grand oratorio-cantate, exécuté à Anvers le 16 août 1873, et peu de temps après à Bruxelles; — 14° *la Colonne du Congrès*, cantate, Bruxelles; — 15° Cantate en trois parties, Liége; — 16° *Prométhée*, oratorio, Gand; — 17° *Hymne à l'Harmonie*, Anvers; — 18° *Chant de la Lys*, cantate exécutée dans une représentation de gala donnée à Courtrai en présence du roi (1875); — 19° *Les Faucheurs*, symphonie chorale; — 20° Musique pour *Charlotte Corday*, drame historique en 8 tableaux, de M. Ernest Van der Ven, représenté au théâtre flamand d'Anvers le 18 mars 1876.

La plupart des ouvrages qui viennent d'être mentionnés se distinguent par une grande puissance de conception, de réelles qualités d'inspiration, une science rare de l'orchestre et de l'emploi des grandes masses. Il est certain que le talent de M. Benoit fait honneur au pays qui l'a vu naître, mais il n'est pas moins certain que, par suite de la singularité que je signalais au commencement de cette notice, ce talent se confine volontairement dans un milieu trop étroit et

(1) En y ajoutant celles qui sont déjà citées dans la *Biographie universelle des Musiciens*.

se condamne à l'obscurité de propos délibéré. Les convictions flamandes de M. Benoit sont telles, du reste, qu'il a abjuré le prénom de *Pierre*, sous lequel il avait toujours été connu, et que depuis quelques années il est devenu M. *Peter* Benoit.

Aux œuvres dont on vient de lire les titres, il faut ajouter deux opéras français inédits, *le Roi des Aulnes*, dont l'auteur a fait exécuter parfois l'ouverture, et *l'Amour mendiant*; puis des ballades, des *lieder* et un certain nombre de chœurs sans accompagnement, un recueil de 20 *motets avec accompagnement d'orgue* (Bruxelles, Schott), etc. M. Benoit s'est produit aussi comme écrivain spécial, et a fourni des articles à divers journaux et recueils publiés à Bruxelles : *le Messager des arts* (revue flamande), le *Guide musical* et *l'Art universel*. M. Benoit est officier de l'ordre de Léopold.

BENSA (......), jeune compositeur italien, a fait représenter sur le théâtre de la Pergola, de Florence, au mois d'avril 1872, un opéra intitulé *Astolfo Cavalcanti*, qui n'a obtenu qu'un médiocre succès.

BENTAYOUX (FRÉDÉRIC), compositeur, est né à Bordeaux le 14 juin 1840. Admis au Conservatoire de Paris au mois de décembre 1853, dans la classe de piano de M. Marmontel, puis dans celle de M. Emile Durand pour le solfége, il obtint un premier accessit de solfége en 1855, le second prix en 1856, un troisième accessit de piano en 1857, et un second accessit en 1859. Devenu élève de M. Colin, puis de M. Bazin, pour l'harmonie et l'accompagnement, il entra ensuite dans la classe de composition de Carafa. A peine sorti du Conservatoire, M. Bentayoux (qui écrit son nom *Ben-Tayoux*, sans doute pour lui donner quelque étrangeté) se livra à la composition, et écrivit une foule de morceaux de piano d'une valeur médiocre, ainsi que de nombreuses romances et chansons que volontiers il faisait entendre lui-même en public. Cet artiste a fait représenter les trois opérettes suivantes, toutes trois en un acte : 1° *Patchou-ly*, Folies-Bergère, 1875 ; 2° *le Dompteur de Bougival*, Folies-Marigny, 1875 ; 3° *Bobine*, Folies-Bergère, 1876.

BENVENUTI (TOMMASO), compositeur italien, né vers 1832, a fait représenter en 1856, au théâtre social de Mantoue, un drame lyrique en quatre actes intitulé *Valenzia Candiano*. C'était, je crois, son début au théâtre. A cet ouvrage succédait un second opéra sérieux, *Shakespeare*, que le jeune musicien produisait au théâtre de Parme en 1861, et quelques années après M. Benvenuti écrivait son troisième opéra, *la Stella di Toledo*, dont le livret avait été tiré par M. Ghislanzoni du *Don Juan d'Autriche* de Casimir Delavigne, car on sait que les librettistes italiens puisent rarement leurs sujets dans leur propre fond et mettent incessamment notre théâtre à contribution. *La Stella di Toledo* devait être représentée à la Scala, de Milan, mais le jeune compositeur se vit en butte à toutes sortes d'ennuis ; l'administration de la Scala préférant à son ouvrage, on ne sait pourquoi, une œuvre posthume de notre compatriote Chelard, *le Aquile romane*, qui du reste n'eut aucun succès, l'obligea à se rabattre sur une scène de second ordre, celle de la Canobbiana, dont la troupe, déplorablement faible à ce moment, n'offrait aucun élément suffisant d'exécution. C'est cependant dans ces conditions très-fâcheuses, avec des interprètes impossibles, avec une mise en scène ridicule et sordide, que M. Benvenuti se vit forcé, en 1864, d'affronter le jugement du public. Il n'eut pas à s'en repentir ; en dépit de tout, comme sa partition, malgré des défauts de forme et un manque évident d'expérience, contenait de fort beaux morceaux, que le compositeur y avait fait preuve de jeunesse, de vaillance et d'inspiration, le succès fut très-grand et retentit bientôt au delà de Milan même. Pourtant, malgré ce succès très-sincère, M. Benvenuti n'a pas reparu depuis lors à la scène, et n'a plus fait parler de lui.

BENZ (JEAN-BAPTISTE), compositeur de musique religieuse, est né à Lauchheim, dans le Wurtemberg, le 17 juin 1807. Outre plusieurs messes, motets, etc., il a publié une *Harmonia sacra* qui renferme les principaux chorals du culte catholique, avec accompagnement d'orgue.

Y.

BENZAN (SIEGFRIED), musicien danois, est né dans le Schleswig septentrional en 1793. Il a composé des duos, des quatuors, des sonates, des variations, et une foule de petites pièces de différents genres. En 1823 il est parti pour l'Amérique, et depuis lors on a perdu sa trace.

Y.

* **BÉRARD** (JEAN-BAPTISTE), ténor de l'Opéra d'abord en 1733, puis de 1736 à 1745, n'était pas seulement chanteur, mais était aussi virtuose distingué sur le violoncelle, sur la guitare et sur la harpe, et faisait grand plaisir quand il chantait en s'accompagnant lui-même. Il composait aussi, et a publié plusieurs livres de *brunettes* avec accompagnement de harpe et guitare. Son fils unique devint en 1762 premier violoncelle à la Comédie-Italienne, et occupait encore cet emploi en 1785 ; il avait épousé une excellente actrice de ce théâtre, Mlle Des-

champs, qui avait appartenu d'abord à l'Opéra-Comique, et qui prit sa retraite en 1776.

BÉRAT (Eustache), auteur de chansons dont quelques-unes sont devenues très-populaires, était le troisième des sept fils d'un négociant de Rouen, où il naquit le 4 décembre 1791. Frère aîné de Frédéric Bérat, il composait, comme lui, les paroles et la musique de ses chansons. Il étudia le violon dans sa jeunesse, puis l'abandonna pour la guitare, sur laquelle il acquit un talent étonnant et bizarre ; il écrivit pour cet instrument un certain nombre de morceaux qui furent publiés à Paris, mais il employait un doigté si étrange et si difficile que ces morceaux étaient injouables pour d'autres que lui. La renommée d'Eustache Bérat comme chansonnier a été absorbée par celle de son frère, à qui même on a attribué à tort quelques-unes de ses compositions, entre autres la chanson : *J'ai perdu mon couteau*, dont le succès fut énorme il y a quarante ans. Il publia ainsi un assez grand nombre de romances et de chansonnettes, dont quelques-unes d'un comique achevé, et qu'il chantait volontiers lui-même, dans le monde, avec une verve prodigieuse : *la Lanterne magique*, *Tac-Tac*, *le Rieur*, *la Musette*, *l'Amour ménétrier*, *les Souvenirs d'enfance*, *Babet*, *Ma Colette*, *l'Amour marchand de meubles*, etc., etc. J'ai connu Eustache Bérat vers 1865 ; il avait quitté Rouen depuis une dizaine d'années, et vivait paisiblement retiré à Neuilly, près de Paris. Il songeait alors à la publication d'un recueil de poésies légères, mais ce projet n'a pas eu de suites. Je crois que cet excellent homme, qui avait conservé de son frère un souvenir attendri, est mort dans ces dernières années. Il a été l'objet de deux notices biographiques : 1° *Eustache Bérat*, par C. Boissière (S. l. n. d. [Darnétal, impr. Fruchart], in-8° de 11 pp.) ; 2° *Eustache Bérat, ou le Moderne Trouvère*, épître à M. le marquis de R. par le docteur Prosper Viro (Paris, impr. Thunot, 1861, in-8° avec portrait). Le sculpteur Dantan fit la charge d'Eustache Bérat, et son portrait a été gravé par Gelée, ancien prix de Rome, d'après Melotte, peintre rouennais. Il est juste de remarquer que, des deux frères, c'est Eustache qui se produisit le premier comme chansonnier, et que Frédéric, qui devait en quelque sorte l'éclipser, ne fit pourtant que suivre son aîné dans cette voie.

* **BÉRAT** (Frédéric), naquit le 11 mars 1801. Une notice biographique a été publiée sur cet aimable chansonnier : *Frédéric Bérat*, par C. Boissière (S. l. n. d. [Darnétal, impr. Fruchart, 1857], in-8° de 11 pp.). On en trouve une aussi dans la *Galerie de la presse, de la littérature et des beaux-arts*. Un choix de ses chansons, fait par lui, a été publié sous ce titre : *Chansons*, paroles et musique de Frédéric Bérat (Paris, Curmer, s. d., in-8° avec portrait et vignettes) ; il serait injuste de ne pas reconnaître que dans ces productions légères, mais parfois émues, on rencontre de la poésie, de la mélancolie et une certaine élégance : *le Berger normand*, *Jean le Postillon*, *le Marchand de chansons*, *la Lisette de Béranger*, *Bérénice*, *Ma Petite Toinette*, sont d'heureuses inspirations, tant au point de vue mélodique qu'au point de vue poétique. — Après la mort de Bérat, le conseil municipal de Rouen fit exécuter son buste en marbre et le plaça au musée de la ville.

* **BERENS** (Hermann). *Voyez* **BEHRENS** (Hermann).

BERETTA (Giovanni-Battista), théoricien, professeur et musicographe italien, ancien directeur du Lycée musical de Bologne, membre correspondant de l'Institut royal de musique de Florence, naquit à Vérone d'une famille riche, étudia la musique en amateur, et s'adonna tout d'abord à la critique et à l'histoire de l'art. Ayant perdu d'un coup toute sa fortune, il se vit obligé de demander à cet art qu'il aimait les ressources nécessaires à son existence. Ce fut alors qu'il se vit appelé à la direction du Lycée musical de Bologne, où il ne demeura pas longtemps, ces fonctions ne lui laissant pas assez de temps pour ses études de prédilection. Il préféra vivre pauvre à Milan, où on lui confia bientôt la continuation d'un grand ouvrage encyclopédique entrepris par Americo Barberi, et dont la publication menaçait d'être interrompue par la mort de celui-ci. Cet ouvrage porte le titre suivant : *Dizionario artistico-scientifico-storico-tecnologico-musicale, con nozioni di estetica, di poesia epica, lirica e drammatica, e di quanto collegasi colla musica, incominciato sulle tracce delle più accreditate opere antiche e moderne dal defunto professore Americo Barberi, e continuato, dalla pagina 177 in poi, dal Giovanni Battista Beretta, consultando (specialmente per la compilazione degli articoli sugli strumenti musicali antichi, sulla tragedia, sulla commedia, sul ballo storico, sulle danze, sulla mimica, sulle maschere e sulle feste popolari) opere diligentemente citate in apposite schede dal signor Carlo Molossi* (Milano, Giacomo Pirola, in-8°). Ce dictionnaire très-considérable, dont la moitié à peine a été publiée, devait former au moins trois volumes de 1000 pages chacun. Malheureusement Beretta lui-même est mort le 28 avril

1876, en le laissant à son tour inachevé, la publication n'étant parvenue qu'à la lettre G.

Cet artiste s'est fait connaître comme compositeur par quelques messes et divers fragments de musique religieuse. Il a laissé plusieurs travaux inédits, entre autres un grand traité d'instrumentation.

BERETTI (........). Un compositeur de ce nom a mis en musique et fait exécuter, dans la première moitié du dix-huitième siècle, l'oratorio de Métastase intitulé *Gioas*.

BERGANCINI (Joseph), artiste dont le nom indique une origine italienne, a publié le petit traité suivant : *La Basse raisonnée, ou Abrégé d'harmonie pour la composition ou contre-point*, composé et dédié à Mlle Henriette de Montmorency, op. 1. Paris, chez l'auteur, in-4° oblong de 26 pages.

BERGER (........), violoniste et compositeur, né en 1827, fut nommé professeur-adjoint de solfége et de violon au Conservatoire de Metz le 1er octobre 1858, et professeur titulaire le 11 février 1860. Il a fait représenter sur le théâtre de Metz, au mois de mars 1867, un opéra-comique en quatre actes, intitulé *Anita*.

* **BERGGREEN** (André-Pierre), compositeur et musicographe danois, est né à Copenhague, le 2 mars 1801. Il s'adonna de bonne heure à l'étude de la musique, et dès l'âge de quatorze ans se livrait à des travaux de composition qui ne virent le jour que plus tard ; c'est ainsi qu'il écrivit toute une collection de *Chants avec accompagnement de guitare*, qui fut publiée seulement en 1822 et 1823. Ses parents ayant désiré lui voir étudier le droit, il se rendit à leurs instances, mais revint bientôt à la pratique de la musique, pour laquelle son penchant était irrésistible. Il se livra alors avec ardeur à la composition, et devint en 1838 organiste de l'église de la Trinité, de Copenhague, et en 1843 maître de chapelle de l'église métropolitaine de cette ville M. Berggreen a publié successivement : 1° *Romances*, Copenhague, 1823 ; 2° *Ballades et Romances*, 1824 ; 3° *Thèmes variés pour la guitare*, 1825 ; 4° *Chants à l'usage des écoles*, 1831-1839, 7 parties in-4° ; 5° *Chants populaires et Mélodies nationales et étrangères*, pour le piano, 1842-1847, 4 vol. in 4° ; 6° *12 Chants suédois*, 1846 ; 7° *Chants nationaux*, 1848 ; 8° *27 Chants sur des paroles de Bellmann*, 1850 ; 9° *6 Chants suédois de J.-L. Runeberg*, 1852 ; 10° enfin, M. Berggreen a écrit la musique de diverses cantates d'Œhlenschlager, de Blicher et d'Ingemann, ainsi que des mélodies pour un nouveau psautier. En 1854, M. Berggreen a entrepris la publication d'une feuille musicale rédigée par lui, *Heimdal*, qui n'a eu qu'une courte existence.

BERGMANN (Charles), pianiste et violoncelliste, est né en 1821 à Ebersbach, dans la Saxe. Il est parti en 1850 pour les États-Unis, où il est devenu successivement directeur de la société *Germania* et de la société *Arion*. — Y.

BERGMANN (Joseph), compositeur, est né à Cernochov, en Bohême, le 26 juillet 1822. Il a écrit de la musique de piano et de la musique vocale, entre autres des mélodies nationales qui ont beaucoup de caractère. Y.

* **BERGSON** (Michel), compositeur et pianiste, n'a quitté Paris, où il était fixé depuis assez longtemps, qu'en 1863, pour aller prendre au Conservatoire de Genève la direction de la classe supérieure de piano. Peu de temps après, il devenait directeur de cet établissement, mais au bout de quelques années il allait se fixer à Londres, où il se livre encore aujourd'hui à l'enseignement. Pendant son séjour à Paris, M. Bergson fit jouer, dans un concert, une opérette en un acte, *Qui va à la chasse perd sa place* (1859), et en 1861 il faisait recevoir au Théâtre-Lyrique un opéra-comique en deux actes qui pourtant n'a pas été représenté. Parmi les nombreuses compositions pour piano de M. Bergson, je signalerai : un concerto en *mi* mineur ; les *Nouvelles Études caractéristiques* ; *Jadis*, menuet ; *Genève*, grande valse ; *Études de style et de mécanisme* ; puis, quelques morceaux de genre, *un Orage dans les lagunes*, *la Tatamaque*, *la Zingara*, *Berceuse*, *Barcarolle*, *Styrienne*, *Sicilienne*, *Danse havanaise*, etc., et enfin quelques mélodies, *la Pêche aux fiancés*, *la Fioraja*, etc.

* **BÉRIOT** (Charles-Auguste de). Ce violoniste justement célèbre est mort à Bruxelles le 8 avril 1870, à l'âge de soixante-huit ans. Il était devenu complètement aveugle depuis plus de quinze ans, et, dans ses dernières années, une paralysie du bras gauche vint lui interdire complètement l'exercice du violon. On sait que de Bériot avait épousé en 1835 la Malibran, et que de ce mariage était né un enfant unique, M. Charles-Wilfrid de Bériot, aujourd'hui pianiste distingué. Plus tard, il avait épousé en secondes noces une sœur de Thalberg ; celle-ci lui avait donné un autre fils, qui mourut quelques années avant son père, officier dans l'armée belge. Peu de jours après la mort de ce grand artiste, un journal de Bruxelles publiait sur lui les détails suivants : « De Bériot avait une activité en quelque sorte universelle. Son génie embrassait les sujets les plus variés. Il a laissé des dessins tout à fait remarquables. Il s'est fait aussi sculpteur une fois dans sa vie, et il a brillamment réussi du premier coup. C'est lui, en effet, qui a modelé le buste, très-ressemblant, de sa première femme, Mme de Bériot-Malibran, buste qui orne le théâtre des Italiens à Paris. Il était au besoin artisan habile. Il a fabriqué de ses propres mains, sans le concours d'aucun ouvrier, un violon imité de Magini. Ce violon avait des propriétés excellentes. Il fait aujourd'hui partie, à Pétersbourg, des collections du prince Youssoupoff, dont de Bériot fut l'ami. Alors qu'il était aveugle, et que la nécessité de dicter au violon lui rendait très-difficile la composition musicale, il imagina plusieurs appareils pour fixer ses idées. Et enfin, quand la paralysie de la main l'empêcha de se servir de son cher violon, il consacra ses loisirs forcés à écrire, sur des sujets philosophiques ou religieux, des pages éloquentes et profondes, que sa famille a pieusement recueillies (1)..... »

BÉRIOT (CHARLES-WILFRID DE), pianiste distingué et compositeur, fils du précédent et de Marietta Garcia-Malibran, est né à Paris le 12 février 1833. Héritier du talent musical de ses illustres parents, M. de Bériot, qui est un artiste de style et qui se fait remarquer dans l'exécution de la musique classique, était à peine âgé de dix ans lorsqu'il débutait, comme pianiste, dans un concert donné à Louvain. Cependant, il était bientôt envoyé à Paris, au collège Louis-le-Grand, pour y faire ses études, et il y resta jusqu'à la révolution de 1848. Il partit alors pour Bruxelles, où en 1850 il était reçu à l'école militaire (armes spéciales); mais cette carrière ne pouvait lui convenir, et il se remit bientôt à l'étude du piano et de la composition. Son œuvre comprend, à l'heure actuelle : deux concertos de piano avec accompagnement d'orchestre, une trentaine de morceaux de genre pour le même instrument (parmi lesquels : *Tarentelle*, *Rêveuse*, *Fantaisie*, *Polonaise*, *l'Amitié*, *Scherzo*, *Valse-caprice*, *Fantaisie de concert*, etc.), deux fragments symphoniques, un trio, et enfin un grand nombre de mélodies pour le chant (1).

J. D. F.

BÉRIOT (FRANZ DE), frère du précédent, fils issu du second mariage de Charles de Bériot, était élève de son père et avait acquis sur le violon un talent qui semblait promettre pour l'avenir un virtuose remarquable. Cet artiste est mort à la fleur de l'âge, quelques années avant son père, au mois d'octobre 1865.

* **BERLIOZ** (HECTOR), est mort à Paris le 8 mars 1869. La postérité a commencé pour ce grand artiste, et, il faut le dire à sa louange, elle est plus juste pour lui que ne l'ont été ses contemporains, fatigués du reste, on ne saurait le méconnaître, par son tempérament batailleur, par l'âpreté de sa critique, par ses allures cassantes et son mépris affecté du public. Il n'en est pas moins vrai que Berlioz était un artiste d'une rare envergure, d'une trempe peu commune, d'un génie inégal et déréglé sans doute, mais grandiose, poétique, varié, et d'une originalité qu'il est bien rare de rencontrer à un pareil degré. Que de pages tantôt magnifiques et superbes, tantôt étincelantes et vives, tantôt émues et frissonnantes, que d'épisodes admirables ne rencontre-t-on pas dans la plupart de ses œuvres ! Le public s'est tenu longtemps en garde et en défiance contre ses sympathies, mais un revirement considérable s'est produit en ces dernières années, et la foule accourt aujourd'hui aux auditions des œuvres de Berlioz, qu'elles se produisent aux Concerts populaires, aux concerts du Châtelet, ou même au Conservatoire. Quoi de plus suave, en effet, et de plus touchant que cette adorable *Enfance du Christ*, dont quelques-uns ont vainement essayé de nier le charme exquis et pénétrant ? Quoi de plus poignant et de plus pathétique que certaines pages de *Roméo et Juliette*, de *Béatrice et Bénédict* et de la *Symphonie fantastique* ? Quoi de plus poétique, de plus tendre, de plus rêveur que certains tableaux de *la Damnation de Faust* ? Quoi de plus fier, de plus hardi, de plus éclatant, de plus chevaleresque que les grands épisodes d'*Harold*, des *Troyens*, que les fulgurantes ouvertures du *Roi Lear* et du *Carnaval romain* ?

Longtemps avant que la France ne lui eût

---

(1) Le *Guide musical* de Bruxelles a rappelé que de Bériot, « par arrêté royal du 16 avril 1883, avait obtenu reconnaissance de noblesse. Ses armes étaient d'or à trois têtes de renard de gueules. — Cimier : une tête de renard de l'écu. » Le même journal a fait connaître que, lors de la révolution belge, de Bériot avait mis en musique « *la Marche des Belges*, chant patriotique, paroles de Bocquet, dédié aux braves défenseurs de la liberté (Mayence, Anvers et Bruxelles, chez les fils de B. Schott). De Bériot tenait discrètement dans l'ombre cet acte de sa vie, qui lui valut la croix de fer qu'il ne porta jamais. » Rappelons, à ce propos, que de Bériot, qui n'a jamais abordé le théâtre, a écrit une cantate qui fut exécutée à l'Opéra, le 16 juin 1856, à l'occasion du baptême du prince impérial.

(1) M. de Bériot a publié avec son père les deux ouvrages suivants : 1° *Méthode d'accompagnement pour piano et violon ; exercices chantants en forme de duettini.* Paris, Heugel ; 2° *L'Art de l'accompagnement appliqué au piano, méthode pour apprendre aux chanteurs à s'accompagner*, id., id. Sous le titre : *Operas sans paroles*, M. de Bériot a écrit aussi, en société avec son père, toute une série de duos concertants pour piano et violon.

rendu justice, la renommée de Berlioz s'était établie à l'étranger. On sait les succès, ou, pour mieux dire, les triomphes qu'il remporta en Allemagne et en Angleterre. En 1867, deux ans avant sa mort, il fit en Allemagne un dernier voyage qui mit le comble à sa gloire, et, poussant jusqu'en Russie, il donna à Saint-Pétersbourg et à Moscou une série de concerts qui ne réunissaient pas moins de dix à douze mille auditeurs et dans lesquels l'enthousiasme du public était porté à son comble.

Mais les jours de Berlioz étaient comptés. Sa santé, depuis longtemps délabrée, ne put résister à l'échec immérité que reçurent ses *Troyens* au Théâtre-Lyrique, et depuis lors il ne fit que décliner et dépérir. Il travaillait depuis plusieurs années à cet ouvrage lorsqu'il donna, sur le théâtre cosmopolite de Bade, en 1862, un joli opéra en deux actes, dont il avait tiré lui-même le livret de la jolie comédie de Shakespeare : *Beaucoup de bruit pour rien*. Cet opéra avait pour titre *Béatrice et Bénédict*, et fut accueilli avec la plus grande faveur. Berlioz songea alors à offrir au public la première partie de ses *Troyens*, qui formaient deux ouvrages, l'un intitulé *les Troyens à Carthage*, l'autre *la Prise de Troie*. Il proposa à M. Carvalho, à cette époque directeur du Théâtre-Lyrique, de monter *les Troyens à Carthage*; celui-ci y consentit, monta la pièce avec un grand luxe, confia le rôle d'Énée à M. Montjauze, celui de Didon à la belle Mᵐᵉ Charton-Demeur, l'amie éprouvée du compositeur, qui fut engagée spécialement pour cette création, et *les Troyens* virent le jour le 4 novembre 1863. Mais, outre que le public n'était pas encore mûr pour une musique si mâle, si hardie et si audacieuse, Berlioz s'était créé de nombreux ennemis, et son œuvre, admirée par quelques-uns, conspuée par d'autres, discutée par le plus grand nombre, fut reçue avec une rigueur excessive. Bref, le succès fut négatif, et au bout de vingt et une représentations *les Troyens* disparurent du répertoire (1).

Ce fut un coup terrible pour Berlioz, qui espérait, avec cet ouvrage, établir définitivement sa renommée dans sa patrie, jusqu'alors rebelle à son génie. Il crut devoir, à la suite de cet échec, briser sa plume de critique, et abandonna le feuilleton musical du *Journal des Débats*, qui passa aux mains de son admirateur et de son ami, M. Ernest Reyer. Mais bientôt de cruelles douleurs, des chagrins domestiques vinrent envenimer la blessure qu'il avait reçue : Berlioz perdit sa femme, et peu après son fils unique, jeune officier de marine, qu'il aimait à la folie. Il ne put résister à tant de secousses; sa santé, déjà fortement ébranlée, vint à s'altérer tout à coup, et à la suite de longues souffrances, le 8 mars 1869, Berlioz rendait le dernier soupir. Au lendemain de cet événement, M. Ernest Reyer, rendant au maître l'hommage qui lui était dû, écrivait dans le *Journal des Débats* ces lignes émues et éloquentes, témoignage de justice et de réparation envers l'admirable artiste qui venait de disparaître :

« Le bronze n'a pas tonné, les cloches n'ont pas fait entendre leur carillon funèbre, les journaux de musique qui paraîtront demain ne seront même pas encadrés de noir en signe de deuil. Et pourtant un grand artiste vient de mourir, un artiste de génie qu'ont poursuivi les haines les plus violentes, qu'ont entouré les témoignages de l'admiration la plus vive. Si le nom de Berlioz n'était pas de ceux que la foule a appris à saluer, il n'en est pas moins illustre, et la postérité l'inscrira parmi les noms des plus grands maîtres. Son œuvre est immense, l'influence qu'il a exercée sur le mouvement musical de son époque est plus considérable qu'on ne le croit aujourd'hui. Laissez faire le temps et la justice des hommes. L'Allemagne le considérait comme une de ses gloires; dans la patrie de Beethoven, on l'appelait le Beethoven français, et il était allé à Vienne, à Weimar ou à Berlin, pour oublier les outrages que ses compatriotes ne lui épargnaient guère. Il vous racontera lui-même dans ses Mémoires posthumes ses chutes les plus imméritées et ses triomphes les plus éclatants; il vous dira avec le même accent de naïveté sincère : Telle œuvre fut sifflée à Paris, et à Vienne elle excita de tels transports, que les musiciens de l'orchestre baisaient les pans de mon habit.

« Je ne saurais aujourd'hui, tant ma douleur est profonde, écrire quoi que ce soit qui ressemblât à une étude sur le rôle joué par Berlioz et sur ses œuvres impérissables; l'admiration que j'avais pour l'artiste égalait mon affection pour l'ami dont les défauts m'attachaient autant que les qualités. Je l'ai vu mourir, et pas une plainte ne s'est échappée de ses lèvres avant qu'elles ne fussent glacées par les premières approches de la mort. Il s'est éteint doucement,

---

(1) Berlioz n'avait épargné personne ; on ne lui épargna, en cette occasion, ni les critiques amères, ni les sarcasmes cruels. Voici un échantillon des nombreuses épigrammes qui lui furent adressées au sujet des *Troyens* :

La race des Troyens aux Hectors est funeste :
L'un périt en héros sans pouvoir les sauver,
L'autre tombe étouffé dans les plis d'une *veste*
En voulant les ressusciter.

ayant perdu, pendant les dernières heures, l'usage de ses facultés. Aux quelques amis qui sont venus lui serrer la main, il n'a même pu répondre par une étreinte, par un regard ; mais c'était presque une consolation pour ceux qui pleuraient à son chevet que cette expression de douleur vaincue et de sérénité répandue sur son beau visage. La mort a donc été douce pour ce grand artiste, dont la vie avait été traversée par de si dures épreuves. »

Pour compléter la liste des œuvres musicales de Berlioz, telle qu'elle a été donnée par Fétis, il faut ajouter les ouvrages suivants : 1° *Béatrice et Bénédict*, opéra en 2 actes (partition au piano, Paris, in-8°) ; 2° *les Troyens à Carthage*, opéra en 5 actes et un prologue (id., Paris, Choudens) ; 3° *la Prise de Troie*, opéra en 3 actes (id., Paris, Choudens) ; 4° *l'Impériale*, cantate avec chœurs et orchestre ; 5° Huit scènes de *Faust*, tragédie de Gœthe (ouvrage qu'il ne faut pas confondre avec *la Damnation de Faust*, et dont la grande partition manuscrite se trouve au Conservatoire de Paris) ; 6° *le Temple universel*, chœur à quatre voix d'hommes, *Prière du matin*, chant à deux voix avec accompagnement de piano, *la Belle Isabeau*, conte pendant l'orage, avec chœur, *le Chasseur danois*, air pour voix de basse(1); 7° Récitatifs pour le *Freischütz* de Weber, lors de la représentation de cet ouvrage à l'Opéra. De plus, Berlioz a écrit un accompagnement d'orchestre pour la fameuse ballade de Schubert, *le Roi des Aulnes*, et un accompagnement de petit orchestre pour la romance célèbre de Martini, *Plaisir d'amour*. La bibliothèque du Conservatoire, à qui Berlioz avait légué tous ses manuscrits, possède encore de lui les morceaux suivants, qui constituent les envois réglementaires qu'il fit à l'Académie des Beaux-Arts, comme prix de Rome, lors de son séjour en cette ville : *Resurrexit et iterum venturus*, grands chœurs avec orchestre (Rome, 1831) ; *Quartetto e Coro dei Maggi*, pour voix mixtes, avec orchestre (Rome, 1832) ; *Intrata di Rob-Roy Mac Gregor* (Rome, 1832).

D'autre part, on doit joindre, aux productions littéraires déjà signalées de Berlioz, les écrits suivants : 1° *les Grotesques de la musique*, Paris, librairie nouvelle, 1859, in-12 (ce livre avait paru précédemment, par fragments, dans un journal dirigé par Jules Lecomte, *la Chronique parisienne*) ; 2° *A travers chants*, Paris, Michel Lévy, 1862, in-12 (volume formé d'articles ou de fragments d'articles publiés dans le *Journal des Débats*) ; 3° *Mémoires d'Hector Berlioz, comprenant ses voyages en Italie, en Allemagne, en Russie et en Angleterre, 1803-1865*, Paris, Michel Lévy, 1870, gr. in-8° avec portrait (des fragments de ces Mémoires avaient été publiés, du vivant de l'auteur, dans le journal *le Monde illustré*) ; 4° *le Retour à la vie*, mélologue faisant suite à la symphonie fantastique intitulée *Épisode de la vie d'un artiste*, Paris, Schlesinger, 1832, in-8° de 20 pp. (c'est le livret de cet ouvrage, dont Berlioz avait écrit les paroles et la musique) ; 5° *la Damnation de Faust*, légende en 4 parties (les paroles de ce livret, publiées sans nom d'auteur, étaient de Gérard de Nerval, A. Gaudonnière et Berlioz) ; 6° *les Troyens à Carthage*, opéra en 5 actes, avec un prologue (Berlioz avait écrit aussi le livret de cet opéra).

Les écrits suivants ont été publiés sur Berlioz : 1° *Berlioz* (dans une galerie biographique intitulée : *Écrivains et artistes vivants, français et étrangers*, biographies avec portraits, par Xavier Eyma et Arthur de Lucy), Paris, Librairie universelle, 1840, in-16 ; 2° *Berlioz*, par Eugène de Mirecourt, Paris, Havard, 1856, in-32 avec portrait et autographe ; 3° *L'opéra les Troyens au Père-Lachaise, lettre de feu Nantho, ex-timbalier soliste, ex-membre de la société des Buccinophiles et autres sociétés savantes* (M. Er. Thoinan), Paris, Towne, 1863, in-8° ; 4° *Berlioz, son œuvre*, par Georges de Massougnes, Paris, Richault et Dentu, 1870, in-8°.

BERLIOZE (Victor). Sous ce pseudonyme, M. Émile Badoche a publié une notice biographique sur une jeune chanteuse russe qui s'est produite avec succès au Théâtre-Italien de Paris, pendant la courte direction de M. Strakosch : *Anna de Belocca* (Paris, Librairie nouvelle, 1874, gr. in-8° avec portrait).

* **BERLYN** (A..... W....), compositeur néerlandais, né à Amsterdam le 2 mai 1817, est mort en cette ville le 16 janvier 1870. Il avait reçu, dès ses plus jeunes années, des leçons de piano et de violon d'un artiste nommé Bernard Koch, étudia ensuite la composition avec Louis Erck, et fut aussi l'élève du docteur Finck, habile contre-pointiste, rédacteur de la *Gazette générale de la musique*, qu'il connut à Leipzig. Son éducation musicale se compléta par un grand voyage qu'il fit dans quelques-unes des villes les plus importantes de l'Allemagne, Berlin, Dresde, Hambourg, etc. Il m'a été impossible

---

(1) Ces quatre compositions ont été indiquées par M. Mathieu de Monter dans la longue étude que cet écrivain a publiée sur Berlioz dans la *Revue et Gazette musicale de Paris* (1870-1871); j'ignore si elles ne font pas partie d'un de ses recueils de chœurs et de mélodies.

de trouver la liste complète des œuvres de Berlyn, dont la fécondité était vraiment exagérée, et qui paraît avoir joui de plus de facilité que d'inspiration véritable. Cet artiste a écrit un nombre incalculable d'opéras, oratorios, ballets, cantates, symphonies, concertos, ouvertures, chœurs, fantaisies d'orchestre, quatuors d'instruments, nocturnes, etc. Toute cette musique, assez pure au point de vue de la forme, manque essentiellement d'originalité. L'existence artistique de Berlyn a néanmoins été des plus heureuses : il eut des relations pleines de cordialité avec plusieurs grands artistes, Mendelssohn, Liszt, Ch. de Bériot, Kalliwoda, ses succès dans sa patrie furent considérables, il reçut des témoignages de bienveillance de plusieurs souverains, et enfin il fut nommé membre de diverses sociétés artistiques importantes, entre autres de l'Académie de Sainte-Cécile, de Rome. Berlyn fut pendant quelque temps chef d'orchestre du théâtre royal d'Amsterdam, et il s'occupa un peu, dit-on, de littérature musicale.

BERNARD (Paul), compositeur, professeur et critique musical, né à Poitiers le 4 octobre 1827, a fait à Paris son éducation artistique. Élève, pour le piano, de Gambaro et de Thalberg, il entra en 1843 au Conservatoire, dans la classe d'harmonie de M. Elwart, d'où il passa, en 1845, dans la classe de fugue et de composition d'Halévy. Après avoir pris part, en 1847, au concours de Rome, il ne put renouveler une seconde fois cette épreuve, s'étant marié au mois d'avril de l'année suivante. M. Paul Bernard, qui s'était fait entendre avec succès dans les concerts, s'adonna alors au professorat, et se fit dans cette carrière un nom honorable tandis qu'il se distinguait aussi, comme compositeur, par la publication de nombreuses œuvres pour le piano, qui ont dépassé aujourd'hui le chiffre de cent. Il a écrit encore les paroles et la musique d'un assez grand nombre de mélodies vocales, et fait exécuter quelques opéras de salon, *Loin du bruit*, *l'Accord parfait*, etc., dans lesquels on a remarqué d'heureuses qualités d'inspiration et de facture. Les circonstances de sa vie artistique ne lui ont pourtant pas permis de se produire au théâtre. M. Paul Bernard, auquel on doit d'agréables articles de critique publiés depuis une quinzaine d'années dans le *Ménestrel* et dans la *Revue et Gazette musicale*, a vu son nom attaché à la fondation du concours Cressent (*Voy.* ce nom), dont il a été, d'après la volonté expresse du donateur, auquel le liait une amitié fraternelle, l'un des principaux organisateurs.

BERNARD (Joseph-Ferdinand), chanteur, a tenu l'emploi des ténors dans quelques villes de province et de l'étranger, puis s'est fixé à Paris comme professeur de chant, et y a publié l'opuscule suivant : *Manuel d'hygiène. La Gymnastique pulmonaire, ou l'art de respirer dans tous les actes de la vie physique*. Je ne connais de cet écrit que la 4e édition (Paris, Baillière, 1875, in-8° de 70 pp.), « revue et corrigée et contenant des exercices spéciaux pour développer et perfectionner les organes de la respiration et de la voix. » Une note de cette 4e édition porte que la 1re a paru en 1868, la 2e en 1869 et la 3e en 1871. Par surcroît de précaution, l'auteur annonce que « la 5e édition du présent ouvrage contiendra *le Thermomètre de la vie et de la mort*, avec planches anatomiques reproduisant la marche ascendante et descendante du mouvement respiratoire et la transformation de l'air en ondes sonores, dans la production de la voix. »

BERNARDEL (Auguste-Sébastien-Philippe), luthier français, naquit à Mirecourt, le 12 janvier 1802, fit son apprentissage dans sa ville natale, puis vint à Paris et entra comme ouvrier d'abord dans l'atelier de Nicolas Lupot, puis dans celui de Gand père. Après six années passées ainsi, il s'établit à son compte en 1826, et commença à se faire une réputation honorable par la bonne facture de ses instruments (1). Bientôt il s'attacha à la reproduction de violons, altos, basses et contrebasses des anciennes écoles, et inventa un genre de cordes en double trait pour la contrebasse à quatre cordes. Il prit part à diverses expositions, et obtint successivement une médaille de bronze (Paris, 1839), une médaille d'argent (Paris, 1844), une médaille d'or (Paris, 1849), et enfin une médaille de prix à l'exposition universelle de Londres en 1851. En 1859, il s'associa ses deux fils aînés, Ernest-Auguste et Gustave-Adolphe, et se retira en 1866. Il mourut le 6 août 1870, à Bouzival. Ses deux fils s'associèrent alors avec M. Eugène Gand, et les deux maisons Gand et Bernardel n'en formèrent plus qu'une seule, sous la raison sociale *Gand et Bernardel frères*. Un troisième fils de Bernardel, M. Anatole Bernardel, est professeur de piano et a publié quelques compositions pour cet instrument.

BERNARDI (Enrico), chef d'orchestre et compositeur italien, s'est fait connaître par la musique de quelques ballets, entre autres *Zeliska*, représenté à la Scala, de Milan, en 1860,

---

(1) Dans son livre : *Les Instruments à archet*, M. Vidal a reproduit, en même temps que le portrait de Bernardel l'étiquette d'un de ses premiers violons, écrite de sa propre main : *Bernardel, luthier, ex ouvrier du sieur Lupot, rue Coquillière, n° 44, à Paris, l'an 1826.*

Marco Visconti, joué au théâtre Regio, de Turin, au mois de décembre 1862, *Ilda* et *Don Pacheco*, donnés au théâtre communal de Trieste en janvier 1868, enfin *Ate*, joué au théâtre Castelli, de Milan, en avril 1876. Il est aussi l'auteur d'une opérette bouffe, *il Granduca di Gerolstein*, donnée en 1871 sur un petit théâtre de Milan. Cet artiste a publié un certain nombre de morceaux de musique de danse pour le piano. Il était, en 1876, *maestro concertatore* et chef d'orchestre au théâtre Dal Verme, de Milan.

BERNARDI (Antonio), compositeur, a fait jouer sur le théâtre de Spa, le 20 août 1862, un opéra-comique en un acte, intitulé *Lindamire*.

BERNARDIN (Bernard COURTOIS, dit), violoniste et chef d'orchestre, né vers 1826, obtint un second prix de violon au Conservatoire, au concours de 1841, et s'acquit aussitôt une sorte de réputation en jouant dans les concerts Devenu plus tard second chef d'orchestre au Vaudeville, il fut ensuite choisi par M. Hervé pour remplir les fonctions de premier chef au petit théâtre des Folies-Concertantes, qui changea bientôt son nom en celui de Folies-Nouvelles, puis de théâtre Déjazet. Bernardin ne possédait aucune instruction musicale, mais il avait les qualités pratiques du chef d'orchestre, et il dirigeait avec goût l'exécution des opérettes et des petits ballets que l'on jouait à ce théâtre mignon. Il fut successivement chef d'orchestre de plusieurs théâtres du même genre, les Bouffes-Parisiens, l'Athénée, et enfin les Folies-Dramatiques. Il écrivit la musique, — sans conséquence — de quelques petites pochades musicales : 1° *Polkette*, Folies-Nouvelles, 1856 ; 2° *Nous n'irons plus au bois*, id., 1857 ; 3° *P'tit fi, p'tit mignon*, id. ; 4° *Nicaise*, Bouffes-Parisiens, 1867 ; ainsi que de quelques pantomimes, entre autres celles intitulées : *une Razzia galante*, et *Après la noce*. Il a publié aussi, chez l'éditeur Meissonnier, une *Fantaisie* pour violon, avec accompagnement de piano, sur deux romances de Mlle Loïsa Puget. Bernardin est mort à Paris, pendant le siège de cette ville, à la fin de 1870 ou au commencement de 1871.

BERNARDINI (Andrea), amateur distingué, né à Buti (Toscane), étudia la musique dès son jeune âge avec Meliani, di Calcinaja, et Naldi, de Pescia. C'est dans cette petite ville, où il dirigea pendant quelque temps la musique communale, qu'en 1846 il produisit sa première messe. Se rendant ensuite aux conseils de Pacini, il alla perfectionner ses études à Bologne, où Rossini, qui dirigeait alors le Lycée musical de cette ville, s'intéressa à lui et l'aida de ses conseils. La mort de son père le rappela dans son pays, et les affaires lui firent négliger durant quelque temps la musique, jusqu'au jour où, sur les instances réitérées de Pacini, son ami personnel, il composa un *Credo*, que le même Pacini, directeur de la chapelle ducale de Lucques, fit exécuter par les musiciens de cette chapelle. L'heureuse réussite de ce *Credo* lui procura un engagement pour composer, en 1868, une grand'messe pour la fête patronale de la ville de Lucques. Dès ce moment, Bernardini continua à produire de ses compositions aux fêtes sacrées, soit à Lucques, soit à Pescia, et toujours avec beaucoup de succès. Il est fâcheux que Bernardini, occupé dans le petit pays qui l'a vu naître à administrer son riche patrimoine, ne tire pas tout le profit qu'il pourrait du talent distingué dont il est doué, en s'élançant hors des étroites limites de sa province. L. F. C.

BERNICAT (Firmin), compositeur, a écrit la musique de quelques opérettes ou saynètes représentées sur de petits théâtres ou dans des cafés concerts : *Deux à deux*, un acte, Tertulia, 1872 ; *la Queue du Diable*, id., id., 1873 ; *Ah ! c't Indien*, id., Folies-Bergère, 1874 ; *Par la fenêtre*, id., id., 1874 ; *Ali pot d'rhum*, id. ; *les Deux Omar*, id., Fantaisies-Oller, 1876 ; *le Voyage du petit Marquis*, id., id., 1876 ; *la Jeunesse de Béranger*, Eldorado, 1877.

* **BERNIER** (Nicolas), a publié chez Ballard une cantate intitulée *les Nymphes de Diane*.

* **BERR** (Frédéric). La date de la mort de cet artiste est le 24 septembre 1838.

Voici ce qu'un recueil spécial (l'*Agenda musical* pour 1837) disait de lui et du Gymnase musical militaire à l'époque où cet utile établissement, aujourd'hui disparu, venait d'être fondé, et où la direction venait de lui en être confiée : — « Dans les premiers temps de la fondation du Conservatoire, cet établissement fournissait pendant les guerres presque tous les musiciens nécessaires au service de quatorze armées, mais les grands développements qu'on a donnés depuis à l'instruction musicale l'éloignèrent du but primitif ; tandis qu'on formait des sujets pour le théâtre lyrique, les musiques militaires se recrutaient dans les régiments mêmes, où les exigences du service ne laissent point au chef de musique le temps de former de bons élèves. Il y a plus, tous ces chefs ne sont pas capables ; et l'on explique ainsi pourquoi, lors des inspections, plusieurs colonels ont demandé la suppression de leur musique. C'est d'après des rapports circonstanciés que M. le ministre a formé le projet de fonder une école dans laquelle de jeunes soldats déjà musiciens et devant encore plusieurs années de service, viendront pendant deux ans, dans le Gymnase militaire, pour se perfectionner sur un instrument et y étudier l'art si difficile de conduire les orchestres, et retourneront ensuite à leur corps jusqu'à l'expiration de leur engagement pour y enseigner et propager les bons principes qu'ils auront reçus. Ils pourront former des élèves et les proposer pour le *Gymnase musical*. Ce projet aura pour résultat d'améliorer les harmonies militaires, et en outre d'offrir aux jeunes soldats qui auront acquis un talent spécial une carrière qu'ils ne pouvaient jamais espérer de suivre. M. le ministre a choisi M. Berr pour diriger le Gymnase musical. On ne peut qu'applaudir à un pareil choix. Depuis plus de vingt ans, cet artiste s'est distingué par ses œuvres de musique militaire et d'harmonie. Son talent de compositeur et une longue expérience dans l'enseignement offrent toutes les garanties qu'on avait droit d'exiger d'un homme chargé d'une semblable direction. »

BERRÉ (Ferdinand), compositeur belge, né le 5 février 1843 à Ganshoren, près de Bruxelles, commença l'étude de la musique sous la direction de M. Godineau, et à l'âge de vingt ans suivit un cours de composition avec M. Bosselet fils. Il avait déjà, à cette époque, écrit plusieurs morceaux de violon, et publié quelques mélodies vocales. Après avoir fondé, à Bruxelles, le Cercle symphonique et dramatique, il y fit jouer deux ouvrages de sa composition : *l'Orage au moulin*, opéra-comique en un acte, 1867 (joué avec paroles flamandes, sous ce titre : *Markies op Jacht*, le 12 octobre de la même année, au théâtre du Cirque), et *le Couteau de Castille*, opéra-bouffe en un acte, qui fut donné ensuite, le 22 avril 1868, au théâtre des Galeries Saint-Hubert. M. Berré, qui a publié à Bruxelles, chez Schott, une cinquantaine de romances, a en portefeuille quatre autres ouvrages dramatiques : *le Dernier des Mohicans*, 3 actes; *Madame Putiphar*, 3 actes; *les Poltrons*, un acte; et *Lowely*, grand opéra en 3 actes.

BERTAUD ou **BERTEAU** (.....). Un artiste de ce nom a fait représenter au théâtre Favart, en 1800, un opéra-comique en un acte, *le Voisinage*, dont il avait écrit la musique en société avec Dugazon fils, Dubuat, Pradher et Quinebaud. L'année suivante, il donnait à l'Ambigu, seul cette fois, un autre petit ouvrage en un acte, intitulé *le Mari d'emprunt*.

BERTELMAN (J.....-G.....), professeur de piano, d'harmonie et de contrepoint à l'École royale de musique d'Amsterdam, est né en cette ville en 1782 et mort en 1854, à l'âge de soixante-douze ans. La carrière de cet artiste, qui fut l'un des musiciens néerlandais les plus sérieux du dix-neuvième siècle, fut très-honorablement remplie, très-laborieuse et tout entière consacrée à l'art qu'il affectionnait. Comme compositeur, il manqua d'idées et d'originalité dans ses ouvrages, qui sont nombreux ; mais il avait le travail facile, beaucoup de savoir-faire, et possédait son contrepoint sur le bout des doigts. Il forma d'excellents élèves, entre autres MM. Van Brée, Ed. de Hartog, Richard Hol, etc.

Il était chevalier de l'ordre du Lion Néerlandais, membre de l'Académie de Sainte-Cécile de Rome et membre d'honneur de la Société pour l'encouragement de l'art musical dans les Pays-Bas, qui publia à ses frais l'une de ses meilleures partitions, une messe à quatre voix et chœur. Un grand nombre de ses ouvrages sont gravés. Les meilleurs sont un *Requiem* (Amsterdam, Theune), une cantate avec orchestre (Id., Id.), et un quatuor pour instruments à cordes (Paris, Richault). Il a laissé en manuscrit une quantité de compositions, entre autres un Traité d'harmonie, deux ouvertures, deux quatuors, un concerto de clarinette, des motets, et des chorals harmonisés.
Ed. de H.

* **BERTELSMANN** (Charles-Auguste), professeur de musique à Amsterdam et compositeur, est mort en cette ville le 20 novembre 1861. Les compositions de cet artiste sont nombreuses et se montent à plus de cinquante œuvres.

BERTHA (Alexandre de), compositeur, est né à Pesth, en Hongrie. Son irrésistible penchant pour la musique lui fit abandonner de bonne heure les carrières juridique et politique, dans lesquelles plusieurs membres de sa famille s'étaient particulièrement distingués. Son père appartenait à la haute magistrature, et Fr. Déak était de ses parents. Il commença ses études musicales à Pesth, sous les auspices de M. Mosouyi et de M. A. Feley, et les acheva à Leipzig et à Berlin près de Hauptmann, le célèbre contrapuntiste, de Moschelès et de Hans de Bülow. Il se fixa ensuite à Paris pour y épurer son goût et y faire connaître la musique hongroise, dont certains motifs pleins de verve et d'originalité ont, par une étrange loi des contrastes, le caractère rêveur des mélodies du Nord et la couleur d'une œuvre orientale. Nous citerons parmi ses principales productions : une symphonie, en *ré*, des quatuors, des sonates et particulièrement des *Hongroises* et des *Palotas* (danses mouvementées de son pays) qui font ressouvenir heureusement des *Polonaises*. M. de Bertha a aussi composé un *Hymne national*, qui lui a valu une médaille d'or de l'empereur d'Autriche.

BERTHELEMON (François-Hippolyte),

compositeur dramatique dont le nom semble indiquer une origine française, vivait en Italie dans la seconde moitié du dix-huitième siècle. On a représenté de lui, à Londres, un opéra intitulé *Pelopida*, et à Florence on a exécuté un oratorio, *Jefte in Masfa*.

BERTHÉLEMY (F.....-C.....), hautboïste distingué, fit ses études au Conservatoire de Paris, où il obtint un accessit de hautbois en 1847, le second prix en 1848 et le premier prix en 1850. Il fit partie des orchestres de l'Opéra et de la Société des concerts, et au mois de juillet 1867 fut nommé professeur de hautbois au Conservatoire, où il remplaça son ancien maître Triebert. Il ne remplit que peu de temps ces fonctions, car il mourut subitement le 14 février 1868, en faisant son cours au collége Louis-le-Grand, où il était aussi professeur.

BERTHOLD (Charles-Frédéric-Théodore), musicien saxon, est né à Dresde le 18 décembre 1815. Depuis 1849 cet artiste réside en Russie, où il a fondé une Société chorale qui donne périodiquement des exécutions d'oratorios. Il a écrit des messes, une symphonie et un oratorio intitulé *Petrus*, plus différentes compositions religieuses de moins longue haleine. — Y.

* **BERTIN** (Mlle Louise-Angélique), a publié un recueil de *Six Ballades* (1. *le Matelot* ; 2. *la Fleur*; 3. *la Mule*; 4. *le Page*; 5. *la Chasse*; 6. *le Soir*), et un trio pour piano, violon et violoncelle. Parmi ses compositions inédites, nous signalerons cinq symphonies de chambre, et un assez grand nombre de chœurs : *Prière*, *Hymne à Apollon*, *l'Enfant des Fées*, *les Esprits*, *le Retour d'Agamemnon*, *les Chasseurs*, *les Juifs*, *la Chasse et la Guerre*, *le Départ du comte*, *Ronde de jeunes filles*, etc. L'ouvrage que Mlle Bertin a fait représenter à l'Opéra avait pour titre *Esmeralda*, et non pas *Notre-Dame de Paris*; écrit d'abord en cinq actes, il fut joué en quatre, car on en supprima un avant la représentation. Mlle Bertin s'est occupée aussi de poésie : elle a publié un volume de vers, *les Glanes* (Paris, 1842), qui fut couronné par l'Académie française, et un second volume intitulé *Nouvelles Glanes* (Paris, Charpentier, 1876, in-12).

* **BERTINI** (Henri-Jérôme), pianiste et compositeur français, est mort le 1er octobre 1876 dans la propriété qu'il possédait à Meylan, près Grenoble (1). Il s'était retiré dans cette propriété depuis plus de vingt ans, et, quoique ne composant plus pour le public, il avait encore écrit pour une société orphéonique, dont il était le président, quelques messes et des chœurs que l'on dit charmants.

Les œuvres publiées de Bertini s'élèvent à près de deux cents, parmi lesquelles il faut surtout citer : 1° 25 Études, op. 29; — 2° 25 Études, op. 32; — 3° Études caractéristiques, dédiées au Conservatoire de musique, op. 66; — 4° 25 Caprices-Études, op. 94; — 5° Études musicales à 4 mains, op. 97; — 6° 25 Études faciles, op. 100; — 7° 24 Leçons mélodiques, op. 101; — 8° 25 Études artistiques de première force, op. 122; — 9° 25 Études, op. 134; — 10° 25 Études musicales à 4 mains, op. 135; — 11° 25 Études élémentaires, op. 137; — 12° 50 Études et Préludes mélodiques, op. 141 et 142; — 13° 25 Études très-faciles, op. 149; — 14° 25 Études faciles, op. 150; — 15° *L'Art de la mesure*, 25 leçons en partition, op. 160; — 16° 25 Études primaires pour les petites mains, op. 166; — 17° 25 Études préparatoires, op. 175; — 18° 25 Études intermédiaires, op. 176; — 19° 25 Études spéciales de la vélocité, du trille et de la main gauche, op. 177; — 20° 25 Études normales et classiques, op. 178; — 21° 25 Études, op. 179; 22° *Rudiment*, ou réunion des exercices les plus indispensables pour acquérir un mécanisme parfait, op. 84; — 23° *École de la musique d'ensemble*, études spéciales du style élevé, de la mesure et de toutes les combinaisons les plus difficiles du rhythme, collection des fugues et préludes de Sébastien Bach, arrangés à 4 mains. — 24° *La Semaine du pianiste*, études journalières de la gamme dans tous les tons; — 25° Premières leçons doigtées et arrangées pour les petites mains; — 26° Leçons progressives, suite aux précédentes; — 27° Leçons récréatives, suite aux précédentes; — 28° *Méthode élémentaire et facile de piano*, dédiée aux élèves; — 29° *Méthode complète et progressive de piano*, dédiée aux professeurs, etc., etc.

A ces œuvres, depuis longtemps connues et appréciées, il faut ajouter un grand nombre de compositions restées jusqu'à ce jour inédites, et que le gendre de Bertini, M. Nicklès, organiste de St-Éloi à Bordeaux, doit livrer prochainement à la publicité; on cite, parmi ces dernières : 1° 3 Nonettos pour piano et instruments à vent; 2° 3 Symphonies pour piano et orchestre; 3° deux livres d'Études à quatre mains; 4° une série d'Études spéciales pour le double-dièze et le double-bémol; 5° une vingtaine de morceaux pour piano seul; 6° des Études de solfége pour neuf voix d'hommes; 7° un *Pie Jesu* que Bertini avait composé pour ses propres funérailles,

---

(1) Le prénom de Jérôme, omis dans la notice de la *Biographie universelle des Musiciens*, est inscrit sur les lettres de décès de Bertini.

et qui, par les soins de son gendre, a été exécuté à Bordeaux pour le service funèbre célébré en son honneur.

On assure que Bertini avait refusé, sous le gouvernement de juillet, la décoration de la Légion d'honneur, qui lui avait été offerte.

BERTINI (Domenico), compositeur et professeur, né à Lucques le 26 juin 1829, est issu d'une famille dans laquelle la musique était tenue en grande affection. Ses frères et ses sœurs cultivaient tous la musique pour leur plaisir, sa mère possédait un véritable talent de chanteuse amateur, et son père, directeur du journal officiel du duché de Lucques, lui fit apprendre dès son plus jeune âge les premiers principes de l'art. Doué d'une fort jolie voix, chantant avec expression, il fut à douze ans reçu à l'Institut musical de sa ville natale, alors dirigé par Giovanni Pacini, et y remporta successivement tous les premiers prix.

En 1848, lors du soulèvement national de l'Italie, il s'engagea comme volontaire, se battit dans plusieurs rencontres, et se distingua tout particulièrement dans la journée du 29 mai. Mais après la restauration des princes, et lorsque les Autrichiens eurent envahi le pays, il dut se retirer à la campagne pour se mettre en sûreté. C'est alors qu'il reprit ses études musicales, cette fois sous la direction de Michele Puccini. Il les mena avec assez d'activité pour être en état de faire exécuter, le 25 juillet 1850, une messe et une cantate de sa composition, et deux ans après, le 22 novembre 1852, un *Magnificat* à 4 voix avec accompagnement d'orchestre. Nommé en 1853 maître de composition de la congrégation de Sainte-Cécile de Lucques et *maestro concertatore* au théâtre, il devint, en 1857, directeur de l'Institut musical de Massa-Carrara et maître de chapelle. Enfin, en 1862, il alla se fixer à Florence, où depuis lors il n'a cessé de se livrer à l'enseignement du chant, et où il est devenu directeur de la Société Cherubini.

M. Bertini a fait paraître en 1866 un manuel musical conçu d'après un nouveau système, système mis en usage par lui et qui a produit, paraît-il, d'excellents résultats; cet ouvrage a pour titre: *Compendio di principii di musica secondo un nuovo sistema*, et a été approuvé par MM. Mercadante, alors directeur du Conservatoire de Naples, Lauro Rossi, directeur de celui de Milan, Platania, directeur de celui de Palerme, et Gaetano Gaspari. M. Bertini est l'auteur de deux opéras, *Non ti scordar di me* et *Cinzica Sismondi*, qui n'ont point été représentés jusqu'ici (1876), mais dont l'éditeur Morandi, de Florence, a publié quelques morceaux, et il a livré au public quelques compositions moins importantes, entre autres un sonnet écrit sur des vers de Michel-Ange à l'occasion du quatrième centenaire de ce grand homme, et qui passe pour une de ses meilleures productions. M. Bertini, qui s'occupe aussi de littérature musicale, prend part à la rédaction des journaux *la Scena*, de Venise, et le *Boccherini*, de Florence, et il a exercé les fonctions de critique dans une grande feuille politique, *l'Epoca*, pendant tout le temps qu'a duré sa publication.

BERTINI (Ernesto), compositeur dramatique, né à Macerata, a fait représenter sur le théâtre de cette ville, il y a quelques années, un drame lyrique intitulé *Caterina di Francia*.

BERTINI (Natale), chef d'orchestre et compositeur dramatique, né à Palerme, a fait représenter en cette ville, sur le théâtre Bellini, le 4 avril 1867, un opéra sérieux en trois actes, intitulé *Elvira da Fiesole*. En 1872, cet artiste était chef d'orchestre et *maestro concertatore* au théâtre impérial d'Odessa.

* **BERTINOTTI** (Thérèse), cantatrice remarquable, née à Savigliano en 1776 et non en 1780, est morte à Bologne le 12 février 1854.

BERTON (Pierre Montan-). Cet artiste distingué s'était donné, à l'Opéra, une sorte de spécialité: celle de rafraîchir, par l'adjonction de quelques morceaux nouveaux, les opéras anciens que l'on jugeait à propos de remettre à la scène. C'est ainsi qu'il écrivit des airs, des scènes, des airs de ballet pour *Camille, reine des Volsques* de Campra, pour *Iphigénie en Tauride* de Campra et Desmarets, pour *Castor et Pollux* et *Dardanus* de Rameau, etc. Cela lui donna l'occasion de publier (1762) un *Recueil de différents airs à grande symphonie, composés et ajoutés dans plusieurs opéras et exécutés au concert français des Tuileries* (Paris, La Chevardière). J'ignore si plusieurs volumes de ce recueil ont paru, mais le premier portait cette mention : « On donnera incessamment le second et le troisième recueil. »

Berton mourut le 14 mai 1780.

***BERTON** (Henri Montan-). Un assez grand nombre d'erreurs s'étant produites au sujet des œuvres de ce compositeur célèbre, je crois utile de reconstituer ici, par ordre chronologique, son répertoire dramatique, en l'accompagnant de quelques observations; je ne m'occuperai ni des oratorios exécutés au Concert spirituel, ni des opéras restés inédits, mais seulement des ouvrages représentés. En voici la liste:

1° *Les Promesses de mariage*, suite de *l'Épreuve villageoise*, 2 actes, Comédie-Italienne, 4 juillet 1787; 2° *l'Amant à l'épreuve*, 2 actes, id., 5 décembre 1787 ; 3° *les Brouilleries*, 3 actes, id., 1er mars 1790 ; 4° *les Rigueurs du Cloître*, 2 actes, id., 23 août 1790 ; 5° *le Nouveau d'Assas*, 1 acte, id., octobre 1790 ; 6° *les Deux Sentinelles*, un acte, Th. Favart (ex-Comédie-Italienne), 27 mars 1791 ; 7° *Eugène*, 3 actes, th. Feydeau, 11 mars 1793 ; 8° *le Congrès des Rois*, 3 actes (en société avec Blasius, Cherubini, Dalayrac, Deshayes, Devienne, Grétry, Jadin, Kreutzer, Méhul, Solié et Trial fils), th. Favart, 26 février 1794 (cet ouvrage n'est point cité par Fétis) ; 9° *Agricole Viala ou le Héros de la Durance*, un acte, th. Feydeau, 9 octobre 1794 ; 10° *Ponce de Léon*, 3 actes, th. Favart, mars 1797 (paroles et musique de Berton) ; 11° *le Rendez-Vous supposé ou le Souper de famille*, 2 actes, th. Favart, 5 août 1798 (ouvrage représenté précédemment, le 11 novembre 1788, sous forme de comédie et sous ce titre : *les Dangers de l'absence, ou le Souper de famille*) ; 12° *Montano et Stéphanie*, 3 actes, th. Favart, mars ou avril 1799 (ouvrage défendu par la police après sa première représentation, joué pour la seconde fois le 20 avril, et repris le 4 mai 1800 avec un troisième acte nouveau) ; 13° *la Nouvelle au camp de l'assassinat des ministres français à Rastadt*, « scène patriotique, » Opéra, 14 juin 1799 ; 14° *l'Amour bizarre, ou les Projets dérangés*, 3 actes, th. Favart, 30 août 1799 ; 15° *le Délire, ou les Suites d'une erreur*, un acte, th. Favart, 5 décembre 1799 ; 16° *le Grand Deuil*, un acte, th. Favart, 20 janvier 1801 ; 17° *les Deux sous-lieutenants ou le Concert interrompu*, un acte, th. Feydeau, 29 mai 1802 (Fétis a fait ici confusion et a cru voir dans cet opéra deux ouvrages distincts, dont l'un aurait été représenté sous ce titre : *les Deux sous-lieutenants*, l'autre sous celui-ci : *le Concert interrompu* ; cette pièce avait été représentée précédemment au th. Favart, le 19 mai 1792, sous forme de comédie) ; 18° *Aline, reine de Golconde*, 3 actes, Opéra-Comique, 3 septembre 1803 ; 19° *la Romance*, un acte, id., 24 janvier 1804 ; 20°, *Trasibule*, « cantate scénique, » exécutée à l'Hôtel de Ville (et non au Théâtre-Olympique, comme l'a dit Fétis), le 16 décembre 1804 ; 21° *le Vaisseau-Amiral ou Forbin et Delville*, un acte, Opéra-Comique, 1er avril 1805 ; 22° *Délia et Verdikan*, un acte, id., 8 mai 1805 (les paroles de ce petit ouvrage étaient du chanteur Elleviou) ; 23° *les Maris garçons*, un acte, id., 15 juillet 1806 ; 24° *le Chant du retour*, cantate, id., 28 juillet 1807 ; 25° *le Chevalier de Sénanges*, 3 actes, id., 23 juillet 1808 ; 26° *Ninon chez Mme de Sévigné*, un acte, id., 26 septembre 1808 ; 27° *Françoise de Foix*, 3 actes, id., 28 janvier 1809 ; 28° *le Charme de la Voix*, un acte, id., 24 janvier 1811 ; 29° *la Victime des Arts ou la Fête de Famille*, 2 actes (en société avec Nicolo et Solié), id., 28 février 1811 ; 30° *l'Enlèvement des Sabines*, ballet en 3 actes, représenté au palais impérial de Fontainebleau le 4 novembre 1810, et à l'Opéra le 25 juin 1811 ; 31° *l'Enfant prodigue*, ballet en 3 actes, Opéra, 28 avril 1812 ; 32° *le Laboureur chinois*, pastiche en un acte, avec récitatifs de Berton, Opéra, 5 février 1813 ; 33° *Valentin ou le Paysan romanesque*, 3 actes, Opéra-Comique, 13 septembre 1813 (repris et réduit en 2 actes le 4 décembre 1819) ; 34° *l'Oriflamme*, un acte (en société avec Kreutzer, Méhul et Paër), Opéra, 1er février 1814 ; 35° *l'Heureux Retour*, ballet en un acte, id., 25 juillet 1815 ; 36° *les Dieux rivaux ou la Fête de Cythère*, opéra-ballet en un acte (en société avec Kreutzer, Persuis et Spontini), id., 21 juin 1816 ; 37° *Féodor ou le Batelier du Don*, un acte, Opéra-Comique, 15 octobre 1816 ; 38° *Roger de Sicile ou le Roi troubadour*, 3 actes, Opéra, 4 mars 1817 ; 39° *Corisandre ou la Rose magique*, 3 actes, Opéra-Comique, 29 juillet 1820 ; 40° *Blanche de Provence ou la Cour des Fées*, un acte (en société avec Boieldieu, Cherubini, Kreutzer et Paër), représenté à la cour le 1er mai et à l'Opéra le 3 mai 1821 ; 41° *Virginie ou les Décemvirs*, 3 actes, Opéra, 11 juin 1823 ; 42° *les Deux Mousquetaires ou la Robe de chambre*, un acte, Opéra-Comique, 22 décembre 1824 ; 43° *Pharamond*, 3 actes (en société avec Boieldieu et Kreutzer), Opéra, 10 juin 1825 ; 44° *les Créoles*, 3 actes, Opéra-Comique, 14 octobre 1826 (ouvrage non mentionné par Fétis) ; 45° *les Petits Appartements*, un acte, Opéra-Comique, 9 juillet 1827 ; 46° *la Marquise de Brinvilliers*, 3 actes (en société avec Auber, Batton, Blangini, Boieldieu, Carafa, Cherubini, Hérold et Paër), Opéra-Comique, 31 octobre 1831 (non mentionné par Fétis en ce qui concerne Berton).

Il faut ajouter que Berton a modifié et arrangé un ouvrage de Gluck et un de Grétry, pour deux reprises qui en furent faites à l'Opéra et à l'Opéra-Comique. *Écho et Narcisse*, de Gluck, ainsi remanié par lui, fut repris à l'Opéra le 25 mars 1806, et *Guillaume Tell*, de Grétry, fut donné à l'Opéra-Comique le 24 mai 1828.

* **BERTON** (Henri), fils du précédent (1). Aux ouvrages dramatiques de ce compositeur, il faut joindre *le Présent de noces ou le Pari*,

(1) Et non *François*, comme il a été dit par erreur.

ouvrage en un acte qui fut représenté à l'Opéra-Comique le 2 janvier 1810. Quant au *Château d'Urtuby* (et non *d'Iturbide*, comme il a été dit), il fut donné au même théâtre le 14 janvier 1834, dix-huit mois après la mort du compositeur, qui fut l'une des premières victimes de l'épidémie cholérique de 1832. En tête du livret de cette pièce, les auteurs, MM. de Lurieu et Raoul, ont placé une pièce de vers « aux mânes de Henri Berton fils, » pièce de vers qui fut lue sur la scène, le jour de la première représentation, et qu'il ne me semble pas inutile de reproduire ici :

Un fléau d'affreuse mémoire
Naguère épouvantait Paris;
Vertus, beauté, talens et gloire,
Rien ne put le fléchir : il fut sourd à nos cris....
Henri BERTON, tenant la lyre,
Tomba foudroyé sous ses coups;
Les derniers chants, enfans de son délire,
L'infortuné les modulait pour vous.

Bientôt vous allez les entendre.
Lui seul, hélas! il manque au rendez-vous.
Qu'il eut été joyeux d'être au milieu de nous!...
Ses amis empressés seraient venus lui prendre
La main, en lui disant : « C'est bien. »
Cette main s'est glacée... Et de ce cœur si digne,
De ce feu créateur, il ne reste plus rien....
Ces chants pleins d'avenir étaient le chant du cygne.

Vous les adopterez, oui, messieurs, car son nom
Du succès fut toujours le gage;
Oui, son aïeul, Pierre BERTON,
Par ses accords, enivrant un autre âge,
De Gluck lui-même obtenait le suffrage.
Plus fier, plus mâle en ses accens,
De son fils le brillant génie
Grandit encore avec les ans,
Et dans la France entière on répète les chants
Et d'*Aline* et de *Stéphanie*.

Ainsi la gloire, aimant à proclamer ce nom,
Sur ses tables d'airain grava trois fois : BERTON.
Henri, console-toi, puisqu'en mourant tu laisses
Pour héritage à tes enfans,
Trois générations de talens;
C'est la plus belle des noblesses.

De ses travaux lorsqu'il n'a pu jouir,
Pour un artiste qui succombe,
C'est, hélas! bien plus que mourir.
Ce fut le sort d'Henri... Grâce à vous, sur sa tombe,
Que ses enfans, quand ils iront prier,
Puissent porter demain quelques brins de laurier.

Fétis a été trompé par un faux renseignement lorsqu'en parlant du fils de cet artiste, Adolphe Berton, mort en 1857, il a dit : « En lui s'est éteinte la quatrième génération d'une famille qui s'était illustrée dans la musique. » La famille était loin d'être éteinte, car Adolphe laissait un frère, Charles-Francisque Montan-Berton, qui, né à Paris le 10 septembre 1820, embrassa la carrière théâtrale, entra au Conservatoire dans la classe de Samson, et devint l'un des premiers comédiens de ce temps. Celui-ci épousa une fille de son maître, Mlle Caroline Samson, qui s'est fait connaître comme écrivain par des romans et des pièces de théâtre, et il appartint successivement au personnel de la Comédie-Française, du Vaudeville, des théâtres de Vienne et de St-Pétersbourg, et plus tard de ceux du Gymnase, de la Gaîté, de l'Odéon et de la Porte Saint-Martin. Charles-Francisque Berton est mort fou, le 18 janvier 1874, laissant un fils, M. Pierre Berton, comédien fort distingué lui-même et auteur dramatique, qui s'est fait applaudir au Gymnase et à la Comédie-Française et qui a fait représenter quelques pièces agréables, entre autres *les Jurons de Cadillac*, *la Vertu de ma femme*, etc.

* BERTONI (FERDINAND-JOSEPH). Aux ouvrages dramatiques de ce compositeur, il faut ajouter *Antigono*.

BERTRAND (H........-G......), violoniste et compositeur français ou belge, a publié à Liége, en 1768, un recueil de *Six trios de violon*, op. 1.

BERTRAND (JEAN-GUSTAVE), écrivain musical distingué, est né à Vaugirard (Paris) le 24 décembre 1834. Bon helléniste, et, à ce titre, membre de la Société d'encouragement des études grecques, M. Bertrand, après avoir fait d'excellentes études au lycée Louis le Grand, suivit les cours de l'école des Chartes et sortit de cette institution avec le diplôme d'archiviste-paléographe. Sa thèse portait sur un point d'archéologie musicale : *l'Histoire de l'orgue dans l'antiquité et au moyen âge*, et des fragments en furent publiés dans le journal *la Maîtrise*. L'auteur avait travaillé seul la théorie musicale et l'harmonie.

Devenu en 1859 rédacteur en chef d'une feuille théâtrale, M. Bertrand se vit bientôt chargé de la critique musicale à la *Revue germanique* (plus tard *Revue moderne*), puis, en 1862, prit possession du feuilleton dramatique et musical du journal *le Nord*. Il a collaboré successivement à la *Revue et Gazette musicale*, au *Ménestrel*, au *Moniteur universel*, au *Journal des Débats*, à la *Patrie*, au *Soir*, au *Journal de Paris*, à l'*Ami de la France*, au *Journal officiel*, etc.

Membre du comité des travaux historiques (section d'archéologie), M. G. Bertrand fut, pendant plusieurs années, chargé par le ministère de l'instruction publique de missions scientifiques en Russie, et en profita pour étudier, avec l'intérêt qu'il mérite, l'art musical de ce pays, si peu connu dans l'Europe occidentale. Il prépare une histoire de l'Opéra national russe. Ses observations, jointes à celles qu'il avait rapportées de ses précédents voyages en Allemagne et en Italie, lui permirent de publier un livre à la fois très-ingénieux et très-substantiel : *les Nationalités musicales étudiées dans le drame lyrique*, livre dans lequel on rencontre des aperçus neufs et des remarques fort utiles. La critique de M. Gustave Bertrand se fait d'ailleurs remarquer par une grande élévation de pensée, des connaissances solides, et en même temps par une urbanité de formes qu'on voudrait toujours retrouver sous la plume des écrivains dignes de ce nom.

Les écrits de M. G. Bertrand relatifs à la musique sont les suivants : 1° *Histoire ecclésiastique de l'Orgue* (Paris, Ch. de Mourgues, 1859, in-8°); 2° *Essai sur la musique dans l'antiquité* (Paris, Didot, s. d., in-8°), tirage à part d'un article fort important publié dans le *Complément de l'Encyclopédie moderne;* 3° *les Origines de l'harmonie* (s. l. n. d.), tirage à part d'un article inséré dans la *Revue moderne*, du 1ᵉʳ septembre 1866 ; 4° *de la Réforme des études du chant au Conservatoire* (Paris, Heugel, 1871, in-8°), travail plein d'intérêt, écrit par l'auteur à la suite de visites faites par lui aux conservatoires de Naples, de Milan, de St-Pétersbourg et de Bruxelles ; 5° *les Nationalités musicales étudiées dans le drame lyrique* (Paris, Didier, 1872, in-12). La publication de ces divers ouvrages a créé à leur auteur une situation très-solide dans la critique, et lui a donné une autorité incontestable. M. Bertrand est l'un des collaborateurs du Supplément de la *Biographie universelle des Musiciens*. Tout récemment il a pris possession, sous le nom de Jean Bertrand, du feuilleton dramatique et musical du journal *la République française*.

* **BERWALD** (Jean-Frédéric), est mort au mois de septembre 1861.

BERWALD (........). Un artiste de ce nom a fait représenter à Stockholm, au mois d'avril 1862, un opéra intitulé *Estrella de Soria*, qui a été très-favorablement accueilli par le public. J'ignore, quoique cela paraisse probable, si cet artiste appartient à la famille du précédent.

* **BESANZONI** (Ferdinand). Cet artiste, qui s'était établi à Paris, où il demeura plusieurs années, fit représenter à l'Opéra-Comique, en 1856, un petit ouvrage en un acte, intitulé *le Chercheur d'esprit*, qui passa complètement inaperçu et n'obtint qu'un petit nombre de représentations. Besanzoni est mort à Venise, le 5 décembre 1868.

BESEKIRSKIJ (Vasil-Vasilevic), violoniste russe, membre de la chapelle impériale, est né à Moscou en 1836. Cet artiste a complété son éducation au Conservatoire de Bruxelles, sous la direction de M. Léonard. Après s'être fait entendre à Bruxelles et à Paris, il retourna en 1860 dans sa patrie, où il a fondé une société de quatuors. Il a écrit pour son instrument plusieurs compositions qui ont été publiées en Allemagne.
Y.

* **BESSEMS** (Antoine-Auguste), violoniste et compositeur, né à Anvers et fixé à Paris depuis 1852, est mort en cette dernière ville le 19 octobre 1868.

BESSON (Gustave-Auguste), facteur d'instruments de musique en cuivre et l'un des industriels français les plus renommés en ce genre, est né à Paris en 1820, et étudia fort jeune toutes les questions relatives à la construction et au mécanisme de ces instruments : cors, trompettes, trombones, cornets à pistons, bugles, etc. Fort jeune encore, il présenta à l'exposition de 1844 plusieurs produits qui furent récompensés, et depuis lors il n'a guère laissé passer de solennités de ce genre sans y prendre part et sans y obtenir des succès. Il a été récompensé par une médaille de prix à l'Exposition universelle de Londres (1851) et par une médaille de première classe à celle de Paris (1855).

BEST (W......-T......), organiste fameux en Angleterre, et actuellement considéré comme le premier de ce pays, est titulaire des grandes et des plus belles orgues de concert du royaume, celles de *Royal-Albert-Hall*, à Londres, de *Saint-George's-Hall*, à Liverpool, enfin de la nouvelle et superbe salle de Sheffield. Il a été, je crois, organiste d'une des plus importantes églises de Birmingham. M. Best, qui est âgé aujourd'hui d'environ cinquante ans, et qui est considéré par ses compatriotes comme le premier organiste de l'Angleterre, est cependant inférieur à plusieurs de ses confrères, et particulièrement à M. Henry Smart, l'aveugle, artiste extrêmement distingué. Très-habile au point de vue du mécanisme comme exécutant, très-rompu à la pratique comme compositeur, avec cela fort instruit, M. Best possède un talent véritable, mais un talent sans charme et qui n'est pas échauffé par l'inspiration. On le voit parfois, assis devant son instrument, s'arrêter au beau milieu d'une phrase pour disposer et arranger ses registres, prendre longuement son temps, puis poursuivre ensuite tranquillement son petit discours interrompu. D'autre part, M. Best, qui a transcrit un certain nombre de concertos de Hændel pour orgue et orchestre, n'a pas reculé devant ce sacrilège de changer, quand cela lui convenait, l'harmonie du maître. On voit ce qu'il faut penser d'un artiste qui en prend ainsi à son aise dans l'exercice d'un art qui exige le plus profond respect de lui-même et du public. Il est certain que la valeur de M. Best a été singulièrement exagérée dans son pays, et qu'elle reste de beaucoup au-dessous de sa renommée.

M. Best, qui s'est fait entendre plusieurs fois à Paris dans les séances intimes d'orgue données chez nos grands facteurs, a publié un nombre incalculable de transcriptions des chefs-d'œuvre des grands maîtres. On lui doit des compositions originales dont la valeur est mince, entre autres une *Collection of organe pieces*, en plusieurs livres.

* BÉTHISY (JEAN-LAURENT DE). *L'Enlèvement d'Europe*, tragédie-opéra dont cet artiste avait écrit tout à la fois les paroles et la musique, fut jouée à Versailles, au concert de la reine, au commencement du mois de juin 1739.

BETTS (JOHN), luthier anglais de la fin du dix-huitième et du commencement du dix-neuvième siècle, naquit à Stamford en 1755 et mourut en 1823. Établi à Londres, il y fit, dit-on, d'importantes affaires, mais c'était plutôt un marchand d'instruments qu'un luthier véritable, car on assure qu'il travaillait peu par lui-même. Un luthier nommé John Carter, qui habitait Londres en 1789, lui fabriqua un grand nombre d'instruments.

BETTS (EDWARD), luthier anglais de la fin du dix-huitième siècle, fut élève du luthier Richard Duke (*Voyez* ce nom), fameux dans son pays, et qu'il sut imiter habilement. Cependant, les instruments sortis de ses mains, très-soignés et très-finis dans leurs détails, laissaient, dit-on, à désirer au point de vue de l'ensemble.

BETZ (FRANÇOIS), premier baryton de l'Opéra impérial de Berlin, est né à Mayence le 19 mars 1835. C'est un des chanteurs favoris de M. Richard Wagner, et il faisait partie de ceux qui ont chanté la fameuse tétralogie de ce compositeur à Bayreuth, en 1876. Aussi distingué, dit-on, comme comédien que comme virtuose, il s'est fait surtout remarquer en Allemagne dans le rôle de Hans Sachs des *Maîtres chanteurs*, dont il a fait une création pleine de puissance et d'originalité, puis dans le *Freischütz*, *Lohengrin*, *Tristan et Isolde*, *Iphigénie en Tauride*, *Hamlet*, *Aïda*, etc. M. Betz s'est fait entendre parfois à l'Opéra impérial de Vienne.

BEULÉ (CHARLES-ERNEST), archéologue, écrivain et homme politique français, né à Saumur le 29 juin 1826, mort à Paris le 4 avril 1874, n'est mentionné ici que pour les « éloges » consacrés par lui à quelques musiciens en sa qualité de secrétaire perpétuel de l'Académie des beaux-arts. Il avait succédé sous ce rapport à Halévy, et il eut ainsi l'occasion de lire à l'Académie des notices sur Halévy lui-même, sur Meyerbeer et sur Rossini. Ces notices ont été publiées à la librairie Firmin-Didot, en 1862, 1865 et 1869.

BEUMER (HENRI), violoniste et compositeur pour son instrument, né à Leuwarden (Pays-Bas), en 1831, fit ses études musicales sous la direction de son père, qui était chef de musique de la 2ᵉ division d'infanterie. Dès l'âge de douze ans il se faisait entendre avec succès dans les concerts, et en 1849, ayant eu l'occasion de se produire à Spa, devant Charles de Bériot, ce maître le complimenta et lui proposa d'entrer dans la classe supérieure de violon dont il était titulaire au Conservatoire de Bruxelles. M. Beumer accepta cette offre, entra au Conservatoire, et au bout de deux années y remporta le prix d'honneur. Peu de temps après il devenait lui-même professeur dans cet établissement, en même temps que violon-solo au théâtre de la Monnaie. Cet artiste s'est aussi livré à la composition ; il a écrit la musique d'un ballet représenté au théâtre de la Monnaie, de Bruxelles, et a publié, entre autres œuvres : 6 études progressives pour le violon ; 50 études pour le violon, dédiées à Charles de Bériot ; Caprice pour le violon, sur le *God save the Queen* ; 12 romances ; une ouverture ; quatre fantaisies pour orchestre, etc.

BEVIGNANI (ENRICO), chef d'orchestre et compositeur dramatique, a fait représenter en 1862, sur un théâtre de Naples, un opéra intitulé *Caterina Blum*. En 1872, M. Bevignani était, conjointement avec M. Luigi Arditi, chef d'orchestre des théâtres italiens de Saint-Pétersbourg et de Moscou, et en 1876, il remplissait les mêmes fonctions au théâtre italien de Covent Garden, à Londres.

* BEYER (FERDINAND). Cet infatigable fabricant de musique plus que médiocre, né à Querfurt, dans la Prusse saxonne, le 25 juillet 1805, est mort à Mayence le 14 mai 1863. Néanmoins, son commerce était tellement florissant, qu'il s'est trouvé un artiste assez avisé pour recueillir sa succession et prendre la suite de ses affaires. Un compositeur de musiquette de piano a en effet adopté le pseudonyme de Beyer, pour satisfaire le public amateur de morceaux de ce dernier. Il a seulement changé l'initiale du prénom ; au lieu de *F. Beyer*, on met sur le titre *S. Beyer*, et tout est dit.

BEZDECK (FRÉDÉRIC-WENZEL), violoniste, est né le 24 septembre 1805, à Prague. On a lui des quatuors pour instruments à cordes, des *lieder* et des morceaux de piano. Y.

BIAGGI (Gerolamo-Alessandro), critique et historien musical italien, est né vers 1815 à Milan et fit ses études musicales au Conservatoire de cette ville, où il entra le 24 octobre 1829 pour en sortir le 16 février 1839, après avoir suivi les cours de violon et de composition. Bien que pourvu d'une instruction musicale sérieuse et solide, M. Biaggi ne songea pas un instant, dit-on, à suivre la carrière de compositeur, et se livra aussitôt à son goût pour la critique, la littérature et l'histoire musicales. Esprit élevé et indépendant, quoique imbu de certains préjugés et un peu trop immobilisé dans l'admiration du passé, il s'est fait dans son pays une renommée véritable, méritée d'ailleurs à beaucoup d'égards. En 1857, à la suite de longues méditations sur l'état de décadence dans lequel se trouvait l'art musical religieux en Italie, il publia un écrit ainsi intitulé : *Della Musica religiosa e delle questioni inerenti, discorso* (Milan, Lucca, 1857, in-8°). Ce discours de plus de 200 pages donne des preuves d'une érudition solide, et quoique je sois loin de partager toutes les idées exprimées par l'auteur, je n'en dois pas moins rendre hommage à l'élévation de son esprit et à son grand sentiment de l'art.

C'est, je crois, à l'époque où il publia ce livre, que M. Biaggi dirigeait à Milan une feuille spéciale, *l'Italia musicale*, publiée par l'éditeur Francesco Lucca. Peu d'années après il quittait Milan pour aller se fixer à Florence, où il devenait bientôt le feuilletoniste musical de l'excellent journal politique *la Nazione*, et où, lors de la création de l'Institut royal de musique, il fut nommé professeur d'esthétique musicale et d'histoire de l'art dans cet établissement. M. Biaggi est aussi chargé de la critique musicale à la *Gazzetta d'Italia*, où il signe ses articles du pseudonyme *Ippolito d'Albano*, et c'est encore lui qui fait les revues musicales du grand recueil littéraire qui a pour titre *la Nuova Antologia*, lequel tient en Italie la place que la *Revue des Deux-Mondes* occupe en France.

La situation littéraire de M. Biaggi, on le voit, est considérable, et pourtant il est peut-être juste de remarquer que, malgré l'estime qu'on fait de son talent et de son caractère, l'autorité qui s'attache à ses jugements n'est pas à la hauteur de cette situation. M. Biaggi est considéré comme un érudit, comme un savant, comme un musicien de premier ordre, ses travaux, écrits dans une langue élégante et claire, sont plus et recherchés, et néanmoins l'on ne peut pas dire que l'écrivain tienne l'oreille du public et entraîne ses lecteurs à sa suite. C'est que, comme je le faisais entrevoir plus haut, M. Biaggi est un peu trop confiné dans le passé, un passé brillant et glorieux à la vérité, mais qui, étant donné le progrès constant et le renouvellement incessant de l'art, ne satisfait plus le besoin de l'intelligence humaine. M. Biaggi en est resté à Rossini ; on pourrait assurément plus mal choisir son dieu, mais enfin Rossini, qui a été lui-même un révolutionnaire en musique, a été suivi par d'autres novateurs qui ont à leur tour renouvelé ou tout au moins modifié profondément les formes de l'art, et des travaux desquels il faut absolument tenir compte. En un mot, M. Biaggi ne croit qu'aux morts, et professe l'horreur la plus profonde pour la musique de son temps. J'admets parfaitement que l'Italie ne possède pas en ce moment un seul artiste de la trempe de Cimarosa ou de Paisiello, mais est-ce en décourageant les jeunes producteurs qu'on parviendra à leur inspirer des chefs-d'œuvre ? Je ne le crois pas. En tout cas, M. Biaggi pousse certainement trop loin l'animosité contre M. Verdi, qui est sa bête noire, lorsqu'il traîne aux gémonies des œuvres aussi mâles, aussi puissantes qu'*Aïda* et la messe de *Requiem*. Je suis fort loin d'admirer, pour ma part, tout ce qu'a fait M. Verdi, et je reconnais tout ce que son génie a d'inégal, de sauvage et de désordonné. Mais en présence des deux œuvres que je viens de nommer, mon sentiment se modifie, et si la critique ne perd pas complétement ses droits, du moins peut-elle laisser une bonne part à la louange. En résumé, M. Biaggi est un artiste fort distingué, fort instruit, remarquable à plus d'un titre, mais qui paraît vivre dans un temps qui n'est pas le sien, et dont l'esprit est trop sensiblement éloigné, par des idées surannées, du courant qui emporte incessamment l'humanité vers l'éternel progrès.

BIAGI (Alamanno), excellent violoniste et compositeur (1), naquit à Florence, le 20 décembre 1806, fit ses études musicales dans les classes de l'académie des beaux-arts de cette ville, et devint un des meilleurs directeurs d'orchestre de son temps. C'est en cette qualité qu'il fit longtemps partie de la musique de chambre et de la chapelle de la cour grand-ducale de Toscane. Il composa dans tous les genres, sauf le genre théâtral, ce qui paraît tant soit peu étrange,

---

(1) Trompé par la similitude des noms, l'auteur de la *Biographie universelle des Musiciens* a confondu en une seule personnalité trois artistes distincts : M. Alamanno Biagi, M. Alessandro Biagi, son frère, et M. Girolamo Alessandro Biaggi. Nous rétablissons ici les faits relativement à ces trois artistes. — A. P.

puisqu'en sa qualité de chef d'orchestre il passa la plus grande partie de sa vie au théâtre. Du reste, ses nombreuses compositions lui auraient valu, sans doute, la réputation à laquelle il avait droit, si elles n'étaient restées presque toutes inédites. Parmi ses compositions instrumentales, on ne doit pas passer sous silence un très-beau quatuor pour deux violons, alto et violoncelle, qu'il présenta peu de temps avant sa mort à l'un des concours dus à la libéralité de M. le Dr A. Basevi. Le quatuor obtint le prix, mais au moment où le jugement était rendu, l'auteur était déjà mort. A. Biagi a laissé bon nombre de motets, psaumes, messes, dont cinq des morts ; une seule a été imprimée à Florence par F. Lorenzi. Si, dans la musique sacrée de A. Biagi, on remarque parfois quelque sécheresse en ce qui concerne la mélodie, on rencontre aussi constamment une harmonie pure, une facture habile, une belle orchestration et surtout une remarquable noblesse de conception.

Le gouvernement de la Toscane, qui par un décret du 15 mars 1860 fonda l'Institut royal de musique de Florence, appela A. Biagi à en faire partie en qualité de conseiller censeur. Il collabora avec MM. le Dr A. Basevi et L.-F. Casamorata à la rédaction des statuts de l'Institut, mais il n'eut pas la satisfaction d'assister à son inauguration, qui eut lieu vers la fin de 1861, car il était mort le 26 juin de la même année dans toute la force de l'âge, à la suite d'une longue et douloureuse maladie. L.-F. C.

BIAGI (Alessandro), compositeur, pianiste et professeur, est né à Florence le 20 janvier 1819. A l'âge de dix ans, il commença l'étude du piano sous la direction d'un de ses frères, M. Ludovico Biagi, qui devint plus tard un oculiste remarquable, et un an après il entra, à l'académie des beaux-arts, dans la classe de Geremia Sbolci, puis dans celle de Palafuti. Il obtint la première médaille au concours, et en 1836 la même récompense lui fut accordée au concours de contrepoint, qu'il avait étudié avec Nencini. Ses études terminées, il se consacra à l'enseignement du piano, et fut appelé, en 1857, à succéder à son maître Palafuti dans sa classe de l'académie, devenue plus tard l'Institut musical. M. Alessandro Biagi jouit d'une grande notoriété comme professeur, et ses compositions pour le chant et pour le piano sont fort estimées. Il ne s'en est pas tenu, d'ailleurs, à des compositions instrumentales, et il a abordé par deux fois le théâtre, en faisant représenter *la Secchia rapita*, opéra-bouffe (Florence, th. de la Pergola, 1839), et *Gonzalvo di Cordova*, opéra sérieux (id., th. National, 1857), qui tous deux reçurent du public un heureux accueil. On connaît encore, entre beaucoup d'autres moins importantes, deux grandes compositions de M. Alessandro Biagi : un *Cantico di Zaccaria* (1858), à 4 voix, chœur et orchestre, qui a obtenu la médaille d'or dans un concours académique, et un *Padre Nostro*, écrit sur des vers du Dante, qui a été exécuté par la Société de musique classique lors des fêtes qui ont été célébrées en l'honneur de ce grand homme.

BIAL (Charles), pianiste et compositeur, est né le 14 juillet 1833 à Habelschwerdt, dans le comté de Glatz. Il a composé de la musique de piano et des *lieder*. Y.

BIAL (R.....), musicien allemand contemporain, s'est produit plusieurs fois au théâtre, avec les ouvrages suivants : 1° *Monsieur de Papillon*, opéra-comique en un acte, Berlin, th. Wallner, janvier 1870; 2° *der Liebesring* (l'Anneau d'amour), opéra-bouffe en trois actes, Berlin, th. Friedrich-Wilhelmstadt, 4 décembre 1875; 3° *Un homme prudent*, opérette, janvier 1876. On a annoncé une opérette de cet artiste, *Pferffepring*, comme devant être représentée sur le théâtre Kroll, de Berlin ; mais je ne sais si elle a été jouée jusqu'ici.

* **BIANCHI** (François). M. le docteur Basevi, de Florence, possède de cet artiste le manuscrit d'un ouvrage ainsi intitulé : *De l'Attraction harmonique*, ou *Système physico-mathématique de l'harmonie, fondé sur l'analyse des phénomènes que présente la corde sonore, suivi d'un traité théorico-pratique de contrepoint et de composition idéale*. Peut-être est-ce là le traité théorique sur la musique dont l'auteur de la *Biographie universelle des Musiciens* a parlé au nom de François Bianchi, et dont la *Quarterly musical Review*, de Londres, aurait donné naguère quelques extraits. En ce qui concerne le catalogue des ouvrages dramatiques de ce compositeur, il faut y ajouter les deux suivants : *Venere e Adone*, représenté à Florence en 1781, et *Seleuco*, donné à Livourne en 1792.

BIANCHI (Eliodoro), compositeur italien, a fait représenter sur le théâtre de Bari, au mois de juillet 1873, une *farsa* en un acte intitulée *Gara d'amore* ; cet ouvrage obtint un véritable succès, et, le soir de la première représentation, les spectateurs firent recommencer l'ouverture. Je n'ai pas d'autres renseignements sur M. Bianchi, sinon que cet artiste était, presque à la même époque, *maestro concertatore* au théâtre d'Alexandrie.

BIANCHINI (Giuseppe), compositeur, né à Rome, a fait représenter dans le cours du dix-huitième siècle un opéra sérieux intitulé *Antigona*.

BICKING (ALFRED), chanteur et compositeur, né à Berlin en 1840, avait commencé ses études musicales dans son pays, puis était allé en Italie perfectionner son double talent de virtuose et de compositeur. Au commencement de 1864 il faisait représenter, sur le théâtre de la petite ville de Teramo, un opéra sérieux, *Venceslao*, qui était bien accueilli du public; mais bientôt le jeune artiste, éprouvant les premiers symptômes d'une maladie grave, crut devoir quitter l'Italie pour retourner à Berlin, au milieu de sa famille. Il eut à peine le temps d'y arriver, et mourut vers le milieu du mois d'août 1864, à peine âgé de 24 ans.

BIDELLI (MATTEO), maître de musique et compositeur, né à Lucques, vivait dans la première moitié du dix-septième siècle. Il a publié plusieurs messes à quatre voix, dont deux sopranos et deux ténors, et une *Psalmodia vespertina*, imprimée à Lucques en 1617. On ignore la date de la mort de cet artiste.

Des mémoires manuscrits conservés à la bibliothèque publique de Lucques constatent que dans le courant du seizième siècle existait en cette ville un nommé Pellegrino Bidelli, qui était à la fois imprimeur de musique et constructeur d'orgues. Peut-être était-ce le père de l'artiste dont il est ici question? En tous cas, il paraît probable que tous deux devaient appartenir à la même famille.

* **BIENAIMÉ** (PAUL-ÉMILE), est mort subitement le 17 janvier 1869, en donnant une leçon de musique dans un lycée de Paris : d'après les registres mêmes du Conservatoire, il était né à Paris le 6 et non le 7 juillet 1802, comme il a été dit par erreur. D'abord répétiteur au Conservatoire, puis nommé en 1828 professeur de solfége, enfin professeur d'harmonie et d'accompagnement pratique pour les femmes le 10 juillet 1838, Bienaimé n'avait pris sa retraite que peu d'années avant de mourir, et c'est en travaillant encore qu'il se reposait d'une existence toute de labeur commencée en obtenant à vingt-quatre ans, en 1826, le second grand prix de l'Institut. De son long séjour au Conservatoire, Bienaimé avait gardé et transmettait à ses élèves un vif sentiment de reconnaissance pour Cherubini, une profonde admiration pour le compositeur et une grande estime pour l'homme. L'auteur de cette notice, qui fut son élève, se rappelle encore avec quelle animation indignée Bienaimé comparait cette direction si sévère et si impartiale à celle qui suivit, et les résultats produits par ces deux systèmes d'instruction. Au milieu de ses leçons, Bienaimé avait trouvé le temps de composer plusieurs messes solennelles à grand orchestre; il laisse, publiés ou inédits, de nombreux morceaux, tant de musique religieuse que de salon ou de concert, parmi lesquels plusieurs furent exécutés aux concerts du Conservatoire, que Bienaimé contribua à fonder, ou aux séances publiques de la Société philotechniques et de la Société libre des beaux-arts, dont il était membre. Il avait entrepris dans les derniers temps une longue étude qui reste malheureusement inachevée sur *l'Histoire du piano depuis son origine jusqu'à nos jours*; mais son ouvrage le plus considérable est *l'École de l'harmonie moderne, traité complet de la théorie et de la pratique de cette science depuis ses notions les plus élémentaires jusqu'à ses derniers développements* (3 vol. grand in 8°, Paris, Harand, 1863). Il avait mis vingt ans à composer ce vaste travail, qui restera le témoignage le plus sérieux de son solide savoir.

AD. J—N.

BIFETTO (FRANCESCO), musicien italien, né à Bergame dans la première moitié du seizième siècle, a publié le recueil suivant : *Madrigali a quattro voci, novamente posti in luce. Libro primo* (Venise, Gardano, 1547).

BIGI (......), est auteur d'un écrit sur Claudio Merulo et les organistes de son temps : *Di Claudio Merulo da Correggio, principe dei contrappuntisti, e degli organisti del XVI secolo* (Parme, 1861, avec portrait).

BIGLIANI (VINCENZO), prêtre et compositeur italien, né à Alexandrie en 1801, mourut à Turin au mois d'août 1870. Il avait fait de bonnes études au séminaire de sa ville natale, et, avant de prendre les ordres, avait été professeur de rhétorique dans un collège et professeur de littérature à l'Académie militaire de Turin, dont il devint plus tard le chapelain tout en conservant son cours. Bigliani avait étudié la musique dans sa jeunesse, et ne cessa de la cultiver jusqu'à sa mort; il se fit connaître comme compositeur, surtout dans le genre sacré, et l'on cite parmi ses œuvres une *messe funèbre* à 3 voix d'hommes avec accompagnement d'orchestre, une ode lyrique intitulée *la Guerra*, quelques *Canti lirico-morali*, et plusieurs quatuors. On doit aussi à Bigliani, qui fut l'un des collaborateurs de la *Gazzetta musicale* de Milan, un petit livre intitulé *la Messa in musica* (Florence, 1872).

BIGNAMI (.........), compositeur italien, a fait représenter sur le théâtre Paganini, de Gênes, au mois de novembre 1872, un opéra intitulé *Anna Rosa*.

BIGNON (Louis), organiste, né à Paris le 12 juillet 1827, est mort à Marseille vers la fin de l'année 1874. Il apprit la musique à la maîtrise de Notre-Dame de Paris, où il était enfant de chœur, et reçut des leçons d'orgue de M. Danjou. En 1847, il fut jugé assez habile pour suppléer son maître à Saint-Eustache, pendant un long voyage que M. Danjou fit en Italie, dans le but de recueillir des documents sur l'histoire de la musique. Louis Bignon avait été également organiste suppléant à Notre-Dame. En octobre 1847, il vint se fixer à Marseille et fut peu de temps après nommé organiste de l'église Notre-Dame-du-Mont. En 1859, une classe d'harmonie ayant été créée au Conservatoire de Marseille, il fut appelé à la diriger. Il a conservé ces fonctions jusqu'à sa mort. On a de cet artiste une *Méthode pratique d'accompagnement du plainchant*, éditée par Blanchet, à Paris, un *Traité d'harmonie* à l'usage de ses élèves, qui n'a pas été publié et qui est conçu d'après le système de Fétis, des leçons à réaliser, etc.

AL. R—D.

BIGONGIARI (Marco), compositeur, né à Lucques au commencement du dix-septième siècle, fut maître de chapelle de l'église collégiale de *San Michele in foro*. On connaît de lui une messe à huit voix, et deux actions dramatiques composées en 1654 et 1657 et représentées à l'occasion de la fête des Comices. Cet artiste mourut en 1686.

BIGONGIARI (Le P. Giovanni), probablement frère du précédent, né dans le même temps à Lucques, fut maître de chapelle de l'archevêché de cette ville, où il mourut en 1692. On n'a connaissance d'aucune composition sortie de sa plume.

BIHARI (Jean), violoniste tsigane, de Hongrie, naquit en 1769, à Gross-Abonz, dans le comté de Presbourg. C'est un des instrumentistes les plus habiles qui aient existé dans ce genre. La bande musicale qu'il avait formée a eu grande réputation, et n'a guère été surpassée. Bihari est mort en 1828 à Pesth, où l'on conserve au musée son portrait et son violon. Y.

BILBERGH (Jean), écrivain scandinave, naquit à Marienstadt, en Suède, et mourut à Strœgnœs, en 1717. On a de lui un ouvrage intitulé : *De orchestra* (Upsal, 1685). Y.

BILETTA (Emanuele), compositeur italien, est né à Casal, dans la province de Montferrat, le 20 décembre 1825. Pour premier maître il eut son père, et à quatorze ans il était déjà pianiste assez habile pour se faire entendre en public avec succès. Il étudia ensuite l'harmonie et le contrepoint avec M. Turina, élève lui-même de Reicha, et avant d'avoir atteint sa dix-huitième année il avait écrit des messes, diverses autres compositions religieuses et des pièces de musique instrumentale. Il alla passer alors trois années à Bologne, où il eut le bonheur de recevoir des conseils de Rossini, et où, au milieu d'autres compositions, il écrivit un opéra, *Marco Visconti*, qui ne fut point représenté, et un *Salve Regina* à quatre voix, avec chœur, qui fut très-bien accueilli, et qui lui valut le diplôme de membre de la Société philharmonique de Bologne. M. Biletta quitta cette ville pour venir à Paris, y publia un assez grand nombre de morceaux de piano, puis partit pour Londres, où l'appelait un engagement de compositeur de ballets pour le théâtre Covent-Garden (1848). Il écrivit en effet, en cette ville, la musique de deux grands ballets : *les Cinq Sens* et *la Lutine*, et celle d'un opéra intitulé *White Magie* (*la Magie blanche*), qui fut chantée par la célèbre Mme Louisa Pyne, miss Suzanne Pyne, MM. Harrisson et Waiss.

De retour en Italie au bout de quelques années, M. Biletta donnait au théâtre ducal de Parme son second opéra, *l'Abbazia di Kelso* (1853); il revenait ensuite à Paris, faisait représenter à l'Opéra un ouvrage en deux actes, *la Rose de Florence* (1856), puis retournait à Londres pour y faire représenter une opérette intitulée *Caught and Caged* (1859). Je crois que depuis lors cet artiste s'est fixé en cette ville, où il s'est livré à l'enseignement et où il a publié une *Méthode de chant* dont on dit beaucoup de bien. M. Biletta a composé plus de trois cents œuvres de tout genre : ouvertures, morceaux de piano, canzonettes, airs, madrigaux, pièces à une, deux, trois et quatre voix, etc.

Au mois de septembre 1875, on a donné à Florence une version italienne de l'ouvrage que M. Biletta avait fait représenter naguère à Paris, *la Rose de Florence*, avec MM. Roger et Bonnetrée pour principaux interprètes. Cette traduction a obtenu un très-grand succès, et M. Biletta, encouragé par ce résultat, s'est mis aussitôt à écrire un nouvel opéra, qui doit être prochainement représenté. Cet artiste a publié, tant à Paris qu'à Londres et à Milan, toute une collection de mélodies vocales qui se font remarquer par l'élégance de la forme et le tour plein de charme de l'idée musicale.

BILLEMA (Raphael et Charles), pianistes et compositeurs, fils d'un musicien napolitain et tous deux nés à Naples, vinrent fort jeunes se fixer en France, où ils publièrent un grand nombre de compositions pour le piano à deux, à quatre et à six mains, qu'ils écrivaient la plupart du temps en collaboration. On leur doit, entre autres, une quarantaine de fantaisies à quatre mains sur des motifs tirés des opéras de Verdi et de quelques autres musiciens italiens contemporains. Raphaël Billema s'était, vers 1855, fixé comme professeur à Saintes, après avoir passé quelques années à Tunis, au service du bey, et il mourut en cette ville, le 16 décembre 1874, âgé de cinquante-quatre ans. Son frère, M. Charles Billema, s'était récemment établi à Pau, et est revenu depuis se fixer à Paris.

BILLERT (Charles-Frédéric-Auguste), compositeur, chef d'orchestre et écrivain sur la musique, naquit le 14 septembre 1821, à Alt-Stettin, en Poméranie. Parmi ses compositions on cite : une symphonie en ré majeur, un oratorio : *la Naissance du Christ*, et un opéra : *Der Liebesring* (*l'Anneau d'amour*). Billert s'est également occupé de travaux didactiques, et a collaboré activement au Dictionnaire de Mendel : *Musikalisches Conversations-Lexicon*. Cet artiste est mort à Berlin le 2 janvier 1876.

BILLIONI (Catherine-Ursule-Bussa, femme), actrice, chanteuse et danseuse distinguée, née à Nancy en 1751, montra de très-bonne heure de rares dispositions pour la danse et pour le chant. Dès l'âge de quatre ans on lui donna des maîtres, et tout enfant elle parut comme danseuse à la Comédie-Italienne. Bientôt on lui confia quelques petits rôles, dans lesquels le public l'accueillit avec une rare faveur, et elle avait à peine douze ans qu'elle faisait, dit-on, par la grâce de son chant, les délices des concerts particuliers. A cette époque, elle fut attachée au théâtre royal de Bruxelles, pour y tenir l'emploi des premières danseuses et celui des amoureuses dans les pièces à ariettes. Quelques années plus tard elle épousa Billion, dit Billioni, ancien maître des ballets de l'Opéra-Comique et de la Comédie-Italienne, et bientôt, c'est-à-dire vers 1766, elle revint à ce dernier théâtre pour y remplir le double emploi qu'elle tenait à Bruxelles. Elle eut l'occasion de doubler deux actrices fort aimées du public, Mme Trial et Mme Laruette, dans quelques-uns de leurs meilleurs rôles chantants, *le Huron*, *le Sorcier*, *la Servante maîtresse*, *le Peintre amoureux de son modèle*, *la Clochette*, et son succès fut tel comme cantatrice qu'en 1771 l'administration du Concert spirituel l'engagea en qualité de chanteuse italienne. A partir de ce moment, elle abandonna complètement la danse à la Comédie Italienne, pour ne plus se montrer que dans les pièces à ariettes, où elle conquérait chaque jour davantage la faveur du public par la grâce et la franchise de son jeu, en même temps que par la souplesse de sa voix et son habileté dans l'art du chant. Quelques créations qui lui furent confiées dans des ouvrages de ce genre lui firent le plus grand honneur. Cette artiste fort distinguée mourut à la fleur de l'âge, le 19 juin 1783, par suite d'un trop grand travail et de chagrins causés par la perte subite d'une partie de sa famille. Elle avait été la maîtresse du fameux Clairval, son camarade de la Comédie-Italienne, dont elle était éprise jusqu'à la folie.

BILS (François), pianiste et organiste de talent, naquit à Lengfort, sur le Mein, en 1757, et mourut en 1821 à Carlsruhe. Parmi les élèves qu'il a formés, on cite surtout sa fille Marguerite Bils, qui s'est fait connaître dans les grandes villes de l'Allemagne. Y.

BILSE (Benjamin) chef d'orchestre allemand, est né à Liegnitz le 17 août 1816. Il a formé lui-même le talent de la plupart des artistes qu'il a sous sa direction et avec lesquels il a entrepris de nombreux voyages. Il s'est fait entendre à Paris lors de l'exposition de 1867, et a depuis parcouru une grande partie de l'Europe. Y.

BIMBONI (Giovacchino), professeur de trompette et de trombone à l'Institut musical de Florence, est né en cette ville le 19 août 1810. Il étudia d'abord la flûte et se fit connaître comme virtuose sur cet instrument, après quoi, s'étant engagé comme volontaire dans la musique du 2e régiment toscan, il se mit à étudier le trombone, sur lequel il devint très-habile et acquit une grande réputation. M. Bimboni est le premier en Italie qui, ayant vu une trompette à pistons, songea à appliquer ce système de pistons au trombone ; il a inventé un instrument appelé par lui *bimbonifono*, qu'il est parvenu à construire d'après les principes de construction des instruments à vent en bois, sans lui enlever son caractère spécial. Admis à l'exposition universelle de Vienne de 1873, le *bimbonifono* a valu à son auteur la décoration de la Couronne d'Italie, et a fait l'objet d'un rapport élogieux prononcé par M. Casamorata dans une séance de l'Académie de l'Institut musical de Florence et inséré dans les *Actes* de cette Académie.

BINDANGOLI (Gaspare), compositeur italien, né à Assise, a fait représenter sur le théâtre de cette ville, au mois de janvier 1803, un opéra sérieux intitulé *Cinzica Sismondi*, qui fut bien accueilli. M. Bindangoli a fait de bonnes études au Conservatoire de Naples.

BINGHAM (........), flûtiste habile qui vivait à la fin du dix-septième siècle et au commencement du dix-huitième, a publié chez Étienne Royer, à Amsterdam : 1° *Quatre livres* d'airs pour deux flûtes, sans basse; 2° Pièces pour flûte et basse continue. Je n'ai pas d'autres renseignements sur cet artiste, qui n'existait plus en 1730.

BIRKLER (Georges-Guillaume), musicien allemand, est né le 23 mai 1820 à Buchau, dans la Haute-Souabe. Il a composé de la musique religieuse, et écrit un grand nombre d'articles dans le *Magazin fur. Pædagogik* et dans la *Cecilia*. Y.

BISCHOFF (Charles-Bernard), compositeur allemand, est né le 24 décembre 1807 à Nieder-Rœblingen, dans le duché de Weimar. On a de lui deux oratorios : *Christus* et *Joas*. Y.

* **BISCHOFF** (le docteur Ludwig-Frédéric-Christophe), critique musical renommé, est mort à Cologne le 24 février 1867.

BISCHOFF (Gaspard-Joseph), musicien allemand, est né le 7 avril 1823 à Ausbach. On a de lui de la musique de chambre, des *lieder* et un opéra : *Maske und Mantille* (*Masque et Mantille*), représenté à Francfort-sur-le-Mein en 1852. Y.

BISCOTTINI (......), compositeur italien, est l'auteur d'un opéra bouffe intitulé *il Matrimonio per concorso*.

BISHOP (Mme Anna), cantatrice anglaise qui a joui d'une éclatante renommée et dont les succès ont retenti dans toute l'Europe, est née en 1814. Ayant remarqué ses rares aptitudes musicales, sa famille en voulut d'abord faire une pianiste, et la confia aux soins du célèbre Moscheles, alors établi à Londres et sous l'excellente direction duquel elle fit de rapides progrès. Mais bientôt, une voix exquise et pure de *soprano sfogato* s'étant développée chez la jeune fille, celle-ci fut admise à la *Royal Academy of Music*, grande école musicale récemment fondée par lord Westmoreland et dirigée par le fameux harpiste et compositeur français Bochsa, qui devait exercer plus tard une si grande influence sur sa destinée. En 1831, âgée de 17 ans, elle épousa le compositeur et chef d'orchestre Bishop, artiste dont la valeur a été singulièrement surfaite par ses compatriotes et qui avait le tort de compter vingt-cinq ans de plus qu'elle.

C'est en 1837 que Mme Bishop se produisit pour la première fois en public, et qu'elle se fit entendre d'abord dans les grands festivals qui se donnent régulièrement dans les provinces anglaises, puis à Londres même, dans les belles séances de la *Philharmonic Society*. Elle y obtint des succès prononcés, mais elle comptait ne point borner sa carrière à celle d'une cantatrice de concerts, et prétendait aux triomphes de la scène. « Accoutumée, dit un biographe, à style classique, large, imposant, habituée rendre les sublimes pensées d'un Hændel, d'Haydn, d'un Mozart, d'un Cimarosa, elle s'ét peu ou point occupée du chant italien moderne ce ne fut qu'en 1839, et par les conseils Bochsa, qu'Anna Bishop s'y voua sérieusemen Sa première apparition à Londres dans ce gen de musique presque nouveau pour elle (elle av débuté par d'heureux essais à Édimbourg Dublin) eut lieu dans le concert dramatique donn par Bochsa à l'Opéra-Italien, le 5 juin 1839, co cert auquel assistait toute l'aristocratie britan nique. Grisi, Pauline Garcia, Persiani, Rubin Lablache chantaient dans cette solennité mus cale, Thalberg et Dœhler y tenaient le pian Bochsa s'y fit entendre sur la harpe. Malgré concours de tant d'artistes célèbres qui sembla devoir éclipser la nouvelle débutante, Ann Bishop obtint le succès le plus éclatant ; el chanta des morceaux de musique italienne dan le costume des opéras dont ils étaient tirés. L journal *le Post*, oracle de la haute société d Londres, parla avec le plus grand éloge du ta lent étonnant d'Anna Bishop; il représenta so apparition dans cette soirée comme l'événemen (*the chief novelty*), il s'étendit longuement su le talent qu'elle avait déployé comme cantatric dans le genre italien, et comme actrice. Dirigé par Bochsa, elle avait travaillé en silence ; auss ce talent, surgissant tout à coup, fit-il un effe d'autant plus retentissant, et l'organe de l'aristo cratie anglaise prédit à la jeune artiste le plu brillant avenir. »

Mais les relations de Bochsa et de Mme Bisho n'étaient pas simplement artistiques. Sympath ques l'un à l'autre, une liaison intime s'était éta blie entre le maître et l'élève, et bientôt Mme Bis hop abandonnait son mari pour s'enfuir ave son amant. Tous deux quittèrent ensemble l'An gleterre, et entreprirent à travers l'Europe un grande tournée artistique qui ne fut pour eu qu'une longue suite de triomphes. Ils parcouru rent successivement le Danemark, la Suède, l Russie, la Tartarie, la Moldavie, l'Autriche, l Hongrie, la Bavière, et partout la voix mer veilleuse de Mme Bishop était acclamée, par tout son chant pur, suave, formé à la meilleur école, lui valait les plus grands succès.

En 1843, Mme Bishop arrivait en Italie, et vi sitait successivement Vérone, Padoue, Venise Rovigo, Ferrare, Florence, Rome, au milie d'acclamations unanimes. Bientôt elle se rend à Naples, où elle débuta par quelques concert donnés au théâtre San-Carlo. Son succès fut te que l'administration de ce théâtre l'engagea au sitôt pour donner quelques représentations de *la Fidanzata Corsa*, opéra de Pacini qui jouissait alors de la faveur du public. Cet essai fut un triomphe, et la direction, qui n'avait traité avec elle que pour huit représentations, l'engagea pour huit nouvelles soirées, puis pour vingt-quatre, et enfin se l'attacha régulièrement en qualité de *prima donna assoluta* pour les deux scènes royales de San-Carlo et du Fondo, Bochsa devant diriger les représentations de tous les opéras qu'elle jouerait. Mme Bishop resta ainsi vingt-sept mois à Naples et y chanta 327 fois dans vingt opéras de genres différents, *Otello*, *l'Elisire d'Amore*, *la Sonnambula*, *Beatrice di Tenda*, *il Barbiere*, *le Cantatrice villane*, etc., excitant chaque jour davantage l'enthousiasme et exerçant sur le public une véritable fascination. Pendant ce long séjour, plusieurs ouvrages nouveaux furent écrits expressément pour elle, entre autres *il Vascello di Gama*, de Mercadante; mais c'est surtout dans l'*Otello* de Rossini que son succès fut le plus éclatant, et cela est d'autant plus remarquable que le souvenir de la Malibran, incomparable dans le rôle de Desdemona, était encore vivant chez les Napolitains.

Après s'être fait entendre à Rome, Mme Bishop quitta l'Italie, toujours en compagnie de Bochsa, et tous deux rentrèrent en Angleterre, en se faisant applaudir à leur passage en Suisse, dans les villes du Rhin, en Belgique et en Hollande. Mais ils n'y restèrent que peu de temps, et entreprirent un nouveau voyage, cette fois au-delà des mers. En 1848, ils s'embarquèrent pour l'Amérique, firent une immense tournée dans cette contrée, puis visitèrent l'Australie. C'est dans ce dernier pays que Bochsa fut frappé par la maladie, et qu'il mourut dans les premiers jours de janvier 1856. Peu de temps après, Mme Bishop revenait en Europe, et depuis lors on n'a plus parlé d'elle.

BIZET (ALEXANDRE-CÉSAR-LÉOPOLD, connu sous le nom de GEORGES), compositeur extrêmement distingué, né à Paris le 25 octobre 1838, mort à Bougival le 3 juin 1875, dans sa trente-septième année, était l'un des jeunes artistes qui semblaient devoir se mettre à la tête de l'école musicale française et à qui la gloire paraissait réservée. Fils d'un professeur de chant, Bizet avait été, au Conservatoire, un triomphateur précoce, et avait fait dans cet établissement des études exceptionnellement brillantes. Élève d'abord de M. Marmontel pour le piano, et de M. Benoist pour l'orgue, il était entré ensuite dans la classe de composition d'Halévy après avoir travaillé l'harmonie sous la direction particulière de Zimmermann. Agé d'environ neuf ans lorsqu'il était admis à suivre les cours de l'école, il obtenait sa première récompense avant d'avoir atteint sa onzième année, et voici la liste de toutes celles qu'il reçut : 1er prix de solfège (1849); 2e prix de piano (1851) et 1er prix (1852); 1er accessit d'orgue (1853), 2e prix (1854) et 1er prix (1855); 2e prix de fugue (1854), et 1er prix (1855); enfin, deuxième grand prix de Rome à l'Institut (1856), et premier grand prix en 1857.

Bizet, dont les tendances wagnériennes n'étaient un mystère pour personne, et qui, pendant de longues années, afficha le mépris le plus complet pour la forme et le genre de l'opéra-comique, fit cependant ses débuts de compositeur dramatique d'une façon assez singulière. M. Offenbach, alors directeur du petit théâtre des Bouffes-Parisiens, venait d'ouvrir un concours pour la musique d'une opérette, et le vainqueur de ce concours devait voir représenter son œuvre sur cette scène minuscule; soixante-dix-huit compositeurs se présentèrent, parmi lesquels, à la suite d'une épreuve préparatoire, six furent jugés dignes d'entrer définitivement en lice; ces six concurrents étaient, par ordre de mérite, MM. Bizet, Dermerssemann, Erlanger, Charles Lecocq, Limagne et Mauiquet. Tous furent chargés de mettre en musique un livret intitulé *le Docteur Miracle*, et au bout de quelques semaines le jury chargé de l'examen des partitions proclama vainqueurs, *ex œquo*, MM. Charles Lecocq et Georges Bizet. Par une sorte d'ironie du sort, il se trouvait que, de ces deux jeunes artistes, l'un, M. Lecocq, devait être le transformateur du genre de l'opérette, que tous ses efforts tendraient à faire rentrer dans le giron de l'opéra-comique, tandis que l'autre, Bizet, devait se montrer le plus mortel ennemi de cet opéra-comique et professer le plus profond dédain pour les musiciens qui l'avaient porté à son plus haut point de splendeur!

Ceci se passait en 1857, et les deux partitions couronnées du *Docteur Miracle* étaient exécutées toutes deux aux Bouffes-Parisiens, celle de M. Lecocq le 8 avril, celle de Bizet le 9 avril, sans que le public fît un accueil bien chaleureux à l'une ni à l'autre. Trois mois après, Bizet concourait de nouveau à l'Institut, obtenait son premier prix, et partait bientôt pour Rome. D'Italie, où il travailla très-sérieusement, il fit avec exactitude à l'Académie des Beaux-Arts les envois que chaque élève de l'Académie de France à Rome est tenu de lui adresser par les règlements. C'est ainsi que la première année il envoya un opéra bouffe italien en 2 actes, *Don Procopio* (1), la troisième année deux morceaux de symphonie et une ouverture intitulée *la Chasse d'Ossian*, et la quatrième année un opéra-comique en un acte, *la Guzla de l'Émir*. De retour en France au bout de quelques années, il s'y livra d'abord au professorat, puis songea à se produire sérieusement au théâtre. Il y réussit plus promptement que beaucoup de ses confrères, et le 30 septembre 1863 il donnait au Théâtre-Lyrique *les Pêcheurs de perles*, grand opéra en trois actes, qui fut suivi, le 26 décembre 1867, de *la Jolie Fille de Perth*, grand opéra en 4 actes et 5 tableaux. Ces deux ouvrages, conçus dans le style wagnérien, étaient fort remarquables au point de vue de la facture et de l'instrumentation et annonçaient un jeune maître déjà très-sûr de lui sous ce rapport; mais l'un et l'autre laissaient considérablement à désirer en ce qui concerne l'inspiration et la pensée musicale. Le public fit un froid accueil à ces deux productions, dans lesquelles l'auteur avait sacrifié à une sorte de mélopée traînante et indéfinie, parsemée d'audaces harmoniques un peu trop violentes, les deux qualités sans lesquelles il n'est point de véritable musique : je veux dire la vigueur du rhythme et la franchise du sentiment tonal.

Bizet prit une revanche en faisant exécuter à peu près dans le même temps, aux Concerts populaires, deux fragments d'une symphonie qui furent reçus avec beaucoup de faveur, et qui se faisaient remarquer par une bonne couleur et une rare vigueur de touche. Mais il revint bientôt à sa première manière en donnant à l'Opéra-Comique (22 mai 1872) un petit ouvrage en un acte, *Djamileh*, production étrange dans laquelle il semblait avoir voulu accumuler à plaisir toutes les qualités les plus anti-scéniques dont un musicien puisse faire preuve au théâtre. *Djamileh* n'eut aucun succès. Cependant, comme Bizet n'était pas seulement un artiste d'un très-grand talent au point de vue de la pratique et du savoir, mais qu'il y avait encore chez lui toute l'étoffe d'un créateur, il revint à un plus juste sentiment des nécessités de l'art en écrivant pour un joli drame de M. Alphonse Daudet, *l'Arlésienne*, une partition symphonique et chorale

(1) Voici comment le rapporteur des travaux envoyés de Rome appréciait cet ouvrage, dans le compte-rendu de la séance publique annuelle de l'Académie des Beaux-Arts de 1860. « Cet ouvrage se distingue par une touche aisée et brillante, un style jeune et hardi ; qualités précieuses pour le genre comique. » Cela paraît étrange aujourd'hui, à quiconque a pu apprécier le tempérament musical de Bizet et son horreur, au moins apparente, pour le genre bouffe ou même tempéré.

qui était un petit chef-d'œuvre de grâce, de poésie, de fraîcheur et d'inspiration. A la musique de *l'Arlésienne*, qui fut ensuite présentée dans les concerts avec beaucoup de succès, sous forme de suite d'orchestre, succéda bientôt l'ouverture de *Patrie*, page nerveuse et colorée, pleine de vigueur et d'éclat, mais dans laquelle le compositeur avait encore trop sacrifié l'idée à la forme, le corps au vêtement, la pensée à l'expression. Cette ouverture fut exécutée avec succès aux Concerts populaires.

Après tant d'essais divers, après de si nombreuses tentatives dans des genres différents, tous ceux qui avaient souci de l'avenir de la jeune école française et qui pensaient que, malgré ses erreurs passées, malgré ses dédains calculés ou exagérés pour certaines formes musicales, malgré des partis-pris évidents et fâcheux, Bizet était l'un des soutiens les plus fermes, les mieux doués et les plus intelligents de cette école, attendaient avec intérêt ce jeune maître à sa première œuvre dramatique importante. Il s'agissait, pour eux, de savoir si Bizet, s'adressant de nouveau au théâtre, voudrait se décider enfin à faire de la musique théâtrale, ou bien si, s'obstinant dans les théories antidramatiques de M. Richard Wagner et de ses imitateurs, il voudrait continuer à transporter à la scène ce qui lui est absolument hostile, c'est-à-dire la rêverie, la poésie extatique et l'élément symphonique pur. C'est à ce moment qu'on annonça au théâtre de l'Opéra-Comique la prochaine apparition d'une œuvre importante du jeune compositeur, *Carmen*, ouvrage en 4 actes, dont MM. Henri Meilhac et Ludovic Halévy avaient tiré le livret d'une nouvelle de Prosper Mérimée portant le même titre. Or, nul n'ignorait que Bizet avait affiché hautement, en mainte occasion, une étrange antipathie pour le genre de l'opéra-comique et pour le génie d'un de ses représentants les plus glorieux dans le passé, Boieldieu. On se demandait donc avec une certaine anxiété si l'auteur des *Pêcheurs de perles*, rompant violemment avec des traditions plus que séculaires, allait essayer d'imposer, à la scène illustrée par tant d'aimables chefs-d'œuvre, une poétique nouvelle et incompréhensible, ou bien si, se séparant avec éclat de la petite chapelle composée de quelques impuissants et dont il était en quelque sorte le chef reconnu, il en viendrait à faire de ce que ces jeunes dédaigneux par stérilité appelaient « des concessions au public », et s'il entrerait résolument dans une voie féconde et pour lui pleine d'avenir.

Il n'est que juste de déclarer que Bizet ne justifia en aucune façon les craintes légitimes de quelques-uns, et que son œuvre nouvelle, témoignage éclatant d'une évolution profonde qui s'était opérée dans son esprit, donnait des preuves de son désir de bien faire et de ses préoccupations en faveur d'un art rationnel, sage et parfaitement accessible à tous. La partition de *Carmen* n'était pas un chef d'œuvre sans doute, mais c'était une promesse brillante, et elle semblait, de la part de son auteur, comme une sorte de déclaration de principes nouveaux, comme une prise de possession d'un domaine qui lui avait paru jusqu'alors indigne de ses désirs et de ses convoitises. A ces divers égards, elle méritait de fixer l'attention du public et de la critique, qui l'accueillirent avec le plus grand plaisir. On remarqua que cette partition, inégale assurément, mais très-étudiée, très-soignée, était écrite dans le vrai ton de l'opéra-comique, bien que l'auteur n'eût point voulu pour cela faire abstraction de son rare talent de symphoniste, et que cette préoccupation l'eût entraîné parfois un peu plus loin que de raison; on lui reprocha aussi, assez justement, de n'avoir point assez de souci de la nature et de la limite des voix. Mais, à part quelques réserves, on dut rendre et l'on rendit pleine justice au talent déployé par le musicien, à l'excellent travail d'ordonnancement et de mise en œuvre de ses morceaux, à la couleur et au charme qu'il avait su donner à la plupart d'entre eux, à la poésie qu'il avait répandue sur certains épisodes, enfin à ses jolis effets d'instrumentation et à son rare sentiment du pittoresque. En résumé, l'élégante partition de *Carmen* montrait Bizet à la recherche d'horizons nouveaux, et donnait de grandes et légitimes espérances pour son avenir de compositeur dramatique.

C'est à ce moment que la mort vint foudroyer le jeune artiste, dans toute la force de l'intelligence et de la production. Trois mois, jour pour jour, après la première représentation de *Carmen*, le 3 juin 1875, il fut étouffé presque subitement par un rhumatisme au cœur, dont il était déjà depuis longtemps attaqué. Habitant Bougival avec sa famille, il rentrait d'une promenade lorsqu'il tomba tout à coup sans connaissance, ayant à peine le temps d'appeler sa jeune femme, qui accourut à ses cris; il ne reprit pas ses sens, et mourut dans la nuit. Peu d'années après la mort d'Halévy, Bizet avait épousé l'une des filles de son maître, Mlle Geneviève Halévy; il la laissa veuve avec un jeune orphelin de cinq ans.

C'est ainsi que disparut un artiste dont la carrière promettait d'être brillante, et qui, doué d'une grande intelligence et de rares facultés, aurait peut-être atteint les plus hauts sommets de la gloire. Sa mort fut une grande perte pour l'art français, car elle arriva au moment où le jeune maître, devenu complètement sûr de lui-même, éclairé par une critique bienveillante, ayant mûrement réfléchi sur les nécessités qui s'imposent au musicien désireux de se faire un grand nom, aurait produit sans doute ses œuvres les plus achevées et les plus accomplies. Bizet, on peut le dire, était un artiste de race et de tempérament.

Bizet a publié, en dehors du théâtre, les compositions suivantes : Chant : *Feuilles d'album* (1° *A une fleur* ; 2° *Adieux à Suzon*; 3° *Sonnet de Ronsard*; 4° *Guitare*; 5° *Rose d'Amour*; 6° *Le Grillon*), Paris, Heugel. — *Recueil de vingt Mélodies.* (1° *Chanson d'Avril*; 2° *Viens, c'est l'Amour*; 3° *Vieille chanson*; 4° *Les Adieux de l'hôtesse arabe*; 5° *Le Rêve de la bien-aimée*; 6° *J'aime l'amour*; 7° *Vous ne priez pas*; 8° *Ma vie a son secret*; 9° *Pastorale*; 10° *Sérénade*; 11° *Berceuse*; 12° *La Chanson du fou*; 13° *Absence*; 14° *Douce mer*; 15° *Après l'hiver*; 16° *La Coccinelle*; 17° *Chanson d'amour*; 18° *Je n'en dirai rien*; 19° *L'Esprit saint*; 20° *Tarentelle*), Paris, Choudens. — Piano. *Les Chants du Rhin*, six lieder pour piano (1° *L'Aurore*; 2° *Le Départ*; 3° *Les Rêves*; 4° *La Bohémienne*; 5° *Les Confidences*; 6° *Le Retour*), Paris, Heugel. — *Jeux d'enfants*, douze pièces (1° *L'Escarpolette*; 2° *La Toupie*; 3° *La Poupée*; 4° *Les Chevaux de bois*; 5° *Le Volant*; 6° *Trompette et tambour*; 7° *Les Bulles de savon*; 8° *Les Quatre coins*; 9° *Colin-Maillard*; 10° *Saute-Mouton*; 11° *Petit mari, petite femme*; 12° *Le Bal*), Paris, Durand-Schœnewerk. — Six transcriptions sur *Mignon*, Paris, Heugel. — Six transcriptions sur *Don Juan*, Paris, Heugel. — Neuf transcriptions à quatre mains sur *Hamlet*, Paris, Heugel. — *Danse Bohémienne*, Paris, Choudens. — *Venise*, romance sans paroles, Paris, Choudens. — Bizet avait fait aussi les réductions pour piano seul des partitions d'*Hamlet* et de *l'Oie du Caire*, et les arrangements pour piano à quatre mains des partitions d'*Hamlet*, et de *Mignon*. Enfin, on lui doit une très-intéressante collection publiée sous ce titre : *Le Pianiste chanteur*, célèbres œuvres des maîtres italiens, allemands et français, transcrites pour le piano, soigneusement doigtées et accentuées (150 transcriptions), Paris, Heugel.

Bizet a laissé en portefeuille un certain nombre de compositions, dont plusieurs fort importantes; parmi ces dernières se trouve un opéra entièrement terminé, *Yvan le terrible*, écrit sur un poëme de MM. Leroy et Michel Carré que M. Gounod avait entrepris de mettre en musique, pour y renoncer ensuite. Parmi ses œuvres inachevées, il faut citer un grand oratorio, *Geneviève, patronne de Paris*, et un drame lyrique, *le Cid*, dont la plus grande partie du chant seulement était écrite. Cet artiste fort distingué avait été nommé chevalier de la Légion d'honneur peu de jours avant l'apparition de sa dernière œuvre dramatique, *Carmen*, dont, la veille de sa mort, l'Opéra-Comique donnait la trente-unième représentation, et qui a obtenu depuis un vif succès à Vienne. Le 31 octobre 1875, un hommage public lui a été rendu à la séance de réouverture des concerts de l'Association artistique; sous ce titre : *A la mémoire de Georges Bizet*, une partie de ce concert lui était consacrée, comprenant l'ouverture intitulée *Patrie*, l'une de ses dernières compositions; un *lamento* pour orchestre de M. Jules Massenet, son ami, écrit expressément à cette occasion; et une pièce de vers de M. Louis Gallet, *Souvenir*, dite par Mme Galli-Marié, l'interprète du rôle de Carmen à l'Opéra-Comique. Cet hommage touchant était digne de l'artiste (1).

BJOERKMAN (Hans), artiste suédois, était directeur de la musique à Calmar vers 1770. Il s'est fait connaître par plusieurs écrits sur la musique. Y.

BLACHER (Ali), amateur de musique distingué, né au commencement de ce siècle dans le département du Gard, vint jeune à Paris et entra au Conservatoire, où il étudia le violoncelle dans la classe de Baudiot et le cor dans celle de Dauprat, tout en recevant des leçons d'harmonie et de composition de Scipion Rousselot. Fixé ensuite à Nîmes, il fit exécuter en public un certain nombre de compositions importantes, parmi lesquelles une messe solennelle, un *Stabat Mater* avec solo et chœurs, une ouverture de concert, deux quintettes pour instruments à cordes, etc. Il a écrit aussi des romances sur paroles françaises et plusieurs mélodies sur des paroles de Métastase, dont quelques-unes ont été publiées.

(1) Je rapporterai ici deux faits peu connus. Bizet s'était livré à une fantaisie en écrivant la musique du premier acte de *Malbrough s'en va-t-en guerre*, grande opérette en 4 actes, représentée au théâtre de l'Athénée le 13 décembre 1867, et dont les autres avaient été faits par MM. Léo Delibes, Émile Jonas et Legouix. A la même époque, Bizet donna, sous le pseudonyme transparent de *Gaston de Betzi*, un certain nombre d'articles de critique musicale à un recueil important, mais depuis lors disparu, la *Revue nationale*.

BLACKBEE (R...F.), professeur anglais, a publié une méthode de chant intitulée *Nouvelle École de chant et méthode complète et pratique pour la culture de la voix*.

* **BLAISE** (.....), bassoniste à la Comédie-Italienne et compositeur. Il serait difficile, croyons-nous, de dresser le répertoire complet des ouvrages pour lesquels Blaise écrivit de la musique à la Comédie-Italienne. Voici la liste de ceux que nous avons pu découvrir, et que l'on joindra à ceux déjà cités de ce compositeur : 1° *les Rendez-vous nocturnes*, ballet, 1740; 2° *Amadis*, parodie mêlée de chants et de danses, 1740; 3° *Alcione*, parodie mêlée de danses, 1741; 4° *les Deux Basiles*, comédie avec un divertissement, 1743; 5° *le Génie de la France*, 1744; 6° *les Fées rivales*, comédie avec divertissements, 1748; 7° *les Ages en récréation*, ballet, 1750; 8° *les Berceaux*, ballet, 1750.

BLANC (S......), est auteur de l'ouvrage suivant : *Nouvelle méthode de cor, contenant les principes de cet instrument, trente leçons pour deux cors et vingt-huit avec accompagnement de basse, suivies de trois sonates* (Lyon, s. d., Cartoux, in-f°).

***BLANC** (Adolphe), violoniste et compositeur. Cet artiste, qui fait partie de l'orchestre de la Société des concerts du Conservatoire, n'a cessé de se livrer activement à la composition de la musique de chambre, ce qui lui a fait décerner en 1862, par l'Académie des beaux-arts, le prix fondé par M. Chartier en faveur des artistes qui se distinguent dans ce genre de composition. Voici le catalogue exact des œuvres publiées jusqu'à ce jour par M. Blanc : 1° *Rondinetto* pour piano, op. 2; 2° Thème varié pour piano, op. 4; 3° 2 sonates pour piano, op. 6 et 32; 4° 6 pensées fugitives pour piano, op. 30; 5° 4 sonates pour piano et violon, op. 31, 32, 34 et 42; 6° 4 sonates pour piano et violoncelle, op. 12, 13 et 17; 7° Sonate pour piano et cor, op. 43; 8° 4 Grands Trios pour piano et violoncelle, op. 18, 20, 21 et 35; 9° Trio pour piano, clarinette et violoncelle, op. 23; 10° Trio pour piano, flûte et violoncelle, op. 14; 11° 4 quatuors pour piano, violon, alto et violoncelle, op. 28 (dédié à Rossini, avec une lettre de ce célèbre artiste), 37 bis et 44; 12° 2 quintettes pour piano, violon, alto, violoncelle et contrebasse, op. 39; 13° Quintette pour piano, flûte, clarinette, cor et basson, op. 37; 14° Septuor pour piano, flûte, hautbois, cor, alto, violoncelle et contre basse; 15° 2 romances sans paroles, pour violon, avec accompagnement de piano, op. 9 et 10; 16° Étude pour violon seul, op. 6; 17° Valse de concert pour violon, avec acc. de piano, op. 3; 18°

Tarentelle pour violon, op. 8; 19° *La Farfalla*, scherzo pour alto et piano, op. 7 ; 20° Barcarolle pour violoncelle et piano, op. 11 ; 21° 3 trios pour violon, alto et violoncelle, op. 25 et 41 ; 22° 5 quatuors pour 2 violons, alto et violoncelle, op. 16, 27 et 38; 23° 4 quintettes pour 2 violons, alto, violoncelle et contrebasse, op. 21, 22, 36 et 40 bis ; 24° 3 quintettes pour 2 violons, 2 altos et violoncelle, op. 15, 19 et 29; 25° septuor pour clarinette, cor, basson, violon, alto, violoncelle et contrebasse, op. 40. (Tous ces ouvrages ont été publiés chez l'éditeur Richault.) ; 26° *Andantino capriccioso* pour violon, avec acc. d'orchestre ; 27° *Andante* pour violoncelle, *id.* ; 28° Ouverture espagnole, pour orchestre ; 29° Sonatines pour piano, pour piano à 4 mains, et pour piano et violon (collection du *Petit pianiste* et de l'*École d'accompagnement*) ; 30° *Les Beautés dramatiques*, grande collection de morceaux pour piano et violon sur des thèmes d'opéras célèbres (en société avec MM. Renaud de Vilbac et Albert Lavignac) ; 31° *La Promenade du bœuf gras*, symphonie burlesque pour quatuor d'instruments à cordes et différents instruments d'enfants. (Toutes ces œuvres ont été publiées chez l'éditeur Lemoine.) On connaît encore de M. Blanc quelques morceaux de chant, entre autres *les Danses chantées*; deux opérettes : *les Deux Billets*, et *les Rêves de Marguerite*, jouées dans plusieurs salons ; un opéra-comique en un acte, *une Aventure sous la Ligue*, écrit pour un concours ouvert par la société de Ste-Cécile de Bordeaux, vers 1857, et qui a été l'objet d'une mention honorable ; enfin, un certain nombre de chœurs orphéoniques. M. Blanc, qui a été un instant chef d'orchestre au Théâtre-Lyrique, pendant la première administration de M. Carvalho, a encore écrit deux symphonies, restées inédites, mais qui ont été exécutées dans plusieurs concerts.

BLANCHINI (Francesco), musicien italien, né à Vérone le 13 décembre 1662, mourut à Rome le 2 mars 1729. Il est connu par un livre publié après sa mort, en 1742, et intitulé : *De tribus generibus instrumentorum musicæ veterum organicæ dissertatio.* Y.

BLANCKMÜLLER (J...-L...), compositeur de la première moitié du seizième siècle. Une collection de chansons à quatre voix de sa composition est conservée dans la bibliothèque de Zwickau. Y.

* **BLANGINI** (Joseph-Marie-Félix). Outre les ouvrages dramatiques cités à l'actif de ce compositeur, il faut mentionner *la Fête des souvenirs*, intermède mêlé de chants et de danses, joué à l'Opéra-Comique le 16 avril 1818, pour la représentation de retraite de Mme Crétu, l'une des meilleures actrices de ce théâtre, et *Figaro ou le Jour des Noces*, pastiche arrangé sur la musique des *Noces de Figaro* de Mozart et du *Barbier de Séville* de Rossini, et donné auxNouveautés le 16 août 1827. On cite encore, comme ayant été composés par Blangini, mais n'ayant pas été représentés, les trois ouvrages suivants : les *Fêtes Lacédémoniennes*, en 3 actes, *Inez de Castro*, en 3 actes, et *Marie-Thérèse à Presbourg* (la partition de ce dernier a été gravée). Enfin, il faut remarquer que les deux petits opéras signalés sous ces deux titres distincts : *Zélie et Terville*, et *Chimère et Réalité*, n'en forment qu'un seul, représenté sous ce titre : *Zélie et Terville* ou *Chimère et Réalité*. — M. Arsène Houssaye a publié, dans la *Revue de Paris* du 2 janvier 1842, un assez long article sur Blangini.

Blangini avait deux sœurs, toutes deux musiciennes, dont il est ainsi parlé dans le *Dictionnaire des Musiciens* de Choron et Fayolle : — « Mlle Blangini est née à Turin en 1780. Elle reçut d'abord des leçons de violon du célèbre Pugnani, et ensuite de MM. Puppo et Alexandre Boucher. M. Barni l'a dirigée dans l'étude de la composition. On n'a publié qu'un seul de ses ouvrages, savoir : un trio pour deux violons et violoncelle. Elle a joué des concertos de violon dans des concerts publics, à Turin, à Milan, à Vienne et à Paris. Elle est, depuis quelques années, attachée à S. M. la reine de Bavière, en qualité de maîtresse de chant. Sa sœur cadette, attachée en ce moment à la princesse Borghèse, a reçu des leçons de chant de M. Barni, et promet un sujet capable de faire honneur à son maître. »

BLANGINI (Théodore), fils du précédent, a fait jouer les ouvrages suivants : 1° *la Vengeance de Pierrot*, opérette en un acte, Palais-Royal, octobre 1861 (reprise aux Bouffes-Parisiens le 17 mars 1865) ; 2° *Didon*, opéra-bouffe en 2 actes et 4 tableaux, Bouffes-Parisiens, 5 avril 1866 ; 3° *une Visite à Bedlam*, opéra comique en un acte, Lyon, janvier 1872. Il y avait du talent et une fraîche inspiration dans les deux premiers de ces ouvrages, mais le musicien, mal servi par ses collaborateurs, a porté la peine des fautes commises par eux.

BLAQUIÈRE (Paul), compositeur, né vers 1830 à Clairac, se fit une sorte de réputation dans les cafés-concerts de Paris, en écrivant pour une chanteuse en vogue, Mlle Théresa, la musique d'un certain nombre de chansons auxquelles celle-ci, par son débit franc et sa diction nette, fit un grand succès de popularité. On peut citer entre autres *la Femme à barbe*, *la Fiancée du bœuf-gras* et *la Vénus aux Carottes*, compositions dont les titres indiquent suffisamment le degré de distinction. Blaquière fit représenter aux Bouffes-Parisiens, le 30 août 1856, une opérette en un acte intitulée *le Guetteur de nuit*, suivie d'une autre, *le Magot de Jacqueline*, donnée au petit théâtre Debureau en 1858. Cet artiste, qui avait fait au Conservatoire une fugitive apparition, mais dont l'éducation musicale était restée nulle, est mort à Paris le 13 avril 1868.

BLASERNA (Pietro), professeur à l'Université romaine, est l'auteur d'un livre intitulé *la Teoria del suono nei suoi rapporti colla musica* (Florence, 1875). Ce volume a été formé du texte de dix conférences faites sur ce sujet par l'auteur.

BLASIS (Francesco-Antonio de), compositeur et professeur de musique italien, fils d'un homme fort distingué qui avait été vice-amiral dans la marine espagnole, naquit à Naples en 1765 et fit ses études musicales au Conservatoire de cette ville, sous la direction de Fenaroli. Les renseignements manquent de précision sur cet artiste, qui paraît n'avoir pas été sans mérite, et ceux qui m'ont servi à écrire cette notice sont surtout extraits d'un article publié le 2 janvier 1868 dans une feuille musicale et théâtrale de Venise, *la Scena*. On sait que Blasis fit représenter en Italie un certain nombre d'opéras et de ballets, *Arminio*, *Didone*, *Adone e Venere*, *Zulima*, *lo Sposo in periglio*, *il Burbero di buon cuore*, *la Donna capricciosa*, *il Geloso ravveduto*, *l'Isola di Bella Marina*, *il Finto Feudatorio*, etc., qu'il fut organiste à Venise, qu'il s'enfuit de Naples en 1799 pour échapper aux effets possibles de la sauvage réaction bourbonienne, et qu'il se réfugia en France et s'établit d'abord à Marseille. Il paraît qu'il a fait jouer sur nos scènes départementales plusieurs opéras français, car les rares biographes italiens qui se sont occupés de lui citent les titres de ces ouvrages, « représentés en France, » et dont Paris n'a jamais eu connaissance : *Omphale*, *Almanzor ou l'Épreuve de la jeunesse*, *le Courroux d'Achille*, *Débutade ou l'Origine du Dessin*, *les Trois Sultanes*, *le Triomphe de la Paix*, *Méprise sur Méprise*, *la Fête du village*, etc. Le titre de ces compositions dramatiques constitue tout ce qu'on sait à leur sujet, et il serait, je crois, fort difficile aujourd'hui de fixer la date et le lieu de représentation de chacune d'elles. Blasis écrivit encore, dit-on, plusieurs oratorios, des messes, des ouvertures, des quatuors, et, professeur habile, il a laissé aussi une *Méthode de violon*, une *Méthode de piano*, une *Méthode de chant*, et un *Traité d'harmonie et de contrepoint*. Enfin, on assure qu'outre plusieurs livrets d'opéras et des *Mémoires politiques sur la révolution de Naples*, Blasis avait encore écrit des biographies artistiques et une *Histoire de la musique*. Cet artiste actif et distingué est mort à Florence le 22 août 1851, à l'âge de quatre-vingt six ans environ. Un monument lui a été élevé dans le couvent de Sainte-Croix.

BLASIS (Carlo de), danseur, chorégraphe, compositeur et écrivain italien, fils du précédent, a été d'abord premier danseur, puis professeur à l'école de ballet instituée près du théâtre de la Scala, de Milan. D'après une biographie publiée à Londres en 1847 et insérée dans son ouvrage anglais sur la danse, Carlo Blasis serait né à Naples le 4 novembre 1803, mais nous faisons nos réserves quant à l'exactitude de cette date, car nous lisons dans une notice sur son père que celui-ci se rendit à Marseille avec sa femme et ses enfants lors de la grande persécution bourbonienne de Naples, qui eut lieu en 1799, et qu'il passa ensuite à Bordeaux, où son fils Carlo débuta comme premier danseur en 1818.

Après avoir parcouru les principales villes des départements, Carlo Blasis fut engagé à l'Opéra, où il se perfectionna avec Gardel. Il y créa *Télémaque*, *Paris*, *Achille à Scyros*, mais bientôt des intrigues de coulisses le mirent dans la nécessité de donner sa démission. C'est alors qu'il parut à la Scala, de Milan, et dans d'autres grandes villes de l'Italie, mais au bout de quelques années sa carrière se trouva brusquement terminée à Naples par suite d'une foulure du pied, qui l'empêcha de reparaître jamais au théâtre. Il s'adonna alors à l'enseignement et à la composition des ballets.

En 1837, Blasis et sa femme (née Ramaccini) étaient appelés à diriger la fameuse école de danse de la Scala, d'où sont sorties toutes les notabilités dansantes que nous avons vu figurer à notre grand Opéra de Paris. C'est alors que Blasis se mit à tracer des scenarios de ballets dont il a fait un nombre incalculable, et c'est alors aussi qu'il écrivit la musique d'un grand nombre de pas et de *ballabili*.

Blasis s'est livré aussi à de nombreux travaux littéraires, consacrés à la danse ou à la musique. Son *Traité élémentaire théorique et pratique de la Danse* a été publié à Paris, en français, en 1820, et reproduit plus tard, avec des additions dans la collection des *Manuels-Roret*. Parmi ses autres écrits, nous signalerons les suivants : 1° *Notes upon dancing*, Londres, Novello,

1820; 2° *Studii sulle arti imitatrici*, Milan, 1844; 3° *Del Carattere della musica sacra e del sentimento religioso;* 4° *Biografia di Virginia Blasis e onori poetici*, notice qui paraît être aussi son œuvre, Milan, 1853, in-8°. Enfin, en 1854, Blasis a publié à Milan une brochure intitulée : *Delle composizioni coreografiche e delle opere letterarie di Carlo Blasis, coll'aggiunta delle testimonianze*, etc., in-8° avec portrait. C'est un exposé de ses œuvres inédites, et une suite d'articles publiés à diverses époques sur ses œuvres parues. Blasis a donné aussi une *Biographie de Pergolesi* et une *Dissertation sur la musique italienne en France;* mais toutes nos recherches ne nous ont pas fait découvrir ces deux brochures, mentionnées par l'auteur dans son catalogue (1).

J. D. F.

* BLASIS (Virginie DE), sœur du précédent. Une notice biographique, accompagnée de nombreuses pièces de vers, et ornée d'un portrait, a été publiée en Italie sur cette chanteuse distinguée : *Biografia di Virginia Blasis e onori poetici* (Milano, tip. Centenari, 1853, in-8). Nous remarquerons que, dans cette brochure, la date de la naissance de Virginie Blasis est fixée au mois d'août 1807. — La sœur aînée de cette artiste, *Teresa de Blasis*, s'est fait une réputation comme professeur de piano, et a composé des sonates, des variations et des morceaux de genre pour son instrument. Elle est morte à Florence, le 20 avril 1868.

* BLASIUS (Mathieu-Frédéric). Cet artiste a fait représenter à la Comédie-Italienne, le 28 août 1788, un opéra comique en 3 actes, *la Paysanne supposée*, ou *la Fête de la Moisson*. Il a eu une part de collaboration dans *le Congrès des Rois*, ouvrage écrit par une douzaine de compositeurs et joué au même théâtre en 1794. Enfin, il a composé la musique de plusieurs mélodrames donnés au boulevard : *Africo et Menzola*, *Don Pèdre et Zulika*, *Adelson et Salvini*, etc.

BLASSMANN (Adolphe-Joseph-Marie), compositeur et pianiste, est né à Dresde le 27 octobre 1823. Il a produit très-peu, mais ses ouvrages sont généralement estimés. Y.

(1) Dans une liste des écrits de Blasis publiée récemment par un journal italien, se trouvait mentionné l'ouvrage suivant, publié à Milan, *Trattato storico-biografico della Musica italiana e della Musica francese*, et encore celui-ci, jusqu'à ce jour inédit : *Lo Spirito filosofico della Musica*. Au reste, peu d'écrivains sont aussi prolifiques que M. Blasis, qui collabore a plus de vingt journaux de théâtre et de musique italiens, dans lesquels la publication d'un de ses travaux dure parfois plusieurs années. — A. F.

BLATHWAYT (........), claveciniste remarquable, mit au commencement du dix-huitième siècle tout Londres en émoi par son talent précoce et transcendant. Il était élève d'Alessandro Scarlatti. Tout ce qu'on connaît de lui aujourd'hui, c'est son portrait, qui est conservé à l'école de musique d'Oxford. Y.

* BLAVET (Michel). Parmi les œuvres de musique instrumentale publiées par cet artiste distingué, il faut citer un *premier* (et *deuxième*) *Recueil de pièces, petits airs, brunettes, menuets*, etc., avec des doubles variations, accommodé pour les flûtes traversières, violons, pardessus de viole, etc. (Paris, s. d., 2 vol. in-4° oblong.)

* BLAZE (François-Henri-Joseph), dit CASTIL-BLAZE. Quelques erreurs et quelques omissions sont à signaler dans la liste des travaux littéraires de cet écrivain fécond. L'écrit indiqué sous ce titre : *l'Académie royale de musique, depuis Cambert*, etc., n'a point été tiré à part sous celui de *Mémorial du Grand-Opéra;* ce dernier travail, qui n'a aucun rapport avec le précédent, forme non un volume, mais une brochure in-8°. L'ouvrage intitulé : *Le Piano, histoire de son invention*, etc., n'a jamais été non plus publié à part. En revanche, trois publications de Castil-Blaze manquent à la nomenclature de ses œuvres : 1° *l'Art des vers lyriques* (Paris, Delahays, 1858, in-8°); 2° *Sur l'Opéra, vérités dures, mais utiles* (Paris, l'auteur, 1856, in-8°); 3° *Physiologie du Musicien* (Bruxelles, 1844, in-32). Le manuscrit de l'*Histoire de l'Opéra-Comique*, annoncée souvent par Castil-Blaze et qu'il n'eut pas le temps de publier, fait aujourd'hui partie de la Bibliothèque de l'Opéra, pour laquelle il a été acquis par M. Nuitter, archiviste de ce théâtre.

* BLAZE DE BURY (Henri BLAZE, dit), fils du précédent, a publié *Meyerbeer, sa vie et ses œuvres* (Paris, 1865, Heugel, gr. in-8° avec portrait et autographes), écrit qu'il a reproduit, dans le cours de la même année, chez un autre éditeur, sous ce second titre : *Meyerbeer et son temps* (Paris, Lévy, 1865, in-12). Après la mort de Scudo, M. Henri Blaze a repris, à la *Revue des Deux-Mondes*, la part de collaboration qu'il avait eue déjà dans ce recueil au point de vue musical. Ses articles sont habituellement signés du pseudonyme : F. de Lagenevais. M. Henri Blaze avait fait pour Meyerbeer le livret d'un ouvrage lyrique intitulé *la Jeunesse de Gœthe*, dont celui-ci avait écrit la musique. Après la mort du grand homme, il réclama à la famille la partition de cet ouvrage, qu'il voulait faire représenter; mais les héritiers, se fondant sur les volontés exprimées par le maître dans son testament, refusèrent d'accéder à sa demande. L'affaire fut portée devant le tribunal, et M. Henri Blaze perdit son procès.

BLAZEK (François), musicien didactique, est né à Velezic en Bohême, le 21 décembre 1815. On a de lui un traité d'harmonie en langue tchèque : *Nauka harmonii*. Y.

BLODEK (Guillaume), professeur de flûte au Conservatoire de Prague, est né en cette ville le 14 octobre 1834. Outre plusieurs compositions pour son instrument, des chœurs et des lieder, on a de lui un opéra : *Vstudni* (*A la fontaine*), qui a été joué le 17 novembre 1867 avec un succès considérable. Cet artiste, qui donnait les plus belles espérances, a malheureusement été atteint de folie en 1870. Y.

BLOMMESTEYN (Martin), facteur de clavecins, exerçait cette profession à Anvers vers le milieu du seizième siècle, et se fit recevoir, en même temps que neuf de ses confrères, dans la gilde de Saint-Luc, le 28 mars 1558.

BLOMMESTEYN (Christophe), facteur de clavecins, évidemment parent du précédent, exerçait comme lui, et à la même époque, cette profession à Anvers. Inscrit dans la corporation de Saint-Luc, en 1550, en qualité de « fils de confrère », ce qui prouve que son père faisait partie de la gilde, il s'y fit recevoir comme sociétaire en même temps que le précédent, c'est-à-dire le 28 mars 1558. Dans le registre de Saint-Luc, son nom est écrit *Chistoffel Blomster*.

* **BLONDEAU** (Pierre-Auguste-Louis). A la nomenclature des écrits publiés par ce musicien distingué, il faut ajouter le suivant : *Notice sur Palestrina, sur ses ouvrages, sur son époque, sur son style* (s. l. n. d., in-8° de 30 pp.).

* **BLONDET** (Adrahan) est né vraisemblablement avant 1570, car en 1583 il prit part au concours du puy de musique d'Evreux, et y obtint le prix de la harpe d'argent pour le motet : *Tu Domine benignus es*.

BLUMMER (Martin), compositeur allemand, né le 21 novembre 1827 à Fürstemberg, dans le Mecklembourg, fit ses études à Berlin, où il est devenu directeur de l'Académie de chant. On lui doit une cantate intitulée *Colombus*, un certain nombre de *lieder*, et un oratorio en deux parties, *Abraham*, qui a été exécuté à l'Académie de chant en 1860.

BOADA (Juan de la), est le nom d'un compositeur espagnol du XVIIe siècle, dont on ignore absolument le lieu et la date de naissance. Les détails de sa carrière ne sont pas connus davantage, mais l'un des historiens actuels de la musique espagnole, M. Baltazar Saldoni, assure que sous le règne de Philippe IV on chanta au palais du Buen Retiro quelques *zarzuelas* dont la musique avait été écrite par Juan de la Boada. S'il en était ainsi, cet artiste pourrait être considéré comme le père de la musique dramatique en Espagne et le premier qui se serait exercé dans ce genre.

BOADA (Le Père Jacinto), moine et compositeur espagnol, né à Tarrasa vers 1770, fit ses études musicales au collège de musique du couvent de Montserrat, en Catalogne, où il eut pour maître le P. Casanovas (*voy*. ce nom). Il fut lui-même professeur dans ce couvent pendant un grand nombre d'années, et il y donna des preuves d'un rare dévouement à l'art et à ses élèves. Lorsqu'en 1818, après l'incendie du monastère, qui avait entièrement détruit la bibliothèque, toutes les œuvres consacrées au service du culte et jusqu'aux leçons et aux ouvrages nécessaires aux élèves, l'école fut rouverte à ceux-ci, le Père Boada se mit en devoir non-seulement de composer toute la musique nécessaire au service de la chapelle, mais encore d'écrire tout ce qui devait être utile à l'instruction des jeunes gens qui lui étaient confiés, et il apporta tant de sollicitude et d'ardeur à ce travail qu'au bout de quelques années le mal était réparé, et que l'on n'avait plus à regretter qu'au point de vue de leur valeur intrinsèque la perte de tant d'œuvres précieuses. Les compositions du P. Boada sont fort estimées. Cet artiste distingué vivait encore en 1856.

BOCACCIO (L........), compositeur italien, a fait représenter sur le théâtre de Sivigliana, en février 1872, un opéra intitulé *i Banditi*, qui a été bien accueilli.

BOCCABADATI (Virginia), fille de Louise Boccabadati, qui fut une chanteuse célèbre, est devenue elle-même une cantatrice fort distinguée. Héritière du talent remarquable de sa mère, elle n'en avait point, malheureusement, la voix chaude, étendue et vibrante; mais elle suppléait à ce qui lui manquait sous ce rapport par un art véritable, par un chant plein de grâce et d'élégance, par une expression tendre et passionnée, enfin par un talent scénique que les chanteurs possèdent rarement à un pareil degré. Douée de qualités pathétiques et émouvantes, la Boccabadati avait le don si rare d'arracher les larmes, et atteignait parfois le sublime dans certains rôles, tels que Gilda de *Rigoletto*, *la Traviata*, *Linda di Chamounix* ou *Maria di Rohan*. Cette artiste vraiment remarquable, que Paris a connue il y a une vingtaine d'années et qui s'est fait entendre à notre Théâtre-Italien, est aujourd'hui, je crois, retirée du théâtre.

* **BOCHSA** (Robert-Nicolas-Charles). Ce musicien, aussi distingué comme artiste qu'il était misérable comme homme, a écrit, pendant son séjour en Angleterre, la musique de quelques ballets qui ont été représentés à Londres : 1° *Justine* ou *la Cruche cassée*, 7 janvier 1825 ; 2° *le Temple de la Concorde*, 28 janvier 1825 ; 3° *la Naissance de Vénus*, 2 actes, 8 avril 1826; 4° *le Corsaire*, 29 juillet 1837. Ce dernier eut un immense succès.

Bochsa avait dû fuir la France en 1817. Accusé d'avoir contrefait la signature de plusieurs personnages marquants (parmi lesquels quelques-uns de ses confrères, Berton, Méhul, Boieldieu, Nicolo), et d'avoir fabriqué des bons portant aussi les signatures fausses de M. le comte Decazes, de lord Wellington, etc., il fut traduit devant la cour d'assises de la Seine, et celle-ci, dans sa séance du 17 février 1818, le condamna à douze années de travaux forcés, à la marque et à 4,000 francs d'amende. Mais Bochsa était en sûreté en Angleterre, où, malgré des antécédents si déplorables, il sut se faire une brillante position. Ce n'est pas tout, et à ces méfaits Bochsa aurait joint plus tard, dit-on, le crime de bigamie ; voici ce qu'on lit à ce sujet dans l'*Annuaire dramatique* (9ᵉ année, 1847, Bruxelles, Taride, in-12) : « Bochsa avait épousé, avant sa fuite de la France, la fille du marquis Ducrest (1), et se trouvait ainsi le neveu de Mᵐᵉ de Genlis. Depuis il serait devenu bigame, s'il faut s'en rapporter aux *Mémoires* publiés par Henriette Wilson, en prenant pour femme la propre sœur (Amy Wilson) en même temps que la complice des fredaines de cette fameuse courtisane qui a compté au nombre de ses nombreux amants le prince de Galles (depuis Georges IV) et le duc de Wellington. »

Ce qui n'empêcha pas Bochsa d'enlever Mme Bishop (*voyez* ce nom) et de vivre avec elle pendant vingt années environ.

BOCK, *Voyez* **BOTE** et **BOCK**.

* **BOCQUILLON-WILHEM** (Guillaume-Louis). Au nombre des notices qui ont été publiées sur cet artiste excellent, il faut citer les deux suivantes : *Wilhem*, par Trélat (extrait de la *Revue du Progrès* du 1ᵉʳ juin 1842), in-8ᵘ

de 19 pp., et *Funérailles de M. B. Wilhem*, par Charles Malo (extrait du *Bulletin élémentaire* d'avril 1842), in-8° de 22 pp. Je ferai remarquer que lorsque Wilhem était professeur à l'école de Saint-Cyr, cette école portait le nom de Prytanée militaire, tandis que l'école militaire proprement dite était à Fontainebleau.

* **BODIN** (François-Étienne), est mort à Paris le 13 août 1862. Cet artiste distingué, qui était, dit-on, un mathématicien et un philologue remarquable, avait reçu des leçons d'harmonie et de composition de Perne et d'Eler. Il ne se livra pourtant pas à la composition, trop absorbé qu'il était pas les devoirs de son enseignement, mais, outre son grand Traité des principes de la musique, il publia un *Recueil d'exercices élémentaires pour le piano* et un *Recueil de gammes pour le piano avec la réforme du doigté*.

La fille de cet artiste, Mˡˡᵉ *Sophie Bodin*, plus tard Mᵐᵉ Pierson, élève de son père pour le piano et du fameux harpiste Bochsa pour l'harmonie et le contrepoint, étudia le chant avec Ponchard, et se fit entendre avec succès à Paris, dans les concerts, pendant les années 1837, 1838 et 1839. A cette époque, sa voix ayant subi une altération sensible, elle dut renoncer à se produire en public, et se consacra entièrement à l'enseignement du chant et du piano. Mᵐᵉ Pierson-Bodin est morte au mois de juin 1874. Elle avait publié en 1865 un petit écrit ainsi intitulé : *Observations sur l'étude de la musique*, dans lequel elle donnait aux mères de famille d'utiles conseils sur la façon de diriger l'éducation musicale de leurs enfants.

BODSON (Nicolas-Henri-Joseph), musicien belge, naquit à Liége le 5 mai 1766, et semble n'avoir jamais quitté sa ville natale. On ne connait de lui que des compositions religieuses, et dans une note publiée sur cet artiste, M. Édouard Gregoir reproduit ainsi le titre de l'une d'elles : « *Missa aj. per soprano e tenore o soprano e basso con organo obbligato, composta dal signore N. Bodson. Les deux voix devront convenir pour les nottes d'en haut où celles d'en bas, les rondes et les blanches pointées à la basse indiquent à la contrebasse où violoncelle qui accompagnera de faire autant de nottes qu'il y aura de points*. Prix : 5 francs. Se vend chez l'auteur, rue St-Jean-en-Isle, n° 784, à Liége, chez Mlle J. Andrez, éditeur et marchande de musique. » M. Gregoir ajoute : « Trois messes de cet artiste, et qui sont très-répandues, renferment de grandes qualités mélodiques. Un *Verbum caro* de sa composition est resté manuscrit. » L'une de ces messes

---

(1) Madame Georgette Ducrest, depuis longues années retirée à Bordeaux, où elle vit encore. Elle était excellente musicienne, possédait une jolie voix, et a donné pendant assez longtemps des leçons de chant à Lyon. Très-mêlée, dans sa jeunesse, au monde artistique et littéraire, elle a publié sous ce titre: *Paris en province* (1831), des mémoires dans lesquels on trouve des renseignements intéressants et assez nombreux sur quelques musiciens du temps. Une seconde édition de cet écrit a paru (sans date) en 1816 (Paris, Barba, in-4°).

a été publiée à Liège, chez J. Gout, c'est la troisième. On a donné aussi, dans le *Répertoire des Maîtrises* (Liége, Muraille), plusieurs pièces religieuses de Bodson : *Pie Jesu* à 2 voix ; *Cantant montes*, chœur à 3 voix égales ; *Mi Jesu* à 2 voix ; *Genitori* à 3 voix égales ; *Tantum ergo* à 2 voix ; *Ave Maria* à 3 voix égales. Bodson est mort à Liége le 31 mars 1829.

* BOEHM (Joseph) violoniste, est né à Pesth, non en 1808, mais le 4 mars 1795. Il est mort à Vienne le 28 mars 1876. Joseph Boehm, dont l'enseignement était très-réputé, avait formé un grand nombre d'excellents élèves, parmi lesquels il faut surtout citer Ernst et M. Joachim.

BOERS (J...-C...), violoniste et compositeur néerlandais, né à Nimègue en 1812, appartient au plus pur parti conservateur musical. Excellent musicien, homme de beaucoup d'esprit, charmant causeur, il pousse la modestie si loin qu'il a passé sa vie à éviter toutes les occasions de recevoir une décoration quelconque et qu'il s'est refusé à publier ses compositions, bien que depuis longtemps il ait mérité la croix de son pays et qu'il ait écrit de bons ouvrages. M. Boers a mené une vie assez accidentée, surtout dans sa jeunesse. Il reçut d'abord, à Nimègue, des leçons de violon de son père, et en 1828 fut admis comme élève à l'École royale de musique de la Haye, où il travailla le violon et la composition avec Lubeck. En 1831, on le nomma chef d'orchestre à l'Opéra national de la Haye, mais en 1837 il partit pour Paris, où il accepta la place d'alto solo au Casino Paganini. Peu de temps après, l'administration de ce concert ayant fait faillite, il fut engagé à l'orchestre des concerts Valentino. Tout en restant attaché à cet établissement, il donnait des leçons d'harmonie et de contrepoint, et devenait correcteur d'épreuves de la maison de Simon Richault, l'un des premiers éditeurs de musique de Paris.

En 1839, M. Boers quitta cette ville pour aller remplir les fonctions de chef d'orchestre au théâtre de Metz, où il resta deux ans. De retour en 1841 dans sa ville natale, il y fut nommé directeur de la Société chorale, et, bien que protestant, se vit confier l'emploi de professeur de musique dans une grande école normale catholique, qui était une sorte de séminaire. Il resta à Nimègue jusqu'en 1853, et accepta alors la place de directeur de musique à Delft, où il demeure encore aujourd'hui.

M. Boers a beaucoup écrit, et jouit dans sa patrie d'une grande considération comme compositeur. Ses œuvres les plus estimées sont des ouvertures, une symphonie qui a obtenu une mention honorable à l'un des concours ouverts par la *Société pour l'encouragement de l'art musical*, le 128e psaume (composition pour *soli*, chœurs et orchestre), et plusieurs recueils de *lieder*. Il s'occupe aussi avec ardeur de littérature musicale, et travaille en ce moment à deux grands ouvrages : une *Bibliographie de tous les ouvrages de musique néerlandais anciens et modernes*, et une *Histoire des instruments de musique au moyen-âge*. ED. DE H.

BOETTE (Jehan), compositeur, maître des enfants de chœur de Notre-Dame d'Évreux, obtint en 1575, au concours du puy de musique d'Évreux, le prix de triomphe pour une chanson française : *Heureux qui d'équité*. Un parent de cet artiste, portant le même prénom et habitant aussi Évreux, mais désigné sous le nom de Jehan Boette le jeune, obtint au concours de 1589 le prix de l'orgue d'argent pour le motet *In hymnis et confessionibus*.

BOESENDORFER (........), est le nom d'un des principaux facteurs de pianos de l'Allemagne, dont la maison est à Vienne. Y.

BOGAERTS (P...-C...-C...), est l'auteur, avec M. Edmond Duval, des deux écrits suivants : 1° *Études sur les livres choraux qui ont servi de base dans la publication des livres de chant grégorien édités à Malines*, Malines 1855, in-8° ; 2° *Un mot sur la brochure du P. Lambillote intitulée : « Quelques mots sur la restauration du chant liturgique, »* Malines 1855, in-8°.

BOGOTA (Aayde). Voyez DOMBROWSKI (Henri).

BOHEMUS (Gaspard), compositeur allemand du temps de la Réforme, a composé de la musique vocale, religieuse et profane. Y

* BOIELDIEU (François-Adrien). La date exacte de la naissance de ce grand artiste est le 16 et non le 15 décembre 1775, ainsi qu'en fait foi son acte de baptême, que j'ai publié dans le livre intitulé : *Boieldieu, sa vie, ses œuvres son caractère, sa correspondance*. Je renvoie à cet ouvrage important et rempli de renseignements nouveaux le lecteur désireux de s'instruire d'une façon exacte et complète sur l'existence et la carrière de Boieldieu, et je vais seulement rétablir ici le répertoire détaillé de ses œuvres dramatiques : 1° *La Fille coupable*, 2 actes (paroles de son père), Rouen, th. des Arts, 2 novembre 1793 ; 2° *Rosalie et Myrza*, 3 actes (paroles du même), ibid., 28 octobre 1795 ; 3° *La Famille suisse*, 1 acte, Paris, th. Feydeau 12 février 1797 ; 4° *l'Heureuse Nouvelle*, 1 acte ibid., 8 novembre 1797 ; 5° *le Pari ou Mombreu* et *Merville*, 1 acte, th. Favart, 15 décembre 1797; 6° *Zoraïme et Zulnare*, 3 actes, ibid., 11 mai 1798; 7° *la Dot de Suzette*, 1 acte, ibid., 6 septembre 1798; 8° *les Méprises espagnoles*, 1 acte, th. Feydeau, avril 1799; 9° *Emma* ou *la Prisonnière*, 1 acte, en société avec Cherubini, th. Montansier, 12 septembre 1799; 10° *Beniowski*, 3 actes, th. Favart, 8 juin 1800; 11° *le Calife de Bagdad*, 1 acte, ibid., 16 septembre 1800; 12° *Ma Tante Aurore*, 3 actes (réduit en deux actes à la seconde représentation), Opéra-Comique, 13 janvier 1803; 13° *Le Baiser et la Quittance*, 3 actes, en société avec Méhul, Kreutzer et Nicolo, ibid., 18 juin 1803; 14° *Aline, reine de Golconde*, 3 actes, St-Pétersbourg, 5 mars 1804; 15° *Amour et Mystère*; 16° *Abderkhan*; 17° *Un Tour de Soubrette* (1); 18° *La Jeune Femme colère*, 1 acte, ibid., 18 avril 1805 (joué ensuite à Paris, à l'Opéra-Comique, le 12 octobre 1812); 19° *Télémaque*, 3 actes, ibid., 16 décembre 1806; 20° *Les Voitures versées*, 2 actes, ibid., 1808 (joué ensuite à l'Opéra-Comique, le 29 avril 1820); 21° *La Dame invisible*, 1 acte, ibid., 1808; 22° *Rien de trop*, 1 acte, ibid., 25 décembre 1810 (joué ensuite à l'Opéra-Comique, le 19 avril 1811); 23° *Jean de Paris*, 2 actes, Opéra-Comique, 4 avril 1812; 24° *Le Nouveau Seigneur de Village*, 1 acte, ibid., 29 juin 1813; 25° *Bayard à Mézières*, 1 acte, en société avec Cherubini, Catel et Nicolo, ibid., 12 février 1814; 26° *Les Béarnais* ou *Henri IV en voyage*, 1 acte, en société avec R. Kreutzer, ibid., 21 mai 1814; 27° *Angéla* ou *l'Atelier de Jean Cousin*, 1 acte, en société avec M™ Sophie Gail, ibid., 13 juin 1814; 28° *La Fête du Village voisin*, 3 actes, ibid., 5 mars 1816; 29° *Charles de France* ou *Amour et gloire*, 2 actes, en société avec Hérold, ibid., 18 juin 1816; 30° *Le Petit Chaperon rouge*, 3 actes, ibid., 30 juin 1818; 31° *Blanche de Provence* ou *la Cour des Fées*, 1 acte, en société avec Berton, Cherubini, Kreutzer et Paër, Opéra, 3 mai 1821; 32° *La France et l'Espagne*, intermède, Hôtel-de-Ville, 15 décembre 1823; 33° *Les Trois Genres*, 1 acte, en société avec Auber, Odéon, 27 avril 1824; 34° *Pharamond*, 3 actes, en société avec Berton et Kreutzer, Opéra, 10 juin 1825; 35° *la Dame blanche*, 3 actes, Opéra-Comique, 10 décembre 1825; 36° *Les Deux Nuits*, 3 actes, id., 20 mai 1829; 37° *La Marquise de Brinvilliers*, 3 actes, en société avec Auber, Batton, Berton, Blangini, Carafa, Cherubini, Hérold et Paër, ibid., 31 octobre 1831.

En 1875, Boieldieu a été l'objet d'un honneur inusité jusqu'ici en France : les 12, 13, 14 et 15 juin de cette année de grandes fêtes musicales ont eu lieu à Rouen pour célébrer le centième anniversaire de sa naissance; ces fêtes, dont l'auteur de la présente notice avait le premier conçu la pensée, se sont produites avec un grand éclat, et le *Centenaire de Boieldieu* avait attiré dans l'ancienne capitale de la Normandie une immense affluence d'étrangers. Un grand concours orphéonique, une représentation de gala donnée au Théâtre des Arts, composée du *Nouveau Seigneur de Village*, des deux premiers actes de *la Dame blanche*, joués par les premiers artistes de Paris, et d'une pièce de vers de M. Frédéric Deschamps, un grand festival donné dans la salle du Cirque de Saint-Sever et dont le programme comprenait des morceaux exclusivement tirés des œuvres du maître, l'exécution d'une cantate expressément écrite par M. Ambroise Thomas sur des paroles de l'auteur de cette notice, voilà quels étaient les principaux éléments de ces fêtes vraiment artistiques et nationales, qui rappelaient celles de ce genre qu'on célèbre fréquemment en Angleterre et en Allemagne, et dont on n'avait encore aucune idée en France.

Voici la liste des écrits publiés en France sur Boieldieu : 1° *Précis du procès de la sérénade donnée le 15 octobre 1829 à M. Boieldieu* (Rouen, impr. Marie, 1829, in-8° de 16 pp.); 2° *Boieldieu aux Champs-Élysées et son apothéose*, tableau en un acte, mêlé de chants et de couplets arrangés sur des airs tirés de ses différents ouvrages, représenté pour la première fois à Rouen, sur le Théâtre des Arts, le 13 novembre 1834, et offert à sa ville natale par M. Sewrin, son ami et l'un de ses collaborateurs (Rouen, François, 1834, in-8° de 32 pp., avec portrait et *fac-simile* d'une lettre de Boieldieu); 3° *L'Enfance de Boieldieu*, opéra-comique et anecdotique en un acte, par E. T. Maurice Ourry (Paris, Barba, 1834, in-8° de 12 pp.); 4° *Procès-verbal de la cérémonie funèbre en l'honneur de Boieldieu*, qui a eu lieu le 13 octobre 1834, à Rouen, sa ville natale, rédigé par le vicomte Walsh, délégué par la commission (Rouen, Périaux, 1835, in-8° de 39 pp.); 5° *Trois Romances favorites de Boieldieu*, suivies d'une notice sur sa vie, par M. Jules Janin (Paris, 1835, in-fol. de 12 pp.); 6° *Boieldieu et les honneurs rendus à ce célèbre compositeur par Rouen, sa ville natale, suivi de quelques observations biographiques*, par Jules-Adrien Delerue (Rouen, Périaux, 1836, in-8° de 16 pp.); 7° *Boieldieu et*

---

(1) Je place ici ces trois ouvrages, sans pouvoir indiquer de date précise pour leur représentation; tout ce qu'on sait à leur sujet, c'est qu'ils furent écrits et joués pendant le séjour de Boieldieu en Russie.

les honneurs rendus à ce célèbre compositeur par Rouen, sa ville natale, dithyrambe par Théodore Wains-Desfontaines (Rouen, Baudry, 1836, in-8° de 20 pp.); 8° *Vers sur Boieldieu et les honneurs rendus à ce grand homme par Rouen, sa ville natale* (Rouen, Marie, 1836, in-8° de 16 pp.); 9° *Discours pour la translation du cœur de Boieldieu à Rouen*, le 13 novembre 1834, par G. Lambert (Paris, Lacrampe, 1846, in-8° de 128 pp.); 10° *Boieldieu, sa vie, ses œuvres*, par J.-A. Réfuveille (Rouen, Dubust, 1851, in-8° de 43 pp.); 11° *A. Boieldieu, sa vie et ses œuvres*, par G. Héquet (Paris, Heugel, 1864, in-8° de 115 pp., avec portrait et autographes); 12° *Ode sur la mort de Boieldieu*, par son compatriote Théodore Lebreton (s. l. n. d. [Rouen, imp. Baudry], in-8° de 4 pp.); 13° *Boieldieu, sa vie, ses œuvres, son caractère, sa correspondance*, par Arthur Pougin (Paris, Charpentier, 1875, un vol. in-12, avec portrait et autographe); 14° *Le Centenaire de Boieldieu*, anecdotes et souvenirs recueillis par Henry de Thaunberg (Paris, s. d. [1875], Haulard, in-18 de 93 pp.); 15° *Les Centenaires rouennais, Boieldieu*, 1875, poëme dédié à la famille de Boieldieu, par A. Célarier (Rouen, impr. Cagniard, in-8°); 16° *Hommage à Boieldieu*, cantate pour orphéons, fanfares et musiques militaires, exécutée à Rouen le 13 juin 1875, en l'honneur du centième anniversaire de la naissance de F.-A.-Boieldieu, musique d'Ambroise Thomas, paroles de M. Arthur Pougin (Paris, s. d. [1875], in-8° avec portrait, autographe et notice sommaire); 17° *Hommage à Boieldieu*, stances par M. Frédéric Deschamps, dites par M. Maubant, de la Comédie-Française, sur la scène du Théâtre des Arts, à Rouen, à la représentation donnée le 14 juin 1875 (s. l. n. d. [Rouen, impr. Brière, juillet 1875], in-8°). 18° *Trois jours à Rouen, souvenirs du Centenaire de Boieldieu*, 13, 14 et 15 juin 1875, par Edmond Neukomm (Paris, Pont, 1875, in-12).

*BOIELDIEU (ADRIEN-L.-V.). Voici la liste exacte des productions dramatiques de ce compositeur : 1° *Marguerite*, 3 actes, Opéra-Comique, 18 juin 1838; 2° *l'Opéra à la Cour*, sorte de pastiche en 4 actes (en société avec Albert Grisar), Opéra-Comique, 16 juillet 1840; 3° *l'Aïeule*, un acte, Opéra-Comique, 27 août 1841; 4° *le Bouquet de l'Infante*, 3 actes, Opéra-Comique, 27 avril 1847; 5° *la Butte des Moulins*, 3 actes, Théâtre-Lyrique, 6 janvier 1852; 6° *la Fille invisible*, 3 actes, Théâtre-Lyrique, 6 février 1854; 7° *France et Algérie*, cantate, Opéra-Comique, 15 août 1865; 8° *le Chevalier Lubin*, un acte, Fantaisies-Parisiennes, 23 mai 1866; 9° *la Fête des Nations*, un acte, Fantaisies-Parisiennes, 27 avril 1867 10° *la Halle du Roi*, 2 actes, théâtre des Arts (à Rouen), 16 décembre 1875 (1). M. Boieldieu a encore en portefeuille plusieurs ouvrages, entre autres un grand opéra « national » en 3 actes, *Alain Blanchart*, écrit sur des paroles de M. Réfuveille, et dédié par les auteurs à la ville de Rouen. M. Adrien Boieldieu a écrit et dédié à la reine d'Espagne une messe à trois voix et chœur, qui avait été publiée avec accompagnement d'orgue ou de piano, et qui, orchestrée par lui, a été exécutée dans la cathédrale de Rouen, le 15 juin 1875, lors des fêtes organisées pour le centenaire de Boieldieu.

BOIGNE (CHARLES DE), écrivain, né vers 1806, a publié en 1857 un livre intitulé : *Petits Mémoires de l'Opéra* (Paris, librairie nouvelle, in-12), qui est un récit familier et anecdotique de tout ce qui s'est passé à l'Opéra à partir des commencements de la direction du docteur Véron, jusqu'à la fin de 1854.

*BOILLY (ÉDOUARD), est mort depuis longtemps déjà, mais j'ignore au juste à quelle époque. Au sujet de cet artiste, j'ai reçu de M. B. Jullien une lettre dont j'extrais le passage suivant : — « Les trois enfants du second lit du peintre Boilly ont été à Versailles mes camarades de collège. Jules Boilly, l'aîné des trois, a suivi la carrière de son père ; il a été peintre, et surtout peintre de portraits. Édouard, le second, s'est livré à la musique, et a obtenu le grand prix de composition ; le troisième, Alphonse, a fait de la gravure. L'article de Fétis dit qu'Édouard, dégoûté de la composition musicale, s'est donné tout entier à la gravure. Il y a ici une évidente confusion des deux jeunes frères. Édouard, n'ayant pas eu de succès avec ses opéras, s'est vu réduit à donner des leçons de piano. Il est mort le premier des trois frères, et n'a jamais exercé l'état de graveur. J'étais à son service funèbre ; je l'avais rencontré assez souvent avant sa mort, et il était alors professeur de

---

(1) Cet ouvrage avait été reçu et sur le point d'être joué à l'Opéra populaire (théâtre du Châtelet) en 1875, mais ne put être représenté par suite de la déconfiture de l'entreprise. Après avoir célébré à une date arbitraire, c'est-à-dire en plein été, pour leur donner tout l'éclat et l'attrait dont elles étaient susceptibles, les fêtes du centenaire de Boieldieu, la ville de Rouen voulut au jour exact, le 16 décembre 1875, fêter encore le centième anniversaire de la naissance du grand musicien auquel elle avait donné le jour, et un spectacle extraordinaire fut, à cet effet, organisé au théâtre des Arts. C'est à cette occasion qu'eut lieu, à ce théâtre, la première représentation de *la Halle du Roi*, opéra-comique inédit de M. Adrien Boieldieu.

piano à Louis-le-Grand, si je ne me trompe, et probablement aussi dans quelques pensions. »

En 1822, l'année qui précéda son heureux concours à l'Institut, Édouard Boilly avait obtenu au conservatoire le premier prix de contrepoint et fugue.

BOILEAU (.......), habile joueur de violon et de mandore, vivait à la fin du seizième siècle et au commencement du dix-septième siècle. Il était au service de Louis XIII alors Dauphin de France, ainsi qu'on le voit dans le *Journal de Jean Héroard sur l'enfance et la jeunesse de Louis XIII*, qui dit, à la date du 3 février 1604 : « Le Dauphin avoit pour violon et joueur de mandore Boileau, et pour joueur de luth Florent Ilindret, d'Orléans, pour l'endormir. »

BOISSELOT (Jean-Louis), né à Montpellier en 1785, y exerça la profession de luthier jusqu'en 1822, se faisant remarquer par son activité et son esprit d'entreprise. En 1823, il envoya son fils aîné, Louis Boisselot, à Marseille, pour y créer un magasin de musique et d'instruments, qui devint bientôt son établissement principal. Il vint peu après s'y fixer lui-même. Pressentant l'énorme vulgarisation à laquelle devait arriver peu à peu le piano, il se décida en 1830 à tenter à Marseille l'organisation d'une manufacture de pianos, où se fabriquèrent d'abord des pianos carrés. En 1831, son fils Louis alla étudier la fabrication du piano à queue dans les manufactures anglaises, jusque-là fermées aux étrangers. Louis Boisselot rapporta de ce voyage des éléments précieux, et amena avec lui des ouvriers anglais et allemands, qui formèrent en peu d'années un personnel d'élite. La manufacture marseillaise commença alors la fabrication des pianos à queue, et prit un développement rapide; ses pianos à queue furent longtemps les meilleurs qui se fissent en France. A l'exposition de Paris de 1844, plusieurs de ces pianos obtinrent le n° 1, et le créateur de l'industrie marseillaise fut récompensé de son esprit d'initiative par la grande médaille d'or. Jean-Louis Boisselot mourut en 1847.

Al. R — D.

BOISSELOT (Louis-Constantin), fils du précédent, né à Montpellier en mars 1809, coopéra comme on vient de le voir à la création et au développement de la fabrication de pianos entreprise par son père, dont il était devenu l'associé depuis 1838. En 1847, la fabrique Boisselot et fils était devenue l'une des plus importantes de France; elle construisait annuellement 400 pianos, qui s'exportaient déjà dans l'Europe et les colonies. De nombreux brevets d'invention et de perfectionnement témoignaient d'études et d'améliorations constantes, notamment les brevets pris pour les barres en fer placées au-dessous du piano et les barres harmoniques avec vis de pression (1838), pour le piano di harmonique (1839), pour le piano octavié (1840), pour le piano à son soutenu (1844), pour le piano planicorde (1849). Les années 1848 et 1849, qui furent pour l'industrie française une époque de crise, vinrent arrêter un peu ce développement. Louis Boisselot fonda alors à Barcelone une succursale, bientôt aussi importante que la maison mère. A l'exposition de Paris de 1849, ses pianos obtinrent les premiers rangs, concurremment avec Erard, Pleyel et Herz, et le rappel de la médaille d'or. Outre son rôle industriel, Louis Boisselot avait largement contribué au développement de l'art musical à Marseille, et créé notamment une salle de concerts. Il fut fondateur et président de l'Association des artistes musiciens de Marseille. Il mourut en 1850, laissant d'unanimes regrets.

Al. R — D.

* **BOISSELOT** (Xavier), frère du précédent, a popularisé comme compositeur le nom dont son père et son frère avaient fait la réputation industrielle. On trouvera dans la *Biographie universelle des Musiciens* (t. II, p. 10), les détails relatifs à ses travaux comme compositeur. Devenu industriel à la mort de son frère, il prit la direction de l'usine en 1850. Les débouchés augmentaient tous les jours à la suite des succès obtenus aux expositions. En 1855, la fabrique de Marseille livrait environ 500 pianos par an, celle de Barcelone 400. X. Boisselot obtint à l'exposition universelle la médaille de première classe et la croix de la Légion d'honneur. En 1862, à l'exposition universelle de Londres, il eut le premier rang et la *Prize-Medal*. Mais à partir de cette époque, à la suite d'entreprises nouvelles et de spéculations malheureuses tentées par X. Boisselot, le développement de l'industrie subit un arrêt de quelques années. En 1865, un incendie détruisit entièrement la magnifique fabrique de Barcelone. X. Boisselot abandonna peu après l'industrie. Continuée par le petit-fils du fondateur, Franz Boisselot, elle est revenue complètement aujourd'hui à une situation prospère. Elle livre de 6 à 800 pianos par an, dont un grand nombre pour l'exportation. Le nombre des pianos fabriqués depuis la fondation de la maison est de 18,600.

Al. R — D.

BOITEAU (Dieudonné-Alexandre-Paul), écrivain et homme politique, né à Paris en 1830, s'est beaucoup occupé des questions relatives à l'enseignement en général, et a publié une brochure ainsi intitulée: *De l'enseignement populaire de la musique* (Paris, Perrotin, 1860, in-8). Cette brochure est un plaidoyer en faveur de la méthode Wilhem et de la notation rationnelle, et une critique du système de la notation par le chiffre.

BOITO (Arrigo), compositeur, poète et critique musical, est né vers 1840, et a fait ses études au Conservatoire de Milan, où il fut, je crois, élève de M. Ronchetti pour la composition. Il fit un séjour de neuf années dans cette école, où il entra au mois de novembre 1853 pour ne la quitter qu'au mois de septembre 1862. Une fois sorti du Conservatoire, M. Boito commença à se faire connaître comme écrivain en donnant quelques articles de critique musicale à divers journaux, et en publiant de nombreux vers, entre autres un poème intitulé *il re Orso*, qui attira l'attention et qui fit beaucoup de bruit. En poésie, M. Boito est de l'école romantique la plus audacieuse, et en musique quelques-uns affirment qu'il serre de très-près les théories et les doctrines de M. Richard Wagner. D'autres assurent, il est vrai, qu'il y a dans ce jugement beaucoup d'exagération, et que le jeune musicien est doué d'une assez grande originalité personnelle pour n'avoir pas à « singer » la manière du prétendu réformateur allemand. Ce qui paraît certain, c'est que, tant au point de vue musical qu'au point de vue littéraire, M. Boito a l'imagination tout à la fois puissante et audacieuse, et que ses tendances sont faites pour dérouter les esprits craintifs et paresseux.

Cet artiste a débuté, comme compositeur dramatique, par un *Méphistofele* qu'il a donné au théâtre de la Scala, de Milan, au mois de mars 1868, et dont l'insuccès a été colossal. Il avait écrit le poème et la musique de son opéra, en reproduisant exactement, dans la forme lyrique, la marche du *Faust* de Gœthe, sans prendre la peine d'atténuer ce que certains épisodes pouvaient offrir de hardi pour des spectateurs italiens. Dès son apparition, l'œuvre fut discutée dans la presse et dans le public avec une ardeur remarquable, et la seconde représentation donna lieu à un orage indescriptible. Bref, la chute de *Mefistofele* fut complète, et il semblait que jamais le compositeur ne pût s'en relever.

M. Boito parut alors vouloir se rejeter sur la littérature. Bientôt, il écrivit pour son ami et ancien condisciple Franco Faccio (*voy.* ce nom) le livret d'un drame lyrique, *Amleto*, qui, assez bien accueilli d'abord à Florence, subit ensuite à la Scala, de Milan, un sort semblable à celui de *Mefistofele*. Depuis lors, il a composé le poème et la musique d'un petit opéra en 2 actes, *Ero e Leandro*, qui n'a pas encore été représenté, il a fourni à M. Gaetano Coronaro les paroles de l'opérette *un Tramonto*, que celui-ci a fait exécuter au Conservatoire de Milan en 1873, il a donné à M. Ponchielli (sous le pseudonyme anagrammatique de Tobia Gorrio) le livret de la *Gioconda* que ce compositeur a fait représenter récemment à la Scala, et enfin il travaille en ce moment à la musique d'un grand drame lyrique intitulé *Nerone*.

Mais si le *Mefistofele* de M. Boito a été malheureux en 1868 à Milan, il a pris à Bologne, en 1875, une revanche éclatante. Bologne, on le sait, est la ville la plus avancée de l'Italie au point de vue des idées musicales; c'est-à-dire qu'elle ne craint ni les hardiesses, ni les essais, ni les tendances nouvelles; elle a fait un très-chaud accueil à la partition du jeune compositeur, que celui-ci, d'ailleurs, avait profondément remaniée pour la circonstance, retranchant un certain nombre d'épisodes qui faisaient longueur, ajoutant deux morceaux nouveaux, et refaisant presque toute l'instrumentation. Un critique italien m'écrivait à ce sujet : « Selon moi, *Mefistofele* est un ouvrage de *primissimo ordine*, et si Boito est inférieur à Gounod pour le côté mélodique, il lui est infiniment supérieur pour l'interprétation du drame de Gœthe, pour la grandeur et l'élévation du style. M. Boito est un grand musicien, et sa musique ne ressemble à celle d'aucun autre. » Je ne puis contrôler cette opinion, mais je la donne pour celle d'un artiste sincère et profondément épris du beau partout où il croit le rencontrer.

BOLAFFI (Michele), poète et compositeur italien assez habile, né à Livourne de parents israélites, est l'auteur de *Sei Salmi penitenziali a due voci, con basso d'accompagnamento*. Je ne crois pas que cet artiste ait rien de commun avec le Michele Bolaffi mentionné dans la *Biographie universelle des Musiciens*.

BOLCK (Oscar). Un artiste de ce nom a fait représenter à Altenbourg, en 1874, un opéra intitulé *Pierre Robin*.

BOLZONI (Giovanni), jeune compositeur italien, est né, je crois, à Parme, et a fait représenter à Savone, en 1871, un opéra intitulé *la Stella delle Alpi*. Cet ouvrage, reproduit à Parme en 1875, n'a obtenu, dans l'une comme dans l'autre ville, qu'un médiocre succès. M. Bolzoni, qui est aujourd'hui directeur de l'Institut musical de Pérouse, a obtenu en 1874 le premier prix au concours ouvert par la *Società del quartetto* de Milan, pour la composition d'une ouverture.

BOMBARDI (Paolo), compositeur italien, est l'auteur d'un opéra sérieux en 3 actes, *Isabella Orsini*, qui a été représenté sur le théâtre Nuovo, de Vérone, le 18 avril 1860.

* **BONA** (Pasquale) (1), professeur de chant pour les hommes au Conservatoire de Milan et compositeur, est né à Cerignola, dans la Capitanate, le 3 novembre 1816, et a fait toutes ses études musicales au collége du Bon-Pasteur, de Palerme. Après avoir fait représenter à la Scala, de Milan, ses deux opéras : *i Luna e i Perollo* (26 novembre 1844), et *Don Carlo* (23 mars 1847), il donna au théâtre Regio de Turin *il Gladiatore*, et au Carlo-Felice, de Gênes, *Vittoria, la madre degli eserciti* (26 février 1863). Ce dernier ouvrage, dont le livret excellent avait été tiré par Marco Marcello d'un roman d'Eugène Sue, *les Mystères du Peuple*, et qui était chanté par la Tosi, la Berini, le baryton Storti et le ténor Limberti, réussit brillamment, et la musique en fut remarquée. Pourtant, il ne parait pas s'être soutenu au répertoire des théâtres italiens. Au mois de février 1851, M. Bona fut nommé professeur d'harmonie au Conservatoire de Milan, au mois de novembre suivant il devint professeur de chant pour les femmes, et depuis 1859 il est à la tête d'une classe de chant pour hommes. Cet artiste a publié : 7 Méthodes pour les diverses voix (Milan, Ricordi) ; 4 Recueils de vocalises, et 100 Exercices journaliers (id., Canti) ; 100 Solféges (Turin, Giudici et Strada) ; 100 Cadences pour toutes les voix, et 50 Duetti sans paroles (Milan, Ricordi) ; *Metodo di divisione* (id., Canti) ; *Cantate funèbre* à la mémoire du comte de Cavour (id., id.) ; *la Settimana musicale*, sept duos pour piano et clarinette (id., Ricordi) ; *la Collana Verdiana*, collection de fantaisies pour violon et violoncelle (id., id.).

BONEWITZ (Jean-Henri), pianiste et compositeur allemand, né à Durkheim, sur le Rhin, le 4 décembre 1839, fit ses premières études musicales au Conservatoire de Liége, et partit à l'âge de treize ans pour l'Amérique, où il n'eut plus d'autre maître que lui-même ; il ne dut ainsi qu'à l'amour de l'art et à son goût pour le travail le développement d'un talent que l'on dit fort distingué. De retour en Allemagne en 1861, M. Bonewitz se fixa à Wiesbaden, ce qui ne l'empêcha pas de faire des excursions artistiques en Allemagne même, puis en Angleterre et en France, où il fit applaudir son talent de virtuose

(1) Et non *Pietro Bona*, comme il est dit dans la *Biographie universelle des Musiciens*. En complétant cette notice, j'en rectifie les faits d'après des documents certains. — A. P.

et de compositeur. Depuis lors il est retourné en Amérique, et il a fait représenter à l'Académie de musique de Philadelphie deux opéras : *la Fiancée de Messine* (mai 1874), et *Ostrolenka* (1875). M. Bonewitz a publié pour le piano un certain nombre de compositions importantes, parmi lesquelles il faut surtout signaler : Fantaisie de concert, op. 22 ; *Sur la mer*, grande fantaisie, op. 28 ; concerto, avec accompagnement d'orchestre, op. 36 ; fantaisie sur *Roméo et Juliette*, de Gounod ; sonate pour piano et violon, op. 40 ; concerto pour deux pianos ; quatuor pour piano et instruments à cordes. On a aussi parlé d'un opéra-comique allemand de M. Bonewitz, intitulé *Diogène* ; mais j'ignore si cet ouvrage a été représenté.

BONEL (.......). Un artiste de ce nom a écrit les paroles et la musique d'un « opéra-vaudeville » en un acte, *la Jolie Parfumeuse*, qui a été représenté sur le théâtre de Caen, le 27 octobre 1842.

* **BONFICHI** (Don Paolo). Les ouvrages suivants n'ont pas été compris dans la liste des œuvres de ce compositeur : 1° *la Notte del Natale*, cantate, Rome, 1824 ; 2° *I tre Fanciulli nella fornace di Babilonia*, oratorio, ibid. ; 3° *il Paradiso perduto*, oratorio, ibid. ; 4° *la Morte di Baldassare*, oratorio, ibid., 1827 ; 5° *Elia sul Carmelo*, oratorio., ibid. ; 6° *Ester, ossia la morte d'Amanno*, oratorio, ibid. ; 7° *l'Invenzione e reposizione del corpo di S. Cecilia*, cantate, ibid., 1828 ; 8° *i Trattenimenti di Filippo Neri*, ibid., 1829.

BONGIOVANNI (....), professeur italien, est l'auteur d'un écrit publié sous ce titre : *Avvertenze necessarie sulla disposizione della chiave e degli accidenti sia fondamentali che accidentali negli strumenti da fiato* (Palerme, Barcellona, 1876).

* **BONHOMME** (l'abbé Jules). On a, sous le nom de cet ecclésiastique, un ouvrage ainsi intitulé : *Principes d'une véritable restauration du chant grégorien, et examen de quelques éditions modernes de plain-chant*, Paris, 1857, un vol. in-8° avec planches.

BONI (........), artiste sous le nom duquel on représenta à Modène, le 27 décembre 1700, une pastorale intitulée *il Figlio delle Selve*.

* **BONI** (Gaetano). Ce compositeur a publié plusieurs œuvres de musique instrumentale. J'ai eu entre les mains un recueil de dix *Sonate a violino e violone o cembalo*, op. 3 (Rome, Fasoli, 1741. in-f° oblong).

BONIFORTI (Carlo), compositeur, professeur au Conservatoire de Milan, est né à Arona, dans la province de Novare. Il fit ses études musicales à Milan, sous la direction de Bonazzi, premier organiste de l'église métropolitaine et maître de chapelle de la cour, et en 1841 succéda à son maître dans ces doubles fonctions. Au bout de trois années, M. Boniforti, qui voulait se livrer à la composition théâtrale, conserva seulement l'emploi de maître de chapelle de la cour, et bientôt il produisait au théâtre de la Scala deux opéras sérieux qui étaient fort bien accueillis : *Velleda* (1847), et *Giovanna di Flandra* (1848). En 1852, il devint, à la suite d'un concours, professeur d'harmonie, de contrepoint et de fugue au Conservatoire de Milan. M. Boniforti, qui fut élu membre honoraire de l'Académie de Sainte-Cécile de Rome, à la suite du succès obtenu par une ouverture qu'il avait fait exécuter au théâtre Argentina de cette ville, a écrit beaucoup de compositions religieuses, avec accompagnement d'orgue ou d'orchestre. Une de ces compositions, un *Padre Nostro a voci reali di stile osservato*, a été couronné en 1869 par l'Institut musical de Florence.

BONNASSIES (JULES), historien théâtral, naguère attaché au bureau des théâtres de la direction des beaux-arts, au ministère de l'Intérieur, est l'auteur d'un écrit intitulé : *la Musique à la Comédie-Française* (Paris, Baur, 1874, gr. in-8°), dans lequel on trouve des renseignements utiles et inédits, tirés des registres de ce théâtre.

* **BONNAY** (FRANÇOIS). A la liste des petits opéras que ce compositeur a fait représenter au théâtre des Beaujolais, il faut ajouter les deux suivants ; 1° *Colin et Colette*, 1786 ; 2° *les Amants ridicules*, 1790.

BONNEFOY (........), chanteur, qui a tenu l'emploi des premières basses sur divers théâtres de province, notamment à Strasbourg et à Lille, et qui a été directeur du théâtre de cette dernière ville, a écrit la musique d'un opéra comique en un acte, *le Maestro de bourgade*, qui a été représenté à Strasbourg au mois de février 1867.

BONNETTI (VINCENZO), pianiste, chef d'orchestre et compositeur italien, fut d'abord chef d'orchestre dans divers théâtres de la Péninsule, et vint remplir les mêmes fonctions au Théâtre-Italien de Paris pendant les années 1860, 1861 et 1862. Le 21 novembre 1860, il faisait exécuter dans l'église Saint-Eustache, pour la fête que l'Association des artistes musiciens donne chaque année le jour de la Sainte-Cécile, une messe solennelle qui fut jugée fort médiocre. En 1863, Bonnetti allait diriger l'orchestre du théâtre Italien de Cadix, et l'année suivante il faisait représenter en cette ville un opéra sérieux, *Giovanna Shore*, qui, malgré la présence de Mme Penco, à laquelle l'auteur en avait confié le principal rôle, n'obtenait qu'un mince succès. En 1865 et 1866, cet artiste devenait chef d'orchestre du théâtre de l'Oriente, à Madrid, et, peu de temps après, revenait en France. Il mourut à l'Isle-Adam, le 11 juin 1869, laissant, au dire des journaux, au Conservatoire de Milan « une somme suffisante pour décerner chaque année un prix de 500 francs au jeune compositeur qui aurait écrit le meilleur opéra ».

BONNIN (........), membre de la Société de l'Histoire de France, de la Société libre de l'Eure et secrétaire de la Commission des Archives historiques, est, avec M. Chassant, l'éditeur de la très-intéressante et utile publication faite sous ce titre : *Puy de musique érigé à Évreux en l'honneur de madame sainte Cécile*, publié d'après un manuscrit du XVIe siècle (Évreux, impr. Ancelle, 1837, in-8° de 88 pp.).

* **BONOLDI** (FRANCESCO), compositeur et professeur de chant, ancien éditeur de musique à Paris, est mort à Monza, près de Milan, le 24 mars 1873. Son opéra, *il Maure*, avait été représenté à Trieste non en 1831, mais en 1833.

BONOMO (GIROLAMO), professeur italien, a publié un traité intitulé *Nuova Scuola di armonia* (Palerme, Stamcampiano, 1875).

* **BOOM** (JEAN VAN), flûtiste et compositeur, était né à Rotterdam, non en 1773, mais le 17 avril 1783.

* **BOOM** (JEAN VAN), pianiste et compositeur, fils du précédent, était né à Utrecht, non en 1808, mais le 15 octobre 1807. Il est mort à Stockholm au mois d'avril 1872.

BOOM (HERMAN VAN), frère du précédent, flûtiste de premier ordre, est né à Utrecht en 1809, et comme exécutant jouit dans sa patrie d'une grande et légitime réputation. M. Van Boom a reçu d'abord des leçons de flûte de son père, Jean Van Boom (voyez *Biographie universelle des Musiciens*, t. II), et à l'âge de dix-sept ans se rendit à Paris pour recevoir les conseils de Tulou, qui ne tarda pas à le prendre en affection. En 1830, il retourna dans les Pays-Bas et se fixa à Amsterdam, où bientôt il fut engagé comme première flûte solo des concerts de la Société philharmonique de *Felix Meritis*, emploi qu'il occupe encore aujourd'hui. M. Van Boom, qui est incontestablement un artiste d'une grande valeur, a été nommé en 1863 flûte solo de S. M. le roi des Pays-Bas. Il est chevalier de l'ordre de la Couronne de chêne et de l'ordre suédois de Gustave Wasa.   ED. DE H.

BOOTH (WILLIAM), est le nom d'un luthier

anglais qui exerçait sa profession à Leeds en 1779. Il eut un fils qui lui succéda.

BORANI (GIUSEPPE), pianiste, compositeur et professeur dont l'enseignement est renommé en Italie, a publié en 1803 et 1804, chez l'éditeur Lucca, de Milan, deux ouvrages didactiques qui ont été accueillis avec la plus grande faveur par la critique et qui lui ont fait le plus grand honneur; l'un est intitulé *Grammatica musicale*, l'autre *Metodo per il pianoforte, facile e progressivo*. M. Borani est aussi l'auteur d'une bonne méthode de chant, divisée en trois parties, et il a publié encore un certain nombre de compositions vocales que l'on dit fort distinguées, entre autres un album intitulé *Serate di Primavera* (Turin, Bianchi), qui contient trois romances et trois duos d'un excellent effet.

BORSCHITSKY (......), est l'auteur d'un écrit publié en Angleterre sous ce titre : *Musical education, a suggestion that vocal music should become a regular, instrumental a higher, branch of education*, Londres, s. d. (1859), in-8° de 42 pp.

* **BORDE** (JEAN-BENJAMIN DE LA). Au nombre des ouvrages dramatiques de ce riche amateur il faut compter les suivants, qui n'ont pas été compris dans la liste de ses œuvres : 1° *les Bons Amis*, un acte, Comédie-Italienne, 5 mars 1761 ; 2° *l'Anneau perdu et retrouvé*, 2 actes, ibid., 20 août 1764 (l'auteur s'était servi, pour cet ouvrage, de la musique des *Bons Amis*, qui étaient tombés à plat le jour de leur première représentation) ; 3° *Thétis et Pélée*, tragédie lyrique, donnée sur le théâtre princier de Choisy le 10 octobre 1765 ; 4° *Zenis et Amalazie*, ballet en un acte (en société avec Buri), donné à Fontainebleau, devant la cour, le 2 novembre 1765 ; 5° *le Boulanger ou les Amours de Gonesse*, Comédie-Italienne, 1765 ; 6° *la Meunière de Gentilly*, un acte, Comédie-Italienne, 13 octobre 1768 ; 7° *Alix et Alexis* 2 actes, donné à Choisy, devant le roi, le 6 juillet 1769 ; 8° *le Chat perdu*, un acte, 1769 (j'ignore le lieu de représentation de cet ouvrage, mais je sais que la partition en a été gravée) ; 9° *le Marin ou le Rival imprévu*, 2 actes, reçu à la Comédie-Italienne, mais non joué à ce théâtre ; 10° *La Chercheuse d'esprit*, remise en musique ; enfin, plusieurs autres ouvrages, que de La Borde écrivait pour les théâtres particuliers de la cour et de divers grands seigneurs et dont voici les titres : 11° *le Dormeur éveillé* ; 12° *le Revenant* ; 13° *la Mandragore* ; 14° *le Coup de fusil* ; 15° *Fanny* ; 16° *Candide* ; 17° *Colette et Mathurin* ; 18° *le Rossignol* ; 19° *Jeannot et Colin*; 20° *le Projet*; 21° *le Billet de mariage*

* **BORDÈSE** (LUIGI). Fixé à Paris depuis sa jeunesse, cet artiste a fini par renoncer complètement au théâtre, où il n'avait pu rencontrer un succès, pour se livrer à l'enseignement et se consacrer à la composition en dehors de la scène. Ce qu'il a écrit depuis vingt-cinq ans est incalculable, et la liste de ses œuvres en tous genres couvrirait plusieurs pages de ce volume ; poussée à un tel point, la faculté de production confine de beaucoup plus près au métier qu'à l'art. Cependant, M. Bordèse continue d'avoir beaucoup de succès auprès des éditeurs, ce qui prouve que le public est avec lui. Sans entrer dans le détail complet de ses innombrables publications, j'en citerai pourtant un certain nombre : *Méthode élémentaire de chant*, suivie de vocalises et d'exercices journaliers (Choudens); *Méthode de chant* (Gambogi); *Solfège élémentaire*, avec accompagnement de piano (id.); *École de musique vocale d'ensemble*, 30 leçons de chant à 2 voix (Choudens); 36 *leçons de chant faciles et graduées* (Gérard); *l'Art de vocaliser*, d'après Rossini (id.); messe solennelle de *Gloria*, à 3 voix, chœur et orgue (Schonenberger); messe du Saint Esprit, à 2 voix, chœur et orgue (id.); messe de *Requiem* à 2 voix (id); messe complète à 3 voix (id.); *la Semaine religieuse des demoiselles*, 8 motets à 1 voix (id.); *Nouveau mois de Marie*, 12 prières à la Vierge, à 1 ou 2 voix (id.); 100 *Chants sacrés* à 4 voix d'hommes, avec accompagnement d'orgue ou d'harmonium (id.); *le Trésor musical des enfants*, 90 chants et prières à 1 ou 2 voix (id.); *Bouquet musical et religieux*, 10 morceaux à plusieurs voix, pour le mois de Marie (id.), *Solennités religieuses*, 101 solos, duos et trios pour différentes voix, sur paroles latines, avec accompagnement d'orgue ou d'harmonium (id.); *Fiori d'Italia*, 14 chants (id.); *Frère et sœur*, *Fais ce que dois*, *le Moulin des oiseaux*, *Oreste et Pylade*, *Fort comme la mort*, *les Orphelines*, *Royal-Dindon*, *le Miracle des Roses*, *la Fête des Fleurs*, *les Deux Turennes*, *Assaut de Soubrettes*, opérettes pour pensionnats ; *Noé*, *David chantant devant Saül*, *les rois Mages*, *Bethléem*, *la Prophétie*, *Judas*, *Jérusalem*, *l'Aveugle de Jéricho*, scènes bibliques; *le Pêcheur roi*, *Faust*, *Jocelyn*, *la Vision de Jeanne d'Arc*, *le Doigt de Dieu*, *l'Enfant égaré*, *la Jeune Martyre*, *Cora*, *la Jeune Négresse*, *Charlotte corday*, *la Vierge de Vaucouleurs*, *Chimène*, *Clotilde, reine des Francs*, *Jeanne Grey*, *le Songe de lady Macbeth*, *Jeanne d'Arc à Rouen*, *Sapho*, scènes dramatiques et lyriques ; *les Fêtes bénies*, album de 12 chants religieux à 1, 2 ou 3 voix ; 3 hymnes sacrées, pour 2 voix égales; 4 mélodies religieuses; 6 chœurs pour distributions de prix; 21 chants célestes, à 3 voix; *les Femmes de la Bible*, 12 morceaux à 1 voix. Enfin, à tout cela, il faut ajouter encore plusieurs centaines de mélodies, romances, chansons, airs, cavatines, duos, trios, chœurs, motets, morceaux de genre, etc. M. Bordèse avait fait recevoir en 1867, au Théâtre-Italien de Paris, un opéra semisérieux en 3 actes, *la Florala*, qui n'a pas été représenté.

BORDIER (Paul), compositeur, est auteur de la musique de *la Fiancée d'Abydos*, drame lyrique en 2 actes, écrit sur des paroles de M. F. Dartol. Cet ouvrage n'a pas été représenté, mais la partition pour chant et piano en a été publiée vers 1865 (Paris, Retté, in-8°).

BORDONI (Francesco), compositeur, naquit à Lucques au commencement du dix-septième siècle. On sait qu'il a écrit, pour les solennités qui avaient lieu à l'église de Santa-Maria Corte-Orlandini, plusieurs oratorios importants; mais on ne peut juger ni du talent de l'artiste ni de la valeur de ses compositions, celles-ci ayant toutes été perdues.

BORELLI (......), compositeur italien, a écrit la musique d'un ballet, *Clarella Angot*, représenté au théâtre Victor-Emmanuel, de Turin, en 1875.

* **BORGHI** (Jean-Baptiste). Un opéra intitulé *il Tempio di Gnido* n'a pas été compris dans la liste des œuvres de ce compositeur. Le livret imprimé de cet ouvrage indique Borghi comme étant né à Camerino; il y aurait donc eu erreur à fixer le lieu de sa naissance à Orvieto. Un autre opéra, *Egillna*, représenté au théâtre de la Scala, de Milan, en 1793, doit prendre place aussi au nombre des productions dramatiques de ce compositeur, ainsi que *Merope*, drame lyrique donné à Rome en 1768.

BORGHI-MAMO (Adélaïde BORGHI, épouse MAMO, connue sous le nom de Mme), cantatrice remarquable, douée d'une admirable voix de *mezzo-soprano*, a obtenu pendant vingt-cinq ans, en Italie, en France, en Angleterre et en Russie, les succès les plus éclatants. Née à Bologne en 1829, selon le *Dizionario biografico* de Fr. Regli, elle eut pendant quelque temps sinon l'enseignement proprement dit, du moins les conseils de la Pasta. En 1846 elle débutait à Urbino dans le *Giuramento* de Mercadante, magnifique partition qui lui valut toujours ses plus beaux succès. En 1849 elle était à Malte, où elle épousait M. Mamo. En 1853, M. le colonel Ragani, alors directeur du Théâtre-Italien de Paris, l'engageait à ce théâtre, où elle resta jusqu'en 1856, chantant successivement *il Trovatore*, *Matilde di Sabran*, *Semiramide*, *Gli Arabi nelle Gallie*, *il Crociato in Egitto*, et créant plus tard, à sa rentrée sur cette scène, le rôle principal de *Margherita la Mendicante*, opéra nouveau du jeune maestro Braga (*V.* ce nom), qui fut longtemps son accompagnateur et son protégé.

En 1856, Mme Borghi-Mamo quittait la scène italienne pour la scène française, et passait au théâtre de l'Opéra où elle débutait dans le rôle de Fidès du *Prophète*, et dans celui de Léonor de *la Favorite*. Ce dernier surtout lui fut particulièrement favorable. Elle chantait ensuite au même théâtre ceux d'Azucena du *Trouvère*, de Mélusine dans *la Magicienne*, et d'Olympia dans *Herculanum*, puis, en 1860, rentrait au Théâtre-Italien pour y créer l'opéra de M. Braga. Après avoir quitté Paris, Mme Borghi-Mamo poursuivit à l'étranger le cours de ses succès, se fit applaudir en Angleterre et en Russie, puis retourna en Italie. Elle s'est retirée récemment du théâtre, pour se fixer, dit-on, à Florence.

J. D. F.

Une fille de cette artiste, Mlle *Erminia Borghi-Mamo*, a abordé le théâtre en ces dernières années et s'est révélée elle-même comme une cantatrice fort distinguée. Douée d'une belle voix de soprano, suave et pénétrante, qu'elle conduit avec goût et à laquelle elle sait donner des accents pathétiques et passionnés, elle semble marcher à grands pas sur les traces de sa mère. Mlle Erminia Borghi-Mamo a obtenu en 1875 un grand succès au théâtre communal de Bologne, en jouant le rôle de Marguerite dans le *Mefistofele* de M. Arrigo Boïto. (*Voyez* ce nom.) Elle a été aussi fort bien accueillie au Théâtre-Italien de Paris, où elle s'est fait entendre pendant la saison de 1876-1877.

BORIO (Giuseppe), musicien italien, est auteur de l'écrit suivant: *Sulla opportunità di una nuova segnatura musicale*, Milan, 1842.

* **BORNACCINI** (Joseph), compositeur dramatique, né à Ancône en 1805, se rendit en 1810 à Rome avec sa famille, et commença l'étude de la musique en cette ville, à l'âge de sept ans, sous la direction de Sante Pascali, organiste du Vatican. Il travailla ensuite avec Valentino Fioravanti, et, sur le conseil de celui-ci, partit pour Naples, où il se fit recevoir au collége de musique de Saint-Sébastien (1822). Il eut pour maîtres dans cet établissement Furno, Mosca, Tritto, et, à la mort de celui-ci, Zingarelli lui-même, alors directeur du collége. Après avoir fini ses études et s'être exercé dans quelques compositions d'importance secondaire, il retourna à Ancône, y produisit quelques œuvres profanes et religieuses, puis alla à Venise, et donna au théâtre Malibran de cette ville son premier opéra, *Aver moglie è poco, guidarla è molto*, qui fut très-bien accueilli. A Venise, M. Bornaccini retrouva Bellini, avec qui il avait étudié à Naples, et assista à plusieurs répétitions de *Beatrice di Tenda*, que celui-ci mettait alors en scène, mais ne put voir la première représentation, obligé qu'il était de retourner à Ancône. Lorsque Bellini lui eut fait connaître par écrit le mauvais accueil que les Vénitiens avaient fait à sa *Beatrice*, M. Bornaccini prit la résolution de ne plus écrire pour le théâtre, n'ayant plus confiance dans le jugement du public. Cependant, comme il avait pris quelques engagements, il lui fallut les tenir, et c'est ainsi qu'il écrivit encore *Ida* (Venise, Th. Apollo, 1833), et *i due Incogniti* (Rome, Th. Valle, 1834).

M. Bornaccini se rendit ensuite à Trieste, et, tout en se consacrant à l'enseignement et sans abandonner la composition, il renonça complétement, comme il l'avait résolu, à la carrière de musicien dramatique. A part un assez grand nombre de cantates, il n'écrivit plus pour le théâtre qu'un petit opéra de circonstance en un acte, *l'Assedio di Ancona del 1174*, ouvrage qui fut représenté à Ancône en 1861, à l'occasion de la proclamation du statut national italien. M. Bornaccini occupait dans sa ville natale une situation importante, et il était devenu maître de chapelle de la cathédrale, directeur de l'Académie philharmonique et directeur de l'école communale de musique; depuis quelques années il a résigné ces divers emplois, pour pouvoir prendre le repos dont sa vieillesse avait besoin.

On a lu plus haut les titres des quelques opéras écrits par M. Bornaccini; il y faut joindre les cantates composées en diverses circonstances : 1° Cantate pour la fête de Sainte-Cécile, Ancône, 1825; 2° Cantate pour l'arrivée de l'empereur Ferdinand II, Trieste, 1844; 3° *il Giuramento italiano*, Ancône, 1848; 4° Cantate, Ancône, 1849; 5° *l'Inaugurazione*, Ancône, 1855; 6° *il Tributo*, Ancône, 1855; 7° Cantate pour le centenaire de saint Cirlaque, Ancône, 1856 ; 8° Cantate pour l'arrivée de Pie IX, Ancône 1857. M. Bornaccini a écrit aussi un grand nombre de compositions religieuses et profanes, messes, vêpres, motets, graduels, offertoires, avec accompagnement d'orchestre ou d'orgue, plusieurs ouvertures à grand orchestre, un concerto pour hautbois et cor anglais, une *Élégie* à la mort de Bellini, des mélodies vocales, etc., etc.

* **BORNET** aîné, a écrit la musique d'un opéra-comique en un acte, *le Laboureur devenu gentilhomme*, qui ne fut point représenté, mais dont le livret, œuvre d'un écrivain nommé Bouteiller, a été imprimé. Cet artiste a publié *Six sonates d'ariettes d'opéras-comiques* arrangées pour un violon seul avec la basse chiffrée (Paris, Bouin).

BORODINE (A......), musicien russe contemporain, est l'auteur d'une symphonie en *si* mineur, à grand orchestre, dont l'éditeur Bessel, de Saint-Pétersbourg, a publié une réduction pour le piano à quatre mains. Je n'ai aucun autre renseignement sur cet artiste.

BORREMANS (Joseph), compositeur, organiste et chef d'orchestre, né à Bruxelles le 25 novembre 1775, fut en cette ville maitre de chapelle de l'église de Sainte-Gudule, organiste de celle de Saint-Nicolas et second chef d'orchestre du théâtre royal de la Monnaie, où il fit représenter les ouvrages suivants : 1° *le Klapperman ou le Crieur de nuit d'Amsterdam*, opéra-comique en un acte (31 octobre 1804); 2° *la Femme impromptue*, opéra bouffe (1808); 3° *l'Offrande à l'hymen*, scène lyrique (31 octobre 1816). Comme organiste, cet artiste se faisait remarquer, dit-on, par un véritable talent d'improvisation; comme compositeur religieux, il a laissé des messes, des *Te Deum*, des motets, etc., avec accompagnement d'orchestre. Borremans est mort à Uccle-lez-Bruxelles, le 15 décembre 1858, à l'âge de quatre-vingt-trois ans. Son frère aîné, *Charles Borremans*, né à Bruxelles le 25 avril 1769, et mort en cette ville le 17 juillet 1827, était violoniste, et fut chef d'orchestre du théâtre de la Monnaie de 1804 à 1825. La famille Borremans était alliée à la famille Artot (*voy.* ce nom), la sœur de Joseph Borremans ayant épousé Maurice Artot, père du fameux violoniste Joseph-Alexandre Artot.

BORSON (......). Un artiste de ce nom a écrit la musique de quelques ballets-pantomimes et divertissements représentés à l'Ambigu-Comique en 1772 et 1773; 1° *Arlequin chez les Patagons*; 2° *Robinson Crusoé*; 3° *le Braconnier anglais*.

BORSSAT (......), fils d'un comédien de province qui avait créé à Paris une agence d'affaires théâtrales, naquit vers 1835. Il devint chef d'orchestre de divers théâtres secondaires, entre autres le théâtre Beaumarchais et le Grand-Théâtre Parisien, et écrivit pour ces scènes éloignées la musique de quelques opérettes : *la Leçon d'amour*, Grand-Théâtre Parisien, 1865; *les Amoureux de Lucette*, Th. Beaumarchais, 1867; *Ça brûle! gare aux doigts!* id., 1869.

* BORTNIANSKY (Dmitri-Stepanovitch). J'ai acquis la preuve que ce compositeur, pendant son séjour en Italie, a écrit au moins un opéra italien. La *Cronistoria dei Teatri di Modena* (Modène, 1873), enregistre, à la date du 26 décembre 1778, la représentation de *Quinto Fabio*, nouvellement mis en musique par lui sur le poème de Métastase. Je ne pense pourtant pas que ce soit en cette ville qu'il ait été joué pour la première fois.

BORZAGA (Egyd), violoncelliste, naquit à Prague le 1er septembre 1802. En 1853, lorsque M. Vieuxtemps, le célèbre violoniste, visita Vienne, ce fut Borzaga qu'il choisit pour tenir la partie de violoncelle dans les quatuors qu'il faisait entendre. Borzaga, qui était membre de la chapelle Impériale, est mort le 15 novembre 1858. Y.

BOS (Pierre), professeur de musique, élève d'Émile Chevé, est l'auteur du manuel intitulé : *Cours de musique théorique et pratique, principes élémentaires* (Paris, librairie de *l'Écho de la Sorbonne*, in-16). M. Bos lui-même caractérise ainsi son traité : « Cet ouvrage contient, non-seulement toute la théorie élémentaire, c'est-à-dire la théorie des intervalles, des modes, des tons, de la modulation, de la mesure, de l'écriture usuelle, de la transposition et du mécanisme vocal ou chant proprement dit, mais encore des notions suffisantes sur les diverses méthodes qui se partagent l'enseignement musical; et si l'auteur a manifesté ses préférences pour une méthode destinée à faciliter singulièrement l'étude de l'intonation et de la mesure, il n'en a pas moins fait une exposition complète de la *notation usuelle*, et indiqué les moyens les plus propres à familiariser avec la lecture sur toutes les clefs et la transposition dans un ton quelconque. » Ceci revient à dire que les adeptes mêmes de la méthode Chevé en arrivent à comprendre que si quelques parties de cette méthode peuvent servir de moyens pédagogiques, l'ensemble du système n'en doit pas moins laisser la place à celui de la notation usuelle et rationnelle. Pour notre part, nous n'avons jamais dit autre chose.

BOS, BOSSUS ou BOSSIUS (Hans), facteur d'orgues fort habile, naquit au commencement du seizième siècle, probablement à Anvers, où il exerçait sa profession et où il se maria en 1543. Il fut reçu en 1558 dans la gilde de Saint-Luc, sous le nom de « maître Hans Bos, facteur d'orgues », mais il était aussi facteur de clavecins. Il jouissait d'une grande renommée et d'une véritable autorité à Anvers, car ce fut lui qui, en 1546, fut chargé d'examiner les nouvelles orgues de l'église Saint-Jacques, qui, peu de temps après, déplaçait les grandes orgues de la cathédrale, les accordait et en réparait la soufflerie, qui, enfin, en 1572, figurait au nombre des témoins qui assistaient à la signature du contrat relatif à la reconstruction de l'orgue de la chapelle de la Vierge à la cathédrale.

BOSCOWITZ (F......), pianiste, compositeur de petite musique de piano, a publié une centaine de ces morceaux de genre que chaque jour voit éclore, et pour lesquels il se trouve toujours des amateurs sans sévérité parce qu'ils sont sans instruction. Les petits morceaux de M. Boscowitz ne sont ni meilleurs ni pires que tant d'autres, mais ils sont absolument inconnus des véritables artistes.

BOSIO (Angiolina), cantatrice très-distinguée, issue d'une famille de comédiens, naquit en 1824 et fit son éducation musicale sous la direction du professeur V. Cattaneo. Elle débuta d'abord au théâtre Re, de Milan, dans *i Due Foscari*, et à vingt ans était déjà une chanteuse di *cartello*. Elle quitta l'Italie de bonne heure, ses succès la faisant rechercher à l'étranger, se fit entendre à Paris et à Londres, où elle fut reçue avec la plus grande faveur, puis accepta un brillant engagement pour l'Amérique, où elle épousa un Grec du nom de *Xindavelonis*, qui lui avait offert ses services comme courrier. Cette union ne fut pas malheureuse, comme tant d'autres, mais elle fut stérile, de sorte qu'à la mort, si prématurée, hélas! de la brillante cantatrice, ce fut le mari qui profita, au détriment de la famille, des économies considérables réalisées dans une courte, mais productive carrière.

Angiolina Bosio a appartenu, à deux reprises différentes, au Théâtre-Italien de Paris : en 1846 d'abord (début dans *i Due Foscari*), et en 1855 (rentrée dans *Matilde di Sabran* et *gli Arabi nelle Gallie*). Son succès y fut très-grand (1). Mme Bosio brillait particulièrement par l'agilité et l'étendue de sa voix, surtout dans le haut; mais ces qualités n'excluaient nullement chez elle le sentiment dramatique dans l'*opera seria*. Engagée en Russie à de brillantes conditions, elle dut au climat meurtrier de ce pays la courte

(1) Mme Bosio appartint aussi pendant quelque temps au personnel de l'Opéra. Le 27 décembre 1855 elle créait à ce théâtre le rôle principal d'un ouvrage en deux actes, *Betly*, que Donizetti avait écrit naguère sur le sujet du *Chalet* et que, chose singulière, Adam s'était chargé d'adapter à la scène française. La beauté expressive et douce, la grâce exquise, la voix séduisante et le talent si distingué de la cantatrice restèrent impuissants à faire apprécier du public une œuvre aimable sans doute, mais qui ne méritait pas les honneurs de la traduction. — A. P.

mais cruelle maladie qui mit fin à sa carrière. C'est en chemin de fer, en revenant de Moscou à Saint-Pétersbourg, qu'elle eut l'imprudence de baisser la glace de la portière auprès de laquelle elle se trouvait ; il faisait un de ces froids vifs et secs qui surprennent sans pitié des constitutions plus robustes que ne l'était la sienne. En arrivant dans la capitale de la Russie, la pauvre artiste était mortellement atteinte! Malgré les soins les plus dévoués, elle expira, le 13 avril 1859, au milieu de la douleur universelle. Un monument lui a été élevé.
J. D. F.

BOSONI (Ercole). Un musicien de ce nom a fait représenter en 1852 ou 1853, sur le théâtre de la Fenice, de Venise, un opéra intitulé *la Prigioniera*.

BOSSARD (Victor), né à Cham dans le canton de Zug, fut l'un des meilleurs facteurs d'orgues de la Suisse au dix-huitième siècle. Parmi les instruments sortis de ses ateliers, on cite surtout l'orgue d'Einsiedeln, celui de l'église catholique de Zurich, et celui de Saint-Vincent. On rapporte que la commission désignée pour examiner ce dernier en fut tellement satisfaite, qu'elle fit à Bossard un don magnifique de cent louis d'or.

* **BOSSELET** (Charles-François-Marie), professeur et chef d'orchestre, est mort à Saint-Josse-ten-Noode-lez-Bruxelles, le 2 avril 1873. Parmi les ballets dont il a écrit la musique pour le théâtre de la Monnaie, de Bruxelles, on cite *les Dryades*, *Arlequin et Pierrot*, *Terpsychore sur terre*. Aucune de ses nombreuses compositions religieuses n'a été gravée. Dans l'*Annuaire* de l'Académie royale de Belgique pour 1876, M. le chevalier Léon de Burbure a publié une *Notice sur C.-F.-M. Bosselet*, dont il a été fait un tirage à part (Bruxelles, Hayez, 1876, in-16 de onze pages, avec portrait).

BOSSENBERGER (Henri-Jacob), compositeur, né à Cassel le 27 octobre 1838, est actuellement chef d'orchestre du théâtre *An der Wien*, de Vienne. Il a composé des *lieder* et des opérettes.
Y.

BOTE et BOCK. C'est le nom d'une grande maison d'édition de musique de Berlin, d'origine assez récente. Elle a été créée par les deux associés Bote et Bock en 1838. Bote ne resta pas longtemps dans le commerce de musique, et laissa promptement la direction unique des affaires à Bock, qui l'a gardée jusqu'à l'époque de sa mort, survenue le 27 avril 1863. Elle passa alors aux mains de son frère, qui la tient au nom de son neveu Hugo Bock. C'est à l'un des créateurs de la maison Gustave Bock que l'on doit les premières éditions à bon marché de la musique classique.
Y.

BOTELHO (Le F. Estevão), moine et musicien portugais, naquit vers 1629 à Evora, d'une famille très-distinguée. Il entra dans l'ordre de S. Augustin en 1650, et devint prieur des couvents de Arronches et Loulé. Il jouissait d'une bonne réputation comme musicien ; ses compositions furent conservées en manuscrit, de même qu'un *Tratado de Musica*, resté aussi inédit.
J. de V.

BOTGORSCHER (François), flûtiste célèbre, est né à Vienne le 23 mai 1812. Il a fait de nombreux voyages artistiques en Allemagne et dans les Pays-Bas.
Y.

BOTSON ou **BOTZON** (........), chanteur et compositeur, faisait partie, en 1770, des chœurs de l'Opéra, où il ne resta qu'une année, et passa ensuite dans les chœurs du Concert spirituel, où il avait fait exécuter, en cette même année 1770, plusieurs motets de sa composition. Le 18 janvier 1775, on représentait sur le théâtre de Bruxelles une comédie héroïco-pastorale en trois actes et en vers, mêlée d'ariettes, *Berthe*, dont le livret était l'œuvre de Pleinchesne, et dont la musique avait été écrite en collaboration par Gossec, Philidor et Botson. On peut consulter sur cet ouvrage, jusqu'ici resté inconnu, l'écrit intéressant de M. Ch. Piot, *Particularités inédites concernant les œuvres musicales de Gossec et de Philidor*, écrit inséré dans les *Bulletins* de l'Académie royale de Belgique (novembre 1875), et dont il a été fait un tirage à part.

BOTT (A....), compositeur allemand, a écrit la musique d'un opéra intitulé *Actæa, la jeune Fille de Corinthe*, qui a été représenté sur le théâtre royal de Berlin le 11 avril 1862. Cet ouvrage, dont le rôle principal était tenu par une grande artiste, Mme Harriers-Wippern (*voyez* ce nom), obtint un véritable succès et donnait grand espoir pour l'avenir de son auteur. Celui-ci, pourtant, n'a plus fait parler de lui depuis lors.

* **BOTTE** (Adolphe-Achille), pianiste et compositeur, est né le 29 (et non le 26) septembre 1823, à Pavilly (Seine-Inférieure). Son grand-père, ancien élève de l'abbaye de Fécamp, lui donna les premières leçons de musique. Admis au Conservatoire de Paris en janvier 1837, il obtint l'année suivante un second prix de solfège, et en 1839 un premier prix dans la même classe. Il eut ensuite comme professeurs Zimmermann pour le piano, Savard et Leborne pour l'harmonie, le contrepoint et la fugue. En 1842, il alla se fixer à Rouen, et ne tarda pas

à se révéler comme compositeur, en publiant un album de chant, qui parut en 1846, et fut suivi d'un second album, cette fois pour le piano. Il fit exécuter vers le même temps, au Théâtre-des-Arts, deux ouvertures à grand orchestre : *Jocelyn* et *le Corsaire*.

En 1854, M. Adolphe Botte vint s'établir comme professeur à Paris. Sa collaboration à divers journaux de Rouen lui avait rendu familiers les procédés de la critique musicale, ce qui lui permit d'entrer au *Messager des Théâtres*, où il fit, pendant plusieurs années, sous le pseudonyme de *A. de Pavilly*, les comptes-rendus de l'Opéra et des Italiens. La *Revue et Gazette musicale* lui ouvrit à son tour ses colonnes, où il a fait paraître de nombreux et solides articles de critique et de bibliographie. M. Botte est depuis 1864 professeur de piano au couvent des Oiseaux.

On a de cet artiste, outre les deux albums cités plus haut, quelques mélodies vocales : *Le Chrétien mourant, le Crucifix, le Vallon, l'Ange gardien* (A. Leduc, éditeur), etc., et un assez grand nombre de compositions pour le piano, d'un style généralement soigné, et d'un goût exempt de vulgarité. Nous citerons entre autres : *Souvenir de l'ange gardien, Six Études de style*, publiées en 1850 et réédités en 1868 ; deux nouveaux albums, parus en 1855 et 1857 ; *Elegia e marcia* (Gérard et Cie édit.) ; *Souvenir de l'ange et l'enfant* (id.) ; *Œuvres choisies*, édition bijou (A. Leduc) ; *Sept morceaux caractéristiques*, un vol. in-8° (Douniol, éd.) ; *Mélodies et morceaux choisis*, (id.), etc. M. Botte a publié dans le *Journal de l'Instruction publique* (juin 1862) un travail sur les œuvres de Scudo (1).

J. C — z.

*BOTTESINI (GIOVANNI). Aux ouvrages dramatiques de ce compositeur viennent s'ajouter : *Marion Delorme*, opéra sérieux représenté en 1862 à Palerme, et *Vinciguerra*, opérette en un acte donnée à Paris, au théâtre du Palais-Royal, au mois d'avril 1870. M. Bottesini a publié une grande *Méthode complète de contre-basse* (Paris, Escudier). — Le père de cet artiste, clarinettiste distingué, est mort à Crema en 1874.

BOTTINI (MARIANNA ANDREOZZI, marquise), musicienne distinguée, naquit à Lucques le 7 novembre 1802. Douée d'une vive intelligence, elle se livra de bonne heure à l'étude des lettres et de la musique, et devint élève du compositeur Domenico Quilici, qui lui donna tous ses soins, reconnaissant qu'il y avait en elle l'étoffe d'une artiste remarquable. Ni son mariage, ni ses devoirs maternels, auxquels elle ne faillit jamais, ne détournèrent la signora Bottini de ses études musicales ; elle jouait bien de la harpe, et bientôt, s'adonnant à la composition, elle écrivit un nombre d'œuvres considérable, en divers genres. C'est ainsi qu'elle produisit successivement : un *Magnificat* à 4 voix avec accompagnement instrumental ; un motet pour la fête de Sainte-Cécile ; un concerto à grand orchestre ; une messe et vêpres à 4 voix, avec instruments ; une cantate écrite pour la noble famille Orsucci ; une opérette en deux actes intitulée *Elena e Gerardo* ; un *Stabat mater* à 3 voix ; plusieurs ouvertures ; et enfin des morceaux pour la voix, pour la harpe et pour le piano.

Le mérite de ces compositions attira sur la marquise Bottini l'attention de l'Académie des Philharmoniques de Bologne, à laquelle elle avait envoyé son *Requiem* et son *Stabat mater* et qui lui répondit, par l'organe du maestro Marchesi : « Les compositions musicales que vous avez bien voulu offrir à l'Académie ont été accueillies, dans la séance du 6 avril dernier, avec l'expression de la plus grande reconnaissance et de la juste admiration que mérite votre rare talent. » Peu de temps après, le 10 janvier 1821, l'Académie des Philharmoniques adressa à la marquise Bottini le diplôme de membre de cette compagnie, et son président, le même maestro Marchesi, lui écrivait à ce sujet : « Votre travail a été loué et applaudi par les sommités de l'art, pour la gravité du style et pour l'étroite observation des préceptes du contre-point. » — La marquise Bottini mourut à Lucques le 24 janvier 1858.

BOUCHÉ (L.....), chanteur qui a fait pendant plusieurs années partie du personnel du théâtre de l'Opéra, à Paris, est auteur de l'écrit suivant : *De l'art du chant, théorie nouvelle basée sur l'appréciation des éléments constitutifs de la voix* (Nogent-le-Rotrou imp. Gouverneur, 1872, in-12).

* BOUCHER (ALEXANDRE-JEAN), est mort à Paris le 29 décembre 1861.

* BOUCHERON (RAYMOND). Né à Turin le 15 mars 1800, cet artiste, après avoir été longtemps maître de chapelle à Vigevano, a occupé pendant vingt-huit ans les mêmes fonctions à la cathédrale de Milan, pour le service de laquelle il a écrit d'innombrables compositions. Boucheron a publié plusieurs ouvrages théoriques et didactiques : 1° *Scienza dell' Armonia*

---

(1) Pendant son séjour à Rouen, M. Botte eut une part de collaboration au *Franc-Juge*, feuille musicale fondée en cette ville par Aimé Paris. — A. P.

(1856); 2° *Corso completo di lettura musicale*; 3° *Esercizii di armonia* (1867). Membre de l'Académie de Sainte-Cécile de Rome, et de celles de Bologne et de Florence, Boucheron était un savant musicien, un artiste consciencieux et fort instruit, mais n'ayant ni vues originales comme théoricien, ni inspiration comme compositeur; sous ce dernier rapport, ses œuvres, tant sacrées que profanes, sont, dit-on, d'une banalité désespérante. Il est mort à Milan le 28 février 1876.

BOUGLIA (Giuseppe), compositeur, membre du corps de musique des carabiniers royaux d'Italie, est l'auteur d'un opéra en 2 actes, *Alf là! o Il Posto d'onore*, représenté au théâtre Nota, de Turin, le 4 août 1866. Il est mort au mois d'août de l'année suivante.

BOUILLON (Auguste), musicien belge, était, en 1855, directeur de l'école de musique chorale populaire créée par les soins de l'autorité communale de Bruxelles. Outre un certain nombre de chœurs d'hommes sans accompagnement, on doit à cet artiste une *Méthode pratique de chant d'ensemble*, publiée par lui, en 1855, en société avec un autre professeur dont j'ignore le nom.

BOUILLY (Jean-Nicolas), homme de lettres, né à Tours le 24 janvier 1763, mort à Paris le 24 avril 1842, est connu surtout comme auteur de nombreux ouvrages pour l'enfance, et comme écrivain dramatique. On lui doit de nombreux livrets d'opéras comiques, et il a été l'un des collaborateurs préférés de Grétry dans les dernières années de la carrière de ce grand homme. Bouilly est surtout mentionné ici comme auteur d'un ouvrage intitulé : *Mes Récapitulations* (Paris, s. d., Janet, 3 vol. in-12), écrit sur la fin de sa vie, et dans lequel il a retracé ses mémoires. On trouve dans ce livre des renseignements intéressants et que l'on chercherait vainement ailleurs, sur plusieurs grands artistes dans l'intimité desquels Bouilly avait vécu : Grétry, dont il avait dû épouser la fille, Méhul, M°° Dugazon, Auber, la Malibran, etc.

* BOULANGER (Ernest-Henri-Alexandre). Voici la liste complète des œuvres dramatiques de ce compositeur : 1° *le Diable à l'école*, un acte, Opéra-Comique, 17 janvier 1842 ; 2° *les Deux Bergères*, un acte, ibid., 3 février 1843 ; 3° *une Voix*, un acte, ibid., 28 mai 1845 ; 4° *la Cachette*, trois actes, ibid., août 1847; 5° *les Sabots de la Marquise*, un acte, ibid., 29 septembre 1854 ; 6° *l'Éventail*, un acte, ibid., 4 décembre 1860 ; 7° *Le 15 août aux champs*, cantate, ibid., 15 août 1862 ; 8° *le Docteur Magnus*, un acte, Opéra, 9 mars 1864 ; 9° *Don Quichotte*, 3 actes, Théâtre-Lyrique, 1869 ; 10° *Don Mucarade*, un acte, Opéra-Comique, 10 mai 1875.

M. Boulanger, qui a publié quelques compositions légères pour le piano et écrit un assez grand nombre de mélodies vocales et de chœurs orphéoniques, a été fait chevalier de la Légion d'honneur au mois d'août 1869. Après la mort de Vauthrot, il a été nommé, en 1871, professeur de chant au Conservatoire. M. Boulanger a publié dans *le Magasin des Demoiselles* deux opérettes, *la Meunière de Sans Souci* et *Marion*, qui n'ont point été représentées. Il faut encore rappeler que cet artiste a arrangé et réorchestré en partie la partition de *Wallace ou le Ménestrel écossais*, de Catel, pour une reprise de cet ouvrage qui fut faite à l'Opéra-Comique vers 1844.

BOULEAU-NELDY (......), compositeur de musique religieuse, organiste de l'église de Notre-Dame de Nantilly à Saumur, s'est fait connaître par la publication d'un assez grand nombre de compositions sacrées, parmi lesquelles on remarque un *Stabat Mater* considéré comme une œuvre distinguée, plusieurs messes, des motets, etc. Cet artiste modeste et méritant a remporté le prix dans le concours ouvert en 1863, par la Société de Sainte-Cécile, de Bordeaux, pour la composition d'une ouverture de concert. On a publié aussi de M. Bouleau-Neldy environ quarante morceaux de genre pour le piano, et quelques transcriptions ou compositions originales pour violon ou violoncelle et orgue, entre autres un *Ave Maria*, une rêverie intitulée *Voix du Ciel*, un andante de Mozart, etc., etc.

BOULLARD (Marius), chef d'orchestre et compositeur, est né à Gand, de parents français, le 27 décembre 1842. Son père avait tenu autrefois, à l'Opéra-Comique, un emploi un peu secondaire, après avoir chanté les basses en province, particulièrement dans quelques grandes villes du midi. M. Boullard a fait ses études au Conservatoire, où, après avoir obtenu un second accessit de solfège en 1853 et le premier prix en 1854, il devint en 1860 élève de M. Bazin pour l'harmonie et accompagnement, et en 1862 de Carafa pour la fugue. En sortant du Conservatoire, M. Boullard fut successivement chef d'orchestre de divers petits théâtres, les Folies-Marigny, les Nouveautés et les Menus-Plaisirs, où il écrivit la musique de quelques opérettes sans conséquence. Pendant la guerre de 1870-71, quoique marié et père d'un enfant, il s'engagea comme volontaire dans un régiment de marche, et fut grièvement blessé, le 19 janvier, au combat de Buzenval, au point que l'on craignit un instant pour sa vie. Il guérit cependant, et lors de la réouverture des Variétés, à la fin de 1871, il entra comme premier chef d'orchestre à ce théâtre. — M. Boullard a publié un certain nombre de morceaux de musique de danse pour piano. Parmi les petites pièces qu'il fit représenter dans ses jeunes années, je citerai les deux suivantes : *Francesca da Rimini*, un acte, École lyrique, 1866; et *le Grillon*, un acte, Nouveautés, 1867. Il a écrit aussi des airs nouveaux pour une féerie en huit tableaux jouée à ce dernier théâtre en 1866, *l'Ile des Sirènes*. — Un frère de cet artiste, *Victor Boullard*, né en 1833, a été, au Conservatoire, élève de M. Laurent pour le piano et de M. Bazin pour l'harmonie et accompagnement. Un instant chef d'orchestre du théâtre du Palais-Royal, il s'est livré à l'enseignement et a publié un certain nombre de romances et mélodies, ainsi que quelques petits morceaux de piano. Il est mort en 1876.

BOURDEAU (Émile), maître de chapelle de l'église Saint-Philippe-du-Roule et professeur de musique au collège Chaptal, est l'auteur des deux ouvrages théoriques dont les titres suivent : 1° *Harmonie et composition*, Paris, Lambert, 1867, in-8° (lithographié); 2° *Règles invariables sur la transposition musicale*, Paris, 1861, in-8°. Le même artiste a fait représenter dans un salon, en 1867, une opérette intitulée *le Revenant*.

BOURDOT (Jean-Sébastien), luthier, né Mirecourt en 1530, était établi à Paris en 1555. Bourdot est considéré comme le fondateur de la lutherie lorraine, qui depuis lors a pris une si grande extension. Il travailla sous la direction de Nicolas et de Jean Médard, de Nancy, qui étaient eux-mêmes élèves de Tywersus, luthier attaché à la maison des princes lorrains.

J. G.

BOURGAULT-DUCOUDRAY (Louis-Albert), compositeur, est né le 2 février 1840 à Nantes, où sa famille était dans une position de fortune florissante. Le futur artiste fit d'abord de très solides études littéraires, suivit ensuite les cours de droit et se fit recevoir avocat en 1859. Pourtant il était possédé de l'amour de la musique, et avait commencé l'étude de cet art sous la direction d'un professeur de sa ville natale, M. Champommier. A peine eut-il été reçu avocat que M. Bourgault-Ducoudray se rendit à Paris, se présenta au Conservatoire, et eut la chance d'être admis dans la classe de M. Ambroise Thomas. Il se mit alors au travail avec une ardeur surprenante, obtint un premier accessit de fugue en 1861, et, s'étant présenté année suivante au concours de l'Institut, remporta d'emblée le premier grand prix de composition musicale. Les paroles de la cantate qu'avait mise en musique, intitulée *Louise de sières*, étaient d'Édouard Monnais, qui en avait tiré le sujet d'un roman de Mme de Lafayette *Mademoiselle de Montpensier*. Le jeune lauréat partit pour Rome, où, pendant son séjour il écrivit les paroles et la musique d'un drame lyrique en trois actes, dont divers fragments furent adressés par lui à l'Académie des Beaux-Arts et constituèrent ses « envois de Rome ». Puis il visita l'Italie, et fit un voyage en Grèce. De retour à Paris, il fit exécuter à l'église Saint-Eustache, le 5 avril 1868, un *Stabat Mater* qui fut fort bien accueilli par la critique, et qu'il fit entendre de nouveau, quelques années après aux Concerts populaires de M. Pasdeloup.

M. Bourgault-Ducoudray, qui a voué, on peut le dire, sa vie à la musique, et à qui sa position de fortune laissait une entière indépendance, s'était épris d'une passion pleine d'enthousiasme pour les grandes œuvres de Hændel et de Jean Sébastien Bach, et désirait les révéler au public français, auquel elles étaient encore complètement inconnues. Il fonda donc à Paris une société chorale d'amateurs, composée de membres des deux sexes, et, avec une ardeur toute désintéressée, il donna tous ses soins à cette société de façon à la mettre à même d'exécuter les grands chefs-d'œuvre de la musique vocale classique, et particulièrement les oratorios des maîtres. Il fit entendre ainsi successivement *Fête d'Alexandre* et *Acis et Galathée*, d'Hændel, diverses cantates de Bach, puis *Bataille de Marignan*, de Clément Janequin et des fragments d'un des plus beaux opéras de Rameau, *Hippolyte et Aricie*.

Pendant la guerre de 1870-71, M. Bourgault-Ducoudray s'engagea volontairement, et fit bravement son devoir. Il continua de servir, à Versailles, pendant le second siège de Paris, et fut blessé dans un combat contre les défenseurs de la Commune. Lorsque la paix fut enfin rétablie il reprit ses travaux ordinaires et la direction de sa société chorale. Malheureusement sa santé profondément altérée par une maladie nerveuse, vint l'obliger à un repos absolu, et il dut partir pour la Grèce, à la recherche d'un climat plus doux, laissant à M. César Franck le soin de diriger les amateurs qu'il avait recrutés et disciplinés avec tant de peines.

M. Bourgault-Ducoudray ne s'est pas produit au théâtre ; il a publié : 1° *Stabat Mater* pour soprano, alto, ténor et basse, chœurs et grand orgue, avec adjonction de violoncelles, contrebasses, harpes et trombones (Paris, Macka in-8°); 2° *Dieu notre divin père*, cantique; 3° *la Chanson d'une mère*, mélodie; 4° *le Chant de ceux qui s'en vont sur mer*, id.; 5° *Gavotte et Menuet*, pour piano, etc. Il a fait exécuter aux Concerts populaires, le 27 septembre 1874, une suite d'orchestre en quatre parties qu'il intitulait : *Fantaisie en ut mineur*, et il a encore écrit une « cantate en l'honneur de Sainte-Françoise d'Amboise, duchesse de Bretagne, » qui a été exécutée à Vitré, à l'ouverture de la session de l'Association bretonne, au mois de septembre 1876.

De son dernier voyage en Grèce, M. Bourgault-Ducoudray avait rapporté des notes très-intéressantes sur la musique de ce pays. Il en tira le texte d'un travail très-substantiel, qui, publié d'abord dans le journal *le Temps* des 6, 9 et 10 janvier 1876, parut ensuite sous la forme d'une brochure ainsi intitulée : *Souvenir d'une mission musicale en Grèce et en Orient* (Paris, Baur, 1876, in-12 de 43 pages). Depuis lors, M. Bourgault-Ducoudray a publié l'ouvrage suivant, dont l'intérêt et l'importance sont considérables : *Trente mélodies populaires de Grèce et d'Orient*, recueillies et harmonisées par L.-A. Bourgault-Ducoudray, avec texte grec, traduction italienne en vers adaptée à la musique, et traduction française en prose.

*BOURGEOIS (LOUIS-THOMAS). Aux cantates citées au nom de ce compositeur, il faut joindre les deux suivantes, publiées aussi chez Ballard : 1° *l'Amour et Psyché* (qui ne doit pas être confondue avec celle intitulée *Psyché*), et *la Belle Hollandaise*. Bourgeois a écrit aussi la musique d'un divertissement en deux actes, *le Comte de Gabalis ou les Peuples élémentaires*, qui fut exécuté à Sceaux, sur le théâtre de la duchesse du Maine, au mois d'octobre 1714.

* BOURGES (JEAN-MAURICE). En dehors de son opéra de *Sultana*, on doit à cet artiste fort distingué plusieurs compositions intéressantes, parmi lesquelles je signalerai les suivantes : 1° *Premier Trio* (en *la* mineur), pour piano, violon et violoncelle, Paris, Maho. — 2° *Deuxième Trio* (en *si* bémol), id., Paris, Brandus. — 3° *Première Sonate* (en *ré* mineur), pour piano et violon, id., id. — 4° *Deuxième Sonate* (en *mi* bémol), id., Paris, Maho. — 5° *Le Papillon de nuit*, caprice pour piano, id., id. — 6° *Chant des rameurs*, barcarolle pour piano, id., id. — 7° *Le Voile de mariée*, valse de salon, id., id. — 8° *Nympha*, romance sans paroles, id., id. — 9° *Fleur desséchée, la Religion, le Pâtre et l'Alouette, le Lépreux, la Cascade, la Belle Madelon, le Pouvoir de Sainte-Catherine*, etc., mélodies vocales. M. Maurice Bourges est aussi l'auteur d'un *Stabat Mater* qui a été exécuté à Paris, dans la chapelle des sœurs de Saint-Vincent, en 1863, et on lui doit les paroles françaises d'un recueil de Mélodies de J. Dessauer, publié à Paris, chez Brandus.

BOURGET (ERNEST), compositeur, s'est fait connaître par une quantité de chansons et de chansonnettes comiques, qui ont dû une bonne partie de leur vogue, il y a trente ou quarante ans, aux paroles plaisantes qu'il mettait en musique, et aux comédiens, tels que Levassor, qui chantaient ces bluettes dans les théâtres en guise d'intermèdes. Ernest Bourget est mort au mois d'octobre 1864.

BOURIÉ (HONORÉ), instrumentiste et compositeur, naquit à Nîmes en 1795, et eut pour maître son père, qui jouait du basson au théâtre de cette ville. Dès l'âge de dix ans, dit-on, il devint premier basson à ce théâtre, et conserva cet emploi pendant quarante-cinq ans. Il avait dix-sept ans lorsqu'il fit représenter à Nîmes, en 1812, un opéra-comique intitulé *les Deux Philosophes*, qui fut très-bien accueilli du public. Plus tard il fit connaître dans sa ville natale, qu'il ne quitta jamais, un assez grand nombre de compositions de divers genres : concertos pour le basson, quatuors pour instruments à vent, morceaux de musique d'église, etc. Tout cela est resté en manuscrit, à l'exception de quelques romances, *les Seize ans de Cloris, un Jour de Printemps, A toi, Poésie*, qui ont été publiées. On doit encore à cet artiste une cantate écrite en l'honneur du peintre Sigalon, son compatriote, sur des vers du fameux boulanger poëte Jean Reboul, son autre compatriote.

* **BOUTHILIER** (........), né à Uri, se distingua parmi les bons facteurs d'orgue de la Suisse au dix-huitième siècle. On cite au nombre de ses meilleurs instruments les orgues de Schwytz, et celui de l'église collégiale à Einsiedeln.

BOUVAN (........), nom d'un compositeur français du siècle dernier, dont on trouve quelques morceaux dans le Tome VII du *Recueil de Chansons* imprimé à la Haye chez J. Neaulme en 1735.
Y.

***BOVERY** (ANTOINE-NICOLAS-JOSEPH BOVY, connu sous le nom de JULES), violoniste, chef d'orchestre et compositeur, est mort à Paris le 17 juillet 1868. Dans un feuilleton du *Journal de Rouen*, Amédée Méreaux, qui avait connu Bovery alors qu'il était chef d'orchestre en cette ville, en parlait en ces termes : « Avant d'avoir achevé ses études littéraires, il fut entraîné vers la musique par un irrésistible penchant, et n'écoutant que les élans de sa vocation, il partit pour Paris sans argent pour subsister, encore moins pour y payer les leçons dont il avait besoin, enfin, sans aucune des ressources indispensables à l'éducation musicale qu'il venait y chercher. Cette éducation, il l'a faite lui-même, dépourvu de conseils et ne suivant que ceux de son organisation naturelle. Bovery était, dans toute la force du terme, un homme de bonne volonté, un grand cœur, plein de courage et de résolution. Nous l'avons vu, plus d'une fois, par des temps de chômage théâtral, tenir tête aux positions les plus difficiles avec une rare énergie : toujours droit et loyal, il acceptait, du reste, toutes les conditions. il copiait de la musique, il se faisait choriste au théâtre, chantre à l'église; il se tirait ainsi toujours d'affaire avec conscience et dignité. C'est par de semblables expédients qu'il a dû trouver les moyens de vivre et de travailler à Paris. Il étudia seul le violon, avec des méthodes, l'harmonie dans les traités, et il parvint, à force de persévérante intelligence, à posséder des connaissances techniques qui pouvaient le rendre apte à devenir artiste musicien et qui lui permirent, en passant par tous les degrés de cette carrière, d'y prendre un rang élevé. Sa position fut toujours modeste, il vécut péniblement, mais entouré de la considération publique et de l'estime des artistes. »

Ce portrait est ressemblant, mais il est juste d'ajouter que si Bovery, malgré son ambition, ne parvint pas plus haut, c'est que ses facultés s'y opposaient. Je le connus vers 1856, lorsque tout jeune homme et sortant du Conservatoire, j'entrais comme deuxième chef d'orchestre au petit théâtre des Folies-Nouvelles. Il était engagé là comme premier violon et comme compositeur, devant écrire chaque année la musique d'un certain nombre d'opérettes et de ballets-pantomimes. Bovery, qui avait une très-grande confiance en lui-même et une fort bonne opinion de son talent, considérait un peu la composition à l'égal d'un travail manuel ; c'est-à-dire que se mettant à l'œuvre à tel moment, il s'engageait à avoir fini à tel autre. On comprend ce que peut devenir l'inspiration avec un semblable procédé. Aussi la musique de Bovery, bien conçue d'ailleurs au point de vue de la forme des morceaux, suffisamment instrumentée, était absolument banale, sans saveur aucune, et présentait, si l'on peut dire, un reflet de toutes les écoles. Il écrivit ainsi, aux Folies-Nouvelles, quelques opérettes, *Madame Mascarille*, *Zerbine* (sur le sujet de *la Serva padrona*), *A la brune*, puis quelques pantomimes, *Pierrot bureaucrate*, *les Statues vivantes*, *Mort et remords*, *Pierrot Dandin*, etc. Mais il ne resta pas longtemps à ce théâtre, et j'ignore ce qu'il fit jusqu'à l'époque où il devint chef d'orchestre de celui des Folies-St-Germain (aujourd'hui théâtre Cluny), c'est-à-dire jusque vers 1865 ou 1866.

Dans sa *Galerie biographique des Artistes musiciens belges*, M. Éd. Gregoir ajoute à la liste des œuvres dramatiques de Bovery un opéra-comique en un acte représenté à Liége, *la Carte à payer*, dont le livret avait sans doute été tiré de l'ancien vaudeville qui porte le même titre. M. Gregoir cite aussi une cantate, *France et Angleterre*, une ouverture triomphale, et un *Ave Regina* exécutés à Rouen en 1851, à l'occasion d'une grande fête musicale organisée par Bovery, et deux morceaux religieux exécutés en 1847 au festival de Gand. A tout cela il faut encore ajouter *un Cousin retour de l'Inde*, opérette en un acte représentée aux Folies-St-Germain au mois d'avril 1868.

BOVIE (CLÉMENT), commerçant et amateur de théâtre et de musique à Anvers, a publié sous ce titre : *Annales du Théâtre Royal d'Anvers* (Anvers, J. de Coninck, 1866-1869), un résumé historique et chronologique de ce théâtre de 1834 à 1869. Le même écrivain a publié, sous le couvert de l'anonyme, une sorte d'almanach des spectacles intitulé *le Théâtre à Paris en 1868* (s. l. n. d., in-16 de 80 pp.).

***BOYER** (PASCAL). Cet artiste intelligent avait fondé à Paris, pendant la Révolution, une feuille spéciale intitulée le *Journal des Spectacles*. Il dirigeait encore ce recueil lorsqu'il fut dénoncé comme réactionnaire au Comité de salut public. Incarcéré et mis en jugement, il périt sur l'échafaud.

BOYER (......), ancien professeur au collége du Mans, est auteur d'une notice lue par lui dans la séance du 17 mars 1846 de la Société d'Agriculture, Sciences et Arts de la Sarthe, et publiée ensuite sous ce titre : *De l'Harmonium, son histoire, ses progrès*, dans le *Bulletin* de cette Société. Il a été fait un tirage à part de cet écrit. (Le Mans, impr. Monnoyer, 1846, in-8 de 24 pp.).

BOYNEBURGK (F...... DE), compositeur contemporain, allemand ou fixé en Allemagne, a publié : 6 Marches pour le piano à 4 mains, op. 13; 2 Airs favoris variés pour violoncelle avec accompagnement de piano ou d'orchestre, op. 14; Pot-pourri pour piano et flûte, op. 19; un grand nombre de valses, écossaises, sauteuses, cotillons et danses diverses pour l'orchestre ou pour le piano, etc., etc.

BOZEK (François), compositeur, est né à Prague le 23 août 1809. Il a écrit de la musique de danse et de la musique vocale. Y.

BOZZANO (Emilio), musicien italien, a fait jouer le 20 juin 1872 à Gênes, sur le théâtre Doria, un opéra intitulé *Djem la Zingara*, qui a été très bien accueilli.

BOZZELLI (Giuseppe), compositeur italien, est l'auteur de *Caterina di Belp*, opéra en 3 actes, représenté le 4 juin 1872 au théâtre Balbo, de Turin.

* **BRACCINI** (Louis). M. le docteur Abramo Basevi, de Florence, possède en manuscrit deux ouvrages de ce musicien, qui n'ont pas été cités parmi ses œuvres : 1° *Responsi dei morti*, a tre voci ; 2° *Raccolta di varie Canzonette scelte, con la sua aria popolare in musica, scritte e raccolte dall' ab^{te} Luigi Braccini* (Florence, 1790).

BRACHTUIJZER (Daniel), musicien néerlandais distingué, aveugle de naissance, naquit à Amsterdam en 1779 et fut l'un des plus habiles organistes de son temps. Élève de G. Focking, il obtint à quatorze ans, à la suite d'un concours et malgré son infirmité, la place d'organiste d'une des chapelles d'Amsterdam, et commença dès lors à établir sa réputation en exécutant de grands concertos, des sonates, ainsi que les préludes et les fugues de Jean-Sébastien Bach. Virtuose remarquable, il était doué d'une mémoire prodigieuse, qui lui permettait de reproduire toute la musique qu'il entendait, et sa faculté d'improvisation n'était pas moins étonnante. A vingt-deux ans il devint organiste de la nouvelle église d'Amsterdam et carillonneur à la tour de la Monnaie, situation qu'il conserva jusqu'en 1832, époque de sa mort. Un écrivain néerlandais, J. J. Abbink, publia dans la même année une notice sur cet artiste intéressant.

BRACHTHUIJZER (Jean Daniel), pianiste et compositeur, fils aîné du précédent, est né à Amsterdam le 5 mai 1804. Il se voua à l'enseignement, et fut pendant plusieurs années professeur à l'Institut des aveugles de sa ville natale. Il a publié une *Nouvelle Méthode de piano* et plusieurs morceaux de genre pour le même instrument.

BRACHTHUIJZER (W.....-H.....), pianiste et organiste, frère du précédent, naquit à Amsterdam le 29 mars 1806, et fut organiste de l'église anglaise, puis de la vieille église de cette ville. Il a publié un certain nombre de compositions, parmi lesquels on remarque *Six pièces mignonnes pour piano*, et des *Psaumes et cantiques avec préludes de piano*. Cet artiste mourut fort jeune, à Amsterdam, le 6 août 1832.

BRADSKY (Wenzel-Théodore), compositeur, est né à Rakovnic, en Bohême, le 17 janvier 1833. Il a écrit beaucoup de chœurs et de lieder. On a également de lui des opéras : *Die Braut des Waffenschmieds* (la Fiancée du maréchal-ferrant), *Krokodil*, *Roswitha* et deux ou trois autres. Enfin, on lui doit encore une partition scénique et symphonique pour un drame intitulé *Christine de Suède*, dû à la plume du prince Georges de Prusse, et que celui ci, sous le pseudonyme *E. Conrad*, fit représenter sur le théâtre national de Berlin, au mois de décembre 1872. Y.

BRÆHMIG (Jules-Bernard), est né à Hirschfeld le 10 novembre 1822. Il a écrit beaucoup de musique vocale, qu'il a publiée en recueils destinés aux écoles ou à la famille. On a également de lui quelques écrits sur la musique, entre autres celui-ci : *Rathgeber für musiker bei der auswahl geeigneter musikalien* (Conseils aux musiciens dans le choix de leurs morceaux), Leipzick, 1865.

BRAGA (Gaetano), violoncelliste et compositeur dramatique, est né à Giulianuova, dans les Abruzzes, le 9 juin 1829. Destiné d'abord à l'état ecclésiastique, les dispositions qu'il montra de bonne heure pour la musique engagèrent ses parents, malgré leur pauvreté, à l'envoyer à Naples, où, après quelques études préparatoires, il fut admis au Conservatoire. On voulut d'abord lui faire travailler le chant, mais bientôt il se prit de passion pour le violoncelle, devint l'élève de Gaetano Ciandelli pour cet instrument, de Parisi pour l'harmonie accompagnée, de Francesco Ruggi puis de Carlo Conti pour le contre-point, et enfin de Mercadante pour la composition. Après s'être exercé, sous la conduite de ce grand maître, à écrire beaucoup et dans tous les genres, après avoir, entre autres, composé une cantate intitulée *Saül* et une messe à 4 voix et orchestre, M. Braga quitta le Conservatoire en 1852, et dès l'année suivante faisait représenter au théâtre du Fondo son premier ouvrage dramatique, *Alina*.

Mais le jeune musicien voulait entreprendre un voyage artistique. Il quitta bientôt Naples dans ce but, partit pour Florence, donna dans cette ville son premier concert, puis se rendit à Vienne, où il connut Mayseder et fit pendant plusieurs mois la partie de violoncelle dans ses quatuors, se familiarisant ainsi avec les chefs-d'œuvre de la musique allemande. De retour à Florence, il n'y resta pas longtemps et vint bientôt à Paris, où il arriva en 1855. Là, il commença sa véritable carrière de virtuose, se faisant entendre chaque jour, dans les théâtres, dans les concerts et dans les salons particuliers, et faisant apprécier un talent fin et délicat. Mais M. Braga songeait aussi à se produire comme compositeur. Bientôt il fit représenter à Vienne (1857) un opéra sérieux en 2 actes, *Estella di San-Germano*, alla écrire à Naples un petit ouvrage, *Il Ritratto*, que le comte de Syracuse lui avait demandé pour l'inauguration du théâtre de son palais (1858), puis revint à Paris, où il se livra à l'enseignement du chant et où il composa un opéra sérieux en 3 actes, *Margherita la Mendicante*, qui fut donné sans succès à notre Théâtre-Italien, le 2 janvier 1860, malgré la présence de Mme Borghi-Mamo, qui remplissait le rôle principal. On ne trouva dans cet ouvrage qu'un ou deux morceaux dignes d'éloges et d'attention; le reste n'était qu'une imitation fâcheuse du style de M. Verdi. En 1862, M. Braga s'en allait donner au théâtre de la Scala, de Milan, un opéra lugubre en 3 actes, *Mormile*, qui eut moins de succès encore. Depuis lors, il a fait représenter à Lecco un ouvrage intitulé *Reginella*, qui a été mieux accueilli, et il a donné au théâtre San-Carlos, de Lisbonne, un drame lyrique, *Caligola*, dont j'ignore la valeur. M. Braga a encore en portefeuille deux opéras complétement achevés, *Ruy-Blas* et *Don César de Bazan* (peut-être bien les deux n'en font-ils qu'un seul sous deux titres différents), qui n'ont pas encore été livrés au public. J'allais oublier de mentionner un ouvrage semi-sérieux, *gli Avventurieri*, dédié par l'auteur à Rossini, et qui a été représenté en 1867 au théâtre Santa-Radegonda, de Milan.

En dehors de ses ouvrages dramatiques, M. Braga a publié un album de mélodies vocales sur paroles italiennes, un recueil du même genre sur paroles françaises, et un troisième recueil intitulé *Notti Lombarde*. Il a écrit aussi un assez grand nombre de pièces détachées pour le chant, plusieurs mélodies pour violoncelle avec accompagnement de piano, un grand concerto en *sol* mineur pour cet instrument, et enfin quelques morceaux de musique religieuse.

BRAGANÇA (Le duc de), membre d'une famille illustre portugaise dont il était le chef, était un dilettante passionné. Son vrai nom dans l'histoire est D. João de Bragança, duc de Lafões. Le duc figure dans ce dictionnaire seulement à titre d'amateur de musique; toutefois ce titre d'*amateur* signifiait au XVIIIe siècle tout autre chose que ce qu'il signifie aujourd'hui. Il suffit, à ce sujet, de citer les personnages célèbres, grandes dames et grands seigneurs de la cour de Vienne, qui soutinrent Haydn, Mozart, Beethoven et autres non-seulement de leur fortune, de leur influence, mais encore et surtout en mettant à leur service le goût le plus éclairé. Le duc de Lafões était l'ami des Esterhazy, des Lichnowsky, des Thun; son salon à Vienne (1767-1778) était aussi recherché que ceux de ces princes, et tout ce qu'il y avait de noms célèbres, à quelque titre que ce fût, s'y pressait. Je ne citerai que deux noms, Gluck et Mozart [1], celui-ci alors très jeune (1768). Gluck surtout a fait de grands éloges des talents du duc. Il lui a dédié sa partition de *Paride ed Elena* (Vienne 1770), et lui a rendu hommage dans une longue dédicace qui se trouve en tête de la partition originale italienne. Gluck y dit: *Nel dedicare a Vostra Altezza questa mia nuova fatica, cerca meno d'un Protetore che d'un giudice*. Il s'expliqua encore davantage en précisant les qualités d'artiste de son protecteur: *Un anima sicura contro i pregiudizj della consuetudine, sufficiente cognizione de' gran principj dell' arte, un gusto formato non tanto su' gran modelli, quanto sugli invariabili fondamenti del Bello, e del Vero, ecco le qualità ch' io ricerco nel mio Mecenate, e che ritrovo riunite in V. A.* [2].

On sait que Gluck n'était pas facile aux éloges; on peut donc juger d'après ce seul document du mérite du duc de Lafões. Burney [3], qui le rencontra à Vienne vers 1772 ou 1775, dit: *His highness is an excellent judge of music*. Il vante ses connaissances, son esprit fin, son talent dans la conversation, qui faisait les délices des salons de Vienne. Le duc passa la plus grande partie de sa vie à l'étranger, et ne retourna en Portugal qu'après la mort du roi D. José Ier (1777), et la disgrâce du marquis de Pombal. Ce ministre fut la cause de son long exil en Allemagne; cependant, le marquis n'eut pas besoin de prendre aucune mesure contre le duc, que son rang et sa naissance mettaient sur les marches mêmes du trône, et qui allait devenir tout naturellement le chef du parti opposé, de celui de la haute noblesse révoltée contre les mesures violentes du ministre. Le duc s'exila volontairement peu après l'avénement de Pombal, et se mit à voyager partout. Il parcourut l'Angleterre, la France [4], l'Italie, l'Allemagne tout entière, une partie de l'Asie, etc., puis il se fixa à Vienne et prit du service dans l'armée autrichienne pendant la guerre de 7 ans (1756-1763). Il fit la campagne avec la plus grande

---

(1) Voyez O. Jahn: *Mozart*, T. I. p. 10.
(2) Cette préface a été publiée par Nohl, *Musikerbriefe*, Leipzig 1867, pages 8-11.
(3) Voyez *The present state of Music in Germany*, vol. I. 225.
(4) Voyez les *Mémoires historiques* de Suard.

distinction, selon le dire même de Frédéric-le-Grand, qui lui fit, après la paix, le meilleur accueil à Potsdam. Rappelé en Portugal par la fille de D. José 1er, la reine D. Maria Ière, il occupa la présidence du conseil, fut nommé généralissime des troupes royales pendant la guerre du Roussillon et dirigea le gouvernement de la reine, sa nièce, presque jusqu'à la fin de sa vie (1806). Le duc de Lafões fonda à Lisbonne, au milieu de la réaction qui se produisait autour de lui, l'Académie royale des sciences, et lui rendit, grâce à ses relations à l'étranger, les plus grands services. J. DE V.

BRAGGI (PAOLO), écrivain italien, a publié le recueil chronologique suivant : *Serie degli spettacoli rappresentati al teatro Regio, di Torino, dal 1868 al presente*, Turin, 1872.

BRAH-MULLER (CHARLES - FRÉDÉRIC - GUSTAVE), jeune compositeur sur lequel les journaux allemands semblent fonder de sérieuses espérances, est né le 7 octobre 1839 à Kritschen, en Silésie. Il a déjà publié beaucoup de musique dans tous les genres, et sa personnalité commence à se faire jour dans ses dernières œuvres. Y.

* **BRAHMS** (JOHANNES), compositeur, directeur de la chapelle impériale de Vienne, est devenu l'un des artistes les plus remarquables de l'Allemagne contemporaine, et est considéré dans sa patrie comme le plus noble représentant de l'art en dehors du théâtre, qu'il n'a jamais abordé. Dès 1853, alors que M. Brahms était à peine âgé de vingt ans, Robert Schumann écrivait à son ami Maurice Strakergan : « .... Nous avons aussi en ce moment, à Düsseldorf, un jeune homme de Hambourg, nommé Johannes Brahms, d'un talent si puissant et si original, qu'il me semble dépasser de beaucoup tous les jeunes artistes de ce temps-ci. Ses œuvres si remarquables, particulièrement ses mélodies, ne tarderont pas sans doute à parvenir jusqu'à vous. » L'admiration de Schumann pour le jeune compositeur fut telle qu'il le prit bientôt pour élève, lui donna tous ses soins, et que l'année suivante, il le qualifiait un « garçon de génie. »

En fait, le jeune musicien a justifié les prévisions de son maître, et est devenu un grand artiste. Sans partager absolument l'enthousiasme de Schumann, je reconnais volontiers que M. Brahms est un compositeur doué de rares facultés, inégal et fantasque parfois, mais parfois aussi véritablement inspiré et animé d'un grand souffle. Il semble qu'il ait gardé de son maître une certaine incohérence de forme qui se remarque dans quelques-unes de ses œuvres, mais il a le style plus constamment élevé, la pensée plus soutenue, et, lorsqu'il le veut, une décision et une netteté que n'a presque jamais connues l'auteur de *Manfred* et des *Amours d'une rose*. Moins poète peut-être, moins rêveur, moins souverainement idéaliste, il est plus foncièrement musicien, et l'emporte sur lui par la solidité du plan de ses morceaux et par la façon dont il manie l'orchestre. Il m'est difficile assurément de porter un jugement absolu sur M. Brahms, dont je ne connais pas toutes les œuvres, mais si je remarque qu'il a la grandeur, la puissance et l'éclat, comme on peut s'en rendre compte à l'audition de certaines pages de son *Requiem*, je suis obligé de constater aussi qu'il est parfois sombre jusqu'à l'obscurité, fatigant à suivre et difficilement compréhensible, comme dans la plus grande partie de son *Schicksalslied*, dont le sens général est très abstrait, quoique l'œuvre soit écrite avec vigueur et avec un rare talent. Cette inégalité de conception et de pensée se fait jour aussi dans ses compositions de musique de chambre ; car on pourrait citer telles d'entre elles qui sont d'une audition difficile, d'un caractère plus tourmenté que de raison, tandis que d'autres, les deux sextuors par exemple, se distinguent au contraire par la clarté, l'ordre et la logique des développements.

Ces réflexions ne sauraient m'empêcher de rendre à M. Brahms la justice qui lui est due, et de le considérer comme un artiste d'un ordre supérieur. Est-ce véritablement un homme de génie, comme l'affirmait prématurément Schumann? Sur ce point, je l'avoue, je ne saurais me prononcer. M. Brahms, dont la quarante troisième année est à peine accomplie, est dans toute la force de l'âge et du talent, et je ne vois pas, néanmoins, qu'il ait donné jusqu'ici ce qu'on peut réellement appeler un chef-d'œuvre, une de ces productions parfaites et accomplies qui classent un artiste et lui donnent, comme disait Weber, droit de classicité dans le domaine de l'art.

M. Brahms a abordé à peu près tous les genres, hormis celui du théâtre. Il a composé de la musique de piano, un nombre assez considérable d'œuvres de musique de chambre, quelques morceaux pour orchestre, plusieurs cantates pour soli, chœurs et orchestre, beaucoup de *lieder* dont on vante le sentiment et le charme, et enfin diverses œuvres religieuses. On ne saurait nier le mérite très réel de ces compositions, qui se distinguent surtout par le style général, la grandeur et la hardiesse de la conception, des qualités de détail souvent très heureuses, mais auxquelles, à mon sens, manquent cette originalité suprême et ce fluide lumineux sans lesquels il n'est pas de véritables chefs-d'œuvre.

Fixé à Vienne depuis longues années, M. Brahms y occupe une situation artistique des plus considérables et remplit les fonctions de maître de chapelle de la cour impériale.

Voici une liste, incomplète encore, mais pourtant étendue, des œuvres publiées de M. Johannes Brahms. — A. MUSIQUE DE CHAMBRE. 1° sextuor pour 2 violons, 2 altos et 2 violoncelles, en *si* bémol, op. 18; 2° sextuor pour 2 violons, 2 altos et 2 violoncelles, en *sol*, op. 36 (tous deux ont été arrangés pour piano à quatre mains, par l'auteur); 3° quintette en *fa* mineur, pour piano et instruments à cordes, op. 34; 4° quatuor en *sol* mineur, op. 25, pour piano et instruments à cordes; 4° *bis*, quatuor en *la* majeur, op. 26, pour piano et instruments à cordes; 5° trio en *si* majeur, pour piano, violon et violoncelle, op. 8; 6° trio en *mi* bémol, pour piano, violon et violoncelle ou cor, op. 40; 7° sonate en *mi* mineur, pour piano et violoncelle, op. 38. — B. MUSIQUE DE PIANO. 8° concerto en *ré* mineur, avec accompagnement d'orchestre, op. 15; 9° sonate en *ut* majeur, op. 1; 10° sonate en *fa* dièze mineur, op. 2; 11° variations sur un thème de Paganini, op. 35; 12° variations à quatre mains sur un thème de Robert Schumann, op. 23; 13° valses à deux mains, op. 39; 14° danses hongroises, à quatre mains; 15° sonate pour deux pianos (d'après le quintette, op. 34), op. 34 *bis*. — C. MUSIQUE RELIGIEUSE. 16° *Requiem*, d'après le texte de la Bible, pour *soli*, chœur et orchestre, op. 45, exécuté pour la première à Brême, au mois d'avril, puis à Bâle, Zurich, Rotterdam, Londres, Cincinnati, Paris (1875), etc.; 17° *Ave Maria*, chœur de femmes avec accompagnement d'orchestre ou d'orgue, op. 12; 18° chœurs religieux; 19° chants funèbres. — D. CANTATES, MUSIQUE DE CHANT. 20° *Schicksalslied* (Chant du destin), cantate; 21° *Rinaldo*, cantate de Gœthe, pour *soli*, chœur et orchestre; 22° *Triumphslied*, chant de triomphe à la gloire des armes allemandes, dédié à l'empereur d'Allemagne; 23° deux sérénades, pour chœur et orchestre; 24° quatre recueils de *lieder*; 25° duos de chant, op. 28; 26° quatuor pour soprano, alto, ténor et baryton, op. 64. — Je ferai remarquer que l'œuvre capitale de M. Brahms, son *Requiem*, est généralement désignée sous le nom de *Requiem allemand*, parce qu'elle a été composée non sur le texte même de l'office des Morts, mais sur une paraphrase allemande de cet épisode des saintes Écritures. Lorsque M. Pasdeloup voulut faire entendre à Paris, aux Concerts populaires, cette composition remarquable et émouvante (26 mars 1875), il dut en faire faire une traduction, et cette traduction fut faite non en vers, mais en prose française, de la façon la plus habile et la plus intelligente. Au mois de novembre 1876, M. Brahms a fait exécuter à Carlsruhe une symphonie en *ut* mineur (la seule qu'il ait écrite jusqu'ici), et un quatuor en *si* pour instruments à cordes. Enfin, on lui doit encore une Sérénade pour orchestre, op. 11, une Rhapsodie pour alto solo, chœur et orchestre, et des variations pour orchestre sur un thème de Haydn.

BRAMBACH (CHARLES-JOSEPH), compositeur allemand, est né à Bonn en 1833. Il a écrit de la musique de chambre, des *lieder*, des chœurs et plusieurs grandes cantates parmi lesquelles il faut citer : *Die Macht des Gesanges* (le *Pouvoir du chant*), et *Velleda*. Dans un concours ouvert en 1864 à Aix-la-Chapelle pour la composition d'un chœur pour quatre voix d'hommes avec solos et accompagnement d'orchestre, M. Brambach a obtenu un premier prix.

*BRAMBILLA (PAUL). Voici la liste des ballets représentés au théâtre de la Scala, de Milan, et dont ce compositeur écrivit ou arrangea la musique : 1° *Acbar gran Mogol*, 1819; 2° *Saffo*, 13 février 1819; 3° *Capriccio e buon Cuore*, 23 février 1819; 4° *Giovanna d'Arco* (en société avec Lichtenthal et Vigano), 15 août 1821; 5° *il Trionfo dell' amor figliale* (avec plusieurs autres compositeurs), 1er novembre 1822; 6° *il Paria* (id.), 1828; 7° *Camma*, 1833.

*BRAMBILLA (MARIETTA), l'aînée des cinq sœurs chanteuses de ce nom, est morte en Italie, le 6 novembre 1875. Née à Cassano d'Adda en 1807, elle avait débuté dans la carrière en 1828.

L'une des sœurs de cette artiste, *Joséphine Brambilla*, épousa il y a une vingtaine d'années un compositeur nommé Corrado Miraglia, auteur d'un *Album musicale* qui avait eu quelque succès. Depuis lors, on n'a plus entendu parler d'elle. Une autre, *Thérèse*, est depuis fort longtemps fixée à Odessa.

Une fille de l'une de ces cantatrices, Mlle *Teresina Brambilla*, chanteuse distinguée elle-même, et que le public parisien a pu entendre au Théâtre-Italien il y a quelques années, a épousé en 1874 un compositeur dramatique d'un réel talent, M. Amilcare Ponchielli (*Voyez* ce nom).

BRANCA (GUGLIELMO), nom d'un compositeur italien qui a fait représenter sur le théâtre de la Pergola, de Florence, le 29 janvier 1876, un opéra intitulé *la Catalana*.

BRANCOLI (CESARE), dilettante fort distingué, naquit à Massa-Pisana, près de Lucques, le 11 juin 1788. Avocat et jurisconsulte remarquable, homme public d'un caractère noble et élevé, il cultiva l'art en simple amateur, mais y fit preuve d'un talent véritable. Élevé au séminaire de Saint-Michel, à Lucques, on croit qu'il eut pour professeur de musique Domenico Quilici ; en tout cas, il devint habile dans l'art d'écrire, et produisit, dans le style religieux, un assez grand nombre d'œuvres fort estimables ; on lui doit, entre autres compositions, un *Stabat mater*, un *Benedictus* et un *Miserere* à plusieurs voix avec accompagnement instrumental, un *Christum regem* à 4 voix, une messe et un motet à grand orchestre écrits pour la fête de l'exaltation de la croix, plusieurs messes et vêpres à 4 et 8 voix concertantes avec orchestre, enfin plusieurs services religieux exécutés, de 1821 à 1841, à l'occasion de la fête de Sainte-Cécile. Inspecteur, pendant plusieurs années, de l'Institut Pacini, il rendit à cet utile établissement des services réels, et écrivit sur la musique plusieurs mémoires estimés, qui ont été insérés dans les *Actes* de l'Académie de Lucques. Cet homme distingué mourut le 9 juillet 1869, à l'âge de 81 ans.

BRANDANI (GIOVANNI), maître de chapelle et compositeur, naquit à Florence le 24 janvier 1792, et eut pour maître un artiste nommé Giuseppe Buccioni. De bonne heure il devint un organiste distingué, et en 1815 il faisait exécuter une messe de sa composition. Successivement maître de chapelle dans diverses églises de Florence, Brandani écrivit un grand nombre de compositions religieuses et de pièces pour l'orgue. Cet artiste modeste et honorable est mort à Florence le 12 décembre 1873, âgé de près de 82 ans.

BRANDTNERN (MATTHÄO), facteur d'orgues distingué, vivait à Thorn dans la seconde moitié du dix-septième siècle.

BRASSIN (LOUIS), pianiste et compositeur dont le nom véritable est *de Brassine*, est né le 24 juin 1830, à Aix-la-Chapelle, d'une famille d'origine liégeoise. Son père et sa mère étaient deux chanteurs dramatiques distingués, et Louis Brassin fut l'aîné des trois enfants qui survécurent, sur sept issus de leur mariage. Élevés dans une atmosphère purement musicale, les dispositions artistiques des trois frères se développèrent avec rapidité. Le jeune Louis, qui reçut ses premières leçons de piano d'une amie de sa famille, se fit surtout remarquer par ses aptitudes, et devint bientôt le maître et le guide de ses deux frères Léopold et Gérhard. Tout jeune encore, il fit ses débuts de virtuose dans une représentation donnée au théâtre Thalia, à Hambourg, et obtint un grand succès ; deux ans après, dans un concert qu'il donnait à Stade, il se fit doublement applaudir, comme exécutant et comme professeur, en produisant un élève qui n'était autre que son frère Léopold, alors âgé de cinq ans.

En 1847, M. Brassin père étant engagé au théâtre de Leipzig, son fils Louis entra au Conservatoire de cette ville, l'un des plus fameux de l'Allemagne, et y devint l'élève de Moschelès. Il n'en sortit qu'au bout de cinq ans, après avoir obtenu toutes les récompenses, et s'être fait entendre avec succès aux concerts de cet établissement. Après avoir quitté Leipzig, M. Brassin fit quelques excursions artistiques avec ses deux frères, puis, après avoir passé quelque temps à Cologne, il se rendit en Belgique, se produisit dans plusieurs concerts à Anvers et à Bruxelles, alla passer ensuite une année à Berlin, comme professeur au Conservatoire, et enfin revint se fixer définitivement à Bruxelles, qu'il n'a plus quitté que pour faire quelques voyages artistiques dans les provinces ou à l'étranger.

Professeur excellent, musicien consommé, virtuose des plus remarquables, M. Brassin, qui depuis 1869 est à la tête d'une classe de piano pour hommes au Conservatoire de Bruxelles, s'est fait connaître avantageusement comme compositeur pour son instrument. On remarque, parmi ses œuvres : 1° *L'Ecole moderne du piano*, 12 études de concert, en quatre livres (Bruxelles, Schott) ; 2° Grand galop fantastique, op. 5 (id., id.) ; 3° Valse-caprice, op. 6 (id., id.) ; 4° 2ᵉ Valse-caprice, op. 11 (id., id.) ; 5° Prière, op. 10 (id., id.) ; 6° 2ᵉ Galop fantastique, op. 16 (id., id.) ; 7° Six morceaux caractéristiques, op. 21 (id., id.) ; 8° 2ᵉ Grande Polonaise, op. 18 (id., id.) ; 9° *Au bord de la mer*, nocturne, op. 9 (id., id) ; 10° 3 Études de concert, id., id. ; etc. M. Brassin a publié aussi un certain nombre de *lieder*, et il a écrit et fait représenter sur des théâtres d'amateurs deux opérettes allemandes : *Der Thronfolger* et *Der Missionär*. — Des deux frères de M. Louis Brassin, l'un, Léopold, est pianiste du duc de Saxe-Cobourg et professeur de musique à l'Académie de Berne ; le second, Gerhard, est violoniste et maître de concert à Gothembourg. Le fameux flûtiste Drouet (*Voy.* ce nom) était l'oncle de ces trois artistes.

BRAUN (J...-DANIEL), artiste de la musique d'Épernon, a publié un recueil de *Sei sonate per violino e basso*, Paris, 1728, in-fol.

BRAUN (......), chef d'orchestre au théâtre Friedrich-Wilhelmstadt, de Berlin, a fait représenter sur ce théâtre, au mois d'août 1876, un opéra-comique intitulé *la Muette de Séville*.

BRAUTNER (Wenzel), compositeur hongrois, florissait vers les premières années de ce siècle. On connaît de lui un certain nombre de messes et de motets, qui ont été très-appréciés dans leur temps.
Y.

BREBOS (Gilles), nom d'un facteur d'orgues qui vivait à Anvers dans la seconde moitié du seizième siècle et qui fut chargé, en 1572, de la reconstruction des orgues de la chapelle dans la cathédrale de cette ville.

*__BRÉE__ (Jean-Bernard van). Cet artiste distingué fonda en 1840 la société pour l'association des artistes musiciens *Cœcilia*, la meilleure société symphonique des Pays-Bas, et celle qui se distingue par la plus belle exécution des œuvres des anciens maîtres. Il était directeur de l'école de musique de la *Société pour l'encouragement de l'art musical* à Amsterdam, et dirigeait les concerts de cette compagnie artistique.
Ed. de H.

* **BREIDENSTEIN** (Henri-Charles), est mort à Bonn le 24 juillet 1876.

BREITING (Hermann), chanteur allemand, a joui dans son pays, pendant longues années, d'une très grande réputation, que justifiaient une voix de ténor ample, puissante et étendue, et des qualités dramatiques peu communes. Né à Augsbourg le 24 août 1804, M. Breiting débuta fort jeune au théâtre de Mannheim, et son succès fut tel que, bien qu'à peine âgé de vingt ans, il fut aussitôt engagé à Berlin. Plus tard il se fit entendre à Vienne, puis à Darmstadt, et fut ensuite attaché au théâtre de Saint-Pétersbourg, où il resta jusqu'en 1842. En quittant cette ville, il revint en Allemagne, et se produisit de nouveau à Darmstadt, où, en remplaçant Watzinger, il excita l'enthousiasme du public. Les deux meilleurs rôles de cet artiste étaient, dit-on, celui de Masaniello dans *La Muette de Portici*, d'Auber, et celui de Fernand Cortez dans le chef-d'œuvre de Spontini. Il prit sa retraite en 1856, après avoir consommé, au dire d'un de ses biographes, « plus de gloire, d'honneur et de champagne qu'aucun autre ténor. » Il mourut trois ans après, en 1859, dans une maison de santé, pauvre et oublié.

BREITKOPF et HÆRTEL. C'est le nom de la plus grande maison d'Allemagne pour l'édition de la musique, et l'une des plus importantes du monde entier. Elle a été fondée en 1719 par Bernard Christophe Breitkopf avec des ressources passablement restreintes. Le fils de Christophe Breitkopf, Johann-Gottlob-Immanuel, lui donna une grande extension (*V. Biographie universelle des Musiciens*, t. II). En 1794, la maison, déjà florissante, passa aux mains du fils cadet de Breitkopf, Christophe-Gottlob (*Voyez* ce nom), qui s'associa avec Gottfried-Christophe Hærtel, né à Schneeberg en 1763. A dater de ce moment, la maison prit la raison sociale : Breitkopf et Hærtel, qu'elle a conservée depuis. A l'imprimerie typographique existant déjà, les nouveaux propriétaires ajoutèrent bientôt des ateliers de gravure, une imprimerie lithographique et une fabrique de pianos. En 1798 ils fondèrent l'*Allgemeinen musikalischen Zeitung*, dont ils confièrent la rédaction à Frédéric Rochlitz et à G. W. Finck. Breitkopf mourut en 1800, et Hærtel resta seul propriétaire de la maison. A sa mort, en 1827, elle passa à ses quatre enfants, deux filles et deux garçons : Hermann Hærtel, né le 27 avril 1803, et Raymond Hærtel, né le 9 juin 1810, qui en prirent conjointement la direction. Grâce à leurs efforts, la création du vieux Breitkopf prospéra de plus en plus, et devint une maison véritablement universelle ; elle comprend aujourd'hui : une typographie, une fonderie de caractères avec ateliers de clichage, un atelier de gravure, une lithographie, un atelier de reliure, une fabrique de pianos, une librairie et un magasin de musique. Pour nous borner seulement à la musique, la maison a édité jusqu'à ce jour environ 13,000 ouvrages divers, dont quelques-uns comprennent 400 planches de musique ; son dernier catalogue, édité en 1872, est un superbe volume grand in-8° de 524 pages. Il faut mentionner d'une manière spéciale la superbe édition des œuvres complètes de Beethoven, celles de Jean Sébastien Bach, de Hændel et de Mendelssohn, entreprises gigantesques que la maison Breitkopf pouvait seule concevoir et exécuter.
Y.

BRELL (Le Père Benito), moine, organiste et compositeur espagnol, naquit à Barcelone, probablement à la fin du dix-huitième siècle, et fit son éducation artistique au fameux collège de musique du couvent de Montserrat, dans la Catalogne, où il eut pour maître un organiste des plus remarquables, le P. Boada. Il devint lui-même un organiste de premier ordre et d'un mérite absolument exceptionnel, s'il faut s'en rapporter au témoignage de M. Baltasar Saldoni, dans son *Résumé historique du collège de musique de Montserrat* : « S'il était remarquable comme compositeur, dit cet écrivain, il ne l'était pas moins comme organiste. Nous croyons même que sous ce rapport il n'avait point son égal. Pendant cinq années consécutives nous l'avons entendu chaque jour, matin et soir, dans toutes les fonctions de l'église, et nous confessons ingénument que nous ne savions ce qu'il fallait admirer le plus en lui, ou la richesse et la variété de ses mélodies originales, ou la coordination d'harmonies aussi neuves que variées, soit dans les versets, soit dans les sonates, fantaisies, variations, etc. Et que dire des fugues qu'il improvisait sur le plain chant, ou sur quelque motif donné? Oh! si le père Bréll avait été séculier, il est certain que son nom aurait passé à la postérité avec la gloire qu'il méritait ; les étrangers auraient érigé des statues à l'artiste qui est descendu dans la tombe au milieu de nous, presque inconnu du monde entier, si ce n'est de ceux que l'admiration pour son talent attiraient dans le désert de Montserrat, et qui restaient stupéfaits, en l'entendant, de rencontrer en un tel lieu un artiste aussi incomparable. Toutefois, il existe beaucoup de gens qui, comme nous, ont entendu le P. Bréll, et qui nous accuseront sans doute, si ces lignes consacrées à la mémoire d'un grand artiste et d'un ami leur tombent sous les yeux, d'être resté au-dessous de la vérité dans l'appréciation de son talent. Ce n'est pas sans raison que ces admirateurs pourront se trouver blessés ; mais ils devront bien croire qu'il n'y a de notre part qu'insuffisance, et non ingratitude. Qui pourrait, en effet, se sentir capable de tracer du P. Bréll l'éloge qu'il méritait? » Ce grand artiste mourut à Montserrat le 3 juin 1850. Il avait écrit un grand nombre de compositions religieuses avec accompagnement d'orchestre, et beaucoup de musique pour l'orgue seul.

BREMER (JEAN-BERNARD), pianiste, organiste et compositeur, né à Rotterdam en 1830, a fait ses études musicales au Conservatoire de Leipzig et a été l'élève de l'habile organiste Jean Schneider. De retour dans sa ville natale, il s'y fit connaître comme virtuose sur le piano, et devint organiste de l'église wallonne en même temps que professeur à l'école de musique de la Société musicale des Pays-Bas. En 1862, il fit un nouveau voyage à Leipzig, avec sa femme, cantatrice distinguée, s'y produisit avec elle dans divers concerts, et fit entendre quelques-unes de ses compositions. L'année suivante il se rendit en Italie, et exécuta à Milan, dans une soirée du théâtre de la Scala, son premier concerto avec orchestre. M. Bremer a publié un certain nombre d'œuvres, parmi lesquelles on cite : 1° Quatuor pour piano et instruments à cordes, op. 16 ; Sonate pour piano, op. 13 ; 4 pièces caractéristiques à 4 mains, op. 7 ; *Jagdlied*, pour piano, op. 9 ; *Rondo capriccio*, op. 11 ; *Voyage nocturne*, pour piano, violon et violoncelle, op. 4 ; *Knopsen*, 6 morceaux de piano. On doit encore à cet artiste deux concertos de piano avec orchestre, *Judith*, grand oratorio, etc., etc.

BREMI (TOMMASO), compositeur qui jouit de quelque renommée, était né à Lucques et y vivait dans la première moitié du dix-septième siècle. On connaît de lui un certain nombre de compositions estimables, entre autres une collection de motets à deux, trois et six voix, qui fut publiée à Lucques, chez l'imprimeur Bidelli, en 1645. Dans la même année, il fit représenter sur le théâtre de la même ville une action dramatique mêlée de musique, intitulée *la Psiche*.

* BRENDEL (CHARLES-FRANÇOIS). A la liste des écrits de Brendel, il faut ajouter : *Franz Liszt als Symphoniker* (*Franz Liszt considéré comme symphoniste*, Leipzig, 1859), et *Geist und Zechnik im Klavierunterricht* (*L'esprit et le mécanisme dans l'enseignement du piano*; Leipzig, 1867). Nous devons faire remarquer aussi que la *Geschichte der Musik* a deux volumes, et non pas un seulement, comme il a été dit. Brendel est mort à Leipzig le 25 novembre 1868.

Y.

* BRENDEL (ÉLISABETH TRAUTMANN, épouse), femme du précédent, née à Saint-Pétersbourg le 27 août 1814, est morte à Leipzig le 15 novembre 1866.

BRENNESSEL (FRANÇOIS), célèbre harpiste, fut nommé en 1766 musicien de la chapelle royale de Berlin. Il est mort vers 1812. On connaît de sa composition deux sonates pour harpe et flûte.

Y.

* BRESLAUR (ÉMILE), musicien allemand contemporain, né à Kottbus, le 29 mai 1836, a composé de la musique de piano et de la musique vocale à une et à plusieurs voix. Il a aussi écrit sur son art un grand nombre d'articles, dans le journal *l'Écho*, de Berlin.

Y.

BRET (ÉMILE), musicien suisse, né vers 1835, était en 1860 organiste d'une des chapelles protestantes de Genève, et se livrait en cette ville à l'enseignement du piano. Marié jeune à la fille du pasteur de sa chapelle, il vivait dans une solitude presque absolue, se livrant activement à des travaux de composition, lorsque le hasard le mit en présence de Meyerbeer, qui lui adressa des éloges au sujet de quelques-unes de ses productions. Un peu ébloui par ces encouragements, d'ailleurs sincères et mérités, le jeune artiste n'eut bientôt plus qu'une pensée : venir à Paris et s'y faire connaître. Il abandonna donc son orgue, quitta Genève avec sa femme, après avoir réalisé toutes ses petites économies, et vint s'installer à Paris, où il donna deux concerts avec orchestre, consacrés à l'audition de ses œuvres, et particulièrement de fragments de deux opéras : *la Victime de Morija* et *la Châtelaine de Lesneven*. La critique se montra très-favorable aux essais du compositeur, mais il ne put trouver aucun éditeur qui consentît à les publier, et se décida à faire à ses frais l'édition des morceaux qu'il voulait faire apprécier. Toutes ces dépenses avaient absorbé déjà la plus grande partie de son petit pécule, la situation devenait difficile, la gêne se faisait sentir dans le ménage, lorsqu'un coup terrible vint frapper l'artiste : sa jeune femme tomba malade, et lui fut enlevée en peu de jours. La douleur de M. Bret fut telle qu'il devint complétement fou. Ceci se passait en 1864, et depuis lors les renseignements font absolument défaut sur lui. Le talent de ce compositeur était très-réel, et les morceaux qu'il a publiés à Paris en témoignent d'une façon évidente. Ces morceaux sont les suivants : 1° *Ave Maria* pour mezzo-soprano, avec accompagnement de piano ou orgue, violon et violoncelle; 2° *Le Paradis perdu*, scène dramatique, morceau d'un grand souffle et remarquable par ses développements et la puissance de son inspiration ; 3° *Berceuse finlandaise*, duettino pour voix de femmes ; 4° *Aubade*, duettino pour ténor et contralto ; 5° *Berceuse orientale*, composition poétique et charmante ; 6° *Ma mère, éveille-toi*, mélodie dramatique pour soprano ; 7° *La Marguerite*, *l'Hirondelle*, *Sans retour*, *Le Pécheur de Messine*, *Chanson galicienne*, mélodies.

BRETON (........), compositeur espagnol contemporain, a fait représenter à Madrid quelques ouvrages dramatiques, parmi lesquels *El Alma en un hilo*, en 2 actes, et *Gusman el Bueno*, en un acte (th. Apollo, décembre 1876).

BRETONNIÈRE (V.....), flûtiste et compositeur, l'un des plus infatigables producteurs de cette musique de pacotille recherchée de quelques amateurs, mais si complétement inconnue des artistes, a publié plus de 400 morceaux de divers genres, pour différents instruments, mais surtout pour la flûte. On lui doit aussi une *Méthode de violon*, une *Méthode de flûte* et une *Méthode d'harmoniflûte à deux mains*.

* **BRÉVAL** (Jean-Baptiste). Cet artiste a fait représenter à la Comédie-Italienne, le 20 décembre 1788, un opéra-comique en 3 actes, intitulé : *Inès et Leonore, ou la Sœur jalouse*.

* **BRIARD** (Jean-Baptiste, dit *Camille*), violoniste, est mort à Alençon le 25 avril 1876. On assure que cet artiste avait été professeur de violon au Conservatoire de Naples. Il avait fait partie naguère de la Société des concerts du Conservatoire.

* **BRICCIALDI** (Jules). Ce virtuose n'a pas seulement fait apprécier en Europe son remarquable talent de flûtiste : il a traversé les mers et a parcouru la plus grande partie de l'Amérique, où il s'est fait entendre avec beaucoup de succès. On assure que c'est à lui qu'est due l'adaptation à la flûte du système Boehm, qui a transformé et amélioré le mécanisme de cet instrument. M. Briccialdi s'est produit une fois comme compositeur dramatique, en faisant représenter au théâtre Carcano, de Milan, un opéra sérieux intitulé *Leonora de' Medici*.

BRIDIERS (Auguste de). Un compositeur de ce nom a donné sur le théâtre de Poitiers, au mois de juillet 1872, un opéra-comique intitulé *Carlotta la Sirène*.

BRIGOGNE (Marie-Madeleine), l'une des premières chanteuses qui se montrèrent sur le théâtre de l'Opéra, puisqu'elle y débuta dans *les Peines et les Plaisirs de l'amour* de Cambert, était fille d'un peintre médiocre, et naquit vers 1652. Petite, mignonne et extrêmement jolie, elle obtint un si grand succès dans le rôle de Climène de l'opéra de Cambert, qu'on la surnomma aussitôt « la petite Climène », et que ce surnom lui resta. Lorsque Lully fut parvenu, par ses menées, à s'emparer des destinées de l'Académie royale de Musique, il conserva dans sa troupe Mlle Brigogne, à qui il donna un traitement annuel de 1,200 livres pour tenir l'emploi des seconds rôles. Jusqu'en 1680, époque où elle quitta le théâtre, elle créa les rôles de Doris dans *Alys*, d'Hermione dans *Cadmus*, de Cléone dans *Thésée*, et d'Hébé dans *Isis*. Mlle Brigogne, qui paraît avoir été loin de posséder les vertus qui constituent une honnête femme, s'est trouvée mêlée au fameux procès intenté à Guichard par Lully, et a été de la part de Guichard, dans les factums publiés par lui à ce sujet, l'objet des imputations les plus outrageantes.

BRINLEY RICHARDS. — *Voyez* **RICHARDS** (Brinley).

BRINSMEAD (........) Un écrivain anglais de ce nom a publié une *Histoire du piano*, avec un résumé sur la musique ancienne et les instruments de musique.

BRION D'ORGEVAL (Édouard-Barthélemy), né à Saint-Étienne (Loire), le 13 mai 1833, reçut de très-bonne heure les premières notions de musique. Sa famille, qui l'avait produit, dès l'âge de cinq ans, dans les concerts, en France et en Italie, vint se fixer à Marseille en 1841. Il entra alors au Conservatoire de cette ville, et étudia sérieusement le piano avec Barsotti et les éléments de l'harmonie avec l'organiste Schornagel. Il fut ensuite placé sous la direction de son oncle, l'abbé Brion, maître de chapelle à la cathédrale de Chambéry, qui lui fit tenir pendant quelque temps l'orgue de cette église. En 1852, il se rendit à Paris et suivit, au Conservatoire, les classes de chant de Bataille, Levasseur et Révial, et le cours de contre-point et de composition d'Halévy. En 1856, il obtint un accessit d'opéra. Après avoir fait partie, comme soliste, de la maîtrise de Notre-Dame-de-Lorette, il débuta au Théâtre-Lyrique en 1857, dans le rôle de Blondel de *Richard Cœur-de-Lion*. Il a chanté aussi les rôles de basse chantante dans les grandes villes de province et de l'étranger.

M. Brion d'Orgeval s'est fait surtout connaître comme compositeur. En 1861, il a fait représenter à Anvers *le Meunier de Sans Souci*, opéra-comique en un acte, et en 1863 *le Don Juan de Village*, opéra-comique, également en un acte. En 1867, il a donné à Nantes *une Charge de dragons*, opéra comique en 2 actes, qui a été édité à Gand chez Voyage et Lauveryns, en 1868, à Lille, *le Chevalier de Cordessac*, opéra-comique en un acte, et en 1876, à Marseille, *Ivan IV* ou *les Porte-Glaives*, grand opéra en 4 actes.

On a encore de cet artiste : *Le Retour*, mélodie avec violoncelle obligé; *Impromptu*, *Trois pensées mélodiques*, *Écho de Séville* pour piano (chez Heu, à Paris); *la Danse des Djinns* pour piano (chez Lahoussay à Paris); *Tristesse et Printemps*, mélodie (chez Choudens); plusieurs messes; une cantate dédiée au roi Léopold; deux opérettes en un acte; une hymne, *Musique et Poésie*, qui a été exécutée en 1857 au concert des jeunes artistes à Paris; deux opéras inédits; des chœurs, des motets, des sonates, un quintette, etc.

[AL. R— D.

BRISSON (Frédéric), pianiste et compositeur distingué, est né à Angoulême (Charente), le 25 décembre 1821. Il apprit le piano sans professeur, et néanmoins se faisait entendre pour la première fois en public à l'âge de douze ans, et à quinze ans commençait à donner des leçons dans sa ville natale. Après avoir étudié l'harmonie avec Garaudé, M. Brisson publiait en 1840 ses premières compositions, et à la fin de 1846 venait se fixer à Paris. Dès 1847, il livrait au public plusieurs morceaux qui le faisaient aussitôt remarquer et qui commençaient sa réputation : *l'Arabesque*, *la Pluie d'or*, *l'Ondine*, *Sans amour*. Depuis lors, il a écrit plus de cent cinquante morceaux de piano, puis des duos, des trios, et de nombreuses compositions pour l'orgue. Ses travaux de composition n'empêchaient pas M. Brisson de se livrer à l'enseignement, et de se produire fréquemment comme virtuose. Il a formé de nombreux élèves qui aujourd'hui sont professeurs et propagent ses principes dans la plupart des villes de France, et pendant quinze ans il n'a cessé de donner, à Paris, des concerts qui lui valaient les succès les plus flatteurs.

M. Brisson ne s'est pas fait remarquer seulement par son talent de virtuose, mais encore, et surtout, par les qualités de savoir et d'inspiration dont il a fait preuve dans ses nombreuses compositions. Il est l'un des artistes qui ont le plus contribué à la vulgarisation et à l'expansion de l'harmonium, en faisant entendre souvent cet instrument en public, et en écrivant pour lui un grand nombre de morceaux élégants, dans lesquels la banalité n'entre pour rien, et qui font le plus grand honneur à sa bonne éducation musicale, à ses facultés d'imagination et à sa conscience de compositeur. Professeur excellent, et jouissant sous ce rapport d'une renommée légitime, cet artiste a publié un ouvrage fort important : *École d'orgue traitant spécialement de la soufflerie, et contenant 38 exercices, 50 exemples et 20 études* (Paris, Brandus). Parmi ses compositions les plus intéressantes, il faut citer : 1° Trio de *Guillaume Tell*, arrangé pour piano, violon et orgue; 2° grand duo caractéristique sur *Robert le Diable*, pour piano et orgue; 3° trio pour piano, violon et orgue sur *l'Africaine*; 4° id., sur la *Somnambule*; 5° id. sur *Marta*; 6° id. sur *Norma*; 7° id. sur *le Pardon de Ploërmel*; 8° fantaisie de concert pour le piano sur *Norma*; 9° id. sur *les Porcherons*; 10° id. sur *Gibby la Cornemuse*; 11° id. sur *le Songe d'une Nuit d'été*; 12° id. sur *un Ballo in Maschera*; 13° id. sur *le Roi l'a dit*; 14° id. sur *Don Carlos*; 15° id. sur *Jérusalem*; 16° cent cinquante morceaux de genre originaux pour le piano, divertissements, caprices, études, mélodies, nocturnes, etc., se distinguant par l'élégance de la forme et la grâce de l'idée musicale. M. Brisson a fait jouer dans un concert, en 1863, une opérette intitulée *les Ruses villageoises*, et il a publié quelques articles de critique musicale dans *le Moniteur des Travaux publics*.

Une particularité intéressante est à mentionner en ce qui concerne M. Brisson. C'est cet artiste qui le premier a eu l'idée (attribuée à tort à Thalberg) d'écrire la musique *avec deux sortes de grosseurs de notes*. Le premier morceau qu'il a fait paraître en employant ce procédé est intitulé *la Rose et le Papillon*, et a été publié chez l'éditeur Escudier en 1848. Tout ce qui, dans l'esprit du compositeur, se rapportait à la Rose était écrit en grosses notes, tandis que la partie du Papillon était tracée en notes plus petites.

BRITSEN (Georges), un des plus habiles et des plus laborieux facteurs de clavecins du dix-septième siècle, vivait à Anvers, où il fut admis, vers 1613, au nombre des maîtres de la gilde de Saint-Luc. On vendait encore en cette ville, en 1858, un clavecin carré de cet artiste, devant le clavier duquel se trouvait le nom du facteur : *Georgius. Britsen. Fecit. Antverpiæ.*

BRITSEN (Georges), sans doute fils du précédent, suivit la même profession, et fut reçu dans la gilde de Saint-Luc, comme fils de maître, en 1654.

BRITSEN (Georges), dit *le Jeune*, probablement frère du précédent, entra aussi, en 1658, dans la corporation comme fils de maître et en qualité de facteur de clavecins.

BRITSEN (Alexandre), quatrième du nom, fut le dernier membre de cette famille d'intelligents artisans. Il exerçait aussi la profession de facteur de clavecins à Anvers, et fut reçu dans la gilde en 1717.

BROCA Y RODRIGUEZ (Enrique-Alejo), violoniste et compositeur, né à Madrid le 17 février 1843, apprit les premiers éléments de la musique d'un artiste nommé Manuel Pamfil, étudia ensuite le violon avec M. Isidore de la Vega, puis, au mois de septembre 1855, entra au Conservatoire de Madrid, y suivit un cours d'harmonie et un cours de composition, et obtint la médaille d'or (premier prix) au concours de 1861. Tout en suivant ses classes, M. Broca était attaché en qualité de premier violon à l'orchestre de la Zarzuela, où il resta de 1858 à 1867, et il a fait aussi partie de la Société des concerts dirigée par M. Barbieri (*Voy.* ce nom). Après avoir terminé ses études, ce jeune artiste se livra à la composition, et écrivit des messes, des psaumes, des motets, des ouvertures, etc. On lui doit aussi la musique de quelques *zarzuelas* dont j'ignore les titres, si ce n'est celle intitulée *Hacer el oso* (un acte), écrite par lui en société avec M. Ignacio Augustin Campo et représentée au théâtre des Variétés le 5 février 1867.

BRODY (Alexandre), professeur de musique à Paris, directeur de la société orphéonique *le Choral du Temple*, est auteur de l'ouvrage suivant : *Solfège pratique ou nouvelle méthode de lecture musicale, basée sur l'étude des intervalles dans tous les tons et sur la dictée vocale et écrite, renfermant 100 exercices et 110 morceaux à 1, 2, 3 et 4 parties, dans tous les tons majeurs et mineurs, à l'usage des orphéons et des écoles,* Paris, l'auteur, in-8°.

BROERHUIJZEN (Georges-Henri), dilettante passionné, littérateur musical distingué, né en 1792, s'est fait remarquer par la bibliothèque musicale qu'il avait su réunir et qui passait pour l'une des plus belles de la Néerlande. Par son goût, ses grandes connaissances et la libéralité avec laquelle il disposait de sa fortune pour le service de l'art qu'il chérissait, cet amateur éclairé lui fit faire de grands progrès dans son pays. Il a fondé ou réorganisé plusieurs sociétés musicales importantes, a donné un grand essor à l'exécution des œuvres lyriques les plus considérables, et dirigé pendant douze années, à Amsterdam, les concerts d'été, *Kunstgenoegen*. Cet homme intelligent est mort à Amsterdam le 18 décembre 1860.

BROEKHUIJZEN (G......H......), pianiste et compositeur, neveu du précédent, né à Amsterdam le 25 février 1818, fit son éducation musicale à l'École royale de musique de cette ville, et eut pour maîtres G. Fock, J. Bertelman et Somner. Il se fit connaître de bonne heure, nonseulement comme virtuose, mais comme compositeur, et sa fécondité fut réellement remarquable. Mort à Amsterdam le 23 février 1849, au moment où il allait accomplir sa trente et unième année, cet artiste bien doué n'en a pas moins écrit trois ouvertures à grand orchestre, 5 quatuors et un quintette pour piano et instruments à cordes, 4 cantates, 40 valses pour orchestres, 64 *lieder* et chants de circonstances, 10 chœurs à 4 voix, une sonate et des fantaisies pour piano et violon, une fantaisie pour le basson, etc., etc., sans compter la musique de trois ballets représentés à Amsterdam, et dont un, *De Schoone slaapster in het bosch,* n'a pas eu moins de quarante représentations.

BRONSART (Hans von), pianiste de l'école nouvelle, est né à Kœnigsberg en 1828. Il a composé quelques pièces qui sont écrites dans le style ultra-wagnérien. Il a également publié une brochure intitulée : *Musikalische Pflichten (Devoirs musicaux)*, Leipzig, 1858. Y.

BRONSART (Mme Ingeborge von), musicienne allemande, sans doute parente du précédent, a écrit une musique sur la petite pièce de Gœthe : *Jery und Bœtely,* qui donna naguère à Scribe l'idée du *Chalet*. Ce petit ouvrage a été joué avec succès, le 26 avril 1873, sur le théâtre de la cour grand-ducale, à Weimar.

* **BROSCHI** (Richard). Selon l'écrit intitulé : *Serie chronologica de' principi dell' Accademia de' Filarmonici di Bologna,* cet artiste, après avoir été comme compositeur au service du duc Alexandre de Wittemberg, serait ensuite devenu, sans nul doute par l'intervention de son frère Farinelli, commissaire de la guerre et de la marine en Espagne, sous le roi Ferdinand VI. Le même écrit nous apprend qu'il mourut en 1756. Il avait été reçu, en 1730, avec son frère, au nombre des membres de l'Académie des Philharmoniques. Outre les deux opéras signalés à son nom, Richard Broschi est auteur d'une *farsa* intitulée *Il Finto Sordo*.

BROSMANN (PATER-DAMASUS), né en 1731 à Julneck, mort à Freiberg le 16 novembre 1798, a composé une cinquantaine de messes et beaucoup d'autre musique religieuse, restée manuscrite et éparpillée dans les bibliothèques des couvents de la Silésie. Il a écrit également un livre intitulé : *De directione musices et de regulis compositionis*. Y.

BROU (........), acteur et compositeur, vivait à Paris dans la première moitié du dix-huitième siècle. Tout ce que j'ai pu apprendre sur lui se borne à cette courte notice, que Desboulmiers lui a consacrée dans son *Histoire du théâtre de l'Opéra-Comique* : « Brou, acteur et musicien de l'Opéra-Comique, débuta en 1740 par les rôles de père et d'amoureux (l'un ne semble pourtant guère aller avec l'autre). Il joignit à ce talent celui de compositeur de musique, et fit plusieurs vaudevilles et divertissements qu'il a depuis réunis dans un recueil. Brou a quitté le théâtre en 1741, après la foire Saint-Germain. »

BROUSTET (ÉDOUARD), pianiste et compositeur, issu d'une famille honorable et aisée, naquit à Toulouse, le 29 avril 1836. Son père, notable commerçant de cette ville, désirait lui voir suivre la même carrière, mais un penchant irrésistible entraînait le jeune homme vers la musique. Sa première éducation artistique fut cependant assez négligée, et ce n'est qu'à partir de l'âge de vingt ans environ que M. Broustet commença à travailler sérieusement. Il vint pour la première fois à Paris en 1858, commença l'étude de l'harmonie avec M. Maleden, et eut successivement pour maîtres de piano, d'abord Camille Stamaty et M. Ravina, puis M. Henri Litolff, avec lequel il entreprit un long voyage à l'étranger. M. Broustet visita ainsi Munich, Vienne, Pesth, Berlin, Varsovie, Saint-Pétersbourg, Dresde, etc., et les relations qu'il établit avec de grands artistes tels que MM. Franz Lachner, Rubinstein, Seroff, Robert Volkman et autres, les grandes exécutions musicales auxquelles il assista, enfin les conseils de son célèbre maître formèrent rapidement son goût artistique et l'affermirent dans sa vocation. De retour en France, il publia quelques compositions pour le piano et donna plusieurs concerts. En 1869, il donna à Paris, à la salle Herz, une grande séance musicale, dans laquelle il fit entendre plusieurs de ses œuvres, notamment une symphonie concertante pour piano et orchestre qui fut fort bien accueillie. En 1871, il entreprit un voyage en Espagne et en Portugal, et se produisit avec succès dans ces deux pays, comme virtuose et comme compositeur. Depuis lors il est revenu à Toulouse, où le retient une longue et cruelle maladie de son père.

Les compositions de M. Broustet dénotent un artiste de talent et d'imagination, nourri à bonne école et imbu des sains principes de l'art. Parmi celles qui sont publiées, les plus importantes sont les suivantes : 3 trios pour piano, violon et violoncelle (op. 42 et 43) ; symphonie concertante pour piano et orchestre (op. 38) ; tarentelle pour piano, avec accompagnement d'orchestre (op. 28) ; grande valse de concert (op. 26) ; deux romances sans paroles (op. 39) ; fantaisie créole (op. 37) ; études mélodieuses (op. 10) ; études de style et de perfectionnement, adoptées par le comité des études du Conservatoire (op. 36) ; mazurka pathétique (op. 44), etc., etc. M. Broustet a en portefeuille : un concerto en *mi* bémol pour piano, avec accompagnement d'orchestre ; un quintette pour piano, 2 violons, alto et violoncelle ; un 4e grand trio pour piano, violon et violoncelle ; une suite pour instruments à cordes, etc.

BRUCH (MAX), violoniste, chef d'orchestre et compositeur, est l'un des membres les plus actifs, les mieux doués et les plus distingués de la jeune école musicale allemande. Né à Cologne le 6 janvier 1838, il reçut de sa mère ses premières leçons de musique, et donna de très bonne heure, dès l'âge de neuf ans, dit-on, des marques certaines du talent qu'il devait déployer un jour. Devenu élève de Ferdinand Hiller, le fameux maître de chapelle de Cologne, il reçut de lui une instruction étendue et solide, et ne s'en sépara qu'en 1865, pour devenir *musikdirector* à Coblentz, emploi qu'il abandonna au bout de deux ans pour prendre les fonctions de maître de chapelle de la cour de Sondershausen. C'est à partir de cette époque que M. Max Bruch commença à se produire comme compositeur, en livrant au public, outre un concerto de violon, deux opéras, une symphonie, et deux grandes compositions chorales et instrumentales qui sont comme des espèces d'oratorios profanes, ou plutôt encore des cantates largement développées.

Le premier de ces opéras est intitulé *Loreley*, et est écrit justement sur le sujet de celui que Mendelssohn laissa inachevé et dont l'ouverture est si connue ; le second, en 4 actes, qui a été représenté à l'Opéra de Berlin, en mars 1872, a pour titre *Hermione*. Tous deux paraissent n'avoir que médiocrement réussi. Mais l'œuvre sur laquelle s'est fondée, vers 1866, la jeune réputation du compositeur est son *Frithjof*, l'une des deux grandes cantates qui viennent d'être signalées. Le musicien a détaché du fameux poëme scandinave qui porte ce titre et qui, on le sait, a été écrit par le célèbre évêque d'Upsal, Esaias Tegner, un certain nombre de scènes qu'il a groupées et rattachées entre elles et mises en musique. C'est là une production remarquable et inspirée, comprenant sept morceaux, presque tous fort importants, et dont M. Wilder a publié, il y a deux ans, une très-bonne traduction française (Paris, Durand-Schœnewerk). Plus récemment, en 1873, M. Max Bruch a fait entendre, à Barmen, une autre composition du même genre, qu'il a intitulée *Odysseus*; il avait agi de même pour ce qui concerne le texte de cette œuvre, en se servant d'une série de scènes extraites par lui d'une traduction allemande de *l'Odyssée*. La seule production de cet artiste que le public français ait été mis à même de connaître est son concerto de violon, que M. Sarasate a exécuté successivement, dans l'hiver de 1873-1874, au Concert National, aux Concerts populaires et à la Société des concerts du Conservatoire. Ce concerto, qui affecte une forme nouvelle et plus concise, plus serrée que la forme traditionnelle, ce dont il faut féliciter l'auteur, ne comprend que deux morceaux, un *adagio* précédé d'un court prélude, et un *allegro-finale*; l'œuvre ne brille point par la nouveauté des idées, non plus que par leur richesse, mais elle est écrite avec soin, dans un style pur et élevé, bien construite, instrumentée avec éclat, avec chaleur, et elle fait honneur à celui qui l'a conçue.

On assure que M. Max Bruch est un des admirateurs les plus fervents de Robert Schumann et l'un des défenseurs les plus décidés de son école, si tant est que Schumann ait fait école. J'avoue que cela me surprend, car dans les deux œuvres que je connais de cet artiste, *Frithof* et le concerto de violon, je ne vois rien qui le rapproche de la nature de ce musicien poétique et rêveur, mais singulièrement étrange et fantasque; j'y vois, au contraire, que l'inspiration de M. Max Bruch est très-claire, que la structure et la conduite de ses morceaux sont très-rationnelles, que le compositeur ne cherche point les modulations tourmentées, sauvages parfois, qui distinguent la musique de Schumann, et qu'enfin ses grandes qualités sont l'égalité dans le style et la sagesse dans le plan. Il faut donc croire, en tout cas, que l'admiration de M. Max Bruch pour Schumann ne se trahit par aucune imitation aucune recherche de la manière de ce maître.

Outre les œuvres dont il vient d'être parlé M. Max Bruch a fait exécuter deux symphonies dont une en *mi* majeur, un oratorio intitulé *Arminius* (Barmen, décembre 1875); une ballade pour chant et orchestre intitulée *Schœn Ellen* (Leipzig, 1869), et il a publié les compositions suivantes : 3 duos pour soprano et contralto avec piano, op. 4 ; Trio en *ut* mineur pour piano violon et violoncelle, op. 5 ; 6 *lieder* avec piano op. 7 ; 2 quatuors pour instruments à cordes op. 9 et 10 ; Fantaisie pour deux pianos, op. 11 ; 6 pièces pour piano, op. 12 ; Hymne pour soprano, avec piano, op. 13 ; 2 pièces pour piano op. 14 ; 4 *lieder* avec piano, op. 15 ; *Kyrie Sanctus* et *Agnus Dei* pour deux sopranos double chœur, orchestre et orgue, op. 35 ; *Jubilate, Amen* pour soprano solo, chœur et orchestre, op. 3 ; etc. Enfin, on doit encore à cet artiste une musique pour la *Jeanne d'Arc* de Schiller.

M. Max Bruch, qui parle très-couramment français, est venu plusieurs fois à Paris et est très au fait du mouvement musical de notre pays. C'est, en somme, un artiste fort distingué instruit, intelligent, tenant compte de toutes les nécessités de l'art, et qui semble appelé à faire honneur à l'Allemagne musicale. Il est l'un des rares musiciens de la jeune génération qui semblent doués d'un vrai tempérament. A-t-il du génie? c'est ce que l'avenir seul peut nous apprendre, car jusqu'ici il n'a encore donné que de brillantes promesses.

* **BRUGUIÈRE** (ÉDOUARD), est mort à Nîmes, dans les derniers jours du mois de décembre 1868. C'est par centaines que se comptent les romances de ce compositeur, dont un grand nombre obtinrent jadis d'énormes succès. Il a publié aussi six chœurs religieux pour trois voix avec solo.

BRULL (IGNACE), jeune pianiste et compositeur allemand, s'est produit à ce double point de vue en exécutant au Gewandhaus de Leipzig (janvier 1869) un concerto de piano dont il était l'auteur. Au mois de décembre 1875, ce jeune artiste faisait représenter un opéra intitulé *Die goldene Kreuz* (la Croix d'or), dont le livret était tiré, comme cela se pratique généralement à l'étranger, d'une pièce française, *Catherine ou la Croix d'or*, ancien vaudeville de Mélesville et Brazier. Cet ouvrage, qui était le premier début dramatique du musicien et qui était un peu conçu dans le genre de l'opéra-comique français, réussit brillamment et fut produit successivement la plupart des scènes importantes de l'Allemagne. Depuis lors, M. Ignace Brüll s'est occupé, paraît-il, de la composition d'un nouvel opéra, *la Pacification*, qui n'a pas encore été représenté.

BRUNEAU (JACQUES), musicien qui vivait en Flandre dans la seconde moitié du seizième siècle, fut maître de chant à l'église de Saint-Bavon, à Gand. Il écrivit, en 1566, quelques cantiques pour la confrérie de Notre-Dame-aux-Rayons, et composa, en 1577, divers chants pour les fêtes données à Gand à l'arrivée du prince d'Orange en cette ville.

* **BRUNETTI** (JEAN-GUALBERT). A la liste des ouvrages dramatiques de ce compositeur, il faut ajouter les suivants : 1° *Amore imbratta il senno*, opéra bouffe en dialecte napolitain, Naples, th. des Fiorentini, 1733 ; 2° *Don Pasquino*, opéra bouffe, Naples, th. Della Pace, 1735; 3° *Lo Corrivo*, folie musicale (*pazzia per musica*), id., id., 1786.

* **BRUNI** (ANTOINE-BARTHÉLEMY). Aux ouvrages dramatiques de ce musicien fort distingué, il faut ajouter *Cadichon* ou *les Bohémiennes*, opéra-comique en un acte, donné au théâtre Feydeau en 1792, et *l'Esclave*, un acte, donné au même théâtre en 1800. Son opéra italien *l'Isola incantata*, traduit en français par Sedaine jeune, avait été représenté aussi, à Feydeau, le 3 août 1789.

BRUNI (SEVERINO), professeur et théoricien italien, est auteur de l'ouvrage suivant : *Succinto di teoria fondamentale per lo schiavimento dell' intonazione e per l'accordatura istrumentale*, Gênes, 1861.

BRUNI (ORESTE), écrivain italien, est auteur d'un ouvrage ainsi intitulé : NICOLO PAGANINI, *celebre violinista genovese, racconto storico* (Florence, Galletti, 1873, in-8 de 147 pages). Ce récit ne manque pas de quelque intérêt, mais j'en crois les détails un peu romanesques.

BRUTI (VINCENZO), compositeur italien et chef de musique militaire, est l'auteur d'une opérette bouffe intitulée *Macco*, qui a été représentée avec succès, au mois de juin 1872, sur le théâtre Brunetti, de Bologne. M. Bruti a écrit aussi la partition d'un drame lyrique en 3 actes, *la Fidanzata*, mais je ne crois pas que cet ouvrage ait encore été représenté.

BRZOWSKI (JOSEPH), pianiste et compositeur polonais, est né à Varsovie en 1805. On lui doit diverses compositions religieuses, entre autres un *Requiem* estimé des artistes, un certain nombre de pièces de musique instrumentale et vocale, et enfin un opéra représenté en 1833 à Varsovie avec un très-grand succès et qui avait pour titre : *Hrabia Weselinski* (le comte We-selinski). Cet artiste, qui doit aussi être cité, dit-on, au nombre des bons écrivains sur la musique, dirigeait dans sa ville natale une société de concerts d'amateurs, dits concerts de la Ressource. — Sa fille, Mlle *Hedwige Brzowska*, pianiste distinguée, s'est fait, à partir de 1842, une grande réputation comme virtuose.

BUAT (V......), compositeur français, a écrit la musique d'un opéra-comique en un acte, *les Noces bretonnes*, qui a été représenté au Casino de Dunkerque, au mois d'août 1868.

BUCCELLATI (........), pianiste et compositeur, fixé, je crois, à Turin, comme professeur de piano, a publié une bonne méthode pour cet instrument, et s'est fait connaître aussi par un certain nombre de morceaux à deux, quatre et huit mains, publiés par les éditeurs Giudici et Strada : 1° *Galoppo di concerto*; 2° *il Carnevale di Venezia*, scherzo brillant; 3° *Ave Maria*; 4° *il Carnevale di Napoli*, scherzo brillant et facile; 5° *Pensiero elegiaco*, mélodie; 6° Scherzo sur le *Canto greco*, de Cavallini; 7° 6 *Divertimenti*, à quatre mains ; enfin, des fantaisies, mosaïques et arrangements sur des motifs d'opéras en vogue : *Rigoletto*, *il Trovatore*, *Vittore Pisani*, *l'Ebreo*, *Jone*, *un Ballo in Maschera*, etc., etc.

BUCHET (JEAN-NICOLAS), compositeur amateur, né à Limbourg, exerçait à Verviers la profession d'avoué et donna en cette ville une grande impulsion à l'étude et à la pratique du chant choral. Il fit exécuter en 1854 un grand oratorio intitulé *Judith*, et écrivit, dit-on, plus de cent compositions, parmi lesquelles plusieurs messes, un *Te Deum*, des motets, des cantates, des chœurs, etc.

BUCHOLZ (CHARLES-AUGUSTE), facteur d'orgues estimé en Allemagne et établi à Berlin, était né en cette ville le 13 août 1796. Il est l'auteur des principales orgues qui existent aujourd'hui à Berlin et dans l'ancien royaume de Prusse. Son fils, *Charles-Frédéric Bucholz*, lui a succédé en 1850.

BUGUET (HENRI), vaudevilliste qui a fait représenter un certain nombre de pièces sur divers petits théâtres de Paris, a publié, dans une série portant pour titre général : *Foyers et Coulisses, histoire anecdotique de tous les théâtres de Paris*, un petit volume intitulé : *Bouffes-Parisiens* (Paris, Tresse, 1873, in-18), qui retrace à peu près exactement l'historique du théâtre fondé par M. Offenbach.

* **BUHL** (JOSEPH-DAVID), est mort à Versailles au mois d'avril 1860.

* **BULOW** (HANS-GUIDO DE), compositeur, chef d'orchestre, écrivain musical et l'un de plus grands virtuoses pianistes de ce temps, est le fils d'un ancien chambellan du prince d'Anhalt-Dessau, très-connu par ses travaux littéraires, et le petit-fils d'un ancien major de l'armée saxonne. Jusqu'à l'âge de neuf ans il ne laissa soupçonner aucun goût, aucune aptitude particulière pour la musique, et c'est seulement à la suite d'une longue et douloureuse maladie que ses facultés artistiques se manifestèrent, prenant bientôt un essor extraordinaire. Après avoir étudié le piano d'abord avec Mlle Schmiedel, puis avec Fr. Wieck et M. Litolff, après avoir travaillé l'harmonie et le contrepoint avec Eberwein, M. de Bülow ayant dû suivre sa famille, qui de Dresde fixait sa résidence à Stuttgard, termina ses études littéraires au Gymnase de cette ville, s'y produisit comme amateur en exécutant avec succès le concerto en ré mineur de Mendelssohn, et en 1848 partit pour Leipzig afin d'y faire son droit à l'Université. Il demeura dans cette ville chez un parent, le docteur Frege, mari de la cantatrice Livia Gerhard, dont la maison formait une sorte de centre musical très-actif. Dans un tel milieu, les aptitudes du jeune artiste se développèrent avec rapidité, et, après s'être perfectionné dans l'étude du contre-point avec Maurice Hauptmann, il partit pour Berlin, où il se lança aussitôt dans la grande mêlée qui mettait aux prises les partisans de l'ancienne école allemande et ceux de la nouvelle, à la tête de laquelle se trouvaient Liszt et Robert Schumann. Quoique fort jeune alors, puisqu'il n'avait pas encore vingt ans, M. de Bülow commença à écrire des articles de critique dans le journal démocratique l'*Abendpost*, articles dans lesquels il se montrait l'adversaire acharné et intraitable des doctrines de la vieille école. Ayant entendu à Weimar, en 1850, le *Lohengrin* de M. Richard Wagner, il renonça définitivement à l'étude du droit pour s'occuper uniquement de musique, et cela malgré l'opposition de sa famille.

Il se rendit alors à Zurich, où M. Richard Wagner, proscrit politique, s'était réfugié. Il apprit de lui l'art de diriger un orchestre, et devint maître de musique aux théâtres de Zurich et de Saint-Gall. Puis, s'étant réconcilié avec sa famille, il repartit en 1851 pour Weimar, où il perfectionna son talent de pianiste sous la direction de M. Liszt, et où il fit la connaissance de Berlioz. C'est de cette époque que datent les articles très-remarqués qu'il publia dans la *Neue Zeitschrift für Musik*. En 1853, il fit sa première tournée artistique en Allemagne et en Hongrie, remporta surtout de grands succès à Brême, à Hambourg et à Berlin, alla s'établir quelque temps à Dresde, où il donna des leçons dans plusieurs familles nobles, fit, au commencement de 1855, une nouvelle tournée dans le nord de l'Allemagne, et accepta, dans le courant de cette même année, la place de professeur de piano au Conservatoire de Stern et Marx à Berlin, place qu'il conserva jusqu'en 1864.

En 1857, M. de Bülow épousa la fille de son maître, Mlle Cosima Liszt; en 1858 il était nommé pianiste du roi de Prusse, en 1861 chevalier de l'ordre de la Couronne, et en 1863 docteur en philosophie à l'Université d'Iéna. Pendant ce temps, et malgré de très-nombreuses occupations, il trouvait encore le moyen d'écrire dans une foule de journaux, entre autres dans la *Neue Berliner Musikzeitung* et dans la *Feuerspritze*, et s'occupait de répandre le goût de la musique en donnant de grands concerts symphoniques, des séances de musique de chambre, et même en se faisant entendre fréquemment seul, et toujours avec le plus grand succès. Après avoir quitté le Conservatoire de Berlin, il entreprit de nouvelles tournées de virtuose en Allemagne, en Hollande, en Belgique, en France, en Russie. « Sa préférence pour les œuvres de la nouvelle école, dit un de ses biographes, lui attira, surtout à Berlin, de rudes adversaires dans la presse. Mais on aurait tort de croire que de Bülow se montra dédaigneux de l'ancienne école; au contraire, il tâche encore aujourd'hui de rallier des principes si divers et si opposés. »

Cependant, n'ayant retiré presque aucun fruit de ses tentatives et de ses luttes, il alla rejoindre en 1864, à Munich, M. Richard Wagner, et l'aida puissamment dans la mise à la scène de son opéra de *Tristan et Isolde*. En 1866, il se rendit à Bâle, y donna des concerts, puis, ayant été rappelé en Bavière par le roi Louis II, il devint premier chef d'orchestre du théâtre Royal et des concerts de Munich, en même temps qu'il était choisi comme directeur de l'École royale de musique, dont il opéra la réorganisation et qui, sous son impulsion, prit un très-grand développement. Cependant, tant de travaux, joints à de graves chagrins domestiques, altérèrent profondément sa santé, et en 1869 il quitta Munich pour aller habiter Florence, où il demeura plusieurs années. Depuis lors, il a fait, en Angleterre et en Amérique, des voyages artistiques qui lui ont valu, comme toujours, les plus grands et les plus incontestables succès.

Hermann Mendel, dans son *Musikalische Conversations-Lexicon*, a caractérisé le talent de M. Hans de Bülow, ses facultés multiples, et la situation qu'il a occupée en Allemagne : « Cet éminent artiste, dit-il, doit être classé parmi les phénomènes les plus rares et comme virtuose comme chef d'orchestre; la nature, l'étude et la force de volonté lui ont donné une ténacité, une persévérance et une mémoire prodigieuses. Comme pianiste, il s'est rendu maître, malgré la petitesse de sa main, de toutes les difficultés techniques imaginables; il est l'interprète le plus complet des différents styles et des directions multiples de la littérature de son instrument; il les reproduit avec une clarté d'analyse et une finesse de détails, et, en même temps, avec une grandeur et une poésie dans la conception de l'idée générale qui le placent au premier rang sous ce rapport. Il s'est d'ailleurs identifié si complètement avec les œuvres qu'il exécute qu'il les possède par cœur, si étendues et si compliquées qu'elles soient; il en est de même pour les compositions orchestrales les plus difficiles, qu'il dirige sans partition, avec une sûreté imperturbable et en observant rigoureusement les moindres nuances. Son éducation scientifique et sa pénétration d'esprit lui ont permis également de se distinguer comme écrivain; son style clair, original et mordant lui a souvent suscité d'ardents adversaires, lorsqu'il cherchait à faire prévaloir ses idées de parti. Mais les ennemis les plus déclarés de ses idées et de ses tendances artistiques ne peuvent refuser leur estime et leur admiration à l'homme qui consacre toutes ses facultés à répandre les œuvres des maîtres anciens et modernes. De même que, dans son jeu, la logique et l'analyse raisonnée l'emportent sur le sentiment, de même l'esprit critique domine l'imagination dans ses travaux littéraires aussi bien que dans ses compositions. Celles-ci consistent en une vingtaine d'œuvres, dont les plus remarquables sont le tableau symphonique *Nirwana* (op. 20), la musique du *Jules-César* de Shakspeare (op. 10), la ballade pour orchestre *la Malédiction du Chanteur* (op. 16), neuf cahiers de morceaux de piano, etc. Les arrangements critiques et les éditions instructives, les transcriptions d'autres maîtres depuis Scarlatti, Bach, Hœndel et Gluck jusqu'à Berlioz, Wagner et Liszt, sont de beaucoup supérieures en nombre aux œuvres originales. Comme homme, de Bülow est à bon droit estimé et généralement aimé, car son caractère est ouvert, loyal et chevaleresque, son commerce agréable, et son aménité prévient tout d'abord en sa faveur. Avec son maître, F. Liszt, de Bülow a le plus contribué, par sa personnalité, à combler, pour ainsi dire, l'abîme entre l'école néo-allemande et les tendances musicales antérieures. » Aux œuvres de M. de Bülow qui viennent d'être mentionnées, il faut ajouter un grand concerto, deux duos de concert pour piano et violon, et plusieurs *lieder*. C'est à lui qu'on doit la réduction avec piano de la partition de *Tristan et Isolde*, et celle de l'*Iphigénie en Aulide* de Gluck d'après l'arrangement de M. Richard Wagner.

BUNGERT (A....), compositeur allemand, s'est fait connaître par la publication d'un assez grand nombre de *lieder* pour voix seule avec accompagnement de piano. Sept recueils de ce genre, portant les numéros d'œuvre 1, 2, 3, 4, 5, 6 et 7, ont été publiés par la maison Breitkopf et Härtel, de Leipzig.

BUONOMO (GIROLAMO), professeur de musique à Palerme et théoricien, est l'auteur d'un traité intitulé *Nuova Scuola d'Armonia*.

BUONOMO (ALFONSO), compositeur dramatique, fils d'un chef de musique de l'armée napolitaine, est né à Naples le 12 août 1829. Ayant perdu son père de très-bonne heure, il devint élève externe du Conservatoire, où il commença l'étude du solfège avec Achille Pistilli, et celle du piano avec Giovanni Donadio; il devint ensuite élève de Giuseppe Polidoro, puis de Luigi Siri pour le piano, de Pietro Casella pour l'harmonie, et enfin de Raffaele Polidoro et d'Alessandro Busti pour le chant. Ayant perdu la voix à la suite d'une maladie, il suivit un cours de composition avec Giuseppe Lillo, se produisit en public comme virtuose sur le piano, puis embrassa la carrière de la composition dramatique sous les auspices de Giovanni Moretti. Voici la liste de ses œuvres théâtrales, qui toutes ont été très-bien accueillies du public: 1° *Cicco e Cola* (Naples, th. Nuovo, 8 décembre 1857); 2° le premier acte de *la Donna romantica ed il Medico omeopatico*, ouvrage écrit en société avec MM. Campanella, Ruggi et Valente (id., id., 1858); 3° *l'Ultima Domenica di Carnevale* (id., id., 1859); 4° *la Mmalora de Chiaja* (id., Jardin d'hiver, 1862); 5° *Ostie non Osti* (id., th. Bellini, 1865); 6° *le Follie amorose* (un acte, id., id., 8 décembre 1865); 7° *Tizio, Cajo e Sempronio* (id., th. de la Fenice, août 1867); 8° *il Marito geloso* (id., th. Rossini, 1871); 9° *una Giornata a Napoli* (id., th. Nuovo, 1871). Outre ces ouvrages, M. Buonomo a écrit deux opéras, *le Due Maschere* et *Bi-Bà-Bù*, qui n'ont pas encore été représentés, et il a publié diverses œuvres de musique vocale religieuse ou profane. — Le frère aîné de cet artiste, M. Eduardo Buonomo, violoniste, pianiste, compositeur et professeur, né à Naples le 22 août 1825, est maître de chant dans divers établissements d'éducation de cette ville, et s'est fait connaître par la publication d'un certain nombre de compositions pour le chant et pour le piano.

BURACH (JUSTE), moine et compositeur,

né à Sachseln (Suisse), en 1706, mourut en 1768. A peine âgé de 19 ans il entra au couvent d'Ensiedeln, et s'y consacra entièrement à l'étude et à la pratique de la musique. Ce couvent possède encore un grand nombre de compositions de Burach, qui, dit-on, témoignent d'un grand savoir, et parmi lesquelles on distingue surtout deux *Magnificat*, dont l'un à quatre et l'autre à huit parties.

BURALI-FORTI (.........), compositeur italien, a fait représenter le 31 octobre 1874, sur le théâtre d'Arezzo, un opéra intitulé : *Piccarda Donati*.

* **BURBURE DE WESEMBECK** (Léon-Philippe-Marie, chevalier DE), est né à Termonde le 16 août 1812, et non le 17, comme il a été imprimé par erreur. M. du Burbure, que sa grande situation de fortune n'empêche pas de se livrer avec l'ardeur la plus intelligente à la culture des arts et des lettres, à qui l'on doit l'excellent catalogue historique du Musée d'Anvers, l'un des meilleurs ouvrages de ce genre qui existent dans toute l'Europe, et plusieurs autres travaux intéressants sur la musique et sur les arts plastiques, s'occupe aussi sans cesse de composition musicale. A la liste de ses œuvres en ce genre, il faut ajouter les suivantes : 1° Ouverture de *David Téniers* ou *la Kermesse villageoise*; 2° Divertissement pour orchestre, en *ut*; 3° Ouverture de *Charlemagne*, pour harmonie militaire; 4° Divertissement de festival, pour harmonie militaire; 5° *Hulde aan de Kunst*, ode symphonique à 4 voix, avec orchestre; 6° *De Hoop van Belgie*, à 4 voix, avec orchestre; 7° *Cantantibus organis*, en sol; 8° *In exitu Israel*, psaume, en mi bémol; 9° *Deus firmavit*, en ré; 10° *Domine salvum fac*, en ré; 11° *Ecce quam bonum*, en si bémol; 12° *Ave Maria*, en *ut*; 13° *Ecce panis*, en mi bémol, avec instruments à vent; 14° *Responsoria Passionis secundum Mattheum*, à 4 voix, en sol, sans accompagnement; 15° plusieurs trios, quatuors et quintettes pour instruments à cordes; 16° plusieurs Fantaisies pour violon, pour cor, pour clarinette et divers autres instruments; 17° plusieurs morceaux de genre pour harmonie militaire.

M. de Burbure a publié divers écrits relatifs à la musique et aux musiciens : 1° *Aperçu sur l'ancienne corporation des musiciens instrumentistes d'Anvers, dite de Saint-Job et de Sainte-Marie-Madeleine*, Bruxelles, impr. Hayez, 1862, in-8° de 19 pp.; — 2° *Recherches sur les facteurs de clavecins et les luthiers d'Anvers depuis le seizième jusqu'au dix-neuvième siècle*, Bruxelles, impr. Hayez, 1863, in-8° de 32 pp.; — 3° *Notice sur Charles-Louis Hanssens*, id., id., 1872, in-12 de 11 pp., avec portrait; — 4° *Notice sur C.-F.-M. Bosselet*, id., id., 1876, in-12 de 11 pp., avec portrait; — 5° *La Sainte-Cécile en Belgique*, Bruxelles, 1860, in-8; — 6° *Notice sur Jan Van Ockeghem* (en flamand), Anvers, 1856, in-8 (2ᵉ édition, Termonde, 1868, in-8°).

M. de Burbure a été élu membre de l'Académie royale de Belgique le 9 janvier 1862. M. Alphonse Goovaerts, bibliothécaire adjoint de la ville d'Anvers, a publié sur lui une notice biographique en flamand (Anvers, 1871, in-8 de 28 pp.), et il a paru à Bruxelles (Hayez, 1874, in-12) une *Notice bibliographique de M. le chevalier Léon-P.-M. de Burbure*. — Un frère de cet artiste, M. *Gustave de Burbure*, comme lui dilettante passionné, habite Gand, où depuis trente ans il a puissamment contribué au développement du goût musical et à la culture intelligente de l'art. Il a écrit un certain nombre de compositions estimées, que l'on confond parfois avec celles de son frère.

BURET (.........), compositeur français du dix-huitième siècle, a publié chez Ballard un recueil de *Cantates françaises*, et, séparément, les trois cantates suivantes : *Sapho et Phaon*, ode; *le Bal*; et *Daphné*.

BÜRGEL (Constantin), compositeur et pianiste allemand, a publié, pour le piano ou pour le chant, un certain nombre d'œuvres parmi lesquelles je citerai les suivantes : Sonate pour piano, op. 5; suite de quatre pièces pour piano, op. 6; six *lieder* avec accompagnement de piano, op. 9; Deux ballades pour contralto avec accompagnement de piano; op. 12; *Fantasiestücke* pour piano, op. 13.

BURGIO DI VILLAFIORITA (.........), compositeur italien, a fait représenter avec succès en 1872, au théâtre de la Pergola, de Florence, un opéra sérieux intitulé *il Paria*.

* **BURGMÜLLER** (Jean-Frédéric-François), né à Ratisbonne non en 1804, mais en 1806, est mort à Beaulieu (Seine-et-Oise) le 13 février 1874. Cet artiste est l'auteur d'un motif de valse très-gracieux, mais très-court, intercalé par Adolphe Adam dans son joli ballet de *Giselle*, et devenu presque fameux sous le nom de « valse de Giselle ». Ce motif a même servi de timbre, il y a vingt ou trente ans, à un grand nombre de couplets de vaudeville.

BUSI (Giuseppe), organiste, professeur et théoricien, né à Bologne, de parents pauvres, en 1808, apprit à lire et à écrire d'un prêtre qui lui enseigna aussi le piano et l'orgue. Dès son plus jeune âge il gagnait sa vie comme organiste. Il étudia ensuite l'harmonie avec Palmerini, contre-point et la composition avec Tommaso Marchesi, mais se forma surtout lui-même par la lecture des œuvres des grands maîtres et par le soin qu'il prenait de les mettre en partition. C'est ainsi qu'il laissa une très-nombreuse collection des principales compositions des contrapuntistes Bolonais de 1500 à 1800, toutes écrites de sa main. Reçu en 1832, à la suite d'un brillant examen, membre de l'Académie des Philharmoniques de Bologne, il eut un instant l'idée d'écrire pour le théâtre ; mais après un essai pourtant heureux fait sur une scène particulière, il en revint à ses compositions religieuses, et se consacra à l'enseignement avec d'autant plus de zèle qu'il avait été nommé professeur de contre-point au Lycée musical de Bologne C'est pour ses élèves dans cet établissement qu'il écrivit un *Guida allo studio del contrappunto fugato*, ouvrage excellent, dit-on, mais qu'il se refusa toujours à publier. Busi est mort à Bologne le 14 mars 1871. Un de ses fils, M. *Alessandro Busi*, son élève, lui a succédé comme professeur au Lycée musical ; un autre, M. *Luigi Busi*, est un peintre distingué.

* BUSSCHOP (JULES-AUGUSTE-GUILLAUME). Le 21 juillet 1860, cet artiste a fait entendre dans l'église Sainte-Gudule, de Bruxelles, un *Te Deum* solennel dont la critique a fait l'éloge. Le 6 avril 1874, il a fait exécuter à Bruges, par les soins de la *Réunion musicale*, de nombreux fragments d'un drame lyrique en 3 actes écrit sur un sujet de l'histoire de cette ville, *la Toison d'or*, qui produisirent un grand effet sur les les assistants.

BUSSINE (PROSPER-ALPHONSE), chanteur remarquable, né à Paris le 22 septembre 1821, fut admis au Conservatoire, dans la classe de Garcia, le 14 décembre 1842, et devint ensuite l'élève de Moreau-Sainti pour l'opéra-comique. Il obtint un accessit de chant au concours de 1844, se vit décerner l'année suivante les deux premiers prix de chant et d'opéra-comique, et peu de temps après fut engagé au théâtre de l'Opéra-Comique, où il ne tarda pas à faire d'heureux débuts et où il se fit bientôt la réputation d'un excellent chanteur. Sa belle voix de baryton, ample et puissante, mordante et corsée, produisait le meilleur effet, et il la rendait plus remarquable encore par ses rares qualités de style et son excellente manière de phraser. Si Bussine avait été moins gêné, moins emprunté comme comédien, il eût conquis peut-être la célébrité. Néanmoins, et pendant les douze années environ qu'il passa à l'Opéra-Comique, il créa un certain nombre de rôles dont quelques-uns lui firent un grand honneur, et parmi lesquels il faut citer surtout ceux dont il fut chargé dans *les Porcherons*, *Giralda*, *la Chanteuse voilée*, *Raymond* ou *le Secret de la Reine*, *Gibby la Cornemuse*, *l'Anneau d'argent*, *le Nabab*, *les Sabots de la marquise*. Vers 1858, Bussine, sentant ses moyens faiblir, prit le parti d'abandonner la carrière théâtrale ; il quitta l'Opéra-Comique, et pendant plusieurs années se fit entendre avec grands succès dans les concerts.

Un frère de cet artiste, M. *Romain Bussine*, né à Paris le 4 novembre 1830, fut aussi élève de Garcia et de Moreau-Sainti au Conservatoire, où il obtint les seconds prix de chant et d'opéra-comique en 1850, et le premier prix d'opéra-comique en 1851. Il n'aborda cependant pas le théâtre, et se livra à l'enseignement. Il fut nommé professeur de chant au Conservatoire le 30 mai 1872. Il avait fondé l'année précédente la Société nationale de musique (qui a pour devise : *Ars gallica*), dont il est demeuré depuis lors le président.

BUSTILLO ITURRALDE (CESAREO), compositeur et maître de chapelle, naquit à Valladolid le 25 février 1807. Reçu comme enfant de chœur à la cathédrale de cette ville, il fit ses études de solfège, d'harmonie et de composition sous la direction de deux artistes appartenant à la chapelle de cette église, Fernando Halkens et Angel Martinchique. Devenu militaire en 1824, il fit partie d'abord, comme petite flûte et comme basson, de la musique du 1er régiment de ligne, puis fut employé dans les bureaux jusqu'en 1828, époque de sa libération. De retour dans sa ville natale, il y reprit ses études de composition, travailla avec Soriano Fuertes (père), et, en 1832, ayant pris part au concours ouvert par suite de la vacance de la place de maître de chapelle de la cathédrale de Tolède, il l'emporta sur ses rivaux et fut nommé à cet emploi, qu'il conserva jusqu'en 1854. Il devint, en cette dernière année, chapelain royal de la même église. Cet artiste a écrit, pour le service de la chapelle dont il était le directeur, un grand nombre de compositions religieuses, telles que messes, vêpres, lamentations, répons, motets, cantiques, psaumes, *miserere*, etc. La plupart de ces compositions sont à deux chœurs et à grand orchestre. M. Bustillo a écrit aussi plusieurs pièces pour musique militaire.

* **BUTERA** (ANDRÉ). Ce compositeur a fait représenter au théâtre de la Canobbiana, de Milan, le 12 septembre 1854, un opéra sérieux intitulé *la Saracena*. Butera est mort à Palerme le 11 novembre 1862.

* **BUZZI** (ANTONIO). Cet artiste est né à Rome. Il a souvent abordé la scène, sans jamais y obtenir de succès, si ce n'est avec son opéra de *Scül*. La liste de ses ouvrages dramatiques doit s'augmenter des œuvres suivantes : *Gusmano di Medina* (Rome); *l'Indovina* (Plaisance, 1862); *la Lega Lombarda*, représentée en Espagne; *Sordello*; *Benvenuto Cellini*, ballet; *l'Isola degli Amori*, ballet; *i Due Ciabattini*, opérette (Turin, 1867). L'auteur du *Dizionaro biografico* italien, Francesco Regli, dit que M. Buzzi « a plus de doctrine que d'inspiration, plus de science que d'originalité, » et que la plupart de ses opéras sont mort-nés. Depuis longues années cet artiste est fixé à Milan, où il se livre à l'enseignement du chant et où ses leçons sont très-recherchées.

* BUZZOLA (Antonio), fils d'un artiste qui, pendant trente ans, fut maître de chapelle et organiste de la cathédrale d'Adria, en même temps que premier violon au théâtre, naquit en cette ville vers 1815. Son père lui enseigna à jouer de plusieurs instruments, et, lorsqu'il eut atteint sa quinzième année, l'envoya à Venise pour s'y perfectionner. Admis à l'orchestre du théâtre de la Fenice en qualité de premier violon, puis de flûte, il se fit remarquer par son habileté à accompagner au piano, et bientôt se livra à la pratique de la composition. Après avoir donné au théâtre Gallo son opéra de *Ferramondo* (1836), il se rendit, sur les conseils de quelques amis, à Naples, où, sous la direction de Donizetti, il termina ses études et perfectionna son talent. Celui-ci lui confia un jour le soin d'écrire l'ouverture d'une cantate de circonstance qu'il donnait au théâtre San-Carlo; et le jeune Buzzola composa aussi un certain nombre de morceaux détachés pour différents théâtres. En même temps il écrivit des *canzoni* en dialecte napolitain, qui obtinrent un grand succès. Après un séjour de deux années à Naples, il retourna à Venise, y donna son second et son troisième opéras, *il Masino* (th. Gallo, 1840) et *gli Avventurieri* (Fenice, 1841), fit exécuter à la Société Sainte-Cécile (1841) une messe à 4 voix et à grand orchestre, puis partit pour Berlin.

Après les deux années qu'il passa en cette ville, Buzzola parcourut l'Allemagne, la Pologne, une partie de la Russie, vint passer quelque temps à Paris, puis, au mois de septembre 1846, retournait à Venise, où il faisait entendre une messe de *Requiem* à quatre parties avec orchestre, et en 1847 donnait au théâtre de la Fenice *Amleto*, opéra qui obtint un accueil très-favorable, et qui fut bientôt suivi d'un autre ouvrage, *Elisabetta di Valois*. C'est peu de temps après que, Perotti étant mort, il succéda à cet artiste comme premier maître de la chapelle de l'église St-Marc. Il mourut lui-même en cette ville, au mois de mars 1871, au moment où il venait de terminer un nouvel opéra, *la Puta onorata*. En dehors du théâtre, Buzzola a publié un assez grand nombre de compositions vocales, entre autres un album de douze morceaux, intitulé *una Notte a Venezia* (Milan, Lucca), que l'on dit d'une inspiration aimable et pleine d'élégance.

BYESSE (..........). Deux ouvrages lyriques ont été représentés sous le nom de cet artiste : 1° *Pancrace et Polycarpe*, 2 actes, th. Montansier, 1797; 2° *Sigebert, roi d'Austrasie, ou l'Amour gaulois*, 3 actes, th. des Jeunes-Elèves, 4 octobre 1800.

CABALLERO (Manuel Fernandez), compositeur dramatique espagnol, né à Murcie le 14 mars 1835, apprit les premiers éléments de l'art dans sa ville natale, puis se rendit à Madrid et se fit admettre au Conservatoire de cette ville. Il y devint l'élève de M. Soriano Fuertes pour l'harmonie, puis de M. Hilarion Eslava pour la composition, et obtint, au concours de 1857, le premier prix de composition. Tandis qu'il était au Conservatoire, M. Caballero prit part à un concours ouvert pour la place de maître de chapelle de Santiago de Cuba, et fut proclamé vainqueur; l'emploi ne lui fut pourtant pas confié à cause de son jeune âge, car il n'avait alors que dix-huit ans. Ses études terminées, le jeune artiste se livra à la composition. On a représenté de lui à Madrid, dans ces dernières années, un certain nombre de zarzuelas qui ont été bien accueillies du public; voici les titres de celles qui sont venues à ma connaissance : 1° *Juan Lanas*; 2° *la Jardinera*; 3° *el Visconde de Letorieres*; 4° *el Cocinero*; 5° *Frasquito*, un acte, th. des Variétés, 10 mars 1867; 6° *el Primer Dia feliz*, 3 actes, th. de la Zarzuela, 30 janvier 1872; 7° *el Atrevido en la corte*, id., 1872; 8° *la Revista del Diablo*; 9° *la Clave*, 2 actes; 10° *las Hijas de Fulano*, un acte; 11° *Luz y Sombra*; 12° *el Velo de encaje*; 13° *la Gallina ciega*, 2 actes; 13° *las Nueve de la Noche*, 3 actes (en société avec M. Casares); 14° *Entre el Alcade y el Rey*, Madrid, Mars 1876; 15° *la Marsellesa*, Madrid, juin 1876; 16° *El siglo que viene*, 1876. M. Fernandez Caballero s'est fait connaître aussi comme compositeur de musique religieuse.

CABEL (Marie-Josèphe Dreullette), épouse Cabu, dite), chanteuse distinguée, fille d'un ancien officier de cavalerie de l'armée française devenu plus tard agent comptable dans divers théâtres de Belgique, est née à Liége le 31 janvier 1827. Elle montra dès ses plus jeunes années d'excellentes dispositions musicales, et Mᵐᵉ Pauline Viardot, qui habitait alors un château aux environs de Bruxelles, ayant eu occasion de l'entendre chanter, lui prédit un brillant avenir. Son père étant mort, elle donna d'abord des leçons de solfége et soutint sa mère à l'aide de son travail. Bientôt elle devint l'élève d'un jeune professeur de chant, M. Louis-Joseph Cabu, dit Cabel, qui en devint amoureux et l'épousa. Ce mariage ne fut pas heureux, car au bout de quelques années les deux époux divorcèrent.

En 1847, Mᵐᵉ Cabel vint à Paris et se fit entendre au château des Fleurs, établissement de concerts situé aux Champs-Elysées, puis elle obtint un engagement à l'Opéra-Comique, où elle débuta au mois de mai 1849 dans le rôle de Georgette du *Val d'Andorre*, après quoi elle se montra dans *les Mousquetaires de la Reine*. Elle passa alors complètement inaperçue, mais M. Hanssens, chef d'orchestre du théâtre de la Monnaie, de Bruxelles, étant venu l'entendre, la fit engager à ce théâtre, où elle se produisit en 1850 et 1851 avec un énorme succès. Cependant, en 1852, elle allait tenir l'emploi des chanteuses légères à Lyon, aux appointements de 3,000 francs par mois, puis, l'année suivante, se faisait entendre à Strasbourg et à Genève. Enfin, engagée au Théâtre-Lyrique, elle y vint débuter le 6 octobre 1853, dans un ouvrage nouveau d'Adolphe Adam, *le Bijou perdu*, et fit affluer la foule à ce théâtre par la façon dont elle jouait et chantait le rôle de Toinon. Jeune, fraîche, accorte, souriante, ayant le diable au corps, manquant à la fois de goût et de style musical, mais douée d'une voix adorable, d'une pureté merveilleuse, et dont le timbre brillant et argentin produisait un effet étonnant sur le public, avec cela lançant les traits les plus difficiles avec une crânerie et une sûreté surprenantes, Mᵐᵉ Cabel se fit rapidement une très-grande réputation, qui s'accrut encore avec la création qu'elle fit dans *la Promise*, de Clapisson. Son succès ne fut pas moins grand dans plusieurs autres ouvrages nouveaux, *Jaguarita l'Indienne*, *le Muletier de Tolède*, *la Chatte merveilleuse*, si bien que l'Opéra-Comique jugea bon de se l'attacher.

Elle reparut à ce théâtre dans un nouvel opéra d'Auber, *Manon Lescaut*, et cette fois le public ne lui marchanda pas ses applaudissements. Elle reprit alors plusieurs pièces du répertoire, *l'Étoile du Nord*, *l'Ambassadrice*, *Galatée*, *le Songe d'une nuit d'été*, et mit le comble à sa renommée par sa création de Dinorah du *Pardon de Ploërmel*, bientôt suivies de celles qu'elle fit dans *Château-Trompette* et dans *Zilda*. En 1863, Mᵐᵉ Cabel retourna au Théâtre-Lyrique pour jouer *Peines d'amour*, traduction de *Cosi fan tutte*, de Mozart, puis elle revint à l'Opéra-

Comique établir le rôle de Philine dans la *Mignon* de M. Ambroise Thomas. Peu après, elle quitta Paris, et depuis lors elle a donné des représentations en province, en Belgique, et à l'Opéra-Comique de Londres, où, en 1872, elle a obtenu de très-grands succès.

* **CABEZON** (Félix-Antoine). Dans les éphémérides de son *Calendario historico musical* pour 1873, M. Soriano Fuertes fixe, d'une façon précise, la date de la naissance de cet artiste au 30 mars 1510, et celle de sa mort au 26 mars 1566.

CABO (Francisco-Javier), organiste et compositeur espagnol, naquit à Naguera (province de Valence) en 1768. Il étudia le solfége, l'orgue et la composition à la maîtrise de l'église métropolitaine de cette ville, et eut terminé de bonne heure son éducation musicale, car il était très-jeune lorsqu'il fut nommé organiste de l'église de Santa-Catalina, puis de la cathédrale d'Orihuela. Doué d'une excellente voix, il obtenait, en 1810 une place de chanteur à la chapelle de la cathédrale de Valence, et devenait en 1816 organiste et en 1830 maître de la chapelle de cette église. Il n'occupa ces dernières fonctions que pendant deux années, car il mourut en 1832, âgé de soixante-quatre ans. Cabo fut, dit-on, un des artistes les plus distingués de l'école de Valence ; ses compositions nombreuses, qui consistent en messes, vêpres, motets, psaumes et autres pièces de musique sacrée, se font remarquer par un véritable caractère religieux, par une réelle élégance, par la spontanéité de l'inspiration et la simplicité du dessin mélodique.

CABRAL (Antonio-Lopes), musicien portugais, naquit à Lisbonne en 1634, et entra assez jeune dans l'ordre militaire du Christ ; il fit ensuite partie de la chapelle royale sous D. Alfonso VI et D. Pedro II, en qualité de chantre. Après avoir occupé successivement plusieurs charges importantes dans le célèbre couvent du Christ à Thomar et plus tard à Ponte de Lima, il retourna à Lisbonne, où il mourut en 1698.

J. DE V.

CABRAL (Camillo), musicien portugais, vivait au XVIII° siècle. Le gouvernement du roi D. José Ier lui fournit les moyens de faire ses études en Italie, en compagnie d'autres artistes portugais de talent : les frères *Lima* et *João de Sousa Carvalho* (*Voyez* ces noms). Il fit ses études au Conservatoire de Naples, et de retour en Portugal il obtint une place de professeur dans le *Seminario patriarchal*, qui était alors le meilleur établissement de Lisbonne pour l'enseignement de la musique.

J. DE V.

CACACE (......), compositeur italien contemporain, a fait représenter en 1854, sur l'un des théâtres de Naples, un opéra sérieux intitulé *Elvira de'Coltradi*.

* **CADAUX** (Justin). Cet artiste avait abordé la scène pour la première fois en donnant à Toulouse, le 12 novembre 1834, un petit opéra comique en un acte, *Azel*, qui fut fort bien accueilli, et dont les deux principaux rôles étaient tenus par deux chanteurs qui se firent plus tard une grande réputation, MM. Lafeuillade et Mocker.

Quoiqu'il soit parvenu à se faire jouer à Paris, l'existence de Cadaux fut toujours médiocre et précaire. Il avait en portefeuille deux ouvrages qui ne purent jamais être représentés : *le Violon de Crémone*, d'après un conte d'Hoffmann, et *le Sicilien*, d'après la charmante petite comédie de Molière. Il devint organiste du temple protestant de la rue Chauchat, puis un instant chef d'orchestre d'une troupe lyrique française qui alla s'établir à Londres sans succès. En 1854, il réorchestra la partition du *Devin du village*, de Rousseau, pour la reprise qui en fut faite au Vaudeville. Deux ans plus tard, à la mort de Leborne, il fut nommé chef de copie à l'Opéra, mais ne put conserver cet emploi, qui lui fatiguait trop l'esprit. Bientôt son cerveau s'affaiblit sensiblement, peut-être par suite des malheurs et de la misère, et son état intellectuel devint tel que les artistes de l'Opéra et de l'Opéra-Comique, émus de sa situation, se réunirent pour le faire entrer dans la maison de santé de Picpus, où il mourut le 8 novembre 1874.

En 1872, l'Académie des beaux-arts avait attribué à Cadaux, avec divers autres artistes non musiciens, le prix fondé par M. Georges Lambert pour être décerné « à un homme de lettres, à un artiste, ou à la veuve d'un artiste, comme marque publique d'estime ». Cadaux a publié quelques morceaux de musique légère pour le piano.

CÆLESTINUS (......), moine-compositeur qui florissait en Allemagne, vers le milieu du XVIII° siècle, est l'auteur de quelques concertos d'orgue qui ont été imprimés.

Y.

CAERWARDEN (John), compositeur anglais, vivait vers le milieu du XVII° siècle. En 1640 il devint musicien de la chapelle de Charles Ier.

Y.

CÆSAR (Jean-Michel), compositeur allemand, est connu par l'ouvrage suivant, imprimé à Augsbourg : *Psalmi vespertini Dominici et Festivi*.

* **CAFARO** (Pascal). A la liste des compositions dramatiques de cet artiste, il faut ajouter *il Natal d'Apollo*, représenté à Naples en 1775.

* **CAFFI** (François), célèbre historien musical, est mort à Padoue au mois de janvier ou de février 1874, laissant inédite une *Histoire du théâtre*. A la liste de ses écrits on doit joindre le suivant : *Della vita e delle opere di Giammateo Asola*, Padoue, 1862.

CAGNIARD DE LA TOUR (Charles, baron DE),

physicien distingué, né à Paris le 31 mai 1777, successivement élève de l'école polytechnique et de l'école des ingénieurs géographes, consacra toute sa vie à l'étude des sciences, fut auditeur au conseil d'État, et en 1850 se vit élire membre de l'Académie des Sciences. Outre plusieurs inventions mécaniques, telles que celles du peson chronométrique, de la pompe filiforme, du canon-pompe, etc., et l'exécution de divers travaux d'art dont il fut chargé comme ingénieur, on lui doit des progrès notables dans les sciences physiques, principalement en ce qui concerne l'acoustique, et c'est uniquement en raison de ses travaux relatifs à cette dernière que son nom très-honorable trouve place dans ce dictionnaire. Sous ce rapport, il convient de citer en première ligne les remarquables expériences qu'il a faites sur le son à l'aide d'un instrument ingénieux inventé par lui et qu'il baptisa du nom de *sirène*. La sirène est devenue populaire parmi les savants, et voici comment la décrivait un recueil spécial, le journal *la Science*, dans une notice consacrée à son auteur :

« La *sirène*, qui date de 1819, est un instrument destiné à mesurer les vibrations de l'air qui constitue le son. Tous les physiciens la connaissent; il n'est même pas d'élève de collège qui ne l'ait vu fonctionner lorsqu'on fait des expériences d'acoustique. Voici sur quel principe s'appuyait M. Cagniard en confectionnant son appareil : si e son produit par les instruments est dû principalement, comme le croient les physiciens, à la suite régulière des chocs multipliés qu'ils donnent à l'air atmosphérique par leurs vibrations, il semble naturel de penser qu'au moyen d'un mécanisme qui serait combiné pour frapper l'air avec la même vitesse et la même régularité, on pourrait donner lieu à la production du son. Tel est, en effet, le résultat qu'il a obtenu à l'aide de son procédé, qui consiste à faire sortir le vent d'un soufflet par un petit orifice, en face duquel on présente un plateau circulaire mobile sur son centre, et dont le mouvement de rotation a lieu soit par l'action du courant, ou par un moyen mécanique. Le plateau, dans la partie de la surface qui s'applique contre l'orifice, est percé obliquement d'un certain nombre d'ouvertures rangées dans un même cercle concentrique à l'axe et espacées entre elles le plus également possible. Par le mouvement du plateau, ces ouvertures viennent se présenter successivement devant l'orifice qui se trouve ainsi à jour lors du passage de la partie évidée du plateau et recouvert immédiatement après par la partie pleine qui lui succède. Ce courant, par le mouvement rapide du plateau, donne à l'air extérieur une suite régulière de chocs qui produisent un son analogue à la voix humaine, et qui est plus ou moins aigu, selon que le courant fait tourner le plateau avec plus ou moins de vitesse (1). »

En 1829, Cagniard de La Tour publia un *Mémoire sur le sifflement de la bouche*, travail qui lui servait à démontrer que, dans l'acte du sifflement, les lèvres agissent comme une ouverture tubulaire plus ou moins allongée, ouverture qu'un courant d'air sortant des poumons ou y rentrant traverse avec une certaine vitesse en frottant par intermittence les parois de ce conduit. C'est par les expériences faites à ce sujet que Cagniard de La Tour fut amené à considérer le larynx comme un instrument à anches, dans lequel l'air mis en vibration par le frottement contre les lèvres inférieures de la glotte viendrait choquer les lèvres supérieures et y formerait des sons plus intenses qu'il n'aurait pu produire en y arrivant directement. Cagniard de La Tour disait à ce sujet, dans une notice publiée par lui-même sur ses travaux (2) : — « Les ventricules qui sont entre les lèvres supérieure et inférieure ont une influence très-prononcée sur le timbre particulier que la voix humaine peut prendre. Le fond de l'arrière-bouche, qui peut se contracter et se dilater entre certaines limites, et la cavité buccale exercent aussi une action toute spéciale sur les sons que l'on émet, et font de la voix de l'homme un instrument à part, bien distinct de tous les autres instruments. Par des essais sur des individus vivants ayant des ouvertures à la trachée, M. Cagniard a pu reconnaître la valeur en atmosphères de la pression exercée par les poumons dans l'acte de l'émission de la voix, et, par des essais semblables dans le cas d'insufflation dans des instruments à vent, M. Cagniard a pu donner en nombres la pression exercée aussi ce dernier cas. L'étude de la résonnance des glottes, soit membraneuses, soit à élasticité de torsion, a

---

(1) *La Science*, année 1857. Depuis lors, Cagniard de La Tour a fait diverses applications de son invention première, et il a imaginé la *sirène complexe à séries ondulées*, la *sirène à plateau épais*, les *sirènes à deux sons simultanés*, etc. On peut consulter à ce sujet les *Annales de physique et de chimie*, ainsi que les *Comptes rendus de l'Académie des sciences*.

(2) *Notice sur les travaux scientifiques de M. Cagniard-Latour*, Paris, impr. Bachelier, 1851, in-4.

montré que, pour qu'il y ait un son de produit avec une certaine rondeur et avec une certaine facilité, il faut que les deux lèvres de la glotte aient, en général, une tension différente. » Cagniard ne se contenta pas de ces observations positives; il voulut, à l'aide de larynx artificiels, faire des expériences sur la voix humaine, et à ce sujet Magendie écrivait ce qui suit, dans son *Précis élémentaire de physiologie* : « M. Cagniard-Latour a fait construire un petit appareil, véritable larynx artificiel, où deux lames minces de gomme élastique, tendues à l'extrémité d'un tube évasé, se touchent par l'un de leurs bords; quand on souffle doucement dans le tube, il se produit un mouvement d'anche semblable à celui du larynx, et conséquemment un son qui a beaucoup d'analogie avec la voix. Mais ce qu'il aurait été difficile de prévoir, pour que le son soit pur et qu'il se forme aisément, les lames doivent être inégalement tendues; par exemple, les sons qu'elles rendent isolément sont-ils à la quinte l'un de l'autre, alors le son commun est la tierce. »

On conçoit tout ce que de semblables expériences offrent d'utile et d'intéressant au point de vue physiologique, et en ce qui concerne le phénomène de la production du son par le gosier humain. D'autres travaux sur l'acoustique de Cagniard de la Tour, soit utiles, soit ingénieux, ne présentent guère moins d'intérêt; je me bornerai néanmoins à les énumérer, car leur analyse m'entraînerait trop loin : on trouvera, dans la *Notice* citée plus haut, des détails suffisants sur *le marteau musical*, sur *l'effet sonore produit par les corps solides qui tournent avec une grande vitesse*, sur la *Fronde musicale*, sur la *Sirène-fronde*, sur la *nouvelle théorie des cordes sonores*, sur la *résonnance des liquides, et une nouvelle espèce de vibration que l'auteur a nommée « vibration globulaire, »* sur les *effets du recul et de la trempe sur le son produit par les solides*, sur *l'action de l'eau dans la production du son par l'air*, enfin sur *l'appareil pour tracer les vibrations d'un diapason*. Ces divers travaux suffiraient pour assurer et légitimer la renommée du digne savant. Cagniard de la Tour est mort le 5 juillet 1859, à l'âge de quatre-vingt-deux ans.

Ceux qui voudront se renseigner d'une façon plus étendue sur les travaux de cet homme distingué pourront consulter, outre les Mémoires de l'Académie des Sciences, les écrits suivants : 1° *Notice sur les travaux de M. Cagniard-Latour*, Paris, impr. Bachelier, 1851, in-4°; — 2° *Biographie de Cagniard de Latour* (signée Jacob et extraite du journal *la Science*), Paris, impr. Dubuisson, s. d. (1857), in-8°; — 3° *Institut impérial de France. Funérailles de M. le baron Cagniard de Latour. Discours de M. Becquerel, prononcé le jeudi 7 juillet 1859*, Paris, impr. Didot (s. d.), in-4°; — 4° *Notice des travaux du baron Cagniard de Latour*, Paris, impr. Dondey-Dupré, s. d., in-4°.

CAGNOLA (......), musicien italien, a fait représenter en 1854, sur l'un des théâtres de Milan, un opéra bouffe intitulé *il Podestà di Carmagnola*.

*CAGNONI (Antonio), l'un des compositeurs dramatiques favoris de l'Italie contemporaine, est né à Godiasco, dans la province de Voghera, en 1828. Son père, docteur en médecine, ne s'opposa pas à son penchant pour la musique, et le jeune Cagnoni, après avoir reçu pendant deux années des leçons d'un professeur nommé Felice Moretti, entra au Conservatoire de Milan, le 2 mars 1842, pour y étudier le violon d'abord, la composition ensuite, et en sortit le 7 septembre 1847. Placé d'abord sous la direction du contre-pointiste Ray, il acheva son éducation avec Frasi. Il était encore au Conservatoire lorsqu'il écrivit deux petits opéras, *Rosalia di San Miniato* et *I due Savojardi*, qui, je crois, ne furent pas représentés ailleurs que sur le petit théâtre de cet établissement. C'est encore au Conservatoire qu'il composa son premier ouvrage important, *Don Bucefalo*, qui fut représenté sur le théâtre Re di Milan, avec un succès auquel n'était pas étranger le fameux bouffe Bottero, qui, chargé du rôle le plus important, celui d'un vieux maître de chapelle, y déploya, outre de rares qualités de chanteur et de comédien, un double talent de pianiste et de violoniste qui émerveillait le public. La partition du jeune maître, tout en manquant d'originalité, n'était pas d'ailleurs sans valeur, et faisait bien augurer de l'avenir d'un compositeur à peine âgé de dix-neuf ans. Ce qui le prouve, c'est qu'après trente ans écoulés, *Don Bucefalo* fait encore partie du répertoire de tous les théâtres italiens, et que le public ne cesse de l'accueillir avec faveur.

Une fois entré ainsi de plain-pied dans la carrière, M. Cagnoni ne perdit point son temps, et dans l'espace de neuf années écrivit, toujours dans le genre bouffe ou semi-sérieux, qu'il n'a jamais abandonné, six ouvrages, dont un surtout, *Il Testamento di Figaro*, obtint du succès. Cependant, vers 1856, il interrompit sa carrière dramatique pour accepter un emploi de maître de chapelle à Vigevano. Pendant quelques années, il ne s'occupa donc plus que de musique religieuse, et l'on cite surtout, parmi ses meilleures compositions en ce genre, une messe funèbre qui fut écrite pour l'anniversaire de la mort du roi Charles-Albert et exécutée à Turin en 1859.

Le 4 septembre 1863, M. Cagnoni rentrait dans la lice et donnait à la Scala, de Milan, *il Vecchio della Montagna*, ouvrage qui était joué par le ténor Prudenza, le baryton Cotogni, et la Palmieri, cantatrice distinguée, et qui fut accueilli aussi froidement par la critique que par le public. Mais le compositeur devait prendre bientôt sa revanche avec l'éclatant succès de *Michele Perrin*, qui fut représenté l'année suivante et qui, je crois, est le premier ouvrage donné en Italie sous l'appellation d'*opera comica*. Le bouffe Bottero prit encore, en cette circonstance, une grande part au succès de son ami, mais l'œuvre du musicien n'en était pas moins fort remarquable. Depuis lors M. Cagnoni n'a guère connu que des succès, et ses derniers ouvrages, particulièrement *Claudia*, *la Tombola* et *Papà Martin*, ont tous été reçus avec la plus grande faveur. Il est juste de remarquer que le talent de M. Cagnoni s'affirme d'une façon indiscutable, et que ses qualités, qui consistent surtout dans la verve, la chaleur, *le brio*, l'action scénique, une gaîté franche et communicative avec laquelle viennent parfois contraster des accents d'un sentiment tendre, mélancolique et touchant, sont précisément celles de l'ancienne race musicale italienne. Sa musique est claire, facile, mélodique et correctement, sinon élégamment harmonisée; son défaut peut-être est dans l'uniformité des idées et des rhythmes, et dans le procédé un peu banal de l'instrumentation. Mais ce défaut est, en somme, largement compensé par les qualités qui viennent d'être énumérées.

Voici la liste complète des productions dramatiques de M. Cagnoni : — 1° *Rosalia di San Miniato*, Milan, 1845; — 2° *I due Savojardi*, Milan, 1846; — 3° *Don Bucefalo*, Milan, théâtre Re, 1847; — 4° *Il Testamento di Figaro*, id., id., 1848; — 5° *Amori e Trappole*, Gênes, th. Carlo Felice, 1850 (refait en partie, *rinnovato*, et joué à Rome, sous cette nouvelle forme, en 1867); — 6° *La Valle d'Andorra*, Milan, th. de la Canobbiana, 1851 (remanié aussi et ainsi joué à Gênes en 1861); — 7° *Giralda*, Milan, th. de Santa Radegonda, 1852; — 8° *La Fioraia*, Turin, théâtre National, 1855; — 9° *La Figlia di don Liborio*, Gênes, th. Carlo Felice, 1856; — 10° *Il Vecchio della Montagna*, 4 actes, Milan, Scala, 4 septembre 1863; — 11° *Michele Perrin*, 3 actes, Milan, 7 mai 1864 (donné d'abord quatre fois sur le théâtre particulier de l'Académie des philodramatiques, au bénéfice des réfugiés hongrois et polonais, et représenté ensuite, avec les mêmes interprètes, Mmes Teresina Pozzi, Caterina Vallorta, MM. Archinti, Altini, Bottero, Tintorer et Anselmi, sur le théâtre de Santa-Radegonda); — 12° *Claudia*, 4 actes, Milan, th. de la Canobbiana, 19 mai 1866; — 13° *La Tombola*, Rome, th. Argentina, janvier 1869 (ouvrage tiré du vaudeville français *la Cagnotte* et merveilleusement joué, pour le rôle principal, par le bouffe Fioravanti); — 14° *Un Capriccio di donna*, Gênes, th. Carlo Felice, mars 1870; — 15° *Papà Martin*, Florence, théâtre National, 1871 (tiré du drame français *les Crochets du père Martin*); 16° *Il Duca di Tapigliano*, Lecco, 10 octobre 1874.

La carrière de M. Cagnoni n'a pas toujours été facile, surtout dans ses commencements, et ce n'est que depuis quelques années, à la suite de luttes énergiques, que l'artiste a conquis définitivement les faveurs du public. Voici ce que disait à ce sujet un critique italien, M. d'Arcais (*Voyez* ce nom), peu de temps après la représentation de *la Tombola*, une des œuvres les plus heureuses du compositeur : « Aucun maître n'a éprouvé comme M. Cagnoni les caprices de la fortune. Après avoir débuté avec *Don Bucefalo*, un des meilleurs ouvrages du répertoire bouffe italien, il fut comme surfait par ce brillant essai. Pendant beaucoup d'années il tâtonna et chercha sa voie, et *la Fioraia*, *la Valle d'Andorra*, *il Vecchio della Montagna* ne furent point des tentatives heureuses. Quelquefois M. Cagnoni fut vraiment poursuivi par le malheur, comme pour l'opéra *Amori e Trappole*, qui mériterait bien d'être repris plus souvent, et pour *Claudia*, partition très-élégante qui tôt ou tard devra reparaître. M. Cagnoni doit être loué et cité comme un exemple, surtout pour sa persévérance. Il est resté sur la brèche, combattant valeureusement, et acquérant, comme Antée, une nouvelle vigueur chaque fois qu'il touchait la terre. Maintenant enfin il commence à recueillir le prix dû à sa constance. C'est que le théâtre peut être comparé à ces femmes un peu fantasques, qui aujourd'hui vous font entrevoir le troisième ciel et demain vous repousseront jusque dans l'enfer.... »

Les derniers succès de M. Cagnoni lui ont créé dans sa patrie une grande situation artistique; il est juste de remarquer pourtant que ses œuvres et son nom n'ont pas réussi jusqu'ici à forcer les frontières et à s'épandre au dehors. En ce qui concerne la France, particulièrement, un seul ouvrage de M. Cagnoni y a été représenté : c'est *Don Bucefalo*, joué il y a une dixaine d'années à notre Théâtre-Italien et accueilli avec réserve par le public.

CAHEN (ERNEST), compositeur et pianiste, né à Paris le 18 août 1828, a fait ses études au

Conservatoire de cette ville, où il obtint en 1845 un premier accessit d'harmonie et accompagnement, et le premier prix en 1847. Deux ans après, en 1849, ayant pris part au concours de l'Institut, M. Cahen remportait le second grand prix de composition musicale. Cet artiste a fait représenter au petit théâtre des Folies-Nouvelles, en 1858 ou 1859, deux opérettes en un acte, dont l'une avait pour titre *le Calfat*, et l'autre *le Souper de Mezzetin*. A cette époque, il se livrait à l'enseignement. Depuis lors, il n'a point fait parler de lui.

CAHEN (ALBERT), compositeur amateur, s'est fait connaître par l'exécution de fragments de deux œuvres importantes : *Jean le Précurseur*, drame biblique (Concert National, 25 janvier 1874), et *Endymion*, pastorale mythologique (Concert-Danbé, 19 janvier 1875). L'audition de ces deux œuvres a révélé chez leur auteur une main encore bien inhabile, et une imagination qui a grand besoin d'être réglée et assouplie selon des préceptes sévères. Sous ce titre : *Marines*, M. Albert Cahen a publié un petit recueil de mélodies vocales avec accompagnement de piano (Paris, Hartmann).

CAJANI (........), compositeur italien, a fait représenter à Fojano, au mois d'octobre 1874, un drame lyrique intitulé *l'elléda*.

CALANDRO (NICOLA), surnommé *Frascia*, compositeur napolitain, né dans la première moitié du dix-huitième siècle, est l'auteur de plusieurs ouvrages dramatiques. Je n'ai pu découvrir aucuns renseignements biographiques sur cet artiste, et je connais seulement les titres des trois opéras suivants, qu'il a fait représenter à Naples, sur le théâtre della Pace : 1° *la Mogliere caduta*, 1747 ; — 2° *li Dispiette d'ammore* (en société avec Logroscino), 1748 ; — 3° *lo Tutore innamorato*, 1749.

CALDERONI (........), compositeur italien, a fait représenter à Roveredo, dans le cours du mois d'octobre 1875, un opéra intitulé *Merlino da Patone*.

CALEGARI (GIUSEPPE), compositeur italien, né à Padoue, est auteur d'un opéra intitulé *Zenobia*; cet ouvrage était joué, mais non, je pense, pour la première fois, à Modène, en 1779.

CALENTANO (LUIGI), écrivain italien, est auteur de l'opuscule suivant : *Intorno all'arte del cantare in Italia nel secolo XIX*, Naples, 1867.

CALIDO. — Deux facteurs d'orgues de ce nom ont eu quelque célébrité à Venise, entre le dix-huitième et le dix-neuvième siècle. — Calido le vieux construisit en 1761 le grand orgue de la basilique de Saint-Marc. — Caletan, son fils et son élève, le surpassa de beaucoup en habileté. Les orgues de presque toutes les églises principales de Venise sont de sa facture ; on cite entre autres, comme méritant une attention particulière, celles des églises de Saint-Faustin et de l'ange Raphaël. — Calido travailla beaucoup aussi dans la marche d'Ancône, et dans la seule ville de Fermo, on compte cinq orgues dont la construction lui est due. Toutes ces orgues sont construites d'après l'ancien système italien pour ce qui est de l'agencement des jeux, et manquent de tous les perfectionnements récents apportés au mécanisme de ces instruments ; mais elles sont néanmoins remarquables par la beauté du son, la rondeur de leurs jeux de fond, et la juste proportion entre la force de ceux-ci et celle des jeux de mutation. Calido n'était pas prodigue dans ces orgues de petits tuyaux de *fourniture*, ce qui donne à leurs grands jeux une harmonie douce qui les rend très-propres à se fusionner avec les voix dans la musique *a cappella*. On raconte de lui qu'il était très-jaloux de ses diapasons et de la composition de l'étoffe dont il faisait usage, de telle sorte qu'il travaillait tout seul à sa composition. Caïétan Calido, déjà très-vieux, termina sa carrière d'artiste vers 1818. Parmi ses élèves, on compte Jacques Bassani, bon facteur vénitien, lui aussi, mort en 1860.

L. F. C.

CAMAUER (GODEFROID), compositeur, né à Berg-op-Zoom le 31 mai 1821, montra de bonne heure un goût musical prononcé et fut placé au Conservatoire de Liége, où il fit ses études sous la direction de Daussoigne et Jalheau. Son éducation musicale achevée, il s'établit à Huy, devint maître de chapelle de l'église paroissiale de cette ville, et s'occupa avec activité d'y propager le goût et l'enseignement de la musique ; dans ce but, il forma des classes gratuites de solfége, fonda une société de chant, une société d'amateurs, et, par tous les moyens en son pouvoir, contribua au plus grand développement de l'art. Comme compositeur, M. Camauer a écrit une messe à 4 voix, une ouverture pastorale, dédiée au roi de Hollande Guillaume III, un assez grand nombre de chœurs, et il a fait représenter à Huy, en 1856, un petit opéra-comique, *Grétry à Versailles*, qui l'année suivante a été joué à Liége.

* CAMBERT (ROBERT). Cet artiste fort remarquable doit être considéré, au point de vue musical, comme le véritable fondateur de l'opéra en France, de même que l'abbé Perrin (*Voyez* ce nom), son collaborateur, doit revendiquer le même titre au point de vue littéraire. Cambert était un artiste de premier ordre, qui a été frustré par Lully de la gloire à laquelle il

avait droit, et qui aurait joué en France un rôle prépondérant si ce dernier ne l'avait dépossédé à son profit. On peut s'en rendre compte en étudiant les fragments qui nous restent de ses deux opéras : *Pomone*, et *les Peines et les Plaisirs de l'amour*. Par malheur, Ballard n'a imprimé qu'une partie du premier, et le manuscrit qui nous reste du second (à la Bibliothèque nationale) n'en contient guère que le quart. Mais ces fragments encore sont suffisants pour nous donner une juste idée du génie de l'auteur (1).

Cambert avait commencé par se faire une grande réputation comme compositeur de motets et de petits airs profanes à une ou plusieurs parties. « On peut dire (dit Boindin dans ses *Lettres historiques sur tous les spectacles de Paris*) que les premiers qui ont introduit un beau chant en France sont Boësset, Cambert, Bacilly et Lambert, et que ceux qui ont commencé à le bien exécuter sont Nierz, Mlle Hilaire, la petite la Varenne et le même Lambert. » Cambert se fit donc connaître, non-seulement par les motets qu'il écrivait pour le service de l'église de St-Honoré, dont il était organiste, mais par des airs de cour, des morceaux de symphonie pour la musique de la reine-mère, dont il était le surintendant, et par de nombreuses chansons à boire, genre si fort à la mode à cette époque. Dans le livre de l'abbé Perrin : *Œuvres de poésie* (Paris, 1661, in-12), on trouve treize chansons qui avaient été mises en musique par Cambert. Malheureusement, s'il produisait beaucoup, il publiait peu, et jusqu'ici l'on ne connaissait rien de lui en dehors du théâtre. J'ai eu la chance de découvrir, à la Bibliothèque nationale, un petit recueil in-18 oblong, imprimé par Robert Ballard en 1665, et dont voici le titre exact : *Airs à boire, à deux et à trois parties, de Monsieur Cambert, maistre et compositeur de la musique de la Reyne Mère et organiste en l'église collégiale de Saint-Honoré de Paris*; mais j'ai le regret de dire que la Bibliothèque ne possède que la partie de basse de ce recueil, et qu'on n'en peut, par conséquent, établir la valeur. Toutefois, j'en vais reproduire la préface, qui ne manque pas d'intérêt : — « Ayant plusieurs ouvrages de musique à donner au jour comme motets, airs de cour, et airs à boire, il eust esté plus séant pour moy, et peut-estre plus avantageux de débuter par des motets, et par des pièces graves et sérieuses; c'est aussi, lecteur, ce que j'aurois fait si je n'avois esté extrêmement pressé par quelques-uns de mes amis, de commencer l'impression avant que j'eusse transcrit et mis en bon ordre mes motets, ce que j'ay fait pendant l'impression de ces airs. J'espère, lecteur, qu'ils ne vous seront pas désagréables, et que la beauté des paroles sur lesquelles ils sont composez suppléera au défaut de la musique, puis que la meilleur partie est de M^r. Perrin, que tout le monde reconnoît pour excellent et incomparable pour la composition des paroles de musique. Vous y trouverez quelques nouveautez singulières, et qui n'ont point esté pratiquées par ceux qui m'ont devancé, comme des dialogues pour des dames, et des chansons à trois, dont tous les couplets ont des airs différents; vous observerez aussi que la pluspart des airs à trois se peuvent chanter en basse et en dessus sans la troisième partie, et se jouer en symphonie avec la basse et le dessus de viole, ainsi que je l'ay pratiqué dans quelques concerts. » J'ai eu la fortune de découvrir aussi, dans une pièce du comédien Brécourt, acteur de la troupe de Molière, pièce intitulée *le Jaloux invisible* et représentée au mois d'août 1666 sur le théâtre de l'Hôtel-de-Bourgogne, un morceau de Cambert dont la musique se trouve dans la pièce même, avec cette mention : *Trio italien burlesque, composé par le sieur Cambert, maistre de la musique de la feuë Reyne-mère*. Ce trio, écrit sur des vers italiens de style un peu macaronique, est un intéressant essai de musique bouffe. En dehors de tout ceci, et malgré toutes mes recherches, je n'ai pu trouver d'autre musique de Cambert, soit imprimée, soit manuscrite.

Tous les contemporains sont unanimes à faire l'éloge du talent de Cambert. Saint-Evremond, dans sa comédie : *les Opéras*, après avoir loué ses deux premiers ouvrages, *la Pastorale* et *Pomone*, dit, en parlant de son *Ariane* : « La musique fut le chef-d'œuvre de Cambert. J'ose dire que les *plaintes d'Ariane* et quelques autres endroits de la pièce ne cèdent presque en rien à ce que Baptiste (Lully) a fait de plus beau. Cambert a eu cet avantage dans ses opéras que le récitatif ordinaire n'ennuyoit pas, pour être composé avec plus de soin que les airs même, et varié avec le plus grand art du monde. » Et plus loin : « *Il avait un des plus beaux génies du monde pour la musique; le plus entendu et le plus naturel* : il lui falloit quelqu'un plus intelligent que lui, pour la direction de son génie. J'ajouterai une instruction qui pourra servir à tous les savans, en quelque matière que ce puisse être; c'est de rechercher le commerce des honnêtes gens de la cour, autant que Cambert l'a

---

(1) Dans un travail très-important : *Les vrais créateurs de l'Opéra français, Perrin et Cambert*, publié récemment dans le journal *le Ménestrel* (1875-1876), et qui paraîtra prochainement en volume, j'ai reproduit deux airs charmants tirés de l'opéra de *Pomone*.

avité. Le bon goût se forme avec eux : la science peut s'acquérir avec les savans de profession; le bon usage de la science ne s'acquiert que dans le monde. » De son côté, le rédacteur du *Mercure galant* s'exprimait ainsi, en annonçant la mort de Cambert (avril 1677) : — « Le sieur Cambert est mort à Londres, où son génie estoit fort estimé. Il avoit reçu force bienfaits du roi d'Angleterre et des plus grands seigneurs de sa cour, et tout ce qu'ils ont veu de ses ouvrages n'a point démenty ce qu'il a fait en France : c'est à luy que nous devons l'établissement des opéras que nous voyons aujourd'huy; la musique de ceux de *Pomone* et des *Peines et des Plaisirs de l'Amour* estoient de luy; *et depuis ce temps-là on n'a point veu de récitatif en France qui ait paru nouveau*. C'est ce mesme Cambert qui a fait chanter le premier les belles voix que nous admirons tous les jours, et que la Gascogne lui avoit fournies; c'est dans ses airs que Mademoiselle Brigogne a paru avec le plus d'éclat, et c'est par eux qu'elle a tellement charmé tous ses auditeurs que le nom de la petite Climène lui en est demeuré (1). Toutes ces choses font connoistre le mérite et le malheur du sieur Cambert; mais si le mérite de tous ceux qui en ont estoit reconnu, la Fortune ne seroit plus adorée, ou pour mieux dire on ne croiroit plus qu'il y en eust; mais nous sommes tous les jours convaincus du contraire par des exemples trop éclatans. »

Cette notice complémentaire, utile en raison des faits nouveaux que j'avais à produire, ne saurait s'étendre davantage.

J'ai voulu seulement revendiquer en faveur d'un des nôtres, d'un Français, le rôle et le titre qui lui appartiennent de père et de fondateur de notre opéra national, et démontrer que c'est à lui, et non à Lully, que revient la gloire d'avoir créé notre scène lyrique. Si Lully, dont je ne veux pas d'ailleurs méconnaître le génie, a pu, grâce à ses intrigues, à son astuce, à sa ruse, à son habileté, déposséder Cambert de son vivant, il est juste que la postérité rende enfin à celui-ci l'hommage qui lui est dû, et que, pièces en mains, elle acquière la preuve de sa rare habileté, de sa grande valeur et de son incontestable talent.

CAMBIAGGIO (Carlo). Un compositeur italien de ce nom a fait représenter sans succès, vers 1835, une *farsa* en un acte intitulée *un Terno al Lotto*.

CAMBIASI (Pompeo), conseiller provincial de Côme, est fils d'un dilettante, Isidore Cam-

(1) Du nom du rôle qu'elle remplissait dans *les Peines et les Plaisirs de l'Amour*.

biasi, qui lui a légué son goût profond pour toutes les choses de la musique. M. Cambiasi est l'auteur d'une utile publication faite par lui sous ce titre : *Rappresentasioni date nei reali Teatri di Milano*, 1778-1872. (Milan, Ricordi, 1872, in-4.) On trouve dans ce recueil chronologique la liste de tous les opéras et ballets représentés sur les deux théâtres de la Scala et de la Canobbiana, avec les noms des librettistes, des compositeurs et des principaux interprètes, la date de représentation des ouvrages, et enfin tous les renseignements utiles pour établir l'histoire de la musique dramatique dans l'une des villes les plus importantes et les plus intéressantes de l'Italie sous ce rapport. Le père de M. Cambiasi, qui avait pris naguère une part active à la fondation de la *Gazzetta musicale* de Milan, préparait, dit-on, les matériaux d'un grand ouvrage qu'il devait publier sous ce titre : *Manuale biografico-musicale*; on assure que son fils veut réaliser ce projet, et qu'il veut tout au moins doter son pays d'un vaste Dictionnaire biographique des musiciens italiens.

* **CAMBINI** (Jean-Joseph). Le répertoire dramatique de ce compositeur doit se compléter par les ouvrages suivants : *le Tuteur avare* (trois actes), *Colas et Colette* (un acte), et *le Bon Père* (un acte), tous trois représentés au petit théâtre des Beaujolais en 1788. Au mois d'août 1784, il donna aussi, sur le théâtre particulier de l'hôtel de Montalembert, un opéra-comique en deux actes, intitulé *la Statue*. Enfin, il n'est pas sans intérêt de savoir que les paroles de son opéra *les Trois Gascons* avaient été écrites par lui.

Cambini ne fut pas seulement collaborateur de *Tablettes de Polymnie*; dix ans avant la fondation de ce journal, il avait donné d'assez nombreux articles à une autre feuille spéciale, la *Correspondance des amateurs musiciens*, de Cocatrix.

CAMERANA (Luigi), compositeur italien, chef d'orchestre du théâtre de Savone, né en Piémont en 1846, s'est fait connaître comme musicien dramatique par les ouvrages suivants : 1º *Patatrich e Patatrach*, opérette bouffe en deux actes, 1872; 2º *Don Fabiano dei corbelli*, opéra bouffe en trois actes, théâtre Balbo, de Turin, 21 mai 1874; 3º *Gabriella Chiabrera*, opéra sérieux en quatre actes, Savone, 22 février 1876. M. Camerana a écrit la musique d'un mélodrame, *Alberto de Prussia*, représenté en 1875, et il a publié un grand nombre de morceaux de musique vocale et instrumentale.

J. D. F.

CAMMARANO (LUIGI), compositeur dramatique, né dans les premières années de ce siècle, a fait représenter quelques ouvrages qui depuis longtemps déjà sont oubliés. Je ne connais les titres que de deux d'entre eux : *i Ciarlatani*, donné au théâtre du Fondo, de Naples, en 1839, et *il Ravvedimento*. Cet artiste était le frère d'un poëte de talent, Salvatore Cammarano, qui prit en quelque sorte la succession de Felice Romani comme librettiste, et à qui l'on doit de nombreux livrets d'opéras mis en musique par Donizetti, Pacini, Mercadante, Coccia, Persiani, M. Verdi et autres compositeurs : *Poliuto*, *Maria di Rudenz*, *la Vestale*, *il Trovatore*, *Luisa Miller*, *gli Orazii e Curiazii*, *Saffo*, *la Fidanzata corsa*, *Belisario*, *Inez de Castro*, *Roberto Devereux*, *Maria di Rohan*, *Alzira*, *Cristina di Svezia*, etc., etc.

CAMPAJOLA (FRANCESCO), compositeur et professeur, né à Naples le 8 mai 1825, commença dès l'âge de sept ans, sous la direction de Pasquale Mandò, l'étude du chant et du piano, puis devint élève externe du Conservatoire, où il eut pour maîtres V. Fiodo, Mario Aspa, Carlo Conti, Busti, Guglielmi et Mercadante. Après avoir terminé son éducation musicale, il se livra à l'enseignement du piano et du chant, tout en s'occupant de composition. Outre une messe exécutée dans une église de Naples et diverses œuvres de musique religieuse, outre plusieurs pièces vocales et instrumentales, on doit à M. Campajola deux opéras représentés à Naples : *Papà Mulinotto*, et *l'Olimpo*, et un troisième opéra, jusqu'ici inédit : *Iglida*.

* **CAMPANA** (FABIO), compositeur et professeur, est depuis assez longtemps fixé à Londres, où il continue sa carrière de compositeur tout en se livrant à l'enseignement du chant. Il a fait représenter en cette ville deux opéras italiens, dont l'un, *Almina*, avait pour principale interprète la fameuse cantatrice Mlle Piccolomini, et dont l'autre, *Esmeralda*, obtint un vif succès. Voici, telle que j'ai pu l'établir, et sans la prétendre donner pour complète, la liste des ouvrages dramatiques de M. Campana : 1° *Caterina di Guisa*, Livourne, 1838; — 2° *Giulio d'Este*, Rome, th. Apollo, 1841; — 3° *Vanina d'Ornano*, Florence, th. de la Pergola, 1842; — 4° *Luisa di Francia*, Rome, 1844; — 5° *Almina*, Londres, 1860; — 6° *Esmeralda*, Londres. Mais M. Campana ne s'est pas borné à la composition dramatique, et il a publié en Italie, à Paris, et à Londres, un grand nombre de romances, canzonettes, mélodies vocales, duos, etc., parmi lesquels je citerai les suivants : *Douze mélodies italiennes*, Paris, Heugel (avec paroles italiennes et françaises); *la Fille de Bohême*, *la Première Violette*, *Si j'avais une couronne*, *Toujours toi*, *le Soir*, mélodies, Paris, Heugel; *la Rose d'Avril*, mélodie avec accompagnement de piano et violoncelle id., id.; *la Danza*, duo, id., id.; *Dolce parola*, duo, id., id.; *Près de la mer*, duo, id., id.; *Heure divine*, duo, id., id.; *Aimer, c'est vivre*, duetto, id., id.; *De Profundis*, id., id.; *Rimembranze di Parigi* (album de 7 mélodies), Milan, Ricordi; *Ricordo di Milano* (album de 6 mélodies), id., id.; *Sei Solfeggi per mezzo-soprano o contralto*, id., id.; *Mazzetto di fiori* (album de 7 mélodies), id., id.; *la Ninna nanna*, canzone, id., id.; *al Chiaro di luna*, id., id.; *Ave Maria*, chant religieux, id., id.; *Amo*, ariette; *Dante a Beatrice*; *la Malinconia*, romance; *Io son con te*, romance; *T'amo ancora*, *Vorrei*, *Tutto per te*, *Si*, etc., etc.

CAMPANELLA (FRANCESCO), compositeur et pianiste, est né à Naples le 30 septembre 1827. Élève du Conservatoire de cette ville, il y étudia l'harmonie accompagnée avec Gennaro Parisi, le contre-point avec Carlo Conti et la composition avec Mercadante. Sorti du Conservatoire en 1849, il se consacra à l'enseignement du chant et du piano, et devint, en 1855, second chef d'orchestre au théâtre Nuovo. Professeur dans un grand nombre de maisons d'éducation, M. Campanella a écrit et publié une assez grande quantité de compositions de divers genres, cantates sacrées et profanes, chœurs sans accompagnement, mélodies vocales, morceaux de genre pour le piano, etc. Il a pris part à la musique d'un opéra bouffe, *la Donna romantica*, écrit par lui en société avec MM. Buonomo, Ruggi et Valente, et représenté au théâtre Nuovo, de Naples, en 1858.

CAMPEGGI (FRANCESCO), compositeur et l'un des meilleurs organistes de son temps, naquit à Bologne à la fin du dix-septième siècle, et devint, à la mort de Floriano Arresti, organiste de l'église métropolitaine de cette ville. Reçu membre de l'Académie des Philharmoniques de Bologne en 1719, il en fut élu prince en 1731. Campeggi fut un maître de chant des plus renommés.

* **CAMPENHOUT** (FRANÇOIS VAN), chanteur et compositeur. Deux compositions de cet artiste, écrites pendant son séjour à Rouen, n'ont pas été mentionnées dans la *Biographie universelle des Musiciens*. La première est une scène lyrique, *Hommage à Corneille* (paroles de Goujet), qui fut représentée sur le théâtre des Arts de cette ville, le 29 juin 1809; la seconde est une cantate dont j'ignore le titre, et qui fut exécutée au même théâtre en 1811. Le

cahier de la Société libre d'Émulation de Rouen du 22 juin 1811 mentionne cette cantate, dont Campenhout avait écrit à la fois les paroles et la musique. Campenhout était né à Bruxelles le 5 février 1779, et mourut en cette ville le 24 avril 1848.

CAMPIANI (........), compositeur italien, est l'auteur d'un opéra sérieux intitulé *Bernabo Visconti*.

CAMPISIANO (........), compositeur, a publié quelques chansons et chansonnettes, et a fait représenter au petit théâtre des Folies-Bergère deux saynètes musicales dont voici les titres : 1° *l'Œil de feu*, un acte, 1872; 2° *Absalon*, un acte, 1875.

CAMPOS (JOAO-RIBEIRO DE ALMEIDA E), né à Vizeu (Portugal) vers 1770, fit ses études de théologie et de droit à l'Université de Coimbre et y étudia aussi la musique, car dans un traité sur cet art, publié en 1786, il se donne le titre de maître de plain-chant dans le séminaire épiscopal de Coimbre. Il fut appelé ensuite comme maître de chapelle à Lamego; il exerça en outre, dans ce diocèse, les charges de professeur et examinateur (*examinador*) de plain-chant. Campos a fait imprimer : 1° *Elementos de Musica*, Coimbra, anno 1786 ; pet. in-8° de vii-92 pages et une gravure. Le prologue de cet ouvrage porte le nom de l'auteur en entier, tandis que le frontispice ne cite pas le nom *Campos*; 2° *Elementos de Cantochão, offerecidos a S. A. R.*, etc. (offerts au prince-régent, plus tard Jean VI), Lisbonne 1800, petit in-4° de 71 pages. Ce traité a dû avoir un grand nombre d'éditions, car j'en ai vu une datée de 1859, et publiée à Porto.

J. DE V

* **CAMPRA** (ANDRÉ). Dans son *Dictionnaire critique de biographie et d'histoire*, Jal nous fait connaître un fait resté jusqu'ici ignoré, l'origine italienne de Campra. « André Campra, dit-il, naquit à Aix le 4 décembre 1660, et fut baptisé le même jour, fils de Jean-François Campra, Piémontais d'origine, et chirurgien à Aix, et de Louise de Fabre. Jean-François Campra s'était marié le 25 février 1659, fils de feu Ruffin Campra et de Jeanne André, de Galliet, diocèse de Turin (1). »

Voici maintenant quelques renseignements sur divers ouvrages de Campra. — Le pastiche arrangé par lui sous le titre de *Fragments de Lully* et représenté avec un énorme succès le 10 septembre 1702, subit successivement plusieurs changements ; entre autres, on y ajouta, pour l'une des reprises qui en furent faites, un acte écrit tout entier par Campra, et qui portait pour titre *la Sérénade vénitienne* ou *le Jaloux trompé* ; cet acte fut remis, seul, à la scène, le 18 janvier 1731, sous son second titre. On a cru à tort que *Télémaque* était une production originale ; c'était encore un pastiche, ainsi que l'indique son titre complet : *Télémaque ou les Fragments des modernes*, et les éléments en étaient tirés des opéras suivants : *Astrée*, *Énée et Lavinie*, *Canente*, de Colasse; *Aréthuse*, le *Carnaval de Venise*, de Campra; *Circé*, *les Fêtes galantes*, de Desmarets; *Médée*, de Charpentier ; *Ariane*, de Marais; *l'Ulysse*, de Rebel père. Enfin, *le Triomphe de l'Amour* était un ancien opéra de Lully, que Campra rajeunit et refit en partie. On trouvera des détails très-précis sur Campra dans l'opuscule suivant : *André Campra*, par Arthur Pougin (Paris, impr. Chaix, 1861, in-8° de 23 p.).

CAMPRA (JOSEPH), frère du précédent, était chef d'orchestre du théâtre d'opéra à Marseille, en 1686, sous la direction de Pierre Gautier (V. *Biographie universelle des Musiciens*, T. III, p. 424). Ce fut à lui qu'arriva, dit-on, le plaisant incident que voici. Pierre Gautier refusait de payer son orchestre, sous prétexte qu'il ne savait pas son métier. Campra fit assigner son directeur en justice demandant à plaider lui-même sa cause. Les juges y ayant consenti, il fit exécuter par son orchestre une ouverture de Lulli, et eut un tel succès, que le tribunal condamna Pierre Gautier à s'acquitter sur-le-champ. Après avoir prononcé le jugement, le président s'écria : « Huissier, appelez une autre cause, vous voyez bien que les parties sont d'accord. »

AL. R — D.

CAMPS Y SOLER (OSCAR), pianiste, compositeur et écrivain musical espagnol, est né le 21 novembre 1837 à Alexandrie (Égypte) où son père remplissait les fonctions de consul général d'Espagne. Ayant suivi sa famille en Autriche, il commença dans ce pays ses études littéraires, qu'il acheva plus tard à Florence dans un établissement religieux. C'est dans cette dernière ville que, ses dispositions musicales s'étant manifestées avec énergie, il devint l'élève de Doehler pour le piano ; il fit de rapides progrès sous la direction d'un tel professeur, et le 15 juillet 1850 il put donner son premier concert, dans lequel il reçut les applaudissements du public et les félicitations personnelles de Rossini. Après ce premier essai de son talent de vir-

(1) Extrait des registres des insinuations de la sénéchaussée d'Aix, obligeamment communiqué par M. P. Roux, adjoint au maire de cette ville. (*Note de Jal*.)

tuose, le jeune artiste se rendit à Naples, où il étudia le contre-point et la composition avec Mercadante. Il commença ensuite une série de voyages artistiques, visitant successivement l'Italie, la France, l'Écosse et l'Espagne, et se faisant entendre avec succès dans ces divers pays. M. Camps y Soler se fixa ensuite en Espagne, sa patrie, et s'y consacra à l'enseignement, tout en s'occupant avec ardeur de travaux de composition et de littérature musicale, et en prenant part à la rédaction de plusieurs feuilles artistiques espagnoles et italiennes. On doit à M. Camps y Soler une *Teoria musical ilustrada*, une *Método de Solfeo*, un écrit intitulé *Estudios filosóficos sobre la musica*, dont il a été fait une traduction en Italie, et la traduction espagnole du *Grand traité d'instrumentation et d'orchestration* de Berlioz. Comme compositeur, cet artiste a écrit, outre un assez grand nombre de mélodies vocales et de morceaux de genre pour le piano, une *Gran Cantata* à trois voix, qui a été exécutée à Madrid il y a quelques années.

CANAVASSO (........), compositeur italien, a fait représenter en 1875, à Milan, sur le théâtre de Santa Radegonda, un opéra intitulé *il Cacciatore*.

* **CANDOTTI** (L'abbé JEAN-BAPTISTE), maître de chapelle de l'église collégiale de Cividale, est mort en cette ville au mois de mars ou d'avril 1876. Cet artiste s'était fait une grande réputation comme compositeur de musique religieuse. On lui doit un écrit intitulé : *Sul carattere della musica da chiesa, pensieri* (Milan, 1851, in-8°). Il a publié aussi, vers 1848, dans la *Gazzetta musicale* de Milan, une série d'intéressants articles biographiques sur les musiciens du Frioul, sa province natale.

CANEPA (L........), compositeur dramatique, a fait représenter à Milan, sur le théâtre Carcano, au mois de novembre 1872, son premier opéra, *David Rizzio*. Deux ans après, le 21 septembre 1874, il abordait le théâtre de la Scala, de la même ville, avec un second opéra, intitulé : *Pezzentl*.

CANEVASSO (........). Un musicien de ce nom a écrit la musique d'un ballet intitulé *l'Innocenza scoperta*, qui fut représenté au théâtre de la Scala, de Milan, en 1784.

* **CANIS** (CORNEILLE). Un article consacré à ce musicien par Hellin, dans son *Histoire chronologique des évêques et du chapitre exent de l'église cathédrale de Saint-Bavon*, à Gand, fournit des renseignements jusqu'ici restés ignorés de ses biographes, et rectifie, notamment, la date de sa mort. Voici ce passage du livre d'Hellin : « Corneille Canis, dit *d'Hont*, était maître de musique de la chapelle royale de Charles-Quint, lorsque le prévôt Luc Munich le nomma à cette prébende (la troisième prébende royale de l'église de Saint-Bavon, à Gand). Il en prit possession le 19 juin 1551, et dix ans après, le 15 février, il décéda à Prague, en Bohême, étant chapelain de l'empereur Ferdinand. » Ceci, on le voit, contredit formellement Guicciardini, d'après lequel Corneille Canis avait cessé de vivre en 1556. Selon M. Edmond Vander Straeten (*la Musique aux Pays-Bas*, t. 1er, p. 45), « on trouve des œuvres de Corneille Canis dans un recueil extrêmement rare, que M. Fétis n'a pas connu, et dont le titre est : *Evangelica Dominicorum et Festorum dierum musicis numeris pulcherrimi comprehensa et ornata* (Noribergae, Joan. Montanus et Ulr. Neuber, 1554-1556, in-4° obl.). L'ouvrage forme 30 parties réunies en 6 volumes. Corneille Canis est cité, au tome III, intitulé : *Evangeliorum 4, 5, 6 et plurium vocum, continens de Trinitate, de Dedicatione Templi, de Cœna Domini*; et au tome VI, portant pour inscription : *Evangeliorum 4, 6 et 8 vocum, continens de Pœnitentia*. »

CANNETI (FRANCESCO), compositeur, naquit à Vicence en 1809. Issu d'une famille riche, il n'étudia d'abord la musique que pour son plaisir, et prit plus tard, à Bologne, des leçons de Pilotti, élève lui-même du P. Martini. Mais étant rentré dans sa ville natale, et ayant vu sa famille complètement ruinée par suite des bouleversements politiques, il se vit obligé, pour vivre, de se livrer à l'enseignement de l'art qu'il n'avait cultivé que pour son agrément, et s'adonna aussi à la composition. M. Canneti a écrit un opéra, *Francesca da Rimini*, qui a été représenté à Vicence, beaucoup de pièces de musique sacrée, et il a publié une *Messe funèbre* (Milan, Lucca), un *Tantum ergo* à 6 voix (id., id.), un *Trattato di Contrappunto* (Milan, Ricordi), des romances, etc.

CANO (........), guitariste espagnol contemporain, a publié chez l'éditeur Romero y Andía, à Madrid, une *Méthode complète de guitare, avec un traité d'harmonie*.

CANOBY (L........-G........), compositeur, né vers 1830, a fait une partie de ses études musicales au Conservatoire de Paris, où il obtint, en 1849, un accessit d'harmonie écrite. Devenu maître de chapelle de l'église de Passy, cet artiste se livra à l'enseignement, et se fit connaître par un certain nombre de compositions. Après avoir fait représenter aux Bouffes-Parisiens, en 1865, deux opérettes en un acte, *la Médaille*, et *un Drame en l'air*, M. Canoby prit part, d'une façon très-distinguée, au concours ouvert en 1867 pour la composition de trois opéras destinés à nos trois grandes scènes musicales, l'Opéra, l'Opéra-Comique et le Théâtre-Lyrique. Avec un grand ouvrage très-important, intitulé *la Coupe et les Lèvres*, présenté par lui au concours du Théâtre-Lyrique et dont le jury se montra tout particulièrement satisfait, M. Canoby obtint la seconde place tandis que *le Magnifique*, de M. Jules Philippot (*Voy.* ce nom), était classé au premier rang.

CANONGIA (IGNACIO), musicien portugais, était issu d'une famille de fabricants de soie de Manresa. Son penchant l'entraîna vers la musique. On ignore où il fit ses études. Il se trouvait en 1793 à Lisbonne, lors de l'inauguration du théâtre de San-Carlos, et sut conquérir aussitôt par son talent la place de première clarinette à l'orchestre dudit théâtre. Il fut surpassé de beaucoup par son fils, qui est l'objet de la notice suivante. J. DE V.

CANONGIA (JOSÉ-AVELINO), virtuose distingué sur la clarinette et compositeur pour son instrument, naquit à Oeiras, près de Lisbonne, de parents espagnols, le 10 novembre 1784. Il était attaché en 1838 au Conservatoire de musique de Lisbonne comme professeur de clarinette. Son talent était très-estimé, tant en Portugal qu'à l'étranger. Il donna à Paris et à Londres des concerts qui furent très-suivis. Ses compositions, qui consistent en concertos avec accompagnement d'orchestre, fantaisies, variations, etc., furent gravées, pour la plupart, à Paris et à Londres, grâce à la protection du célèbre amateur comte de Farrobo (*Voy.* ce nom). Canongia a formé plusieurs élèves distingués. Il est mort à Lisbonne, en 1842. J. DE V.

CANUTI (GIOVANNI-ANTONIO), compositeur italien, né à Lucques, a fait représenter en 1721, sur le théâtre de cette ville, un opéra intitulé *Rodelinda*.

* **CANUTI** (FILIPPO), conseiller de préfecture, ancien directeur de la *Gazzetta officiale* de Turin, auteur d'une *Vita di Stanislao Mattei*, est mort à Forli, le 21 août 1866, âgé de 62 ans.

CAP (PAUL-ANTOINE GRATACAP, dit), naturaliste français, ancien pharmacien, membre associé de l'Académie de médecine de Paris et membre honoraire de celle de Belgique, s'est fait connaître par de nombreux travaux historiques et analytiques sur les sciences naturelles et par des écrits littéraires de divers genres, qui lui ont valu des récompenses de l'Institut de France et de diverses Académies. Parmi les travaux étrangers à l'objet particulier de ses études,

il faut citer un Traité de musique en deux parties, qui a trouvé place dans l'ouvrage intitulé : ENCYCLOPÉDIE DES CONNAISSANCES UTILES, *Instruction pour le peuple. Cent Traités* (Paris, Dubochet, deux feuilles in-8° de 16 pages chacune). Dans la première partie, l'auteur traite de la théorie de la langue musicale, du contre-point, de l'harmonie, de la fugue, de la composition, enfin de l'esthétique de l'art ; dans la seconde partie, il fait un rapide résumé historique des diverses branches de l'art musical depuis l'antiquité jusqu'à nos jours, et termine par un chapitre sur le chant populaire (chant choral) et sur la méthode Wilhem.

M. Cap, qui est né à Mâcon le 2 avril 1788, est l'éditeur, avec M. Émile Chasles, des *Œuvres choisies de Sénecé* (Paris, Jannet, 1855, in-16), dans lesquelles on trouve, avec quelques notes utiles, la fameuse *Lettre de Clément Marot à M. de ***, touchant ce qui s'est passé à l'arrivée de J.-B. de Lulli aux Champs-Élysées*.

CAPANNA (ALESSANDRO), mineur conventuel, compositeur, fixé depuis longtemps à Bologne, est né à Osimo, dans la province d'Ancône, le 10 mars 1814. Après avoir commencé l'étude de la musique, il prononça ses vœux à seize ans, et termina son éducation sous la direction de divers professeurs. Le P. Capanna n'a pas écrit moins de 120 compositions religieuses, parmi lesquelles on compte seize messes, des hymnes, vêpres, litanies, répons, etc., toutes exécutées, dit-on, avec succès. On lui doit aussi de nombreuses compositions vocales profanes, dont plusieurs ont été publiées, et deux opéras restés inédits : *la Sposa d'Abido* et *Lodovico il Moro*.

* **CAPECELATRO** (VINCENZO), compositeur dramatique, né à Naples en 1815, fut amené en France dès l'âge de cinq ans par sa famille, que les événements politiques de 1820 avaient obligée d'émigrer. Il commença l'étude du piano sous la direction de sa mère, qui était bonne musicienne, et ses parents s'étant rendus à Rome en 1825, lui donnèrent en cette ville de bons professeurs. Étant retourné à Naples en 1830, il fut admis au Conservatoire, y devint l'élève de Ruggi, et y reçut aussi des leçons de contre-point de Zingarelli. En 1834, étant encore au Conservatoire, il écrivit une messe à huit parties réelles, avec chœurs et orchestre, puis, ayant terminé ses études, il publia bientôt (Naples, Girard) un album de mélodies vocales, quelques ariettes, des duos et des quatuors.

Capecelatro ayant épousé une jeune fille de famille noble, M\ue Irène Ricciardi, poétesse distinguée, fille de M. Ricciardi, comte de Camaldoli, écrivit une opérette bouffe, *la Soffita degli Artisti*, dont sa femme lui avait tracé le livret d'après un vaudeville français, *la Mansarde des artistes*, et fit représenter ce petit ouvrage en présence de la cour en 1837, sur le théâtre de l'Académie philarmonique de Naples. Quelques années après, Capecelatro venait s'établir à Paris avec sa femme, y publiait un album de chant intitulé *Échos de Sorrente*, des mélodies vocales séparées, et donnait des leçons de chant. De retour dans sa patrie, il faisait représenter au théâtre San-Carlo, de Naples, un opéra sérieux intitulé *Mortedo*, qui était ensuite reproduit à la Scala, de Milan. Cet ouvrage fut suivi de *Davide Rizzio*, opéra sérieux donné à ce dernier théâtre, et de *Gastone di Chanley*, ouvrage dont sa femme lui avait fourni le livret, et qui fut joué, je crois, à Palerme, puis à Florence, à Ferrare et dans d'autres villes. Capecelatro a publié à Paris deux albums de chant, *les Murmures de l'Orèthe*, et *Quisisana*, à Vienne un autre album intitulé *les Veillées de Baden*, et en Italie divers recueils et un nombre considérable de morceaux de chant séparés. Quelques-unes de ces compositions ont obtenu beaucoup de succès et sont devenues populaires. Capecelatro est mort à Florence, le 7 octobre 1874.

* CAPELLETTI (Charles). A la liste des opéras de ce compositeur, il faut ajouter celui qui porte pour titre *la Capanna moscovita*.

* CAPELLI. *Voyez* CAPELLO.

CAPELLO (L'abbé Jean-Marie). Aux ouvrages dramatiques de ce compositeur, il faut ajouter une pastorale intitulée *Eudamia*.

* CAPOTORTI (Louis), compositeur dramatique, naquit à Molfetta en 1767. Admis au Conservatoire de Saint-Onofrio, à Naples, au mois d'avril 1778, il y devint l'élève de Nasci pour le violon, de Giuseppe Millico pour le contre-point, et de Piccinni pour la composition. Sorti du Conservatoire en 1796, à l'âge de 29 ans, il songea aussitôt à se produire, et débuta par une *farsa* intitulée *gli Sposi in rissa*, qu'il donna au théâtre Nuovo, de Naples. On connaît la liste de ses autres ouvrages, auxquels il faut ajouter *gli Orazii ed i Curiazii*, représentés au théâtre San-Carlo, de Naples. Nommé en 1811 examinateur des élèves du Conservatoire, Capotorti était devenu le maître de chapelle à la mode dans les monastères de Naples, à Saint-Dominique, à Saint-Vincent, à Sainte-Thérèse, pour lesquels il a composé un grand nombre d'œuvres de musique religieuse ; il a fait aussi de bons élèves, parmi lesquels il faut surtout citer Pa-
vesi, artiste fort distingué. Capotorti s'était retiré dans sa vieillesse à San-Severo, dans la Capitanate ; c'est là qu'il est mort en 1842.

CAPOUL (Joseph-Amédée-Victor), est né à Toulouse le 27 février 1839, et fit, je crois, ses premières études musicales à la maîtrise de cette ville, qui est considérée comme une excellente école. Admis au Conservatoire de Paris en 1859, il y devint élève de Révial pour le chant, et de Mocker pour l'Opéra-Comique ; il fut admis aux concours dès l'année suivante, obtint un second prix de chant et un second prix d'opéra-comique, et en 1861 remporta le premier prix d'opéra-comique. Il fut engagé aussitôt au théâtre de l'Opéra-Comique, où il débuta assez modestement, au mois d'août de la même année, dans le rôle de Daniel du *Chalet*. Il reprit ensuite quelques rôles du répertoire courant, entre autres celui de Tonio de *la Fille du Régiment*, fit plusieurs créations dans des ouvrages d'importance secondaire, *la Colombe*, *les Absents*, *la Grand'Tante*, puis se distingua dans plusieurs reprises, entre autres dans celle de *la Part du Diable*. Sa jolie voix, d'un timbre flatteur et charmant quoique parfois un peu faible, son chant expressif bien qu'un peu maniéré, son physique aimable, sa réelle intelligence de la scène, le firent bientôt prendre en affection par le public, et surtout par la partie féminine des spectateurs. Le rôle de *Vert-Vert* dans la pièce de ce nom le mit en complète évidence, et la façon vraiment remarquable dont il joua et chanta celui de Gaston de Maillepré dans *le Premier jour de bonheur*, d'Auber, mit le comble à sa jeune renommée.

Pourtant, les grands succès qu'il obtenait à l'Opéra-Comique, non plus que la situation brillante qui lui était faite à ce théâtre, ne purent retenir M. Capoul en France. Les chanteurs d'aujourd'hui sont ainsi faits qu'ils ne peuvent tenir en place, qu'ils sacrifient tout à la question d'argent et qu'ils se donnent sans hésiter au plus fort enchérisseur ; l'amour du lucre a remplacé l'amour de l'art, et l'on risque ses moyens et sa santé dans des voyages invraisemblables, à travers les climats les plus divers, pour gagner rapidement, au prix de mille fatigues, une fortune colossale. M. Capoul fit comme tant d'autres, embrassa la carrière italienne, et partit pour l'étranger. Il fut à New-York, ainsi qu'au théâtre de Drury-Lane, à Londres, le partenaire de Mme Christine Nilsson, et se produisit avec succès dans quelques rôles de demi-caractère, jouant *Faust*, *Mignon* et *Marta*. En 1873, il vint chanter ce dernier ouvrage au Théâtre-Italien de Paris, mais on put s'apercevoir déjà que la fraîcheur de sa voix frêle était entamée, et que celle-ci avait perdu en partie son charme pénétrant. Depuis lors, M. Capoul, qui, en ménageant ses forces, aurait pu acquérir à l'Opéra-Comique une renommée exceptionnelle, a continué ses exploits à l'étranger. Il ne revint en France que pour créer au Théâtre-Lyrique, à la fin de 1876, le rôle de Paul, dans le dernier ouvrage de M. Victor Massé, *Paul et Virginie* (1).

CAPPA (Antonio-José), compositeur espagnol. En 1860, la *Revue et Gazette musicale* annonçait l'arrivée à Paris de cet artiste, en faisant connaître qu'il était auteur de plusieurs opéras italiens dont un intitulé *Giovanna di Castiglia*, et d'un oratorio qui portait pour titre *il Diluvio*. Sa femme, M⁰⁰ Munoz-Cappa, était, paraît-il, une cantatrice distinguée. Je n'ai trouvé aucun autre renseignement concernant ces deux artistes.

* **CAPPUS** (Jean-Baptiste). Il faut ajouter, à la liste des compositions de cet artiste, *le Retour de Zéphire*, divertissement, chanté à Dijon le 7 mars 1730.

* **CAPRANICA** (Matteo). Au nombre des opéras écrits par cet artiste, il faut citer *il Carlo*, représenté au théâtre Nuovo, de Naples, en 1736, et *l'Olindo*, ouvrage composé en société avec Niccolo Conti, et donné sur le théâtre des Fiorentini, de la même ville, dans l'automne de l'année 1753.

CAPRANICA (Le marquis Domenico), noble dilettante italien, a écrit la musique d'un opéra intitulé *Ulrico e Lida*, qui a été représenté en 1862 à Rome, au palais Doria Pamphili. Il est aussi l'auteur d'un oratorio à trois voix avec chœurs, intitulé *Isacco*, dont on a publié la partition pour piano et chant (Rome, lithographie des Beaux-Arts).

CAPUANO (Giuseppe), compositeur de musique religieuse et théoricien, est né à Naples le 3 mars 1830, et a fait toutes ses études musicales sous la direction d'un professeur nommé Giuseppe Correggio. M. Capuano a écrit des messes et un grand nombre d'œuvres de musique sacrée, et il est l'auteur d'un grand traité général de musique, intitulé *un Nouveau Livre*. Ce traité, divisé en quatre parties, contient les éléments de la musique, un cours d'harmonie, de contre-point, de fugue et de composition, les règles de l'instrumentation, une série de 721 basses à réaliser, 100 fugues à 2, 3 et 4 parties, et enfin une collection d'exercices pour l'introduction à l'étude du chant, précédés d'un opuscule théorique sur la voix.

CAPUTO (Michele-Carlo), pianiste, professeur et écrivain sur la musique, est établi depuis longues années à Naples, où il se livre à l'enseignement et où il s'est fait le renom d'un excellent professeur. Artiste fort instruit et d'une rare indépendance d'esprit, il s'occupe en même temps de travaux littéraires et historiques sur son art. Les feuilletons de critique musicale qu'il publie chaque semaine dans le *Giornale di Napoli* sont justement remarqués, et se distinguent par un grand sentiment de l'art, par la solidité des jugements, en même temps que par la courtoisie et l'urbanité de la forme. M. Caputo a publié en 1875 la première partie d'un *Annuario generale della Musica* (Naples, De Angelis, in-18), recueil très-intéressant et fait avec beaucoup de soin, dans lequel on trouve, de très nombreuses et excellentes notices sur les musiciens italiens contemporains, des notes nécrologiques générales et des renseignements utiles sur les institutions et les établissements musicaux de l'Europe entière. Malheureusement, et j'ignore pour quelle raison, la seconde partie de cet annuaire n'a pas encore paru jusqu'ici. M. Caputo s'est fait connaître aussi par quelques compositions.

* **CAPUZZI** (Joseph-Antoine). Je n'ai pu retrouver le titre d'aucun des opéras de ce compositeur ; mais voici la liste de quelques ballets dont il écrivit la musique pour le théâtre de la Scala, de Milan : 1° *Matilde, ossia la Donna selvaggia*, 1800 ; 2° *Gustavo, re di Svezia*, 1804 ; 3° *Amore ingannato*, 1807 ; 4° *la Disfatta di Abderamo* (en société avec de Baillou), 1809. En 1787, il avait donné deux ouvrages du même genre : à Vicence, *Ino e Temisto*, et à Ravenne, *la Donna bizzarra*.

CARACCIOLO (Luigi), musicien italien, est né à Andria, dans la province de Bari, le 10 août 1849. Sa famille étant allée s'installer à Bari l'année suivante, c'est en cette ville qu'il commença, à l'âge de dix ans, l'étude de la musique. Admis en 1863 au Conservatoire de Naples, il y devint l'élève de Cesi pour le piano, de Carlo Costa pour l'orgue et l'harmonie, enfin de Carlo Conti, puis de Mercadante pour la composition. Après avoir fait exécuter au Conservatoire une cantate intitulée *Godefroid sous les murs de Jérusalem*, il quitta l'établissement, et se consacra à l'enseignement. En février 1874, M. Caracciolo a fait représenter avec succès, sur le théâtre de Bari, *Maso il Montanaro*, son premier opéra.

---

(1) En 1864, tandis qu'il appartenait au personnel de l'Opéra-Comique, M. Capoul parut, sous les traits du comte Almaviva, dans quelques représentations du *Barbier de Séville* données à la Porte-St-Martin, qui, en vertu du récent décret sur la liberté des théâtres, faisait une incursion dans le genre lyrique.

*CARADORI-ALLAN (Mme), est morte à Surbiton (Angleterre), le 15 octobre 1865.

* CARAFA DE COLOBRANO (Michel-Henri-François-Vincent-Aloys-Paul), compositeur d'origine italienne, naturalisé Français, naquit à Naples non le 28 octobre 1785, comme il a été dit par erreur, mais le 17 novembre 1787. Second fils du prince de Colobrano, duc d'Aivito, qui lui-même était musicien et compositeur d'église ou de chambre assez distingué, et de Teresa Bembo, qui épousa en secondes noces le prince de Capranica, Carafa était, dit-on, parent de l'amiral Caraccioli, dont la fin fut si tragique, et qui, par un ordre infâme du roi Ferdinand Ier, fut pendu à une vergue de son vaisseau.

La naissance de Carafa le destinait au métier des armes. Il était donc officier dans l'armée napolitaine lorsqu'il fut fait prisonnier par nos soldats au combat de Campo-Tenese, en 1806. Doué d'un physique plein de grâce et d'élégance, excellent cavalier, il plut à Murat, qui se l'attacha comme écuyer particulier. C'est en qualité de lieutenant de hussards de son nouveau roi qu'il fit l'expédition de Sicile, où il gagna les épaulettes de capitaine; puis, en 1812, il le suivit comme officier d'ordonnance dans la campagne de Russie, et là fut fait chef d'escadron et chevalier de la Légion d'honneur.

Lorsque les événements de 1814 l'eurent rendu à la vie civile, Carafa, qui avait sérieusement étudié la musique dans sa jeunesse, songea à utiliser ses talents, et quoique riche, d'amateur voulut devenir artiste. Il avait d'ailleurs fait jouer à Naples, en 1802, par des amateurs, un petit opéra intitulé *il Fantasma*, et en 1811 il avait produit sur le théâtre du Fondo un ouvrage plus important, *il Vascello l'Occidente*. Il se mit donc à écrire divers opéras pour les théâtres de Naples, de Milan et de Venise, puis vint se fixer à Paris, qu'il ne quitta plus guère que pour faire un court voyage à Rome, où il donna un grand nombre d'ouvrages, aujourd'hui tout à fait oubliés. Élu membre de l'Académie des Beaux-Arts en remplacement de Lesueur (1837), il fut nommé l'année suivante directeur du Gymnase de musique militaire, et professeur de composition au Conservatoire en 1840. Pendant les dix-huit années qu'il conserva sa classe du Conservatoire, il forma un grand nombre d'élèves, parmi lesquels MM. Roger, Mertens, Charlot, Vaucorbeil, Emile Jonas, Jean Conte, Faubert, Philippot, Prumier, Edmond Membrée, Emile Pessard, Pillevesse, Laurent de Rillé, etc.

Voici une liste, dressée par moi avec beaucoup de peine, des productions dramatiques de Carafa. Je la garantis exacte et complète en ce qui concerne ceux de ses ouvrages représentés en France, mais je n'en saurais dire autant pour ceux qu'il a donnés en Italie, car les Italiens se sont montrés jusqu'à ces derniers temps si peu soucieux, si peu soigneux sous ce rapport, qu'il est impossible de trouver chez eux des documents non pas même complets, mais à peu près exacts et tant soit peu détaillés. Quoi qu'il en soit, voici pour ce qui se rapporte à la carrière italienne de Carafa : 1° *Il Fantasma*, opera semi-seria en 2 actes, Naples, vers 1802 ; 2° *il Vascello l'Occidente*, sérieux, 2 actes, Naples, Fondo, 1811 ; 3° *la Gelosia corretta, ossia Marili, aprite gli occhi*, semi-seria, 2 actes, Naples, Florentini, 1815 ; 4° *Gabriella di Vergy*, sérieux, 3 actes, Naples, Fondo, 3 juillet 1816 ; 5° *Ifigenia in Tauride*, sérieux, 2 actes, Naples, San-Carlo, 1817 ; 6° *Adele di Lusignano*, sérieux, 2 actes, Milan, Scala, 27 septembre 1817 ; 7° *Berenice in Siria*, sérieux, 2 actes, Naples, San-Carlo, 1818 ; 8° *Elisabetta in Derbyshire* sérieux, 2 actes, Venise, 26 décembre 1818 ; 9° *il Sacrifizio d'Epito*, sérieux, 2 actes, Venise, 1819 ; 10° *i Due Figaro, ossia il Soggetto di una commedia*, bouffe, 2 actes, Milan, Scala, 6 juin 1820 ; 11° *la Capricciosa ed il Soldato, ossia un Momento di lezione*, semi-seria, 2 actes, Rome, 1823 ; 12° *Eufemia di Messina*, sérieux, 2 actes, Rome, 1823 ; 13° *Abufar ossia la Famiglia Arabe*, sérieux, 2 actes, Vienne, Théâtre-Italien, 1823 ; 14° *il Sonnambulo*, semi-seria, 2 actes, Milan, Scala, 13 novembre 1824 ; 15° *Aristodemo* ; 16° *gl'Italici e gl'Indiani*.

Voici maintenant la liste des opéras de Carafa représentés en France : 17° *Jeanne d'Arc*, 3 actes, Opéra-Comique, 10 mars 1821 ; 18° *le Solitaire*, 3 actes, id., 17 août 1822 ; 19° *le Valet de chambre*, 1 acte, id., 16 septembre 1823 ; 20° *l'Auberge supposée*, 3 actes, id., 26 avril 1824 ; 21° *la Belle au bois dormant*, 3 actes, Opéra, 2 mars 1825 ; 22° *Sangarido*, un acte, Opéra-Comique, 19 mai 1827 ; 23° *Masaniello ou le Pêcheur napolitain*, 4 actes, id., 27 décembre 1827 ; 24° *la Violette* (en société avec Leborne), 3 actes, id., 7 octobre 1828 ; 25° *Jenny*, un acte, id., 26 septembre 1829 ; 26° *le Nozze di Lamermoor*, Théâtre-Italien, 12 décembre 1829 ; 27° *l'Auberge d'Auray* (en société avec Hérold), Opéra-Comique, 11 mai 1830 ; 28° *l'Orgie*, ballet en 3 actes, Opéra, 18 juillet 1831 ; 29° *le Livre de l'Ermite*, 2 actes, Opéra-Comique, 11 août 1831 ; 30° *Nathalie ou la Laitière suisse* (en société avec Gyrowetz), ballet en 2 actes, Opéra, 7 novembre 1832 ; 31° *la Prison d'Édimbourg*, 3 actes, Opéra-Comique, 20 juillet 1833; 32° *une Journée de la Fronde*, id., 7 novembre 1833; 33° *la Grande-Duchesse*, 4 actes, id., 16 novembre 1835; 34° *Thérèse*, 2 actes, id., 26 septembre 1838.

Il faut encore ajouter, aux œuvres dramatiques de Carafa, un opéra sérieux italien, *Tamerlano*, écrit en 1822 pour le théâtre San-Carlo, de Naples et qui ne fut point représenté; deux cantates italiennes, œuvres d'extrême jeunesse, *il Natale di Giove*, et *Achille e Deidamia*; une scène lyrique sur paroles françaises, *Sœur Agnès ou la Religieuse*; *la Marquise de Brinvilliers*, opéra comique en 3 actes, dont la musique fut composée par Auber, Batton, Berton, Blangini, Boieldieu, Carafa, Cherubini, Hérold et Paër, c'est-à-dire par cinq musiciens français et quatre musiciens italiens, dont le dernier survivant fut justement Carafa (Opéra-Comique, 31 octobre 1831); *les Premiers Pas*, prologue en un acte, écrit pour l'ouverture de l'Opéra-National (15 novembre 1847), par Adam, Auber, Carafa, Halévy; enfin les récitatifs et les airs de ballet écrits par Carafa, sur la demande même de Rossini, pour la traduction de *Sémiramis* faite par Méry et donnée à l'Opéra le 4 juillet 1860. — Puis il faut mentionner quelques compositions religieuses; une *Messa di gloria*, à quatre voix; une *Messa di Requiem*, écrite à Paris; un *Stabat Mater*; un *Ave verum*, pour ténor solo avec chœurs et orchestre; et encore quelques œuvres de divers genres: trois livres d'harmonies militaires, et des solos pour divers instruments à vent (flûte, clarinette, hautbois, basson ou cor), avec accompagnement d'orchestre.

Carafa est mort le 26 juillet 1872. Dès 1868, il avait fait don de tous les manuscrits autographes de ses œuvres à la bibliothèque du Conservatoire de Naples, sa ville natale. Comme successeur de Carafa à l'Académie des Beaux-Arts, M. François Bazin a lu sur cet artiste, dans une séance particulière de cette compagnie, une *Notice* qui a été publiée par la librairie Firmin Didot (Paris, in-4°, 1873).

CARASALI (Odoardo), compositeur italien, né à Pise, vivait dans la première moitié du dix-huitième siècle, et fut maître de chapelle de la princesse de la Roccella. Cet artiste a fait représenter sur le théâtre della Pace, à Naples, en 1736, un opéra bouffe dont le titre, *le Mbroglie d'ammore*, semble indiquer qu'il était écrit en dialecte.

CARCANO (Raffaele), chanteur et compositeur, né en 1800, fit son éducation musicale à la maîtrise de la cathédrale de Milan. A l'âge de 18 ans, il fut admis dans la chapelle du roi de Sardaigne, où il resta jusqu'à sa mort, arrivée au mois d'octobre 1864. Il s'essaya dans la carrière lyrique, mais il l'abandonna presque aussitôt pour se consacrer entièrement à la musique religieuse, où d'ailleurs sa belle voix, son grand style et ses rares qualités musicales en faisaient, dit-on, un digne émule des meilleurs chanteurs dramatiques italiens. Harmoniste habile et contrapuntiste exercé, il a laissé, dans le genre religieux, un grand nombre de compositions, qui, si elles ne brillent pas toutes par le génie de l'invention, prouvent du moins que Carcano avait été à bonne école et s'était nourri de saines études.

CARELLI (Benjamino), compositeur, professeur et écrivain, né à Naples le 9 mai 1833, a fait au Conservatoire de cette ville toutes ses études musicales, ayant pour professeurs Lanza pour le piano, Parisi pour l'harmonie, Carlo Conti pour le contre-point, Busti pour le chant, et Mercadante pour la haute composition. Avant de sortir du Conservatoire, et dans l'un des exercices annuels de cet établissement, il fit exécuter une ouverture écrite par lui. Il se livra ensuite à l'enseignement du chant et à la composition, publia un grand nombre de mélodies vocales, et fit exécuter en 1864, au théâtre San-Carlo, pour une fête nationale, une ode-cantate qui fut fort bien accueillie. Professeur de chant aux écoles normales depuis 1873, au Conservatoire depuis 1874, M. Carelli s'est fait connaître comme écrivain en publiant sous ce titre: *Cronaca d'un respiro*, un livre original, écrit dans le but de généraliser la connaissance de l'organe vocal, et qui lui a fait décerner une médaille par le 7° congrès pédagogique italien. M. Carelli a publié aussi la première partie d'une méthode intitulée *l'Arte del canto* (Naples, Cottrau, 1873).

CAREST, KAREST ou **CAREEST** (Josse), facteur de clavicordes et de clavecins, que l'on croit originaire de Cologne, naquit sans doute dans les dernières années du quinzième siècle, car dès l'année 1519 il était fixé à Anvers, où il se trouvait inscrit dans la gilde de Saint-Luc et devenait élève de Pierre Matthys. Il obtint la maîtrise en 1523. On ignore l'époque de sa mort, mais on sait qu'il existait encore en 1558, car, quoique inscrit dans la gilde de Saint-Luc, il n'en faisait pas encore partie comme sociétaire, et il fut au nombre des dix facteurs de clavecins qui, en 1557, sollicitèrent leur entrée simultanée dans la gilde, et virent agréer leur demande l'année suivante. Josse Carest est considéré comme le plus ancien facteur de clavecins d'Anvers.

Un autre facteur du même nom, *Gosuin Carest*, né à Cologne, évidemment parent de celui-ci, et comme lui fixé à Anvers, fut reçu dans la bourgeoisie de cette ville le 9 mars 1536, et, comme lui aussi, fut au nombre des dix facteurs qui en 1557 demandèrent et obtinrent leur admission dans la ghilde de Saint-Luc.

CARLEZ (Jules-Alexis), compositeur et écrivain musical, né à Caen le 10 février 1836, reçut de son père, ancien chef de musique militaire sous le premier empire, ses premières leçons, puis devint élève du Conservatoire municipal de sa ville natale. Il étudia, dans cet établissement, le piano et le violon sous la direction de divers professeurs, puis s'attacha à la connaissance de la théorie de l'art, se formant seul à ce point de vue, par l'étude des maîtres et la lecture assidue des grands ouvrages didactiques. Une fois son éducation terminée, M. Carlez, qui n'a jamais quitté sa ville natale, s'y voua à l'enseignement, et devint organiste de l'église Saint-Jean, où il exerce encore aujourd'hui ces fonctions. Il se livrait aussi à la pratique de la composition, et publia successivement les œuvres suivantes : 1° *Ave Maria* pour ténor, soprano et chœur, avec accompagnement d'orgue (Régnier-Canaux) ; 2° *Veni sancte spiritus*, prose à 4 voix avec soli et orgue (id.) ; 3° *le Vin de Jurançon*, chœur à 4 voix d'hommes (Gambogi) ; 4° *le Feu follet*, id. (journal *l'Orphéon*) ; 5° *Chant du matin*, chœur à 3 voix égales (Lory) ; 6° *Insomnie*, andante pour piano, op. 29, n° 1 (Jacquot) ; 7° *Gais Propos*, op. 29, n° 2 (id.) ; 8° *Menuet* pour piano, op. 39 (Gérard) ; 9° Trio pour piano, orgue et violon, sur des motifs d'un opéra inédit, op. 45 (Choudens) ; enfin, plusieurs romances et mélodies vocales.

Entre temps, M. Carlez s'occupait d'études littéraires sur l'art qu'il affectionnait, et publiait d'assez nombreux articles de critique et d'érudition musicale. C'est ainsi qu'il devint collaborateur du *Moniteur du Calvados*, du *Ménestrel*, de la *France musicale*, de la *Semaine musicale*, de la *Réforme musicale*, de l'*Écho des Orphéons*. Ces travaux attirèrent sur lui l'attention de l'Académie des sciences, arts et belles-lettres de Caen et de la Société des Beaux-Arts de la même ville, qui l'appelèrent dans leur sein. Il publia divers écrits sur la musique dans les *Mémoires* de la première et dans les *Bulletins* de la seconde. Enfin, M. Carlez est auteur des opuscules suivants : 1° *Les Musiciens paysagistes* (Caen, Le Blanc-Hardel, 1870, in-8°) ; 2° *Grimm et la musique de son temps* (id., id., 1872, in-8°) ; 3° *Notices biographiques sur Angèle Cordier et Yvonne Morel* (id., id., 1873, in-8°) ; 4° *l'Œuvre d'Auber* (id., id., 1874, in-8°) ; 5° *Auber, aperçu biographique et critique, la statue projetée, la cavalcade du 3 juin 1875* (id., id., 1875, in-18) ; 6° *la Musique à Caen, de 1066 à 1848* (id., id., 1876, in-8°) ; 7° *le Chant de Guillaume de Fécamp et les maisons de Glastons* (id., id., 1877, in-8°). Les travaux littéraires de M. Carlez se distinguent par l'exactitude des faits, l'élégance aimable de la forme, et l'ingéniosité des aperçus. M. Carlez est l'un des collaborateurs du supplément de la *Biographie universelle des Musiciens*.

CARLINE, nom sous lequel a été connue l'une des actrices les plus charmantes et les plus accomplies qui aient paru à la Comédie-Italienne. Née vers 1758, elle débuta le 31 janvier 1780, dans le rôle de Lucette du *Sylvain* de Grétry, et dans celui de Lisette d'une comédie de Marivaux, *l'Épreuve*. Reçue aussitôt pensionnaire, elle fut admise dès l'année suivante au nombre des sociétaires, et devint l'une des actrices favorites du public difficile de la Comédie. Fine, alerte, aimable, spirituelle, portant à merveille le travesti, elle était aussi appréciée dans les rôles de pages que dans ceux de soubrettes ou d'ingénues, et son talent souple, que venait compléter une voix charmante et bien conduite, se prêtait à tous les genres. Parmi les ouvrages dans lesquels les contemporains la citaient surtout comme supérieure, il faut mentionner *Fanfan et Colas*, *le Souper de famille*, *les Deux Petits Aveugles*, *Primerose*, *les Ailes de l'Amour*. Carline fit partie du personnel de l'Opéra-Comique lors de la réunion, sous ce titre, des deux troupes de Favart et de Feydeau. Bien qu'occupant la scène depuis près de vingt-cinq ans, elle avait conservé toute son influence et toute son action sur le public, lorsqu'elle prit sa retraite en 1801, avec la pension. Elle avait épousé Nivelon, danseur de l'Opéra, et se retira à Saint-Martin, près de Gisors, où elle mourut le 16 octobre 1818, âgée de près de soixante ans.

CARLINI (........), compositeur italien, est sorti vainqueur d'un concours ouvert en 1864, à Florence, pour la composition d'un opéra destiné à être représenté au théâtre de la Pergola. Cet ouvrage avait pour titre *Gabriella di Falesia*, et fit en effet son apparition sur ce théâtre au mois de juin 1865. Le succès en fut absolument négatif, comme il arrive souvent en ce qui concerne les ouvrages écrits dans de semblables circonstances. Celui-ci ne sortait pas, paraît-il, des banalités régulières qui, sur le papier, trompent toujours l'œil des juges les plus experts, mais qui, devant le public, seraient remplacées d'une façon singulièrement avantageuse par un peu de jeunesse et d'inspiration, la première fût-elle un peu fougueuse, et la seconde parfois un peu incorrecte et hardie. Bref, le nom de M. Carlini retomba aussitôt dans l'ombre d'où il était sorti après la proclamation de sa victoire, et je ne sache pas que depuis lors ce jeune compositeur ait trouvé l'occasion de se reproduire au théâtre.

CARLOTTI (GAETANO), compositeur, né à Modène dans la première moitié du dix-neuvième siècle, a fait ses études musicales à Naples, d'où il revint dans sa ville natale pour y faire représenter, le 19 novembre 1853, un opéra-bouffe intitulé *Rita*. M. Carlotti s'est ensuite de nouveau éloigné de Modène, et je ne crois pas qu'il ait abordé le théâtre une seconde fois.

CARMINE (......) est le nom d'un compositeur italien qui a vécu vers la fin du dix-septième siècle, mais dont la carrière n'est guère connue. On conserve de lui, à la bibliothèque de Vienne, un manuscrit important : *La Ninna Nonna, motette pastorale a 4 voci con violini*, dont les ensembles, paraît-il, ne sont pas indignes d'être mis en comparaison avec ceux de Hændel et de Bach. Y.

CARNIOLO (ARCANGELO), est l'auteur de l'écrit suivant : *I Coristi* (les Diapasons) *fonometrici per la precisione del temperamento armonico*, Turin, 1873.

CAROLINE (Mlle). Une musicienne de ce nom écrivit la musique d'un opéra-comique en un acte, *l'Heureux Stratagème*, qui fut représenté au théâtre Beaujolais le 19 août 1786.

CARON (CAMILLE), compositeur, né à Rouen le 10 mars 1825, fit ses premières études musicales à la maîtrise de la cathédrale, où il entra en 1835. Admis au Conservatoire de Paris en 1840, il y eut pour professeur de solfège M. Le Couppey, et se livra en même temps à l'étude du piano ; mais forcé de retourner à Rouen, il se mit alors sous la direction d'Amédée Méreaux, qui lui enseigna l'harmonie et la composition. M. Caron s'est définitivement fixé dans sa ville natale, où il se livre au professorat.

Il a fait jouer, au théâtre des Arts de Rouen, les ouvrages suivants : *le Sergent de Ouistreham*, opéra-comique en un acte (mars 1863) ; — *la Naissance de Boïeldieu*, grande scène lyrique (15 décembre 1866) ; — *le Trébuchet*, opéra-comique en un acte (17 décembre 1868). Il a publié chez les éditeurs Richault, Challiot, Choudens, Heugel, etc., une vingtaine d'œuvres légères pour le piano, et des romances ou mélodies, dont quelques-unes, telles que *la Nuit*, chantée par Ponchard, et *A Soixante ans*, interprétée par Poultier, ont eu du succès. M. Caron a écrit également des chœurs à quatre voix d'hommes, parmi lesquels nous remarquons *la Saint-Jean d'été*, *le Chant des derniers Gaulois*, etc. Enfin, ses productions se complètent, jusqu'à ce jour, par quelques morceaux religieux et deux marches pour orchestre, qu'il a fait exécuter au lycée de Rouen.

J.-C—z

* **CARPANI** (GAETANO), a écrit la musique des intermèdes d'une tragédie intitulée *Sennacherib*, représentée à Rome en 1739. Les paroles de cette tragédie étaient en latin, tandis que le texte des intermèdes était en italien.

*.**CARPENTIER** (ADOLPHE-CLAIR LE), est mort à Paris le 14 juillet 1869.

* **CARRARA** (GIOVANNI-MICHELE-ALBERTO), érudit du quinzième siècle, est l'auteur d'un livre scientifique dont un chapitre, le troisième, est consacré à la musique : *De Choreis Musarum (sive de scientiarum origine)*. Cet écrivain naquit à Bergame en 1438, et mourut le 26 octobre 1490. On trouve une notice sur lui dans le recueil des écrits du compositeur Mayr : *Biografie di scrittore e artisti musicali Bergamaschi nativi od oriundi* (Bergame, Pagnoncelli, 1875, in-4°).

CARREÑO (THÉRÉSA), pianiste et compositeur, naquit à Caracas, capitale du Venezuela, le 22 décembre 1853. Son père, qui était ministre des finances de la République de Venezuela, et qui, dans sa jeunesse, avait étudié la musique et le piano pour son agrément, ayant été forcé de s'expatrier pour cause politique et de se réfugier aux États-Unis, songea à tirer parti de son talent comme professeur, et à lui demander des moyens d'existence. En même temps il formait sa fille, qui devenait sa meilleure élève, et qui, dès l'âge de neuf ans, se faisait entendre avec un grand succès dans les grandes villes américaines, à New-York, à Boston, à la Havane, etc. Ayant été présentée à Gottschalk, celui-ci fut charmé de ses dispositions, lui donna des leçons, et conseilla à son père de la conduire et de la produire en France. Vers 1866, en effet, la jeune Thérésa Carreño arrivait à Paris, se faisait entendre d'abord dans quelques salons où elle fut fort bien accueillie, puis se produisit en public avec un véritable succès. Depuis lors, elle a beaucoup voyagé, et partout elle a été reçue avec la plus grande faveur. Mlle Thérésa Carreño, qui a épousé il y a quelques années un jeune violoniste français, M. Émile Sauret, a publié un certain nombre de compositions pour son instrument. Son père, Manuel-Antoine Carreño, qui s'était livré à l'enseignement, est mort à Paris le 28 août 1874.

CARRER (........), compositeur dramatique

dont j'ignore l'origine, est l'auteur de trois opéras sérieux italiens. L'un, intitulé *Isabella d'Aspecco*, a été donné à Corfou en 1854 ; le second, ayant pour titre *Marco Botzaris*, a été joué pour la première fois sur le théâtre de Sira au mois de janvier 1867 ; je ne sais où ni quand a été représenté le troisième, qui est intitulé *Dante e Bice*.

CARRERAS (........), compositeur espagnol, a fait représenter au mois d'Avril 1868, à Madrid, sur le théâtre de Jovellanos, une *zarzuela* en un acte intitulée *la Firma del Rey*.

CARTIER (HENRI), compositeur, a fait représenter les deux opérettes dont les titres suivent : 1° *l'Homme entre deux âges*, un acte, Bouffes-Parisiens, 6 mai 1862 ; 2° *le Train des maris*, un acte, Athénée, 25 décembre 1867.

* **CARULLI** (GUSTAVE), professeur de chant et compositeur, fils du fameux guitariste Ferdinand Carulli, naquit à Livourne le 20 juin 1801. Venu en France avec son père, il y étudia le piano sous la direction du polonais Mirecki, l'harmonie sous celle de Nicolo Isouard, et enfin eut pour maître de composition le célèbre Paër. En 1826, de retour en Italie, il faisait jouer au théâtre de la Scala, de Milan, un opéra-bouffe. Trois ans après il revenait en France, et cherchait inutilement, pendant longues années, à faire représenter un ouvrage sur une de nos scènes lyriques. Perdant courage, il se rendait à Londres en 1845, et, après un séjour de quelques années en cette ville, venait se fixer définitivement à Boulogne (Pas-de-Calais), qu'il n'a jamais quitté depuis, et où ses leçons de chant et d'harmonie ont toujours été très-recherchées ; c'est là qu'il a eu pour élève M. Alexandre Guilmant (*Voyez* ce nom), actuellement organiste de l'église de la Trinité. Carulli, qui possédait naguère une belle voix de ténor, et qui était un excellent accompagnateur, a publié un assez grand nombre de compositions et d'ouvrages didactiques : 1° *Solfége à 1 et 2 voix* (dont il a été fait cinq éditions) ; 2° *Méthode de chant* ; 3° Recueil de vocalises pour les quatre principaux genres de voix (en 4 livres) ; 4° Vocalises à deux voix ; 5° Trois quatuors français et italiens ; 6° Trois recueils de sérénades et morceaux pour quatre voix d'hommes ; 7° Plusieurs albums de chant ; 8° enfin, quantité de romances et *canzonettes* qui se font remarquer par l'élégance de la forme et une grande fraîcheur d'inspiration. Pendant dix ans, Carulli s'est occupé de musique instrumentale, et a écrit une assez grande quantité de trios pour piano, violon et violoncelle, et de quatuors pour instruments à cordes ; ces compositions, que Rossini estimait particulièrement, n'ont pas été livrées à la publicité. Carulli est mort à Boulogne, au mois d'Octobre ou de Novembre 1876.

* **CARUSO** (LOUIS). Aux ouvrages dramatiques de ce compositeur fécond, il faut ajouter les deux opéras-bouffes suivants : *Il Marchese Tulipano*, et *Cosi si fa alle donne*.

CARVALHO (JOAO DE SOUSA), compositeur dramatique, né à Lisbonne vers le milieu du dix-huitième siècle, fit ses études musicales en Italie avec les deux frères Lima, Cabral, Joaquim d'Oliveira et autres, qui avaient obtenu des pensions du gouvernement de D. José I (1750-1777). La plupart de ces artistes obtinrent, de retour en Portugal, des emplois avantageux. Carvalho, le plus habile, fut nommé maître de musique de la famille royale aussitôt après la mort de David Perez (1778). De 1769 à 1789, Carvalho fit représenter sur les théâtres de la cour, aux palais d'Ajuda et de Queluz (résidence d'été), une douzaine d'opéras (1), pastorales, et cantates, des serenatas, etc., qui furent accueillis avec beaucoup d'éloges. La réputation de Carvalho se répandit même en Italie, où on a représenté quelques-uns de ses meilleurs opéras. On ne connait pas au juste la date de sa mort, mais il a dû vivre jusqu'en 1793, car il publia en cette année beaucoup de morceaux de chant dans un *Jornal de Modinhas* (*Recueil de mélodies pour la voix*) de Lisbonne. Parmi ses élèves les plus distingués, il faut citer surtout Antonio Leal Moreira.

J. DE V.

CARVALHO (CAROLINE FÉLIX-MIOLAN, épouse), une des cantatrices françaises les plus remarquables de l'époque actuelle, est née à Marseille le 31 décembre 1827 (2). Son père, hautboïste

---

(1) Pour les titres de ces ouvrages, V. *Musicos Portuguezes*, par Joaquim de Vasconcellos, t. I, p. 41.

(2) Au mois de mai 1843, Bénédit (*voyez* ce nom), alors professeur au Conservatoire de Marseille et critique musical du journal le *Sémaphore*, publiait dans un de ses feuilletons, à propos des représentations données sur le théâtre de cette ville par Mme Carvalho, les lignes suivantes, qu'il n'est pas sans intérêt de reproduire : « Dans l'un de ces concerts spirituels que la Société des amateurs donnait jadis au Théâtre-Français (de Marseille), pendant la construction de la salle Thubaneau, on vit s'avancer sur l'estrade une jeune artiste, de bonne mine, tenant en main un cor anglais, sur lequel il exécuta un air varié de sa composition. Le son agréable de l'instrument et la manière dont il fut joué fixèrent l'attention de l'auditoire et valurent un succès unanime à l'artiste inconnu, qui, chaleureusement applaudi, se retira satisfait, non sans avoir promis de se faire entendre, une dernière fois, avant d'aller reprendre son service, en sa double qualité de deuxième chef de musique dans les gardes-du-corps et de professeur au Conservatoire. Le directeur du Grand-Théâtre, M. Chapus, avait assisté au concert ; séduit par le talent de l'artiste, aussi exercé sur le hautbois que sur le cor anglais (naturellement),

distingué, avait quitté Paris pour s'établir en cette ville, où il s'était créé une situation très-honorable et où il avait commencé l'éducation musicale de ses trois enfants, Amédée, Alexandre et la jeune Caroline. Celle-ci faisait entrevoir des dispositions tout exceptionnelles, et son père s'en montrait enchanté, lorsqu'il mourut dans toute la force de l'âge, laissant les siens sans appui. Mme Miolan, qui semblait comprendre l'avenir réservé à sa fille, suivit les conseils de quelques amis, et se décida à revenir se fixer à Paris avec sa jeune famille. C'est peu de temps après, en 1843, que Mlle Caroline Miolan, après avoir suivi un cours de solfège sous la direction d'un professeur particulier, et avoir commencé l'étude sérieuse du chant, fut admise au Conservatoire, dans la classe de chant de M. Duprez. Elle y demeura jusqu'en 1847, année dans laquelle elle obtint au concours un brillant premier prix, en chantant l'air d'Isabelle de *Robert le Diable*. M. Duprez fut tellement enchanté de son élève qu'il n'hésita pas à la faire paraître auprès de lui, à l'Opéra, dans sa représentation de retraite, qu'il donna peu de temps après. Dans cette représentation, Mlle Félix-Miolan chanta le premier acte de *Lucie de Lammermoor* et le trio du second acte de *la Juive*.

Cette première épreuve fut très-favorable à la jeune artiste, qui bientôt fut engagée à l'Opéra-Comique, où elle débuta, en 1849, d'une façon fort agréable. Sa voix pourtant, qui n'a jamais brillé par la puissance et la force, était alors bien mince et bien fragile, mais elle la conduisait déjà avec un goût rare, et suppléait à la vigueur par une excellente manière de phraser et d'articuler. Une remarquable création, celle de Gi-

il lui fit des propositions tellement avantageuses, qu'au lieu de retourner à Paris, l'habile instrumentiste résolut de se fixer parmi nous, comme premier hautbois, à l'orchestre du Grand-Théâtre. Or, ce musicien de choix, qui préférait ainsi notre beau ciel marseillais au séjour de la capitale, était M. Félix-Miolan (François), père de Mme Miolan-Carvalho, Marseille fut donc le berceau de notre éminente cantatrice; elle y vint au monde rue Paradis, 16, au 3e étage de la maison voisine de celle de M. Caviaux, luthier, et fut baptisée à l'église Saint-Ferréol, ayant pour parrain son frère Amédée, mort naguère à la Nouvelle-Orléans, où il était chef d'orchestre. »

On a vu dans ces lignes que le père de Mme Carvalho était professeur au Conservatoire de Paris. Le fait est vrai, car dans le chapitre : *Personnel par ordre alphabétique*, de son *Histoire du Conservatoire*, Lassabathie a mentionné son nom, sans l'accompagner d'ailleurs d'aucune date et d'aucune note. D'autre part, dans le chapitre où il donne, pour chaque année, la liste des professeurs en exercice, Lassabathie n'a pas retrouvé sous sa plume le nom de Miolan. Il me paraît résulter de ceci que Miolan avait été probablement nommé professeur suppléant (et honoraire, de hautbois, Vogt étant alors titulaire, et qu'il n'a jamais exercé.

ralda, vint l'année suivante affermir sa situation, et celle des *Noces de Jeannette* ne contribua pas peu à augmenter sa réputation. Mlle Félix-Miolan fit encore une création dans *la Cour de Célimène*, de M. Ambroise Thomas, une autre dans *le Nabab*, d'Halévy, puis elle reprit plusieurs rôles du répertoire, entre autres celui d'Isabelle du *Pré aux Clercs*, qui mit le sceau à sa réputation, par la façon incomparable dont elle chantait la romance du premier acte et le grand air du second.

C'est à cette époque qu'elle épousa un de ses camarades de l'Opéra-Comique, M. Carvalho (1). Presque aussitôt celui-ci devint directeur du théâtre Lyrique, qui agonisait entre les mains de Pellegrin, ancien directeur du Grand-Théâtre de Marseille, et auquel, par son intelligence, son activité et son goût artistique, il sut faire une destinée extraordinairement brillante. Mme Carvalho suivit tout naturellement son mari, et, quittant l'Opéra-Comique, alla paraître sur la scène du Théâtre-Lyrique, où elle parcourut la plus magnifique partie de sa carrière. Elle y débuta en 1850 dans un opéra de Clapisson, *la Fanchonnette*, où elle obtint un succès indescriptible, et créa ensuite *la Reine Topaze*, où la légèreté de sa voix et sa virtuosité faisaient merveille. Mais le talent de Mme Carvalho prit toute son ampleur et se transforma surtout, au point de vue du style, lorsqu'elle aborda les rôles de Chérubin dans *les Noces de Figaro*, de Pamina de *la Flûte enchantée*, de Zerline de *Don Juan* et de Marguerite dans le *Faust* de M. Gounod. Alors, et sans que la virtuose disparût, elle se fit admirer des vrais connaisseurs par l'élégance et la pureté de son style, par une incomparable manière de phraser, par le charme qu'elle apportait dans la diction du récitatif, enfin par le naturel et la distinction des ornements dont elle enjolivait parfois la trame musicale. Son exécution était un véritable enchantement, et pendant plusieurs années son merveilleux talent ne cessa de transporter le public et de l'attirer en foule au Théâtre-Lyrique.

Les succès que Mme Carvalho remportait à Paris retentirent bientôt par toute l'Europe, et Londres surtout voulait entendre et apprécier la

(1) M. Léon Carvaille, dit Carvalho, né aux Colonies en 1825, obtint au Conservatoire un accessit de chant en 1848, et fut engagé ensuite à l'Opéra-Comique, où il ne joua que des rôles secondaires. Acteur et chanteur médiocre, M. Carvalho ne donna carrière, dans un autre genre, à ses facultés artistiques que lorsqu'il fut devenu directeur du Théâtre-Lyrique, qu'il sut placer au premier rang des scènes musicales de Paris. Depuis lors il a été directeur du Vaudeville, et a rempli les fonctions de directeur de la scène à l'Opéra. Depuis 1876, il a succédé à M. du Locle comme directeur de l'Opéra-Comique.

grande artiste. Chaque année, elle prit donc l'habitude d'aller passer trois mois sur une des scènes italiennes de cette ville, où ses triomphes ne furent pas moins éclatants. Dans les dernières années de la direction de son mari, elle fit encore, au Théâtre-Lyrique, deux créations qui lui firent le plus grand honneur : *Mireille* et *Roméo et Juliette*. Puis, M. Carvalho ayant dû se retirer, en 1869, Mᵐᵉ Carvalho fut engagée à l'Opéra, où elle se fit surtout applaudir dans le rôle de Marguerite des *Huguenots*, et où elle reparut ensuite dans *Faust*, qui avait passé au répertoire de ce théâtre, et dans *Hamlet*, où son succès fut éclatant. En 1872, Mᵐᵉ Carvalho rentra à l'Opéra-Comique, se montra d'abord dans *l'Ambassadrice* et dans *le Pré aux Clercs*, puis fit remonter pour elle deux des ouvrages qui lui avaient été le plus favorables au Théâtre-Lyrique, *Roméo et Juliette* et *Mireille*. Enfin, en 1875, elle rentra de nouveau à l'Opéra.

La voix de Mᵐᵉ Carvalho est un *soprano sfogato* d'une étendue de plus de deux octaves, d'un timbre délicieux, d'une étonnante agilité, d'une souplesse et d'une égalité prodigieuses. Le volume et la puissance ne sont pas les qualités distinctives de ce magnifique instrument, mais à force d'art, de travail, de goût, la cantatrice obtient des effets véritablement merveilleux. La pose et l'émission de la voix sont superbes, le style est très-pur, le phrasé magistral, et l'un des plus puissants moyens d'action de l'artiste sur le public est dans les oppositions du *forte* au *piano* et *vice versa*. Il faut ajouter que Mᵐᵉ Carvalho se sert du chant à *mezza voce* avec un art sans pareil. On peut lui reprocher seulement une certaine dureté dans le passage du registre de poitrine à la voix de tête, qu'elle exécute parfois d'une façon un peu brusque et un peu rauque. Cette réserve faite, il est juste de constater que Mᵐᵉ Carvalho est une artiste d'un ordre absolument supérieur, d'un talent si achevé qu'on ne voit pas trop qui pourra lui succéder lorsque, dans un temps qui ne peut être fort éloigné, la fatigue l'obligera d'abandonner définitivement la scène et de terminer sa brillante carrière.

On a vu que le frère aîné de Mᵐᵉ Carvalho, *Amédée-Félix-Miolan*, était mort chef d'orchestre à la Nouvelle-Orléans. Son second frère, *Alexandre*, qui avait acquis un talent distingué sur l'orgue-harmonium et qui fut longtemps attaché au Théâtre-Lyrique, est mort à Paris le 26 avril 1873. Il avait publié un certain nombre de compositions pour son instrument.

CAS (Hugh), chef d'orchestre, né à Marseille le 15 février 1839, a fait ses études musicales au Conservatoire de cette ville. Il a fait représenter *la Croix de Jeannette*, opéra-comique en un acte (Grand-Théâtre de Marseille, 15 février 1865); — *le Légataire de Grenade*, opéra en 4 actes (Grand-Théâtre de Toulon, janvier 1874); — *M. Arléry*, opérette (Gymnase de Marseille, 1868); — *l'Enfant des Flots*, 1 acte (Gymnase de Marseille, 1868). On lui doit aussi diverses mélodies et pièces de concert. Cet artiste est actuellement chef d'orchestre au Grand-Théâtre de Toulon.

AL. R—D.

*CASAMORATA (Louis-Ferdinand), président de l'Institut musical de Florence, est né à Wurtzbourg (Franconie), le 15 mai 1807, de parents italiens. Dès l'âge de cinq ans, il commença l'étude du piano sous la direction de Fræhlich, maître de musique à l'Université de Wurtzbourg, et l'année suivante, sa famille étant venue s'établir à Florence, il suivit un cours complet d'études musicales avec Luigi Pelleschi. En 1825 il obtint le prix de composition au concours triennal de l'Académie des Beaux-Arts, et il termina son éducation en étudiant le mécanisme des principaux instruments.

Après avoir écrit beaucoup de musique de ballet, M. Casamorata aborda sérieusement la scène et donna au théâtre de Pise un opéra intitulé *Iginia d'Asti*, qui obtint du succès en cette ville, mais qui fut ensuite mal accueilli à Bologne. Bientôt il abandonna, pendant quelque temps, la pratique active de la musique, pour se rendre aux désirs de son père, qui voulait qu'il se fît recevoir avocat. M. Casamorata s'appliqua donc à l'étude du droit, ce qui ne l'empêcha pas de prendre la direction de la *Gazzetta musicale* de Florence et de collaborer d'une façon active à la *Gazzetta musicale* de Milan, lorsque celle-ci se fonda en 1842. Devenu docteur en droit, il reprit bientôt ses travaux de composition, mais en abandonnant l'idée de se produire au théâtre et en tournant ses efforts du côté de la musique religieuse et de la musique instrumentale.

En 1859, M. Casamorata fut appelé à faire partie, comme vice-président, de la commission chargée d'organiser l'école de musique de Florence; lorsque, sur la proposition de cette commission, l'Institut musical eût été créé, il reçut, avec MM. Basevi et Alamanno Biagi, la mission de rédiger le statut organique de cet établissement, dont il fut ensuite nommé président. Sous sa direction, l'Institut musical de Florence est devenu l'une des meilleures écoles spéciales de l'Italie et l'une des plus justement renommées.

Les compositions de M. Casamorata, qui sont très-nombreuses, se font remarquer par d'excellentes qualités : un style noble et pur, une harmonie élégante, une forme très-châtiée, et une heureuse inspiration. Parmi ces compositions, il faut mentionner : 1° messe en *ut* (N° 1), pour 2 ténors et basse, chœur et orchestre; 2° messe en *sol* (N° 2), pour soprano, ténor et basse, avec petit ou grand orchestre; 3° messe en *si* bémol (N° 3), id.; 4° messe en *ut* (N° 4), pour 2 ténors et basse, chœur et orchestre; 5° messe en *mi* bémol (N° 5), pour soprano, contralto, ténor et basse, chœur et orchestre (Milan, Ricordi); 6° messe brève, en *ut* (N° 6), pour ténor et basse, avec petit orchestre; 7° messe en *si* bémol (N° 7), pour soprano, contralto, ténor et basse, avec petit orchestre; 8° messe des morts en *sol* mineur (N° 1), pour 2 ténors et 2 basses, chœur et orchestre; 9° *Libera* en *ut* mineur, à 4 voix, avec orchestre; 10° messe des morts en *ré* mineur (N° 3), à trois voix, avec orchestre; 11° *Libera* en *sol* mineur, à 4 voix, avec orchestre; 12° messe des morts en *ut* mineur, pour 2 ténors et basse, chœur et petit orchestre; 13° quatre symphonies; 14° deux trios pour instruments à cordes; 15° trois quatuors, id.; 16° album de *Duettini per camera* (Milan, Ricordi); 17° des psaumes, hymnes, séquences, *Introït*, motets, etc., à 1, 2, 3, 4 et 8 voix, les uns avec orchestre, les autres avec orgue seulement (Milan, Canti). M. Casamorata est aussi l'auteur d'un bon ouvrage d'enseignement publié récemment sous ce titre : *Manuale di armonia, compilato per uso di coloro che attendono alla pratica del suono e del canto* (Florence, 1876, in-8°), et on lui doit un petit précis historique intitulé : *Origini, storia e ordinamento del R. Istituto musicale fiorentino*. Comme président de l'Académie de l'Institut royal de musique de Florence, M. Casamorata a publié dans les *Actes* de cette Académie de nombreux morceaux de critique et d'histoire musicale, dissertations sur la poétique et l'esthétique de l'art, etc. La langue française ne lui étant pas moins familière que sa langue maternelle, il a bien voulu fournir un certain nombre de notices au Supplément de la *Biographie universelle des musiciens*; mais sa collaboration s'est étendue bien au delà de ces notices, par les renseignements de toutes sortes qu'il a bien voulu nous communiquer en abondance sur un grand nombre d'artistes italiens.

CASANOVAS (Le Père Antonio-Francisco-Narciso), moine, organiste et compositeur espagnol, naquit à Sabadell au mois de juin 1747, et fit son éducation artistique au célèbre collége de musique du couvent de Montserrat. On assure qu'il devint l'un des premiers, sinon le premier organiste de son temps, malgré un défaut physique très-grave et qui eût semblé de nature à l'empêcher d'acquérir une telle habileté : ses doigts, en effet, étaient d'une telle longueur et d'une telle grosseur, qu'ils couvraient entièrement les touches de l'instrument. En dépit de cette quasi-infirmité, l'exécution du Père Casanovas était merveilleuse, extraordinairement limpide, et jamais il ne lui arrivait de frapper accidentellement deux touches à la fois. On cite, parmi les compositions de cet artiste qui sont conservées dans les archives du couvent de Montserrat, un *Benedictus*, de très-remarquables répons pour la semaine sainte, et un Salut à quatre voix qui est considéré comme une œuvre d'un mérite absolument exceptionnel.

CASARES (........), compositeur espagnol, a fait représenter sur le théâtre de la Zarzuela, de Madrid, le 9 mars 1872, une *zarzuela* en trois actes intitulée *Beltran y la Pompadour*.

* CASELLA (Pierre). Dans son livre sur les Conservatoires de Naples, M. Francesco Florimo avance que Pietro Casella naquit à Naples en 1776 et mourut le 12 décembre 1844. M. Florimo n'a évidemment pas eu connaissance d'une brochure publiée en 1844, par le compositeur Domenico Tritto, sous ce titre : *Lacrime e fiori sparsi sulla tomba di Pietro Casella* (Naples, Tramater, 1844, in-8°). Dans cet écrit, publié au lendemain de la mort de Casella par un artiste qui l'avait intimement connu, on voit que Casella était né non à Naples, mais à Pieve, dans l'Ombrie, qu'il alla faire ses études à Spolète, où il se familiarisa avec les littératures italienne et latine, se rendit ensuite à Rome pour y terminer son éducation, et que c'est dans cette ville qu'il sentit s'éveiller en lui l'amour de la musique. C'est alors qu'âgé de dix-huit ans il revint à Naples et entra au Conservatoire de S. Onofrio, où il semble avoir eu pour unique maître Giacomo Insanguine, et non Cotumacci et Abos, comme le dit M. Florimo. D'autre part, Casella, qui mourut à Naples le 12 décembre 1843 (et non 1844), devait être né en 1769 et non en 1776, puisque son inscription funéraire porte qu'il mourut dans sa 75° année; voici cette inscription, telle qu'elle a été rapportée par Tritto : *Pietro Casella, ottimo di musica maestro compositore, in israjata letteratura erudito, pio, onesto, leale institutore, congiunto, amico per eccellenza, della sventura sempre pronto al soccorso, rispettato, amato universalmente, il dì 12 dicembre 1843, dell'età sua il 75mo anno, mancò ai viventi, lasciando in lacrime sorella, nipoti, amici, alunni, che in questo tempio all'anima di tanto benemerito riposo e pace implorano.*

CASELLA (Mlle). Une jeune artiste italienne de ce nom a écrit la musique d'un opéra sérieux,

Cristoforo Colombo, qui a été représenté sur le théâtre italien de Nice, dans le courant de l'année 1905. Je n'ai pas d'autres renseignements sur cette artiste, qui depuis lors ne s'est pas reproduite à la scène.

CASELLI (MICHELE), compositeur de musique religieuse, naquit à Lucques vers 1680. Les registres de la compagnie de Sainte-Cécile de cette ville constatent qu'en 1704 on exécuta, pour la fête de sa patronne, une messe à quatre voix et à grand orchestre de la composition de cet artiste, et en 1705 une autre production importante. M. Cerù (*Cenni storici sull'insegnamento della musica in Lucca*) dit qu'il ne faut pas confondre ce musicien avec un autre Michele Caselli, chanteur, né aussi à Lucques, et qui, en 1738, remplissait sur le théâtre de cette ville l'un des principaux rôles de l'opéra *Alessandro in Persia*.

CASILINI (........). Sous le nom de ce compositeur, on a représenté au théâtre Doria, de Gênes, en 1872, un opéra sérieux intitulé *il Re Manfredo*. Le musicien était mort lorsqu'on s'avisa de jouer son œuvre, qui était écrite depuis 1856 et qui subit d'ailleurs une chute complète.

* **CASINI** (D.-JEAN-MARIE). A la liste des ouvrages de ce compositeur, il faut ajouter un recueil de *Canzonette spirituali*, publié à Florence en 1703.

CASORTI (ALEXANDRE), célèbre violoniste, naquit à Cobourg le 27 novembre 1830. Cet excellent virtuose, élève du Conservatoire de Bruxelles, promettait un compositeur de mérite si la mort ne l'avait enlevé prématurément à Dresde, le 28 septembre 1867. Parmi les œuvres qu'il a laissées, on compte quatre concertos de violon, plusieurs quatuors, et un opéra italien inédit : *Maria*. Y.

CASPAR (CHARLES), compositeur, organiste de l'église Saint-Jacques, à Lunéville, a fait exécuter dans cette église, au mois de juin 1866, un oratorio intitulé *la Chute des Anges*. Depuis lors, cet artiste a publié la partition pour chant et piano de *Sainte-Cécile*, poème lyrique en trois parties, à quatre personnages, avec chœurs et orchestre.

* **CASPERS** (LOUIS-HENRI-JEAN). Le répertoire dramatique de ce compositeur se complète par les ouvrages suivants : 1° *Ma Tante dort*, opéra-comique en un acte, Théâtre-Lyrique, 21 janvier 1860 (joli petit ouvrage, écrit d'une plume élégante et fine, et repris un peu plus tard à l'Opéra-Comique); 2° *la Baronne de San-Francisco*, opérette en un acte, Bouffes-Parisiens, 27 novembre 1861; 3° *le Cousin Babylas*, opéra-comique en un acte, Théâtre-Lyrique, 8 décembre 1864. A ces ouvrages, il faut ajouter une cantate exécutée au théâtre de la Porte-St-Martin en 1861. Depuis plusieurs années, M. Henri Caspers a abandonné la composition pour se consacrer tout entier aux soins que réclame une fabrique de pianos dans la direction de laquelle il a succédé à son père, mort le 19 décembre 1861.

CASTEELE (D. VAN DE), est l'auteur d'un écrit ainsi intitulé : *Préludes historiques sur la Ghilde des Ménestrels de Bruges* (Bruges, 1868, in-8°).

* **CASTEL** (LOUIS-BERTRAND). On a publié sous ce titre : *Esprit, saillies et singularités du P. Castel* (Amsterdam et Paris, 1763, 1 vol. in-12), un recueil d'un certain nombre d'écrits de ce jésuite. Des quarante-cinq fragments dont est composé ce volume, six ont rapport à la musique; ce sont ceux qui portent les titres suivants : *Du son; de la musique; de la musique françoise; de la musique italienne; Clavessin pour les yeux; Comparaison du son et des couleurs*.

* **CASTILETI**. *Voyez* GUYOT (JEAN).

CASTILLON DE SAINT-VICTOR (ALEXIS, vicomte de), compositeur, né en 1829, mort à Paris le 5 mars 1873, était un amateur riche et passionné, qui avait quitté la carrière des armes pour se livrer sans réserve à ses goûts artistiques. Son père lui ayant laissé, en mourant, une fortune qui lui assurait l'indépendance, de Castillon, qui était, je crois, officier d'état-major, s'était, en dépit de ses autres parents, qui comprenaient peu ces idées, démis de son grade afin de suivre son penchant pour la musique; il avait repris activement les études ébauchées dans ses jeunes années, et s'était entièrement consacré à la composition.

Élève de MM. Charles Delioux et César Franck pour le piano, de M. Victor Massé pour la théorie de l'art, de Castillon avait publié, en un court espace de temps, un certain nombre d'œuvres considérable. La nature même de ces œuvres indiquait de nobles aspirations, et, si elles sont d'une valeur très-inégale, elles témoignent du moins en faveur des tendances de leur auteur. Ses productions gravées sont les suivantes : MUSIQUE D'ENSEMBLE : *Quintette* pour piano, deux violons, alto et violoncelle; *Quatuor* pour piano, violon, alto et violoncelle; *Trio* pour piano, violon et violoncelle. MUSIQUE DE PIANO : *Cinq pièces dans le style ancien*; *Suite* pour le piano; *Deuxième suite* pour le piano; *Fugues dans le style libre*; *Six Valses humoristiques*. MUSIQUE DE CHANT : *Six Poésies* d'Armand Sylvestre, mises en musique par Alexis de Castillon. En 1872, de Castillon avait fait exécuter aux concerts populaires un grand Concerto pour piano et orchestre, et quelques jours après sa mort la Société classique

Armingau l faisait entendre un *Allegretto* de sa composition pour deux violons, alto, violoncelle, contre-basse, flûte, hautbois, clarinette, cor et basson. Je ne crois pas que ces deux ouvrages aient été publiés. Enfin, dans une liste de ses œuvres inédites que de Castillon m'avait remise personnellement, je trouve mention des suivantes : *Torquato Tasso*, symphonie-ouverture ; 1° *Suite d'orchestre*, dans le style de danse ; 2° *Suite d'orchestre*; puis, comme ouvrages en préparation : un *Psaume*, pour *soli*, chœurs et orchestre; une *Messe brève*; une grande *Symphonie*.

La santé de de Castillon n'était pas des plus robustes ; il était phthisique; au retour d'un voyage à Pau, où il avait passé une partie de l'hiver, il prit une fluxion de poitrine, se vit obligé de s'aliter, et fut emporté en quatre ou cinq jours. Son tempérament artistique, très-volontaire, très-intelligent et très-obstiné, semblait l'appeler à une brillante destinée. Une fois qu'il aurait eu fait le sacrifice de certaines sympathies fâcheuses, de certaines théories un peu vagues, il aurait découvert au public une personnalité vraiment originale et généreusement douée.

Un an après sa mort, le 16 mai 1874, la Société nationale de musique exécutait un fragment du Psaume de de Castillon pour *soli*, chœurs et orchestre.

CASTRO. Aux artistes portugais de ce nom cités dans la *Biographie universelle des Musiciens*, il faut ajouter les trois suivants :

D. *Frei Agostinho de Castro*, religieux cité par Machado (*Bibl. lusit.*) comme auteur d'un traité de musique resté en manuscrit (XVI° siècle); l'auteur a appartenu probablement au célèbre couvent de Santa-Cruz (S. Augustin) de Coimbra, qui a produit tant de musiciens distingués.

Gabriel Pereira de Castro, homme célèbre qui a enseigné l'histoire, la philosophie et la médecine à Leipzig, en Allemagne. Ses ouvrages sur le droit sont classiques. Il a aussi cultivé la musique avec beaucoup de succès (V. Jœcher, *Allgemeines Gelehrten Lexicon*, Leipzig, 1750). Il naquit à Braga en 1571, et mourut à Lisbonne en 1632.

Manuel Antonio Lobato de Castro, né à Barcellos, diocèse de Braga, musicien et littérateur distingué, qui a laissé plusieurs ouvrages estimés, parmi lesquels on cite *Vilhancicos que se cantavam na Sé Cathedral do Porto em as Matinas*, etc. (composition en l'honneur de sainte Cécile), Coimbra, 1712, in-12.

J. DE V.

CASTRO (........), professeur espagnol contemporain, a publié chez l'éditeur Romero y Andia, à Madrid, un *Traité de transposition*, et une *Nouvelle méthode de contre-basse, applicable aux instruments à trois ou quatre cordes*.

CASTRONE-MARCHESI (SALVATOR DE), dilettante italien, membre du jury du groupe XV à l'Exposition universelle de Vienne de 1873, est l'auteur de la *Relazione sugli Istrumenti musicali quali erano rappresentati all'Esposizione universale di Vienna nel Giugno 1873* publiée dans la collection officielle des Rapports des jurys italiens. Il a été fait de cet écrit un tirage à part.

CATANEO (FRANCESCO), est auteur de l'ouvrage suivant : *Saggio sopra l'antica e moderna musica. Sinfone intorno al lirico stile de'salmi. Dissertazione intorno alla greca, latina e toscana poesia* (Naples, 1778, in-12).

* **CATEL** (CHARLES-SIMON). M. Jules Carlez a retrouvé la trace d'une composition inconnue de cet artiste distingué : il s'agit d'une scène allégorique, sorte de grande cantate qui fut exécutée à Caen, le 24 août 1813, à l'occasion du passage en cette ville de l'impératrice Marie-Louise. La musique de cette cantate, dont le poëte est resté anonyme, était de Catel. On trouvera des détails à ce sujet dans la brochure de M. Jules Carlez : *la musique à Caen, de 1066 à 1848*.

CATENHUSEN (E.....), compositeur allemand, a fait représenter le 11 février 1875 sur le théâtre de Lubeck, dont il était alors le directeur, un opéra intitulé *Aennchen von Tharau*.

* **CATTIGNO** (FRANÇOIS), est mort à Naples le 28 mars 1847. Selon M. Francesco Florimo (*Cenno storico sulla Scuola musicale di Napoli*), il était né en cette ville non en 1780, mais en 1782. A la courte liste de ses œuvres théâtrales, il faut ajouter *l'Intrigo di Pulcinella*, opéra-bouffe représenté au théâtre Nuovo. « Catugno, dit M. Florimo, ne peut être compté au nombre de nos grands compositeurs, car il n'a jamais montré grand élan, et ses œuvres ne se distinguent que par la pureté du style et non par autre chose. Il est juste de dire que lui-même en avait conscience, puisqu'il ne poursuivit point la carrière théâtrale, et se borna à donner des leçons de chant. Il était considéré comme un bon accompagnateur. »

* **CAURROY** (FRANÇOIS-EUSTACHE DU). Dans l'écrit intitulé : *Note sur quelques artistes musiciens dans la Brie*, M. Th. Lhuillier (*voy.* ce nom) a donné quelques renseignements intéressants sur la famille de cet artiste, dont plusieurs membres furent musiciens comme lui. Cette famille se retrouve pendant longtemps à Gerberoy, lieu de naissance d'Eustache. Louis du Caurroy figure parmi les bienfaiteurs du bureau des pauvres de Beauvais ; Jacques est lieutenant de la verderie de Gerberoy dans la seconde moitié du XVIIe siècle. En 1625, Antoine du Caurroy est procureur-syndic, receveur de Gerberoy ; puis il devient juge à la châtellenie de Gaulancourt. Eustache du Caurroy eut pour successeur, à Saint-Aygoul de Provins, plusieurs années avant sa mort, un de ses parents, Claude du Caurroy, protonotaire du Saint-Siége, baron de Saint-Ange; celui-ci résigna à son frère cadet, nommé François, chanoine de Beauvais, en 1662. Enfin, un des arrière-neveux d'Eustache, François-Toussaint du Caurroy, picard comme lui, fut comme lui musicien, mais sans réputation, bien qu'il touchât les orgues avec habileté; celui-ci était, à la fin du XVIIe siècle, religieux bénédictin à Melun.

CAUNE (Auguste), amateur distingué, est né à Marseille le 30 novembre 1826. Il apprit la musique de bonne heure et n'a cessé depuis de la cultiver avec talent. Il a composé un assez grand nombre de pièces pour le piano, dont quelques-unes, *Sur le Nil*, *la Magicienne*, *Berceuse*, ont été publiées. Il a écrit plusieurs motets, des morceaux pour instruments à cordes et piano, et des pièces d'orchestre. Une de ces dernières, *le Pèlerinage de Kevlaar*, a été exécutée avec succès aux concerts populaires de Marseille. Ces œuvres témoignent d'une excellente éducation musicale et d'un sentiment élevé, quelquefois même austère. Plusieurs morceaux de cet auteur ont été gravés en France et en Allemagne.

AL. R.—D

CAUSSIN DE PERCEVAL (Armand-Pierre), orientaliste français, membre de l'Institut, fils d'un orientaliste fort distingué lui-même qui était professeur au Collége de France, naquit à Paris le 13 janvier 1795. Envoyé à Constantinople, en 1814, comme élève interprète, il parcourut en 1817 la Turquie d'Asie, passa une année parmi les Maronites du Mont Liban, remplit pendant quelque temps l'emploi de drogman à Alep, et, à son retour en France, fut nommé (décembre 1821) professeur d'arabe vulgaire à l'École des langues orientales vivantes. Plus tard, professeur de langue et de littérature arabe au collége de France, puis attaché en qualité d'interprète au dépôt de la guerre, il fut élu membre de l'Académie des inscriptions et belles-lettres en 1849, en remplacement de Le Prévost d'Iray.

Je n'ai pas à m'occuper ici des savants travaux de Caussin de Perceval sur l'histoire et sur la littérature arabe ; mais il est un de ses écrits qui intéresse directement l'art musical, et qui doit être mentionné dans ce dictionnaire : c'est celui qui a été publié dans le *Journal asiatique* de novembre et décembre 1873, sous ce titre : *Notices anecdotiques sur les principaux musiciens arabes des (trois) premiers siècles de l'Islamisme*. Caussin de Perceval avait étudié la musique, et cela ne lui avait pas été évidemment inutile pour mener à bien ce travail intéressant, qu'il ne vit pas paraître, car il était mort depuis quelques mois lorsque ses *Notices* furent publiées dans le *Journal asiatique*. Cet écrit, qui comprend environ deux cents pages in-8°, est l'un des trop rares travaux que l'on connaisse sur la musique et les musiciens arabes, et l'on comprend de quelle importance il peut être pour l'histoire générale de l'art. Il en a été fait un tirage à part (Paris, Imprimerie nationale, in-8°).

* **CATELANI** (Angelo). Cet écrivain musical distingué a publié en 1866 (Modène, Vincenzi, in-4° de 42 pp.) un excellent travail analytique sur les œuvres d'Alexandre Stradella : *Delle opere di Alessandro Stradella esistenti nell'archivio musicale della R. Biblioteca palatina di Modena, elenco con prefasione e note*. Ce travail, dédié à Rossini, et dans lequel l'auteur loue justement un écrit précédemment publié sur Stradella, dans *le Ménestrel*, par Paul Richard, ancien conservateur à la Bibliothèque impériale de Paris, est remarquable non-seulement par sa préface, mais par les notes excellentes et étendues qui accompagnent le catalogue des œuvres du grand musicien. Il avait été inséré d'abord dans le troisième volume des *Atti e Memorie delle RR. Deputazioni di Storia patria per le provincie modenesi e parmensi*. Catelani est mort peu de mois après avoir publié cet opuscule, le 5 septembre 1866.

CAUSSINUS (Joseph-L....-V....), virtuose sur l'ophicléide, est né à Montélimart (Drôme), le 6 décembre 1806. Fils d'un chef de musique militaire qui fut son premier professeur, il était à peine âgé de quatorze ans lorsqu'il devint professeur de solfége au collége de sa ville natale, où il resta jusqu'à l'époque où, étant tombé au sort, il fut incorporé dans le corps de musique du 5e régiment de ligne. Il fut un des premiers artistes qui, lors de l'invention de l'ophicléide, se livrèrent à l'étude de cet instrument, et son régiment ayant été envoyé à Paris, il se fit entendre avec un grand succès dans les concerts, et devint particulièrement l'un des solistes les plus renommés des concerts de Musard père. Lorsque Berr, qui avait été son chef de musique, fut nommé directeur du Gymnase musical militaire, il attacha M. Caussinus à cet établissement en qualité de professeur d'ophicléide, et pendant seize années celui-ci y forma de nombreux et excellents élèves. M. Caussinus, qui avait étudié la composition au Conservatoire avec Carafa, et qui a été membre de la Société des concerts, s'est fait connaître aussi comme compositeur pour son instrument, et a publié une quarantaine d'œuvres pour l'ophicléide, parmi lesquelles une série de duos et beaucoup de transcriptions d'airs d'opéras italiens. On lui doit aussi des Méthodes pour le piano, l'ophicléide, la trompette et le cornet à pistons. M. Caussinus vit aujourd'hui retiré à St-Mandé, près Paris.

* **CAVAILLÉ-COLL** (Dominique-Hyacinthe), est mort à Paris au mois de juin 1862.

* **CAVAILLÉ-COLL** (Aristide), facteur d'orgues à Paris, fils du précédent. Nous croyons devoir consacrer une notice complémentaire à cet artiste, qui est, on peut le dire sans emphase et sans exagération, le premier en son genre dans le monde entier, et dont le nom est une des gloires de la France. Par son génie, par sa puissance inventive, par son activité, par sa haute probité et son désintéressement reconnu, M. Cavaillé-Coll a bien mérité de son pays et a droit à une place à part dans les riches annales de cet art admirable de la fabrication des orgues, où, dès ses plus jeunes années, il était passé maître. M. Cavaillé-Coll était à peine âgé de vingt ans lorsque, travaillant chez son père, à Toulouse, il appliqua son activité à la création d'un instrument qu'il appelait *poïkilorgue*, et que l'on décrivait ainsi : « Le poïkilorgue est à claviers et à anches libres ; il diffère néanmoins de tous les instruments que l'on a faits d'après le même principe sonore (tels que phitz-harmoniques, pianos à soufflets, etc.), par la puissance du son, qui, surtout dans la basse, a quelque chose d'imposant, et qui, susceptible d'être diminué et renflé à volonté, se prête à l'expression la plus variée. » C'était, on le voit, le principe de l'harmonium ou orgue expressif.

Peu de temps après, M. Aristide Cavaillé-Coll était chargé de la construction de l'orgue de la basilique de Saint-Denis, et ce fait se produisait dans des circonstances particulièrement intéressantes, qu'un écrivain très-compétent, Adrien de la Fage, rapportait en ces termes : « M. Aristide Cavaillé s'était transporté à Paris pour prendre connaissance des orgues de la capitale, et surtout dans le but d'y étudier l'acoustique ; il était recommandé au respectable Lacroix, de l'Institut, qui le mit aussitôt en rapport avec M. le baron Cagnard de La Tour et avec ses collègues Savart et Prony. Ce dernier lui fit connaître l'excellent Berton (mort le 22 avril 1844, doyen des compositeurs français), qui faisait partie de la commission nommée pour choisir entre les projets proposés pour l'orgue de Saint-Denis ; il engagea M. Aristide Cavaillé-Coll à se mettre sur les rangs. L'expiration du terme fixé pour la présentation des projets arrivait dans deux jours, et M. Aristide Cavaillé n'avait pas même vu l'église de Saint-Denis ; cependant, encouragé et animé par les conseils du vieux compositeur si bienveillant pour les jeunes gens et si enclin à aider à leurs succès, il se rendit immédiatement sur les lieux, et après avoir examiné la tribune, travaillant jour et nuit, et appuyant son projet par des calculs et des développements étendus, il parvint à le terminer dans le temps voulu. Autre embarras : ce projet devait être accompagné d'un devis, et M. Aristide Cavaillé n'en avait jamais fait ; son père, sous la direction duquel il avait jusqu'alors travaillé, s'occupait de ce soin ; pas plus que pour le projet, il n'avait le temps de recevoir de Toulouse une réponse de sa famille et de s'entendre avec elle. Il vint pourtant à bout de présenter le tout en temps utile, et la commission s'étant rassemblée, il eut le bonheur de voir ses plans approuvés et adoptés, et la construction de l'orgue de Saint-Denis adjugée après concours à MM. Cavaillé père et fils. M. Aristide Cavaillé n'avait alors que *vingt-deux* ans. Depuis ce moment la direction de l'établissement lui a été dévolue. »

Non-seulement le projet de M. Aristide Cavaillé était excellent, mais l'exécution ne laissa rien à désirer, et la commission chargée de la réception de l'instrument le constata en ces termes, qui font ressortir ce que je disais plus haut de la loyauté et du désintéressement du célèbre facteur : « Vos commissaires sont unanimement convaincus que les obligations souscrites par les facteurs ont été *plus que remplies* par eux...... C'est donc avec la plus vive satisfaction qu'ils résument leur opinion sur l'œuvre de ces habiles et consciencieux facteurs, en déclarant que *l'honneur beaucoup plus que le bénéfice* semble les avoir préoccupés pendant la longue durée de l'accomplissement de leurs obligations ; aussi émettent-ils unanimement le vœu de voir restituer à ces facteurs désintéressés la réduction qui leur a été imposée sur le prix demandé par eux.... Un soin extrême d'exécution, poussé jusque dans les plus petits détails, une fidélité rigoureuse à réaliser tous les perfectionnements annoncés, *une abnégation complète de tout intérêt d'argent* ; telles sont les qualités honorables dont MM. Cavaillé n'ont cessé de faire preuve pendant toute la durée de l'exécution de leur traité. »

Voici comment, vingt ans après, Fétis lui-même, le savant auteur de la *Biographie universelle des Musiciens*, s'exprimait, dans son rapport du jury de l'Exposition universelle de 1855, sur M. Cavaillé-Coll et ses travaux : —

« La première innovation faite par M. Cavaillé, dans la facture des orgues, est une des plus importantes, la plus importante même que le siècle présent ait vu naître pour l'amélioration de ce grand instrument; car elle a eu pour effet de mettre en équilibre la force productrice du son et la capacité absorbante des agents de résonnance. L'observation avait démontré à M. Cavaillé que les sons aigus des instruments à vent ne se produisent que sous une pression d'air beaucoup plus forte que celle des sons moyens et graves. On sait, en effet, qu'un clarinettiste, un hautboiste, un corniste, ne parviennent à faire entendre avec pureté les sons de leurs instruments, qu'en comprimant l'air de leur poitrine et le poussant avec force dans le tube. La conclusion était facile à trouver pour les tuyaux d'orgue; mais comment faire exécuter, par une machine, ce que les poumons et les lèvres de l'homme semblent seuls pouvoir faire sous la direction de la volonté? Il était de toute évidence que les dessus étaient trop faibles dans toutes les orgues et surtout dans les grands instruments; il fallait, pour mettre toute l'étendue de leurs claviers en égalité de résonnance, établir des pressions d'air différentes pour les trois divisions naturelles de leurs séries de tuyaux, à savoir: la *basse*, le *médium* et le *dessus*. Au mérite d'avoir posé le problème, M. Cavaillé ajoute la gloire de l'avoir résolu par le moyen très-simple de plusieurs réservoirs d'air à diverses pressions, l'une de faible densité, l'autre moyenne, et la troisième forte. Ces réservoirs sont superposés et alimentent, en raison de leur destination, les tuyaux de la basse, du médium ou du dessus de tous les registres. De là résulte la parfaite égalité qu'on admire dans les instruments de M. Cavaillé, et qui était inconnue avant lui. N'eût-il fait que cette heureuse découverte, il laisserait un nom que n'oublierait pas la postérité. Il en a fait le premier essai dans le grand orgue de Saint-Denis, essai dont le succès fut immédiatement complet, parce que l'œuvre tout entière était la conséquence d'un principe inattaquable. Tout avait été prévu dans cette savante disposition, pour qu'aucun inconvénient ne résultât de cette division du vent en plusieurs réservoirs placés sous des pressions différentes; car ils sont réunis par des conduits élastiques munis de soupapes régulatrices, et s'alimentant réciproquement, sans que leurs pressions diverses puissent en être altérées.

« Nous passons à une autre invention non moins importante, qui, seule, ferait la réputation d'un facteur d'orgues. Certaines séries de tuyaux d'orgue, qui composent les registres aigus de ce grand instrument, ont des dimensions étroites correspondantes à leur longueur. Or, on sait que les tubes étroits produisent des sons qui ont un certain éclat perçant, mais qui sont maigres et secs. Dans ses recherches pour donner à ces registres plus de rondeur et de véritable sonorité, M. Cavaillé fut frappé de cette considération que les cordes vibrantes, ainsi que les colonnes d'air des tubes sonores, forment, dans l'impulsion qui leur est donnée, des nœuds de vibration qui produisent les harmoniques plus ou moins saisissables du son principal, tels que l'octave, la double quinte ou douzième, la triple tierce ou dix-septième, etc. De plus, il savait qu'on fait octavier un tube mis en vibration si l'on ouvre un trou de petite dimension dans la paroi du tuyau, à l'endroit où se forme l'harmonique de l'octave; il tira de ces faits la conclusion, aussi simple qu'ingénieuse, que, si l'on veut avoir, par exemple, l'intonation d'un tuyau de quatre pieds, avec un son plus puissant, plus rond, plus intense, on le peut obtenir avec un tuyau de huit pieds qu'on fait octavier. Par ce procédé, M. Cavaillé a fait, pour l'orgue de Saint-Denis et pour les instruments construits à une époque postérieure, des registres complets auxquels il a donné les noms de *flûtes harmoniques* de huit, de quatre et de deux pieds. Par le même principe, appliqué aux jeux d'anches, il a fait des trompettes et des clairons harmoniques. Du mélange de ces registres avec les jeux des dimensions ordinaires, résulte la sonorité si belle, si puissante, si égale des instruments de M. Cavaillé. Ajoutons que, saisissant toujours le point vrai des choses, il a très-bien compris que les parois minces des tuyaux ne peuvent produire que des sons de mauvaise qualité. Le premier, entre les fabricants d'orgues françaises, il a donné à ces grands tuyaux une épaisseur proportionnée à leur taille. C'est ainsi que, dans le tuyau de l'*ut* de seize pieds en étain de l'orgue de Saint-Denis, il a porté au quadruple des proportions ordinaires le poids du métal, c'est-à-dire à cent quatre-vingts kilogrammes. De là une plénitude, une puissance de son qu'on n'avait jamais entendue dans un instrument de cette espèce.

« Si nous voulions parler de tout ce qui

donne aux instruments de M. Cavaillé le cachet de la perfection, de la bonne entente des dispositions, de l'élégance du fini et du mécanisme, ainsi que d'une multitude de détails où les soins les plus minutieux ont présidé, nous serions entraînés fort loin. Nous dirons seulement qu'après le grand orgue de Saint-Denis, il a construit deux autres instruments plus parfaits encore et dont la réputation est européenne, ceux de l'église de la Madeleine et de Saint-Vincent-de-Paul, à Paris. »

Fétis avait raison de dire que la réputation de M. Cavaillé-Coll était européenne; il aurait même pu ajouter qu'elle était universelle, car M. Cavaillé-Coll n'a pas seulement fourni d'admirables instruments à Paris et à toute la France, mais les pays étrangers, l'Angleterre et la Belgique surtout, lui sont redevables de nombreux chefs-d'œuvre, et il a construit des orgues même pour l'Amérique et l'Australie. Parmi ses instruments les plus remarquables, il faut citer, pour Paris: l'orgue de Saint-Sulpice, considéré comme le plus beau qui existe dans le monde entier, les orgues de la Madeleine, de Notre-Dame de Lorette, de Saint-Vincent-de-Paul, de la Trinité, de Notre-Dame, de Sainte-Clotilde; pour la province, les orgues de la chapelle du château de Versailles, de la basilique de Saint-Denis, de Notre-Dame de Saint-Omer, de Saint-Paul de Nîmes, des cathédrales de Perpignan, de Nancy, de Carcassonne, de Saint-Brieuc; pour la Belgique, l'orgue de Saint-Nicolas, de Gand; pour l'Angleterre, les orgues de la salle Colston, à Briston, des salles de concerts de Willis et de Sheffield, l'orgue du château de Brocewell, résidence de M. Hopwood, etc. etc.

L'éclatante et incontestable supériorité des instruments construits par M. Aristide Cavaillé-Coll est reconnue de toutes parts aujourd'hui, et je crois inutile d'insister sur ce sujet. Plusieurs de ces instruments ont fait l'objet de publications fort intéressantes, parmi lesquelles je mentionnerai les suivantes : 1° *Orgue de l'église royale de Saint-Denis, construit par MM. Cavaillé-Coll père et fils, facteurs d'orgues du roi*, rapport fait à la Société libre des Beaux-Arts, par J. Adrien de la Fage (Paris, Imprimeurs unis, 1845, in-8°, avec gravure); 2° *Étude sur l'orgue monumental de Saint-Sulpice et la facture d'orgue moderne*, par M. l'abbé Lamazou (Paris, Repos, s. d., in-8°, avec gravure); 3° *Le Grand Orgue de la nouvelle salle de concert de Sheffield, en Angleterre, construit par Aristide Cavaillé-Coll, à Paris* (Paris, typ. Plon, 1874, gr. in-8° avec gravures). M. Cavaillé-Coll a publié lui-même, dans des revues et recueil scientifiques, différents mémoires ayant trait à l'orgue et à sa construction. Je ne connais que les trois suivants : 1° *Études expérimentales sur les tuyaux d'orgues*, mémoire lu à la séance de l'Académie des Sciences du 24 février 1849 ; 2° *De l'orgue et de son architecture*, écrit publié dans le 14° volume (1850) de la *Revue générale de l'architecture des travaux publics*, et dont il a été fait un tirage à part ; une seconde édition, augmentée, de cet opuscule a été faite en 1872 (Paris, Ducher, in-8°) ; 3° *Projet d'orgue monumental pour la basilique de Saint-Pierre de Rome* (Bruxelles, imp. Rossel, 1875, in-8°).

* CAVALLINI (ERNESTO), est mort à Milan, sa ville natale, le 7 janvier 1873. En 1852, il avait été appelé à St-Pétersbourg, pour y remplir les triples fonctions de professeur de clarinette au Conservatoire, et de 1re clarinette au théâtre impérial et à la chapelle de la cour. Après un séjour de quinze ans en Russie, il était revenu à Milan, et en 1870 il avait été nommé professeur suppléant de clarinette au Conservatoire. A la liste de ses compositions, il faut ajouter : 1° six grands duos pour deux clarinettes, dédiés à Mercadante ; 2° *I Fiori rossiniani*, concerto pour clarinette ; 3° *Variazioni in sol*, pour clarinette ; 4° *Album vocale* (Milan, Canti).

* CAZOT (FRANÇOIS-FÉLIX), est mort en 1858. Cet artiste avait épousé, le 8 janvier 1814, une chanteuse de l'Opéra, Mlle Joséphine Armand, dont le talent était remarquable, et qui faisait aussi partie de la chapelle impériale. En 1815, tous deux allèrent se fixer à Bruxelles, où Mme Cazot fit, pendant dix années, les beaux jours du théâtre royal. En 1825, ils revinrent à Paris, et c'est alors que Cazot fonda une école de piano, d'où sont sortis un très-grand nombre d'artistes fort distingués. — Mme Cazot ne survécut que peu de temps à son mari, qui était presque mort de chagrin de la perte successive de sa fille et de sa petite-fille : elle mourut au mois de juillet 1859, âgée de 72 ans.

* CAZZATI (MAURICE). Une édition de *Messe e Salmi a 5 voci da cappella*, op. 17, de ce compositeur, a été publiée à Venise en 1655. Fétis a mentionné en effet comme une réimpression celle de 1667, la seule dont il eût eu connaissance.

CEBALLOS (FRANCISCO), compositeur espagnol du seizième siècle, né, à ce que l'on croit, dans la vieille Castille, était maître de chapelle de la cathédrale de Burgos en 1535, et mourut en cette ville en 1571. Beaucoup de compositions de cet artiste sont conservées dans diverses églises d'Espagne, et la bibliothèque de l'Escurial, aussi bien que les archives de la cathédrale de Tolède, possèdent un grand nombre de ses motets. On trouve à l'église de Notre-Dame del Pilar, de Saragosse, une fort belle messe de Ceballos, et M. Hilarion Eslava a reproduit, dans sa *Lira sacro-hispana*, un motet de ce maître : *Inter vestibulum*, qui est une œuvre de grand mérite, aussi bien pour l'élégance de la forme que pour la pureté du style.

CECCHERINI (FERDINAND), chanteur et compositeur, naquit à Florence en 1792. Doué d'une magnifique voix de ténor *serio*, de deux octaves entières de poitrine avec des notes de fausset d'une grande puissance, il étudia la musique et le chant avec l'abbé Philippe Allegri, bon maître florentin, et arriva en peu de temps à un degré remarquable de perfection. Il interprétait en maître tous les genres, mais excellait surtout dans le genre large et majestueux de la vieille école du chant italien, dont on trouve des exemples dans le grand air de *i Misteri Eleusini* de Mayr, celui de *i Baccanali di Roma* de Generali, etc. De toutes parts on le pressait d'embrasser la carrière théâtrale, mais, soit timidité de caractère, soit préjugé religieux, il s'y refusa constamment et s'adonna à la musique sacrée, oratorio ou musique d'église. Personne peut-être n'a chanté mieux que lui l'air du ténor dans la seconde partie de la *Création* de J. Haydn.

Ceccherini, chanteur d'un mérite supérieur et bon musicien, fut également professeur de chant distingué et fit de nombreux et bons élèves, tant amateurs qu'artistes, parmi lesquels il faut citer le prince Joseph Poniatowski. Il fut aussi compositeur de quelque mérite. On a de lui quatre oratorios : *Saül*, *David*, *San Benedetto* et *Debora e Giaele*, exécutés plusieurs fois avec succès à Florence : ce sont de bonnes compositions, mais, malgré leur titre, ce sont plutôt des opéras de sujet sacré que de véritables oratorios dans la rigoureuse acception du mot. Ceccherini compose aussi beaucoup de musique d'église; des mentions spéciales sont dues à son *Requiem*, ainsi qu'à sa grande messe à deux chœurs et orchestre. Sa musique se distingue par la justesse d'expression, la noblesse des pensées, le bon goût ainsi que la bonne facture ; mais elle manque généralement de ce cachet personnel qui fait que les œuvres d'un compositeur ont leur place assignée dans l'histoire de l'art musical.

Ceccherini était professeur de chant aux écoles de musique de l'Académie des Beaux-Arts de Florence, dont la direction lui fut confiée pendant quelque temps, premier ténor dans la musique de chambre et de chapelle de l'ancienne cour de Toscane, maître de chapelle de la Métropolitaine, et un des six maîtres de chapelle du collège des musiciens sous l'invocation de Sainte-Cécile dans l'église des SS. Michel et Gaëtan à Florence. Il est mort en cette ville le 12 janvier 1858.

L.-F. C.

CECERE (CARLO), violoniste et compositeur, né dans le royaume de Naples, vivait dans la première moitié du dix-huitième siècle. Il fit représenter à Naples les deux ouvrages suivants : 1° *lo Secretista*, folie musicale ; (*pazzia per musica*), th. Nuovo, 1738 ; 2° *la Tavernola abentorosa*.

CELANI (GIUSEPPE-CORSO), compositeur italien, vivait dans la seconde moitié du dix-huitième siècle, et résida successivement à Rome, à Parme et à Ancône. On lui doit un oratorio à neuf voix, sur paroles latines, et un autre oratorio, *Ismaele ed Agar*, exécutés à Rome ; un troisième ouvrage du même genre, *Santa Teodora*, fut écrit par lui sur la demande du prince de Toscane, Ferdinand de Médicis, en 1685. Il écrivit encore, pour ce prince, 27 *responsori* et un *Miserere* pour le service de la semaine sainte, trois cantates et deux madrigaux.

CELLARIER (HILARION), compositeur, est né à Florensac (Hérault) le 12 mars 1818. Il se destinait d'abord à la marine et fit de sérieuses études pour suivre cette carrière. Mais un goût très-vif pour la musique l'en détourna et, à l'âge de quinze ans, il se décida à partir pour l'Italie afin d'y développer ses connaissances musicales. Il venait de composer un opéra, *Don Japhet*, où se trouvait la trace de dispositions assez heureuses pour que son admission immédiate fut décidée au Conservatoire de *Viareggio*, près Lucques, placé sous la direction du compositeur Pacini. Pacini prit son jeune élève en affection et lui donna une solide éducation technique. A l'âge de 18 ans, M. Cellarier écrivit, avec les conseils de son maître, un opéra intitulé *la Secchia rapita*. Pacini étant tombé malade, il eut occasion de le remplacer pour la composition d'une messe à quatre parties et à grand orchestre, que l'auteur de *Saffo* avait été chargé d'écrire. Cette messe, annoncée comme étant de Pacini, fut exécutée avec succès, sous le nom de son véritable auteur, dans la cathédrale de Saint-Martin à Lucques. M. Cellarier s'essayait en même temps dans le genre difficile du quatuor et de la symphonie. Deux ans plus tard il terminait un opéra en deux actes, *i Guelfi*, qui allait être donné à Naples, en même temps que la *Saffo* de son maître, quand des affaires de famille le rappelèrent subitement en France, où il est resté. Il s'est fixé définitivement à Montpellier, et s'y est voué à l'enseignement.

M. Cellarier a fait entendre dans cette ville divers morceaux de musique religieuse et une messe à grand orchestre en *ut mineur*, qui fut exécutée en 1845 au profit des inondés de la Loire. On a aussi de lui plusieurs pièces pour le piano, des fantaisies originales, de la musique de danse, etc.

AL. R—D.

CELLER (LUDOVIC) est le pseudonyme littéraire d'un écrivain né à Paris le 8 février 1828, et dont le nom véritable est *Louis Leclercq*. Grand amateur de théâtre et de musique, M. Ludovic Celler a publié depuis une dizaine d'années plusieurs ouvrages intéressants par les recherches d'une érudition consciencieuse, aussi bien que par la sûreté et quelquefois la nouveauté des documents employés. En ce qui concerne particulièrement la musique, M. Celler a donné successivement : 1° *la Semaine sainte au Vatican*, étude musicale et pittoresque (Paris, Hachette, 1867, in-12), livre à la fois utile et attrayant, dans lequel l'auteur fait connaître les pratiques religieuses et les coutumes musicales qui caractérisent la célébration de la semaine sainte à Rome; 2° *les Origines de l'Opéra et « le Ballet de la Reine,* » étude sur les danses, la musique, les orchestres et la mise en scène au XVI° siècle, avec un aperçu des progrès du drame depuis le XIII° siècle jusqu'à Lully (Paris, Didier, 1868, in-12), écrit intéressant, dans lequel cependant, insuffisamment informé relativement aux premiers essais de l'abbé Perrin et de Cambert, l'auteur n'a pas eu l'occasion de rendre à ces deux pères de l'opéra français la justice qui leur est due et la place qui leur appartient ; 3° MOLIÈRE-LULLY. *Le mariage forcé*, comédie-ballet en 3 actes, ou *le Ballet du Roi*, dansé par Louis XIV le 29° jour de janvier 1661, nouvelle édition publiée d'après le manuscrit de Philidor l'aîné, avec des fragments inédits de Molière et la musique de Lully réduite pour piano (Paris, Hachette, 1867, in-12), publication faite d'après le fameux recueil manuscrit de Philidor faisant partie de la Bibliothèque du Conservatoire de musique de Paris, et dont on comprend tout l'intérêt.

En dehors de ces trois ouvrages spéciaux, M. Celler a publié deux autres volumes, ceux-ci relatifs au théâtre proprement dit, mais dans lesquels pourtant la musique a sa part : *Les décors, les costumes et la mise en scène au XVII° siècle*, 1615-1680 (Paris, Liepmannssohn et Dufour, 1869, in-12), et *les Types populaires au théâtre* (id., id.). Enfin, cet écrivain prépare en ce moment une édition du *Pourceaugnac* de Molière avec la musique, et un livre sur la danse.

CELLIER (......), compositeur anglais, a fait représenter au théâtre Saint-James, de Londres, au commencement de 1876, une opérette intitulée *the Sultan of Mocha*. Peu de mois après, dans le cours de la même année, il a donné à Manchester un autre petit ouvrage du même genre, dont j'ignore le titre.

CELLINI (FRANÇOIS), musicien italien, naquit le 5 mai 1813 à Fermo, dans la marche d'Ancône. Dès son jeune âge, il commença à étudier la musique sous la direction de son oncle Augustin Cellini, de Raphaël Monelli et de Charles Morra. Arrivé à un âge plus avancé, il fut envoyé par ses parents à Bologne, pour étudier sous la direction de Pilotti, après la mort duquel il passa au Conservatoire de Naples, où il suivit les leçons de chant de Crescentini, et apprit la composition avec Zingarelli, puis avec Mercadante. Ayant terminé son instruction musicale, il retourna dans sa ville natale, où il obtint en 1842 la maîtrise de la cathédrale. En 1860, il se rendit à Londres avec son élève Antoine Giuglini, et y resta quelque temps à donner des leçons de chant. De retour à Fermo, il y mourut le 19 août 1873, accablé par des chagrins domestiques et des luttes regrettables suscitées par la malignité.

Cellini composa beaucoup de musique d'église, et des chœurs patriotiques de circonstance qui eurent quelque succès. Sa musique, faible de conception, quoique de bonne facture, ne s'élève pas au-dessus de la médiocrité. Sa spécialité était l'enseignement du chant, dans lequel il excellait. De son école sont sortis une foule de bons chanteurs de théâtre, parmi lesquels les frères François et Ludovic Graziani, Henry Fagotti, Antoine Giuglini, M°° Morgiall, M°° Biancolin-Rodriguez, etc.

L.-F. C.

CELLOT (HENRI), compositeur amateur, est né vers 1835, d'une famille aisée, et est entré de bonne heure dans la banque, tout en étudiant la musique pour son agrément. M. Cellot a publié quelques romances, et a fait représenter quelques opérettes, parmi lesquelles on peut citer : *Dix contre un* (Palais-Royal, 4 mai 1865); *l'Ile des Singes* (Eldorado, 13 octobre 1868); *l'Amour charlatan* (Folies-Marigny). Il a donné aussi plusieurs articles de critique au journal *la France musicale*.

CELSCHER (JEAN), contrepointiste hongrois de la fin du seizième siècle, a fait imprimer un assez grand nombre de compositions, qui sont conservées à la bibliothèque de Berlin.

Y.

CENCI-BOLOGNETTI (Le comte), noblamateur de musique, est l'auteur d'un opéra en 4 actes, *Lorenzo Soderini*, qui a été représenté au théâtre Pagliano, de Florence, le 3 août 1867. D'autre part, les journaux italiens ont rendu compte, en 1871, de l'exécution à Rome de deux compositions : une ouverture et une cantate patriotique, *la Redenzione di Roma*, dont l'auteur était *la signora* Aspri-Cenci-Bolognetti.

CENTOLANI (Ambrogio), compositeur italien, est l'auteur d'un opéra sérieux, *Isabella Orsini*, qui a été représenté sur le théâtre de Lugo le 17 septembre 1867.

CEPEDA (.......), compositeur espagnol contemporain, s'est fait connaître par la publication de quelques morceaux de chant et par la représentation de quelques *zarzuelas* dont il a écrit la musique. Je ne connais le titre que d'un seul de ses ouvrages en ce genre, *los Piratas*. M. Cepeda a écrit, avec MM. Allù et Oudrid, la musique d'un drame en trois actes, intitulé *Dalila*.

* **CERACCHINI** (Francesco). Ce compositeur a abordé la scène au moins une fois, car on connaît de lui un opéra intitulé *Antigono*, représenté à Florence en 1794.

CERECEDA (Guillermo), compositeur dramatique espagnol, s'est fait connaître par les *zarzuelas* ou opéras comiques suivants, qui ont été représentés à Madrid, dans le cours de ces dernières années : 1° *Pascal Bailon*, un acte ; 2° *Tocar el violon*, un acte ; 3° *Pepe-Hillo* ; 4° *Trayo* ; 5° *Mefistofeles*, 3 actes ; 6° *Esperanza*, ballade lyrique et dramatique en 2 actes, théâtre de la Zarzuela, 1872. En cette dernière année, M. Cereceda remplissait les fonctions de chef d'orchestre au théâtre de la Zarzuela.

CEREROLS (Le P. Jean), moine et compositeur espagnol, vivait à l'abbaye de Monserrat dans les dernières années du dix-huitième siècle. On conserve dans les archives du célèbre collège de musique de ce couvent les œuvres suivantes, dues à cet artiste : une messe à trois chœurs et à douze voix, dite *Messe de la Bataille* ; les psaumes *Dixit Dominus*, *Confitebor*, *Beatus vir*, *Laudate pueri Dominum*, *Lelatus sum*, *Nisi Dominus*, *Credidi*, l'hymne *Ave Maris stella*, et le cantique *Magnificat*. Presque toutes ces compositions sont à dix voix.

CERFBERR DE MEDELSHEIM (A...), écrivain français, est auteur d'un petit écrit intitulé : *les Orgues expressifs* (sic), Paris, Paul Dupont, 1867, in 16 de 16 pp.

CERIANI (.........), compositeur italien, a fait représenter au Politeama, de Naples, en 1875, un opéra bouffe intitulé *Don Luigi di Toledo*.

CERTAIN (Marie Françoise), claveciniste du dix-huitième siècle, célèbre par son talent d'abord, ensuite par les réunions musicales qui se tenaient chez elle et auxquelles les plus grands virtuoses et compositeurs du temps tenaient à honneur d'assister et de se produire, naquit vers 1662. Elevée par Pierre de Nyert, premier valet de chambre de Louis XIV, qui la regardait comme sa fille, Marie Certain fut un enfant prodige et devint une artiste fort remarquable. De Nyert avait chargé Lully de son éducation musicale, et la jeune fille, qui avait à la fois du penchant pour les lettres, pour la peinture et pour la musique, était à peine âgée de quinze ans lorsque, dans une épître adressée précisément à son protecteur, à De Nyert, La Fontaine en parlait ainsi :

> Avec mille autres bien le jubilé fera
> Que nous serons un temps sans parler d'Opéra ;
> Mais aussi de retour de mainte et mainte église,
> Nous irons, pour causer de tout avec franchise
> Et donner du relâche à la dévotion.
> Chez l'illustre Certin (1) faire une station :
> Certin, par mille endroits également charmante,
> Et dans mille beaux arts egalement savante,
> Dont le rare génie et les brillantes mains
> Surpassent Chambonnière, Hardel, les Couperains.
> De cette aimable enfant le clavecin unique
> Ne touche plus qu'Isis et toute sa musique :
> Je ne veux rien de plus, je ne veux rien de mieux
> Pour contenter l'esprit, et l'oreille, et les yeux.

Le salon de Mlle Certain était le rendez-vous de tous les grands artistes, et jusqu'à son dernier jour cette femme distinguée jouit de la plus brillante réputation, au double point de vue de l'esprit et des talents. Elle mourut à Paris, le 1er février 1711, et fut inhumée dans l'église Saint-Roch, sa paroisse.

CERÙ (Domenico-Agostino) naquit à Lucques, en Toscane, le 28 août 1817 ; il est ingénieur de son état et bon amateur de musique. Il publia, en 1864, un mémoire sur la vie et les œuvres de L. Boccherini ; en 1870, une lettre à son ami André Bernardini, maître compositeur estimé de Buti, en Toscane, sur la musique allemande comparée à la musique mélodique italienne ; et en 1871 « *Cenni storici dell' insegnamento della musica in Lucca e dei piu notabili maestri compositori che vi hanno fiorito* (Lucques, impr. Giusti, in-8°) », ouvrage de peu d'étendue, mais d'un véritable intérêt pour l'histoire de la musique en général, et en particulier dans la ville de Lucques, autrefois capitale d'une riche république où la musique a toujours été tenue en honneur et où les études musicales se main-

---

* L'acte mortuaire de Marie Certain, publié par Jal dans son *Dictionnaire critique de biographie et d'histoire*, donne à son nom l'orthographe que j'ai cru devoir adopter : *Certain*.

tiennent toujours florissantes, quoique Lucques soit réduit aujourd'hui à l'état de chef-lieu de province.

M. D. A Cerù est membre de l'académie des *Phylomates*. On a de lui un mémoire sur le mélodrame et plusieurs pièces détachées, poésies, épigraphes, épitres, etc., qui attestent toutes une intelligence cultivée.

L.-F. C.

CESTARI (Augusto). Un musicien de ce nom a fait représenter en 1859, sur le théâtre d'Udine, un drame lyrique intitulé *Cleto*.

CEUPPENS (Victor), compositeur, né à Bruxelles le 28 juillet 1835, a eu pour maîtres MM. Goossens, Jourdan, Bosselet, Lemmens et Fétis, puis est devenu successivement organiste des églises de Saint-Joseph, des Minimes et de Sainte-Catherine, et enfin maître de chapelle de Saint-Boniface en même temps que professeur à l'école de musique de Saint-Josse-ten-Noode, commune de la banlieue de Bruxelles. M. Ceuppens a publié un certain nombre de compositions religieuses, parmi lesquelles plusieurs messes (dont une, à 4 voix, a été exécutée solennellement le 19 janvier 1861), un *Ave verum* à 4 voix, un *Salve Regina* avec orchestre, un *Laudate Dominum*, chœur à 4 voix, un *Tantum ergo*, un *Pie Jesu*, un *O salutaris*, une prière et 3 Elévations pour orgue. On connaît aussi quelques romances de cet artiste.

CEZANO (Paul). Lors de l'inauguration de la nouvelle salle de l'Opéra, en 1875, on a publié une brochure ornée de vignettes et ainsi intitulée : *Visite au nouvel Opéra*, par Paul Cézano (Paris 1875, in-4°). Le nom de l'auteur de cet écrit nous paraît être un pseudonyme ; du moins ne le connaissons-nous point dans la littérature contemporaine.

CHAALONS-D'ARGÉ (Auguste - Philibert), administrateur et écrivain, né à Paris le 29 juillet 1798, est mort au mois de mars 1869. Il fut successivement attaché aux bureaux du ministère de la guerre, puis du ministère de l'intérieur, puis, sur la fin de sa vie, au ministère de la maison de l'empereur, où il remplissait les fonctions d'archiviste à la section des Beaux-Arts. Secrétaire général du théâtre de l'Odéon de 1823 à 1835, il avait fondé en 1829 le *Journal des Comédiens*, qui est devenu depuis la *Revue et Gazette des théâtres*. Il est mentionné ici pour l'ouvrage suivant : *Histoire critique des théâtres de Paris pendant 1821, pièces nouvelles, reprises, débuts, rentrées* (Paris, Petit, 1822, in-8°), qu'il publia sous le voile de l'anonyme, en société avec Ragueneau. Il publia ensuite, seul, cette fois, et en y mettant son nom, l'*Histoire critique et littéraire des théâtres de Paris*, années 1822-1823 (Paris, Pollet, 1824, in-8°). Ces deux volumes forment le résumé historique et critique du mouvement théâtral pendant la période indiquée, mouvement dont la musique prend une part importante, et donnent des renseignements utiles, qui auraient gagné cependant à être un peu moins délayés.

*****CHABANON** (Michel-Paul-Gui DE), a écrit les paroles et la musique d'un divertissement sans titre qui a été exécuté deux fois, en 1769 et 1770, dans deux concerts donnés au profit de l'École gratuite de dessin.

*****CHAINE** (Eugène). Cet artiste fort estimable, qui depuis longtemps brille à Paris dans l'exécution de la musique de chambre, a obtenu, dans ces dernières années, de sérieux succès comme compositeur. En 1860, il a fait exécuter à Poitiers, aux fêtes données par l'Association musicale de l'Ouest, une messe à 4 voix, chœurs et orchestre, qui a produit un très-grand effet ; sa 1re symphonie (en *fa*) a été couronnée au concours ouvert en 1864, en Hollande, par la société pour l'avancement des études musicales ; sa 2e symphonie (en *ré* mineur) a été l'objet de la même distinction, en 1866, de la part de la société de Sainte-Cécile, de Bordeaux ; une ouverture à grand orchestre, envoyée par M. Chaine au concours de l'académie de l'Institut royal de musique de Florence, obtenait aussi la première récompense ; enfin, en 1872, la société de Sainte-Cécile de Bordeaux accordait le second prix à son *Stabat mater*. En dehors de ces œuvres fort importantes, et d'un troisième concerto de violon, M. Chaine a fait entendre, en ces dernières années, une fantaisie-caprice pour violon sur *les Huguenots* (Paris, Brandus), une fantaisie sur *Norma* et i *Puritani* (id., id.), et une autre sur *la Juive*. Il a publié une quarantaine de fantaisies et de morceaux de genre pour violon, avec accompagnement de piano. Au mois d'octobre 1875, M. Chaine a été nommé professeur d'une des deux classes préparatoires de violon rétablies au Conservatoire de Paris.

*****CHAMPEIN** (Stanislas). Le répertoire dramatique de ce musicien aimable doit se compléter par les ouvrages suivants : 1° *les Amours de Colombine* ou *Cassandre pleureur*, opéra comique joué à la Comédie-Italienne en 1783, et dont la chute fut si complète que sa première et unique représentation ne put même être achevée ; 2° *les Noces cauchoises*, 2 actes, th. Montansier, 1790 ; 3° *les Hussards en cantonnement*, 3 actes, Opéra-Comique, 28 juin 1817. Champein a écrit aussi la musique, assez importante, de deux pièces représentées à la Comédie.

Française ; 4° *le Chevalier sans peur et sans reproche* ou *les Amours de Bayard*, comédie en 3 actes, mêlée d'intermèdes, de Monvel (24 août 1786); 5° *Lanval et Viviane* ou *les Fées et les Chevaliers*, comédie héroï-féerique en 5 actes et en vers de dix syllabes, avec chants et danses, de Murville (13 septembre 1788). Enfin, on a imprimé, mais non représenté, la pièce suivante : *les Deux Seigneurs* ou *l'Alchimiste*, pièce en 2 actes, en vers, par MM. A. et H. (Anson et Hérissant), « avec deux airs nouveaux de M. Champein. »

* CHAMPEIN (Marie-François-Stanislas), fils du précédent, naquit à Paris le 20 juillet 1799. Après avoir quitté l'Italie pour revenir en France, il publia en 1869, à Paris, un journal qui avait pour titre *la Fraternité*, et mourut en cette ville le 8 mars 1871.

On a représenté au Gymnase, le 10 avril 1821, un opéra comique en un acte intitulé : *Une Française*, musique de Champein « fils. » J'ignore s'il s'agissait ici de cet artiste ou d'un autre fils de Stanislas Champein.

CHAMPFLEURY (Jules Fleury, dit), critique et romancier, naquit à Laon le 10 septembre 1821. Dans ses nombreux écrits, de genres très-divers, M. Champfleury s'est beaucoup occupé de musique, imitant en cela Charles Barbara, son ami de jeunesse, avec qui il fit souvent des séances de quatuors dans lesquelles il tenait la partie de violoncelle. Malheureusement, si M. Champfleury avait quelque pratique musicale, ses connaissances théoriques étaient absolument nulles ; cela ne l'a pas empêché de vouloir, à l'occasion, trancher du magister et le prendre de haut avec les critiques de profession, selon ce principe cher à tous les dilettantes forcenés que les musiciens seuls sont impropres à la critique, et que celle-ci ne peut être bien faite que par des ignorants. C'est ce principe qui a poussé M. Champfleury à prendre la défense de M. Richard Wagner en essayant, bien en vain, de jeter le ridicule sur certains critiques accrédités, et il a donné la mesure de sa compétence en pareille matière en niant la valeur musicale de Berlioz, dont la gloire n'a été que médiocrement atteinte par ses sarcasmes. Les prétentions musicales de M. Champfleury se font jour surtout dans sa traduction des *Contes posthumes d'Hoffmann* (Paris, Lévy, 1856, in-12), et dans une brochure intitulée *Richard Wagner*, dédiée à Charles Barbara, qu'il a reproduite dans ses *Grandes Figures d'hier et d'aujourd'hui* (Paris, Poulet-Malassis, 1861, petit in-8°).

CHAMPS (Ettore de), pianiste et compositeur dramatique, né à Florence le 8 août 1835, étudia la flûte avec un de ses oncles, le piano avec Gioacchino Gordoni, l'harmonie et le contrepoint avec Colson, et la composition avec Mabellini. Il se livra de bonne heure à l'enseignement, publia de nombreuses et élégantes compositions pour le piano, et finalement aborda le théâtre avec succès en donnant à la Pergola, de Florence, deux opéras-bouffes qui furent bien accueillis : *i Tutori e le Pupille* (1869), et *il Califfo* (1870). Il produisit ensuite plusieurs *farse* qui ne furent pas moins bien reçues : *Gosto e Mea* (1872), *la Secchia rapita* (en société avec MM. Gilardini, Felici et Tacchinardi, 1872), et *l'Idolo Cinese* (en société avec MM. Tacchinardi, Gialdini, Felici, Usiglio et Bacchini, 1874). On lui doit aussi la musique de deux ballets, représentés au théâtre Pagliano, *il Genio delle Colline* (1854), et *il Naufragio della Fregata La Peyrouse* (1859). Enfin, M. de Champs a écrit encore deux messes *a cappella*, deux autres messes avec orchestre, et un grand nombre de morceaux détachés de tout genre.

* CHAPPELL (William). — Cet érudit distingué a commencé récemment la publication d'un ouvrage extrêmement important : *The History of music (art and science)*, *l'Histoire de la Musique*, dont le premier volume a paru récemment à Londres (Chappell and C°, in-8, s. d. [1875]). *L'Histoire de la Musique* de M. Chappell doit former quatre volumes ; on comprend donc qu'il ne saurait être question ici d'une analyse complète du seul qui ait été publié jusqu'à ce jour, l'ensemble d'un tel travail étant indispensable à qui voudrait porter sur lui un jugement motivé. Je me bornerai à dire que ce premier volume est presque entièrement consacré à l'étude de la musique grecque, sans que l'auteur paraisse avoir ajouté un contingent bien nouveau et bien appréciable aux connaissances réunies sur ce sujet par les écrivains qui l'ont précédé.

* CHAPELLE (Jacques-Alexandre de la) Ce compositeur a écrit la musique d'un opéra en trois actes et un prologue, *Isac*, qui fut représenté le 27 mars 1734 par les écoliers du collége Louis-le-Grand, et qui, en cette circonstance, servait d'intermède à une tragédie latine intitulée *Tigrane*.

CHARBONNIER (L'abbé Étienne-Paul), né à Marseille le 29 frimaire an 11 (19 décembre 1793), fut reçu enfant de chœur de la métropole d'Aix en Provence en 1810, et fit à cette maîtrise ses premières études musicales. Il fut ordonné prêtre en 1821, et nommé l'année suivante organiste de la cathédrale d'Aix. Il conserva ce poste jusqu'en juin 1867, époque à laquelle il se retira pour être nommé quelque temps après chanoine honoraire. Il mourut à Aix le 7 octobre 1872. L'abbé Charbonnier s'était voué de très-bonne heure à la musique sacrée et à l'étude de l'orgue. Comme organiste, il acquit une notoriété locale, qui paraît avoir été exagérée. Comme compositeur, il a beaucoup écrit; c'est surtout dans l'étude de la vieille musique provençale, qu'il s'était fait une véritable spécialité. Il a publié chez Remondet-Aubin, à Aix, un volume intitulé *Noëls, Magnificats, Marche des Rois, arrangés pour l'orgue et l'harmonium* (in-4°). Il avait fait paraître également en 1835 un livre intitulé : *Des Principes de Musique*, qui fut assez estimé. On lui doit la musique d'une pastorale provençale, 40 motets en latin, 50 cantiques et morceaux français d'une mélodie peu distinguée mais assez gracieuse, un recueil pour orgue, puis deux Passions, l'une pour le dimanche des Rameaux, l'autre, assez curieuse, pour le Vendredi saint, avec de petits chœurs figurant les cris de la foule, et accompagnement de violoncelles, contre-basses et orgue. Enfin il a écrit un *Petit traité d'harmonie* mise en pratique pour le piano, qui a été édité à Paris.

AL. R—D.

* **CHARDINY** (LOUIS-ARMAND). En annonçant la mort de cet artiste, le *Journal des Spectacles* du 3 octobre 1793 s'exprimait ainsi : « Louis-Claude-Armand Chardiny, artiste de l'Opéra, capitaine de la garde nationale de la section du Théâtre-Français, dite de Marat, natif de Fécamp, en Normandie, âgé de 35 ans, est mort le premier de ce mois, et a été inhumé le lendemain dans l'église de Saint-André-des-Arcs, sa paroisse. Nous nous empresserons de transmettre à nos lecteurs les anecdotes et les notices biographiques qui pourront nous parvenir sur cet artiste. » Cette note est très-précise, on le voit, dans sa rédaction, et les renseignements qu'elle donne diffère quelque peu de ceux contenus dans la *Biographie universelle des Musiciens*; je n'ai pu me renseigner d'une façon absolue sur son exactitude. Cinq jours après, le 8 octobre, le *Journal des Spectacles* insérait les vers suivants, qui lui étaient envoyés par « le citoyen Piis, » le vaudevilliste, au sujet de Chardiny :

L'Opéra perd un bon artiste,
La Musique, un bon harmoniste,
Le Vaudeville un bon soutien,
Le dieu Comus un bon convive;
Mais ce qui cause à tous une douleur plus vive,
La République, en lui, perd un bon citoyen.

Un fait peu connu, et constaté par le *Mercure de France* du 29 septembre 1787, c'est que c'est Chardiny qui écrivit les récitatifs du *Roi Théodore à Venise*, de Paisiello, lorsque cet ouvrage, traduit par Moline, fut représenté à l'Opéra le 11 septembre de cette année. Il faut ajouter aussi à la liste de ses productions dramatiques *l'Amant sculpteur*, opéra comique en un acte qui fut représenté au Théâtre-Comique et Lyrique en 1790. Lorsqu'en 1792, Piis et Barré fondèrent le théâtre du Vaudeville, ils engagèrent Chardiny comme « instituteur » de leurs jeunes artistes, et comme compositeur et arrangeur de la musique de leurs pièces. « Peu de personnes, disait à ce sujet le rédacteur de l'*Almanach des Spectacles*, étaient plus en état que cet artiste de travailler pour ce spectacle : le vaudeville était son genre favori, et il était fait pour enrichir son théâtre d'une foule d'airs, que les auteurs ont mis partout, et qui sont dans la bouche de tout le monde. » Cet emploi n'empêcha point Chardiny de continuer à faire partie du personnel de l'Opéra, mais il lui donna la facilité de placer un sien parent, peut-être son frère (J. Chardiny), à l'orchestre du Vaudeville, où celui-ci jouait la partie de violoncelle. — Dans son *Dictionnaire néologique*, dont la publication a été interrompue après le troisième volume, le Cousin-Jacques a consacré une notice à Chardiny

CHARLEMAGNE. — *Voyez* **HENRION** (PAUL).

CHARLES Ier, roi d'Angleterre, deuxième souverain de la famille des Stuarts, était un grand amateur de musique et fit tous ses efforts pour l'encourager dans ses États. Il jouait, dit-on, fort habilement la basse de viole, et tenait très-bien sa partie dans les *Fantaisies* de Coperario, compositeur distingué qui lui a dédié une suite de pièces de ce genre. Charles Ier était l'ami d'un autre musicien remarquable, William Lawes, artiste de sa chapelle, qui lui rendait son affection et qui, pour le lui prouver, prit les armes en sa faveur et se fit tuer bravement au siège de Chester. Pour honorer sa mémoire, le roi porta publiquement le deuil du musicien. Ce prince, qui était né à Dumferling (Écosse), en 1600, mis en jugement à la suite de sa guerre contre le parlement, périt sur l'échafaud le 30 janvier 1649.

CHARLES II, fils du précédent, grand amateur de musique comme lui, fut, dit-on, l'introducteur du violon en Angleterre. Ce prince, qui, après le supplice de son père et la défaite que lui avait fait subir Cromwell à Worcester, avait dû se réfugier et résider en France, y avait pris les habitudes musicales de notre pays. Il aimait surtout nos *petits violons à la française*, qui commençaient à remplacer chez nous les dessus de viole, et lorsqu'il rentra dans ses États, il créa une bande de vingt-quatre violons, à l'imitation de celle qu'il avait vu manœuvrer à Versailles et à Paris sous la direction de Lully. En tout ce qui concernait la musique, Charles II introduisit à Londres les pratiques françaises, en dépit des efforts prolongés de son secrétaire Williams, qui tenait pour la musique nationale. Le roi finit par avoir raison de son secrétaire, comme on le pense, mais pourtant ce ne fut pas sans peine, et bien longtemps après, Roger North, qui fut attorney général sous Jacques II, parlait de cette lutte dans ses *Mémoires* avec une sorte d'amertume. Lorsque l'infortuné Cambert, malgré les succès obtenus par ses opéras, les premiers qu'on eût entendus en France, eût été réduit au silence par les intrigues de Lully et crut devoir s'expatrier, c'est à Londres et auprès de Charles II qu'il alla chercher un refuge. Les uns disent que ce prince le mit à la tête de sa bande de violons, ce qui ne paraît pas probable, Cambert n'étant pas violoniste, que l'on sache; les autres, et ceux-ci semblent avoir raison, affirment que Cambert devint surintendant de la musique royale, et conserva cet emploi jusqu'à sa mort. Ce qui paraît certain, quoiqu'à cet égard on n'ait aucune preuve absolue, c'est que Charles II, qui avait cordialement accueilli le grand musicien français, fit représenter à sa cour les opéras de Cambert, entre autres *Ariane*, qui n'avait pu voir le jour à Paris.

Charles II, qui était né le 20 mai 1630, mourut en 1685.

CHARLEVOIX (PIERRE-FRANÇOIS-XAVIER DE), savant jésuite français, naquit à Saint-Quentin en 1684. On trouve d'intéressantes notices sur les instruments de musique japonais dans le tome I de son ouvrage : *Histoire et Description générale du Japon* (Paris, 1726).

CHARLY ou **DE CHARLY**, claveciniste et compositeur, était professeur de clavecin à Valenciennes en 1777, année où il publia un *Premier recueil de romances*, avec accompagnement de harpe ou de clavecin. J'ignore si cet artiste a mis au jour d'autres compositions.

CHARLOT (JOSEPH-AUGUSTE), musicien très-instruit, très-distingué, né à Nancy le 21 janvier 1827, donna l'une des preuves les plus éclatantes de la situation lamentable dans laquelle les administrations lyriques mettent en France les jeunes artistes, même ceux qui donnent le plus d'espoir et qui semblent appelés à parcourir la carrière la plus brillante. Il est difficile, en effet, d'obtenir de plus nombreux et de plus brillants succès d'école que n'en avait remportés Charlot. Entré au Conservatoire de fort bonne heure, d'abord dans la classe de Zimmermann, puis dans celle de Carafa, il se voyait décerner en 1838, à peine âgé de onze ans, un premier prix de solfège et un accessit de piano; l'année suivante, on lui donnait le second prix de piano; en 1841, il enlevait le premier prix pour cet instrument, en même temps qu'un second prix d'harmonie et accompagnement, et en 1842 il remportait le premier prix d'harmonie. En 1846, concourant à l'Institut, il obtenait une mention honorable, se faisait décerner le second prix au concours suivant, et enfin couronnait sa carrière d'élève, en 1850, par le premier grand prix de Rome.

Après de tels succès, on eût pu croire que Charlot parviendrait rapidement au théâtre, ou du moins qu'on mettrait à l'essai ses jeunes talents, en lui permettant de les produire en public. Il n'en fut rien; le jeune artiste eut beau, comme tant d'autres, courir après un poëme pendant nombre d'années, il ne put jamais l'obtenir, et dut enfin renoncer à l'espoir qu'il avait si longtemps caressé. Devenu accompagnateur, puis chef du chant à l'Opéra-Comique, ce qui aurait dû lui faciliter la route, il fut obligé de s'en tenir à cette situation indigne de lui, mais qui du moins lui assurait l'existence.

Charlot a publié quelques compositions de peu d'importance, quelques mélodies vocales, des chœurs orphéoniques, et il en a laissé un assez grand nombre en manuscrit. Son nom figure modestement sur quelques partitions dont il avait exécuté la réduction au piano. Cet artiste fort estimable est mort à Sèvres, au mois d'août 1871. L'éditeur M. Hartmann a publié, depuis sa mort, un recueil de *Dix mélodies* dues à la plume de ce musicien distingué; on peut signaler particulièrement dans ce recueil, de tout point intéressant, la pièce intitulée *le Géant*, écrite sur des vers de Victor Hugo, et qui est d'une inspiration large, mâle et puissante.

CHARNACÉ (Le comte GUY DE), écrivain musical, né vers 1825, a tourné son esprit vers les choses de la musique, après s'être longtemps occupé d'agriculture et d'agronomie. Il a collaboré, pour ces questions d'art, à divers journaux, entre autres au *Paris-Journal* et au *Bien public*, dont il a rédigé, pendant les années 1871, 1872 et 1873, le feuilleton musical. Malheureusement, les études artistiques de M. Guy de Charnacé, beaucoup trop superficielles, ne lui permettaient point de juger en critique, mais en simple dilettante, et ce manque de connaissances enlevait beaucoup de valeur à ses appréciations. M. de Charnacé a publié les écrits suivants : 1° *les Étoiles du chant* (Adelina Patti, Christine Nilsson, Gabrielle Krauss), Paris, Plon, 1868-69, in-8° avec portraits ; trois livraisons seulement ont paru de cette publication, qui ne s'est pas continuée ; 2° *les Compositeurs français et les théâtres lyriques subventionnés*, Paris, Dentu, 1870, in-8° ; 3° *Lettres de Gluck et de Weber*, publiées par M. L. Nohl, traduites par Guy de Charnacé, Paris, Plon, 1870, in-12 avec portraits et autographes ; 4° *Musique et Musiciens*, Paris, Pottier de Lalaine, 1873, 2 vol. in-12. Ce dernier ouvrage est un recueil fait avec trop de complaisance, et sans les corrections et suppressions indispensables, d'articles précédemment publiés par l'auteur.

CHARREIRE (PAUL), musicien aveugle, organiste à Limoges, est auteur d'un opuscule publié sous ce titre : *Aperçu philosophique sur la musique* (Limoges, impr. Chapouland, 1860, in-8°). Cet artiste est mort il y a quelques années.

CHARRIN (PIERRE-JOSEPH), chansonnier, auteur dramatique et romancier, tout en étant employé au ministère de la guerre, naquit à Lyon le 2 février 1784. Il fut, avec Warez, l'un des auteurs du *Mémorial dramatique* ou *Almanach théâtral*, dont il parut treize années, de 1807 à 1819 (Paris, Hocquet, in-24). Quoique assez mal fait, ce recueil n'en est pas moins utile pour les renseignements qu'il donne sur les théâtres de Paris. Charrin est mort à Paris au mois de mai 1863.

CHARTIER (CHARLES-JEAN), amateur de musique. Le nom de cet homme honorable doit trouver sa place dans ce dictionnaire, en raison de la libéralité intelligente dont il a fait preuve envers l'art qu'il aimait. M. Chartier, qui habitait la commune de Breteil, dans le département d'Ille-et-Vilaine, était possesseur d'une importante collection de lettres autographes du Poussin, dont il avait offert l'acquisition à la Bibliothèque impériale. Lorsque cette offre lui fut faite, cet établissement n'avait point de fonds disponibles pour un achat de ce genre, et répondit à M. Chartier qu'il ne pouvait l'effectuer immédiatement. M. Chartier attendit patiemment, et, au bout de quelques années, par suite d'une combinaison de paiement dans laquelle le département des manuscrits et celui des estampes entraient chacun pour moitié, l'acquisition put être effectuée. Le prix, d'ailleurs modique, était de quatre mille francs environ, et pour cette somme modeste la Bibliothèque se trouvait mise en possession d'une collection de documents inappréciables pour l'histoire de l'art et d'un des plus grands artistes qui aient illustré la France.

Mais si M. Chartier avait volontiers consenti, pour ne pas laisser passer en des mains mercenaires ou hors de son pays des documents qui intéressaient celui-ci à un si haut degré, à attendre que l'administration de notre plus grand dépôt littéraire fût en état d'en devenir acquéreur, il ne voulait point profiter personnellement du produit de cette vente. Grand amateur de cette forme merveilleuse de musique instrumentale à laquelle on a donné le nom de musique de chambre, il songea à encourager les artistes qui se livrent à la composition de ce genre de musique, et voulut utiliser à leur profit la somme qu'il avait retirée de la vente des lettres du Poussin. C'est dans ce but qu'il rédigea ainsi un article de son testament : « Je donne et lègue, à l'Académie des Beaux-Arts de l'Institut de France, une rente annuelle de sept cents francs, pendant cent ans, en faveur des meilleures œuvres de musique de chambre, trios, quatuors, etc. qui approcheront le plus des chefs-d'œuvre en ce genre. » C'est en 1861 que l'Académie des Beaux-Arts fut mise en possession de ce legs, et comme deux annuités s'en trouvaient alors à sa disposition, elle décerna deux prix cette première année, l'un à M. Charles Dancla, l'autre à Mme Farrenc, tous deux professeurs au Conservatoire de musique de Paris. Depuis lors, le *prix Chartier* a été décerné à plusieurs artistes distingués.

CHARTON-DEMEUR (Mme), née Anne-Arsène *Charton*, cantatrice extrêmement distinguée, est née à Saujon (Charente), le 5 mars 1827. Douée d'excellentes dispositions musicales, elle fut confiée de bonne heure par ses parents, alors établis à Bordeaux, aux soins d'un professeur nommé Bizot, et à peine âgée de seize ans elle débutait sur le grand théâtre de cette ville dans *Lucie de Lammermoor*, de Donizetti (mai 1843). Douée d'une belle voix de soprano, forte, souple et étendue, d'une intelligence scénique incontestable, la jeune artiste se vit accueillir avec faveur par le public, et se montra successivement dans plusieurs rôles importants, Isabelle de *Robert le Diable*, Eudoxie de *la Juive*, et Pauline des *Martyrs*, qui ne firent qu'affermir son succès. L'année suivante, Mlle Charton fut engagée à Toulouse pour y tenir l'emploi de première chanteuse d'opéra-comique, et en 1846 elle faisait les beaux jours du théâtre de la Monnaie de Bruxelles. C'est en cette ville qu'elle épousa, le 4 septembre de l'année suivante, M. Demeur, flûtiste belge distingué, et depuis cette époque elle est connue au théâtre sous le nom de Mme Charton-Demeur.

En 1849, la jeune cantatrice fit une première

et courte apparition à l'Opéra-Comique, où les hasards du répertoire ne la favorisèrent pas comme elle le méritait. Elle prit alors le parti d'adopter la carrière italienne, et se produisit avec les succès les plus éclatants sur les plus importantes scènes de l'étranger, à Saint-Pétersbourg, à Madrid, à New-York, à Bade, à la Havane. En 1853, elle rentrait pour un instant à l'Opéra-Comique, s'y montrait dans *le Caïd*, *le Domino noir* et quelques autres ouvrages, mais le quittait bientôt une seconde fois pour retourner à l'étranger. En 1862, Mme Charton-Demeur débutait sur le Théâtre-Italien de Paris par le rôle de Desdemona d'*Otello*, et méritait les éloges les plus flatteurs du public et de la critique. Dans le courant de la même année, elle créait, sur le théâtre que dirigeait alors à Bade M. Bénazet, le rôle de Béatrice dans l'opéra de Berlioz : *Béatrice et Bénédict*, et Berlioz était si charmé du talent qu'elle y avait déployé que bientôt il l'appelait à son aide pour venir établir celui de Didon dans l'œuvre magnifique et malheureuse qu'il donnait au Théâtre-Lyrique : *les Troyens*. La beauté sculpturale et noble de la grande artiste, son énergie dramatique et passionnée, son grand sentiment poétique, l'éclat et la puissance d'une voix dont elle était absolument maîtresse et qu'elle savait diriger avec le goût le plus sûr, convenaient merveilleusement au personnage qu'elle était chargée de représenter, et si, pour des raisons particulières, *les Troyens* ne réussirent pas à la scène, la cantatrice ne s'y montra pas moins admirable et pleine d'un enthousiasme qu'elle puisait dans son admiration pour l'œuvre et pour l'auteur. Peu de temps après, Mme Charton reparaissait sur notre Théâtre-Italien, mais bientôt elle s'éloignait de nouveau de Paris pour aller retrouver ses succès sur les scènes étrangères. Depuis lors, elle n'a plus reparu en France.

CHASSAIGNE (Francis), compositeur, a fait représenter à Paris, dans des cafés-concerts, les opérettes ou saynètes suivantes, toutes en un acte : 1° *les Horreurs du carnaval*, Eldorado, 1873 ; 2° *le Professeur de tyrollenne*, 1874 ; 3° *la Bergère de Bougival en Suisse* ; 4° *une Double clef* ; 5° *un Coq en jupons*, Alcazar, 1876 ; 6° *Deux mauvaises bonnes*, Eldorado, 1876. M. Chassaigne a publié aussi quelques romances, chansons et chansonnettes comiques, ainsi que des morceaux de danse pour le piano.

CHASSANT (......), archiviste, membre de la Commission des Archives historiques, est, avec M. Bonnin, l'éditeur de l'intéressante publication faite sous ce titre : *Puy de musique érigé à Évreux en l'honneur de madame sainte Cécile*, publié d'après un manuscrit du XVI° siècle (Évreux, impr. Ancelle, 1837, in-8° de 88 pages).

CHASTAIN (........), est auteur d'un ouvrage historique et pratique sur le plain-chant, publié sous ce titre : *Essai sur la tradition du chant ecclésiastique depuis saint Grégoire, suivi d'un tonal inédit de Berton de Reichenau*, Toulouse, 1867, un vol. in-12, avec planches.

CHASTAN (Jules), né à Marseille le 30 avril 1837, fit ses premières études musicales au Conservatoire de cette ville et les poursuivit en Italie, où il se rendit en 1854. Il séjourna successivement à Florence, où il écrivit divers morceaux de danse et de chant, et à Naples, où il fit exécuter une messe de sa composition. Cette audition lui valut la décoration du roi de Naples. Il reçut également vers la même époque la croix de Saint-Grégoire le Grand et l'ordre du Nicham. De retour à Marseille, il s'y est fait connaître par diverses publications pour le piano et la voix. En 1874, il a donné au Gymnase de cette ville un opéra-comique en un acte, *Don José de Guadiana*, qui a été monté ensuite à Toulon et Avignon. Il a fait aussi entendre des morceaux d'orchestre, introduction, marche et ballet bâti sur de vieux airs provençaux, destinés à accompagner le drame *le Roi René*, qui a été joué à Marseille, au théâtre Valette.

On a publié de cet artiste : *Recueil de dix mélodies* (Guidi, à Florence) ; *Souvenir de Roche-Heureuse*, violoncelle et piano (Ricordi, à Milan) ; *L'Émir de Bengador*, romance (Heugel) ; *Chant Circassien* ; *Chant d'automne* ; *le Gondolier* ; *la Feuille envolée* ; *la Mère du Cosaque* ; *les Pâquerettes* ; *l'Hymne de l'enfant à son réveil*, romances (Carbonel, à Marseille) ; *premier nocturne* (Carbonel) ; *deuxième nocturne* (Heugel), et divers morceaux de danse (Heugel et Carbonel).

AL. R—D.

CHASTILLON DE LA TOUR (Guillaume de), musicien français, vivait à Caen à la fin du seizième siècle. Il publia en 1593 un recueil important d'airs et de chansons de sa composition, donné par lui sous ce titre : *Airs de l'invention de G. D. C. Sr de la Tour, de Caen, sur plusieurs poèmes saints et chrétiens recueillis de divers auteurs et divisés en trois livres : Ier De la grandeur de Dieu et de se réjouir en lui ; II° De l'Amour divin et du Mariage ; III° Du Mépris du monde et de l'Espérance en Dieu*, Caen, Jacques Mangeant, in-8° oblong. Ces airs étaient à quatre parties : dessus, haute-contre, taille et basse.

CHAUMET (William), compositeur de musique, est né à Bordeaux le 26 avril 1842. Son père le destinait à la carrière commerciale, mais le jeune Chaumet avait pour cet état fort peu d'aptitudes; et, tout jeune, il prélevait sur ses économies mensuelles la somme nécessaire pour prendre des leçons d'harmonie et de contrepoint. L'idée du théâtre le tourmenta de bonne heure; et il n'avait pas beaucoup plus de 23 ans quand il écrivit la musique du *Coche*, un petit acte dont le poëte Hyppolyte Minier composa pour lui les paroles. Cette pièce n'a jamais vu le jour. Très refroidi, parce qu'il ne put parvenir à la faire représenter à Bordeaux, M. Chaumet fit alors des morceaux de piano et violon, un quatuor pour instruments à cordes, des romances, etc. Puis, l'envie du théâtre le reprit, et il écrivit le *Péché de M. Géronte*, opéra-comique en un acte, représenté à Paris, au Théâtre-Lyrique de l'Athénée, le 30 décembre 1872.

Au mois de janvier suivant, le directeur de l'Athénée confia à M. Chaumet une autre pièce à mettre en musique, *Méhul chez Gluck*, opéra-comique tiré de la nouvelle d'Adolphe Adam. Au jour dit, le jeune compositeur se présentait avec sa partition dans le cabinet du directeur, mais le théâtre était en déconfiture.

Pendant l'été de 1873, M. Chaumet a donné à Bordeaux, au théâtre des Folies-Bordelaises et sous un nom d'emprunt, un intermède en un acte, intitulé *Idéa*. J'ai assisté à plusieurs représentations de cet ouvrage, qui n'émane certainement pas du premier venu. M. Chaumet est un admirateur sincère de MM. Gounod et Bizet, et sa musique se ressent de la double influence des auteurs de *Faust* et de *Carmen*. Il n'est jamais trivial, et manie l'orchestre avec habileté (1).

A. L.—N.

CHAUSSIER (l'abbé), partisan de la doctrine de Pierre Galin, qu'il a adaptée à l'étude du plain-chant, est l'auteur d'un manuel ainsi intitulé: *le Plain-chant enseigné d'après la méthode du Méloplaste*, Paris, Périsse, in-12. Il a été fait trois éditions de cet ouvrage.

CHAUVET (Charles-Alexis), compositeur et organiste, artiste extrêmement remarquable qu'une mort prématurée a enlevé à la gloire qui l'attendait, naquit à Marines (Seine-et-Oise) le 7 juin 1837. Admis dans une classe de piano du Conservatoire de Paris à l'âge de dix-sept ans, il avait déjà le sentiment de sa vocation, ainsi que le prouve cette mention, placée sur le registre des entrées de cet établissement, à côté de son nom : « *Se destine à l'orgue.* » Devenu plus tard élève de M. Ambroise Thomas pour la fugue et la composition, et de M. Benoist pour l'orgue, il remporta le second prix pour cet instrument en 1859, et le premier en 1860. Il entra peu après comme organiste à l'église St-Thomas d'Aquin, puis remplit les mêmes fonctions à St-Bernard et à St-Merry. Très-remarqué dans ces différentes églises, où il donna rapidement la mesure de sa valeur et où il fit montre de qualités absolument hors ligne, il fut choisi, lors de la construction de l'église de la Trinité (1869), pour tenir le grand orgue de cette riche paroisse.

Chauvet, cependant, n'avait pas quitté le Conservatoire après avoir terminé son cours chez M. Benoist; il avait continué de fréquenter la classe de M. Ambroise Thomas, et, là encore, il avait déployé des facultés tellement extraordinaires, que ce dernier l'avait choisi comme répétiteur. Il exerçait ces fonctions sans titre officiel, mais ses rares aptitudes de contrepointiste et l'excellence de ses démonstrations indiquaient qu'il y avait en lui l'étoffe d'un professeur de premier ordre. Il eût conquis certainement avec rapidité la grande situation que lui assuraient d'avance les dons heureux dont la nature l'avait comblé, sans une grave maladie de poitrine qui tout d'un coup vint alarmer sa famille, ses élèves et ses amis. Les terribles événements qui signalèrent l'année 1870 vinrent aggraver encore cette maladie, et affecter d'une façon inquiétante l'âme toute française de Chauvet : les émotions qu'il ressentit alors, des souffrances toujours de plus en plus vives, le voyage que lui prescrivit son médecin, qui ne voulait pas lui laisser subir l'épreuve du siège de Paris, tout cela vint activer le mal qui devait l'emporter. Il mourut à Argentan (Orne), précisément à la date funèbre du 28 janvier 1871.

Chauvet a laissé quelques compositions dont voici la liste, par ordre de publication : 1° *Vingt Morceaux pour orgue*, en 4 suites, Paris, Graff; — 2° *Quatre Morceaux de genre*, pour piano, id., F. Mackar; — 3° *Quatre Offertoires de l'Avent à Noël*, pour orgue sans pédales ou harmonium, id., Piégel; — 5° *Cinq Feuillets d'album*, id., Mackar; — 6° *Quinze Études préparatoires aux œuvres de Bach*, id., id.; — 7° *Cinq Offertoires de Noël à l'Épiphanie*, pour orgue ou harmonium, id., Piégel; — 8° *Six Pièces pour piano*, en 2 cahiers, id., Hartmann; plus, divers morceaux publiés dans *la Maîtrise*

---

(1) Le jury du concours Cressent (*Voyez* ce nom), réuni pour la dernière fois, le lundi 6 décembre 1875, sous la présidence de M. Ambroise Thomas, membre de l'Institut, et en présence de M. de Beauplan, chef du bureau des théâtres au ministère des Beaux-Arts, a décerné le prix à la partition écrite sur le poëme de *Bathyle*, portant le n° 27 et les initiales H. O. L'auteur de cette partition est M. William Chaumet. — A. P.

et autres recueils de ce genre. Quelque temps avant sa fin prématurée, Chauvet fit entendre à plusieurs amis six grandes fugues pour piano à pédales, qui pouvaient se comparer à ce que l'on connaît de mieux en ce genre ; malheureusement, ces compositions superbes ne se sont pas retrouvées dans ses papiers, et sont probablement perdues pour toujours.

Comme organiste, Chauvet se faisait remarquer par une facilité d'improvisation qui tenait du prodige ; il appelait à son aide toutes les ressources de l'art du contre-point, qui lui étaient étonnamment familières, et qu'il savait accommoder aux exigences de l'harmonie moderne avec une originalité piquante, tout en restant fidèle au caractère sévère de l'instrument et au respect dû à la sainteté du temple. Comme professeur, un vif sentiment de la forme, une grande souplesse d'esprit, une parole claire et d'une rare facilité en faisaient un didacticien accompli. Ceux qui ont eu le bonheur d'être ses élèves ont conservé de lui un souvenir qui ne s'effacera pas.

CHAVAGNAT (ANNE-PIERRE-ÉDOUARD), compositeur, est né à Paris le 17 octobre 1845. Aveugle de naissance, il a accompli la plus grande partie de ses études musicales à l'Institution nationale des Jeunes-Aveugles, dont il était l'élève, puis s'est fait admettre au Conservatoire (1866), dans la classe de composition de M. Victor Massé. Après avoir obtenu un 3e accessit de fugue en 1867, le second accessit en 1868 et le premier accessit ensuite, M. Chavagnat quitta le Conservatoire, et se livra à la composition. Cet artiste a publié, outre divers morceaux de chant et un certain nombre de chœurs orphéoniques, un recueil de douze mélodies vocales intitulé *Mignonne* (Paris, Gambogi, in-8°), qui, à part quelques défauts de détail, se distingue par une inspiration d'une rare fraîcheur et un véritable sentiment poétique. M. Chavagnat a épousé une jeune pianiste, Mlle de Massas, qui avait fait ses études au Conservatoire.

* **CHELARD** (HIPPOLYTE-ANDRÉ-JEAN-BAPTISTE), est mort à Weimar le 12 février 1861. On a représenté au théâtre de la Scala, de Milan, trois ans après sa mort, le 10 mars 1864, un opéra sérieux de ce compositeur, *le Aquile Romane*, qui fut défavorablement accueilli. Je suppose que cet ouvrage devait avoir au moins un point de contact avec une vaste composition, *les Aigles*, « héroï le lyrique » que Chelard fit entendre à Paris, dans un concert, au mois de novembre 1853, et qui produisit un grand effet, étant chantée par MM. Roger, Merly, Guignot, Mlle Nau et Mme Tedesco. Chelard avait dirigé pendant quelque temps à Paris, aux environs de 1830, les concerts de l'Athénée musical.

CHEREST (AIMÉ), est l'auteur d'un écrit publié sous ce titre : *Notice sur les musiciens du département de l'Yonne*, Auxerre, Imp. Gallot, in-8°. Cet écrit a été publié en deux parties, formant chacune une brochure ; j'ignore la date de la première ; la seconde a paru en 1858.

CHÉRET (PIERRE), compositeur, né dans les dernières années du dix-huitième siècle, s'est fait connaître par la publication d'un grand nombre de romances et de mélodies dramatiques, dont quelques-unes se faisaient remarquer par leur accent, leur vigueur et le bon sentiment dont elles étaient empreintes. On cite entre autres, parmi ces compositions, celles qui ont pour titre *l'Heureux Pilote, Sur la falaise, la Mère de l'Écossais, Petite Fille, le Pauvre Marin, la Folle de Venise, les Adieux d'une sœur, la Créole, Matelot et Mousse*, etc. Chéret est mort au mois d'août 1864, âgé de soixante et onze ans.

CHÉRI (VICTOR CIZOS, dit), chef d'orchestre et compositeur, est né à Auxerre le 14 mars 1830. Fils d'un comédien de province, frère de deux actrices extrêmement distinguées, Mlles Rose et Anna Chéri (devenues plus tard Mmes Montigny et Lesueur), M. Chéri vint de bonne heure à Paris, et fit au Conservatoire des études brillantes. Élève de M. Massart pour le violon, il obtint un accessit en 1846, un 2e prix en 1848, et le 1er en 1849. Étant devenu ensuite élève d'Adolphe Adam pour la composition, il concourut à l'Institut en 1855, et remporta le second grand prix. Depuis plusieurs années déjà, à cette époque, M. Chéri faisait partie de l'orchestre de l'Opéra en qualité de premier violon. Vers 1857, il fut vainqueur d'un concours ouvert à Bordeaux pour la composition d'un opéra-comique en un acte, *une Aventure sous la Ligue*, et son ouvrage fut représenté au Grand-Théâtre de cette ville.

M. Chéri ne s'est pas produit à Paris comme compositeur, du moins sur nos théâtres lyriques. Depuis quinze ans environ, il a quitté l'Opéra, et est devenu successivement chef d'orchestre des Variétés, du Châtelet, et en dernier lieu du Gymnase, où il se trouve encore aujourd'hui. Au théâtre du Châtelet, il a écrit la musique, fort élégante et justement remarquée, d'un certain nombre de féeries dans lesquelles on distinguait surtout des airs de ballet charmants et pleins de grâce. Un certain nombre de ces morceaux ont été publiés, réduits pour le piano,

On connaît aussi de cet artiste un concerto de violon, avec accompagnement d'orchestre ; mais je ne crois pas que cette œuvre importante ait été gravée.

* **CHÉRON** (Augustin-Athanase), chanteur de l'Opéra. Il faut croire que cet artiste fort remarquable eut, ainsi que sa femme, qui appartenait aussi au personnel de l'Opéra, des démêlés assez graves avec l'administration de ce théâtre, car on publia, en 1790, un factum ainsi intitulé : *Mémoire pour les sieur et dame Chéron, premiers sujets du chant à l'Académie royale de Musique, contre l'administration de ladite Académie* (Paris, 1790, in-8° de 70 pp.). Je n'ai pas eu cette brochure entre les mains, mais je l'ai trouvée mentionnée dans un catalogue de libraire.

CHÉROUVRIER (Edmond-Marie), compositeur, naquit à Sablé le 7 février 1831. Il fit sa première éducation musicale en province, et dès l'âge de six ans, jouait déjà bien du piano. Placé au collège de Vaugirard, près de Paris, il s'exerça à la composition sans en avoir appris les règles, et à quatorze ans il faisait exécuter dans cet établissement un *Ave Maria*. Fixé plus tard au Mans avec sa famille, il continua de se livrer à son goût pour la musique en écrivant pour la société philharmonique de cette ville un certain nombre de morceaux symphoniques qui étaient exécutés par elle. Cependant, c'était contre le gré des siens que M. Chérouvrier se lançait ainsi dans la carrière artistique, et une de ses tantes le lui fit sentir en le déshéritant d'une fortune d'environ 300,000 francs. Cela ne l'empêcha pas, étant revenu à Paris, de travailler la fugue et la composition avec Leborne, alors professeur au Conservatoire ; mais je ne crois pas qu'il se soit fait admettre dans cet établissement, car je n'ai pas trouvé son nom sur les registres de réception des élèves. Quoi qu'il en soit, M. Chérouvrier prit part, en 1857, au concours de l'Institut, obtint une mention honorable, et l'année suivante remporta le second grand prix de Rome, ce qui apaisa le mécontentement de sa famille. Après avoir publié quelques mélodies vocales, il fit représenter au Théâtre-Lyrique, le 22 septembre 1865, un opéra en 3 actes, intitulé *le Roi des Mines*, qui n'eut qu'un petit nombre de représentations ; cet ouvrage devait être suivi de *Quentin Metsys*, opéra-comique en 2 actes, qui était reçu au même théâtre, mais qui n'a pas été joué.

On connaît de M. Chérouvrier, en dehors du théâtre, un certain nombre de compositions parmi lesquelles une Messe solennelle pour quatre voix d'hommes, un *Tantum ergo* à 3 voix, un *Ave Maria* et un *Tota pulchra es* à voix seules œuvres qui ont été publiées chez l'éditeur M. Choudens, ainsi qu'un agréable recueil de mélodies vocales, qui porte le titre de *Fleurs d'automne*. Cet artiste, auquel sa situation de fortune laisse une indépendance complète, était adjoint au maire du 14° arrondissement de Paris, lorsqu'à la suite du siège de cette ville éclata l'insurrection communaliste. Arrêté le 18 avril 1871 par les fédérés, il fut enfermé à la Conciergerie, et ne dut qu'au hasard de ne point subir le sort réservé aux otages. Après le rétablissement du gouvernement régulier, il fut nommé maire de son arrondissement, qu'il administre encore aujourd'hui. Il n'a pas pour cela renoncé complètement à ses travaux artistiques, car il a écrit depuis lors la musique d'un opéra en quatre actes intitulé *Gilles de Bretagne*, et il a fait exécuter en 1876, dans l'église de Montrouge, une messe de sa composition. M. Chérouvrier a encore en portefeuille les partitions d'un opéra en 2 actes, *la Fiancée de Corinthe*, et de *Nicolas Flamel*, opéra-comique en 3 actes.

* **CHERUBINI** (Marie-Louis-Charles-Zenobi-Salvador). Il n'est sans doute pas inutile de dresser ici une liste complète et détaillée des ouvrages dramatiques de cet artiste célèbre, d'autant plus que les titres de quelques-uns de ces ouvrages ne sont pas mentionnés dans la notice publiée sur cet artiste par la *Biographie universelle des Musiciens*. — Opéras italiens : 1° *il Quinto Fabio*, 3 actes, Alexandrie-la-Paille, 1780 ; 2° *Armida*, 3 actes, Florence, 1782 ; 3° *Adriano in Siria*, 3 actes, Livourne, 1782 ; 4° *il Messenzio*, 3 actes, Florence, 1782 ; 5° *il Quinto Fabio* (nouvelle musique), 3 actes, 1783 ; 6° *lo Sposo di tre, marito di nessuna*, 2 actes, Venise, 1783 ; 7° *l'Idalide*, 2 actes, Florence, 1784 ; 8° *Alessandro nell'Indie*, 2 actes, Mantoue, 1784 ; 9° *la Finta Principessa*, 2 actes, Londres, 1785 ; 10° *Giulio Sabino*, 2 actes, Londres, 1786 ; 11° *Ifigenia in Aulide*, 3 actes, Turin, 1788 ; 12° *Faniska*, 3 actes, Vienne, 25 février 1806 ; 13° *Pimmalione*, un acte, Paris (palais des Tuileries), 30 novembre 1809. — Opéras français : 1° *Démophon*, 3 actes, Opéra, 5 décembre 1788 ; 2° *Lodoïska*, 3 actes, théâtre de Monsieur, 18 juillet 1791 ; 3° *Élisa ou le Mont Saint-Bernard*, 2 actes, théâtre Feydeau, 13 décembre 1794 ; 4° *Médée*, 3 actes, id., 13 mars 1797 ; 5° *l'Hôtellerie portugaise*, un acte, id., 25 juillet 1798 ; 6° *la Punition*, un acte, id., 23 février 1799 ; 7° *la Prisonnière*, un acte (en société avec Boieldieu), th. Montansier, 12 septembre 1799 ; 8° *les Deux Journées*, 3 actes, th. Feydeau, 16 janvier 1800 ; 9° *Épi-

sure, 3 actes (en société avec Méhul), th. Favart, 14 mars 1800; 10° *Anacréon* ou *l'Amour fugitif*, 2 actes, Opéra, 4 octobre 1803; 11° *Achille à Scyros*, ballet, Opéra, 1804 ; 12° *le Crescendo*, un acte, Opéra-Comique, 1ᵉʳ septembre 1810 ; 13° *les Abencérages*, 3 actes, Opéra, 6 avril 1813 ; 14° *Bayard à Mézières*, un acte (en société [avec Boieldieu, Catel et Nicolo), Opéra-Comique, 12 février 1814 ; 15° *Blanche de Provence*, un acte divisé en trois parties (en société avec Berton, Boieldieu, Kreutzer et Paër), à la Cour le 1ᵉʳ et à l'Opéra le 3 mai 1821 ; 16° *Ali-Baba*, 4 actes et un prologue, Opéra, 22 juillet 1833. — A tout cela il faut ajouter : Introduction pour *la Marquise de Brinvilliers*, ouvrage en 3 actes écrit par dix compositeurs, Opéra-Comique, 1831 ; *il Giuocatore*, intermède joué à Florence sur un théâtre de société; *la Pubblica Felicità*, cantate, Florence, 1774 ; *Amphion*, id.; *Circé*, id., Paris, concert de la Loge Olympique, 1789 ; trois chœurs écrits pour un drame, *la Mort de Mirabeau*, th. Feydeau, 1791 ; *Clytemnestre*, cantate ; *Chant sur la mort d'Haydn*, Paris, Conservatoire, 1810 ; Ode pour le mariage de l'empereur, Paris, 1810 ; Cantate « pour la Goguette », Paris, 16 décembre 1812 ; Cantate à 3 voix, pour l'état-major de la garde nationale, Paris, 20 juillet 1814 ; Cantate avec chœurs, pour une fête donnée par la ville de Paris, 29 août 1814 ; *Inno alla Primavera*, Londres, mai 1815 ; Cantate avec chœurs, pour un banquet militaire, Paris, 5 février 1816 ; *le Mariage de Salomon*, cantate pour le mariage du duc de Berry, Paris, 17 juin 1816 ; Cantate avec chœurs, pour le baptême du duc de Bordeaux, 2 mai 1821 ; un oratorio, exécuté à Florence en 1777 ; enfin *Koukourgi*, opéra non représenté ; *Selico*, opéra non achevé ; *les Arrêts*, opéra-comique commencé et non achevé ; un autre opéra et un autre opéra-comique, commencés aussi et non achevés.

Je vais compléter maintenant la liste des écrits qui ont été publiés, en France et en Italie, sur Cherubini : 1° *Notice historique sur la vie et les ouvrages de M. Cherubini*, par M. Raoul-Rochette, secrétaire perpétuel de l'Académie des Beaux-Arts (Paris, Didot, 1843, in-4°); 2° *Notice sur Cherubini*, par M. Miel (s. l. n. d. [Paris, imp. Duverger], in-8°); ce n'est point le même travail que celui que mentionne sous le même nom, à l'article CHERUBINI, la *Biographie universelle des Musiciens*; celui que je cite ici est extrait de l'*Encyclopédie des gens du monde*, tandis que l'autre est extrait du *Moniteur universel*; 3° *Intorno alla vita ed alle opere di Luigi Cherubini, Fiorentino, ed al monumento ad esso innalzato in Santa Croce*, cenni di Baldassare Gamucci (Firenze, tip. Barbèra, 1869, in-8° avec portrait); 4° *Cherubini, sa vie, ses travaux, leur influence sur l'art*, par Dieudonné Denne-Baron (Paris, Heugel, 1862, in-8°); 5° *Cherubini, Memorials illustrative of his life*, par Edward Bellasis (Londres 1870, in-8°) (1).

Trois semaines après la mort de Cherubini, le 7 avril 1842, le théâtre de l'Opéra-Comique reprenait avec éclat son opéra français le plus célèbre, *les Deux Journées*, et un hommage solennel était rendu au maître sur cette scène qu'il avait illustrée.

CHESSI (LUIGI), compositeur italien, est l'auteur des deux ouvrages suivants : 1° *la Nuova Pianella perduta nella neve*, opérette dialoguée, représentée au théâtre de la Commenda, de Milan, au mois d'août 1865; 2° *la Contessa di Medina*, opéra sérieux donné à Plaisance au mois d'avril 1867. Ce dernier ouvrage fut reproduit à la Scala, de Milan, en 1873, mais avec un tel insuccès qu'il n'en put être donné qu'une seule représentation.

CHEVALIER (Mˡˡᵉ), l'une des bonnes chanteuses que posséda l'Opéra au dix-huitième siècle, entra à ce théâtre en 1741, et y tint pendant longtemps le premier emploi. « Elle joignait, dit Laborde, à une belle voix, une belle représentation, un jeu noble, et une manière aisée de chanter la musique de son temps. » Mˡˡᵉ Chevalier se retira vers 1765, avec une pension de 1,500 livres, et épousa alors un nommé Duhamel. Parmi les rôles les plus importants créés par elle, il faut citer Zirphée dans *Zélindor*, Erinice dans *Zoroastre*, Almasis dans *Almasis*, Hécube dans *Polixène*; elle joua aussi dans *les Caractères de la Folie*, *les Fêtes de Polymnie*, *Canente*, *Titon et l'Aurore*, *Léandre et Héro*, *le Carnaval du Parnasse*, et *les Fêtes de l'hymen et de l'amour*. On trouve dans le *Calendrier historique des Théâtres* pour 1751 les vers suivants, à l'adresse de Mˡˡᵉ Chevalier :

Chevalier, quelles sûres armes
Pour mettre un amant sous vos lois !
Vous séduisez par votre voix
Les cœurs échappés à vos charmes.

Mˡˡᵉ Chevalier vivait encore en 1775.

(1) Dans le *Dictionnaire néologique* du Cousin-Jacques, on lit la notesuivante : « Cherubini, né à Florence, naturalisé Français, l'un des inspecteurs du Conservatoire de musique, est sans contredit un de nos plus savants, le nos plus ingénieux et de nos plus aimables compositeurs. » Le Cousin-Jacques écrivant son *Dictionnaire* en 1797 ou 1798, nous savons donc qu'à cette époque Cherubini était déjà naturalisé. C'est, à ma connaissance, le seul renseignement qu'on possède sur ce sujet.

* CHEVÉ (ÉMILE-JOSEPH-MAURICE), le propagateur et le défenseur infatigable du système de la musique en chiffres, est mort le 26 août 1864. Voici une liste supplémentaire des ouvrages et des écrits de cet homme bien doué, dont l'intelligence et l'activité auraient pu rendre de grands services si elles avaient trouvé pour s'exercer un aliment plus utile; je ne saurais affirmer que cette liste soit complète, tellement Chevé était âpre à la polémique : 1° *Une lettre de M. Adam. Réfutation* (Paris, l'auteur, 1865, in-8°); 2° *Réponse à l'effort suprême de la routine musicale* (id., id., 1850, in-8°); 3° *Le Dernier mot de la science officielle, examen des* Leçons de lecture musicale *de M. F. Halévy* (id., id., 1858, in-8°); 4° *Exercices élémentaires de lecture musicale à l'usage des écoles primaires* (Paris, 1860, in-8°); 5° *Simple réponse à MM. Auber, Gounod, Halévy, etc.* (Paris, l'auteur, 1860, in-8°). Après la mort de son mari, Mme Chevé publia *les Onze dernières lettres d'Émile Chevé* (Paris, veuve Chevé, in-8°, 1866).

* CHEVÉ (NANINE **PARIS**, femme), est morte à Bois-Colombes, près Paris, le 28 juin 1868 (et non le 6 juillet, comme le dit le *Dictionnaire des contemporains*). Mme Chevé avait signé avec son mari la *Méthode élémentaire de musique vocale*. Elle avait publié personnellement, outre sa *Nouvelle Théorie des accords*, les deux ouvrages suivants : *Musique vocale*, et *Tableau du doigté des gammes pour le piano*. Femme intelligente d'ailleurs, pleine d'énergie, elle prit toujours une part très-active à tous les travaux de son mari, Émile Chevé, et de son frère Aimé Paris, et ne cessa jamais de lutter avec ardeur pour le triomphe de leur système, avec une ténacité et un courage dignes d'un meilleur but.

CHEVÉ (AMAND), fils des précédents, directeur d'une société chorale qui porte son nom, s'est voué à l'enseignement. Moins exclusif que son père, il emploie, dit-on, quelques-uns de ses moyens pédagogiques, mais en se servant du chiffre seulement comme procédé préliminaire, et non comme base essentielle et définitive d'un système poussé à outrance. M. Amand Chevé est le fondateur et le directeur d'un journal qui a pour titre *l'Avenir musical*.

* CHEVILLARD (PIERRE-ALEXANDRE-FRANÇOIS), violoncelliste fort distingué et compositeur pour son instrument, a été appelé, en 1859, à succéder à M. Vaslin comme professeur de violoncelle au Conservatoire. On lui doit une *Méthode complète de violoncelle, contenant la théorie de l'instrument, des gammes, leçons progressives, études, airs variés et leçons pour chacune des positions*, Paris, Gérard.— Un fils de cet artiste est élève de piano au Conservatoire, dans la classe de M. Georges Mathias.

* CHIAROMONTE (FRANCESCO) (1), chanteur et compositeur dramatique, né en 1814 à Castrogiovanni (Sicile), reçut une très-bonne éducation littéraire et se livra d'abord à l'étude du droit. Reçu avocat à l'âge de dix-sept ans, il abandonna bientôt la carrière du barreau pour se livrer à son goût pour la musique, devint l'élève de Pragusa, puis travailla la composition avec Raimondi. Doué d'une très-jolie voix de ténor, il entra comme chanteur à la chapelle royale de Palerme, et pendant un voyage qu'il fit en cette ville le roi Ferdinand II, ayant eu l'occasion de l'entendre, lui proposa de venir se fixer à Naples. Le jeune artiste ayant accepté, se rendit à Naples, y connut Donizetti, lui soumit plusieurs de ses compositions, une messe, des canons, quelques fugues, fut encouragé par le jeune maître, et termina avec lui son éducation musicale.

Dès ce moment, M. Chiaromonte prit le théâtre pour objectif, et songea sérieusement à écrire pour la scène. Il avait trente ans lorsqu'il fit ses débuts de compositeur dramatique en donnant au théâtre du Fondo son premier opéra, *Fenicia*, drame lyrique en quatre actes, qui était chanté par Basadonna, Tamberlick, Coletti et la Gruitz, et qui fut assez bien accueilli pour pouvoir être reproduit peu de temps après au grand théâtre San-Carlo, dont M. Chiaromonte était devenu le chef d'orchestre. Mais la révolution française de 1848 ayant eu son contre-coup à Naples comme ailleurs, et M. Chiaromonte s'étant avisé d'écrire dans des journaux libéraux, il fut, lors de la victoire de la réaction, arrêté et retenu en prison pendant vingt-deux mois. Lorsqu'il fut remis en liberté, il avait naturellement perdu tous ses emplois de chef d'orchestre, de ténor à la chapelle royale et de professeur de chant au Conservatoire, et, de plus, sa voix avait complétement disparu. Dans la situation difficile qui lui était faite, un ami lui vint en aide, grâce auquel il put écrire et faire représenter au théâtre San-Carlo (27 juillet 1850) un second opéra, *Caterina Cleves*, qui fut chanté par la Gabussi, Miraglia et de Bassini, et qui obtint un grand succès. Mal lui en prit pourtant, car après la quatrième représentation le gouvernement napolitain, toujours impitoyable et cruel, selon la tradition, fit arrêter de nouveau le

(1) Et non pas *Chiaromonte*, comme il a été imprimé par erreur. Cette notice est entièrement refaite, d'après des documents nouveaux.

compositeur secrètement et nuitamment, et l'exila à perpétuité.

M. Chiaromonte se rendit à Gênes, où un ami le reçut à bras ouverts, et où il put faire jouer en 1851, sur le théâtre Carlo-Felice, son troisième ouvrage, *il Gondoliere*, dont les deux principaux rôles étaient tenus par Malvezzi et la Cruvelli, et dont le succès fut éclatant. Il donna au même théâtre, l'année suivante, *Giovanna di Castiglia*, qui fut moins heureuse, puis fit jouer successivement : *Manfredo* (Trieste, 1853, peu de succès), *le Nozze di Messina* (Venise, th. de la Fenice, 1853), *Ines di Mendoza* (Milan, th. de la Scala, 14 février 1855, chute), *Fingal* (1855), et *una Burla per correzione* (Gênes, th. Paganini, 1855). S'occupant alors de l'éducation musicale de sa fille, qui devint une chanteuse dramatique distinguée, M. Chiaromonte se rendit à Paris, accepta l'emploi de chef du chant au Théâtre-Italien, puis bientôt remplit les fonctions de chef des chœurs à ce théâtre et à celui de Londres. Cependant, fatigué bientôt de la vie théâtrale, il y renonça complétement, et, en 1862, s'établit à Bruxelles comme professeur de chant. Son enseignement produisit d'excellents fruits, et en 1871 il était nommé professeur au Conservatoire de cette ville. M. Chiaromonte a fait exécuter il y a quelques années, dans l'église de Sainte-Gudule, de Bruxelles, une messe dont les journaux ont fait l'éloge, et il a publié une *Méthode de chant en trois parties*, dont on dit le plus grand bien.

CHICKERING (Jonas), facteur de pianos américain, né à Boston au commencement de ce siècle, s'est acquis une grande renommée aux États-Unis par la bonne fabrication de ses instruments. Il associa plus tard son fils à son exploitation industrielle, et la maison Chickering envoya à l'Exposition universelle de Londres, en 1851, le premier piano construit en Amérique qui eût paru en Europe. Malgré ses qualités réelles, cet instrument ne produisit pas l'effet qu'on en avait attendu, et ses auteurs laissèrent passer l'Exposition universelle de Paris (1855) sans y rien envoyer. Cependant, le succès obtenu à Londres, en 1862, par MM. Steinway, de New-York, et les encouragements et les éloges qu'ils reçurent de plusieurs grands virtuoses, tels que Gottschalck et Thalberg, qui jouèrent leurs instruments aux États-Unis, déterminèrent MM. Chickering à prendre part à l'Exposition universelle qui s'ouvrait à Paris en 1867. Ils s'y trouvèrent en présence de leurs rivaux, MM. Steinway, et l'on peut s'en fier aux procédés en usage aux États-Unis pour savoir que la lutte s'établit bientôt entre les deux maisons avec une sorte d'acharnement, dont ceux qui ont vu de près les faits n'ont pas perdu le souvenir. Fétis, rapporteur de la classe 10 du groupe II (instruments de musique), s'exprimait ainsi à ce sujet : « La lutte entre les deux plus grands établissements de fabrication de pianos américains, à savoir de MM. Steinway et Chickering, s'est produite avec un caractère fiévreux dans l'Exposition universelle actuelle de Paris : elle n'a pas eu toujours la dignité convenable ; on a usé et abusé des réclames de journaux ; mais on ne peut méconnaître le vif intérêt qu'a pris à cette lutte la foule prodigieuse qui n'a cessé de se réunir autour de ces instruments lorsqu'on y jouait. Évidemment, il y avait là quelque chose de nouveau qui impressionnait le public ; ce *nouveau* était une puissance de son auparavant inconnue. Ce n'est pas à dire que ce son formidable ne rencontrât que des éloges ; les partisans de la facture européenne de pianos reprochaient aux Américains de lui avoir sacrifié toutes les autres nécessités de l'art : le moelleux, les nuances délicates et la clarté. D'autres disaient que ce grand son non-seulement n'est pas nécessaire pour exécuter la musique de Mozart, de Beethoven et d'autres maîtres du premier ordre, mais qu'il y serait nuisible. On peut répondre à ces amateurs de la musique classique par ces paroles du rapporteur de la classe des instruments de musique à l'exposition de 1855 : — « Il y a toujours quelque chose à faire en
« ce qui tient aux besoins de l'humanité, à
« quelque point de vue qu'on se place dans l'in-
« dustrie, dans la science et dans l'art. L'art, la
« musique surtout, se transforme à de certaines
« époques et veut des moyens d'effet conformes
« à son but actuel : or, le développement de la
« puissance sonore est la tendance donnée à l'art
« depuis le commencement du XIXe siècle. La
« facture du piano a suivi cette tendance, parti-
« culièrement le piano de concert, qui doit sou-
« vent lutter avec des orchestres considérables,
« et dont les sons doivent se propager dans de
« vastes salles. »

Après avoir caractérisé en ces termes la qualité maîtresse qui distinguait les pianos de provenance américaine, le rapporteur s'exprimait ainsi relativement aux produits sortant de la maison Chickering : « Les pianos de MM. Chickering et fils sont de puissants et magnifiques instruments qui, sous la main d'un virtuose, produisent de grands effets et frappent d'étonnement. Leur vigoureuse sonorité se propage au loin, libre et claire. Dans une grande salle, et à certaine distance, l'auditeur est saisi par l'ampleur du son de ces instruments. De près, il faut bien le dire, à ce son puissant se joint l'impression du coup de marteau, qui finit par produire une sensation nerveuse par sa fréquente répétition. Ces pianos orchestres conviennent aux concerts; mais, dans le salon, et surtout en les appliquant à la musique des grands maîtres, il y manquerait, par l'effet même de ce coup de marteau trop prononcé, le charme que requiert ce genre de musique. Il y a là quelque chose à faire, sur quoi le rapporteur croit devoir appeler l'attention de l'intelligent fabricant de ces grandioses instruments, sans toutefois diminuer leur mérite dans le reste. »

Le triomphe de MM. Chickering fut complet à l'Exposition de 1867, et le chef habile de cette importante maison fut récompensé par la médaille d'or et la croix de chevalier de la Légion d'honneur.

* CHIOCCHETTI (Pierre-Vincent). Ce compositeur naquit à Lucques en 1680. Outre les œuvres qui ont été citées à son nom, il a écrit, dans les années 1710, 1713 et 1715, des services religieux à quatre voix, avec instruments, pour la célébration de la fête de Sainte-Cécile à Lucques. On croit que vers cette époque il quitta sa ville natale pour se rendre à Venise, où il demeura pendant plusieurs années. Il mourut le 2 février 1753.

CHISSOTTI (........), musicien italien, a donné au théâtre Alfieri, de Turin, le 30 septembre 1874, un opéra sérieux intitulé *Raffaello e la Fornarina*. Cet ouvrage n'a obtenu aucun succès.

CHMELENSKY (Wenceslas), compositeur de musique religieuse, naquit en 1736 à Bavorov (Bohême), où il mourut en 1793.   Y.

CHMELENSKY (François), fils aîné du précédent, né le 2 décembre 1775 à Bavorov, où il est mort en 1803, s'est également adonné à la composition de la musique religieuse.   Y.

CHMELENSKY (Jean), fils cadet de Wenceslas et compositeur renommé de chansons nationales, est né à Bavorov le 12 avril 1778 et mort le 4 février 1864.   Y.

CHOMET (H......), docteur en médecine, est auteur de l'écrit suivant : *Effets et Influence de la musique sur la santé et sur la maladie* (Paris, Germer-Baillière, 1874, in-8°).

CHOPELET (........), chanteur qui tint à l'Opéra, dans les premières années du dix-septième siècle, l'emploi des hautes-contre, avait débuté comme danseur du temps de Lully, mais, sans doute sur les conseils de celui-ci, qui s'aperçut qu'il avait de la voix, avait quitté la danse pour le chant. Il doubla d'abord Dumény, puis, à la retraite de ce dernier, lui succéda dans le grand emploi; c'est ainsi qu'il créa Télamon dans *Hésione* (1700), Dardanus dans *Scylla* (1701), et qu'il reprit *Phaéton* en 1702. Vers cette époque il tomba malade, perdit sa voix en grande partie, et se vit obligé de se confiner dans les petits rôles; le dernier dont il fut chargé fut celui de Mercure dans la reprise de *Psyché* qui eut lieu en 1713. Il quitta l'Opéra peu de temps après, et mourut paralytique. « Chopelet, dit un contemporain, était petit et avait le visage long, les yeux beaux et la voix assez gracieuse. »

* CHOPIN (Frédéric-François). Les trois écrits suivants ont été publiés sur cet artiste célèbre : 1° *F. Chopin*, par F. Liszt (Paris, Escudier, 1852, in-8°); 2° *Chopin*, essai de critique musicale, par H. Barbedette (Paris, Lieber, 1861, in-8°). Une seconde édition de cette dernière notice a paru en 1869 (Heugel, gr. in-8°), considérablement augmentée, et accompagnée d'un portrait et d'autographes; 3° *Friedrich Chopin, sein leben, seine werke und briefe* (Frédéric Chopin, sa vie, ses œuvres et ses lettres), par Moritz Karasowski (Dresde, F. Ries, 1877, 2 volumes, in-8°). Chopin était né le 1er mars 1809, et non le 8 février 1810.

* CHORLEY (Henry-Fothergill), écrivain musical distingué, était né à Ashton-le-Willows (Lancashire), le 15 décembre 1808, et est mort à Londres le 16 février 1872. Il collaborait principalement à l'excellent recueil *l'Athenæum*, qu'il ne quitta qu'en 1868, alors qu'il y fut forcé par le mauvais état de sa santé. Il a donné quelques articles à la *Revue et Gazette musicale de Paris*; du moins ce journal en a-t-il publié plusieurs qui portent sa signature, sans mentionner qu'ils fussent traduits de l'anglais. Chorley, dont le talent était très prisé de ses compatriotes, écrivit des romans, des chansons, et aussi des livrets de cantates et d'opéras; parmi ces derniers il faut signaler *Kenilworth*, opéra de M. Arthur Sullivan, *the Amber Witch*, opéra de Wallace, *Holy Rood*, cantate de M. Henry Leslie, *Saint-Peter May Queen*, *Sainte-Cécile*, cantates de M. Julius Benedict. C'est à Chorley qu'on doit aussi la traduction anglaise du *Domino noir*. Enfin, il faut encore citer ses trois écrits suivants sur la musique : *Un Prodige*, histoire musicale (3 vol.); *Trente ans de souvenirs musicaux* (Thirty years of musical recollections, 3 vol.); et *Etudes sur Hændel* (Handel studies). Après sa mort, a paru l'ouvrage dont voici le titre : *Autobiographie, mémoires et lettres de Henry Fothergill Chorley*, compilés par K. Hewlet (Londres, W. Reeves, 2 gros volumes avec portrait.)

* CHORON (Alexandre-Etienne). M. Hip

polyte Réty, membre de l'Académie de Mâcon, a publié une *Notice historique sur Choron et son école* (Paris, Douniol, 1873, in-8°). Depuis quelques années, on a donné à l'une des rues de Paris le nom de ce grand artiste.

CHOTAS (MAXIMILIEN), compositeur de musique religieuse et chorale, est né à Chotesan, en Bohême, le 8 mai 1831. Y.

CHOUDENS (ANTONY), compositeur, fils aîné de l'éditeur de musique de ce nom, est né à Paris en 1849. Dès sa jeunesse il montra de grandes dispositions pour la musique, dispositions que son père était peu disposé à encourager, connaissant mieux que personne les difficultés qui entravent la carrière des compositeurs. Celui-ci désirait d'ailleurs que son fils partageât avec lui la direction des affaires de sa maison. Pourtant, Georges Bizet (*Voyez* ce nom) ayant un jour entendu quelques-uns des essais du jeune Choudens, et trouvant dans ces productions juvéniles de réelles qualités, offrit de lui donner des leçons d'harmonie et de se charger de son éducation musicale. Après quelques débats, cette offre fut acceptée, et dès lors M. Antony Choudens put se consacrer à la carrière qu'il désirait suivre. En 1870, il publia chez son père un recueil de *Dix Mélodies* qui furent bien accueillies, et dont une surtout, intitulée : *Un dernier Baiser*, obtint beaucoup de succès ; trois ans après, dix autres mélodies étaient jointes aux premières, et formaient un *Recueil de vingt mélodies*; une de ces dernières : *A une étoile*, orchestrée par l'auteur, fut chantée avec succès aux Concerts-Danbé. Quelques essais symphoniques et un certain nombre de morceaux de piano complètent le bagage musical de M. Antony Choudens. Nous ajouterons cependant que le jeune compositeur a écrit, sur un livret de M. Jules Barbier, un opéra en un acte intitulé *Graziella*, et qu'il s'occupe en ce moment (1875) d'un opéra en 3 actes, *la Jeunesse de Don Juan*, dont le poëme lui a été confié par M. Louis Gallet.

CHOUQUET (ADOLPHE-GUSTAVE), écrivain français, né au Havre le 16 avril 1819, montra de bonne heure un goût prononcé pour la musique. Pendant les six années qu'il passa, à Paris, à l'institution Massin, il consacrait presque toutes ses récréations à l'étude du chant et du piano et suivait assidûment les concerts du Conservatoire. Reçu bachelier ès lettres en 1836, il retourna au Havre, où son père, banquier en cette ville, devait bientôt trouver la ruine en créant la compagnie du chemin de fer de Paris à la mer. En 1840, M. Chouquet se rendit avec sa famille aux États-Unis, et c'est à New-York qu'il produisit ses premiers essais de critique musicale. Pendant seize ans il se consacra à l'enseignement, mais une grave maladie des voies respiratoires l'obligea de renoncer à cette carrière fatigante et d'habiter un climat tempéré ; il revint donc en France, passa plusieurs hivers dans le midi, puis, en 1860, se fixa définitivement à Paris.

M. Chouquet devint l'un des collaborateurs les plus actifs de la *France musicale* et de l'*Art musical*, et se fit connaître par les paroles d'un assez grand nombre de romances, cantates, scènes chorales et chœurs orphéoniques. Ayant pris part à un concours ouvert par l'Académie des beaux-arts, il se vit, en 1864, décerner le prix Bordin pour une *Histoire de la musique depuis le XIVe siècle jusqu'à la fin du XVIIIe siècle*, restée jusqu'à ce jour inédite. La même compagnie ayant mis au concours, en 1868, le programme suivant : *Définir la musique dramatique : faire connaître ses origines et ses divers caractères : déterminer les causes sous l'influence desquelles prédomine ou s'affaiblit, dans l'art musical, l'élément dramatique, et, à ce point de vue, donner un aperçu sommaire de l'histoire de la musique dramatique en France, depuis et y compris Lully jusqu'à nos jours*, M. Chouquet concourut de nouveau et de nouveau fut couronné. Après avoir été ainsi récompensé une seconde fois, M. Chouquet n'eut qu'à revoir son travail et à en développer la fin, pour donner une véritable *Histoire de la musique dramatique en France, depuis ses origines jusqu'à nos jours* (Paris, Didot, 1873, in-8°). Cet ouvrage important, qui est, en somme, le premier de ce genre que la France ait vu naître, puisqu'il est le seul qui embrasse dans leur ensemble et dans leur développement les différentes phases par lesquelles a passé dans notre pays la musique dramatique, fait honneur à son auteur. Le plan en est judicieusement établi, le sentiment de l'art qui s'en dégage est élevé, les recherches historiques en sont exactes, et, de plus, il est écrit dans une langue correcte et châtiée. M. Chouquet n'a peut-être pas échappé complètement au danger de la monotonie qui résulte du classement et de l'analyse de plusieurs centaines d'ouvrages de même nature, mais c'est là, il faut dire, un écueil inhérent au sujet. Je lui reprocherai seulement, malgré la sympathie qu'il accorde à ces deux artistes, de n'avoir pas mis complètement à leur place Cambert et Philidor, ces deux hommes de génie si longtemps méconnus. Pour qui a profondément étudié l'histoire de l'art musical en France dans ses rapports avec le théâtre, Cambert n'a pas été seulement le précurseur de Lully, il a été son maître, maître dépouillé par lui, mais qui lui reste supérieur en beaucoup de points, et à qui revient véritablement la gloire d'avoir créé l'opéra français. Quant à Philidor, génie étouffé par celui de Gluck, il avait eu l'honneur de pressentir la réforme que celui-ci devait opérer, et ses œuvres, aussi bien que ce qui nous reste de sa correspondance, prouvent que si on ne l'avait pas injustement sacrifié au grand musicien allemand, il était de taille à mener à bien cette réforme qu'il avait entrevue dès ses plus jeunes années et que certains passages de son *Ernelinde* tendaient à opérer sur notre première scène lyrique. A part quelques réserves de ce genre, on peut affirmer que l'*Histoire de la musique dramatique en France* est un livre utile, et que sa valeur ne dément pas son titre (1).

En 1871, M. Chouquet fut nommé conservateur du Musée instrumental du Conservatoire, Musée dont le premier fond avait été formé de la collection Clapisson, acquise naguère par l'État. Dans cette nouvelle situation, il rendit de véritables services, en même temps qu'il fut favorisé par les circonstances. Tandis qu'il s'ingéniait, malgré l'insuffisance des ressources mises à sa disposition, à augmenter le nombre et la valeur des pièces qui composaient le Musée, et que ses efforts étaient souvent couronnés de succès, il eut la fortune de recevoir des mains de M. Schœlcher, député à l'Assemblée nationale, une collection fort intéressante d'instruments sauvages recueillis en Afrique et en Amérique, et il fut assez heureux pour pouvoir effectuer l'acquisition de la belle collection de M. le docteur Fau. Ce n'est pas tout : M. Chouquet, depuis qu'il avait été chargé de la garde et de la conservation de ce précieux dépôt, songeait à dresser un catalogue descriptif et raisonné des richesses qu'il contenait; ce n'était point là chose facile, et l'entreprise était délicate et laborieuse. M. Chouquet s'en tira à son honneur, et bientôt fut en état de livrer au public son catalogue, qui parut sous ce titre : *Le Musée du Conservatoire de musique, catalogue raisonné des instruments de cette collection* (Paris, Didot, 1875, in-8°). Entre autres qualités, ce livre nous démontre que le Musée du Conservatoire, avec les 630 pièces dont il se compose, est aujourd'hui des plus intéressants, et qu'il peut soutenir dignement la comparaison avec le Musée instrumental de Vienne et celui de South-Kensington, à Londres. — Parmi les cantates dont M. Gustave Chouquet a écrit les paroles, on peut citer *David Rizzio*, avec laquelle M. Massenet remporta en 1863 le grand prix de Rome; 1867, dont M. Laurent de Rillé fit la musique et qui fut exécutée à l'Opéra-Comique; enfin, l'*Hymne à la Paix*, qui gagna le prix de poésie au concours de l'Exposition universelle de 1867.

CHRISTIANI (Ph.), clarinettiste très-distingué, né à Amsterdam en 1787, fils d'un riche luthier de cette ville, et élève de MM. Plauque et Springer, est entré à l'âge de 14 ans à l'orchestre de l'Opéra français d'Amsterdam, où il occupa l'emploi de clarinette solo jusqu'en 1840. Il a tenu le même emploi pendant quarante ans à la célèbre société philarmonique connue sous le nom de *Félix Meritis*. En 1805, il était directeur d'un des corps de musique du roi Louis-Bonaparte, en 1811, chef de la musique de la garde nationale de Napoléon Ier, et, en 1812, il faisait partie du corps mobile, avec lequel il assistait à la bataille de Naarden. Pendant de longues années, il a donné dans les principales villes des Pays Bas de nombreux concerts, et les dilettantes néerlandais avaient son beau talent en haute estime. M. Christiani est chevalier de l'ordre de la Couronne de chêne. Il s'est retiré complètement de l'arène musicale, et vit de ses rentes dans un petit coin d'Amsterdam.

Ed. DE H.

CHRISTIANOWITSCH (Alexandre), amateur de musique, a publié en français l'ouvrage suivant : *Esquisse historique de la musique arabe aux temps anciens, avec dessins d'instruments et quarante mélodies harmonisées* (Cologne, Dumont-Schauberg, 1863, in-4°). On trouve dans cet écrit quelques notions sur la musique arabe et trois ou quatre notices biographiques.

* **CHRYSANDER** (Frédéric), est né à Lübtheen, dans le Mecklembourg, le 8 juillet 1826, et a fait ses études à Rostock, où il obtint le grade de docteur en philosophie. Admirateur passionné des anciens maîtres de la musique, qu'il a étudiés et qu'il sait apprécier à leur juste valeur, non moins ardent dans son admiration pour les grandes œuvres modernes, M. Chrysander n'a cessé de défendre ses idées dans l'*Allgemeine Musik Zeitung*. De fréquents voyages en Angleterre n'ont fait qu'augmenter l'ardeur de son enthousiasme pour les productions gigantesques de Hændel, et l'ont amené à publier sur ce maître incomparable un étude biographique qui est un monument de l'intelligence allemande, et qui peut être mise en parallèle avec le livre célèbre d'Ot-

---

(1) On trouvera la preuve de ce que j'avance ici dans deux écrits publiés récemment par moi et remplis de documents nouveaux : l'un, *André Philidor*, dans la *Chronique musicale* (1874 et 1875); le second, intitulé *les Vrais créateurs de l'Opéra français, Perrin et Cambert*, dans le *Ménestrel* (1875 et 1876). Ces deux ouvrages, revus et augmentés encore de documents inédits, paraîtront incessamment sous forme de volumes.

Jahn sur Mozart. Cette biographie de Hændel, qui ne comporte pas moins de trois volumes in-8°, a été publiée à Leipzig, chez les éditeurs Breitkopf et Hærtel.

CHWALIBOG (J......-K......), compositeur polonais, né dans les premières années de ce siècle, s'est fait connaître par un assez grand nombre d'œuvres de musique religieuse exécutées, à partir de 1841, dans les différentes églises de Varsovie. On cite de lui environ douze messes, parmi lesquelles une *Messe pastorale* à cinq voix, du meilleur effet ; un oratorio en deux parties, *le Sacrifice d'Abraham*, paroles de Rostkowski, exécuté en 1848 chez les PP. Franciscains ; plusieurs *Kolendas* (noëls) ; *Jésus mourant*, morceau à cinq voix ; *l'Ange gardien*, trio pour deux ténors et basse, etc., etc. La plupart des compositions de M. Chwalibog ont été publiées à Varsovie.

CIAMPALANTI (......), compositeur, attaché à la musique de Louis XV, a publié en 1764 un recueil de *Six Ariettes françoises dans le goût italien avec accompagnement d'un violon et d'une basse, suivies d'une cantate détachée, à grande symphonie*.

* **CIAMPI** (LORENZO-VINCENZO). A la liste des ouvrages dramatiques de cet artiste, il faut ajouter les suivants : 1° *Da un disordine nasce un ordine*, opéra bouffe, Naples, th. des Fiorentini, 1737 ; 2° *la Beatrice*, id., th. Nuovo. 1740 ; 3° *la Lionora* (en société avec Logroscino), id., th. des Fiorentini, 1742 ; 4° *l'Amore ingegnoso*, id., id., 1745.

CIANCHI (EMILIO), compositeur, né à Florence le 21 mars 1833, a étudié la théorie de l'art avec Ignazio Colson, puis avec Ermanno Picchi. Dès 1854, à peine âgé de 21 ans, il se fit connaître par l'exécution, dans une des églises de Florence, de son oratorio *Giuditta*. Il aborda ensuite le théâtre, et fit représenter les ouvrages suivants : 1° *Salvator Rosa* (Florence, th. Pagliano, 1855) ; 2° *il Saltimbanco* (id., id., 1856) ; 3° *la Vendetta* (id., id., 1857) ; 4° *Leone Isauro* (Turin, th Regio, 1862). En 1873, il fit exécuter dans l'église de Santa-Croce, de Florence, pour l'anniversaire du roi Charles-Albert et des martyrs de l'indépendance italienne, une messe de *Requiem* qui produisait un effet considérable. M. Cianchi, qui est un artiste fort distingué et fort intelligent, est secrétaire du Royal Institut musical et de l'Académie musicale Florentine.

CIBOT ou **CYBOT**, musicien du seizième siècle, dont le nom se trouve écrit de ces deux façons dans le fameux recueil de chansons françaises à quatre voix publié vers 1539 par l'imprimeur Pierre Attaignant, a fourni à ce recueil la musique des deux chansons suivantes : *Ayer ne puis celle*, et *Amye, tu as sur moi trop*.

CIBULOVSKY (LUCAS), compositeur de musique religieuse, né en Bohême, florissait vers 1617.
          Y.

CICCARELLI (ANGELO), compositeur, naquit à Teramo, dans les Abruzzes, le 25 janvier 1806. Il reçut d'abord, à Lanciano, des leçons d'un organiste nommé Filippo Gianni, et devint plus tard, à Naples, l'élève de Crescentini pour le chant et de Zingarelli pour la composition. Ses études terminées, il alla s'établir à Dresde comme professeur de chant, devint maître à la mode et se fit en cette ville une position brillante, qu'il n'a cessé d'occuper depuis. On doit à cet artiste un *Stabat Mater* à 4 voix de femmes, une Messe de *Requiem* à 4 voix, deux Messes de *Gloria*, un *Te Deum*, et un assez grand nombre de mélodies vocales ; une grande partie de cette musique a été publiée. Il n'en est pas de même d'un drame lyrique, *Catherine de Guise*, qui, par suite de circonstances particulières, n'a jamais pu être représenté.

CICCONETTI (FILIPPO), avocat et musicographe italien, est né à Rome le 18 juillet 1820. Il étudia la musique en amateur, et ses relations avec quelques grands artistes lui donnèrent plus tard l'idée de retracer la vie de quelques-uns d'entre eux. C'est ainsi que M. Cicconetti publia successivement les ouvrages suivants : *Vita di Vincenzo Bellini* (Prato, Alberghetti, 1859, in-12 avec portrait) ; *Vita di Gaetano Donizetti* (Rome, typ. Tiberina, 1864, in-12) ; *Memorie intorno a Pietro Raimondi* (id., id., 1867, in-12) ; *Le Mie Memorie artistiche, di Giovanni Pacini, continuate* (Rome, Sinimberghi, 1872, in-12). Ces divers écrits, dans lesquels on trouve d'ailleurs d'utiles documents et des renseignements intéressants, manquent de valeur au point de vue de la critique, qui n'y est même pas abordée, et ne sont qu'une longue apologie du talent des artistes qui en font l'objet. Ils seront précieux néanmoins pour ceux qui voudront, par la suite, tracer une véritable histoire de la vie et de la carrière de ces artistes, parce que l'auteur est doué d'une qualité rare chez la plupart des écrivains artistiques, principalement en Italie, je veux dire l'amour et le souci de l'exactitude historique. Pour ma part, je me suis servi utilement, lors de la publication de mon livre : *Bellini, sa vie, ses œuvres*, de l'opuscule consacré par M. Cicconetti à ce compositeur. M. Cicconetti a publié encore quelques brochures dont j'ignore les titres.

* **CIMOSO** (GUIDO,) fils d'un organiste habile qui était né à Vienne le 11 avril 1780 et qui mourut à Venise le 6 mars 1850, naquit à Vicence le 10 février 1804. C'est par erreur qu'on l'a dit élève d'Asioli et du Conservatoire de Milan, sur les registres duquel son nom ne se trouve pas mentionné. Dès l'âge de sept ans il reçut de son père ses premières leçons de violon, deux ans après il commença l'étude du piano sous la même direction, et il avait à peine atteint sa onzième année qu'il se produisait comme violoniste et comme organiste, dans les principales églises de Venise, où son père était alors fixé. Ayant ensuite travaillé la composition, il occupa successivement dans diverses villes, à Thiene, à Zara, à Trieste, les fonctions d'organiste, de chef d'orchestre, de directeur de Sociétés philharmoniques, etc. Il se fixa enfin dans cette dernière ville, où il occupe depuis longtemps une situation artistique très-importante. M. Cimoso est l'auteur d'une centaine de compositions de divers genres, profanes ou religieuses, parmi lesquelles on cite particulièrement : 1° *Grande Studio di allegorie armonico religiose* à grand orchestre, dédiée à l'impératrice Élisabeth d'Autriche, et qui lui a valu, en 1871, une médaille d'or à l'Exposition de Trieste ; 2° *Grande Studio allegorico musicale* à grand orchestre, dédiée aux trois Conservatoires de Bologne, Milan et Naples. Une réduction au piano a été publiée de ces deux ouvrages (Udine, Berletti).

CINI (Giuseppe-Ottavio), prêtre et musicien italien, vivait au dix-septième siècle. On a publié après sa mort l'ouvrage suivant : *Solfeggiamenti a due voci, opera postuma del molto reverendo Giuseppe Ottavio Cini, sacerdote, dati in luce dal sacerdote Tommaso Redi, suo nipote*, Lucques, 1708.

CINNA (Oscar DE LA), pianiste et compositeur espagnol contemporain, s'est fait connaître par la publication d'un certain nombre de pièces légères et de morceaux de genre pour le piano, parmi lesquels figure une *Grande Marche héroïque* (hongroise) pour deux pianos à quatre mains.

CIPOLLONE (Mattia), musicien italien, est auteur d'un opuscule ainsi intitulé : *Opinioni sulla musica contemporanea* (Sulmona, 1873). Cet artiste a écrit aussi la musique d'un opéra en trois actes, *Eugenia d'Albassini*, qui a été joué le 25 février 1870 à Sulmona, par les élèves de l'école magistrale.

CIRET (........), est le nom d'un compositeur français dont il est fait mention dans le catalogue de Boivius, lequel lui attribue deux livres de *Pièces de Claressin*.   Y.

CISOTTI (Prospero), compositeur italien, a fait représenter à Milan, au théâtre Santa-Radegonda, le 18 avril 1866, un opéra intitulé *Zuleika*. Cet ouvrage a été reçu froidement, quoique le rôle principal en fût chanté par une artiste de talent, Mme Massini.

CLAIRVAL (Mlle). *Voyez* LESCOT (Mlle).

CLAIRVILLE (Ed. NICOLAIE, dit), fils de l'auteur dramatique connu sous ce nom, a écrit la musique des deux opérettes suivantes : 1° *Charbonnier est maître chez lui*, th. du Château-d'Eau, 1874 ; 2° *Une rue sous Louis XV*, Folies-Bobino, 15 février 1875.

* CLAPISSON (Antonin-Louis), est mort à Paris le 19 mars 1866. Son père, attaché au service du roi Murat, professeur au Conservatoire de Naples et premier cor au théâtre San-Carlo, dut rentrer en France à la suite des événements politiques de 1815. Dès cette époque, le jeune Clapisson parcourut le midi de la France sous la conduite de l'excellent violoncelliste Hus-Desforges, en donnant des concerts, et étonnait ses auditeurs par un talent précoce sur le violon. Sa famille s'étant fixée à Bordeaux, les succès de l'enfant le firent remarquer d'un artiste distingué, Hippolyte Sonnet, auteur de la musique de plusieurs ballets représentés en cette ville. Celui-ci lui donna des leçons d'harmonie, et, un peu plus tard, Clapisson entra en qualité de premier violon à l'orchestre du Grand-Théâtre. Lorsqu'il vint terminer ses études à Paris, il devint successivement premier violon aux Italiens et second violon à l'Opéra. Après avoir quitté le Conservatoire, il se fit connaître d'abord comme compositeur par six quatuors pour voix d'hommes qui furent exécutés aux concerts du Conservatoire par MM. Puig, Dérivis, Ferdinand Prévost et Alexis Dupont, puis par une suite de six morceaux à deux voix, intitulés *le Vieux Paris*. Ce fut alors qu'on lui confia le poëme de *la Figurante*, opéra-comique en cinq actes dont Monpou avait refusé d'écrire la partition parce qu'elle devait être livrée dans le délai de deux mois, sous peine d'un dédit de 20,000 francs ! Clapisson accepta ces conditions, écrivit son ouvrage dans le temps fixé, et le vit représenter avec succès à l'Opéra-Comique, le 24 août 1838, par Roger, Moreau-Sainti, Leroy, Grignon, Deslandes, Mlles Rossi et Jenny Colon.

Aux ouvrages cités de son répertoire dramatique, il faut ajouter les suivants : *Don Quichotte et Sancho*, pochade musicale écrite pour le bénéfice d'Hermann-Léon et jouée à l'Opéra-Comique le 11 décembre 1847 ; *Dans les Vignes* (Théâtre-Lyrique, 1854) ; *le Coffret de St-Dominique*, opéra de salon (salle Herz,

1855) ; *les Amoureux de Perrette* (théâtre de Bade, 1855) ; *le Sylphe* (idem, 1856) ; *Madame Grégoire* (Théâtre-Lyrique, 1860). Clapisson a publié aussi un très-grand nombre de romances (200 environ), dont il paraissait un album chaque année, et il a écrit encore beaucoup de chœurs orphéoniques : *les Enfants du désert*, *Paris*, *la Parole de Dieu*, *Voici le port*, *les Chants de nos pères*, *Au point du jour*, *le Bronze*, *les Harmonies de la Nuit*, *la Puissance de Sainte-Cécile*, *les Rémouleurs*, *les Enfants des ombres*, *Aux armes*, etc. En 1861, il avait été nommé professeur d'harmonie au Conservatoire.

Clapisson avait formé, à force de soins, de patience et de recherches, une collection très-curieuse d'instruments de musique de tous temps, de tous genres et de tous pays. En 1861, il avait cédé cette collection à l'État moyennant une somme de 30,000 francs, une pension de 3,000 francs, dont moitié réversible sur sa veuve, et le titre de conservateur de ce Musée, avec logement au Conservatoire, auquel l'État en fit don et dans l'un des bâtiments duquel il a trouvé place. La collection Clapisson est devenue le fonds premier et important du Musée instrumental du Conservatoire, aujourd'hui l'un des plus riches de l'Europe. Cependant, son propriétaire n'avait pas tout vendu ; il avait conservé encore une quantité assez considérable d'objets, pour qu'une vente en pût être faite après sa mort, vente dont on publia le catalogue sous ce titre : *Collection de sifflets, instruments de musique et curiosités diverses de feu M. Clapisson, membre de l'Institut et professeur au Conservatoire* (Paris, Delange, 1866, in-8°). Clapisson mourut presque subitement ; à la suite d'un malaise, il s'était purgé, et n'avait pas attendu, pour prendre un peu de nourriture, l'effet de la médecine, par laquelle il fut étouffé (1).

CLARIBEL, est le pseudonyme adopté par une dame compositeur, Mme Charles Barnard, qui s'est fait connaître par un grand nombre de romances et de ballades devenues populaires en Angleterre. Cette artiste est morte à Douvres le 30 janvier 1869.

---

(1) L'*Annuaire dramatique* belge pour 1844 mentionne comme ayant été exécutée au théâtre de la Monnaie, de Bruxelles, le 20 mars 1843, « l'ouverture inédite de *Frédegonde*, de M. Clapisson, » alors présent en cette ville. J'ignore s'il s'agit ici de la préface instrumentale d'un opéra resté inédit, ou simplement d'une ouverture de concert. — Il faut encore citer à l'actif de Clapisson *la Poularde de Caux*, opérette en un acte représentée au théâtre du Palais-Royal vers 1856, et dont il écrivit la musique en société avec MM. Bazille, Gautier, Geraert, Jonas, Mangeant et F. Poise.

CLAUSS (Victor), compositeur, né à Bernbourg le 24 novembre 1805, a écrit des morceaux d'orgue et de piano, ainsi que des *lieder*.
Y.

CLAUSSEN (Wilhelm), compositeur allemand, naquit à Schwerin en 1843. En 1868 il remporta le prix fondé à Berlin par Meyerbeer, et visita à l'aide de sa pension la France et l'Italie. Ce jeune musicien, qui donnait de grandes espérances, a été enlevé par une mort prématurée en 1869. Il a laissé quelques morceaux de piano et plusieurs *lieder* qu'on a publiés après sa mort.
Y.

CLAVÉ (José-Anselmo), compositeur espagnol, naquit à Barcelone le 21 avril 1824. Cet artiste, dont on a représenté à Madrid quelques *zarzuelas* qui ont été bien accueillies mais dont j'ignore les titres, s'est surtout acquis une réputation comme compositeur de chansons et de chœurs populaires qui ont rayonné sur toute l'Espagne. C'est d'ailleurs aux efforts intelligents de Clavé que ce pays doit l'introduction et la création du chant choral, tel qu'il y existe aujourd'hui ; c'est lui qui forma en Espagne la première société orphéonique, société qui se fit entendre pour la première fois en 1851, et c'est lui qui organisa à Barcelone le premier festival populaire, festival qui eut lieu le 17 septembre 1860 et qui réunit cinq sociétés formant un ensemble de 200 chanteurs. En 1864, 57 sociétés comprenant 2,091 membres, se présentèrent au festival des 4, 5 et 6 juin, organisé, comme ceux qui l'avaient précédé, par José Clavé. Mais ce nombre de 57 sociétés est loin de donner le total de celles qui existaient alors, car on en comptait en tout 85. Clavé est mort à Barcelone, au mois de février 1874. Un de ses compatriotes, M. Apeles Mestres, a publié sur lui, en 1876, une notice biographique intéressante. D'autre part, M. Joaquin Riera y Bertran a écrit les paroles et M. Obiols la musique d'une cantate dédiée à la mémoire de ce compositeur.

* **CLAVEL** (Joseph), violoniste, né à Nantes le 20 décembre 1800, est mort à Sillé-le-Guillaume le 31 août 1852. Nommé répétiteur d'une classe de violon au Conservatoire le 1er janvier 1824, réformé le 1er septembre 1831, rentré en qualité de professeur-adjoint le 1er janvier 1837, enfin devenu professeur titulaire d'une classe préparatoire le 1er janvier 1839, cet artiste avait pris sa retraite le 1er octobre 1846. — Une artiste nommée Mlle *Bénigne Clavel*, probablement sœur ou cousine de Joseph Clavel, puisqu'elle était née à Nantes en 1808, obtint au Conservatoire un premier prix de solfège en 1823, et fut nommée en 1825 professeur adjoint de solfége dans cet établissement. Je n'ai pu trouver sur elle d'autres renseignements.

CLAYTON (........). Un écrivain anglais de ce nom a publié un ouvrage en deux volumes, intitulé *les Reines du chant*.

CLÉDEÇOL. Sous ce pseudonyme, on a publié en 1830 (in-18, Mme Goullet, éditeur) un petit livre facétieux ainsi intitulé : *Dictionnaire aristocratique, démocratique et mistigorieux de musique vocale et instrumentale........*, publié en Lanternois par Krisostauphe Clédeçol, docteur ferré, marqué et patenté, professeur de castagnettes dans tous les conservatoires nationaux, étrangers et autres, etc., traduit par Ydálòhtùstiphèjàldenpéâb, râcleur de boyau. Quelques bibliographes attribuent ce petit livre à Adolphe Ledhuy.

* **CLÉMENT** (Jacques), dit *Clemens non papa*. On trouve seize chansons de cet artiste célèbre dans le recueil divisé en six livres que Pierre Phalèse publia à Louvain en 1555-1556, et dont le premier parut sous ce titre : *Premier livre des chansons à quatre parties, nouvellement composez (sic) et mises en musicque, convenables tant aux instruments comme à la voix* (Louvain, 1555, in-4°).

* **CLÉMENT** (Félix). Depuis 1800, cet artiste a publié plusieurs traités didactiques et plusieurs ouvrages littéraires. Voici les titres des premiers : 1° *Méthode d'orgue, d'harmonie et d'accompagnement, comprenant toutes les connaissances nécessaires pour devenir un habile organiste* (Paris, Hachette, in-4°) ; 2° *le Livre d'orgue du Paroissien romain, contenant l'accompagnement des messes, vêpres, complies, saluts, proses, hymnes, antiennes des dimanches et fêtes de l'année* (Paris, Hachette, in-12) ; 3° *Méthode de musique vocale graduée et concertante, pour apprendre à solfier et à chanter à une et plusieurs voix* (Paris, Hachette, in-4°) ; 4° *Choix des principales séquences du moyen âge, tirées des manuscrits, traduites en musique et mises en parties avec accompagnement d'orgue* (Paris, 1861, in-4°). Les écrits nouveaux de M. Clément sont les suivants : 1° *Histoire générale de la musique religieuse* (Paris, Adrien Le Clère, 1861, in-8°) ; 2° *les Musiciens célèbres, depuis le seizième siècle jusqu'à nos jours* (Paris, Hachette, 1868, gr. in-8° avec 44 portraits à l'eau-forte) ; 3° *Dictionnaire lyrique, ou Histoire des opéras, contenant l'analyse et la nomenclature de tous les opéras et opéras comiques représentés en France et à l'étranger depuis l'origine de ce genre d'ouvrages jusqu'à nos jours* (Paris, Boyer, s. d. [1869], gr. in-8°) (1) ; 4° *Lettre à M. Rupert, rédacteur du Monde, sur l'accompagnement du plain-chant, à propos de la* Méthode d'accompagnement *publiée par M. Moncouteau* (Paris, Ad. Le Clère, 1864, in-8°). (2)

De ces divers ouvrages, le plus important et le plus original, à coup sûr, est *l'Histoire générale de la musique religieuse* ; c'est aussi le meilleur, et de beaucoup, bien qu'il ne justifie pas absolument son titre, et que, ainsi que l'a remarqué Fétis, il présente plutôt une série de recherches historiques sur la musique religieuse qu'une Histoire véritable, au sens strict du mot. *Les Musiciens célèbres* et le *Dictionnaire lyrique* ne sont que de volumineuses compilations ; je ne dis point cela en manière dédaigneuse, attendu que les compilations, lorsqu'elles sont faites avec soin, intelligence et discernement, peuvent être d'une grande utilité. Mais celles-ci, il faut le déclarer, prêtent en plus d'un endroit le flanc à la critique, parce que l'auteur, s'il a fait preuve d'intelligence, n'a pas toujours procédé avec tout le soin désirable. Dans *les Musiciens célèbres*, qui auraient pu former un livre séduisant, M. Clément a négligé de remonter aux sources, et, se bornant à consulter les biographies ayant cours sans contrôler leurs renseignements, a reproduit tout naturellement les erreurs de ses devanciers ; le livre n'en est pas moins aimable sans doute, mais, au point de vue historique, les assertions de l'écrivain ne peuvent être acceptées que sous bénéfice de l'inventaire le plus scrupuleux. La part de l'erreur est bien plus forte encore, et cela n'est pas étonnant, dans le *Dictionnaire lyrique* (3). C'est ici surtout que serait de mise notre vieux proverbe : *Qui trop embrasse mal étreint*. Insuffisamment renseigné déjà sur la France, à laquelle il aurait dû borner ses recherches, M. Clément a eu la prétention fâcheuse de cataloguer *tous* les

---

(1) L'auteur a publié, depuis, plusieurs suppléments à ce *Dictionnaire*, pour le tenir au courant du mouvement artistique et y mentionner les ouvrages nouvellement représentés.

(2) Comme compositeur, on doit à M. Félix Clément un recueil de *Nouveaux cantiques des enfants de Marie en l'honneur du Saint-Sacrement et de la Sainte Vierge*, à une, deux et trois parties, avec accompagnement d'orgue *ad libitum*, Paris, Régis-Buffet, 1864, petit in-8°.

(3) Ce livre est fort loin d'être « le premier de ce genre qui ait paru jusqu'à ce jour, » comme le dit l'avertissement. S'il en était ainsi, que seraient donc la *Dramaturgia* d'Allacci, le recueil de la Vallière : *Ballets, opéras et autres ouvrages lyriques*, la Bibliothèque des Théâtres de Maupoint, le *Dictionnaire des Théâtres*, de Léris, le *Dictionnaire dramatique* de Chamfort et de l'abbé de Laporte, et dix autres qu'on pourrait citer ?

ouvrages lyriques qui se sont produits dans toute l'Europe depuis plus de deux siècles. Il en est résulté, tout naturellement, outre d'incalculables omissions, d'innombrables erreurs de titres, de dates et d'attributions, et même de curieux doubles emplois produits par ce fait que l'auteur inscrit souvent deux fois le même ouvrage sous deux titres différents. Même pour la France, ces erreurs sont nombreuses, et parfois tellement grossières qu'elles en sont impardonnables. Quant à la partie critique de l'ouvrage, elle est souvent de nature à étonner et à dérouter le lecteur ; c'est ainsi que M. Clément, qui consacre soixante-dix lignes à un prétendu opéra-comique de Mme Perrière-Pilté, *le Sorcier*, qu'il paraît considérer comme une sorte de petit chef-d'œuvre, étrangle en peu de mots *le Chalet*, d'Adolphe Adam, dont un ou deux morceaux trouvent à peine grâce à ses yeux : « Tout le reste, ajoute-t-il, est commun et trivial ; d'ailleurs orchestré avec ingéniosité, à la portée des intelligences musicales les plus bornées ; c'est de la musique *française* dans le sens assez abaissé du mot. » Quoi qu'il en soit, et malgré ses défauts, le *Dictionnaire lyrique* est un ouvrage utile à consulter, mais seulement, en ce qui concerne les travailleurs, à titre de point de départ et de premier renseignement.

M. Félix Clément, qui est du reste, à tous les points de vue, un artiste laborieux, mais qui, découragé, comme tant d'autres, en ce qui concerne le théâtre, semble avoir renoncé à s'y produire comme compositeur, ce qu'il avait pourtant occupé naguère. Outre les chœurs d'*Athalie*, nouvellement mis en musique par lui et exécutés en diverses circonstances, il a écrit un opéra comique en un acte, *les Deux Savants*, qu'il a fait jouer dans un concert le 20 mars 1858, et un ouvrage en trois actes, *le Dormeur éveillé* ou *Abou-Hassan*, reçu naguère au Théâtre-Lyrique, mais qui n'a jamais été représenté.

CLÉMENT Y CAVEDO (MANUEL), musicien espagnol, né à Gandia, dans le royaume de Valence, le 1er janvier 1810, fit ses études littéraires et musicales au chapitre d'une église de sa ville natale. L'organiste de cette église étant tombé malade, il fut, à peine âgé de onze ans, jugé assez capable pour le remplacer pendant une année. A quinze ans, il concourut pour la place d'organiste et de maître de chapelle de la ville d'Algemesi, et obtint cet emploi, qu'il quitta au bout de cinq années parce qu'il ne voulait point entrer dans les ordres. Pendant ce temps il composa, pour la cathédrale de Valence, où elle fut exécutée, une messe avec accompagnement d'orchestre. Devenu organiste d'une paroisse de cette dernière ville, il y demeura plusieurs années, puis, en 1840, vint s'établir en France, à Guéret, où il se livra à l'enseignement du piano et du chant, tout en étudiant les œuvres des grands maîtres et en les analysant au double point de vue musical et philosophique.

En 1852, M. Clément retourna en Espagne, se fixa à Madrid, publia un ouvrage élémentaire intitulé *Gramatica musical*, qu'il dédia à l'infante Isabelle, écrivit l'année suivante un opéra-féerie, *las Rosas magicas*, fut chargé en 1855 par le général Espartero de lui fournir un plan de réforme des études du Conservatoire, et en 1856 composa une zarzuela, *Tres para uno*. Ces divers travaux ne l'empêchaient pas de se livrer à l'enseignement du français, et de donner encore quelques rares leçons de piano. En 1862 et 1863, il fournit un certain nombre d'articles sur la musique au journal *el Rubi*, de Valence, et depuis cette époque il s'occupe surtout de fournir aux éditeurs Ronchi et Cie des traductions du français et de l'italien, tout en composant des romances et des ballades pour la *Biblioteca musical* publiée par M. Echevarria. M. Clément a collaboré assez activement à une feuille musicale, *el Artista*, qui, je crois, n'existe plus aujourd'hui.

* CLÉRAMBAULT (LOUIS-NICOLAS). Outre ses cinq livres de *Cantates françaises*, ce musicien a publié chez Ballard quatre cantates séparées dont voici les titres : *la Muse de l'Opéra*, *le Bouclier de Minerve*, *Abraham*, et *le Soleil vainqueur*.

* CLÉRAMBAULT (CÉSAR-FRANÇOIS-NICOLAS), fut organiste de la maison royale de Saint-Cyr, ainsi que son père, auquel il succéda vraisemblablement dans cet emploi. Il écrivit une musique nouvelle pour l'*Athalie* de Racine, musique qu'il fit précisément exécuter à Saint-Cyr, le 20 mars 1756, dans une représentation de ce chef-d'œuvre qui eut lieu en présence de la reine et des dames de la cour. Ces deux faits ressortent du compte-rendu que le *Mercure de France* publiait de cette représentation d'*Athalie* : « La musique des intermèdes qu'on a donnés avec cette tragédie a été refaite à neuf par M. de Clérambault, organiste de cette maison : elle a été très-goûtée, ainsi que l'exécution. Ce compositeur, après la pièce, a été présenté à la reine, qui a paru aussi satisfaite de sa musique que de la manière intéressante et noble dont ces demoiselles ont rendu le chef-d'œuvre de Racine. »

CLODOMIR (PIERRE-FRANÇOIS), instrumentiste, compositeur et écrivain musical, a fait longtemps partie de divers orchestres de Paris en qualité de cornet à pistons, et s'est ensuite, je crois, associé à une fabrique d'instruments de cuivre. Connaissant parfaitement le mécanisme de ces instruments, il a organisé à Antony, près de Paris, une fanfare dont il est le directeur, et il a entrepris la publication de toute une série de Méthodes élémentaires à l'usage des fanfares et des collèges; il a donné ainsi (Paris, Leduc), des méthodes de cornet à pistons, de saxhorn soprano, alto et basse, de trombone à coulisses et de trombone à pistons, d'ophicléide, de néocor, de cor de chasse, de cor à pistons, de cor d'harmonie, de clairon et de trompette à pistons. M. Clodomir, qui a publié aussi sous ce titre : *Répertoire des fanfares et musiques militaires* (Paris, Leduc), plusieurs séries de morceaux originaux ou transcrits, est encore l'auteur d'un bon manuel intitulé *Traité théorique et pratique de l'organisation des sociétés musicales, harmonies et fanfares* (Paris, Leduc, in-8°), dans lequel il donne de bons conseils sur la formation des sociétés d'exécution musicale, sur leur composition, sur les connaissances que doit posséder un chef de musique, etc., etc. Enfin, M. Clodomir a publié, pour le cornet à pistons, plus de cent œuvres d'études, mélodies, fantaisies, transcriptions, avec ou sans accompagnement de piano.

* COCCHI (Joachim). Les ouvrages suivants, qui n'ont pas été compris dans la liste des opéras écrits par cet artiste, doivent y être ajoutés : 1° *l'Elisa*, Naples, th. des Fiorentini, 1744; 2° *la Serva bacchettona*, id., id., 1749; 3° *Farsetta in musica*, Rome, th. Valle, 1749; 4° *la Gismonda*, Naples, th. des Fiorentini, 1750; 5° *il Bernardone*, représenté à Palerme, sur le théâtre particulier de Valguarneri, marquis de Santa-Lucia. L'ouvrage indiqué sous le titre de *la Gouvernante rusée*, et dont le vrai titre italien est *la Serva astuta*, a été écrit par Cocchi en société avec Errichelli et représenté au th. des Fiorentini, de Naples, en 1753. Enfin, un opéra bouffe intitulé *la Mestra* a été écrit par lui avec plusieurs autres compositeurs, mais j'ignore la date et le lieu de représentation de ce dernier.

COCCIA (Maria-Rosa), musicienne fort distinguée, née à Rome en 1759, s'est fait remarquer par un talent de premier ordre qui lui valut les éloges des plus grands hommes de son temps. On publia sur elle l'ouvrage suivant : *Elogio storico della signora Maria Rosa Coccia, Romana, maestra pubblica di cappella, Accademica Filarmonica di Bologna, e tra i forti di Roma Trevia, coll'aggiunta di varie lettere a Lei scritte da uomini illustri, ed eruditi, e di vari componimenti poetici consacrati al di lei merito* (Rome, 1780). On trouve dans ce livre des lettres de Métastase, du père Martini, de Carlo Broschi, etc., et on y lit le passage suivant : « A l'âge de quinze ans, cette jeune fille avait atteint dans la musique un tel degré de perfection qu'elle fut en état de soutenir, le 28 novembre 1774, un très-rigoureux examen aux applaudissements et à l'étonnement des maîtres de l'art, et qu'elle fut aussitôt placée au nombre des maîtres de chapelle les plus renommés qui se trouvaient à Rome. »

* COCCIA (Carlo), compositeur très-fécond, né à Naples non en 1789, mais le 14 avril 1782, est mort à Novare le 13 avril 1873, la veille du jour où il devait accomplir sa quatre-vingt-onzième année. Après avoir commencé l'étude de la musique avec Visocchi, puis avec Pietro Casella (et non Capelli, comme on a imprimé par erreur), il était entré à l'âge de 12 ans au Conservatoire de la Madone de Lorette, où, tout en faisant un cours de composition avec Fenaroli et Paisiello, il avait travaillé le chant avec Saverio Valente. A la liste des œuvres dramatiques de Coccia, il faut ajouter les opéras suivants : 1° *l'Equivoco, o le Vicende di Martinaccio*, opéra bouffe, Bologne, th. Marsigli, 1809; 2° *Medea e Glasone*, Turin, th. Regio, 1815; 3° *Ser Mercantonio*, Bologne, 1834; 4° *Marfa*, Naples, th. San-Carlo, 1834; 5° *Ero e Leandro*, farce jouée à Londres; plus, une dizaine de cantates écrites pour diverses circonstances politiques, et exécutées soit en Italie, soit à Lisbonne. Le catalogue des compositions religieuses de Coccia est très-considérable, et ne comprend pas moins de 25 messes, dont la plupart avec accompagnement d'orchestre, 15 motets, 21 vêpres, 17 *Tantum ergo*, 3 *Miserere*, un *Te Deum* avec orchestre, un *Stabat-Mater* à 4 voix avec orgue, le 132° psaume, et une demi-douzaine d'autres morceaux. Enfin, Coccia a encore écrit une ouverture à grand orchestre; *Ero*, monologue avec accompagnement d'orchestre; un duo pour flûte et piano; et quelques études pratiques de contrepoint.

Deux écrits ont été publiés sur cet artiste : 1° *Un' Occhiata all' I. R. teatro alla Scala nel carnovale 1833, o piuttosto due Parole sulla « Caterina di Guisa, » nuova musica del maestro Coccia, osservazioni di D. B. S*, Milan, s. d. (1833), impr. Manini, in-18; 2° *Biografia di Carlo Coccia, maestro di cappella della cattedrale di Novara* (par l'avocat G. Carotti), Turin, impr. Borgarelli, 1873, in-8° avec portrait.

COCCON (Nicolò), pianiste, organiste et

compositeur, né à Venise, a été pendant longues années organiste de l'église Saint-Marc, dont il est aujourd'hui le premier maître de chapelle. Il a écrit, pour le service de cette chapelle, un grand nombre de compositions importantes, parmi lesquelles on cite six messes à quatre voix avec orchestre, une grande messe de *Requiem*, un *Pensiero funebre* à grand orchestre, etc. M. Coccon est aussi l'auteur de deux opéras : *Uggero il Danese* et *Zaira*; j'ignore si ces deux ouvrages ont été représentés.

*COCHE (MARIE-ANNA MAZELIN, épouse), veuve du flûtiste de ce nom, née à Paris le 10 mai 1811, est morte en cette ville au mois de mars 1866. Elle était professeur de piano au Conservatoire depuis le 12 février 1829.

*COCHEREAU (........). L'auteur de l'*Histoire de l'Académie royale de musique* (publiée par *le Constitutionnel*) donne les détails suivants sur cet artiste : « Cochereau, d'assez bonne famille, étant encore jeune, s'engagea dans les troupes; il obtint son congé à Lille, en Flandre, et entra à l'Opéra de cette ville, pour chanter dans les chœurs. Il épousa une jeune actrice assez jolie, qu'il amena ensuite à Paris. Cochereau et sa femme furent reçus à l'Opéra. D'abord le mari ne joua que de petits rôles; mais enfin, se trouvant seul, il fit pendant plusieurs années le destin des opéras. Avec beaucoup d'esprit et de goût, il ne put jamais vaincre une timidité qui le prenait aussitôt qu'il paraissait au théâtre ; ce qui mettait beaucoup de froid dans son jeu. A l'égard de Mme Cochereau, elle s'en tint aux confidentes et aux airs détachés, dans lesquels elle brilla beaucoup. Elle mourut assez jeune. Cochereau joua jusqu'en 1719, qu'il se retira. » L'un des rôles qui firent le plus d'honneur à Cochereau fut celui de Plutus, qu'il créa dans *le Carnaval et la Folie*. Il avait débuté modestement, le 23 juillet 1702, en chantant quelques petits airs dans les divertissements de *Médus*, opéra de Bouvard.

COCHET (ROBERT), compositeur du seizième siècle, a écrit la musique de la chanson : *Plus vous que moy servi ay-je*, insérée par l'imprimeur Pierre Attaignant dans le recueil de chansons françaises à 4 voix publié par lui vers 1530.

COCLICUS (ADRIEN PETIT, surnommé), musicien du seizième siècle. Une erreur assez étrange s'est produite, dans la *Biographie universelle des Musiciens*, au sujet de cet artiste, qui est inscrit tout à la fois au nom de *Coclius* (au lieu de *Coclicus*) et à celui de *Petit*, ce qui en ferait deux personnages distincts, tandis qu'il s'agit en réalité d'un seul et même individu. Les deux articles qui le concernent doivent donc être fondus en un seul, et l'on verra d'ailleurs que le même ouvrage, son *Compendium musices*, est mentionné sous les deux noms.

CODESACA (CATARINA SAPORITI, femme), cantatrice italienne, naquit vers 1768. Elle possédait un talent fort distingué, et c'est elle qui créa à Prague, en 1787, le rôle de Zerline dans le *Don Giovanni* de Mozart. Elle était alors la femme de Bondini, le directeur de la troupe, et c'est sous ce nom qu'il figure sur le livret imprimé de la pièce. Mozart l'embrassa avec transport après qu'elle eut chanté l'air : *Batti, batti*, qu'elle disait d'une façon adorable, et le lendemain, déjeunant avec elle et Constance Weber à l'hôtel des Trois-Rois, il lui dit : « Vous me voyez rire, parce que je pense à un pauvre musicien français que j'ai rencontré à Paris, et qui, un soir, m'a singulièrement rabroué à propos de mon intention de mettre *Don Juan* en musique. L'idée n'était pas si mauvaise, après tout. » Au mois de novembre 1869, les journaux italiens annonçaient la mort de Mme Codesaca ; mais la nouvelle était... prématurée. Ce n'est qu'au mois de mars 1870 que mourut à Milan cette artiste, âgée alors de *cent deux* ans.

CŒDÈS (AUGUSTE), compositeur, né vers 1835, a rempli pendant plusieurs années les fonctions de souffleur de musique à l'Opéra, fonctions dont il s'est démis au commencement de 1875. Après avoir publié un assez grand nombre de romances, de chansons et de morceaux de musique de danse, M. Cœdès fit pour le petit théâtre des Folies-Bergère la musique d'un ballet en un acte, *le Bouquet de Lise*, et écrivit, en compagnie de MM. Hervé et Raspail, celle d'une féerie en 4 actes et 16 tableaux, *la Cocotte aux œufs d'or*, qui fut jouée au petit théâtre des Menus-Plaisirs au mois de janvier 1873 ; cela n'était que de peu d'importance. Bientôt il aborda la scène avec un ouvrage plus considérable, *la Belle Bourbonnaise*, opéra-comique en 3 actes, qui fut représenté aux Folies-Dramatiques le 11 avril 1874 et assez bien accueilli. Il n'en fut pas de même de *Clair de Lune*, autre ouvrage en 3 actes, qui fut donné au même théâtre le 11 mars 1875, et qui subit une chute si complète qu'il fut à peine joué cinq fois. M. Cœdès, qui a publié sous ce titre : *Soirées d'automne*, chez l'éditeur Leduc, un recueil de quinze mélodies vocales, a fait recevoir aux Variétés une opérette en un acte, *le Troubadour de Pendule*, qui n'a pas encore été représentée, et il a en portefeuille un ouvrage important, *la Grande Demoiselle*, destiné par lui à l'Opéra-Comique. Il est aujourd'hui chef du chant au Théâtre-Lyrique (Gaîté).

COELHO (Le P. Manoel-Rodrigues), organiste célèbre, naquit à Elvas (Portugal), vers 1560. Fétis le cite sous le nom de *Rodrigues*, ce qui n'est pas exact; les renseignements qu'il donne sur cet artiste renferment aussi quelques erreurs. Coelho fut organiste de la cathédrale d'Elvas, puis de celle de Lisbonne, et quitta en 1603 ce dernier emploi pour aller occuper les mêmes fonctions à la chapelle royale, où il était encore en 1620, lors de la publication de ses *Flores de Musica*. La réputation de Coelho était universelle en Portugal vers le milieu du XVII° siècle, et les plus grands maîtres, entre autres Manoel Cardoso, accueillirent ses travaux avec la faveur la plus marquée. Il a fait imprimer : *Flores de Musica pera o instrvmento de Tecla, et Harpa*, Lisbonne, Pedro Craesbeeck (1620), gr. in-folio de VI-233 p. Sur le verso de la sixième page se trouve une gravure sur bois représentant Sainte-Cécile touchant de l'orgue.

Les *Flores de Musica* ne renferment pas moins de 57 morceaux de différent caractère, pour voix seules, ou avec accompagnement d'orgue et de harpe. Ces compositions mériteraient d'être plus connues, et il serait à désirer qu'on en fit une édition nouvelle; elles sont pour la plupart très-remarquables. D'ailleurs, on ne possède que fort peu de compositions des organistes portugais, et le livre de Coelho est devenu extrêmement rare.

J. DE V.

COENEN (Jean-M.....), virtuose sur le basson et compositeur, né à Amsterdam dans la première moitié de ce siècle, a fait ses études musicales au Conservatoire de la Haye. Exécutant remarquable sur le basson, cet artiste, qui paraît doué d'une grande fécondité comme compositeur, était, en 1864, chef d'orchestre du Grand-Théâtre hollandais d'Amsterdam. Parmi les nombreuses productions de M. Coenen, je signalerai les suivantes : *Ada van Holland op Tessel*, cantate pour solo, chœurs et orchestre; symphonie à grand orchestre; ouverture de *Floris V*; ouverture du *Roi de Bohême*; ouverture fantastique; musique pour les drames suivants : *De Berggeest*, *Het Spook*, *De Amsterdamsche jongen*, *De swarte duivel*; sonate pour basson ou violoncelle et piano; ouverture nationale; ouverture de concert; concerto pour basson; fantaisies pour cor et clarinette; 6 morceaux de concert pour cornet à pistons; fantaisies pour orchestre, etc., etc. M. Jean Coenen, qui est aujourd'hui et depuis une douzaine d'années chef d'orchestre du Palais de l'Industrie, à Amsterdam, est aussi l'auteur d'une grande cantate intitulée *Chant de Fête*, pour voix, orchestre et orgue, qui a été exécutée dans une solennité donnée en ce palais, le 27 octobre 1875 pour célébrer le 600° anniversaire de la fondation d'Amsterdam.

COENEN (Franz), violoniste de grand mérite, violon-solo de S. M. le roi des Pays-Bas, professeur de violon et d'harmonie à l'école de musique de la Société pour l'encouragement de l'art musical à Amsterdam, est né à Rotterdam le 26 décembre 1826. Fils d'un organiste, il a commencé ses études musicales avec son père, et les a terminées avec Molique et M. Vieuxtemps. C'est un musicien distingué, et c'est surtout comme violoniste de musique de chambre qu'il s'est fait remarquer à Amsterdam, où il a fondé la meilleure société de quatuors qui existe en cette ville. M. Coenen a formé aussi de bons et nombreux élèves.

Avant de se fixer à Amsterdam, M. Franz Coenen a voyagé pendant six ans en Amérique et aux Indes, d'abord avec M. Henri Herz, ensuite avec le grand pianiste Ernst Lubeck, et il a parcouru avec eux les États-Unis, le Mexique, le Pérou, le Chili, le Vénézuéla et les Indes occidentales, en donnant de nombreux concerts où son talent de violoniste lui a valu de grands succès. M. Coenen s'occupe aussi de composition, et il a écrit et publié de nombreux ouvrages (le 32° psaume, pour orchestre et chœurs, plusieurs cantates, une symphonie, des quatuors, et différentes pièces pour violon), parmi lesquels il ne se trouve rien de bien saillant. M. Coenen travaille et produit beaucoup; il aspire à devenir un compositeur de premier ordre, sans pouvoir y parvenir jusqu'ici, et il est à craindre que chez lui le compositeur ne soit jamais à la hauteur du virtuose. M. Franz Coenen est chevalier des ordres de la Couronne de chêne, de Gustave Wasa et de Charles III d'Espagne. (1)

ED. DE H.

* **COHEN** (Henry). Fixé de nouveau à Paris, cet artiste, qui possède des connaissances étendues en numismatique, est employé au Cabinet des médailles de la Bibliothèque nationale, ce qui ne l'empêche pas de se livrer à l'enseignement du chant. Dans ces dernières années, M. Cohen a publié : 1° *Traité d'harmonie pratique et facile*, 2° édition, suivie d'un abrégé des règles de la composition musicale (Paris, Escudier);

---

(1) Deux frères cadets de cet artiste ont aussi suivi la carrière musicale. L'un, M. *Louis Coenen*, né à Rotterdam vers 1828, partit pour l'Amérique en 1852, se rendit à Boston, et se fixa en cette ville comme organiste et comme professeur; le second, M. *Henri Coenen*, né aussi à Rotterdam, en 1834, fut élève de son père pour le piano et se livra ensuite à l'enseignement. J'ignore si l'un ou l'autre de ces deux artistes s'est produit comme compositeur.

2° *Traité élémentaire et facile de contrepoint et de fugue*, dédié à M. Ambroise Thomas (id., d.); 3° *Les Principes de la musique; la musique apprise en 12 leçons* (id., id.). M. Cohen s'est essayé dans la critique de l'art, et il est l'un des collaborateurs les plus assidus de deux recueils spéciaux, *la Chronique musicale* et *l'Art musical*. Il a publié quelques morceaux de chant, parmi lesquels *la Voix de la nature*, hymne, *l'Œillet de la falaise*, mélodie, *Adieu, Paris*, barcarolle, etc.

COHEN (LÉONCE), violoniste et compositeur, né à Paris, le 12 février 1829, fit ses études au Conservatoire, où il eut pour professeur de fugue Leborne. Il obtint le deuxième second grand prix de composition musicale à l'Institut en 1851, et le premier l'année suivante, avec une cantate de M. Rollet, intitulée *le Retour de Virginie*. M. Cohen, qui appartenait alors à l'orchestre du Théâtre-Italien, avait déjà publié quelques romances. A son retour de Rome, il rentra aux Italiens, et, comme tant d'autres, fit tous ses efforts pour aborder le théâtre, sans pouvoir y réussir. Il fit paraître alors sous ce titre : *École du Musicien*, un ouvrage théorique extrêmement volumineux, mais qui n'eut guère de retentissement. Ne pouvant se faire jouer sur une grande scène, il donna aux Bouffes-Parisiens, le 17 février 1858, *Mam'zelle Jeanne*, opérette en un acte, et aux Fantaisies-Parisiennes, le 11 juin 1866, une autre opérette intitulée *Bettina*. Depuis lors, il n'a cessé de se livrer à l'enseignement.

* COHEN (JULES), pianiste et compositeur. Cet artiste, plus instruit qu'inspiré, et qui ne paraît pas en possession des qualités qui doivent distinguer le compositeur dramatique, a écrit pour le théâtre quelques ouvrages dont le succès a été médiocre et dont aucun n'a pu se maintenir à la scène : 1° *Maître Claude*, un acte, Opéra-Comique, 18 mars 1861; 2° *José Maria*, 3 actes, id., 16 juillet 1866; 3° *les Bleuets*, 4 actes, Théâtre-Lyrique, 23 octobre 1867, opéra qui obtint à peine dix représentations, en dépit de l'influence que Mlle Nilsson, qui en remplissait le principal rôle, exerçait alors sur le public; 4° *Déa*, 2 actes, Opéra-Comique, 30 avril 1870. M. Jules Cohen a écrit aussi la musique de deux cantates : *l'Annexion*, exécutée à l'Opéra le 15 juin 1860 à l'occasion de la réunion de la Savoie et du comté de Nice à la France, et *Vive l'Empereur!* exécutée à l'Opéra-Comique le 15 août de la même année. Enfin, cet artiste a composé de nouvelle musique pour les chœurs d'*Athalie*, pour ceux d'*Esther* et pour ceux de *Psyché*, à l'occasion de reprises de ces ouvrages qui furent faites à la Comédie-Française. Tout cela est déjà bien oublié, et le public ne connaît guère le nom de M. Jules Cohen, qui est aussi l'auteur d'une messe, exécutée à l'église de Jouy-en-Josas le 21 août 1859. Depuis 1870, cet artiste est professeur de la classe d'ensemble vocal au Conservatoire.

* (COHEN (JEAN-FRANÇOIS-BARTHÉLEMY), est mort à Paris, le 13 février 1875.

* COLET (HIPPOLYTE-RAYMOND). On doit à cet artiste l'accompagnement de piano de la publication des *Chants et Chansons populaires de la France* faite par l'éditeur Delloye vers 1841 (3 vol. in-8°). Ce travail est loin de lui faire honneur, et l'on peut en prendre pour preuve l'accompagnement qu'il a placé sous *le Chant du départ*, de Méhul, lequel est un chef-d'œuvre de mauvais goût et de non-sens harmonique.

COLIN (CHARLES-JOSEPH), professeur de hautbois au Conservatoire de Paris, est né à Cherbourg, le 2 juin 1832. Excellent professeur et musicien fort distingué, M. Colin a fait de brillantes études au Conservatoire, où il fut élève de Vogt pour le hautbois, de M. Benoît pour l'orgue, d'Adolphe Adam et de M. Ambroise Thomas pour la composition, et où il obtint les récompenses suivantes : 2° prix de hautbois en 1851, et 1er prix en 1852; 1er accessit d'harmonie et accompagnement en 1851, 2° prix en 1852, et 1er prix en 1853; 3° accessit d'orgue en 1853, et 1er prix en 1854; 1er accessit de fugue en 1854. Enfin, M. Colin s'étant présenté en 1857 au concours de l'Institut, il obtint le deuxième premier grand prix de Rome, pour la cantate *Clovis et Clotilde*, de M. Amédée Burion. Parmi les envois de Rome qu'il fit à l'Académie des beaux-arts, selon les prescriptions du règlement, on a remarqué, pour la première année, une messe solennelle, qui a été exécutée depuis à plusieurs reprises, et pour la quatrième un opéra-comique en un acte, qui dénotait de sérieuses et solides qualités.

Pourtant, et malgré cette brillante carrière scolaire, M. Colin n'a point recherché les succès du compositeur, et il ne s'est point produit au théâtre. Nommé vers 1868 professeur de hautbois au Conservatoire en remplacement de Berthélemy, qui lui-même venait de succéder à Triebert et qui était mort peu de temps après, il a consacré tous ses soins à sa classe, qui est devenue l'une des meilleures de cet établissement. Dans un temps où nos virtuoses d'instruments à vent sont si peu musiciens, et où la plupart sont incapables d'écrire avec correction, sinon avec élégance, un morceau même peu développé, M. Colin se fait remarquer par le soin et le talent qu'il apporte dans la composition des solos de concours qu'il écrit chaque année pour ses élèves, et dont plusieurs ont été publiés. — M. Charles Colin est, je crois, organiste de l'église Saint-Denis du Saint-Sacrement.

* COLLA (Joseph). Aux trois opéras cités de ce compositeur il en faut joindre un quatrième, *Andromeda*, représenté vers 1778.

COLLET (N........), professeur de musique à Paris, est l'auteur d'une brochure dirigée contre l'enseignement de la musique en chiffres. Cet artiste s'était lui-même, pendant plusieurs années, consacré à cet enseignement, et après avoir, un peu tardivement peut-être, reconnu l'inanité du système, était revenu à la notation usuelle et s'était tourné contre les défenseurs et les apôtres de la doctrine de Galin. Voici le titre de l'opuscule publié par lui : *La Supériorité de la notation musicale usuelle avouée par M. le docteur Émile Chevé, impuissance du chiffre proclamée par J.-J.-Rousseau, Galin, Aimé Lemoine, Edouard Jue, Émile Chevé, etc., avec un fac-similé de l'écriture de Galin, etc., observations lues à la Société pour l'instruction élémentaire,* par N. Collet. (Paris, Perrotin, 1865, in-8° de 64 pp.)

COLLIN (Charles), organiste de la cathédrale de Saint-Brieuc et compositeur, est l'auteur d'une grande cantate, *la Bienvenue*, pour soprano, solo, chœur et orchestre, écrite et exécutée à l'occasion de la réunion du Congrès scientifique de France en 1872, d'une autre, composée pour la réunion du Congrès catholique, enfin de la *Cantate du Congrès celtique international* (sur paroles françaises et bretonnes). La réduction pour chant et piano des partitions des deux premières a été publiée chez l'éditeur M. Flaxland, celle de la troisième chez M. Schott. M. Charles Collin est encore l'auteur des compositions suivantes : Six morceaux pour le grand orgue, op. 10, Paris, Régnier-Canaux ; *l'Orgue à l'église*, collection de morceaux pour le grand orgue, id., id ; 6 Bluettes pour harmonium, id., id.; *Communion* (extrait du journal *la Maîtrise*), Paris, Heugel ; *Élévation* (id.), id., id.; Recueil de cantiques à Notre-Dame d'Espérance, à 3 et 4 voix et chœur, avec orgue, Paris, Graff; Litanies de la Sainte-Vierge, pour solo et chœur, id., id.; motets à 3 et 4 voix (*Lacrymosa* et *Oro supplex*, *Ave verum*, *Tantum ergo*, *Kyrie*, *Languentibus*, *Vivat*), id., id.; *Hymne à la Bannière*, chœur à 4 voix d'hommes, avec solo, id., id.; *le Chant du franc-tireur*, chœur avec solo; *Souvenir du pensionnat*, collection de 16 morceaux à 1, 2 et 3 voix égales et chœur, avec accompagnement, Paris, Lemoine ; *les Fêtes du pensionnat*, collection de 8 morceaux à 1, 2 et 3 voix égales, avec accompagnement, Paris, Graff; Rêverie, pour piano, op. 5, Paris, Heugel; Caprice pastoral, id., op. 6, id., id.; *le Rameau d'or*, caprice-mazurk, id., op. 11, id., id.; *les Batteurs de blé*, id., op. 18, id., id.; Nocturne, id., op. 19, id., id.; Nocturne, id., op. 7, Paris, Lemoine; Rondo de salon, id., op. 8, id., id.; Fantaisie-valse, id., op. 9, id., id.; *le Chant du Souvenir*, id., op. 15, id., id.; *Fêtes bretonnes*, deux fantaisies, id., id., etc., etc. On doit encore à M. Charles Collin un recueil ainsi intitulé : *Cantiques bretons, hymnes et légendes pieuses* (*Kantikou bresonek*), transcrits pour orgue-harmonium, à l'usage de l'office divin (Saint-Brieuc, l'auteur, in-8°).

COLLINA (F.....-S.....), compositeur italien, est l'auteur de *Maria Properzia de' Rossi*, « scènes lyriques en trois actes avec prologue. » Cet ouvrage a été exécuté au Cercle philodramatique de Rome, le 12 février 1876, accompagné par un orchestre composé seulement d'un piano et d'instruments à cordes.

COLOMBAT (E......), docteur en médecine, fils du docteur Marc Colombat, se fait appeler, comme son père, *Colombat (de l'Isère)*. Professeur d'orthophonie à l'Institution nationale des Sourds-Muets, chargé d'un cours spécial au Conservatoire de Paris, M. Colombat est l'auteur d'un écrit ainsi intitulé : *De la Musique dans ses rapports avec la santé publique* (Paris, Asselin, 1873, in-8° de 32 pp.).

COLOMBIER (........) aîné, éditeur de musique à Paris, est auteur de l'écrit suivant, publié lors d'une discussion qui eut lieu au Corps législatif sur certains points relatifs à la propriété littéraire et musicale, notamment sur la reproduction, par les orgues et serinettes, de morceaux considérés comme étant la propriété de leurs auteurs et de leurs éditeurs : *Lettre adressée à monsieur le marquis d'Andelarre sur la loi des instruments de musique mécaniques* (Paris, typ. Lainé et Havard, 1865, in-8° de 16 pp.). Comme éditeur de musique, M. Colombier a publié les partitions des ouvrages dramatiques de M. Henri Reber et plusieurs de ses compositions instrumentales, ainsi que quelques-uns des meilleurs opéras de Grisar, *les Amours du Diable*, *les Porcherons*, *la Chatte merveilleuse*, *le chien du Jardinier*, etc., puis encore *le Médecin malgré lui* de M. Gounod et la symphonie en *ré* du même maître. C'est aussi lui qui, pendant environ vingt-cinq ans, a publié l'album de chant de M. Paul Henrion, qui obtenait tant de succès chaque année et dont la vente était assurée d'avance. M. Colombier a ainsi livré au public plus de trois cents mélodies, romances,

COLOMBIER — COLONNE

chansons ou chansonnettes de cet artiste, si fécond en son genre.

COLON (Marguerite, dite Jenny), actrice et chanteuse aimable, qui jouit à Paris, pendant plusieurs années, d'une très-grande réputation, naquit à Boulogne-sur-Mer, le 5 novembre 1808, d'une famille de comédiens obscurs. Douée d'une voix charmante et d'une rare intelligence scénique, elle avait déjà joué la comédie en province lorsqu'elle vint, encore enfant, débuter à l'Opéra-Comique, le 17 avril 1822, en compagnie de sa sœur aînée, Éléonore Colon. Toutes deux se présentèrent en public dans *les Deux Petits Savoyards*, de Dalayrac, Jenny jouant le rôle de Joset, Éléonore celui de Michel. Peu de temps après, le 14 septembre, Mme Colon mère venait débuter à son tour dans l'emploi des mères-Dugazon, en jouant Mme Hubert de *l'Épreuve villageoise*. Le succès de la jeune Jenny Colon avait été très-grand; cependant, tandis que sa mère et sa sœur restaient à l'Opéra-Comique, où elles occupaient une situation secondaire, elle quittait bientôt ce théâtre pour contracter un engagement avec celui du Vaudeville, où elle se produisait en 1823. Un an plus tard, elle allait donner une série de représentations en Angleterre avec son camarade Lafont, l'épousait à Gretna-Green, rentrait avec lui au Vaudeville en 1825, sous le nom de Mme Lafont, et au bout de peu de temps s'adressait à la justice pour faire casser un mariage qui ne pouvait rester valable devant aucun tribunal. Elle quitta alors le Vaudeville, après y avoir créé avec éclat *la Laitière de Montfermeil*, de Paul de Kock, fit une courte apparition au Gymnase, et fut engagée aux Variétés, où elle obtint des succès retentissants, et où les auteurs s'empressèrent de travailler pour elle de façon à faire briller sa voix et son goût pour le chant. Parmi les pièces dans lesquelles elle fit courir le public soit au Gymnase, soit aux Variétés, il faut citer *les Trois Maîtresses*, *la Prima donna*, *une Fille d'Ève*, *Madame d'Egmont*, *le Mariage par ordre*, *Clémence et Caroline*, *les Amours de Paris*, *la Camarade de pension*, *Madelon Friquet*, et un petit opéra-comique expressément écrit à son intention par M. Pilati (*Voyez* ce nom), *le Mylord et la Modiste*.

Son ambition pourtant était de reparaître sur la scène où elle s'était montrée pour la première fois à Paris. Sa beauté s'était accomplie, sa voix s'était tout à fait formée, ainsi que son talent de chanteuse, et elle était devenue une comédienne d'un mérite supérieur, au jeu plein de distinction, de finesse et de grâce. C'est alors que Crosnier, directeur de l'Opéra-Comique, vint combler ses vœux en lui offrant un engagement. Elle rentra à ce théâtre, le 26 avril 1836, dans le premier ouvrage de Grisar, *Sarah*, y fut accueillie avec la plus grande faveur, se montra bientôt aux côtés de Mme Damoreau dans *l'Ambassadrice*, et créa successivement plusieurs rôles importants dans *Piquillo* et *le Planteur*, d'Hippolyte Monpou, dans *le Fidèle Berger*, d'Adam, *le Perruquier de la Régence*, de M. Ambroise Thomas, *la Mantille*, de M. Luigi Bordèse, et *les Treize*, d'Halévy. Cependant, le caractère inconstant de cette artiste charmante l'empêcha de se maintenir sur une scène où l'avaient suivie la sympathie et l'affection du public. En 1840 elle quittait l'Opéra-Comique, allait faire une brillante tournée en province, et, désireuse d'aborder le grand genre lyrique, acceptait un engagement de « première chanteuse à roulades » de grand opéra pour le théâtre de la Monnaie, de Bruxelles. Très-bien accueillie en cette ville dans le nouvel emploi qu'elle abordait, elle n'y put cependant rester plus de quelques mois, pour raisons de santé. Elle y chantait pour la dernière fois, le 6 juin 1841, le rôle de Valentine des *Huguenots*, obtenait le lendemain un congé pour cause de maladie, revenait aussitôt en France, et mourait juste un an après, à Paris, le 5 juin 1842, à l'âge de trente-trois ans. — Pendant son second séjour à l'Opéra-Comique, Jenny Colon avait épousé un artiste fort distingué, Leplus, flûtiste de ce théâtre.

* **COLONNA** (Jean-Paul). Cet artiste a écrit la musique d'un oratorio qui fut exécuté à Modène en 1688 : *la Caduta di Gerusalemme sotto l'imperio di Sedecia, ultimo re d'Israele*.

COLONNE (Jules), violoniste et chef d'orchestre, né à Bordeaux le 23 juillet 1838, a fait son éducation musicale au Conservatoire de Paris, où il fut élève de Girard et de M. Sauzay pour le violon, de M. Elwart pour l'harmonie, et de M. Ambroise Thomas pour le contrepoint et la fugue. Il obtint un second accessit de violon et un premier accessit d'harmonie en 1857, le premier prix d'harmonie en 1858, un premier accessit de violon en 1860, le second prix en 1862 et le premier prix l'année suivante. Devenu premier violon à l'orchestre de l'Opéra, M. Colonne abandonna cette position pour fonder, en 1871, le *Concert national*, devenu depuis l'*Association artistique*, dont les séances eurent lieu chaque dimanche, pendant la saison d'hiver, d'abord dans la salle du théâtre de l'Odéon, puis dans celle du théâtre du Châtelet. C'est au Concert national et à l'Association artistique, où M. Colonne accueillit volontiers quelques-uns des jeunes compositeurs de la nouvelle école française, que furent exécutées certaines de leurs œuvres importantes, *Marie-Magdeleine* et les

Scènes pittoresques de M. Massenet, le concerto de violon, la Fantaisie espagnole et des fragments du *Fiesque* de M. Edouard Lalo, les *Pièces d'orchestre* de M. Théodore Dubois, *Rome et Naples* de M. Rabuteau, *Mazeppa*, cantate de M. Paul Puget, enfin diverses œuvres de MM. Bizet, Albert Cahen, etc., etc. M. Colonne, dont le talent de chef d'orchestre est très-réel et dont les qualités de musicien sont incontestables, a su créer, à côté des Concerts populaires de M. Pasdeloup, une entreprise analogue mais non semblable, dans laquelle il a fait au jeune art français une place fort honorable et fort importante; grâce à l'accueil qu'il reçoit du jeune chef d'orchestre, celui-ci peut se développer dans des conditions qui jamais encore ne lui avaient été si favorables, et s'impose chaque jour davantage à l'attention et aux sympathies du public.

COLYNS (Jean-Baptiste), violoniste belge, né à Bruxelles le 25 novembre 1834, a fait de bonnes études au Conservatoire de Bruxelles, où il eut pour maître Wéry, et où il obtint un second prix au concours de 1849, et ensuite le premier. M. Colyns, après avoir terminé son éducation artistique, se livra à l'enseignement et à la composition. Devenu violon-solo aux Concerts populaires de Bruxelles, il y fit exécuter, il y a quelques années, un scherzo symphonique qui fut accueilli avec faveur; puis, son talent de virtuose se développant de plus en plus, il fut nommé professeur dans l'établissement dont il avait été l'élève. Vers 1872, cet artiste vint se faire entendre à Paris, et fit apprécier aux Concerts populaires, dans un concerto de Rode, un talent fin, délicat, distingué, auquel on aurait souhaité peut-être un peu plus d'ampleur et d'animation. Depuis lors, il a voyagé en Angleterre, en Hollande et en Allemagne, et il a obtenu des succès, particulièrement à Dresde, où, dans la seconde séance donnée par lui en compagnie de son compatriote, M. Fischer, il a joué un concerto de sa composition. M. Colyns a donné au théâtre de la Monnaie, de Bruxelles, en 1877, un petit opéra intitulé *Sir William*.

COMBI (P........), compositeur italien, est l'auteur d'un opéra sérieux intitulé *Ginevra di Monreale*.

* **COMETTANT** (Jean-Pierre-Oscar), compositeur et écrivain musical, a succédé depuis plusieurs années à M. Gustave Chadeuil comme feuilletoniste musical du journal *le Siècle*, auquel il était attaché déjà depuis plusieurs années; il a d'ailleurs fourni un grand nombre d'articles à beaucoup d'autres journaux et recueils, parmi lesquels il faut citer *le Musée des familles*, *la Gazette musicale*, *la Mélomanie*, le *Ménestrel*, *la France musicale*, *l'Art musical*, *le Luth français*, *l'Almanach musical*, etc. Aux publications littéraires de M. Comettant relatives à la musique, il faut ajouter les suivantes : 1° *Musique et Musiciens* (Paris, Pagnerre, 1862, in-12°); 2° *la Musique, les musiciens et les instruments de musique chez les différents peuples du monde, archives complètes de tous les documents qui se rattachent à l'Exposition internationale de 1867* (Paris, Lévy, 1869, grand in-8°) ; 3° *les Musiciens, les philosophes et les gaîtés de la musique en chiffres, réponse à M. Francisque Sarcey* (Paris, Dentu, 1870, brochure in-8°); 4° *Francis Planté, portrait musical à la plume* (Paris, impr. Chaix, 1874, brochure in-8°). A ces divers écrits on peut joindre encore le volume intitulé *le Danemark tel qu'il est*, dans lequel on trouve des renseignements sur la musique et le théâtre en ce pays (1). Au nombre des compositions musicales publiées par M. Comettant, on doit citer : 1° *Heures d'harmonie*, petites pièces pour piano (Paris, Heugel); 2° trois livres d'études pour piano; 3° plusieurs morceaux religieux pour voix de soprano, avec accompagnement de piano ou d'orgue : *O Salutaris*, *Ave Maria*, *Ad te levavi*, *Ecce panis*, *Veni sancte*; 4° *Ave Maris Stella*, duo; 5° *Tantum ergo* pour voix de basse; 6° *Hymne à la Vierge*, pour trois voix de femmes et soli; 7° *l'Inde révoltée*, symphonie vocale en 5 parties; 8° *les Voix de Jeanne d'Arc*, morceau à deux chœurs et à huit parties, etc., etc.

CONCEIÇÃO (et non CONCEIÇAM). — Aux musiciens portugais de ce nom mentionnés dans la *Biographie universelle des Musiciens*, il faut ajouter les quatre suivants :

Antonio da Conceição fut un des plus célèbres chanteurs de musique sacrée qui aient existé en Portugal. Il naquit à Lisbonne en 1579, et fit en cette ville son éducation musicale; ses dispositions étaient si remarquables qu'on l'employa dans les offices de la chapelle royale dès sa première jeunesse, et qu'il se fit une réputation à Lisbonne même avant d'avoir atteint sa quinzième année. A l'âge de quinze ans il entra au couvent de l'ordre trinitaire à Lisbonne, et la haute société de cette ville se donnait rendez-vous dans l'église de la Trinité, pour admirer la voix incomparable et le talent extraordinaire du jeune religieux. Il paraît cependant que l'excès de travail porta atteinte à ses facultés; il perdit bientôt la voix à tel point qu'il ne pouvait presque pas parler. Toutefois, lors-

---

(1) Le livre intitulé *Portefeuille d'un musicien* a été signalé à tort au nom de M. Comettant, qui n'a rien publié sous ce titre.

qu'il mourut en 1655, sa renommée était telle que toute la cour se fit un honneur d'assister aux splendides funérailles que lui fit faire la comtesse de Serem. Machado ne loue pas moins l'extrême agilité que la douceur et la justesse remarquable de la voix de cet artiste fameux.

Felipe da Conceição, religieux de l'ordre militaire espagnol de N. S. *das Merçés*, naquit à Lisbonne vers la fin du XVI⁰ siècle. Ses *Vilhancicos* (1) étaient très-estimés, surtout ceux qu'il avait écrits pour les fêtes du *Sacramento* et *Natal* et qui existaient dans la bibliothèque de musique du roi D. Jean IV.

J. DE V.

Frère Manoel da Conceição, religieux franciscain du couvent de Xabregas, près de Lisbonne, fut *vigario do côro* (chef du chant) dans ce monastère. Il a écrit : *Manuale seraficum et romanum juxta usum fratrum Minorum almæ provinciæ Algarbiorum ordinis Sancti Francisci*, etc., Ulyssipone, 1732, in-4⁰ en deux parties de XIV - 317 pages et II - 332 pages. C'est la deuxième édition de ce traité. Il y a eu une édition antérieure, que je ne connais pas, et une postérieure, faite en 1740, fort augmentée et avec quelques changements sur le titre. Ce traité est une compilation de toutes les cérémonies religieuses en usage dans l'ordre des Fransciscains, texte et musique en regard.

Frère Bernardo da Conceição, théoricien renommé, vécut vers le milieu du XVIII⁰ siècle, à Lisbonne. On connaît de lui : *O ecclesiastico instruido scientificamente na Arte do Cantochdo e Modo facil e claro para aprender Cantochdo*. Lisbonne, 1788, in-4⁰ de XII-1091 pages, dont cinq de planches (2).

* CONCONE (JOSEPH), est mort à Turin au mois de juin 1861. Cet artiste aimable était retourné dans sa patrie après un séjour en France de dix ans environ. Peu de temps après son arrivée à Turin, il s'était vu confier la charge d'organiste de la chapelle royale, mais, malgré cette situation, il ne put parvenir à faire représenter un opéra qu'il avait en portefeuille, *Graziella*.

* CONFORTO (NICOLO), compositeur dramatique, né dans le royaume de Naples. Avant

(1) J'ai donné dans mon *Ensaio* (pag. 18-19), une liste de 26 compositeurs de *Vilhancicos* dont les œuvres existaient dans la bibliothèque du roi.

(2) Ce gros ouvrage est un des meilleurs traités de plain-chant que je connaisse, très-complet, très-riche en bons exemples et plein d'érudition. Malheureusement, l'ouvrage est fort rare, car on n'a broché qu'une très-petite partie de l'édition; le reste a été détruit. Les quelques exemplaires qui existent en Portugal n'ont pas de frontispice. Il paraît que l'auteur a publié un résumé de son grand ouvrage sous ce titre : *Modo facil para aprender Cantochdo*, 1789.

de donner à Londres son *Antigono*, cet artiste avait fait représenter les deux ouvrages suivants : 1⁰ *la Finta Vedova*, Naples, th. des Fiorentini, 1746; 2⁰ *la Nitteti*, opéra donné à Madrid, en 1756, pour le jour de naissance du roi d'Espagne. Le livret de ce dernier ouvrage, qui est de Métastase, porte en tête une dédicace au grand chanteur Farinelli (Carlo Broschi), alors tout puissant à la cour de Madrid ; cette dédicace est accompagnée d'un sonnet qui n'a jamais été reproduit dans les œuvres de l'illustre poète.

CONINCK (JACQUES-FÉLIX DE), pianiste distingué et compositeur, né à Anvers le 18 mai 1791, reçut ses premières leçons de deux organistes de cette ville, De Trazegnies et Hœfnagels. Il vint ensuite à Paris, fut admis au Conservatoire d'abord dans une classe de piano, puis dans la classe d'harmonie de Perne, et obtint le premier prix d'harmonie en 1813. De retour à Anvers en 1818, il en repartit en 1820 pour l'Amérique, visita successivement les principales villes des États-Unis, où il devint l'accompagnateur de Mme Malibran, séjourna assez longtemps à Philadelphie, puis revint en Europe, passa plusieurs années à Paris, et enfin retourna dans sa ville natale, où il fonda la Société de l'Harmonie. Il mourut à Schaerbeek-lez-Bruxelles, le 25 avril 1866. J.-F. de Coninck a publié en France plusieurs compositions pour le piano, entre autres des concertos, des sonates et des airs variés.

CONINCK (JOSEPH-BERNARD DE), né à Ostende (Belgique) le 10 mars 1827, suivit fort jeune sa famille, qui allait s'établir à Anvers, et fut élevé dans cette ville, où il fit de bonnes études classiques. Son père le destinait à la carrière scientifique, et voulait en faire un ingénieur civil ; mais le goût de la musique et des belles-lettres se développa chez le jeune homme, qui, au sortir du collège, débuta par un succès littéraire : son *Essai sur l'histoire des arts et des sciences en Belgique* fut couronné au concours de 1845 par la Société royale pour l'encouragement des Beaux-Arts à Anvers. A partir de ce moment, il s'adonna exclusivement à la musique, travailla le piano, l'orgue, l'harmonie et le contrepoint sous la direction d'un artiste fort distingué, de Leun, maître de chapelle de l'église Saint-André, et bientôt écrivit plusieurs sonates pour le piano et mit en musique les chœurs du *Paria*, de Casimir Delavigne.

Désireux de compléter ses études, M. de Coninck vint à Paris en 1851, se fit présenter à Auber, et lui soumit sa partition des chœurs du *Paria*. Auber reconnut des qualités dans cette œuvre, car il choisit trois de ces chœurs et les fit exécuter par les élèves du Conservatoire, dans un exercice public dirigé par Batton. En même temps il engagea le jeune artiste à poursuivre ses travaux, et le fit entrer dans la classe de Leborne, avec lequel il étudia pendant trois années la composition et la fugue. M. de Coninck se fixa ensuite définitivement à Paris, où il se livra à l'enseignement et à la composition.

Cet artiste a publié chez différents éditeurs des romances, des mélodies, des chœurs sans accompagnement et des morceaux de piano. Il a signé seul la musique d'un opéra-comique en deux actes, *Maître Pathelin*, écrit par lui en société avec M. Théodore de Lajarte (*Voyez* ce nom), et représenté au théâtre Tivoli, et a donné au même théâtre une opérette en un acte, *le Rat de ville et le Rat des champs*. Il a eu aussi un ouvrage reçu à l'Opéra-Comique, mais qui n'a jamais été représenté, et a fait répéter à l'Athénée un opéra-comique en un acte, *la Fille de Figaro*, que le désastre subi par ce théâtre a ramené dans les cartons de son auteur. Depuis plusieurs années, M. de Coninck s'est occupé de critique musicale, et il a collaboré, sous ce rapport, à divers journaux et recueils : *la Chronique, la Vérité, la Constitution, la Gazette de Paris, la Revue nationale et étrangère, l'Echo* et *la Revue de la Musique*.

* **CONRAD DE MURE**, chanoine et premier chanteur de l'église principale de Zurich. Outre son traité : *De Musica*, M. George Becker cite un autre ouvrage de cet artiste : *Novus Græcimus*, dans lequel il donne la description de différents instruments, tels que l'orgue, le nublum, le psaltérion, la cythare, la lyre, le fifre, le tympanum, etc.

* **CONRADI** (AUGUSTE). A la liste des ouvrages dramatiques de ce compositeur, il faut ajouter les suivants : 1° *La Madone Sixtine*, Berlin, théâtre Victoria, septembre 1864; — 2° *Le valet Rupert*, opéra-féerie, Berlin, théâtre Kroll, novembre 1865; — 3° *Voilà bien les femmes*, opérette en trois actes, Berlin, théâtre Walner, septembre 1867; — 4° *Dans les vignes du Seigneur*, opérette, Berlin, théâtre Frédéric-Wilhelm, novembre ou décembre 1867; — 4° *La plus belle fille du bourg*, opéra-comique en deux actes, id., id., juin 1868. Conradi est mort à Berlin le 26 mai 1873.

CONRADIN (C... F...), compositeur autrichien, établi à Vienne, a fait représenter en cette ville les trois ouvrages suivants : 1° *Goliath*, opérette, Karl-théâtre, mai 1864; — 2° *Un Jeune Candidat*, opérette, théâtre de l'Harmonie, 20 octobre 1866; 3° *Turandot*, opérette, même théâtre, 29 novembre 1866. M. Conradin a donné aussi, au théâtre populaire de Munich, en 1866, une opérette intitulée *un Premier Essai*.

CONRARDY (JULES), né à Liége le 27 janvier 1836, apprit la musique avec un bon professeur, M. Decharneux. Dès l'âge de quinze ans, il était organiste à l'église Sainte-Marguerite, et passa successivement en la même qualité à Saint-Servais, puis à Saint-Antoine, où il exerce encore aujourd'hui. A dix-neuf ans, il suivit au Conservatoire, sous la direction de Daussoigne-Méhul, un cours d'harmonie, de contre-point et de fugue. A vingt-trois ans, il obtenait à Bruxelles, au grand concours de composition musicale, le second grand prix de Rome, pour sa cantate intitulée : *le Meurtre d'Abel*. Revenu à Liége, il s'occupa spécialement de composition, abordant tour à tour la musique religieuse et la musique théâtrale. En 1864, il fut nommé professeur de solfège au Conservatoire. Ses œuvres religieuses, dont plusieurs ont été publiées à Liége, chez Muraille, se composent d'une messe solennelle à grand orchestre, de deux *Te Deum*, de litanies, d'antiennes, de plusieurs messes à trois et quatre voix, etc. Il a fait représenter avec succès sur les théâtres de Liége quatre opéras-comiques en un acte, savoir : *le Père Lajoie* (1858), *Annibal et Scipion* (1860), *Jeanne et Jeannot* (1861), *le Roi de l'arbalète* (1862). Un autre opéra en un acte, *le Loup-Garou*, a remporté le prix à un concours ouvert en 1872 par la Société d'émulation, et a été donné sur le théâtre royal de Liége le 20 mars 1874.

M. Conrardy a publié, en outre, un album de romances, des danses pour le piano, etc.

F. D.

CONROT (ALICE), musicienne qui s'est consacrée à l'enseignement, est l'auteur d'une brochure qui a été publiée sous ce titre : *Abrégé de l'histoire de la musique et des principaux compositeurs*, à l'usage de la jeunesse (Lisieux impr. Lajoye-Tissot, 1876, in-8° de 36 pp.) Ce petit écrit, d'ailleurs sans prétention, est d'une faiblesse et d'une inutilité absolues.

CONSOLINI (........), compositeur italien, est l'auteur d'un opéra bouffe intitulé *la Finta Pazza*.

CONSONI (GIROLAMO), organiste et compositeur, vivait dans la première moitié du dix-huitième siècle. Ses deux fils, Giovanni-Battista Consoni et Giuseppe Consoni, organistes et compositeurs comme lui, prêtres tous deux, furent agrégés, en 1758, à l'Académie des Philharmoniques de Bologne. Le premier surtout, Giovanni-Battista, jouissait d'une grande réputation comme organiste.

* **CONSTANTIN** (LOUIS), violon de la musique de Louis XIII et *roi des Ménétriers*, succéda dans cette charge singulière à François Richomme. On ne connaît pas la date de sa naissance, mais on sait qu'il se maria le 20 janvier 1610, à la paroisse Saint-Merri; on peut donc supposer qu'il naquit entre 1580 et 1585, et qu'il était septuagénaire lorsqu'il mourut en 1657.

CONSTANTIN (Titus Charles), chef d'orchestre, violoniste et compositeur, est né à Marseille le 7 janvier 1835. Après avoir commencé son éducation musicale en province, il vint à Paris et fit, comme tous nos jeunes violonistes, partie de l'orchestre de divers théâtres, entre autres du Théâtre-Italien et du Théâtre-Lyrique. En même temps il se faisait admettre au Conservatoire, dans la classe de M. Ambroise Thomas (1er juin 1858), et au bout de quelques années d'études se présentait au concours de l'Institut; il obtint une mention honorable au concours de 1861, et le second grand prix en 1863, pour la cantate *David Rizzio*, paroles de M. Gustave Chouquet. Lorsque M. Martinet fonda sur le boulevard des Italiens, en 1866, l'aimable théâtre des Fantaisies-Parisiennes, M. Constantin en devint le chef d'orchestre, et c'est à son influence, à son action intelligente, à ses goûts réellement artistiques, qu'on dut de ne pas voir verser ce théâtre dans l'ornière de l'opérette prétendue bouffe, alors si fort à la mode, et qu'on le vit au contraire s'engager résolûment dans la voie du véritable opéra-comique, accueillant à bras ouverts les jeunes compositeurs, mettant au jour d'intéressantes traductions d'opéras étrangers, tels que *l'Oie du Caire*, de Mozart, *la Croisade des Dames*, de Schubert, *il Campanello*, de Donizetti, *Sylvana*, de Weber, et enfin reprenant d'adorables chefs-d'œuvre du vieux répertoire français, dont l'Opéra-Comique semblait ne plus se soucier: *les Rosières*, *le Muletier*, d'Hérold; *le Déserteur*, de Monsigny; *le Sorcier*, de Philidor; *le Nouveau Seigneur du village*, *le Calife de Bagdad*, *la Fête du village voisin*, de Boieldieu, etc., etc. Avec un orchestre incomplet, des chœurs insuffisants, un personnel de chanteurs très-secondaires, mais auxquels il savait communiquer sa flamme et son ardeur, M. Constantin, qui ne ménageait ni son temps ni sa peine, obtenait des résultats surprenants au point de vue de l'exécution, et attirait l'attention générale sur ce petit théâtre, dont il était en réalité le moteur et le soutien.

A la suite de la fermeture de l'Athénée, M. Martinet ayant transporté son théâtre dans le local de ce dernier, M. Constantin trouva un nouvel élément à son activité. La direction voulait transformer son répertoire en l'agrandissant, et l'on joua à l'Athénée de véritables grands opéras, sérieux ou bouffes, tels que *les Brigands*, de Verdi, *les Masques* (*Tutti in Maschera*), de M. Pedrotti, *le Docteur Crispin*, des frères Ricci. L'exécution était toujours excellente, et c'était toujours M. Constantin qui était à sa tête. Cependant, des difficultés étant survenues entre lui et l'administration, le jeune artiste quittait l'Athénée, en septembre 1871, pour aller diriger les concerts du Casino, dont M. Métra dirigeait les bals. Là encore son influence se fit sentir, et il donna à ces concerts un caractère plus sérieux, plus vraiment musical que par le passé. Néanmoins il rentrait à l'Athénée au mois de janvier 1872, mais bientôt, ce théâtre ayant fermé ses portes, M. Constantin devenait chef d'orchestre du nouveau théâtre de la Renaissance, fondé par M. Hostein. Lorsque celui-ci, qui était en même temps directeur du Châtelet, voulut essayer d'acclimater l'opéra sur cette vaste scène, et y monta *la Belle au bois dormant* de M. Litolff, c'est M. Constantin qui chargea de l'organisation musicale du Châtelet et de la direction de l'orchestre. L'essai n'ayant pas réussi, l'excellent artiste retourna à la Renaissance. Depuis lors, il a été appelé (septembre 1875) à succéder à M. Deloffre dans la direction de l'orchestre de l'Opéra-Comique; mais lors du changement d'administration qui fit succéder M. Carvalho à M. du Locle comme directeur de ce théâtre, l'engagement de M. Constantin ne fut pas renouvelé.

Au milieu de ses travaux multiples, M. Constantin n'oubliait cependant pas complétement qu'il était compositeur. Il écrivit les partitions de *Bak-Bek*, ballet en deux actes représenté au Grand-Théâtre de Lyon en janvier 1867; de *Salut*, cantate exécutée à l'Athénée le 15 août de la même année; et de *Dans la Forêt*, opéra comique en un acte joué à l'Athénée le 2 décembre 1872, Il a composé aussi plusieurs morceaux importants pour les concerts du Casino lorsqu'il en était directeur, entre autres *Rolla*, ouverture exécutée en janvier 1872, et une *Ouverture villageoise*, exécutée au mois de février de la même année.

CONSUL (J.......). Un musicien de ce nom a publié un certain nombre de compositions religieuses, dont voici les titres: 1° Trois cantiques sacrés pour la Communion, à 3 voix égales; 2° Hymne et Oraison, deux chants sacrés à 3 voix égales; 3° *Domine non secundum*, prière à 3 voix égales; 4° *Descends du haut des Cieux!* invocation, chant à 2 voix; 5° Cantique de sainte Thérèse, après la Communion, pour 2 sopranos et chœur; 6° *le Nom de Marie*, cantique avec solo, duo et chœur; 7° *Prémices* *du Printemps*, cantique avec solo et chœur; 8° Motet pour la fête des Saints, solo et chœur à 3 voix; 9° *Hymne à l'Éternel*, récitatif pour basse, prière et chœur à 4 voix. Toutes ces œuvres ont été publiées à Paris, chez Heugel.

* **CONTANT D'ORVILLE.** L'*Histoire de l'opéra bouffon* publiée en 1768 n'était pas l'œuvre d'un seul, mais bien de deux écrivains, les frères Contant d'Orville. La préface du livre le dit expressément, et il n'y a pas lieu de croire là à une supercherie, dont l'utilité serait nulle : « Cet ouvrage est l'amusement de deux frères, qui, forcés par état de passer alternativement six mois à Paris et six mois en province, et toujours séparés l'un de l'autre, se sont rendu compte des bagatelles qui, par leur nouveauté, fixoient l'attention du public; ils ont cru que les amateurs d'anecdotes théâtrales ne seroient pas fâchés de voir réunies sous un même point de vue toutes les pièces du nouveau genre..... » Cette dernière phrase donne lieu à une remarque. Les « pièces du nouveau genre, » ce sont les comédies à ariettes, les pièces en musique, les opéras bouffons, comme on les qualifiait parfois alors, celles qui se jouaient, soit à l'Opéra-Comique, soit à la Comédie-Italienne, où elles venaient seulement de naître et de prendre leur vol. En effet, les frères Contant d'Orville ne parlent que de celles-là, et passent absolument sous silence les comédies, ballets, divertissements ou vaudevilles (ces derniers qualifiés, à cette époque, d'opéras-comiques). Les deux frères n'ont donc point fait, comme Desboulmiers ou les frères Parfait, l'histoire d'un théâtre, soit Comédie-Italienne, soit Opéra-Comique, mais l'histoire d'un genre de pièces qui se produisaient à la fois sur deux scènes importantes, le genre des pièces à ariettes, illustré dès ses premiers essais par Duni, Philidor et Monsigny. Leur livre, consacré, presque dès sa naissance, à l'« opéra bouffon, » peut nous donner une idée du plaisir que celui-ci procurait au public.

CONTE (ANTONIO-ERNESTO), pianiste et compositeur, né à Salerne le 23 octobre 1826, étudia le piano avec Giuseppe Lillo, l'harmonie avec son père et avec Giuseppe Barberi, et la composition avec Fenaroli et Carlo Assenzio. Il se produisit de bonne heure comme virtuose, puis se consacra à l'enseignement tout en se livrant à d'actifs travaux de composition. M. Conte n'a pas publié moins d'une centaine d'œuvres de divers genres pour le piano, sans compter un assez grand nombre de mélodies vocales, et beaucoup de morceaux de musique religieuse avec accompagnement d'orchestre.

CONTE (JEAN), violoniste et compositeur, naquit à Toulouse le 12 mai 1830, et s'adonna de bonne heure à l'étude du violon, puis à celle de l'harmonie et de la composition. Devenu élève de Carafa au Conservatoire de Paris, il était chef d'orchestre au petit théâtre Comte, lorsqu'en 1855 il remporta le premier grand prix de composition musicale à l'Institut; les paroles de la cantate qui lui avait valu ce prix étaient de M. Camille du Locle, qui fut depuis directeur de l'Opéra-Comique, et cette cantate avait pour titre *Acis et Galatée*. Pendant son séjour à Rome, M. Conte adressa à l'Académie des beaux-arts, pour ses envois réglementaires, une messe solennelle (1re année), des fragments d'un opéra italien intitulé *Isabella di Lara* (2e année), et enfin un *Dies iræ* en sept morceaux et une symphonie (3e année); des fragments de cette symphonie furent exécutés en 1859, à la séance publique annuelle de l'Académie.

A son retour d'Italie, M. Conte chercha, comme tant d'autres, à se faire jouer sans pouvoir y parvenir. Il se livra alors à l'enseignement, devint professeur à l'école des frères de Passy, et entra à l'orchestre de l'Opéra en qualité d'alto, ainsi qu'à la Société des concerts du Conservatoire. M. Conte publia ensuite une *Méthode de violon*, plusieurs livres de duos de violons, et un certain nombre de petits morceaux et fantaisies pour piano et violon qui furent particulièrement bien accueillis des artistes et des amateurs. On lui doit aussi plusieurs morceaux de chant, *la Charité*, hymne, *Où donc vont les hirondelles?* rêverie, *le Grand Veneur*, légende, *la Marchande de plaisirs*, chansonnette, ainsi qu'un Duo concertant pour piano et violon sur des airs italiens, écrit en société avec M. Adrien Barthe. Dans ces derniers temps, M. du Locle s'est souvenu de son ancien collaborateur, et lui a confié le livret d'un petit ouvrage en un acte, *Beppo*, dont M. Conte a écrit la musique, et qui a été représenté à l'Opéra-Comique le 30 novembre 1874. Malheureusement, ce livret était détestable, et a porté tort à l'inspiration du compositeur. *Beppo* n'a pu se soutenir à la scène, et a disparu après un petit nombre de représentations.

* **CONTI** (FRANCESCO). A la liste des œuvres de ce compositeur, il faut joindre *Il Martirio di San Lorenzo*, oratorio qui fut exécuté en 1710 à Vienne, à la chapelle de l'empereur Joseph Ier.

CONTI (NICOLÒ), compositeur dramatique italien, né dans le royaume de Naples, vivait au dix-huitième siècle. Cet artiste fit représenter sur le théâtre des Florentini, de Naples, les deux ouvrages suivants : *l'Ippolita* (1733), et *l'Olindo* (1753), ce dernier écrit en société avec Matteo Capranica.

* CONTI (Charles), un des artistes les plus distingués de ce siècle, sinon par le génie, du moins par l'esprit, par l'éducation et par le savoir, naquit à Arpino, près de Naples, non en 1799, mais le 14 octobre 1797. Il n'étudia en quelque sorte la musique que contre le gré de son père, qui aurait voulu en faire un médecin, et il abandonna de bonne heure la carrière militante du compositeur. La *Biographie universelle des Musiciens* a donné la liste de ses œuvres dramatiques, liste à laquelle il faut ajouter *Bartolomeo della Cavalla*, opéra *semi seria* (Rome, th. Valle, 1827), et une *farsa* intitulée *iMetastasiani*. Le dernier opéra de Carlo Conti fut *Giovanna Shore*, auquel le dernier acte du livret de Romani fut fatal ; cet ouvrage, qui fut donné au théâtre de la Scala, de Milan, et dont la première partie avait été bien accueillie, ne réussit point à cause de la scène finale, dans laquelle on voyait l'héroïne de la pièce mourir de faim, ce qui n'est ni scénique ni musical. Les auteurs essayèrent de remédier au mauvais effet produit par ce dénouement, et remanièrent profondément toute cette partie de leur œuvre ; mais elle n'en réussit pas mieux, n'obtint à Milan qu'un succès d'estime, et ne fut jouée sur aucun autre théâtre d'Italie. C'est à cette époque, et Rossini n'ayant pu tenir la promesse par lui faite à ce sujet, que Conti écrivit, sur des vers d'Andrea Maffei, la cantate qui devait être exécutée au théâtre des Philharmoniques, pour l'inauguration du buste du grand poète Vincenzo Monti. Cette cantate, admirablement chantée par la Pasta, lui fit le plus grand honneur.

Cependant, et quoique son fils eût remporté de brillants succès, le père de Conti souffrait de lui voir continuer la carrière qu'il avait entreprise. Imbu sans doute d'un préjugé étrange et inintelligent contre les artistes, il n'avait d'autre désir que de le voir auprès de lui, partageant le bien-être dont le faisait jouir une honorable fortune. Conti finit par se rendre à ses vœux, et alla, plein de jeunesse et d'espoir, se retirer à Arpino. Bientôt il se maria avec une jeune fille charmante, devint trois fois père, mais eut la douleur de perdre sa femme après quatre années de mariage. Ce coup le frappa cruellement, et le rendit pendant quelque temps insensible à tout.

Le temps cependant amortit sa douleur. Nommé, à la mort de Zingarelli, membre de l'Académie des beaux-arts de Naples, dont il devint plus tard le secrétaire perpétuel, il profitait du peu de distance qui le séparait de cette ville pour y faire de fréquentes excursions, s'y mêler à la vie active et se tenir au courant de tous les faits artistiques de quelque importance. En 1846, il est nommé professeur de contrepoint et de composition au Conservatoire de cette ville, mais en 1858 des raisons l'obligent à résigner ces fonctions. Pourtant, en 1862, et sur des instances très-honorables, il consent à rentrer dans cet établissement pour y remplacer son successeur, Lillo, devenu fou, et pour suppléer le directeur Mercadante, devenu aveugle. Pendant plusieurs années il se prodigua, dans cette double situation, avec un zèle, une activité et un désintéressement au-dessus de tout éloge. Mais ces fatigues et ces travaux furent fatals à sa santé. Au commencement de 1868, il tomba dangereusement malade au Conservatoire, dut être, avec toutes les précautions possibles, transporté chez lui, à Arpino, et là, malgré les soins les plus dévoués, cessa de vivre le 10 juillet. L'administration du Conservatoire obtint l'autorisation de faire célébrer ses funérailles à l'église de San-Pietro a Majella, et il fut l'objet d'honneurs exceptionnels.

Conti n'était pas un homme de génie, mais c'était un artiste extrêmement distingué, remarquable par son savoir et sa profonde connaissance de l'art. Il passait pour le premier contrapuntiste de son temps. M. Florimo, à qui j'ai emprunté les détails qui précèdent, s'exprime ainsi à son sujet, dans son *Cenno storico sulla Scuola musicale di Napoli* : « Les qualités de la musique de Conti consistent dans une perfection scolastique, un style correct et recherché, des idées spontanées et simples, mais non originales, un sentiment toujours exact de l'expression des paroles et absolument irréprochable dans la musique religieuse. Il n'agit point comme Mercadante, Donizetti, Pacini, qui commencèrent leur carrière en imitant Rossini, et qui cherchèrent ensuite plus ou moins à s'en éloigner et à se former un style personnel ; au lieu de cela, il resta toujours fidèle imitateur du grand Pésarais, et c'est pourquoi sa musique offre peu de nouveauté, mais est seulement correctement écrite, bien travaillée, excellemment disposée pour les voix, conservant toujours l'unité de style et de coloris, la vérité de conception, et une aimable et élégante façon d'instrumenter sans exagération ; souvent on voit poindre, dans ses compositions, une veine de sentiment, peu éloignée de la passion, qui produit une heureuse et agréable impression sur l'esprit du public. Marchant sur les traces de son maître Zingarelli, il eut du goût et de l'inclination pour les lettres, et leur culture, non moins que sa réputation de grand musicien, lui valurent cette estime universelle et ce respect qui l'accompagnèrent jusqu'au tombeau. Jamais d'ailleurs il ne tirait vanité de son savoir, et lorsqu'il faisait l'éloge des autres maîtres, ses émules et ses collègues, il parlait de lui le moins qu'il pouvait, et toujours avec la plus grande modestie ; témoin ces paroles, qu'il adressait un jour à l'un de ses amis, M. Santini, en se reportant à l'année 1827, époque de ses plus grands succès : « Je me croyais grand aussi, en cette « année d'espérance et de vie. Je composai en- « suite autre chose, mais il en faut bien d'autres « pour être un génie. Enfin je cessai d'écrire, « sans me laisser vaincre par les plus honorables « sollicitations. » Paroles qui firent naître la vénération chez celui qui les entendit, parce que la qualité la plus rare et presque miraculeuse d'un bon jugement est celle de se juger soi-même sans passion et sans prévention aucune. » Conti a joui pendant quarante ans, dans toute l'Italie, de la réputation d'un grand maître et d'un profond théoricien. Sous ce rapport, Rossini, qui l'aimait beaucoup, avait pour lui la plus haute estime. Il a fait d'excellents élèves, parmi lesquels il faut surtout citer MM. Paolo Serrao, Filippo Marchetti, Ernesto Viceconte, Erennio Gammieri, etc. Esprit honnête et sincère, homme loyal et désintéressé, il joignait aux qualités du cœur celles de l'esprit le plus cultivé. Ses notices et ses travaux sur la musique et les musiciens, comme secrétaire perpétuel de l'Académie des beaux-arts de Naples, sont, dit-on, fort remarquables. Carlo Conti était membre correspondant de l'Institut de France.

CONTI (CLAUDIO), professeur et compositeur, est né à Capracotta, dans l'ancien royaume de Naples, en 1836. Conduit de bonne heure à Naples, il fut admis au Conservatoire de cette ville, et y fit de très-bonnes études théoriques, d'abord sous la direction de Parisi, puis sous celle de Mercadante. Après plusieurs essais de musique dramatique et religieuse faits par lui au Conservatoire, il fit ses débuts de compositeur dramatique en donnant au théâtre Bellini, le 30 avril 1864, un opéra en 4 actes intitulé *la Figlia del Marinaio*, qui obtint un véritable succès. Depuis lors, M. Conti s'est voué à l'enseignement, et a produit un certain nombre de compositions vocales et instrumentales, parmi lesquelles on remarque deux Hymnes exécutés au théâtre San-Carlo en 1859 et 1869, quatre albums de chant, un recueil de six petites pièces de piano, trois mélodies pour violoncelle et piano, un *Elogio funebre* en forme de marche à grand orchestre pour la mort de Meyerbeer, etc., etc. M. Conti, à qui l'on doit aussi plusieurs compositions religieuses, entre autres une Messe à 5 voix avec accompagnement d'orchestre et un *Requiem* pour voix de baryton, a été nommé en 1872, à la suite d'un concours, directeur de l'Institut musical de l'*Albergo de' Poveri*.

CONVERÇAM (Frère RAYMUNDO DA), musicien portugais, n'est connu que comme auteur du traité suivant : *Manual de tudo o que se canta fora do choro, conforme ao uzo dos religiosos et religiosas da sagrada ordem da Penitencia* (ordre de St-François), etc., Coimbre, 1675, in-4° de VIII-485 pages et 5 pages d'index.   J. DE V.

COOP (ERNESTO-ANTONIO-LUIGI), musicien italien dont le nom trahit une origine britannique, est né à Messine, le 1er juin 1812. Fils d'un musicien amateur qui ne lui ménagea pas les bons conseils, il apprit d'un ténor nommé Lucchini les premiers éléments de la musique, et eut ensuite pour professeurs les compositeurs Mario Aspa et Mazza. Il se fit connaître de bonne heure comme virtuose sur le piano, et, s'étant livré à l'enseignement, il devint, en 1860, professeur au Conservatoire de Naples. M. Ernest Coop a publié, chez les principaux éditeurs d'Italie, plus de cent compositions pour son instrument.

COOPER (GEORGE), organiste remarquable, l'un des premiers artistes en ce genre qu'ait produits l'Angleterre, naquit vers 1820 et mourut à Londres le 2 octobre 1876, à l'âge de cinquante-six ans. George Cooper a formé un grand nombre d'élèves, qui tous sont devenus, grâce à ses soins, des organistes distingués. J'ignore si cet artiste s'est livré à la composition.

COOPER (J....-B......), musicien anglais contemporain, a écrit la musique d'un opéra-comique, *Juanita ou une Nuit à Séville*, qui a été représenté à Liverpool, par une société d'amateurs, le 2 avril 1872.

COQUARD (A......), compositeur, né vers 1828, fit dans ses jeunes années des études musicales qu'il aurait désiré continuer, mais que sa famille l'obligea d'interrompre pour se livrer à l'étude du droit. Il se fit en effet recevoir avocat, mais dès qu'il fut maître de ses actions, il renonça à la carrière du barreau et alla trouver M. César Franck, aujourd'hui professeur d'orgue au Conservatoire, sous la direction duquel il fit un cours complet d'harmonie et de contrepoint. Comme il lui fallait vivre, il accepta des fonctions d'employé auxiliaire à la Bibliothèque nationale, et put ainsi se livrer sans contrainte à ses goûts artistiques. Le premier fruit de ses travaux qu'il fit connaître au public fut *le Chant des épées*, ballade extraite du premier acte de *la Fille de Roland*, tragédie de M. Henri de Bornier, et mise par lui en musique. Cette composition fut exécutée au concert du Châtelet (Association artistique), le 16 janvier 1876.

COQUET (........), musicographe français de la première moitié du dix-huitième siècle, a laissé un ouvrage intitulé : *La Musique rendue sensible, avec un traité du monochorde.*

CORBESIER (ANTONIO), musicien italien dont le nom trahit évidemment une origine française, naquit à Naples dans la première moitié du dix-huitième siècle, et fit représenter en cette ville les deux ouvrages suivants : *il Mercante innamorato*, opéra qualifié *invenzione per musica*, th. des Florentini, 1750 ; et *il Finto innamorato*, id., 1751.

CORDELLA (GERONIMO), compositeur et organiste italien, né dans le royaume de Naples, vivait au dix-huitième siècle et fit représenter en 1747 à Naples, sur le théâtre des Florentini, un opéra intitulé *la Faustina*. Cet artiste vécut vieux sans doute, car en 1783, c'est-à-dire trente-six ans plus tard, il remplissait les fonctions d'organiste à l'archiconfrérie de *Sant'Anna di Palazzo*, à Naples.

* **CORDELLA** (JACQUES), fils du précédent, est mort à Naples, le 8 août 1846. Bon professeur de chant, organiste habile, excellent accompagnateur, compositeur distingué surtout dans le genre bouffe, cet artiste était professeur de solfége au Conservatoire de Naples, maître de chapelle dans plusieurs couvents de cette ville, et fut pendant longues années directeur de la musique au théâtre San-Carlo. Il faut noter que son opérette *i Finti Savojardi*, jouée à Venise en 1820, n'était qu'une réédition, sous un nouveau titre, de celle qu'il avait donnée longtemps auparavant, dans la même ville, sous celui d'*il Ciarlatano*.

CORDERO Y FERNANDEZ (ANTONIO), chanteur espagnol, né à Séville le 30 mars 1823, reçut une bonne éducation musicale, embrassa bientôt la carrière du théâtre, fit apprécier sa jolie voix de ténor sur les scènes de Grenade, Malaga, Cadix et Séville, puis, en 1849, étant entré à la suite d'un concours à la chapelle royale de Madrid, se fixa en cette ville, abandonna le théâtre et se consacra à l'enseignement. Cet artiste a publié, en 1858, un traité de chant sous ce titre : *Escuela completa de canto en todos sus géneros y principalmente en el dramatico espanol é italiano.* M. Cordero a pris part à la rédaction de plusieurs journaux de musique, dans lesquels il a publié un grand nombre d'articles de doctrine, d'histoire ou de critique spéciale.

CORDIALI (........), compositeur italien, a écrit, en société avec M. Denina, la musique d'un opéra-ballet en 4 actes et 7 tableaux, *Roberto di Normandia*, qui fut représenté au mois d'août 1864, sur le théâtre Alfieri, de Turin, avec un médiocre succès. Depuis lors, aucun de ces deux artistes ne s'est produit de nouveau à la scène.

CORDONNIER (MARIE-LOUIS-URBAIN), clerc du diocèse d'Amiens, compositeur, né en cette ville vers le milieu du dix-huitième siècle, commença par enseigner la musique à Paris, où il eut, dit-on, pour élève le célèbre chanteur Garat. Devenu maître de chapelle de la cathédrale d'Évreux, il fut appelé, en 1783, à remplir les mêmes fonctions à la cathédrale de Rouen, où il admit au chœur, en 1786, un enfant dont la renommée devait être plus tard européenne, le jeune Adrien Boieldieu (1). Dans son discours de réception à l'Académie de Rouen (*Revue des maîtres de chapelle et musiciens de la métropole de Rouen*), M. l'abbé Langlois donne les détails suivants sur cet artiste : « Devenu commerçant et père de famille après la Révolution, Cordonnier continua de cultiver son art. Sous l'empire, il dirigea pendant quelques années la musique de la cathédrale de Valence. Une de ses dernières œuvres est le psaume *Beati omnes....* exécuté à l'hôtel de ville de Rouen, le 20 mars 1811, à l'occasion de la naissance du roi de Rome. C'est à l'obligeance de sa veuve que nous devons ces détails. »

CORETTE (........), compositeur, vivait à Paris dans la seconde moitié du dix-huitième siècle, et écrivit pour le théâtre de l'Opéra-Comique, rival de la Comédie-Italienne, la musique d'un grand nombre de ballets, de pantomimes et de divertissements. Je n'ai pu découvrir aucun renseignement biographique sur cet artiste, mais voici la liste de ses compositions telle que la donnait l'almanach intitulé *les Spectacles de Paris* : — « *Les Ages*, ballet-pantomime ; *le Jugement de Midas* ; *Nina*, pantomime italienne ; *Arlequin Persée, Armide*, pantomimes à machines ; *Arlequin boulanger*, pantomime en vaudevilles ; *Diane et Endymion*, ballet-pantomime exécuté à Paris et à Londres ; *Concertos comiques*, dansés à l'Opéra-Comique ; *les Tricotés* ; *Ma mie Margot* ; *la Béquille du père Barnabas* ; *les Pantins*, ballet général ; *la Tourière*, pantomime. Il a aussi composé la musique de *la Fête infernale* de Valois, et de plusieurs divertissements des opéras-comiques de MM. Pannard, Carolet, Favart, Lagrange, Laffichard et Vadé. » Je ne crois pas qu'il faille confondre cet artiste avec Michel Corrette, men-

---

(1) J'ignorais ce fait lorsque j'ai publié, en 1875, la biographie de ce grand artiste : BOIELDIEU, *sa vie, ses œuvres, son caractère, sa correspondance* ; je n'ai donc pu le mentionner.

tionné au 2ᵉ volume de la *Biographie universelle des Musiciens*; celui-ci était organiste du grand collége des Jésuites, qui ne lui auraient pas permis, sans aucun doute, de travailler ainsi pour le théâtre.

CORNELIUS (Peter), compositeur allemand, neveu du célèbre peintre de ce nom, naquit à Mayence en 1820, et fit ses études musicales à Berlin, sous la direction de M. Dehn. Il embrassa de bonne heure les doctrines de M. Richard Wagner, qu'il défendit avec ardeur dans plusieurs journaux, entre autres *l'Écho* et la *Nouvelle Gazette musicale*, tout en les pratiquant comme compositeur. On s'en aperçut dans *le Barbier de Bagdad*, opéra qu'il fit représenter à Weimar en 1858. De 1859 à 1862 il résida à Vienne, où il écrivit, pour la plus grande partie, les paroles et la musique d'un autre ouvrage dramatique, *le Cid*, qu'il alla achever à Munich en 1863, et qui fut joué à Weimar au mois de mai 1865. Cornelius, qui dans sa jeunesse avait reçu des conseils de M. Liszt, est mort le 26 octobre 1874. Il a publié quelques morceaux de chant, à une ou plusieurs voix, avec accompagnement de piano.

CORNIER (l'abbé E.....) est auteur d'un système de notation aussi étrange que nouveau, dans lequel il emploie trois couleurs différentes. Il a fait l'exposition de ce système dans un ouvrage ainsi intitulé : *Traité de l'art musical*, précédé de *Échelle tricolore* (Paris, 1856, in-8º).

CORONA (.......), compositeur italien, né à Livourne, a fait représenter sur le théâtre Avvalorati, de cette ville, au mois de janvier 1863, un opéra sérieux intitulé *Zaira*. Cet ouvrage fit un *fiasco* si complet qu'il dut être abandonné après sa seconde représentation.

CORONARO (Gaetano), compositeur, a fait son éducation musicale au Conservatoire de Milan, d'où il est sorti en 1873, après avoir passé son examen de licence d'une façon exceptionnellement brillante. Dans les exercices (*saggi*) annuels qui eurent lieu alors, il fit entendre, en en dirigeant lui-même l'exécution, une scène lyrique, *un Tramonto*, écrite par lui sur des paroles de M. Arrigo Boito (Voy. ce nom), et ce début du jeune compositeur, quoique fait d'une façon tout intime et dans un établissement scolaire, eut un très-grand succès et fit presque événement dans la ville de Milan, où l'on en parla durant plusieurs semaines. L'éditeur Ricordi s'empressa de publier la partition de son petit ouvrage, et lui confia aussitôt le livret d'un *opera seria* important, *la Créole*, qui jusqu'ici, cependant, n'a pas été représenté. Un autre éditeur de musique de Milan, Mᵐᵉ Lucca, avait mis à la disposition de l'administration du Conservatoire une somme destinée à faciliter le voyage à l'étranger de l'élève qui semblerait le plus apte à profiter de cette faveur. M. Coronaro fut appelé à bénéficier de cette libéralité intelligente, et grâce à elle il put visiter plusieurs des grands centres artistiques de l'Europe : Paris, Vienne, Berlin, Cologne, Leipzig et Dresde. De retour à Milan, il se livra à des travaux de composition, et publia un *Album vocal* (Ricordi, in-4º), que la critique a accueilli favorablement et qui contient six morceaux : *Due Fiori*, *O Padre nostro*, *Barcarola*, *Ultimo Voto*, *lo Spiritello*, *Notturno a due voci*. M. Coronaro, qui a publié aussi une petite pièce pour violon, *Ninnerella*, avec accompagnement de piano (Milan, Ricordi), est devenu en 1876 *maestro concertatore* en second au théâtre de la Scala.

CORONINI (Paolo), chef d'orchestre, violoniste et compositeur pour son instrument, né à Vicence en 1796, reçut une bonne éducation musicale, devint un virtuose distingué sur le violon, fit dans sa jeunesse quelques voyages, puis, à l'âge de 32 ans, se fixa à Trieste, où il devint chef d'orchestre du Grand-Théâtre et premier violon de la chapelle de Saint-Just. Cet artiste, qui est mort le 14 janvier 1875, a laissé un assez grand nombre de compositions pour son instrument, parmi lesquelles on distingue : 1º Collection de gammes et exercices mécaniques; 2º Exercices, avec accompagnement contrepointé d'un second violon; 3º Gammes mélodiques avec *adagi*; 4º 42 Études; 5º Caprice brillant; 6º Thèmes originaux variés, l'un avec accompagnement d'orchestre ou de piano; 7º Grandes variations sur un thème de Bellini, avec accompagnement d'orchestre; 8º Fantaisie *alla Paganini*, avec accompagnement de piano; 9º Grand Rondo avec accompagnement de quatuor; 10º Polonaise brillante avec accompagnement d'orchestre, etc.

CORRADO (..........), compositeur italien, chef de musique militaire, a fait représenter à Casalmonferrato, en février 1872, un opéra intitulé : *Evelina*.

CORSI (Giovanni), baryton distingué, né à Vérone, où sa famille occupait une situation honorable, fit de bonnes études littéraires et suivit les cours de droit de l'Université de Padoue. Mais il avait le goût de la musique, et le théâtre l'attirait invinciblement. Il abandonna donc l'étude du droit pour celle du chant, et bientôt il débuta au théâtre Re, de Milan, où son succès fut tel qu'il fut immédiatement engagé à la Scala. La voix de baryton de M. Corsi n'était ni votumineuse, ni bien puissante, mais il s'en servait avec goût, il en était le maître absolu et il la guidait à sa convenance. Bien que cette voix fût agile et que la vocalisation en fût brillante, c'est surtout dans les rôles dramatiques que brillait l'artiste, dans ceux où il pouvait faire ressortir sa remarquable puissance d'expression, et communiquer aux spectateurs l'émotion qu'il ressentait lui-même. Les habitués du Théâtre-Italien de Paris se rappellent encore l'effet qu'il produisait dans *Lucrezia Borgia*, dans *Rigoletto*, *Beatrice di Tenda*, *Poliuto*, *Maria di Rohan* et quelques autres ouvrages. Après avoir passé quatre années à Paris, de 1856 à 1859, M. Corsi retourna en Italie, où il poursuivit sa carrière. Depuis lors, il a quitté le théâtre, pour se consacrer à l'enseignement du chant.

CORTESI (Francesco), compositeur dramatique italien, est l'auteur des ouvrages suivants : 1° *Almina* (Rome, janvier 1859); 2° *le Dame a servire* (1859); 3° *la Colpa del Cuore*, 4 actes (Florence, th. de la Pergola, novembre 1870); 4° *Marsilissa* (id., id., 27 avril 1874).

* **CORTICCIO** (Francesco). Je dois à une obligeante communication de M. le docteur Basevi la connaissance de l'ouvrage suivant, qui doit prendre place au nom de ce compositeur : *Residicum Cantici Zachariæ Prophetæ et Psalmi Davidis quinquagesimi pro secundo choro a Francisco Corticio, musices sereniss. Cosmo Medices magni, Etruriæ Ducis Præfecto*, etc. Venetiis, apud filias Gardani, 1570.

COSENTINI (......), compositeur italien, a fait représenter en 1854, sur l'un des théâtres de Florence, un opéra sérieux intitulé *Rogiero*.

COSTA (Antonio Corréa da), né à Villa-Viçosa (Portugal), vers le milieu du seizième siècle, fut un mathématicien remarquable et un musicien de mérite. Il fit de longs voyages en Italie et dans les Flandres, et ne retourna en Portugal que dans un âge avancé. Il mourut à Villa-Viçosa en 1617.

J. DE V.

COSTA (Sebastião da), musicien distingué, chevalier de l'ordre du Christ, fut maître de chapelle des rois D. Alfonso VI et D. Pedro II; il avait fait aussi partie de la chapelle royale de D. João IV, après 1640. Il était né à Azeitão vers le commencement du XVIIe siècle, et mourut à Lisbonne en 1696. La mort du roi Jean IV, qu'il estimait beaucoup, lui causa un chagrin si vif qu'il se retira en Espagne, où il prit les armes. La reine veuve, qui faisait grand cas de ses talents, le rappela à Lisbonne. Ses compositions, dont la plupart étaient conservées dans la bibliothèque de musique du roi D. João IV, étaient répandues à Lisbonne en un grand nombre de copies, tant elles étaient recherchées.

J. DE V.

COSTA (Pier-Antonio), compositeur italien, vivait à Gênes à la fin du dix-septième siècle, et écrivit pour le prince Ferdinand de Médicis et à l'occasion de son mariage (1689), une cantate ou divertissement intitulé : *Una Zinghera*.

COSTA (l'abbé), artiste portugais, vivait au dix-huitième siècle. Aucun biographe n'a fait mention de cet homme remarquable; il est vrai qu'on ne sait presque rien sur les circonstances de sa vie. Néanmoins je lui consacrerai quelques lignes ici, en attendant un travail plus complet que je prépare sur lui. C'est Burney (1), le célèbre écrivain anglais, qui le rencontra à Vienne (1772-1773), qui a conservé sa mémoire; aussi c'est le seul qui s'occupe de lui. En Portugal, dans sa patrie, l'abbé Costa est resté tout à fait inconnu. D'après des lettres de lui que M. le docteur J. R. Guimarães (*Voy.* ce nom) vient de découvrir à la bibliothèque de Lisbonne, Costa aurait dû quitter le Portugal assez jeune; il s'occupait alors de musique et de critique, et jouissait déjà d'une certaine réputation. Sa critique n'était pas seulement artistique, elle s'attaquait à tous les abus, et n'épargnait personne, pas même les plus grands seigneurs. D'ailleurs, sa vie extrêmement sobre, ses habitudes modestes, permirent à Costa de conserver une indépendance presque farouche, qui était mal vue à la cour de Lisbonne, où tout le monde officiel s'amusait à merveille. Seul, le marquis de Pombal travaillait. Le roi Joseph 1er ne vivait que par son opéra italien, dont Burney parle avec tant d'admiration (*History of Music*, vol. IV-470). Costa, travaillant sans cesse contre tous les abus et se livrant de plus en plus à sa critique mordante, se trouva donc grand travailleur en face du marquis tout puissant ; on sait de quelle façon le ministre accueillait ceux qui osaient critiquer ses plans. Le marquis s'aperçut que Costa devinait ses instructions; il comprit combien cet homme, qu'il ne pouvait compter au nombre de ses amis, pouvait devenir dangereux ; il le poursuivit en conséquence, et Costa dut fuir du Portugal. C'est ce qui ressort du contenu de ses lettres. Il n'y cite pas de noms pour ne compromettre personne, car il écrivait à un ami en Portugal, mais quiconque connaît l'époque du règne de Joseph 1er en Portugal et le système politique du marquis de Pombal ne peut douter des faits mentionnés ci-dessus. Costa

(1) *The present state of Music in Germany*, etc., London, 1773, 2 vol.

voyagea un peu partout. Ses lettres sont datées de diverses villes d'Italie, et aussi de Vienne. Elles renferment des détails très-curieux sur l'art musical en Italie, ainsi qu'une critique très-vive sur les artistes et non moins vive sur la société en général. Costa s'y révèle observateur profond et critique impitoyable; il y revient sans cesse sur les affaires du Portugal, sur la société portugaise et sur ses anciens amis et ennemis qu'il n'a nullement oubliés. A Vienne, il ne fit que continuer la vie qu'il avait menée à Lisbonne. Burney l'appelle *a kind of Rousseau, but still more original* (I-256), il raconte une foule de traits curieux sur lui, mais il loue aussi sa complaisance extrême. Costa conduisit Burney partout; il lui fit voir les trésors artistiques de Vienne; il le présenta chez les musiciens et les compositeurs les plus célèbres; aussi Burney lui prodigue les expressions les plus amicales. Il vante ses connaissances sur la théorie de la musique, l'originalité de ses idées musicales, son grand talent sur la guitare, et parle avec les plus grands éloges de son caractère et de ses mœurs. Nous ne savons rien sur l'existence de l'abbé Costa après le départ de Burney de Vienne. Retourna-t-il en Portugal après la disgrâce du marquis de Pombal (1777); alla-t-il rejoindre son ami, l'excellent duc de Lafões (Voyez *Bragança*), son protecteur à Vienne? Costa jouait un rôle important à Vienne, il était de toutes les parties, dans tous les salons, il était très-lié avec Gluck et Métastase, on le fêtait partout; ce n'était donc pas un homme ordinaire. Il faudra tenir compte de lui aussi bien que du duc de Bragança quand on fera l'histoire de la société de Vienne, de cette même société qui créa peu de temps après la réputation et l'existence même de Haydn, Mozart et Beethoven.

J. DE V.

COSTA (JOÃO-EVANGELISTA-PEREIRA DA), compositeur dramatique de talent, naquit en 1805, à Lisbonne, où il fit ses études musicales dans le séminaire patriarcal. Un des registres de cet établissement porte une note de laquelle il résulte que Costa abandonna l'école de musique avant d'avoir achevé ses études; il y était entré en 1815. On ne sait pas ce que P. da Costa fit jusqu'en 1827; mais il est mentionné à cette époque comme chef d'orchestre du théâtre de San-Carlos, et l'on sait qu'il partageait ces fonctions avec le célèbre Mercadante, qui fit un long séjour à Lisbonne vers 1820-1830. Il fit représenter, vers la fin de 1827 ou au commencement de 1828, son opéra *Egilda de Provença* au théâtre San-Carlos, et peu de temps après y fit exécuter une cantate, *Tributo à virtude*. Une critique qui parut sur l'opéra de Costa dans un journal de Lisbonne (*O Constitucional*) donna lieu à une polémique entre lui et Mercadante. Le même journal excita ensuite la jalousie du compositeur portugais par un article qu'il publia sur l'opéra *Adriano in Siria* de Mercadante. P. da Costa répondit au *Constitucional* par une analyse très-malicieuse de cet ouvrage, et Mercadante lui répondit aussitôt. Quelques musiciens de l'orchestre prirent part ensuite à cette affaire, et la polémique devint de plus en plus irritante. Il est juste de dire que P. da Costa, d'ailleurs compositeur remarquable, ne pouvait pas lutter avec un maître tel que Mercadante; il n'est pas douteux, d'autre part, que le compositeur portugais eut recours en cette circonstance à des intrigues qui nuisirent beaucoup à sa cause. Costa émigra pendant le gouvernement de D. Miguel, qui le poursuivit à cause de ses idées très-libérales. Il se fixa à Paris, où il se lia avec Rossini. On ne sait rien sur cette période de sa vie; il est certain toutefois qu'il ne retourna pas en Portugal, car il mourut fort jeune à Paris, en 1830. Costa composa en 1828 un *Te Deum* à 8 voix, dont les répétitions eurent lieu à Lisbonne, dans le cours de cette année, sous sa propre direction, mais dont l'exécution fut empêchée par l'avénement de D. Miguel; elle n'eut lieu qu'en 1873 (24 juillet). Cet ouvrage fut alors très-remarqué. Son opéra *Egilda de Provença* (1828) est écrit sous l'influence de Rossini, alors tout puissant, mais on ne peut nier le talent personnel de l'auteur; Mercadante lui-même a cité dans sa brochure (1) plusieurs pièces de l'*Egilda*, comme étant très-remarquables et vraiment originales.

J. DE V.

COSTA (FRANCISCO-EDUARDO DA), compositeur portugais, naquit à Lamego le 15 mai 1818. Ses parents vinrent s'établir en 1822 à Porto, où il se fit remarquer du duc de Bragança (D. Pedro IV). D. Pedro eut d'abord l'intention d'envoyer le jeune artiste-pianiste en France pour qu'il y achevât ses études musicales, mais les troubles politiques détournèrent l'attention du prince. Lorsque celui-ci retourna en 1835 à Porto, accompagnant sa fille, la jeune reine D. Maria II, Costa fut chargé de la composition d'un *Te Deum* à grand orchestre dont il s'acquitta fort heureusement, malgré sa jeunesse (il avait à peine dix-sept ans). En 1836 il était maître de chant du théâtre italien (S. João) de Porto, et peu de temps après il parvint à organiser

---

(1) *Resposta a um impresso intitulada « Juizo critico, etc. »* Cette brochure est signée : *Saverio Mercadante*, 14 de Março de 1833. — Le *Juizo critico* est le titre du premier pamphlet de Costa.

la première Société philharmonique de cette ville, société d'amateurs qui eut une grande vogue, grâce au zèle et aux talents si variés de Costa. Sa réputation lui procura ensuite la place de maître de chapelle et d'organiste de la cathédrale, qui lui fut offerte par l'évêque D. Jeronymo Rebello. Il ne jouit pas longtemps de ces avantages, car il mourut fort jeune en 1854. Sa perte causa de vifs regrets, car on ne louait pas moins son caractère que ses talents. Les amis du compositeur lui élevèrent un monument dans le cimetière du Repouso, à Porto. Costa a laissé une quantité de messes avec accompagnement d'orgue et d'orchestre, des *Credo*, un *Libera me*, des *Répons* et beaucoup de morceaux d'orchestre. Quoiqu'il ait mis, en général, peu de soin dans la facture de ses compositions, on ne peut contester les qualités remarquables d'invention et d'originalité qui distinguent plusieurs de ses ouvrages.

J. DE V.

* COSTA (MICHELE). Dans son livre sur les musiciens et les conservatoires napolitains, M. Francesco Florimo a publié sur cet artiste des détails très précis qui permettent de compléter sa biographie. M. Costa est né à Naples le 4 février 1807; son père, Pasquale Costa, compositeur et maître de chapelle de plusieurs couvents de cette ville, avait été élève de Leonardo Leo, et sa mère était la fille du grand compositeur Giacomo Tritto. Dès sa plus tendre enfance, le jeune Costa commença l'étude de la musique et du piano sous la direction de son père, et, quelques années plus tard, fut admis au Conservatoire de San-Sebastiano, où il devint l'élève de Giovanni Furno pour l'harmonie accompagnée, de Crescentini pour le chant, de son grand-père Tritto pour le contrepoint, et enfin de Zingarelli pour la composition. Il avait à peine dix-sept ans lorsqu'en 1824 il écrivit, pour une cérémonie de prise de voile, une messe à voix avec orchestre; en 1826 il fit représenter sur le théâtre du Conservatoire une opérette intitulée *il Sospetto funesto*, en 1827 une autre opérette, *il Delitto punito*, puis il composa un *Dixit Dominus* à 4 voix et trois ouvertures à grand orchestre. Il était encore sur les bancs de l'école lorsqu'il donna au théâtre Nuovo son premier véritable ouvrage dramatique, *il Carcere d'Ildegonda*, opéra semi-sérieux (1828), et lorsque le fameux imprésario Barbaja lui commanda un autre opéra en deux actes, *Malvina*, qui fut représenté au mois de janvier 1829 sur le théâtre San-Carlo.

C'est en cette année 1829 que M. Costa se rendit pour la première fois en Angleterre, dans des conditions particulièrement honorables. Son maître Zingarelli avait été prié d'écrire pour le grand festival de Birmingham une composition importante, qui devait être exécutée par 200 voix et 200 instruments, et il n'avait accepté qu'à la condition expresse que l'exécution serait dirigée par M. Costa. Le jeune artiste partit donc pour Birmingham, s'acquitta de sa tâche à la satisfaction générale, et commença ainsi cette carrière de chef d'orchestre qui devait le rendre célèbre. De Birmingham, il se dirigea sur Londres, où il fit un premier séjour, et c'est là qu'il publia ses premières compositions vocales, entre autres le quatuor *Ecco quel fiero istante*, que son exécution à la cour par la Pasta et la Malibran, Rubini et Tamburini, rendit aussitôt fameux.

Je crois qu'à cette époque, M. Costa fit une ou plusieurs tournées dans les provinces anglaises, comme chef d'orchestre d'une compagnie d'opéra. Toujours est-il que, vers 1835, Laporte, alors directeur du Théâtre-Italien de Londres, lui confia la direction de l'orchestre de ce théâtre, où il se fit rapidement remarquer. C'est après la représentation à Paris de son opéra *Malek-Adel*, après l'apparition à Londres de son autre opéra *Don Carlos*, que, Laporte étant mort, et des difficultés s'étant élevées entre M. Lumley, successeur de celui-ci, et M. Costa, ce dernier devint chef d'orchestre d'un second théâtre italien établi à Covent-Garden par le chanteur Persiani. Ici, M. Costa se mit en pleine lumière, et bientôt la direction des concerts de la Société philharmonique, et surtout celle des séances d'oratorios de la *Sacred harmonic Society* et des grands festivals qui sont si fréquents en Angleterre, lui firent une situation unique et un renom européen. Directeur des concerts de la cour, professeur de chant de tous les membres de la famille royale, organisateur de toutes les séances musicales qui se donnent dans la haute société de Londres, conducteur des gigantesques festivals du Palais de Cristal, on peut dire que M. Costa est l'arbitre de l'art musical en Angleterre, où il est à juste titre considéré comme un artiste de premier ordre et où il occupe une position absolument exceptionnelle. En récompense de ses services, M. Costa a été fait citoyen anglais, et la reine Victoria l'a nommé chevalier des Trois-Royaumes, titre qui constitue la noblesse et lui permet de s'appeler Sir Michaël Costa.

M. Costa, à qui l'on doit la musique de deux ballets représentés à Londres, *Kenilworth* et *une Heure à Naples*, a composé, en dehors du théâtre : *Ely*, oratorio (festival de Birmingham, 29 août 1855); *Naaman*, oratorio, id., 7 septembre 1864; *the Dream*, cantate écrite pour le mariage de la princesse royale d'Angleterre avec le prince royal de Prusse; un Hymne exécuté en 1867 au théâtre Covent-Garden, à l'occasion de la visite du Sultan; enfin un Hymne exécuté en 1869, à Berlin, pour l'anniversaire de la naissance du roi de Prusse.

COSTA (Pierre), compositeur, pianiste et professeur, est auteur de plusieurs opéras italiens et d'un opéra-comique français en deux actes, *le Chevalier Jacquot*, qui, je crois, n'a pas été représenté. M. Costa est aussi l'auteur des deux ouvrages didactiques suivants : 1° *Nouvelle Méthode théorique, pratique, analytique et rhythmique, ou Nouvelle École facile, amusante, brève et complète*, en langues italienne et française, pour le piano (Paris, Devienne, in-4°); 2° *l'Art du piano à la portée de tout le monde, ou Analyse de la Nouvelle École de piano* (Nice, impr. Caisson et Mignon, s. d., in-12). En 1873, le feuilleton musical périodique de *l'Italie*, journal français de Rome, était signé P. Costa. Il y a lieu de supposer que le critique qui signait ainsi est le même que l'artiste qui fait l'objet de cette notice.

COSTA (Enrico), compositeur italien, a fait représenter sur le théâtre de Cagliari, en 1869, un opéra sérieux intitulé *Eleonora d'Arborea*.

COSTE (........), compositeur, a écrit les paroles et la musique d'un opéra-comique en trois actes, *la Quenouille de la reine Berthe*, qui a été représenté au mois de mai 1858 sur le théâtre de Perpignan.

COSTÉ (Jules), compositeur amateur, est né en Lorraine vers 1828. Possesseur d'une brillante fortune, il emploie ses loisirs à écrire la musique de quelques pièces sans conséquence, qui sont jouées dans des salons, et quelquefois même sur de vrais théâtres. Voici la liste de ses productions : 1° *Jacqueline*, opéra-comique en un acte (en société avec un autre amateur, M. le comte d'Osmond), représenté au Théâtre-Italien, au mois de mai 1855, dans une soirée de bienfaisance, et ensuite une ou deux fois à l'Opéra-Comique; 2° *Une pleine Eau*, opérette en un acte (avec M. le comte d'Osmond), Bouffes-Parisiens, 29 août 1855; 3° *les Horreurs de la guerre*, opérette en deux actes, représentée d'abord au cercle dit des Mirlitons, et plus tard à l'Athénée, le 9 décembre 1868; 4° *la Paix armée*, opérette en un acte, représentée au même cercle le 16 avril 1868; 5° *Au Harem*, ballet en un acte, représenté chez M. le comte d'Osmond le 5 juin 1873; 6° *Cent mille francs et ma fille*, opérette en 4 actes, théâtre des Menus-Plaisirs, 27 avril 1874; 7° *le Dada*, vaudeville en 3 actes, Variétés, 18 février 1875; 8° *les Charbonniers*, un acte, id., avril 1877;

COTTI-CACCIA (........), compositeur dramatique italien, a écrit les paroles et la musique d'un opéra bouffe, *Il Vino di Barbera*, qui a été joué à Pignerol au mois de mai 1866. Le même artiste a donné au théâtre Doria, de Gênes, en octobre 1873, une opérette intitulée *Don Finocchio*.

COTTIN (........), compositeur, a fait représenter deux opérettes qui se faisaient remarquer par une heureuse facture et un bon sentiment mélodique : 1° *un Duo de Serpents*, Bouffes-Parisiens, 1856; 2° *la Revanche de Vulcain*, Folies-Nouvelles, vers la même époque. Cette dernière pièce a été le premier essai et le point de départ de toutes les parodies musicales mythologiques qui ont eu un si grand succès et qui nous ont valu *Orphée aux Enfers*, *la Belle Hélène*, et autres productions du même genre. Je crois que M. Cottin est mort depuis plusieurs années.

COTTRAU (Guillaume), compositeur, né à Paris en 1797, fut emmené dès l'âge de quatre ans à Naples par sa famille, et y passa toute sa vie. Il mourut en cette ville le 31 octobre 1847. Après avoir étudié le chant avec le célèbre sopraniste Crescentini, il se fit une véritable renommée par la publication d'un grand nombre de *cansoni* napolitaines qui devinrent rapidement populaires non-seulement à Naples, mais par toute l'Italie, et qui furent chantées dans le monde entier. En même temps que la musique il écrivait souvent les paroles (en dialecte napolitain) de ces petites compositions, toutes pleines de couleur et d'originalité. De 1829 à 1845, il publia ainsi, sous le titre de *Passatempi musicali*, six recueils de *cansoni*, qui parurent chez Girard et Cie et parmi les plus célèbres desquelles il faut citer surtout : *Fenesta che lucivi*, *Raziella*, *la Vedova romana*, *Fenesta vascia e patrona crudele*. Un grand nombre de ces jolies mélodies ont pris place dans un recueil abondant publié récemment sous ce titre : *Eco del Vesuvio, scelta di celebri canzoni napolitani* (Naples, Th. Cottrau, in-4°). On en trouve aussi quelques-unes dans le deuxième volume des *Échos d'Italie* publiés à Paris, chez Flaxland.

COTTRAU (Théodore), compositeur et éditeur de musique, fils du précédent, est né à Naples le 7 novembre 1827. Après avoir travaillé le piano d'abord avec sa mère, puis avec Philippe Festa, il étudia la composition avec Pappalardo, et, comme son père, se distingua par la publication d'un grand nombre de *cansoni* napolitaines, dont parfois aussi il lui arrivait d'écrire les paroles en même temps que la musique, et qui devinrent populaires et fameuses autant que les précédentes. Il faut remarquer particulièrement celles qui ont pour titre : *Io ti vidi a Piedigrotta, la Sorrentina, Addio mia bella Napoli, Rissa in piazza Serra...* Plusieurs d'entre elles ont été insérées dans le recueil dont il est parlé au précédent article : *Eco del Vesurio.* Les moins réussies de ces compositions ont été publiées par leur auteur sous le pseudonyme d'*Eutalindo Martelli.* Depuis l'âge de vingt ans, M. Théodore Cottrau a succédé à son père dans la direction d'un établissement d'édition musicale qui est prospère et florissant. C'est à lui qu'on doit la traduction italienne du chef-d'œuvre d'Hérold, *le Pré aux Clercs*, qui a été représentée sous ce titre : *Un Duello al Pré aux Clercs*, au théâtre philharmonique de Naples, au printemps de 1872.

COTTRAU (Jules), compositeur et professeur de chant, frère du précédent et deuxième fils de Guillaume Cottrau, est né à Naples en 1830. Il a étudié l'harmonie et la composition d'abord à Naples même, sous la direction de Luigi Gordigiani, puis à Paris, où il était venu pour se perfectionner, avec M. Samuel David (*Voyez* ce nom). M. Jules Cottrau a publié à Naples et à Paris environ trente morceaux de chant sur paroles italiennes : mélodies, *canzoni*, duos, etc., dont un surtout, *la Serenata spagnuola* (Paris, Flaxland) a obtenu un grand succès. Il a composé aussi plusieurs opéras : *Une Sentinelle perdue*, opéra-comique français en un acte (paroles de Saint-Georges), *Griselda*, opéra sérieux italien en quatre actes (paroles de Golisciani), *le Roi Lear, la Princesse Georges, la Mouche blanche*. Je ne crois pas qu'aucun de ces ouvrages ait été représenté.

COUCHET (Jean), facteur de clavecins et accordeur d'orgues, vivait dans la première moitié du dix-septième siècle à Anvers, où il se faisait recevoir, en 1641, dans la gilde de Saint-Luc. Il mourut en cette ville au mois d'avril 1655.

COUCHET (Joseph), fils ou neveu du précédent, était comme lui facteur de clavecins à Anvers, et devint membre de la corporation de Saint-Luc en 1665.

COUCHET (Abraham), vraisemblablement frère du précédent, facteur de clavecins et peintre distingué, fut reçu en 1666 au nombre des membres de la même corporation.

COUCHET (Jean), fils de Joseph ou d'Abraham, et comme eux facteur de clavecins, fut reçu en 1696 dans la gilde de Saint-Luc.

COUDERC (Joseph-Antoine-Charles), chanteur et comédien distingué, l'un des artistes les plus originaux qu'ait jamais possédés le théâtre de l'Opéra-Comique, naquit à Toulouse, le 10 mars 1810, d'une famille de négociants, céda de bonne heure à son goût pour le théâtre, et vint à Paris pour le satisfaire. Admis au Conservatoire en 1829, il devint l'un des élèves favoris de Nourrit, et quitta l'école pour débuter, le 7 juillet 1834, à l'Opéra-Comique, dans le rôle de Rodolphe du *Petit Chaperon rouge*, qu'aucun artiste n'avait abordé depuis la retraite de Martin. Accueilli favorablement tout d'abord, sa jolie voix, son excellente tenue, son physique distingué et ses rares aptitudes de comédien lui valurent rapidement de nombreux succès. Les auteurs prirent aussitôt confiance en lui, et il créa successivement avec un talent de premier ordre un grand nombre de rôles, dans lesquels ses facultés scéniques n'étaient pas moins remarquées que ses qualités de chanteur. C'est ainsi qu'il se fit applaudir en jouant Daniel du *Chalet*, Georges de *l'Éclair*, Bénédict de *l'Ambassadrice*, Horace du *Domino noir*, Don Henrique des *Diamants de la Couronne*, puis *Marguerite, la Double Échelle, la Jeunesse de Charles-Quint*, etc.

Pourtant, malgré ses succès, Couderc quitta en 1842 l'Opéra-Comique, alla donner quelques représentations en province, puis fut engagé au théâtre de la Monnaie, de Bruxelles, et ensuite se fit entendre à Londres. Après huit ans d'absence, il revint à Paris, et rentra à l'Opéra-Comique par le rôle de Shakespeare dans un ouvrage nouveau de M. Ambroise Thomas, *le Songe d'une nuit d'été*. A partir de ce moment, sa voix, qui s'était fatiguée dans ses voyages, commença non-seulement à faiblir, mais à baisser, et de ténor se transforma en un baryton qui manquait un peu de timbre et de couleur. Couderc modifia alors sa carrière, et les auteurs écrivirent pour lui des rôles en conséquence. Devenu un comédien d'un ordre exceptionnel, aussi remarquable dans les rôles de tenue que dans ceux où devait se déployer la plus grande passion dramatique, et dans ceux-ci que dans les personnages du caractère le plus comique et même le plus excentrique, Couderc, grâce à l'étonnante souplesse d'un talent qui savait prendre à volonté toutes les formes, conserva toute la faveur du public en jouant tour à tour Louis XI de *Quentin Durward*, Jean des *Noces de Jeannette*, Henri IV du *Capitaine Henriot*, Crispin du *Docteur Mirobolan*, le chevalier du *Joaillier de Saint-James*, Pathelin de *Maître Pathelin*, André des *Papillotes de M. Benoist*, Pompéry du *Voyage en Chine*, et bien d'autres qu'il serait impossible d'énumérer ici. Tous ceux qui l'ont vu dans *Joseph* se rappellent encore quelle puissance dramatique il apportait dans le personnage de Siméon, et, d'autre part, avec quel sentiment comique irrésistible il jouait *l'Illustre Gaspard* ou *le Voyage autour de ma chambre*.

Vers 1865, Couderc avait été nommé professeur d'opéra-comique au Conservatoire, et nul plus que lui n'était apte à former d'excellents élèves. Peu d'années après, la fatigue et une maladie du larynx l'obligèrent à renoncer à la scène et à quitter un théâtre où, pendant plus de trente ans, il n'avait connu que des succès. Bientôt, il lui fallut s'éloigner du Conservatoire et se condamner au repos le plus absolu. Il n'en fit pas moins son devoir, comme tant d'autres, à l'époque du siège de Paris, mais les fatigues et les privations qu'il eut à subir alors détruisirent complètement sa santé. Après avoir langui pendant quelques années, il mourut à Paris, dans une maison de santé, le 16 avril 1875.

COULY (Placide), est auteur de l'écrit suivant : *la Musique*, épitre à Peter Cavallo (Paris, Boucquin, 1857, in-8° de huit pages).

* COUPART (Antoine-Marie), n'est point mort en 1854, comme il a été dit par erreur, mais seulement le 17 octobre 1864. *L'Almanach des Spectacles*, rédigé par lui et Merville sous le couvert de l'anonyme, de 1822 à 1838, est fort bien fait et très-utile pour l'histoire du théâtre et de la musique à cette époque.

COUPÉ ou COUPÉE (Mlle), fut l'une des plus aimables actrices de l'Opéra au dix-huitième siècle, et partageait les faveurs du public de ce théâtre avec Mlles Fel, Chevalier et Jacquet. Entrée à l'Opéra vers 1736, Mlle Coupé prit sa retraite vers 1756, avec une pension de 1,500 livres, c'est-à-dire avec le maximum de ce que notre première scène lyrique accordait alors à ses artistes après vingt années de service. Douée d'une beauté rare, elle avait créé le rôle de l'Amour dans le *Pygmalion* de Rameau et dans *Titon et l'Aurore* de Mondonville, celui de Colette qui formait le principal personnage du joli opéra de Mouret, *les Amours de Ragonde*, et avait établi plusieurs autres rôles plus ou moins importants dans *Isbé* et *le Carnaval du Parnasse*, de Mondonville ; dans *les Fêtes de Polymnie*, *Platée*, *Naïs*, *Zoroastre* et *les Fêtes de l'Hymen et de l'amour*, de Rameau ; dans *Zaïde, reine de Grenade*, *les Caractères de la Folie*, *Daphnis et Chloé*, *Ismène*, *Zélindor, roi des Sylphes*, etc.

Parmi les nombreux vers que ses admirateurs adressèrent à Mlle Coupé, je citerai le quatrain suivant :

> Coupé, mille amours sur vos traces
> Viennent entendre vos chansons ;
> Vous les attirez par vos sons,
> Et les retenez par vos grâces ;

et celui-ci, dont la fadeur n'est pas relevée par le jeu de mots qui le termine :

> Charmante nymphe, à l'œil finet,
> Mignonne comme une poupée,
> La langue qui ne te loûrait
> Mériterait d'être coupée.

COUPÉ (H......), compositeur, né à Bottelaere, près de Gand, le 7 juin 1827, reçut de son père, musicien de profession, sa première éducation musicale, puis fut admis au Conservatoire de Gand, où il obtint, en 1855, les premiers prix de chant et d'harmonie. M. Coupé, qui avait étudié simultanément le piano, le violon et la flûte, devint, peu de temps après avoir fini ses études, sous-maître de chapelle de l'église Saint-Bavon, à Gand, puis maître de chapelle de celle de Saint-Michel. Après avoir publié, sous le pseudonyme de *C. Henri*, un certain nombre de morceaux de piano, cet artiste donna, sous son nom véritable, une messe à 3 voix, une série de *Sept cantiques de Noël*, et une quantité de motets à une ou plusieurs voix.

* COUPERIN (Charles), frère de Louis et de François Couperin, ses aînés. On avait cru jusqu'ici que ce troisième Couperin, originaire, comme ses deux frères, de la petite ville de Chaumes, y était né en 1632. Son acte de baptême, publié pour la première fois par M. Th. Lhuillier (*Voy.* ce nom) dans son écrit « *Note sur quelques musiciens dans la Brie*, nous apprend que sa naissance est du 9 avril 1638. Voici ce document, qui nous donne en même temps les noms de ses père et mère : « Le samedi neufviesme jour du mois d'avril 1638 fut baptisé Charles, fils de Charles Couperin et de Marie Andry, ses père et mère. Son parrain, M. Charles Bourdin, marchand, et sa marraine, Barbe Andry, demeurant à Chaumes. — Broichot, curé. » Charles Couperin était donc âgé seulement de trente et un ans, et non de trente-sept, lorsqu'il mourut en 1669. Il y avait alors sept ans qu'il était marié, car il avait épousé, le 20 février 1662, à l'église Saint-Gervais, Mlle Marie Guérin.

* COUPERIN (François), dit *le Grand*, fils du précédent. D'après l'écrit de M. Th. Lhuillier, qui vient d'être cité, le professeur de cet artiste s'appelait *Thomelin*, et non *Tolin*. « Charles, en mourant, dit M. Lhuillier, avait laissé au berceau un fils, qui eut pour professeur un ami de son père, Thomelin, d'une famille qui a fourni deux organistes à Saint-Aspais et à Notre-Dame de Melun au |XVIIIe siècle, Louis-Antoine Thomelin (1746) et Louis-Jacques Thomelin (1764). »

De son côté, Jal, qui, dans son *Dictionnaire critique de biographie et d'histoire*, cite nombre de documents authentiques, nous fournit sur François II Couperin et sur quelques autres membres de la famille, des renseignements précieux. François naquit (rue du Monceau St-Gervais) le 10 novembre 1668, et il épousa Marie-Anne Ansault. Sur l'acte de baptême de sa fille Marguerite-Antoinette, dont il sera question plus loin, il prend les titres de « chevalier de l'ordre de Latran, organiste de la chapelle du Roy, et professeur de Monseigneur le duc de Bourgogne. » A ces détails, Jal ajoute ceux-ci, qui ne sont pas sans intérêt : « Le musicien qui avait la charge d'organiste de la chapelle du roi étant mort, dans les derniers mois de l'année 1693, plusieurs musiciens se présentèrent pour recueillir sa succession; François II Couperin prétendit comme les autres à cette charge. Il avait vingt-cinq ans, et déjà on le connaissait à Saint-Gervais et dans toutes les églises de Paris, où sa réputation s'était établie parmi les organistes. Le concours fut jugé, et voici ce que je lis à ce sujet : « Aujourd'huy, 26 décembre 1693, le Roy estant « à Versailles, après avoir entendu plusieurs or- « ganistes, pour juger de celuy qui seroit le plus « capable de remplir la charge d'organiste de sa « chapelle, vacante par le décès de Jacques « Thomelin (1), Sa Maj. a fait choix de Fran- « çois Couperin, comme le plus expérimenté « en cet exercice, et pour cet effet l'a retenu et « retient audit estat et charge d'un des orga- « nistes de sa chapelle, pour y servir en cette « qualité pendant le quartier de janvier et jouir « de ladite charge, aux honneurs, prérogatives « y attachés et aux gages de 600 livres, droits, « profits, revenus, etc. » (Bibliothèque nationale, Ms. Clairamb. 560, p. 889). Plus loin, Jal nous apprend que François Couperin ne dédaigna pas de se faire faire des armoiries : « Lorsque Louis XIV, dit-il, en 1696, permit à tout le monde de prendre des armoiries, François II Couperin ne se refusa pas l'innocent plaisir de se retirer vers les commissaires de Sa Majesté et de se faire composer un blason par d'Hozier. Il paya vingt livres, et un de messieurs les commissaires écrivit sur le registre des procès-verbaux de la commission : « François Couperin, « organiste de la chapelle du Roy, porte d'azur « à deux tridents d'argent passés en sautoir, ac- « costé de deux étoiles de mesme, et accom- « pagné en chef d'un soleil d'or, et en pointe « d'une lyre de mesme. »

* COUPERIN (LOUISE), cantatrice et claveciniste habile, était fille de François Ier Couperin, et naquit à Paris non en 1674, mais vers 1676. Cette artiste, qui était digne de la famille à laquelle elle appartenait, mourut, dit-on, en 1728, à l'âge de cinquante-deux ans. Jal ne produit aucun renseignement concernant Louise Couperin.

COUPERIN (MARIE-ANNE), organiste et claveciniste, sœur de la précédente. Cette artiste, qui se fit religieuse et devint organiste de son couvent, n'était point fille de François II Couperin, comme l'a dit l'auteur de la *Biographie universelle des Musiciens*, trompé par la similitude des noms, mais de François Ier Couperin. Ce qui le prouve, c'est qu'elle naquit à Paris le 11 novembre 1677, qu'elle fut baptisée à l'église Saint-Louis-en-l'Isle le 14 du même mois, et qu'elle eut justement pour parrain François II Couperin, son cousin et non son père, fils de Charles Couperin, organiste de St-Gervais. Marie-Anne Couperin était fille, non de Madeleine Joutteau, première femme de François Ier Couperin, mais de Louise Bongard, sa seconde femme.

* COUPERIN (NICOLAS), frère des deux précédentes et fils de François Ier Couperin, naquit à Paris le 20 décembre 1680. Il épousa Mlle Françoise de La Coste.

COUPERIN (MARGUERITE-ANTOINETTE), fille de François II Couperin, claveciniste fort distinguée, naquit à Paris le 19 septembre 1705. On sait qu'elle obtint la charge de claveciniste de la chambre du roi, et qu'elle fut la première femme chargée de ces fonctions. Voici ce que dit Jal à ce sujet : « Marguerite-Antoinette suppléait son père depuis assez longtemps, quand, en février 1730, le roi lui donna le brevet de *survivance d'ordinaire de la musique de S. M. à la place de son père*. Elle-même eut pour survivancier, le 25 novembre 1741, Bernard Bury ; mais elle garda jusqu'à sa mort, comme d'Anglebert et François Couperin, le titre et les traitements de claveciniste de la chambre (1). Je n'ai pu connaître l'époque de la mort d'Antoinette-Marguerite Couperin. »

* COUPERIN (ARMAND-LOUIS), fils de Nicolas, naquit à Paris le 25 février 1725, et non le 11 janvier 1721. C'est Jal qui produit cette date, en faisant connaître qu'il fut baptisé le lendemain à l'église Saint-Gervais, dont son père était alors organiste. Le même écrivain donne encore les détails suivants : « Armand-Louis Couperin épousa Élisabeth-Antoinette Blanchet, qui lui donna plusieurs enfants. On dit qu'il mourut des suites d'un accident, ce qui était arrivé à son

---

(1) Celui précisément qui avait été son professeur.

(1) Archives de l'Empire. Secrétariat, E. 3416, p. 66.

grand-père François Ier Couperin; le mercredi, 4 février 1789, il fut inhumé dans la cave de la chapelle de la Providence, en l'église de Saint-Gervais. Il était décédé rue du Monceau, dans le logis ancien des Couperin. Son enterrement eut lieu en présence de Pierre-Louis Couperin, organiste du roi, et de François-Gervais Couperin, organiste de la Sainte-Chapelle, qui signèrent *Couperin l'aîné, Couperin le jeune*.

COUPERIN (ÉLISABETH-ANTOINETTE BLANCHET, *épouse*), femme d'Armand-Louis Couperin, artiste extrêmement remarquable, digne, par son double talent de claveciniste et d'organiste, de la famille célèbre à laquelle elle s'était alliée, était née vers 1728, et mourut à Paris, au milieu du mois de septembre 1815, à l'âge de quatre-vingt-sept ans. Le 16 de ce mois, *la Gazette de France* annonçait cette nouvelle à ses lecteurs, en publiant la lettre suivante, qui lui était adressée par le fils de la défunte, dernier représentant du grand nom des Couperin :

« Messieurs, accordez-moi, je vous prie, une place dans votre journal, pour faire connaître au public, amateur des arts, la grande perte qu'ils viennent de faire dans la personne de Madame Couperin, veuve d'Armand-Louis Couperin, organiste du roi. Mme Couperin, née Blanchet, fit ses études en musique comme aurait fait un jeune homme destiné à cet art. Elle acquit un talent supérieur pour l'exécution, pour l'harmonie et pour improviser sur l'orgue des morceaux d'une composition remarquable. Elle épousa, en 1751, M. Couperin, organiste du roi (comme l'avaient été ses ancêtres depuis deux cents ans) ; elle eut de ce mari quatre enfants, dont un seul lui survit dans ce nom. Elle a fait d'excellents élèves, entre autres son neveu, M. Pascal Taskin, professeur de piano à Paris. Il y a cinq ans que, se trouvant à l'église de Saint-Louis de Versailles, lorsqu'on essayait l'orgue, Monseigneur l'évêque, M. le préfet et les autorités l'invitèrent à en toucher, et elle enleva tous les suffrages. Elle avait alors quatre-vingt-deux ans. Sa modestie la fit se cacher, au point qu'on ne put jamais la retrouver pour la complimenter. Huit jours avant l'attaque qui vient de la conduire au tombeau, elle fit les délices d'une société qui l'avait priée de toucher un piano que l'on voulait juger ; elle avait pour lors quatre-vingt-sept ans. Ses vertus, ses qualités aimables et ses rares talens la font vivement regretter. Sans que mon témoignage soit suspect, je crois qu'il est difficile de trouver une femme plus accomplie.

« COUPERIN, *Organiste du Roi*. »

* **COUPERIN** (ANTOINETTE-ANGÉLIQUE), fille d'Armand-Louis, nommée ANTOINETTE-VICTOIRE par Choron et Fayolle et par l'auteur de la *Biographie universelle des Musiciens*. C'est Jal qui lui donne comme second prénom *Angélique*, d'après l'acte de son baptême, qui eut lieu à l'église Saint-Gervais le 5 avril 1754. Son époux, Pierre-Marie Soulas, fils du trésorier de France, était « commis de la grand'poste aux lettres. »

* **COUPERIN** (PIERRE-LOUIS), fils d'Armand-Louis, naquit à Paris le 14 mars 1755, et mourut (rue du Pourtour St-Gervais) le 10 octobre 1789, âgé seulement de trente-quatre ans. « Il fut inhumé, dit Jal, le 12, dans la cave où avait été déposé le corps de son père huit mois auparavant. »

* **COUPERIN** (FRANÇOIS-GERVAIS), fils d'Armand-Louis. On ignore les dates de la naissance et de la mort de cet artiste, et l'on sait seulement qu'il épousa le 22 décembre 1792, en l'église Saint-Sauveur, Mlle Hélène-Narcisse Fay, « fille mineure de feu Louis-Maximilien Fay, ancien officier. » Ce renseignement, tiré par Jal d'un acte authentique, nous fait voir que les auteurs du *Dictionnaire historique des Musiciens* se sont trompés en donnant le nom de *Frey* à la femme de François-Gervais Couperin. Ces écrivains nous apprennent qu'elle était l'élève de celui-ci avant de devenir sa femme, et que son père, ancien chevalier de St-Louis, avait été lieutenant-colonel du régiment suisse de Salis-Samade. François-Gervais Couperin, qui existait encore en 1815, eut une fille, *Céleste Couperin*, qui était musicienne et douée d'une fort jolie voix.

* **COUPPEY** (FÉLIX LE). Cet artiste distingué a publié, il y a quelques années, un petit manuel intéressant, que sa longue et honorable carrière dans l'enseignement le rendait plus apte qu'aucun autre à concevoir et à mener à bien. Sous ce titre : *De l'enseignement du piano, conseils aux jeunes professeurs* (Paris, Hachette, 1865, in-12), il a écrit une sorte de guide pratique et intelligent, qui devrait être dans les mains de tous ceux qui se consacrent à cette difficile et laborieuse carrière du professorat, qui exige tant de qualités diverses, on pourrait dire tant de vertus, et une si grande souplesse d'esprit et de talent. Sur les qualités générales que doit posséder un bon maître, on ne saurait dire plus juste que M. Le Couppey : « Quelque talent d'exécution qu'il possède d'ailleurs, celui qu'une vocation décidée ne porte pas vers l'enseignement ne sera jamais qu'un professeur médiocre. Ce don de transmission si rare et si précieux, cette sorte d'intuition qui fait pénétrer tout d'abord le caractère d'un élève; ce jugement sûr et rapide qui découvre à propos les moyens de réussir, soit l'affection, soit la douceur ou la fermeté; cette clarté dans la démonstration, si nécessaire surtout avec les enfants; en un mot, cet art difficile d'instruire en intéressant toujours, tout cela ne s'apprend guère : c'est un don de la nature plutôt qu'un fruit de l'étude. Néanmoins le goût de l'enseignement fait quelquefois naître et développer peu à peu ces qualités essentielles : appliquez-vous donc à les acquérir, sur toute chose, faites en sorte, en présence de votre élève, de montrer constamment une aimable égalité d'humeur, car rien n'est contagieux comme l'ennui. Que peut-on espérer d'une leçon prise avec fatigue, avec dégoût? Si la forme en est attrayante, cette leçon, bien au contraire, sera toujours acceptée comme un plaisir ou comme un délassement. Sachez vous faire aimer, c'est la moitié du succès. » On doit encore à M. Le Couppey la publication suivante : *L'Art du piano, 50 études prises dans les œuvres des maîtres et annotées* (Paris, Maho, in-4°).

COURTAT (........), est l'auteur de l'opuscule suivant : *la Musique*, poème d'humoriste (Paris, Lainé et Havard, 1803, in-8° de 40 pages).

COUSIN-JACQUES (Le). — *Voyez* BEFFROY DE REIGNY.

* **COUSSEMAKER** (CHARLES-EDMOND-HENRI DE), écrivain musical fort distingué et qui a rendu à l'art des services signalés, est né le 19 avril 1805, et non 1795, comme il a été dit par erreur, et est mort à Bourbourg (Nord), le 12 janvier 1876. Ce travailleur infatigable, poursuivant incessamment ses recherches sur la musique du moyen âge, avait acquis de nouveaux droits à l'estime publique par la publication d'ouvrages pleins d'intérêt, dont quelques-uns, malheureusement, n'ont pu être achevés par lui. Le plus important, sans contredit, est celui qui avait pour titre : *Scriptores de musica medii ævi nova series a Gerbertina altera* (Lille, Lefebvre-Ducrocq, 1866-69, 3 vol. in-4°), qui, ainsi que l'indique son titre, est une suite de la publication entreprise au XVIII° siècle par Gerbert, laquelle a été « le point de départ de tous les travaux solides sur le chant ecclésiastique et la musique mesurée qui se sont succédé depuis lors. » L'abbé Gerbert était loin d'avoir épuisé la matière lorsqu'il publia son recueil de traités sur la musique, dans lequel le XII° et le XIII° siècle surtout étaient insuffisamment représentés, quoique les traités de cette époque fussent nombreux. Aussi est-ce par eux que M. de Coussemaker commença sa collection complémentaire : « Ces traités, dit-il, dans lesquels il y a aussi beaucoup à puiser pour l'histoire du chant ecclésiastique, sont ceux de Jérôme de Moravie, de Jean de Garlande, de Francon de Cologne, de Pierre Picard, de Walter Odington, du nommé Aristote, de Jean Balloce, de Robert de Handlo, de Jean Hanboys et de sept anonymes (qui forment le 1er volume). Le tome II des *Scriptores*, dont l'émission a suivi de près celle du tome Ier auquel il sert de complément sur plus d'un point, contient le Tonal de Reginon de Prum en fac-similé, un fragment de Hucbald, des traités inédits de Gui d'Arezzo et d'Odon de Cluny, le traité de Guy de Châlis, le *Speculum musicæ* de Jean de Muris (liv. VI et VII) et deux anonymes). Le tome III renferme quarante traités inédits du XIV° siècle, entre autres ceux de Philippe de Vitry, de Jean de Muris, de J. Holtby, de Prosdocime, de Beldemande, de Th. de Campo, de Chrétien Sadze, de Nicaise Weyts, de Verulus d'Anagnia, de Philippe André, de Philippe de Caserte, d'Egidius de Murino, de Guillaume Moine et d'Antoine de Leno, etc. Un quatrième volume contiendra les œuvres de Jean Tinctoris, de Jean le Chartreux, dit de Mantoue, de Simon Tunstede, de Theinred et de quelques autres auteurs du XV° siècle. » La mort a surpris M. de Coussemaker avant qu'il lui ait été possible de faire paraître ce quatrième et dernier volume, destiné à compléter un ouvrage aussi précieux. « Je termine en ce moment (m'écrivait M. de Coussemaker peu de temps avant sa mort) le tome IV et dernier de mes *Écrivains sur la musique*, ouvrage capital. Je désire aussi publier *l'Art harmonique au XIV° siècle*, formant le trait d'union entre *l'Art harmonique aux XII° et XIII° siècles* et les œuvres théoriques des maîtres du XV° siècle. » Il n'a pas eu le temps de faire paraître non plus ce dernier ouvrage, auquel il travaillait depuis longues années. Quant à *l'Art harmonique aux XII° et XIII° siècles*, M. de Coussemaker l'avait publié en 1865 (Lille, Lefebvre-Ducrocq, in-4°); ce livre important est divisé en trois parties, dont la première contient un exposé rapide de l'origine, de la constitution et des premiers développements de la musique harmonique, la seconde le résultat des recherches relatives aux compositeurs (déchanteurs, didacticiens et trouvères), et la troisième une série de cinquante et une compositions à deux, trois et quatre parties, reproduites en notation originale d'après le célèbre et inappréciable manuscrit de la bibliothèque de la Faculté de médecine de Montpellier, et accompagnées d'une traduction en notation moderne,

M. de Coussemaker a publié encore deux ouvrages fort importants; l'un a pour titre : *Drames liturgiques du moyen âge* (Paris, Didron, 1860, in-4°), et l'autre : *Œuvres complètes du trouvère Adam de la Halle*, poésies et musique (Paris, Durand, 1872, in-4°). Pour ce dernier, qui comprend en effet toutes les œuvres poétiques et musicales d'Adam de la Halle, je renvoie au nom de ce trouvère, qui peut être considéré comme le père de notre opéra-comique, et dont on n'avait reproduit jusqu'ici que des fragments. Quant aux *Drames liturgiques du moyen-âge*, ce livre comprend, après une introduction substantielle, la reproduction de vingt-deux drames (dont huit entièrement inédits, douze inédits pour ce qui concerne la musique, et deux précédemment publiés par l'auteur), et plusieurs notices donnant l'âge, l'histoire et le contenu des divers manuscrits qui ont fourni à l'historien la matière de son ouvrage. Dans le compte-rendu consacré à celui-ci dans le *Journal des Savants*, Charles Magnin s'exprimait ainsi : « ... M. de Coussemaker a, pour la plus grande commodité des lecteurs, donné le texte de ses vingt-deux drames sous une double forme. Il a d'abord placé les paroles sous la mélodie ; puis il a reproduit le texte à part, ce qui permet d'embrasser plus aisément l'ensemble de la composition. La notation est, dans tout le cours du volume, celle du plain-chant. Quant aux pièces, en assez grand nombre, dont les mélodies sont écrites sur quatre lignes en neumes guidoniens, ou même sans aucune portée, selon le système antérieur à Gui d'Arezzo, l'auteur les a ramenées à la forme carrée des XIII° et XIV° siècles, en conservant exactement la valeur des notes et des ligatures originales. Enfin, pour mettre tout le monde à même d'apprécier à la fois l'âge des manuscrits et la manière dont il a traduit l'ancienne notation en plain-chant, M. de Coussemaker a fait graver un feuillet de chaque pièce en fac-simile avec toute l'exactitude qu'on peut attendre actuellement de la lithographie et de la lithochromie. »

Si l'on joint les publications qui viennent d'être décrites à celles dont la liste raisonnée se trouve déjà dans la *Biographie universelle des Musiciens*, on acquiert facilement la preuve que l'existence laborieuse et féconde de M. de Coussemaker est loin d'avoir été inutile à l'art qu'il chérissait. Ses travaux, au contraire, qui portent la trace d'un esprit à la fois pratique et distingué, auront singulièrement servi à dégager de l'obscurité certains points très importants de l'histoire de la musique au moyen âge ; de plus, les monuments restitués par lui, avec les gloses dont il les a accompagnés, sont d'inappréciables témoignages en faveur d'un art jusque-là imparfaitement connu, et enfin les résultats solides de ses recherches patientes permettent de constater la véritable valeur de cet art et nous font connaître un grand nombre d'artistes remarquables auxquels on n'avait pu accorder encore toute l'attention qu'ils méritaient. A ces divers titres, M. de Coussemaker a droit à l'estime et à la reconnaissance de tous ceux que ces questions intéressent.

* COUSU (ANTOINE DE). Un de nos bibliographes musicaux les plus distingués, M. Er. Thoinan (*Voy.* ce nom), a publié sur cet artiste un opuscule précieux à plus d'un titre : *Antoine de Cousu et les singulières destinées de son livre rarissime : « la Musique universelle »* (Paris, Claudin, 1866, in-12 de 23 pages, tiré à 50 exemplaires). Cette brochure donne les détails les plus curieux, les plus utiles et les plus inconnus sur Antoine de Cousu et sur son livre, dont on supposait jusqu'à ce jour qu'il n'existait que l'exemplaire en la possession de Fétis, puisque celui de la Bibliothèque nationale avait disparu. M. Nisard avait trouvé un autre exemplaire dans une bibliothèque publique de Paris, mais malgré les instances qui furent faites près de lui, il se refusait, à l'époque où M. Thoinan publia sa brochure, à indiquer le dépôt qui possédait ce rarissime ouvrage. Depuis, M. Pottier de Lalaine a pénétré ce secret si bien gardé et l'a dévoilé dans son *Bibliographe musical* (N° 4, juillet 1872). Le livre de Cousu se trouve à la *Bibliothèque Mazarine* sous le n° 4727 D.

COUTURIER (.........) est auteur d'un écrit ainsi intitulé : *Décadence et restauration de la musique religieuse* (Paris, 1862, in-8° de 145 pp.).

COUZA (TH.....), violoniste et compositeur contemporain, a publié un certain nombre de morceaux de genre pour le violon avec accompagnement de piano. On lui doit aussi un Trio de concert, pour piano, violon et violoncelle (Paris, Prilipp), et quelques morceaux pour piano seul, entre autres une *Grande Marche triomphale*, op. 20, dédiée à Guillaume III, roi des Pays-Bas.

COWEN (FRÉDÉRIC-HYMEN), pianiste et compositeur anglais, né à Kingston (Jamaïque), le 29 janvier 1852, fut, paraît-il, un enfant prodige. A six ans il jouait déjà bien du piano et composait sa première valse. Il n'en avait que quatre lorsqu'il fut amené en Angleterre, où, ses dispositions musicales paraissant extraordinaires, il fut confié aux soins de deux artistes distingués, MM. Goss et Julius Bénédict. En 1865, il partit pour l'Allemagne, alla terminer ses études aux conservatoires de Leipzig et de Berlin, et revint à Londres en 1868. La fortune alors sembla le prendre par la main, et se plaire à aplanir devant lui tous les obstacles : il écrivit beaucoup, et ses compositions, recherchées et publiées par les principaux éditeurs, étaient exécutées partout, dans les salons, dans les concerts, dans les festivals, et par les meilleurs orchestres. Il produisit ainsi une sonate pour piano, un trio et un quatuor instrumental, un concerto de piano, une symphonie en *ut* mineur, une opérette intitulée *Garibaldi*, puis une grande cantate, *the Rose maiden* (*la Rose vi.*'*ginale*), qui fut chantée dans Saint-James Hall, le 30 novembre 1870, par Mmes Tietjens et Paley, MM. Norblom et Stockhausen. M. Cowen, qui s'était produit en premier lieu comme virtuose pianiste, d'abord à Londres, puis en Allemagne, obtint surtout un grand succès avec sa symphonie en *ut* mineur, qui, exécutée pour la première fois dans un concert donné par lui, fut ensuite entendue au Palais de cristal. Enfin, au mois de novembre 1876, ce jeune artiste a fait représenter sur le théâtre du Lyceum, de Londres, un opéra anglais intitulé *Pauline*, qui reçut du public l'accueil le plus favorable et le plus encourageant. Certains critiques, à l'apparition de cet ouvrage, ne craignirent même pas de placer son auteur à côté, sinon au-dessus de Wallace et de Balfe, les deux compositeurs dramatiques les plus renommés de l'Angleterre au dix-neuvième siècle. M. Cowen a publié un assez grand nombre de mélodies vocales, parmi lesquelles il faut citer : *So far away, The old love is the new, Why ? Aubade, It was a dream, Only a violet, Past and future, Marguerite, Spinning, If every lute*, etc. On mentionne encore de M. Cowen une cantate, *the Corsair*, écrite expressément pour le festival de Birmingham, où elle fut exécutée le 29 août 1876. On ne doit pas confondre cet artiste avec un autre artiste du même nom, pianiste et compositeur aussi, établi comme lui à Londres, M. *Frédéric Auguste Cowen*. Celui-ci est né vers 1820. Je n'ai pu recueillir sur lui aucun renseignement.

COYSSARD (Michel), de la compagnie de Jésus, naquit en 1547, à Besse en Auvergne. Cet auteur d'un grand nombre d'ouvrages étrangers à la musique n'est cité ici que pour son *Traicté du profit qu'on tire de chanter les Hymnes et Chansons spirituelles en vulgaire*, inséré à la suite de son *Sommaire de la Doctrine chrestienne, mis en vers, avec les Hymnes et Odes spirituelles qu'on chante devant et après la leçon d'icelle*, etc., etc., édition de Lyon, 1708, in-12. M. Er. Thoinan a publié sur cet écrit de Coyssard une brochure très-intéressante et devenue rare; elle est intitulée : *Curiosités musicales et autres, trouvées dans les œuvres de Michel Coyssard, de la Compagnie de Jésus* (Paris, Claudin, 1866, in-12 de 31 pages, tiré à 50 exempl.).

CRAEIJVANGER (K......-A......), chanteur, violoniste, guitariste, chef d'orchestre et compositeur, né à Utrecht en 1817, est mort en cette ville le 29 juillet 1858. Cet artiste, dont la notoriété n'a pas dépassé les frontières de la Hollande, s'est fait entendre avec succès comme chanteur et comme virtuose sur le violon et la guitare. Directeur de plusieurs sociétés musicales : *Symphonia, Aurora, Duce Apolline*, il a souvent dirigé de grandes exécutions, et a contribué au progrès de l'art dans son pays. Il a composé des *lieder*, des chœurs pour voix d'hommes, des motets, des fantaisies pour la guitare, et un quatuor pour instruments à cordes.

CRAMA (Hubert), carillonneur, né à Montigny vers la fin du seizième siècle, fut en son genre l'un des artistes les plus distingués de la Belgique. Il remplaça en 1624 Jacques Reuslyn, excellent virtuose lui-même, comme carillonneur de la cathédrale d'Anvers, et c'est lui qui inaugura trente ans plus tard, en 1654, le nouveau et fameux carillon placé dans la tour par les frères Hémony. Après avoir occupé ses fonctions pendant soixante années, Hubert Crama, qui avait obtenu le titre de bourgeois d'Anvers le 26 octobre 1635, mourut en cette ville le 22 juin 1686 et fut enterré dans la cathédrale.

CRAMER, est un pseudonyme adopté d'un commun accord par le commerce de musique de Paris, pour la publication d'une foule de morceaux de piano sans importance, transcriptions, « bouquets de mélodies, » etc., tirés des opéras en vogue, et que leurs auteurs ne veulent point signer. Il ne manque pas cependant, en France pas plus qu'ailleurs, de musiciens médiocres toujours prêts à mettre leur nom sur des publications de ce genre. Toutefois, il se publie chaque année, sous ce pseudonyme de *Cramer*, des centaines de morceaux dont il est impossible de connaître la provenance directe.

CRARD (......), musicien français, est l'auteur de *l'Astronome en voyage*, opéra-comique en deux actes dont il a écrit les paroles et la musique, et qui a été joué au théâtre-concert Tivoli, à Paris, en 1876.

CRAS (P......-J........), organiste et compositeur belge, né le 13 septembre 1795, fut élève de l'abbé André, chanoine de la métropole de

Malines et l'un des meilleurs organistes de son temps. D'abord organiste de l'église de Saint-Jean, à Malines, de 1817 à 1840, Cras remplit ensuite les mêmes fonctions à l'église de Sainte-Catherine, à laquelle il resta attaché jusqu'à sa mort, arrivée le 4 novembre 1871. Comme compositeur, on doit à cet artiste onze messes, dont cinq solennelles et six pour les dimanches ordinaires, trois *Tantum ergo*, trois *Ave Maria*, douze morceaux pour orgue, etc. Cras avait fait d'excellentes études latines; aussi ses compositions chorales, d'ailleurs remarquables, se distinguaient-elles par la rigoureuse observation de la prosodie et l'application heureuse du texte à la musique.

CRAYWINCKEL (Ferdinand-Manuel-Martin Louis-Barthélemy de), compositeur de musique sacrée, né à Madrid (Espagne) le 24 août 1820, habite Bordeaux depuis 1825, et y a fait ses études musicales sous la direction de M. Bellon, professeur d'harmonie et de composition, élève de Reicha.

M. de Craywinckel procède directement de Weber, mais sa musique se distingue plutôt par le charme et la naïveté des mélodies que par la facture, qui est souvent négligée. Sa *deuxième messe* (en *sol* mineur) est une œuvre remarquable par le sentiment et la couleur. Ses deux recueils de *cantiques* renferment de vraies beautés. M. de Craywinckel est l'auteur de *quatre messes solennelles* à trois voix, *soli* et orchestre, exécutées à l'église Saint-Bruno, dont il est maître de chapelle. La troisième de ces messes a été exécutée il y a peu d'années, sous la direction de son auteur, à l'église Notre-Dame de Bordeaux, par la Société de Sainte-Cécile. M. de Craywinckel est le seul artiste bordelais auquel cette société ait jamais accordé un pareil honneur. On a, en outre, de la composition de cet artiste distingué et original : 1° *vingt motets et saluts solennels*; 2° *deux recueils de cantiques* (chœurs à trois voix); 3° *Stabat* avec chœur principal, versets, *soli* et accompagnement de 2 violoncelles, contrebasse et orgue; 4° *les cinq principales messes de l'année* (plain-chant romain) et les *Antiennes de la sainte Vierge*, harmonisées à trois voix, contre-basse et orgue, ainsi que plusieurs hymnes, et les deux célèbres proses de Pâques et de la Pentecôte.

M. de Craywinckel possède encore en portefeuille une foule de compositions religieuses qui seraient bien dignes d'être publiées, et qui tenteront sans doute, un jour ou l'autre, un éditeur intelligent. A. L—N.

CRÉMONT (......). Un artiste de ce nom, frère cadet de celui qui fut chef d'orchestre de l'Odéon, était chef d'orchestre du théâtre de Caen, pour lequel il écrivit la musique d'un petit ouvrage, *Lascaris et Zélia* ou *une Famille grecque*, représenté au mois de janvier 1829, et celle d'un opéra-comique, *la Rosière suisse*, donné le 4 mars 1831.

CREONTI (..........), compositeur italien, est l'auteur d'un opéra bouffe, *Ser Barnaba, o la Notte degli Innamorati*, représenté au théâtre Gerbino, à Turin, le 5 juin 1867.

CREPOUX (A.....-M......), pianiste et professeur belge, fixé à Charleroi, où il se livre à l'enseignement du piano, a publié en 1875 un ouvrage ainsi intitulé : *Traité fondamental du piano, exercices dans tous les tons, avec un doigté uniforme et l'explication de l'harmonie sans basse chiffrée*, Bruxelles, Schott, in-fol.

* **CRÉQUILLON** (Thomas). Cet artiste fameux a fourni quarante-neuf chansons au recueil divisé en six livres que Pierre Phalèse publia à Louvain en 1555-1556, et dont le premier parut sous ce titre : *Premier livre des chansons à quatre parties, nouvellement composes* (sic) *et mises en musicque, convenables tant aux intrumentz comme à la voix* (Louvain, 1555, in-4°).

CRESCIMANNO (Le baron), compositeur amateur fort riche, issu de la famille des ducs d'Albafiorita, est l'auteur d'un opéra représenté en 1862, à Caltagirone, sous le titre d'*Angiolo di Ghemme*. Plus tard, ce dilettante eut la singulière idée de mettre *entièrement* en musique les cinq actes d'une tragédie d'Alfieri, *Filippo*, et, le 21 avril 1875, il en faisait exécuter trois dans une soirée donnée par lui au théâtre de la Pergola, de Florence. Cette œuvre, paraît-il, était absolument au-dessous de toute critique, et l'auteur ne jugea pas à propos de renouveler l'expérience.

* **CRESPEL** (Jean). Sept chansons de ce maître sont insérées dans le recueil divisé en six livres que Pierre Phalèse publia à Louvain en 1555-1556, et dont le premier parut sous ce titre : *Premier livre des chansons à quatre parties nouvellement composes* (sic) *et mises en musicque, convenables tant aux instrumentz comme à la voix* (Louvain, 1555, in-4°).

CRESSENT (Anatole), avocat et amateur de musique distingué, né à Argenteuil (Seine-et-Oise) le 24 avril 1824, mort à Paris le 28 mai 1870, des suites d'une chute de cheval, mérite une place dans ce Dictionnaire pour la preuve d'affection intelligente qu'il a donnée à l'art musical. Élève de Lefébure-Wély et de M. Paul Bernard, Anatole Cressent avait étudié la musique pour son agrément, mais ses études avaient été solides et il était devenu habile pianiste et compositeur élégant. Avocat non plaidant, devenu associé d'agent de change, la fortune lui avait souri et lui avait permis de se livrer sans contrainte, en ses heures de loisir, à la culture de l'art qu'il chérissait. Il avait composé un assez grand nombre de chœurs d'un heureux caractère, qui étaient souvent chantés dans les réunions du grand monde, des mélodies vocales d'un tour aimable et distingué, et de fort jolis morceaux de musique de danse pour le piano. Quelques-unes de ces compositions ont été publiées.

Mais ce n'est point là ce qui rend la figure de Cressent intéressante; c'est un projet vaste autant que généreux, qui lui assure un nom honorable parmi les bienfaiteurs de l'art musical en France, et dont son ami et l'un de ses exécuteurs testamentaires, M. Paul Bernard, parlait en ces termes dans l'article nécrologique qu'il insérait à son sujet dans la *Revue et Gazette musicale* du 5 juin 1870 :

« Préoccupé de longue date des intérêts et de l'avenir de l'art musical dramatique, il lui était venu à la pensée qu'un concours annuel et perpétuel, faisant appel à tous, et instituant comme complément l'exécution publique de l'œuvre couronnée, pourrait avoir quelque chance d'ouvrir un débouché nouveau aux compositeurs si peu favorisés sous ce rapport, servirait peut-être de baptême dans un temps donné à un homme de génie et, dans tous les cas, entretiendrait cette étincelle divine qui doit féconder les adeptes de l'art par l'espérance d'être écoutés un jour.

« Il s'était mis à l'œuvre alors. Payant de sa personne pour la combinaison d'un vaste programme, payant de sa fortune pour en rendre la réalisation possible, il venait de présenter, à S. Exc. M. le ministre des Beaux-Arts, un projet de fondation perpétuelle avec affectation à un concours annuel et permanent pour la composition d'un opéra ou d'un opéra-comique en un ou deux actes, avec chœurs d'hommes et de femmes, remplissant toutes les conditions scéniques, et devant être exécuté au moins trois fois publiquement. Pour cela, il offrait une somme de 120,000 francs à l'Académie des Beaux-Arts, à la charge, par elle, d'établir ce concours sur toutes les bases fixées par son mémoire et selon les améliorations étudiées et réglées par lui Forcé de s'appuyer sur une institution active pour établir l'exécution nécessaire à son sens de l'œuvre couronnée, il avait pensé à utiliser les forces vives dont dispose le Conservatoire au double point de vue de son personnel de chanteurs et d'instrumentistes, et aussi de sa grande salle de concerts. »

Ce projet n'était point un projet en l'air, Cressent avait pourvu à tout, et sa mort tragique ne devait pas empêcher l'art et les artistes de bénéficier de ses généreuses intentions : un article de son testament donnait un corps matériel à l'idée qu'il avait poursuivie pendant sa vie, et un legs de 100,000 francs fait par lui à l'État assurait la création du concours qu'il avait projeté. Le testament s'exprimait ainsi à ce sujet : « Le culte des Beaux-Arts — et de la musique en particulier — a toujours été l'objet le plus cher de mes prédilections. Les hasards de la vie m'ont empêché d'y consacrer mes facultés et mon temps. Mais s'il ne m'a été donné de prendre rang parmi les fidèles d'un art auquel je dois mes plus délicates jouissances, j'ai pu, du moins, assister de près à leurs efforts et à leurs luttes. Cette fréquentation assidue des artistes m'a fourni la conviction que le sort des compositeurs de musique était, par un état d'infériorité relative, digne des plus ardentes sympathies et m'a, en même temps, inspiré le désir de travailler, dans la mesure de ma fortune, à leur fournir des moyens de production et d'initiation de leurs œuvres aussi favorables que ceux dont les peintres, sculpteurs et architectes sont si largement dotés. De cette conviction profonde et de ce désir réfléchi est née la pensée de cette fondation. »

La famille de Cressent ne se montra pas au-dessous de lui-même, et, désireuse de s'associer à ses intentions pour faciliter la complète exécution des volontés exprimées par lui, elle voulut ajouter une somme de 20,000 francs à celle qu'il avait léguée à l'État. Ces deux sommes réunies permirent d'acheter un titre de rente de 3 0/0 de 6,188 francs, et le ministre des Beaux-Arts, d'accord avec les exécuteurs testamentaires du défunt, décida que les arrérages de cette rente, accumulés pendant trois années, serviraient à fonder un double concours triennal pour le poème et la musique « d'un ouvrage lyrique, bouffe, de demi-caractère ou dramatique, opéra ou opéra-comique, en un ou deux actes, avec chœurs et ouverture (1). »

La longueur du rapport présenté à ce sujet au ministre par le directeur des Beaux-Arts ne me permet pas de le reproduire ici, malgré son intérêt. Je dois me borner à dire que les com-

---

(1) Ce sont les termes du *Rapport au ministre de l'Instruction publique et des Beaux-Arts* présenté par M. Charles Blanc, directeur des Beaux-Arts, et qui ajoute : « L'ouverture devra être un des morceaux capitaux de l'ouvrage. L'acte comique pourra être divisé en deux tableaux. »

positeurs et littérateurs français ou naturalisés tels peuvent seuls prendre part au concours; que l'auteur du poëme et celui de la partition couronnés reçoivent chacun, immédiatement, une prime de 2,500 francs; enfin qu'une somme de 10,000 francs est allouée au théâtre, *choisi par les auteurs*, « qui aura monté l'ouvrage et qui, par une belle exécution, se sera montré à la hauteur du but que s'est proposé le fondateur, » somme qui, néanmoins, ne lui sera acquise et comptée qu'après la cinquième représentation publique. On voit combien sont libérales les dispositions adoptées, grâce, d'ailleurs, aux idées exposées à ce sujet dans le testament du donateur.

Au moment où cette notice est écrite (décembre 1875), le concours Cressent est ouvert depuis plusieurs mois, et le jury nommé pour examiner les œuvres présentées doit arriver au terme de ses travaux. On se plaint déjà de lenteurs fâcheuses, sans songer peut-être à l'importance du travail de ce jury et à la responsabilité qui pèse sur ses membres. Quoi qu'il en soit, le nom de Cressent doit être désormais cher à tous les artistes, et la renommée de cet homme de bien restera impérissable (1).

CRESSONNOIS (Jules-Alfred), compositeur et chef de musique, naquit à Mortagne (Orne), le 17 avril 1823. Élève de Fessy pour l'harmonie, de Georges Kastner pour le contrepoint et la composition, il entra au Gymnase militaire en 1845 et fut reçu chef de musique en 1847. Depuis cette époque jusqu'en 1869, M. Cressonnois a dirigé successivement les musiques des cuirassiers de la garde impériale, des guides et de la gendarmerie.

M. Cressonnois fit ses débuts de compositeur en donnant à l'Opéra-Comique, le 18 juin 1858, un petit ouvrage en un acte intitulé *Chapelle et Bachaumont*. En 1862, il publiait sous ce titre : *Harmonies*, un recueil de six mélodies vocales avec accompagnement de piano, qui méritait et qui reçut de la critique un excellent accueil, et qui fut suivi, en 1863, 1864 et 1865, de trois recueils semblables portant le même titre. Les pièces qui composent ces quatre volumes sont fort distinguées au point de vue de la forme, et révèlent un musicien nourri de bonnes études, à qui l'inspiration ne fait pas défaut. M. Cressonnois a publié aussi, séparément, un certain nombre de romances et mélodies, parmi lesquelles nous citerons *le Cavalier et l'Écho, Espérance, Nuit d'étoiles*, etc. On trouve encore, dans le volume de M. Théodore de Banville, *Trente-six Ballades joyeuses* (Paris, Lemerre, 1873, in-12), deux ballades mises en musique par ce compositeur, qui a écrit aussi quelques morceaux pour une comédie du même auteur, *Deidamia*, représentée à l'Odéon au mois de novembre 1876, et qui a publié, la même année, un recueil de *Mélodies chant et piano* (Paris, Schœn, in-8°). Depuis 1868, M. Cressonnois dirige l'orchestre des concerts des Champs-Elysées, et il a dirigé aussi les festivals populaires qui, vers 1869, furent donnés dans la salle du théâtre du Châtelet.

Un fils de cet artiste, M. Paul Cressonnois, a obtenu au Conservatoire, en 1874, un second accessit d'harmonie et accompagnement, et a fait jouer deux opérettes en un acte : *une Nuit à Séville* (théâtre des Familles, 1875), et *Mac-Hulott* (Folies-Bergère, 1877).

CRESTE (Jules), compositeur, s'est fait connaître d'abord par la publication d'un certain nombre de mélodies vocales, et a fait représenter ensuite à l'Opéra-Comique un petit ouvrage en un acte, *les Fourberies de Marinette* (2 juin 1858). M. Creste a écrit aussi, en société avec M. Nargeot, alors chef d'orchestre des Variétés, la musique des *Trois Sultanes*, de Favart, transformées en opéra-comique et représentées à ce théâtre, et il a publié plusieurs mélodies vocales et quelques morceaux de musique pour le piano.

CRÉTU (Mme SIMONET, épouse), célèbre artiste de la Comédie-Italienne et de l'Opéra-Comique, naquit vers 1772 et commença sa carrière en province. Elle était attachée au Grand-Théâtre de Bordeaux, où son succès était très-vif, lorsqu'elle vint débuter à la Comédie-Italienne, le 26 mai 1788, dans l'emploi difficile que Mme Dugazon, atteinte d'un embonpoint précoce, allait laisser vacant pour prendre celui des jeunes mères, dans lequel son admirable talent ne devait pas briller d'un moins vif éclat. Mme Crétu se montra d'abord dans *Blaise et Babet* et *l'Épreuve villageoise*, et joua ensuite *le Droit du Seigneur, la Dot, l'Amant jaloux, l'Amoureux de quinze ans, le Déserteur, la Colonie, le Tableau parlant, le Comte d'Albert*, et même *Nina*, où elle sut ne pas succomber sous le souvenir écrasant de sa devancière. Douée d'une beauté riche et remarquable, d'une voix séduisante dont elle se servait avec beaucoup de goût, possédant de rares qualités de comédienne, Mme Crétu prit, si l'on peut dire, possession du public, et fut bientôt l'un

---

(1) Depuis que ces lignes sont écrites, le concours Cressent a donné un premier résultat, en faisant couronner un opéra-comique intitulé *Bathyle*, dont la musique est l'œuvre de M. William Chaumet (*Voy.* ce nom). Cet ouvrage n'a pas encore été représenté.

des sujets les plus distingués de cette merveilleuse troupe de la Comédie-Italienne, si fertile en talents de tous genres.

A la retraite de Mᵐᵉ Dugazon, Mᵐᵉ Crétu, prenant à son tour l'emploi des jeunes mères, lui succéda complétement, et, grâce à son beau talent, sut atténuer les regrets que cette retraite causait au public. Depuis deux ou trois ans, elle avait joué quelques-uns des rôles de cet emploi, et voici comment un critique en parlait alors : « Quelques-uns des avantages physiques que Mᵐᵉ Crétu possède ont cédé aux atteintes du temps, mais il lui reste encore des qualités précieuses, et qui doivent la rendre chère au public et à ses camarades. Elle remplace actuellement Mᵐᵉ Dugazon, qu'elle doubla longtemps dans les rôles marqués qui conviennent à son âge ; c'est une bonne actrice au lieu d'une qui était excellente ; bien des échanges sont plus désavantageux que celui-là. Elle est parfaitement placée dans *le Secret*, *Euphrosine et Coradin*, *l'Habit du chevalier de Grammont*, et même dans des rôles plus jeunes, tel que celui qu'elle remplit dans *Palma*. Je me rappellerai toujours l'impression que me firent les deux jeunes personnes du *Jugement de Midas*, quand elles paraissaient sous les traits de mesdames Saint-Aubin et Crétu, qui pourtant approchaient l'une et l'autre de la trentaine. Je n'ai plus rien vu de semblable. »

Mᵐᵉ Crétu finit par prendre l'emploi des duègnes, et y conserva toute sa réputation, en même temps que l'affection sincère du public. Elle se retira en 1818, après trente années de services non interrompus, et laissa d'universels regrets. Sa représentation de retraite eut lieu avec un grand éclat, le 16 avril de cette année. Elle mourut au mois de février 1829, âgée de cinquante-six ans. Son mari, excellent comédien, avait parcouru la province avec elle ; il fit partie de la troupe du théâtre Montansier, devenu plus tard celui des Variétés, et fut pendant longues années l'un des directeurs associés de ce théâtre.

CRISTAL (Maurice **GERMA**, dit), écrivain musical, est né à Narbonne en 1827. Il étudia la musique de bonne heure, avec les organistes et maîtres de chapelle de la cathédrale de sa ville natale : Conche (dont plus tard il épousa la fille), Vola et Villa, et travailla successivement le piano, l'orgue, l'harmonie et la composition. Il fit ensuite son droit à Toulouse, et, pendant son séjour en cette ville, fit représenter une saynète dont il avait écrit la musique. N'ayant pas réussi dans cet essai, il renonça complétement à la composition, s'occupa pendant plusieurs années de jurisprudence et d'études historiques, puis s'étant établi à Paris, se voua à la littérature, et se consacra surtout à des recherches historiques sur la musique. M. Maurice Cristal a publié depuis lors un assez grand nombre de travaux de ce genre dans différents recueils : la *Revue contemporaine*, le *Correspondant*, la *Revue britannique*, le *Contemporain*, la *Gazette des Beaux-Arts*, le *Musée des Deux-Mondes*, la *Chronique musicale*, le *Ménestrel*, la *Revue et Gazette musicale*, l'*Art musical*, etc. Parmi ses travaux, il faut signaler surtout les suivants : *Hændel et la musique en Angleterre*, *Boccherini et la musique en Espagne*, *Histoire de la symphonie*, *Weber et l'Opéra allemand*, *l'École d'orchestre et les maîtres de chapelle allemands*, *les Écoles musicales de la Bohême et de la Hongrie*, etc. Dans ces écrits, dont quelques-uns méritent des éloges, mais qui gagneraient considérablement à être plus serrés, l'auteur porte à son point extrême le système des nationalités appliqué à la production artistique, et s'attache plus que de raison à ce qu'il appelle l'ethnographie musicale. A mon sens, la lecture en serait beaucoup plus profitable si l'auteur ne rapportait pas tout à cette idée, juste dans son point de départ, mais exagérée par lui, et s'il consentait à être plus bref et à ne point sortir de son sujet pour se plonger dans des considérations secondaires et parfois chimériques. Ces études, classées et méthodiquement réunies, doivent paraître prochainement sous ce titre : *Tableau de l'histoire musicale par écoles et par nationalités*, et former un ouvrage d'ensemble comprenant quatre volumes. Jusqu'ici, M. Maurice Cristal n'a publié que l'opuscule suivant : *L'Art scandinave, la musique dans le Danemark, en Irlande, en Norwège et en Suède*, Paris, Didier, 1874, in-8°.

CRISTIANI (........). Un musicien italien de ce nom a fait représenter en 1798, au théâtre de la Scala, de Milan, un opéra bouffe intitulé *la Città nuova*.

CRISTOFALI, CRISTOFANI, CRISTOFFOLI, ou **CRISTOFOLI** (Bartholomé). *Voyez* **CRISTOFORI** (Bartholomé).

*** CRISTOFORI** (Bartholomé) [1], célèbre facteur de clavecins, naquit à Padoue, en Italie. Les écrivains qui ont parlé de ce facteur ne sont pas d'accord sur l'orthographe de son nom. Quelques-uns écrivent *Cristofali*, d'autres *Cristofoli*, ou *Cristoffoli* ; son acte de nais-

---

[1] Cette notice est entièrement refaite, d'après des documents nouveaux.

sance porte *Cristofani*, tandis que celui de sa mort porte *Cristofori*, et que sa signature autographe, placée au bas d'un reçu portant la date du 23 septembre 1716 et conservé dans les archives de la cour grand-ducale des Médicis (dossier n° 1241, 2°), est *Bartolomeo Cristofori*. Cette diversité ne doit pas surprendre, par ce fait même qu'elle est générale en Italie à propos de noms qui se sont formés en ajoutant au prénom du fils celui du père en qualité de nom ; ce prénom devenu nom, étant généralement le nom d'un saint du culte catholique, on a l'habitude de le prononcer suivant l'usage du dialecte qui se parle dans les différentes provinces, de sorte que tandis que dans certaines localités, on dit *Cristofano* au lieu de *Cristoforo*, dans d'autres, et particulièrement dans les provinces vénitiennes, on dit *Cristofalo*, *Cristofolo* ou *Cristoffolo*.

Du reste, la biographie de Cristofori est presque toute entière à refaire. On disait (et l'on ignore sur quelle preuve se basait cette assertion) qu'il était né à Padoue en 1683. Fétis a adopté cette date dans l'article *Cristofali* de la *Biographie universelle*, tandis que la découverte faite récemment dans les registres de l'ancienne paroisse de Saint-Luc de la ville de Padoue, par M. le comte P. Suman, de son acte de naissance, nous fait connaître qu'il naquit à Padoue le 4 mai 1653. On a dit, et Fétis l'a répété, qu'il s'établit à Florence en 1710 et y fonda une manufacture de clavecins et d'épinettes, tandis qu'il alla simplement s'établir à Florence pour répondre à l'appel du grand prince de Toscane, Ferdinand de Médicis, fils du grand-duc Côme III, qui le prit à son service en qualité de son facteur particulier de clavecins. Il travailla auprès de ce prince avec *Giovanni Perrini*, son aide, probablement dans les ateliers de mécanique installés dans le bâtiment dit *degli Uffizzi*. On ignore la date précise de la venue de Cristofori à Florence : celle de 1710, assignée par Fétis d'après Petrucci (*Biografia degli artisti Padovani*) est évidemment erronée. Robert Papafava, commissaire de la République de Venise, adressait du Lido, le 30 mai 1693, une lettre au prince Ferdinand, pour lui rendre compte d'une commission dont il l'avait chargé au moyen d'une lettre qu'il lui avait fait écrire par Cristofori ; on peut donc en conclure qu'à cette époque, Cristofori se trouvait auprès du prince à Florence. Feu M. L. Puliti, dans son savant mémoire : *Della vita del Ser. Ferdinando de' Medici et della origine del piano forte* (V. *Atti de l'Académie de l'Institut royal de musique de Florence*, tome XII, p. 92), suppose que ce prince engagea personnellement Cristofori à Padoue, lors du voyage qu'il fit en 1687 dans les états de la République de Venise. En acceptant cette hypothèse, qui n'est pas dépourvue de probabilité, la venue de Cristofori à Florence aurait eu lieu entre 1687 et 1693.

Ce fut dans les premières années du XVIIIe siècle que Cristofori, occupé à corriger le défaut principal du clavecin, celui de ne pouvoir y graduer la force du son, imagina de substituer aux sauteraux, qui par leurs languettes de plume ou de cuir pinçaient les cordes du clavecin, des petits marteaux mus par les touches, et réalisa son idée en construisant des clavecins à marteaux, qui, en raison de la propriété qu'ils avaient de donner des sons tantôt *piano*, tantôt *forte*, furent appelés *gravicembali col piano e forte*, d'où, par raccourcissement, le nom moderne de *piano-forte*. De nos jours, on abrège encore, et l'on dit simplement *piano*, ce qui contraste d'une manière singulière avec les efforts incessants que l'on fait pour accroître la sonorité de cet instrument. Le comte Scipione Maffei, Véronais, étant de passage à Florence en 1709, y fit la connaissance de Cristofori. Dans cette circonstance, il eut l'occasion de voir et d'entendre trois de ses nouveaux instruments, dont il fit une description détaillée qu'il accompagna d'un dessin du mécanisme intérieur, et qu'il publia dans son *Giornale dei letterati d'Italia*, t. IV (Venise, chez Ertz). Cristofori, outre les trois *piano-forte* dont il est question ci-dessus, en construisit bien d'autres durant sa vie, en y apportant toujours de nouvelles améliorations, et Mme veuve Noémie Martelli, de Florence, en possède un signé de l'auteur et portant la date de 1720, dont le mécanisme est bien supérieur à celui décrit par Maffei. Cependant, ces améliorations successives concernent seulement les détails, car le mécanisme fut conçu, dès le principe, par Cristofori, avec tous les caractères d'une perfection tout au moins relative : triple système de leviers, échappement, repoussoirs, étouffoirs, etc., rien n'y manque de ce qui constitue l'ensemble du mécanisme des *piano-forte* modernes. Ce qui le distingue de l'ancien mécanisme allemand, dans lequel les marteaux sont attachés par une fourche à la queue de la tige des touches, c'est que les marteaux y sont séparés et indépendants des touches, comme dans les pianos du système français. On a contesté longtemps à Cristofori l'invention du piano-forte pour l'attribuer à Marius et à Schrœder ; mais, outre que le projet présenté par le premier à l'Académie de France et les modèles du second sont postérieurs de quelques années aux travaux de Cristofori, l'état informe de leurs conceptions fait qu'on ne peut pas les comparer à son invention. Reste Silberman, qu'on a regardé longtemps en Allemagne comme le véritable inventeur du piano-forte ; mais lui-même est venu, avec ses instruments, postérieurement à Cristofori. Cependant, la justice veut que l'on accorde à l'habile facteur allemand la qualité d'inventeur, car, même en admettant que Silberman ait puisé la donnée de son problème dans ce qu'il avait appris de l'invention de Cristofori, ce qui est probable, la différence de mécanisme prouve qu'il a cherché avant de le résoudre.

L'invention de Cristofori eut le sort de presque toutes celles qui viennent heurter les habitudes des artistes. Tandis que les littérateurs et les poëtes la prônaient, les clavecinistes italiens lui étaient hostiles, et, au commencement de ce siècle même, il ne manquait pas en Italie de maîtres qui préféraient le clavecin au pianoforte, au moins pour l'accompagnement du chant.

Le grand prince Ferdinand étant mort en 1713, le grand-duc Côme III, quoique ennemi mortel de la musique et des musiciens, retint Cristofori à son service et le chargea de la conservation de la riche collection d'instruments de musique de toute espèce réunie autrefois par son fils : Cristofori remplit cet emploi jusqu'à la fin de ses jours, et mourut le 17 mars 1731 ; il fut enterré dans l'église de la paroisse, aujourd'hui supprimée, de *San-Jacopo trà Fossi* (1).

L.-F. C.

*CROES (Henri-Jacques de). Des documents récemment découverts aux archives générales de Bruxelles établissent que cet artiste ne fut point, comme il a été dit par erreur, directeur de la musique du prince de la Tour et Taxis, à Ratisbonne, car il succéda en 1753 à N. de Croes (probablement son père) comme maître de la chapelle royale de Bruxelles, et il remplit sans interruption cet emploi jusqu'au 16 août 1786, époque de sa mort.

Voici, dressée par lui-même et écrite de sa main, une *Liste des pièces de musique tant vocale qu'instrumentale, composée pour le service de son Altesse Royale, par H. J. de Croes, maître de musique de la chapelle royale.*
1. Missa brevis et solemnis, à 4 voc. col. instrum ; 2, *Id.* ; 3, *Id.* ; 4, *Id.* ; 5, *Id.* ; 6, *Id.* ; 7,
Id. ; 8, *Id.* ; 9, *Id.* ; 10, *Id.* ; 11, *Id.* ; 12, *Id.* ; 13, *Id.* ; 14, *Id.* ; 15, *Id.* ; 16, *Id.*, pro defunctis. — Motets à grand chœur et 4 voc. col. instrum. 1, *Caterva venit cum gaudio* ; 2, *Summi tonantis gloriam* ; 3, *Omnes gentes* ; 4, *Confitebor tibi, Domine* ; 5, *Magnus Dominus* ; 6, *Gaudete, cantate* ; 7, *Dominus, dominus noster* ; 8, *Exurgat Deus* ; 9, *Venite, exultemus* ; 10, *O fideles exultate* ; 11, *Lætæ tubæ* ; 12, *Jubilate Deo* ; 13, *Quare fremuerunt* ; 14, *Victimæ paschali* ; 15, *Actus amoris* ; 16, *Actus timoris* ; 17, *A facie Domini mota est terra* ; 18, *Lauda Sion* ; 19, *Ecce panis* ; 20, *Veni, sancte Spiritus* ; 21, *O chorus angelorum* ; 22, *Hodie nobis*, de Nativitate ; 23, *Exultandi*, de Nativitate ; 24, *E la surgite*, de Nativitate ; 25, *Lux nova in Oriente*, de Nativitate ; 26, *Nunc dimittis*, de Purificatione ; 27, *Alma redemptoris* ; 28, *Ave Regina* ; 29, *Regina cæli* ; 30, *Salve Regina* ; 31, *Te Deum laudamus* ; 32, *Id.* ; 33, *Id.* ; 34, *Venite gentes*. — Grandes symphonies pour les concerts des jours des Galles (*sic*). 1, Sonata à 2 violons, alto è basso, 2 oboe, 2 trom. e tymp. ; 2, sonata à 2 violons, alto e basso, 2 oboe, 2 cor. ; 3, sonata à 2 violons, alto e basso, 2 oboe, 2 cor. ; 4, Sonata à 2 violons, alto e basso, 2 oboe, 2 cor. ; 5, sonata à 2 violons, alto e basso, 2 oboe, 2 trom. è tymp. ; 6, sonata à 2 violons, alto e basso, 2 oboe. ; 7, *Id.* ; 8, *Id.* ; 9, Sonata à 2 violons, alto e basso, 2 oboe, 2 cor. ; 10, *Id.* ; 11, *Id.* ; 12, *Id.* ; 13, *Id.* ; 14, *Id.* ; 15, *Id.* ; 16, *Id.* — Symphonies d'église. 1, sonata à 4 instrum., col. oboe, ad libitum ; 2, sonata à 4 instrum., 2 oboe, ad libitum ; 3, *Id.* ; 4, *Id.* ; 5, *Id.* ; 6, *Id.* ; 7, *Id.* ; 8, *Id.* ; 9, *Id.* ; 10, *Id.* ; 11, *Id.* ; 12, *Id.* ; 13, *Id.* ; 14, Sonata pastorale à 4 instrum., oboe, ad libitum ; 15, *Id.* ; 16, *Id.* (1).

CROFF (Giovanni-Battista), compositeur et professeur italien, né au commencement de ce siècle, fut nommé professeur d'harmonie au Conservatoire de Milan en 1850, et conserva ces fonctions jusqu'au mois de février 1868, époque de sa mort. Cet artiste estimé avait publié des romances, des fantaisies pour piano, des duos pour piano et harmonium ; de plus, il avait écrit la musique d'un opéra-bouffe, *Quanti Casi in un sol giorno !* qui avait été représenté au théâtre de la Scala, dans l'automne de 1834, et celle d'un ballet intitulé *Giovanni di Leida, ossia il falso Profeta* ; enfin, il avait obtenu une récompense dans l'un des concours de composition ouverts à Florence par M. le docteur Basevi.

(1) Au mois de mai 1876, de grandes fêtes solennelles ont été célébrées à Florence en l'honneur de Cristofori, et une pierre sur laquelle était tracée une inscription commémorative de son invention était placée, par les soins du comité spécial, dans le cloître de Santa-Croce. — A. P.

(1) Ce document a été publié par M. Edmond Vander Straeten, dans le premier volume de son ouvrage : *La Musique aux Pays-Bas.*

CRONTHAL (WILLIAM). — *Voyez* **GROSS**(PIERRE).

CROZE (J......-B....), compositeur, a fait représenter au Grand-Théâtre de Marseille, le 30 mai 1854, un opéra en un acte intitulé *Louise de Charolais*. Cet artiste a beaucoup d'autres ouvrages dramatiques inédits, notamment *Harold*, opéra fantastique en 5 actes, et *la Moabite*, opéra biblique en 5 actes; ce dernier a été joué à Marseille sur une scène d'amateurs, le théâtre Michel. M. J. B. Croze a publié un certain nombre de morceaux pour piano et violon, pour chant, et de la musique de danse pour le piano.

AL. R — D.

CROZE (FERDINAND DE), pianiste et compositeur, né à Marseille vers 1828, s'est livré de bonne heure à l'enseignement, en même temps qu'il écrivait, pour les principaux éditeurs de Paris, une foule de morceaux de genre d'une grâce assez facile, qui obtenaient du succès auprès des amateurs de ce genre de musique. Il y a de tout dans les productions de M. de Croze, des polonaises, des sérénades, des tyroliennes, des marches, des élégies, des méditations, des pastorales, des galops, des caprices, des études, des rêveries, des chansons, des esquisses, avec les titres les plus chatoyants et les plus étranges : *Trianon, il Corso, Séville, En chemin de fer, Ciel et Terre, la Derbouka, les Oiseaux mystiques* (?), *la Razzia, les Ombres, En Aérostat, Crescendo, le Ramier*, etc., etc. Le nombre de ces bagatelles ne s'élève pas aujourd'hui à moins de cent cinquante, et rien n'annonce que la fécondité de l'auteur soit près de se lasser.

CROZET (F......), avocat et riche amateur de musique à Grenoble, est auteur de l'ouvrage suivant : *Revue de la musique dramatique en France*, contenant un essai abrégé de l'histoire de l'opéra, des notices, par ordre alphabétique, de tous les opéras ou opéra-comiques qui ont été représentés en France sur nos divers théâtres lyriques, y compris le Théâtre-Italien, et enfin des notices, aussi par ordre alphabétique, sur les compositeurs dont les œuvres ont été représentées en France, avec la liste de tous leurs ouvrages (Grenoble, Prudhomme, 1867, un vol. in-8°). Ce livre, qui aurait pu être utile, est malheureusement fort incomplet, fort inexact, et ne saurait être consulté avec fruit, parce qu'il en faut contrôler avec soin tous les renseignements. Quant aux aptitudes critiques de l'auteur, elles sont absolument nulles. M. Crozet a publié un *Supplément à la Revue de la musique dramatique en France* (Grenoble, Prudhomme, 1872, in-8° de 39 pp.).

* **CRUVELLI** (FRÉDÉRIQUE-MARIE CRU-WELL, dite), est morte à Bielefeld, sa ville natale, le 26 juillet 1868.

CUÉLLAR Y ALTARRIBA (RAMON-FÉLIX), compositeur et organiste distingué, né à Santiago (Galice) à la fin du dix-huitième siècle, fut enfant de chœur à l'église de la Seu, de Saragosse, et apprit la musique et la composition sous la direction de Garcia, dit *l'Espagnolet*. Il devint maître de chapelle de plusieurs églises, entre autres de la cathédrale d'Oviedo (1817), fut nommé ensuite musicien de la chambre royale, et en 1828 prit possession de l'orgue de l'église métropolitaine de Santiago, sa ville natale, où il mourut le 7 janvier 1833. « Cuéllar, dit M. Baltasar Saldoni dans ses *Efemérides de musicos españoles*, fut un des meilleurs représentants de l'école de *l'Espagnolet* : avec moins d'originalité que son condisciple Prieto, moins de profondeur que Secanilla, mais avec plus de feu et d'enthousiasme que tous deux, et avec un savoir égal, il fut un maître digne de tout éloge. » Parmi ses nombreuses compositions, on remarque seize messes, neuf psaumes, cinq *Magnificat*, des Lamentations, des *Te Deum*, et beaucoup de cantiques et de motets, qui sont dispersés dans diverses églises d'Espagne, et notamment dans celles de Saragosse. Le docteur D. J. P. et U., professeur de littérature à Oviedo, a publié sur cet artiste une élégante et importante notice biographique.

CUI, ou **KUI** (CÉSAR), musicien russe contemporain, est l'auteur de trois opéras, dont l'un, en 3 actes, est intitulé *William Ratcliff*, et a été joué à St-Pétersbourg le 26 février 1869, dont le second a pour titre *le Prisonnier du Caucase*, et dont le troisième, *Angelo*, inspiré par le drame de M. Victor Hugo, a été représenté à Saint-Pétersbourg le 13 février 1876. Quelques morceaux des deux premiers ont été publiés chez l'éditeur Bessel, à Saint-Pétersbourg. Le même éditeur a publié de M. Cui six romances avec accompagnement de piano. M. Cui n'est pas un musicien de profession, car il est, je crois, ingénieur militaire, et il exerce les fonctions de professeur de mathématiques à l'Académie impériale des ingénieurs de Saint-Pétersbourg ; il n'en est pas moins doué, dit-on, d'un talent véritable, sinon d'une grande inspiration, et, entre autres qualités, manie l'orchestre d'une façon remarquable et toute personnelle. Il s'est exercé aussi dans la critique musicale.

CUNIEWICZ (............), compositeur polonais, est l'auteur d'une grande œuvre lyrique et symphonique, intitulée *la Captivité babylonienne*, qu'il a fait exécuter à Lemberg le 3 février 1867. Cette œuvre importante était divisée en six parties, comme suit : n° 1 : *Aux fleuves de Babylone*; n° 2 : *la Prière*; n° 3 : *les Orphelins de la Judée*; n° 4 : *Chœur des Prêtres*; n° 5 : *le Départ*; n° 6 : *l'Arrivée au pays de la Judée*.

CUNIO (ANGELO), pianiste et compositeur, né, je crois, à Milan, fit ses études au Conservatoire de cette ville, où il entra au mois de février 1848 pour en sortir au mois de septembre 1852. Il publia d'abord, à Milan, chez Ricordi, quelques morceaux de piano : *la Belle Vendangeuse*, *Adeline*, un divertissement à quatre mains sur un *Ballo in Maschera*, etc., et, plus tard, alla s'établir en Angleterre, où il réside encore aujourd'hui et où il s'est consacré à l'enseignement, sans toutefois abandonner ses travaux de composition. Depuis son établissement en ce pays, M. Cunio a publié soit à Londres, soit à Paris, un assez grand nombre de morceaux de genre pour le piano, qui ont été bien accueillis du public. Je citerai particulièrement un album, *les Succès d'Italie* (Paris, Hengel), composé de six pièces d'une forme élégante et d'une heureuse inspiration.

* **CURCI** (GIUSEPPE), compositeur et professeur de chant, fils d'un notaire de Barletta, est né en cette ville le 15 juin 1808. Il commença par étudier la guitare avec un de ses oncles, travailla aussi le piano, puis, en 1823, se fit admettre au Conservatoire de Naples, où il reçut des leçons de G. Furno pour l'harmonie, de Raimondi et de Zingarelli pour le contrepoint et la fugue, et de Crescentini pour le chant. Il écrivit, au cours de ses études, deux messes à 4 voix et orchestre, plusieurs compositions religieuses moins importantes, un chœur, trois ouvertures à grand orchestre, et deux opérettes jouées sur le petit théâtre du Conservatoire : *un'Ora di prigione* et un *Matrimonio conchiuso per le bugie*. Tandis qu'il était encore sur les bancs de l'école, d'où il ne sortit qu'à l'âge de 27 ans, il fit représenter au théâtre Nuovo (septembre 1833) un opéra bouffe intitulé *il Medico e la Morte*, au théâtre du Fondo un autre ouvrage du même genre, *i dodici Tabarri*, et fit exécuter le 1er janvier 1835, pour la représentation de gala de la grande scène de San-Carlo, la cantate *Ruggiero*.

En sortant du Conservatoire, M. Curci se rendit à Milan, puis, n'ayant pu réussir à faire jouer un opéra en cette ville, partit pour Turin, donna au théâtre d'Angennes, en 1837, *il Proscritto*, alla écrire à Venise, pour le théâtre Apollo, *Don Desiderio*, fit exécuter à la Société philharmonique Camploy une scène intitulée *l'Urayano*, retourna ensuite à Milan, où il publia quelques mélodies vocales, et alla se fixer pendant plusieurs années à Vienne, où il obtint une véritable vogue comme professeur de chant. De Vienne, M. Curci entreprit un voyage en Allemagne et en Belgique, et arriva à Paris au commencement de 1848. Après un séjour de huit années en France, il alla passer quelque temps en Angleterre, et, sur les instances de son père, alors octogénaire, retourna dans sa ville natale. Il passa une année à Bari, comme directeur de la musique au théâtre Piccinni, et revint à Barletta, qu'il n'a plus quittée depuis.

On doit à M. Curci, outre ses ouvrages dramatiques, six messes à 3 ou 4 voix, avec accompagnement d'orgue, quatuor et orchestre; une messe funèbre à 3 voix et orchestre; plus de soixante compositions religieuses de moindre importance, soit avec orgue, soit avec orchestre; quatre sonates pour orgue; plusieurs cantates; un grand nombre de mélodies vocales; enfin deux recueils de solféges, l'un publié en Hongrie sous le titre de *Piccolo Solfeggio*, l'autre intitulé *il Bel Canto*, et publié à Londres, chez l'éditeur Wessel.

CURCIO (VINCENZO), compositeur italien qui vivait dans la seconde moitié du dix-huitième siècle, naquit dans le royaume de Naples et fit représenter en 1776, sur le théâtre des Fiorentini, de cette ville, un opéra intitulé *i Sciocchi presuntuosi*.

CURTI (VINCENZO), compositeur et professeur de piano, né à Naples le 18 septembre 1836, fut élève externe du Conservatoire de cette ville, et eut pour professeurs particuliers Francesco Lanza, Alessandro Busti et Vincenzo Fiodo. Son éducation terminée, il se livra à l'enseignement et à la composition. M. Curti a publié jusqu'à ce jour une ouverture, une messe, deux albums de mélodies vocales, 3 albums de musique de danse, sans compter un certain nombre de transcriptions et de réductions pour le piano.

CUSINS (W......-G....), pianiste et compositeur anglais contemporain, s'est fait connaître par un certain nombre d'œuvres estimables, dont la plus importante et, dit-on, la mieux réussie, est un oratorio intitulé *Gédéon*, écrit expressément pour le grand festival de Glocester et exécutée le 7 septembre 1871. Cet ouvrage a été accueilli par le public avec une vive sympathie. M. Cusins est maître de chapelle de la reine, et chef d'orchestre de la *Philarmonic Society*, de Londres.

CUVILLIER, est le nom de deux chanteurs qui appartinrent au personnel de l'Opéra de 1725 à 1755. « Cuvillier, dit Laborde, avait une (voix de) taille assez belle. Il entra à l'Opéra en 1725, et fut mis à la pension en 1750. Son fils, entré à l'Opéra haute-contre en 1738, quitta en novembre 1740, et y rentra basse-taille en 1749. Il sortit de France sans rien dire, en 1755, et passa à Bruxelles. » Cuvillier père fit quelques créations, particulièrement dans *Pyrame et Thisbé*, *Hippolyte et Aricie*, *les Caractères de l'Amour*, *les Amours de Ragonde* (Ragonde), *Don Quichotte chez la Duchesse* (Sancho). C'est son fils qui créa le rôle du devin dans *le Devin du Village*, de J.-J. Rousseau. On trouve les vers suivants sur ce dernier, dans le *Calendrier historique des Théâtres* pour 1761 :

> Tu vois, ton geste et ta figure,
> En toi, tout plaît au spectateur;
> L'art, d'accord avec la nature,
> Ont formé le chantre et l'acteur.

CUZAS (VINCENT), compositeur espagnol, mort à Barcelone le 7 mars 1839, avait fait représenter le 23 juillet 1838, sur le théâtre Santa-Cruz de cette ville, un opéra italien dont je transcris ici le titre inexact, tel que je l'ai trouvé dans un livre espagnol : *la Fala chiera*. Ce titre est évidemment tronqué, le mot *chiera* n'existant pas dans la langue italienne.

CUZENT (PAUL), ancien écuyer, musicien amateur, a fait représenter au Théâtre-Lyrique le 29 décembre 1855, un opéra-comique en un acte intitulé *l'Habit de noce*. La sœur de cet artiste a épousé M. Montjauze, chanteur qui tenait alors l'emploi des forts ténors au Théâtre-Lyrique.

CZARTORYSKI (ADAM-CASIMIR, prince), chef d'une des plus grandes familles polonaises, fut staroste-général des terres de Podolie, grand protecteur des sciences et des arts, et auteur de plusieurs œuvres dramatiques représentées avec succès à Varsovie. M. Albert Sowinski, dans son livre sur *les Musiciens polonais et slaves*, dit que ce prince composa un petit dictionnaire de noms d'anciens instruments de musique polonais, qui fut inséré, en 1828, dans le premier numéro d'une revue intitulée *Czasopismo* et paraissant à Léopol. Dans cet écrit, il donnait les noms de vieux instruments peu connus de nos jours, en les accompagnant d'explications claires et précises sur leur forme, leur sonorité, leur emploi dans les orchestres, enfin, sur la manière de les jouer, depuis l'orgue jusqu'au fifre, depuis la *guindsba* jusqu'au *benbenek* (tambourin). Cette description comprenait en tout quarante-cinq instruments, dont treize à cordes pincées, sept à cordes frottées, et vingt-cinq à vent, y compris la *kobza*, le plus ancien instrument dans le genre du biniou breton.

D

* **DABADIE** (Henri-Bernard), chanteur de l'Opéra de Paris, était né à Pau (Basses-Pyrénées), le 19 janvier 1797, et mourut à Paris au mois de mai 1853.

DACCI (Giusto), professeur et compositeur italien contemporain, a publié les ouvrages théoriques suivants : *Grammaire musicale*, Milan, Lucca, in-8°; *le Parfait musicien*, traité théorique et pratique pour la lecture et la division musicale, Milan, Lucca, in-16 ; *Éléments musicaux* (extraits de l'ouvrage précédent), avec un appendice contenant des notions préliminaires d'harmonie et 12 exercices de lecture et division des principales mesures, Milan, Lucca ; *Traité théorique et pratique d'harmonie simple et composée, avec l'exposition des exercices pratiques utiles aux dilettantes*, Milan, Lucca. M. Dacci a publié aussi quelques romances, et un certain nombre de fantaisies pour le piano écrites sur des thèmes d'opéras en vogue.

DACHSELT (Chrétien-Gottlieb), célèbre organiste, né à Kamenz le 16 décembre 1737, mourut à Dresde en 1804. Ses compositions n'ont pas été publiées. Y.

* **DACOSTA** (Isaac-Franco), est mort le 12 juillet 1866 à Bordeaux, sa ville natale, où il s'était retiré, et où, depuis trois ans, il avait perdu la vue. Dacosta fut l'un des fondateurs de la Société des concerts du Conservatoire. Il avait épousé jadis la fille du célèbre comédien Fleury, dont il avait eu plusieurs enfants, mais dont il se sépara plus tard.

DAHL (Emma), née *Freyse*, chanteuse de talent, naquit le 6 avril 1819 à Ploen, dans le Holstein. A son nom de demoiselle elle joignit celui de sa mère adoptive, et débuta sous le nom de *Freyse-Sessi*. Cette artiste de mérite a composé un certain nombre de *lieder* qui ont été publiés à Copenhague, à Stockholm et à Christiania. Elle a également publié un recueil de vocalises estimées. Y.

DAHLER (J.....-G.....), est auteur d'un Dictionnaire des Beaux-Arts qui a paru à Goettingue en 1790. Y.

DAHLWITZ (........), compositeur contemporain, a écrit la musique d'un drame lyrique en cinq actes, *Galileo Galilei*, qui a été représenté au mois de janvier 1877 sur le théâtre de Cobourg, où il a été assez favorablement accueilli.

* **DALAYRAC** (Nicolas). Le répertoire des ouvrages de Dalayrac, tel qu'il a été publié dans la *Biographie universelle des Musiciens*, présente quelques omissions et un assez grand nombre d'inexactitudes. Nous croyons utile de le reconstituer entièrement, et avec tous les détails qu'il comporte ; nous le pensons exact et complet, tel qu'il suit : 1° *l'Éclipse totale*, un acte, Comédie-Italienne, 7 mars 1782 ; 2° *le Corsaire*, trois actes, id., 17 mars 1783 ; 3° *les Deux Tuteurs*, deux actes, id., 8 mai 1784 (cet ouvrage avait été joué d'abord à la cour, sous ce titre : *les Deux Soupers* ; il fut réduit plus tard en un acte) ; 4° *l'Amant statue*, un acte, id., 4 août 1785 (transformation d'une pièce jouée au même théâtre, sous forme de comédie, au mois de février 1781) ; 5° *la Dot*, trois actes, id., 21 novembre 1785 ; 6° *Nina ou la Folle par amour*, un acte, id., 15 mai 1786 ; 7° *Azémia ou les Sauvages* trois actes, id., 2 ou 3 mai 1787 (ouvrage joué au théâtre de la cour, à Fontainebleau, en décembre 1786, sous ce titre : *le Nouveau Robinson*, et profondément remanié pour sa représentation à Paris, surtout en ce qui concerne le troisième acte, qui fut presque entièrement refait) ; 8° *Renaud d'Ast*, deux actes, id., 19 juillet 1787 ; 9° *les Deux Sérénades*, deux actes, id., 23 janvier 1788 ; 10° *Sargines ou l'Élève de l'amour*, quatre actes, id., 14 mai 1788 ; 11° *Fanchette*, deux actes, id., 13 octobre 1788 ; 12° *les Deux Petits Savoyards*, un acte, id., 14 janvier 1789 ; 13° *Raoul, sire de Créqui*, trois actes, id., 31 octobre 1789 ; 14° *la Soirée orageuse*, un acte, id., 29 mai 1790 ; 15° *le Chêne patriotique*, deux actes, id., 10 juillet 1790 ; 16° *Vert-Vert*, un acte, id., 11 octobre 1790 ; 17° *Camille ou le Souterrain*, trois actes, id., 19 mars 1791 ; 18° *Agnès et Olivier*, trois actes, id., 10 octobre 1791 ; 19° *Philippe et Georgette*, un acte, id., 28 décembre 1791 ; 20° *Tout pour l'amour ou Juliette et Roméo*, id., 6 juillet 1792 ; 21° *Ambroise ou Voilà ma journée*, un acte, id., 12 janvier 1793 ; 22° *Asgill, ou le Prisonnier de guerre*, un acte, id., 1er mai 1793 ; 23° *Urgande et Merlin*, trois actes, id., 4 octobre 1793 ; 24° *la Prise de Toulon*, un acte, th. Feydeau, 1er février 1794 ; 25° *le Congrès des rois*, trois actes (en société avec une dizaine de compositeurs), th. Favart (Comédie-Italienne), 26 février 1794 ; 26° *l'Enfance de J.-J. Rousseau*, un acte, id., 23 mai 1794 ; 27° *le Détenu* ou *Cange, commissionnaire de Lazare*, un acte, 18 novembre 1794; 28° *la Pauvre Femme*, un acte, th. Favart, 8 avril 1795; 29° *Adèle et Dorsan*, trois actes, id., 27 avril 1795 ; 30° *Marianne*, un acte, id., 7 juillet 1796 ; 31° *la Maison isolée* ou *le Vieillard des Vosges*, deux actes, id., 11 mai 1797; 32° *la Leçon* ou *la Tasse de glace*, un acte, th. Feydeau, 24 mai 1797; 33° *Gulnare* ou *l'Esclave persane*, un acte, th. Favart, 9 janvier 1798; 34° *Alexis* ou *l'Erreur d'un bon père*, un acte, th. Feydeau, 24 janvier 1798 ; 35° *Léon* ou *le Château de Monténéro*, trois actes, th. Favart, 15 octobre 1798 ; 36° *Adolphe et Clara* ou *les Deux Prisonniers*, un acte, id., 10 février 1799; 37° *Laure* ou *l'Actrice chez elle*, un acte, id., 26 septembre 1799; 38° *Arnill* ou *le Prisonnier américain*, un acte, id., 22 novembre 1799 (ouvrage qui n'est qu'une seconde édition, remaniée, d'*Asgill* ou *le Prisonnier de guerre*) ; 39° *le Rocher de Leucade*, un acte, id., 13 février 1800 ; 40° *une Matinée de Catinat* ou *le Tableau*, un acte, th. Feydeau, 28 septembre 1800 ; 41° *Maison à vendre*, un acte, th. Favart, 22 octobre 1800 ; 42° *Léhéman* ou *la Tour de Newstadt*, trois actes, Opéra-Comique, 11 décembre 1801 ; 43° *l'Antichambre* ou *les Valets maîtres*, un acte, id., 26 février 1802; 44° *la Boucle de cheveux*, un acte, id., 27 octobre 1802 (ouvrage tombé le soir de la première représentation, refait par ses auteurs et rejoué avec succès le 23 novembre suivant); 45° *Picaros et Diego* ou *la Folle Soirée*, un acte, id., 2 mai 1803 (seconde édition, remaniée, de *l'Antichambre*, qui, pour cause politique, n'avait eu qu'une seule représentation); 46° *la Jeune Prude* ou *les Femmes entre elles*, un acte, id., 14 janvier 1804 ; 47° *une Heure de mariage*, un acte, id., 19 mars 1804 ; 48° *le Pavillon du Calife*, deux actes, Opéra, 11 avril 1804 ; 49° *Gulistan* ou *le Hulla de Samarcande*, trois actes, Opéra-Comique, 29 septembre 1805 ; 50° *Deux Mots* ou *une Nuit dans la forêt*, un acte, id., 9 juin 1806 ; 51° *Koulouf* ou *les Chinois*, trois actes, id., 18 décembre 1806 ; 52° *Lina* ou *le Mystère*, trois actes, id., 8 octobre 1807 ; 53° *Élise-Hortense* ou *les Souvenirs de l'Enfance*, un acte, id., 25 octobre 1809 ; 54° *le Poète et le Musicien* ou *Je cherche un sujet*, trois actes, id., 30 mai 1811 ; 55° *le Pavillon des Fleurs* ou *les Pêcheurs de Grenade*, un acte, id., 13 mai 1822 (transformation du *Pavillon du Calife*, représenté précédemment à l'Opéra). Ces deux derniers ouvrages sont posthumes, Dalayrac étant mort en 1809. Ce compositeur avait écrit quelques couplets pour une comédie de Colin d'Harleville,

Rose et Picard ou *la Suite de* « *l'Optimiste*, jouée à la Comédie-Française en 1794 ou 179 Selon les renseignements donnés par Guilbert d Pixerécourt dans son *Théâtre choisi*, il aura aussi fait la musique de deux opéras-comique restés inédits : *le Héros en voyage*, et *Zozo* o *le Mal avisé*.

Élève de Langlé, Dalayrac reçut aussi sino des leçons, du moins des conseils de Grétry c'est ce qui résulte des paroles de celui-ci dan ses *Essais sur la musique* : « Sans être mo élève, dit-il, Dalayrac est le seul artiste qu avant d'entrer dans la carrière, a fréquenté lon temps mon cabinet. »

Dalayrac avait épousé une jeune comédienn qui, sous le nom d'Adeline, avait joué les amou reuses au théâtre de Montpellier, de 1789 à 1791 était venue ensuite au théâtre Louvois lors de so ouverture en cette dernière année, et y était re tée jusqu'au mois d'août 1792. Elle était fort jo lie, très-artiste, et douée d'une rare intelligence Quelques années après la mort de Dalayrac, ell épousa en secondes noces l'architecte Jauniel dont elle se sépara au bout de peu de temps, elle mourut le 30 juin 1819, âgée de 50 ans.

On trouve dans le volume d'Adolphe Adam i titulé *Souvenirs d'un Musicien* une petite étud sur Dalayrac. M. Amédée de Bast a publié dan un journal de Bordeaux, *la Guienne* (N°ˢ des 2 3, 4, 5, 6, 7, 8 et 9 mai 1865), une série d feuilletons sous ce titre : *Nicolas D'Ayrac* (on sait que c'est ainsi que le nom doit s'orthogra phier). Enfin, il existe une brochure de M. Alexar dre Fourgeaud, intitulée : *les Violons de Da layrac* (Paris, Leclère, 1856, in-8 de 29 pp.).

D'ALBERT (CHARLES), danseur, chorégra phe et musicien anglais, d'origine française, na quit près de Hombourg en 1815. A la mort d son père, ancien capitaine de cavalerie dan l'armée de Napoléon, le jeune D'Albert part avec sa mère pour Londres, où il s'adonna s rieusement à l'étude du piano sous la directio de Kalkbrenner, et vint ensuite à Paris, où travailla simultanément la musique et la dans De retour à Londres après une absence de plu sieurs années, il devint premier danseur et ma tre de ballets au théâtre de Covent-Garden mais il abandonna bientôt la scène pour se li vrer à l'enseignement et à la composition, parvint, dit-on, à rendre son nom populaire e Angleterre. C'est dans la musique de danse su tout que M. D'Albert s'est distingué ; on cit parmi ses productions les plus originales en c genre : *la Chasse des nymphes*, *la Peri*, *Faus la Reine du bal*, *Fascination*, *le Lys de la va lée*, *Sweethearts*, valses; *la Polka du Sultan*

Coquette Isabelle, Helena, King Pippin, la Noce, la Polka du soldat, polkas; Rink galop, l'Express, Pelissier, galops; etc.

DALBESIO (........), pianiste et compositeur pour son instrument, est depuis longues années établi à Turin, où son enseignement est très-recherché, et où il fait entendre périodiquement ses élèves dans des séances qui obtiennent de véritables succès. M. Dalbesio a publié un assez grand nombre de compositions pour le piano, et il a fait représenter en 1870 à Turin, sur un théâtre d'amateurs, un petit opéra bouffe intitulé *Progetto di melodramma*.

DAL CORNETTO (ANTONIO), compositeur italien du seizième siècle, a fait la musique de *l'Egle*, pastorale écrite sur des paroles de Jean-Baptiste Giraldi-Cinthio, de Ferrare, qui fut représentée dans la maison de l'auteur et aux frais de l'Université, en présence de toute la cour ducale, les 24 février et 4 mars 1545.

On ne doit pas confondre ce genre de pastorale avec ce qu'on a appelé plus tard l'opéra. Dans *l'Egle*, comme dans *l'Aretusa*, jouée également à Ferrare, en 1563, avec la musique d'Alphonso Vivola, la musique ne servait que comme accompagnement et pour annoncer certains personnages. Le premier drame chanté reste toujours la *Dafne* de Rinuccini, musique de Caccini et de Peri (Florence, 1594).

J. D. F.

DALLA BARATTA (........), compositeur italien, s'est fait connaître dans sa patrie par plusieurs opéras qui ont été représentés sans qu'aucun d'eux fît sortir le nom de leur auteur de son obscurité. Voici ceux dont je connais les titres : 1° *Il Cuoco di Parigi*, opéra bouffe; 2° *Bianca Cappello*, sérieux; 3° *le Avventure d'un poeta*, opéra-comique (Padoue, 1869). M. Dalla Baratta a écrit aussi la musique de deux ballets, dont l'un *Azemi*, a été représenté à Florence au mois d'août 1864, et dont l'autre, *la Lanterna del Diavolo*, a été donné au théâtre Victor-Emmanuel, de Turin, en octobre 1867. Quant à l'opéra bouffe intitulé *Ludro*, dont M. Dalla Baratta est aussi l'auteur, j'ignore s'il a été représenté jusqu'ici.

* **DALLA CASA** (LOUIS). Cet artiste est auteur de l'ouvrage suivant : *L'anarchie musicale réprimée par le despotisme de la gamme diatonique, ou nouvelle Table thématique pour être exécutée à quatre voix avec accompagnement de piano* (Paris, Pacini, in-f°).

DALL'ARGINE (COSTANTINO), compositeur dramatique italien, s'est fait connaître, depuis une douzaine d'années, par plusieurs opéras et un très-grand nombre de ballets donnés sur divers théâtres de la Péninsule, mais surtout par la singulière idée qu'il a eue de remettre en musique *il Barbiere di Siviglia*. Dès l'année 1864, ce jeune artiste écrivait coup sur coup la musique de quatre ballets : *la Visione d'un poeta a Roma* (Turin), *Velleda* (Milan, Scala, mars), *Anna di Masovia* (Turin, mai), et *un Concorso coreografico* (Turin, th. Victor-Emmanuel, octobre). Au mois de septembre 1865, le théâtre de la Scala, de Milan, représentait un nouveau ballet, *il Diavolo a quattro*, dont la musique avait pour auteurs MM. Dall'Argine et Pio Bellini, et dans la même année, M. Dall'Argine donnait à Fermo un ouvrage du même genre, *Enrico di Guisa*. Enfin, au mois de février 1867, le jeune compositeur produisait au petit théâtre de Santa-Radegonda, à Milan, son premier opéra, *i Due Orsi*, bouffonnerie en trois actes dont M. Ghislanzoni avait tiré le livret du vieux vaudeville de Scribe intitulé *l'Ours et le Pacha* ; cet ouvrage fut bien accueilli, d'autant que les rôles principaux en étaient tenus par deux bouffes excellents, M. Bottero, fameux depuis plus de trente ans en Italie, et M. Altini. Au mois de juin de la même année, M. Dall'Argine donna à Ferrare un ballet intitulé *Amina*, puis, le 10 décembre suivant, il fit représenter au petit théâtre Fossati, de Milan, une revue-opéra qui avait pour titre *il Diavolo zoppo*; il se reprit ensuite au genre du ballet, et donna coup sur coup *Zelia* (Turin, th. Regio, janvier 1868), *la Camargo*, (Milan, Scala, 11 janvier 1868), et *Nissa e Saib* (Turin, th. Regio, 7 mars 1868), ce dernier écrit en société avec M. Baur.

C'est alors que cédant, dit-on, aux sollicitations du directeur du théâtre communal de Bologne, il consentit à remettre en musique le sujet que Paisiello avait illustré sur la scène lyrique et que Rossini avait immortalisé. Mais en cette occasion il paya d'audace, et, avant même la représentation de son ouvrage, il écrivit à Rossini pour le prier de vouloir bien accepter la dédicace de la partition. Je ne connais pas la lettre par laquelle M. Dall'Argine adressa sa demande au maître, mais je connais la réponse de celui-ci, qui fut publiée à cette époque par les journaux italiens, et dont je donne ici la traduction :

« Passy, 8 août 1858. — Je crois devoir vous aviser que j'ai reçu votre aimable lettre du 2 courant. Votre nom ne m'était nullement inconnu, d'autant que depuis quelque temps le bruit est venu jusqu'à moi du brillant succès que vous avez obtenu dans votre opéra *I due Orsi* ; il ne m'est donc pas plus agréable de voir que vous vous tenez en quelque calme, puisque vous voulez bien (et vous vous trouvez audacieux pour cela!) me dédier l'œuvre à laquelle vous mettez la dernière main. — Ce seul mot *audacieux*, je le trouve superflu dans votre charmante lettre. Je ne me suis certainement pas cru audacieux alors que je mis en musique, en douze jours, après le papa Paisiello (*dopo il papà Paisiello*), le gracieux sujet de Beaumarchais. Pourquoi le seriez-vous en venant, après un demi-siècle et plus, mettre nouvellement en musique un *Barbier* ? — On a représenté, il y a peu de temps, sur un théâtre de Paris, celui de Paisiello (1) : brillant comme il est de mélodies spontanées, d'esprit scénique, il a obtenu un succès très-vif et bien mérité. Beaucoup de polémiques, beaucoup de discussions ont été soulevées et le sont encore entre les amateurs de l'ancienne et de la nouvelle musique. Vous devez vous en tenir (du moins, je vous le conseille) à l'ancien proverbe qui dit : *Entre deux plaideurs un troisième profite*. Prenez pour certain que je désire que vous soyez ce troisième. Puisse donc votre nouveau *Barbier* réussir comme je le souhaite, et assurer à son auteur et à notre commune patrie une gloire impérissable ! Tels sont les souhaits que vous offre le vieillard Pésarais qui a nom

ROSSINI.

« Comme je l'ai dit ci-dessus, il me sera cher d'accepter la dédicace de notre nouveau travail. Je vous prie d'en recevoir, par anticipation, mes remerciments. »

Je ne sais si le ton un peu ironique qui caractérise la fin de cette lettre aura échappé à l'auteur du nouveau *Barbier*. Toujours est-il que l'ouvrage fut joué à Bologne le 11 novembre 1868, et que la représentation donna lieu à divers incidents entre une partie des spectateurs, qui tenaient bon pour le chef-d'œuvre de Rossini, et l'autre partie, qui voulait voir réussir l'œuvre nouvelle. C'était la répétition de la lutte qui s'était produite jadis entre les partisans de Paisiello et ceux de Rossini. Mais M. Dall'Argine n'avait point le génie de l'auteur de *Tancredi*, et bientôt il put voir que son audace n'avait été que de la présomption. Peu de jours après, en effet, le bruit s'était calmé, et la nouvelle partition rentrait dans l'ombre la plus complète, incapable qu'elle était de soutenir la comparaison avec celle de Rossini. Un journal s'exprimait ainsi à ce sujet : « On commence à pouvoir porter un jugement impartial sur le nouveau *Barbiere* de Dall'Argine, et ce jugement est bel et bien une condamnation sans appel. Le jeune et présomptueux

(1) Une mignonne scène musicale, trop tôt disparue, les Fantaisies-Parisiennes, avait en effet exhumé la partition du premier *Barbier* et donné une traduction de l'ouvrage de Paisiello.

maestro aurait pu essayer de faire non pas mieux mais autrement que Rossini, comme Rossini avait fait autrement que Paisiello ; il a préféré prendre le sujet corps à corps, sans changer une syllabe au libretto dont s'est servi l'illustre Pésarais, qu'il a revêtu d'une musique prétentieuse et lourde, presque mélodramatique. La plupart des caractères, celui de Figaro en première ligne, sont manqués. L'unité est absente de cette œuvre indigeste, et tous les styles s'y heurtent. M. Dall'Argine a une bonne mémoire, mais point d'originalité ni de finesse. Quelques morceaux assez réussis ne rachètent point ces graves défauts. »

Le résultat de cette tentative téméraire sembla décourager le jeune musicien ; car je ne sache pas que depuis lors il se soit de nouveau présenté au théâtre, si ce n'est pour y produire encore quelques ballets, tels que *Brahma*, *la Battaglia di Legnano* et, je crois aussi, *la Sémiramis du Nord*. On a cependant cité les titres de plusieurs opéras qu'il avait en portefeuille. *Pietro Micca*, *Garello*, *Ifigenia*, mais, à ma connaissance, aucun de ces ouvrages n'a été représenté jusqu'ici. M. Dall'Argine a rempli dans plusieurs théâtres les fonctions de *maestro concertatore* ; en 1864, il occupait cet emploi au théâtre Zizinia d'Alexandrie (Égypte), et en 1875 à celui de Valence (Espagne). Au commencement de 1877, il remplissait les mêmes fonctions au théâtre de Mantoue, lorsqu'un soir, en dirigeant la représentation de *la Contessa d'Amalfi*, il fut frappé d'apoplexie et tomba presque mourant. On le transporta chez lui, et il se remit en apparence de cet accident. Mais s'étant rendu à Milan pour surveiller les études d'un nouveau ballet, *Nerone*, il mourut en cette ville le 1er mars 1877, cinq jours après l'apparition de cet ouvrage au théâtre de la Scala (24 février). Il était âgé seulement de trente-quatre ans. Parmi les nombreux ballets dont il a écrit la musique, il faut encore citer un *Episodio della vita di una Ballerina*, *Attea*, et *Anelda*.

* DALL'OLIO (JEAN-BAPTISTE). Au nombre des écrits de ce littérateur, il faut mentionner *la Musica, poemetto*, Modène, 1794. Dans cet opuscule, l'auteur, sous forme d'une lettre à lui adressée, trace une sorte de biographie de Paisiello.

DALL'OLIO (CESARE), jeune compositeur italien, est l'auteur d'un opéra sérieux, *Ettore Fieramosca*, qui a été représenté au théâtre communal de Bologne dans les premiers jours du mois de novembre 1875. Cet ouvrage, qui, avant son apparition, avait fait concevoir de grandes espérances pour l'avenir de son auteur, n'a pas été heureux à la scène, et n'a obtenu que quatre représentations.

DALL'OREFICE (Giuseppe), compositeur, né dans l'ancien royaume de Naples, a fait représenter en cette ville, sur le théâtre Mercadante, le 23 juin 1874, un opéra sérieux intitulé *Romilda de' Bardi*. En 1875, cet artiste était *maestro concertatore* et chef de l'orchestre de ce théâtre.

* **D'ALVIMARE** (Martin-Pierre). Des renseignements abondants ont été publiés par Jal, dans son *Dictionnaire critique de biographie et d'histoire*, sur cet artiste intéressant. Ces renseignements lui ont été fournis par la famille même de l'artiste, et je vais les mettre à profit pour rectifier et compléter sa biographie.

Fils d'un avocat au parlement qui était en même temps receveur des gabelles à Dreux, d'Alvimare naquit en cette ville non en 1770, mais le 18 septembre 1772, ainsi que le constate son acte de baptême. Il reçut une excellente éducation, apprit de bonne heure le clavecin et la harpe, et, ayant été entendu du duc de Penthièvre, fut mené par lui à Versailles, à l'âge de sept ans et demi, et joua devant la reine, qui en fut enchantée. Ici, je laisse parler Jal :

« En même temps que Martin-Pierre d'Alvimare poussait ses études musicales et ses études d'écolier latiniste, il dessinait, et c'était un de ses goûts dominants que le dessin. Il avait pris le crayon à neuf ans et demi. A quatorze ans, il fut pourvu de la charge de receveur des gabelles en survivance de son père ; mais sa recette ne l'occupa point alors. Il était tout à son éducation, où l'on fit entrer bientôt les éléments de la composition musicale Le premier résultat un peu sérieux de son application à ce nouvel exercice de l'esprit fut la composition d'un petit opéra, intitulé *Églé*, dont les paroles étaient peut-être de lui. Il avait seize ans alors, et l'on était en 1788. La recette des gabelles, comme tant d'autres charges, pouvait se faire par procureur. Il ne plaisait guère à notre jeune artiste de passer sa vie sur des registres et dans l'atmosphère nauséabonde de l'administration : il chercha une carrière qui lui permît de donner satisfaction à ses penchants pour les arts. L'état militaire était fort compatible avec la musique et la peinture, il demanda à prendre l'épée, sans laisser la plume du compositeur, le clavecin et la harpe du virtuose, le crayon du dessinateur. On lui procura l'entrée de la maison militaire du roi, et il devint garde du corps de Louis XVI. C'était le temps où la Chabeaussière et Dalayrac, l'un poëte et l'autre musicien, étaient gardes du corps de Monsieur.

« La Révolution trouva d'Alvimare auprès du trône ; il était à son poste à la cruelle journée du 10 août 92. Il échappa miraculeusement au massacre, sortit des Tuileries et se réfugia chez le portier d'un de ses amis, qui le coucha dans son lit et le fit passer pour son fils malade, quand les commissaires chargés des visites domiciliaires vinrent dans la loge de cet honnête homme qui risquait sa tête pour sauver un étranger. Il sortit enfin de sa retraite, cachant son nom, ne pouvant retourner à Dreux où il aurait été reconnu, et porté sur la liste des émigrés. Il fallait vivre ; il essaya de faire de son côté ce qu'Isabey faisait du sien, des portraits en miniature à vingt-quatre et à trente sols. La fortune de son père avait été à peu près détruite par la révolution, et s'il lui en restait quelque chose, comment pouvait-il la réclamer, lui qui n'était plus lui, et qui était censé à l'étranger ? Enfin, les plus mauvais jours passèrent ; des temps plus doux succédèrent à la tempête. Une fabrique de mouchoirs de coton imprimés s'établit aux environs de Dreux, il en aida les fondateurs et devint dessinateur de la maison. Ce fut alors que ses amis travaillèrent à le faire rayer de la liste des émigrés ; c'était difficile, mais on y réussit : le consulat venait de remplacer la pentarchie directoriale. »

On sait ce que devint d'Alvimare pendant l'empire ; après l'avoir rappelé, Jal ajoute : « Un heureux retour de fortune rendit à d'Alvimare une partie de ce que lui avaient enlevé les événements ; il songea alors à chercher le repos dans son pays natal. La biographie Fétis dit à ce sujet que le 12 mars 1812 il se démit de ses places, et partit pour Dreux ; elle ajoute qu'on prétendait qu'il avait la faiblesse de ne point aimer qu'on lui parlât de sa vie d'artiste. Les faits donnent un démenti à cette assertion. D'Alvimare ne rougit jamais d'avoir dû à son talent une vie honorable, d'illustres amitiés, et de hauts protecteurs, non pour lui, mais pour les personnes qui eurent souvent recours à son obligeance, et le trouvèrent toujours empressé à servir, et charitable. Quand il eut quitté Paris, il continua à composer et à peindre. Il existe de lui une grande quantité de musique restée inédite, bien des romances très-jolies, plusieurs morceaux remarquables sur les *Méditations* de M. de Lamartine, et des pièces de musique religieuse. Après avoir abandonné la harpe pendant vingt-cinq ans, il la reprit pour jouer avec sa fille des duos composés à l'intention de cette dame. La Restauration faite, l'ancien garde du corps devint colonel de la garde nationale de Dreux, retrouvant dans son cœur un ancien attachement pour les Bourbons, mais n'oubliant pas sans doute qu'il avait eu beaucoup à se louer de ses rapports avec la maison impériale, que les rois jaloux venaient de ruiner. »

D'Alvimare mourut à Paris le 13 juin 1839, à l'âge de soixante-six ans.

DAM (Mads Gregers), violoniste et compositeur, naquit à Swenborg (Danemark) d'une famille pauvre, le 2 avril 1791, et montra des dispositions précoces pour le violon. Devenu, à l'âge de douze ans, élève du violoniste Gregers Simonson, il se fit entendre dans des concerts à Copenhague, et fut admis au nombre des musiciens de la chapelle royale. En 1841 il se rendit à Berlin, où son talent le fit recevoir aussi dans la chapelle du roi de Prusse, et il resta en cette ville jusqu'à sa mort, arrivée vers 1859. On a gravé, de la composition de cet artiste, des quatuors pour instruments à cordes, deux duos de violons, un adagio et une polonaise pour le même instrument.

DAM (Hermann-Georges), fils du précédent, violoniste et compositeur comme lui, naquit à Berlin le 5 décembre 1815, et fut élève de son père pour le violon et la composition. Musicien de chambre à la chapelle royale à partir de 1840, il conserva ses fonctions jusqu'à sa mort, arrivée le 27 novembre 1858 à Berlin. Outre des ouvertures, des cantates et des *lieder*, on doit à cet artiste les quatre opéras suivants : 1° *Das Fischermädchen* (*la Fille du Pêcheur*), 1831 ; 2° *Cola Rienzi* ; 3° *der Geisterring* (*la Ronde du Sabbat*), 1842 ; 4° *die Englischen Waaren* (*les Marchandises anglaises*), 1844. Hermann-Georges Dam a écrit aussi deux oratorios : *das Hallelujah der Schöpfung* (*l'Alleluia de la Création*), 1847, et *die Gündferth*.

DAMAS (......), guitariste espagnol contemporain, a publié récemment une *Méthode de guitare*, Madrid, Romero y Andia.

* **DAMCKE** (Berthold), est mort à Paris le 15 février 1875. Il avait été l'un des plus intimes amis et des plus fervents admirateurs de Berlioz, qui le nomma l'un de ses exécuteurs testamentaires. Depuis quelques années, Damcke donnait tous ses soins à l'admirable édition des partitions françaises à orchestre de Gluck, si généreusement entreprise par Mlle Pelletan. (*Voy.* ce nom.)

DAMM (F......), compositeur allemand, a publié pour le piano une cinquantaine d'œuvres de musique de genre, parmi lesquelles on remarque des menuets, idylles, fantaisies, mélodies, pièces, impromptus, etc., etc. Tout cela n'est, je crois, que de valeur très-secondaire.

***DAMOREAU** (Mme Laure-Cinthie MONTALANT), est morte à Paris le 25 février 1863. Le feuilletoniste Fiorentino a publié dans le *Moniteur universel* des mois de mars et avril suivants (sous le pseudonyme : *A. de Rovray*) une notice intéressante sur cette célèbre cantatrice, notice pour laquelle il avait eu à sa disposition des documents particuliers et inédits.

Le mari de cette grande artiste, *Vincent Charles Damoreau*, qui avait été chanteur lui-même, mais que la gloire de sa femme n'avait pu réussir à tirer de l'obscurité, ne lui survécut que de quelques mois : il mourut à Écouen le 10 octobre 1863. Il était né le 3 juin 1793.

DAMROSCH (Léopold), violoniste distingué, chef d'orchestre et compositeur, est né à Posen en 1832. Il étudia la musique en même temps que la médecine, travailla le violon avec Hubert Ries, et apprit de Dehn la théorie de l'art et la composition. Après avoir pratiqué la médecine jusqu'en 1854 dans sa ville natale, il alla s'établir à Magdebourg, puis à Berlin, où il se fit entendre comme violoniste. En 1856, il était attaché à la chapelle de la cour de Weimar, et, partisan déclaré des idées de M. Liszt, il exposait ses doctrines dans la *Nouvelle Gazette musicale* de Leipzig. De retour à Posen, il s'y fit connaître comme chef d'orchestre, puis, en 1866, alla remplir les mêmes fonctions à Breslau, où il dirigea l'exécution des œuvres les plus importantes de Berlioz, de M. Liszt et de M. Richard Wagner. Enfin, en 1871, M. Damrosch partit pour l'Amérique, dirigea à New-York la société de chant *Arion*, et bientôt prit en cette ville la direction de la *Gazette musicale* afin d'y propager les doctrines de M. Richard Wagner. Comme compositeur, M. Damrosch a écrit des ouvertures, des sérénades, des *lieder* et plusieurs concertos de violon. — Mme *Hélène Damrosch*, femme de cet artiste, est considérée comme une excellente chanteuse de *lieder*.

DAMSE (Joseph), chanteur, comédien, instrumentiste et compositeur, naquit dans la Russie rouge, vers la fin du siècle dernier, et montra, dès ses plus jeunes années, des aptitudes toutes particulières pour la musique. Il étudia d'abord la clarinette, et se vit fort bien accueilli en se faisant entendre sur cet instrument dans un concert qu'il donna à Varsovie en 1815 ; il travailla ensuite le trombone-basse, puis aborda la carrière théâtrale en jouant les rôles comiques dans les opérettes, bientôt se fit applaudir comme compositeur en écrivant un grand nombre de mazurcks, de polonaises et de cracowiaks qui étaient fort goûtées du public polonais, et enfin songea à écrire pour l'orchestre et pour la scène. S'étant essayé dans la musique d'un ballet qui fut accueilli avec faveur, il se vit ouvrir les portes du grand théâtre de Varsovie, pour lequel il composa deux opéras.

A dater de ce moment, la fécondité de Damse ne connut plus de bornes ; doué d'une grande facilité naturelle, il se produisit dans tous les genres, et presque toujours rencontra le succès. Il écrivit des chants à une et plusieurs voix, des messes et autres compositions religieuses dont il dirigeait lui-même l'exécution dans les différentes églises de Varsovie, des morceaux pour orchestre parmi lesquels une polonaise, intitulée *la Soirée de Saint-Sylvestre*, produisit une vive impression, et se fit remarquer enfin pour ses compositions de musique militaire, entre autres pour une grande marche sur des airs nationaux qui fit fureur.

Après avoir fait exécuter en 1837, dans l'église des Augustins, une messe qui fut fort bien accueillie, il fit représenter un opéra-comique : *Przykas* (Ordre), qui ne fut pas moins heureux. Il donna ensuite plusieurs autres ouvrages dramatiques : *Spis wojsk* (1841), *la Sœur de lait, Annette*, un ballet, *le Diable boiteux*, sur un scenario de Taglioni, et, en 1844, un grand opéra intitulé *le Contrebandier*. En 1842, il avait fait entendre aux Augustins un Offertoire qui marquait un progrès considérable dans son style ; en 1848, il produisit une messe solennelle, et enfin il ne cessait de tenir le public en haleine par une foule de compositions toujours nouvelles. Damse a été, on peut le dire, l'un des artistes polonais les plus féconds et les plus applaudis ; il a, dit-on, écrit la musique de vingt-six opéras ou opéras-comiques, de sept ballets, d'une vingtaine de vaudevilles et d'une trentaine de mélodrames, sans compter ses nombreuses compositions dans d'autres genres.

Damse est mort le 15 décembre 1852, à Rudno, près de Varsovie, dans une maison de campagne appartenant à sa fille, qui s'est rendue célèbre comme artiste dramatique.

DANBÉ (Jules), violoniste et chef d'orchestre, né à Caen le 15 novembre 1840, vint de bonne heure à Paris et fit ses études musicales au Conservatoire, où il devint l'élève de M. Savard pour le solfége et de Girard pour le violon. Après avoir fait pendant plusieurs années partie de l'orchestre de l'Opéra, il fonda, à la fin de 1871, une entreprise de concerts à laquelle il donna son nom ; les Concerts-Danbé, dirigés par leur fondateur, avaient lieu dans la grande salle du Grand-Hôtel, les programmes en étaient dressés avec goût et intelligence, et pendant trois hivers le petit orchestre de M. Danbé, bien choisi et bien discipliné, obtint de réels succès.

M. Danbé, qui a publié quelques morceaux de genre et quelques transcriptions pour le violon, est aujourd'hui chef d'orchestre du Théâtre-Lyrique. Il fait partie de la Société des concerts du Conservatoire.

DANCLA (Charles). Le catalogue des compositions de cet artiste atteint aujourd'hui le chiffre de plus de 140 œuvres, parmi lesquelles on peut surtout citer les suivantes : *l'École de l'expression*, 18 mélodies pour violon seul, op. 82 ; *l'École de la mélodie*, 6 pièces pour 2 violons avec piano, op. 129 ; *Petite École de la mélodie*, 12 petites pièces pour violon avec piano, op. 123 ; *l'Utile et l'Agréable*, 24 mélodies dans tous les tons avec piano, op. 115 ; *l'Art de moduler sur le violon*, 165 préludes (en société avec Panseron) ; 12 petits airs variés, op. 89 et 118 ; 6 duos pour deux violoncelles, op. 26 ; 9 romances sans paroles, pour violon, op. 46, 57 et 76 ; 6 petits trios pour trois violons, op. 99 ; 3 petits divertissements, op. 106 ; 6 petites fantaisies originales et faciles pour violon, avec piano, op. 127 ; 8 sonates pour violon, avec accompagnement d'un 2º violon, op. 138 ; 3 quatuors pour instruments à cordes, op. 101, 113 et 125 ; 3 fantaisies pour violon, op. 28, 42 et 47 ; symphonie pour deux violons et violoncelle, op. 105 ; *Hymne à l'Agriculture*, chœur à 4 voix d'hommes ; *la Résurrection*, id. ; *le Vengeur*, id. ; *Christophe-Colomb*, scène dramatique instrumentale pour orchestre ; *Charles-Quint*, ouverture ; symphonie en *sol* majeur, pour orchestre ; *Ave Maria* pour baryton ou soprano, avec orgue ou orchestre ; *Laudate Dominum*, cantique avec violon et orgue ; etc. — M. Charles Dancla est l'auteur des deux écrits suivants : *Les Compositeurs chefs d'orchestre*, réponse à M. Charles Gounod, membre de l'Institut (Paris, Chatot, 1873, in-8º de 7 pp.), et *Miscellannées musicales* (Paris, 1877, in-8º). En 1861, l'Académie des Beaux-Arts a partagé entre cet artiste et Mme Farrenc le prix créé par M. Chartier « en faveur des meilleures œuvres de musique de chambre, trios, quatuors, etc., qui approcheront le plus des chefs-d'œuvre en ce genre. » M. Dancla est chevalier de la Légion d'honnneur.

DANCLA (Arnaud), est mort au mois de février 1862, à Bagnères-de-Bigorre, sa ville natale, où il s'était rendu pour raisons de santé.

DANEL (Louis-Albert-Joseph), ancien imprimeur à Lille, grand amateur de musique, auteur d'une *Méthode simplifiée pour l'enseignement populaire de la musique vocale*, est mort à Lille le 12 avril 1875. Cet homme de cœur, si dévoué et si désintéressé, fut l'objet d'hommages tout particuliers, et des députations des différentes localités du département du

Nord, de Paris, de plusieurs grandes villes de France et de diverses villes de la Belgique, tinrent à honneur d'assister à ses funérailles. Danel était né le 2 mars 1787, et non 1789, comme il a été imprimé par erreur dans la *Biographie universelle des Musiciens.*

DANHAUSER (Adolphe-Léopold), professeur et compositeur, est né à Paris le 26 février 1835. Il fit ses études au Conservatoire, où il eut pour professeur d'harmonie et accompagnement M. Bazin, pour professeur de fugue et de composition Halévy et M. Henri Reber. Après avoir remporté les premiers prix d'harmonie et de fugue, il prit part au grand concours de l'Institut, et obtint le second prix de Rome en 1862. M. Danhauser s'est livré fort jeune à l'enseignement; il est aujourd'hui professeur de solfége au Conservatoire (classe des élèves chanteurs), et il a publié un ouvrage intitulé : *Théorie de la musique* (Paris, Lemoine, in-4°). Cet artiste a écrit la musique du *Proscrit*, drame musical en un acte avec chœurs, représenté par les élèves de l'Institution de Notre-Dame des Arts, à Auteuil, le 31 décembre 1860; il avait fait recevoir au théâtre de l'Athénée un opéra en trois actes, *Maures et Castillans*, qui ne put être joué par suite de la disparition de ce théâtre. Depuis le mois d'août 1875, M. Danhauser est inspecteur de l'enseignement du chant dans les écoles de la ville de Paris. Il a publié sous le titre de *Soirées orphéoniques* un recueil de 12 chœurs à trois voix égales, et a donné aussi quelques mélodies vocales.

DANIEL (......), luthier, exerçait cette profession à Anvers dans la première moitié du dix-septième siècle. En 1636, il construisait, pour la chapelle du Saint-Sacrement de la cathédrale de cette ville, une contrebasse avec son étui. C'est sans doute un des premiers instruments de ce genre qui furent fabriqués, car on sait que, en France tout au moins, l'usage de la contrebasse dans les orchestres ne date que des premières années du dix-huitième siècle.

* **DANIEL** (Don Salvador). On doit à cet artiste le traité publié sous ce titre : *Cours de plain-chant dédié aux élèves maîtres des écoles normales primaires* (Paris et Bourges, 1845, gr. in-8°), ainsi qu'une brochure relative aux deux ouvrages antérieurement publiés par lui : *Commentaires de l'Alphabet musical et de la Grammaire philharmonique* (Paris, 1839, in-8°). C'est par erreur qu'il a été dit dans la *Biographie universelle des Musiciens* que le premier volume de ce dernier ouvrage avait seul paru; les deux volumes qui composent la *Grammaire philharmonique* ont bien été publiés tous deux, ainsi qu'on peut s'en assurer à la bibliothèque du Conservatoire de Paris, qui possède l'ouvrage complet. J'ignore l'époque de la mort de Salvador Daniel.

DANIEL (Salvador), musicien obscur qui a joué un rôle particulier pendant l'épouvantable insurrection qui a désolé Paris à la suite de la guerre de 1870-71, était né vers 1830 et était le fils de Don Salvador Daniel, dont il vient d'être parlé. Ce personnage, qui s'était lancé à corps perdu dans le mouvement communaliste, s'était fait nommer, à la mort d'Auber, directeur du Conservatoire. Je ne puis mieux faire que de reproduire ici, à son sujet, les renseignements donnés par moi dans un long travail que *le Ménestrel* publia sous ce titre : *Tablettes artistiques de 1870-1871*, et dont le dernier chapitre était intitulé *le Théâtre et la Musique à Paris pendant la commune :*

« ..... Auber était fort malade depuis quelques jours. On ne l'ignorait pas dans les régions communales, et les hommes qui tenaient Paris sous leur coupe avaient pris leurs précautions et lui avaient d'avance choisi un successeur parmi eux.

« Il me faut dire avant tout que, une ambulance ayant été établie au Conservatoire dès les premiers jours du siège, la rentrée des classes n'avait pu s'opérer dans cet établissement à l'époque ordinaire, c'est-à-dire au mois d'octobre 1870. A cette époque, M. Auber, accompagné de M. Émile Réty, l'excellent secrétaire de l'École, s'était rendu chez M. Saint-René-Taillandier, secrétaire du ministère de l'Instruction publique et des Beaux-Arts, et avait obtenu de ce dernier la faculté d'autoriser les professeurs à faire leurs classes à leur domicile. J'ajouterai que, sur la totalité des professeurs, 47 étaient présents à Paris, tandis que 26 avaient jugé à propos d'aller respirer, loin du bruit du canon, l'air pur de la campagne. Les classes n'avaient pu être régulièrement reprises encore lorsque se produisit le coup de main du 18 mars, et c'est peut-être l'inactivité forcée de notre grande école musicale qui fit que messieurs de la Commune ne s'en occupèrent pas plus tôt.

« Quoi qu'il en soit, Auber était à peine mort que son successeur, désigné d'avance, recevait sa nomination. Je ne sais si cela se fit par décret ou par simple arrêté, mais ce que je puis affirmer, c'est que, soit décret, soit arrêté, cette nomination ne fut mentionnée d'aucune sorte au *Journal officiel* insurrectionnel. Le nouveau directeur s'appelait Salvador Daniel, et, pour ceux qui ne l'ont point connu, quelques renseignements à son sujet ne seront pas superflus.

« Agé d'une quarantaine d'années environ, ce pseudo-fonctionnaire était fils d'un ancien réfugié espagnol, don Salvador Daniel, homme distingué et d'un esprit fort cultivé. Bon musicien, jouant très-passablement du violon, il avait été attaché à l'orchestre du Théâtre-Lyrique, puis avait habité plusieurs années l'Algérie, où, devenu professeur de musique à l'École arabe et directeur d'une société orphéonique, il s'était occupé avec ardeur de l'étude de la musique arabe. Revenu en France, il publia, au sujet de cette musique, des détails curieux, se fit l'éditeur d'un certain nombre de mélodies arabes, auxquelles il avait joint des accompagnements faits avec une certaine habileté, et, en 1867, fit entendre quelques-uns de ces airs arrangés par lui pour orchestre. Ces auditions, que la presse avait encouragées, eurent lieu dans la fameuse maison Pompéienne que le prince Napoléon s'était fait construire à si grands frais, aux Champs-Élysées.

« Je connus Salvador il y a quelques années à la Société des compositeurs de musique, dont, ainsi que moi, il était membre, et où, si j'ai bonne mémoire, il fit un jour une conférence sur son sujet favori, la musique arabe. Je le retrouvai ensuite, à diverses reprises, aux réunions intimes de M. Gouffé, où il faisait volontiers sa partie d'alto dans un quatuor. Je causai plusieurs fois avec lui, et je trouvai en lui un homme bien doué au point de vue de l'intelligence, ardemment épris des choses de l'art, dans la discussion desquelles il apportait beaucoup d'exaltation.

« Salvador gagnait sa vie assez péniblement; j'ai dit qu'il avait un emploi d'orchestre; il joignait à cela la correction d'épreuves musicales. Mais ce travail lui pesait. Il avait, m'a-t-on dit, jusqu'à l'orgueil la conscience de son intelligence, et se considérait comme un déclassé, sans avoir peut-être l'énergie morale et la force d'esprit nécessaires pour obliger, par des efforts opiniâtres, la fortune à lui être plus favorable; il cherchait pourtant à utiliser ses facultés, et, à diverses reprises, essaya de se lancer dans la critique musicale. Il publia un certain nombre d'articles dans une feuille orphéonique et devint, pour sa spécialité, collaborateur de M. Rochefort à *la Marseillaise*, après avoir, en 1867, commencé la publication d'une *Histoire de la Chanson*.

« Cette collaboration de Salvador à *la Marseillaise*, quoique toute artistique, pouvait donner une idée de ses tendances en matière politique. Il faut croire que sous ce rapport ses opinions ne se calmèrent point, puisque nous le retrouvons, pendant la Commune, tout dévoué à l'ordre de choses établi en vainqueur dans Paris. J'ai souvenance d'avoir vu un article signé de son nom dans *l'Homme*, journal fondé à la suite du siège, et qui continua sa publication pendant la dictature de l'Hôtel-de-Ville; mais, bien qu'à cette époque je lusse attentivement toutes les feuilles empourprées que chaque jour voyait éclore, je ne retrouvai plus nulle part sa signature jusqu'au 2 mai, jour où je fus, après et comme tant d'autres, obligé de fuir Paris pour échapper au service militaire, trop obligatoire, que la Commune voulait imposer à tous ceux même qui ne partageaient point ses principes en matière de gouvernement. Ce n'est qu'à mon retour que j'appris la direction éphémère de Salvador Daniel au Conservatoire, et que je pus me procurer à ce sujet quelques renseignements.

« Dès qu'on lui eut donné connaissance de la mort d'Auber, qui le rendait maître de la situation, Salvador fit convoquer au Conservatoire tous les professeurs de l'établissement, en les prévenant charitablement que tous ceux qui ne se rendraient pas à cette convocation seraient immédiatement destitués. Ce moyen inusité de conciliation ne produisit cependant qu'un médiocre effet, car, sur tout le personnel enseignant, cinq personnes seulement se présentèrent, parmi lesquelles un professeur féminin. Le « fonctionnaire » avait fait un faux pas; mais, voulant sauver la situation, il s'en tira avec habileté, en disant aux cinq professeurs qui avaient répondu à son appel que les sentiments de deuil et de regret que chacun d'eux devait éprouver avaient sans doute empêché leurs collègues de se rendre à l'invitation faite à tous, qu'il comprenait ces sentiments et qu'il remettait la séance de présentation au samedi suivant, qui se trouvait être le 20 mai. On se sépara assez courtoisement.

« Salvador s'était présenté au Conservatoire avec deux ou trois acolytes d'une physionomie peu engageante, et leur premier soin avait été de se faire remettre les clefs de la caisse. Heureusement, M. Émile Réty, qui est méfiant par nature, avait d'avance paré le coup et mis en sûreté la somme relativement considérable dont il était le dépositaire. Un état de caisse fantastique avait été préparé par lui, et il présenta aux « citoyens » délégués une somme tellement minime que ceux-ci ne jugèrent pas utile de se l'approprier.

« Salvador ne se tint pas pour battu par l'échec qu'il avait éprouvé, et il voulait vaincre la force d'inertie des excellents artistes que la Commune avait placés sous sa coupe. A cet effet, il lança un nouvel appel aux professeurs, mais cette fois par la voie des journaux, qui publièrent l'avis suivant : « Les citoyens professeurs au Conservatoire de musique sont invités à se réunir au Conservatoire samedi, 20 courant, à deux heures, à l'effet de s'entendre avec le citoyen délégué par la délégation à l'enseignement, sur les réformes à apporter dans cet établissement. »

Mais Salvador s'y était pris trop tard. Cette seconde réunion du 20 mai, à laquelle, cette fois, deux professeurs seulement avaient jugé à propos de se présenter, n'eut pas d'autre résultat que la première. Il est inutile d'ajouter qu'il ne fit point de nouvelle convocation. Le lendemain, dimanche, les troupes régulières faisaient leur entrée à Paris, et donnaient de la tablature à la Commune et à ses adhérents.

Au dernier moment, Salvador prit les armes pour se réunir aux siens. L'insurrection se trouvant chaque jour de plus en plus refoulée, il dut, après avoir été combattre aux portes de Paris, revenir dans le centre, et se réfugier dans le petit hôtel garni qu'il habitait au numéro 13 de la rue Jacob, tout auprès de la rue Bonaparte. Une barricade était établie au bas de sa maison, et, lorsque les troupes vinrent pour s'en emparer, il tira sur elles, des fenêtres mêmes de sa chambre, aidé d'un de ses compagnons. Les soldats montèrent alors, les trouvèrent tous deux avec leurs fusils encore fumants, s'en emparèrent, les entraînèrent au pied de la barricade, et là les exécutèrent sommairement. C'était le 23 mai. Salvador, dit-on, mourut avec un grand courage (1).

Si je me suis tant étendu sur ce personnage, ce n'est point par l'intérêt artistique qui s'attache à lui, et qui est fort secondaire; c'est parce que, par le fait de la situation éphémère qu'il a occupée, sa physionomie appartient dès aujourd'hui à l'histoire du Conservatoire, comme celle de tout usurpateur appartient à l'histoire d'un pays.

Il me faut, maintenant, dire quelques mots des publications faites par Salvador. L'ouvrage donné par lui sur la Chanson, divisé en trois parties dont les deux premières seules ont paru, portait

(1) Pendant le siège de Paris, Salvador avait pris part au mouvement insurrectionnel du 31 octobre 1870, qui fut comme la préface du soulèvement communaliste du 18 mars 1871, et il avait été blessé au bras devant l'Hôtel-de-Ville. — On m'a dit, depuis tous ces faits, que Salvador avait été victime d'un événement qui aurait, sinon dérangé sa raison, du moins violemment ébranlé ses facultés intellectuelles. Étant en Algérie, il s'était éperdument épris d'une jeune fille fort belle, qui partageait son amour et dont il avait demandé la main. Le jour même ou la veille du jour fixé pour le mariage, cette jeune fille était morte subitement, et Salvador en avait conservé un sombre désespoir. C'est depuis lors qu'il était revenu à Paris.

pour titre général : *A propos de chansons*, et était publié sous forme de *Lettres à M*^{lle} *Thérésa, de l'Alcazar*. La première partie était intitulée : *le Personnage régnant*; la seconde *la Complainte de l'Ogre*; la troisième devait s'appeler *la Fête de la Saint-Jean*. Sur le dos de chacune des deux premières brochures (imprimées à Alger et publiées à Paris, chez Noirot, in-12), on lisait l'avis suivant : — « Ces trois lettres, réunies en un volume, donneront l'histoire de la chanson sous ses trois formes les plus usitées : 1° la chanson guerrière, dans *le Personnage régnant*; 2° la chanson religieuse, dans *la Complainte de l'Ogre*; 3° la chanson d'amour ou de travail, dans *la Fête de la Saint-Jean*. Avec la première, l'auteur étudie la chanson guerrière, principalement durant le XVIII° et le XIX° siècle; avec la deuxième, la chanson religieuse est présentée, surtout au moment où elle a un rôle actif, c'est-à-dire pendant le moyen âge et la renaissance; dans la troisième, l'auteur s'est proposé d'établir un parallèle entre les chants de l'antiquité et les productions du même genre de notre époque. Les trois lettres justifient, on le voit, le titre principal de l'œuvre : *A propos de chansons*. »

Précédemment, Salvador Daniel avait publié les deux ouvrages suivants : 1° *la Musique arabe*, ses rapports avec la musique grecque et le chant grégorien, suivi d'un *Essai sur l'origine des instruments* (Alger, Bastide, 1863, in-8° de 84 pp.) ; 2° *Album de chansons arabes, mauresques et kabiles*, transcrites pour chant et piano (Paris, Richault).

* DANJOU (JEAN-LOUIS-FÉLIX), est mort le 4 mars 1866 à Montpellier, qu'il n'avait pas quitté depuis longues années.

DANNSTROEM (JEAN), compositeur suédois, a fait jouer à Stockholm plusieurs opéras-comiques. Il a également écrit un grand nombre de *lieder*, dont la plupart sont très-populaires dans son pays. Y.

DANYSZ (CASIMIR), compositeur, né à Posen le 24 mars 1840, a publié des morceaux de piano, des chœurs et des *lieder* qui ont attiré l'attention sur lui. Ce jeune artiste, qui donne de grandes espérances, est actuellement établi à Berlin.

DA PALERMO (MARC-ANTONIO), compositeur, vivait à la fin du dix-septième siècle et au commencement du dix-huitième. Il séjourna successivement à Palerme, qui était sans doute sa ville natale et dont il prit peut-être le nom, comme le firent Palestrina et Pergolèse, à Rome et à Arezzo, et fut l'un des protégés du prince de Toscane, Ferdinand de Médicis, pour lequel il écrivit de nombreuses œuvres dont voici la liste.

Argenide, opéra (1699); *San Francesco di Paola*, oratorio (1696); *Il Convito d'Assalone*, id. (1703); un troisième oratorio (1704); 32 cantates, dont une intitulée *Cléopâtre*; un psaume; un duo religieux pour la fête de Noël; deux sérénades; une ariette; un *dialoghetto*; et enfin des duos *per camera*.

DA PRATO (CESARE), écrivain italien, est l'auteur d'une histoire chronologique du théâtre Carlo-Felice, la première scène lyrique de Gênes, histoire faite avec soin et publiée sous ce titre : *Teatro Carlo-Felice, relazione storico-esplicativa dalla fondazione e grande apertura (anno 1828) fino alla invernale stagione 1874-1875*, Gênes, Beretta, 1875, petit in-8°. Déjà, vingt ans auparavant, un anonyme avait publié un historique du même genre sur le même théâtre : *Il Teatro Carlo-Felice, annuario dei Teatri di Genova dal 7 aprile 1828 al 15 dicembre 1844. offerto agli amatori degli spettacoli* (Gênes, Pagano, 1844, in-12), et cet historique avait été complété dix années après par un supplément : *Annuario dei Teatri di Genova dal 1845 al 1855* (Gênes, Ponthenier, 1856-57, in-12). Il serait à souhaiter que des monographies semblables fussent publiées sur toutes les grandes scènes musicales de l'Italie, comme l'ont fait récemment, pour les théâtres de Milan, Modène, Padoue, MM. Pompeo Cambiasi, Luigi Romani, Alessandro Gandini, Leoni (*Voy*. ces noms), etc., etc. Alors seulement on pourrait entreprendre, avec quelques chances d'exactitude et de précision, une histoire générale de la scène lyrique italienne et des grands artistes : compositeurs, poëtes et chanteurs, qui l'ont illustrée.

DARBOVILLE (JULES - ETIENNE - JEAN CLERGET dit), né à Montpellier le 7 décembre 1781, d'une famille d'artistes, servit dans la marine de l'État de 12 à 29 ans, et fit partie de l'expédition d'Égypte. Il se fit remarquer dès cette époque dans des représentations théâtrales, qui avaient été organisées au camp. De retour en France, encouragé par l'amiral Ganteaume, il résolut de se consacrer à la carrière dramatique : il chanta d'abord à Toulon en qualité d'Elleviou, puis dans les principales villes de province. Il débuta à l'Opéra-Comique, à Paris, le 2 juillet 1811, dans l'emploi de Martin, qu'il conserva depuis. Darboville était à Lyon, quand survinrent les événements de 1814. Dévoué à Napoléon, qu'il admirait profondément, il courut les plus grands dangers par suite de son refus de chanter des vers de circonstance injurieux pour le souverain déchu. Il fut obligé de quitter la France, et se rendit à Bruxelles, où il chanta pendant cinq ans, jusqu'au moment où il rentra dans son pays pour remplacer Martin à l'Opéra-Comique. Il y resta pendant plusieurs années, avec un succès soutenu. Cet artiste fit ensuite partie des troupes d'opéra à Marseille en 1829, 1830, 1832, 1833 et 1834. Il y chantait les barytons, et certains rôles de ténor. Il y créa notamment le *Guillaume Tell* de Grétry, *Masaniello* de Carafa (rôle de Masaniello), *Fiorella*, le rôle de Pietro dans *la Muette*, *la Fiancée*, *les Deux Nuits*, *le Comte Ory*, *Fra Diavolo*, *Zampa* (rôle de Daniel), *le Pré aux Clercs* (Cantarelli), *Guillaume Tell* (Melchtal père), et un des principaux rôles dans *El Gitano*, opéra composé pour la scène de Marseille par M. de Fontmichel. Il mourut à Marseille le 22 septembre 1842.

Le fils de cet artiste, *Georges Darboville*, pianiste remarquable par la vigueur et la dextérité de son mécanisme, habite Marseille, où il s'est voué à l'enseignement : il a été nommé professeur au Conservatoire en 1874 ; il a publié pour le piano divers morceaux de genre et fantaisies sur des motifs d'opéras.

AL. R—D.

DARCIER (Mlle), chanteuse distinguée, née vers 1818, élève d'un professeur peu connu, Mme Béreither, s'est fait remarquer au théâtre de l'Opéra-Comique, pendant une dizaine d'années, par un talent aimable et plein d'une gracieuse originalité. Elle débuta à ce théâtre en 1840, dans un petit opéra de M. Luigi Bordèse, *la Mantille*, où elle reprenait le rôle créé peu de mois auparavant par Jenny Colon, et conquit aussitôt les sympathies du public, grâce à la fraîcheur de sa voix et à son double talent de comédienne et de chanteuse. Parmi ses nombreuses créations à l'Opéra-Comique, il faut citer avant tout les deux rôles de Berthe de Simiane dans *les Mousquetaires de la Reine* et de Rose de Mai dans *le Val d'Andorre*, qui lui firent le plus grand honneur ; puis ceux de Diana des *Diamants de la couronne*, de Zoé du *Code noir*, d'Estrelle du *Kiosque*, de Casilda de *la Part du Diable*, d'Henriette de *la Nuit de Noël*, du page du *Puits d'amour*, de Catherine de *Lambert Simnel*, et d'autres encore dans *le Roi d'Yvetot*, *l'Esclave du Camoens*, *les Porcherons*, *les Quatre fils Aymon*, etc. Le 12 mai 1847, à la suite d'un différend survenu entre elle et la direction de l'Opéra-Comique, Mlle Darcier débutait au Vaudeville dans la première représentation d'un ouvrage en trois actes, *la Vicomtesse Lolotte*, mais le 6 septembre suivant elle reparaissait, dans une reprise de *la Fiancée* sur la scène de ses premiers succès. Vers 1850, à la suite d'un riche mariage, Mlle Darcier, devenue Mme Marmignard (1), sembla quitter définitivement l'Opéra-Comique; elle y rentra toutefois un instant, au commencement de 1852, pour y remplir un rôle dans *le Carillonneur de Bruges*, de Grisar, puis elle abandonna pour jamais la scène, au mois d'août de la même année. Cette artiste est morte à Paris, le 11 mars 1870.

DARCIER (Joseph), chanteur et compositeur, frère de la précédente, est né vers 1820. Tout en étudiant la musique, il commença d'abord, dit-on, par jouer la comédie dans les petits théâtres de la banlieue de Paris, où il remplissait les rôles d'amoureux (1842-1846). Bientôt il se livra à la composition, et publia ses premières chansons : *Larmes d'amour, le Preneur du roi, Après la bataille, les Gabiers, Aux armes!* En même temps il donnait des leçons de piano. Mais les événements de 1848 approchaient, une vive émotion politique se manifestait dans Paris, et M. Darcier commença à se créer une grande réputation dans des concerts populaires et dans les cafés-chantants, en faisant entendre, avec une énergie mâle et un accent remarquable, soit des chansons politiques dont la population parisienne se montrait alors très-friande, soit des chants rustiques qu'il savait scander et rhythmer avec un talent incontestable. C'était l'époque des premiers succès de Pierre Dupont (*Voy.* ce nom), et M. Darcier obtenait de grands applaudissements en se faisant l'interprète intelligent et convaincu de ce chansonnier; c'est ainsi qu'il fit connaître *les Bœufs, les Louis d'or*, et plusieurs autres de ses productions. Un jour même, au concert du passage Jouffroy, comme il disait pour la première fois la fameuse chanson du *Pain*, l'effet produit fut tel sur l'assistance que, dès le lendemain, la police jugeait utile d'interdire l'exécution de ce chant.

M. Darcier se fit entendre ainsi, successivement, au passage Jouffroy, à la salle de la Fraternité (rue Martel), au café de France, etc., et bientôt, devenant son propre interprète, fit connaître au public un grand nombre de chansons dont il écrivait la musique. Quelques-unes de ces chansons, dont la forme était souvent un peu cherchée et manquait de naturel, mais dont la mélodie était généralement heureuse et bien venue, obtinrent un vrai succès de popularité; il est juste d'ajouter que, lorsque le sujet le comportait, M. Darcier savait donner à ces compositions une allure énergique, un caractère plein d'ampleur, et les empreindre d'un souffle inspiré. Il n'est aucun de ceux qui les ont entendues qui ne se rappelle, sous ce rapport, les deux chants intitulés *le Bataillon de la Moselle* et *la 32e Demi-Brigade*. D'ailleurs, M. Darcier, comme chanteur, était doué au plus haut point de la faculté d'expression, du sentiment dramatique, il phrasait avec cela d'une façon incomparable, et il lui arrivait souvent de tirer des larmes des yeux les plus rebelles et de soulever l'enthousiasme d'une salle entière. Dans d'autres genres, nous citerons parmi ses compositions *les Doublons de ma ceinture, Madelaine, le Chemin du Moulin, Toutes les femmes c'est des trompeuses, l'Ami Soleil, le Chevalier Printemps, la Mère Providence...*

En 1855, lors de la création par M. Offenbach de la scène, alors si modeste, des Bouffes-Parisiens, M. Darcier entra à ce théâtre, et y remplit le principal rôle dans deux opérettes de ce compositeur, *une Nuit blanche* et *le Violoneux*. Il n'y resta pas longtemps. En 1857, on le retrouve au théâtre Beaumarchais, où il remplit un rôle chantant dans un drame intitulé *les Compagnons du tour de France*, puis aux Délassements-Comiques, où il joue dans une pièce destinée aussi à faire valoir ses talents de chanteur : *les Poëtes de la treille*. Mais M. Darcier ambitionnait les doubles succès du chanteur et du compositeur dramatique, et pour atteindre son but, il signa un engagement avec le gentil petit théâtre des Folies-Nouvelles, où il fit représenter coup sur coup, en 1858, les trois opérettes suivantes, dans lesquelles il remplissait le principal rôle : 1° *les Doublons de ma ceinture* (mise en œuvre de la chanson écrite par lui sous ce titre, et qui était intercalée dans la pièce); 2° *le Roi de la Gaudriole*; 3° *Pornic le Hibou*. La première de ces pièces fut assez bien accueillie, mais les deux autres n'obtinrent aucun succès. Depuis lors, M. Darcier a continué de faire des chansons, il a encore fait représenter, en 1874, à l'Eldorado, une opérette intitulée : *Ah! le divorce!* qui n'a pas été plus heureuse que les précédentes, et il a écrit des airs nouveaux pour un grand vaudeville, *Ces petites Dames du Temple*, joué au théâtre Déjazet en 1875.

Une fille de cet artiste, qui, vers 1859, avait été attachée un instant au théâtre des Folies-Nouvelles, débuta sans succès, peu d'années après, sur celui de l'Opéra-Comique.

DARD (......), compositeur, a fait représenter au mois de mars 1860, sur le théâtre de Saint-Étienne, un opéra-comique en un acte, intitulé *la Charmeuse*.

* **DARGOMIJSKY** (Alexandre-Serguéïvitch), né en 1813, est mort le 17 janvier 1868 à

---

(1) Dans le livre que j'ai publié en 1870 sur Albert Grisar, j'ai écrit *Monmignard* le nom de femme de Mlle Darcier. C'est une erreur.

Saint-Pétersbourg. Ce compositeur russe, illustre en son pays, a fourni la partie la plus brillante de sa carrière à partir de l'époque où s'arrêtaient les renseignements de M. Fétis. La « remarquable originalité d'idées » attribuée à son premier opéra, *Esméralda*, et à sa cantate *le Triomphe de Bacchus*, a marqué surtout les œuvres suivantes et s'y est davantage accentuée dans le sens du génie national. *Esméralda*, opéra à grand spectacle et mêlé de divertissements, était taillé sur le patron des ouvrages favoris de Rossini, d'Auber, d'Halévy ; elle s'y référait aussi par les formes variées du style. Représentée à Moscou le 5 décembre 1847, *Esméralda* parut en 1851 au théâtre Alexandra de Saint-Pétersbourg, et fut sur le point d'être traduite et transportée à l'Opéra italien sur la demande de Tamburini ; mais la direction des théâtres impériaux maintint la décision antérieurement prise de ne plus laisser se produire sous forme italienne aucune œuvre de compositeur russe. Après 1850 cet opéra quitta le répertoire, et la partition n'en est pas gravée. *La Fête de Bacchus*, cantate-ballet dont le poëme est de Pouschkine, attendit très-longtemps les honneurs d'une audition publique qui ne lui furent accordés qu'en 1867 à Moscou.

Entre 1850 et 1855 Dargomijsky composa une centaine de romances, d'airs et de duos, presque tous publiés à Saint-Pétersbourg, et ces publications firent plus pour sa renommée que son premier opéra. Mais la passion du théâtre le reprit ; et cette fois ce fut d'un sujet national qu'il voulut s'inspirer, et il l'emprunta encore à Pouschkine : le poëme de *la Roussálka* (*l'Ondine*) étant dialogué et très-heureusement composé pour l'effet théâtral, il n'eut que peu de retouches ou d'additions à demander, et travailla presque partout sur les vers mêmes du grand poëte. *La Roussálka* fut jouée pour la première fois le 4 mai 1856 au Théâtre-Cirque qui, rebâti depuis, est devenu le splendide Théâtre-Marie, voué spécialement à l'opéra russe et au drame national à grande mise en scène. Le succès en fut complet dans la nouveauté, et l'on cite la reprise de 1860 comme ayant eu un éclat décisif : depuis lors *la Roussálka* est œuvre de répertoire dans tous les théâtres d'opéra russe, à Pétersbourg, à Moscou, à Kiev, à Odessa. Le personnage du vieux Meunier est une des belles créations de la basse Pétrov qui n'a cessé de le jouer, et en grand artiste, jusqu'à plus de soixante ans (1875). Sans offrir jamais ni le grand souffle général ni la vive originalité des opéras de Glinka, celui de Dargomijsky jouit d'une popularité presque égale. Le sentiment dramatique y est sincère et souvent chaleureux, la déclamation récitative très-vraie ; pour les airs, les duos et trios, les finales, l'auteur ne répudiait nullement les formes traditionnelles de l'opéra franco-italien. Le style est d'un travail consciencieux et ingénieux, qui sent parfois l'école, mais la bonne école : à travers tout cela le tempérament personnel s'affirme assez souvent, comme aussi le sentiment national. C'est en somme un excellent opéra, qui pourrait se traduire. Dargomijsky avait entrepris un autre opéra plus expressément tourné à la comédie fantastique, *Rogdana* (il ne l'a pas achevé, et l'on n'en connaît que deux chœurs). Il composa en outre plusieurs fantaisies pour orchestre : *Kosatchek*, la *Danse finnoise*, *Baba Iaza*, etc. Il publia encore bien des romances d'un style plus fort et d'une inspiration plus curieuse que celles des premières séries (entre autres *le Paladin*). En 1867, la Société musicale russe l'élut pour président. Dans les dernières années de sa vie, sa maison devint le centre de réunion d'une jeune école russe qui avait pris pour inspirateurs Schumann, Berlioz, Wagner et Liszt, et s'est efforcée de renchérir sur leurs hardiesses les plus discutables. Devenu bon gré mal gré le patriarche de la nouvelle secte, il écrivit un dernier opéra, qui devait, s'il eût réussi, démentir logiquement le succès de *la Roussálka*. Il prit tel quel tout un poëme dialogué de Pouschkine qui n'est nullement destiné au drame lyrique, et il y attacha mot à mot une sorte de récitatif perpétuel, se refusant tous les développements, toutes les ressources de la musique proprement dite que Wagner admet encore. Sous prétexte de vérité absolue, c'est la plus bizarre abdication de l'art musical qui ait jamais été tentée. Dargomijsky fut d'ailleurs surpris par la mort avant d'avoir achevé *l'Hôte de Pierre* : M. Rimsky-Korsakov fut chargé par lui d'instrumenter tout l'ouvrage, et M. César Cui de mettre la dernière main à une scène inachevée. Une souscription publique aida à publier la partition, et d'abord à faire représenter l'opéra même, la direction des théâtres et les héritiers n'ayant pu s'entendre sur certains détails d'intérêt. La première représentation eut lieu en février 1872, quatre ans après la mort de l'auteur. Toute la popularité qui s'attachait d'ailleurs à sa mémoire et tous les efforts de la nouvelle école n'ont pu faire adopter finalement cette œuvre au grand public. Durant sa carrière, qui ne fut pas bien longue, Dargomijsky a donc tout pratiqué, depuis l'imitation des formes les plus faciles de la musique occidentale, jusqu'aux innovations les plus hasardeuses. Mais ce qui survit le plus sûrement de lui, c'est encore son opéra *la Roussálka*, quelques fantaisies symphoniques ou chorales, et un certain

nombre de romances, à une ou deux voix, vraiment fort belles et dignes de l'universelle admiration.
G. B.

* **DATTARI** (Ghinolfo). On doit à ce musicien un recueil de *Canzoni villanesche a quattro voci* imprimées à Milan, en 1564, par Francesco Moscheni.

DAUTRESME (Auguste-Lucien), compositeur, est né le 21 mai 1826, à Elbeuf (Seine-Inférieure). Fils d'un manufacturier de cette ville, il fit ses études au collège royal de Rouen, et y apprit en même temps la musique, pour laquelle il montrait des dispositions exceptionnelles. Son professeur de piano, M. Antoine Neukomm, frère du compositeur Sigismond Neukomm, sut lui inculquer le goût des maîtres classiques, dont la fréquentation exerça une heureuse influence sur l'imagination du jeune collégien. En 1846, M. Lucien Dautresme entra à l'École polytechnique ; la révolution de 1848 le trouva au premier rang parmi cette phalange enthousiaste, qui secondait avec tant d'ardeur le mouvement libéral. Il suivit à Lyon, en qualité de secrétaire, M. Emmanuel Arago, qui venait d'être nommé commissaire extraordinaire du gouvernement provisoire pour le département du Rhône. En juillet, il subit les examens de sortie de l'École polytechnique, se trouva classé dans la marine, et fut promu au grade d'aspirant de première classe, avec ordre d'embarquer immédiatement. La profession de marin ne lui souriant aucunement, il donna sa démission, se retira à Elbeuf, et essaya de se livrer à l'industrie. Mais sa passion pour la musique s'était réveillée avec le sentiment de son indépendance ; il pensa alors à compléter son instruction musicale, et s'adressa à cet effet à Amédée Méreaux, qui lui fit suivre un cours complet d'harmonie, contrepoint et fugue. Frappé des progrès rapides de son élève, Méreaux le pressait vivement d'entrer au Conservatoire, afin de se préparer à concourir pour le prix de Rome ; M. Dautresme ne crut pas devoir déférer à cet avis ; il lui fut plus agréable de nouer des relations avec Meyerbeer, à qui il fut présenté par Amédée Méreaux, et dont il reçut de précieux conseils sur ses essais de composition.

En 1854, il envoya au concours ouvert par la Société Sainte-Cécile, deux pièces madrigalesques, une *Villanelle* et une *Chanson* dans le goût d'Orlando de Lassus, l'une et l'autre à quatre voix. Ces deux morceaux furent exécutés, d'après la décision du jury, au premier concert de la Société, le 17 décembre de la même année. Ils ont été publiés par Richault, à Paris. M. Dautresme fit paraître ensuite, chez le même éditeur, une sonate, dédiée à Amédée Méreaux, (op. 2, en *mi mineur*), œuvre magistrale où se révèlent, avec un véritable tempérament d'artiste, un soin constant de la forme, et une connaissance sérieuse des procédés usités par les compositeurs classiques ; puis, un recueil de six mélodies, dont voici les titres : *Aubade, Barcarolle, Si, Chanson de Fortunio, le Chant de Jocelyn*, et *Enfant, rêve encore*.

Le 29 mai 1862, M. Lucien Dautresme fit représenter au Théâtre-Lyrique *Sous les charmilles*, opéra-comique en un acte ; la partition, très recommandable, quoique un peu touffue, était alliée malheureusement à un livret des plus médiocres ; l'ouvrage n'eut qu'un petit nombre de représentations. Quelques mois après, une médaille d'honneur fut décernée au jeune compositeur par l'Académie des sciences, belles-lettres et arts de Rouen. L'année suivante, il mit au jour *le Bon temps*, petit drame musical que M. Ismaël chanta avec succès à Paris et à Rouen. De la même époque datent quelques chœurs, écrits par M. Dautresme pour les orphéons, entre autres *le Baptême* et *le Chant des conscrits*. En 1865, il avait conclu avec M. Carvalho, directeur du Théâtre-Lyrique, un traité relatif à la prochaine représentation, sur cette scène, d'un opéra-comique en trois actes : *Cardillac*, poème de MM. Nuitter et Beaumont. Cependant le temps marchait, et rien ne semblait devoir hâter la mise à exécution de ce traité ; fatigué de la longue attente que subissait son œuvre, alors qu'il voyait passer avant lui des compositeurs dont les droits étaient postérieurs aux siens, M. Dautresme se considéra comme atteint dans sa dignité d'artiste ; il envoya des témoins à M. Carvalho ; mais celui-ci ayant refusé de se battre, le compositeur se porta sur lui à des voies de fait, qui eurent pour conséquence une condamnation à six mois d'emprisonnement. *Cardillac* n'en vit pas moins le feu de la rampe, et fut accueilli avec tout le succès que méritait une œuvre consciencieusement élaborée, et très intéressante au double point de vue mélodique et scénique. Quelques coupures habilement pratiquées eussent débarrassé cette partition de ce qu'elle offrait de superflu ; mais hélas ! dès le lendemain de la première représentation, M. Dautresme entrait à Sainte-Pélagie, et quelques jours après, son opéra disparaissait de l'affiche (1).

(1) *Cardillac*, dont le rôle principal fut une des plus belles créations de M. Ismaël, et qui fut représenté le 11 décembre 1867, reste certainement, au double point de vue de la valeur musicale et de l'entente scénique, l'une des œuvres les plus remarquables qui se sont produites au Théâtre-Lyrique sous la direction de M. Car-

Rendu à la liberté, M. Dautresme a rédigé pendant quelque temps le feuilleton musical de *Paris-Magasine*. Les événements de 1870-71 l'ont enlevé, au moins momentanément, à la vie artistique; néanmoins, il a pris en 1875, en qualité de président de la commission musicale du Centenaire de Boieldieu, une part des plus actives à l'organisation de cette grande manifestation artistique et patriotique. Conseiller général du canton d'Elbeuf depuis 1871, M. Lucien Dautresme ne compose plus qu'en amateur; espérons pourtant qu'il n'aura pas renoncé pour toujours au plaisir de rendre le public confident de ses œuvres (1).

J. C — z.

* **DARONDEAU** (Henri). Cet artiste, qui avait lié d'étroites relations d'amitié avec nombre de musiciens distingués, Tulou, Désaugiers, Habeneck, Adolphe Adam, Schneitzhœffer, Doche père et fils, s'était retiré à Bourges en 1836, puis, vers 1860, était revenu à Paris. C'est dans cette ville qu'il est mort, le 30 juillet 1865, âgé de quatre-vingt-six ans. Outre les ouvrages cités dans la *Biographie universelle des Musiciens*, Darondeau avait fait représenter pendant la Révolution, à l'Ambigu-Comique, deux opéras-comiques en un acte, *Adèle et Fulbert*, le 17 floréal an VIII, et *la Surveillance en défaut*, le 24 prairial an IX. Il avait aussi écrit la musique d'un certain nombre de drames joués sur les théâtres des boulevards, entre autres *Malvina ou la Grotte des Cyprès* (avec Gérardin-Lacour), *Adélaïde de Bavière*, *Philippe d'Alsace* et *la Chatte merveilleuse*. Enfin il avait composé, avec Alexandre Piccinni, la musique de *Faublas*, ballet représenté à la Porte-Saint-Martin le 12 juin 1835. A l'époque où il fut attaché comme compositeur aux Variétés (en 1822 il était mentionné sous ce titre dans le personnel de ce théâtre), Darondeau écrivit nombre d'airs charmants qui trouvèrent leur place dans *la Clef du Caveau*, et parmi lesquels on en peut citer deux qui furent longtemps célèbres : *Colalto*, et *En amour comme en amitié*.

DASSIER (.........), compositeur de musique légère, s'est fait connaître, il y a une trentaine d'années, par la publication d'un assez grand nombre de romances et mélodies vocales, dont quelques-unes obtinrent un certain succès dans les salons et dans les concerts. A l'époque où Masini, Frédéric Bérat, Clapisson, A. de Latour, M. Paul Henrion, Mme Victoria Arago, Théodore Labarre publiaient chaque année un album de romances, Dassier faisait comme eux et publiait un recueil périodique. Ses productions sont aujourd'hui bien oubliées.

Le fils de cet artiste, M. *Alfred Dassier*, suit la même voie que son père, et a publié un certain nombre de romances et chansons qui ont été assez bien accueillies.

* **DASSOUCY** (Charles COYPEAU, dit). Un érudit bibliographe, M. Émile Colombey, a publié en 1858 une nouvelle édition des *Aventures burlesques de Dassoucy* (Paris, Delahays, in-16, avec portrait), avec une préface et des notes importantes. Il nous manque encore une bonne notice biographique sur Dassoucy considéré comme musicien, mais la notice publiée en forme de préface par M. Colombey, et qui ne comporte pas moins de 23 pages, est précieuse à plus d'un titre. Elle nous révèle d'abord un fait inconnu jusqu'ici, à savoir : que Dassoucy serait l'auteur de la musique d'*Andromède*, la fameuse « pièce à machines » de Pierre Corneille. En second lieu, elle rectifie, en la précisant, la date de naissance de ce personnage singulier, qui a toujours été placée à tort en 1604. M. Colombey publie en effet, d'après la communication qui lui en a été faite par M. Ravenel, l'extrait de naissance de Dassoucy, tel qu'il a été trouvé dans les papiers de la paroisse de Saint-Étienne-du-Mont. Voici la reproduction de ce document : — « Du dict jour (samedy, XXIIe d'octobre 1605). Charles, filz de Gregoire Coippeau, advocat en Parlement, et de Chrestienne Damama, sa femme, né le dimanche précédent, seiziesme du dict mois sur les neuf heures du soir, baptizé par nous et tenu sur les fontz par noble homme Me Charles Dulis, conseiller du roy et son advocat général en sa cour des aydes, lequel lui a imposé [son nom], et Me Estienne Reillon, procureur au Parlement, et damoiselle Isabeau d'Herbis, femme de noble homme Me Jehan Lanoue, gentilhomme. » M. Colombey ajoute : « Cet acte fait plus que rectifier une date : il prouve que l'empereur du Burlesque ne s'est appelé Dassoucy que par droit de conquête. Pouvait-il, en conscience, s'intituler Coippeau, comme un simple avocat au parlement? »

La date de la mort de Dassoucy est restée longtemps douteuse, comme celle de sa naissance, et aucun biographe ne l'avait donnée exactement. M. Er. Thoinan l'a heureusement découverte sur les registres de l'état civil de Paris, alors

---

valho. Il est singulièrement fâcheux que des circonstances particulières soient venues arrêter dans son essor le talent d'un compositeur qui, on peut le dire sans exagération, semblait promettre un maître à la scène française. — A. P.

(1) Au mois de février 1876, M. Dautresme s'est présenté comme candidat aux élections législatives dans une des circonscriptions du département de la Seine Inférieure. Nommé à une forte majorité, dès le premier tour de scrutin, il siège à la gauche de la Chambre des députés.— A.P.

qu'il y faisait des recherches pour établir la généalogie des Philidor. Voici l'extrait mortuaire de la victime de Chapelle et Bachaumont, tel que ce musicographe l'a publié dans le recueil l'*Intermédiaire* du 25 décembre 1868 (n° 90, p. 388) :

— « Enterrement de Dassoucy, pensionnaire de la musique du Roy, le 30 octobre 1677, décédé le 29, rue de la Calande, à la Clef d'argent (St-Germain-le-Viel). »

DAUPHIN (LÉOPOLD), jeune artiste qui a fait représenter aux Bouffes-Parisiens, en 1874, une opérette en un acte intitulée un *Mariage en Chine*. M. Dauphin a écrit aussi, pour une petite pièce de MM. Ch. Monselet et Paul Arène, l'*Ilote*, jouée au Théâtre-Français (1875), quelques morceaux de musique de scène, et il a publié quelques chansons, un recueil de mélodies vocales (Paris, Girod), et un autre recueil ayant pour titre : *Rondels*, petites études de piano. M. Dauphin est encore auteur d'un opéra-comique en un acte, *les Deux Loups-garous*, qui jusqu'ici n'a pas été représenté, du moins à Paris.

* **DAUPRAT** (LOUIS-FRANÇOIS), ancien professeur de cor au Conservatoire de Paris, est mort en cette ville le 16 juillet 1868. Il avait été nommé professeur adjoint en 1802, était devenu titulaire de sa classe le 1er avril 1816, et avait pris sa retraite le 15 novembre 1842.

* **DAUSSOIGNE-MÉHUL** (LOUIS-JOSEPH). Cet artiste fort distingué, héritier d'un grand nom, est mort à Liége le 10 mars 1875 (1). Un journal spécial de Bruxelles, le *Guide musical*, a publié sur lui, à cette époque, la notice suivante, qui complète heureusement celle de la *Biographie universelle des Musiciens* :

« En 1797, Méhul reçut sa double nomination d'inspecteur au Conservatoire et de membre de l'Institut. Il se rendit à Givet et pria sa vieille tante de venir à Paris, pour gouverner sa maison. Elle y consentit ; mais elle ne put retenir ses larmes en jetant les yeux sur un enfant de sept ans qu'elle tenait endormi sur ses genoux. Elle ne l'avait jamais quitté, c'était pour lui une seconde mère : la première était morte. « Voilà, dit-elle, « mon cher Méhul, le plus vif de mes regrets. — « Eh bien, l'enfant sera du voyage ; je le placerai « dans une classe de solfége, et, s'il est intelli« gent et honnête homme, il se tirera d'affaire « comme tant d'autres. » Louis-Joseph Daussoigne était cet enfant. Méhul n'a point été trompé : les conditions qu'il semblait exiger, les résultats qu'il attendait des soins paternels donnés à son neveu, ont été payés par une tendresse filiale, le dévouement d'un cœur reconnaissant, joints à la sévérité des principes d'honneur et de probité dont son oncle lui avait offert le précieux exemple. Daussoigne s'est aussi montré digne d'une illustre parenté. Élève de son oncle, il en a terminé les œuvres posthumes. La belle partition de *Valentine de Milan* renferme beaucoup de morceaux de sa main ; la critique exercée n'a pu les reconnaître et les signaler : la touche de l'élève se confond avec celle du maître ; on ne saurait louer Méhul sans applaudir au talent de son neveu. Daussoigne avait donné, en 1820, *Aspasie*, à l'Académie royale de musique de Paris, opéra qui le fit connaître avantageusement. Plus tard, il exécuta avec beaucoup d'intelligence le travail nécessaire pour la mise en scène de *Stratonice*, au même théâtre.

« Après un autre opéra qui eut peu de succès, les *Deux Salem*, Daussoigne renonça définitivement au théâtre. Malgré la situation honorable qu'il avait au Conservatoire de Paris, où il était professeur d'harmonie, il désira quitter cette ville et accepta la direction du Conservatoire de Liége, où il arriva en 1827. Il avait laissé au Conservatoire de Paris de bons souvenirs et y avait entre autres introduit des cours d'harmonie et d'accompagnement pour femmes.

« Arrivé à Liége, Daussoigne prit une grande part à l'organisation du Conservatoire, qui remplaçait l'ancienne école de musique de MM. Henrard, Jaspar et Duguet. Il se réserva les cours d'harmonie et de composition, et s'occupa activement de l'organisation des autres cours ; il donna une très-forte impulsion à l'établissement qui, grâce à lui, prit bientôt une place très-honorable dans le pays. Depuis son séjour en Belgique, il composa peu ; on lui doit quelques morceaux de circonstance, entre autres deux cantates, l'une à l'occasion du retour à Liége du cœur de Grétry en 1828, et une cantate nationale, une *Journée de la Révolution*, qui fut jouée à Bruxelles, en 1834. Daussoigne n'était pas seulement un musicien et un organisateur : c'était un esprit littéraire et très-cultivé. Il écrivait avec beaucoup de finesse et de fermeté. Il a formé à Liége des élèves qui ont singulièrement rehaussé notre renommée artistique ; nous citerons surtout les lauréats des grands prix de composition, Soubre et Radoux, ses deux successeurs à la direction du Conservatoire, J. B. Rongé, Auguste Dupont, L. Terry et Ledent, sans compter une nombreuse et brillante pléiade d'artistes qui ont fait honneur à la ville de Liége.

« Depuis 1862, Daussoigne avait pris sa retraite ; mais malgré son âge avancé, il avait conservé un esprit actif et animé du goût des belles-lettres et des beaux-arts. Suivant sa dernière

---

(1) Il était né à Givet non le 24, mais le 10 juin 1790.

volonté, son corps a été conduit à Givet, lieu de naissance du défunt, et sans cérémonies officielles. »

Membre associé de l'Académie royale de Belgique depuis le 6 février 1846, Daussoigne-Méhul avait fait insérer dans les Bulletins de cette compagnie les écrits suivants : 1° *Projet d'un musée pour les instruments de musique dont les Européens firent successivement usage depuis le XIIe siècle;* — 2° *De l'enseignement du chant aux enfants dans les écoles primaires de la Belgique;* — 3° *Rapport sur les trois Mémoires envoyés au concours de 1847, relatifs à la notation musicale;* — 4° *Rapport sur le Mémoire de M. le comte de Robiano, concernant la musique antique de la Grèce;* — 5° *Projet d'un concours national, en 1856, pour la composition d'une symphonie;* — 6° *De l'indifférence des jeunes musiciens à l'égard des lois qui leur sont imposées par les grands concours de composition;* — 7° *De l'importance des voyages imposés aux pensionnaires par le règlement des grands concours de composition musicale;* — 8° *De l'impossibilité de certains mots employés par Catel dans son* Traité théorique de l'harmonie moderne; — 9° *Essai philosophique sur l'origine, le caractère et les transformations de la musique théâtrale.*

Daussoigne-Méhul était chevalier de la Légion d'honneur. — Un fils de ce compositeur, pianiste habile, vint à Paris en 1854 et s'y fit connaître avantageusement dans les concerts. Adolphe Adam en a parlé avec éloges dans un de ses feuilletons de *l'Assemblée nationale.*

* **DAUVERNÉ** (FRANÇOIS-GEORGES-AUGUSTE), est mort à Paris le 5 novembre 1874. On doit à cet excellent artiste les publications suivantes : 1° Cent mélodies ou fanfares en forme d'études, pour deux trompettes, op. 4, Paris, Colombier; — 2° 24 mélodies gracieuses, pour cornet à pistons, id., id.; — 3° 8 duos faciles et chantants, pour deux cornets à pistons, id., id.; — 4° un certain nombre de fantaisies et morceaux de genre pour trompette ou cornet à pistons, avec accompagnement de quatuor ou de piano.

***DAUVILLIERS** (JACQUES-MARIN). On doit à cet artiste l'ouvrage théorique dont voici le titre : *Traité de composition élémentaire, les accords,* dédié à monsieur Lesueur, Paris, s. d. (la dédicace est datée de 1834), in-8° de 148 pages.

D'AVESNES (........), violoncelliste et compositeur, vivait à Paris au dix-huitième siècle. Dès 1750 il faisait partie de l'orchestre de l'Opéra, et quelques années plus tard il devint aussi symphoniste du Concert spirituel ; mais il n'avait pas attendu ce moment pour se faire connaître comme compositeur, et déjà il avait fait exécuter à ce Concert, avec beaucoup de succès, plusieurs motets à grand chœur : *Venite exultemus, Cantate Domino, Laudate, Deus misereatur nostri,* etc. Le petit almanach *les Spectacles de Paris* donnait sur lui cette courte notice en 1754 : — « M. d'Avesne, ordinaire de l'Académie royale de musique, dont les motets ont été écoutés au Concert spirituel avec plaisir, a fait plusieurs bonnes ouvertures de l'Opéra-Comique, et travaille actuellement à la musique d'un opéra. » Cet ouvrage n'a jamais été représenté. D'Avesnes quitta le service de l'Opéra en 1766, avec une pension de 300 livres. Il vivait encore en 1784. — C'est sans doute un frère de cet artiste qui est indiqué, en tête de la liste du personnel de l'orchestre de l'Opéra-Comique publiée par *les Spectacles de Paris* de 1754, comme « compositeur » et vraisemblablement comme chef de cet orchestre.

DAVID (PAUL), neveu de Della Maria, naquit à Marseille vers 1800. Écrivain spirituel et incisif, il publia sur divers sujets, dans le journal ministériel *le Garde national,* des articles qui furent très-remarqués. Il créa aussi, en collaboration avec Eugène Guinot, *le Mistral,* feuille très-mordante, où il put donner libre carrière à sa verve, malheureusement un peu trop agressive. Sa conversation était vive et brillante. C'est comme critique musical qu'il doit être mentionné ici. Son jugement était sain et solide, sa forme littéraire excellente. Il aurait certainement pris une place prépondérante parmi les critiques de province, si sa carrière n'eût été brusquement interrompue par une déplorable catastrophe. Paul David fut tué en duel en 1834, à la suite d'une querelle politique suscitée par sa polémique.

AL. R—D.

* **DAVID** (FERDINAND), violoniste et compositeur, est mort à Kloster, en Suisse, dans le canton des Grisons, le 19 juillet 1873. Cet artiste remarquable n'avait pas occupé pendant moins de trente-six ans les fonctions de *concertmeister* de la célèbre société du Gewandhaus, de Leipzig, car, chargé de ces fonctions le 1er mars 1836, il s'en démit seulement en 1872, pour aller prendre sa retraite à Kloster, où il ne devait pas jouir longtemps d'un repos qu'il avait si bien gagné. David ne se faisait pas seulement applaudir comme chef d'orchestre aux concerts du Gewandhaus ; il y faisait souvent apprécier son grand talent de violoniste, et toujours avec le plus grand succès. Comme professeur aussi il se fit beaucoup remarquer, et entre autres élèves il forma le grand virtuose Joachim (*voyez* ce nom), qui fut accueilli avec tant de chaleur à Paris, il y a quelques années, aux Concerts populaires. La haute position qu'il occupait lui procura les plus belles relations artistiques; il fut lié d'amitié avec la plupart des grands maîtres de l'école allemande contemporaine, et tout particulièrement avec Mendelssohn, à qui, dit-on, il donna de précieux conseils pour son concerto de violon.

La ville de Leipzig, où son corps avait été rapporté, fit à Ferdinand David des funérailles splendides. Le convoi funèbre, que suivait une foule immense, était précédé d'une bande de musique militaire, derrière laquelle venaient trois élèves du Conservatoire, portant des branches de palmier et une couronne en argent. On voyait ensuite les autorités municipales, des représentants de toutes les institutions et de toutes les sociétés musicales, puis l'immense cortège de tous ceux qui avaient voulu accompagner le grand artiste à sa dernière demeure. La Société universitaire *Paulus* et le *Thomaner Verein* faisaient à tour de rôle entendre des chants funèbres. Un pasteur, le docteur Altfeld, avait, selon la coutume protestante, prononcé dans la maison mortuaire un discours dans lequel il avait retracé les qualités de David comme homme, comme artiste et comme père de famille. Ferdinand David était en effet non-seulement un artiste de grand talent, mais un homme du monde, fort instruit, bienveillant, et qui avait su se concilier l'estime et l'affection de ses concitoyens.

*DAVID (Félicien), est mort à Saint-Germain-en-Laye, le 29 août 1876. Il était né à Cadenet, non le 8 mars, mais le 13 avril 1810. Cet artiste d'un talent fort distingué et fort original, mais dont le tempérament rêveur et contemplatif ne convenait que médiocrement au théâtre, a abordé deux fois la scène de l'Opéra-Comique après avoir donné *Herculanum* à l'Opéra. Les deux ouvrages qu'il a donnés à ce théâtre sont *Lalla-Roukh* (2 actes, 12 mai 1862), et *le Saphir* (3 actes, 9 mars 1865). *Lalla-Roukh* obtint un très-grand succès, dû à plusieurs jolis morceaux, à des mélodies charmantes, et à la couleur poétique qui était répandue sur l'œuvre entière et qui convenait merveilleusement au sujet; la critique pourtant, quoique très-favorable au compositeur, crut devoir faire quelques réserves en ce qui concernait l'entente et le sentiment dramatique, qualités qui n'étaient évidemment pas celles de Félicien David, et un plaisant, voulant caractériser la nouvelle partition de l'auteur du *Désert*, dans laquelle dominaient surtout la rêverie et l'extase, prétendit que *Lalla-Roukh* était « un *hamac* en deux actes ». Au point de vue du succès, David fut beaucoup moins heureux avec *le Saphir* œuvre médiocre et sans couleur, où l'on distinguait seulement un quatuor délicieux et écrit de main de maître. Depuis lors, le compositeur ne se produisait plus à la scène, bien qu'il ait fait répéter encore au Théâtre-Lyrique un ouvrage intitulé *la Captive*, qu'il retira peu de jours avant l'époque où il devait être représenté, et qu'il ait écrit la musique d'un grand drame lyrique, dont j'ignore le titre, mais dont un fragment choral, intitulé *Chant de guerre des Palicares*, a été exécuté au Grand-Théâtre de Lyon, le 21 novembre 1871, dans un concert donné au profit des orphelins de la guerre. Il a aussi transformé en grand opéra et renouvelé en grande partie sa partition de *la Perle du Brésil*, représentée naguère sous forme d'opéra dialogué.

Félicien David, qui, en 1860, avait reçu de l'empereur Napoléon III le brevet d'une pension de 2,400 francs sur sa cassette, et qui en 1862, à la suite du succès de *Lalla-Roukh*, avait été promu au grade d'officier de la Légion d'honneur, se vit décerner en 1867, par l'Académie des Beaux-Arts, le grand prix biennal de 20,000 francs fondé par l'empereur dans le but de récompenser « l'œuvre ou la découverte la plus propre à honorer le pays, et produite dans les dix dernières années. » Tout en visant surtout, à ce sujet, la partition d'*Herculanum*, l'Académie des Beaux-Arts, en cette circonstance, rendait ainsi hommage au talent et à la carrière entière de Félicien David : « La personnalité d'un artiste, disait-elle, ne se décompose pas ; et, si l'on sépare ses œuvres à l'aide des dates, on ne peut détacher de lui ni le reflet des succès de sa jeunesse, ni le souvenir des inspirations éclatantes qui ont révélé son talent et constitué sa gloire. Nous couronnerons du même coup toute la carrière de M. Félicien David, et on en trouvera peu où le mérite de l'artiste soit mieux rehaussé par la noblesse du caractère, par la constance dans l'adversité, par l'amour désintéressé du beau, par le respect de soi-même et par le respect de la dignité de l'art (1). »

En 1869, Félicien David fut élu membre de l'Académie des beaux-arts, où il succéda à Berlioz. A cette occasion il prononça, selon la coutume, en séance particulière de l'Académie, un

---

(1) Félicien David se trouvait, en cette circonstance en présence de deux concurrents : M. Charles Blanc pour sa *Grammaire des arts du dessin*, et M. Labrouste, architecte, pour sa restauration de la Bibliothèque impériale. Le vote de l'Académie des beaux-arts donna les résultats suivants : Félicien David, 23 voix ; M. Charles Blanc, 12 ; M. Labrouste, 5. Dans le vote général de l'Institut, Félicien David obtint 60 voix sur 104 votants.

éloge de Berlioz qui a été imprimé (Paris, Firmin-Didot). C'est aussi en remplacement de ce grand artiste qu'il fut nommé bibliothécaire du Conservatoire.

Sous ce titre : *Félicien David, sa vie et son œuvre* (Paris, Heugel, 1863, gr. in-8° avec portrait et autographe), M. Alexis Azevedo a publié sur cet artiste une notice médiocre en ce qui concerne la critique, mais utile, étendue et détaillée au point de vue historique. Plusieurs années auparavant, M. Sylvain-St-Étienne avait publié une biographie beaucoup plus concise de ce compositeur (*Biographie de Félicien David*, Marseille, 1845, in-12 de 32 p. avec portrait). L'éditeur Gérard a fait paraître un *Recueil des cinquante mélodies de Félicien David, chant et piano*. Ce recueil n'est pas un des moindres titres de l'auteur à l'estime et à la sympathie des artistes, on y trouve *le Rhin allemand*, chant composé sur les vers immortels de Musset, et qui a été chanté en 1870, par M. Léon Achard, sur la scène de l'Opéra-Comique.

Je ne dois pas oublier de dire qu'en 1864, Félicien David, qui en 1851 avait dirigé les concerts de l'Union musicale, eut l'idée de fonder, avec MM. D. Magnus, Léopold Deutz et Ch. de Lorbac, une grande entreprise artistique qui porterait le titre de Société du Grand-Concert, et dont le but était de faire entendre des œuvres vocales ou instrumentales de compositeurs modernes, les chefs-d'œuvre des maîtres classiques, et de produire devant le public les virtuoses les plus fameux comme chanteurs et instrumentistes, le tout sans distinction ni parti pris de pays ou d'école. Un prospectus détaillé de la nouvelle entreprise fut publié, et déjà l'on désignait le local où devait s'établir le Grand-Concert, local qui n'était autre que celui occupé aujourd'hui par un établissement d'un tout autre genre, les Folies-Bergère (rue Richer, en face la rue Geoffroy-Marie). L'affaire n'eut pas de suites, bien qu'on en ait parlé longuement durant plusieurs mois.

DAVID (Ernest), musicographe français, né vers 1825, s'est beaucoup occupé, dans ces dernières années, de travaux relatifs à l'histoire de certains grands artistes du passé, particulièrement de plusieurs maîtres de l'école italienne. Ces travaux, estimables et faits avec soin, mais qui laissent un peu à désirer au point de vue de la nouveauté des documents, ont été publiés dans la *Revue et Gazette musicale* et dans *le Ménestrel*, dont M. Ernest David est le collaborateur assidu. Cet écrivain a publié aussi sous le titre : *la Musique chez les Juifs* (Paris, Pottier de Lalaine, 1873, in-8° de 62 pp.), une étude intéressante et qui a été remarquée.

DAVID (Samuël), compositeur, né à Paris le 12 novembre 1836, fit de brillantes études au Conservatoire de cette ville. Après avoir obtenu en 1850 un premier prix de solfège, il entra dans la classe d'harmonie et accompagnement de M. Bazin, y remporta un second prix en 1853, le premier en 1854, puis, l'année suivante, étant devenu élève d'Halévy, se vit décerner le premier prix de fugue. Devenu en 1856 chef du chant au Théâtre-Lyrique, M. Samuël David concourut en 1858 à l'Institut, et remporta le premier grand prix de Rome; la cantate qu'il avait mise en musique avait pour titre *Jephté*, et pour auteur M. Émile Cicile. La même année, le jeune artiste sortait vainqueur d'un autre concours, et obtenait une médaille d'or pour une cantate intitulée *le Génie de la terre*, destinée au grand festival orphéonique international de 1859, et qui fut exécutée par une masse de 6,000 orphéonistes.

À son retour de Rome, en 1861, M. Samuël David entra comme professeur au collège Sainte-Barbe, et entreprit la rédaction d'un ouvrage théorique et pratique : *l'Art de jouer en mesure*, qui fut publié l'année suivante. En même temps il cherchait à se faire jouer à l'Opéra-Comique, mais, comme tous les jeunes compositeurs, voyait les obstacles accumulés sur son chemin. Cependant, le décret de 1864 relatif à la liberté des théâtres semblait devoir ouvrir aux musiciens de nouveaux débouchés. En effet, M. Samuël David, fit recevoir au théâtre Saint-Germain (aujourd'hui théâtre Cluny) un opéra-comique en 2 actes, *les Chevaliers du poignard*, qui fut mis aussitôt en répétitions et qui allait être joué lorsque la direction fit faillite. Il se rabattit alors sur quelques petits théâtres, où il donna trois ou quatre opérettes sans conséquence. L'Opéra-Comique ayant enfin consenti à lui jouer un ouvrage, M. David mit en musique un livret qui lui avait été confié par M. Narcisse Fournier, et qui n'était autre qu'une ancienne comédie en un acte de cet écrivain, jouée naguère sous le titre de *Tiridate*. *Tiridate* devint *Mademoiselle Sylvia*, qui fut représentée le 17 avril 1868. Malgré le bon accueil fait par le public à sa partition, M. David ne put réussir à se faire jouer de nouveau, et il avait un acte reçu et en répétitions au théâtre Ventadour, *un Caprice de Ninon*, lorsque ce théâtre, dans lequel M. Bagier voulait réunir l'opéra français à l'opéra italien, vint à fermer inopinément (1874).

M. David, qui a été nommé en 1872 à la direction générale de la musique des temples israélites de Paris, a en portefeuille plusieurs autres ouvrages lyriques : 1° *la Fée des Bruyères*, opéra-comique en 3 actes sur un livret de Scribe; 2°

la *Gageure*, opéra-comique en 3 actes; 3° *les Chevaliers du poignard*, opéra-comique en 2 actes; 4° *i Maccabei*, grand opéra italien en 4 actes; 5° *une Dragonnade*, opéra-comique en un acte; 6° *l'Éducation d'un prince*, id.; 7° *Absalon*, id.; 8° *les Changeurs*, id. Cet artiste distingué a publié un assez grand nombre de compositions, parmi lesquelles il faut citer surtout quatre symphonies (réduction pour le piano chez Leduc, éditeur), des chœurs, des mélodies vocales : *le Gué, Si j'étais le Seigneur, A Conchita, Sonnet, le Soutien, Chantez encore, le Souvenir*, etc. Son premier ouvrage dramatique a été représenté avant son départ pour Rome; c'était une opérette en un acte, intitulée *la Peau de l'Ours*, dont le livret était imité de celui des *Deux Chasseurs et la Laitière*, et qui fut donnée au petit théâtre des Folies-Nouvelles, en 1857 ou 1858.

DAVIDE (Le Père), *da Bergamo*. Félix Moretti, connu sous le nom ci-dessus, naquit à Zunica, petit bourg de la province de Bergame, le 21 janvier 1791. En 1804, il suivit ses parents, qui allaient s'établir à Bergame. Passionné dès son jeune âge pour la musique, il reçut ses premières leçons de D. Bianchi, qui passait alors pour un habile organiste. En 1808, il entra à l'école de A. Gonzalès, professeur de piano au Conservatoire de Bergame, dont le directeur, J. S. Mayr, frappé par le talent précoce et le caractère heureux de l'enfant, lui voua une affection toute particulière et l'aida de ses précieux conseils. A l'étude du piano et de l'orgue, le jeune Moretti joignit celle du cor de chasse, de la trompette, de la guitare et du chant. Ce fut en chantant dans les chœurs du théâtre et dans des églises de Bergame qu'il connut le célèbre ténor Rubini, à cette époque simple choriste lui-même, et qu'il se lia avec lui d'une amitié qui ne se démentit jamais. Organiste à Torre-Baldone, ensuite à Gandino, en 1818, le jeune Moretti prit l'habit de cordelier dans le couvent de *Santa Maria di campagna*, à Plaisance, et reçut en religion le nom de *Fr. Davide da Bergamo*.

En 1819 il reçut les ordres sacrés; mais son nouvel état, dont il remplit jusqu'à sa mort tous les devoirs avec une pieuse ferveur, ne l'empêcha pas de cultiver la musique avec la même ardeur. Il devint l'organiste de son couvent, et quoique les orgues en fussent dans un état pitoyable de délabrement, il s'y fit tellement remarquer que les marguilliers consentirent en 1825 à des réparations et des agrandissements d'après ses idées. Ces réparations furent exécutées par le célèbre facteur Charles Serassi, de Bergame. Ce fut sur cet instrument ainsi modifié que le Père Davide déploya une telle habileté qu'en peu de temps son nom se répandit dans toute l'Italie. Il n'y avait fête religieuse de quelque importance en Piémont, en Lombardie, en Émilie, sans que le père Davide y fût appelé en sa qualité d'organiste, ni orgues à réparer ou à construire, qu'on ne le consultât préalablement; c'était toujours à lui qu'on avait inévitablement recours lorsqu'il s'agissait de recevoir, expertiser ou inaugurer un instrument nouveau.

Ces séances d'inauguration prenaient toujours le caractère de véritables solennités musicales, par la foule qui y accourait et y assistait enthousiaste. Mais la santé de ce bon religieux s'affaiblissait peu à peu; déjà, en 1842, il avait commencé à souffrir de migraines, quand se manifestèrent en lui les premiers symptômes d'une cardialgie qui le conduisit au tombeau le 24 juillet 1863, après de longues souffrances supportées avec une patience et une résignation admirables.

Le renom dont jouissait le père Davide était vraiment mérité. La netteté, le brillant, le moelleux de son jeu, son bon goût dans l'usage des registres, la verve de son improvisation, même lorsqu'elle s'exerçait sur les thèmes les plus arides qu'on s'amusait parfois à lui donner, toutes ces qualités lui assuraient à juste titre une place honorable parmi les meilleurs organistes. Il fut aussi compositeur, et l'on possède de lui, outre quelques morceaux de musique sacrée pour le chant, un certain nombre de pièces pour l'orgue, dont une grande partie a été publiée à Milan par les éditeurs Ricordi, Canti et Vismara. Mais toutes ces compositions, quoique régulièrement écrites, et parfois très-agréables, manquent en général de ce caractère de noble sévérité qui ne doit jamais faire défaut à la musique religieuse.

Fétis, qui probablement ignorait l'existence de ce musicien religieux, l'a confondu dans sa *Biographie universelle* avec le célèbre ténor Jacques David, de Bergame, qu'on appelait en Italie *Davide padre* (Davide le père), pour le distinguer de son fils Jean Davide, ténor lui aussi, en attribuant à ce chanteur, quoique d'une manière dubitative, toutes les sonates pour l'orgue dues au *Padre Davide* et publiées à Milan par Ricordi (1).   L.-F. C.

DAVIDOFF (CHARLES), violoncelliste distingué et compositeur pour son instrument, est né à Goldingen, dans la Courlande, le 15 mars 1838. Sa famille l'emmena de bonne heure à Moscou, où, à l'âge de douze ans, il devint élève

---

(1) M. Giuseppe Prospero Galloni a publié sur cet artiste honorable l'écrit suivant : *Cenni biografici di P. Davide, da Bergamo*, Bologne, 1863. — A P.

de H. Schmidt, premier violoncelliste au théâtre de cette ville, ce qui ne l'empêcha pas de suivre pendant quatre ans, de 1854 à 1858, les cours de l'Université. Il partit ensuite pour Saint-Pétersbourg, se perfectionna sous la direction de de Charles Schuberth dans l'étude de son instrument, puis alla passer quelque temps à Leipzig, où il travailla la composition avec Hauptmann. C'est en cette ville, dans une des séances de la société du *Gewandhaus*, que M. Davidoff se fit entendre pour la première fois, le 15 décembre 1859, et son succès fut tel qu'il fut presque aussitôt engagé comme violoncelle-solo de cette société, et que peu après il remplaçait Grützmacher comme professeur au Conservatoire. Il ne resta cependant pas à Leipzig, et après un voyage artistique en Allemagne et en Hollande, il retourna en Russie. L'empereur l'ayant entendu, et s'étant montré charmé de son talent, M. Davidoff fut nommé successivement violoncelle-solo de la musique de la cour et de l'orchestre de la Société de musique russe, puis professeur au Conservatoire de Saint-Pétersbourg (1862). Cette brillante situation ne l'a pas empêché de voyager, et M. Davidoff a mis à profit ses congés pour aller se faire entendre en Allemagne et à Londres, puis à Bruxelles et à Paris. Pendant l'hiver de 1874, il s'est produit deux fois, dans cette dernière ville, aux séances de la Société des concerts du Conservatoire. Son talent de virtuose y a été très-apprécié, mais le public n'a pas paru très-satisfait du concerto de sa composition que M. Davidoff lui a fait entendre. Les qualités principales de cet artiste sont une très-grande justesse et une rare aisance dans l'exécution des difficultés les plus ardues ; mais on peut reprocher à son style de manquer d'ampleur et d'être parfois un peu maniéré.

M. Davidoff, qui a fondé avec MM. Auer et Léchetitzky (*Voyez* ces noms) une société de musique de chambre dont les séances sont très-suivies, est devenu en 1876 directeur de la Société impériale russe de musique et a été nommé, dans le cours de la même année, directeur du Conservatoire de Saint-Pétersbourg. Outre plusieurs concertos de violoncelle, dont un en *si mineur*, outre une Ballade (op. 25) et une Romance sans paroles (op. 23) pour le même instrument, M. Davidoff a écrit des *lieder*, et un certain nombre de morceaux de piano.

DAVIDOR (Étienne-Ivanowich), compositeur russe, né vers 1777, s'est exclusivement consacré à la musique religieuse. Il est mort à Moscou en 1823. Y.

DAVRAINVILLE (......), père du facteur d'orgues et de serinettes, dont il est question au T. II de la *Biographie universelle des Musiciens*. Fétis a sans doute été trompé par de faux renseignements lorsqu'il a dit de ce dernier que « son éducation fut négligée, » et que « son instinct pour la mécanique triompha de l'insuffisance de son instruction. » Il semble au contraire que Davrainville père ouvrit la voie à son fils, et que ce dernier, en les perfectionnant sans doute, mit à profit les travaux et les découvertes de son père. Voici en effet comment, en 1782, deux ans avant la naissance de Davrainville fils, Luneau de Boisjermain, dans son *Almanach musical*, rendait compte d'un instrument imaginé par Davrainville père (*J. Henri d'Avrainville* ou *Davrainville*, établi alors facteur de serinettes, place de Grève) : « Monsieur Davrainville, facteur d'orgues et de serinettes, a fait voir au public un jeu de flûte, qui doit être placé sous une pendule. Ce jeu renferme trois jeux qui peuvent faire entendre successivement, séparément ou en partie, treize airs différents, qui éprouvent chacun huit changements Ce jeu n'a que quatorze pouces de long sur six de large ; *c'est le premier en ce genre que le génie des facteurs ait présenté à la curiosité publique.* » Il est facile de voir que cette invention ingénieuse a dû être le point de départ des travaux intelligents de Davrainville fils, et lui donner l'idée des instruments qu'il imagina par la suite.

DAVISON (J....W...), écrivain musical très-renommé, né à Londres vers 1820, est le fils d'une actrice qui acquit une grande notoriété, d'abord sous son nom de demoiselle (Miss Duncan), puis sous celui de son mari. Destiné par sa famille au barreau, M. Davison finit cependant par se livrer sans réserve à son goût pour la musique, et il s'est fait, de l'autre côté du détroit, une immense réputation par le talent de critique qu'il a déployé dans le journal *the Times*, dont il est le collaborateur spécial depuis environ vingt-cinq ans. La renommée de M. Davison est unique en Angleterre, son autorité est incontestée, et l'influence qu'il exerce dans les colonnes du premier journal de Londres sert puissamment les intérêts d'une excellente feuille musicale, *the Musical World*, qui, depuis longtemps déjà, est placée sous sa direction. Il est juste d'observer, d'ailleurs, que M. Davison est excellent musicien, qualité que ne semblent pas considérer comme indispensable, en France, un certain nombre de journaux qui confient leur partie musicale à des écrivains qui ne connaissent pas le premier mot des choses dont ils doivent parler. M. Davison a publié un certain nombre de compositions qui ne manquent point de mérite. Cet écrivain a épousé une pianiste, miss Arabella Goddard (*Voyez* ce nom), artiste de premier ordre, justement célèbre en Angleterre et dans tous les pays qu'elle a parcourus.

DÉADDÉ (ÉDOUARD), auteur dramatique et romancier français, né vers 1810, est mort à Paris en 1870 ou 1871. Cet écrivain, qui se fit d'abord connaître par un grand nombre de vaudevilles représentés sur des théâtres secondaires, prenait généralement le pseudonyme de *D. A. D. Saint-Yves*, est c'est sous ce nom d'emprunt qu'il rédigea pendant longues années les revues de théâtres de la *Revue et Gazette musicale de Paris*. A la mort d'Anders, il avait été chargé de dresser les excellentes tables annuelles de ce journal. Déaddé est l'auteur anonyme de l'*Annuaire des Lettres, des Arts et des Théâtres* publié par le journal le *Constitutionnel*, et dont il n'a paru qu'une seule année, donnée en prime par ce journal à ses abonnés (Paris, typ. Lacrampe, 1846-1847, in-8° avec gravures); comme cet Annuaire était aussi donné en prime par le journal *l'Époque*, une partie des exemplaires portent sur le titre et sur la couverture le nom de ce dernier au lieu de celui du *Constitutionnel*.

DEBAR (C.....-C.....), violoniste et compositeur, fut attaché en qualité de premier violon à l'orchestre de l'Opéra, où il entra vers 1766, et qu'il quitta en 1783, avec la pension. Cet artiste a publié plusieurs recueils de duos de violons.

DE BASSINI. *Voyez* **BASSINI** (ACHILLE BASSI dit DE).

DEBAY (A........), écrivain français, est l'auteur d'un livre ainsi intitulé : *Hygiène et gymnastique des organes de la voix. Histoire de la musique et de la mimique*, Paris, 1861, in-12.

* **DE BEGNIS** (JOSEPH), chanteur italien renommé dans le genre bouffe, est mort à New-York en 1849. C'est pour cet artiste que Rossini avait écrit le rôle de Dandini dans la *Cenerentola*.

* **DE BEGNIS** (JOSÉPHINE RONZI, épouse), femme du précédent, n'était point française, comme Fétis en a émis l'hypothèse. Née à Milan en 1800, elle avait débuté fort jeune à Naples, sur le petit théâtre des Fiorentini, et se fit rapidement une renommée dans sa patrie et à l'étranger, où elle suivit son mari. Elle se faisait surtout remarquer, dit-on, dans *Norma*, de Bellini, et dans l'*Anna Bolena*, de Donizetti. Ce dernier écrivit expressément pour elle *Roberto Devereux* et *Gemma di Vergy*. Mme Ronzi de Begnis mourut à Florence, le 7 juin 1853, laissant une fortune considérable à sa fille, qui avait épousé le grand chanteur Fraschini (*Voyez* ce nom), et qui n'avait pas suivi la carrière maternelle.

* **DEBILLEMONT** (JEAN-JACQUES). Fixé définitivement à Paris depuis plus de quinze ans, cet artiste a partagé ses travaux entre l'enseignement, la composition et la conduite des orchestres, tout en se livrant parfois à la critique musicale. M. Debillemont a fait représenter les ouvrages suivants : 1° *C'était moi*, opérette en un acte, Bouffes-Parisiens, 27 mars 1860; 2° *As-tu déjeûné, Jacquot?* Id., th. Déjazet, 29 octobre 1860; 3° *Astaroth*, opéra-comique en un acte, Théâtre-Lyrique, 25 janvier 1861; 6° *Un Premier avril*, opérette en un acte, Bouffes-Parisiens, 6 mai 1862; 5° *les Invalides du travail*, cantate, Porte-St-Martin, 15 août 1866; 6° *la Vipérine*, opérette en un acte, Folies-Marigny, 19 octobre 1866; 7° *Napoléon devant les peuples*, cantate, Porte-St-Martin, 15 août 1867; 8° *Roger Bontemps*, opéra-comique en 2 actes, Fantaisies-Parisiennes, 18 mars 1869; 9° *le Grand-Duc de Matapa*, opérette en 3 actes, Menus-Plaisirs, 16 novembre 1868; 10° *Mousseline-Club*, vaudeville-opérette en un acte, Menus-Plaisirs, 22 novembre 1868; 11° *la Revanche de Candaule*, opérette en un acte, 1869; 12° *le Pantalon de Casimir*, opérette en un acte, café-concert de l'Eldorado, 31 mai 1873; 13° *le 13° Coup de minuit*, opéra-féerie en 3 actes, th. du Château-d'Eau, 1er septembre 1874; 14° *Le Miroir magique*, féerie-ballet en 3 actes, Porte-Saint-Martin, 17 août 1876; 15° *les Trois Sultanes*. A tous ces ouvrages il faut ajouter les suivants, que M. Debillemont tient en portefeuille, et qui n'ont pas encore été représentés : *les Noces de Panurge*, opéra-bouffe en 3 actes, reçu naguère aux Variétés ; *la Florinde*, opéra-comique en 2 actes, reçu au Théâtre-Lyrique; *les Péchés de M. Jean*, opéra-comique, commandé par M. Perrin lorsqu'il était directeur de l'Opéra-Comique; *les Esclaves d'Athys*, opéra-comique; *Vercingétorix*, grand opéra ; *Bocchoris*, opérette en un acte; *la Cour de Tulipano*, opéra bouffe en 3 actes.

M. Debillemont a dirigé, vers 1865, les concerts de la Société des Beaux-Arts, dans le local occupé plus tard par le théâtre des Fantaisies-Parisiennes; il est aujourd'hui (1876) chef d'orchestre au théâtre de la Porte-St-Martin. Il a donné d'assez nombreux articles de critique musicale à la *Revue et Gazette des Théâtres*, au *Boulevard*, au *Courrier artistique*, à l'*Avenir musical*, à l'*Événement*. Une fille de cet artiste a obtenu un second prix de piano au Conservatoire, en 1874, et le premier en 1876.

DEBROIS VAN BRUYCK (Charles), littérateur musicien d'origine belge, est né à Brünn le 14 mars 1828. Il a fait des études musicales sérieuses à Vienne, où sa famille est établie depuis 1830. Plusieurs de ses compositions ont été publiées, mais ses travaux de littérature musicale lui ont créé des titres plus sérieux à l'estime des artistes. Son ouvrage capital a été publié à Leipzig en 1867, sous ce titre : *Technischen und æsthetischen analysen des wohltemperirten Klaviers* (*Analyses techniques et esthétiques du Clavier bien tempéré*).
Y.

DEBUIRE (L....), est l'auteur d'une *Notice historique sur les Sociétés chorales et autres réunions musicales de Lille*, Lille 1858, in-12.

DE CHAMPS (Ettore). *Voyez* **CHAMPS** (Ettore DE).

* **DECKER** (Constantin), compositeur. L'opéra écrit par cet artiste sous le titre : *les Gueux à Bréda*, n'a pas été représenté, comme l'a dit Fétis, non plus qu'un autre intitulé *Giaffar, l'ennemi des Femmes*, bien que tous deux fussent terminés lors d'un voyage que M. Decker fit en Russie. Après avoir passé quelque temps à Saint-Pétersbourg, il revint à Berlin, où il donna des concerts. Le seul ouvrage dramatique que, à ma connaissance, M. Decker ait fait représenter, est l'opéra intitulé *Isolde, Grafin von Toulouse* (*Isolde, comtesse de Toulouse*), qui n'obtint aucun succès lors de son apparition à Kœnigsberg en 1852.

* **DECKER** (Pauline), musicienne allemande, s'est fait connaître par la publication d'un certain nombre de *lieder* à une ou plusieurs voix.

DE COMBLE (Ambroise), et non **DECOMBRE**, luthier, naquit à Tournai (Belgique). Au sujet de cet artiste estimable et de l'article qui lui a été consacré au tome deuxième de la *Biographie universelle des Musiciens*, j'ai reçu de M. J. Galloy, collaborateur de ce Supplément, qui s'est beaucoup occupé des questions relatives à la lutherie et des luthiers célèbres, communication de la note suivante : « Il y a lieu de rectifier le nom de Decombre, dont l'orthographe correcte est *De Comble;* j'ai en ma possession des étiquettes qui ne laissent aucun doute à cet égard. La date de 1665, fixée pour sa naissance, me paraît au moins contestable : les étiquettes dont je parle portent les dates de 1735 et 1750. Si De Comble était né effectivement en 1665, il aurait donc encore travaillé à l'âge de quatre-vingt-cinq ans. Cela n'est pas impossible, sans doute, puisque Stradivari faisait encore des violons à quatre-vingt-douze ans, mais le fait est peu probable, et Stradivari doit être considéré comme une exception. »

DECOURCELLE (Jean-Louis), peintre et musicien, étudia d'abord la flûte, instrument sur lequel il acquit un certain talent, puis s'adonna à la peinture sans renoncer à ses goûts pour la musique. Né en 1791, il fonda en 1827 une société d'artistes et d'amateurs à laquelle il donna le nom de *Gymnase musical*, et dont les premières séances eurent lieu dans son atelier, rue du Faubourg Saint-Denis, n° 14. Les programmes du Gymnase musical ne comprenaient d'abord que des morceaux de chant et des fantaisies pour divers instruments, avec accompagnement de piano. Au bout de quelques mois la société, mieux organisée, donna des concerts mensuels à l'aide d'un petit orchestre d'amateurs que dirigeait M. Tilmant aîné (*Voy.* ce nom), qui fut plus tard chef d'orchestre du Théâtre-Italien et de l'Opéra-Comique ; elle comptait parmi ses membres Urhan, Claudel, Cladel, Halma, Vogt, Willent, Gebauer, Mengal, Caillaut, Tilmant jeune, Nargeot, etc. On n'exécutait pas au Gymnase musical les grandes œuvres classiques ; le répertoire se composait surtout d'œuvres de jeunes compositeurs, et chaque concert comprenait deux ou trois morceaux et quelques solos ; c'est là qu'ont commencé quelques-uns de nos meilleurs virtuoses, Mlle Moke (qui fut depuis Mme Pleyel), Mlle Hélène Robert-Mazel, Mlle Croisilles, MM. Codine, Dorus, enfin toute la jeune génération artistique de l'époque.

En 1828-1829, les réunions eurent lieu dans la salle Molière, rue Saint-Martin, puis, le nombre des sociétaires ayant augmenté, le Gymnase obtint l'autorisation de donner ses séances à l'Hôtel de Ville, dans la salle Saint-Jean. Malheureusement, vers 1832, la discorde se mit parmi les associés ; une trentaine d'entre eux se séparèrent des autres et, se joignant aux membres de la société du Wauxhall, fondèrent avec ceux-ci l'Athénée musical; le compositeur Chelard était à la tête des dissidents. A la suite de cette petite révolution, le Gymnase musical, œuvre intelligente et utile, où les jeunes compositeurs pouvaient se produire, où les jeunes virtuoses pouvaient se faire connaître tout en voyant leur talent rétribué, dut disparaître. Decourcelle reprit ses pinceaux, et continua de faire de la peinture jusqu'en 1857, époque de sa mort.

DECOURCELLE (Maurice-Henri), pianiste et compositeur, fils du précédent, naquit à Paris le 11 octobre 1815. Après avoir commencé de bonne heure l'étude de la musique, il devint pour le piano l'élève de M. Herz, qui l'entendit jouer dans un concert et le prit en affection. Plus tard, il suivit un cours d'harmonie et de composition avec M. Barbereau. M. Decourcelle fut pendant nombre d'années l'accompagnateur en vogue de Paris, et pas un artiste important ne se faisait entendre sans avoir recours à lui. Cela ne l'empêchait pas de donner lui-même un concert chaque année, et de se livrer à la composition. A partir de 1848, il se voua à l'enseignement, tout en continuant d'écrire pour le piano un assez grand nombre d'ouvrages, dont la plupart ont été publiés chez MM. Brandus, Lemoine, Gérard et Richault. Ses compositions ou arrangements forment un total de plus de cent œuvres, parmi lesquelles il faut citer surtout : 1° 12 Études mélodiques, op. 6, Paris, Lemoine; 2° Exercices progressifs, op. 11, Paris, Gérard; 3° Répertoire d'exercices dans tous les tons majeurs et mineurs, op. 30 ibid.; 4° 20 Études caractéristiques, op. 33, ibid.; 5° Exercices et préludes dans les tons les plus usités, op. 41, ibid.; 6° 3 Nocturnes, op. 8 et 10, Paris, Lemoine; 7° Fantaisie élégante, op. 21, Paris, Gérard; 8° Galop brillant, op. 25, Paris, Lemoine; 9° *Le Couvre-feu*, *Villanelle*, mélodies, op. 38, Paris, Gérard; 10° *L'Automne*, mélodie, op. 31, Paris, Gregh; 11° *Chant du matin*, op. 46, Paris, Gérard; 12° Dix mélodies de Mozart transcrites pour le piano, op. 51, ibid.; 13° Série de seize ouvertures célèbres, transcrites pour deux pianos à 8 mains.

DECOURCELLE (HENRI-ADOLPHE), pianiste et professeur, frère du précédent, est né le 5 octobre 1821. Professeur de piano au lycée Louis-le-Grand et au collège Chaptal, il a publié diverses compositions pour son instrument, entre autres un utile recueil d'exercices élémentaires.

DE CROZE (FERDINAND). — *Voyez* **CROZE** (FERDINAND DE).

DÉDÉ (EDMOND), compositeur, a écrit la musique de deux ballets qui ont été représentés sur le Grand-Théâtre de Bordeaux : *Nénuha, reine des Fées* (un acte, vers 1862), et *la Sensitive* (2 actes, 1877). Cet artiste a donné aussi quelques opérettes à l'Alcazar de Bordeaux, dont il est le chef d'orchestre : *Il faut passer le pont*, *Le Voisin de Thérèse*, etc.

DEDIEU (......). Un compositeur ainsi nommé a fait représenter sur le théâtre de la Cité, en 1793, un opéra-comique un un acte intitulé *Midas au Parnasse*.

DE DOMMINECO (GIAN-PAOLO), musicien italien qui vivait à la fin du dix-septième siècle et au commencement du dix-huitième, était *virtuoso di camera* de la duchesse de Laurenzano et fit représenter à Naples, sur le théâtre des Florentini, un opéra intitulé *Il Stravestimiento affortunato*.

DE FERRARI (SERAFINO), compositeur dramatique, né à Gênes en 1824, fit ses premières études musicales en cette ville sous la direction de M. Bevilacqua, travailla ensuite avec MM. Serra et Sciorati, puis alla terminer son éducation à Milan avec M. Mandanici. Engagé comme *maestro concertatore* à Amsterdam, il voulut dès lors se produire au théâtre et écrivit la partition d'un ouvrage intitulé *Catilina*; mais celui-ci ne vit jamais le jour. De retour dans sa patrie, M. De Ferrari devint successivement directeur du chant dans plusieurs théâtres, entre autres au théâtre Pagliano, de sa ville natale, et au théâtre Carignan, de Turin. En 1853, il fit ses débuts de compositeur dramatique en donnant au théâtre Carlo-Felice, de Gênes, un opéra sérieux intitulé *Don Carlo*, qui fut très bien accueilli, et qu'il gâta en le refaisant en partie et en le reproduisant plus tard, au même théâtre, sous le titre de *Filippo II*. Il écrivit ensuite trois opéras bouffes : *Pipelè*, sur un livret tiré des *Mystères de Paris* d'Eugène Sue, ouvrage qui lui fit une véritable réputation et qui est resté au répertoire de tous les théâtres d'Italie; *il Matrimonio per concorso*, à la musique duquel un livret exécrable porta le plus grand préjudice, quoique le rôle principal en ait été créé au théâtre de la Fenice, de Venise (1858), par Mlle Virginia Boccabadati; et *il Menestrello*, aimable et gracieuse production qui conserve toujours la faveur du public, bien qu'elle ait été donnée pour la première fois à Gênes, au théâtre Paganini, le 23 juillet 1861. Tout en faisant représenter ces divers ouvrages, M. De Ferrari, qui n'est pas seulement un bon pianiste, mais aussi un organiste distingué, s'exerçait dans le genre sacré, et faisait exécuter plusieurs messes qui prouvaient en faveur de la souplesse de son talent. En même temps, il publiait un certain nombre de mélodies vocales, parmi lesquelles deux surtout méritent d'être distinguées : *la Croce della Mamma*, et une mazurka chantée qu'on dit charmante, *Fiori d'Aprile*. Bientôt il reparaissait à la scène et donnait au théâtre Carlo-Felice de Gênes, le 9 novembre 1864, *il Cadetto di Guascogna*, opéra bouffe qui obtint un véritable succès auprès du public et de la critique, bien que celle-ci reprochât à la partition d'être un peu trop fournie de motifs de danses, valses, polkas, mazurkas et le reste. Mais l'ensemble de l'œuvre était si aimable, si vif, si gracieux, qu'on passa facilement condamnation sur ce défaut. Depuis lors, et malgré ses succès, je ne sache pas que M. De Ferrari ait de nouveau abordé le théâtre. Je crois cependant qu'il est l'auteur, avec quelques autres musiciens, de la partition d'un ballet intitulé *Delia*. Ses ouvrages les mieux réussis sont *Pipelè*, *Don Carlo* et *il Menestrello*; ce dernier, sans être hors ligne, est, selon les critiques italiens, une œuvre de forme élégante, dans laquelle on rencontre trop peu de nouveauté et d'originalité, mais qui est, en somme, bien faite, bien conduite et surtout bien instrumentée; on cite parmi les morceaux les plus réussis de la partition, le chœur du *Rataplan*, le finale du premier acte, et tout particulièrement, au second acte, un duo entre le ménestrel et une duègne dans lequel il a fait une sorte de parodie parfaitement réussie de l'opéra sérieux, d'un très-bon effet sans qu'elle tombe dans la caricature.

DEFFELL (CHARLES), compositeur amateur anglais, a écrit la musique d'un opéra en trois actes, *the Corsair*, qui a été représenté au Crystal Palace, de Londres, le 25 mars 1873. Cet ouvrage, dont le livret était imité du fameux poème de Byron connu sous le même titre, n'a point obtenu de succès.

* **DEFFÈS** (PIERRE-LOUIS). Le répertoire dramatique de ce compositeur élégant et délicat se complète par les ouvrages suivants : 1° *le Café du roi*, un acte, Théâtre-Lyrique, 16 novembre 1861 (repris à l'Opéra-Comique en 1868); 2° *les Bourguignonnes*, un acte, Opéra-Comique, 16 juillet 1863 (écrit pour le Kursaal d'Ems, et représenté d'abord en cette ville en 1862); 3° *Passé minuit*, un acte (d'après un ancien vaudeville), Bouffes-Parisiens, 24 novembre 1864; 4° *la Boîte à surprise*, un acte, id., 3 octobre 1865 (représenté à Ems le 30 juillet de l'année précédente); 5° *la Comédie en voyage*, un acte, Kursaal d'Ems, juillet 1867; 6° *les Croqueuses de pommes*, « opérette » en 5 actes, Menus-Plaisirs, 29 septembre 1868; 7° *Petit Bonhomme vit encore*, 2 actes, Bouffes-Parisiens, 19 décembre 1868; 8° *Valse et Menuet*, un acte, Athénée, 16 avril 1870 (joué précédemment à Ems, en juillet 1865). M. Deffès a en portefeuille les ouvrages suivants : *la Nuit de noces*, opéra-comique en 3 actes, sur un livret de M. Victorien Sardou; *Riquet à la houppe*, opéra-comique féerie en 3 actes; *le Marchand de Venise*, opéra en 3 actes. Il a publié, dans *le Magasin des Demoiselles*, une opérette en un acte, *Lanterne magique*, qui n'a pas été représentée (1). M. Deffès a écrit aussi quelques

(1) Une erreur s'est produite au sujet d'un des ouvrages de M. Deffès, *la Clé des champs*, qui a été représenté non aux Bouffes-Parisiens, mais à l'Opéra-Comique.

chœurs orphéoniques : *la Forge*, le *Retour du drapeau*, le *Réveil des chasseurs*, etc.

DE GIOVANNI (NICOLA), violoniste, compositeur pour son instrument et chef d'orchestre fort remarquable, naquit à Gênes en 1804, se distingua d'abord comme virtuose, et donna sous ce rapport des preuves d'un talent exceptionnel. Il se mit aussi bientôt en évidence comme chef d'orchestre, et fut placé par le duc de Parme à la tête de celui du théâtre ducal de Parme, où il se fit remarquer par son énergie et ses grandes qualités, et dont il fit rapidement un des premiers de l'Europe. Cet artiste, qui s'était fait une situation brillante et un grand renom en Italie, mourut à Parme en 1856 et laissa de grands regrets en cette ville.

* **DEGOLA** (GIOCONDO), compositeur dramatique, était fils de Louis Degola, et naquit vers 1803. Il fit ses premières études musicales avec son père, reçut ensuite des leçons d'un artiste polonais nommé François Mirecki, puis, son éducation terminée, se fit une bonne réputation comme professeur de chant, en même temps qu'il publiait chez Artaria, à Novare, et chez Ricordi, à Milan, un certain nombre de nocturnes et de romances qui étaient bien accueillis du public. En dehors de ses ouvrages dramatiques, on doit à ce compositeur une grande cantate, *il Trionfo di Davide*, qu'il fit entendre à Gênes, et une messe à deux chœurs, avec deux orgues d'accompagnement, qui fut exécutée à la cathédrale de Milan au mois de septembre 1842.

DE GRAAN (JEAN), violoniste néerlandais, né à Amsterdam le 9 septembre 1852, commença l'étude du violon dès l'âge de quatre ans, et à six ans se faisait entendre avec succès dans les concerts. Élève d'abord de MM. C. Fischer et Fr. Coenen, il prit plus tard des leçons de M. Joachim, qui le considérait comme un de ses meilleurs élèves. Enfant prodige, le jeune de Graan devint plus tard un artiste fort remarquable, auquel le public ne ménageait ni sa sympathie ni ses applaudissements. Il était encore à l'aurore d'une carrière qui promettait d'être exceptionnellement brillante et qui semblait lui promettre la célébrité, lorsqu'il mourut à La Haye le 8 janvier 1874, âgé seulement de vingt et un ans. Il a été l'objet de la notice suivante, publiée en 1875 par un de ses compatriotes, M. J. Kneppelhout : *Een beroemde knaap, ter herinhering van Jan De Graan* (Un Enfant célèbre, souvenir à *Jean De Graan*).

ED. DE H.

DÉJAZET (EUGÈNE), compositeur, fils de la célèbre actrice de ce nom, est né vers 1825. Après avoir publié quelques compositions vocales légères, après avoir écrit pour sa mère un assez grand nombre d'airs qu'elle chantait dans les pièces créées par elle au théâtre des Variétés, M. Déjazet fit représenter au Théâtre-Lyrique, le 27 janvier 1852, un opéra-comique en un acte intitulé : *Un Mariage en l'air*. Ayant acheté de MM. Huart et Altaroche, à la fin de 1859, le gentil petit théâtre des Folies-Nouvelles, il lui donna le nom de théâtre Déjazet et en conserva la direction jusqu'en 1870. C'est là qu'il fit jouer plusieurs ouvrages dont il écrivait la musique, et parfois aussi les paroles; en voici la liste, que nous croyons à peu près complète : *Fanchette*, un acte (paroles et musique), 1860 ; *Double-deux*, un acte, 1861 ; *la Rosière de quarante ans*, un acte, 1862 ; *l'Argent et l'Amour*, 3 actes, 1863 ; *la Nuit de la Mi-Carême*, un acte, 1864 ; *Monsieur de Bella-Isle*, un acte, 1865 ; *la Tentation d'Antoine*, un acte (paroles et musique), 1865 ; *les 7 Baisers de Buckingham*, un acte, 1866. Il faut ajouter à ces productions, d'ailleurs d'une valeur médiocre, quelques cantates de circonstance et la musique de plusieurs vaudevilles, *le Royaume de la bêtise*, *les Vacances de l'Amour*, etc. M. Déjazet fut obligé d'abandonner la direction de son théâtre après y avoir fait d'assez mauvaises affaires. Depuis lors, il ne s'est plus produit en public. — Une sœur de cet artiste, Mlle Hermine *Déjazet*, a écrit la musique d'une opérette en un acte, *le Diable rose*, représentée au théâtre Déjazet en 1859.

DELABORDE (.........). On a publié sous ce nom un opuscule ainsi intitulé : *Le Clavecin électrique* (Paris, 1761, in-12).

DELABORDE (ÉRAIM-MIRIAM), professeur de piano au Conservatoire de Paris, est né en cette ville le 7 février 1839. Il commença, dès l'âge de cinq ans, ses études musicales, sous la direction de M. Charles-Valentin Alkan, et mena de front ces études avec ses humanités, qu'il fit au lycée Bonaparte. Une fois muni de ses diplômes de baccalauréat, il entreprit un grand voyage artistique en Allemagne, et séjourna longtemps dans ce pays. Il compléta, seul, son éducation à Berlin, à Weimar, à Leipzig et à Dresde. La guerre de 1870 le surprit en Allemagne, qu'il s'empressa de quitter. En 1873, il fut nommé professeur de piano au Conservatoire.

M. Delaborde possède un très remarquable talent de virtuose, qu'il a fait apprécier en plus d'une occasion, notamment à la Société des concerts, et qui se distingue surtout par une rare solidité de mécanisme et une grande fermeté de style. Il s'est peu produit comme compositeur, et a publié seulement quelques *lieder*, des cadenses pour les concertos de Bach et de Beethoven, et quelques pièces pour piano seul. Parmi ces dernières, se trouve une marche villageoise extraite d'un opéra inédit de M. Delaborde, intitulé *Maître Martin*.

DELACROIX (.....). Un compositeur de ce nom a fait représenter au mois de mars 1859, sur le théâtre d'Orléans, un opéra-comique en deux actes, intitulé *les Chevau-légers*.

*** DELAIRE** (JACQUES-AUGUSTE), est mort à Paris au mois de septembre 1864. Cet artiste amateur fit pendant trente et un ans partie de la Société libre des Beaux-Arts, dont il fut élu président pendant sept années consécutives, et il publia sur la musique, dans les *Annales* de cette compagnie, un certain nombre de travaux dont voici la liste : 1° *De la défense d'admettre des femmes dans les chœurs de musique d'église* (1835) ; 2° *Des amateurs de musique et des concerts d'amateurs* (1836) ; 3° *Rapport sur une Méthode élémentaire de musique, offerte à la Société libre des Beaux-Arts par M. Adrien de la Fage* (1838-39) ; 4° *Histoire de la Romance, considérée comme œuvre littéraire et musicale* (1840-41) ; 5° *Rapport sur les deux premiers volumes de l'Histoire de la musique et de la danse, de M. Adrien de la Fage* (1844-45). — Peu après la mort de son maître Reicha, Delaire avait publié aussi un écrit intitulé : *Notice sur Reicha, musicien-compositeur et théoriste* (!). L'affection du disciple avait cette fois entraîné un peu trop loin l'écrivain, qui ne craignit pas de formuler cette appréciation hardie : « Aujourd'hui l'on considère généralement les quintettes de Reicha comme des chefs-d'œuvre dignes de rivaliser avec ceux de Haydn, de Mozart et de Beethoven. » Je dois à la vérité de déclarer que les autres écrits de l'auteur ne contiennent aucune énormité de ce genre.

DE LANGE (HERMANN-FRANÇOIS), violoniste et compositeur belge, né à Liége en 1717, fit ses études musicales en cette ville, et alla ensuite perfectionner son talent en Italie. Après un assez long séjour hors de sa patrie, il revint à Liége, qu'il ne quitta plus et où il mourut le 27 octobre 1781. On doit à cet artiste un certain nombre de compositions, dont quelques-unes ont été citées par M. Édouard Gregoir : 1° *Sei overture camerali a quatro stromenti, cioè violino primo, violino secondo, alto e basso, del signore Ermanno F. de Lange, di Liegi*, op. 2. Liége, Benoît Andrez ; 2° *Sei overture a due violini, alto viola, basso continuo e due corni ad libitum*, op. 6. Liége, B. Andrez ; 3° *Six grandes symphonies à 8 parties*, op. 9.

1766; 4° Six grandes symphonies à 8 parties, op. 10, 1767; 5° *Le Rossignol*, recueil de chansons, 1765; 6° plusieurs messes, motets, etc. De Lange a fait représenter en 1776, à Liége, un opéra intitulé *Nicette à l'école de la vertu*.

DE LANGE (SAMUEL), pianiste et organiste néerlandais, est né à Rotterdam le 9 juin 1811, et a été l'élève de J.-B. Bremer et de Mulhenfeldt pour le piano, de Hummert pour l'harmonie et le contre-point. Carillonneur de la ville de Rotterdam depuis 1830, cet artiste exerçait encore cet emploi en 1864, et il était en même temps organiste de l'église du Sud et professeur à l'école de musique de la *Société musicale des Pays-Bas*. Il a publié une sonate pour orgue, des variations pour orgue sur le chant national hollandais, des variations pour orgue sur le chant populaire *Vive le Roi !* des nocturnes et quelques morceaux de musique légère pour piano.

DE LANGE (SAMUEL), pianiste, organiste et compositeur, fils du précédent, est né vers 1835. Après avoir fait d'excellentes études, il entreprit avec son frère un grand voyage artistique en Autriche et en Gallicie, où tous deux obtinrent des succès, et où M. Samuel de Lange se fit surtout remarquer comme organiste. Les deux jeunes artistes passèrent trois années à Lemberg, où ils furent nommés professeurs au Conservatoire. Au bout de ce temps, ils revinrent dans leur patrie, et en 1864 M. Samuel de Lange était organiste de l'église wallonne de Rotterdam et professeur à l'école de musique de cette ville. En 1875, il vint se fixer à Paris dans l'espoir de s'y créer une situation solide, mais n'ayant pas réussi assez rapidement au gré de ses désirs, il accepta, à la fin de 1876, de se rendre à Cologne pour y remplir les fonctions de professeur d'orgue et de piano au Conservatoire. Il avait néanmoins profité de son séjour à Paris pour s'y produire comme virtuose et comme compositeur, et à ce double point de vue avait obtenu des succès sérieux et très-honorables.

Je signalerai les compositions suivantes de cet artiste distingué : 2 Quatuors pour instruments à cordes, op. 15 et 18 ; Trio pour piano, violon et violoncelle, op. 21 ; Sérénade pour piano et instruments à cordes ; Symphonie pour orchestre, en *mi* bémol ; 2 Sonates pour orgue, op. 5 et 14 ; Légendes (*Marchenbilder*) pour piano, op. 7 ; 3 Impromptus pour piano, op. 3 ; 4 Impromptus pour piano, op. 9 ; Morceaux caractéristiques pour piano à quatre mains ; Concerto pour violoncelle, op. 16 ; Romance pour violon.

DE LANGE (DANIEL), violoncelliste et compositeur, frère du précédent, a fait, comme lui, de sérieuses études, l'accompagné dans son voyage en Autriche et en Gallicie, et ainsi que lui est resté trois ans à Lemberg en qualité de professeur au Conservatoire. De retour à Rotterdam, il y est devenu professeur de violoncelle à l'école de musique. M. Daniel de Lange a publié quelques compositions, dont la plus importante est une symphonie en *ut* mineur (op. 4).

DELANNOY (L........), chef d'orchestre du grand théâtre et professeur de solfége au Conservatoire de Lille, a fait représenter en cette ville un opéra-comique intitulé *le Siége de Lille*. Cet artiste est mort à Lille au mois de septembre 1869.

DELANNOY (VICTOR-ALPHONSE), sans doute parent du précédent, né à Lille le 25 septembre 1828, est devenu, à Paris, l'élève d'Halévy, et a remporté en 1854, au concours de l'Institut, le second grand prix de Rome. Depuis lors il n'a fait en aucune façon parler de lui.

DE LANNOY (J....-B....), compositeur belge, né à Wavre (Brabant), le 12 février 1824, étudia d'abord la clarinette, puis travailla l'harmonie avec son frère, chef de musique à Saint-Ghislain. Il remplit pendant plusieurs années les fonctions de clarinette-solo dans divers corps de musique de l'armée belge, puis s'adonna à la composition. M. De Lannoy a fait exécuter à Louvain un grand *Te Deum*, a écrit six messes avec orchestre, une cantate intitulée : *le Vallon*, qui a été entendue à Louvain en 1874, et il a publié quelques œuvres de moindre importance.

DELASEURIE (A........), pianiste et compositeur, a publié une cinquantaine de petits morceaux de musique légère, parmi lesquels plusieurs fantaisies sur des thèmes d'opéras célèbres. On sait ce que vaut ce genre de musique, pour lequel on trouve toujours des amateurs à qui leur manque d'instruction ne laisse pas le droit d'être très-difficiles.

DELATOUR (U......-P......), est auteur d'une brochure ainsi intitulée : *Aérographe, système universel de communication d'idées au moyen de signaux sonores et visuels, mis à la portée de tout le monde, par U.-P. Delatour, ancien officier*, Paris, 1833, in-8° de 62 pp. avec neuf planches.

* **DELÂTRE** (CLAUDE-PETIT-JAN). Vers le milieu du seizième siècle, Pierre Phalèse publiait à Louvain un recueil de chansons à quatre parties, divisé en six livres, dont les trois premiers parurent en 1554, bientôt suivis des trois autres. Delâtre fournit la musique de six chansons des premiers livres, et le sixième, qui en contient vingt-neuf, est entièrement de sa composition. Voici le titre de ce dernier livre : *Sixiesme livre*

des *chansons à quatre parties, nouvellement composes* (sic) *et mises en musicque par maistre Jehan de Latre, maistre de chapelle du reverendiss. évesque de Liége, etc., convenables tant aux instruments comme à la voix* (Louvain, 1555, in-4°). Ceci nous apprend qu'avant d'être maître des enfants de chœurs de l'église cathédrale de Verdun, Delâtre était, en 1555, maître de chapelle de l'évêque de Liége.

DELATTRE (JOSEPH-MARIE), né à Marseille en 1751, étudia d'abord en vue d'entrer au barreau. Il quitta de très-bonne heure cette voie pour se livrer à la musique. Il fut successivement chef d'orchestre des théâtres d'opéra à Lyon et à Marseille. Il acquit aussi de la notoriété comme professeur de chant, d'harmonie et de violoncelle, et pendant sa longue carrière forma beaucoup d'élèves, parmi lesquels on peut citer la célèbre cantatrice madame St-Aubin, madame Nathan-Treillet, Bénédit, le compositeur Reymoneuq, etc. Il fut un des fondateurs des concerts Thubaneau, qu'il dirigea comme chef d'orchestre pendant toute leur durée, de 1805 à 1839. Il fut reçu membre de l'Académie de Marseille le 20 pluviôse an IX, dans la section de musique que venait de créer cette compagnie. Legrand et lui furent les deux premiers musiciens admis. Delattre mourut à Marseille au mois de novembre 1831.   AL. R—D.

DELAVAULT (EUGÈNE), riche dilettante, fixé dans l'Ouest de la France, à Niort, je crois, emploie les loisirs que lui laisse sa situation de fortune à la culture assidue de l'art musical. Il a fait représenter au Théâtre-Lyrique, le 11 avril 1862, un opéra-comique en un acte intitulé *l'Oncle Traub*, et a publié ensuite une messe solennelle pour soli, chœurs et orchestre ou orgue (Paris, Lavinée). Depuis lors, M. Delavault a écrit encore plusieurs ouvrages importants, parmi lesquels un oratorio en deux parties intitulé *les Captifs d'Israël*, et deux opéras, *Sapho* et *le Chevalier noir*. Il a fait entendre des fragments de ces divers ouvrages dans un concert donné à Paris le 13 décembre 1876.

DEL CARLO (GIUSEPPE), compositeur de musique religieuse, né à Lucques vers 1815, fut élève de Domenico Quilici et de M. Massimiliano Quilici. On connaît de lui plusieurs compositions *a cappella*, des motets à 2 et à 4 voix avec accompagnement instrumental, des ariettes, des cantates *da camera*, et enfin une messe à 4 voix et à grand orchestre écrite et exécutée à l'occasion de la fête de sainte Cécile. Cet artiste mourut, à peine âgé de 28 ans, le 14 octobre 1843.

DEL CORONA (LUIGI), compositeur italien, est l'auteur d'un opéra sérieux, *Carmela*, représenté à Pistoia le 15 février 1874. Cet artiste s'était fait connaître par la publication d'un certain nombre de morceaux de piano, de romances et de mélodies vocales.

* **DELDEVEZ** (ÉDOUARD-MARIE-ERNEST). Cet artiste fort distingué occupe aujourd'hui les fonctions de premier chef d'orchestre à l'Opéra et à la Société des concerts du Conservatoire Lorsqu'en 1872 George Hainl (*Voyez* ce nom), déjà très-fatigué, renonça à l'honneur de diriger les concerts de l'illustre Société, M. Deldevez, qui depuis 1859 en était le second chef, fut, par un vote unanime de ses collègues, appelé à le remplacer; et lorsque, l'année suivante, George Hainl mourut subitement, ce fut encore à M. Deldevez, qui depuis plusieurs années avait pris sa retraite de sous-chef d'orchestre à l'Opéra, qu'échut sa succession à ce théâtre. Entre ces deux faits, il avait publié sous ce titre : *Curiosités musicales, notes, analyses, interprétation de certaines particularités contenues dans les œuvres des grands maîtres* (Paris, Didot, 1873, in-8°), un livre important, d'un caractère absolument technique, et dont la lecture peut être surtout utile et fructueuse pour les chefs d'orchestre et les maîtres de chapelle, pour tous ceux qui sont appelés à diriger l'exécution des œuvres des maîtres de la symphonie; il rend compte des hésitations relatives à l'interprétation de certains passages de ces œuvres, cherche à éclaircir les points obscurs, aide ou combat la tradition par le moyen du raisonnement, et conclut en conséquence. C'est l'œuvre d'un musicien instruit et d'un homme de bonne foi.

A la liste des compositions ou publications de M. Deldevez, il faut ajouter les suivantes : 1° 6 Romances sans paroles pour le piano, op. 24; — 2° 3 Préludes pour le piano; — 3° Hymnes à 3 voix (1. *O Fons amoris*; 2. *Jam solis*); Hymnes à 4 voix (3. *In noctis umbra*; 4. *O Splendor*); — 4° *La notation de la musique classique comparée à la notation de la musique moderne, et de l'exécution des petites notes en général*; — 5° Trilogie (1. *Principes des intervalles et des accords*; 2. *Réalisation des partimenti de Fenaroli*; 3ª *Œuvres des violonistes célèbres*, 3ᵇ *Œuvres des compositeurs célèbres*, 3ᶜ *Transcriptions et réalisations d'œuvres anciennes*); — 6° *Cantate*, exécutée à l'Opéra le 15 février 1853.

M. Deldevez, qui est aujourd'hui professeur de la classe d'orchestre au Conservatoire, est chevalier de la Légion d'honneur.

DELÉCLUZE (ÉTIENNE-JEAN), peintre, romancier et critique français, né à Paris le 20 février 1781, est mort en juillet 1863. Il avait commencé par s'adonner à la peinture, était devenu l'élève de David, et avait obtenu des succès dans les expositions. Malgré cela, il abandonna la pratique de l'art au bout de quelques années, pour se livrer à la littérature d'imagination et à la critique. Pendant longues années, Delécluze fut chargé, dans le *Journal des Débats*, de la revue annuelle du salon de peinture, ainsi que des comptes rendus des représentations du Théâtre-Italien. Plusieurs séjours à Rome, dont il a raconté les incidents dans un volume de Mémoires intitulé : *Souvenirs de soixante années* (Paris, 1862, in-12), lui avaient donné un goût très-vif pour l'étude de tous les arts, y compris la musique, qu'il ne connaissait cependant que d'une façon un peu superficielle. Delécluze a publié dans la *Revue de Paris*, en 1842, une notice en deux articles sur Palestrina ; un tirage à part a été fait de cette notice, sous ce titre : *Palestrina* (Paris, 1842, in-8°).

* **DELÉHELLE** (Jean-Charles-Alfred), compositeur, grand prix de Rome, n'a pu encore, malgré les titres que lui valait cette distinction, aborder la scène de l'Opéra-Comique. Il a fait représenter aux Bouffes-Parisiens, le 8 juin 1859, une opérette en un acte intitulée : *l'Ile d'amour*, et à l'Athénée, le 15 janvier 1873, un opéra-comique en 2 actes, *Monsieur Polichinelle*, ouvrage charmant, plein de grâce, de verve, de fraîcheur, et empreint d'un vrai sentiment scénique, dont le succès, partout ailleurs qu'en France, lui aurait immédiatement facilité l'accès d'une scène plus relevée. — M. Deléhelle a tenu, une fois au moins, la plume du critique ; il a publié, dans la *Correspondance littéraire* du 10 juin 1861, une étude intéressante et fine sur le génie d'Auber.

DELESCHAMPS (Albert), docteur en médecine, est auteur d'un écrit intitulé : *Études physique des sons de la parole*, Paris, Savy, 1869, in-8°.

DELESTOCART (Pascal), compositeur qui vivait dans la seconde moitié du seizième siècle, prit part en 1584 au concours du puy de musique d'Évreux, et y remporta le prix de la harpe d'argent pour le motet : *Ecce quam bonum*.

* **DELÉZENNE** (Charles-Édouard-Joseph), est mort le 20 août 1866.

DEL FANTE (Antoine), et non *Delfante*. Ce compositeur a écrit au moins un second opéra, *la Morte di Sisara*, que l'on jouait à Rome (j'ignore si c'est pour la première fois) en 1820.

DELFICO (........), compositeur dramatique italien, est l'auteur de plusieurs opéras, dont le premier a été représenté en 1850. Je connais seulement les titres des trois derniers : *la Fiera*, ouvrage joué sans grand succès sur le théâtre Mercadante, de Naples, au mois d'août 1872 ; *Parigi dopo la guerra*, donné à la Société philharmonique de la même ville, dans le cours de la même année ; et *il Parafulmine*, opéra bouffe donné à la même société au mois de mars 1876.

DELIAIN (........), musicien français du dix-huitième siècle, est l'auteur d'un ouvrage d'enseignement publié sous ce titre en 1781 : *Nouveau Manuel musical*, ouvrage qui a pour objet de mettre la théorie de la musique, des agréments du chant et de l'accompagnement du clavecin à la portée des jeunes personnes, leur en faciliter l'étude par une marche moins longue, moins pénible et moins rebutante que celle que l'on emploie ordinairement (Paris, Ballard).

DELIBES (Léo), compositeur, l'un des représentants les plus distingués et les plus actifs de la jeune école musicale française, est né à Saint-Germain du Val (Sarthe) en 1836. Venu à Paris en 1848, il entrait au Conservatoire, dans une classe de solfège, puis s'attachait successivement, comme enfant de chœur, à diverses maîtrises, entre autres à celle de l'église de la Madeleine. Après avoir obtenu un second prix de solfège en 1849 et le premier l'année suivante, il fut admis dans la classe de piano de M. Le Couppey, puis dans celle d'harmonie et accompagnement de M. Bazin, remporta un second accessit d'harmonie en 1854, et devenait bientôt élève d'Adam pour la composition et de M. Benoist pour l'orgue.

Dès 1853, M. Delibes devenait accompagnateur au Théâtre-Lyrique, par l'influence d'Adam, qui s'était fait son protecteur, et vers la même époque il entrait en qualité d'organiste à l'église Saint-Jean et Saint-François. C'est aussi à partir de ce moment qu'il commença à se livrer à la composition. Il commença d'abord par donner au petit théâtre des Folies-Nouvelles, en 1855, une opérette en un acte, *Deux sous de charbon*, dont le principal rôle était tenu par M. Hervé (*Voy*. ce nom), et dès l'année suivante il donnait deux petits ouvrages du même genre aux Bouffes-Parisiens, *Deux vieilles gardes* (8 août 1856), et *Six demoiselles à marier* (12 novembre 1856). Le 3 octobre 1857, il faisait représenter au Théâtre-Lyrique un opéra-comique intitulé *Maître Griffard*, et ce petit acte leste et pimpant, qui brillait par une gaîté franche et un bon sentiment de la scène, faisait pressentir que son auteur pourrait devenir un jour et donnait la mesure de son tempérament, qui le portait précisément vers le genre de la comédie musicale.

Pendant plusieurs années, M. Delibes multiplie ces petites productions, aimables, fines, spirituelles, et qui commençaient à faire connaître avantageusement son nom : c'est ainsi qu'il fait jouer successivement *l'Omelette à la Follembuche* (un acte, Bouffes-Parisiens, 8 juin 1859), *Monsieur de Bonne-Étoile* (id., id., 4 février 1860), *les Musiciens de l'orchestre* (deux actes, en société avec MM. Erlanger et Hignard, Bouffes-Parisiens, 25 janvier 1861), *le Jardinier et son Seigneur* (un acte, Théâtre-Lyrique, 1ᵉʳ mai 1863), *la Tradition* (prologue pour une réouverture des Bouffes-Parisiens, 5 janvier 1864), *le Serpent à plumes* (un acte, Bouffes-Parisiens, 16 décembre 1864), enfin *le Bœuf Apis* (deux actes, id., 25 avril 1865). A tout cela il faut ajouter deux autres opérettes écrites pour le théâtre du Kursaal d'Ems, *Mon ami Pierrot* (un acte, juillet 1862) et *les Eaux d'Ems* (un acte), plus une cantate, *Alger*, composée sur des vers de Méry et exécutée à l'Opéra le 15 août 1865.

A cette époque, M. Delibes venait de quitter les fonctions d'accompagnateur qu'il remplissait au Théâtre-Lyrique pour occuper celles de second chef des chœurs à l'Opéra, et l'on peut dire qu'une nouvelle carrière s'ouvrit alors pour lui. Le 12 novembre 1866, ce théâtre donne la première représentation de *la Source*, ballet en 3 actes et 4 tableaux, dont la partition avait été composée en collaboration par M. Delibes, qui en avait écrit les deuxième et troisième tableaux, et un jeune musicien russe, M. Minkous. L'audition de la musique de *la Source* fut comme une sorte de révélation, et le talent de M. Delibes s'y affirma du premier coup et d'une façon si éclatante comme compositeur de ballet qu'on reconnut aussitôt en lui, sous ce rapport, un successeur direct d'Hérold et d'Adam, son maître regretté. Aussi l'administration de l'Opéra, qui songeait alors à une reprise d'un des meilleurs ouvrages en ce genre d'Adam, *le Corsaire*, ne crut-elle pouvoir mieux faire que de demander au jeune artiste la musique d'un divertissement nouveau qu'on y voulait ajouter ; cette reprise n'en fut que plus heureuse (21 octobre 1867) (1).

C'est à cette époque que M. Delibes prit part à une petite débauche artistique : il écrivit, en société avec Georges Bizet, MM. Émile Jonas et Legouix la partition d'une grande opérette en quatre actes, *Malbrough s'en va-t-en guerre*,

dont le quatrième acte lui était échu, et qui fut représentée au théâtre de l'Athénée, le 13 décembre 1867. Il retourna ensuite sur la scène de ses premiers succès, et donna aux Bouffes-Parisiens (16 janvier 1869) une fantaisie en un acte, *l'Écossais de Chatou*, bientôt suivie d'un opérabouffe en 3 actes, *la Cour du roi Pétaud*, joué aux Variétés le 24 avril 1869. Puis il donna pour la première fois toute la mesure de son talent en écrivant pour l'Opéra la musique de *Coppélia* ou *la Fille aux yeux d'émail*, ballet en 2 actes qui fut représenté à ce théâtre le 25 mai 1870. La partition de *Coppélia* est une œuvre exquise et charmante, qui se distingue par l'abondance mélodique, la franchise des rhythmes, l'intelligence scénique, la richesse, l'éclat et la variété de l'instrumentation.

Enfin, la direction de l'Opéra-Comique, qui depuis longtemps aurait dû songer à attirer à elle un talent aussi souple et aussi délicat, confia au jeune compositeur le livret d'un ouvrage en trois actes intitulé *le Roi l'a dit*. Dès que la partition fut achevée, cet ouvrage fut mis à l'étude, et la première représentation en eut lieu le 24 mai 1873. Bien que l'œuvre fût très-heureuse en quelques-unes de ses parties, le succès ne fut pas aussi complet qu'on l'avait espéré, et cela par suite de son inégalité, causée par la valeur secondaire du poème. Le premier acte du *Roi l'a dit* était charmant d'un bout à l'autre, mais les deux autres étaient moins bien venus, parce que le compositeur ne s'y trouvait pas soutenu par les situations scéniques et que l'action y devenait froide et languissante. Néanmoins, le public accueillit avec une évidente sympathie la musique du *Roi l'a dit*, qui était une brillante promesse d'avenir, et dans laquelle on retrouvait les qualités ordinaires de M. Delibes, c'est-à-dire la grâce des contours, le jet mélodique, la science de l'instrumentation et une vive compréhension de la scène. Du reste, cet opéra, traduit en allemand et représenté à Vienne en 1874, y fut accueilli avec la plus grande faveur. M. Delibes a obtenu son dernier succès au théâtre avec *Sylvia* ou *la Nymphe de Diane*, ballet en trois actes et cinq tableaux, qui a été représenté à l'Opéra le 14 juin 1876, et dont la partition, extrêmement remarquable, pleine de verve, de couleur, de chaleur et d'entrain, fut accueillie avec toute la faveur qu'elle méritait.

Mais, quelle que soit la valeur de ses œuvres en ce genre, les amis du jeune compositeur le verraient avec peine négliger celui de la comédie musicale, pour lequel il semble vraiment né. Artiste intelligent et bien doué, digne continuateur de cette brillante lignée de musiciens fran-

---

(1) On a joué à la Scala, de Milan, au mois de février 1876, avec grand succès, le ballet de *la Source* (*la Sorgente*), avec la musique de MM. Léo Delibes et Minkous.

...ais qui se sont illustrés dans l'opéra-comique, M. Delibes, que son tempérament naturel porte surtout de ce côté, paraît précisément appelé à renouveler les exploits de ses devanciers ; il faut douter toutefois que M. Delibes, qui a le sentiment très-vif de la période de crise et de renouvellement que traverse en France l'art musical, ne croit pas le genre de l'opéra-comique à l'abri de ce renouvellement, et songe, sans pouvoir les exactement définir, aux réformes et aux modifications qu'il serait utile et désirable d'y voir apporter. De là, dans l'esprit du compositeur, des incertitudes, des hésitations, exagérées sans doute, mais qui ont jusqu'à un certain point leur raison d'être dans les hésitations du public lui-même. Il semble cependant que ces dernières sont plus apparentes que réelles, et je suis d'avis que quand un artiste est en possession d'un talent aussi formé, d'un tempérament aussi sain, aussi généreux que celui de M. Delibes, il doit trouver en lui la volonté, l'énergie, la force nécessaires pour montrer la voie au public et l'entraîner à sa suite. M. Delibes est assurément l'un des jeunes musiciens sur qui la France a le plus droit de compter ; qu'il ne se laisse pas arrêter plus que de raison par des scrupules dont l'importance et la légitimité ne doivent pas être exagérées, et qu'il suive sans remords le chemin que lui trace sa nature artistique. La succession de Boieldieu, d'Hérold et d'Auber est ouverte ; il est un de ceux qui ont droit d'aspirer à la recueillir.

Quoique le théâtre ait surtout été son objectif, M. Delibes pourtant ne s'y est pas consacré d'une façon absolument exclusive, et on lui doit quelques compositions en dehors de la scène. Membre de la commission pour l'enseignement du chant dans les écoles de Saint-Denis et de Sceaux, il a écrit pour les enfants de ces écoles une messe et plusieurs chœurs ; dévoué à l'œuvre orphéonique, il a composé aussi un certain nombre de chœurs à quatre voix d'hommes sans accompagnement, parmi lesquels il faut citer surtout : *les Lansquenets*, *les Pifferari*, *C'est Dieu ! Avril*, *Marche des soldats*, *Pastorale*, *Trianon*, etc.; quelques-uns de ces morceaux ont été couronnés aux concours de la ville de Paris. M. Delibes a écrit aussi toute une série de chœurs pour voix de femmes, avec accompagnement d'orchestre, et il a publié (Paris, Hartmann) un recueil de *Quinze mélodies* avec accompagnement de piano ; les pièces de ce recueil se distinguent par un dessin très-élégant, une tournure pleine de grâce, des harmonies très-fines (à qui l'on peut reprocher parfois d'être un peu trop cherchées) et des accompagnements écrits avec le soin le plus délicat. Par leur sentiment poétique, par leur clarté, par la distinction de la forme, ces mélodies tiennent à la fois de la romance française et du *lied* allemand, et elles sont pleines de charme, de saveur et de jeunesse ; trois surtout sont remarquables à divers titres, celles qui sont intitulées *Myrto*, *Avril*, et *Bonjour Suzon*. Enfin, M. Delibes a fait entendre avec beaucoup de succès, le 22 février 1877, dans un concert, une œuvre remarquable, *la Mort d'Orphée*, scène lyrique, qui révélait un côté nouveau de son talent, et le montrait musicien pathétique, puissant et passionné.

On assure que M. Delibes a écrit la musique d'un nouvel opéra-comique en trois actes, *le Roi des Montagnes*. On avait annoncé naguère, au théâtre de l'Athénée, deux ouvrages de lui qui n'ont pas été joués : *le Don Juan suisse*, opéra bouffe en quatre actes, et *la Princesse Ravigotte*, en trois actes. Je n'oserais affirmer que ces deux partitions ont été écrites ; mais je dois signaler l'existence d'un autre petit ouvrage du compositeur, bien que celui-ci n'ait pas été représenté : c'est une opérette en un acte, *la Fille du Golfe*, dont la musique a été publiée dans un journal, *le Magasin des Demoiselles*. M. Léo Delibes, qui a épousé la fille d'une ancienne artiste de la Comédie-Française, Mᵐᵉ Denain, s'est démis depuis quelques années des fonctions de chef des chœurs qu'il occupait à l'Opéra.

DELIN (ALBERT), facteur de clavecins, vivait à Tournai (Belgique), dans la seconde moitié du dix-huitième siècle. M. César Snoeck, notaire à Renaix, possesseur d'une des plus intéressantes collections d'instruments de musique qui existent en Belgique, a réuni quatre clavecins de ce facteur, d'ailleurs médiocres, dont le plus ancien porte la date de 1750, et le plus récent celle de 1770.

DELIOUX DE SAVIGNAC (CHARLES), pianiste et compositeur, né à Lorient au mois 17 avr. 1825, a reçu les premières notions musicales de son père, qui exerçait les fonctions de commissaire de la marine en cette ville, et s'est ensuite formé lui-même comme pianiste, sans le secours d'aucun autre professeur. Tout enfant il acquit un véritable talent, qui lui permit de se faire entendre avec succès, dès 1839, devant la famille royale, aux Tuileries, puis à la cour d'Angleterre.

Devenu, à Paris, élève de M. Barbereau pour l'harmonie, il entra en 1845 au Conservatoire, dans la classe de composition d'Halévy, y obtint un premier accessit de contrepoint et fugue, et prit part, en 1847, au concours de Rome. Sorti du Conservatoire en 1849, M. Delioux se livra aussitôt à l'enseignement du piano, tout en s'occupant de travaux de composition, et fit jouer au théâtre du Gymnase, en 1854, un petit opéra-comique en un acte, *Yvonne et Loïc*, dont le principal rôle était tenu par Mlle Anna Chéri, et qui se faisait remarquer par de jolies idées mélodiques conduites avec goût.

Depuis lors, M. Delioux, qui n'a pas abordé de nouveau le théâtre, a beaucoup écrit pour son instrument, et le nombre de ses œuvres pour le piano atteint le chiffre d'une centaine environ. Je citerai, parmi ces œuvres : *Marche hongroise* (op. 14); *Fête à Séville* (op. 23); *le Ruisseau* (op. 25); *Mandoline* (op. 28); *le Son du cor* (op. 34); *le Carnaval espagnol* (op. 38); *les Bohémiens* (op. 39); *les Matelots* (op. 40); *Fantaisie sur Faust* (op. 54); *le Lac* (op. 88); *6 Pensées musicales* (op. 89); *Allegro agitato* (op. 94). Il faut mentionner encore un *Recueil* pour le piano (op. 71-80), publié chez Schott, et un *Cours complet d'exercices*, excellent ouvrage didactique, publié chez Flaxland et adopté pour les classes du Conservatoire. Les qualités qui recommandent les compositions de M. Delioux sont le goût, le style et l'élégance de la forme. M. Delioux a écrit aussi un certain nombre de mélodies vocales : *Nature*, *Rappelle-toi*, *le Rhin allemand* (chanté par M. Faure, à l'Opéra, en 1870), *les Filles de Cadix*, *le Retour*, etc.

DELISSE (PAUL), né à Longwy (Moselle) le 12 avril 1817, se livra de bonne heure à l'étude de la musique. Admis au conservatoire de Paris le 23 mai 1839, dans la classe de trombone de Dieppo, il fut admis au concours dès l'année suivante, se vit décerner un second prix, et obtint le premier en 1841. M. Delisse remplissait depuis longues années les fonctions de premier trombone à l'orchestre de l'Opéra-Comique, lorsque, par arrêté ministériel en date du 20 octobre 1871, il fut nommé professeur de la classe de trombone au Conservatoire. Il fait partie de l'orchestre de la Société des concerts.

DELL'AQUILA (R.....), compositeur italien contemporain, a fait représenter à Milan, sur le théâtre Dal Verme, le 14 juin 1876, un opéra sérieux intitulé *il Conte di Montecristo*.

DELLE SEDIE (ENRICO), chanteur italien fort remarquable, est né vers 1828 à Livourne. Son père, négociant en cette ville, voulut d'abord lui faire embrasser la même carrière ; mais sa vocation l'entraînait ailleurs. Il prit d'abord des leçons de musique d'un maître nommé Cesario Galeffi, puis étudia la déclamation avec Persanola et Domeniconi, célèbre tragédien. Le mouvement national de 1848 fit du jeune musicien un volontaire des plus enthousiastes ; les premiers événements, Delle Sedie s'engagea, et, devenu lieutenant, se battit notamment à Curtatone, où les étudiants toscans, sous le commandement de leur professeur Montanelli, soutinrent le choc de plusieurs régiments autrichiens. Prisonnier de guerre pendant quelque temps, et ne pouvant plus, une fois rendu à la liberté, songer à la carrière des armes dans l'état de prostration où ses défaites avaient plongé l'Italie, Delle Sedie reprit ses études musicales, un instant interrompues, et songea définitivement à aborder la scène. Il débuta en 1851 sur le petit théâtre de San Casciano, près Florence, dans *Nabucco* de Verdi. Remarqué par un intelligent *impresario*, il fut immédiatement engagé à Pistoie, puis à Florence (1852), où il s'empara du rôle de *Rigoletto* sans redouter la comparaison de Varesi et de Corsi. Dès lors sa carrière fut fixée, et le jeune baryton marcha de succès en succès. Vienne en 1859, Londres en 1860, Saint-Pétersbourg, Paris l'applaudirent tour à tour. C'est par le rôle de Renato d'*un Ballo in Maschera* qu'il débuta à notre Théâtre-Italien le 17 octobre 1861, et parmi les meilleurs rôles qu'il joua par la suite, il faut citer *Don Juan*, *la Traviata*, *il Barbiere di Siviglia*, *Don Pasquale*, et surtout *Rigoletto*, où, malgré la faiblesse de sa voix, son incomparable talent de chanteur et ses rares facultés de comédien excitaient l'admiration de tous les auditeurs.

Nommé professeur de chant au conservatoire de Paris, emploi auquel il renonça peu d'années après, décoré de la Légion d'honneur, M. Delle Sedie, qui a renoncé au théâtre et qui consacre tout son temps à l'enseignement, a mis le sceau à sa réputation en publiant sous ce titre : *l'Art lyrique* (Paris, Escudier, in-folio), une excellente méthode de chant pur et de chant déclamé, dans laquelle ses théories sur cet art sont exposées avec une remarquable clarté. Les comptes-rendus faits sur cet ouvrage ont été recueillis et publiés en Italie (Livourne, Vigo, 1875, in-8°).

J. D. F.

DELOFFRE (LOUIS-MICHEL-ADOLPHE), violoniste, chef d'orchestre et compositeur, né à Paris le 28 juillet 1817, était fils d'un musicien à la fois violoniste et guitariste, avec lequel il commença son éducation musicale. Doué de dispositions remarquables pour le violon, il fut successivement élève de Bellon, de Lafont et de Baillot, et se fit connaître d'abord comme virtuose, en remplissant les fonctions de violon-solo dans les concerts de Valentino et dans ceux de Musard père. Plus tard, il partit pour Londres, avec le fameux chef d'orchestre Jullien, et devint violon-solo au théâtre de la Reine, puis à la *Philarmonic society*, à la *Sacred harmonic society* et à la *Musical Union*. Cela ne l'empêchait pas de venir donner chaque année à Paris, en compagnie de sa femme, pianiste distinguée, et de M. Pilet, violoncelliste attaché à l'orchestre de l'Opéra, des concerts dans lesquels ces trois virtuoses étaient favorablement accueillis par le public. Deloffre était du reste un violoniste habile, bien que son jeu fût parfois un peu miévreux et un peu efféminé.

Après plusieurs années passées en Angleterre. Deloffre revint se fixer à Paris en 1851, et devint second, puis presque aussitôt premier chef d'orchestre au Théâtre-Lyrique. C'est lui qui eut l'honneur de diriger à ce théâtre, pendant la brillante direction de M. Carvalho, l'exécution non-seulement des grandes œuvres de Gluck, de Mozart et de Weber, mais encore celle des belles productions d'Halévy, de Berlioz, de MM. Gounod, Victor Massé, Ernest Reyer : *Jaguarita, Faust, le Médecin malgré lui, la Reine Topase, la Statue, les Troyens, Roméo et Juliette,* etc. Lorsque, en 1868, M. Tilmant prit sa retraite, Deloffre fut appelé à le remplacer à la tête de l'orchestre de l'Opéra-Comique, et il conserva cette situation jusqu'à sa mort, arrivée le 8 janvier 1876.

Deloffre avait une façon fâcheuse de marquer la mesure, en ce sens que son archet, conduit avec mollesse et une indécision apparente, n'indiquait jamais nettement quel temps il battait ; mais c'était un artiste soigneux, soucieux des moindres détails, très-expérimenté, excellent musicien, et sachant faire travailler et étudier une partition. Il était compositeur aussi, et sous ce rapport était fort loin de manquer de talent. Sans parler des fantaisies sur des motifs d'opéras, des duos pour piano et violon qu'il écrivait jadis pour sa femme et pour lui, dans un genre fort heureusement passé de mode aujourd'hui, Deloffre a été couronné deux fois dans les concours de quatuors d'instruments à cordes ouverts par la Société des compositeurs de musique, et ses œuvres en ce genre révèlent un talent véritable de facture, une inspiration facile et une réelle élégance de forme. Il a laissé en manuscrit deux symphonies pour orchestre, plusieurs trios pour piano, violon et violoncelle, et quelques morceaux pour violon avec accompagnement de piano.

DE LOISE (......), compositeur, a écrit la musique d'*Agnès de Châtillon* ou *le Siège de Saint-Jean d'Acre,* « opéra héroïque » en trois actes, représenté au théâtre Louvois le 12 mai 1792. Je n'ai pu découvrir aucun autre renseignement sur cet artiste.

DELPRAT (Charles), professeur de chant, élève de Ponchard père, est auteur d'un livre intitulé *l'Art du chant et l'école actuelle*. Il n'y a rien de bien nouveau dans cet écrit, dans lequel cependant les jeunes chanteurs pourront puiser, au point de vue général, quelques bons préceptes. D'ailleurs, ce livre n'est pas donné par l'auteur comme un traité de l'art du chant, et se borne à présenter une série de remarques et de réflexions sur l'état de cet art dans le passé et dans le présent. Je ne puis, toutefois, m'empêcher d'y signaler une erreur au moins singulière sous le rapport historique. Dans son *prélude,* et en parlant du chant appliqué au théâtre, M. Delprat dit : « Ce ne fut qu'au début du dix-huitième siècle, à l'époque de Pergolèse, que l'on forma des combinaisons d'ensemble dans lesquelles entraient les voix de basse. » Voilà une assertion étrange. M. Delprat ignore-t-il donc que, pour ne parler que de Lully, il y avait toujours au moins un rôle de basse, et quelquefois deux, dans les opéras de ce compositeur ?

M. Delprat a fourni un certain nombre d'articles au journal *l'Art musical*, et il a publié une brochure sous ce titre : *Le Conservatoire de musique de Paris et la commission du ministère des Beaux-Arts en* 1870 (Paris, typ. Morris, 1872, in-8° de 36 pp.).

* **DELSARTE** (François-Alexandre-Nicolas-Chéri), artiste un peu étrange, quoique d'un mérite incontestable, doué de facultés très-diverses et de toutes les qualités nécessaires à l'enseignement, fut — sans voix ! — un chanteur véritablement remarquable et presque un professeur de premier ordre.

Venu de bonne heure à Paris, Delsarte étudie la musique dès son enfance, et bientôt veut se consacrer à la carrière du chant, bien que pour cela le fonds principal, c'est-à-dire la voix, lui fasse presque entièrement défaut. A force de travail pourtant et d'intelligence, il parvient, après avoir passé par l'excellente école de Choron, à remporter un second prix au Conservatoire, où il avait pour professeurs Garaudé et Ponchard père. L'année suivante il manque son premier prix, mais il a la consolation d'entendre Mme Sontag le féliciter et Nourrit lui dire : — « On ne vous a pas compris, mais je vous ai donné ma voix, et jamais mes enfants n'auront d'autre maître que vous. » Cependant Delsarte veut, comme tous les autres, essayer du théâtre, et, après de grands efforts, parvient à se faire engager à l'Opéra-Comique. Il débute dans *Maison à vendre*, de Dalayrac ; mais lui, l'artiste aux accents nobles et touchants, ne pouvait réussir dans ce qu'on pourrait appeler un vaudeville à couplets. Il ne plaît que médiocrement, et, bien que Chollet lui confie l'éducation musicale de sa fille, il juge à propos de quitter le théâtre Favart pour s'engager à l'Ambigu. Là, il crée deux ou trois rôles de mélodrame, puis, le théâtre faisant faillite, il se réfugie aux Variétés. Voilà donc le futur chantre de Lully, de Rameau et de Gluck sur le point de donner la réplique et de servir de compère à Vernet et à Odry ! Pourtant, il touche aux Variétés ses appointements durant trois ans, sans qu'on songe à le faire jouer. Mais, pendant ce temps, il travaille solitairement, silencieusement, se livre à des études profondes sur la déclamation parlée et lyrique, et, pour mieux se rendre compte des effets, il étudie aussi la physiologie et l'anatomie, et, cherche à se rendre familière la construction du larynx et à approfondir le phénomène de la phonation. En un mot, il se rendait maître, petit à petit, de tous les secrets de son art.

Mais Delsarte était un homme étrange. Bientôt il quitta les Variétés pour se faire saint-simonien, puis, du saint-simonisme, en vint à l'église de l'abbé Châtel. Dans cette dernière, il fut appelé à la direction des chœurs, et, pour la première fois de sa vie, se trouva livré à un travail digne de lui, et qui lui plaisait. On le voit alors ouvrir des cours, donner des concerts historiques, dans lesquels il fait apprécier un style dramatique singulier mais puissant, mélangé de grandeur et d'emphase, de noblesse et d'exagération, en interprétant quelques-uns des chefs-d'œuvre des vieux maîtres de l'école française. Il fait connaître au public des concerts, par fragments bien choisis, l'*Armide* de Lully et celle de Gluck, *Castor et Pollux* de Rameau, les deux *Iphigénie*, mettant en relief les principales beautés de ces divers ouvrages, et faisant courir tout Paris à leur audition. Bientôt les élèves affluent à ses cours. C'est d'abord Darcier, c'est Alizard, c'est Mᵐᵉ Barbot, puis Mˡˡᵉ Marie Dussy, puis Mᵐᵉ Gueymard et Carvalho à leur début, et tant d'autres que je ne saurais nommer. La notoriété, presque la célébrité vient enfin à Delsarte, et tandis que Mˡˡᵉ Rachel veut, dit-on, l'avoir pour partenaire à la Comédie-Française, le Théâtre-Italien songe à lui pour remplacer Bordogni. C'est ainsi que la tragédie et l'opéra se disputent cet artiste fantasque, étrange, mais d'une si étonnante envergure.

Mais lui ne veut plus entendre parler de théâtre. Avec l'aisance il a conquis la liberté, qui pour lui n'est que la liberté de s'instruire, et il la veut conserver. Car Delsarte travaillera toute sa vie, et jusqu'à son dernier jour, jusqu'à son dernier souffle, s'enquerra des moyens et recherchera les causes. Tout en continuant de professer, il se livre avec plus d'ardeur à ses études d'ontologie, de physiologie, de psychologie, d'anatomie. Puis, comme son cerveau n'est exempt ni de fantaisie ni de bizarrerie, que du saint-simonisme son esprit s'est trouvé ramené aux pures doctrines chrétiennes, les spéculations philosophiques, les méditations religieuses contribueront à accaparer son existence. Si l'on ajoute à cela qu'il notait toutes ses impressions, qu'il préparait les matériaux innombrables de traités qu'il projetait toujours sans les faire jamais, qu'il se livrait enfin à des recherches incessantes sur la philosophie et l'esthétique de l'art, on comprendra que cet homme extraordinairement laborieux n'ait jamais eu une minute à lui.

Delsarte a publié un certain nombre de mélodies, dont quelques-unes (une entre autres, les *Stances à l'Éternité*), se faisaient remarquer par un grand caractère. On lui doit aussi un important recueil intitulé *les Archives du chant*, dans lequel il a reproduit, entre autres chefs-d'œuvre, quelques-unes des magnifiques pages lyriques pour lesquelles il professait une si grande et si juste admiration. Le malheur est que cette publication a été faite par lui avec le parti pris de n'aider en rien à la bonne interprétation de ces chefs-d'œuvre, qu'il voulait répandre. Non-seulement il se refusait à indiquer aucune nuance, aucun mouvement précis pour les morceaux qu'il reproduisait, mais il poussa même le scrupule du texte primitif jusqu'à respecter les fautes de gravure des éditions originales. Il avait retrouvé à Lyon un certain nombre de vieux poinçons dont il se servit tellement quellement, pour les nouvelles planches qu'il faisait faire, de telle sorte que sa publication représentait avec une fidélité absolue les anciennes éditions, à cela près, pourtant, qu'il avait réalisé au piano les basses chiffrées, ou réduit les accords d'orchestre.

Delsarte est mort à Paris, le 20 juillet 1871, dans sa soixantième année. Mᵐᵉ Angélique Arnaud a publié à son sujet la brochure suivante : *Delsarte, ses cours, sa méthode* (Paris, Dentu, 1859, in-18 de 57 p.).

DEMARQUETTE (F......), compositeur, né vers 1845, a publié, outre quelques mélodies vocales et plusieurs transcriptions de grands maîtres pour piano et violoncelle, un quatuor pour instruments à cordes, un trio pour piano, violon et violoncelle sur le *Prométhée* de Beethoven, et un 2ᵉ trio, pour les mêmes instruments, sur l'entr'acte du *comte d'Egmont*. M. Demarquette a écrit aussi la musique de deux opérettes, *les Brioches du Doge*, représentées en 1873 sur le petit théâtre des Folies-Bergère, et *le Troubadour jonquille*, donnée en 1876 aux Folies Marigny.

DEMERSSEMAN (Jules - Auguste - Édouard), virtuose des plus remarquables sur la flûte et compositeur distingué, naquit à Hondschoote (Nord) le 9 janvier 1833. Admis au mois d'octobre 1844 au Conservatoire de Paris, il y devint successivement élève de Tariot pour le solfége, de Tulou pour la flûte, de Colet pour l'harmonie, et de Leborne pour le contrepoint et la fugue. Dès le concours de 1845, il obtint, avec un accessit de solfége, le premier prix de flûte; il était alors âgé de douze ans seulement. Le premier prix de solfége lui fut décerné l'année suivante. En 1852, il obtint un premier accessit de fugue, puis subit sans succès l'épreuve préparatoire pour le concours de Rome; admis à ce concours l'année suivante, il ne fut l'objet d'aucune récompense.

La réputation de Demersseman comme virtuose commença surtout à s'établir aux concerts fondés par M. Musard fils en 1856, et se continua ensuite à ceux du Casino, créés par M. Arban, ainsi qu'à ceux des Champs-Elysées. Son talent était à la fois très-fin, très-brillant et très-distingué. Comme compositeur, Demersseman s'était d'abord fait connaître par des fantaisies fort bien écrites pour son instrument, et par une opérette en un acte, *la Princesse Kaïka*, représentée au petit théâtre des Folies-Nouvelles le 6 mai 1859. Il fit exécuter ensuite au Casino diverses compositions pour orchestre, publia un certain nombre de mélodies charmantes, et écrivit toute une série de morceaux de divers genres pour les instruments du système Sax. Cet artiste fort estimable aurait sans doute fait parler de lui comme compositeur, si la mort ne l'avait frappé dans toute la force de la jeunesse, à Paris, le 1ᵉʳ décembre 1866. Parmi ses productions les plus importantes, il faut citer un concerto de flûte avec accompagnement d'orchestre.

DE MEY (Jacques-François), prêtre et musicien, né dans la seconde moitié du dix-septième siècle, fut maître de chant à l'église Saint-Jacques, à Gand, et remplit ensuite les mêmes fonctions à l'église de Sainte-Walburge, à Audenarde, en 1726. Il mourut en 1733, laissant à cette dernière, par testament, toutes ses collections musicales. On connaît de la composition de cet artiste un *Ave Maria* et un *Tantum ergo* à quatre voix.

DE MOL (Pierre), compositeur et professeur belge, a fait ses études musicales au conservatoire de Bruxelles, où vers 1847 il obtenait un premier prix d'harmonie, et quelques années après le premier prix de contrepoint. En 1853, s'étant présenté au concours de Rome, il remporta le second prix avec la cantate intitulée *les Premiers Martyrs*, et deux ans après, en 1855, le premier prix lui était décerné pour sa cantate *le Dernier Jour d'Herculanum*. M. De Mol entreprit alors un voyage en Allemagne et en France, puis se fixa à Besançon, où il devint violoncelle-solo au théâtre et professeur à l'Ecole de musique; il occupait encore cette situation en 1867. Je crois que depuis lors il est retourné en Belgique.

M. De Mol a écrit plusieurs œuvres importantes, entre autres un oratorio, *les Chrétiens martyrs*, qui a été exécuté à Bruxelles avec un grand succès (peut-être n'est-ce là qu'une amplification de sa première cantate de concours), et un opéra-comique, *Quintin Metsis*, dont plusieurs fragments considérables ont été entendus dans la même ville au mois de février 1877. On doit encore à cet artiste un *Te Deum*, une messe que l'on dit fort remarquable, et diverses autres compositions. M. De Mol s'est consacré aujourd'hui à l'enseignement.

DE MOL (François-Marie), neveu du précédent, né à Bruxelles le 3 mars 1844, a fait ses études au Conservatoire royal de cette ville. Il y a remporté successivement différents prix, dont les principaux ont été : le premier prix de lecture musicale en 1859, le 2ᵉ prix d'harmonie en 1862, le 1ᵉʳ prix de composition (contrepoint et fugue) et le premier prix d'orgue en 1868. Après avoir tenu l'orgue à l'église de Saint-Jean-Baptiste du Béguinage à Bruxelles, il a été appelé à Marseille pour y occuper, sur la recommandation de Fétis, le poste d'organiste à l'église Saint-Charles. Il s'est fixé dans cette ville depuis cette époque, et s'y est livré à l'enseignement. En 1872 il est devenu chef d'orchestre de la Société des concerts populaires, et a conservé ces fonctions pendant trois ans. Le 9 janvier 1875, il a été nommé professeur d'harmonie au Conservatoire de Marseille.

Cet artiste a fait entendre avec succès aux Concerts populaires de Marseille une ouverture, *Ambiorix*, et une charmante bluette pour orchestre, intitulée *Trastullo*. Il a écrit également divers motets, des morceaux d'orgue (fugue-offertoire, etc.), deux bluettes et une polonaise pour piano, une romance sans paroles pour violoncelle et piano, un adagio pour piano, violon et violoncelle, et des fragments de quatuors pour instruments à cordes (1).

AL. R—D.

DE MOL (Guillaume), frère du précédent, né à Bruxelles le 1ᵉʳ mars 1846, mort à Marseille le 9 septembre 1874, avait fait de brillantes études au Conservatoire de Bruxelles, où il était entré de très-bonne heure. A l'âge de 17 ans, il fut nommé organiste de l'église Saint-Roch (banlieue de Bruxelles) ; il prit part en 1869 et 1871 au grand concours de composition musicale, et obtint à la seconde épreuve le grand prix de Rome. Il était en route pour accomplir le voyage réglementaire en Italie, quand une maladie foudroyante le surprit à Marseille et l'emporta.

Cet artiste avait fait entendre aux Concerts populaires de Marseille quelques parties d'une symphonie intitulée *La Guerre*, qui témoignaient de remarquables aptitudes musicales. Il a laissé un certain nombre de fragments inédits (2).

AL. R—D.

DE MUNCK (Ernest), violoncelliste belge distingué, né en 1841, fut d'abord élève de son père. Dès l'âge de huit ans il se faisait entendre en public, et à dix ans il obtenait de grands succès à Londres. De retour en Belgique, il devint élève de Servais, retourna à Londres en 1855, fit, avec le fameux chef d'orchestre Julien, une grande tournée artistique dans les principales villes de l'Angleterre, de l'Écosse et de l'Irlande, et, un peu plus tard, s'établit à Londres, où sa réputation de virtuose augmentait chaque jour. En 1868, il vint à Paris, fit partie de l'excellent quatuor de M. Maurin, et l'année suivante se produisit avec succès dans une des séances de la Société des concerts du Conservatoire. En 1871, M. de Munck fut appelé à faire partie de la chapelle du grand-duc de Saxe Weimar, d'où une maladie douloureuse vint l'éloigner au bout de deux années. Depuis lors, et sa santé s'étant rétablie, il a repris ses fonctions à Weimar.

* **DENEFVE** (Jules). Cet artiste s'est démis, depuis quelques années, de ses fonctions de directeur de l'École de musique de Mons.

DENINA (………), compositeur italien, a fait représenter au mois d'août 1864, sur le théâtre Alfieri de Turin, un opéra-ballet en 4 actes et 7 tableaux, *Roberto di Normandia*, dont il avait écrit la musique en société avec M. Cordiali. Depuis lors, aucun de ces deux artistes n'a reparu à la scène. Il est vrai que leur premier ouvrage n'avait obtenu qu'un succès à peu près nul.

DENIS (Théophile), est l'auteur d'un petit écrit publié sous ce titre : *Le corps de musique de la ville de Douai*, Douai, 1862, in-8°.

* **DENNE-BARON** (René-Dieudonné), compositeur et écrivain musical, né à Paris le 1ᵉʳ novembre 1804, est mort en cette ville le 11 novembre 1865. Fils d'un homme qui avait acquis une certaine notoriété dans les lettres, il reçut des leçons de Porta et de Cherubini, et se voua de bonne heure à la pratique de la composition et de la littérature musicale; cependant il ne le fit jamais qu'en amateur, et resta 25 ans attaché comme employé au ministère des travaux publics. Comme musicien, il a composé un assez grand nombre d'airs nouveaux pour les pièces intitulées *Vert-Vert*, *le Brigand*, *Hog le charpentier*, *l'Alcôve*, *la Tarentule*, etc., représentées au Vaudeville et aux Variétés ; une grande messe en *ut*, à quatre voix et orchestre ; des hymnes et cantiques; des chœurs, ballades, romances, nocturnes, pour différentes voix ; un assez grand nombre de morceaux, soit pour orchestre, soit pour orgue, soit pour piano. — Comme écrivain, il a publié : *Aperçu général sur l'art musical*, dans l'ouvrage intitulé : *Enseignement élémentaire universel* (Paris, 1844) ; — *Histoire de l'art musical en France*, dans *Patria*, ou la France ancienne et moderne (Paris, Garnier, 1846, in-8°) ; — *Cherubini, sa vie, ses travaux et leur influence sur l'art* (Paris, Heugel, 1862, in-8°). Il a collaboré à la *Revue et Gazette musicale*, au *Ménestrel*, au *Dictionnaire de la Conversation et de la Lecture*, et à la *Nouvelle Biographie générale* de MM. Firmin Didot, à laquelle il a fourni la plupart des articles concernant les musiciens. Il a laissé inachevée une *Histoire de la musique* à laquelle il travaillait assidûment lorsqu'il est mort. Ses manuscrits et ses autographes ont été légués par lui à la bibliothèque du Conservatoire de Paris.

DENZA (………), compositeur italien, a fait représenter sur le théâtre Mercadante, de Naples, le 13 mai 1876, un opéra sérieux intitulé *Wallenstein*.

DEPAS (Ernest), violoniste et compositeur, a fait son éducation musicale au Conservatoire de Liége, et s'est fait connaître par un grand nombre de publications pour son instrument, publications dont quelques-unes sont estimables, mais qu'il semble multiplier chaque jour avec un peu trop de complaisance et de facilité. Je me bornerai à en citer quelques-unes : 1° *Méthode*

---

(1) A la fin de 1876, M. Fr. De Mol a quitté Marseille pour retourner à Bruxelles, où il a pris la direction de l'orchestre du Théâtre-National (flamand). — A. P.

(2) Guillaume de Mol avait écrit deux oratorios, *de Levenstyden* et *de Laatste Zonnestraal*, dont divers fragments ont été exécutés à Bruxelles. — A. P.

complète de violon, op. 28, Paris, Leduc ; 2° 20 Études de mécanisme, op. 105, id., id.; 3° 8 Études, id., id., ; 4° École élémentaire du style moderne, 12 mélodies, op. 36, id., id.; 5° École italienne du style moderne, 12 fantaisies, id., id.; 6° le Décaméron des jeunes violonistes, 20 petites fantaisies, id., id.; 7° 8 Solos en forme de caprices, op. 40, id., id.; 8° 6 Caprices en forme de nocturnes op. 81, id., id.; 9° 3 Duos brillants et faciles, op. 73, id., id.; 10° 20 Morceaux en forme de fantaisies, op. 103, id., id.; 11° 8 Petits Duos pour violon et flûte (avec J. Rémusat), id., id.; 12° 6 Duos (avec J. Rémusat), id., id.; 13° 4 Duos id. (avec Leduc), id., id. M. Depas a encore oublié : Souvenirs du Théâtre-Italien, 10 morceaux ; Souvenirs du théâtre allemand, 10 morceaux ; le Violoniste romancier ; un nombre infini de fantaisies, thèmes variés, morceaux de genre sur des airs célèbres ou des motifs d'opéras en vogue, des trios pour piano, violon et violoncelle, etc., etc., etc. Je ne sais si cette production infatigable intéresse le public, mais elle laisse les artistes profondément indifférents.

DEPELSENER (J.....), virtuose sur la harpe et marchand d'instruments de musique, qui vivait à Bruxelles, d'où il était sans doute originaire, a publié une « Méthode raisonnée de harpe, ouvrage classique, dédiée à S. A. R. Mgr le prince Édouard d'Angleterre, par M. J. Depelsener, musicien de S. A. R., à Bruxelles, chez l'auteur, marchand d'instruments. »

DEPRET (EDMOND), chanteur et compositeur, né à Virelles (Belgique) en 1827, fit ses études musicales au Conservatoire de Bruxelles où il obtint un premier prix de chant en 1845, fit un voyage à Londres en 1859, alla passer ensuite deux années en Italie, puis revint à Londres, où, quoique n'étant plus à l'âge des études, il prit, pour se perfectionner, des leçons de composition de B. Molique. M. Depret a publié à Londres un septuor instrumental, un nocturne pour le piano, deux trios pour le chant, et quelques morceaux de moindre importance. En 1873, à l'occasion de la fête du roi Léopold, il a fait exécuter à Bruxelles, dans l'église Sainte-Gudule, un grand Te Deum avec orchestre.

DEPROSSE (A.....), pianiste et compositeur allemand contemporain, a publié, pour le chant et pour le piano, un assez grand nombre d'œuvres parmi lesquelles je citerai les suivantes : 3 lieder, op. 9; 3 lieder à deux voix, op. 16; 7 lieder, op. 26 ; 4 lieder pour voix de basse, op. 31; 12 Études romantiques pour piano, en deux livres, adoptées par le Conservatoire de Leipzig, op. 17; Mazurka appassionnata pour piano, op. 15, etc. On doit aussi à M. Deprosse la Harpe de David, oratorio en trois parties.

DERGNY (DIEUDONNÉ), écrivain français, est l'auteur d'un ouvrage publié sous ce titre : Les Cloches du Pays de Bray, avec leurs dates, leurs noms, leurs inscriptions, leurs armoiries, le nom de leurs fondeurs (Paris, Derache, vers 1866, 2 vol. in-8°).

DERX (J......-W.....), organiste et compositeur néerlandais, né à Nimègue en 1801, fut élève de F. Hauff, qui lui enseigna le piano, l'harmonie et la composition. Nommé, à l'âge de dix-huit ans, organiste de l'église wallonne de sa ville natale, il obtint en 1830, à la suite d'un concours, le même emploi à l'église des Mennonites de Harlem. Cet artiste a publié un Recueil de 50 préludes pour orgue, des pièces de divers genres pour cet instrument, des Psaumes avec préludes, des mélodies chorales avec accompagnement d'orgue ou de piano, des sonatines, variations, divertissements, impromptus pour piano, des duos pour piano et violon, etc. On lui doit encore le Psaume LXVII pour solo, chœur et orgue (couronné par la Société musicale des Pays-Bas), une collection de 12 chorals à 4 voix (id.), une autre collection de 12 nouvelles mélodies chorales, et diverses autres compositions.

DESARBRES (NÉRÉE), écrivain français, né à Villefranche le 12 février 1822, devint secrétaire de l'administration de l'Opéra au mois de juin 1850, sous la direction d'Alphonse Royer, et demeura chargé de ces fonctions jusqu'au mois de février 1863. Jusqu'alors il n'avait été connu que comme vaudevilliste et fabricant de livrets d'opérettes. A la suite de son séjour à l'Académie de musique, il publia les deux volumes suivants : Sept ans à l'Opéra (Paris, Dentu, in-12, 1864); et Deux siècles à l'Opéra (Paris, Dentu, in-12, 1868). C'est là de l'histoire fantaisiste, qui ne doit être lue qu'avec la plus extrême réserve, et dont les détails ne doivent être acceptés que sous bénéfice d'inventaire. Desarbres est mort à Paris le 16 juillet 1872.

* **DESAUGIERS** (MARC-ANTOINE). Aux œuvres dramatiques de ce compositeur, il faut ajouter les deux suivantes : Jeannette et Lucas (2 actes), et la Jeune Veuve (un acte), toutes deux représentées au petit théâtre des Beaujolais en 1788.

* **DESBROSSES** (ROBERT). Outre les quatre ouvrages lyriques donnés par lui à la Comédie-Italienne, cet artiste a encore écrit la musique des trois ballets suivants, représentés au même théâtre : 1° *les Amusements champêtres*, 1749; 2° *l'Amour piqué par une abeille et guéri par un baiser de Vénus*, 1753; 3° *Vénus et Adonis*, 1759.

DESCHAMPS (Mademoiselle), violoniste fort distinguée, élève de Capron, obtint de grands succès au Concert spirituel, en 1778 et 1779, en exécutant plusieurs concertos de son maître, de Jarnowick et de Bach.

DES COMMUNES (J......), musicien néerlandais dont le nom indique une origine française, naquit à Gouda en 1759. Fils d'un chanteur qui appartenait à la chapelle du prince Charles d'Autriche à Bruxelles, et qui lui enseigna les premiers éléments de la musique, il s'adonna à l'étude du violon, entra à l'âge de quatorze ans dans l'orchestre du théâtre allemand d'Amsterdam, et plus tard se fixa à Leuwarden, où il donna une vive impulsion à l'art musical et fonda une société artistique intitulée *Audi et Tace*, dont il fut le directeur de 1783 à 1832. C'est aussi lui qui créa l'école de musique de cette ville, dont il eut la direction depuis 1820 jusqu'en 1830. Des Communes a composé plusieurs messes, des motets, une symphonie, un concerto, et il a écrit la musique de deux opéras : *Het melkmeisje van Bercy*, et *Het dorp in't gebergte*. Il est mort en 1841, à l'âge de 82 ans.

DESFONTAINES (Jean), prêtre et musicien, était chanoine à Cambrai en 1384. On conserve dans la bibliothèque de cette ville des chants religieux à plusieurs voix de la composition de cet artiste.

DESFORGES (......). Un artiste de ce nom a écrit la musique d'une *Cantate à Rotrou*, exécutée à Dreux, le 30 juin 1867, pour l'inauguration en cette ville de la statue de Rotrou.

DESFOSSEZ (Achille), violoniste amateur et écrivain sur la musique, né à Douai vers 1810, est mort à La Haye, où il était fixé depuis près de trente ans, au mois de mars 1871. Les exigences de la profession commerciale qu'il exerçait en cette ville ne l'empêchaient point de se livrer à son goût très vif pour le théâtre et la musique, et pendant de longues années il fut le correspondant artistique spécial, à La Haye, de divers journaux parisiens : *le Ménestrel*, *la France musicale*, la *Revue et Gazette des Théâtres*. Il a rédigé et publié aussi, dans cette ville, pendant toute l'année 1856, une feuille mensuelle écrite en français, *la Hollande musicale*, qu'il reprit dix ans après et dont il donna encore un certain nombre de numéros en 1866 et 1867. On lui doit encore les deux écrits suivants : 1° *Festival de Rotterdam*, hommage à la société de Toonkunst (La Haye, s. d. [1854], in-8°);

2° *Henri Wieniawski*, esquisse biographique (La Haye, 1856, in-8°). Les facultés mentales de Desfossez s'étaient dérangées dans les dernières années de son existence, et il mourut complètement fou.

*__DESHAYES__ (Prosper-Didier). Les détails de l'existence de ce compositeur sont complétement inconnus, et après fait jouer une quinzaine d'ouvrages dont plusieurs obtinrent un brillant succès, il disparut si complétement du mouvement artistique parisien que le lieu et la date de sa mort sont demeurés absolument inconnus. Cela est fâcheux, car Deshayes était un artiste fort intéressant, dont le talent est incontestable; mais, pour ma part, les efforts que j'ai tentés pour découvrir ce qu'il avait pu devenir après la Révolution sont restés tout à fait infructueux. Sa mort pourtant n'a pas été mystérieuse, car un de ses collaborateurs, Alexandre Duval, la rappelle dans la préface d'une de ses pièces, *Bella ou la Femme à deux Maris*, dont Deshayes fit la musique. Voici comment, dans cette préface, Duval parle de son collaborateur : « On venait de donner au théâtre Louvois une pièce du *Mari à deux Femmes*, dont la musique était de Deshayes, compositeur jusqu'alors inconnu, mais estimé comme un homme à talent et un parfait honnête homme. J'avais l'occasion de le voir à peu près tous les mois ; nous nous trouvions de garde au même poste : on suppose bien que dans de pareilles rencontres un auteur et un musicien ont tout le temps de parler d'un art qui réunit d'une manière si intime leurs affections réciproques. Je lui fis les compliments qu'il méritait sur son opéra de *Zélia* ou *le Mari à deux femmes*, et je lui dis à ce sujet que je connaissais une tragédie anglaise qui en offrait la contre-partie. Il me pria avec tant d'instance de l'arranger pour le même théâtre, que quelque difficulté que m'offrît un sujet qui me forçait de placer une femme entre deux maris, je lui promis de le tenter. En effet, d'une tragédie très-noire, je fis un drame assez intéressant. L'ouvrage fut reçu par le théâtre et mis en musique par mon camarade dans la garde nationale. Soit qu'il y eût de sa faute ou de celle du poëte, cet ouvrage, tout en ayant du succès, n'augmenta ni sa réputation ni la mienne. Il contribua même si peu à la prospérité de l'entreprise, que peu de temps après, de nouveaux administrateurs changèrent le genre des pièces que l'on jouait à ce théâtre, et que notre *Bella* fut engloutie avec tant d'autres dans le fleuve d'oubli, qui emporterait dans son cours les travaux du monde entier, si quelques pêcheurs adroits n'en sauvaient de temps en temps quelques débris. Si je préserve pour un instant notre héroïne de sa perte certaine, c'est moins par intérêt pour elle, que pour remplir une espèce de devoir envers ce bon Deshayes, que la mort nous a pour toujours ravi. Estimé pour ses talents et pour son caractère, il a laissé peu d'ouvrages et beaucoup d'amis : en imprimant le seul que j'aie composé avec lui, je me suis acquis le droit, aux dépens de mon amour-propre peut-être, de donner un éloge à son talent et une larme à sa mémoire. »

Voilà le seul renseignement direct qu'il m'ait été possible de rencontrer sur cet artiste estimable. Alexandre Duval écrivait cette préface pour l'édition de ses œuvres complètes qui parut chez Barba (1822), en 9 vol. in-8°. — A la liste des productions de Deshayes, il faut joindre les cinq ouvrages suivants : 1° *le Sacrifice de Jephté*, oratorio, exécuté au Concert spirituel le 15 août 1786 ; 2° *Nantilde et Dagobert*, théâtre Louvois, novembre 1791 ; 3° *Mélite ou le Pouvoir de la Nature*, opéra-comique en trois actes, donné à la Comédie-Italienne le 19 mars 1792 ; 4° *la Fin du jour*, opéra-comique en un acte, théâtre de la Cité, 1793 ; 5° *Henri de Bavière*, opéra-comique en trois actes, th. Molière, 1803.

DESLANDRES (ADOLPHE-ÉDOUARD-MARIE), organiste et compositeur, est né à Batignolles-Monceaux (Paris), le 22 janvier 1840. Entré jeune au Conservatoire, il y devint élève de Leborne pour le contrepoint et la fugue, et de M. Benoist pour l'orgue ; après avoir obtenu un premier accessit d'orgue en 1856, le second prix l'année suivante, avec le premier accessit de fugue, il se vit décerner en 1858 les deux premiers prix d'orgue et de fugue. S'étant présenté en 1859 au concours de l'Institut, il se vit accorder une mention honorable, et l'année d'ensuite il remportait le second prix. Peu après, il devenait organiste de l'église de Sainte-Marie des Batignolles, dont son père était maître de chapelle, et tout en occupant ces fonctions, qu'il a conservées jusqu'à ce jour, il consacrait une partie de son temps à la composition qu'il étudiait avec ardeur. Vers 1865, M. Deslandres faisait exécuter à Sainte-Marie une messe qui fut remarquée, et il publia, pendant les années qui suivirent, un certain nombre de jolies productions qui se distinguaient par leur élégance, leur style aimable et leur sentiment délicat. Parmi ces œuvres, on peut citer surtout : *Ode à l'harmonie*, belle composition vocale, d'un accent plein d'ampleur ; *Feuillets d'album*, recueil de six mélodies vocales ; *la Barque brisée*, sorte de chant de douleur patriotique d'une belle couleur et d'une large inspiration ; puis des motets, des mélodies vocales et d'agréables morceaux de piano. M. Deslandres a fait exécuter sous le titre de *Méditations*, au Casino-Cadet et aux Concerts-Danbé, de fort jolis morceaux concertants pour divers instruments ; je mentionnerai particulièrement la troisième, pour cor, violon, violoncelle, harpe, contrebasse et orgue, comme une inspiration du plus heureux effet. On lui doit aussi un oratorio, *les Sept Paroles du Christ*, pour baryton solo et chœur, avec accompagnement de violon-solo, violoncelles, harpe et orgue, et une cantate : *Sauvons nos frères*, pour voix seules, chœur et orchestre. Enfin, ce jeune artiste a donné le 21 octobre 1872, au théâtre de l'Athénée, un petit opéra-comique en un acte, *Dimanche et Lundi*, dont la musique, très-soignée au point de vue de la forme, était d'un tour leste, pimpant, plein de grâce, de jeunesse et de fraîcheur, et il a fait représenter à l'Alcazar d'hiver deux opérettes en un acte : *le Chevalier Bijou* (22 octobre 1875), et *Fridolin* (1ᵉʳ mars 1876).

Un frère de cet artiste, *Georges-Philippe Deslandres*, comme lui organiste et compositeur, est mort à Paris, le 12 octobre 1875, à l'âge de 26 ans. Il avait publié un certain nombre de compositions religieuses.

* **DESLOUGES** (PHILIPPE). En dehors des motets que ce musicien a fournis au recueil de compositions de ce genre publié par Pierre Attaignant, il a fait encore la musique de quelques chansons que celui-ci a insérées aussi dans son recueil de chansons françaises à 4 parties, publié en 1530.

DESLYONS (JEAN), né à Pontoise en 1615 et mort à Senlis le 20 mars 1700, est auteur d'un écrit intitulé : *Critique d'un docteur de Sorbonne sur les deux lettres de messieurs Deslyons, ancien, et de Bragelongne, nouveau doyen de la cathédrale de Senlis, touchant la symphonie et les instruments qu'on a voulu introduire dans leur église aux leçons de Ténèbres* (1698). Y.

DESMARAIS (CYPRIEN), est auteur d'un écrit publié sous ce titre : *Les dix-huit poèmes de Beethoven*, essai sur le romantisme musical (Paris, 1839, in-12). Il a publié encore un opuscule intitulé : *Archéologie du violon, description d'un violon historique et monumental* (Paris, 1826, in-8°).

DESMÂTINS (Mˡˡᵉ), chanteuse d'un grand talent, brilla à l'Opéra après la retraite de Mˡˡᵉ Le Rochois, dans les dernières années du dix-septième siècle. Castil-Blaze prétend qu'avant d'embrasser la carrière artistique, elle avait été « laveuse d'écuelles » à l'auberge du Plat-d'étain, située au carré Saint-Martin ; j'ai plus de confiance, je l'avoue, dans les renseignements, toujours si précis, et généralement si exacts, de l'auteur anonyme de l'*Histoire de l'Académie royale de musique* (publiée par *le Constitutionnel*), qui nous apprend que M¹¹ᵉ Desmâtins était fille d'un violon de la musique du roi et nièce du fameux danseur Beauchamps. Il ajoute : « Elle débuta à l'âge de douze ans dans l'opéra de *Persée* (18 avril 1682) pour la danse et pour le chant; mais elle quitta bientôt le premier talent pour s'attacher au dernier, où elle s'éleva au plus haut degré, jouant également bien les rôles tendres et ceux de fureur. » Elle ne fut d'abord chargée que de rôles peu importants, tels que celui de Sidonie, l'une des confidentes d'Armide, dans l'ouvrage de ce nom, dont M¹¹ᵉ Le Rochois remplissait le personnage principal. Mais lorsque celle-ci eut pris sa retraite, et que M¹¹ᵉ Desmâtins eut travaillé sous sa direction, elle parvint bientôt au premier rang, et si elle n'égala pas sa devancière, il paraît certain néanmoins qu'elle acquit un talent remarquable et très-prisé du public. Ce qui le prouve bien, c'est qu'elle était et resta le chef d'emploi de M¹¹ᵉ Maupin, qui n'était point, on le sait, une artiste ordinaire. Les rôles importants qu'elle créa sont ceux de Vénus dans *Hésione*, de Sapho et de Niobé dans *le Triomphe des Arts*, d'Argine dans *Omphale*, de Tomyris dans *Médus*, d'Iphigénie dans *Iphigénie en Tauride*, d'Alcine dans *Alcine*, d'Alcyone dans *Alcyone*, et d'Orithie dans *les Saisons*.

Douée d'une rare beauté, M¹¹ᵉ Desmâtins était grande, bien faite, d'une tournure majestueuse, et son physique convenait merveilleusement à l'emploi des reines et des princesses. Un embonpoint un peu précoce vint, il est vrai, porter tort à la noblesse de sa taille. D'ailleurs elle mourut jeune (en 1708), d'un ulcère au foie. Elle avait une sœur cadette, qui était dans les chœurs de l'Opéra.

DESMAZURES (LAURENT), organiste distingué, né à Marseille, devint en 1758 organiste de la cathédrale de Rouen, emploi dans lequel il succéda à Dagincourt, artiste lui-même d'un rare talent. L'un des meilleurs, sinon le meilleur élève de Desmazures, fut Broche, qui fut le premier maître de Boieldieu et qui lui succéda en 1777. C'est sans doute à cette année 1777 qu'il faut placer la mort de Desmazures.

Un artiste de ce nom a écrit la musique d'un opéra-ballet en un acte et un prologue, intitulé *les Fêtes de Grenade*, qui a été exécuté au concert de Dijon le 12 janvier 1752. Il me paraît bien probable que ce doit être le même dont il est ici question (1).

(1) Dans sa notice sur Desmazures, La Borde (*Essai*

DESNOIRESTERRES(GUSTAVE LEBRISOYS), écrivain, est né le 20 juin 1817 à Bayeux, où il a fait ses études. Passionné pour les hommes et la littérature du dix-huitième siècle, M. Desnoiresterres s'est proposé de les faire revivre dans une série de travaux pleins d'intérêt. « Prenant le XVIIIᵉ siècle pour l'objet de ses recherches, dit un biographe, il s'est proposé d'en reproduire la physionomie variée dans une série d'études à laquelle appartiennent *les Intérieurs de Voltaire*, *la Jeunesse de Voltaire*, *Voltaire au château de Cirey*. Il doit les réunir plus tard sous le titre général de : *Voltaire et la société française au XVIIIᵉ siècle*. » Il est bien difficile de s'occuper sérieusement de cette époque féconde sans rencontrer la musique sur son chemin; aussi M. Desnoiresterres s'étant avisé, au cours de ses recherches, de noter tous les faits qui se rapportaient aux deux immortels artistes qui vinrent se livrer en France un combat de géants, Gluck et Piccini, se vit-il, au bout de quelques années, en possession d'une masse formidable de documents sur la vie et la carrière de ces deux grands hommes pendant leur séjour à Paris. L'écrivain songea donc à utiliser ces documents, et, en les groupant, en les coordonnant avec soin et sagacité, il en tira les éléments d'un livre fort curieux, extrêmement utile, qui se trouva retracer avec une rare exactitude toutes les phases de la lutte entre l'auteur d'*Armide* et l'auteur de *Roland*, ainsi que les mille incidents de ce qu'on a appelé la guerre des Gluckistes et des Piccinistes.

Il est fâcheux assurément que M. Desnoiresterres n'ait pas été musicien, pour pouvoir, à l'aide de la critique et de l'analyse, tirer un parti plus complet des richesses qu'il avait acquises pour l'histoire musicale de cette époque; il aurait pu lui-même tracer cette histoire, en faire ressortir les côtés grandioses, et en tirer les déductions nécessaires. Néanmoins, si ce travail reste à faire, si l'édifice est encore à élever, les matériaux sont là, prêts à être utilisés, et se trouvent aussi abondants et aussi complets qu'on le puisse

sur la musique) raconte une étrange histoire, dont je lui laisse, bien entendu, toute la responsabilité : — « M. Desmazures a joui avec justice d'une grande célébrité. Son exécution était aussi rapide que se facilitait pour jouer de tête. La passion de la chasse balançait souvent son amour pour la musique. Ce goût lui coûta cher : un fusil crevé entre ses mains lui emporta les trois derniers doigts de la main gauche. Heureusement les premières phalanges ne furent pas coupées tout-à-fait; et il en resta assez pour que Desmazures pût y adapter des faux doigts, dont il apprit à se servir presqu'aussi bien que des véritables. Cet exemple unique ne peut être révoqué en doute : nous en avons été témoin; et si nous n'eussions vu les faux doigts, jamais nous n'aurions pu le croire. »

désirer. Le livre de M. Desnoiresterres, intitulé : *Gluck et Piccini, 1774-1800* (Paris, Didier, 1872, in-8°), sera indispensable dans l'avenir à tous ceux qui voudront s'occuper de cette époque si intéressante en ce qui concerne la musique, et il sera désormais impossible d'en retracer la moindre partie sans avoir recours à cet écrit si utile et si substantiel.

DESNOSE (..........) violoniste, vivait dans la seconde moitié du dix-huitième siècle à Toulouse, où il se livrait à l'enseignement. Il a publié dans cette ville, vers 1774, un recueil de *Six quatuors dialogués d'un genre nouveau, pour deux violons, alto et basse, dédiés aux amateurs de l'harmonie*, œuvre deuxième.

DESNOYERS (LOUIS-CLAUDE-JOSEPH-FLORENCE), journaliste français, né à Replonges (Ain) en 1805, est mort à Paris le 17 décembre 1868. Ayant de bonne heure embrassé la carrière littéraire, il signa en 1830 la protestation des journalistes contre les ordonnances de juillet, collabora à un grand nombre de feuilles politiques, fonda en 1832 *le Charivari* avec Charles Philippon, et en 1836 concourut à la création du *Siècle* et resta jusqu'à sa mort directeur de la partie littéraire de ce journal. Malgré son ignorance complète des choses de la musique, Louis Desnoyers avait succédé à Fétis comme feuilletoniste musical du *National*, et plus tard il s'adjugea la même position au *Siècle*. En dépit de son esprit très-réel et très-fin, sa critique fut toujours absolument nulle, par le fait de son incompétence radicale. En 1847, il publia une brochure ainsi intitulée : *De l'Opéra en 1847 à propos de Robert Bruce, des directions passées, de la direction présente et de quelques-unes des 500 directions futures*.

* **DESORMERY** (LÉOPOLD-BASTIEN). On ignorait jusqu'ici que ce compositeur eût été chanteur et comédien. Le fait n'est pourtant pas douteux, comme on va le voir. Desormery était à Strasbourg lorsqu'il sortit vainqueur d'un concours de composit'on ouvert au Concert spirituel, et dont il était ainsi rendu compte dans le *Mercure de France* de juin 1770 : « Le prix double de musique latine, qui devait être donné cette année 1770 au Concert spirituel de la quinzaine de Pâques, et qui consistait en deux médailles d'or de la valeur de 300 livres chacune, a été adjugé à M. Desormery, comédien, demeurant à Strasbourg, chez M. de Hautemer, musicien de la cathédrale. » L'œuvre couronnée était un motet sur texte latin.

Deux ou trois ans après, Desormery venait à Paris et débutait à la Comédie-Italienne, où il était engagé, et où il restait jusqu'en 1778. Il écrivait alors la musique d'un opéra-comique en deux actes, *la Fête du Village*, qu'il faisait représenter à ce théâtre le 28 juin 1775. Le 16 février précédent, il avait donné à l'Opéra un petit ouvrage en un acte, *Hylas et Eglé*, écrit par lui en société avec Legros (1); bientôt il faisait exécuter un nouveau motet au Concert spirituel, et ce n'est qu'après ces premiers travaux qu'il offrait au public de l'Opéra ses deux pastorales : *Euthyme et Lyris* et *Myrtil et Lycoris*.

Au mois d'octobre 1774, le *Mercure de France* annonçait une souscription pour la publication prochaine d'un *Recueil d'airs et de duos de la composition de MM. le Gros, pensionnaire du roi et de l'Académie royale de musique, et Desormery, acteur du Théâtre-Italien*. Ce recueil devait contenir seize airs et huit duos, avec accompagnement de violon, alto et basse. J'ignore s'il a été effectivement publié, et j'en douterais volontiers.

DESORMES (L......-C......), compositeur français, a écrit la musique de quelques opérettes et saynètes musicales qui ont été représentées à Paris : 1° *Deux Beautés d'autrefois* ; 2° *Maître Luc* ; 3° *Prunelle et Piffard* ; 4° *le Menu de Georgette* (Folies-Bergère, 1874); 5° *les Diamants de Florinette* (Concert de la Pépinière, 1875) ; 6° *une Lune de miel normande* (Eldorado, 1876); 7° *le Rêve d'Yvonnette* (Alcazar, 1876). Cet artiste a publié quelques chansons et chansonnettes, ainsi que des morceaux de danse.

DESPLANQUE (A........), écrivain français, ancien élève de l'École des chartes, conservateur des archives de Lille, membre de la Société nationale des sciences de cette ville, est l'auteur d'un écrit publié sous ce titre : *Étude sur les travaux d'histoire et d'archéologie de M. E. de Coussemaker* (Lille, impr. Lefebvre-Ducrocq, 1870, in-8° de 67 pp., avec portrait). Cette brochure est le développement d'un article publié dans *le Correspondant* du 25 juin 1869, et dont il avait été fait un tirage à part (Paris, Douniol, 1869, in-8° de 13 pp.) sous ce titre : *Archéologie musicale*. M. Desplanque a publié aussi une *Notice sur la vie et les travaux de feu M. Arthur Dinaux* (Lille, 1865). Je ne connais pas ce dernier écrit, mais il intéresse vraisemblablement l'art musical, au moins d'une façon indirecte, car on sait qu'Arthur Dinaux s'est beaucoup occupé de l'histoire des trouvères et qu'il a fait plusieurs publications sur ce sujet.

(1) Dans son *Histoire de la musique dramatique*, M. Chouquet mentionne cet ouvrage sous le titre d'*Hylas et Sylvie*, et sous la date du 24 septembre 1775; c'est une erreur, comme on peut s'en convaincre par le *Catalogue de la bibliothèque musicale de l'Opéra* de M. Théodore de Lajarte.

* **DESPRÉAUX** (Guillaume ROSS-). Outre *le Souper du mari*, cet artiste a fait encore représenter à Paris *la Dame d'honneur*, ouvrage en un acte joué sans succès à l'Opéra-Comique, le 4 octobre 1838.

* **DESQUESNES** (Jean). Des documents nouvellement découverts établissent que cet artiste était au service de la duchesse Marguerite de Parme, gouvernante des Pays-Bas, en qualité de chantre, et que, par l'intercession active de cette princesse, il obtint de son fils, Alexandre de Parme, la jouissance de deux prébendes à Tournai et à Aire, laissées vacantes par la mort de Gérard de Turnhout. On peut consulter à ce sujet l'ouvrage de M. Vander Straeten, *la Musique aux Pays-Bas*.

DESSANE (........), sans doute fils de l'artiste mentionné au T. III de la *Biographie universelle des Musiciens*, né vers 1830, a été d'abord organiste à Saint-Sulpice, et occupe aujourd'hui les mêmes fonctions à l'église Notre-Dame d'Auteuil, en même temps qu'il est professeur de musique au collège Sainte-Barbe. M. Dessane a publié sous ce titre : *École primaire de chant choral, manuel de l'orphéoniste* (Paris, Brandus), un ouvrage utile et bien fait, dont le titre indique suffisamment l'objet et la portée, et il a composé plusieurs symphonies et une messe de *Requiem*.

* **DESSAUER** (Joseph), compositeur, est mort à Mödling, près de Vienne, le 9 juillet 1876. Aux deux ouvrages dramatiques mentionnés au nom de cet artiste, il faut ajouter deux opéras-comiques : *Paquita*, et *Domingo*. Un recueil de mélodies choisies de Dessauer a été publié à Paris, par l'éditeur M. Brandus, avec paroles françaises de M. Maurice Bourges.

DESSLER (Wolfgang-Christophe), compositeur de chants religieux, naquit en 1660 à Nuremberg, et mourut en cette ville en 1722. Y.

DESSOF (Othon-Félix), compositeur distingué et chef d'orchestre renommé, est né le 14 janvier 1835 à Leipzig. Il a successivement dirigé l'orchestre des théâtres d'Altenburg, de Dusseldorf, d'Aix-la-Chapelle, de Magdebourg et de Cassel. En 1860, il a été appelé à diriger l'orchestre de l'Opéra impérial de Vienne. Dès la même année il fut choisi pour diriger les concerts de la société philharmonique, fondés par Nicolaï, et nommé professeur de composition au Conservatoire. En 1875, M. Dessoff a donné sa démission de ces différents emplois et s'est retiré à la suite de son directeur, M. Eckert. Il a été remplacé par M. Hans Richter. M. Dessoff est considéré comme un des meilleurs chefs d'orchestre de l'Allemagne.

Comme compositeur, il a peu produit ; il a publié seulement quelques morceaux de piano et quelques *lieder*. Y.

DESSY (Battista), chef d'orchestre et compositeur, né à Cagliari, a fait représenter sur le théâtre de sa ville natale deux opéras sérieux, *Don Martino d'Aragona* et un *Cuore di Marmo*. Cet artiste, qui a rempli dans plusieurs théâtres, particulièrement à celui de Cagliari, auquel il est encore attaché à ce titre, les fonctions de chef d'orchestre et de *maestro concertatore*, a écrit un troisième opéra, *Suor Teresa*, qui, je crois, n'a pas été joué jusqu'à ce jour.

DE STEFANI (........), compositeur italien, a fait représenter le 1er juillet 1874, sur le théâtre Manzoni, de Milan, un opéra sérieux intitulé *Celeste*.

* **DESTOUCHES** (André-Cardinal). Ce compositeur a publié chez Ballard deux cantates écrites sur paroles françaises : *Œnone*, et *Sémélé*.

DESTOURNELLES (........). On a représenté à l'Opéra-Comique, le 3 juin 1815, sous le nom de ce compositeur resté obscur, un ouvrage en un acte intitulé *le Procès*.

DESTRIBAUD (........), compositeur, né vers 1828, a fait ses études au Conservatoire de Paris, où il était élève d'Hippolyte Colet. Après avoir publié quelques romances, il a fait représenter aux Bouffes-Parisiens (31 mai 1856) une opérette en un acte, *Vénus au moulin d'Amphipros*, et à l'Opéra-Comique (15 mai 1861) un second ouvrage en un acte, intitulé *Sylvio-Sylvia*. Mais déjà M. Destribaud avait abandonné la pratique sérieuse de la musique pour se livrer à des opérations de bourse, et depuis lors il a continué de s'occuper d'affaires financières.

DESVIGNES (Victor-François), musicien français, né à Trèves le 5 juin 1805, était fils de comédiens de province. Il apprit jeune le violon, et commença par être chef d'orchestre de vaudeville, d'abord à Amiens, puis à La Rochelle, Chartres, Metz, Clermont et Moulins. Après un séjour à Paris pendant lequel il compléta ses études d'harmonie, il reprit sa vie nomade de chef d'orchestre, jusqu'au jour où il se fixa définitivement à Metz. Devenu directeur du théâtre de cette ville (où il avait passé son enfance), comme gérant d'une compagnie d'actionnaires, Desvignes, qui avait toutes les qualités du professeur et qui aimait son art avec passion, n'eut plus qu'une idée fixe : fonder à Metz une école de musique. A cette époque, la musique était loin d'être encouragée dans nos provinces, cette idée généreuse n'était point d'une réalisation facile. A force d'énergie pourtant, de volonté, de persévérance,

Desvignes finit par atteindre son but. Il obtint en 1835, en même temps que l'introduction de l'étude du chant dans les écoles primaires de la ville, la création d'une école de musique, dont il fut nommé directeur, et dont, grâce à ses soins, les progrès et l'accroissement furent si rapides que, par une ordonnance royale en date du 16 août 1841, elle put être érigée en succursale du Conservatoire de Paris.

Le Conservatoire de Metz fut la préoccupation constante de Desvignes pendant tout le cours de son existence modeste et laborieuse. Il fonda aussi en cette ville une Société de concerts, dont il dirigeait les séances, et qui pendant de longues années fut florissante. C'est en grande partie pour ces deux institutions qu'il écrivit un grand nombre de compositions, dont plusieurs ont été publiées, dont d'autres sont restées manuscrites. Parmi les premières, il faut signaler : 1° 2 Trios pour piano, violon et violoncelle; — 2° Trio pour harpe, violon et violoncelle; — 3° Duo pour harpe (ou piano), et violon; — 4° Adagio pour harpe (ou piano), violon et violoncelle; — 5° Six duos concertants pour piano et violon, sur *Richard-Cœur-de-Lion*, la *Vestale*, *il Giuramento*, *Linda di Chamouni*, *Maria Padilla* et *Otello*; — 6° 3 suites de canons sans paroles; — 7° 4 suites de canons avec paroles; — 8° un grand nombre de chœurs religieux sur paroles latines, et de chœurs religieux et profanes sur paroles françaises; — 9° des romances et mélodies vocales. Les compositions inédites de Desvignes comprennent : un *Stabat Mater* exécuté à Metz en 1833; un opéra-comique en un acte, *Lequel des trois*; un opéra-féerie en 2 actes, *la Belle au bois dormant*; une symphonie en *ré*; neuf ouvertures à grand orchestre; plusieurs œuvres de musique de chambre; des romances, mélodies, chansonnettes, chœurs, sérénades, duos et trios pour voix diverses, etc.

Desvignes mourut le 30 décembre 1853. On a publié sur lui : *V. F. Desvignes, fondateur de l'École de musique de Metz*, par M. Eugène Gaudar (Extrait des *Mémoires* de l'Académie de Metz, dont Desvignes était membre), Metz, impr. Lamort, 1854, in-8° de 32 pp.

DE SWERT (HERMANN), musicien belge, né à Louvain en 1803, fit ses études à l'église Saint-Pierre, de cette ville, et plus tard devint professeur à l'Académie de musique et à l'École moyenne de l'État. Il a fait exécuter à Louvain, en 1853, une cantate de sa composition.

DE SWERT (ISIDORE), fils aîné du précédent, né à Louvain le 6 janvier 1830, s'adonna à l'étude du violoncelle et devint, au Conservatoire de Bruxelles, élève de M. Demunck, dans la classe duquel il obtint un premier prix en 1846. En 1850, il fut nommé professeur de violoncelle à l'École de musique de sa ville natale, et en 1856 il accepta l'emploi de violoncelle-solo au théâtre de la Monnaie, de Bruxelles. Il est aujourd'hui professeur au Conservatoire de cette ville.

DE SWERT (JEAN), frère du précédent, violoniste et pianiste, naquit à Louvain en 1832 et fut d'abord élève de son père. Dès l'âge de huit ans, il se fit entendre en public, et plus tard il s'occupa de composition. A peine âgé de vingt-quatre ans il fut atteint d'une douloureuse maladie, et mourut à Louvain le 2 juillet 1856. Peu de temps avant sa mort, et connaissant sa situation, il écrivit pour ses funérailles une marche funèbre, qui fut exécutée en effet à ses obsèques. L'année suivante, on exécuta à Louvain une ouverture de sa composition.

DE SWERT (JULES), frère des deux précédents, violoncelliste distingué, est né à Louvain le 15 août 1843. Il montra des dispositions précoces pour la musique, se produisit en public avant d'avoir accompli sa neuvième année, et en 1856 fut envoyé par son père à Bruxelles, où il entra, au Conservatoire, dans la classe de Servais. Devenu l'un des meilleurs élèves de ce maître, il obtint, au concours de 1858, le premier prix de violoncelle à l'unanimité. Peu de temps après il entreprit, en compagnie de M. Leenders, violoniste, un voyage artistique dans les Pays-Bas, et depuis lors s'est fait entendre fréquemment, et avec succès, en Belgique, en Hollande, en Allemagne et en Angleterre. M. Jules de Swert, qui a le titre de violoncelliste-solo de l'empereur d'Allemagne, s'est fait connaître comme compositeur pour son instrument; il a publié, entre autres: 1er concerto, avec accompagnement d'orchestre ou de piano (Mayence, Schott); 2e concerto, avec accompagnement d'orchestre ou de piano (id., ib.); Romances sans paroles, avec accompagnement de piano, op. 4 (Brême, Cranz); Fantaisie avec accompagnement d'orchestre ou de piano, op. 23 (Mayence, Schott); Fantaisie de salon sur des airs scandinaves, op. 26 (id., ib.); 3 duos de salon, pour violoncelle et piano (*Barcarolle*, *Capriccio*, *Mazurek*), op. 29 (Cassel, Leuckardt); 3 morceaux pour violoncelle, avec accompagnement de piano (Brême, Præger), etc.

DESZCZYNSKI (JOSEPH), compositeur polonais, né à Wilna en 1781, s'établit plus tard à Varsovie. Il s'est fait d'abord connaître par la musique qu'il écrivit sur le chant historique de Sigismond III, contenu dans la grande *Épopée nationale* de J. U. Niemcewicz, et fit ensuite apprécier son talent dans d'assez nombreuses œuvres de musique de chambre. On cite surtout de lui un remarquable quatuor en *la* mineur (op. 39) pour piano et instruments à cordes, un sextuor pour deux violons, alto, deux violoncelles et contrebasse, et une très-belle polonaise pour le piano, à quatre mains. On doit encore à cet artiste fécond deux messes de *Requiem*, plusieurs opéras-comiques et un certain nombre de *lieder*. Deszczynski est mort en 1844.

DETHOU (AMÉDÉE), amateur érudit, est né à Saint-Amand (Nièvre) le 22 avril 1811. Après avoir habité successivement Saint-Amand, Paris et Cosne, il s'est fixé à Marseille, où il réside encore au moment où cette notice est écrite. Esprit élevé et laborieux, il s'est appliqué à plusieurs ordres de travaux. On a notamment de lui de bonnes traductions en vers français d'Horace, de Théocrite, de Virgile et de poésies des temps homériques. Il ne doit être question ici que de ceux de ses écrits qui se rattachent à la musique. En voici la liste :
Chanson de l'Ane, prose de la fête des Fous (XIII° siècle) avec accompagnement de piano, texte latin, et traduction en vers français (chez Lavinée, à Paris); *Chanson à 4 voix du roi Louis XIII*, remise en lumière avec notice (ibid.); 4 *pièces de clavecin* de G. Frescobaldi avec notice, spécimen de notation et transcription en clefs modernes (ibid.); 25 *pièces de clavecin* de divers auteurs des XVII° et XVIII° siècles avec notice et transcription en clefs modernes (ibid.); un traité de plain-chant (ibid.); *Adieux de Marie Stuart*, mélodie avec accompagnement de piano (ibid.); *Ave Maria* (ibid.) ; *Pater noster* (ibid.); *O Salutaris* (ibid.); *Douze mélodies* sur des poésies anciennes (XVI° siècle) avec accompagnement de piano (ibid.); enfin un grand nombre de transcriptions et arrangements, entre autres la réduction pour piano et chant d'*Écho et Narcisse*, de Gluck, éditée par Mme veuve Launer.

AL. R—D.

DETHOU (LOUIS), cousin du précédent, a publié chez Lavinée, à Paris, une méthode succincte d'instrumentation pour musiques militaires.

AL. R—D.

DEURER (ERNEST), compositeur, est né à Giersen en 1817. Ce jeune artiste, qui semble promettre un avenir brillant, s'est déjà fait connaître par plusieurs trios et quatuors. Y.

DEVENET (........), flûtiste, musicien de la chambre et de la chapelle royale, vivait vraisemblablement à la fin du dix-septième siècle ou au commencement du dix-huitième. Il a publié un livre de « *Sonates pour deux flûtes*, par M. Devenet, ordinaire de la musique-chapelle de chambre du Roy, œuvre 1 (Paris, in-fol.). »

DE VICENTI (........). Un musicien de ce nom écrivit la musique d'un ballet intitulé *la Svezzesa in Candia*, qui fut représenté au théâtre de la Scala, de Milan, en 1787.

DEVIENNE (FRANÇOIS). Quelques inexactitudes s'étant produites au sujet du répertoire dramatique de ce compositeur, nous allons le reconstituer en entier. Voici donc la liste exacte et complète de ses opéras : 1° *le Mariage clandestin*, un acte, th. Montansier, 11 novembre 1790 (traduit en allemand et joué en 1798, à Hambourg, sous ce titre : *l'Amour risqué tout*); 2° *les Précieuses ridicules*, un acte, comédie de Molière arrangée en opéra-comique par Moline, th. Montansier, 9 août 1791 (1); 3° *Encore des Savoyards*, th. Favart, 8 février 1792 (petit ouvrage qui avait été représenté d'abord sous forme de comédie, au même théâtre, le 25 septembre 1789); 4° *les Visitandines*, 2 actes, th. Feydeau, 7 juillet 1792 (un troisième acte est ajouté à cet opéra, qui est représenté sous cette nouvelle forme le 5 juin 1793 ; défendu plus tard à cause de son sujet, des modifications sont faites au poëme, et il est repris à l'Opéra-Comique, sous ce titre : *le Pensionnat de jeunes Demoiselles*, le 5 mars 1825, tandis que l'Odéon, transformant tout à fait la pièce et réduisant l'ouvrage en un acte, le joue à son tour sous ce titre : *les Français au Sérail*, le 28 juin de la même année); 5° *les Quiproquos espagnols*, 2 actes, th. Feydeau, 10 décembre 1792 ; 6° *le Congrès des Rois*, 3 actes (en société avec Berton, Blasius, Cherubini, Dalayrac, Deshayes, Grétry, Jadin, Kreutzer, Méhul, Solié et Tria fils), th. Favart, 26 février 1794 ; 7° *Rose et Aurèle*, un acte, th. Feydeau, 9 août 1794 ; 8° *Agnès et Félix, ou les Deux Espiègles*, th. Feydeau, 22 août 1795 ; 9° *Vôlécour ou un Tour de page*, un acte, th. Favart, 22 mars 1797 ; 10° *les Comédiens ambulants*, 2 actes, th. Feydeau, 28 décembre 1798 ; 11° *le Valet de deux maîtres*, un acte, th. Feydeau, 3 novembre 1799.

On savait que Devienne était né en 1759, mais la date précise de sa naissance n'avait jamais été donnée. Elle a été publiée pour la première fois, d'après l'acte de naissance de l'artiste dans la brochure suivante : *Devienne*, par Arthur Pougin (Paris, imp. Chaix, 1864, in-8°), où l'on verra qu'elle est fixée au 31 janvier 1759. On trouvera d'ailleurs, dans cette brochure, des renseignements nombreux et inconnus sur De-

---

(1) Cet ouvrage est resté inconnu de tous les biographes de Devienne. On peut, en ce qui le concerne, consulter l'*Annuaire dramatique* (de Ragueneau) pour 1821-1822, p. 349, et l'almanach intitulé *les Spectacles de Paris*, année 1792, p. 234.

vienne, qui fut l'un des artistes les plus intéressants et les mieux doués de la fin du xvııı^e siècle.

DEVILLERS (Léopold), écrivain belge, est l'auteur d'une monographie ainsi intitulée : *Essai sur l'histoire de la musique à Mons* (Mons, impr. Dequesne-Masquillier, 1868, in-8° avec planches).

DEVIN-DUVIVIER (......), compositeur, est né en 1827 à Liverpool, de parents français. Ayant, à l'âge de douze ans, suivi sa famille à Berlin, où il resta jusqu'à la fin de 1847, M. Devin-Duvivier fit de bonnes études en cette ville sous la direction du fameux professeur Dehn, élève de Gottfried Weber et de l'abbé Vogler, puis travailla le piano avec Moschelès et le chant avec Manuel Garcia. Il vint à Paris terminer son éducation au Conservatoire, dans la classe de composition d'Halévy, puis publia un certain nombre de mélodies, écrites sur des vers de Théophile Gautier, qui se faisaient remarquer par un rare sentiment poétique et une inspiration vraiment originale. Le 14 janvier 1867, M. Devin-Duvivier donnait au Théâtre-Lyrique une œuvre importante, *Deborah*, opéra en trois actes, dont le livret était emprunté aux *Chroniques de la Canongate*, de Walter-Scott, et dans lequel se produisait pour la première fois à ce théâtre une cantatrice distinguée, Mme Talvò-Bedogni. La partition de *Deborah* était remarquable sous le rapport de la franchise et de la puissance de l'inspiration, aussi bien que sous celui de la facture et du sentiment dramatique. L'ouvrage pourtant ne se maintint pas à la scène, et depuis lors son auteur n'a plus travaillé pour le théâtre. Il est aujourd'hui fixé en Angleterre, et il a fait exécuter récemment (novembre 1875), à l'un des concerts d'Alexandra-Palace, à Londres, un morceau pour orchestre, intitulé *le Triomphe de Bacchus*, qui a produit un vif plaisir.

DEVOLDER (Pierre-Jean). — *Voyez* VOLDER Pierre-Jean DE).

DE VRIES (Dirk ou Thierri), facteur de clavecins, exerçait sa profession à Anvers dans la première moitié du dix-septième siècle, et mourut en cette ville en 1628. On croit qu'il était parent de Catherine de Vries, femme du célèbre facteur André Ruckers, dit *le vieux*.

1re **DE VRIES** (Madame VAN OS, née Rosa), chanteuse néerlandaise fort distinguée, est née à Deventer le 25 février 1828. De même que Mme Marie Sass et plusieurs autres artistes renommés, elle a commencé par chanter dans les cafés et aussi dans les petites sociétés israélites des Pays-Bas, où tout d'abord elle se rendit fort populaire parmi ses coreligionnaires. Plus tard elle devint choriste au Théâtre-Royal de La Haye, et en 1845 le roi Guillaume II l'envoya à Paris, aux frais de sa cassette particulière, pour y faire son éducation musicale. De retour à La Haye, elle fut engagée pour y tenir l'emploi des fortes chanteuses, et se produisit ensuite sur les théâtres de Lyon et de Toulouse. Elle était à Paris en 1848, et allait débuter à l'Opéra lorsqu'éclata la révolution de février. Elle partit alors pour les États-Unis, et resta plusieurs années en Amérique, où elle fit sensation, particulièrement à New-York. De retour en Europe en 1856, elle fut engagée à Londres, où son succès ne fut pas moins vif, puis elle se rendit à Turin, et de là à Milan, où elle brilla dans plusieurs opéras de Verdi, partit ensuite pour Barcelone, où elle excita l'enthousiasme, retourna un instant en Italie, revint en Hollande, où son retour fut un triomphe, fut engagée au théâtre San-Carlo, de Naples, et enfin se fit entendre, je crois, en Allemagne, avec le même bonheur. Mme de Vries est une chanteuse de premier ordre, douée d'une voix admirable et étendue, et possédant un talent d'une grande puissance dramatique.

Les deux filles de cette artiste ont entrepris aussi la carrière du chant dramatique. L'aînée, Mlle *Jeanne de Vries*, parut il y a quelques années à Paris, au Théâtre-Lyrique, y passa à peu près inaperçue, puis se produisit en province, fit de très-grands progrès, et acquit un remarquable talent. Elle est aujourd'hui (1875) attachée au théâtre de la Monnaie, de Bruxelles, où elle obtient de très-grands succès (1). La cadette, Mlle *Fidès de Vries*, a appartenu pendant trois ans, de 1871 à 1874, au personnel de l'Opéra, où elle s'était acquis rapidement une réputation brillante et légitime par sa beauté, sa distinction, la fraîcheur et le velouté de sa voix, son talent de cantatrice et son intelligence scénique. Son succès était surtout très-grand dans les deux rôles de Marguerite *de Faust*, et d'Ophélie d'*Hamlet*. A la suite de son mariage avec un dentiste, M. Adler, Mlle Fidès de Vries a renoncé au théâtre, qui semblait lui promettre un avenir plein d'éclat.   Ed. de H.

* **DE VROYE** (Théodore-Joseph). *Voy.* VROYE (Théodore-Joseph DE).

* **DEZÈDE**. Ce compositeur est un des plus intéressants à étudier parmi ceux qui ont occupé la scène lyrique française pendant la seconde moitié du dix-huitième siècle. J'ai réuni sur lui un assez grand nombre de renseignements utiles

---

(1) Mlle Jeanne De Vries a épousé en 1876 un jeune tenor, M. Dereims, qui a débuté en 1877, à l'Opéra-Comique, dans le *Cinq-Mars* de M. Gounod.

et inconnus, qui m'ont fourni les éléments d'un travail assez important : *Dezède*, par Arthur Pougin (Paris impr. Chaix, 1862, in-8° de 38 p.). Je vais reconstituer, à l'aide de ce travail, le répertoire dramatique de cet artiste charmant, répertoire qui n'a jamais été donné d'une façon complète : 1° *Julie*, 3 actes, Comédie-Italienne, 22 septembre 1772 ; 2° *l'Erreur d'un moment ou la Suite de « Julie »*, un acte, id., 14 juin 1773 ; 3° *le Stratagème découvert*, 2 actes, id., 4 octobre 1773 ; 4° *les Trois Fermiers*, 2 actes, id., 24 mai 1777 ; 5° *Fatmé ou le Langage des Fleurs*, 2 actes, Opéra, 5 décembre 1777 ; 6° *Zulima*, 3 actes, Comédie-Italienne, 9 mai 1778 ; 7° *le Porteur de chaise*, 2 actes, id., 10 décembre 1778 (réduit en un acte et repris sous ce titre : *Jérome et Champagne ou le Porteur de chaise*, le 11 janvier 1781) ; 8° *Cécile*, 3 actes, id., 26 janvier 1780 ; 9° *A trompeur, trompeur et demi*, un acte, id., 3 mai 1780 ; 10° *Péronne sauvée*, 4 actes, Opéra, 27 mai 1783 ; 11° *Blaise et Babet*, 2 actes, Comédie-Italienne, 30 juin 1783 ; 12° *Alexis et Justine*, 2 actes, id., 17 janvier 1785 ; 13° *Alcindor*, 3 actes, Opéra, 17 avril 1787 ; 14° *Auguste et Théodore ou les deux Pages*, 2 actes, Comédie-Française, 6 mars 1789 ; 15° *les Trois Noces*, un acte, Comédie-Française, 23 février 1790 ; 16° *Ferdinand ou la Suite des « Deux Pages*, » Comédie-Française, 19 juin 1790 ; 17° *Paulin et Clairette, ou les Deux Espiègles*, 2 actes, Comédie-Française, 5 janvier 1792 ; 18° *la Fête de la cinquantaine*, 2 actes, th. Louvois, janvier 1796 (ouvrage posthume) ; 19° *Fin contre fin*, un acte, joué seulement en société, et dont le poëme a été publié dans le tome V des *Après-soupés de société*, de Sauvigny.

Les quatre ouvrages indiqués comme ayant été donnés à la Comédie-Française étaient de véritables opéras-comiques, dont Dezède avait écrit tout à la fois les paroles et la musique, au moins en ce qui concerne les trois derniers, car pour *Auguste et Théodore ou les Deux Pages*, il n'avait sous ce rapport qu'une part de collaboration. La petite pièce intitulée *Paulin et Clairette* était restée inconnue de tous les biographes de Dezède, et je suis le premier qui en ait retrouvé la trace. Quant à *la Fête de la Cinquantaine*, c'est un ouvrage posthume, qui n'a été représenté que trois ou quatre ans après la mort du compositeur. Pour tous les détails relatifs à ces ouvrages, on voudra bien se reporter à la brochure citée plus haut. Dezède a laissé deux opéras et un opéra-comique inédits ; les deux premiers avaient pour titres *Amadis* et *Inez de Castro*; le second était intitulé le *Véritable Figaro*, et avait été écrit sur un poëme de Billardon de Sauvigny.

D'HACK (ALFRED), compositeur, a publié un certain nombre de romances, chansons et chansonnettes, et a fait représenter, dans des concerts ou dans des salons, les trois opérettes dont les titres suivent : 1° *le Revenant*, un acte, 1865 ; 2° *le Coquelicot*, un acte, 1867 ; 3° *le Secret de Simonette*, un acte, 1871.

DIACHE (EUGÈNE), violoniste, né vers 1835, a été pendant plusieurs années chef d'orchestre du théâtre du Château-d'Eau, où il a fait représenter, au mois d'octobre 1872, une opérette en un acte intitulée *le Saut de Leucade*. Précédemment, au mois de mars 1870, cet artiste avait donné au théâtre des Variétés une petite pièce du même genre, aussi en un acte : *Deucalion et Pyrrha*.

DIAS (GABRIEL), compositeur portugais du XVII° siècle. On ne sait presque rien sur la vie de ce maître si fécond. M. Soriano Fuertes (*Historia de la musica española*, T. II, p. 185), dit qu'il fut d'abord chantre de la chapelle de Philippe IV à Madrid, puis maître de chapelle du couvent *de las Franciscanas descalzas* de la même ville. Ce couvent avait été fondé par D. Joanna d'Autriche, sœur de Philippe II et veuve de l'infant D. Juan de Portugal. Il ne serait pas étonnant que Gabriel Dias eut passé en Espagne au service de la veuve de l'Infant, car beaucoup de musiciens portugais abandonnèrent leur patrie pendant la domination espagnole et passèrent en Espagne, où ils furent fort bien accueillis et où ils trouvèrent des positions avantageuses.

Le catalogue de la bibliothèque musicale du roi D. Jean IV fait mention d'une grande quantité de musique religieuse de Gabriel Dias. En ce qui concerne les *Vilhancicos*, une forme favorite des musiciens portugais et espagnols, il n'y en a pas moins de 497 sous le nom de Dias ; on y trouve en outre quantité de messes, motets, etc. Francisco de Santiago et Dias ont à eux seuls composé presque la moitié des *Vilhancicos* qui se trouvent dans le catalogue du roi, et dont le nombre total s'élève à 1071, dont 574 reviennent à Santiago (*Voy.* ce nom).

On connaît encore un musicien du même nom, *Diogo Dias*, qui a joui d'une certaine réputation vers le milieu du XVI° siècle. Il fut maître de chapelle de la cathédrale d'Evora, où il avait appris la musique. Ses compositions en manuscrit sont restées à Evora. Diogo Dias était né à Erato, dans la province d'Alemtejo.

J. DE V.

DIAZ DE LA PENA (EUGÈNE-ÉMILE), compositeur, né à Paris le 27 février 1837, est fils du peintre de ce nom, qui fut un des plus fervents adeptes de l'école romantique. Admis au Conservatoire, le 6 octobre 1852, dans la classe de M. Reber, il obtint un premier accessit d'harmonie au concours de 1856, et un second prix en 1858. Il passa ensuite quelque temps dans la classe de composition d'Halévy. Après avoir quitté l'école, il se livra à la composition, et fit représenter au Théâtre-Lyrique, le 9 juin 1865, un opéra-comique en deux actes intitulé *le Roi Candaule*, dont la musique était empreinte d'une certaine grâce. Lorsqu'en 1867 un triple concours fut ouvert par l'État pour la composition de trois ouvrages destinés à nos trois grandes scènes lyriques, M. Diaz prit part au concours de l'Opéra, pour lequel un poëme portant le titre de *la Coupe du roi de Thulé* était imposé aux compositeurs; il l'emporta sur tous ses concurrents, parmi lesquels se trouvaient MM. Massenet, Th. Dubois, Wekerlin, le prince de Polignac, etc., et son ouvrage fut par conséquent désigné pour être représenté. Les événements politiques de 1870-71 semblèrent devoir ruiner ses espérances. En effet, à la suite de ces événements, la direction de l'Opéra, changeant de mains, avait passé de celles de M. Perrin à celles de M. Halanzier, et ce dernier, en prenant possession du théâtre, n'avait voulu accepter aucune des obligations de son prédécesseur. Cependant, à la sollicitation du ministère, qui se trouvait moralement engagé envers M. Diaz, M. Halanzier consentit à entendre la partition de *la Coupe du roi de Thulé*; le compositeur se rendit donc un jour à l'Opéra, et là, en présence du directeur et de tous les chefs de service, se plaça au piano et se mit en devoir de chanter, *seul*, sa partition. On devine le résultat que pouvait produire une audition faite dans des conditions semblables : personne n'avait rien compris. M. Halanzier, heureusement, ne voulut point se contenter d'une épreuve aussi incomplète; une seconde audition fut organisée, avec des éléments fournis par le personnel de l'Opéra, à la suite de laquelle M. Diaz fut informé que son œuvre serait représentée. *La Coupe du roi de Thulé* fut offerte en effet au public le 10 janvier 1873, et malgré la présence d'artistes tels que Mᵐᵉ Gueymard, MM. Faure, Achard et Belval, malgré les splendeurs d'une mise en scène pour laquelle on n'avait rien négligé, malgré le soin qu'on avait apporté à tous les détails de l'exécution, l'ouvrage fut trouvé faible et languissant, au double point de vue du poëme et de la musique. Il ne put se soutenir à la scène au-delà d'une douzaine de représentations. — En dehors de ses deux productions dramatiques, M. Eugène Diaz a publié un certain nombre de mélodies vocales, et a fait exécuter aux concerts Danbé, le 23 février 1875, un « entr'acte inédit. » La partition de *la Coupe du roi de Thulé* a paru chez l'éditeur Léon Grus.

DIDRON (Adolphe-Napoléon), archéologue français, connu sous le nom de *Didron aîné*, est né à Hautvilliers (Marne) en 1806. Titulaire de la chaire d'archéologie nationale à la Bibliothèque royale de Paris (1836-1843), Didron, qui créa ensuite une librairie spéciale, est surtout connu comme fondateur et comme éditeur des *Annales archéologiques*, encyclopédie de l'art au moyen-âge, qu'il a dirigée lui-même jusqu'en 1866; ce recueil remarquable renferme un bon nombre de travaux intéressants relatifs à la musique. Il a publié l'*Office du XIIIᵉ siècle, publié en fac-similé, d'après le manuscrit original, reproduisant les huit tons du plain-chant, l'ordinaire de la messe, les fêtes de Noël, Pâques, Ascension, Pentecôte, Fête-Dieu* (Paris, Victor Didron, in-4° de 32 pages de texte et de 34 planches). Didron est mort le 13 novembre 1867. — Son neveu, M. *Édouard Didron*, architecte et dessinateur, né à Paris en 1836, a publié chez lui une *Iconographie de l'Opéra* (Paris, 1864, in-8°).

DIÉMER (Louis), pianiste fort distingué et compositeur, est né à Paris le 14 février 1843, et a fait au Conservatoire de cette ville des études particulièrement brillantes. A peine âgé de treize ans, il se voyait décerner à l'unanimité, en 1856, le premier prix de piano dans cet établissement; en 1859 il obtenait un premier prix d'harmonie et accompagnement, puis enfin remportait un premier prix de contrepoint et fugue et un second prix d'orgue. Les professeurs de M. Diémer au Conservatoire ont été M. Émile Durand pour le solfège, M. Marmontel pour le piano, M. Bazin pour l'harmonie, M. Ambroise Thomas pour la fugue, et M. Benoist pour l'orgue.

Après avoir terminé ses études, M. Diémer obtint de grands succès comme virtuose. Il devint le pianiste préféré de M. Alard pour ses séances de musique de chambre, exécuta d'une façon très-brillante, à la Société des concerts du Conservatoire (1864), le concerto en *sol* mineur de Mendelssohn, fit entendre aux Concerts populaires de M. Pasdeloup la sérénade du même maître, et, avec M. Alard, le grand duo de Weber pour piano et violon. Le jeu de M. Diémer est fin, distingué, et se fait remarquer tout à la fois par un excellent mécanisme et par un style d'une rare pureté.

M. Diémer ne paraît pas préoccupé par le désir de se produire au théâtre comme compositeur, mais il a beaucoup écrit pour le piano et pour le chant, et ses nombreuses productions se distinguent par une grâce aimable qui n'exclut pas la solidité. Nous citerons, parmi ses compositions : 1° sonate pour piano et violon (Flaxland); 2° trio pour piano, violon et violoncelle (Benoist aîné); 3° six pensées musicales; 4° trois valses de salon; 5° 2 caprices; puis, des pièces de divers genres : polonaise de concert, élégie, berceuse, mazurka de salon, impromptu-valse, impromptu-caprice, *le Chant du Nautonier*, caprice, etc. Pour le chant, M. Diémer a publié un certain nombre de mélodies : *le Bal et le Berceau*, *l'Amour qui passe*, *Adieu la Marguerite*, *Esméralda*, *à Ninon*, *la Fauvette*, *Pastorale*, *Il m'aimait tant*, *Chanson pour Alceste*, etc. Enfin, sous ce titre, *École classique concertante*, M. Diémer a donné, avec MM. Alard et Franchomme (chez Heugel), une édition doigtée et accentuée des œuvres complètes pour piano, violon et violoncelle d'Haydn, Mozart et Beethoven; il a publié en outre 18 transcriptions pour piano de fragments symphoniques des mêmes maîtres, et aussi diverses transcriptions de *Cosi fan tutte*, de *la Flûte enchantée* et du *Don Juan* de Mozart.

DIERICXEN (Jean), facteur de clavecins à Anvers au milieu du seizième siècle, fut reçu dans la gilde de Saint-Luc en 1558.

DIETRICH (Albert-Hermann), chef d'orchestre et compositeur, est né à Golk, près Meissen, le 28 août 1829. Élève de l'Université de Leipzig, où il a appris la philosophie, l'histoire et l'esthétique, il étudia la musique avec Julius Otto, Rietz et Hauptmann. Étant à Dusseldorf en 1851, il y connut Robert Schumann, ressentit pour lui une vive affection, et c'est sous l'influence de ces relations qu'il commença à se livrer à la composition. De retour à Leipzig en 1854, il y fit exécuter sa première symphonie, et l'année suivante se rendit à Bonn, où il exerça les fonctions de chef d'orchestre. Quelques années plus tard, en 1861, il se fixait à Oldenbourg, où il devenait maître de chapelle du grand-duc, visitait, en 1871, Cologne et plusieurs autres villes rhénanes, et en 1872 se rendait de nouveau à Leipzig, où son talent de chef d'orchestre est, dit-on, très-apprécié. Parmi les compositions assez nombreuses de M. Albert Dietrich, je citerai les suivantes : Symphonie en *ré majeur*, exécutée au Gewandhaus, de Leipzig, en 1869; Ouverture, exécutée au Gewandhaus en 1872; *les Normands*, ouverture; Hymne du matin, pour chœur d'hommes et orchestre, exécuté au Gewandhaus en 1872; *Rheinmorgen*, « concertstück » pour chant, chœur et orchestre, op. 31; concerto de violon, avec orchestre, op. 30 ; concerto de violoncelle, avec orchestre, op. 32 ; concerto de cor, avec orchestre, op. 27 ; trio pour piano, violon et violoncelle, op. 9 ; quatre pièces pour piano, op. 2 ; six *lieder*, avec piano, op. 10, etc. M. Dietrich a écrit aussi un opéra intitulé *Robin Hood*; j'ignore si cet ouvrage a été représenté.

* **DIETSCH** (Pierre-Louis-Philippe), compositeur, ancien chef de l'orchestre de l'Opéra, maître de chapelle de l'église de la Madelaine, professeur d'orgue à l'École de musique religieuse, est mort à Paris le 20 février 1865. Après trois ans de service comme chef d'orchestre de l'Opéra, Dietsch avait été brutalement mis à la retraite par le directeur de ce théâtre, M. Perrin, lors de l'intronisation de celui-ci en 1863. A partir de ce moment, il ne s'occupa plus que de sa maîtrise de la Madelaine. Il était en visite chez un de ses amis, le pasteur Athanase Coquerel, lorsqu'il fut frappé d'une attaque d'apoplexie qui le foudroya. Outre ses vingt-cinq messes, outre d'autres et très-nombreuses compositions religieuses, Dietsch a laissé plusieurs ouvrages didactiques qui sont consacrés dans l'enseignement : *Répertoire de l'organiste*; *Manuel du maître de chapelle*; *Accompagnement pour l'orgue du plain-chant romain de la commission de Reims et de Cambrai*; *Accompagnement d'orgue du graduel et de l'antiphonaire romains*; *Répertoire des maîtrises et chapelles*.

Lors de la fondation de l'École de musique religieuse, Niedermeyer, créateur et directeur de cette école, s'était aussitôt attaché Dietsch comme professeur d'harmonie, de contrepoint et de fugue, et l'avait nommé peu de temps après inspecteur des études. A la mort de Niedermeyer, Dietsch fit preuve du plus grand dévouement pour l'œuvre de son ami, se chargea aussi de la classe de composition et d'instrumentation, qu'il conserva jusqu'à sa mort.

Le 17 mars 1808 est, selon les renseignements qui m'ont été donnés par la famille, la date exacte de la naissance de Dietsch. Cet artiste estimable avait été nommé, en 1856, chevalier de la Légion d'honneur.

DIÈZE (.......), musicien obscur, vivait à la fin du dix-huitième siècle, et a écrit pour le théâtre Montansier la musique de deux opéras-comiques : *Polycarpe et Pancrace*, deux actes, paroles de Grétry neveu, représenté le 13 ventôse an V (4 mars 1797), et *les Trois Prétendus*, un acte, paroles de Pein, représenté le 5 floréal an IX (25 avril 1801).

DI GIULIO (Angelo), compositeur, né à

Lucques vers 1809, étudia de bonne heure la musique et fut élève de Domenico Quilici. Devenu maître de chant et de piano à l'Institut Saint-Nicolas, il se livra à la composition, et écrivit plusieurs œuvres de divers genres : une *farsa* à trois personnages avec chœurs et accompagnement d'orchestre, jouée dans cet établissement; la musique du 13ᵉ chant du Dante (*la mort d'Ugolin*), pour voix de baryton avec accompagnement de piano; plusieurs compositions religieuses à quatre voix, avec accompagnement instrumental, qui furent exécutées en 1834, 1835 et 1836, pour la fête de Sainte-Cécile; enfin, un hymne, deux motets, et des litanies à 2 et 4 voix. Cet artiste mourut dans toute la force de la jeunesse, le 14 juillet 1838, à peine âgé de 29 ans. Après sa mort, on publia sa cantate sur la mort d'Ugolin.

DIJKHUIJZEN (D......-H......), l'un des meilleurs organistes des Pays-Bas, est né à Twello, dans la province de Gueldre, le 28 avril 1821. Après avoir été faire ses études à Dessau, sous la direction du fameux F. Schneider, il revint dans sa patrie, fut nommé organiste à Elburg, et en 1845 fut appelé, à la suite d'un concours, à tenir le grand orgue de l'église de Nimègue, l'un des instruments de ce genre les plus parfaits et les plus complets qui existent dans les Pays-Bas. C'est là que M. Dijkhuijzen donna carrière à son remarquable talent, et qu'il acquit une renommée légitime. Cet artiste a publié un certain nombre de compositions, parmi lesquelles on remarque une sonate pour orgue, une sonate pour piano et violon, et plusieurs *lieder*. Il a mis aussi en musique le *Psaume XXIII*, pour chœurs et orchestre, et il a fait exécuter à Utrecht une ouverture de concert (1855) et une symphonie en *ut* (1856).

DIRRAN TCHUHADJIAN, compositeur arménien, a écrit la musique de *Shérif-Agha*, opéra-comique en trois actes, en langue turque, qui a été représenté à Constantinople, sur le théâtre Osmanié, au mois de décembre 1872 ou de janvier 1873.

DI POGGIO (LELIO-IGNAZIO), compositeur, naquit à Lucques le 19 janvier 1735, et mourut dans la même ville, frappé d'apoplexie, le 19 octobre 1787. On lui doit un oratorio intitulé : *le Saint-Sacrement*, plusieurs actions dramatiques représentées à l'occasion de la grande fête des Comices, et un certain nombre de compositions religieuses fort estimées. Très-honoré de ses concitoyens, di Poggio fut nommé, en 1784, gonfalonier de la ville de Lucques.

DISSON (........), musicien bourguignon, est l'auteur d'un opéra-comique intitulé *la Magie inutile*, qui fut rerpésenté sur le théâtre de Dijon le 25 juillet 1751.

DJÉMÎLÈ, célèbre cantatrice arabe, de Médine, vécut pendant le premier siècle de l'hégire et le septième de l'ère chrétienne. Son talent était admirable, paraît-il, et produisait une étonnante impression sur ceux qui avaient le bonheur d'en pouvoir jouir. Elle fit un grand nombre d'élèves, qui devinrent eux-mêmes fameux pour la plupart, et parmi lesquels on cite Mabed, Khouleyda, Sellâmat el-Cass, Ibn Souraydj, Ibn-Aïcha et Habbâba. L'un d'eux, Mabed, disait de sa maîtresse : « Dans l'art du chant, Djémîlè est la tige, et nous sommes les branches. Sans elle, nous ne serions pas des artistes. »

A quelqu'un qui lui demandait comment elle avait acquis ce talent, qui faisait l'admiration générale, elle répondit : — « Ma foi! ce n'est ni par inspiration, ni par enseignement. Voici ce qui m'est arrivé. Lorsque j'étais esclave de la famille de Bahz, Saïb Khâthir était notre voisin. Je l'entendais chanter et jouer du luth. J'ai saisi et retenu les sons qui frappaient mon oreille, et j'en ai formé des airs qui se sont trouvés meilleurs que ceux de Saïb. Un jour, mes maîtresses me surprirent chantant toute seule dans ma chambre. Elles me dirent : « Tu as un talent que tu caches; nous t'adjurons de nous le montrer. » Alors, je leur chantai deux vers de Zohayr, fils d'Abou Solma, sur lesquels j'avais composé un air. Elles furent charmées, et me produisirent devant d'autres personnes. Bientôt j'eus une réputation. De toutes parts on venait m'entendre. Je me mis à donner des leçons. Le nombre des jeunes filles esclaves que l'on m'amenait chaque jour pour les instruire était si considérable, que la plupart d'entre elles se retiraient le soir, sans que j'eusse eu le temps de m'occuper d'elles et sans avoir pu profiter autrement qu'en écoutant les chants que j'enseignais à d'autres. Par ces leçons, qui étaient bien payées, je procurai à mes maîtres des bénéfices auxquels ils étaient loin de s'attendre. Ils m'affranchirent; je les avais enrichis et je m'enrichis à mon tour. Au reste, ils étaient bien dignes de cette fortune, et moi aussi (1). »

Djémîlè devint puissamment riche, en effet, grâce à son double talent de virtuose et de professeur. Elle épousa un affranchi nommé Ibn el-Khazradj, qui comme elle habitait Médine, s'établit avec lui dans le faubourg de *Sounh*, et là tint une maison splendide, servie par un nombreux domestique, dans laquelle les amateurs venaient l'entendre et l'admirer, les élèves solli-

(1) *Aghâni*, II, 134 v°, 155.

citer et prendre ses leçons, et les musiciens et les poëtes de Médine et de la Mekke lui soumettre leurs œuvres et la prier de les vouloir bien chanter.

« La plus belle époque de la carrière de Djémîlè, dit Caussin de Perceval dans son intéressant travail sur les musiciens arabes, fut sans doute celle d'un pèlerinage qu'elle fit à la Mecque. Ce pèlerinage fut pour elle une véritable ovation. Elle partit entourée de tous les principaux artistes ses compatriotes et de plusieurs poëtes de ses amis. On remarquait, parmi les chanteurs, Mâbed, Mâlik, Ibn Aïcha, Nâfé ibn Tonboura, Nâfé el-Khayr, Badih el-Melih ; parmi les chanteuses, Azzè-t-el-Meylâ, El-Fariha, Habbâba, Sellamat el-Cass, Khoulayda, Rabihâ, Saïda ; parmi les poëtes, Cothayyir-Azzè, Abdallah el-Ahwas, Ibn Abî-Atik, Abou Mehdjan Nossayh. Des personnages, même de haute naissance, admirateurs du talent de Djémîlè, avaient voulu être ses compagnons de voyage, et cinquante musiciennes esclaves, appartenant à de grandes dames de Médine, avaient été envoyées par leurs maîtresses pour grossir son cortége et lui faire honneur. La magnificence des haudedj (litières de femmes), la richesse et la variété des costumes rendaient cette troupe de pèlerins la plus brillante que l'on pût voir.

« A quelque distance de la Mekke, Djémîlè et sa compagnie furent reçues par une réunion considérable de Mekkois, dans laquelle figuraient avec beaucoup de gens de la première noblesse, des musiciens tels qu'Ibn Mouçaddjih, Ibn Mouhriz, Ibn Souraydj, El-Gharidh, et des poëtes tels que Omar ibn Abi-Rabia, Hârith ibn-Kbalil el-Makhzoumi, El-Ardji et autres.

« Lorsque les cérémonies du pèlerinage furent terminées et que Djémîlè eût fait autour de la ca'ba ses dernières tournées, les Mekkois la prièrent de leur donner une séance avant de les quitter. « Est-ce, demanda Djémîlè, une séance
« de musique ou de conversation que vous dési-
« rez ? — De l'une et de l'autre, lui répondit-on.
« — Cela est impossible, dit-elle. Je ne mêlerai
« pas à l'acte sérieux de religion que je suis ve-
« nue accomplir l'exercice d'un art frivole et
« profane. — Eh bien ! s'écria Omar ibn Abi-
« Rabia, que tous ceux qui veulent entendre
« Djémîlè se joignent à moi et la reconduisent
« jusqu'à Médine ! » La plupart des assistants accueillirent cet avis avec enthousiasme et se mirent en route à la suite de la cantatrice.

« La nouvelle du retour de Djémîlè causa une vive sensation de joie dans Médine. Un grand nombre d'habitants, de tout rang et de tout âge, sortirent à sa rencontre, et Djémîlè, au milieu de son immense cortége fit dans la ville une entrée triomphale. Les Mekkois qui l'avaient accompagnée se logèrent chez leurs amis ou connaissances. Après avoir consacré dix jours à recevoir les visites de félicitations que tout le monde s'empressait de lui faire, Djémîlè annonça une séance solennelle de musique à l'intention des hôtes mekkois. Cette séance, dont elle fit les principaux frais, fut des plus grandioses et dura trois jours. L'auditoire, composé d'une foule d'hommes de distinction qui remplissaient les appartements et même la cour de la maison, se séparait vers le soir et se réunissait le lendemain à l'heure indiquée.

« Pendant les deux premières journées, l'on entendit, alternativement avec Djémîlè, les chanteurs Ibn Mouçaddjih, Ibn Mouhriz, Ibn Souraydj, Mâbed, Mâlik, El-Gharidh, Ibn Aïcha, les deux Nâfé, les trois Hodhali, Badih el-Melih, Raddja, Touways, Delâl, Berd el-Fouâd, Naumet ed-Dholia, Hebat-Allah, et Fend. Les uns chantèrent seuls, les autres deux ou trois ensemble à l'unisson.

« Le troisième jour, Djémîlè fit tendre dans le fond de son salon un rideau, derrière lequel elle plaça des musiciennes au nombre de cinquante, chacune avec un luth. Elle-même, un luth à la main, chanta la première, en s'accompagnant de son instrument, tandis que les cinquante autres luths jouaient le même accompagnement. Cet orchestre soutint également les voix de plusieurs cantatrices qui se firent entendre ensuite, cachées par le rideau aux yeux de l'assemblée. C'étaient Azzè-t-el-Meylâ, Habbâba, Sellamat el-Cass, Khoulayda, Rabiha, El-Fariha, Bulbulè, Lezzet el-Aych et Sa'da. Elles exécutèrent des morceaux de chant, les unes en solo, les autres en duo ou en trio, toujours à l'unisson. Jamais on n'avait vu une pareille fête musicale. »

Djémîlè, on peut le dire, fut l'une des gloires musicales de l'Orient.

D'LAINE (......). Un artiste de ce nom, qui vivait à Paris dans la seconde moitié du dix-huitième siècle, fut l'inventeur d'un instrument dont Luneau de Boisjermain, dans son *Almanach musical* de 1781, donnait la description suivante : « M. D'Laine a imaginé un nouvel instrument musical qu'on pourroit appeler *violon-vielle*, avec lequel on accompagneroit aisément la voix sans transposer la musique. En voici la description. M. D'Laine a adapté une roue et un clavier de vielle à un corps de pardessus de viole. Le clavier a 24 touches : il est traversé, dans sa longueur, par deux cordes comme la vielle. Ces deux cordes ne rendent pas à la fois un son toujours obligé, parce que

M. D'Laine a attaché à la table du clavier deux bascules, qui éloignent les cordes de la roue à volonté, ou qui les en rapprochent. L'usage alternatif de ces deux cordes donne beaucoup d'étendue à cet instrument. Il n'a point les bourdonnements de la vielle, ses sons nasards : on n'entend point le cliquetis du clavier, qui fatigue presque toujours l'oreille. M. D'Laine a placé sur la table de son instrument douze cordes de clavessin, qui lui communiquent un son plus nourri et plus argentin. La roue peut être déplacée ou changée. Le violon-vielle peut servir dans tous les concerts, et surtout à accompagner les voix. M. D'Laine a eu l'honneur de jouer du violon-vielle en présence de Madame, de Madame la comtesse d'Artois et de Madame la Duchesse de Chartres. L'Académie des sciences a honoré cette invention de son suffrage. On peut apprendre, en très-peu de temps, à jouer du violon vielle. Quelques mois d'étude et quelques leçons données par M. D'Laine suffisent pour exécuter de petites sonates ou des duos. »

Je ne sache pas que D'Laine fît partie d'aucun orchestre de Paris, ni qu'il fût compté au nombre des luthiers de cette ville. Voici seulement la mention que je trouve à son sujet dans les *Tablettes de renommée des musiciens* (1785) : « D'Laine, maître de vielle, est renommé par les agréments qu'il a ajoutés à cet instrument, en lui prêtant des sons aussi moelleux, aussi flatteurs à l'oreille et aussi longtemps filés qu'ils peuvent l'être sur le violon. »

DLUGOSZ (......), facteur d'instruments à Varsovie, est l'inventeur d'un piano-orgue baptisé par lui du nom d'*Œolopantalon*, qui fit un certain bruit à l'époque de son apparition en 1825 et qui fut joué par plusieurs artistes de talent, entre autres par Chopin. Cet instrument fut produit surtout avec succès dans un concert donné à Varsovie, où il servit à accompagner les chœurs de *Faust* du prince Radzywill, ainsi qu'une cantate d'Elsner. La *Gazette musicale de Leipzig*, en faisant connaître l'invention de Dlugosz, disait que son *Œolopantalon* ressemblait beaucoup à l'*Œolomelodikon* précédemment imaginé par Brunner.

DLUZEWSRI (STANISLAS), facteur d'orgues distingué, est né en Pologne dans les premières années de ce siècle. Il a construit, entre autres, pour la nouvelle église de la ville de Dukszty, en Lithuanie (1856), un orgue qu'on dit extrêmement remarquable.

* **DOBET** (......), professeur de clavecin à Blois, a publié à Paris, en 1771 : 1° *Sonate en symphonie pour le clavecin, faite pour être exécutée par deux personnes sur le même instrument*; 2° *Le Printemps*, ariette, avec accompagnement de clavecin, violon et basse, *ad libitum*.

DOBRUCKI (MATTHIEU), luthier polonais, exerçait sa profession à Cracovie, où il mourut en 1602. L'établissement qu'il dirigeait était considérable, et tout porte à croire que, loin de travailler seul, il employait un certain nombre d'ouvriers. En effet, un inventaire dressé après sa mort et qui donnait l'état du matériel de sa maison, en bois travaillés et en instruments inachevés, comprenait : un grand coffre contenant des formes pour les basses; un autre coffre avec du bois pour faire des violons; une caisse remplie de chevilles pour les violons; trois soixantaines de tables d'harmonie pour les cithares ; onze formes de cithares; six formes de dessus ; six formes de ténors; trois formes de quarante violons inachevés; vingt-trois tables inférieures; quarante-six couvercles de dessus pour les violons; un atelier pour faire des violons; douze planches de platane pour la fabrication des violons; quarante têtes de cithares; une marque de cithare. Un tel assortiment semble indiquer que le commerce de la lutherie était fort important en Pologne à cette époque.

DOBRZYNSKI (IGNACE), violoniste très-distingué, compositeur de talent et professeur renommé, naquit dans la province de Wolhynie, en 1777 ou 1778 (1). Pendant dix-huit ans il resta attaché comme premier violon à l'orchestre du sénateur Ilinski, à Romanow, écrivant la musique de plusieurs opéras et ballets pour le théâtre particulier de ce grand personnage. Il s'établit ensuite comme professeur à Winnica, puis à Krzemieniec, et enfin alla se fixer à Varsovie, où son fils occupait déjà une grande situation. Dobrzynski termina sa carrière en cette ville, où il mourut en 1841, âgé d'environ soixante-quatre ans. Cet artiste s'était distingué d'une façon toute particulière dans la composition des *Polonaises*, sachant donner à ce genre de morceau son rhythme véritable et son accent national. Son fils devait, après sa mort, publier une collection de ces Polonaises. J'ignore si ce projet a été exécuté.

* **DOBRZYNSKI** (IGNACE-FÉLIX), et non *Jean-Félix*, comme il a été dit par erreur dans la *Biographie universelle des Musiciens*, est mort à Varsovie le 10 octobre 1867. Dans sa jeunesse, il s'était lié d'une façon intime avec

---

(1) Cet artiste était le père de celui que Fétis appelle Jean-Félix, et auquel M. Albert Sowinski, dans ses *Musiciens polonais et slaves*, donne les prénoms d'Ignace-Félix.

Chopin, qui, comme lui, était élève d'Elsner pour la composition. « Travaillant ensemble sous le même maître, dit M. Albert Sowinski, ayant la même manière de voir et de sentir, Frédéric Chopin et I.-F. Dobrzynski se lièrent d'une étroite amitié; la même communauté de vues, la même tendance artistique à chercher l'*inconnu*, caractérisaient leurs efforts; ils se communiquaient leurs idées et leurs impressions, suivaient différentes routes pour arriver au même but. » Dobrzynski est considéré comme un des musiciens les plus remarquables qu'ait produits la Pologne. — Sa femme, Mme Dobrzynska, née Jeanne Miller, était une cantatrice de talent, élève du professeur Matuszynski. Elle ne fit au théâtre qu'une courte apparition, en 1841, quitta presque aussitôt la scène, malgré le succès qu'elle y avait obtenu, et devint professeur à l'école dramatique de Varsovie.

* **DOCHE** (Joseph-Denis). Cet artiste a publié : 1° *Recueil contenant quarante airs et romances*, avec accompagnements de guitare, op. 4; 2° *Trois Recueils de romances*; 3° *Rondeau italien*; 4° *Collection de romances et chansons de L.-P. Ségur l'aîné*, avec des airs nouveaux et accompagnements de piano de J.-D. Doche. Il faut encore citer de lui un opéra-comique en un acte, *les Deux Sentinelles*, paroles de Henrion, qui fut représenté au théâtre de la Gaîté le 4 vendémiaire an XII (26 septembre 1803).

Une faute d'impression a fait dire que cet artiste avait été maître de la chapelle de la cathédrale de Constance, tandis que c'est à celle de Coutances qu'il remplit ces fonctions. C'est en 1794 qu'il entra à l'orchestre du théâtre du Vaudeville. Il y occupait l'emploi de contrebassiste lorsqu'en 1810 il fut appelé à en être le second chef, continuant, comme il en était chargé depuis plusieurs années, à arranger les partitions des pièces nouvelles et à composer pour ces pièces de jolis airs qui obtenaient un grand succès; on a surtout cité ceux de *la Belle au bois dormant*, de *Haine aux femmes*, des *Deux Edmond*, de *Lantara*, etc. Doche ne devint premier chef de l'orchestre du Vaudeville qu'en 1815; il prit sa retraite en 1823, et mourut à Soissons le 20 juillet 1825.

* **DOCHE** (Alexandre-Pierre-Joseph), fils du précédent. Il n'est pas tout à fait exact de dire que cet artiste a succédé à son père comme chef de l'orchestre du Vaudeville. Entré à cet orchestre, vers 1820, en qualité de premier violon, il en devint le second chef en 1823, lors de la retraite de celui-ci, et ce n'est qu'à partir de 1828 qu'il occupa les fonctions de premier chef. Il n'est pas non plus exact que Doche ait rempli le même emploi au Gymnase, auquel il ne fut jamais attaché à aucun titre. Doche ne quitta le Vaudeville que vers 1848, pour se rendre à Saint-Pétersbourg, où il avait accepté l'emploi de chef d'orchestre au théâtre français; il ne le conserva pas longtemps, car il mourut peu de mois après son arrivée en cette ville, frappé, si j'ai bonne mémoire, d'une attaque de choléra.

Doche avait été le digne continuateur de son père dans le rang modeste et honorable où il s'était trouvé placé. Ses airs de vaudeville, empreints d'une grâce aimable et d'une réelle élégance, ont justement contribué à la fortune des pièces pour lesquelles il les écrivait. Cet artiste avait épousé une jeune comédienne qui depuis plus de trente ans s'est acquis une grande réputation, et dont la sœur, Mlle Plunkett, a été attachée pendant plusieurs années à l'Opéra en qualité de première danseuse.

DODD (Thomas), luthier anglais, ou plutôt marchand d'instruments, était fils d'Edward Dodd, de Sheffield, et exerçait sa profession à Londres à la fin du dix-huitième et au commencement du dix-neuvième siècle. Les instruments à cordes qui portent sa marque ont presque tous été construits par John Lott ou Bernard Fendt (*Voyez* ces noms). Dodd, qui prétendait posséder le secret de l'admirable vernis des luthiers crémonais, se bornait à vernir les violons ou violoncelles auxquels il donnait son nom et qu'il faisait fabriquer par d'autres. Comme il vendait fort cher (jusqu'à 40 ou 50 livres une basse, c'est-à-dire 1,000 ou 1,250 francs), et qu'il était d'ailleurs très-connaisseur, il était très-difficile pour les instruments qu'on lui livrait et n'acceptait que ceux qu'il trouvait complètement réussis. Les violons et les violoncelles de sa provenance commencent à être très-appréciés en Angleterre. — Le fils de Dodd, qui s'appelait Thomas, comme lui, travailla avec Lott et Fendt.

DOERFFEL (Alfred), pianiste distingué et musicien instruit, est né le 24 janvier 1821 à Waldenbourg, en Saxe. Il a fait ses études à Leipzig, où il a travaillé sous la direction de Mendelssohn et de Robert Schumann. Il a été le collaborateur assidu de ce dernier maître dans la *Neuen Zeitschrift für musik*. Dœrffel est attaché depuis longues années à la maison Breitkopf, et a donné ses soins à la plupart des grands ouvrages publiés par cette maison. C'est à lui également qu'on doit les grands catalogues thématiques des œuvres de Schumann et de Mendelssohn.

Y.

DOERSTLING (Gustave-Robert), financier allemand, a étudié la musique pour son agrément, et est l'un des dilettantes les plus estimés de l'Allemagne. Né à Chemnitz le 26 décembre 1821, il a travaillé l'orgue avec Siegel à Annaberg, et la composition avec W. Taubert à Berlin. Tout en s'occupant d'affaires financières, en dirigeant une banque à Gotha, et plus tard une autre à Sondershausen, M. Dœrstling s'est livré avec ardeur à la pratique de la composition : on lui doit non-seulement des *lieder*, des cantates, des marches, mais encore deux opéras, dont l'un est intitulé *der Graf von Gleichen* (*le Comte de Gleichen*), et l'autre *der Liebesring* (*l'Anneau des fiançailles*).

DŒRSTLING (......), compositeur bohémien, a fait représenter à Prague, au mois de novembre 1862, un opéra intitulé *Eva Hlyna*. Cet ouvrage, traduit en allemand, a été joué ensuite sans succès, en mai 1864, sur le théâtre de la cour, à Gotha.

DOISY (....), artiste du dix-huitième siècle, a publié l'ouvrage suivant : « *Éléments de musique en forme de dialogue, servant d'introduction au solfège d'Italie*, par Doisy, professeur de musique et de guitare » (Paris, Doisy, auteur, éditeur, marchand de musique et d'instruments, in-4° oblong). Il est évident que cet artiste est le même que celui qui est mentionné, au tome III de la *Biographie universelle des Musiciens*, sous le nom de *Charles Doisy-Lintant*; toutefois je constate qu'il n'a pris, comme auteur et comme éditeur, que le nom de *Doisy* sur l'ouvrage que je viens de mentionner. Les pages 55 à 72 de cet ouvrage sont consacrées à un dictionnaire rudimentaire de musique.

DOMBROWSKI (Henri), pianiste et compositeur polonais, né à Zwiniacz, en Volhynie (Russie), en 1838, est élève de M. Liszt, et, après avoir terminé son éducation musicale, a entrepris de grands voyages artistiques dans lesquels il a obtenu de véritables succès de virtuose. Après avoir parcouru la Russie, il a visité l'Italie, l'Espagne et la France, et, je crois, est fixé depuis plusieurs années à Paris. Les compositions de M. Dombrowski pour son instrument se font remarquer par de sérieuses qualités, et leur caractère tranche avec le ton de fadeur et de banalité qu'on rencontre si souvent dans les productions d'artistes qui pourtant obtiennent de certains succès auprès du public; je signalerai surtout celles dont les titres suivent : *Le 26 novembre*, *Chant magyare*, *Saltarella*, *les Contrastes*, étude de genre, *Romances sans paroles*, *Grande Polonaise*, *Polonaise historique*, *Marche des Tartares*, *Impressions de voyage*, *Conte de salon*, *Soirées de Versailles*, *Dans les nuages*, *les Castagnettes*, *Mazurkas*, *Refrain de sir Hume*, etc. En dehors de ceux qui ont paru sous son nom véritable, M. Dombrowski a publié un certain nombre de morceaux de piano sous le pseudonyme d'*Ary de Bogota*.

DOMERGUE (Claude), né à Beaucaire en 1734, violoncelliste distingué, ne quitta jamais son pays natal. Il acquit pourtant assez de notoriété pour que le célèbre violoncelliste Duport s'arrêtât à Beaucaire, pendant un de ses voyages, pour faire sa connaissance. Il était particulièrement lié avec l'abbé Gauzargue, maître de la chapelle royale, et avec J. B. Rey, qui lui dédia une de ses œuvres : *Six airs variés pour violon et violoncelle*, Paris, Siéber. Avocat au parlement, doué d'une intelligence cultivée, Domergue fut choisi en 1790 pour être président du district. Il périt, en 1794, sur l'échafaud révolutionnaire, à Nîmes, avec trente de ses concitoyens.

Al. R—d.

DOMERGUE (Charles-Mathieu), petit-fils du précédent, né à Beaucaire en 1824, membre de plusieurs sociétés littéraires et du Congrès tenu à Paris en 1860 pour la restauration du plain-chant, s'est occupé particulièrement de musique religieuse. Il a publié divers articles de critique et de bibliographie musicales, et un volume d'impressions musicales sous le titre : *les Jeudis de Monte-Carlo* (Nice, 1875, imprimé à Avignon par F. Seguin, in-18). Cet ouvrage est la collection de divers articles écrits pour rendre compte des auditions symphoniques données pendant la saison 1874-75 par le remarquable orchestre que dirige M. Lucas à Monaco. C'est un des bons travaux de littérature musicale publiés en province. Il contient des aperçus ingénieux, et est conçu dans un excellent esprit critique (1).

Al. R—d.

DOMINGUEZ DE GIRONELLA (Eduardo), compositeur, né à Barcelone le 6 février 1814, d'une famille très-distinguée, reçut une très-bonne éducation littéraire, et, en même temps qu'il s'attachait avec ardeur à l'étude des sciences naturelles, menait de front celle de la

---

(1) Depuis que cette notice est écrite, M. Domergue a publié sous ce titre : *la Saison musicale à Nice* (Nice, impr. Faraud et Conso, 1874, in-8°), un nouveau volume de mélanges historiques et critiques qui n'est pas moins intéressant que le premier. Sur un sujet très-neuf et très-ingénieux, il a donné aussi le petit écrit suivant : *Architecture et Musique. L'Entre-colonnement et la Gamme* (Marseille, typ. Cayer, 1877, petit in-4° de 22 pp.). M. Charles Mathieu Domergue ne doit pas être confondu avec un artiste du même nom, M. Charles Domergue, dont il n'est point le parent, et qui, successivement chef d'orchestre à Alexandrie, au Caire et dans diverses villes d'eau de France, a publié quelques romances et compositions légères. — A. P.

musique*, qu'il aimait passionnément, et recevait d'un excellent professeur, Vicente Marti, des leçons de solfége, de piano et de contrepoint sévère, travaillant ensuite l'harmonie avec Ramon Vilanova. En 1835, le jeune étudiant recevait de la junte de commerce de Barcelone une distinction que lui avait méritée la façon dont il venait de passer l'examen du cours de chimie appliquée aux arts, ce qui ne l'empêchait pas d'écrire, peu de temps après, un opéra bouffe intitulé *la Vedovella*. Il lui fallut de grandes protections et trois années d'efforts incessants pour obtenir la représentation de cet ouvrage, qui fut joué à Barcelone en 1840, mais qui ne lui rapporta aucun profit. Deux ans après il composa un nouvel opéra, *la Dama del Castello*, et, ayant obtenu des lettres de recommandation pour Carafa, il fit le voyage de Paris pour voir ce maître et lui soumettre sa partition.

Obligé de retourner bientôt à Barcelone, M. Dominguez entreprit en cette ville la publication d'une feuille spéciale, *el Mundo musical*, qui n'eut que quelques mois d'existence, fit une traduction espagnole du *Traité d'harmonie* de Reicha, et écrivit quelques compositions légères. Après de nouveaux efforts, il parvint, non sans peine, à faire jouer son second opéra, *la Dama del Castello* (3 actes), qui fournit une série de neuf représentations, mais ne lui rapporta pas plus que le précédent. Découragé, et voyant qu'il ne pouvait compter sur sa plume de compositeur pour subvenir à son existence, M. Dominguez reprit ses études chimiques et géologiques, et se lança dans l'industrie. Plus tard, et pour se distraire de travaux qui ne laissaient pas assez de place à son imagination, il se reprit parfois à faire de la musique, et écrivit une *zarzuela* restée jusqu'ici inédite, une prière *à Marie*, un chœur à trois voix d'hommes, une valse espagnole pour piano et deux violons, qui fut exécutée au théâtre du Lycée, de Barcelone, un hymne à la Vierge, *la Cruz*, pour trois voix de femmes, etc., etc. M. Dominguez a pris part au concours ouvert, à l'Exposition universelle de Paris (1867), pour un *Hymne à la Paix*.

DOMINICETI (......), compositeur italien, a écrit la musique d'un opéra bouffe, *la Maschera*, qui a été donné sans succès, le 2 mars 1854, au théâtre de la Scala, de Milan. Au mois de décembre 1873, le même compositeur donnait au théâtre Dal Verme, de la même ville, un autre opéra intitulé *Morovico*, qui ne fut pas plus heureux. On doit encore à M. Dominiceti la musique d'un troisième ouvrage dramatique, *Due Mogli in una*, mais j'ignore si jusqu'ici ce dernier a été représenté.

DOMINIK (JOSEPH), virtuose remarquable sur le violon, le piano et la clarinette, est né à Dresde en 1821. Attaché pendant plusieurs années, en qualité de premier alto, à l'orchestre du théâtre de Dresde et à celui de la chapelle royale, il s'est fait entendre fréquemment sur les divers instruments qui viennent d'être cités, et il a écrit un certain nombre de compositions qui, dit-on, sont loin de manquer de mérite.

DOMMER (ARREY VON), historien et littérateur musical, est né à Dantzick, le 9 février 1828. Il a fait de sérieuses études au Conservatoire de Leipzig. Après s'être fait remarquer par des articles de journaux et différentes publications, M. Arrey von Dommer s'est établi à Hambourg, où il s'est fait connaître par quelques compositions et par des travaux théoriques. Ses deux ouvrages capitaux sont son dictionnaire de musique « *Musikalisches Lexicon* », Heidelberg 1863-1865, et son *Manuel de l'histoire de la musique depuis ses origines jusqu'à la mort de Beethoven* (*Handbuch der musikgeschichte von den ersten Aufangen bis zum Tode Beethoven's*), Leipzig 1867. Y.

DONADIO (......), compositeur italien, a fait représenter en 1877, sur le petit théâtre de la Fenice, de Naples, un opéra intitulé *il Marinaro de Mergellina*.

DONAOUROFF (S......), compositeur russe contemporain, est l'auteur d'un certain nombre de romances et mélodies vocales, qui ont été publiées en ces dernières années à Saint-Pétersbourg, et dont quelques-unes ont obtenu du succès.

DONIS (......), prêtre et musicien français contemporain, curé de l'église de Saint-Louis à Bordeaux, a publié sous ce titre : *l'Eucharistie*, un recueil de 15 cantiques à 2 ou 3 voix avec accompagnement d'orgue ou de piano (Paris, Régis-Ruffet, in-8°).

* **DONIZETTI** (GAETANO). M. l'avocat Filippo Cicconetti a publié sous ce titre : *Vita di Gaetano Donizetti* (Rome, 1864, in-12), un livre insignifiant au point de vue critique, mais très-intéressant au point de vue historique, rempli de faits et de dates, et qui était, jusqu'à ces derniers temps, le seul écrit important qu'on eût consacré au grand artiste bergamasque. M. Cicconetti a rectifié la date de naissance de Donizetti, qui doit être fixée au 29 novembre 1797, et il a donné une liste complète des œuvres composées par le maître, soit pour le théâtre, soit en dehors du théâtre. Cette liste comprend les opéras laissés en manuscrit par Donizetti : *Rita ou le Mari battu*(1), qui fut représenté à l'Opéra-

(1) Que M. Cicconetti intitule inexactement : *Rita, ou Deux Hommes et une Femme*.

Comique en 1860, et *le Duc d'Albe*, resté jusqu'ici inédit, ainsi que les cantates suivantes : *la Partenza d'Ugo, Teresa e Gianfaldoni, Aci e Galatea, Colombo, Niso e Violetta*, une cantate sans titre et quatre hymnes écrits pour des fêtes officielles ; par contre, elle ne mentionne pas *le Nouveau Pourceaugnac*, qui me semble avoir été compris par erreur dans le catalogue des œuvres de Donizetti. La date de la mort du grand artiste est le 8 avril 1848.

Les 12, 13 et 14 septembre 1875, de grandes solennités ont eu lieu à Bergame, à l'occasion de la translation des cendres de Donizetti et de Mayr, son maître, dans la basilique de Sainte-Marie-Magdeleine (1). Des spectacles, des concerts, des exécutions musicales ont signalé ces trois journées, et le second jour, c'est-à-dire le lundi 13, une grande cantate écrite par le compositeur Ponchielli (*Voy.* ce nom) sur des paroles de M. Ghislanzoni, a été entendue au théâtre Riccardi. Ces fêtes donnèrent lieu à plusieurs publications intéressantes, relatives aux deux grands artistes qui en étaient l'objet. L'une d'entre elles, formant un fort volume grand in-octavo de plus de 400 pages, avait pour titre *Donizetti-Mayr, notizie e documenti*, et pour auteurs MM. Federico Alborghetti et Michelangelo Galli (Bergame, Gaffuri et Gatti, 1875). Ce livre est précieux par l'abondance des documents et des renseignements qu'il renferme, surtout en ce qui se rapporte à Donizetti ; entrepris avec un soin religieux par deux hommes distingués habitant Bergame, qui n'ont négligé aucune peine, aucune recherche pour reconstituer, avec l'exactitude la plus scrupuleuse, l'enfance et l'adolescence du grand artiste dont ils voulaient retracer la vie et la carrière, il sera désormais indispensable à tous ceux qui voudront s'occuper de ce maître, et qui trouveront là seulement une foule de faits intéressants, ignorés des précédents biographes. Et ce qui rend ce livre plus utile et plus précieux encore, c'est la reproduction de *cent douze* lettres de Donizetti, dont 26 adressées à son père, 21 à son maître Mayr, 58 à son intime ami Antonio Dolci, et les autres à divers personnages. On conçoit l'intérêt qui s'attache à une telle correspondance, lorsqu'elle émane d'un artiste de la valeur et de l'intelligence de Donizetti. Il reste à faire maintenant une bonne étude biographique et critique sur l'auteur de *Don Pasquale* et de *Lucia di Lamermoor* ; mais l'historien qui voudra l'entreprendre aura à sa disposition, avec la notice étendue de M. Cicconetti et le volume de MM. Alborghetti et Galli, tous les éléments nécessaires (1).

En 1876, la municipalité romaine a fait placer sur la maison portant le n° 78 de la *via della Murata* l'inscription suivante : *In questa casa abitò Gaetano Donizetti, di Bergamo, e vi compose « il Furioso » e il « Torquato Tasso. »* S.P.Q.R.

* DONT (JACQUES), violoniste très-renommé dans l'exécution de la musique de chambre et excellent professeur, est né à Vienne le 22 mars 1815. C'est au Conservatoire de cette ville qu'il a fait ses études sous la direction de Boehm et de Hellmesberger. Il appartient encore aujourd'hui à la chapelle impériale. Parmi les compositions que cet artiste a publiées pour son instrument, il faut citer en première ligne toute une série d'études (op. 35, 37 et 38) données, je crois, sous le titre général de *Gradus ad Parnassum*, qui étaient très-estimées de Spohr et qui sont recommandées par MM. Joachim, Ferdinand Laub et Jean Becker ; puis, un livre de duos de violons, op. 26 ; variations brillantes, op. 21 ; introduction et variations, op. 36 ; 3 caprices de concert, op. 40, etc. M. Dont a écrit des concertos, ainsi que des quatuors pour instruments à cordes. — Le père de cet artiste, *Joseph-Valentin Dont*, violoncelliste distingué, qui avait été élève de Stiasny à Prague, naquit à Georgenthal (Bohême) le 15 avril 1776, et, fixé à Vienne, fit partie de l'orchestre du théâtre de la Porte de Carinthie, puis de celui du Burgtheater. Il mourut en cette ville le 14 décembre 1833.

* DONZELLI (DOMINIQUE), chanteur célèbre dans les premières années de ce siècle, l'un des plus excellents ténors qu'ait produits la grande école de chant italienne, est mort à Florence le 31 mars 1873. Donzelli avait épousé une chanteuse dramatique, Mlle Antoinette Dupin, qui sans doute était française ; cette artiste ne survécut que peu de mois à son mari, et mourut à Bologne, le 4 octobre de la même année, à l'âge de 78 ans.

† DOPPLER (ALBERT-FRANÇOIS). A la liste des ouvrages dramatiques de ce compositeur, il

---

(1) Dans l'urne qui contenait les restes de Donizetti, on plaça un parchemin, roulé dans un tube de verre ; sur ce parchemin se trouvait le portrait du maître, avec cette inscription : *A dì 26 aprile 1875, nel cimitero di Valtesse, queste preziose reliquie di Gaetano Donizetti, gloria dell'arte musicale italiana, che moriva in Bergamo, patria sua, agli 8 aprile 1848, vennero in quest' urna composte a cura del municipio di Bergamo.*

(1) Je signale seulement pour mémoire une notice intitulée *Gaetano Donizetti*, et publiée dans une série biographique qui a paru sous ce titre général : *Écrivains et Artistes vivants, français et étrangers*, par MM. Xavier Eyma et Arthur de Lucy (Paris, Librairie nouvelle, 1840, in-16 avec portrait).

faut ajouter un opéra intitulé *Alexandre Stradella*, et un autre, qui, sous le titre de *Judith*, a été représenté avec un très-grand succès à Vienne, le 31 décembre 1870. L'opéra hongrois *Wanda*, traduit en allemand, avait été donné précédemment en cette ville en 1862. En 1863, on a exécuté aussi à Vienne, pour la cérémonie de la pose de la première pierre du nouveau théâtre de l'Opéra, une cantate écrite expressément pour cette circonstance par M. Doppler.

* DORATI (Nicolas). Dans ses *Cenni storici dell' insegnamento della musica in Lucca*, M. Cerù a donné les dates de la naissance et de la mort de cet artiste, le premier compositeur lucquois dont on ait connaissance. Nicolas Dorati est né à Granaiola, terre de la commune de Bagno di Lucca, vers 1513, et est mort en 1593. Outre les deux recueils de madrigaux publiés par lui en 1559 et 1567, il en fit paraître un troisième recueil (à 5 voix) en 1579, et en 1609, seize ans après sa mort, parut, toujours à Venise, un recueil de psaumes à 8 voix de la composition de Dorati.

DORATI (Jérôme) et non DORATIUS. M. Agostino Cerù, dans l'ouvrage qui vient d'être cité, fait connaître la date de la mort de cet artiste, qui doit être fixée à l'année 1649. Outre son recueil de psaumes à 4 voix, publié à Venise en 1609, Dorati publia la même année, dans la même ville, un recueil de psaumes à 8 voix.

DORDA Y LLORENS (Baltasar), prêtre espagnol, organiste et compositeur, naquit le 6 janvier 1802 à Mataro, d'une famille noble et distinguée, et mourut le 15 novembre 1839. Il montra dès sa plus tendre enfance une double vocation pour l'art musical et pour l'état ecclésiastique, entra dès l'âge de sept ans à la chapelle de l'église paroissiale de sa ville natale, et y fut chargé, fort jeune, des fonctions d'organiste. Après avoir exercé ces fonctions pendant quelques années, il se rendit à Barcelone, étudia l'harmonie et la composition avec Francisco Andrevi, perfectionna son talent d'organiste sous la direction de Mateo Ferrer, puis, s'étant fait ordonner prêtre, retourna à l'église de Mataro, et se consacra à l'enseignement en même temps qu'il écrivait un grand nombre de compositions pour le service de cette église. On cite, parmi les meilleures de ces compositions, un *Stabat Mater*, deux messes solennelles, une messe de *Requiem*, des lamentations, motets, etc. Mais les œuvres de Dorda sont aujourd'hui oubliées, par suite de la singulière résolution prise par leur auteur, qui exigea qu'elles fussent toutes brûlées après sa mort.

* DORIOT (L'abbé). L'ouvrage théorique de cet auteur n'est pas intitulé : *Traité d'harmonie selon les principes de Rameau*, mais simplement : *Principes de composition*. La Bibliothèque du Conservatoire de Paris possède de ce traité deux exemplaires manuscrits (in-4°), et il n'en existe probablement pas d'autre, l'ouvrage n'ayant pas été imprimé.

J.-B. W.

* DORN (Henri-Louis-Edmond), chef-d'orchestre de l'Opéra de Berlin, a fait représenter sur le théâtre de la cour, à Dresde, au mois de juillet 1865, un opéra en un acte, intitulé *l'Orage pendant l'éclat du soleil*. Au mois d'octobre de la même année, il reproduisait cet ouvrage au théâtre Friedrich-Wilhelm, de Berlin. Le 28 juillet 1876, M. Dorn fêtait, à Berlin, le cinquantième anniversaire de sa carrière de compositeur.

* DORUS-GRAS (Mme Julie-Aimée). *Voyez* GRAS (Mme DORUS-).

* DORVAL (P......), connu sous le nom de *Dorval-Valentino*, a étudié le chant au Conservatoire de Paris, sous la direction de Ponchard et sous celle de Bordogni, et s'est fixé ensuite à Versailles pour s'y livrer à l'enseignement. Il a publié, chez les éditeurs Lemoine et Heugel, un certain nombre de romances et mélodies vocales qui ont été bien accueillies dans les salons : *Mes Solitudes*, *les Champs*, *Départ et Souvenir*, *Deux Chemins dans la vie*, *la Prise de voile*, *le Dieu d'or*, *le Bâton de vieillesse*, *la Nuit*, *le Pays t'appelle*, etc. Une seconde édition de son manuel : *L'Art de la prononciation appliquée au chant*, a paru en 1866 (Paris, l'auteur, in-8°). M. Dorval a épousé la fille de Valentino, l'ancien chef d'orchestre de l'Opéra et de l'Opéra-Comique.

DOSS (Le R. P. Adolphe DE), prêtre et compositeur, né en Allemagne, est depuis longtemps attaché au collége saint Servais, de Liége, dirigé par les jésuites. Auteur d'un recueil de *Mélodies religieuses* publié chez l'éditeur M. Katto, à Bruxelles, il a fait exécuter par les élèves de ce collége un opéra en 3 actes intitulé *Maurice* (1876), et le 19 novembre de la même année, dans l'église de saint Joseph du même établissement, une messe avec chœur et orchestre, dont les journaux ont rendu compte de la façon la plus favorable.

* DOTZAUER (Juste-Jean-Frédéric), est mort à Dresde le 6 mars 1860.

* DOTZAUER (Juste-Bernard-Frédéric), fils du précédent, est mort à Hambourg le 30 novembre 1874.

* DOUAY (Émile). Outre une *Aventure de Faublas*, ce compositeur a encore fait repré-

senter au Gymnase (6 juillet 1822) un opéra-comique en un acte intitulé *la Bonne Mère*. Il a publié aussi, à Paris, chez Legouix, un 1er trio en *fa*, pour piano, violon et violoncelle.

DOUAY (Georges), compositeur amateur, qui jouit par sa fortune d'une position absolument indépendante, et qui a fait jouer un grand nombre de pièces sur des théâtres d'ordre inférieur, est né à Paris le 7 janvier 1840. Élève de M. Duprato, M. Douay, qui avait débuté par un opéra-comique représenté au Théâtre-Lyrique, s'adonna ensuite aux petites scènes qui s'occupaient accessoirement de musique, et ne dédaigna même pas de produire ses œuvres dans les cafés-concerts. Voici la liste des opérettes, toutes en un acte, qu'il a fait jouer jusqu'ici : — 1° *la Fleur du Val-Suzon*, Théâtre-Lyrique, 1862; 2° *la Barbe de Bétasson*, Folies-Marigny, 1864; 3° *Jérôme Pointu*, Bouffes-Parisiens, 1864; 4° *les Amoureux de Fanchon*, Folies-Marigny, 1864; 5° *les Crêpes de la Marquise*, Bouffes-Parisiens, 1865; 6° *les Gammes d'Oscar*, Folies-Marigny; 7° *Vaunaret l'empailleur*, Délassements-Comiques, 1866; 8° *Un Bureau de nourrices*, th. Lafayette, 1867; 9° *l'Écaillère africaine*, th. Cluny, 1867; 10° *Un Merlan frit*, Folies-Marigny, 1868; 11° *le Double Piège*, salle Herz, 1868; 12° *Ce bon roi Dagobert*, Folies-Marigny, 1869; 13° *la Première Escarmouche*, avril 1870; 14° *le Phoque à ventre blanc*, Alcazar d'été, 1871; 15° *Crème fouettée*, Tertulia, 1871; 16° *le Petit Vert-Vert*, 1872; 17° *le Garnisaire*, 1872; 18° *le Pommier des Amours*, Tertulia, 1872; 19° *le Trésor de la tante Béchu*, id., id.; 20° *le Tonneau de Mignonne*, id., id.; 21° *la Tunique fatale*, id., 1873; 22° *le Piége*, 1874; 23° *le Hanneton de la Châtelaine*, salle Taitbout, 1875; 24° *les Valets modèles*, id., id.; 25° *les Mules de Suzette*, Bouffes-Parisiens, 1875; 26° *Oh! c' Paladin*, Folies-Marigny, 1875; 27° *Un Trio d'affamés*, Fantaisies-Oller, 1876; 28° *Le Pays des bijoux* (2 actes), Folies-Marigny, 1876. A tout cela, il faut ajouter encore quelques opérettes de salon, sans plus de conséquence que toutes celles qui viennent d'être énumérées : *les Deux Fiancés*, *un Mariage d'autrefois*, etc., etc., et enfin un assez grand nombre de romances, chansons et chansonnettes écrites pour les cafés-concerts.

* **DOURLEN** (Victor-Charles-Paul). Quelques erreurs se sont produites dans la notice relative à cet artiste fort distingué. Dourlen était né à Dunkerque le 3 novembre 1780; il obtint, au concours de l'Institut, le deuxième second prix de Rome en 1804, et le premier grand prix en 1805. Auparavant, il avait été nommé répétiteur d'une classe de solfége au Conservatoire le 28 décembre 1800, et avait rempli ces fonctions jusqu'au 7 avril 1802. Dix ans après, le 8 avril 1812, il devenait professeur adjoint, et le 1er avril 1816, professeur titulaire d'harmonie, et conservait sa classe jusqu'au 15 novembre 1843, époque à laquelle il prenait sa retraite. — A la liste des ouvrages dramatiques de Dourlen, il faut ajouter *la Vente après décès*, opéra-comique en un acte, représenté au Gymnase le 1er août 1821. — Cet artiste distingué, dont l'enseignement a formé école, est mort au mois de janvier 1864.

DOYKIN (Joseph), musicien flamand, vivait à la fin du quinzième siècle. Il mit en musique diverses pièces de poésie pour être chantées, en 1496, dans les fêtes qui signalèrent l'entrée de Philippe-le-Beau à Gand.

DOZAINVILLE (........), acteur qui se fit une grande réputation à l'Opéra-Comique en succédant à Trial, venait sans doute de la province lorsqu'en 1792 il se produisit à Paris, en débutant au théâtre Montansier. Au bout d'une année environ, il fut engagé au théâtre Louvois, où il se distingua, mais sans pouvoir marquer sa place d'une façon nette, obligé qu'il était de jouer dans l'opéra, dans la comédie et même dans la tragédie. Il s'était fait assez remarquer, néanmoins, pour qu'à la mort de Trial (février 1795), le théâtre Favart, qui avait besoin de remplacer cet artiste, appelât à lui Dozainville et l'installât dans l'emploi resté vacant, sans, chose étonnante, l'astreindre à la formalité des débuts. Dozainville, qui était excellent dans cet emploi des niais d'opéra comique, pour lequel il ne faut qu'un petit volume de voix employé avec adresse, fut aussitôt agréé du public, et la retraite de Thomassin vint, un peu plus tard, affermir sa position. Deux rôles qu'il créa dans *le Secret* et dans *le Jockey* le mirent tout à fait en vogue. « Depuis cette époque, dit un annaliste contemporain, il ne fit que marcher de succès en succès; son répertoire s'agrandit, et les faiseurs d'opéras-comiques ne travaillaient plus que pour Dozainville. Baillis, financiers, paysans, rôles à manteau et à tablier firent partie de son domaine. Niais bonasse dans *le Château de Montenero* et *la Maison isolée*, niais à prétention dans *le Tableau des Sabines*, sot impudent dans *le Jugement de Midas*, avare égoïste et dur dans *la Famille américaine*, poltron piteux dans *les Deux Chasseurs*, brusque, sensible et bon dans *Adolphe et Clara*, grime chargé dans *le Locataire*, *une Folie*, etc., il s'identifiait de la manière la 'plus parfaite avec chacun de ses personnages (1). »

Fort instruit, très-spirituel, particulièrement estimé du public et de ses camarades parce qu'il était étranger à toutes les cabales et ne *travaillait* pas ses succès, Dozainville mourut, au plus fort de sa renommée, dans les derniers jours du mois de décembre 1805.

DRAESEKE (Félix), compositeur d'un talent très-excentrique, dit-on, est né à Cobourg en 1835, et a étudié à l'Université de Leipzig. Étant à Weimar, il se lia avec M. Liszt et ses partisans, particulièrement avec M. Hans de Bülow, et devint l'un des collaborateurs de la *Nouvelle Gazette musicale* de Leipzig. Il séjourna successivement à Dresde, à Lausanne (1868), où il alla rejoindre M. Hans de Bülow, puis à Munich, où il devint professeur à l'École de musique et écrivit beaucoup dans divers journaux. Il est retourné plus tard en Suisse, où il s'est fixé définitivement. M. Draeseke a publié différents petits morceaux pour le chant ou pour le piano, et il a en manuscrit des compositions plus considérables, entre autres un opéra, qui, je crois, n'a pas été représenté.

DRAHORAD (Joseph), compositeur, né le 5 novembre 1816 à Bohuslavic, en Bohême, a écrit beaucoup de musique religieuse et a publié diverses collections de chants nationaux bohémiens.

DRENTH (E........), instituteur à 't Waar (Pays-Bas), a publié sous ce titre : *Beknopte handleiding tot de kennis van de theorie der muziek* (Instruction concise pour la connaissance de la théorie de la musique, Amsterdam, Brinkman, 1875), un manuel assez volumineux, contenant les notions de tout ce qui concerne la théorie de l'art : notation, harmonie, mélodie, contrepoint, imitation, canon, fugue, formes lyriques, etc. L'auteur déclare lui-même qu'il a utilisé, pour son traité, les ouvrages allemands, et en particulier le livre de B. Widmann, qui jouit d'un grand succès.

Ed. de H.

DRESEL (Otto), pianiste et compositeur distingué, né en 1826 à Andernach, sur le Rhin, a fait ses études musicales sous la direction de M. Ferdinand Hiller, et les a complétées au Conservatoire de Leipzig, avec Mendelssohn. A la mort de ce dernier, il se rendit aux États-Unis, résida à New-York, comme professeur, de 1848 à 1851, et en 1852 se rendit à Boston, où il a fondé un Institut musical. M. Dresel a publié un certain nombre de compositions pour le piano et pour le chant, ainsi que plusieurs œuvres de musique de chambre, trios, quatuors, etc.

DREUILH (J......J......), violoniste et compositeur, né à Bordeaux en 1773, entra dès l'âge de huit ans, en 1781, à la maîtrise de la cathédrale de cette ville, où il commença son éducation musicale. Il étudia l'harmonie avec un ancien élève de Rameau nommé Giraud, puis le contrepoint et la fugue avec François Beck, qui fut sans doute aussi son professeur de violon. En 1790, il succéda à son maître Giraud comme maître de chapelle, et la première œuvre qu'il fit exécuter fut un *Te Deum* solennel qui lui fut demandé pour la fête de la Fédération, et qui est resté la propriété de la cathédrale. Appelé sous les drapeaux en 1792, il servit jusqu'en 1794, époque à laquelle il rentra à Bordeaux, et peu de temps après il succédait à son autre maître François Beck, comme chef d'orchestre du Grand-Théâtre.

Dreuilh était un artiste distingué ; une ambition bien naturelle l'amena à Paris, où il connut Méhul, qui lui donna des conseils et fut son ami. Il devint un instant chef d'orchestre du théâtre de la Cité, et donna à la Gaîté, le 5 novembre 1802, un petit opéra-comique en un acte intitulé *le Point d'honneur*. Deux ans après, il avait quitté Paris pour aller occuper les fonctions de chef d'orchestre au Grand-Théâtre de Marseille, et faisait représenter sur ce théâtre *Valaski et Ophélie* ou *le Passage de l'Hermitage*, opéra-comique en trois actes. Il revint ensuite à Paris, avec l'espoir d'aborder comme compositeur la scène de l'Opéra. Il n'y put parvenir, malgré des protections et un talent véritable, et se vit obligé, pendant plusieurs années, d'écrire la musique d'un grand nombre de drames et de pantomimes pour les théâtres des boulevards ; je citerai entre autres *Ima ou les Deux Mondes*, *Kallick-Fergus*, *la Nouvelle Jeanne d'Arc*, *Sophie et Linska*, *Rachel ou la Belle Juive*, *Claire et Lovelace* ou *le Séducteur* (ce dernier ouvrage, joué en 1815, écrit en société avec un autre artiste nommé Henry), etc., etc.

Dans son désir de se produire sur une scène importante, Dreuilh avait refusé les offres d'emploi les plus avantageuses, entre autres celle de la place de chef d'orchestre du théâtre impérial de Saint-Pétersbourg. Il finit pourtant par se décourager, et, lassé d'attendre, par prendre la résolution de retourner en province ; il reprit ses fonctions de chef d'orchestre dans quelques grandes villes, puis, en 1824, fatigué d'une vie qui n'offrait plus aucun essor à son ambition, il s'établit à Niort, où il atteignit la vieillesse en-

---

(1) *Opinion du parterre*, 1806.

se laissant oublier. C'est là, sans avoir jamais pu donner la mesure de sa valeur, que mourut cet artiste honorable, au mois de novembre ou de décembre 1858. Il était âgé de quatre-vingt-cinq ans.

*DREUX (R......-J....), connu sous le nom de *Dreux le jeune*, fils du flûtiste Jacques-Philippe Dreux (V. *Biographie universelle des Musiciens*, t. III), a publié, outre les morceaux signalés à son nom, un concerto de piano, avec accompagnement de deux violons, alto, basse et cor. Dreux entreprit aussi, avec l'organiste Lasceux, la publication d'un recueil périodique sans titre, composé de pièces de clavecin et de morceaux de chant, dont l'éditeur était Mlle Girard. Ce recueil paraissait à raison de vingt-quatre numéros par an, et Dreux en fournissait douze pour sa part.

DREXEL (F......), guitariste et compositeur allemand, a publié, pour le chant et pour la guitare, un grand nombre de compositions parmi lesquelles je signalerai les suivantes : 12 Marches pour guitare, op. 12 ; *Petit bouquet mélodieux*, 12 pièces faciles pour guitare, op. 15 ; 6 Polonaises pour guitare, op. 18 et 19 ; Recueil de pièces faciles et agréables pour la guitare, à l'usage des commençants, op. 31 ; 12 Exercices instructifs et amusants pour la guitare, op. 46 et 47 ; 8 Polonaises pour guitare ; 9 Rondos pour la guitare, op. 60 ; 6 Cotillons pour guitare avec piano, op. 28 ; 6 *lieder* avec accompagnement de guitare, op. 15 ; 6 *lieder* id., op. 20 ; 20 *lieder*, id., op. 32 ; 8 *lieder*, id.

* DREYSCHOCK (ALEXANDRE). Cet artiste extrêmement distingué est mort à Venise, le 1er avril 1869. Depuis 1862 il était professeur au Conservatoire de Saint-Pétersbourg, et depuis 1865 pianiste de l'empereur de Russie, en même temps que maître de chapelle du grand-duc de Hesse-Darmstadt. Les œuvres publiées par lui pour le piano sont au nombre de 140 environ.

* DREYSCHOCK (RAYMOND), frère du précédent, l'a précédé de peu de semaines dans la tombe. Il est mort à Leipzig, le 6 février 1869.

* DROUET (LOUIS-FRANÇOIS-PHILIPPE), flûtiste fort distingué et compositeur pour son instrument, est mort à Berne, où il s'était retiré depuis plusieurs années, au mois d'octobre 1873. Je n'aurais pas à m'étendre davantage sur cet artiste, si des documents d'un genre particulier n'étaient venus, à son sujet, faire revivre une question qui, d'ailleurs, n'est pas sans quelque intérêt. — On sait que la reine Hortense, femme du roi de Hollande Louis Bonaparte et mère de Napoléon III, avait sinon des aptitudes, du moins des prétentions musicales, et qu'elle a publié sous son nom un certain nombre de romances et de chants dont elle aurait composé la musique, et dont l'un : *Partant pour la Syrie*, a acquis, par suite du caractère politique qu'on lui a attaché, une sorte de célébrité. Mais on sait aussi que la paternité de ce chant prétendu national lui a été contestée plus d'une fois et qu'il a été attribué à plusieurs artistes, entre autres au fameux harpiste Dalvimare. Or, s'il fallait en croire le témoignage de Drouet en personne, nul autre que lui ne serait l'auteur de la musique de *Partant pour la Syrie*. Schilling, qui écrivait il y a trente-cinq ans, et qui tenait ses renseignements de Drouet lui-même, l'avait donné à entendre lorsqu'il disait : « Drouet a été le secrétaire musical de la princesse Pauline, sœur de l'empereur Napoléon. Cette princesse composait des romances, mais elle ne savait pas les écrire, et Drouet était chargé de cette tâche. La vie de la princesse Pauline a été assez commentée par les faiseurs de Mémoires, mais non point de telle façon qu'il ne restât quelque obscurité dans les détails. On en peut dire autant en ce qui concerne Drouet. Parfois il était appelé vers une heure de l'après-midi chez la princesse, celle-ci se trouvant encore au lit ; elle fredonnait quelques notes : « Comment trouvez-« vous cela, monsieur Drouet ? — Charmant, « princesse. — Vraiment ? Mettez-le donc sur le « papier. » — Et Drouet écrivait aussitôt quelque chose de ses propres idées, car la princesse ignorait absolument ce qu'il y avait à faire de trois ou quatre modulations dont se compose une romance. Drouet occupa aussi les fonctions de secrétaire musical de la reine Hortense, et ce serait sous la dictée de la reine qu'il aurait écrit la romance : *Partant pour la Syrie*. Drouet n'a pas été récompensé, ainsi qu'on l'a dit, de tout le temps qu'il a consacré à la reine. » (*Universal-Lexicon der Tonkunst*. Supplementblatt, von G. Schilling, Stuttgart, 1841.)

Drouet a été lui-même bien plus explicite lorsque, plus tard, — il y a quelques années, — il publia, dans un journal allemand, des Mémoires ou des fragments de Mémoires sur sa vie artistique. Je n'ai pas eu ce journal à ma disposition, mais j'ai eu sous les yeux trois numéros d'une feuille spéciale de Chicago, *the Musical Independant* (novembre et décembre 1872 et janvier 1873), contenant une traduction anglaise de la partie des Mémoires de Drouet qui a trait à *Partant pour la Syrie*. La reine Hortense, on le sait, vivait en mésintelligence presque continuelle avec son époux, le roi Louis, et résidait la plupart du temps à Paris, n'allant que rarement en Hollande. Pendant les courts séjours que, de loin en loin, elle faisait à la cour d'Utrecht, son passe-temps favori était de s'essayer à mettre en musique des vers que, généralement, elle avait elle-même écrits. « Comme elle était, dit Drouet, absolument ignorante des règles de la composition et même de la notation, elle suivait en cela son caprice, et cherchait ces mélodies en fredonnant et en faisant des roulades. Mais comme elle était même incapable de transcrire correctement ces mélodies, elle m'envoya chercher un jour pour mettre ses idées sur le papier et leur donner une forme à peu près acceptable. C'est en 1807 que je reçus, pour la première fois, l'ordre de venir auprès de la reine, dans son appartement particulier ; je n'avais alors que quinze ans, et je parlais librement, en vrai Hollandais. Elle me montra quelques vers faits par elle, et que voici :

> Partant pour la Syrie
> Le jeune et beau Dunois
> (Rrr-rr ta plan !)
> Venait prier Marie
> De bénir ses exploits.
> Faites, reine immortelle,
> Lui dit-il en partant,
> Qu'aimé de la plus belle
> Je sois le plus vaillant.
> (Rrr-rr ta plan !)

« Elle était assise devant une table, et, essayant de chanter quelques notes, elle aurait bien voulu trouver une mélodie qui s'adaptât sur ces paroles. Tout en s'occupant de cela, elle mangeait du sucre candi et arrangeait de certaine façon un paquet de cartes étalé devant elle. C'était à moi maintenant de construire une romance ou une ballade avec les quelques notes qu'elle venait de chanter, ou plutôt de composer moi-même une mélodie en me servant des fragments inventés par la reine. C'est ainsi qu'est né l'air bien connu, *Partant pour la Syrie*. Si cette petite ballade avait été publiée comme étant l'œuvre d'un obscur garçon de quinze ans, elle aurait passé sans doute inaperçue ; mais venant de la reine Hortense, elle fut bientôt l'objet de l'admiration générale, et chacun voulut l'avoir. Le succès fut immense, et *Partant pour la Syrie* devint pour l'empire ce que *la Marseillaise* avait été pour la république. »

Je ne saurais entrer ici, à ce sujet, dans des détails qui dépasseraient les bornes que je dois consacrer à cette notice. Je renvoie ceux qui voudraient se renseigner plus complètement à un article que j'ai publié, relativement à ce fait, dans la *Chronique musicale* du 1er juin 1874. Ils y trouveront, entre autres choses curieuses, les diverses versions musicales, rapportées par Drouet, des motifs qui composent la trop fameuse romance dont, sans s'en exagérer en aucune façon l'importance, il revendique la paternité. Mais il ne m'a pas semblé inopportun de rappeler, d'après lui, l'enfantement et les origines de *Partant pour la Syrie*. A moins que cet artiste n'ait voulu se rendre coupable, sur ses vieux jours, d'une immense mystification, à laquelle il n'avait d'ailleurs aucun intérêt, son amour-propre n'ayant que médiocrement lieu d'être flatté de la composition qu'il s'attribue, je pense qu'on peut tenir pour exacts et vrais les détails qu'il donne à son sujet. En tous cas, ces détails m'ont paru assez intéressants pour n'être pas ignorés en France.

Drouet a publié une Méthode estimée pour son instrument.

DUBARROIS (......), compositeur, vivait à la fin du dix-huitième siècle. Il a écrit la musique de deux opéras-comiques représentés au théâtre des Jeunes-Artistes : *Lolotte et Fanfan*, trois actes, le 9 ventôse an XI (28 février 1803) ; et *les Faux Parents*, un acte, le 9 fructidor suivant (27 août 1803).

* DUBOIS (Aménée), violoniste, directeur de l'école communale de musique de Tournay, est mort en cette ville le 1er octobre 1865.

* DUBOIS (Charles-Victor), professeur d'harmonium au Conservatoire de Bruxelles, est mort à Ixelles-lez-Bruxelles le 11 février 1869.

DUBOIS (Paul), frère de madame Casimir qui créa le *Pré-aux-Clercs* à l'Opéra-Comique, a occupé à Marseille les fonctions de violon-solo au Grand-Théâtre. Il prit part à la création de la Société des quatuors (Quatuor Millont), qui depuis l'année 1849 a propagé dans cette ville le goût et la parfaite connaissance de la musique de chambre : il y jouait l'alto. Paul Dubois était aussi compositeur : il a écrit trois quatuors pour instruments à cordes, qui furent successivement exécutés par la Société de quatuors dans le courant des années 1849-1852-1853. Ceux qui les ont entendus leur reconnaissent une réelle valeur. Deux de ces quatuors sont inédits ; le troisième, en *mi bémol*, dédié à M. Bonnefoy, a été gravé à Marseille. Paul Dubois quitta Marseille vers 1854.

AL. R—D.

DUBOIS (Clément-François-Théodore), un des jeunes maîtres qui semblent devoir être l'honneur et le soutien de la jeune école musicale française, est né à Rosnay (Marne), le 24 août 1837. Il vint jeune à Paris et entra au Conservatoire, où il fit de brillantes études, sous la direction de M. Laurent pour le piano, de M. Bazin pour l'harmonie et accompagnement, de M. Benoist pour l'orgue, enfin de M. Ambroise Thomas pour la fugue et la composition. En 1855, il obtenait un premier accessit d'harmonie et accompagnement; en 1856, le premier prix d'harmonie et un troisième accessit de piano; en 1857, un second accessit de piano, un premier accessit d'orgue et le premier prix de fugue; en 1858, le second prix d'orgue; en 1859, le premier prix d'orgue et le second prix de Rome à l'Académie des Beaux-Arts; enfin, en 1861, le premier grand prix de Rome. Le concours de Rome était particulièrement brillant en cette année 1861, puisque, outre le premier prix décerné à M. Théodore Dubois, l'Académie jugea à propos de donner deux seconds prix, l'un à M. Salomé, l'autre à M. Anthiome, et qu'une mention honorable fut attribuée à M. Charles Constantin. Et pourtant M. Dubois fut couronné dans des circonstances tout exceptionnelles; à peine entré en loge il tombait malade, atteint de la petite vérole, et était contraint de s'aliter. Tout le monde le croyait hors de concours, mais on comptait sans son courage et son énergie; à peine convalescent, il sollicita un sursis, qui lui fut naturellement accordé, et c'est dans de telles conditions qu'il acheva sa cantate de façon à mériter le premier prix.

Chantée en séance publique par Mlle Monrose, MM. Warot et Battaille, cette cantate dépassait la moyenne ordinaire des œuvres de ce genre, et voici comment en parlait un journal spécial, la *Revue et Gazette musicale* : « La cantate de M. Dubois est certainement l'une des meilleures que nous ayons entendues. Le texte poétique avait pour sujet et pour titre *Atala*. M. Victor Roussy n'en a pas tiré des situations bien fortes, mais elles fournissaient au compositeur une carrière suffisante, et M. Dubois en a profité avec un vrai talent. Son prologue instrumental est d'un style excellent, d'un coloris gracieux et tendre; ses morceaux de chant ont le tour mélodique et se distinguent par une certaine liberté qui annoncent le maître.... »

Parti pour Rome, M. Dubois y travailla avec ardeur, et envoya à l'Académie des Beaux-Arts, outre une messe solennelle et une première ouverture, une seconde ouverture de concert, en *ré*, qui fut exécutée au Conservatoire en 1866. De plus, c'est d'Italie qu'il prit part au concours ouvert au Théâtre-Lyrique (1864) pour la composition d'un opéra en trois actes, *la Fiancée d'Abydos*. Ce concours, exclusivement réservé aux grands prix de l'Institut qui n'avaient eu encore aucun ouvrage représenté, réunit MM. Barthe, 1er prix de 1854, Jean Conte (1855), Samuel David (1858), Paladilhe (1860) et Th. Dubois (1861). Ce fut M. Barthe (*Voyez* ce nom) qui fut couronné. Depuis lors, M. Dubois a fait exécuter, dans quelques concerts, des fragments de sa partition de *la Fiancée d'Abydos*, et je me souviens d'en avoir entendu un chœur dansé qui est d'un effet charmant.

De retour en France en 1866, M. Dubois se livra à l'enseignement, tout en cherchant inutilement à se faire jouer, comme il arrive à tous nos jeunes compositeurs. Il devint maître de chapelle à l'église Sainte-Clotilde, et, ne pouvant se produire au théâtre, se tourna du côté de la musique sacrée et fit exécuter en cette église, le vendredi saint de l'année 1867, une œuvre très-importante et très-soignée, *les Sept Paroles du Christ*, oratorio pour soli, chœurs et orchestre, dont la Société des concerts du Conservatoire fit entendre, quelques années plus tard, deux fragments fort remarquables et qui décelaient un maître à venir. Bientôt M. Dubois produisait, dans les concerts, plusieurs compositions de divers genres : à la Société nationale de musique quatre jolies mélodies vocales, trois morceaux de piano, et un chœur religieux avec soli, *Deus Abraham*, d'un excellent effet; et au Casino une ouverture de concert en *si* mineur.

Cependant, depuis quatre ans, le jeune artiste avait fait recevoir à l'Opéra-Comique un ouvrage en un acte, *la Guzla de l'Émir*. Impatienté de voir que ce théâtre, manquant à sa mission et à ses engagements, ne se décidait pas à le jouer, il retira sa partition et la porta au petit théâtre de l'Athénée, qui la mit aussitôt à l'étude et où *la Guzla* fut représentée avec un vif succès le 30 avril 1873. *La Guzla de l'Émir* est un ouvrage charmant et plein de distinction, écrit dans le vrai ton de l'opéra comique, et qui, partout ailleurs qu'en France, où les musiciens sont si peu encouragés, aurait ouvert à son auteur les portes des théâtres les plus importants.

M. Dubois avait pris part en 1867 au concours ouvert pour la partition du *Florentin*; il n'y avait pas été plus heureux qu'à celui de *la Fiancée d'Abydos*, car cette fois l'heureux vainqueur fut M. Ch. Lenepveu (*Voyez* ce nom). Il n'en est pas moins vrai que le jeune compositeur semble posséder toutes les qualités qui constituent le musicien dramatique : le sentiment de la scène, l'abondance mélodique, et la science de la modulation et de l'instrumentation Cependant, ne trouvant pas à se reproduire au théâtre, il ne se découragea point et tourna ses vues ailleurs. Il fit exécuter aux concerts du Châtelet (9 février 1874) de jolies *Pièces d'orchestre*, aux Concerts populaires (1er novembre 1874) un air de ballet élégant, à la Société nationale de musique (13 février 1875), un motet : *Tu es Petrus*, pour chœur et solo avec accompagnement d'orgue, harpe, violoncelle et contrebasse, et publia un joli recueil de 12 *Petites pièces pour piano* (Paris, Hartmann). Enfin, il écrivit un grand oratorio, *le Paradis perdu*, qui n'a pu être exécuté jusqu'ici, mais que le nouveau Théâtre-Lyrique doit produire incessamment dans une de ses intéressantes matinées musicales.

Heureusement pour lui, M. Th. Dubois n'est pas à la merci des directeurs de théâtres. Fort jeune encore, il a su se faire une situation honorable et indépendante. Devenu d'abord maître de chapelle à la Madeleine, dont il est aujourd'hui organiste, il a été appelé, en 1871, à recueillir la succession de M. Elwart comme professeur d'harmonie au Conservatoire. Il occupe donc une situation enviable, et telle que bien des prix de Rome, hélas ! revenus aujourd'hui de leurs illusions premières, seraient heureux de la posséder. Il n'en est pas moins douloureux de voir qu'un artiste si bien doué ne puisse se produire plus fréquemment devant le public, et qu'il n'ait pu jusqu'ici donner qu'une seule fois la preuve de ses rares facultés scéniques.

En dehors des œuvres énumérées ci-dessus, M. Dubois a publié, chez l'éditeur M. Heugel, plusieurs jolies pièces de piano : *Chœur et Danse des lutins*, op. 7; *Marche orientale*, op. 8 ; *Scherzo*, op. 10; *Bluette pastorale*, op. 11; *Rêverie-prélude*, op. 12; *Allegro de bravoure*, op. 13; *Scherzo et choral*, op. 18 ; *Divertissement*, op. 19; *Intermezzo*, op. 20.

M. Théodore Dubois a épousé Mlle Duvinage, fille du chef d'orchestre de l'ancien théâtre de la Renaissance.

DUBOULLAI (..........). Sous le nom de ce compositeur, resté d'ailleurs complètement inconnu, on a représenté au théâtre Feydeau, le 23 juin 1792, un opéra-comique intitulé *les Plaideurs*.

DUBUAT (........). Un musicien de ce nom a écrit, en société avec quatre autres artistes, Dugazon fils, Bertaud, Pradher et Quinebaud, la partition d'un petit ouvrage en un acte, *le Voisinage*, qui fut représenté au théâtre Favart en 1800. L'année suivante, le même compositeur donnait, mais seul cette fois, au théâtre des Jeunes-Artistes, un autre opéra-comique en un acte, intitulé *la Fausse Apparence*.

DUBUISSON (MATHURIN), musicien distingué, était attaché à la chapelle du roi Louis XII dans les premières années du seizième siècle. Le chapitre de l'église métropolitaine de Rouen voulant se l'attacher pour diriger sa maîtrise, lui fit un présent de vingt écus d'or qui décida l'artiste à accepter cette situation en 1506, sous la promesse d'un bénéfice que le cardinal-archevêque ne lui fit pas longtemps attendre.

DU BUISSON, ou **DUBUISSON** (......), compositeur du dix-septième siècle, ne m'est connu que par ce qu'en dit Titon du Tillet dans son *Parnasse françois*. Parlant des musiciens qui se distinguèrent du temps de Michel Lambert, cet écrivain cite ainsi Du Buisson : « Du Buisson peut bien paraître encore ici ; c'était un fameux buveur, qui donnoit volontiers des leçons de musique et de table à MM. les étrangers, et surtout aux Allemands qui venoient passer quelque tems à Paris ; il a composé un grand nombre d'airs bacchiques des plus agréables. » On trouve des airs de Du Buisson et de beaucoup d'autres musiciens de son temps dans les recueils publiés par Christophe Ballard.

DUCASSI Y OJEDA (IGNACIO), prêtre et compositeur, naquit à Barcelone le 18 janvier 1775. Il reçut une bonne éducation musicale, et fut maître de chapelle de l'église de l'Incarnation de Madrid, en même temps que compositeur et organiste surnuméraire de la chapelle royale. Les nombreuses compositions religieuses de Ducassi, écrites généralement dans le style moderne, ou libre, sont très-estimées ; elles consistent en messes, psaumes, motets et autres œuvres importantes, pour la plupart à plusieurs voix avec accompagnement instrumental. Quelques pièces pour voix seules, en style rigoureux, sont aussi fort appréciées. Cet artiste, également distingué sous le rapport du talent et du caractère, est mort en 1821, âgé seulement de quarante-neuf ans. Il avait un frère, *Manuel Ducassi*, qui fut prêtre et basse de la chapelle royale.

DUCHALIOT (CHARLES), chanteur français, qui tenait en Italie l'emploi des basses comiques, a fait représenter sur le théâtre italien de Constantinople, en 1857, un opéra bouffe intitulé *una Notte di terrore*, dont il avait écrit la musique.

DUCHEMIN-BOISJOUSSE (.......), théoricien et professeur, a publié en 1858 l'ouvrage suivant : *La musique en 60 leçons, méthode complète, précédée d'un nouveau traité élémentaire de mélodie et d'harmonie, avec des exemples rhythmés, à trois et quatre parties*, Paris, Benoît.

* **DUCRAY-DUMINIL** (François-Guillaume). Dans sa intéressante collection des *Chants et chansons populaires de la France*, Du Mersan a reproduit *la Marmotte en vie*, chanson dont Ducray-Duminil a écrit les paroles et la musique, et il l'a accompagnée d'une notice dans laquelle se trouvent ces lignes : « .... On trouve dans ses romans beaucoup de romances et de chansons dont il faisait lui-même les paroles et les airs ; Ducray-Duminil, avant de se faire littérateur, avait été maître de musique, et donnait des leçons de guitare, ce qu'il a prouvé lui-même, dans une *Chanson à Mademoiselle Roy...*, qui me reprochait d'être distrait en lui donnant une leçon de musique, imprimée dans l'*Almanach des Grâces* de 1788. Ses airs et ses chansons eurent beaucoup de vogue, et ce fut probablement le succès de *la Danse du petit Marmot*, dans *Petit-Jacques et Georgette*, qui lui fit faire les *Aventures de la Marmotte*. Cette chanson, qui a paru dans les *Étrennes lyriques et anacréontiques* de 1793, est restée populaire jusqu'à présent, et l'air, qui est naïf et original, a été employé avec succès dans la fameuse *anchon la Vielleuse*. On a souvent employé dans les vaudevilles l'air de *la Croisée*, qui est de cet auteur. Les almanachs chantants sont remplis de ses productions, dont Rivarol se moquait. » Ducray-Duminil donnait en effet des leçons de musique, car on trouve la qualification de *professeur* accompagnant son nom en tête de plusieurs chansons insérées dans le recueil : *Étrennes de Polymnie*, chansons dont il avait écrit la musique sur des paroles qui n'étaient point de lui.

Ducray-Duminil est l'auteur d'un volume du célèbre almanach théâtral publié sous ce titre : *Les Spectacles de Paris*, par le libraire Duchesne. Dans la notice nécrologique que lui a consacrée le rédacteur de l'*Annuaire dramatique* de 1820, il est dit que « Ducray-Duminil fut incarcéré pendant la Terreur, » et que « c'est en prison qu'il a rédigé l'un des almanachs des spectacles de Duchesne, en deux parties. » Il s'agirait donc ici de l'Almanach de 1794, si utile pour l'histoire du théâtre et de la musique, et avec lequel la collection fut interrompue.

DUCROC(......). Sous le nom de ce compositeur, resté absolument inconnu, on trouve, dans le recueil de chansons à quatre parties publié vers 1530 par l'imprimeur Pierre Attaignant, la musique du motet : *Ecce tu pulchra es*.

DUCROQUET (........), facteur d'orgues distingué, a construit pour plusieurs églises de France des instruments remarquables, parmi lesquels on cite en première ligne le bel orgue de l'église Saint-Eustache, à Paris, dont l'inauguration eut lieu ,en 1854. La fabrique d'orgues de Ducroquet fut vendue en 1855 à la société Merklin-Schültze, de Belgique, qui se trouva ainsi posséder deux grandes maisons, l'une à Bruxelles, l'autre à Paris.

DUESBERG (Henri-Joseph-Maria), né à Munster (Prusse), le 20 septembre 1793, est mort à Paris, où depuis longtemps il s'était fixé, le 6 juillet 1864. Il s'occupait de littérature musicale, et fut pendant plusieurs années l'un des actifs collaborateurs de la *Revue et Gazette musicale* de Paris et de la *Revue française*, à qui il fournit un grand nombre d'articles consistant en traductions de livres et de travaux allemands spéciaux.

DUFAY (l'abbé), prêtre et musicien, est l'auteur d'un manuel intitulé : *Science théorique et pratique du plain-chant et de la psalmodie*, à l'usage des séminaires, des collèges et des écoles chrétiennes, Paris, Repos.

DUFLITZ (......), organiste et claveciniste français, vivait au dix-huitième siècle. Élève de Dagincourt pour l'orgue, il remplit d'abord les fonctions d'organiste dans l'une des nombreuses églises de Rouen. Plus tard il modifia sa carrière, vint à Paris, et s'y livra entièrement à l'exécution du clavecin, sur lequel il paraît avoir acquis une réelle habileté. « On lui trouve, disait Daquin dans son *Siècle littéraire de Louis XV*, beaucoup de légèreté dans le toucher et une certaine mollesse, qui, soutenue par des grâces, rend à merveille le caractère de plusieurs de ses pièces. » Duflitz a composé, en effet, un certain nombre de pièces pour le clavecin.

DUFRESNE (Alfred), compositeur dramatique, fit de bonnes études au Conservatoire, où il fut élève d'Halévy. Il a fait représenter les ouvrages suivants, tous en un acte : 1° *Revenant de Pontoise*, Bouffes Parisiens, 19 février 1856 ; 2° *Maître Bâton*, id., 31 mars 1858 ; 3° *les Valets de Gascogne*, Théâtre-Lyrique, 2 juin 1860 ; 4° *l'Hôtel de la Poste*, Bouffes-Parisiens, 23 novembre 1860. Il y avait du goût, une inspiration aimable et de bonnes qualités scéniques dans ces compositions. Dufresne est mort au mois de mars 1863, âgé seulement de 41 ans. Il avait débuté par la publication de plusieurs mélodies vocales d'un contour aimable et d'une heureuse inspiration, entre autres une série de douze morceaux intitulée *Soirées d'automne* (Paris, Gérard).

DUFRESNY (Charles), sieur DE LA RIVIÈRE, poète dramatique, émule et collaborateur de Regnard, avec lequel il travailla pour la

Comédie-Italienne et pour la Comédie-Française, naquit à Paris en 1648. Il n'est point mentionné ici pour ses jolies comédies *la Coquette de Village*, *le Mariage rompu*, *le Double Veuvage* et *la Réconciliation normande*, mais pour certaines aptitudes musicales naturelles, dont l'abbé de Laporte a parlé ainsi dans ses *Anecdotes dramatiques* : « Dufresny avoit reçu de la nature beaucoup de goût pour tous les arts, peinture, sculpture, architecture, jardinage. Il avoit un talent naturel et particulier pour la musique et pour le dessin. Les airs de ses chansons de caractère, qui sont gravés à la fin du recueil de ses œuvres, sont de sa composition. Cependant il n'eut jamais de principes de musique, et il étoit obligé, lorsqu'il avoit composé un air, de le venir chanter à Grandval, qui avoit la bonté de le lui noter. Il est fâcheux qu'il nous en reste si peu de sa façon, puisqu'il convient, dans un de ses Mercures, d'en avoir fait plus de cent. » Dufresny avait fait, entre autres, les airs de sa comédie *le Double veuvage*, représentée en 1702. Il est mort à Paris le 6 octobre 1724.

* DUGAZON (Louise-Rose ou Rosalie LEFEVRE, dame). On trouvera, sur cette admirable artiste, une notice très-étendue et très-complète dans l'ouvrage suivant : *Figures d'opéra-comique*, par Arthur Pougin (Paris, Tresse, in-8°, 1875). Bouilly, dans divers chapitres du premier volume de ses *Récapitulations* (*Second essai dramatique*, *Première entrevue avec Grétry*, *Première représentation de Pierre le Grand*), a donné aussi des détails peu connus et pleins d'intérêts sur Mme Dugazon.

* DUGAZON (Gustave). Cet artiste avait fait ses débuts de compositeur dramatique en écrivant, en société avec Bertaud, Dubuat, Pradher et Quinebaud, la musique d'un petit ouvrage en un acte, *le Voisinage*, représenté au théâtre Favart en 1800.

DUGUET (Dieudonné), organiste et compositeur de musique religieuse, né à Liége en 1794, fut sous ce double rapport l'un des artistes les plus distingués de la Belgique. Devenu organiste de l'église St-Denis de sa ville natale, puis maître de chapelle de la cathédrale, il fonda avec Jaspar et Henrard une école de musique qui fut, lors de la création du Conservatoire, annexée à cet établissement. Duguet exerça une influence considérable sur l'étude de la musique religieuse à Liége, et dès 1830, c'est-à-dire à l'époque où les grandes œuvres en ce genre des maîtres allemands et de l'école de Cherubini étaient absolument inconnues au reste de la Belgique, l'exécution en était fréquente en cette ville et s'y faisait dans d'excellentes conditions. Il composa pour le service de la cathédrale une messe et un *Te Deum* que l'on dit fort remarquables, et dont les manuscrits sont conservés à la maîtrise de cette église. Parmi ses œuvres publiées (Liége, Muraille), on remarque une série de *Préludes et Versets* pour orgue, des litanies à une, deux et trois voix, un *Livre d'orgue* contenant l'accompagnement du plain-chant pour les principaux offices de l'année, et plus de trente motets. Duguet, qui, à la suite d'une ophtalmie, était devenu complétement aveugle, mourut à Liége en 1849.

DUHAUPAS (Albert), organiste et compositeur, né à Arras (Pas-de-Calais) le 22 avril 1832, apprit de son père, organiste de la cathédrale et chef de la société philharmonique de cette ville, les premiers éléments de la musique, puis, devenu orphelin, reçut des leçons d'un artiste allemand nommé Neuland, et vint terminer son éducation au Conservatoire de Paris, où il fut élève de M. Marmontel. De retour dans sa ville natale, il y devint maître de chapelle de la cathédrale, directeur de la Société des Orphéonistes d'Arras, qu'il sut rendre l'une des meilleures de France, et se livra à l'enseignement et à la composition. Comme compositeur religieux, M. Duhaupas a écrit une messe à quatre voix d'hommes, des chants d'église de divers genres, et de nombreux motets, entre autres un recueil de *Dix motets au Très-Saint-Sacrement* pour 2 sopranos, ténor et basse (Paris, Repos). On a publié de lui plusieurs morceaux de piano, des chœurs orphéoniques : *la Chasse*, *Christophe Colomb*, *le Réveil de l'Aurore*, *Justicia*, *Tout dort*, et un album de mélodies vocales intitulé *les Chants du soir* (Paris, Heugel).

DUHOT (Charles), compositeur, a fait représenter sur le théâtre de Douai, au mois de février 1861, un opéra en un acte intitulé *David*.

* DUJARDIN (Dominique), prêtre et compositeur, maître de chapelle de la cathédrale de Rouen, vivait au seizième et non au dix-septième siècle, comme il a été dit par erreur. C'est en 1536, et non en 1636, qu'il fut placé à la maîtrise de Rouen, où il resta jusqu'en janvier 1548; c'est en mars 1559 qu'il y fut rappelé, et c'est en 1565 qu'il mourut. Dans sa jeunesse, et alors qu'il était enfant de chœur à la cathédrale, en 1517, sa voix était si belle que les gens de François Ier l'enlevèrent à la faveur des ténèbres, avec un de ses camarades, pour l'emmener à la chapelle du roi. Les chanoines plaidèrent pour les recouvrer, et non-seulement gagnèrent leur procès, mais reçurent à ce sujet, du maréchal de Lautrec, une lettre d'excuses. On peut consulter sur tous ces faits l'intéressant « *Discours de réception de M. l'abbé Langlois*, contenant la revue des maîtres de chapelle et musiciens de la métropole de Rouen, » prononcé dans la séance du 28 juin 1850 de l'Académie des sciences, belles-lettres et arts de Rouen, et publié dans le *Précis analytique des travaux* de cette académie.

DUKE (Richard), l'un des luthiers anglais les plus fameux, était établi à Londres en 1768. Sa réputation fut très-grande en Angleterre, où son nom était plus connu que celui de Stradivarius, et où tous les artistes et les amateurs voulaient posséder un *Duke* véritable. Aussi ses produits ont-ils été aussi contrefaits dans son pays que ceux des grands luthiers italiens l'étaient dans toute l'Europe. Duke lui-même n'était pourtant qu'un copiste, comme tous ses confrères anglais, et imitait de préférence les instruments d'Amati et de Stainer. Ses copies du premier sont plus estimées que celles du second. — Cet artiste eut un fils, portant le même prénom que lui, qui fut aussi luthier à Londres.

DULLO (Gustave), compositeur, a écrit la musique d'un drame lyrique intitulé *Harold, le dernier roi saxon*, qu'il a fait représenter à Kœnigsberg, sur le théâtre de la ville, le 2 décembre 1872. Le 24 mars 1876, cet artiste donnait sur le même théâtre un autre ouvrage important, *Eben-Ari*, opéra-comique en trois actes.

DULOT (........), compositeur inconnu de la première moitié du seizième siècle, a fourni au recueil de chansons françaises à quatre voix publié vers 1530 par l'imprimeur Pierre Attaignant, la musique de la chanson : *En espérant le printemps*.

* DU MANOIR. — Les recherches faites et les documents authentiques produits par Jal, dans son *Dictionnaire critique de biographie et d'histoire*, permettent d'augmenter l'ensemble de renseignements relatifs à cette famille de musiciens.

Mathieu Du Manoir, le premier en date, connu en 1615 comme maître joueur d'instruments, était en 1640 violon ordinaire de la chambre de Louis XIII. On ne sait rien de plus sur son compte.

Claude Du Manoir, sans doute fils ou neveu du précédent, exerçait la même profession. C'est lui, et non pas Guillaume, comme il a été dit par erreur, qui, à la mort de Louis Constantin (*Voy.* ce nom), lui succéda en qualité de premier violon du cabinet du roi et de roi des violons et maître des ménétriers. L'ordonnance royale qui le nommait à ce double emploi, datée du 20 novembre 1657, fut enregistrée au Parlement le 31 janvier 1658.

Guillaume Du Manoir, fils de Mathieu, fameux par son factum : *le Mariage de la musique avec la dance*, naquit le 16 novembre 1615, épousa le 27 septembre 1639 Catherine du Prou, fille d'un violon ordinaire du roi, et en secondes noces Marie Chevalier, dont il eut plusieurs enfants, entre autres celui dont il est question ci-après. Suivant les registres du Trésor royal, Guillaume Du Manoir avait 365 livres de gages annuels, plus 50 livres de récompense pour chaque quartier. C'était, on le voit, une royauté peu coûteuse. Il avait succédé en 1659 à Claude, qui mourut sans doute à cette époque et dont le règne n'avait pas été de longue durée.

Guillaume-Michel Du Manoir, fils du précédent, continua cette dynastie musicale. Il figura avec son père dans une des entrées du ballet de *Psyché*, jouant de son instrument à la suite de Bacchus. En 1677, il était avec lui en tête de la liste des violons du roi, et avait obtenu la survivance de sa charge de roi des ménétriers. Il lui succéda en effet, mais fut le dernier qui monta sur ce trône fragile. La souveraineté disparut lors de son abdication.

DUMESNIL (Alfred). Cet écrivain distingué, qui s'est fait connaître par plusieurs travaux de critique et de philosophie : *l'Art italien, Bernard Palissy, Molière, l'Immortalité*, etc., est l'auteur d'un écrit anonyme, intitulé : *La Foi nouvelle cherchée dans l'art, de Rembrandt à Beethoven* (Paris, Comon, 1850, in-12).

DUMONT (Raulin), compositeur, né à Rouen vers le milieu du seizième siècle, prit part en 1589 au concours du puy de musique d'Évreux, et y remporta le prix de la lyre d'argent pour une chanson française : *Rossignolet du boys*.

DUMONT (Félix), pianiste, professeur et compositeur, fils de Mme Mélanie Dumont, auteur dramatique, est né à Paris le 14 août 1832, et a fait ses études au Conservatoire de cette ville. A peine âgé de seize ans, il faisait exécuter aux Champs-Élysées un Hymne à la paix de sa composition. Après avoir terminé son éducation musicale, il se livra à l'enseignement, et se fit une réputation distinguée comme professeur. En dehors d'un certain nombre de morceaux de genre pour le piano, M. Dumont a publié sous ce titre, *l'École du piano*, un ouvrage fort important, dont il n'a pas été fait moins de sept éditions et dont le succès n'est pas épuisé. Parmi ses autres compositions, on remarque une *Marche triomphale* à grand orchestre, qui a été exécutée en 1867 au palais de l'Exposition universelle. Sous ce titre : *le Panorama élémentaire du piano à quatre mains*, M. Félix Dumont a aussi publié (Paris, Marcel Colombier), une collection de 60 transcriptions de morceaux faciles, d'après des chants populaires ou des airs d'opéras célèbres; cet ouvrage est divisé en six livraisons.

DUN (ALEXANDRE). Dans la nombreuse famille de musiciens qui portaient le nom de Dun et qui furent pendant si longtemps attachés à l'Opéra en qualité de chanteurs, il y avait au moins un instrumentiste : c'est le violoniste Alexandre Dun, qui fit partie de l'orchestre de ce théâtre (son nom se trouve dans le personnel, de 1762 à 1775) et de celui du Concert spirituel. Cet artiste, qui composait aussi pour son instrument, a publié : 1° *Sei sonate a violino solo, col basso* (Paris, Le Menu, in-fol°); 2° Menuet d'Exaudet et la Furstenberg, avec des variations de différents mouvements sur le même air pour un violon seul (Paris, Michaud, in-fol°).

DUNIECKI (Le chevalier STANISLAS), compositeur contemporain, a fait représenter les trois opérettes suivantes : 1° *Pokusa*, Varsovie, 1808; 2° *Der Teufel ist los* (le Diable déchaîné), Berlin, théâtre Kroll, 1866; 3° *Lucifer*, Vienne, théâtre *an der Wien*, janvier 1868.

DUNKLER (FRANÇOIS), fils d'un artiste allemand qui était chef de musique d'un régiment prussien, naquit à Rastadt le 17 mai 1779. Habile virtuose à la fois sur le basson, le cor, la flûte, la clarinette et le hautbois, il quitta sa patrie pour entrer en 1815 au service des Pays-Bas comme chef de musique du deuxième régiment des carabiniers à cheval. Artiste distingué à beaucoup de points de vue, il ne tarda pas à se faire remarquer, et se signala surtout par l'excellente organisation du corps de musique du régiment des grenadiers-chasseurs, que son fils plus tard devait rendre célèbre. En 1849, arrivé à l'âge de soixante-dix ans, Dunkler prit sa retraite, et c'est alors que son fils lui succéda dans la direction de ce corps. Dunkler est mort à la Haye, en 1861.

DUNKLER (FRANÇOIS), fils du précédent, né à Namur le 24 janvier 1816, chef de musique du régiment des grenadiers et chasseurs de la Haye, est un des artistes les plus éminents dans son genre que les Pays-Bas possèdent en ce moment. Les arrangements nombreux qu'il a faits de tous les ouvrages classiques (symphonies de Beethoven, Mozart, Mendelssohn, Schumann, ouvrages de Liszt, Wagner, etc.) sont de vrais chefs-d'œuvre dans leur genre, et les compositions que M. Dunkler a écrites lui-même pour musique militaire lui font aussi le plus grand honneur. Personne ne comprend mieux que lui, j'ose même dire personne ne comprend aussi bien que lui, l'art d'écrire pour les masses orchestrales militaires. Cela sent toujours le grand maître, soit comme combinaisons, soit comme dispositions d'orchestre, soit enfin comme mariage de timbres ou comme effet de sonorités, et l'on ne saurait trop insister sur l'immense mérite de ce grand artiste, aussi apprécié à l'étranger qu'acclamé dans les Pays-Bas. M. Dunkler a remporté à l'Exposition universelle de 1867, à Paris, le 3° prix et obtenu la croix de la *Légion d'honneur* lors du grand concours international de musiques militaires. Il est décoré de presque tous les ordres qui existent en Europe, et, depuis 1870, S. M. le Roi des Pays-Bas l'a élevé au rang de capitaine-directeur et au grade de premier lieutenant. M. Dunkler est en outre un chef d'orchestre de premier ordre, et le corps de musique militaire des chasseurs et grenadiers de la Haye doit à sa savante direction d'être devenu et demeuré un des premiers qui existent en Europe (1).

ED. DE H.

DUPART (CHARLES), est l'auteur d'une *Méthode polyphonique* destinée à l'enseignement des instruments à vent, et particulièrement de ceux dont se compose la musique militaire. Cette méthode a pour objet de donner au professeur la possibilité d'enseigner simultanément à deux, trois ou quatre élèves, qui travaillent ensemble et s'accompagnent mutuellement.

DUPLANT (ROSALIE), l'une des bonnes chanteuses qu'ait possédées l'Opéra au dix-huitième siècle, débuta à ce théâtre au mois de mars 1763, et se fit dès l'abord remarquer par l'ampleur et l'étendue de sa voix. Elle fournit une carrière de plus de vingt années, car elle ne se retira que vers 1785, après avoir fait un certain nombre de créations importantes dans les ouvrages suivants : *Ernelinde*, *Thésée* (Médée), *l'Union de l'Amour et des Arts*, *Iphigénie en Aulide* (Clytemnestre), *Céphale et Procris*, *Atys*, etc. Mlle Duplant était surtout une chanteuse de force, et brillait dans le genre tragique. Voici ce qu'en disait en 1785 le rédacteur des *Tablettes de renommée des musiciens* :

(1) Le fils de cet artiste, Émile Dunkler, virtuose habile sur le violoncelle et sur le saxophone, né en 1841, quitta son pays à l'âge de seize ans pour venir en France, se fixa à Paris, et devint violoncelliste de la chapelle de Napoléon III. En 1859 il fit, en qualité de volontaire, la campagne d'Italie, et prit part aux deux grandes batailles de cette campagne, celles de Magenta et de Solférino. Après être retourné en Hollande, ce jeune artiste fort distingué mourut à la Haye, le 6 février 1871. — A. P.

« M⁽ˡˡᵉ⁾ Duplant est superbe dans les rôles à baguette et dans les reines. Une taille avantageuse, une voix d'une vaste étendue, un jeu plein de noblesse, on ne peut guère réunir à un plus haut degré les dons de la nature et les perfections de l'art. » M⁽ˡˡᵉ⁾ Duplant avait commencé par faire partie des chœurs de l'Académie royale de musique, et avait débuté d'une façon très-modeste, en chantant quelques airs dans les fragments ou divertissements dont l'exécution était si fréquente alors à ce théâtre.

DUPONT (PIERRE AUGUSTE, dit ALEXIS), chanteur plein de charme et d'élégance, naquit en 1796, et, après avoir fait ses études au Conservatoire de Paris, qui portait alors le nom d'École royale de musique, entra à l'Opéra comme ténor en double (1), vers 1818. Il quitta ce théâtre pour débuter à l'Opéra-Comique, le 4 janvier 1821, dans le rôle d'Azor de *Zémire et Azor*, et après deux années passées sur cette scène il partit pour l'Italie dans le but de s'y perfectionner dans son art. De retour en France, il reparaissait à l'Opéra, le 24 mai 1826, dans le rôle de Pylade d'*Iphigénie en Tauride*, et y restait jusqu'en 1840 environ, époque où il renonçait au chant dramatique pour borner exclusivement sa carrière à ses succès de concert et de salon. La voix d'Alexis Dupont, d'un charme pénétrant et d'une exquise suavité, était conduite par lui avec un style rare et un goût parfait; mais le volume n'en était pas étendu, et elle manquait de puissance pour la vaste scène de l'Opéra. C'est pourquoi, en dépit d'un talent incontestable et incontesté, cet artiste ne put jamais se mettre en évidence sur ce théâtre, malgré les créations qui lui furent confiées dans divers ouvrages, entre autres dans *la Muette* (Alphonse), *la Tentation* (Asmodée), *le Lac des Fées*, *le Dieu et la Bayadère*, etc. Au contraire, sa voix charmante, flexible, onctueuse, convenait merveilleusement au concert, et surtout à l'église, où Alexis Dupont charmait jusqu'aux auditeurs les plus délicats et les plus difficiles. Attaché à la maîtrise de Saint-Roch, il attirait la foule en cette église lorsque les amateurs savaient qu'il y devait chanter. Il lui appartenait encore en 1856, lorsqu'un procès scandaleux, qui aboutit à une condamnation, vint brusquement terminer sa carrière.

Alexis Dupont est mort au mois de juin 1874. Pendant son second séjour à l'Opéra, il avait épousé une charmante danseuse, M⁽ˡˡᵉ⁾ Lise No-

---

(1) Les renseignements donnés sur cet artiste par le *Dictionnaire des contemporains* manquent d'exactitude et de précision. Ceux que je donne ici sont puisés aux sources les plus sûres.

blet, l'une des deux sœurs qui obtenaient alors de si grands succès à ce théâtre. M⁽ᵐᵉ⁾ Dupont est morte en 1877.

DUPONT (JOSEPH), violoniste et compositeur, professeur de violon au Conservatoire de Liége, était né en cette ville le 21 août 1821, et y mourut le 13 février 1861. Il reçut de son père, amateur distingué, ses premières leçons de musique, entra ensuite au Conservatoire de sa ville natale, y devint élève d'Antoine Wanson et de François Prume, et à peine âgé de dix-sept ans fut lui-même nommé professeur dans cet établissement. On a publié de cet artiste : 1° 3 *Études et une romance sans paroles* pour le violon (Liége, Muraille); 2° 8 *Études* pour violon, avec accompagnement d'un second violon (id., id.); 3° *Ave Maris stella* à 2 voix (id., id.); 4° *Ave Maria* à voix seule (id., id.); 5° *Tantum ergo* à voix seule (id., id.); 6° *O salutaris* à voix seule (id., id.); 7° 8 *Litanies* pour voix de basse (id., id.). — Il a écrit encore un *Credo*, un *Kyrie*, un *Agnus Dei*, un quatuor et un quintette pour instruments à cordes, un andante symphonique, deux fantaisies pour violon, des chœurs, des romances et mélodies vocales, quelques morceaux de musique de danse, et enfin un opéra-comique en 2 actes, *Ribeiro Pinto*, qui fut joué au cercle artistique de Liége, en 1858, par plusieurs membres de la société chorale *la Legia*.

DUPONT (PIERRE), chansonnier-poëte à qui un grand nombre de ses productions firent une renommée méritée, naquit à Lyon le 23 avril 1821. Sa famille était pauvre, et après avoir reçu quelque éducation au séminaire de Largentière, il fut tour à tour apprenti canut, clerc de notaire, puis employé dans une maison de banque. Venu à Paris en 1839, il y devint le protégé de l'académicien Lebrun, et après avoir vu son premier poëme, *les Deux Anges*, couronné par l'Académie française (1842), il obtint, grâce à son protecteur, une place d'aide au Dictionnaire publié par cette compagnie. C'est à partir de 1846 qu'il commença à écrire un grand nombre de chansons d'une poésie saine, fertile et vigoureuse, dans lesquelles on remarquait un grand sentiment de la nature, un accent viril et une couleur éclatante. Il donna ainsi, successivement, *les Bœufs*, *la Vigne*, *la Mère Jeanne*, *les Louis d'or*, *les Sapins*, *le Meunier*, *les Taureaux*, *le Braconnier*, *le Chien de berger*, *la Musette neuve*, et bien d'autres qui acquirent rapidement une grande popularité. En 1848, Dupont, modifiant sa manière, se mit à composer de nombreuses chansons politiques, dans lesquelles il exaltait surtout la fraternité sociale ; quelques-unes eurent un retentissement énorme, entre autres celle intitulée *le Pain*, dont la police crut devoir interdire l'exécution en public. Lors du coup d'État de 1851, Pierre Dupont se vit persécuté pour ce fait, et fut condamné à sept ans d'exil à Lambessa. Plus tard il revint en France, mais, quoique recommençant à écrire, il ne retrouva plus sa veine première ni les sincères accents qui avaient fait son succès, et il se survécut à lui-même. Il mourut à Lyon le 24 juillet 1870.

Bien qu'absolument ignorant des choses de la musique, Pierre Dupont composait lui-même les airs de toutes ses chansons. Tout en écrivant ses vers, il cherchait et fredonnait le motif sur lequel il les voulait chanter ; puis, quand il l'avait trouvé, il le faisait noter par un musicien. Il eut la chance de connaître et d'avoir pour ami, à l'époque de sa grande production, un véritable artiste, M. Reyer (*Voyez* ce nom), qui pendant longtemps lui servit ainsi de secrétaire. Il est facile, en lisant la plupart des airs de Pierre Dupont, de voir qu'ils ne sont pas l'œuvre d'un musicien ; certaines étrangetés ou monotonies de tonalités, certains rhythmes bizarres, manquant de franchise ou de régularité, révèlent ce fait à une oreille ou à un œil un peu exercé. Mais ces défauts sont rachetés par une largeur d'inspiration, une sincérité d'accent, une originalité de forme incontestable, et il n'est que juste de dire que, généralement, la musique s'accorde on ne peut mieux avec la poésie et fait pour ainsi dire corps avec elle. On sent que la double inspiration est venue d'un seul jet, et l'effet produit est souvent saisissant et d'une rare vigueur. M. Ernest Reyer l'a dit lui-même quelque part : « Pierre Dupont a tracé un double sillon, et, quoi qu'en disent certains musiciens dédaigneux des dons naturels, le coloris, le sentiment, la verve, la naïveté de ses inspirations sont bien quelque chose..... »

Vers 1849, on commença la publication des *Chants et Chansons* de Pierre Dupont. Cette publication, qui comprenait environ cent cinquante chansons, forme quatre volumes petit in-8°, et comprend les paroles et la musique, sans accompagnement. Chaque pièce était accompagnée d'une gravure sur acier, et le premier volume contenait une préface de M. Théodore de Banville et le portrait de l'auteur. Je ne sais si cette édition est absolument complète.

DUPONT (JEAN-FRANÇOIS), compositeur et chef d'orchestre, né à Rotterdam en 1822, se destinait d'abord à la médecine et n'étudia la musique qu'en amateur. Cependant, comme il montrait pour cet art des dispositions exceptionnelles, sa famille résolut, lorsqu'il eut atteint sa dix-septième année, de lui faire abandonner la médecine pour la musique. Élève d'abord de De Lange et de Tours, devenu organiste-adjoint de l'église catholique de sa ville natale, ayant déjà composé quelques morceaux religieux, il se décida à aller terminer son éducation artistique en Allemagne et partit pour Leipzig, où il se fit admettre au Conservatoire et reçut des leçons de Mendelssohn, Hauptmann, Ferdinand David et F. Bœhme. Ses progrès furent rapides, et bientôt il fit exécuter dans cet établissement des fragments d'un quatuor et d'une symphonie de sa composition. De retour à Rotterdam, il s'y livra à l'enseignement, et fonda des concerts philharmoniques dans lesquels il dirigea l'exécution de grandes œuvres classiques. Pendant ce temps il écrivait de nombreuses œuvres, parmi lesquelles figure un opéra en trois actes, *Bianca Siffredi*, qui fut représenté sur plusieurs scènes de l'Allemagne. Bientôt il retourna dans ce pays (1852), devint *cappellmeister* du théâtre de Halle, et exerça successivement le même emploi au théâtre de la cour de Detmold, puis à ceux de Linz, de Hambourg et de Nuremberg, où il se trouvait en 1860. J'ignore ce qu'il est devenu depuis.

Cet artiste a publié : 3 recueils de *lieder* à voix seule ; 3 recueils de chœurs à 4 voix, sur paroles allemandes ; un quatuor pour instruments à cordes, op. 6 ; un trio pour piano, violon et violoncelle, op. 13 ; *Ballade et Scherzo* pour piano, op. 10 ; *Polonaise* pour piano, op. 9 ; *Souvenir de Hartzbourg*, pour piano, op. 12 ; grande scène pour soprano, avec accompagnement d'orchestre. Il a fait exécuter en Allemagne et en Hollande deux symphonies et plusieurs ouvertures de concert.

* DUPONT (AUGUSTE), pianiste, compositeur et professeur au Conservatoire de Bruxelles. Cet artiste est venu se faire entendre à Paris il y a deux ou trois ans, et s'est produit aux concerts de l'Association artistique (théâtre du Châtelet). Voici une liste complémentaire de ses compositions pour le piano : 1° *Pastorale*, op. 4 (Berlin, Simrock) ; 2° *La Danse des Almées*, étude fantastique, op. 25 (Mayence, Schott) ; 3° *Toccatelle*, op. 26, id., id. ; 4° *Sérénade espagnole*, op. 28, id., id. ; 5° *Staccato perpétuel*, étude de concert, op. 31 (Leipzig, Breitkopf et Hærtel) ; 6° *Berceuse*, op. 35, (Mayence, Schott) ; 7° Trois danses dans le style ancien (1, *Gavotte* ; 2, *Sarabande* ; 3, *Bourrée*), op. 37, id., id. ; 8° Fantaisie et Fugue pour la main droite seule, op. 41, id., id. ; 9° *Roman en dix pages*, op. 48, id., id. ; 10° *Ballade héroïque*, id., id.

DUPONT (JOSEPH), frère cadet du précédent, est né à Ensival (province de Liége) le 3 janvier 1838, et reçut de son père, violoncelliste, organiste et compositeur distingué, ses premières leçons de musique. Il fut admis ensuite au Conservatoire de Liége, où il entreprit l'étude du violon et de la composition, puis alla terminer son éducation musicale au Conservatoire de Bruxelles, où il obtint en 1862 le premier prix de violon et en 1863 le grand prix de composition musicale, dit prix de Rome. Selon les conditions attachées à ce prix, il voyagea pendant quatre ans en France, en Italie et en Allemagne, puis devint chef d'orchestre du théâtre italien de Varsovie (1867-1870), qu'il quitta pour passer en la même qualité au théâtre impérial de Moscou (1871). De retour en Belgique, M. Dupont fut nommé professeur d'harmonie théorique au Conservatoire de Bruxelles, et presque en même temps fut chargé des fonctions de chef d'orchestre au théâtre de la Monnaie et à l'Association des artistes musiciens. Les succès qu'il obtint dans la direction de l'orchestre de la Monnaie le firent choisir, en 1873, comme directeur des Concerts populaires de musique classique, en remplacement du grand violoniste Henri Vieuxtemps, qui venait de donner sa démission pour cause de santé.

M. Dupont, qui est un artiste fort distingué, a écrit un grand nombre de compositions, jusqu'ici presque toutes restées inédites : ouvertures, suites d'orchestre, fragments symphoniques, cantates pour *soli*, chœurs et orchestre, morceaux de musique religieuse, mélodies vocales sur paroles françaises ou italiennes, etc., etc. A peine âgé de trente-neuf ans, M. Dupont occupe une des premières situations artistiques dans la capitale de la Belgique.

DUPRAT (HIPPOLYTE), né à Toulon le 31 octobre 1824, apprit la musique comme complément d'éducation. Après avoir terminé ses études littéraires, il entra dans la marine de l'État, dont il fit longtemps partie en qualité de chirurgien. Pendant la campagne du Sénégal, il fut décoré de la Légion d'honneur. Sa carrière était déjà assez avancée, quand il se décida à se vouer complétement à la composition musicale, à laquelle il s'était depuis longtemps essayé. Il donna sa démission, et vint se fixer à Paris, où il écrivit la musique de *Pétrarque*, grand opéra en cinq actes, dont il avait écrit également le livret avec M. Dharmenon. Son œuvre terminée, il appliqua toute son énergie à la faire représenter. Repoussé d'abord par M. Perrin à l'Opéra, il renouvela successivement ses démarches auprès de MM. Carvalho, Pasdeloup et Martinet, directeurs du Théâtre-Lyrique. Il paraissait avoir quelque chance d'aboutir, lorsque survint la guerre de 1870, puis la Commune, pendant laquelle eut lieu l'incendie du Théâtre-Lyrique, qui ruina les espérances de M. Duprat. Il se décida alors à donner son œuvre en province, et *Pétrarque* fut enfin joué au Grand-Théâtre de Marseille le 19 avril 1873. Après avoir obtenu un assez grand nombre de représentations, cet ouvrage fut repris l'année suivante, et monté à Lyon, Toulouse, Avignon et Toulon. — *Pétrarque* a eu des panégyristes que lui ont surtout valus la persistance et la force de volonté de M. Duprat. Si on le juge en dehors de ces considérations, une critique impartiale peut en résumer ainsi les qualités et les défauts. L'auteur a eu l'imagination vivement frappée par les beautés des ouvrages qu'il affectionnait; c'est de cette impression qu'est née son œuvre. Il lui a manqué une première éducation musicale suffisante. Il ne possède pas l'art de développer une phrase. Son harmonie est lâchée et, en plus d'un passage, incorrecte. L'orchestration, qui est bruyante, ne s'appuie pas assez sur le quatuor. Enfin le style n'a pas d'unité, et rappelle fréquemment les mauvais côtés de l'école italienne. En résumé, *Pétrarque* pèche par l'absence de personnalité, l'inexpérience et le défaut de style. Par contre, on y trouve d'heureux dons naturels, une veine mélodique facile, qui gagnerait à un choix plus sévère de motifs, une certaine vie qui se soutient dans tout l'ouvrage, enfin, et surtout, le sentiment de la scène à un assez vif degré.

AL. R — D.

* **DUPRATO** (JULES-LAURENT-ANACHARSIS), est l'un des compositeurs les plus distingués de ce temps, et l'un de ceux qui ont eu le moins de bonheur au théâtre, malgré un début presque éclatant. Cet artiste fort honorable est un exemple frappant de la malechance qui peut poursuivre un musicien dramatique, en dépit de son talent, lorsqu'il est mal servi par ses collaborateurs, et que les livrets qui lui sont confiés n'offrent point les qualités qu'exige impérieusement la scène. Voici la liste complète des ouvrages que M. Duprato a fait représenter jusqu'ici : 1° *les Trovatelles*, un acte, opéra-comique, 28 juin 1854 ; 2° *Pâquerette*, un acte, id., 20 juin 1856 ; 3° *M'sieu Landry*, un acte, Bouffes-Parisiens, 24 novembre 1856 (partitionnette charmante et pleine de bonne humeur) ; 4° *Salvator Rosa*, 3 actes, opéra-comique, 30 avril 1861 (œuvre manquée, écrite sur un livret exécrable) ; 5° *la Déesse et le Berger*, 2 actes, id., 21 février 1863 ; 6° et 7° *le baron de Groschaminet*, 1 acte, *Sacripant*, 2 actes, Fantaisies-Parisiennes, 24 septembre 1866 ;

8° *le Chanteur florentin*, scène lyrique, id., 29 novembre 1866; 9° *la Fiancée de Corinthe*, un acte, Opéra, 21 octobre 1867; 10° *la Tour du chien vert*, 3 actes, Folies-Dramatiques, 28 décembre 1871; 11° *le Cerisier*, un acte, Opéra-Comique, 15 mai 1874. A cela il faut ajouter trois cantates, exécutées, les deux premières à l'Opéra-Comique le 15 août 1859 et le 15 août 1861, la troisième à l'Opéra le 15 août 1864; enfin, une cantate pour l'inauguration de l'Athénée musical, au mois de janvier 1864.

On peut dire que M. Duprato est l'un des artistes les plus ingénieux et les plus aimables qui se soient produits depuis vingt ans sur nos scènes lyriques. Avec MM. Th. Semet, Boulanger, Deffès et Ferdinand Poise, il fait partie de ce petit groupe de compositeurs distingués, qui, semble-t-il, n'ont pu donner ni les uns ni les autres la mesure exacte de leur valeur, par suite du peu d'encouragements qu'ils ont trouvé auprès des directeurs. Ce n'est point le tout, en effet, de produire de temps à autre un musicien, de lui accorder une pièce tous les quatre ou cinq ans; encore faudrait-il le faire intelligemment, de façon à lui être profitable, et pour cela il serait bon de consulter ses aptitudes, son tempérament, de lui donner des poèmes qui convinssent à sa nature, et surtout qui convinssent à la scène. Or, sous ce rapport, nul n'a été plus mal servi que M. Duprato, et j'insiste sur ce fait parce que, si l'on avait pris la peine de s'occuper de lui avec intelligence et sincérité, l'artiste était doué de manière à fournir une carrière sinon brillante, du moins fort honorable et profitable, non-seulement pour lui, mais pour les plaisirs du public et pour le théâtre qui aurait eu l'esprit et le bon goût de se l'attacher.

Au mois de janvier 1864, M. Duprato fut choisi pour diriger l'orchestre d'une entreprise qui se fondait, sur le boulevard St-Germain, sous le titre d'Athénée musical. Il n'y resta pas longtemps, la salle de l'Athénée devint bientôt celle du théâtre des Folies-Saint-Germain, aujourd'hui théâtre Cluny. En 1867, le ministère des beaux-arts ayant mis à la disposition du directeur des Fantaisies-Parisiennes une somme de 1,000 francs destinée à être donnée en prix à l'auteur de la meilleure partition qui aurait vu le jour sur ce gentil théâtre, trop tôt disparu, le jury nommé à cet effet décerna à l'unanimité le prix à M. Duprato, pour sa partition de *Sacripant*. En 1866, M. Duprato fut nommé professeur agrégé d'harmonie écrite au Conservatoire, et il est devenu, en 1871, titulaire d'une classe d'harmonie et accompagnement pratique.

M. Duprato a publié un certain nombre de mélodies vocales, qui se font remarquer par un grand souci de la forme et une rare délicatesse de sentiment. Je citerai, entre autres: *la Plainte*; *Mon cœur que faut-il faire? la Rivière; la Maisonnette; C'est tout le contraire; la Petite Madelon; le Dépit amoureux; Tout rend hommage à la beauté; Adieux à Suzon; la Fontaine de Palerme*; et surtout six *Sonnets*, compositions fort remarquables, qui ont obtenu un très-grand succès. M. Duprato a écrit encore *la Reine Mozab*, opérette non représentée, publiée dans un journal, *le Magasin des Demoiselles*; une *Promenade de Marie-Thérèse*, et *Marie-Stuart au château de Lochleven*, autres opérettes non représentées, destinées à être jouées dans les salons, et dont la musique a été publiée par l'éditeur Schott. On lui doit encore trois chœurs à 3 voix égales: *les Palmes, la double Fête, les Vacances*, écrits pour les distributions de prix, trois morceaux mélodiques pour piano et violon, et six romances sans paroles pour le piano. Enfin, il a en portefeuille un opéra comique en un acte, intitulé *Gazouillette*, qui, après avoir longtemps langui dans les cartons de l'Opéra-Comique, venait d'être reçu au théâtre de l'Athénée au moment où celui-ci disparut (1).

DUPRÉ (......), claveciniste, compositeur et professeur, était organiste de l'église Saint-Martin, de Tours, en 1773, et occupait encore cette position en 1783. Il a publié: 1° *Six sonates pour le clavecin ou piano-forte*, avec accompagnement d'un violon ou violoncelle, *ad libitum*, op. 1; 2° *Six sonates pour le clavecin ou fortepiano*, avec accompagnement de violon *ad libitum*, op. 2, Paris, Cousineau.

* **DUPREZ** (GILBERT-LOUIS), chanteur admirable, s'est consacré à l'enseignement et à la composition depuis l'époque où il s'est définitivement retiré du théâtre. Il a ouvert à Paris une école de chant dramatique, dans laquelle il a formé de nombreux et excellents élèves dont quelques-uns sont parvenus à une grande renommée. Déjà M. Duprez avait été professeur au Conservatoire, de 1842 à 1850, mais le re-

(1) Lorsqu'en 1842, le théâtre des Arts, à Rouen, donna un exemple de décentralisation artistique en représentant un opéra de Balfe inconnu alors à Paris, *la Bohémienne*, M. Duprato fut chargé d'écrire les récitatifs et de faire les raccords nécessaires à l'adaptation française de cet ouvrage. Il augmenta même la partition de deux airs nouveaux, expressément composés par lui pour Mme Gailli-Marié, qui jouait le rôle principal. M. Duprato a aussi écrit des récitatifs pour un opéra-comique d'Hérold, *l'Illusion*, en vue de l'adaptation de cet ouvrage au genre de l'Opéra et de sa représentation sur ce théâtre. Jusqu'ici pourtant, ce travail n'a pas été utilisé.

nom de son enseignement date surtout de la création de son école particulière, où il forma, en dehors de sa fille, Mme Vandenheuvel-Duprez, des élèves telles que Mmes Miolan-Carvalho, Marie Battu, Mlle Marimon, Monrose, et bien d'autres dont les noms m'échappent. C'est à son fils et son élève M. Léon Duprez, qu'il a remis, depuis quelques années, la direction de cette école. M. Léon Duprez, chanteur fort distingué, a essayé inutilement de se produire à la scène et a fait une courte apparition au Théâtre-Lyrique; sa voix était trop faible, en dépit de son talent, et il a dû renoncer à la carrière dramatique.

Tout en se consacrant à ses élèves, M. Duprez, qui avait fait dans sa jeunesse de bonnes études théoriques, voulut se livrer à la composition; mais il ne fut pas heureux sous ce rapport, et les œuvres qu'il a produites ne sortent pas de la médiocrité; les ouvrages dramatiques de M. Duprez se font remarquer par des défauts de prosodie, des excentricités harmoniques, des banalités d'instrumentation qui surprennent à bon droit chez un artiste habitué à interpréter des chefs-d'œuvre et dont l'oreille devrait, semble-t-il, être particulièrement exercée et délicate. Voici la liste de ses productions en ce genre : 1° *L'abîme de la Maladetta*, Opéra-comique en 3 actes, Bruxelles, théâtre de la Monnaie, 19 novembre 1851 ; 2° *Joanita, ou la Fille des Boucaniers*, opéra en 3 actes, joué d'abord à Bruxelles, puis à Paris, au Théâtre-Lyrique, le 11 mars 1852 (je crois que ces deux ouvrages n'en font qu'un, et que l'auteur en a seulement changé le titre pour la représentation à Paris); 3° *La Lettre au bon Dieu*, 2 actes, Opéra-Comique, 28 avril 1853 ; 4° *Jeanne d'Arc*, grand opéra en 4 actes, Grand-Théâtre-Parisien, 12 octobre 1865 ; — 5° *La Cabane du Pêcheur*, opéra-comique en un acte, th. de Versailles ; — 6° *Jélyotte*, un acte ; — 7° *Samson*, grand opéra en 4 actes ; — 8° *Amelina*, 2 actes ; — 9° *Zéphora*, grand opéra en 5 actes ; — 10° *Tariotti*, grand opéra (je crois qu'aucun de ces cinq derniers ouvrages n'a été représenté) ; 11° *la Pazza della Regina*, opéra italien en 2 actes, dont la musique a été exécutée en 1877, dans un salon. M. Duprez a voulu se produire aussi comme compositeur religieux ; il a écrit une grand' messe de la Pentecôte, une messe de *Requiem* et une messe pastorale, et il a fait exécuter au cirque des Champs-Élysées, le 28 mars 1868, un oratorio en 3 parties, *le Jugement dernier*, dont il avait écrit les paroles et la musique. Enfin, il a publié encore un assez grand nombre de morceaux de musique vocale, mélodies, romances, airs, duos, trios,
quatuors, parmi lesquels une saynète bouffe, *Trois-Étoiles chez un directeur*, qui a été fréquemment chantée dans les salons. Pour faire suite à sa méthode intitulée *l'Art du chant*, M. Duprez a publié sous ce titre un second ouvrage didactique : *La Mélodie, études complémentaires vocales et dramatiques de « l'Art du chant, »* Paris, Heugel, in-f°. — M. Elwart a publié sur ce grand artiste l'écrit suivant : *Duprez, sa vie artistique, avec une biographie authentique de son maître Alexandre Choron* (Paris, Magen, 1838, in-18 avec portrait). On trouve aussi une biographie de M. Duprez, avec portrait, dans la *Galerie des artistes dramatiques de Paris* (Paris, Marchand, 1840, in-4)(1).

Mme Duprez, née *Duperron*, femme de cet artiste, fut une cantatrice fort distinguée. Elle entra à l'Odéon, alors théâtre semi-lyrique, à l'époque de son mariage, en 1827, et suivit en Italie son mari, où elle partagea ses succès et fit preuve d'un talent fort remarquable. Elle quitta le théâtre de bonne heure, et mourut il y a quelques années.

DUPREZ (CAROLINE), fille du précédent, chanteuse remarquable, naquit à Florence en 1832, à l'époque des grands succès que son père obtenait en Italie. Elle fut son élève, et lorsque M. Duprez, après avoir quitté l'Opéra, parcourut quelque temps la province, il fit jouer sa fille avec lui et l'accoutuma ainsi à la scène. En 1850, Mlle Caroline Duprez débutait avec bonheur au Théâtre-Italien de Paris; elle se faisait entendre ensuite à Londres, puis à Bruxelles, où elle remplissait le rôle principal d'un opéra écrit par son père, *Joanita*, et était bientôt engagée au Théâtre-Lyrique pour jouer le même ouvrage. Du Théâtre-Lyrique elle passa à l'Opéra-Comique, où elle resta plusieurs années et où elle fit des créations très-importantes dans *Marco Spada*, *l'Étoile du Nord*, *Valentine d'Aubigny*, *Jenny Bell*, *les Saisons*, etc., puis entra à l'Opéra pour y tenir l'emploi des chanteuses légères. En 1858 elle était engagée de nouveau au Théâtre-Lyrique pour y jouer le rôle de la comtesse dans *les Noces de Figaro*, et elle rentra un peu plus tard à l'Opéra-Comique pour y créer le principal personnage d'un opéra de M. Victor Massé, *Fior d'Aliza*. Ce fut la dernière fois qu'elle parut à la scène; douée d'une santé très-délicate, que les fatigues du théâtre avaient fortement ébranlée, elle dut, sur l'avis des médecins, aller s'établir dans le midi

---

(1) M. Duprez n'était encore âgé que de treize ans lorsqu'il publia sa première composition; c'était un chant sur la mort du duc de Berry « par G. Duprez, âgé de 13 ans ».

de la France, et se fixa en effet à Pau, où elle parut se rétablir, et où même elle put bientôt se livrer à l'enseignement. Cependant, au bout de quelques années, l'affection phtisique dont elle était atteinte reparut plus violente que jamais, et un hiver rigoureux vint achever de miner son tempérament. Cette artiste vraiment distinguée mourut à Pau au mois d'avril 1875.

Mlle Caroline Duprez avait épousé un pianiste accompagnateur fort habile, M. Amédée Vandenheuvel.

DUPUIS (Jacques), violoniste fort distingué, et l'un des meilleurs représentants de l'école belge pour cet instrument, naquit à Liège le 21 octobre 1830, et fit ses études musicales au Conservatoire de cette ville, où il fut admis en 1839. Élève de M. Lignac pour le solfège, de M. Ledent pour le piano, de M. Joseph Dupont, puis de Prume pour le violon, il obtint successivement le 1er prix de solfége en 1841, le second prix de violon en 1842, le 1er prix de violon et le second prix de piano en 1847, enfin le 1er prix de piano en 1848. En 1850, à peine âgé de vingt ans, il était appelé comme professeur dans l'établissement où il avait fait son éducation, et chargé d'une classe de violon qui devint bientôt l'une des meilleures du Conservatoire. Ses fonctions de professeur n'empêchèrent pas Dupuis de se produire comme virtuose, et son jeu sûr, précis, son mécanisme habile, son archet souple, son style remarquable et varié lui valurent de brillants succès. Fidèle interprète des œuvres des grands maîtres, il exécutait avec leur style propre les compositions si difficiles de Bach, les grandes sonates de Beethoven, les quatuors de Mozart, de Beethoven et de Mendelssohn. Après s'être fait apprécier dans sa ville natale, il se fit applaudir successivement aux Concerts populaires de Bruxelles et de Paris, aux belles séances de la société *Felix Meritis* à Amsterdam, aux concerts de la ville à Aix-la-Chapelle, etc. Les exigences de l'enseignement ne l'empêchaient pas non plus de se livrer à de sérieux travaux de composition, et Dupuis, qui avait fait de bonnes études de contrepoint et de fugue avec Daussoigne-Méhul, écrivit, entre autres œuvres, deux concertos pour le violon, plusieurs sonates, et un certain nombre de fantaisies et morceaux de genre pour piano et violon. Malheureusement, les plus importantes de ces œuvres sont restées inédites, leur auteur ayant été frappé prématurément par la mort, dans sa ville natale, le 20 juin 1870. Jacques Dupuis était un artiste d'une véritable valeur, et un homme distingué à tous les points de vue.

Le frère cadet de cet artiste, M. *Joseph Dupuis*, étudia la musique dès ses plus jeunes années, et jouait du cornet à pistons. Ayant le goût du théâtre, il s'engagea dans une troupe de comédiens de province, puis vint à Paris, au petit théâtre des Folies-Nouvelles, où il se montra avec succès dans plusieurs opérettes de MM. Hervé, Pilati et Laurent de Rillé : *Toinette et son carabinier, Jean le Sot, l'Île de Calypso, le Jugement de Pâris*, etc. Au bout de peu d'années il fut engagé aux Variétés, qui transformaient leur genre et se consacraient à l'opérette, et devint l'interprète favori des pièces de M. Offenbach, qui lui valurent une très-grande réputation comme acteur et comme chanteur comique : *Barbe-Bleue, la Belle Hélène, la Grande Duchesse de Gérolstein* et tant d'autres qu'il est inutile de citer.

DUQUESNOY. — *Voyez* LANCTIN.

DURANCY (Céleste), l'une des cantatrices les plus justement fameuses de l'Opéra au dix-huitième siècle, était fille de comédiens de province, et naquit en 1746. Son père, qui jouait les premiers comiques, et sa mère, qui tenait l'emploi des premiers rôles de tragédie et de comédie, étaient des acteurs de grand talent. En 1752, Durancy père devenait directeur du théâtre français de Bruxelles, dont lui et sa femme étaient au nombre des premiers sujets, et la jeune Céleste, exercée de bonne heure à l'art du comédien, montrait déjà des aptitudes précoces pour le théâtre. Le petit ouvrage intitulé *Almanach historique et chronologique de la comédie française établie à Bruxelles* (1754) était rempli de louanges à l'adresse de M. et Mme Durancy, et contenait ces vers « à Mlle Céleste, âgée de sept ans ou environ, fille de M. et de Mme Durancy, qui par ses talents et ses grâces enchante tous les spectateurs » :

> Céleste, ainsi que la brillante Aurore,
> Qui devance le plus beau jour,
> Dans un âge où l'enfance encore
> Ne connaît ce que c'est qu'Amour,
> Nous peint avec tant de grâces, de charmes,
> Ce petit Dieu dans notre cœur,
> Que tout le monde, en lui rendant les armes,
> Dit qu'elle en est la jeune sœur.

Mlle Durancy était si bien douée pour le théâtre, qu'avant même d'avoir accompli sa treizième année, le 19 juillet 1759, elle débutait à la Comédie-Française, sur la première scène du monde, par le rôle de Dorine du *Tartuffe*. Comme à son talent scénique elle joignait une voix remarquablement belle, trois ans après, le 19 juin 1762, elle faisait une première apparition à l'Opéra, qu'elle quittait pour rentrer, le 13 octobre 1766, à la Comédie-Française ; enfin, le 23 octobre de l'année suivante, dans *Hippolyte et Aricie*, elle faisait retour à l'Opéra, où elle resta jusqu'à sa mort. Parmi les rôles qui lui firent le plus d'honneur, on cite surtout ceux de la Haine dans *Orphée*, d'Alceste, de Méduse dans le *Persée* de Philidor, et d'Ernelinde dans la seconde reprise qui eut lieu de cet ouvrage du même maître. Elle était laide, et sa voix était simplement suffisante; mais son âme ardente, la passion brûlante qui l'animait, un sentiment pathétique qui allait jusqu'au sublime, en firent une des plus admirables cantatrices dramatiques qu'on eût jamais vues sur notre grande scène musicale. Ces qualités exceptionnelles furent justement cause de sa mort prématurée. Mlle Durancy relevait à peine d'une maladie grave lorsque Philidor lui confia le rôle important de Méduse dans son *Persée*. Elle ne se ménagea pas pendant les études, et, une fois en présence du public, se livra si complètement et laissa tellement déborder sa passion, que [de pareils efforts lui furent fatals. Elle donnait surtout un accent incomparable à l'air si magnifique : *J'ai perdu la beauté qui me rendait si vaine*. Mais bientôt elle n'eut plus la force de lutter contre un tempérament artistique qui l'emportait outre mesure : elle retomba malade, et cette fois si gravement, qu'elle mourut le 28 décembre 1780, deux mois après avoir fait cette dernière création.

« Cette excellente actrice, disait l'*Almanach musical* de 1781, se distinguait dans tous les rôles par la sensibilité de son âme, par la vérité de ses gestes, par la grâce de sa démarche, la noblesse de son maintien, et par une infinité de petits détails qui ne pouvoient être aperçus que dans une actrice du premier mérite. » Un autre recueil spécial, *les Spectacles de Paris* (pour 1782), disait de son côté : «... Avec une figure marquée, elle avoit trouvé le secret de plaire dans le rôle de Colette (du *Devin du Village*); tendre et noble dans Ernelinde, touchante dans *Castor*, elle étoit sublime dans Clytemnestre et se faisoit encore admirer dans les rôles de la Haine et de Méduse. Elle étoit si passionnée dans les rôles, qu'elle faisoit oublier sa figure. Si elle n'a pas été la meilleure chanteuse de l'Opéra, elle en a été sûrement la plus grande actrice. Il ne lui a manqué que de la beauté pour faire rendre plus de justice à ses talens concernant la déclaration et pour exciter l'enthousiasme. » Peu de semaines avant sa mort, et à propos de son admirable interprétation du rôle d'Ernelinde, Mme Durancy, à qui le public avait déjà témoigné sa satisfaction, recevait de Favart les vers suivants :

O Durancy, par quels charmes puissans,
Par quel heureux prestige abuses-tu nos sens?
C'est l'effet de ton art suprême.
Je cours à l'Opéra pour t'entendre et te voir;
L'action disparaît, tu trompes mon espoir :
Je ne vois plus qu'Ernelinde elle-même.

DURAND (ÉMILE), professeur et compositeur, né à Saint-Brieuc (Côtes-du-Nord) le 16 février 1830, vint de bonne heure à Paris, et fut admis au Conservatoire de cette ville en 1845. Il y fit de bonnes études, et fut successivement élève de M. Napoléon Alkan pour le solfége, de M. Bazin pour l'harmonie, et d'Halévy pour la composition. Après avoir obtenu un premier prix de solfége en 1847, un accessit et un premier prix d'harmonie et accompagnement en 1850 et 1851, il se présenta en 1853 au concours de l'Institut et se vit décerner le second grand prix de Rome. M. Emile Durand se livra alors à l'enseignement; déjà, depuis 1850, et bien qu'étant encore élève du Conservatoire pour la composition, il avait été nommé professeur d'une classe de solfége. Il conserva cette situation jusqu'en 1871, époque à laquelle il devint professeur d'harmonie et accompagnement en remplacement de M. Bazin, qui devenait professeur de fugue et de composition. M. Durand a publié un assez grand nombre de mélodies vocales dont quelques-unes sont empreintes d'un sentiment délicat, et dont une entre autres, *Comme à vingt ans*, a obtenu un succès populaire et prolongé. Il a, en outre, fait représenter deux petits ouvrages : 1° *l'Élixir de Cornelius*, opéra-comique en un acte (Fantaisies-Parisiennes, 3 février 1868) d'un tour aimable et élégant ; 2° *l'Astronome du Pont-Neuf*, pochade musicale en un acte (Variétés, 18 février 1869). M. Durand prépare en ce moment un *Traité d'harmonie*, ainsi qu'un *Traité d'accompagnement de la base chiffrée et du chant donné*, qui doivent paraître prochainement.

† 19.3

DURAND (MARIE-AUGUSTE), compositeur et éditeur de musique à Paris, est né en cette ville le 18 juillet 1830. Fils d'un artiste qui était professeur de musique au collége Rollin, il fit d'excellentes études littéraires dans cet établissement, et comme il avait étudié déjà la musique avec son père, il se livra, une fois muni de son diplôme de bachelier, à l'étude de l'harmonie et de la fugue sous la direction particulière de MM. Bazin et Savard. Il ne fit que passer au Conservatoire, dans la classe d'orgue de M. Benoist, mais y resta cependant assez de temps pour puiser dans les excellentes leçons de ce professeur un amour sérieux de cet admirable instrument, et pour en retenir les bonnes traditions de son enseignement. Après avoir terminé son éducation musicale, M. Durand devint successivement organiste des églises Saint-Ambroise (1849), Sainte-Geneviève (1853), Saint-Roch (1857) et Saint-Vincent de Paul (1862-1874). En même temps, il était un des artistes qui contribuaient le plus à la vulgarisation de l'orgue-harmonium, fit dans ce but plusieurs voyages artistiques en Italie, en Angleterre et en Russie, et composa beaucoup de musique pour cet instrument. S'occupant aussi de littérature musicale, M. Durand collabora, de 1858 à 1865, en qualité de critique spécial, à plusieurs journaux dirigés par M. Hippolyte Castille, entre autres le *Courrier de Paris* et la *Nouvelle*.

En 1870, abandonnant le professorat, M. Durand s'associa avec M. Schœnewerk pour acquérir le fonds de la maison d'édition musicale créée par M. Flaxland (*Voy.* ce nom). Continuant les errements de son prédécesseur, il mit la dernière main à l'édition française des œuvres de Schumann et de M. Richard Wagner, et s'efforça toujours de distinguer en Allemagne les œuvres des artistes qui, par leurs tendances, lui semblaient avoir un caractère international. C'est ainsi qu'on lui doit les éditions françaises de plusieurs œuvres importantes de MM. Max Bruch, Johannes Brahms, Raff, H. Hoffmann, Wolkmann, etc. Mais à côté de ces noms, la maison qu'il dirige a fait une belle part à la jeune école française, en publiant, entre autres, les partitions à orchestre des œuvres les plus intéressantes de MM. Massenet, Ernest Guiraud, Lalo, Widor, Joncières, etc.

Le nombre des compositions publiées de M. Durand s'élève à quatre-vingts environ. Parmi elles on distingue : une messe à 3 voix mixtes (Régnier-Canaux) ; une messe à 4 voix (Flaxland) ; beaucoup de morceaux originaux pour l'harmonium ; des duos et des fantaisies sur des airs d'opéras pour harmonium et piano ; de nombreuses mélodies vocales ; enfin, toute une série d'airs de danse dans le style ancien pour le piano, tels que chacones, gavottes, pastorales, qui ont obtenu un succès de vogue.

DURAND (L......), est l'auteur d'une brochure qui a été publiée, en 1864, sous ce titre : *Découverte et démonstration de la similitude des gammes, ou les physiciens mis d'accord avec les musiciens au sujet de la musique*, par L. Durand, sous-lieutenant au 27e de ligne.

DUREAU (ALEXIS), amateur de musique et de théâtre, est l'auteur d'un livre ainsi intitulé : *Notes pour servir à l'histoire du théâtre et de la musique en France*, publiées par Alexis Dureau, 1re année, 1860 (Paris, Claudin, 1er janvier 1861, in-12). C'est une sorte d'almanach spécial, qui aurait pu avoir son utilité, mais dont il n'a paru que cette seule année. Les matières y étaient d'ailleurs disposées sans ordre et d'une façon un peu confuse.

DURET (MARCEL), violoniste, naquit vers 1785. Élève de Rode au Conservatoire, cet artiste fut couronné au concours de 1803, où il obtint un premier prix de violon. Peu d'années après il épousa Mlle Cécile Saint-Aubin, fille aînée de la célèbre chanteuse de l'Opéra-Comique, et qui brilla elle-même à ce théâtre pendant plusieurs années. Le 6 mai 1815, Duret faisait représenter à l'Opéra-Comique un ouvrage en un acte, intitulé *la Leçon d'une jeune femme*. Il était, à cette époque, second violon à l'orchestre de l'Opéra, et occupait encore cet emploi en 1810.

DURET (Mme ANNE-CÉCILE d'HERBEZ, dite SAINT-AUBIN), femme du précédent, est morte à Paris le 29 novembre 1862 (1).

*** DURIEU** (........). On trouve dans le petit livre intitulé : *Tablettes de renommée des Musiciens* (Paris, 1785), la petite notice que voici sur cet artiste : « Durieu, excellent maître de violon, ci-devant attaché au Concert spirituel et à celui des Amateurs, et marchand de musique, est éditeur d'un Journal d'ariettes italiennes du meilleur choix, parodiées, et dédiées à Mme la duchesse de Bourbon. »

DUROCHER (E. LEBOURDAIS), pianiste et compositeur amateur, né à Laval en 1830, a cultivé la musique au point de vue de son agrément. Il a reçu sous ce rapport une excellente éducation, et a beaucoup contribué aux progrès de l'art dans quelques-uns de nos départements de l'Ouest. Associant dans une même action, dans un effort unique, les trois grandes sociétés philharmoniques des villes du Mans, de Laval et de Rennes, M. Durocher sut donner une vive impulsion aux travaux de ces sociétés, se fit l'organisateur et l'ordonnateur de leurs concerts, ne reculant devant aucune peine pour rendre ceux-ci plus brillants, allant lui-même à la recherche des virtuoses qu'il voulait faire entendre, prenant soin des études, choisissant les œuvres qu'il jugeait les plus dignes d'être exécutées, se faisant à la fois chef d'orchestre et accompagnateur, étant enfin l'âme des belles séances musicales qui se donnaient, non-seulement dans les trois villes qui viennent d'être nommées, mais encore dans beaucoup d'autres, moins importantes, où il transportait son personnel et où il faisait entendre d'excellente musique. Depuis vingt-cinq ans environ, M. Durocher, qui jouit

---

(1) L'auteur de la *Biographie universelle des Musiciens* l'appelle Anne-Cécile *Dorlise*, mais c'est sous ce nom de *d'Herbes*, dite Saint-Aubin, veuve Duret, que les journaux ont annoncé la mort de la célèbre artiste.

d'une situation indépendante, joue ce rôle intelligent, au profit de l'art et de tous ceux qui en ont le culte dans la région qui est le théâtre de ses efforts.

M. Durocher, qui s'est beaucoup occupé de composition et qui a publié une cinquantaine de morceaux de genre pour le chant et pour le piano, s'est aussi essayé dans la critique. Il a rédigé pendant plusieurs années, sous le pseudonyme de *Della Rocca*, la partie musicale d'un journal français de Londres, *l'International*.

* DURUTTE (Le comte FRANÇOIS-CAMILLE-ANTOINE), ne s'est pas fait connaître seulement comme théoricien, mais aussi comme compositeur. Dès 1828, il obtenait une médaille d'or au concours ouvert par la Société d'harmonie d'Anvers pour la composition d'une ouverture; en 1837, il faisait exécuter à Metz, où il s'était fixé, le finale d'une symphonie en *fa* ; il écrivait ensuite deux messes pour orchestre et chœurs, qui furent entendues dans la cathédrale d'Ypres, sa ville natale, puis plusieurs œuvres de musique de chambre, sonates, trios, etc. En 1844, s'étant rencontré, dans un grand congrès tenu à Cologne, avec Mendelssohn, et celui-ci lui ayant proposé un sujet de fugue, M. Durutte écrivit la fugue et l'adressa au maître allemand, qui lui écrivit à ce propos : « Je ne puis vous dire toute ma satisfaction au sujet de la grande fugue que vous avez composée sur mon sujet. J'en ai admiré de bien nombreux passages, mais surtout un, où vous avez su mettre une idée qui anime le morceau en entier, et donne une élévation à mon sujet, dont je ne l'aurais pas jugé capable... » Ce souvenir a inspiré plus tard à M. Durutte une grande cantate dédiée par lui aux mânes de Mendelssohn, et qui, dit-on, a été exécutée à Leipzig.

M. Camille Durutte a encore écrit plusieurs chœurs, des romances, un album de mélodies italiennes, quelques morceaux religieux, entre autres un *Ave Maria* et un *Pater noster*, et enfin plusieurs opéras, dont un seul, je crois, a été représenté, *le Violon de Crémone*, opéra-comique en deux actes qui, reçu d'abord, en 1856, au Théâtre Lyrique, et retiré par l'auteur, impatienté de ne point voir paraître son œuvre, fut joué à Metz le 10 mars 1865. Les autres ouvrages dramatiques de M. Durutte, restés tous inédits, sont au nombre de cinq : 1° *Sardanapale*, grand opéra en 3 actes, écrit dans le style italien ; 2° *le Boulanger du roi*, opéra-comique en un acte; 3° *Maître Martin*, opéra-comique en 3 actes; 4° *Stefano* ou *l'Enchantement*, opéra-comique en 2 actes; 5° *les Saxons*, grand opéra resté, je crois, inachevé.

M. Durutte a publié récemment un ouvrage théorique qui, comme son titre l'indique, est à la fois le résumé et le complément du grand traité qu'il avait précédemment donné sous celui de *Technie* ou *Lois générales du système harmonique*. Celui-ci est intitulé : *Résumé élémentaire de la* Technie *harmonique et* Complément *de cette* Technie, *suivi de l'Exposé de la loi de l'enchaînement dans la mélodie, dans l'harmonie et dans leur concours*, Paris, Gauthier-Villars, 1876.

DUSCH (JEAN-HUBERT), organiste et compositeur, né à Wylré, dans le Limbourg, le 7 mars 1829, est mort le 5 décembre 1876 à Spa, où il occupait les fonctions d'organiste et de professeur de musique à l'école moyenne. Auteur de plusieurs compositions religieuses, parmi lesquelles une messe et des motets, Dusch a publié quelques morceaux de musique légère pour le piano.

DUVAL (......), maître de chant à Paris au dix-huitième siècle, est l'auteur d'une « *Méthode agréable et utile pour apprendre facilement à chanter juste, avec goût et précision*, par M. Duval, maître de musique et de goût » (Paris, l'auteur, in-4°). Je crois que Fétis a été trompé par un faux renseignement lorsqu'il a attribué à Mlle Duval un ouvrage portant exactement le même titre que celui-ci, et daté de 1741.

* DUVAL (EDMOND). — *Voyez* BOGAERTS.

DUVERGÈS (J.....), flûtiste et compositeur, est auteur de quelques publications pour son instrument : 1° *Grande Méthode complète de flûte Boehm cylindrique*; 2° *L'Art de chanter appliqué à la flûte* ; 3° un certain nombre d'airs variés et fantaisies avec accompagnement de piano, sur des thèmes populaires ou des motifs d'opéras en vogue.

DUVERNOY (CHARLES-FRANÇOIS), acteur de l'Opéra-Comique, fit d'abord partie, comme instrumentiste, de l'orchestre de divers théâtres de Paris. Il débuta comme chanteur à l'Opéra-Comique en 1830, n'y resta que peu de temps, alla tenir l'emploi des premiers ténors successivement à Toulouse, au Hâvre, à La Haye, et fut directeur des théâtres de ces deux dernières villes. De retour à Paris, il rentra à l'Opéra-Comique en 1843, et pendant plus de vingt ans y tint un emploi un peu effacé, mais très-utile ; il y remplit aussi, pendant plusieurs années, les fonctions de directeur de la scène. Nommé professeur de déclamation lyrique au Conservatoire le 1er juin 1851, il devint chef du pensionnat des élèves chanteurs de cet établissement le 1er décembre 1856. Duvernoy était né à Paris le 16 avril 1796, et mourut en cette ville au mois de novembre 1872.

* DUVERNOY (Henri-Louis-Charles). Depuis l'époque où sa notice a été publiée dans la *Biographie universelle des Musiciens*, cet artiste fort distingué a publié plusieurs ouvrages importants : 1° 50 *Leçons de solfége à changements de clefs*; 2° 15 *Vocalises* pour voix de soprano ou de ténor ; 3° *École concertante de solfége*, ou 20 *Études de style et de perfectionnement* pour deux voix égales, sans accompagnement, à l'usage des Conservatoires, des écoles de musique et des orphéons ; 4° *Solfége mélodique, théorique et pratique*. Le succès obtenu par les ouvrages didactiques de M. Duvernoy dans les écoles et dans les Conservatoires de France et de Belgique, lui a valu les nominations d'officier d'Académie et de chevalier de l'ordre de Léopold. En 1870, M. Duvernoy fut chargé par Auber, alors directeur du Conservatoire, de présenter un rapport sur l'enseignement du solfége dans cet établissement à la commission de révision des études nommée par le ministre des Beaux-Arts. Deux ans après, M. Ambroise Thomas, succédant à Auber, appela cet artiste à faire partie du comité des études de piano, et un peu plus tard, lui confia l'une des deux classes créées pour l'enseignement supérieur du solfége et du style aux élèves chanteuses.

DUVERNOY (Victor-Alphonse), pianiste et compositeur, né à Paris le 30 août 1842, a fait son éducation musicale au Conservatoire de cette ville, où il devint élève de M. Marmontel et où il remporta un second prix de piano en 1854, et le premier en 1855. Admis ensuite dans la classe de M. Bazin, M. Duvernoy obtint en 1859 un second accessit d'harmonie et accompagnement. Il se livra ensuite à l'enseignement, tout en se produisant comme virtuose et en s'occupant de composition. Vers 1869, il fonda une société de de musique de chambre, avec le concours de MM. Léonard (1er violon), Stiehle (2e violon), Trombetta (alto) et Léon Jacquard (violoncelle). M. Alphonse Duvernoy a fait entendre aux concerts du Châtelet, le 20 février 1876, deux fragments symphoniques charmants (romance et *scherzetto*), qui ont été très-bien accueillis, et le 11 mars suivant il exécutait, dans une séance de la Société nationale de musique, un concerto de piano (concert-stück) de sa composition. Il a fait entendre aussi un morceau de concert pour piano et orchestre, ainsi qu'une suite d'orchestre, qui tous deux ont été reçus, de même que les précédents, avec une faveur légitime. M. Alphonse Duvernoy, dont le talent de pianiste est plein de délicatesse et d'élégance, a obtenu à Londres de grands succès de virtuose. Comme compositeur, il a publié un joli recueil de *Six Mélodies* avec accompagnement de piano (Paris, Girod, in-8°) et un certain nombre de morceaux de genre pour le piano, d'une inspiration aimable et d'une forme distinguée.

Le frère puîné de cet artiste, M. Edmond Duvernoy, a fait aussi d'excellentes études au Conservatoire, est devenu un pianiste habile et s'est ensuite livré à l'enseignement. Dans ces dernières années il s'est mis à étudier le chant, et a débuté au théâtre de l'Opéra-Comique dans l'emploi des barytons, qu'il remplit encore aujourd'hui. Il a épousé une jeune artiste de ce théâtre, Mlle Franck.

DUVOIS (Charles), organiste et compositeur, né à Strasbourg vers 1830, commença de bonne heure l'étude de la musique, et dès l'âge de seize ans était organiste de l'église Saint-Louis, à Strasbourg, et chargé de l'enseignement du chant dans les écoles de sa paroisse. En 1851, il devint maître de chapelle de la cathédrale d'Autun, et plus tard fut appelé à remplir les mêmes fonctions à Moulins (Allier), où il organisa, en 1862, une maîtrise qui est justement considérée comme une des meilleures de toute la France. Aujourd'hui, et depuis plusieurs années déjà, M. Duvois est organiste de la cathédrale de cette dernière ville.

Depuis longtemps frappé de ce fait que beaucoup de jeunes pianistes ne sont souvent que des exécutants habiles et non de véritables musiciens, M. Duvois a pensé qu'il y avait, au moyen de procédés didactiques particuliers, un progrès à réaliser sous ce rapport. C'est dans ce but qu'il a conçu la pensée d'un ouvrage important, publié par lui sous ce titre : *le Mécanisme du piano appliqué à l'étude de l'harmonie* (Paris, Heugel), et qui semble appelé à ouvrir une voie nouvelle à l'enseignement du piano. On doit encore à cet artiste : 1° *Principes de musique vocale* (Strasbourg, 1845); 2° *Nouvelle Méthode d'accompagnement du plain-chant* (Paris, Leduc); 3° Plusieurs compositions religieuses, parmi lesquelles un *Ave Maria* à trois voix avec orgue, un *O Salutaris* à deux voix égales, un *Tantum ergo* à deux voix égales, etc., etc.

DWIGHT (John-Sullivan), musicographe américain, est né le 13 mai 1813 à Boston. Élevé au collège d'Harvard et au séminaire de Cambridge, il fut, en 1840, ordonné pasteur d'une congrégation unitariste de Northampton (Massachusetts), mais donna bientôt sa démission pour se livrer sans réserve à ses goûts pour a littérature, et surtout la littérature musicale. Après avoir publié une traduction annotée des *Petits Poëmes choisis de Gœthe et de Schiller*, M. Dwight prit, comme critique musical, une part active de collaboration à divers journaux, et donna toute une série de conférences très-suivies sur Beethoven, Hændel, Mozart et autres musiciens illustres. Enfin il a fondé à Boston, en 1872, le *Dwight's Journal of music*, qu'il dirige encore aujourd'hui.

tu DOROZK (.....), compositeur contemporain, a fait représenter sur le théâtre tchèque de Prague, au mois d'avril 1870, un opéra intitulé *Wanda*.

DYKHUYZEN (D.-H.). — *Voyez* DIJKHUYZEN.

E

EARSDEN (John), compositeur anglais, est connu seulement par la mention qu'en fait Hawkins dans le 4ᵉ volume de son histoire de la musique; il vivait au commencement du dix-septième siècle. Toutefois on a encore de lui un recueil de morceaux de chant imprimé à Londres en 1618.
               Y.

* **EBERWEIN** (Charles), compositeur dramatique distingué, directeur de musique à Weimar, est mort en cette ville le 2 mars 1868. Virtuose remarquable sur le violon, il était né à Weimar le 10 novembre 1784.

EBNER (Charles), virtuose violoniste, naquit en 1812 dans le royaume de Hongrie. Après avoir parcouru l'Allemagne et la Russie, il a été attaché pendant quelque temps à la chapelle du roi de Prusse, poste qu'il abandonna pour se rendre à Paris, où il est mort en 1836. Y.

ECCLESTON (Édouard), compositeur anglais du dix-septième siècle, a fait la musique d'une cantate exécutée à Londres et imprimée en 1697 sous ce titre : *la Joie de l'Europe à l'occasion de la paix*. On a publié aussi de lui, en 1679, un opéra intitulé : *Le déluge de Noé ou la Destruction du monde*. Y.

ECCLIN (......), docteur ès-musique anglais, a vécu au commencement du dix-septième siècle. Il est connu seulement par la composition d'une cantate satirique, écrite sur un texte de Swift, et dans laquelle il a parodié d'une manière comique le style de ses contemporains. Y.

ECKER (Charles), compositeur de *lieder* et de chœurs, est né le 13 mars 1813 à Fribourg en Brisgau. Fils d'un chirurgien, il avait été destiné à la carrière du droit, mais une vocation irrésistible l'entraîna vers la musique, qu'il eut l'occasion d'étudier sérieusement pendant le séjour qu'il fit à Vienne pour y poursuivre sa carrière universitaire. Comme auteur de compositions vocales il s'est fait une belle réputation, mais il a également écrit des pièces d'orchestre dont on dit grand bien. Y.

* **ECKERT** (Charles-Antoine-Florian). Cet artiste, après avoir quitté Vienne, fut appelé en 1862 à remplir les fonctions de maître de chapelle à Stuttgard, d'où il passa ensuite en la même qualité à Munich, après quoi il se fixa pendant assez longtemps à Bade. Depuis 1868, il est devenu chef d'orchestre de l'Opéra de Berlin et directeur des concerts de la cour de Prusse.

EDÉ (......). Sous ce nom, qui paraît être un pseudonyme, un artiste a fait représenter au petit théâtre des Folies-Bergère trois opérettes en un acte, dont il avait écrit les paroles et la musique : 1° *les Deux Cocottes* du n° 2?, 15 septembre 1874; 2° *une Nuit au poste*, 30 mars 1875; 3° *Quand on n'a pas de parapluie*, octobre 1875.

* **EDELMAN** (Jean-Frédéric). — Avant de faire jouer à l'Opéra l'acte du *Feu* dans *les Éléments*, et *Ariane dans l'Ile de Naxos* (ouvrage qui fut repris au théâtre Montansier en 1797), ce compositeur avait donné au Concert spirituel un oratorio intitulé *Esther*, et fait exécuter au château des Tuileries, les 20 et 24 juillet 1781, sa scène lyrique : *la Bergère des Alpes*. Plusieurs années après sa mort, en 1802, on donna au petit théâtre des Jeunes-Élèves un opéra-ballet, *Diane et l'Amour*, dont il avait naguère écrit la musique sur un poème de Moline. Au sujet du rôle politique joué par Edelman pendant la Révolution, on peut consulter les *Souvenirs de la Révolution et de l'Empire* de Charles Nodier, dans lesquels il est longuement parlé de lui.

EDOLO. Trois frères de ce nom, Henrique Edolo, João-Francisco Edolo, et José-Francisco Edolo, ont vécu à Porto (Portugal) où ils cultivèrent la musique (1820-1840). Henrique, violoniste distingué, était chef de l'orchestre du théâtre italien de cette ville, tandis que son frère, José Francisco, était attaché à cet orchestre en qualité de chef des seconds violons (1820). Cette époque fut une des plus brillantes de ce théâtre; ce fut le temps de l'enthousiasme rossinien à Porto. Cimarosa, Paisiello, Mayr, Generali et les autres maîtres plus ou moins célèbres de la fin du dix-huitième siècle avaient encore leurs œuvres au répertoire, l'exécution était soignée et les représentations étaient très-suivies. Une grande partie du succès revenait sans doute aux trois frères et surtout au chef d'orchestre. Le troisième frère, João Francisco, avait un beau talent sur l'alto et n'était pas moins estimé que les précédents. José Francisco Edolo, le chef d'orchestre, a publié en 1819 et 1820 quelques compositions, des fantaisies sur des opéras italiens, des arrangements des partitions de Rossini ainsi 'qu'une certaine quantité de petits morceaux pour le piano (valses etc.), qui ont vu le jour dans des recueils (*Jornal de Modinhas* (1820). Ces petites compositions ne manquent pas de grâce; ses *Modinhas* (mélodies pour la voix, sorte de romances) étaient surtout très-recherchées.

J. DE V.

EDWARDS (H...... S...), écrivain musical anglais, est l'auteur d'une *Vie de Rossini* (*Rossini's life*), Londres, in-8° avec portrait, et d'une *Histoire de l'opéra*, en deux volumes.

EGGHARD (JULES), est le pseudonyme artistique sous lequel s'est fait connaître le comte *Jules de Hardegen*, pianiste et compositeur pour son instrument, né à Vienne le 24 avril 1834, et mort en cette ville le 23 mars 1867. Élève de Charles Czerny pour le piano et de G. Preyer pour la composition, il devint un virtuose distingué et un professeur fort estimé. Il se livra aussi à la composition, et publia pour le piano un grand nombre de morceaux de genre dont le total s'élève à plus de deux-cents. Ces morceaux consistent en fantaisies, caprices, thèmes variés, impromptus, méditations, mélodies, berceuses, rêveries, nocturnes, bluettes, et airs de danse de divers genres.

* **EHLERT** (LOUIS), pianiste, compositeur et écrivain musical, est né à Kœnigsberg le 13 janvier 1825. Élève du Conservatoire de Leipzig, il y étudia avec Finck. Après divers voyages à Vienne et à Berlin, il alla passer deux ans en Italie (1863-1865), et fut plus tard avec Tausig, en 1871, le fondateur d'une haute école de musique pour le piano à Berlin. Parmi ses nombreuses compositions, on distingue des symphonies (particulièrement sa *Symphonie de Printemps*), des ouvertures, une Sonate romantique, des *lieder* et des pièces de piano écrites dans le style de Schumann, dont il est un des fervents admirateurs. M. Ehlert a publié de nombreux articles dans la *Nouvelle Gazette musicale* de Berlin, et une seconde édition de son petit livre : *Briefe über Musik an eine Freundin*, a été faite en 1867. C'est d'après cette seconde édition que M. Félix Grenier (*Voyez* ce nom) doit donner prochainement une traduction de cet écrit.

EHRENFRIED (........), flûtiste allemand, a vécu à Mayence vers la fin du dix-huitième siècle. Il est connu par des arrangements publiés de 1794 à 1798, et intitulés : *Recueil de différentes pièces choisies d'opéras-comiques à deux flûtes.*

Y.

EHRHART (LÉON), compositeur, naquit à Mulhouse (Haut-Rhin) le 11 mai 1854. Il commença l'étude de la musique à onze ans et demi, dans sa ville natale, sous la direction de M. Heyberger, aujourd'hui chef du chant à la Société des concerts du Conservatoire. Doué de rares dispositions, il fut envoyé à Paris, y reçut d'abord des leçons de Chauvet, artiste extrêmement distingué qui était alors organiste de l'église de la Trinité, puis entra au Conservatoire, où il fut admis dans la classe de M. Benoist pour l'orgue, dans celle de M. Reber pour la fugue et la composition. En 1870, il obtenait au concours un premier accessit d'orgue et un second accessit de fugue, et en 1872, à peine âgé de dix-huit ans et prenant part au concours de l'Institut, il se voyait décerner le second prix de composition musicale. Il concourut sans succès l'année suivante, mais en 1874 il remportait le premier grand prix de Rome, pour la cantate *Acis et Galatée*, paroles de M. Eugène Adenis. C'était le moment où le théâtre du Châtelet, essayant une transformation dans le genre lyrique, allait, pour peu de temps, devenir l'Opéra populaire. M. Ehrhart écrivit, sur la demande de l'administration, un prologue musical d'inauguration intitulé *la Muse populaire*, mais, par suite de diverses circonstances, ce prologue ne put être représenté. Le jeune musicien partit alors pour Rome peu de temps après, et là, se mit au travail avec ardeur, écrivant les partitions d'un opéra-comique, *Monsieur Martin*, et d'un grand oratorio. Vers le mois de septembre 1875, craignant, vu sa complexion délicate, d'être exposé aux fièvres qui sévissent souvent à Rome pendant l'automne, il s'éloigna de cette ville et se rendit à Venise. L'infortuné n'avait fui un danger que pour tomber dans un autre; à peine était-il installé à Venise, qu'il y fut pris par les fièvres des lagunes. Ne voulant pas rester, seul et malade, dans une ville où il ne connaissait personne et où il ne saurait comment se faire soigner, Ehrhart, malgré son état de souffrance, prit le chemin de fer pour retourner à Rome. Hélas ! il n'eut même pas le temps d'y arriver. Pendant ce court voyage, le mal fit des progrès d'une rapidité effroyable, des progrès tels qu'Ehrhart fut obligé de s'arrêter à Parretta, petit pays situé près de Florence, et qu'il mourut là, à l'âge de 21 ans, le lundi 4 octobre 1875.

EHRLICH (HENRI), pianiste de talent et écrivain sur la musique, est né en 1824 dans le Hanovre. Depuis plusieurs années il est professeur au *Stern's chen Conservatorium* de Berlin. Ehrlich s'est fait aussi connaître comme compositeur, et il a écrit plusieurs pièces pour le piano.

Y.

EHRLICH (......), compositeur, était chef d'orchestre du théâtre de Magdebourg lorsqu'il fit représenter à Fribourg, en 1870, un opéra intitulé *les Rosières*.

***EICHBERG** (Jules), violoniste et compositeur, est né à Dusseldorf en 1828. Il perfectionna ses études au Conservatoire de Bruxelles, où il devint élève de Meerts pour le violon et de Fétis pour la composition, et où il remporta en 1844 les deux premiers prix pour ces deux cours d'études. Devenu *concertmeister* au théâtre de Francfort, c'est en 1848 qu'il fut appelé à Genève comme professeur au Conservatoire de cette ville. En 1857, il partit en qualité de chef d'orchestre pour Boston, où il réside encore aujourd'hui, et où il a fait représenter deux opérettes : *the Doctor of Aleandra*, et *the Rose of Tyrol*. Il a fait graver en Europe des duos, des trios et des études pour le violon.

EICHBERG (Oscar), pianiste et compositeur, né à Berlin le 21 janvier 1845, se fit entendre en public dès l'âge de dix ans. Élève de M. A. Loeschorn pour le piano et de M. Frédéric Kiel pour la composition, il devint un virtuose distingué en même temps qu'il fut très-apprécié comme professeur. Créateur en 1871 d'une société de chant, M. Oscar Eichberg a publié un certain nombre de *lieder*, des chœurs, ainsi que des morceaux de piano qui dénotent un talent sérieux. Il a aussi donné des articles à l'*Écho*, de Berlin, et à la *Nouvelle Gazette musicale*. Y.

EICHLER (Jean-Léopold), compositeur, naquit à Voitsdorf en Bohême. Vers le milieu du dix-huitième siècle, il était violon-solo de la chapelle du roi de Saxe. Il s'est acquis une réputation solide comme professeur de chant. Eichler est mort à Leitmeritz, le 25 mai 1775. Y.

***EICHORN** (Edouard), violoniste et compositeur, né vers 1823, s'est fait connaître par plusieurs productions instrumentales importantes, notamment un concerto de violon avec accompagnement d'orchestre. Il est depuis longues années maître de concert à Cobourg.

EILERS (Albert), chanteur et compositeur allemand, était attaché comme chanteur au théâtre de la cour, à Cobourg, lorsqu'il écrivit la musique d'un opéra romantique en trois actes, *la Nuit de la Saint-Jean*, qui fut représenté sur ce théâtre au mois de novembre 1867, et reproduit l'année suivante sur celui de Gotha.

EISENHOFER (François-Xavier), remarquable compositeur de *lieder*, naquit le 29 novembre 1783 à Ilmmunster, dans la Haute-Bavière. Fils de pauvres paysans, cet artiste distingué doit à son intelligence et à sa persévérante application le nom qu'il s'est fait. grand nombre de ses compositions sont rest inédites, mais on a de lui 24 œuvres compren des morceaux pour voix seule, avec accomp gnement de piano, qui ont été fort goûtés. fait imprimer aussi une ode-cantate pour chœ et orchestre, intitulée *la Fête des Rois*. Il mort le 15 août 1855, à Wurzbourg. Y.

EISFELD (Théodore), compositeur, niste, violoniste et théoricien, né à Wolfenbu en 1816, a fait ses premières études avec R siger. En 1840 il fut nommé maître de chape à Wiesbaden, mais jugeant son éducation mu cale insuffisante, il abandonna bientôt ce po et vint travailler à Paris, où il obtint la pl de chef d'orchestre des *Concerts-Vivienne*. ne resta pas longtemps titulaire de ce nou emploi, qu'il quitta pour aller en Italie se fectionner dans l'étude du chant. En 184 partit pour New-York, où il s'acquit une gra et légitime réputation. Y.

EITNER (Robert), compositeur et sav musicien, est né le 22 octobre 1832 à Bresl En 1855 il alla se fixer comme professeur Berlin, où il se fit connaître en même te comme virtuose. Il publia vers la même épo une *Cantate pour la Pentecôte*, un *Stabat* ter, un opéra biblique : *Judith*, et une ou ture du *Cid*. Les travaux de littérature cale d'Eitner sont nombreux et comprenne un dictionnaire biographique des composite hollandais, la biographie de Peter Sweelin dont il a également publié différentes comp tions, un guide du professeur de piano, et d rentes études éparpillées dans les journaux musique de l'Allemagne. Eitner est le rédac en chef de la *Revue mensuelle pour l'histo de la musique*, et l'un des principaux colla rateurs de la société fondée pour la publica des ouvrages théoriques et pratiques des r tres du quinzième et du seizième siècle. Y.

ELBÉE (...... D'), militaire français, c taine instructeur au 2ᵉ régiment de cuirass était en garnison à Arras lorsqu'il publia 1852, une brochure ainsi intitulée : *Nouv organisation des musiques de cavalerie*.

ELBEL (Victor), compositeur, né en A au commencement de ce siècle, a longtemps bité Paris, où il se livrait à l'enseignement il a cherché vainement à produire ses œuv malgré leur valeur, dit-on, très-réelle. M. a fait exécuter sur le théâtre de Strasbour grand oratorio en quatre parties, *der Müns bau* (*la Construction de la cathédrale Strasbourg*), dont le poème, écrit en allem était l'œuvre de M. Louis Spach, archiviste du département du Bas-Rhin. La partition de cet ouvrage, vaste et puissante dans ses proportions, était, paraît-il, aussi remarquable au point de vue de la forme que de l'inspiration, et produisit sur le public une impression profonde. L'auteur s'était déjà fait connaître de ses compatriotes par deux symphonies descriptives, l'une intitulée l'Océan, l'autre Berlin la nuit, qui avaient été très-bien accueillies.

* ELER (ANDRÉ). On doit mettre au compte de cet artiste le Chant des Vengeances, intermède lyrique écrit par lui sur des paroles de Rouget de Lisle, et exécuté à l'Opéra le 7 mai 1798.

EL-GHARÎDH (ABD-EL-MÉLIK, connu sous le nom d'), chanteur arabe qui vécut pendant le premier siècle de l'hégire, était un affranchi, et devint élève du fameux chanteur et compositeur Ibn-Souraydj, avec lequel il entreprit plus d'une fois par la suite une lutte très-vive, et qu'il égala à divers points de vue. Les avantages physiques d'El-Gharîdh, qui était jeune et beau, le firent préférer parfois à son maître, dont les traits étaient disgracieux et qui louchait d'un œil. Cependant, El-Gharîdh finit par être vaincu par Ibn-Souraydj, et l'on verra, dans l'article consacré à ce dernier, tous les détails relatifs à leur longue rivalité.

Les qualités morales d'El-Gharîdh étaient loin de répondre à son talent ; il menait une existence dissolue, et son immoralité était notoire. Sa mauvaise conduite finit par l'obliger à quitter la Mekke, sa ville natale, pour se réfugier dans le Yaman. Il vécut pendant plusieurs années dans cette retraite, triste et morose, et mourut dans un âge assez avancé, vers l'an 98 de l'hégire (716-717 de l'ère chrétienne), sous le califat de Souleymân, fils d'Abd-el-Mélik.

ÉLISABETH, reine d'Angleterre, compte au nombre des souverains qui chérirent le plus la musique, qui la cultivèrent avec talent, et qui firent tous leurs efforts pour la protéger et en répandre le goût et l'étude. Non-seulement cette princesse jouait de la virginale avec une rare habileté (son Virginal Book, qui a été conservé, renferme des morceaux très-difficiles), mais elle fit tout pour encourager la musique et les musiciens, que les efforts de la secte puritaine tendaient à proscrire et à faire disparaître. C'est pour elle et pour satisfaire sa rare vanité, que, dans un dessein politique resté jusqu'à ce jour inconnu, lord Nottingham commanda un jour à Thomas Morley, excellent artiste de la chapelle de la reine, un ouvrage auquel furent appelés à prendre part les meilleurs poètes et les premiers musiciens du royaume, et qui devait être exclusivement consacré à chanter les mérites et les perfections de celle qui se faisait appeler la Grande Vierge de l'Occident. Une année suffit à peine à la préparation de cet ouvrage, qui parut en 1601 sous ce titre : the Triumphs of Oriana, to five and six voyces, composed by several authors. C'était la reine elle-même qui était personnifiée sous ce nom d'Oriana, emprunté à l'héroïne du fameux roman de chevalerie Amadis des Gaules, et qui, dans ce roman, était le type de toutes les vertus et de tous les enchantements. Toutes les pièces des Triumphs of Oriana, au nombre de vingt-neuf, se terminaient par ces mots : Long live fair Oriana! Vive la belle Oriana !

Fille de Henri VIII et d'Anne Boleyn, Elisabeth, qui était née en 1533, mourut en 1603.

* ELIA (JOHN). Cet excellent artiste, qui continue de diriger à Londres les intéressantes séances de la Musical Union, fondées par lui il y a plus de trente années, a publié les écrits suivants : 1° Lectures on dramatic music and education ; 2° Musical sketches abroad and at home ; 3° Personal Memoir, with portrait of Meyerbeer, and analysis of les Huguenots ; 4° The harmonius Blacksmith, its history. La collection de l'Annual Record of the Musical Union, très-intéressant par ses analyses critiques et ses notices artistiques, forme aujourd'hui trente et un cahiers in-8°.

* ELLER (LOUIS), violoniste, est mort à Pau au mois de juillet 1862.

* ELLERTON (JOHN-LODGE), compositeur, est mort à Londres le 3 janvier 1873.

* ELLEVIOU (JEAN). On trouvera dans l'ouvrage suivant : Figures d'opéra-comique, par Arthur Pougin (Paris, Tresse, in-8°, 1875), une notice très-étendue sur cet artiste célèbre, accompagnée d'un portrait à l'eau-forte d'après celui dessiné par Riesener, gravé par Saint-Aubin et publié vers 1810.

ELVEY (Sir), organiste et compositeur anglais, né dans les premières années de ce siècle, a fait d'excellentes études musicales, et a reçu de l'Université d'Oxford, en 1831, le diplôme de docteur en musique. Auteur d'un grand nombre d'œuvres de musique religieuse fort estimées dans sa patrie, il exerce depuis longues années les fonctions d'organiste de la chapelle St-Georges de la résidence royale de Windsor. En 1871, la reine Victoria, en témoignage de sa satisfaction, a conféré à M. Elvey des titres de noblesse et l'a créé chevalier, en même temps que MM. Sterndale Bennett et Julius Benedict.

* ELWART (ANTOINE-ÉLIE). Cet excellent

artiste a pris sa retraite de professeur au Conservatoire après trente et un ans de service, au mois d'octobre 1871. C'est en 1840, en effet, que Cherubini, alors directeur de cet établissement, avait créé une seconde classe d'harmonie écrite et l'en avait nommé titulaire. L'année même de sa retraite, M. Elwart recevait du ministre les palmes d'officier d'académie, et en 1872 il était nommé chevalier de la Légion d'honneur. A la liste nombreuse de ses ouvrages, il faut ajouter les suivants : 1° *Solfége du jeune âge* (texte français et anglais), Paris, Vernot ; 2° *le Contrepoint et la fugue appliqués au style idéal*, Paris, Joly ; 3° *Petit Manuel d'instrumentation*, Paris, Colombier ; 4° *Manuel des aspirants aux grades de chef et de sous-chef de musique dans l'armée française*; 5° *Lutrin et Orphéon*, grammaire musicale dans laquelle le plain-chant et la musique sont appris en chantant des chœurs, enrichie d'airs français arrangés à 2, 3 et 4 voix égales, etc., Paris, Gérard ; 6° *Essai sur la composition chorale*, Paris, Escudier ; 7° *le Concert choral*, 15 chœurs à 3 et 4 voix d'hommes ; 8° *Mosaïque chorale*, 12 chœurs à 3 et 4 voix d'hommes, arrangés d'après les opéras les plus célèbres ; 9° *les Heures de l'enfance*, recueil de chœurs à 3 et 4 voix, à l'usage des jeunes sujets des deux sexes ; 10° *le Salut impérial*, cantate ; 11° *le Pouvoir de l'harmonie*, cantate ; 12° *Pénélope*, scène lyrique ; 13° *Bichat*, scène chorale ; 14° *Hymne à la beauté*, cantate chorale ; 15° *Messe de Ste-Cécile* ; 16° *Pas d'orchestre*, opérette chorale ; 17° *Histoire de la Société des concerts du Conservatoire impérial de musique*, Paris, Castel, 1860, in-12 ; 18° *Histoire des Concerts populaires de musique classique*, id., id., 1864, in-12.

M. Elwart avait entrepris, en 1867, la publication de ses *Œuvres musicales choisies*, dont l'ensemble devait comporter six volumes, mais dont trois seulement ont paru, cette publication ayant été interrompue par les événements de 1870. Le premier volume contient 54 mélodies vocales et la cantate *le Pouvoir de l'harmonie*; le second renferme, en partition, trois quatuors pour instruments à cordes et un quatuor pour piano, violon, alto et violoncelle, enfin, le troisième comprend la grande partition de l'*Hymne à sainte Cécile*, quatre mélodies vocales, et une scène antique, l'*Enlèvement de Ganymède*, pour clarinette ou violoncelle solo avec accompagnement de piano.

Parmi les nombreux élèves formés par M. Elwart au cours de son long enseignement, il convient de citer surtout Albert Grisar, Aimé Maillart, Georges Bousquet, Émile Prudent, MM. Théodore Gouvy, Wekerlin, Laurent Rilié, Verrimst, Olivier Métra, Adolphe Blanc, Edmond Hocmeile, Alfred Mutel, etc., etc.

ELZE (CLÉMENT-THOMAS), violoniste, pianiste, organiste et compositeur, est né en 18.. à Oranienbaum, dans le duché d'Anhalt-Dessau. Dès l'âge de sept ans il touchait de l'orgue. Après avoir reçu des leçons de Frédéric Schneider, il alla compléter ses études au Conservatoire de Leipzig, où il eut pour maîtres Ferdinand David pour le violon, Plaidy, Dreyschock et Moschelès pour le piano, enfin Hauptmann pour la composition. Dès 1852, fixé à Laibach comme organiste, M. Elze se faisait une véritable renommée sous ce rapport. En tant que compositeur, on doit à cet artiste plusieurs symphonies, des quatuors pour instruments à cordes, des sonates pour piano et violon, parmi lesquelles sa sonate op. 10 est considérée comme la plus importante, des *lieder*, etc.

EMMERICH (ROBERT), compositeur allemand contemporain, s'est fait connaître par la publication d'un grand nombre de recueils de *lieder* à une ou plusieurs voix, dont quelques-uns avec chœurs. Cet artiste s'est ensuite produit au théâtre, sans que ses succès en ce genre aient été, je crois, bien appréciables. C'est ainsi qu'il a donné à Weimar, en 1874, un opéra intitulé *Der Schwedensee*, et à Stettin, le 13 mars 1875, un autre ouvrage dramatique ayant pour titre *Van Dyck*.

ENEA (ELIA), compositeur italien, est l'auteur d'un opéra sérieux qui a pour titre *Olnaro* et d'un opéra bouffe intitulé *l'Operaio di Saint Cloud*. Je n'ai aucun renseignement sur la date et le lieu de représentation de ces ouvrages et j'ignore même s'ils ont été joués jusqu'ici, n'en ayant rencontré les titres que dans le catalogue d'un éditeur italien; or, il faut savoir que les éditeurs, en Italie, ont l'habitude d'inscrire sur leurs catalogues tous les ouvrages dont ils se sont rendus acquéreurs, même avant que ceux-ci aient paru sur aucun théâtre.

ENGEL (......). Un artiste de ce nom (peut-être est-ce *Charles Engel*, dont il est parlé au tome III de la *Biographie universelle des Musiciens*) a écrit la musique d'un opéra comique en trois actes, *le Prince Carnaval*, qui a été représenté sur le théâtre Friedrich-Wilhelm, de Berlin, au mois de mars 1862.

ENGEL (E....), organiste distingué et compositeur, est l'un des artistes qui se sont le plus attachés à répandre en France le goût et l'usage de l'harmonium ou orgue expressif. Virtuose fort habile, il sait tirer de cet instrument des effets particuliers, soit par la diversité de la combinaison des jeux, soit par un remarquable emploi de la soufflerie, de façon à faire naître l'émotion ou la rêverie dans l'âme ou dans l'esprit de ses auditeurs. M. Engel n'est pas seulement avantageusement connu du public français ; il a obtenu aussi de grands succès en Angleterre, où son talent est tenu en grande estime. Cet artiste a publié, outre un *Traité pratique d'harmonium* (Paris, Choudens), un grand nombre de morceaux pour cet instrument ; ces morceaux consistent en fantaisies, dont quelques-unes sont charmantes et d'une forme très-distinguée, et en transcriptions de thèmes d'opéras ou de mélodies célèbres.

* ENGEL (DAVID-HERMANN), organiste renommé et compositeur, est mort à Merseburg le 3 mai 1877. On lui doit une *Histoire de la construction des orgues*.

ENGEL (CARL), historien musical anglais, s'est fait connaître par les ouvrages suivants, publiés dans ces dernières années : 1° *The Music of the most ancient nations, particularly of the Assyrian, Egyptian, and Hebrews, with special reference to recent discoveries in Western Asia and in Egypt, many illustrations*. (La Musique des plus anciennes nations, particulièrement celle des Assyriens, des Égyptiens et des Hébreux, spécialement d'après les découvertes récentes faites dans l'Asie occidentale et en Égypte, avec de nombreuses illustrations), un fort vol. in-8° ; 2° *Introduction to the study of national music* (Introduction à l'étude de la musique nationale), un vol. avec planches ; 3° *Reflections on church music* (Réflexions sur la musique d'église), un vol. in-8° ; 4° *A descriptive Catalogue of the musical instruments in the South Kensington Museum, preceded by an Essay on the history of musical instruments*. (Catalogue descriptif des instruments de musique du Musée de South Kensington, précédé d'un Essai sur l'histoire des instruments), un vol. in-8°, avec vignettes et photographies.

ENGELHARDT (FÉODOR), pianiste, organiste et compositeur allemand, était en 1850 élève à l'Académie royale des Arts de Berlin. En 1853 il y obtint des distinctions, et le 23 juin de l'année suivante il faisait exécuter sous sa direction, en séance publique de cette Académie, le 90e psaume mis par lui en musique pour soli, chœurs et orchestre. En 1855, il se fit entendre en public comme pianiste, et dans le cours de la même année il fut nommé organiste de l'église Saint-Marc, nouvellement construite à Berlin. Cet artiste est mort dans toute la force de l'âge, à Arnstadt, le 10 juin 1876.

EREMANS ou ERREMANS (Mlle), chanteuse de l'Opéra, entra à ce théâtre vers 1720, et prit sa retraite le 1er janvier 1743. Elle fit de nombreuses créations, dont quelques-unes étaient importantes, dans les ouvrages suivants : *Pirithoüs, les Fêtes grecques et romaines, les Éléments, Pyrame et Thisbé, les Amours des Dieux, Tarsis et Zélie, les Amours des Déesses, le Parnasse, la Pastorale héroïque, les Sens, les Grâces, les Indes galantes, Scanderberg, le Triomphe de l'Harmonie, Castor et Pollux, les Caractères de l'Amour, Zaïde, reine de Grenade, Dardanus, Nitetis et Isbé*. Mlle Eremans, qui avait épousé un acteur de l'Opéra nommé Lepage, mourut en 1761. Elle fut considérée de son temps comme l'une des meilleures artistes de ce théâtre, et jouit d'une grande réputation.

* ERKEL (FRANÇOIS). Ce compositeur, très-populaire en Hongrie, sa patrie, a fait représenter sur le théâtre national de Pesth, au mois de mai 1874, un opéra en langue hongroise, intitulé *Brankovics Gyorgy*. Cet ouvrage a obtenu un très-grand succès.

ERLANGER (JULES), compositeur dramatique, né à Vissembourg (Bas-Rhin), le 25 juin 1830, a fait une partie de ses études musicales au Conservatoire de Paris, où il fut élève d'Halévy, et où il obtint un accessit de fugue au concours de 1850. Il a publié quelques morceaux de genre pour le piano, et fait représenter au théâtre des Bouffes-Parisiens les quatre ouvrages suivants : 1° *Mesdames de Cœur-Volant*, un acte, 16 avril 1859 ; 2° *les Musiciens de l'orchestre*, 2 actes (en société avec MM. Hignard et Léo Delibes), 25 janvier 1861 ; 3° *la Servante à Nicolas*, un acte, 11 mars 1861 ; 4° *l'Arbre de Robinson*, un acte, 19 octobre 1867. Quoique ses débuts aient été assez favorablement accueillis, M. Erlanger abandonna l'art pour les affaires. Il est depuis plusieurs années fixé en Angleterre, où il s'occupe uniquement de commerce.

* ERMEL (LOUIS-CONSTANT), est mort à Paris en 1870, pendant le siège de cette ville. Avant de remporter le grand prix de composition à l'Institut, il avait fait au Conservatoire des études brillantes, et s'était vu décerner en 1820 un second prix de piano, en 1821 le premier prix et un accessit de fugue. Comme tant d'autres, il chercha inutilement à se produire à l'Opéra-Comique ; n'y pouvant réussir, il fit représenter à Liège, le 6 mars 1836, un petit ouvrage en un acte, *le Testament*, qui fut ensuite joué à Bruxelles en 1838. En 1840, il fut couronné à Gand, sa ville natale, pour un *Stabat mater* mis au concours, et en 1846 il obtint à Paris, en partage avec MM. Chollet et Nicou-Choron, une nouvelle récompense pour la composition de chants religieux et historiques. Enfin, en 1848, le gouvernement de la République française ayant ouvert un concours pour la composition d'un chœur national (*Gloire à la noble France*, paroles de M. Fournier), 800 artistes prirent part à ce concours, et Ermel, couronné de nouveau, obtint une médaille de bronze. Devenu membre de la commission municipale pour l'enseignement du chant dans les écoles de Paris, Ermel faisait partie de la Société des compositeurs de musique. Il est l'auteur d'un *Solfége choral transpositeur, pour faciliter l'enseignement du chant sans accompagnement par les exercices fondamentaux d'intonation dans tous les tons et dans toutes les mesures* (Paris, Brandus, in-8°). Je crois qu'il a publié aussi un certain nombre de compositions de divers genres.

Un frère aîné d'Ermel, musicien aussi, se suicida en 1840 (1). Leur père, né à Mons en 1702, et établi à Gand dès ses plus jeunes années, était un pianiste fort distingué, en même temps qu'un compositeur et un chanteur aimable. « Personne (dit l'*Annuaire dramatique* belge pour 1843) ne chantait la romance avec plus de goût et de pureté; sa méthode d'enseignement était excellente et éprouvée, et nombre de nos pianistes les plus brillants dans les classes distinguées de la société, étaient ses élèves. Ermel a également écrit la musique et souvent les paroles de plusieurs cantilènes et *aria* qu'on entend quelquefois chanter, et qui plaisent sinon par la fougue et la verve du compositeur, du moins par la vérité et les grâces de l'expression et du sentiment. » Cet artiste mourut à Mons le 22 avril 1842.

* **ERNEMANN** (Maurice), est mort à Breslau au mois d'août 1866. Cet artiste était né à Eisleben, non en 1810, comme il a été dit par erreur, mais en 1800.

ERNOUF (Le baron), écrivain français, a consacré une partie de ses travaux à quelques études musicales dans lesquelles il a fait preuve de goût et d'un bon sentiment artistique. Successivement rédacteur de la *Revue contemporaine* et de la *Revue de France*, où, sous pseudonyme : O. *Mercier*, il était chargé de la chronique musicale, il a publié, dans le premier de ces recueils et sous son nom véritable, quelques résumés fort intéressants de la vie de plusieurs grands artistes : Beethoven (31 décembre 1864), Mendelssohn (31 octobre 1864), Meyerbeer (15 mai 1864), Robert Schumann (31 janvier 1864), et Rossini (15 décembre 1868). Ces notices, utiles surtout au point de vue historique, bien qu'il s'en dégage un sentiment critique et poétique généralement juste, sont précisément conçues dans le sens des travaux auxquels on donne en Angleterre le nom d'*essais*, et elles peuvent être consultées avec d'autant plus de fruit qu'elles ne sont pas de simples dissertations, et qu'elles ont été écrites à l'aide de documents originaux et des derniers travaux publiés dans leur pays sur les artistes qui en font l'objet. Il est fâcheux que M. Ernouf n'ait pas eu l'idée jusqu'ici de réunir en un volume cette série d'études d'un genre tout spécial. A une époque où la littérature musicale est infestée de travaux sans valeur, hâtifs, bâclés à la hâte et écrits sans conscience, il serait bon de ne point laisser enfouis dans les colonnes d'un journal des écrits sains, honnêtes, et dont la lecture ne peut qu'être profitable.

* **ERNST** (Henri-Wilhelm), est mort 7 octobre 1865 à Nice, dont les médecins avaient recommandé le séjour, à la suite d'une profonde altération de sa santé. Il a laissé manuscrit plusieurs œuvres de musique de chambre. Parmi ses compositions publiées, il faut signaler particulièrement une série de morceaux pour piano et violon, intitulés *Douze pensées fugitives* (Paris, Brandus), et écrits par lui en société avec M. Stéphen Heller.

ERRICHELLI (........). Un compositeur italien de ce nom a écrit, en société avec Jérôme Cocchi, un opéra bouffe intitulé *la Serva astuta*, qui fut représenté au théâtre des Fiorentini, à Naples, en 1753.

ESCHMANN (Jules-Charles), compositeur de talent, est né à Winterthur vers 1825, a fait ses études musicales à Cassel, où il est resté pendant longues années et où il a publié des compositions fort distinguées pour piano seul et pour piano et violon, ainsi que des mélodies vocales. M. Eschmann, qui, dit-on, s'est surtout inspiré de Robert Schumann dans ses productions musicales, est aujourd'hui fixé à Zu-

---

(1) Il s'appelait *Auguste-François-Édouard* Ermel. Né à Gand en 1795, établi à Bruxelles comme professeur de piano, cet artiste, lors d'un voyage fait à Anvers, se pendit dans la chambre qu'il occupait à l'hôtel du Commerce (8 novembre 1840).

Un autre artiste du même nom, et vraisemblablement de la même famille (quoique je ne puisse pas l'affirmer), *Alexis* Ermel, vivait dans le même temps à Bruxelles, où il fit représenter un opéra intitulé *la Veillée des Touristes*. On lui doit aussi des mélodies, des cantates, et des chœurs dont l'un surtout est devenu très-populaire sous le titre de *Chant des Carabiniers*.

où il est fort estimé comme professeur de piano. Parmi ses compositions, on peut citer une *Fantasiestücke* pour violon et piano, op. 9, un Divertissement sur le *Freischütz* pour les mêmes instruments, op. 67, une *Fantasiestücke* pour violoncelle et piano, op. 3, deux *Lieder* avec violoncelle et piano, une Ballade pour violoncelle avec accompagnement d'orchestre, op. 10, etc., etc.

ESCRIBANO (Juan), musicien espagnol du seizième siècle, fit ses premières études musicales à l'Université de Salamanque, puis se rendit à Rome, où il acheva son éducation et où il devint chapelain chantre de la chapelle pontificale. Quelques compositions religieuses de cet artiste sont conservées dans les archives de la chapelle Sixtine.

*ESCUDIER (Léon), éditeur de musique, a fondé en 1862, après s'être séparé de son frère, le journal *l'Art musical*, qui continue de paraître aujourd'hui, tandis que *la France musicale* a cessé sa publication en 1870. Il a publié sous ce titre : *Mes Souvenirs* (Paris, Denlu, 2 vol. in-12, 1863-1868), deux volumes contenant un certain nombre de biographies musicales sans intérêt et sans valeur. Au mois d'avril 1876, M. Léon Escudier a pris la direction du Théâtre-Italien, dont la fermeture prolongée était très-préjudiciable à ses intérêts d'éditeur ; il a d'ailleurs frappé un coup d'éclat en offrant au public parisien la représentation du dernier ouvrage de M. Verdi, *Aïda*, encore inconnu en France, et en entourant la représentation de cette œuvre importante de tout le prestige d'une interprétation remarquable et d'une mise en scène somptueuse.

ESPADERO (N. Ruiz), pianiste et compositeur, instrumentiste de premier ordre et musicien plein de talent, est né en 1835 à la Havane ; élève d'Arizti, ses œuvres pour piano ont toute la saveur de la musique de Gottschalk, avec quelque chose de plus puissant et de plus profond.

Nous connaissons de M. Espadero les morceaux suivants, édités à Paris chez Escudier : *Souvenir d'autrefois*, op. 11 ; *Chant de l'âme*, op. 13 ; *Plainte du poète*, op. 14 ; *Partez, ingrate*, mélodie, op. 15 ; *Barcarolle*, op. 18 ; *Cantilène*, op. 19 ; *Ballade*, op. 20 ; *Innocence*, caprice, op. 23 ; *Tristesse*, nocturne, op. 53 ; *Ossian*, polka de salon ; *Deuxième Ballade*, op. 57 ; *Scherzo*, op. 58 ; *Valse idéale*, op. 60 ; *Chant du Guargiro*, grande scène caractéristique cubaine, op. 61 (1).

A. L — N.

ESPENT (Pierre), organiste et compositeur aveugle, né à Marseille le 28 août 1832, fut élevé à l'Institution des Jeunes-Aveugles de Paris, où en 1851 il fut couronné par Ad. Adam pour le grand prix de composition instrumentale. Ses professeurs de musique furent MM. Rémy, Roussel, Gauthier et Coltat. Au sortir de l'Institution, il mérita le prix de 600 francs fondé par Mme Montgrol pour l'élève qui avait eu le plus de succès dans ses études. Rentré dans sa famille, il donna d'abord des leçons de solfège et de piano à des élèves voyants. En 1858, il fut chargé de l'enseignement musical dans une institution de jeunes aveugles qui venait de se créer à Nancy. M. l'abbé Dassy, fondateur de l'Institut des Jeunes-Aveugles de Marseille, lui confia en 1865 ses premières classes de musique, et le fit nommer en même temps organiste à l'église Notre-Dame de la Garde. Il occupe encore ces deux postes. Excellent professeur, organiste de talent, M. Espent a écrit diverses compositions, qui n'ont pas été publiées, mais qui, surtout au point

lités naturelles qui caractérisent son talent. Ce jeune créole n'a encore connu ni la mode, ni les séductions du public, comme si la muse des tropiques avait voulu éloigner de son favori toutes les influences impures qui pourraient flétrir la fleur divine qu'elle avait mise dans son sein, la fleur mystérieuse qui ne pousse que dans la solitude, qui s'appelle *le beau idéal*, et n'a de parfum que pour le poëte. Avant d'avoir étudié les règles de l'art, Espadero avait composé de ravissante musique, mais comme M. Jourdain faisait de la prose, sans s'en douter. D'un caractère pensif et inquiet, défiant, excentrique, au point quelquefois d'inspirer de l'éloignement à ceux qui ne le connaissent pas, il a livré à son piano toute l'expansion de la mélancolie qu'il avait amassée en son âme. Il étudia sérieusement la théorie de l'art, et, après s'être pénétré des modèles classiques, il se hâta, comme ceux qui n'ont pas le privilége d'écrire sans idées, de laisser reposer Fétis et Reicha. Il écrivit des compositions originales, reflétant toutes une fraîcheur de mélodie, une élégance d'harmonie, une sonorité et une connaissance de l'instrument qui assurent à Espadero un rang à part dans la multitude des compositeurs contemporains. Espadero peut dire, comme Alfred de Musset : *Mon verre n'est pas grand, mais je bois dans mon verre*, et, quoi qu'en puissent dire les savants inféconds, ce n'est pas peu de chose par le temps qui court. *La Plainte du Poète*, la dernière œuvre d'Espadero, est un petit poëme qui traduit mieux que ne le ferait la parole les plaintes du Tasse à son immortelle adorée. Ce morceau est dédié, par le compositeur, à son ami et ancien maître don Fernando Aristi. Il semble que l'auteur ait voulu concentrer dans ce morceau ses meilleures inspirations, afin de le rendre plus digne de l'éminent et modeste artiste, de l'homme distingué et sympathique à qui il l'a dédié......"

M. Espadero jouit depuis longtemps d'une grande renommée à la Havane. — A. F.

(1) On ne lira pas sans intérêt ce fragment d'une lettre de Gottschalk, relative à M. Espadero, et publiée par un journal français en 1861 : — « Éloigné du théâtre, des luttes artistiques, Espadero a pu se préserver de tout contact, bon ou mauvais, qui aurait pu altérer les qua-

de vue de la facture, témoignent de qualités sérieuses, que la condition particulière de l'auteur rend plus dignes d'attention. Les principales sont : un allegro pour septuor (violon, alto, violoncelle, contrebasse, clarinette, cor, basson), une symphonie à grand orchestre, deux ouvertures à grand orchestre, et deux fantaisies à grand orchestre exécutées à Nancy ; une grande cantate en l'honneur de Valentin Haüy, le fondateur de la première école des Jeunes-Aveugles, exécutée à l'institution de Paris ; six messes exécutées à Nancy.

Il existe dans le Midi un autre compositeur aveugle, M. Gustave Cézanne, organiste de l'église Saint-Louis, à Toulon. Une modestie extrême l'a empêché de publier des œuvres distinguées, notamment un quatuor pour instruments à cordes et des morceaux religieux. Il n'est pas sans intérêt de mentionner son nom à côté de celui de M. Espent. AL. R —D.

ESPIN Y GUILLEN (Joaquin), pianiste, organiste et compositeur, est né à Velilla, dans l'évêché de Siguenza, le 4 mai 1812. Les renseignements manquent sur la première partie de sa carrière, et l'on sait seulement que M. Espin y Guillen commença par faire représenter à Madrid quelques *zarzuelas*. En 1842, il entreprit en cette ville la publication d'un journal spécial, *la Iberia musical*, le premier de ce genre qui voyait le jour en Espagne, dont il fut le directeur et l'un des plus actifs collaborateurs, et dans lequel, durant l'espace de six années, il inséra un grand nombre de travaux d'histoire, de critique, de biographie et d'esthétique qui se faisaient remarquer autant par la lucidité du style que par l'érudition et les connaissances variées qu'y déployait l'écrivain. Au mois de juillet 1845, M. Espin y Guillen faisait représenter au théâtre du Cirque, de Madrid, un opéra espagnol intitulé *Padilla, ó el Asedio de Medina*, qui fut très-favorablement accueilli ; dix ans après, en 1855, il était nommé second organiste de la chapelle royale et professeur de solfége au Conservatoire. En 1872, il était chef des chœurs au théâtre royal. M. Espin y Guillen a fait apprécier son enseignement en dehors du Conservatoire, et parmi les élèves des deux sexes qui lui doivent leur éducation musicale, on cite d'excellents chanteurs et de très-habiles organistes.

Deux enfants de cet artiste, un fils et une fille, se sont livrés aussi à la pratique de l'art musical. M. *Joaquin Espin y Peres*, élève de son père, a fait exécuter au théâtre royal de Madrid plusieurs compositions à grand orchestre, et il est l'auteur d'une cantate à la Paix dont l'exécution a eu lieu en juin 1860 au théâtre de la Zarzuela. En 1868, cet artiste a été engagé comme chef d'orchestre du théâtre italien de Bucharest. Sa sœur, Mlle *Julia Espin y Peres*, élève aussi de son père et douée d'une belle voix de soprano, s'est consacrée à la carrière dramatique. Engagée en 1867 comme *prima donna* au théâtre de la Scala, de Milan, elle a été bien accueillie, et est allée ensuite tenir son emploi sur divers théâtres de Russie, entre autres à Nijni-Novogorod.

ESPONA (N...), prêtre et compositeur espagnol, fut maître de chapelle de l'église de la Seu d'Urgel. Il avait fait ses études artistique au collége de musique de l'abbaye de Montserrat, vers 1750, et l'on conserve dans la bibliothèque de ce collége quelques-unes de ses compositions, qui se distinguent, dit-on, par la simplicité et le bon goût.

*ESSER (Henri), violoniste, chef d'orchestre et compositeur, est mort à Salzbourg le 3 juin 1872 : Il avait été appelé, en 1857, à diriger l'orchestre de l'Opéra impérial de Vienne, et était devenu, presque en même temps, directeur du Concert philharmonique de cette ville. Parmi ses compositions instrumentales, il faut citer deux suites d'orchestre qui ont obtenu du succès.

ESSEX (Mme la comtesse). *Voyez* STEPHENS (Katherine).

ESSIPOFF (Mme Annette), pianiste russe, a fait ses études musicales dans sa patrie, où elle a été l'élève d'un artiste fort distingué, M. Léchétitsky. Après s'être fait connaître à Saint-Pétersbourg et y avoir acquis comme virtuose une solide notoriété, elle entreprit un grand voyage artistique et se rendit tout d'abord en France, où elle voulait faire consacrer sa renommée. Elle vint à Paris vers la fin de 1875, et s'y fit entendre plusieurs fois avec un réel succès, d'abord aux Concerts populaires, puis dans quelques séances de musique de chambre données par elle avec M. Davidof, violoncelliste, et M. Henri Wieniawski. Le jeu de Mme Essipoff, inégal et parfois un peu tourmenté, n'en est pas moins plein de charme et de grâce, et révèle une véritable organisation d'artiste servie par de sérieuses études ; mais la virtuose n'est pas toujours maîtresse d'elle-même, et l'ardeur de son tempérament l'emporte quelquefois au delà des bornes qu'un goût épuré ne doit jamais franchir. D'ailleurs on a remarqué avec raison qu'elle se montre plus supérieure, parce que sa personnalité s'y déploie plus à l'aise, dans l'interprétation des maîtres poétiques ou rêveurs, tels que Chopin, Sch mann, Schubert, que dans celle des grands maîtres de l'art classique, qui réclament une exécution plus nette, plus ferme et plus précise. Quoi qu'il en soit, le talent de Mme Essipoff est non-seulement très-réel, mais très-fin, très-élégant, et a été apprécié à sa juste valeur d'abord en France, où le succès ne lui a pas fait défaut, et aussi en Allemagne et en Angleterre, où elle s'est produite ensuite avec succès. En 1876, elle a parcouru l'Amérique, en y donnant des concerts qui ont été très-suivis.

ESTIENNE (C....). Un livre publié en 1854 (Paris, Fontaine, in-12), était ainsi intitulé : *Lettres sur la musique*, réunies et publiées par C. Estienne. C'est un recueil de banalités sans valeur, dans lequel on ne rencontre pas une idée nouvelle, ingénieuse ou originale, le passe-temps d'un esprit distingué sans doute, mais qui répète ce que cent autres ont dit avant lui et mieux que lui.

ESTOURMEL (......). Un compositeur de ce nom a fait représenter à l'Opéra-Comique, le 29 novembre 1813, un petit ouvrage en un acte, intitulé *le Colonel* ou *l'Honneur militaire*, dont Alexandre Duval avait écrit les paroles. Celles-ci étaient si mauvaises, que le public ne voulut même pas connaître le nom des auteurs, et la pièce fut si mal reçue qu'on ne jugea pas à propos de la rejouer une seconde fois.

ETCHEVERRY (J.....-E....., chevalier D'), ancien maître de chapelle de la cathédrale de Bordeaux, actuellement professeur de musique à la Psalette et organiste de l'église Saint-Paul, a fait exécuter dans la cathédrale de cette ville, vers 1864, un *Stabat Mater* pour plusieurs voix et chœurs. Cet artiste a publié (Paris, Heugel) : 1° *Trois motets* pour soprano ou ténor (*O salutaris, Ave Maria, Ave verum*); 2° *Trois nouveaux motets* (*Ecce panis, O sub tuum præsidium, O salutaris*); 3° *Cantate pour le couronnement de Notre-Dame d'Arcachon* ; 4° *Cantique à Notre-Dame de Lourdes*.

ETTLING (Émile), violoniste et compositeur, fils d'un conseiller du grand-duc de Hesse, est né en Allemagne vers 1820, et depuis longtemps établi en France. Cet artiste s'est fait connaître d'abord par la publication d'un assez grand nombre de morceaux de musique de danse pour le piano. Il a ensuite fait jouer quelques opérettes dont voici les titres : *Un jour de noce*, un acte (dans un salon), 1864; *le Nain*, un acte, Tertulia, 1873; *le Tigre*, un acte, Tertulia, 1873; *l'Œil de monsieur l'expert*, un acte, Eldorado, 1874; *Le Meunier, son fils et... l'autre*, un acte, Casino de Contrexéville, 1875; *En maraude*, Bouffes-Parisiens, 1877. Tout cela est sans valeur aucune.

* **EUCLIDE**. Nous croyons utile de rectifier ainsi le titre et l'indication bibliographique de la traduction française qui a été faite du traité de et écrivain : *Le livre de la musique d'Euclide*, traduit par P. Forcadel, lecteur du Roy es mathématiques. A Paris, chez Charles Périer, au Bellérophon, rue St-Jehan de Beauvais, 1566, in-12 de 24 feuillets non paginés.

EURY (......), habile fabricant d'archets, vivait à Paris dans la première moitié du dix-neuvième siècle. On assure que certains de ses produits pouvaient rivaliser avec ceux de François Tourte, ce qui est le plus bel éloge qu'on en puisse faire. Eury marquait souvent ses archets de son nom, à côté de la hausse, au-dessous de la garniture.

EVERAERTS (Pierre-François), musicien militaire et compositeur, né à Louvain en 1810, fut élève de Brigode, maître de chapelle de l'église Saint-Pierre de cette ville. En 1834, il entrait comme musicien gagiste au 3e régiment de chasseurs belges, et deux ans après il devenait chef de musique au 3e régiment d'artillerie. Ce corps ayant été supprimé en 1842, M. Everaerts était nommé, en 1844, professeur de bugle, de trompette et de cornet à pistons au Conservatoire de Liége. Il se livra alors avec ardeur à la composition, écrivit un opéra-comique en un acte, *l'Avalanche*, une ouverture dramatique intitulée *Hommage à Grétry*, une ouverture militaire, plusieurs morceaux pour musique militaire, un concerto de cornet à pistons, des chœurs, des romances, et un grand nombre de morceaux religieux, parmi lesquels on remarque un *Ave Maria*, un *Pange lingua*, un *O Salutaris*, un *Beatus vir*, deux *Verbum caro*, un *Pater noster*, un *Ave Regina*, un *Benedictus*, un *Ecce Panis*, un *Regina cœli*, deux *Tantum ergo*, un *Exultate Deo*, etc., etc. La plupart de ces compositions ont été publiées à Liège, chez l'éditeur Muraille.

* **EVERS** (Charles), pianiste et compositeur, est mort à Vienne le 31 décembre 1875.

* **EXAUDET** (Joseph). Cet artiste ne s'est pas borné à composer le menuet resté fameux sous son nom ; il a publié un livre de six sonates pour violon et basse (Paris, Boivin, in-fol.).

F

FABRETTI (Annibale), organiste de la collégiale de San-Petronio, avait appris les premiers éléments de la musique avec Agostino Filipuzzi, et étudié le contrepoint avec Paolo Colonna. Admis au nombre des membres de l'Académie des philharmoniques de Bologne dès sa fondation en 1666, il en fut élu prince en 1677.

* **FABRIZI** (Paul), et non **FABRIZZI**, naquit dans l'Ombrie, à Spolète, en 1809 (1). Il sortit du Conservatoire de Naples en 1831, et fit représenter successivement les ouvrages suivants : 1° *la Vedova di un vivo*, opéra bouffe en 2 actes (Naples, th. Partenope, 1833); 2° *la Festa di Carditiello* (id., th. Nuovo, 1833); 3° *il Blondello* (id., id., 1834); 4° *il Conte di Saverna* (id., id., 1835); 5° *l'Inganno non dura* (id., id., 1836); 6° *il Giorno degli equivoci* (id., id., 1837); 7° *il Portator d'acqua* (1840); 8° *Cristina di Svezia* (Spolète, 1844). Tout cela, paraît-il, était très-médiocre, et tomba rapidement dans l'oubli. Mais Fabrizi, inconsistant et sans valeur comme artiste, était un homme habile et intrigant; il sut se faire protéger par un haut fonctionnaire, et en peu d'années accumula sur sa tête tous les emplois lucratifs que la musique pouvait lui procurer dans les établissements d'éducation d'une grande ville comme Naples. Il se fit ainsi une position brillante, au détriment d'artistes distingués qui auraient rempli beaucoup mieux que lui les innombrables fonctions dont il était littéralement accablé. Il me semble inutile de dresser ici la liste des nombreuses et médiocres compositions religieuses de ce musicien, qui mourut à Naples le 3 mars 1869.

FACCIO (Franco), compositeur, chef d'orchestre et professeur, né à Vérone le 8 mars 1841, est le fils d'un simple garçon d'auberge. Comme il montrait de rares dispositions pour la musique, ses parents, quoique fort pauvres, s'imposèrent encore les plus dures privations pour pouvoir subvenir aux frais de son éducation. J'ignore avec qui il fit ses premières études. Admis au Conservatoire de Milan au mois de novembre 1855, il devint, en même temps qu'un pianiste fort habile, l'un des meilleurs élèves de composition de M. Ronchetti, et attira pour la première fois l'attention sur lui en faisant exécuter dans un essai d'élèves, en 1860, une ouverture de concert qui fut très-remarquée et qui, disait-on, se distinguait par une grande puissance d'imagination, une réelle indépendance de forme et une richesse rare d'instrumentation.

A partir de ce moment, la fortune sembla sourire à M. Faccio. Sorti du Conservatoire en 1861, il obtint du gouvernement un subside qui lui permit de faire un voyage à l'étranger, et de se perfectionner dans son art par l'audition et la comparaison des œuvres des différentes écoles. De retour à Milan, il y trouva un éditeur intelligent, M. Ricordi, qui eut confiance en lui et se chargea de la publication de ses premières compositions; enfin, il eut la chance d'être appelé, très-jeune, à faire ses débuts de musicien dramatique sur la première scène de cette ville et l'une des plus importantes de l'Italie, celle de la Scala. En effet, le 10 novembre 1863, ce théâtre donnait la première représentation d'un drame lyrique en trois actes, *i Profughi Fiamminghi* (les Proscrits Flamands), dont le livret était dû au poète Emilio Praga et dont M. Faccio avait écrit la musique. Ce premier ouvrage accusait une originalité très-marquée, une véritable hardiesse de conception et des tendances nouvelles en ce qui concerne l'application de la pensée musicale à la pensée dramatique. Mais il faut dire que le public milanais n'était pas prêt pour les tentatives de ce genre, et que l'accueil fait au jeune compositeur s'en ressentit : le succès de l'œuvre fut médiocre. Celle-ci fut néanmoins discutée par la critique avec une ardeur qui attestait que le tempérament de l'artiste était de ceux avec lesquels il faut compter.

Mais M. Faccio avait le triste avantage d'être en avance sur ses contemporains, et sa chance en diminua d'autant. Sa seconde épreuve dramatique, qui eut lieu dans des conditions toutes particulières, fut moins heureuse encore que la première. M. Faccio avait eu pour collègue au Conservatoire un jeune artiste fort intelligent, d'une nature un peu exubérante et d'une imagination ardente, M. Arrigo Boïto (Voy. ce nom). Tous deux avaient été élèves de M. Ron-

---

(1) Je rectifie et je complète la notice de cet article d'après celle qu'a publiée M. Francesco Florimo dans son livre : *Cenno storico sulla scuola musicale di Napoli.*

chetti et un peu de M. Mazzucato, et étaient sortis de l'école à peu près en même temps. A la fois poëte et musicien, M. Boito se montrait, à ce double point de vue, d'un romantisme qui effarouchait un public quelque peu timoré. Son *Mefistofele*, dont il avait écrit les paroles et la musique, avait fait pousser aux spectateurs de véritables hurlements, et la représentation en avait été des plus orageuses. C'est pourtant en compagnie de son ami M. Boito que M. Faccio se produisit pour la seconde fois. Le premier avait écrit le livret, le second la musique d'un *Amleto* qui, représenté d'abord à Florence, y fut bien accueilli, mais qui, lorsqu'il fut donné à la Scala, le 9 février 1871, y fut outrageusement sifflé, en raison de certaines audaces que s'étaient permises tout à la fois le poëte et le musicien. Il est vrai que les circonstances semblaient se liguer contre les jeunes auteurs, et que ceux-ci, cette fois, jouaient de malheur. Le ténor Tiberini, qui les avait merveilleusement servis à Florence, et qui était encore chargé du rôle d'Hamlet à Milan, se trouvait indisposé et absolument sans voix le jour de la première représentation en cette ville. De plus, cet artiste, que l'on dit doué de qualités dramatiques exceptionnelles, et que les Italiens mettent, sous ce rapport, presque à la hauteur de leurs plus grands comédiens, les Rossi et les Salvini, interdit par sa fâcheuse disposition vocale et par l'hostilité brutale que le public déployait à l'égard de l'ouvrage, était comme anéanti et semblait incapable de faire un pas ou de dire un mot; il se montra donc complétement nul dans ce rôle si écrasant et si difficile d'Hamlet, qui, plus que tout autre, exige de grandes qualités scéniques, et une rare possession de soi-même. La déroute, on le conçoit, n'en fut que plus complète.

On a donc reproché à M. Faccio d'être de l'école de la musique de l'avenir, et de pencher beaucoup trop du côté des théories de M. Richard Wagner. Si j'en crois pourtant ce que certains artistes fort distingués m'ont dit, à Milan même, ceci ne serait pas tout à fait exact. M. Faccio n'a de parti pris ni dans un sens ni dans l'autre, et se contente d'aimer tout ce qui est beau ou lui semble tel; mais, appréciant le beau sous quelque forme qu'il se produise, il est de son temps, il accepte et met à profit les progrès qui se sont réalisés dans l'art, et prétend ne point se traîner dans la vieille ornière italienne. En un mot, M. Faccio est d'avis que l'art ne doit pas s'immobiliser, et que tout en maintenant les saines traditions, on peut néanmoins le renouveler et le faire marcher en avant.

Il est à croire et à espérer d'ailleurs que cet artiste fort distingué n'a pas, en tant que compositeur, dit son dernier mot; il est dans toute la force et la vigueur de la jeunesse, et l'avenir lui appartient encore. Mais ses occupations actuelles l'absorbent, malheureusement, au point de lui faire négliger la composition. En effet, M. Faccio, qui a été nommé professeur d'harmonie au Conservatoire de Milan à la mort de Craff, en 1868, et qui est aujourd'hui professeur de contrepoint et fugue, est en même temps *maestro concertatore* et chef d'orchestre à la Scala, après avoir rempli pendant plusieurs années les mêmes fonctions au théâtre Carcano. On comprend à quel point ces occupations sont absorbantes. M. Faccio est d'ailleurs considéré, depuis la mort d'Angelo Mariani (*Voy.* ce nom), comme le premier chef d'orchestre de l'Italie, et je crois que c'est à juste titre, car, pour ma part, j'ai vu rarement un conducteur posséder de telles qualités : il a la main, l'autorité, l'entraînement, la chaleur et la décision. De plus, on dit qu'il excelle à diriger les études et à organiser l'exécution des œuvres. En réalité, M. Franco Faccio est, à beaucoup de points de vue, un artiste de l'ordre le plus élevé. C'est lui qui a fait en Italie ce que Berlioz avait fait en France pour le *Freischütz* de Weber, et qui a écrit des récitatifs pour cet ouvrage, lorsque la représentation en eut lieu à la Scala, de Milan, il y a quelques années.

Parmi les compositions de M. Faccio en dehors du théâtre, je ne connais que deux recueils de chant, l'un intitulé *Album melodico*, l'autre *Cinque canzonette veneziane*, tous deux publiés à Milan, chez Ricordi. Il y a de charmantes choses dans ces deux recueils, et la première pièce du premier, la *ninnerella* qui a pour titre *Ad un Bambino*, est un petit bijou empreint d'une grâce exquise et d'une véritable poésie. M. Faccio a écrit aussi, en société avec son ami M. Arrigo Boito, un « mystère » intitulé *le Sorelle d'Italia*.

*FAGO (NICOLAS), surnommé *il Tarantino*. Dans son livre sur les Conservatoires et les musiciens napolitains, M. Francesco Florimo fixe à l'année 1674 la date de la naissance de cet artiste, et fait connaître qu'avant d'entrer au Conservatoire de la Pietà et d'y travailler avec Provenzale, il fut admis au Conservatoire *dei Poveri di Gesù Cristo*, où il étudia avec Alexandre Scarlatti. Fago a formé lui-même de bons élèves, parmi lesquels il faut surtout citer Nicola Sala et Leonardo Leo. Il mourut à Naples, on ne sait en quelle année. M. Florimo mentionne les compositions suivantes de Fago qui sont conservées dans les Archives du Conservatoire de Naples, et qui doivent être ajoutées à la liste de ses œuvres : 1° *Credidi*, psaume à 9 voix obligées, avec violons, alto, basse et orgue; 2° *Amen* et *Sicut erat* à 4 voix, avec basse; 3° 12 cantates à voix seule, avec basse; 4° Toccate pour piano. D'autre part, M. le docteur Basevi, de Florence, possède dans sa riche bibliothèque musicale la partition manuscrite d'un ouvrage qui ne se trouve point dans les archives napolitaines, et qui est resté inconnu de tous les biographes : *Faraone sommerso*, oratorio à quatre voix, avec instruments. Enfin, on doit joindre encore au catalogue des œuvres de Fago, *Astarto*, drame lyrique représenté en 1709 à Naples, sur le théâtre San-Bartolomeo.

FAHRBACH (JOSEPH), flûtiste et compositeur allemand, est né à Vienne le 25 août 1804. Il devint de bonne heure un virtuose distingué, fut chef d'un orchestre de danse, et se fit connaître par la publication d'un grand nombre de morceaux de genre pour flûte et divers instruments à vent, et de morceaux de musique de danse. Parmi les compositions de M. Joseph Fahrbach, on distingue les suivantes : 1° Méthode de hautbois, op. 27; 2° Divertissements pour flûte et piano, op. 30 et 31 ; *Le carnaval*, valses, polkas et mazurkas, op. 32, 33, 34, 35, et 36 ; *Une Botte de fleurs*, suites de valses, op. 37, 38, 39, 40, 41 et 42 ; *Sur les Alpes*, fantaisie pour flûte, op. 43; Variations de concert pour deux flûtes, avec piano, sur *un Ballo in Maschera*, op 56; Deux fantaisies pour flûte, violon et piano sur le même opéra, op. 64; *Feuilleton musical*, collection périodique de fantaisies-études pour flûte sur des motifs d'opéras (34 morceaux publiés), op. 20; *Revue théâtrale*, collection périodique de fantaisies élégantes pour 2 flûtes sur des motifs d'opéras (52 morceaux publiés), op. 15; *Musée théâtral*, fantaisies élégantes pour flûte et hautbois sur des motifs d'opéras, op. 28 et 29; *Les deux Virtuoses*, fantaisies élégantes pour flûte et clarinette sur des motifs d'opéras, op. 57 ; *le Télégraphe musical*, recueil périodique de pots-pourris pour flûte, clarinette (ou hautbois) et basson, sur des motifs d'opéras, op. 21 ; Trio pour trois flûtes, op. 58; deux fantaisies pour 3 flûtes sur *Aida*, op. 78 ; deux Fantaisies pour 4 flûtes sur *Aida*, op. 60; deux fantaisies pour 2 clarinettes sur *un Ballo in Maschera*; etc., etc.

FAHRBACH (PHILIPPE), fils du précédent, compositeur, chef d'un orchestre de danse, et *capellmeister* du 23° régiment d'infanterie *baron Ajroldi*, est né à Vienne en 1843. Il se livra de bonne heure, et sous la direction de différents maîtres, à l'étude du piano, du violon et de la flûte, puis apprit l'harmonie d'un organiste de Wolfsburg. Il acheva ensuite son éducation musicale avec son père, et entra dans l'orchestre de celui-ci d'abord comme premier violon, puis comme première flûte. Il avait peine dix-sept ans lorsqu'il produisit ses premières compositions dansantes, qui indiquaient un talent vif, primesautier et vraiment original. Vers 1865, il partagea avec son père la direction de son orchestre, et peu de temps après devint chef d'un autre orchestre à Vienne; son habileté sous ce rapport et le charme des compositions lui valurent rapidement une grande notoriété. En 1870 il accepta l'emploi de *capellmeister* du régiment baron Ajroll, et depuis 1872 il habite Pesth (Hongrie), où ses concerts de danse sont devenus extrêmement populaires et où sa musique a fait une très grande sensation.

Les compositions de M. Philippe Farbach sont d'une couleur très-caractéristique, et se font remarquer par la grâce et l'entrain, la nouveauté des rhythmes et la recherche piquante de l'harmonie. Le nombre de ses compositions ne s'élève pas à moins de trois cents, et elles consistent en pots-pourris, valses, polkas, mazurkas, galops, marches, schotischs, quadrilles. Leur succès est immense en Autriche et en Hongrie où le nom des deux Fahrbach est devenu aussi populaire que celui des quatre Strauss, et l'on commence à les connaître même à l'étranger A Paris, l'éditeur M. Heugel a publié récemment sous ce titre : *les Soirées de Pesth*, un choix heureux de trente morceaux de M. Philippe Farhbach, valses, polkas, mazurkas et galops. Malheureusement la transcription au piano ne rend pas complètement l'effet orchestral, surtout quand cet effet est obtenu par une bande dirigée par l'auteur en personne, avec les nuances sonores et rhythmiques qui donnent à cette musique tout son relief et toute sa valeur.

FALCO ;(........), luthiste fort distingué vivait à la fin du dix-septième et au commencement du dix-huitième siècle. Titon du Tillet en parle en ces termes dans son *Parnasse français* : « Le luth est un instrument d'une harmonie étendue, gracieuse et touchante; mais la difficulté de le bien jouer, et son peu d'usage dans les concerts l'ont presque fait abandonner et je ne crois pas qu'on trouve dans Paris plus de trois ou quatre vieillards vénérables qui jouent de cet instrument. J'en rencontrai un l'année dernière : c'est M. Falco, doyen des secrétaires de MM. du Conseil, qui me confirma qu'à peine est-il quatre *lutheriens*, ou joueurs de luth dans Paris. Il m'engagea à monter chez lui, où après m'avoir placé dans un fauteuil antique, il me joua cinq ou six pièces de luth, me regardant toujours d'un air tendre, et répandant de temps en temps quelques larmes sur son luth. Il me tira ensuite une fort belle pièce de vers, de la composition de feue Mlle Masquière : c'est l'éloge ou la déification même du luth. On voit dans cette pièce la métamorphose d'un roi Samos, savant musicien, changé en luth. M. Falco me lut cette pièce d'un ton si touchant, et me parut si pénétré de son sujet, que je ne pus m'empêcher de mêler quelques larmes aux siennes ; et ainsi nous nous quittâmes. »

FALGUÉRA (Le Père José), compositeur espagnol, moine de l'Escurial, fit ses études artistiques au collège de musique de l'abbaye de Montserrat, où il resta de 1789 à 1794, et où il eut pour maîtres le P. Casanovas et le P. Viola. Organiste et violoniste fort distingué, il se fit remarquer par plusieurs compositions estimables, entre autres une messe pour la fête de la Circoncision, et des matines des Apôtres, avec accompagnement d'orchestre, qu'il fit chanter le 27 octobre 1821, en présence du roi Ferdinand VII, pour la fête des SS. Simon et Judas. Il mourut à Belmonte, dans la Manche, en 1823 ou 1824, à l'âge d'environ cinquante-deux ans.

***FALLOUARD** (Pierre-Jean-Michel), est mort le 6 avril 1865.

FAMINTSINE (........), compositeur russe, s'est fait connaître dans sa patrie par la publication d'un certain nombre de morceaux de piano et de pièces de musique de chambre qui ont été favorablement accueillis par le public. Cet artiste a fait ses débuts au théâtre en faisant représenter dans le courant du mois de décembre 1875, sur la scène du théâtre Marie, de Saint-Pétersbourg, un grand opéra en 3 actes intitulé *Sardanapale*. Cet ouvrage a été reçu avec une sorte d'enthousiasme par les spectateurs moscovites, toujours empressés d'applaudir un de leurs compatriotes et désireux de voir se produire parmi eux un musicien de génie. M. Famintsine ne paraît cependant pas devoir recueillir la succession de Glinka ; son *Sardanapale* est, paraît-il, une œuvre estimable, mais dans laquelle l'élan dramatique et l'inspiration ne tiennent qu'une place restreinte. M. Famintsine remplit les fonctions de critique musical dans un des principaux journaux de St-Pétersbourg et ses articles, dit-on, sont ceux d'un homme de goût et de savoir.

FANTONI (Gabriel), écrivain italien, issu d'une famille florentine, est né à Vicence le 16 février 1833. Tout en exerçant la profession de notaire, M. Fantoni s'est livré à de nombreux travaux littéraires, a abordé la politique et l'histoire, et a publié, entre autres écrits, un ouvrage intitulé *Storia universale del Canto* (Milan, Battezzati, 1873, 2 vol. in-12). Malheureusement, et malgré son titre un peu ambitieux, cet ouvrage est de médiocre valeur, aussi bien au point de vue historique proprement dit que sous le rapport de l'esthétique et de la critique, et donne la preuve que l'auteur, en l'entreprenant, était insuffisamment pénétré de son sujet et incomplètement pourvu des connaissances nécessaires pour le traiter.

FANUCCHI (Domenico), organiste et compositeur, naquit à Lucques vers 1795. Voué de bonne heure à l'étude de la musique, il devint élève de Domenico Quilici pour la composition et de Domenico Puccini pour l'orgue, et fut l'un des meilleurs organistes de son temps. Maître de musique pendant de longues années au séminaire de San-Martino, il tenait aussi chez lui une école particulière, dans laquelle il forma de nombreux élèves chanteurs. Ses compositions, d'un style facile et mélodique, consistent en messes, psaumes, motets, hymnes et graduels, soit à 2 et 4 voix en style *alla cappella*, soit à quatre voix avec accompagnement instrumental. On lui doit aussi de nombreuses pièces religieuses de divers genres, exécutées, de 1820 à 1846, soit pour la fête de Sainte-Cécile, soit pour la Santa Croce. Accablé d'infirmités dans sa vieillesse, cet artiste mourut à Lucques le 24 juin 1862.

FARIA (Luiz DA COSTA E), né à Guarda (Portugal), en 1679, fit en cette ville ses études de théologie. Il prit les ordres en 1724, et occupa plusieurs emplois importants dans la province du Minho. Barbosa Machado cite plusieurs ouvrages de cet auteur qui ont rapport à la musique : des pastorales, des *Zarzuelas* et des *Vilhancicos*, mais il ne dit pas si Faria en a composé aussi la musique. Ces ouvrages sont les suivants : *Fabula de Alfeo e Aretusa* fiesta harmonica, etc., Lisbonne, 1712, in-4° ; *El poder de la Harmonia* fiesta de Zarzuela.... Lisbonne, 1713, in-4° ; *Vilhancicos que se cantaron*, etc., (pour les fêtes de S.-Vincent), Lisbonne, 1719, 1721, 1722, 1723, quatre collections in-8°. J'en ai donné ailleurs (*Musicos portugueses*, t. Ier, p. 98), les titres détaillés. J. DE V.

FARGAS Y SOLER (Antonio), écrivain musical espagnol, est l'auteur d'un long Dictionnaire biographique donné par lui sous ce titre :

Biografías de los Músicos mas distinguido des todos los países. La publication de cet ouvrage, qui doit comprendre cinq volumes petit in-8°, est loin d'être terminée, quoiqu'elle ait été commencée dès 1866; la raison en est qu'elle est faite par une feuille spéciale, la España musical, qui le donne chaque semaine par fragments, sous forme de feuilletons séparés et paginés à part. Au reste, le Dictionnaire de M. Fargas y Soler laisse beaucoup à désirer. L'écrivain s'est borné, pour l'étranger, à choisir et à copier les notices de la Biographie universelle des Musiciens, en les écourtant d'une façon si singulière et si fâcheuse qu'il lui arrivait même de supprimer la plupart des prénoms des artistes. C'est là le seul document qu'ait consulté l'auteur, sans tenir compte des publications similaires et plus récentes des autres pays, non plus que des innombrables monographies que chaque jour voit éclore sur tel ou tel artiste. Quant à la bibliographie, si importante en pareille matière, il n'en est même pas question dans son livre. On pourrait supposer, tout au moins, que la partie relative à l'histoire de l'art et des artistes espagnols présenterait dans un tel livre un intérêt réel et particulier. Or, il n'en est rien, et cet attrait si naturel d'un ouvrage publié en Espagne est à peu près nul. L'auteur s'est borné à donner quelques renseignements sans valeur et sans authenticité sur les artistes ses compatriotes, renseignements qui même, la plupart du temps, sont complètement erronés, de telle sorte que les Biografías de M. Fargas y Soler ne peuvent même pas servir de point de départ à des recherches intelligentes et consciencieuses sur les artistes qui, de l'autre côté des Pyrénées, se sont fait un nom plus ou moins honorable. J'en parle à bon escient, car, à de très-rares exceptions près, je n'ai pour ainsi dire pas pu me servir, pour le présent supplément, du travail de M. Fargas, dont les erreurs et les négligences ne sauraient se compter.

M. Fargas y Soler a publié aussi un Diccionario de Música, dont je ne puis apprécier la valeur, car je n'en ai pas eu connaissance.

FARINA (......), musicien italien contem-contemporain, a fait représenter en 1854, sur le théâtre de Padoue, un opéra sérieux intitulé l'Orfana.

FARINEL (........), compositeur, vivait à la fin du dix-septième et au commencement du dix-huitième siècle. Dans son recueil : Ballets, opéras et autres ouvrages lyriques, le duc de la Vallière lui attribue la musique des ouvrages suivants : 1° Concert divisé en deux parties (deux actes) et précédé d'un prologue, représenté en 1870; 2° les Chants de la paix, « concert (c'est-à-dire, sans doute, cantate), exécuté Lyon en 1704 ; 3° l'Union de la France et l'Espagne, exécuté à Lyon en 1704.

* FARINELLI (Joseph). A la liste des ouvrages de ce maître, il faut ajouter une farsa giocosa intitulée l'Effetto naturale, et la Giulietta, opéra semi-sérieux.

*FARRENC (Jacques-Hippolyte-Aristide) est mort à Paris le 31 janvier 1865. On doit cet artiste très-laborieux une petite brochure intéressante : Les Concerts historiques de M. Fétis à Paris (s. l. n. d., in-8° de 23 p.). Farrenc possédait une bibliothèque musicale extrêmement riche, qui a été vendue après sa mort, et dont le catalogue instructif a été publié : Catalogue de la bibliothèque musicale théorique et pratique de feu M. A. Farrenc, ancien professeur et éditeur de musique (Paris, Delion 1866, in-8°). « Farrenc a été un homme utile comme l'a très-justement dit Amédée Méreau dans un article nécrologique publié dans le Journal de Rouen, et c'est à ce titre que son nom doit être recommandé à la postérité. Ces hommes modestes ont besoin qu'on les place au rang qu'il méritent; car si l'on se trouve bien de leur services, si, pendant leur vie, on met à contribution leur érudition et leur dévouement, souvent on les oublie bien vite après leur mort. »

AD. J—N.

* FARRENC (Mme Jeanne-Louise), femme du précédent, est morte subitement à Paris le 15 septembre 1875, à l'âge de 71 ans. Elle avait pris sa retraite de professeur au Conservatoire après trente ans d'exercice, en janvier 1873, et avait été remplacée par M. Delaborde. Depuis la mort de son mari, elle s'était occupée activement de continuer le Trésor des Pianistes; dans l'hiver de 1870, elle donna même une série de séances publiques où ses élèves préférées et artistes choisis firent entendre, sous sa direction de nombreuses pièces extraites de cette collection, et des trios et quintettes de sa composition Elle eut enfin le bonheur de terminer cette belle publication, véritable monument élevé à la gloire des maîtres du clavecin et du piano des trois derniers siècles, et qui ne comprend pas moins de 23 volumes. Dans ces derniers temps Mme Farrenc avait retrouvé quelques occasions encore trop rares, d'entendre exécuter en public certaines de ses compositions qui témoignent d'une force et d'une richesse d'imagination, d'une science qui ne furent jamais, au même degré, l'apanage d'une femme. C'est ainsi qu'en l'hiver de 1875, le Concert national rejoua le bel andante de sa symphonie en sol mineur, entendue

autrefois en entier aux concerts du Conservatoire, et que Mme Béguin-Salomon, MM. Taffanel et Gary exécutèrent à la salle Erard son trio pour piano, flûte et violoncelle (op. 45), œuvre très-remarquable par la pureté du style, l'élégance et la distinction des idées, et d'une forme si classique qu'elle ne souffrit nullement d'être entendue après un quatuor de Mozart. L'Institut a décerné deux fois à Mme Farrenc en 1861 et en 1869, le prix Chartier destiné à récompenser les meilleures compositions de musique de chambre; et cette distinction si justifiée dut consoler un peu l'auteur du silence immérité qui se faisait autour de ses œuvres. Mme Farrenc, qui avait eu de bonne heure conscience de la nature sérieuse de son talent, ne suivait pas, par conviction, la route des succès faciles; mais si le gros du public ignorait son nom, les plus grands artistes le connaissaient bien et lui accordaient toute leur estime. Schumann notamment avait distingué dès le début le rare talent de cette femme hors ligne. « Si un jeune compositeur, écrivait-il en 1836, me présentait des variations semblables à celles de L. Farrenc (op. 17), je lui ferais tous mes compliments sur les heureuses dispositions et sur la solide éducation dont ces morceaux témoignent à chaque page. Je ne fais que d'apprendre la situation du musicien, ou plutôt de la musicienne, qui est la femme du célèbre éditeur de musique de Paris, et je crains dès lors que ces lignes encourageantes ne parviennent difficilement à sa connaissance. Il s'agit de petites études, vives et piquantes, terminées peut-être encore sous l'œil du maître, et qui pourtant sont si fermes de contour, si sages d'exécution, si achevées en un mot qu'elles vous tiennent sous le charme, d'autant mieux qu'il s'en dégage un léger parfum romantique. On sait que les thèmes qui se prêtent aux imitations sont particulièrement propres à être variés, de façon que la musicienne a pu se répandre en jeux de toutes sortes et en canons pleins d'élégance. Il n'y a pas jusqu'à une fugue exacte, avec sujet, contresujet, etc., qu'elle n'ait réussie à souhait et où l'on ne distingue partout une grande légèreté de main et une heureuse veine mélodique. » C'est aux artistes qui connaissent le mérite de ces ouvrages, qui savent ce que valait cette artiste éminente, à lui rendre hommage de la manière la plus utile pour sa mémoire, en faisant entendre de temps à autre les créations de cet esprit si distingué, dans lesquelles les jeunes compositeurs pourront apprendre, aussi bien que chez les maîtres classiques, comment on allie le charme à la correction de la forme et la grâce à l'habileté technique. La femme a disparu, mais le professeur revit dans ses élèves et le compositeur dans ses œuvres.

AD. J.—N.

FARRERAS (Le P. PEDRO-PASCAL), moine et musicien, naquit en 1775 à Badalona, dans la province de Barcelone. Fils d'humbles artisans, il entra, à l'âge de quinze ou seize ans, au couvent des pères de la Merci. Le goût de la musique se développa en lui assez tard, mais avec une grande force, et comme ses supérieurs ne voulaient lui permettre d'apporter aucune distraction à ses études religieuses, il fut obligé de s'exercer en secret, sans aide d'aucune espèce, et put à grand'peine apprendre les premiers éléments de l'art. Après avoir pris les ordres, il passa au couvent de Berga, où il entreprit la carrière de prédicateur, mais en se livrant en même temps à une étude sérieuse de la musique, pour laquelle son goût allait toujours croissant. Dans ce couvent, il apprit à jouer de la flûte, du basson, du hautbois et du piano, et, après avoir pris quelques leçons de l'organiste, il s'essaya à écrire diverses pièces de musique religieuse, et bientôt commença à se livrer à l'enseignement de la musique. La force de volonté et la patience que le P. Farreras déploya à ce sujet finirent par attirer l'attention de ses supérieurs, si bien qu'en 1814 il fut mis à la tête de l'école qui depuis quelques années existait au couvent de la Merci, de Barcelone, et dont le directeur venait de mourir.

Malgré son peu d'expérience dans la pratique de l'enseignement, malgré ses minces connaissances dans l'art de la composition, le P. Farreras ne se borna pas à s'occuper de la direction de son école de musique, mais confiant dans son intelligence et dans la puissance de sa vocation pour l'enseignement, d'ailleurs étudiant toujours, il professa lui-même avec bonheur, et s'occupa de doter le couvent des compositions qui lui étaient nécessaires pour le service du temple. C'est à cette époque qu'il reçut des leçons d'un contrapuntiste renommé, Francisco Queralt, alors maître de chapelle de la cathédrale.

Il étudiait ainsi en enseignant, et ses progrès furent tels que bientôt les élèves affluèrent, et qu'il fut en état de les instruire solidement dans les différentes branches de l'art. Avec une patience et une persévérance que rien ne décourageait, il se rendait compte du tempérament intellectuel de chaque élève, modifiait ses procédés selon la nature de ceux-ci, et finit par former un chœur remarquable d'enfants, dont l'exécution attirait la foule à l'église de la Merci lors de la célébration des offices. En même temps il exerçait ces enfants dans l'étude des instruments, leur faisait exécuter des œuvres de Haydn et de Mozart, et enfin les initiait aussi à l'étude du piano, de façon à en faire d'habiles accompagnateurs. Bientôt, il écrivit à leur intention plusieurs drames religieux, l'*Enfant prodigue*, *le Sacrifice d'Isaac*, etc., qui furent chantés et représentés par eux, avec les costumes et décors nécessaires, sur un petit théâtre qu'il avait fait aménager dans l'école même. Ces représentations eurent beaucoup de succès, le bruit s'en répandit dans toute la ville de Barcelone, si bien que toute la société s'empressa d'y vouloir assister. L'école du couvent de la Merci devenait ainsi comme une sorte de petit conservatoire, digne émule de l'école fameuse du couvent de Montserrat, et qui donna à l'Espagne un grand nombre d'artistes et de professeurs habiles.

Le P. Farreras avait commencé trop tard son éducation musicale pour pouvoir devenir un grand compositeur; ses études, d'ailleurs, n'avaient pas été poussées assez loin. Pourtant, grâce à son amour de l'art, à ses facultés naturelles, à l'ardeur qu'il avait apportée dans la lecture et l'examen des œuvres des grands maîtres, il avait écrit, pour le service du monastère de la Merci, un certain nombre d'œuvres qui n'étaient point sans valeur; malheureusement, ces œuvres furent perdues et dispersées lors de la suppression des couvents en 1835. A cette époque, le P. Ferraras, chassé de son école, continua de se livrer à l'enseignement de la musique, en acceptant les élèves que les familles voulaient bien lui confier, et forma de nouveau, quoique dans des proportions moins nombreuses, un chœur d'enfants semblable à celui qu'il avait créé naguère chez les pères de la Merci. Ce digne artiste est mort dans les derniers jours du mois de juin 1849, après avoir accompli sa soixante-quatorzième année, et après avoir rendu à l'art de très-réels services.

FARROBO (Conde po), amateur très-distingué de musique et compositeur. Ce gentilhomme portugais, mort il y a quelques années, a exercé une très-grande influence sur l'art musical à Lisbonne. La protection qu'il accordait aux artistes, sa direction si brillante du théâtre de San-Carlos pendant plusieurs années, les représentations artistiques qu'il organisait chez lui, à Lisbonne et dans ses palais des environs, l'accueil si généreux qu'il fit à toutes les notabilités artistiques qui visitèrent Lisbonne de 1830 à 1860, toutes ces choses ne peuvent jamais être oubliées. Je n'ai pas l'intention d'entrer ici dans des détails biographiques qui m'entraîneraient trop loin; d'ailleurs je réunis depuis quelque temps des matériaux pour une biographie détaillée du comte de Farrobo; c'est presque l'histoire musicale de Lisbonne pendant 30 ans, tant cet homme remarquable a travaillé aux progrès de l'art. Son influence sur la politique, les finances, le commerce et l'industrie de sa patrie, a été encor bien plus grande.   J. DE V.

FASANOTTI (Filippo), pianiste et compositeur, né à Milan le 19 février 1821, a publié environ deux-cents morceaux de genre pour le piano qui consistent particulièrement en transcriptions, arrangements et fantaisies sur des thèmes d'opéras célèbres. On lui doit aussi un recueil de 50 préludes dans tous les tons majeurs et mineurs, publié sous ce titre : *L'Arte di preludiare* (Milan, Ricordi).

FASTRÉ (Joseph), musicien néerlandais, né à Flessingue le 22 juin 1783, étudia plusieurs instruments, entre autres le violon. Incorporé en 1803 dans un régiment français, il suivit l'armée en Allemagne, assista à la bataille d'Austerlitz puis revint en 1806 dans sa ville natale, et se fixa l'année suivante à Middelbourg, où il dirigea le corps de musique de la milice bourgeoise. Plus tard, après avoir passé quelque temps à Alkmaar, il s'établit définitivement à La Haye, où il devint membre de la chapelle royale et professeur à l'École de musique. Fastré a contribué d'une façon importante au développement du chant populaire et aux progrès de l'exécution musicale en cette ville. Il a publié une trentaine d'œuvres pour le violon, le piano, la flûte et la clarinette, et aussi plusieurs recueils de musique vocale parmi lesquels on cite : *Morceaux de chant à 2 voix à l'usage de la jeunesse*, 12 *Morceaux de chant à 3 voix*, et 6 *Chants à 3 voix pour deux sopranos et contralto*. Fastré est mort le 13 avril 1842. — Un de ses fils, virtuose sur la flûte et la guitare, mourut aux Indes vers 1835.

FAU (Le docteur Julien), violoniste amateur distingué, s'est fait depuis longtemps une réputation dans le monde musical parisien par la passion qu'il avait pour les beaux instruments de musique anciens, dont il forma une collection peu nombreuse, mais renfermant de véritables merveilles. Cette collection, très vantée par M. Viollet-Leduc dans son *Dictionnaire raisonné du mobilier français*, et qui comprenait une centaine de pièces choisies avec un goût parfait, a été cédée par son possesseur au ministre des Beaux-Arts, qui en a enrichi le Musée instrumental déjà si remarquable du Conservatoire de musique. Dans son numéro du 27 février 1874, le *Journal officiel* donnait quelques détails très-curieux sur la riche collection du docteur Fau; comme ces détails n'ont été reproduits nulle part, il n'est pas sans utilité de les donner à cette place, car ils sont intéressants pour l'histoire de la lutherie et des siècles antérieurs. Les voici donc :

« M. le docteur Fau avait déjà rassemblé un certain nombre d'instruments de musique, s'attachant particulièrement à trouver des types purs et des pièces intactes, lorsqu'il se rendit en Italie au commencement de 1869. Pendant un assez long séjour qu'il fit à Venise, il eut la bonne fortune d'entrer en relations avec le comte Pietro Correr, qui lui permit d'examiner dans les combles de son palais les instruments que ses ancêtres y avaient relégués. En dépit de la poussière séculaire qui les couvrait, le savant collectionneur eut bien vite reconnu que la chance le favorisait au delà de toutes ses espérances, et qu'il avait là sous les yeux les trésors artistiques les plus rares. En effet, ces pièces qui excitaient son admiration secrète, provenaient de la succession des Contarini, et il se rappela aussitôt que Simon Contarini, tour à tour ambassadeur de la république de Venise auprès du duc de Savoie, du roi d'Espagne Philippe II, du sultan Mahomet III, du pape Paul V et de l'empereur Ferdinand Ier, se faisait accompagner dans ses ambassades par une bande de musiciens distingués. Il n'y avait pas à en douter, ces magnifiques instruments de musique avaient servi aux virtuoses de la chambre de Simon Contarini, et dataient, par conséquent, du seizième siècle et du commencement du dix-septième. M. le docteur Fau s'empressa de choisir les plus précieux de tous, et fut heureux de pouvoir acquérir ainsi quinze pièces historiques, dont il avait en vain cherché l'équivalent dans les principales villes d'Italie, et dont plusieurs sont peut-être uniques au monde.

« C'est d'abord un barbiton du célèbre luthier Gaspard de Salo, admirable spécimen de cette petite basse de viole à six cordes que le père Mersenne appelle *barbitos major* dans son ouvrage latin intitulé *Harmonicorum Libri*. Puis, ce sont cinq archiluths ou chitarrones de différents modèles et du plus beau travail, chefs-d'œuvre de la lutherie vénitienne, signés Matteo Sellas et Cristofero Cocho. Viennent ensuite des instruments en bois ou en cuir noir de la plus grande rareté; entre autres, un serpent d'une forme excessivement pittoresque, instrument du seizième siècle et muni de clefs, pièce des plus curieuses et des plus intéressantes pour l'histoire de la facture instrumentale; un tournebout, autre instrument datant également du seizième siècle, pièce véritablement introuvable; des cornets de plusieurs sortes, dont un à double jeu de trous et un autre orné d'arabesques d'or du dessin le plus élégant. Enfin, une corne d'appel qu'on a taillée dans une défense d'éléphant longue d'un mètre et demi : l'extrémité fermée de l'instrument se termine en pointe à quatre pans, comme certains fers de lance; ainsi cette corne pouvait servir d'épieu de chasse.

« Mais les pièces provenant de la famille des Contarini ne sont pas les seules qui méritent d'être mentionnées. M. le docteur Fau possédait bon nombre d'instruments qui manquaient encore au musée du Conservatoire : les deux luths de sa collection, de belles timbales de cavalerie du temps de Louis XIII, un grand kemangeh avec monture en ivoire, une balaïka achetée à la vente Soltikoff, un ché à treize cordes, une vielle organisée, et bien d'autres instruments dignes d'une mention spéciale, comblent aujourd'hui des lacunes que les visiteurs du Conservatoire national de musique auraient signalées à regret.

« Il n'est pas possible de terminer cette revue rapide des objets qui viennent d'entrer au musée de notre école supérieure de musique, sans noter encore une délicieuse petite vielle du seizième siècle, la superbe basse de viole de Zanetto, que Norblin a fait monter en violoncelle; une autre basse de viole sculptée sur des éclisses, un grand dessus de viole à sept cordes, et une ravissante épinette française ornée de jolies peintures à la gouache et signée Philippe Denis, qui l'a faite en 1672. »

* FAUCONIER (BENOIST-CONSTANT), et non *Fauconnier*. Aux ouvrages cités de ce compositeur, il faut ajouter les suivants : 1° Cinq messes à grand orchestre (dont trois seulement ont été publiées jusqu'à ce jour, chez l'éditeur Schott); 2° Messe solennelle, dédiée à l'archevêque de Paris; 3° *Cantate* exécutée au théâtre de la Monnaie, de Bruxelles, pour les fêtes de septembre 1838; 4° *Le Roi est mort, vive le Roi!* cantate exécutée au même théâtre, en 1867; 5° *Guide des chefs de sociétés de chœurs*; 6° Douze morceaux d'harmonie; 7° Nouvelle méthode abrégée et sommaire pour alto *mi* bémol, op. 106; 8° Nouvelle méthode, etc., pour bugle *si* bémol, op. 107; 9° Nouvelle méthode, etc., pour trombone à cylindre, op. 108; 10° Nouvelle méthode, etc., pour basse *si* bémol, op. 109; 11° Nouvelle Méthode, etc., pour cor à cylindre, op. 110. M. Fauconier est membre de l'Académie de sainte Cécile de Rome. — Le père de cet artiste, M. *Constant-Joseph Fauconier*, professeur très-estimé, fondateur de plusieurs sociétés musicales, est mort à Thuin, le 16 février 1877, à l'âge de 88 ans. Il était né à Fontaine-l'Évêque.

FAURE (Jean-Baptiste), chanteur français, est né à Moulins (Allier), le 15 janvier 1830. Fils d'un simple chantre d'église, il avait trois ans lorsque son père vint se fixer à Paris, et sept lorsque celui-ci mourut, laissant une veuve avec trois orphelins. La situation de la petite famille était difficile. Faure, qui avait déjà une jolie voix, de soprano et qui montrait du goût pour l'étude de la musique, se présenta à la maîtrise de Notre-Dame, où il ne fut pas admis par les examinateurs. Il était alors âgé de neuf ans; l'organiste, touché de sa gentillesse, lui offrit l'emploi de souffleur d'orgue qu'il accepta et qui lui valait deux cents francs par an, et lui donna ses premières leçons de piano. Il travailla assidûment, et en 1843 se présenta au Conservatoire, où il fut admis dans la classe de solfège de Tariot; celui-ci, qui était chef des chœurs au Théâtre-Italien, le fit entrer dans son personnel, et en même temps le jeune Faure devenait enfant de chœur à l'église St-Nicolas-des-Champs. Mais c'est surtout à partir de son entrée à la maîtrise de la Madeleine, que son éducation musicale devint sérieuse. Il eut le bonheur de rencontrer là un homme excellent, un véritable artiste, le maître de chapelle Trévaux, qui s'intéressa vivement à lui, le prit en amitié, et en fit son élève de prédilection. C'est sous la direction de Trévaux que M. Faure devint réellement musicien; c'est aux conseils paternels, aux soins affectueux de cet homme de bien qu'il a dû de devenir plus tard un artiste. Aussi en a-t-il conservé, dit-on, une profonde reconnaissance pour son vieux maître, mort récemment.

Malheureusement, il vint un moment où la petite position que l'enfant s'était faite s'écroula tout à coup. Ce moment fut celui de la mue. Sa voix de soprano disparut subitement, pour ne laisser de place qu'à des sons rauques, sans timbre et sans caractère. Plus de théâtre, plus de chapelle, partant plus d'appointements, si médiocres fussent-ils ! Que faire ? Il avait de la volonté, de l'énergie, et ne se découragea pas. Il s'en alla louer une contrebasse chez un luthier, et se mit à travailler cet instrument pour se créer une ressource. Au bout de peu de temps, il était en état de tenir sa partie dans un orchestre. Il entra d'abord dans un bal de barrière, celui du *Grand Vainqueur*, et bientôt après trouva une place à l'orchestre de l'Odéon, ce qui ne l'empêchait pas de continuer l'étude du piano, qu'il entendait ne pas négliger.

Lorsque le travail de la mue fut accompli, sa voix reparut, transformée en un baryton pur et sonore. Il quitta alors l'orchestre de l'Odéon pour rentrer dans les chœurs du Théâtre-Italien, et commença à s'appliquer sérieusement à l'étude du chant. Au bout d'un an, il se présenta de nouveau au Conservatoire, qu'il avait depuis longtemps quitté comme élève de solfége, et demanda à entrer au pensionnat des chanteurs; admis d'abord comme élève externe dans la classe de Ponchard, le 25 novembre 1850, il entra le 31 janvier 1851 dans la classe d'opéra-comique de Moreau-Sainti, et le 16 mars suivant devint enfin pensionnaire. Bon musicien comme il l'était déjà, ses progrès furent rapides; dès le concours de 1851 il obtenait le premier accessit d'opéra-comique, et l'année suivante il se voyait décerner le premier prix pour cette partie de ses études, en même temps que le premier prix de chant.

Engagé aussitôt à l'Opéra-Comique, il y débuta le 20 octobre 1852 par le rôle de Pygmalion dans *Galathée*, et, bien que ce début fût heureux, rien ne faisait présager encore la carrière brillante et féconde que l'artiste était appelé à remplir. Il arrivait d'ailleurs en seconde ligne, avec des chefs d'emploi tels que Bataille et Bussine, tous deux dans tout l'éclat de leur talent, bien posés dans l'estime du public, et en possession des rôles du répertoire. Bientôt cependant il reprit plusieurs rôles importants, tels que ceux de Max du *Châlet* et de Michel du *Caïd*, et quelques heureuses créations lui furent confiées, qui l'aidèrent à se mettre en lumière. C'est ainsi qu'il joua un charmant petit opéra de M. Ambroise Thomas, trop oublié depuis, *la Tonelli*, puis *le Chien du Jardinier*, de Grisar, et *Jenny Bell*, d'Auber. A cette époque, l'artiste était encore un peu lourd au point de vue physique; il manquait naturellement d'expérience comme comédien, et si sa voix était déjà d'un velours superbe et d'une belle étendue, le chanteur était loin de la faire valoir comme il le fit plus tard.

M. Faure remporta l'un de ses premiers succès dans un ouvrage d'Auber, *Manon Lescaut*; peu de temps après, la double retraite de Bussine et de Bataille, en le plaçant au premier rang dans son emploi, vint tout à la fois l'obliger à travailler et lui permettre de développer ses heureuses qualités. Il reprit successivement plusieurs rôles de l'ancien et du nouveau répertoire, entre autres, *Haydée*, *l'Étoile du Nord*, *Joconde*, et ce dernier ouvrage lui fut tout particulièrement favorable, en prouvant que sous le rapport du style ses progrès étaient extrêmement considérables. Enfin, la création du rôle de Crèvecœur, dans *Quentin Durward*, et de celui d'Hoël, dans *le Pardon de Ploërmel*, vint le mettre hors de page et le montrer supérieur encore à ce qu'il avait été jusqu'alors; le dernier surtout lui fit conquérir tout à fait les bonnes grâces du public et de la critique, et mit en relief ses meilleures qualités, c'est-à-dire une émission de voix franche et naturelle, une rare largeur de style et une puissance remarquable d'expression.

Je crois que ce rôle est le dernier que M. Faure établit à l'Opéra-Comique. Environ deux ans après, il fut engagé à l'Opéra, et l'on ne manqua point de dire, comme il arrive toujours en pareil cas, qu'il avait grand tort de quitter le théâtre Favart pour une scène plus vaste, que sa voix, excellente pour l'Opéra-Comique, se briserait dans l'immense vaisseau de l'Opéra, et qu'en changeant de théâtre il perdrait le meilleur de son talent et ses plus précieuses qualités.

Ces fâcheuses prédictions furent loin de s'accomplir. M. Faure débuta avec éclat sur notre première scène lyrique, vers la fin de 1861, dans *Pierre de Médicis*, où il reprit le rôle créé l'année précédente par M. Bonnehée. Il parut ensuite avec le même bonheur dans *Guillaume Tell*, puis dans *la Favorite*, où il déploya un talent de premier ordre. Enfin, par une sorte de coquetterie bien rare, et comme pour montrer tout le parti qu'un grand artiste peut tirer d'un rôle secondaire, il se présenta au public dans le personnage effacé de Nevers, des *Huguenots*. Son élégance, son talent de comédien et ses rares qualités de chanteur firent merveille dans ce rôle, dont l'importance sembla révélée pour la première fois.

La première création de M. Faure à l'Opéra ne fut pas très-heureuse, à cause du peu de valeur de l'ouvrage à l'exécution duquel il concourait. Cet ouvrage était un petit opéra de genre, *la Mule de Pedro*, sorti de la plume ordinairement plus fortunée de M. Victor Massé, et qui n'eut que peu de représentations. Mais le chanteur trouva bientôt un rôle à sa taille, celui de Nelusko dans *l'Africaine*, et il contribua puissamment au succès de l'œuvre nouvelle. Après s'être montré dans *Moïse*, il parut dans la reprise de *Don Juan*, et c'est surtout à partir du jour où il s'empara de ce rôle, qu'il devint, on peut le dire, l'idole du public. Depuis lors il n'a cessé d'exercer une influence considérable sur les destinées de l'Opéra, et il est permis d'affirmer que depuis la retraite de M. Duprez, aucun artiste n'a joui d'un tel crédit et d'une telle renommée. A ces divers ouvrages joués par M. Faure sur notre première scène lyrique, il faut ajouter *Don Carlos*, *Hamlet*, *Faust*, *la Coupe du roi de Thulé* et *Jeanne d'Arc*; le rôle du marquis de Posa dans *Don Carlos* lui fit le plus grand honneur, mais celui d'*Hamlet* a mis le comble à sa réputation, et l'a montré aussi grand comédien que chanteur incomparable.

Ce n'est pas seulement en France que M. Faure a conquis une renommée légitime, bien qu'il ait toujours refusé, pour rester à Paris, les engagements brillants qui lui étaient offerts en Russie et en Amérique. Depuis quinze ans il a pris l'habitude de passer tous les étés à Londres, soit au théâtre italien de Drury-Lane, soit à celui de Covent-Garden, et son action n'est pas moins grande sur le public anglais que sur le public français; la variété du répertoire de ces théâtres lui permet d'ailleurs de déployer toute la souplesse de son talent, et de se montrer dans des rôles où les spectateurs parisiens n'ont jamais été à même de l'applaudir. C'est ainsi qu'il a joué à Londres *Mignon* (Lotario), *les Huguenots* (Saint-Bris), *la Somnambula*, *les Noces de Figaro*, *l'Elisire d'Amore*, *il Guarany*, etc. En Belgique aussi, M. Faure a obtenu des triomphes éclatants.

Le talent de M. Faure est certainement des plus remarquables, à tous les points de vue, et la valeur de l'artiste est telle qu'aucun chanteur français ne peut lui être comparé. Je sais bien qu'on n'est pas sans lui adresser quelques reproches, et sans lui trouver des défauts; tout artiste a les siens, et le beau absolu n'est pas de ce monde. Le principal est que la somme des qualités l'emporte sur celle des imperfections. On n'a pas tout à fait tort, en vérité, quand on reproche à M. Faure un peu de prétention et d'afféterie, quand on lui en veut de viser un peu trop à l'effet, d'abuser de certains *portamenti*, de prolonger outre mesure certains sons favorables à sa voix et d'altérer parfois le rhythme d'une façon fâcheuse; mais à côté de ces faiblesses, je trouve des facultés naturelles et des qualités acquises qui me semblent les racheter amplement : c'est une voix merveilleuse, admirablement posée, d'une grande étendue, d'une justesse rare et d'une étoffe superbe, avec une étonnante égalité dans les registres, c'est un style généralement très-pur et souvent magistral, une articulation remarquable par son ampleur, un phrasé plein de netteté, de grandeur et d'élégance, une diction irréprochable, une unité parfaite de sonorité, et enfin, — chose si rare ! — un talent de comédien presque égal à celui du chanteur, souple, nerveux, vivant et coloré. L'ensemble de ces qualités, jointes à une grande élégance physique et à un sentiment de la plastique assez rare à rencontrer même chez les comédiens les plus illustres, peut, à mon sens, faire passer condamnation sur certaines faiblesses, faiblesses passagères après tout, et qui ne doivent pas rendre injuste envers un artiste si bien doué sous tant de rapports. En résumé, M. Faure est un artiste hors ligne, dont le talent rare, divers, plein de souplesse, est digne de toutes les sympathies.

M. Faure, qui avait été nommé professeur de chant au Conservatoire le 1er janvier 1857, n'a conservé que peu de temps cette situation. Il s'est exercé depuis quelques années dans la composition, et a publié chez l'éditeur M. Heugel un certain nombre de mélodies qui pour la plupart ont été bien accueillies par le public, et dont il a été formé ensuite deux recueils.

FAURE (Constance-Caroline LEFEBVRE, épouse), femme du précédent, fut pendant quinze ans environ l'une des meilleures artistes du théâtre de l'Opéra-Comique, où elle remplit de la façon la plus distinguée l'emploi des Dugazons. Née à Paris le 21 décembre 1828, Mlle Lefebvre fut, au Conservatoire, l'élève de Banderali pour le chant et de Moreau-Sainti pour l'opéra-comique. Après avoir obtenu un accessit de chant en 1849, et , l'année suivante, les deux premiers prix de chant et d'opéra-comique, elle fut engagée à l'Opéra-Comique, y débuta sans grand éclat, mais se révéla bientôt dans la création du joli rôle de Palomita dans le premier ouvrage de M. Victor Massé, la Chanteuse voilée. Douée d'une voix charmante et plus souple que puissante, d'une grâce aimable et pleine de distinction, avec cela chanteuse habile, comédienne fine, intelligente et spirituelle, elle obtint bientôt de grands succès, soit en reprenant certains ouvrages du répertoire qui convenaient particulièrement à son talent délicat, tels que Joconde, le Pré aux Clercs, le Petit Chaperon rouge, l'Épreuve villageoise, Haydée, les Mousquetaires de la Reine, soit en créant des rôles nouveaux dont chacun était l'occasion d'un nouveau succès, tels que ceux de Psyché, du Songe d'une nuit d'été, de Raymond ou le Secret de la reine, du Chien du Jardinier, etc. Elle se montra aussi dans le Val d'Andorre, l'Étoile du Nord, le Toréador, la Dame de pique et divers autres ouvrages.

Peu de temps après avoir épousé M. Faure, vers 1862, Mme Faure-Lefebvre quitta l'Opéra-Comique. Elle fit alors une courte apparition au Théâtre-Lyrique, où on la revit dans l'Épreuve villageoise et dans la traduction d'un opéra de Mendelssohn, Lisbeth, puis renonça définitivement à la scène, au grand regret de tous les amateurs de son jeu si vrai, si fin, si aimable et si discret.

FAURÉ (Gabriel), pianiste, organiste et compositeur français, a fait son éducation artistique à l'École de musique religieuse, où il a obtenu en 1860 un premier prix de piano et un prix d'harmonie, et en 1861 un prix de composition. Il a publié un petit recueil de Quatre Mélodies (Paris, Hartmann, in-8°), qui se font remarquer par un heureux souci de la forme aussi bien que par un rare sentiment mélancolique et poétique, et il a fait entendre, dans les intéressantes séances de la Société nationale de musique, une symphonie à grand orchestre, un Cantique de Racine (chœur), deux duos pour voix de femmes (Tarentelle, Puisque ici-bas toute âme...), et une sonate pour violon et piano. M. Fauré a publié des mélodies vocales détachées : Barcarolle, Chanson du pêcheur, Ici-bas, Dans les ruines d'une abbaye, Rêves d'amour, Tristesse, le Papillon et la fleur, les Matelots, etc.

FAURIE-DEVIENNE (Joseph-Barnabé), économiste distingué, né à Bordeaux en 1751, fut directeur des fermes du roi, puis, de 1785 jusqu'en 1823, époque où il prit sa retraite, directeur des douanes à Besançon. Faurie-Devienne, qui brilla parmi les beaux esprits de la fin du dix-huitième siècle, était passionné pour tous les arts, mais particulièrement pour la musique, qu'il cultiva lui-même avec ardeur, ainsi qu'on le voit par ce passage de la notice que lui consacrait il y a près d'un demi-siècle la Biographie universelle et portative des Contemporains : — « Passionné pour la musique, il la cultiva dès l'enfance, et a composé plusieurs œuvres, dont une des plus remarquables est une scène pieuse et dramatique : l'Oraison dominicale et la Salutation angélique. Ses oratorios, d'une composition large et d'un grand effet, ont laissé de profondes traces dans la mémoire de ceux qui ont eu le plaisir de les entendre. L'auteur s'est créé un système, le seul propre à étendre à l'infini la puissance de l'art. Il débute par une brillante paraphrase du Pater et de l'Ave, dont il donne l'idéal en style plein d'images et du coloris le plus vif. C'est cet idéal seul qui l'a inspiré, sans que jamais le poëte se soit écarté de son sujet ; car ici, M. Devienne s'est montré aussi bon poète que bon musicien. On connaît les petits opéras de M. Devienne, un en deux actes, dont il a fait la musique et les paroles, et qui a pour titre : Madame de Beaumont ; un autre en quatre actes, intitulé : Colgard et Sullatin, sujet écossais. On admire dans ce dernier une scène de sorciers, d'une grande étendue et d'une vigueur telle que, pour en bien juger, il faudrait l'entendre à l'Académie royale de musique. M. Faurie a composé en outre plusieurs morceaux à grand orchestre, un *Domine salvum*, des symphonies, dont une concertante pour deux violons, un nocturne, scène de nuit espagnole, production fort originale. L'auteur, toujours rempli du même sujet, a voulu prouver que la musique, vague de sa nature, pénètre plus avant dans le cœur, est plus propre à exprimer ces sensations délicates et confuses d'une passion naissante, et est d'un effet plus rapide que la parole. Aussi n'a-t-il employé ici la parole que comme indication, sous la forme élégante d'une espèce de mélopée que développe la musique. Il a composé dans le même système, sans employer de paroles, une aubade, où, joyeux enfant du midi, il a rassemblé, avec un rare bonheur, les souvenirs et les premières sensations de sa jeunesse. Enfin, il est l'auteur de la musique des couplets tirés du roman poétique d'*Iseult de Dôle*; c'est le seul œuvre qu'il ait consenti à faire graver, par amitié pour le traducteur et par égard pour la mémoire de l'archevêque Turpin; encore n'y a-t-il mis que les lettres initiales de son nom. Partout on retrouve la même verve, le même esprit, la force unis à la grâce, à cette grâce plus belle que la beauté.... » On conçoit qu'il est impossible aujourd'hui de discuter la valeur des théories esthétiques de Faurie-Devienne et d'apprécier son talent, ses œuvres n'ayant pas été livrées à la publicité. Cet amateur, d'ailleurs fort distingué, est mort le 1er juillet 1846, à l'âge de quatre-vingt-quinze ans.

FAUST (CARL), compositeur allemand, est né le 18 février 1825 à Neisse, dans la Silésie. Devenu chef de musique au 30e régiment d'infanterie prussienne en 1853, il passa en la même qualité (1859) au 11e régiment, en garnison à Francfort, puis à Breslau. Il quitta le service militaire en 1863, devint maître de chapelle dans le Holstein, et en 1869 alla occuper le même emploi à Waldenburg, où il est encore aujourd'hui (1877). M. Carl Faust a obtenu de grands succès dans sa patrie par la publication d'une innombrable quantité de morceaux de musique légère et de musique de danse pour le piano. Le nombre de ses œuvres en ce genre ne s'élève guère à moins de trois cents, et il en paraît chaque jour de nouvelles. On lui doit aussi des marches qui sont très-estimées. Une polka-mazurka de M. Carl Faust, intitulée *la Violette* et publiée à Paris il y a une vingtaine d'années, par l'éditeur Richault, a obtenu un succès de vogue qui s'est propagé par toute l'Europe, et s'est vendue par milliers d'exemplaires.

FAVA (ALESSANDRO), compositeur italien, a fait représenter en 1875, à Bologne, sur le théâtre particulier de la villa Talon, un opéra bouffe intitulé *Colomba*.

FAVARGER (RENÉ), pianiste et compositeur français, naquit vers 1815. Il se livra d'assez bonne heure à la composition, et publia un grand nombre de morceaux de genre pour le piano, dont quelques-uns obtinrent de véritables succès. Il faut citer, parmi ceux qui ont été le mieux accueillis, le Boléro (op. 1), *Ella*, rêverie (op. 2), *Sérénade espagnole* (op. 21), *la Fuite*, galop (op. 29), et ses fantaisies sur *Oberon*, *le Barbier de Séville*, *la Sonnambula*, et *Don Juan*. Fixé depuis longues années à Londres, où il s'était formé une très-belle clientèle d'élèves, Favarger avait épousé une jeune anglaise qui lui avait apporté une assez belle fortune, et chaque année il venait passer quelques semaines en France. Sa musique n'avait pas moins de succès en Angleterre, et même en Allemagne, que dans son propre pays. Attaqué d'un mal très-douloureux, un cancer à la langue, il vint se faire soigner en France; une opération fut reconnue nécessaire, mais elle réussit mal, et Favarger mourut à Étretat, au mois d'août 1868.

* **FAY** (ÉTIENNE). Aux productions dramatiques de cet artiste distingué, il faut ajouter : *la Bonne Aventure*, opéra-comique en deux actes, représenté au théâtre des Jeunes-Élèves le 1er avril 1802. En 1794, on avait aussi représenté au théâtre Favart *l'Intérieur d'un ménage républicain*, vaudeville en un acte, « avec accompagnements » de Fay. Ce compositeur aimable eut deux filles, Léontine et Élisa, qui furent comédiennes dès leur enfance, obtinrent ainsi de grands succès dans leurs jeunes années, et dont l'aînée acquit plus tard une célébrité européenne : la première devint Mme Volnys, et la seconde Mme Génot.

* **FAYOLLE** (FRANÇOIS-JOSEPH-MARIE) A la liste des publications faites par cet écrivain relativement à la musique, il faut ajouter l'opuscule suivant : *Sur les drames lyriques et leur exécution*, Paris, imp. Sajou, 1813, in-8°. Cette brochure était extraite du N° de juin 1813 du *Magasin encyclopédique*.

FEBVRE (......), contrebassiste au théâtre d'Angers, a fait représenter sur ce théâtre, le 30 mars 1876, un opéra-comique en deux actes, intitulé *le Paludier du Bourg-de-Batz*.

FECHNER (Mme PAULINE), compositeur et pianiste distinguée, commença à se produire vers 1840 à Varsovie, où elle obtint d'agréables succès. Mme Fechner a publié un grand nombre de compositions de piano.

* **FEL** (Marie), ou **DE FEL**. On n'est pas d'accord sur la date de la naissance de cette artiste aimable et distinguée, qui entretint pendant longues années une liaison avec le fameux pastelliste Maurice Quentin de la Tour. L'auteur de la *Biographie universelle des Musiciens* donne l'année 1716 ; MM. Edmond et Jules de Goncourt, dont le soin va jusqu'au scrupule en matière historique, ayant à parler de Mlle Fel dans leur étude sur de La Tour et rappelant le portrait qu'en a fait ce peintre, la font naître en 1710 : « Mlle Fel, disent-ils, à tort appelée Fay par plusieurs biographes de La Tour, fut la bien-aimée du peintre, qui fit et exposa son portrait en 1757. Elle se nommait Marie, était née à Bordeaux en 1710, débuta à l'Opéra en 1733 et se retira de la scène en 1759. On admire encore au musée de St-Quentin cette tête levantine, avec son front pur, ses longs sourcils, ses yeux noirs veloutés de cils, son nez aquilin, ses traits grecs, avec cette coiffure de gaze liserée d'or, rompant le front et descendant sur l'œil droit. » D'autre part, M. Charles Desmaze, dans son *Reliquaire de M. Q. de La Tour* (Paris, Leroux, 1874, in-12), place en 1706 la naissance de Mlle Fel. Je n'ai pu vérifier l'exactitude de ces diverses assertions. Je puis seulement faire remarquer qu'on trouvera dans l'écrit de MM. de Goncourt et dans le petit livre de M. Ch. Desmaze quelques détails intéressants sur cette charmante artiste, dont Grimm et Cahusac furent vivement épris, et même quelques lettres d'elle.

Je n'aurais pas cru devoir ajouter ces lignes à la notice déjà consacrée à Mlle Fel, s'il ne s'était agi d'une des actrices et des chanteuses les plus vraiment intéressantes qui aient jamais paru sur la scène de l'Opéra ; mais en présence d'une nature artistique de cette valeur, il ne m'a pas semblé inutile de faire ressortir sinon la vérité, du moins les renseignements divers qui peuvent en amener la connaissance. Parmi les nombreuses créations que Mlle Fel fit à l'Opéra, il faut surtout citer les rôles de l'Amour dans *Castor et Pollux*, de Chloé dans *Daphnis et Chloé*, de Naïs dans *Naïs*, d'Amélite dans *Zoroastre*, de l'Aurore dans *Titon et l'Aurore*, et tout particulièrement encore celui de Colette du *Devin du village*, dans lequel elle fit tourner toutes les têtes. Remarquons en passant que la vraisemblance donne ici raison à Fétis lorsqu'il fait naître Mlle Fel en 1716, car *le Devin du village* ayant été joué en 1753, elle aurait été âgée déjà de trente-sept ans lorsqu'elle créa ce rôle d'ingénue naïve, tandis qu'elle en aurait eu quarante-trois si l'on s'en rapporte à MM. de Goncourt, et *quarante-sept* si l'on en croit M. Desmaze. Ceci est vraiment peu présumable. L'un des rôles dans lesquels cette artiste produisit le plus grand effet fut celui d'Alcimadure dans *Daphnis et Alcimadure*, pastorale languedocienne dont Mondonville avait écrit les paroles et la musique. Les trois interprètes de cet ouvrage étaient Jélyotte, Latour et elle-même ; tous trois étaient languedociens, et l'on comprend le succès qu'ils purent exciter dans une pièce écrite dans un dialecte qu'ils parlaient naturellement et qui leur avait toujours été familier.

Parmi les nombreux vers écrits en l'honneur et à la louange de Mlle Fel, je me bornerai à citer le quatrain suivant :

> Si l'amour jouit de sa gloire,
> Belle Fel, il la tient de vous :
> Son empire semble plus doux
> Lorsque vous chantez sa victoire.

* **FELICI**, compositeur dramatique. Je crois que le prénom de cet artiste était *Alessandro* et non Bartolomeo ; toujours est-il que c'est celui-là qui est joint à son nom sur le livret de *la Cameriera astuta*, opéra bouffe dont il avait fait la musique et qui fut représenté au théâtre ducal de Milan en 1769. Peut-être, après tout, avait-il les deux prénoms d'Alessandro et de Bartolomeo.

FELICI (........), compositeur italien, élève du chef d'orchestre Teodulo Mabellini, pris une part à la composition de deux ouvrages écrits par lui en société avec plusieurs autres élèves du même maître : 1° *la Secchia rapita* (avec MM. Bacchini, De Champs, Giardini, Tacchinardi et Usiglio), représenté au théâtre Goldoni, de Florence, au mois d'avril 1872 ; 2° *l'Idolo Cinese* (avec MM. De Champs, Gilardini et Tacchinardi), donné au théâtre des Loges, de la même ville, le 25 février 1874.

FÉLIX (Le Fr. João DE S.), religieux compositeur de mérite et organiste distingué, fut une des victimes du tremblement de terre qui détruisit en 1755 une grande partie de Lisbonne. Il était né en 1689. J. DE V.

FELL (Antonio), professeur et compositeur fixé à Palerme, où il est mort au mois de novembre 1867, est l'auteur de plusieurs opéras parmi lesquels on cite particulièrement *Eufemia* et *la Sposa d'Abido*. Élève du célèbre Raimondi, cet artiste avait produit aussi un certain nombre de messes et beaucoup d'autres compositions de divers genres.

FÉMY (Ambroise), musicien belge, fils d'un chantre de la cathédrale de Saint-Bavon, à Gand, naquit en cette ville et y fit ses études musicales. Il remplit successivement les fonctions de chef d'orchestre dans les théâtres de plusieurs des plus grandes villes de France, Lille, Bordeaux, Marseille et Nantes, devint ensuite (1806-1809) directeur de celui de sa ville natale, puis, jusqu'en 1820, fut aussi directeur de plusieurs théâtres des départements français. On ignore la date de la mort de cet artiste.

FÉMY (Henri), frère du précédent, fut un violoniste remarquable, et après avoir été attaché pendant quatre ans au théâtre de Lille en qualité de premier violon, se produisit comme virtuose, et excita, dit-on, l'admiration non-seulement en France, mais en Angleterre et en Italie. Une mort prématurée arrêta à son aurore la carrière de cet artiste, qui promettait d'être extrêmement brillante.

* FÉMY (Frans ou François), fils aîné d'Ambroise. On assure qu'en 1811, il obtint un emploi à la chapelle du roi de Westphalie. Le 22 mars 1813, il faisait représenter à Anvers un opéra-comique en 2 actes, les Trois Hussards, écrit peut-être sur le même livret que celui que Champein avait donné à Paris, sous le même titre, quelques années auparavant. Fixé plus tard en Hollande, il y passa pour le premier violoniste de ce pays.

FÉMY (Joseph), frère du précédent, troisième fils d'Ambroise (1), fut un flûtiste extrêmement distingué. Les renseignements biographiques font complètement défaut sur cet artiste.

FÉMY (Adèle), sœur des deux précédents, fut à la fois une cantatrice et une violoniste des plus remarquables. Elle acquit en France, en Angleterre, mais surtout aux États-Unis une réputation colossale. Elle habitait encore en 1847 ce dernier pays, où elle est morte sans doute.

FÉMY (Alexandre-Joseph), professeur de musique, semble avoir appartenu à la même famille que les précédents. Celui-ci a été condamné à la peine de mort par le tribunal du département du Nord, impliqué qu'il était comme agent de l'étranger dans une conspiration ourdie à l'époque du 18 Fructidor an VI (4 septembre 1797).

FENDT (Bernard), luthier, né en 1756 à Inspruck, dans le Tyrol, était probablement fils d'un luthier de ce pays. On croit qu'il résida quelque temps à Paris, après quoi, fort jeune encore, il passa en Angleterre. Dès son arrivée à Londres, il fut employé par Dodd (Voyez ce nom), et ayant décidé son compatriote Frédérik Lott, très-habile ébéniste déjà établi en cette ville, à quitter son état pour faire des violons, il travailla longtemps avec lui pour Dodd et sous la direction de celui-ci. Plus tard, Fendt fit pour John Betts des copies d'Amati qui sont aujourd'hui très-prisées des Anglais.

(1) Le second fils d'Ambroise était Henri Fémy. (Voyez Biographie universelle des Musiciens, t. III.)

FENDT (Bernard-Simon), premier fils du précédent, né à Londres en 1800, fut aussi un habile ouvrier. Malheureusement, le désir de produire rapidement lui fit moins soigner son travail que ne le faisait son père ; la quantité de violons, d'altos, de violoncelles et de contrebasses qui sont sortis de ses mains est incalculable, et ses copies de Guarnerius, particulièrement, se comptent par centaines. Néanmoins Fendt produisit, à l'Exposition universelle de 1851, un quatuor qui fut remarqué. — Un fils de cet artiste, William Fendt, travailleur très-habile, l'a beaucoup aidé, surtout dans la construction des contrebasses.

FENDT (Martin), second fils de Bernard Fendt, ne manqua point de talent et fut l'un des bons luthiers qui travaillèrent pour John Betts.

FENDT (Jacob), troisième fils de Bernard, fut le plus habile de ses enfants. On considère comme fort remarquables ses copies des maîtres italiens, et l'on regrette seulement qu'il se soit cru obligé, par une mode blâmable et qui a duré trop longtemps, d'imiter jusqu'à l'usure du vernis à la place du menton et des doigts.

FENDT (Francis), quatrième fils de Bernard, a aussi exercé à Londres, comme son père et ses trois frères, la profession de luthier.

FENZI (........), compositeur italien, a fait représenter à Taganrog, au mois de janvier 1872, un opéra sérieux intitulé : Prodi di Mosca, dont l'insuccès a été complet.

* FEO (François). Dans la notice que M. Francesco Florimo a consacrée à ce grand artiste (Cenno storico sulla Scuola musicale di Napoli), on lit les lignes suivantes : « Bien que les biographes l'appellent tantôt di Feo, tantôt de Feo, pourtant dans les autographes et dans les livrets imprimés qu'il a mis en musique et qui existent au conservatoire de Naples, il est appelé simplement Francesco Feo. D'autre part, et quoique M. Fétis ait fixé l'année de sa naissance à 1699, nous devons imiter Villarosa et nous taire sur la date de sa naissance et celle de sa mort, parce qu'elles ne résultent d'aucun document. Il est certain que Feo n'a pu naître en 1699, car il existe dans notre Conservatoire le livret, imprimé à Naples, de l'Amor tirannico, représenté au théâtre San Bartolomeo le 18 janvier 1713. Il est donc à supposer que sa naissance est bien antérieure à l'époque indiquée, puisqu'il n'aurait certainement pu, à l'âge de treize ans, écrire un opéra pour la première scène musicale qui existait alors. » On voit que le premier ouvrage dramatique de Feo fut l'Amor tirannico, ossia Zenobia, représenté au théâtre San-Bartolomeo en 1713 ; le se-

cond fut *Siface, re di Numidia*, qui fut joué au même théâtre en 1723. Ces deux opéras n'avaient pas été mentionnés dans la notice de la *Biographie universelle des Musiciens*, non plus que les trois *intermezzi* suivants, dont je ne connais ni le lieu ni la date de représentation : *Don Chisciotte della Mancia, Coriandolo Speziale*, et *il Vedovo*.

— FÉRÉOL (Louis SECOND, dit), artiste excellent, tint à l'Opéra-Comique, pendant près de vingt ans, l'emploi des *Trials*, et se distingua surtout par ses deux créations remarquables de Dickson dans *la Dame blanche* et de Cantarelli dans *le Pré aux Clercs*. Après avoir commencé sans doute sa carrière dramatique en province, Féréol fut engagé en 1818 à l'Opéra-Comique, où il débuta le 9 juin de cette année dans les deux rôles de Thomas, du *Secret*, et d'Ali, de *Zémire et Azor*. Son apparition fut des plus modestes, et il ne joua d'abord que de tous petits rôles, mais il y montra assez d'intelligence pour que bientôt de plus importants, et en grand nombre, lui fussent confiés dans les ouvrages du répertoire courant. La retraite de Lesage vint rapidement le fortifier dans son emploi, et les auteurs se décidèrent à lui confier des créations, dont quelques-unes lui firent le plus grand honneur. C'est ainsi qu'il joua successivement dans *Pierre et Catherine, l'Habit retourné, Danilowa, le Négociant de Hambourg, Joséphine, Jenny la Bouquetière, le Muletier, la Dame blanche, le Grand prix, Marie, une Heure d'absence, le Roi et le Batelier, une Bonne fortune, le Pré aux Clercs, Micheline, le Colporteur, Zampa, la Violette, l'Exil de Rochester, les Rencontres*, etc., etc. Voici ce qu'un chroniqueur disait de Féréol en 1833 : — « Ancien élève de l'école de Saint-Cyr, il promettait à l'armée un bon officier. Depuis dix ans Féréol a beaucoup travaillé. C'est un digne successeur de Dazincourt. Il est d'un comique achevé dans *les Rendez-vous bourgeois, Fra Diavolo, Fiorella, le Pré aux Clercs* et autres charmants ouvrages du répertoire de l'Opéra-Comique. Dans *la Marquise de Brinvilliers* et *Ludovic*, il a déployé un talent d'un autre genre, car il a joué avec beaucoup de profondeur des rôles très-dramatiques, et dont la nature est tout à fait opposée à son emploi ordinaire. Amateur des arts, Féréol excelle dans la peinture de genre ; il a exposé de fort jolis tableaux, qui ont obtenu le suffrage des amateurs (1). »

(1) *Petite Biographie des acteurs et actrices des théâtres de Paris.* (Paris, 1831, in-18.)

Pourtant Féréol ne resta pas à l'Opéra-Comique, qu'il venait de quitter lorsque, à la fin de 1838, la Renaissance se fonda sous la direction d'Anténor Joly. Le nouveau théâtre s'empressa d'engager un si excellent artiste, et il n'y joua pas seulement des rôles chantants, car, à côté de *Lady Melvil* et de *l'Eau merveilleuse*, pour lesquelles Grisar eut recours à son talent, il y créa le Don Guritan du *Ruy Blas* de Victor Hugo. Quand la Renaissance eut succombé en présence d'obstacles insurmontables, Féréol abandonna définitivement le théâtre, et se retira peu de temps après à Orléans, qu'il ne quitta plus, et où il se signala par de très-nombreux services rendus en qualité de capitaine de pompiers. Lors du banquet qui fut donné il y a quelques années, par M. Adrien Boieldieu, à l'occasion de la millième représentation de *la Dame blanche*, Féréol vint à Paris, sur l'invitation qui lui en fut faite, et l'on put le voir revêtu de son uniforme, et la poitrine toute constellée de médailles de nombreux actes de courage et de dévouement.

Le pauvre artiste ne put survivre à nos désastres, qu'il vit de près lors de la guerre franco-allemande, aux émotions que lui causa cette longue campagne de la Loire, dont Orléans était en quelque sorte l'objectif, et il mourut à la fin de 1870, peu de temps après la reprise de cette ville par l'armée ennemie. Il devait être fort âgé, puisque ses débuts remontaient à plus d'un demi-siècle.

* FERLIGA (..........), compositeur italien, vivait dans les premières années de ce siècle et écrivit pour le théâtre de la Scala, de Milan, la musique des trois ballets dont voici les titres : 1° *il Conte di Lennox*, 1809 ; 2° *Eloiza e Camillo*, 1808 ; 3° *la Morte di Whaytsong* (celui-ci en société avec Pontelibero), 1809.

FERNANDES (ANTONIO), professeur de musique et théoricien portugais, naquit à Souzel (Portugal, province d'Alemtejo). Il jouissait d'une grande réputation en Portugal vers le milieu du XVIIᵉ siècle, et fut certainement un des disciples les plus distingués de Duarte Lobo. Ce que Fétis dit au sujet des ouvrages de A. Fernandes renferme plusieurs inexactitudes, et les titres qu'il cite ne sont pas toujours exacts. Pour ce qui concerne l'un d'eux, en voici l'indication bibliographique fidèle : « *Arte de Musica de Canto de Oryam e Cantochan proporçoés da musica divididas harmonicamente*. Dirigida ao insigne Duarte Lobo, quartanario e mestre de musica na sé de Lisboa. » (Lisbonne, chez Pedro Craesbeck, 1626, petit in-4° de XII-125 feuilles.) L'arbre généalogique, surmonté du portrait de Duarte Lobo ne se rencontre que dans quelques exemplaires de cette publication. Fétis assure que le manuscrit de cet ouvrage existait dans la bibliothèque de Francisco de Valhadolid (*Voy.* ce nom), ce qui est inexact. Valhadolid ne possédait que les trois manuscrits, 2, 3 et 4, comme le dit Barbosa Machado dans son passage de sa *Bibliotheca Lusitana* (vol. I, p. 269).

Voici les titres des ouvrages inédits de Fernandes :

1° *Explicação de Segredos da Musica em a qual brevemente se expende as causas das principaes cousas que se contêm na mesma arte* (manuscrit in-fol°). On faisait de grands éloges de ce traité, dont le manuscrit existait dans la bibliothèque de musique du roi D. Jean IV.

2° *Arte de Musica de Canto de Orgão composta por um modo muito differente do costumado, por um velho de 85 annos desejoso de evitar o oscio.* (Manuscrit in-folio.)

3° *Theoria do Manicordio e sua explicação.*

4° *Mappa universal de qualquer cousa assim natural como accidental que se contem na Arte da Musica com os seus generos e demonstrações mathematicas* (Manuscrit in-folio). Il est à regretter que ces ouvrages n'aient pas été publiés, car le seul traité de Fernandes que nous connaissons a un mérite réel ; cet ouvrage est écrit avec clarté, sans le pédantisme et l'érudition indigeste alors à la mode.

Nous citerons encore deux autres musiciens du même nom :

Le P. *Diogo* FERNANDES et le P. *Manoel* FERNANDES. Le premier, né à Faro (Algarve), vers le commencement du XVIe siècle, était chantre de la chapelle royale de Philippe II et de celle de Philippe III, roi d'Espagne. Il mourut à Lisbonne, en 1599, dans un âge très-avancé. Le second vécut vers le milieu du XVIe siècle dans l'île de Madère, où il occupait une place de chanoine dans une église de Funchal (capitale). Il fut le maître de l'excellent compositeur Francisco de Valhadolid. J. DE V.

FERNANDEZ (........), compositeur dramatique espagnol, est l'auteur d'un grand opéra intitulé *la Vengansa*, qui a été représenté à Madrid le 31 mai 1871. Précédemment, le même artiste avait donné sur un théâtre secondaire de la même ville une *zarzuela* en deux actes, qui avait pour titre *Travesuras amorosas*.

FERNANDEZ (MANUEL), compositeur espagnol contemporain, a écrit la musique d'une *zarzuela* en un acte, représentée sous ce titre : *Po echarlas de tenorio.*

FERRAND (..........), fermier général, grand amateur de musique, vivait au milieu du dix-huitième siècle et écrivit la musique d'un opéra-ballet en un acte, *Zélie*, qui fut joué à Versailles, sur le théâtre des Petits-Appartements, le 13 février 1749. Les rôles de ce petit ouvrage étaient remplis par la marquise de Pompadour, le duc d'Ayen et Mme de Marchais, et voici la note qu'on trouve à son sujet dans le recueil de La Vallière, *Ballets, opéras et autres ouvrages lyriques* : « Monsieur Ferrand jouait du clavessin dans l'orchestre du théâtre des Petits-Appartements ; il était fort ami de monsieur le duc de la Vallière, qui avait la direction de ces spectacles, et qui connaissait tous ses talents pour la musique ; il (la Vallière) l'engagea à faire celle d'un ballet en un acte, dont M. de Curés, intendant des Menus, et fort lié avec eux, avait fait les paroles. M. Ferrand s'y prêta avec plaisir, et le succès justifia l'opinion qu'on avait de son goût et de ses connaissances ; c'est un des jolis ouvrages qui ayent paru sur ce théâtre ; les auteurs, par modestie, n'ont jamais voulu le rendre public. »

FERRANDEIRO (FERNANDO), guitariste espagnol distingué, vivait à Madrid dans la seconde moitié du dix-huitième siècle. On ignore la date de sa naissance et celle de sa mort. Cet artiste a publié une Méthode de guitare, sous ce titre : *Arte de tocar la guitarra por musica* (Madrid, 1799, in-4° avec gravures).

FERRARESE (GENNARO), pianiste et compositeur italien, a publié pour le piano plus d'une centaine de morceaux de genre, qui consistent surtout en transcriptions, arrangements et fantaisies sur des thèmes d'opéras célèbres. Cet artiste est mort à Naples le 18 avril 1856.

FERRARI (CARLOTTA), artiste d'un talent remarquable, qui s'est produite à la fois comme poëte et comme compositeur, est la fille d'un maître d'école de Lodi, où elle est née le 27 janvier 1837. Initiée aux principes de l'art par deux professeurs nommés Strepponi et Panzini, elle fut admise, dans les derniers jours de l'année 1844, au Conservatoire de Milan, y étudia le chant et le piano, et en sortit à la fin d'août 1850. Ne pouvant embrasser la carrière lyrique par suite de l'instabilité de sa voix, que ses professeurs qualifiaient de « nerveuse », elle se livra à l'enseignement et, en même temps, suivit un cours complet de composition sous l'excellente direction de M. Mazzucato, aujourd'hui directeur du Conservatoire de Milan. Il lui fallait, dès cette époque, subvenir aux besoins de sa mère et de sa jeune sœur, qui n'avaient qu'elle pour unique soutien. Heureusement, le courage ne lui manquait point. Mais avec le courage, elle avait l'ambition, et elle songeait à aborder le théâtre à la fois comme poète et comme compositeur. Bientôt, en effet, elle se fit connaître au public, et le 25 juillet 1857, elle donnait au théâtre Santa-Radegonda, de Milan, son premier ouvrage, *Ugo*, dont elle avait écrit les paroles et la musique, et qui fut accueilli avec la plus grande faveur.

Neuf années se passèrent pourtant avant que Mlle Ferrari se produisît de nouveau à la scène. Enfin, en 1866, elle donnait au théâtre de sa ville natale sa seconde œuvre dramatique, *Sofia*, qui obtint douze représentations consécutives et fut reprise ensuite à Milan et à Turin. Elle fut alors priée d'écrire pour la cathédrale de Lodi une messe solennelle, qui fut exécutée le 19 janvier 1868, et le succès qu'obtint cette composition la fit charger, par le ministère de l'intérieur, d'écrire la messe de *Requiem* qui devait être exécutée dans l'église métropolitaine de Turin (le 22 juillet 1868) pour l'anniversaire du roi Charles-Albert. Enfin, Mlle Ferrari donna à Cagliari, en 1871, son troisième opéra, *Eleonora d'Arborea*, qui obtint un vif succès, et en cette même année, pour les fêtes qui furent données à Turin à l'occasion de l'arrivée de la députation romaine, elle fut chargée par le municipe de composer un hymne de circonstance ; cet hymne, dont l'exécution au théâtre Carignan produisit une impression profonde, fut reproduit ensuite à Rome avec le même bonheur. — Cette artiste, dont le talent poétique est, dit-on, des plus remarquables, et qui, outre les livrets de ses opéras, a écrit une énorme quantité de vers, a publié aussi un assez grand nombre de mélodies vocales. Elle jouit en Italie d'une grande et solide réputation.

FERRARI (Ferruccio), compositeur, né à Lucques, a fait représenter sur le théâtre Brunetti, de Bologne, le 13 mai 1875, un opéra sérieux intitulé *Maria e Fernanda*. Deux ans plus tard, au mois de juin 1877, il donnait à Reggio d'Emilie un second ouvrage, *Maria Menzikoff*, qui n'obtenait pas plus de retentissement que le précédent. Je n'ai pas d'autres renseignements sur cet artiste.

FERRARIS (Francesco), pianiste, professeur et compositeur italien contemporain, est né à Valenza, et a fait ses études à Milan, sous la direction de M. Angeleri. Il s'est adonné ensuite à l'enseignement, tout en publiant un assez grand nombre de morceaux de genre pour le piano : ballades, nocturnes, variations, sérénades, caprices, et quelques transcriptions et fantaisies écrites sur des airs célèbres ou des thèmes d'opéras en vogue. Il a publié aussi un ouvrage important relatif à l'enseignement du piano : *Studii di stile classico, Metodo per piano forte, armonia e meccanismo riuniti* (Turin, Giudici et Strada). Depuis quelques années, M. Francesco Ferraris s'est fixé à Paris.

Un autre artiste du même nom, et peut-être appartenant à la même famille, M. *Pietro Ferraris*, pianiste et compositeur, comme le précédent, s'est fait connaître aussi par la publication de quelques productions légères pour le piano.

FERRER (Mateo), chef d'orchestre, compositeur et organiste espagnol d'un grand renom, connu sous le pseudonyme de *Matenet*, naquit à Barcelone le 25 février 1788. Il s'adonna dès sa plus tendre jeunesse à l'étude de la musique, travailla plusieurs instruments, entre autres la flûte et la contrebasse, puis le piano et l'orgue, et devint l'élève d'un artiste distingué, Francisco Queralt. Ses progrès furent rapides, et il fut plus tard non-seulement un excellent organiste, mais, s'il faut en croire un de ses biographes, « l'un des plus grands contrepointistes du siècle ».

Jeune encore, il fut appelé à tenir l'emploi d'organiste à la cathédrale de Barcelone, et joignit bientôt à ces fonctions celles de maître de chapelle de la même église, à laquelle il resta attaché pendant cinquante-six ans. En même temps il tenait, à l'orchestre du théâtre de Santa-Cruz, l'emploi de contrebasse *al cembalo*, qu'il échangea en 1827, lors du départ de Carnicer pour Madrid, contre le poste de chef d'orchestre, qu'il conserva pendant près de trente ans, se faisant remarquer, paraît-il, par des qualités éminentes et tout à fait supérieures.

Dans ses *Efemérides de musicos españoles*, M. Baltasar Saldoni, qui fut l'élève de Ferrer, fait un éloge absolument enthousiaste de son talent d'organiste, louant ses harmonies hardies et surprenantes en même temps que gracieuses et émouvantes, son génie fécond, spirituel, religieux et toujours neuf, la fraîcheur de ses idées, son exécution rapide et tout ensemble claire, limpide et brillante ! En enlevant à ces éloges une partie de leur exagération, on peut croire encore, en effet, que Ferrer était un artiste remarquable et peut-être exceptionnel. Ce qui est certain, c'est que lorsqu'il mourut à Barcelone, le 4 janvier 1864, âgé de près de soixante-seize ans, tous les grands artistes de l'Espagne se rendirent en cette ville pour lui rendre les derniers devoirs, et lui firent des funérailles vraiment royales, qui témoignaient de leur respect et de leur admiration pour le doyen des musiciens barcelonais. M. Baltasar Saldoni parle de la fécondité de Ferrer comme compositeur dans le genre sacré et dans le genre profane, mais il ne dit pas en quoi consistent ses œuvres, n'en donne aucune liste, et cite seulement deux morceaux écrits par lui pour être intercalés dans un opéra de Mercadante et dans un autre opéra de Generali.

Bon et généreux, Ferrer a formé un grand nombre d'élèves auxquels il prodiguait ses soins sans rétribution aucune, et l'on assure que sa maison était comme une sorte de Conservatoire où tous les jeunes musiciens de Barcelone venaient s'abreuver à l'arbre de science.

FERRETTI (VINCENZO-CESARE), musicien napolitain, exerçait les fonctions de maître de chapelle dans la seconde moitié du dix-huitième siècle. Il a publié le recueil suivant : *Raccolta di notturni ossia terzetti vocali*, op. 1, Florence, Stecchi, 1772.

FERRIÈRE-LE-VAYER (Le marquis J......-THÉOPHILE-A.... DE), diplomate, fut envoyé extraordinaire et ministre plénipotentiaire de la France près le roi des Belges. Avant d'entrer dans la diplomatie, le marquis de Ferrière, qui était un amateur passionné de musique, avait, sous le pseudonyme de Samuel Bach, fourni à la *Revue et Gazette musicale* un certain nombre d'articles humoristiques à la manière d'Hoffmann. En 1836, à l'occasion de la représentation des *Huguenots*, il avait publié dans ce journal l'histoire du château de Chenonceaux, où se passe le second acte du chef-d'œuvre de Meyerbeer. Le marquis de Ferrière-le-Vayer est mort à Bruxelles le 19 juin 1864.

FERRIGNI-PISONE (ANDR.), écrivain italien, est l'auteur d'une publication faite sous ce titre : *Tre Dissertazioni liturgiche (sull'idea generale, i sensi e origine della musica sacra)*, s. l. n. d., in-8° de 239 pp.

FERRO (ANTONIO), compositeur portugais célèbre du seizième siècle, naquit à Portalegre et fut maître de chapelle de la cathédrale de cette ville. Il a formé beaucoup de musiciens portugais des plus remarquables, et l'on cite parmi ses disciples João Gomes, Manoel Leitam de Avilez, Manoel Tavares, etc. J. DE V.

FERROUD (J. DENIS), compositeur français, neveu du baryton Derubelle, est né vers 1810. Ferroud fit des études sérieuses au Conservatoire de Paris, sous la double direction de Reicha et de Fétis. En 1846, il était établi à Bordeaux, comme professeur d'harmonie et de composition. Nommé directeur du cours de chant de la société philomatique, il fit paraître de 1850 à 1854, plusieurs petits cahiers de chœurs notés en chiffres, d'après le système Galin, à l'usage des élèves de ces cours. Parmi ces chœurs, il en est deux, pleins de couleur, *le Papillon* (paroles de Lamartine) et *le Retour aux montagnes*

(paroles d'Elzéar Tourrou), qui sont devenus populaires dans le midi de la France.

Protégé par M. Haussmann, alors préfet de la Gironde, Ferroud parvint à faire exécuter, — non sans difficultés, et en payant lui-même tous les frais de copie — une ode-symphonie en quatre parties de sa composition, intitulée *Clovis*. C'est en mars 1853 que cet ouvrage fut chanté au Grand-Théâtre de Bordeaux par Mlle Sophie Julien, et par MM. Reynald, Koubly, Férilhié et Lacroix, sous la direction de M. Van den Heuvel père. L'introduction : « Les temps sont accomplis », un beau chœur de coryphées : « Tressons des festons », furent particulièrement remarqués des connaisseurs. La partition est inédite. Un seul air pour baryton a été publié à Paris, chez l'éditeur Challiot.

Ferroud quitta Bordeaux vers 1856, et depuis cette époque on n'a plus entendu parler de lui. Il est à présumer qu'il est mort. Outre *Clovis*, il avait en portefeuille une autre ode-symphonie : *Jérusalem*, un opéra-comique : *l'Écossais*, et des ouvrages de théorie musicale. Il a écrit la musique de plusieurs ballets composés par Blache fils, une cantate sur des paroles latines de Santeul, couronnée en 1855 par la Société de Sainte-Cécile de Bordeaux, un *Stabat* pour la cathédrale Saint-André, qu'on y exécute encore de temps à autre, et enfin de fort beaux chœurs pour la synagogue bordelaise. Il a fait imprimer une *Théorie de la tonalité du mode majeur et du mode mineur* (in-18, 1846), et une *Méthode élémentaire de plain-chant* (in-12, même année). A. L—N.

FERRUA (G....), compositeur italien, né à Cherasco, a fait représenter sur le théâtre de cette ville, au mois d'octobre 1876, un opéra sérieux intitulé *Adalgisa di Manzano*.

FERRY (FRANÇOIS), fabricant d'instruments à vent, exerçait sa profession à Paris au commencement de la seconde moitié du dix-huitième siècle. Il eut quelque peine à entrer dans la corporation, ainsi qu'on le voit par une pièce que mentionne M. de Pontécoulant dans son *Essai sur la facture instrumentale*, et que cet écrivain a découverte dans un carton des Archives nationales : « C'est une requête présentée, en 1752, par le gendre du luthier Leclerc, demandant la main-levée d'une opposition formée à sa maîtrise par cinq maîtres luthiers, Charles Bizet, Thomas Lot, Paul Villars, Denis Vincent, Jacques Lusse, les seuls maîtres luthiers constructeurs d'instruments à vent existant et exerçant dans Paris. François Ferry, le réclamant, demandait sa maîtrise, sans être obligé, comme gendre de maître, de rapporter des lettres d'apprentissage, et il produisait des certificats constatant qu'il avait travaillé chez feu Leclerc et chez deux autres maîtres ; il offrait de faire chef-d'œuvre et proposait même un défi d'exécution aux cinq maîtres opposants. Cette requête fut admise et le postulant reçu, malgré l'opposition. »

Un autre *Ferry*, portant les prénoms d'Antoine-Norbert, peut-être fils du précédent, était établi, en 1782, facteur de serinettes au faubourg Saint-Antoine, à Paris.

FERTIAULT (FRANÇOIS), écrivain français, né à Verdun (Saône-et-Loire) le 25 juin 1814, est cité ici pour l'ouvrage suivant : « *Les Noëls bourguignons* de Bernard de La Monnaye (Gui-Barozai), de l'Académie française, publiés pour la première fois avec une traduction littérale en regard du texte patois et précédés d'une Notice sur La Monnaye et de l'histoire des Noëls en Bourgogne, par F. Fertiault » (Paris, Lavigne, 1842, in-12). Ce volume est suivi du texte musical de trente-six airs de Noëls, sans accompagnement. M. Fertiault est aussi l'auteur d'une *Histoire anecdotique et pittoresque de la danse chez les peuples anciens et modernes* (Paris, Aubry, 1854, in-18). Cet écrivain a collaboré au journal *l'Avenir musical* (1853), et à *la Mélomanie* (1842),

FESTEAU (LOUIS), chansonnier, né dans les dernières années du dix-huitième siècle, était commerçant en bijouterie. Il obtint de véritables succès en publiant, sous la Restauration et sous le gouvernement de Juillet, plusieurs recueils de chansons dont il écrivait à la fois les paroles et la musique. Il publia ainsi cinq petits volumes in-32, dans lesquels la musique sans accompagnement, était gravée à la suite des chansons. L'un était simplement intitulé *Chansons et Musique*, un autre *les Éphémères*, etc. Tel de ces petits recueils se débitait à 10 et 15,000 exemplaires, bien qu'à tout prendre le contenu en fût médiocre. La vogue de Louis Festeau disparut avec le second empire, qui supprima toutes les *goguettes* et les sociétés chansonnières, en ne laissant guère subsister que le Caveau. Festeau était déjà bien oublié lorsqu'il mourut, au mois de février 1869, âgé de 72 ans.

FÉTIS (FRANÇOIS), père de l'auteur de la *Biographie universelle des Musiciens*, était, dit-on, un artiste modeste et distingué. Dans la 1re partie de ses *Documents historiques relatifs à l'art musical et aux artistes musiciens*, M. Edouard Gregoir (voy. ce nom) dit qu'il naquit en 1758 à Mons, où il fut professeur de musique, organiste et directeur de concerts. L'écrivain ajoute : « Fétis avait un beau talent de violoniste, et il apprit la musique chez un maître obscur. Vers 1798, il se fit entendre aux Concerts des amateurs de la ville de Mons, et c'est alors qu'il joua un concerto pour violon composé par son fils à l'âge de neuf ans. Fétis, relativement à ses moyens, a rendu quelques services à l'art musical. Il mourut à Mons, le 19 novembre 1833, âgé de 75 ans. »

Ce sont là les seuls renseignements qu'il m'ait été donné de découvrir sur le père de l'illustre écrivain dont je continue ici l'un des ouvrages les plus importants. Je ferai remarquer que M. Édouard Gregoir, qui, dans le livre que je viens de citer, fixe la mort de Fétis père au 19 novembre 1833, l'avait enregistrée dans une publication antérieure : *Galerie biographique des artistes musiciens belges* (Bruxelles, 1862), à la date du mois de mars 1846, et que cette date avait été donnée dans *l'Annuaire dramatique* (belge) de 1847. Je consigne ici l'une et l'autre, sans être à même de rien affirmer à cet égard.

* **FÉTIS** (FRANÇOIS-JOSEPH), est mort à Bruxelles le 26 mars 1871, le lendemain du jour où il avait accompli sa quatre-vingt-septième année. Cet homme remarquable, qui a donné une si puissante impulsion à la littérature musicale en Europe, n'a pas eu le temps d'achever le dernier ouvrage dont il avait entrepris la publication : son *Histoire de la Musique*, fruit d'un demi-siècle de recherches et de méditations, n'est resté interrompue par sa mort, et il n'a pu la conduire que jusqu'au cinquième volume, alors qu'elle en devait comporter huit.

Fétis est l'un des exemples les plus éclatants de la puissance laborieuse d'un homme bien constitué, alors que cet homme consacre chaque jour au travail un temps déterminé. On a peine à comprendre qu'une seule existence ait suffi à mettre au jour tant de travaux divers, même une existence de quatre-vingt-sept ans ; et lorsque ces travaux embrassent toutes les branches d'un art aussi étendu et aussi complexe que la musique : composition, théorie, philosophie, technie, critique, histoire, pédagogie, etc., l'esprit reste véritablement confondu. Il l'est plus encore lorsqu'on songe qu'à cet effroyable labeur venait s'adjoindre celui si absorbant du professeur, et lorsqu'on se rappelle que pendant près de quarante ans Fétis a été le directeur d'une des plus importantes écoles musicales de l'Europe, en même temps que l'un des membres les plus actifs, les plus dévoués et les plus infatigables d'une grande compagnie savante (1).

Il y avait plus de vingt ans que les faits re-

---

(1) L'Académie royale des Beaux-Arts de Belgique.

latifs à l'histoire générale de la musique préoccupaient son esprit lorsque Fétis fit ses débuts dans la carrière littéraire, dans cette carrière qu'il devait illustrer et où il était appelé à rendre de si grands services. En effet, c'est vers 1806 qu'il avait conçu la pensée de publier un jour sa *Biographie universelle des Musiciens*, dont la première édition commença de paraître en 1834, et ce n'est qu'en 1827 qu'il lança dans le monde les premiers numéros de sa *Revue musicale*, journal fondé, dirigé et presque entièrement rédigé par lui seul. A partir de ce moment jusqu'au jour de sa mort, c'est-à-dire pendant quarante-cinq ans, Fétis ne devait plus s'arrêter, et dans ce long espace de temps il a touché de sa main puissante à toutes les questions qui intéressaient de près ou de loin l'art musical, il a élucidé une foule de problèmes, créé véritablement en France une littérature toute spéciale, et formé par son exemple toute une génération d'écrivains-artistes qui ont marché à sa suite et fécondé, de concert avec lui, le sillon qu'il avait préalablement et si laborieusement creusé. Ce sont là ses titres à notre reconnaissance, titres assez sérieux pour qu'on ne les oublie point.

Je ne puis refaire ici la biographie de cet artiste si bien doué à beaucoup de points de vue; la notice qu'il a dû se consacrer dans la *Biographie universelle des Musiciens* est d'ailleurs aussi complète que possible, et ne me laisse rien à dire sur les faits qui ont marqué son existence. Je dois déclarer seulement que mon respect pour ce travailleur infatigable s'est accru encore depuis le moment où l'on m'a fait l'honneur de me charger de compléter et de mettre à jour l'un de ses ouvrages les plus importants. C'est en étudiant dans tous ses détails la *Biographie universelle des Musiciens*, afin de rédiger le présent Supplément, c'es en consultant incessamment ses nombreux écrits, que j'ai pu me rendre un compte exact de la sûreté, de la variété et de la surprenante étendue des connaissances que Fétis avait acquises en tout ce qui se rapporte à la musique (1) C'est là le

côté remarquable de sa personnalité, et c'est par là qu'il me paraît mériter les sympathies de tous les amis de l'art.

N'ayant rien à dire de sa personne, je ne m'attarderai pas davantage à faire l'éloge de ses grands travaux littéraires et historiques. Je sais ce qu'on peut reprendre dans quelques-uns, mais je sais aussi les services que tous ont rendus. La *Biographie universelle des Musiciens* est l'ouvrage de ce genre le plus étendu qui existe en Europe; la *Musique mise à la portée de tout le monde* est un livre original, sans précédent, qui a fait beaucoup pour l'expansion de l'art; les *Curiosités historiques de la musique* forment un recueil intéressant, plein de variété, et dont la lecture est attachante; enfin, la *Revue musicale* est le premier journal de musique digne de ce nom qui ait été fondé en France, et il a le mérite d'avoir ouvert la voie à un grand nombre de publications du même genre, dont l'utilité n'a pas besoin d'être démontrée. Quant à l'*Histoire générale de la Musique*, il serait bien difficile de la juger à un point de vue absolu, l'auteur n'ayant pas eu le temps de l'achever et de la mener à terme. Parmi les autres écrits de Fétis, plusieurs présentent, à différents points de vue, un intérêt tout particulier; tels sont surtout ses deux grandes Notices sur *Paganini* et sur *Stradivari*, et ses remarquables rapports sur l'état de la facture instrumentale aux diverses Expositions.

Depuis l'apparition de la 2e édition de la *Biographie universelle des Musiciens* (Paris, F.-Didot, 1860-1865, 8 vol. in-8°), Fétis a publié : 1° *Exposition universelle de Paris en 1867. Rapport sur les instruments de musique* (Paris et Bruxelles, un vol. in-8°); 2° *Histoire générale de la Musique depuis les temps les plus anciens jusqu'à nos jours* (Paris, F.-Didot, 1869-1876, 5 vol. in-8°, avec nombreux dessins, planches et exemples de musique); le 1er volume de cet ouvrage contient, après un *Aperçu général de l'histoire de la musique*, l'histoire de cet art chez les Égyptiens, chez les Chaldéens, Babyloniens, Assyriens et Phéniciens, et chez les Hébreux; le 2e traite de la musique chez les Arabes, les Maures et les Kabyles, chez les habitants de l'Inde, et chez les peuples de la Perse et de la Turquie; le 3e offre l'histoire de la musique chez les peuples de l'Asie mineure et de la Grèce, chez les peuples Italiques, chez les

---

(1) Pour ma part, je puis dire que la constatation de ce fait m'a découragé un instant et a jeté le trouble dans mon esprit. On a pu reprocher avec quelque raison à Fétis d'avoir voulu trop généraliser ses travaux, d'avoir embrassé avec trop d'ardeur toutes les parties de l'art qu'il étudiait sans cesse et dont une persévérance que rien ne pouvait lasser. La perfection n'étant pas de ce monde, il est certain qu'on pouvait trouver en lui quelque point faible. Mais il n'en est pas moins vrai, je le répète, que l'étendue de ses connaissances était étonnamment remarquable, et je ne crois pas que jamais artiste intelligent ait mieux connu la musique sous tous ses aspects. Je ne

fais point de fausse modestie en déclarant ici combien, à beaucoup d'égards, je me trouve au-dessous de mon modèle, et en rendant à Fétis l'hommage qui lui est dû.

Étrusques, dans la grande Grèce, chez les Romains, et chez les peuples de la Sicile ; dans le 4°, l'auteur traite du chant dans les églises d'Orient et d'Occident, et fait connaître la situation de l'art musical en Europe depuis le cinquième siècle jusqu'à la fin du onzième ; enfin, le 5° présente l'état de l'art en Europe pendant les douzième, treizième, quatorzième et quinzième siècles. — Il est à regretter que Fétis n'ait point publié l'ouvrage annoncé par lui sous le titre de *Souvenirs d'un vieux musicien* (Mémoires sur la vie de l'auteur et sur ses relations avec les hommes les plus célèbres dans l'art et dans la science, pendant soixante ans), non plus que celui que le libraire Michel Lévy a annoncé pendant plus de dix ans, dans ses catalogues, sous le titre de *Causeries musicales* (1).

M. Louis Alvin, membre de l'Académie royale de Belgique, a publié une Notice sur *François-Joseph Fétis* (Bruxelles, Hayez, 1874, in-8° de 46 pages avec très-beau portrait à l'eau-forte), qui avait été d'abord insérée dans *l'Annuaire de l'Académie*. L'auteur de cette Notice mentionne comme étant publiées les compositions suivantes de Fétis : 1° *Te Deum* en plain-chant mesuré et rhythmé..., tel qu'il a été exécuté le 21 juillet 1856, pour le 25° anniversaire de l'inauguration de Léopold Ier, roi des Belges (Paris, 1856) ; 2° Cantique pour voix d'hommes, chanté le 16 décembre 1865 aux obsèques du roi Léopold (Bruxelles, in-4°) ; 3° *Domine salvum fac regem*, exécuté le 19 décembre 1865 à Bruxelles. M. Alvin signale aussi une composition, non publiée, que Fétis n'a pas comprise dans le catalogue de ses œuvres : Musique instrumentale pour l'inspiration de David dans *Saül*, tragédie de Soumet représentée au théâtre de l'Odéon le 9 novembre 1822. Enfin, aux œuvres musicales gravées de Fétis qui n'ont pas été mentionnées dans la *Biographie universelle des Musiciens*, il faut ajouter les suivantes : 3° quintette pour 2 violons, 2 altos et violoncelle, Mayence, Schott ; 1re symphonie à grand orchestre (en *mi* bémol), Bruxelles, Schott, in-8° ; 2° symphonie à grand orchestre (*en sol* mineur), Bruxelles, Schott, in-8° ; Fantaisie symphonique pour orgue et orchestre, composée pour le cinquantième anniversaire du rétablissement de l'Académie royale des sciences, des lettres et des Beaux-Arts de Belgique, Bruxelles, Schott, in-8°.

FÉTIS (ADOLPHE), frère du célèbre auteur de la *Biographie universelle des Musiciens*, fournit en Belgique une longue carrière administrative et fut fonctionnaire. Il n'en était pas moins animé de l'amour des arts et de la passion de la musique, qu'il avait étudiée fort jeune, comme son frère, et avait consacré à la composition une partie des loisirs que lui laissaient ses fonctions. Quelques œuvres musicales publiées par lui étaient, dit-on, fort remarquables. Adolphe Fétis mourut à Liège, le 22 août 1871, à l'âge de soixante-dix-huit ans.

* **FÉTIS** (ADÉLAÏDE-LOUISE-CATHERINE, née ROBERT), femme de l'auteur de la *Biographie universelle des Musiciens*, auquel elle était unie depuis près de soixante ans, est morte à Boisfort, près Bruxelles, le 3 juin 1866, des suites d'une chute malheureuse qu'elle avait faite l'année précédente. Française de naissance et d'origine, cette femme intelligente et distinguée était fille de P.-F.-J. Robert, ancien rédacteur du *Mercure national*, député de Paris à la Convention nationale et ami de Danton, lequel avait épousé la fille du chevalier de Kéralio, Mlle Louise-Félicité Guinement de Kéralio, l'amie intime et l'admiratrice de Robespierre (1). Née le 23 septembre 1792, Mme Fétis était âgée de 73 ans lorsqu'elle mourut.

* **FÉTIS** (ADOLPHE-LOUIS-EUGÈNE), compositeur, est mort à Paris le 20 mars 1873. C'est par erreur qu'il a été désigné comme ayant remporté un second prix au concours de Rome (Belgique) de 1844 ; il n'avait obtenu qu'une mention honorable.

FEUILLET (..........), musicien du dix-huitième siècle, est auteur de l'ouvrage suivant : *La Musique théorique et pratique, dans son ordre naturel. Nouveaux principes* (Paris, Ballard, 1746, in-4°).

* **FÉVRIER** (JACQUES, et non *Henri-Louis*), organiste, naquit à Abbeville, sur la paroisse du Saint-Sépulcre, et mourut à Paris en 1780. Il eut pour élèves Balbastre et l'un des Miroir. Je tire ces renseignements d'un écrit anonyme publié sous ce titre : *la Musique à Abbeville, 1785-1856* (Abbeville, 1876, in-8°), et dans lequel l'auteur ajoute, en parlant de Février : — « On le voit représenté dans le tableau des hommes illustres d'Abbeville par Choquet, sous le n° 65. »

FICHER (FERDINAND), pianiste et compositeur, né à Leipzig en 1821, s'est fait connaître

---

(1) Dans la liste de ses écrits, Fétis a omis de mentionner la *Galerie des Musiciens célèbres*, dont il avait commencé la publication quelques années avant celle de la *Biographie universelle des Musiciens*. Trois livraisons seulement de cet ouvrage avaient paru (format in-folio, avec portraits lithographiés), consacrées à Palestrina et aux deux violonistes Corelli et Viotti.

(1) P. F. J. Robert mourut en exil à Bruxelles, en 1886.

par la publication d'un grand nombre d'œuvres de genre pour le piano. S'étant embarqué en 1847 pour l'Amérique, il s'était fixé à New-York. Il est mort en cette ville en 1865.

* FIELD (John) M. Franz Liszt a écrit, pour une édition allemande d'un certain nombre des Nocturnes de cet artiste, une petite étude critique. Cette étude, publiée ensuite à part, avec texte français et allemand, a paru sous ce titre : *Über John Field's nocturne, von Franz Liszt*, Hambourg, Leipzig et New-York, Schuberth, 1859, in-16.

* FIENNES (Henri DU BOIS DE), est mort à Anderlecht, le 15 février 1803. Cet artiste était issu d'une famille noble dont l'origine remonte au onzième siècle, et un de ses oncles, Louis de Fiennes, officier général dans l'armée autrichienne et chambellan de l'empereur, fut tué à la bataille de Wagram.

FIEVET (......), compositeur, a écrit la musique d'un ballet, *Faune et Bergère*, qui a été représenté sur le théâtre de la Monnaie, de Bruxelles, le 21 janvier 1868.

FIGHERA (Salvatore), compositeur, né à Gravina, dans les Pouilles, en 1771, fit ses études musicales au Conservatoire de Sainte-Marie de Lorette, à Naples, où il fut l'élève d'Insanguine pour le chant et le contrepoint, et de Fenaroli pour la composition. Après sa sortie du Conservatoire, il se rendit à Milan, fit représenter au théâtre de la Scala un opéra bouffe intitulé *la Sorpresa*, et écrivit encore dans cette ville deux cantates, *la Finta Istoria* et *lo Sdegno e la Pace*. Il retourna ensuite à Naples, et y devint maître de chapelle de plusieurs couvents, pour lesquels il écrivit un assez grand nombre de compositions religieuses dont il n'existe plus de vestiges aujourd'hui. Voici une liste de ces compositions : 1° 2 messes à deux chœurs, avec orchestre; 2° 2 messes funèbres à deux chœurs, avec orchestre; 3° 2 messes à 4 voix, avec orchestre; 4° plusieurs messes *alla Palestrina*; 5° *Miserere* à 8 parties réelles, *alla Palestrina*; 5° *Miserere* à 4 voix, avec orchestre; 7° un oratorio à 4 parties, avec orchestre; 8° un oratorio avec chœurs; 9° 2 *Credo* à 8 voix, en style madrigalesque; 10° un Monologue pour voix de soprano; 11° un traité didactique, *Studio di canto*, conçu selon les préceptes de Porpora. Fighera mourut à Naples en 1836.

Un fils de cet artiste, qui, ainsi que lui, exerçait à Naples la profession de maître de chapelle, mourut quatre ans seulement après son père, en 1840.

FIGUERAS (......), compositeur espagnol du dix-huitième siècle, fit exécuter dans l'église Saint-François, de Barcelone, le 13 juin 1739, jour de la fête de saint Antoine de Padoue, un oratorio qui portait pour titre le nom de ce saint.

FIGUEIREDO. On connaît deux personnages portugais de ce nom : *José Antonio de Figueiredo*, habile organiste, qui jouissait d'une certaine réputation à Lisbonne vers le commencement de ce siècle; et *Luiz Botelho Froes de Figueiredo*, philosophe et jurisconsulte distingué, né à Lisbonne en 1075 d'une famille noble. N'ayant pu faire admettre des prétentions qu'il considérait comme légitimes, ce dernier se retira au couvent de Varatojo, et partit peu de temps après en 1715 pour l'Espagne, où il parvint à une situation très-considérable. Il mourut en 1720 à Alicante. Cet auteur a publié sur la vie et la mort de *Santa Rita* un poëme en vers qui porte un titre très-curieux et qui paraît, au premier coup d'œil, avoir rapport à la musique : *Côro celeste: Vida Musico em solfa metrica*, etc., Lisbonne, 1714, in-4° de VIII-176 pages. Deux autres auteurs, *Limpo* et *Varella*, ont aussi choisi des titres extravagants pour des ouvrages qui n'ont d'ailleurs aucun rapport avec la musique (*Doze Fugas de David*, par Balthasar Limpo, et *Numero Vocal* par Sébastien Pachico Varella). Ces ouvrages sont remplis de termes techniques et d'expressions relatives à l'art musical, mais les uns et les autres ne servent qu'à masquer des allégories de mauvais goût qui étaient fort goûtées des admirateurs du style gongoresque.

J. DE V.

FILIPPI (Filippo), critique musical et compositeur, est né à Vicence le 13 janvier 1833 (1). Fils d'un négociant aisé, il fut envoyé à Padoue pour y faire son droit à l'Université de cette ville, fut reçu docteur en 1853, et l'année suivante entrait dans les bureaux d'un avocat de Venise pour y étudier la pratique des affaires. A cette époque, l'amour de la musique et de la littérature musicale, qui le travaillait depuis longtemps, l'emporta sur toute autre préoccupation, et M. Filippi, après avoir étudié la musique à Vienne et à Venise, devint, dans cette dernière ville, le correspondant de la *Gazzetta musicale* de Milan, dont le propriétaire était le fameux éditeur M. Tito Ricordi. M. Mazzucato ayant abandonné la direction de ce journal en 1858, M. Filippi fut appelé par M. Ricordi pour le remplacer, et conserva cette position pendant plusieurs années.

(1) Cette date m'a été donnée par M. Filippi lui-même. Dans son *Annuario musicale universale* (Milan, 1876), M. G. Paloschi donne celle du 13 janvier 1832.

M. Filippi se trouvait depuis une année environ placé à la tête de la *Gazzetta musicale*, lorsque se fonda à Milan, au mois de novembre 1859, un journal politique qui devint bientôt le premier de l'Italie, et qui, par ses allures très-littéraires, par son ton de bonne compagnie, par les formes de sa polémique, tient aujourd'hui dans ce pays une place qui n'est pas sans analogie avec celle qu'occupe en France le *Journal des Débats*. Ce journal, qui avait pour titre *la Perseveranza*, attira à lui M. Filippo Filippi, et lui confia son feuilleton musical et dramatique. Le jeune écrivain s'y fit aussitôt remarquer et depuis lors, malgré les nombreux changements survenus dans la rédaction, est resté ferme à son poste, discutant toujours les questions musicales et théâtrales, et s'occupant même de peinture et faisant parfois le compte-rendu des salons. Aujourd'hui, M. Filippo Filippi est resté le seul des rédacteurs qui ont fondé *la Perseveranza*, et il a publié dans ce journal, outre plusieurs notices biographiques intéressantes sur divers musiciens des relations de ses voyages artistiques à Paris, à Londres, à Vienne, à Weimar, au Caire, etc. Un choix de ces articles a été fait par leur auteur, pour former un volume qui a paru récemment sous ce titre : *Musica e Musicisti* (Milan, Brigola, 1876), et qui contient des études sur Haydn, Beethoven, Meyerbeer, Rossini, Verdi, Wagner, Schumann, etc. Déjà, M. Filippi a publié il y a quelques années, chez l'éditeur Ricordi, une notice biographique sur le remarquable pianiste Adolfo Fumagalli. Mais il ne s'est pas contenté de se faire connaître comme critique, et il a voulu se produire aussi comme compositeur. C'est ainsi qu'il a fait exécuter à Milan, il y a une douzaine d'années, deux quatuors pour instruments à cordes, et qu'il a publié, en Italie et en France, un certain nombre de mélodies vocales.

On a fait à M. Filippo Filippi une réputation de wagnérien qu'il ne me paraît pas mériter entièrement. Il est facile de voir, en lisant sa critique, qu'il est attiré du côté de M. Wagner en tant que musicien, mais qu'il ne partage pas du tout ses vues esthétiques, qu'il apprécie à leur juste valeur, c'est-à-dire à leur peu de valeur ses théories nébuleuses, et qu'il ne professe aucune estime pour les pamphlets du maître saxon et ses opinions sur tout ce qui n'est pas *lui*. Au reste, M. Filippi semble être surtout un éclectique en matière d'art.

FILIPPI (Giuseppe de'), médecin italien, né en 1781 à Varallo-Pombia (Piémont), fit ses études et reçut ses grades à l'Université de Pavie, après quoi il servit dans l'armée et prit part à toutes les campagnes de Napoléon, à partir du camp de Boulogne. Il avait étudié la musique, et jouait du violon en amateur; en 1809, le chef de la musique des *vélites* de l'armée italienne étant mort, il prit la direction de cette musique (sans conduire, vu sa situation de médecin en chef), et composa pour elles quelques marches militaires dont les manuscrits ont été conservés dans sa famille. En 1814, Giuseppe de' Filippi refusa de servir l'Autriche, qui lui supprima sa solde de retraite. Il se fixa alors à Milan, où sa maison devint le rendez-vous des amateurs, des compositeurs et des artistes italiens, et même des artistes étrangers, qui tous s'y faisaient présenter. Élu membre de l'Institut des sciences de Lombardie, il fut à trois reprises rayé par le gouvernement autrichien, et réélu à trois reprises par ses confrères. Nommé en 1848 président du Comité de santé publique, qui comprenait le service de santé de l'armée, il se retira à Varèse lors du retour des Autrichiens en Lombardie, tomba malade en cette ville et y mourut en 1856, après deux années de cruelles souffrances. Cet homme distingué a donné dans la *Biblioteca italiana*, recueil publié à Milan, un écrit intitulé *Saggio sull'estetica musicale*, qui a été reproduit ensuite sous forme de brochure (Milan, 1847, in-8°).

FILIPPI (Giuseppe de'), fils du précédent, né à Milan le 12 mai 1825, s'adonna de bonne heure à la culture des lettres, principalement en ce qui concerne l'histoire du théâtre musical italien, vint en France en 1846, et collabora à plusieurs journaux de Paris en même temps qu'il était le correspondant de diverses feuilles artistiques italiennes. M. de Filippi forma à Paris une bibliothèque théâtrale qui ne comptait pas moins de 10,000 volumes et de 10,000 estampes, et qu'il fut obligé de vendre en 1863, après en avoir distrait environ 2,000 volumes en double qu'il offrit généreusement à la Comédie-Française et à l'Opéra ; à la même époque, il vendit à la Bibliothèque impériale un commencement de bibliographie et de biographie de l'Opéra-Italien, formant déjà un précieux recueil d'environ 4,000 cartes. Il a publié deux ouvrages importants, dans lesquels la musique a sa part : 1° *Guide dans les Théâtres* (en société avec l'architecte Chaudet), Paris, 1857, in-4° oblong; 2° *Parallèle des théâtres modernes de l'Europe*, Paris, 1860, in-folio (2° édition, Paris, 1861, gr. in-4°). *L'introduction* de ce dernier ouvrage est une histoire de l'architecture théâtrale ; cette importante publication renferme 134 planches, dessinées en partie par Contant, ancien machiniste de l'Opéra. — M. de Filippi, qui est très-versé dans l'histoire de l'opéra italien et de ses grands chanteurs, est l'un des collaborateurs du supplément de la *Biographie universelle des Musiciens*. Il est aussi l'un des rédacteurs assidus du journal *l'Entr'acte*, et a donné d'intéressants articles à la *Chronique musicale*.

FILIPPINI (ÉTIENNE), surnommé *l'Argentina*. A la liste des œuvres de ce compositeur, il faut ajouter le recueil suivant : *Salmi brevi a* 8 *voci*, op. 12, Bologne, Giacomo Monti, 1680.

FINCK (HENRI), compositeur d'origine polonaise, était, vers la fin du quinzième siècle, maître de chapelle du roi de Pologne Jean-Albert, et jouissait d'une grande réputation en Allemagne. « Les ouvrages de Henri Finck sont fort rares, dit M. Albert Sowinski : on en trouve un dans la bibliothèque de Zwickau, sous ce titre : *Schöne ausserlesene lieder des hochberumpten Heinrici Finckens samt andern neuen Liedern von den fuernemsten diesen Kunstgesetzt, lustig zu singen und auff die instrument dienlich, vor nie druck ausgegangen* (Jolies chansons choisies du célèbre Henri Finck, avec d'autres nouvelles chansons mises en musique par le même, pour être chantées ou jouées sur un instrument, non encore imprimées), petit in-4° sans date. Selon Gerber, cette collection aurait été imprimée vers 1550 ; elle contient cinquante-cinq chants à voix seule. D'autres pièces du même compositeur se trouvent dans le *Concentus* à quatre, cinq, six et huit voix, de Salblinger (Augsbourg, 1545, in-4°). »

FINCK (HERMANN), neveu du précédent, théoricien remarquable et compositeur renommé, habitait la Pologne au seizième siècle. On lui doit un ouvrage théorique important, publié sous ce titre : *Practica musica*.

FINUCCI (Le P. GIUSEPPE), compositeur de musique religieuse, naquit à Lucques vers 1743. Un grand nombre de ses œuvres sont conservées dans les archives des familles Puccini et Quilici, de cette ville. En 1773, 1780 et 1781, on exécuta des motets à quatre voix avec accompagnement d'orchestre, composés par Finucci pour la célébration de la fête de sainte Cécile. Cet artiste mourut le 21 février 1784.

* **FIOCCHI** (VINCENZO). Cet artiste est l'auteur des cantates suivantes, qui peut-être n'ont pas été publiées, mais dont M. le docteur Basevi possède des copies manuscrites dans sa riche bibliothèque : 1° *l'Addio d'Ettore* cantate, 1797 ; 2° *Piramo e Tisbe*, cantate à 2 voix ; 3° *Francesca d'Arimino*, cantate ; 4° *Aci*, cantatille.

* **FIODO** (VINCENT). Dans son livre sur les Conservatoires de Naples, M. Florimo, (dont les renseignements ne sont pas toujours très-exacts), donne des détails circonstanciés sur la jeunesse de Fiodo, qui, selon lui, serait né non à Bari, mais à Tarente, le 2 septembre 1782. Après avoir écrit son troisième opéra, *Ciro*, qui fut représenté à Florence en 1810, s'être fixé en 1812 à Pise comme professeur de chant, il aurait renoncé à la musique pour le commerce, et se serait fait négociant jusqu'en 1820. C'est à cette époque qu'il serait revenu à Naples, et se serait de nouveau livré à l'enseignement, tout en devenant maître de chapelle dans divers couvents et églises. Ici les renseignements deviennent certains : en 1840, Fiodo est nommé inspecteur des écoles externes du Conservatoire, et en 1858 il devient professeur de solfège dans cet établissement. Il mourut en 1863, à l'âge de 81 ans.

Fiodo était un artiste instruit, mais sans génie et sans l'ombre d'inspiration ; sa musique d'église est écrite correctement, mais sans goût et sans idées, et M. Florimo, qui a été à même de l'étudier, est d'une sévérité rare à son égard. Je crois donc inutile de dresser ici le catalogue assez fourni des compositions religieuses de Fiodo, tout en faisant remarquer qu'il voulait sans doute remplacer le génie par les excentricités. C'est là probablement ce qui lui a fait écrire une messe funèbre à deux chœurs et deux orchestres, une autre à trois chœurs et deux orchestres, une autre enfin à trois chœurs et trois orchestres.

* **FIORAVANTI** (VINCENZO), l'un des derniers compositeurs bouffes italiens qui aient joui dans leur patrie d'une véritable renommée, était le fils de Valentino Fioravanti, qui fut presque le rival de Paisiello et de Cimarosa, et était né à Rome le 5 avril 1799. Son père, dont la carrière de compositeur avait été très-brillante, voulait en faire un médecin. Mais le jeune homme ne l'entendait pas ainsi, et voulait précisément suivre la carrière paternelle. C'est donc contre le gré de sa famille qu'il étudia la musique, d'abord avec un vieux maître nommé Jannacconi, qui avait été celui de son père. Lorsqu'il se crut assez fort pour voler de ses propres ailes, il s'adressa au directeur d'une scène de Rome, le théâtre Valle, et celui-ci le chargea d'écrire un duo qui devait être intercalé dans un opéra du répertoire. Mais le jour de la répétition arrivé, le duo en question se trouva être si mauvais, que le chef d'orchestre, posant tranquillement son bâton, et s'adressant à Fioravanti, lui dit simplement : *Mon cher enfant, travaillez encore, et puis vous pourrez peut-être écrire de la musique.*

L'apprenti compositeur, un peu honteux, s'en alla trouver alors Donizetti, qui se trouvait à Rome pour la mise en scène de son opéra *Zoraide di Granata*, et lui demanda des leçons que celui-ci lui accorda volontiers. Après avoir travaillé pendant quelque temps avec ce maître, se sentant plus sûr de lui, il songea à aborder sérieusement la scène, et écrivit un opéra-bouffe intitulé *Pulcinella molinaro*, qui servit non-seulement aux débuts du compositeur, mais aussi à ceux de son principal interprète, lequel n'était autre que Luigi Lablache, le chanteur dont, au bout de peu d'années, la célébrité était si grande. Tous deux obtinrent un très vif succès, et il ne fallut rien moins que ce succès pour rapprocher complètement Fioravanti de son père, qui lui tenait rigueur de ses velléités musicales. C'est en 1819 que *Pulcinella molinaro* fut représenté par le petit théâtre San-Carlino, de Naples, et le jeune compositeur le fit suivre d'un grand nombre d'autres ouvrages qui lui valurent une renommée brillante. En voici la liste, que je crois bien près d'être complète : 1° *La Pastorella rapita*, semi-sérieux, Rome, théâtre Valle; 2° *Robinson Crusoé*, bouffe, Naples, théâtre Nuovo; 3° *Il Sarcofago scozzese*, semi-sérieux, Naples, Fenice; 4° *Colombo alla scoperta delle Indie*, sérieux, Naples, Fenice; 5° *Il Folletto innamorato*, bouffe, Naples, théâtre Parthénope; 6° *Non tutt'i pazzi sono all'ospedale*, bouffe, Naples, Fenice; 7° *Amore e Disinganno*, semi-sérieux, Naples, théâtre Nuovo; 8° *Il Parrucchiere e la Crestaia*, bouffe, Naples, théâtre Nuovo; 9° *La Larva*, semi-sérieux, Naples, théâtre Nuovo; 10° *La Figlia del Fabbro*, bouffe, Rome, théâtre Valle; 11° *Chi chenerà*, bouffe, Rome, théâtre Argentina (écrit et représenté en un acte, et plus tard refait en deux actes et représenté au théâtre Nuovo de Naples, sous le titre de *la Padrona e la Cameriera*); 12° *Un Matrimonio in prigione*, bouffe, un acte, Naples, théâtre Nuovo; 13° *I Disperati per non poter andar carcerati*, farce, Naples, Fenice; 14° *Un Padre comprato, ossia X, Y e Z*, bouffe, Turin, théâtre d'Angennes; 15° *Il Ritorno di Pulcinella da Padova*, bouffe, Naples, théâtre Nuovo; 16° *La Dama e lo Zoccolaio*, bouffe, Naples, Fenice; 17° *La Scimmia bresiliana*, bouffe, Naples, Fenice; 18° *Gli Zingari*, Naples, théâtre Nuovo; 19° *Pulcinella e la sua famiglia*, bouffe, Naples, théâtre Nuovo; 20° *Pulcinella e la Fortuna*, bouffe, Naples, théâtre Nuovo; 21° *Il Folletto*, semi-sérieux, écrit pour le théâtre San-Carlo, de Naples, mais non représenté par suite de la faillite de l'entreprise : la partition a été perdue; 22° *I Due Caporali*, semi-sérieux, Naples, théâtre Nuovo; 23° *Jacopo lo Scortichino*, semi-sérieux, Naples, théâtre Nuovo; 24° *Il Cieco del Dolo*, sérieux, Naples, Fenice; 25° *La Pirata*, semi-sérieux, Naples, théâtre Nuovo; 26° *I Vecchi burlati*, bouffe; 27° *Il Notaio d'Ubeda*, bouffe, Naples, théâtre Nuovo, reproduit par toute l'Italie, avec un immense succès, sous le titre de *Don Procopio*; 28° *La Lotteria di Vienna*, bouffe, Naples, théâtre Nuovo; 29° *Annella, tavernara di porta Capuana*, bouffe, Naples, théâtre Nuovo. A tout cela il faut ajouter quatre opéras qui, je crois, n'ont pas été représentés : *la Strega, Il Castello degli spiriti, Pulcinella erede senza eredità*, et *la Testa di Mercurio*; puis deux oratorios : *Scilla*, et *il Sacrifizio di Jefte*; et enfin une grande messe funèbre.

Fioravanti est mort à Naples, âgé de 78 ans, le 28 mars 1877.

FIORENTINO (Pier-Angelo), écrivain artistique, naquit à Naples en 1806, reçut une bonne instruction, et débuta dans la carrière littéraire par de nombreux articles de journaux. Il publia ensuite quelques nouvelles, un roman historique, *Corradino*, un recueil de poésies, le *Sere d'autunno* (Naples, Tramater, 1834, in-16), fit représenter un drame intitulé *la Fornarina*, puis vint à Paris pour y chercher fortune. Il parvint rapidement non-seulement à parler, mais à écrire la langue française avec élégance, et collabora à divers journaux, entre autres au *Corsaire*, où il donnait des articles pleins de fantaisie, de verve, et de gaîté. En 1849, il fut appelé au *Constitutionnel* pour y faire le feuilleton dramatique et musical, et peu de temps après, sans quitter ce journal, il fut chargé du feuilleton exclusivement musical du *Moniteur universel*, qu'il signa du pseudonyme : *A. de Rovray*. Un scandale l'ayant obligé d'abandonner le *Constitutionnel*, il entra bientôt à *la France* pour y remplir le même office. Il mourut à Paris le 31 mai 1864.

Je n'ai pas à apprécier ici certaines pratiques fâcheuses qui ont été reprochées à Fiorentino, dans l'exercice de sa profession. En tant qu'écrivain et critique, il avait de l'esprit, de la légèreté, du goût, mais au point de vue musical, il manquait des connaissances techniques et historiques sans lesquelles il n'est pas de véritable critique. Toutefois, comme il avait beaucoup connu et pratiqué les artistes, surtout ses compatriotes, on trouvait souvent dans ses feuilletons des anecdotes et des renseignements biographiques nouveaux et intéressants. Après sa mort, on a fait et publié deux recueils de ses articles : l'un, intitulé *les Grands Guignols*

(Paris, Lévy, 2 vol. in-12), l'autre portant pour titre *Comédies et Comédiens* (Paris, Lévy, 2 vol. in-12).

FIORI (Ettore), compositeur italien, a fait représenter avec succès le 19 février 1868, au théâtre Carcano, de Milan, un opéra en trois actes intitulé *Pietro da Padova*. Un artiste du même nom — j'ignore si c'est le même — avait écrit, en société avec un autre compositeur nommé Picchi, la musique d'un opéra bouffe, *Don Crescendo*, qui fut joué à Modène le 17 avril 1854, et celle d'un drame lyrique, *Rizzardo da Milano*, dont quelques morceaux ont été publiés chez Ricordi, à Milan. Enfin, M. Fiori a publié, chez le même éditeur, plusieurs albums de romances et mélodies (*Roma*, *Pisa*, *Album vocale*, etc.), et il a fait entendre à Londres, il y quatre ou cinq ans, un quintette pour piano et instruments à cordes.

FISCER. Deux frères de ce nom, luthiers tous deux, vivaient à Milan dans la seconde moitié du dix-huitième siècle. Dans son livre intéressant : *Les Instruments à archet*, M. Antoine Vidal reproduit ainsi une étiquette d'un de leurs violons, instrument de bonne facture et d'heureuses proportions : *Giuseppe Carlo fratelli Fiscer, fabbricatori d'instrumenti, in Milano, vicino alla balla*, 1764.

FISCHER (Charles-Auguste), l'un des organistes les plus distingués de l'Allemagne, est né à Ebersdorf, près de Chemnitz, en 1829. Il devint de bonne heure un artiste remarquable, et voyagea avec succès, de 1852 à 1855, pour se faire entendre sur l'orgue. Il remplit aujourd'hui les fonctions d'organiste à la maison des orphelins, à Dresde. Malgré son talent d'exécutant, M. Fischer a peu écrit pour son instrument, et son œuvre la plus importante sous ce rapport est une grande symphonie pour orgue et orchestre. Il est aussi l'auteur d'un opéra intitulé *Loreley*.

FISCHETTI (Matteo-Luigi), pianiste et compositeur, est né à Martina Franca, dans la province de Lecce, le 28 février 1830. Il commença dès l'âge de six ans l'étude du piano, se perfectionna ensuite sur cet instrument par les soins de Michele Cerimelo, puis entreprit l'étude préliminaire de l'harmonie avec Raejntroph, et compléta son éducation avec MM. Petrella, Moretti, Lillo et Pappalardo. Il se livra alors à l'enseignement du piano, en même temps qu'à la composition, et publia plus de 200 morceaux pour cet instrument, parmi lesquels on compte de nombreuses transcriptions, ainsi que diverses compositions vocales. M. Fischetti s'est produit aussi au théâtre, avec les trois opéras dont les titres suivent : 1° *Aida di Scafati* (Naples, Fenice, 11 juin 1873), ouvrage qui fournit d'abord une série de plus de cent représentations, et fut ensuite repris au Politeama ; 2° *la Sorrentina* (id., id., 6 septembre 1873) ; 3° un' *Altra Figlia di Madama Angot* (id., th. Mercadante, 17 mai 1874).

FISCHIETTI (Dominique). La liste des ouvrages dramatiques de ce compositeur doit s'augmenter des deux opéras suivants : *l'Abbate Collarone*, 1749, et il *Finto Fratello*.

FISSOT (Alexis-Henry), pianiste, organiste et compositeur, né à Airaines (Somme), le 24 octobre 1843, commença l'étude de la musique dès sa plus tendre enfance, et avant même d'avoir accompli sa neuvième année était admis au Conservatoire de Paris, le 5 octobre 1852, dans la classe de solfège de M. Émile Jonas. Il fit de la façon la plus brillante toutes ses études dans cet établissement, où il fut successivement élève de M. Marmontel pour le piano, de M. Benoist pour l'orgue, de M. Bazin pour l'harmonie et accompagnement, et de M. Ambroise Thomas pour le contrepoint et la fugue. Voici la liste des récompenses qu'il obtint dans les concours annuels : 1853, 1er accessit de solfège ; 1854, premier prix de solfège et second prix de piano ; 1855, premier prix de piano ; 1856, troisième accessit d'harmonie et accompagnement, et premier prix l'année suivante ; 1858, premier accessit de fugue et premier accessit d'orgue ; 1859, second prix de fugue et premier second prix d'orgue ; 1860, premier prix de fugue et premier prix d'orgue. Ainsi, M. Fissot avait complètement terminé le cours de ses études, en obtenant toutes les distinctions possibles, avant même d'avoir accompli sa dix-huitième année.

Le jeune artiste se livra alors à l'enseignement, tout en s'essayant dans des travaux heureux de composition, ce qui ne l'empêchait pas de devenir rapidement un pianiste extrêmement remarquable et l'un des meilleurs organistes de Paris. M. Fissot est malheureusement trop modeste, et la rareté de ses apparitions en public fait qu'il éprouve parfois une émotion qui ne laisse pas à son très-beau talent toute la sûreté et toute la sérénité désirables. Il n'en est pas moins vrai que, comme pianiste, M. Fissot se fait remarquer par un son magnifique et d'une rare puissance, par les qualités d'un mécanisme irréprochable, par un style d'une réelle élévation, et en même temps par un charme indéfinissable dans certaines parties de son exécution. C'est surtout dans les belles séances de musique de chambre fondées par M. Ch. Lamoureux (*Voyez* ce nom), que M. Fissot a fait apprécier d'abord son talent, de même que dix ans après, dans les concerts de la Société de l'harmonie sacrée, fondée par le même artiste, il a fait ressortir la puissance de son jeu comme organiste. M. Fissot est titulaire du grand orgue de l'église Saint-Vincent de Paul.

Non moins distingué comme compositeur que comme exécutant, cet artiste remarquable a publié pour le piano un certain nombre de productions qui se signalent par de réelles qualités de forme, de style et de pensée. Je citerai, entre autres : 2 galops et 2 valses, op. 1 (Paris, Heu); Fantaisie et variations sur la romance : *Le temps que je regrette*, op. 2 (id., id.); Divertissement sur le choral des *Huguenots*, op. 3 (id., id.); Fantaisie sur la cavatine et la marche de *Norma*, op. 4 (id., id.); 12 préludes (Paris, Maho) 3 morceaux (*Nocturne, Boutade, Rêverie*, op. 4 (id., id.); *Adagio e Presto*, op. 5 (id., id.); Fantaisie-Impromptu, Idylle, op. 6 (id., id.); Deux Ballades, op. 7 (id., id.); Romance, *Fantasietta*, op. 8 (id., id.); Mélodie Landler, Capriccio, op. 9 (id., id.); Arabesques, 1ᵉʳ et 2ᵉ livre, op. 10 (id. id.); Scènes de la vie rustique, op. 11 (id., id.); 2 Morceaux de salon (*Gondoliera*, Chanson mauresque), op. 12 (id., id.); Quatre Morceaux de genre, op. 13 (id., id.); Scherzo, op. 14 (id., id.); Élégie, op. 15 (id., id.); Trois Feuillets d'album : 1, *En calque*, barcarolle; 2, *Un soir dans la campagne*, idylle; 3, *Les Papillons*, scherzettino (Paris, Heugel).

FITTON (........), est auteur d'un *Manuel pratique et élémentaire d'harmonie* à l'usage des pensionnats, approuvé par le Conservatoire de Paris (Paris, 1857, in 4°).

FLAXLAND (GUSTAVE-ALEXANDRE), éditeur de musique français, né à Strasbourg en 1821, étudia de bonne heure la musique et reçut ses premières leçons de piano de M. J. Leybach (*Voy.* ce nom). Venu à Paris à l'âge de seize ans, il entra bientôt au Conservatoire, dans une classe d'harmonie, puis, au bout de quelques années, se livra à l'enseignement. En 1847, il créa, dans de modestes conditions, un fonds de commerce de musique situé place de la Madeleine, et commença par publier un certain nombre de recueils de chant intéressants, qu'il arrangeait lui-même; ces recueils, intitulés *Échos de France, Échos d'Allemagne, Échos d'Italie, Échos du monde religieux*, etc., se composaient de morceaux choisis dans les œuvres les plus célèbres des grands maîtres et publiés avec accompagnement de piano, et formaient des sortes d'anthologies musicales qui méritaient l'accueil sympathique qu'elles reçurent du public. M. Flaxland forma ensuite des recueils de musique classique pour le piano, entre autres celui qui avait pour titre *les Bonnes Traditions du pianiste*.

Grâce à son intelligence et à son activité, le commerce du jeune éditeur prospérait. Bientôt il entreprit plusieurs voyages en Allemagne, pour apprécier par lui-même et bien connaître la jeune école allemande. C'est alors qu'il se prit d'une grande admiration pour les œuvres de Robert Schumann et de M. Richard Wagner et qu'il se décida à en faire des éditions françaises tâche laborieuse, qui ne fut pas sans l'obliger à des luttes énergiques. Lorsque, vers 1860 M. Wagner vint à Paris pour y donner ses premiers concerts au Théâtre-Italien, M. Flaxland lui acheta la propriété de quatre de ses opéras *Rienzi, le Vaisseau fantôme, Tannhauser* et *Lohengrin*; puis, peu de temps après, et malgré l'antipathie que le public français semblait éprouver pour le musicien saxon, les éditeurs allemands ayant revendiqué la propriété de ses œuvres en France, M. Flaxland, dont l'admiration pour M. Wagner ne faiblissait point, s'assura d'une façon incontestable cette propriété en désintéressant les éditeurs d'outre-Rhin.

Quelle que soit l'opinion que l'on professe pour le génie de Schumann et de M. Wagner, on ne peut méconnaître le service très-réel que M. Flaxland a rendu à son pays en lui faisant connaître les productions de ces deux artistes, et le courage dont il a fait preuve en cette circonstance. Le succès, d'ailleurs, finit par couronner ses efforts, et sa maison devint, au bout de quelques années, l'une des plus importantes du commerce de musique de Paris. En 1870, M. Flaxland céda son fonds à MM. Aug. Durand (*Voy.* ce nom) et Schœnewerk, avec l'intention de se retirer complètement des affaires; mais depuis ce temps, et dans le but surtout de faire une situation à son fils, il a entrepris de fonder avec lui une fabrique de pianos.

* FLECHA (MATTHIEU). Dans les éphémérides de son *Calendario historico musical*, M. Soriano Fuertes enregistre, à la date du 6 décembre 1561, la première représentation, au Palais royal de Madrid, d'un opéra espagnol intitulé *el Parnaso*, dont la musique aurait été écrite par ce compositeur. S'il en est ainsi, c'est probablement là le premier ouvrage de ce genre qui ait vu le jour en Espagne.

Le portrait de ce compositeur, peint à l'huile, se trouve aujourd'hui dans la salle des manuscrits de la Bibliothèque nationale de Madrid, catalogué sous le n° 4. Derrière le cadre, on lit cette inscription : *Flecha, musico de Felipe II*.

FLÉGIER (ANGE), compositeur, est né à Marseille le 22 février 1846. Après avoir reçu des leçons de piano de M. de Croze, il devint élève de Conservatoire de Marseille et continua à cette école son éducation musicale. En 1866, il entra au Conservatoire de Paris dans la classe d'harmonie de M. François Bazin. Deux ans plus tard il passa dans la classe de composition de M. Ambroise Thomas, et, en 1869, fut admis, après l'épreuve préparatoire d'usage, à concourir pour le prix de Rome. Dans la même année, il fut décoré de l'ordre de Charles III d'Espagne, pour une composition dédiée à la régente de ce pays. En 1870, une dangereuse maladie le força à quitter Paris pour changer de climat, et les terribles événements qui se succédèrent à cette époque le tinrent éloigné de son centre d'études. Ces divers contre-temps le firent renoncer à poursuivre le prix de Rome, et le décidèrent à se fixer auprès de sa famille, à Marseille. Il y est resté jusqu'à ce jour.

On a de cet artiste les œuvres suivantes : *Françoise de Rimini*, cantate écrite pour le concours du prix de Rome. — Deux ouvertures et une marche (*le Cortège*) à grand orchestre. — Six pièces pour le piano (publiées chez Colombier à Paris). — *Méditation* pour violoncelle, et *Prélude et danse* pour violon (chez Carbonel à Marseille). — *La Nuit* et le *Tirage au sort*, chœurs avec accompagnement d'orchestre (chez Colombier). — Un assez grand nombre de mélodies, dont 12 ont été publiées en album chez Escudier et d'autres chez Colombier ou chez Carbonel (*les bords du Léman, le Paysan et le Grillon, Bonsoir Ninon*, etc.); enfin de la musique de danse : 2 pas redoublés et polkas pour musique militaire ; 8 valses pour piano (dont 4 chez Colombier), 2 mazurkas et 2 polkas. — En avril 1875, M. Flégier a fait représenter au Grand-Théâtre de Marseille un opéra-comique en un acte, intitulé *Fatma*, qui a eu du succès, et dont on a remarqué surtout l'ouverture et un bon duo bouffe. La partition (piano et chant) de cet ouvrage a été publiée chez Carbonel, à Marseille.

Il y a dans ces diverses productions une bonne facture, l'entente des procédés et un sentiment mélodique clair et facile.

AL. R—D.

FLEURY (Jean), musicien distingué qui vivait dans la seconde moitié du quinzième siècle, fut le premier organiste qui fut chargé, à l'église métropolitaine de Rouen, de jouer le grand orgue que l'archevêque Robert de Croixmare venait de faire construire et placer dans cette basilique. Jean Fleury remplit ces fonctions d'organiste de 1467 à 1483, époque où il mourut sans doute.

FLEURY (Benoît), luthier, faisait partie, en 1755, de la corporation des luthiers-maîtres-jurés-comptables de Paris, et exerçait encore sa profession dans cette ville en 1785. A cette dernière époque, un luthier du même nom, appartenant évidemment à la même famille, *Jean-François Fleury*, était aussi établi à Paris.

***FLOQUET** (Étienne-Joseph). On trouvera des renseignements nombreux sur ce compositeur dans l'opuscule suivant : *Floquet*, par Arthur Pougin (Paris, imp. Chaix, 1863, in-8° de 24 pp.).

* **FLORIMO** (Francesco), archiviste du Conservatoire de Naples, est, sous divers rapports, l'un des artistes les plus méritants de l'Italie contemporaine. Passionné d'une part pour l'établissement où il a été élevé et qu'il n'a pour ainsi dire jamais quitté, de l'autre pour le dépôt dont la garde et la direction lui sont confiées, il a passé plusieurs années de sa vie à écrire l'histoire du premier, et ne cesse de multiplier les efforts pour rendre le second l'un des plus importants et des plus précieux de l'Europe musicale. Depuis qu'il est à la tête de la bibliothèque du Conservatoire de Naples, M. Florimo l'a enrichie d'une façon incomparable, ne redoutant aucun effort, ne négligeant aucune démarche, ne se laissant rebuter par aucun refus, et ne passant pas un jour sans avoir à se louer de son activité. C'est ainsi que la bibliothèque lui est redevable non-seulement d'une foule d'ouvrages importants dans tous les genres, mais encore d'une merveilleuse collection d'autographes et de manuscrits de tous les maîtres, grands ou petits, qui ont illustré l'école napolitaine et qui ont appartenu au Conservatoire soit comme élèves, soit comme professeurs, et d'une autre collection, non moins intéressante, non moins précieuse, de portraits de ces mêmes maîtres.

M. Florimo a publié il y a quelques années, sous ce titre : *Cenno storico sulla Scuola musicale di Napoli* (Naples, 1869-1871, 2 vol. in-8°), un volumineux ouvrage dans lequel il a retracé l'histoire des divers Conservatoires de Naples, réunis et résumés aujourd'hui dans celui de San-Pietro a Majella, et celle de tous les maîtres napolitains. On trouve de très-utiles renseignements dans ce livre, surtout en ce qui concerne l'époque contemporaine ; malheureusement, et pour ce qui se rapporte à un passé un peu éloigné, il faut remarquer que M. Florimo a souvent manqué de documents originaux, et qu'il a, sans prendre la peine de bien chercher autour de lui, puisé un peu complaisamment dans des ouvrages connus, dont certains passages sont traduits pour ainsi dire mot à mot, sans que l'auteur soit jamais cité que quand, par hasard, il s'agit de le contredire. Néanmoins, et ne fût-ce que par l'ensemble des documents réunis, qu'ils soient originaux ou non, le livre de M. Florimo est utile à consulter et présente un grand intérêt. On doit seulement accepter ses renseignements sous certaines réserves, car l'auteur cite rarement ses sources, et il lui arrive parfois de donner comme certains des faits qui ne sont rien moins qu'exacts. J'ai dû le démontrer, entre autres, dans la notice relative à Pietro Casella (*Voy.* ce nom).

Comme compositeur, M. Florimo a publié un grand nombre d'albums de chants, dont les mélodies sont écrites sur des paroles en dialecte napolitain, et qu'il a donnés avec une traduction italienne accompagnant le texte original ; je signalerai les suivants : 1° *le Montanine* (10 pièces), Milan, Ricordi ; 2° *i Canti della Collina* (10 pièces), id., id. ; 3° *le Brezze marine* (10 pièces), id., id.; 4° *Ischia e Sorrente* (10 pièces), id., id.; 5° *le Napoletane* (24 pièces), id., id. ; 6° *le Popolane* (10 pièces), Naples, Cottrau ; 7° *Serenate di S. Elmo* (10 pièces), id., id.; 8° *le Notte di Napoli* (10 pièces), id., id.; 9° *Canti del golfo* (10 pièces), id., id. L'éditeur Ricordi, de Milan, a fait une seconde édition de la méthode de chant (*Metodo di canto*) de M. Francesco Florimo, qui a été approuvée par l'Académie des Beaux-Arts et adoptée pour l'enseignement dans les classes du Conservatoire de Naples.

M. Francesco Florimo, à qui l'on doit encore une brochure intitulée *Riccardo Wagner ed i Wagneristi* (Naples, 1876), et un autre opuscule relatif à la translation des cendres de Bellini à Catane, est né à San-Giorgio Morgeto, non en 1806, mais le 12 octobre 1800. C'est du moins la date que je trouve dans l'*Annuario musicale* (Milan, 1876) de M. G. Paloschi, qui s'est renseigné directement auprès des artistes dont il avait à parler.

*FLOTOW (Frédéric-Ferdinand-Adolphe, comte DE), et non DE FLOTTOW. On ignore généralement que c'est sur une scène parisienne de vaudeville, c'est-à-dire au théâtre du Palais-Royal, que cet artiste amateur a fait ses débuts de compositeur dramatique. Au mois de novembre ou de décembre 1836, ce théâtre représentait une pièce intitulée *le Comte de Charolais*, pour laquelle M. de Flotow avait écrit plusieurs morceaux de musique nouvelle. « Parmi les morceaux que M. de Flotow a intercalés dans *le Comte de Charolais*, disait à ce sujet la *Gazette musicale*, nous citerons avec de justes éloges une valse fort originale et un chœur de chasse d'une bonne facture. » Quinze mois après, le 11 février 1837, M. de Flotow abordait une autre scène du même genre, et le Vaudeville donnait la première représentation de *la Champmeslé*, petit ouvrage pour lequel il avait écrit un grand air que chantait Mme Albert, actrice et cantatrice aimable qui avait appartenu au théâtre des Nouveautés alors qu'on y jouait l'opéra-comique. Le livret de cette pièce estropiait même le nom du compositeur, et portait cette mention : *Musique nouvelle de M. de Flotteaux*. Parmi les ouvrages écrits par M. de Flotow à l'origine de sa carrière, pour des théâtres de société, il en faut citer un qui a été omis par la *Biographie universelle des Musiciens ;* c'est *Séraphina*, ou *Seraphita*, opéra-comique représenté le 30 octobre 1836, chez le marquis de Bellissen, à son château de Royaumont, et dont le livret, dû à Frédéric Soulié, avait été précédemment publié par cet écrivain dans une revue littéraire.

Au sujet d'un autre ouvrage du même genre mais plus important, qui fut représenté à une soirée particulière donnée au théâtre Ventadour (3 avril 1840), au bénéfice des Polonais malheureux, je trouve dans la *Gazette musicale* du 2 avril les renseignements suivants, qui ne sont pas sans intérêt : — « On sait comment nos dames de haut parage prennent patente de boutiquières et de marchandes pour venir au secours de l'indigence. La soirée de demain nous offrira un spectacle non moins piquant : les mêmes dames se mettront actrices, choristes, figurantes et habilleuses de théâtre pour soulager une autre infortune non moins respectable : c'est au 3 avril qu'est fixée la représentation d'amateurs au bénéfice des Polonais sans travail. On sait que c'est une partition de M. de Flotow qui défraiera cette magnifique soirée. *La Duchesse de Guise*, tel est le titre de cet ouvrage, dont les paroles ont été arrangées par M. le comte de B. (Bouillerie), d'après le drame d'*Henri III* de M. Alexandre Dumas. Les répétitions de cette pièce ont prouvé que toutes nos illustrations chantantes n'étaient pas sur la scène, et que nos salons fashionables recèlent des trésors qui feraient envie à plus d'une administration théâtrale. Le nom de Mlle de Lagrange circule de bouche en bouche parmi tous les initiés. Mlle de Lagrange possède les trois registres de la voix féminine, *soprano*, *mezzo-soprano* et *contralto ;* elle joint à une prodigieuse flexibilité un sentiment musical très-profond et une méthode exquise. Il est inutile de dire que Mlle de Lagrange remplit le principal rôle dans *la Duchesse de Guise*. Le rôle du duc est échu en partage à M. Pane, M. Lac, premier ténor, représente Saint-Mégrin, M. Lawrence s'est chargé du rôle de l'astrologue

Ruggieri. Tous les rôles secondaires, ainsi que les chœurs, ont été également confiés à des amateurs, à des gens du monde. Les chœurs se composent de 110 voix réparties de la manière suivante : 30 premiers sopranos, 20 seconds sopranos, 15 premiers ténors, 15 deuxièmes ténors, 30 basses-tailles. Les chœurs sont dirigés par Mlle de Kontski, la sœur des frères de Kontski, cette noble famille d'artistes qui fait les délices de nos concerts. Le chef des comparses appartient à la première noblesse de France, et pour peu que vous osiez regarder attentivement l'habilleuse du théâtre, vous reconnaîtrez Mme la baronne de Malaret. Il faut vous attendre à toutes ces surprises et à bien d'autres encore ; car vous n'oublierez pas que la troupe a été recrutée par Mme la princesse Czartoriska, et que c'est sous le patronage de la noble Polonaise que notre fête philanthropique s'est organisée.... » Mlle de Lagrange, dont il est question dans ce récit, n'était autre que Mlle Anna de Lagrange, qui, de simple amateur, devint par la suite une artiste si distinguée. Quant à *la Duchesse de Guise*, elle fut jouée l'année suivante à Schwerin, sur le théâtre de la cour, à l'occasion de l'anniversaire de la grande-duchesse de Mecklembourg-Schwerin.

Depuis quelques années, M. de Flotow a multiplié ses productions dramatiques, abordant parfois les plus grands théâtres, mais ne dédaignant pas, à l'occasion, de se produire sur les scènes les plus modestes, et se faisant jouer tour à tour en Allemagne, en France et en Italie. Voici la liste de ses derniers ouvrages : 1° *Veuve Grapin*, opérette en un acte, Bouffes-Parisiens, 21 septembre 1859 ; — 2° *Pianella*, opérette en un acte, écrite sur le sujet de *la Serva padrona*, théâtre Déjazet, 11 mai 1860 ; — 3° *Un conte d'hiver*, opéra, Vienne, septembre 1862 ; — 4° *Indra*, opéra allemand, Vienne, vers 1864 ; — 5° *La Libellule*, ballet, Vienne, 8 mars 1866 ; — 6° *Zilda*, opéra-comique, en 2 actes, Paris, Opéra-Comique, 28 mai 1866, ouvrage qui n'obtint aucun succès ; — 7° *Tannkœnig*, ballet, Darmstadt, février 1867 ; — 8° *Am Runenstein*, opéra en 2 actes, écrit en société avec M. Richard Genée, Prague, 13 avril 1868 ; — 9° *L'Ombre*, opéra-comique en 3 actes, Opéra-Comique, 7 juillet 1870, partition qui a été accueillie avec la plus grande faveur, à Paris, dans toute la France et à l'étranger ; — 10° *Naïda*, opéra en 3 actes, Milan, théâtre Manzoni, juin 1873 (ce dernier ouvrage avait été écrit sur un livret français de Saint-Georges et M. Léon Halévy, et reçu au théâtre de l'Opéra dès 1854 ; j'ignore comment il se fait que la représentation n'en eut pas lieu ; toujours est-il que M. de Flotow le fit traduire en italien et représenter à Milan) ; — 11° *Il Fior d'Harlem*, opéra en 3 actes, Turin, théâtre Victor-Emmanuel, 18 novembre 1876. (Cet opéra avait aussi été conçu en vue de la scène française, et le livret original, qui avait pour titre *la Tulipe noire*, en était dû encore à de Saint-Georges.) — Je ne dois pas oublier de dire que l'opéra italien intitulé *Marta*, traduit en français et joué au Théâtre-Lyrique le 18 décembre 1865, obtint un succès éclatant.

M. de Flotow a été élu, en 1864, membre correspondant de l'Institut de France.

FOA (Mme EUGÉNIE), écrivain et romancier, est auteur d'un petit livre intitulé *les Petits Musiciens* (Paris, Janet, s. d. [vers 1840], in-18), qui contient des notices biographiques sur Palestrina, Michel Lambert, Tartini, Joseph Haydn, Am. Naumann et Mozart. Ce petit volume, destiné aux enfants, décrit surtout l'enfance de ces artistes célèbres ; les récits en sont écrits d'une main aimable, mais la prétention de l'auteur n'a pas été jusqu'à chercher à être utile d'une façon quelconque à l'histoire de l'art.

* FODOR (CHARLES). Dans son livre : *les Artistes musiciens néerlandais*, M. Édouard Gregoir mentionne un assez grand nombre de compositions importantes et originales de cet artiste qui n'ont pas été signalées dans la *Biographie universelle des Musiciens* ; ce sont les suivantes : 1° Concerto pour clavecin (Berlin) ; 2° Concerto pour clavecin, en *ré* ; 3° Concerto pour clavecin, en *si* bémol ; 4° 6 Solos pour clavecin (Paris) ; 5° 6 Sonates pour clavecin (Offenbach) ; 6° 2 Sonates pour clavecin et violon (Amsterdam) ; 7° 1re Sonate pour violon et violoncelle (Offenbach) ; 8° Sonate à 4 mains ; 9° 3e Sonate à 4 mains ; 10° Airs variés pour clavecin (Offenbach) ; 11° Symphonie à grand orchestre, en *ré* (Amsterdam).

* FODOR (ANTOINE). Dans le livre qui vient d'être cité, M. Gregoir donne aussi quelques renseignements intéressants sur cet artiste. Antoine Fodor a écrit, paraît-il, les paroles et la musique du premier opéra national représenté en Hollande ; cet ouvrage avait pour titre *Numa Pompilius*. Comme compositeur, il fut appelé à faire partie de l'Institut des Pays-Bas, et en cette qualité il rédigea, avec Wilms, tous les rapports sur la musique qui furent lus à cette compagnie. Fodor fut chargé, en 1814, des fonctions de chef d'orchestre au théâtre allemand d'Amsterdam. Enfin c'est lui qui, avec Jacobsen, Wilms, Mann et Baldnecker, avait fondé en 1811 les *concerts du mardi* à la Monnaie.

* FODOR (Mme JOSÉPHINE **MAINVIEL-**

LE-). On a publié de cette grande artiste un opuscule intitulé : *Réflexions et Conseils sur l'art du chant* (Paris, Perrotin, 1857, in-8° de 15 pp.).

* **FOGGIA** (FRANCESCO). Une erreur s'est glissée dans l'article relatif à cet artiste, où se trouve catalogué en ces termes le recueil suivant : « *Messe e offertorii à 2, 3, 4, 5 voci*, ouvrage dédié à l'auteur même par Jean-Baptiste Cuifabri, Rome, 1673. » Ce n'est pas à Francesco Foggia, mais à Antonio Foggia, son fils, que ce recueil est dédié par l'éditeur. Je dois ajouter que des six messes que l'on trouve dans ce volume, cinq seulement sont de Francesco, et que la première est de son fils Antonio. Ce renseignement m'est fourni par M. le docteur Basevi, qui possède cet ouvrage rare.

* **FOIGNET** (CHARLES-GABRIEL) Cet artiste, intelligent et bien doué, a donné des preuves d'une activité peu commune. En 1785, il était ce qu'on appelait alors professeur de *goût de chant*. Dès que la liberté des théâtres eut été reconnue par un décret de la Convention, il s'empressa d'en profiter, d'abord en écrivant la musique d'un grand nombre de petits opéras pour les théâtres lyriques secondaires qui se fondaient de tous côtés, ensuite en devenant lui-même directeur de spectacle.

Vers 1797, en effet, Foignet devint directeur du théâtre des Jeunes-Artistes de la rue de Bondy, auquel il imprima bientôt une activité sans égale, et dont il sut faire une des scènes musicales les plus aimables et les plus estimées de Paris dans un ordre inférieur, sachant y attirer le public et le retenir à l'aide de bonnes pièces, d'une bonne troupe et d'une sage administration. Au bout de quelque temps, il s'empara aussi d'un théâtre construit dans la rue du Bac et connu précédemment sous le titre de théâtre des Victoires-Nationales, et le géra conjointement avec sa première entreprise. Et comme si ce n'était encore assez pour lui de la direction de ces deux établissements, il prit bientôt une part dans celle du théâtre Montansier, et devint un des cinq administrateurs associés de ce théâtre. Tout cela ne l'empêchait pourtant pas de composer des opéras, dont quelques-uns obtenaient de véritables succès.

Voici une liste de ses ouvrages que je crois à peu près complète, bien que beaucoup de détails me manquent à leur sujet : 1° *la Boiteuse*, un acte (en société avec Simon, musicien absolument inconnu), th. Montansier, 17 octobre 1791 ; 2° *le Roi et le Pèlerin*, 3 actes, th. Montansier, 2 juin 1792 (réduit plus tard en 2 actes, sous ce titre : *la Gageure du Pèlerin*) ; 3° *le Mont Alphéa, ou le Français Jalabite*, 3 actes, th. Montansier, décembre 1792 ; 4° *Michel Cervantes*, 3 actes, th. des Amis de la Patrie, 24 décembre 1793 ; 5° *la Femme qui sait se taire*, un acte, th. National, 30 décembre 1793 ; 6° *l'Apothicaire*, 2 actes (en société avec Simon), th. Montansier, 1793 ; 7° *le Projet de fortune*, un acte, th. de la Cité, 1793 ; 8° *les Petits Montagnards*, 3 actes, th. de la Cité, 17 janvier 1794 ; 9° *la Discipline républicaine*, un acte, th. Favart, 20 avril 1794 ; 10° *le Plan d'opéra*, th. de la Cité, 28 octobre 1794 ; 11° *le Franc Marin, ou la Gageure indiscrète*, 2 actes, th. des Amis de la Patrie, 3 décembre 1795 ; 12° *le Gascon tel qu'il est*, 3 actes, th. Montansier, 10 juillet 1797 ; 13° *les Brouilleries*, un acte, th. Montansier, 14 janvier 1798 ; 14° *les Prisonniers français en Angleterre*, 2 actes, th. Montansier, 8 avril 1798 ; 15° *l'Orage*, un acte, th. Montansier, 9 juin 1798 ; 16° *l'Antipathie*, un acte, th. Montansier, 11 décembre 1798 ; 17° *les Jugements précipités*, un acte, th. Montansier, 25 mars 1799 ; 18° *Jacques Rigaud*, un acte, th. Montansier, 13 juillet 1800 ; 19° *le Duel de Bambin*, th. Montansier, 1800 ; 20° *Raymond de Toulouse, ou le Retour de la Terre-Sainte*, 3 actes (en société avec son fils François), th. des Jeunes-Artistes, 15 septembre 1802 ; 21° et 22° *Héléna, le Cri de la Vengeance*, deux ouvrages dont je ne connais ni la date ni le lieu de représentation.

Foignet abandonna en 1807, probablement à l'époque de l'ouverture de la salle du boulevard Montmartre, la part de direction qu'il avait au théâtre Montansier (où l'un de ses associés était le Simon qui collabora avec lui pour deux des ouvrages cités ci-dessus). A la même époque, le décret restrictif de 1807, qui supprimait à Paris une douzaine de théâtres, lui enlevait la direction de ceux des Jeunes-Artistes et des Victoires-Nationales, compris dans la proscription. Je ne sais ce que fit alors Foignet ; je signalerai seulement trois ouvrages, pantomimes ou mélodrames, représentés peu après sur les théâtres du boulevard, et dont il écrivit la musique : *Walther le Cruel* (conjointement avec Lanusse), Gaîté, 1809 ; *la Fille mendiante*, Ambigu, 1809 ; *Stanislas Leczinski ou le Siège de Dantsick*, Gaîté, 1811. A partir de ce moment, je ne vois plus de traces de Foignet.

Je ferai remarquer que deux opéras-comiques mis par Fétis sur le compte de ce compositeur ne sont pas de lui : l'un, *les deux Charbonniers*, est du Cousin-Jacques ; l'autre, *les Sabotiers*, est de Bruni.

Foignet a fait paraître, vers 1780, un recueil ainsi intitulé : *Les Plaisirs de la Société*, recueil d'ariettes choisies des meilleurs opéras, opéras-comiques et autres, arrangées pour le forte-piano ou le clavecin, avec un accompagnement de violon *ad libitum* (Paris, chez Mᵐᵉˢ Lemenu et Boyer) (1).

* FOIGNET (FRANÇOIS), fils du précédent, fut un des acteurs les plus aimés du petit théâtre des Jeunes-Artistes, dont son père était le directeur. Il passait pour être l'associé de celui-ci, et ce qu'il y a de certain, c'est que la direction Foignet, habile, active et intelligente, fit de cette scène secondaire un théâtre musical très-aimé du public et largement ouvert aux jeunes compositeurs. On appelait les Jeunes-Artistes « le théâtre lyrique du boulevard, » et Foignet fils, particulièrement, y obtenait de véritables succès comme acteur, comme chanteur et comme compositeur; il jouait les Arlequins avec beaucoup de grâce et de légèreté, et la musique qu'il écrivit pour un certain nombre de pièces était très-bien accueillie. Voici les titres de celles qui sont venues à ma connaissance : 1° *la Noce de Lucette*, opéra-comique en un acte, th. Montansier, 4 janvier 1799; 2° *le Gondolier*, ou *la Soirée vénitienne*, opéra-comique en un acte, th. Montansier, 6 mai 1800; 3° *le Chat botté*, ou *les 24 heures d'Arlequin*, féerie en 4 actes, Jeunes-Artistes, 19 mars 1802; 4° *le Retour inattendu*, ou *le Mari revenant*, opéra-comique en un acte, ib., 9 mai 1802; 5° *Raymond de Toulouse*, ou *le Retour de la Terre sainte*, opéra en 3 actes (en société avec son père), ib., 15 septembre 1802; 6° *Riquet à la houppe*, opéra-féerie en 3 actes, ib., 12 décembre 1802; 7° *la Naissance d'Arlequin*, ou *Arlequin dans un œuf*, opéra-féerie en 5 actes, ib., 15 juillet 1803 (ouvrage qui obtint un énorme succès et qui eut plus de cent représentations); 8° *Arlequin à Maroc*, ou *la Pyramide enchantée*, opéra-féerie en 3 actes, ib., 29 juillet 1804; 9° *l'Oiseau bleu*, opéra-féerie.

François Foignet doit être né avant 1783, et je pense que c'est à tort que cette date a été attribuée à sa naissance, car il aurait eu à peine seize ans lors de la représentation de son premier ouvrage au théâtre Montansier, ce qui me

(1) Cette publication fut continuée, et le *Mercure de mai 1783*, en annonçant le 8ᵉ Recueil des *Plaisirs de la Société*, ajoutait : — « Ce recueil sera suivi de plusieurs autres. Les personnes qui ne sont pas fortes sur le piano y trouveront une grande facilité pour s'accompagner. Il n'y a que deux lignes, celle du chant et celle de la basse. Les notes du chant sont plus grosses pour les distinguer de celles de l'accompagnement, dont on peut se passer si l'on veut, la basse étant assez travaillée pour y suppléer. Il y a dans ce travail deux airs de l'éditeur fort jolis et d'un choix de paroles agréables. »

semble difficile à admettre. Néanmoins, lorsque le décret impérial de 1807 vint limiter le nombre des théâtres à Paris et faire fermer, avec tant d'autres, celui des Jeunes-Artistes, Foignet dut chercher ailleurs l'emploi de ses talents. Il lui fallut aller en province, où il s'engagea pour chanter les barytons et jouer les *Martin*, les *Laïs* et les *Solié*, comme on disait alors. En 1818, il est en Belgique, et fait partie de la troupe de Liége; l'année suivante, il est sans doute à Bruges, car il écrit pour le théâtre de cette ville la musique d'une scène tragi-lyrique : *l'Heure du supplice* ou *les Remords du crime*, qui est représentée le 5 février 1819; en 1822, on le trouve au grand théâtre de Marseille, en 1824 à Nantes, où sa femme joue les mères Dugazons, en 1826 à Lille, puis successivement à Montpellier, à Gand, à Tournay et dans d'autres villes. Enfin, en 1845 il est à Strasbourg, où il meurt le 22 juillet de cette année. Sa mort était ainsi enregistrée par l'Annuaire dramatique belge : « Foignet aîné, artiste dramatique de talent et de réputation, meurt de misère à l'hôpital (de Strasbourg), par suite de son imprévoyante conduite. » C'est ainsi que disparut un artiste bien doué, et qui, mieux servi par les circonstances, aurait peut-être acquis une renommée durable.

FOLEGGIATI (ERCOLE), est auteur d'un écrit récemment publié sous ce titre : *Il Violino esposto geometricamente nella sua costruzione* (en deux parties), Bologne, 1873-1874.

* **FOLIO** ou **FOLIOT** (EDME). Une erreur typographique s'est évidemment glissée, au sujet de la date de sa mort, dans le petit article consacré à cet artiste par la *Biographie universelle des Musiciens*. Folio a dû mourir bien avant 1777, puisqu'il vivait sous Louis XIV. J'ai retrouvé dans le livre de Daquin : *Siècle littéraire de Louis XV*, les lignes suivantes relatives à ce musicien : — « Folio, fort connu à la cour sous Louis XIV, mais dont le caractère singulier a étouffé pour ainsi dire la réputation, a brillé un temps dans Paris, surtout dans les musiques que faisoient alors les Pères Jésuites dans leur maison professe. Tout le monde y accouroit, et trouvoit admirables ces mêmes motets, ignorés totalement à présent, et qui sont tombés par héritage à des gens qui par état n'y connoissent rien. Il y a lieu de penser que les ouvrages de Folio sont perdus, ou vendus à vil prix : suite fâcheuse de son indolence. Il a été pendant quelques années maître de musique de Saint-Paul, et il est le seul dont cette grande paroisse puisse se faire honneur. » Ces renseignements donnent à penser que Folio était un artiste distingué.

FOLZ (Michel), flûtiste et compositeur pour son instrument, est né à Naples, de parents italiens, le 16 juillet 1820. Élève de son père, également flûtiste, il débuta en public encore enfant, et à l'âge de huit ans il avait déjà donné deux-cents concerts dans les principales villes d'Italie. A dix ans, il était engagé dans l'orchestre du théâtre du Fondo, de Naples ; à dix-sept ans il vint à Paris, et fut reçu au concours comme première flûte au Gymnase musical du boulevard Bonne-Nouvelle, dirigé par M. Tilmant. Protégé par Rossini, il parcourut l'Angleterre et d'autres pays avec grand succès. Il a publié pour la flûte : Air varié sur *Casta Diva*, de *Norma*; Fantaisie sur le même opéra; 6 exercices artistiques; Pot-pourri valaque; Variations sur la prière de *Moïse* ; *le Carnaval de Venise*; *le Carnaval de Naples*, variations brillantes sur un air napolitain ; *Fantaisie sur Sarah*, de Grisar; Fantaisie sur une chanson bretonne, etc., etc. J. D. F.

FONCLAUSE (Joseph), dit *le Mayeux*, fut un très-habile fabricant d'archets. Né en 1800 à la Conté, il fit son apprentissage à Mirecourt, chez Pajot, vint à Paris vers 1825, entra chez J.-B. Vuillaume, et devint rapidement un des ouvriers les plus distingués dans la facture des archets. Il s'établit plus tard à son compte, et mourut à Paris, après une longue carrière, en 1865. Fonclause marquait habituellement ses produits de son nom.

FONSCOLOMBE (F........-E......., baron de), amateur distingué de musique, né vers 1810, s'est livré pendant longtemps à la composition, a fait exécuter à Marseille et à Aix des motets et plusieurs messes, et a fait représenter dans la première de ces deux villes un opéra-comique intitulé *le Prisonnier de Crimée*. M. de Fonscolombe, qui est mort à Aix le 21 mars 1875, avait écrit aussi des romances et mélodies vocales, *la Danse des morts*, *le Forban*, etc., et une série de *six Motets religieux* avec accompagnement de piano ou d'harmonium (1, *Ave Maria*; 2, *Ave verum*; 3, Litanies en *fa*; 4, Litanies en *si* bémol; 5, Litanies en *ut*; 6, *O salutaris hostia*), qui ont été publiés chez l'éditeur M. Gérard. Il a laissé une traduction française des *Memorie storico-critiche* de l'abbé Baini sur Palestrina, ainsi qu'une édition critique du *Miserere* de Carissimi, ouvrages que sa famille, dit-on, se propose de publier.

FONT (........), compositeur espagnol contemporain, a fait représenter à Madrid, en 1876, une *zarzuela* en un acte intitulée *A puros de una patrona*. Je n'ai pas d'autres renseignements sur cet artiste.

* **FONTAINE** (Antoine-Nicolas-Marie), est mort à Saint-Cloud au mois d'avril 1866.

* **FONTANA** (Uranio). Fixé à Paris depuis plusieurs années, cet artiste, qui est né à Isco au mois de novembre 1815, fut nommé professeur de chant au Conservatoire le 1er novembre 1856. Il se démit de ces fonctions en 1865.

FONTANELLI (Giam-Josefo), luthier italien, vivait à Bologne dans la seconde moitié du dix-huitième siècle. On trouve au Musée instrumental du Conservatoire de musique de Paris, sous les n°s 160 et 161 du catalogue, deux mandolines de cet artiste, datées de 1771 et 1772.

* **FONTENELLE (M. GRANGES DE)**. *Médée et Jason*, opéra en 3 actes de ce compositeur, indiqué par erreur comme n'ayant pas été joué, a été représenté à l'Opéra le 10 août 1813. Fontenelle a donné encore à ce théâtre un ouvrage en un acte, *la Montagne*, ou *la Fondation du temple de la Liberté* (25 octobre 1793), qui fut son début au théâtre.

* **FONTMICHEL** (Hippolyte-Honoré-Joseph COURT DE), est né le 5 mai 1799. Après avoir obtenu à l'Institut, en 1822, le second grand prix de composition musicale, il alla visiter l'Italie à ses frais, et fit représenter en ce pays deux opéras : à Gênes, *Amedeo il Grande*, et à Livourne, *I due Forzati*. Après l'échec du *Chevalier de Canolle*, ouvrage donné par lui à l'Opéra-Comique, cet artiste, que sa position de fortune rendait indépendant, alla se fixer à Grasse, où il s'occupa de travaux agricoles. Il a pourtant encore écrit la musique des chœurs des *Amalécites*, de Chateaubriand, et celle d'un opéra italien en cinq actes, *Amleto*, qui n'a pas été représenté. J'ignore si M. de Fontmichel est encore vivant.

* **FORESTIER** (Joseph). Cet artiste distingué a publié il y a quelques années un ouvrage fort utile, qui a paru sous le titre suivant : *Monographie des instruments à six pistons et tubes indépendants, études pratiques et théoriques pour le nouveau système de M. Adolphe Sax* (Paris, Sax, s. d., in-8°). M. Forestier a occupé longtemps l'emploi de premier cornet à pistons à l'orchestre de l'Opéra, il a été professeur de cet instrument au Conservatoire et chef de musique d'une des subdivisions de la garde nationale de Paris.

Un frère de cet artiste, J. M. Forestier, s'est fait remarquer par son talent sur la flûte. Ancien élève de Tulou au Conservatoire, il avait remporté un premier pix en 1835, et plus tard était devenu flûte-solo au Théâtre-Italien et chef de musique de la 5e subdivision de la garde nationale. C'est pendant une répétition qu'il faisait faire à son corps de musique qu'il mourut subitement à Paris, le 18 décembre 1867, à l'âge de cinquante-quatre ans.

FORGUES (Victor-Esprit-Émile), pianiste et compositeur, né à Paris le 26 septembre 1823, a fait son éducation musicale au Conservatoire de cette ville, où il fut admis le 9 novembre 1835, et où il devint successivement élève de Goblin pour le solfége, de Laurent et de Zimmermann pour le piano, et de Leborne pour le contrepoint et la fugue. Après avoir obtenu un accessit de solfége en 1836, M. Forgues se vit décerner le second prix de piano en 1839, et le premier l'année suivante. Depuis lors, cet artiste s'est produit comme virtuose, et a obtenu de véritables succès, à Paris et à l'étranger, grâce à la distinction et à la facilité de son jeu. M. Forgues s'est fait connaître aussi comme compositeur; on a de lui un assez grand nombre de morceaux de genre : *Ballade, Sérénade, Mouvement perpétuel, Tarentelle de concert, Souvenirs et Regrets*, pensée élégiaque, *Marche funèbre, Marche des ombres, le Trémolo, Scherzo en sixtes, Solo de concert, Romance dramatique, Canzonetta*, etc., et un recueil de 12 Études intitulées *les Pathétiques* (Paris, Flaxland).

FORKAS (Edmond), musicien contemporain, est l'auteur d'un opéra intitulé *la Bayadère*, qui a été représenté à Pesth au mois d'août 1876.

FORMAGLIO (Luigi), compositeur dramatique italien, est l'auteur des deux ouvrages suivants : *Brenno all' Assedio di Chiusi*, représenté au théâtre San-Benedetto, de Venise, en 1852; et *Gismonda di Mendrisio*, drame lyrique en 3 actes, donné au théâtre Apollo, de la même ville, en 1854.

FORMICHI (Pietro), pianiste et compositeur italien, né à Sinalunga le 7 juin 1829, a publié une centaine environ de morceaux légers pour le piano, parmi lesquels on rencontre une assez grande quantité de transcriptions et de fantaisies écrites sur des airs populaires et des thèmes d'opéras célèbres.

FORNARI (Vincenzo), chef d'orchestre et compositeur, né à Naples le 11 mai 1848, fut élève de M. Luigi Siri pour le piano et de M. Battista pour la composition. Cet artiste s'est fait connaître par une messe exécutée à Naples, et par un opéra sérieux, *Maria di Torre*, représenté avec succès, en 1871 ou 1872, au théâtre Philharmonique de cette ville. On lui doit aussi quelques compositions de moindre importance. — Le frère aîné de cet artiste, M. *Ferdinando* Fornari, né à Naples le 18 juillet 1835, élève de M. Busti pour le chant, de M. Battista pour le piano, débuta en 1856, dans l'emploi des barytons, au théâtre San-Ferdinando de sa ville natale, et parut ensuite sur plusieurs autres scènes. Les circonstances l'obligèrent plus tard à abandonner la carrière dramatique et à se livrer à l'enseignement.

* **FORNASINI** (Nicola), compositeur dramatique, naquit à Bari le 17 août 1803. Admis dès l'âge de douze ans au Conservatoire de Naples, il y devint l'élève de Furno, de Tritto et de Zingarelli, et en 1822, à peine âgé de dix-neuf ans, il faisait représenter sur le petit théâtre du Conservatoire une opérette intitulée *il Marmo*. Il écrivit ensuite plusieurs compositions religieuses, messes, vêpres, *Te Deum*, litanies, puis, ayant terminé ses études, il fut nommé chef de musique d'abord au 1er régiment suisse, ensuite au 2e régiment de grenadiers de la garde royale. Cela ne l'empêcha pas de faire représenter quelques ouvrages dramatiques : *Oh! quante imposture*, opéra bouffe en 2 actes (Naples, th. Nuovo, 1829); *un Matrimonio per medicina* (ib., ib., 1829); *l'Avvocato in angustie*, farce en un acte (ib., ib., 1831); *la Vedova scaltra*, 2 actes (ib., ib., 1831); *Roberto di Costanzo* (id., th. San-Carlo, 1839). Nommé, quelques années plus tard, directeur de toutes les musiques et fanfares de l'armée royale, puis inspecteur des classes d'instruments à vent au Conservatoire, Fornasini, qui n'était pourtant qu'un artiste médiocre et pourvu d'une éducation incomplète, fut chargé d'écrire une énorme quantité de musique pour les orchestres militaires, en même temps qu'il composait, avec une déplorable facilité, non-seulement les partitions de plusieurs ballets représentés au théâtre San Carlo : *Caterina Cornaro, gli Spagnuoli in Africa, Margherita Pusterla, l'Eroe cinese*, mais encore de nombreuses mélodies vocales et beaucoup d'œuvres de musique religieuse. Musicien sans savoir, sans goût et sans imagination, cet artiste possédait, dit-on, d'excellentes qualités comme professeur. Il mourut à Naples le 24 juin 1861.

* **FORQUERAY** (Antoine). Le talent de ce virtuose, célèbre sur la basse de viole, a été ainsi apprécié par Daquin (*Siècle littéraire de Louis XV*), lequel nous apprend en même temps que Forqueray était compositeur : « On peut dire que personne n'a surpassé Marais : un seul homme l'a égalé, c'est le fameux Forqueray. Il n'a point été l'écolier de Marais, comme le bruit en a couru, il n'a jamais eu de maître que son génie. En effet, que son père aurait-il pu lui apprendre ? C'étoit un homme médiocre. Forqueray parut dans le monde au moment que les Italiens excitèrent en France une émulation étonnante vers l'année 1698. Il tenta de faire sur sa viole tout ce qu'ils faisoient sur leur violon, et il vint à bout de son entreprise. Les cordes singulières et les traits les plus frappants des bons auteurs d'Italie lui étoient tellement familiers, que dans toutes ses pièces on trouve un certain sel, qui n'assaisonne point celles de Marais même les plus travaillées : celui-ci s'en tenoit aux grâces naturelles, Forqueray en avoit de plus recherchées, mais son art ne gâtoit jamais la belle nature. »

* FORQUERAY (JEAN-BAPTISTE-ANTOINE), fils du précédent. Daquin, dans le même ouvrage, parle aussi de cet artiste, en rappelant le souvenir de son père : « Nous, possédons à présent le fils de ce grand maître, il a tous les talens de son père : à la plus grande exécution il joint les grâces les plus aimables. Les pièces les plus difficiles ne lui coûtent aucune peine, il les joue avec cette aisance qui caractérise le grand homme : tout devient sous ses doigts un chef-d'œuvre de délicatesse et d'élégance, et quoique la viole ait perdu de ses droits, elle retrouve avec lui ses anciens admirateurs. Notre nation assez changeante est toujours avide de semblables prodiges. M. Forqueray a, si j'ose parler ainsi, des phrases musicales d'un nouveau tour, et dont il sait toute la valeur. Entre ses mains elles ont l'art de plaire, parce qu'il en fait usage avec goût et sans affectation. »

FORQUERAY (NICOLAS-GILLES), membre jusqu'ici inconnu de la famille des musiciens de ce nom, naquit à Chaumes en 1702. L'existence de cet artiste m'a été révélée par l'écrit si substantiel, malgré son peu d'étendue, de M. Th. Lhuillier (Voy. ce nom), Note sur quelques musiciens dans la Brie, et je ne crois pouvoir mieux faire que de reproduire textuellement la notice que lui consacre cet écrivain : « Nicolas-Gilles Forqueray était fils d'un aubergiste de Chaumes, qui tenait l'hôtellerie de la Pomme de Pin. A 25 ans, il se recommandait par son talent et obtenait un emploi modeste dans la musique du roi, grâce à la protection de M. Louis-Auguste Le Tonnelier de Breteuil, qui, à la dignité d'évêque de Rennes et d'abbé commendataire de Chaumes, réunissait le titre de grand-maître de la chapelle et musique de Louis XV. Forqueray remplaça plus tard l'un des Couperin à l'église St-Séverin (1757) ; il fut encore, malgré sa mauvaise santé, organiste de Saint-Méry, des Saints-Innocents et de Saint-Laurent. Nicolas Séjan, qui, à treize ans, en 1758, accompagnait un Te Deum à Saint-Méry, et obtenait au concours l'orgue de cette église en 1760 était élève de Forqueray. Ce maître, affaibli pa des pratiques austères, accablé par la fatigue e la maladie, était venu chercher un repos salutaire dans son village natal lorsqu'il y mourut l 22 octobre 1761. Les registres paroissiaux d Chaumes fournissent son acte de baptême et ce lui de son inhumation ; nous citerons seulemen le second : « L'an 1761, le 23 octobre, a ét « par nous, prêtre vicaire soussigné, inhum « dans le cimetière de cette paroisse le corps d « sieur Nicolas-Gilles Forqueray, organiste d « Saint-Séverin de Paris, décédé hier, âgé d « 69 ans, époux d'Élisabeth Segeant (1). Ladit « inhumation faite en présence de Michel Vin « cent, de Paul Luce, de Jean Bonnard, d'É « tienne Vincent, ses neveux ; Pierre Forqueray « sieur Louis Grossier, ses cousins ; de M'e Jean « Baptiste Desion, curé d'Aubepierre ; de P' « Pelletier, desservant de Beauvoir ; de sieu « Rochette, vic. d'Ozouer-le-Voulgis, et autre « soussignés. »

Le père de Nicolas-Gilles Forqueray, aubergiste à Chaumes, était-il frère ou cousin d'Antoine Forqueray ? Cela me paraît probable. En tout cas, il me paraît bien évident que l'artiste dont il est ici question appartenait à la même famille que les précédents, d'autant que pour le distinguer on l'appelait Forqueray le jeune. Voici, au point de vue de son talent, ce qu'en disait Daquin dans l'ouvrage cité ci-dessus : — « M. Forqueray conserve encore le beau touche et les grâces qui lui ont attiré tant d'applaudis s emens dans sa jeunesse. »

FORSTER (WILLIAM), né en 1713 à Brampton, dans le Cumberland, fut le chef d'une famille de luthiers dont les produits sont très appréciés en Angleterre. Exerçant dans sa ville natale le métier de fabricant de rouets, il occupait les quelques loisirs qu'il avait à réparer les violons ou d'autres instruments qu'on lui confiait, et c'est ainsi que commencèrent en ce genre les travaux de cette nombreuse famille de luthiers.

FORSTER (WILLIAM), fils du précédent, né en 1739, exerça la même profession que son père, et l'aidait aussi dans ses réparations d'instruments. Il joignait même à ces deux métiers, assez étrangers l'un à l'autre, celui de ménétrier dans les fêtes du village. S'étant rendu à Londres en 1759, il laissa bientôt de côté les rouets pour se livrer exclusivement à la lutherie. Il s'établit peu de temps après, et s'acquit rapidement une bonne réputation parmi les ama

(1) Tante de Nicolas Séjan, dont le nom est mal orthographié.

teurs pour ses imitations de Stainer, maître très en faveur à cette époque. Ce n'est qu'en 1770 qu'il commença à copier Amati, ce qu'il fit, dit-on, avec un rare bonheur. Le fameux violoncelliste Robert Lindley ne voulait jouer que ses instruments, ce qui leur procura un très-grand succès. Forster ne fit, dans tout le cours de sa carrière, que quatre contrebasses, dont trois lui avaient été commandées pour la musique particulière de Georges III. — Le fils de cet artiste, qui s'appelait William, comme son aïeul et son père, a fait aussi de bons instruments, égalant parfois ceux de ce dernier. Né en 1764, il mourut en 1824, laissant deux fils dont l'un portait aussi le nom de William, et l'autre ceux de Simon-André. Le premier ne fit qu'un petit nombre d'instruments; le second travailla non-seulement avec son père, mais encore avec Samuel Gilkes, et il a laissé, de 1828 à 1840, quelques heureux spécimens de son habileté. Je crois que c'est l'un des deux qui est, conjointement avec un autre luthier, M. Sandys, l'auteur d'un livre intéressant publié sous ce titre : *The History of the Violin* (Londres, 1864, in-8°), et dans lequel on trouve d'utiles détails sur la structure et la fabrication du violon.

* **FORTUNATI** (FRANCESCO). Un des opéras de ce compositeur avait pour titre *Ipermestra*.

FOSCHINI (G......), compositeur italien, a fait représenter en 1864, sur le théâtre italien de Constantinople, un opéra sérieux intitulé *Giorgio il Bandito*. Cet artiste a publié une cinquantaine de morceaux de genre pour le piano, dont la plupart sont des fantaisies et variations sur des thèmes d'opéras en vogue.

FOSSATI (J......-L......-A......), docteur en médecine, naquit à Novare en 1786, et dès 1815 vint se fixer à Paris, où il se fit le propagateur enthousiaste de la doctrine de Gall. Médecin du Théâtre-Italien de Paris pendant plus de quarante ans, le docteur Fossati a écrit divers articles sur l'hygiène des artistes, spécialement en ce qui concerne la voix, et il a publié sous ce titre : *Sur le talent de la musique*, une brochure qui était la reproduction d'un discours prononcé par lui dans la séance annuelle du 22 août 1834 de la Société phrénologique, dont il était vice-président (s. l. n. d. [Paris, 1835], in-8° de 23 pp.). Une traduction italienne de cet écrit a paru en 1836 dans les *Effemeridi fisico-mediche* de Turin, une autre, faite par le professeur Sannicala, de Naples, dans le *Severino* et dans le *Giornale degli Abbruzzi* en 1837, et la *Revista frenologica* de Barcelone en a donné une traduction espagnole, faite par M. Pers. L'auteur a reproduit, trente années plus tard, cet opuscule, dans l'ouvrage suivant : *Questions philosophiques traitées d'après les principes de la physiologie du cerveau* (Paris, Amyot, 1869).

FOSSATI (Le comte CARLO), riche dilettante italien, a écrit la musique d'une opérette, *la Guardia notturna*, qui a été représentée sur le théâtre Balbo, de Turin, en 1876.

FOSSEY (LÉON), chef d'orchestre, né à Paris le 17 mars 1829, fut admis en 1845 au Conservatoire, dans la classe de M. Elwart, obtint un accessit d'harmonie au concours de 1847, et le second prix en 1849. Devenu deuxième, puis premier chef d'orchestre au théâtre de la Gaîté, il conserva ces fonctions pendant longues années, et remplit, à partir de 1868 ou 1869, le même emploi au théâtre de l'Ambigu. Fossey a écrit la musique de deux opérettes en un acte : *Pomme d'api* (Gaîté, mars 1859), et *Marcel et Cie* (Bouffes-Parisiens, 15 octobre 1867). Il est mort au mois de février 1877.

FOULON DE LA CHAUME (J......-B......), chanoine de Saint-Étienne, né à Dijon en 1624, mort en 1605, était musicien et compositeur. « On a de lui, dit M. Ch. Poisot dans ses *Musiciens bourguignons*, des *Noëls bourguignons*, et *Lucifer pris au baytan* (Dijon, J. Grangier, 1600). »

FOUQUE (PIERRE-OCTAVE), compositeur, né à Pau (Basses-Pyrénées) le 12 novembre 1844, vint de bonne heure à Paris, y reçut des leçons et des conseils de l'excellent organiste Chauvet (*Voy.* ce nom), fut admis en 1869 au Conservatoire, dans la classe de composition de M. Ambroise Thomas, et prit part l'année suivante au concours de l'Institut pour le prix de Rome. Cet artiste a publié un certain nombre de compositions pour le chant et pour le piano. Pour le chant il a donné : *Ballata*; *Ave Maria*, motet (Paris, Mackar); *Amour passé*, *les Rubans*, *la Croce del Lido*, mélodies; *Renouveau*; *Sur sa mule*; *la Dernière rose*; *Cantique*; ib.); *Echo du soir*, valse chantée (ib., ib.); *Chant du matin*, *les Vendanges*, chœurs à 4 voix d'hommes, sans accompagnement (ib., ib.); *le Réveil des fleurs*, chœur pour 2 voix de femmes, avec accompagnement de piano (ib., ib.); *Que le jour me dure*, mélodie; — pour le piano : Prélude et fugue en *sol*, op. 6 (ib., ib.); Nocturne, op. 7 (ib., ib.); *Soir d'été*, morceau de genre, op. 8 (ib., ib.); Deux Préludes, op. 10 (Paris, Maho); *Près du lac*, nocturne (Paris, Mackar); *Doux regard*, romance sans paroles (ib., ib.); enfin quelques morceaux de danse. M. Fouque a fait exécuter aux Concerts Danbé (1874) un prélude pour orchestre, et il a donné deux ou trois opérettes, parmi lesquelles *l'Avocat noir*, représentée à l'Alcazar le 9 décembre 1874, et *Deux Vieux Coqs*.

M. Fouque s'est fait connaître avantageusement aussi comme écrivain : il a été en 1873 le rédacteur musical du journal *l'Avenir national*, il est un des collaborateurs actifs de la *Revue et Gazette musicale de Paris*, et il est aujourd'hui chargé du feuilleton spécial de *l'Écho universel*. Il a donné aussi quelques articles à *la République des Lettres*. Au mois d'octobre 1876, M. Fouque a été nommé préposé à la Bibliothèque du Conservatoire.

FOUQUET (JEAN), mandoliniste et compositeur, vivait à Paris dans la seconde moitié du dix-huitième siècle. Cet artiste a publié un recueil de *Six Duos pour deux violons ou deux mandolines, composés dans le goût italien*.

FOURDY (ABRAHAM), compositeur, né à Orléans vers le milieu du seizième siècle, prit part en 1857 au concours du puy de musique d'Évreux, et s'y vit récompenser par le prix de la harpe d'argent, qui lui fut décerné pour le motet *Dum aurora*.

FOURGEAUD (ALEXANDRE). Un écrivain de ce nom a publié une brochure intitulée *les Violons de Dalayrac* (Paris, Leclère, 1856, in-8° de 29 pp.).

* FOURNEAUX (NAPOLÉON), a publié, il y a quelques années, un livre ainsi intitulé : *Instrumentologie. Traité théorique et pratique de l'accord des instruments à sons fixes, l'harmonium, l'orgue à tuyaux et le piano, contenant une théorie complète du tempérament musical et des battements*, par l'ingénieur N. Fourneaux fils, facteur d'orgues (Paris, Repos, s. d. in-8°). Le même écrivain avait publié précédemment un *Petit Traité sur l'orgue expressif* (Paris, 1854, in-12 avec deux planches).

FOURNEL (FRANÇOIS-VICTOR), érudit et critique français, est né à Cheppy, près de Varennes, le 8 février 1829. Dans les nombreux ouvrages publiés par lui, M. Fournel a eu plus d'une fois et incidemment l'occasion de s'occuper de musique, et il l'a toujours fait avec le goût et la discrétion commandés à ceux qui n'ont pas fait de cet art une étude particulière. Je citerai quelques-uns de ces ouvrages qui renferment sous ce rapport des renseignements et des détails vraiment intéressants, et parfois très-nouveaux : *les Contemporains de Molière* (Paris, Didot, 3 vol. in-8°), dans lesquels on trouve (t. II) une excellente *Histoire du ballet de cour*; *Les Spectacles populaires et les Artistes des rues* (Paris, Dentu, 1863, in-12), où l'auteur a placé un bon chapitre sur les jongleurs, trouvères et ménestrels populaires; *Curiosités théâtrales anciennes et modernes, françaises et étrangères* (Paris, Delahays, 1859, in-16), petit recueil d'anecdotes dans lequel la musique trouve tout naturellement sa part; enfin, *Ce qu'on voit dans les rues de Paris* (Paris, Delahays, 1858, in-16), petit livre qui contient deux études pittoresques sur *les Musiciens ambulants* et *l'Art dramatique en plein vent*.

FOURNIÉ (Le docteur ÉDOUARD), médecin qui s'est beaucoup occupé des affections de l'organe vocal, est l'auteur d'un livre qu'il a publié sous ce titre : *Physiologie de la voix et de la parole*, Paris, Delahays, 1866, in-8°.

FOURNIER (ÉDOUARD), écrivain français né à Orléans le 15 juin 1819, s'est beaucoup occupé de théâtre, au point de vue de la critique et de l'histoire. Il est cité ici pour les deux opuscules suivants : 1° *la Musique chez le peuple, ou l'Opéra national, son passé et son avenir* (Paris, 1847, in-12); 2° *Essai sur l'art lyrique au théâtre* (Paris, 1849, in-12), écrit en société avec Léon Kreutzer et extrait de *l'Encyclopédie du dix-neuvième siècle*.

FRADEL (CHARLES), pianiste et compositeur, né à Vienne en 1821, a fait son éducation musicale en cette ville. Fixé comme professeur à Hambourg en 1850, il y resta jusqu'en 1858 époque à laquelle il fixa sa résidence à Londres Après un séjour de quelques années en Angleterre, il s'embarqua pour l'Amérique et se rendit à New-York, où il s'établit définitivement et où il se trouve encore à l'heure présente (juin 1877) M. Fradel a composé un certain nombre de lieder et de morceaux de piano.

FRANÇA (Le P. LUIZ GONZAGA E), chantre attaché à la chapelle de l'église patriarcale de Lisbonne vers 1830, se retira après l'abdication de D. Miguel Ier, auquel il était très-dévoué et qui l'avait traité avec beaucoup de distinction Il dirigea aussi l'école de plain-chant qui était établie dans la cathédrale. On connaît de lui *Compendio ou explicaçào methodica das regras geraes mais importantes e necessarias para a intelligencia do Canto-chào tanto theorico como pratico, e para saber escrever e compor*, etc., Lisbonne, 1831, in-4° de VIII 139 pages. França avait été nommé par D. Miguel chevalier de l'ordre de N. S. da Conceiçào et décoré d'une médaille d'or pour ses services

J. DE V.

FRANCESCHI (E......), avocat italien, a publié à Milan, chez l'éditeur Agnelli, en 1876

1877, un opuscule ainsi intitulé : *L'Arte della parola nel discorso, nella drammatica e nel canto.*

* FRANCESCHINI (PETRONIO). Cet artiste était le frère du peintre Marc-Antonio Franceschini. Il apprit le contrepoint avec Lorenzo Perti, maître de chapelle de la métropole de Bologne, puis se rendit à Narni et se mit sous la direction de Giuseppe Corso, dit Celano. En 1673, étant revenu à Bologne, sa ville natale, il fut élu prince de l'Académie des Philharmoniques.

FRANCHEVILLE (........). Un artiste de ce nom a donné en 1797, au petit théâtre Lazzari, les deux opéras-comiques suivants : 1° *le Contrat de mariage* (1 acte); 2° *Estelle et Némorin* (2 actes).

FRANCHINI (GIOVANNI), compositeur dramatique, a fait représenter en 1841 avec peu de succès, sur le théâtre Carlo Felice, de Gênes, un opéra intitulé *gli Empirici.* En 1857, le même artiste donnait au théâtre San-Carlos, de Lisbonne, *Francesca da Rimini*, drame lyrique en 3 actes.

* FRANCK (CÉSAR-AUGUSTE). Cet artiste fort distingué, qui avait été l'élève de M. Benoist au Conservatoire et qui avait remporté un second prix d'orgue en 1841 (1), s'est fait une grande réputation comme organiste et comme compositeur. A la retraite de M. Benoist, son ancien maître, il a été appelé à lui succéder comme professeur d'orgue au Conservatoire, et dans le même temps plusieurs auditions de son oratorio de *Ruth*, qui avait passé presque inaperçu, lors de sa première apparition vingt-cinq ans auparavant, obtinrent le plus grand succès. La partition de *Ruth* est une œuvre charmante, pleine de grâce, de délicatesse et de distinction, qui se fait remarquer par une inspiration abondante et soutenue, et par une instrumentation riche, élégante et parfois très-neuve. Un autre ouvrage du même genre, *Rédemption*, exécuté à l'Odéon, le jeudi saint 10 avril 1873, a obtenu un moindre succès. M. César Frank, qui n'a pu réussir à se produire au théâtre, est l'auteur d'un grand opéra de genre, *le Valet de ferme*, écrit par lui pour l'Opéra national d'Adolphe Adam, et qui est encore dans les cartons du compositeur. M. Franck est depuis plusieurs années organiste de l'église de Sainte-Clotilde.

(1) La mention de ce prix n'a pas été faite dans la *Biographie universelle des Musiciens*, où une erreur s'est glissée au sujet de M. Franck : ce n'est pas le second et le premier prix de composition, mais le second et le premier prix de contrepoint et fugue que M. Franck obtint en 1839 et 1840.

La liste des œuvres de cet artiste se complète de la façon suivante : 1° *Andantino* pour violon, avec accompagnement de piano; 2° 4 Mélodies de Schubert, transcrites pour le piano; 3° Ballade pour piano; 4° *Ruth*, églogue biblique en 3 parties, pour *soli*, chœurs et orchestre (Paris, Hartmann); 5° 3 Offertoires, pour *soli* et chœurs; 6° chants de l'Église, harmonisés à 3 et 4 parties, avec accompagnement d'orgue (1re partie, Messes; 2e partie, Hymnes; 3e partie, Chants pour le salut); 7° Fantaisie pour piano, sur des airs polonais; 8° Six pièces d'orgue (1. Fantaisie; 2. Grande pièce symphonique; 3. Prélude, fugue et variations; 4. Pastorale; 5. Prière; 6. Final), compositions très-remarquables et d'un grand style; 9° *Rédemption*, poème symphonique en 2 parties, pour *soli*, chœurs et orchestre (Paris, Hartmann); 10° Cinq pièces pour harmonium; 11° *Quasi Marcia*, pièce pour harmonium; 12° Mélodies vocales. Parmi les compositions inédites de M. Franck, je citerai : *les Béatitudes*, grand oratorio, *les Éolides*, pièce pour orchestre, et une Messe à trois voix seules, avec chœurs et orchestre.

* FRANCK (JOSEPH), organiste et compositeur, se faisait désigner à Paris sous le nom de *Joseph Frank, de Liége*. A la liste des ouvrages de cet artiste, il faut ajouter les suivants : 1° *Traité d'harmonie*; 2° *L'art d'accompagner le plain-chant de huit manières différentes sans l'altérer, ou Manuel théorique et pratique de chant ecclésiastique*, avec 50 exemples, les psaumes, toutes leurs terminaisons, et des faux-bourdons à quatre parties; 3° *Nouvelle Méthode de piano facile et progressive pour les commençants*; 4° *Recueil de* 322 *marches d'harmonie pour orgue ou harmonium, à l'usage des personnes qui veulent apprendre en peu de temps à improviser sur ces instruments*; 5° Six Préludes et Fugues pour orgue, avec pédales *ad libitum*; 6° 25 Études très-faciles, pour le piano; 7° 25 Études de force moyenne, id.; 8° 25 Études de force supérieure, id.; 9° Six recueils de motets à une ou plusieurs voix, avec accompagnement d'orgue ou d'harmonium; 10° Sept recueils de petits morceaux pour orgue ou harmonium, publiés sous les titres suivants : *Les Bergers à la crèche, les Délices du sanctuaire, une Couronne à Marie, l'Encens du parvis, Fleurs et Prières, Une heure d'adoration, la Lyre céleste*; 11° Deux Recueils de préludes et fugues de J.-S. Bach, transcrits et réduits pour harmonium; 12° *Les Feuilles, les fleurs et les bouquets*, collection de 84 préludes faciles et progressifs pour orgue (3 volumes); 13° *l'Union*

des cathédrales, ou *Mosaïque des maîtres de chapelle*, collection de motets ou morceaux religieux à une et à plusieurs voix, tirés des œuvres de Beethoven, J.-S. Bach, Piccinni, Sacchini, Gluck, Mozart, etc., transcrits avec accompagnement d'orgue.

* FRANCK (ÉDOUARD), pianiste et compositeur, est né non à Berlin vers 1818, mais à Breslau en 1824. Professeur à l'École de musique rhénane, à Cologne, jusqu'en 1859, il fut attaché ensuite à l'École de musique de Berne. De retour à Berlin, où il avait fait précédemment un long séjour, il succéda en 1869 à M. Louis Brassin comme professeur au Conservatoire de Stern, où il exerce encore aujourd'hui ces fonctions (juin 1877). Quoiqu'il ait beaucoup composé, entre autres des symphonies, des ouvertures, des quatuors pour instruments à cordes, des concertos pour le piano, des *lieder* et divers morceaux de chant, M. Édouard Franck n'a publié qu'un petit nombre de ses productions.

* FRANCOEUR (LOUIS-JOSEPH). Cet artiste a laissé une sorte de Mémorial quotidien des faits qui se produisaient à l'Opéra à l'époque de son administration. Ce registre manuscrit forme deux volumes qui ont été reliés sous ce titre : *Académie royale de Musique. Sommaire général* (T. I, 1785 à 1788; T. II, 1788 à 1790). On trouve là-dedans, sans aucun apparat de rédaction (il s'en faut !), tout ce qui a trait aux premières représentations, débuts, engagements, séances du comité administratif, lectures de pièces, répétitions, correspondances, réclamations des artistes, détails de mise en scènes, etc. C'est, en somme, un document sec et décharné, mais utile à consulter pour cette période de l'histoire de notre première scène lyrique. Ce manuscrit est placé dans les Archives de l'Opéra.

FRANÇOIS (LOUIS). Un artiste de ce nom a fait représenter sur le théâtre de Dijon les deux opéras-comiques en un acte dont les titres suivent : *les Orangs-Outangs*, mai 1864, et *le Cabaret de Morimont*, mars 1866.

FRANÇOYS (..........), compositeur inconnu, qui vivait au commencement du seizième siècle, a fourni à Pierre Atteignant, pour le recueil de chansons françaises à 4 parties publié par celui-ci vers 1530, la musique des chansons suivantes : *Puisque donc ma maîtresse*, *Possible n'est d'avoir plus*, *Pis ne peut me venir*, *Philomena*, motet.

* FRANZ (ROBERT), compositeur de *lieder*, célèbre dans toute l'Allemagne, est aussi pianiste distingué et chef d'orchestre habile. Pourvu d'une instruction musicale solide, il a surtout formé son talent par la lecture et l'étude des œuvres des maîtres, et particulièrement de celles de Jean-Sébastien Bach, pour le génie duquel son admiration ne connaît pas de bornes. Il a contribué puissamment dans sa patrie à la propagation et à la popularisation des chefs-d'œuvre de ce maître immortel, un peu négligé il y a une quarantaine d'années, et a donné une excellente édition de quelques-uns d'entre eux. C'est lui qui écrivait un jour à M. Édouard Hanslick, l'un des meilleurs critiques de musique de Vienne, une lettre contenant ces lignes enthousiastes : — «..... Lisez sans arrière-pensée les cantates de Bach, je ne doute point un seul instant que l'inspiration dont elles débordent ne parvienne à vous émouvoir; approchez-vous du grand maître dans la simplicité de votre âme, et le charme pénétrant de son cœur trouvera le chemin de votre cœur. Je serais bien heureux si je pouvais vous le faire aimer davantage. Vous étant une fois enveloppé de son style comme d'un manteau, il enchaînera votre âme comme il a fait celles de nos grands compositeurs, Mozart, Beethoven, Schumann et Mendelssohn; il ne les a entourées de liens que pour leur permettre de s'épanouir avec plus de liberté. » M. Robert Franz a publié jusqu'à ce jour plus de quarante recueils de *lieder*, dont la plupart se font remarquer par l'excellence de la facture, la profondeur de la pensée et un charme pénétrant.

Cet artiste extrêmement distingué a été frappé récemment de la façon la plus douloureuse. A la date du mois de mai 1877, les journaux ont annoncé qu'il s'était vu obligé de résigner ses fonctions de professeur de chant à l'Académie de Halle, et cela par suite d'un grave accident : il était devenu complètement sourd à la suite de l'ébranlement nerveux produit sur lui, à la gare de Halle, par le sifflet strident d'une locomotive.

FRANZ, est le pseudonyme sous lequel s'est fait connaître, comme musicien dramatique, un compositeur Allemand contemporain, M. le comte de Hochberg. C'est sous ce nom d'emprunt que M. de Hochberg a fait représenter les deux ouvrages suivants : 1° *Claudine de Villa-Bella*, opéra romantique en 3 actes, écrit sur un texte bien connu de Gœthe, joué sur le théâtre de la cour, à Schwerin, au mois de mars 1864; 2° *die Falkensteiner*, drame lyrique donné en 1876 sur le théâtre de Hanovre. J'ignore si cet artiste amateur s'est fait connaître par d'autres travaux.

FRANZINI (..........), compositeur italien, a fait représenter au mois d'octobre 1874, sur le théâtre Alfieri, de Florence, un opéra sérieux intitulé *la Comtessa di San Romano*.

* FRASCHINI (GAÉTAN). Fétis a été trompé

par un faux renseignement lorsqu'il a parlé de l'impression profonde que ce grand chanteur avait produite à la Scala, de Milan. La vérité est que cette impression fut au contraire très-fâcheuse, malgré le talent de l'artiste, et que Fraschini en éprouva un tel ressentiment contre la ville de Milan qu'il jura de n'y plus jamais chanter. Il tint parole.

Après avoir fait apprécier son incomparable talent et sa voix merveilleuse sur la plupart des théâtres de sa patrie, Fraschini vit sa renommée s'étendre bientôt hors de l'Italie, et les journaux du temps nous apprennent qu'en 1847, il était question de lui tout à la fois pour le théâtre Italien de Londres et pour l'Opéra de Paris. C'est Londres qui l'emporta, et après y avoir obtenu de grands succès et être retourné un instant en Italie, il alla se faire entendre à Vienne, d'où il se rendit en Espagne et en Portugal, où il demeura plusieurs années et fit littéralement fureur.

Paris n'a connu ce chanteur prodigieux qu'au déclin de sa carrière, en 1863, alors qu'il était âgé de près de cinquante ans, et cependant la puissance de ses moyens, son phrasé magistral, la netteté surprenante de son articulation, l'élévation et la correction de son style, la noblesse et la sobriété de son accent dramatique lui acquirent aussitôt non-seulement la sympathie, mais l'admiration du public, et les éloges unanimes de la critique. Bien que Fraschini fût un peu froid comme comédien, un sentiment de passion concentrée lui faisait trouver parfois, sous ce rapport, des effets d'une rare puissance. Pour ma part, je ne puis jamais me rappeler sans une sorte de frisson sa majestueuse entrée en scène au second acte de *Lucia di Lamermoor*, lorsque pénétrant dans la salle des fiançailles et s'arrêtant un instant, avant d'en franchir le seuil, au haut des marches qui y conduisent, il laissait tomber son manteau, lançait au loin sa coiffure, et, se croisant lentement les bras, promenait sur les assistants un regard froid, dédaigneux et implacable. Outre le sentiment de la plastique qui s'en dégageait, il y avait dans ce jeu de scène muet un effet d'une simplicité et d'une énergie extraordinaires.

Il serait impossible de rappeler ici tous les ouvrages que Fraschini a créés en Italie, où, entre autres, Donizetti écrivit pour lui *Catarina Cornaro*, Pacini *Saffo*, *Merope* et la *Stella di Napoli*, Verdi *un Ballo in maschera*. A Paris il établit les rôles principaux de deux ouvrages inconnus du public français, la *Leonara de Mercadante*, et la *Duchessa di San Giuliano* de M. Graffigna. Il joua aussi d'une façon admirable, avec Mlle Krauss, sa digne partenaire, le *Fidelio* de Beethoven. Malheureusement, une infirmité particulièrement grave et douloureuse pour un musicien est venue, depuis quelques années, interrompre tout à coup la carrière de ce grand artiste, et cela avant que ses facultés vocales l'eussent abandonné. C'est l'ouïe qui a décliné chez lui, et l'on conçoit sans peine que lorsque l'oreille devient rebelle ou insensible et ne perçoit plus nettement les sons, la voix du chanteur le trahit et cesse d'être juste. D'ailleurs, chanter sans entendre serait assurément l'un des plus durs supplices que l'on pût infliger à un artiste de talent.

Fraschini, qui a été le dernier et l'un des plus remarquables représentants de l'art du chant italien dans ce qu'il a de plus complet et de plus parfait, avait épousé la fille de la fameuse cantatrice Mme Ronzi de Begnis; lorsque cette célèbre artiste mourut à Florence, en 1853, elle laissa toute sa fortune, qui était considérable, à sa fille, et Fraschini devint ainsi puissamment riche. Je crois qu'il vit aujourd'hui retiré à Pavie, sa ville natale, qui lui a rendu hommage en donnant son nom à son principal théâtre, lequel s'appelle, depuis plusieurs années déjà, théâtre Fraschini.

FREIXAS (José), compositeur espagnol, a fait exécuter le 5 avril 1868, en l'église Sainte-Anne de Barcelone, un *Stabat Mater*.

FRÉLON (Louis-François-Alexandre), pianiste, organiste et compositeur, né à Orléans vers 1825, a fait ses études musicales en cette ville et s'y livra ensuite à l'enseignement. Il y fonda en 1847, sous les auspices de l'Institut musical d'Orléans et d'après un système d'éducation imaginé par lui, un cours gratuit de musique pour les ouvriers qui bientôt reçut l'appui matériel et moral de l'autorité municipale. C'est à cette époque que l'on commençait à parler de l'harmonium ou orgue expressif; M. Frélon s'attacha à l'étude de cet instrument, dont il devait être l'un des propagateurs les plus actifs et les plus intelligents. Il vint à Paris, et la fréquence avec laquelle il fit entendre l'harmonium en répandit rapidement l'usage. En 1851, il se rendit à Londres, et fit connaître, à l'Exposition universelle, les orgues que la maison Alexandre (*Voy.* ce nom) construisait alors en grand nombre. De retour à Paris, M. Frélon publia sous ce titre: *l'Art de l'orgue expressif*, une excellente méthode pour cet instrument, et un peu plus tard fonda avec M. Jouvin un journal de pièces d'orgue, *l'Orgue*, qu'il fit paraître pendant quatre ans et qui obtint un véritable succès.

Cet artiste a écrit, soit pour harmonium seul, soit pour harmonium et piano, un grand nombre de morceaux de genre, fantaisies, etc., sur des airs connus et des thèmes d'opéras en vogue; ces morceaux ont été publiés chez MM. Léon Grus, Brandus, Lemoine, etc. Parmi les publications qu'on doit encore à M. Frélon, il faut citer surtout le recueil intitulé *Transcriptions pour orgue expressif* (Paris, Flaxland, in-8°), recueil fait avec soin et dans lequel il a adapté a cet instrument soixante fragments choisis parmi les œuvres des plus grands maîtres.

FRENER (Laurent), compositeur, né à Lucerne en 1769, mort en 1840, a publié à Augsbourg, chez l'éditeur Bœhm, un certain nombre de compositions religieuses parmi lesquelles il faut signaler une messe en allemand, à quatre parties, avec accompagnement d'orgue.

FREUBEL (J.-L.-P.-L.), compositeur et chef d'orchestre (1), naquit à Namur en 1763. Il était fils de Jean-Ernest Freubel, musicien distingué, qui, né à Rudolstadt en 1728 et mort à Berg-op-Zoom en 1770, fut successivement organiste en sa ville natale, à Flessingue, à Middelbourg et à Berg-op-Zoom. Il reçut ses premières leçons de son père, travailla ensuite avec Van Hansen, habile pianiste de Rotterdam, qui avait épousé sa sœur, et eut quelques leçons d'orgue de l'abbé Vogler; mais il s'adonna surtout à l'étude du violon, et devint un virtuose distingué sur cet instrument. Il avait aussi du talent comme compositeur, et fut pendant longtemps chef d'orchestre du théâtre hollandais d'Amsterdam, où il mourut le 21 mai 1828. Voici la liste des compositions de cet artiste :
1° *De vrouwelijke Recruten*, ballet (1788);
2° *De Triomph der liefde*, symphonie (1793);
3° *Het vreede-feest*, composition importante dont dix-huit exécutions eurent lieu au théâtre d'Amsterdam (1802); 4° quatorze cantates, dont une fut composée pour le roi Louis Bonaparte (1806); 5° plusieurs autres ballets dont j'ignore les titres; 6° 3 concertos de violon; 7° concertos de basson; 8° sonate pour piano; 9° plusieurs ouvertures, et enfin des psaumes, des chants populaires et autres productions de moindre importance.

FREUDENBERG (Wilhelm), compositeur allemand, a fait représenter à Mayence, au mois de mars 1877, un opéra-comique intitulé *Amor Titus Schwadronikus*.

FREYER (Auguste), organiste fort distingué, né en 1803 à Mulda, près de Dresde, apprit le chant, le piano et l'orgue avec le cantor Geissler, et dès l'âge de dix ans remplaçait souvent son maître à l'orgue. Amené en Pologne par une suite de circonstances particulières, se fixa à Varsovie, où il suivit un cours de contrepoint avec Elsner. Tout en donnant des leçons de piano pour vivre, sa passion pour l'orgue était si grande qu'il ne cessait de travailler cet instrument, s'appliquait surtout à l'étude des pédales, et pour y mieux réussir se faisait construire un orgue à pédales qu'il installait dans sa chambre. C'est ainsi qu'à l'aide de bons ouvrages et d'un exercice opiniâtre, il acquit une grande habileté.

En 1834, Freyer entreprit un grand voyage artistique à travers l'Allemagne, se rendit d'abord à Breslau, où il fit connaissance avec l'excellent organiste Adolphe Hesse, qui l'encouragea vivement, et visita successivement, en se faisant entendre, Dresde, Leipzig, Berlin, Hambourg, Francfort sur le Mein, Cassel, où il vit Spohr, Dusseldorf, où il connut Mendelssohn, et partout se voyant bien accueilli et établissant d'excellentes relations artistiques. Rentré à Varsovie à la suite de ce voyage, Freyer fut nommé organiste de l'église évangélique, en remplacement d'Elsnert. Bientôt il fonda une société de chant composée d'amateurs et d'artistes, dans le but d'exécuter des oratorios, et fit entendre *la Conversion de saint Paul*, de Mendelssohn, et des compositions de Schneider, d'Elsner, de Bernard Klein, et de lui-même, augmentant ainsi sa renommée et se rendant de plus en plus populaire. En même temps il se livrait à l'enseignement du chant, du piano et de l'harmonie, et formait un grand nombre d'excellents élèves.

Freyer a publié une assez grande quantité de compositions pour l'orgue, et il est l'auteur d'un livre de chant (*Choralbuch*), qui renferme les chants d'église et tout ce qui est nécessaire à un bon organiste pour accompagner en plain-chant l'office religieux.

FRICCI (Antonietta Frietsche, connue sous le nom de), cantatrice remarquable, née à Vienne (Autriche) vers 1840, a fait son éducation musicale au Conservatoire de cette ville, sous la direction de Mme Marchesi, et depuis lors a parcouru une brillante carrière en s'adonnant au chant italien, s'est fait une grande renommée, est considérée comme l'une des premières artistes de ce temps. J'ignore où et comment elle a effectué ses débuts, mais je sais qu'au mois de février 1861, ayant depuis peu de temps abordé la scène, elle faisait partie de la troupe du théâtre San-Carlos, de Lisbonne, où elle obtenait de de très-grands succès. Un journal rendait compte ainsi des faits qui se produisirent le jour de

(1) Je refais cette notice d'après celle insérée dans son livre : *les Musiciens Néerlandais*, par M. Edouard Gregoir, que j'ai lieu de croire bien informé.

représentation à bénéfice : — « Suivant la coutume du pays, on lâcha des pigeons dans la salle, et l'on distribua le portrait photographié de la *prima donna* dans les loges; elle retourna chez elle dans une voiture de la cour, accompagnée de deux corps de musique. »

Au mois de janvier de l'année suivante, la jeune artiste paraissait pour la première fois sur le théâtre de Moscou, et six mois après elle débutait sur celui du Covent-Garden, de Londres, dans le rôle de Valentine des *Huguenots*. En 1863, elle épousait en cette ville un de ses camarades, le ténor italien Neri-Baraldi. Pendant plusieurs années, elle fait ainsi régulièrement les saisons de Londres et de Moscou. En 1866, on la retrouve à la Scala, de Milan, où elle crée l'*Africaine*, et son succès est tel qu'à la dernière représentation de cet ouvrage, dit-on, à la suite d'un morceau dans lequel elle avait provoqué l'enthousiasme, plus de trois-cents bouquets tombèrent à ses pieds, et qu'on vit une dame placée dans une loge détacher le bracelet qu'elle portait et le lui envoyer. Mᵐᵉ Fricci se fit entendre ensuite à Turin (théâtre Regio), à Bologne (théâtre communal), à Trieste, à Crémone, au Caire, tout en se produisant de nouveau à Lisbonne, à Londres et à Milan, où elle créa (1874) le rôle principal d'un des meilleurs ouvrages de M. Ponchielli, *i Lituani*.

Douée par la nature d'une superbe voix de soprano, puissante et expressive, qu'elle sait diriger avec art, très-intelligente au point de vue scénique et ayant le don d'émouvoir ses auditeurs, Mᵐᵉ Fricci, dit-on, brille surtout dans les rôles pathétiques, et se montre particulièrement remarquable dans *Norma* et dans *Seramide*. Les autres ouvrages qui constituent son répertoire sont *les Huguenots*, *la Traviata*, *Macbeth*, *il Trovatore*, *Marta*, *Robert le Diable*, *Don Juan*, *Don Carlos*, *l'Africaine*, *un Ballo in maschera*, et *la Juive*.

FRITSCHE (........), luthier allemand de Leipzig, exerçait son art à la fin du dix-huitième siècle et au commencement du dix-neuvième. C'était, paraît-il, un artiste habile, qui construisait de bons instruments et qui se fit surtout une grande réputation comme réparateur.

FRITZ (W......), compositeur allemand qui a été l'élève de deux théoriciens fort distingués de Berlin, MM. Dehn et Weitzmann, a fait exécuter à Liegnitz, le 4 mars 1873, un oratorio intitulé *David*, dont la musique était, dit-on, fort remarquable.

* **FRIZZI** (Benoît). Cet écrivain a publié un opuscule intitulé : *Dissertazione sulla portata dei musicali istrumenti con matematiche analoghe riflessioni* (Trieste, Weiss, 1802, in-12).

FROJO (Giovanni), compositeur et musicographe, né à Catanzaro le 1ᵉʳ juin 1847, commença l'étude de la musique sous la direction d'un professeur nommé Giuseppe Bassi, puis, à la fin de 1866, entra au Conservatoire de Naples, où il ne fit qu'un court séjour. Il étudia ensuite le piano avec M. Cesi, l'harmonie avec M. Pappalardo, et, après avoir terminé son éducation, retourna se fixer dans sa ville natale. M. Frojo a publié un certain nombre de compositions, parmi lesquelles on remarque une messe de gloria à trois voix, avec orchestre. On lui doit aussi, sous le titre d'*Ecole du mécanisme* (Milan, Vismara), une méthode de piano d'un genre nouveau, et les deux écrits suivants : *Saggio storico-critico intorno alla Musica* (Catanzaro, 1873), et *Osservazioni sulla Musica* (id. id.).

FROMENT (.........), violoniste et compositeur, vivait à Paris à la fin du dix-huitième siècle. Cet artiste entra à l'orchestre de l'Opéra en 1774, en qualité de second violon, et devint ensuite premier violon ; il était encore attaché à ce théâtre en 1794. Après avoir fait exécuter deux symphonies au Concert spirituel, il écrivit la musique de plusieurs petits opéras pour des théâtres secondaires : 1° *Le Vieux Soldat et sa pupille*, un acte, th. des Beaujolais, 1785 ; 2° *Cydippe*, un acte, ib., 1785 ; 3° *la Suite du Vieux Soldat*, un acte, ib., 1786 ; 4° *Goburge dans l'isle des Falots* (parodie de *Panurge dans l'isle des Lanternes*), 3 actes, th. des Jeunes-Artistes, 10 janvier 1797 ; 5° *Pierre Luc ou le Cultivateur du Mont-Blanc*, 2 actes, ib., 22 août 1799 ; 6° *Imrice ou la Fille de la Nature*, un acte, ib., 29 décembre 1800.

FROMENT (Rustique). Sous ce nom, qui nous paraît être un pseudonyme, on a publié un livre dont voici le titre : *Meyerbeer et son œuvre, Haydn, Mozart, Beethoven, Rossini, les concerts populaires, Thérésa, lettres d'un campagnard à propos de l'Africaine*, par Rustique Froment (Paris, Faure, s. d. [1866], in-8°).

FROMENTAL (Louis-Nicolas), compositeur, né dans les premières années du dix-huitième siècle, fit ses études musicales à la maîtrise de la cathédrale de Rouen, où il était enfant de chœur. C'est tandis qu'il était le doyen des enfants, qu'il offrit et fit entendre cinq ou six motets à grande symphonie ; éblouis, dit-on, par le talent précoce dont il avait fait preuve dans ces motets, les chanoines le nommèrent aussitôt premier maître de la chapelle (avril 1728). Fromental prit bientôt les ordres, et, par la suite, fit entendre d'autres compositions, entre autres plusieurs messes. Il mourut à la fleur de l'âge, en 1737.

FRONDONI (.....), compositeur italien contemporain, a fait représenter il y a une vingtaine d'années, sur un théâtre de sa patrie, un petit ouvrage intitulé *un Terno al Lotto*. C'était une *farsa* à un seul personnage avec chœurs.

FRONDONI (ANGELO), compositeur, a fait représenter à Lisbonne, sur le théâtre du Prince royal, le 5 mai 1875, un opéra-comique en 3 actes intitulé *le Fils de Madame Angot*. Cet ouvrage était évidemment une imitation de *la Fille de Madame Angot*. de M. Lecocq (*Voyez* ce nom), qui était alors au plus fort de son succès à l'étranger, et dont on donnait une traduction portugaise sur un autre théâtre de Lisbonne, celui de la Trinité.

FRONTINI (........), compositeur italien, est l'auteur de *la Fidanzata di Marco Bossari*, opéra sérieux qui fut représenté à Palerme, en 1863.

FRY (.......), compositeur américain, a écrit la musique d'un drame lyrique, *Notre-Dame de Paris*, qui a été représenté à Philadelphie au mois d'octobre 1864.

* **FUCHS** (FERDINAND-CHARLES), compositeur, était né à Vienne le 11 février 1811, et mourut en cette ville le 7 janvier 1848.

FUCHS (J......-N.......), chef d'orchestre du théâtre de Brünn, a fait représenter sur ce théâtre, le 5 mars 1872, un opéra romantique en trois actes, intitulé *Zingara*.

FUCHS (ROBERT), autre compositeur allemand, a fait exécuter en 1871, dans l'un des concerts de la célèbre société musicale de Leipzig connue sous le nom de *Gewandhaus*, une symphonie en *ut* mineur. On doit aussi à cet artiste une Sérénade pour orchestre, un quatuor pour piano, violon, alto et violoncelle (op. 15) et diverses autres compositions.

* **FUMAGALLI** (ADOLFO). M. le docteur Filippo Filippi (*Voy.* ce nom) a publié sur cet artiste la notice suivante : *Della vita e delle opere di Adolfo Fumagalli*, Milan, Ricordi.

Il y a lieu de croire que tous les artistes dont les noms suivent sont les frères et sœur d'Adolfo Fumagalli, étant nés dans le même pays et ayant reçu leur éducation musicale dans le même établissement.

M. *Disma Fumagalli*, né à Inzago le 8 septembre 1826, a fait ses études au Conservatoire de Milan, où il est aujourd'hui professeur de piano. Compositeur très-fécond pour son instrument, il a publié plus de deux cent cinquante morceaux de piano, consistant en nocturnes, caprices, *scherzi*, divertissements, et surtout transcriptions et arrangements d'airs d'opéras.

M. *Polibio Fumagalli*, né à Inzago le 26 octobre 1830, est aussi un excellent pianiste élève du Conservatoire de Milan, et s'est fait surtout la réputation d'un organiste habile. On lui doit plus de deux cents morceaux de piano conçus dans les mêmes conditions, et un recueil de quinze pièces pour orgue, *Ascetica musicale* (op. 235), publié à Milan, chez l'éditeur Lucca.

M. *Luca Fumagalli*, né à Inzago le 29 mai 1837, est devenu un pianiste distingué. Je n'ai pas vu son nom, comme ceux des précédents sur la liste des élèves du conservatoire de Milan donnée par M. Lodovico Melzi dans son résumé historique sur cet établissement. Je crois néanmoins qu'il a fait ses études en cette ville. En 1860 il vint à Paris, s'y fit entendre à plusieurs reprises en exécutant quelques unes de ses productions, et obtint un double succès de virtuose et de compositeur. De retour dans sa patrie, il commença à publier à son tour un grand nombre de morceaux de piano, qui se distinguaient par une facture élégante, et dont un certain nombre étaient des productions originales, tandis que d'autres étaient des paraphrases d'airs d'opéras. Mais l'ambition du jeune compositeur était plus haute, et il rêvait les succès du théâtre. Il fit ses débuts de musicien dramatique en 1875, en donnant au théâtre de la Pergola, de Florence, un grand drame lyrique en quatre actes intitulé *Luigi XI*, ouvrage qui fut accueilli avec une certaine faveur par la critique, mais qui paraît avoir été reçu du public avec quelque froideur.

M. *Carlo Fumagalli*, pianiste comme les précédents, n'est pas porté sur la liste des élèves du Conservatoire de Milan. Il a publié une centaine de morceaux de genre, fantaisies, transcriptions, etc., pour son instrument.

M. *Giulio Fumagalli*, pianiste, est élève du Conservatoire de Milan. J'ignore s'il s'est fait connaître comme compositeur.

Mlle *Amalia Fumagalli*, pianiste, sort aussi des classes de cet établissement.

FUNGONI (PAPEBROCHIO). Un musicien de ce nom a écrit la musique de *la Teodora*, « drame sacré » qui fut exécuté au monastère de Sainte-Claire, à Naples, en 1737. L'année suivante, le même artiste faisait représenter au théâtre Nuovo, de la même ville, un ouvrage qui était qualifié d'*invention musicale* et qui avait pour titre *la Rosa*.

FURNO (GIOVANNI), contrappuntiste et professeur, né à Capoue le 1er janvier 1748, entra au Conservatoire de Sant' Onofrio, à Naples, en 1755, et y accomplit tout le cours de ses études d'harmonie, de contrepoint et de composition sous la direction de Carlo Cotumacci. Celui-ci ayant été faire un voyage à l'étranger, lui confia le soin de faire sa classe en son absence; mais Cotumacci n'étant point revenu, Furno se trouva professeur tout en étant encore élève, et conserva toute sa vie les fonctions qu'il avait commencé à remplir. Il écrivit pour le petit théâtre du Conservatoire un opéra bouffe, *l'Allegria disturbata*, qui fut ensuite représenté au théâtre Nuovo, et composa deux autres ouvrages dramatiques dont les titres sont aujourd'hui oubliés. Mais Furno n'était pas ambitieux; c'était un homme simple, modeste, paisible, qui se contenta de sa position de professeur, et qui l'exerça pendant plus d'un demi-siècle, d'abord au Conservatoire de Sant' Onofrio, puis à ceux de la *Pietà de' Turchini*, de San Sebastiano et de San Pietro a Majella. Un jour, à la fin de sa carrière, comme Zingarelli, alors directeur de ce dernier, l'engageait, vu son âge avancé, à se dispenser à l'avenir de donner ses leçons, le vieux maître répondit : « Tant que mes jambes ne refuseront pas de me porter, je continuerai de donner mes soins à ces chers jeunes gens, que j'aime comme mes enfants, et j'entrerai toujours pénétré de respect et de vénération dans ce saint asile de la charité citoyenne où j'ai reçu mon éducation artistique, et à qui je dois mon état dans la société civile, les honneurs et la modeste fortune que je possède (1). » Cet excellent homme mourut en quelques heures, le 20 juin 1837, d'une attaque foudroyante de choléra, lors de la première apparition de cette horrible maladie dans le royaume de Naples.

Furno n'était pas ce qu'on peut appeler un théoricien. Comme la plupart des professeurs de son temps en Italie, il ignorait ce que c'était que les bases d'un enseignement logique et raisonné, et se laissait uniquement guider, dans les leçons qu'il donnait, par la délicatesse de son oreille et le sentiment en quelque sorte naturel de l'harmonie. Il n'en fit pas moins de bons élèves, parmi lesquels il faut surtout citer Manfroce, Mercadante, Carlo Conti, Bellini, les frères Ricci, Costa, Lillo, MM. Lauro Rossi, Curci, Errico Petrella, etc., etc.

Un artiste du même nom, M. *Giovanni Furno*, s'est fait connaître par la publication de quelques petits morceaux faciles pour le piano, parus dans ces dernières années. J'ignore si c'est un parent du précédent. Il est né à Naples le 26 octobre 1840.

FUSCO (MICHELE), chef d'orchestre et compositeur, né à Naples vers 1770, fit ses études musicales en cette ville. Vers 1809 il se trouvait à Modène, et l'année suivante, décidé à s'y fixer, il acceptait les fonctions de *maestro al cembalo* au théâtre. Il conserva cet emploi pendant plusieurs années, y donnant des preuves de talent et de goût, composant et faisant exécuter des cantates, des scènes, des ouvertures qui étaient fort bien accueillies. Il écrivit aussi un oratorio, *les Sept Paroles du Christ*, une messe de *Requiem* que l'on dit fort belle et qu'on entend encore aujourd'hui avec plaisir, et plusieurs autres messes. Cet artiste mourut à Modène, âgé de 58 ans, le 23 août 1828.

FUSNIER (JEAN), musicien belge du temps de la Renaissance, naquit à Ath, dans le Hainaut. M. Auguste Thys, dans son *Historique des sociétés chorales de Belgique*, dit qu'il est cité par Guicciardini comme un savant et excellent musicien, qu'il fut maître de chapelle de Jean Gebhard, archevêque de Cologne et précepteur des pages de l'empereur Charles-Quint, qu'il accompagna dans son expédition contre Tunis.

---

(1) Francesco Florimo, *Cenno storico sulla Scuola musicale di Napoli*.

GABET (CHARLES), peintre miniaturiste, né à Courbevoie en 1793, a publié le livre suivant : *Dictionnaire des artistes de l'école française au XIX⁰ siècle*, peinture, sculpture, architecture, gravure, dessin, lithographie et composition musicale (Paris, Vergne, 1831, in-8°). Bien que ce livre soit fort incomplet en ce qui concerne les musiciens, puisque, parmi ceux-ci, on cherche vainement les noms de Berton fils, Henri Blanchard, Champein, Dalvimare, Fr. Duvernoy, Habeneck, Ladurner, Norblin, Plantade, Sallentin, Sollé, Tulou, Vogt, etc., cependant on y trouve sur certains artistes quelques renseignements utiles et peu connus.

* **GABRIELLI** (Le comte NICOLAS), est né à Naples le 21 février 1814, et a étudié l'harmonie et la composition avec Zingarelli et Donizetti. On a peine à comprendre comment un musicien aussi médiocre à tous égards a pu fournir une carrière aussi active, et comment il s'est trouvé tant de théâtres importants pour accueillir les fruits de son imagination débile. M. le comte Gabrielli n'a pas fait jouer, en effet, moins de vingt-deux opéras, dont dix-neuf représentés à Naples et trois à Paris, et il n'a pas écrit moins de soixante partitions de ballet, toutes sans mouvement, sans vie, sans couleur et sans grâce. A la liste de ses opéras italiens, il faut ajouter au moins *Ester* et *il Bugiardo veritiero*, et à celle de ses ouvrages français *les Mémoires de Fanchette*, un acte donné au théâtre Lyrique en 1865. Quant à ses ballets, il serait absolument impossible d'en citer les titres ; ceux qui sont venus à ma connaissance sont *Edwige*, *la Sposa Veneziana*, *Paquita*, *Nadan*, *il Rayal di Benares*, donnés à Naples, *l'Étoile de Messine* (Paris), *Yotte* (Vienne), *les Almées* (Lyon), *l'Assedio di Schiraz* (Milan, th. de la Scala, 1840), etc., etc.

GABST (A......), compositeur allemand, est l'auteur d'un drame lyrique, *le Dernier Jour de Pompéi*, qui a été représenté à Breslau le 16 avril 1864.

* **GABUSSI** (VINCENZO). Le sentiment pénétrant des nombreuses mélodies vocales publiées par ce compositeur, l'avait fait surnommer en Italie *il nuovo Schubert*. Son premier opéra, *i Furbi al cimento*, fut représenté à Modène le 2 février 1825. Parmi ses autres ouvrages, il faut citer *Ernani*, représenté en 1834, au Théâtre-Italien de Paris, pour lequel il avait été expressément écrit. Gabussi est mort à Londres, le 12 septembre 1846. Sa sœur, Mlle Rita Gabussi, obtint en Italie de grands succès comme cantatrice dramatique ; née en 1822, elle épousa un chanteur renommé, le baryton De Bassini, et quitta la scène fort jeune, pour se retirer à Naples.

* **GADE** (NIELS-GUILLAUME), compositeur danois, est depuis longues années déjà chef d'orchestre du théâtre royal de Copenhague, directeur de la société des concerts l'Union musicale, et maître de la chapelle royale de Danemark. C'est en 1862 qu'il fut appelé à exercer ces dernières fonctions, et en 1875 il célébra le vingt-cinquième anniversaire de son entrée comme chef d'orchestre à l'Union musicale, qui lui fit, à cette occasion, un cadeau de 9,000 *kronen*. L'année suivante, M. Giels Nade reçut de ses compatriotes, qui sont justement fiers de la renommée qui s'est attachée à son nom, un hommage peu commun : dans le budget de 1876, le Folkething danois (Chambre des députés) vota deux pensions viagères de 3,000 couronnes chacune en faveur de deux compositeurs nationaux dont les travaux avaient fait la gloire de leur pays : ces deux compositeurs étaient M. Berggrün et M. Niels Gade. Deux ans auparavant, ce dernier avait été élu membre étranger de l'Académie des Arts de Berlin.

On sait que la popularité de cet artiste fort distingué a commencé d'abord en Allemagne. Lorsqu'après la guerre du Sleswig il crut devoir retourner dans sa patrie et s'y établir définitivement, il fut l'objet des sympathies générales ; mais cela ne l'empêcha pas de faire de fréquents voyages en Allemagne, et surtout à Leipzig, pour y faire entendre ses œuvres, qui obtenaient toujours beaucoup de succès. Le nom du compositeur se répandit aussi en Angleterre, où il a été appelé plusieurs fois et où il écrivit, pour un festival, une cantate intitulée *the Crusaders*. Peu connu en France, il nous est difficile de juger la valeur de l'artiste, dont on n'a guère exécuté que l'ouverture d'*Ossian*, une ou deux symphonies, et son *andante sostenuto* pour orchestre (op. 15), qui ont figuré sur les programmes des Concerts populaires.

M. Niels Gade est un artiste extrêmement laborieux, dont la fécondité est peu commune. A la liste de ses œuvres qui figure dans la *Biographie universelle des Musiciens*, il nous faut joindre les suivantes : 1° sixième symphonie à grand orchestre ; 2° septième symphonie ; 3° huitième symphonie (en *si* mineur) ; 4° *Die Kreusfahrer*, cantate écrite sur un texte d'Andersen ; 5° *Kalanus*, composition dramatique en 3 parties, pour voix seules, chœurs et orchestre ; 6° *la Nuit sainte*, cantate pour chœur et orchestre, écrite sur un texte de Platen ; 7° *Message du Printemps*, cantate pour chœur et orchestre ; 8° *Sion*, cantate sacrée ; 9° *the Crusaders*, cantate composée pour un festival anglais ; 10° *In the Highlands*, ouverture ; 11° *Hamlet*, ouverture ; 12° *Michel-Ange*, ouverture ; 13° *Novelletten*, 4 pièces d'orchestre, op. 53 ; 14° 1re et 2e sonates pour piano et violon (en *la* majeur et en *ré* bémol), op. 6 et 21 ; 15° sonate pour piano (en *mi* bémol), op. 28 ; 16° *Arabesque*, pour piano (en *fa* majeur), op. 27 ; 17° *Volkstänze*, 4 pièces pour piano, op. 31 ; 18° octuor pour 4 violons, 2 altos et 2 violoncelles, op. 17 ; 19° trio pour piano, violon et violoncelle, op. 42 ; etc., etc. A tout cela, il faut ajouter un opéra intitulé *Moriotta*, le seul qu'on connaisse de son auteur. Cet ouvrage a été représentée à Copenhague il y a longtemps déjà, et je crois qu'il n'a obtenu que peu de succès, car il n'a été reproduit nulle autre part.

Le fameux sculpteur Vilhelm Bissen, mort il y a quelques années, a fait un excellent buste de son compatriote Niels Gade.

GÆHRICH (Wenzel), pianiste, chef d'orchestre et compositeur, naquit le 16 septembre 1794 à Zerchowitz, en Bohême. Il reçut une bonne éducation musicale, et se produisit comme compositeur, écrivant plusieurs symphonies et d'assez nombreux morceaux de piano. Devenu chef d'orchestre pour le ballet à l'Opéra royal de Berlin, il conserva cet emploi pendant plus de trente ans, et écrivit la musique de plusieurs ballets qui obtinrent du succès et parmi lesquels on cite particulièrement ceux intitulés *Don Quichotte*, *Aladin* et *le Corsaire*. Gæhrich avait pris sa retraite depuis quelques années lorsqu'il mourut à Berlin, le 15 septembre 1864, au moment d'accomplir sa soixante-dixième année. Parmi ses compositions instrumentales, il faut surtout citer sa 1re symphonie à grand orchestre, en *mi* majeur, op. 1, sa 2e symphonie, en *ré* majeur, op. 3, et un quatuor pour piano, violon, alto et violoncelle, op. 4.

* **GAFORI** (Franchino). On trouve une notice biographique étendue sur cet artiste justement célèbre dans le recueil qui a été fait récemment des écrits du compositeur Mayr : *Biografie di scrittore e artisti musicali Bergamaschi nativi od oriundi* (Bergame, Pagnoncelli, 1875, in-4°).

* **GAGLIARDI** (Dionisio-Poliani). Aux ouvrages dramatiques mentionnés au nom de ce compositeur, il faut ajouter les suivants : 1° *le Ferriere di Maremma* ; 2° *la Barcajuola svizzera* ; 3° *il Coscritto*.

* **GAIL** (Edmée-Sophie Garre, femme), n'est pas née à Melun en 1776, comme on l'a cru jusqu'ici, mais à Paris, le 28 août 1775. C'est M. Th. Lhuillier (*Voy.* ce nom), qui, dans son écrit intitulé : *Note sur quelques musiciens dans la Brie*, a rectifié cette erreur d'après un document authentique : « Tous les biographes, dit M. Lhuillier, font naître cette dame à Melun en 1776. Recherches faites, nous pouvons constater qu'il y a eu confusion. Claude-François Garre, son père, était en effet originaire de Melun. Né le 30 avril 1730, d'un épicier de la paroisse Saint-Aspais (1), il devint chirurgien-major de l'école royale militaire de la grande et de la petite écurie de S. M., conseiller du comité perpétuel de chirurgie, chirurgien ordinaire du roi, membre du collège de chirurgie, l'un des vingt de l'Académie et associé de celle des sciences d'Angers. On le retrouve avec ces divers titres sur les registres paroissiaux de notre ville, à la mort de ses père et mère, le 17 mai 1770 et 22 juin 1778 (2). Le docteur Garre, qui était, comme on voit, un homme distingué, dont Melun peut s'honorer, habitait à Paris la rue Bourbon, paroisse Saint-Sulpice, et c'est là qu'est née Edmée-Sophie Garre, le 28 août 1775. »

Voici, en effet, l'extrait du registre de 1775, v° 125, paroisse Saint-Sulpice : — « Ledit jour 29 d'août mil sept cent soixante-quinze, a été baptisée Edmée-Sophie, née de hier, fille de M. Claude-François Garre, docteur en médecine, major de l'École royal (*sic*) militaire, etc., et demoiselle Marie-Louise-Adélaïde Colloze, son épouse, demeurants rue de Bourbon. Le parein Jean Colloze, chancelier honoraire du duché souverain de Bouillon et grand bailli de Créqui,

---

(1) Henri Garre, épicier, à l'hôtel Saint-Christophe. (Archives de Seine-et-Marne, H. 281.)

(2) Le docteur Garre figure au décret de liquidation du 2 juillet 1791, inséré au *Bulletin des Lois*, comme chirurgien ordinaire de l'écurie du roi ; il reçoit l'arrière de ses gages, soit 6,003 l. 2 s. 6 d. — L'année suivante, on le porta sur la liste des émigrés, mais comme il n'avait pas quitté son domicile, alors transféré rue de Grenelle, n° 353, section *du Bonnet rouge*, il obtint facilement sa radiation.

représenté par M. Charles-Godefroy Colloze, avocat en parlement, conseiller du Roy, expéd° en cour de Rome et délégation, fils du susdit parein. La mareine dame Edme-Marguerite Blanchard Colloze, femme du susdit parein, représentée par Anne-Dorothée Colloze, épouse de M. Claude-Christophe Courtin, avocat en parlement, fille des susdits parein et mareine. »

GAILLARD (........), luthier français contemporain, fut, à la suite de son apprentissage, employé comme premier ouvrier chez Gand (*Voy.* ce nom). Il s'établit ensuite à son compte, vers 1852, et construisit un assez grand nombre de violons dont le vernis était un peu cru, mais dont les proportions étaient heureusement étudiées et dont la sonorité n'était point sans qualités. Gaillard est mort il y a quelques années.

GAJETAN (Fabrice), musicien italien, s'établit en France, où il devint maître de la chapelle du duc de Guise. Il obtint en 1576, au concours du puy de musique d'Evreux, le prix du cornet d'argent pour une chanson française : *C'est mourir mille foys le jour*.

GALITZIN (Le Prince Georges), compositeur russe, né à Saint-Pétersbourg en 1823, descend d'une très-ancienne famille moscovite dont les deux représentants les plus illustres furent le prince Soltikoff et le prince Michel Galitzin. C'est à son père, Michel Galitzin, grand amateur de musique lui-même et violoncelliste distingué, que Beethoven dédia une de ses dernières œuvres. Élevé au corps impérial des pages, M. Georges Galitzin, qui alla compléter en Allemagne des études heureusement commencées dans sa patrie, préféra, en dépit des coutumes et des traditions de la noblesse russe, la carrière administrative à l'état militaire, et cela peut-être parce qu'il y trouvait plus de liberté pour se livrer à son goût passionné pour la musique. Ce goût était tel qu'il établit dans son palais un excellent quatuor d'instruments à cordes, et qu'il se forma et entretint pendant près de vingt ans une chapelle qui fournit, dit-on, à une grande partie de l'Europe des choristes solides et merveilleusement exercés.

Le prince s'occupait beaucoup de composition ; mais il professait en politique, paraît-il, des idées fort avancées qui le firent très-mal voir à la cour. Il avait entrepris d'écrire la musique d'un grand drame lyrique que son seul titre, *l'Émancipation des serfs*, l'obligea d'abandonner, et qui lui valut de l'empereur un ordre d'exil. Il partit alors, visita d'abord l'Allemagne en donnant des concerts qu'il dirigeait lui-même et dans lesquels il faisait principalement exécuter sa musique et celle de son compatriote Glinka.

Il parcourut ensuite l'Angleterre, l'Ecosse et l'Irlande, toujours donnant des concerts (*Princess' Galitzin concerts*), propageant et faisant connaître la musique russe, vivant de son talent d'artiste, supportant avec une énergie virile et une rare constance les difficultés matérielles et morales de la situation qui lui était faite, et se livrant avec ardeur à la production d'un grand nombre d'œuvres fort importantes. En 1862, il vint en France, et le 17 juillet de cette année il donna à la salle Herz, au profit des incendiés de Saint-Pétersbourg, un grand concert dans lequel sa musique et celle de Glinka obtinrent un succès considérable.

Cependant, le prince rentra en grâce et obtint l'autorisation de retourner à Saint-Pétersbourg. Ses fonctions de chambellan de l'empereur et de grand maréchal de la noblesse du gouvernement de Tambow ne purent l'empêcher de continuer à suivre son penchant pour l'art qu'il chérissait. Il avait assisté, à Paris, aux commencements et aux succès des Concerts populaires fondés par M. Pasdeloup (*Voyez* ce nom) ; il n'eut point de cesse, une fois de retour dans sa patrie, qu'il n'y eût introduit et naturalisé cette belle institution. Dans l'hiver de 1865-66, il organisa donc dans la salle du Grand-Manège, à Moscou, des concerts populaires de musique classique sur le modèle des nôtres, avec des places à 20 kopeks (environ 75 centimes). L'orchestre de ces concerts, soigneusement formé par lui, était excellent, et il y avait ajouté une partie chorale desservie par des chantres au nombre de cinq cents.

Parmi les nombreuses œuvres composées par le prince Georges Galitzin, on cite particulièrement : 1° une messe en *fa* ; 2° une messe en *ut* ; 3° 2 Fantaisies pour orchestre ; 4° 18 romances ou Ballades ; 5° un assez grand nombre de morceaux de concert pour flûte, pour hautbois, et pour cornet à pistons ; 6° plus de vingt-cinq morceaux de danse ; 7° des duos, des trios et des chœurs ; 8° enfin deux méthodes de chant, dont une avec des exercices pour chœur à quatre voix. On assure que, pendant son séjour à Paris, le prince Georges Galitzin avait reçu de l'administration de l'Opéra la mission d'écrire un drame lyrique sur le sujet illustré par Michel de Glinka : *la Vie pour le czar*.

En 1869, le bruit courut de la mort du prince Georges Galitzin, qui aurait été assassiné dans les circonstances les plus étranges. Cette nouvelle était fausse. Le prince est mort, des suites d'un refroidissement, au mois de septembre 1872.

* **GALLAY** (Jacques-François), est mort à Paris, au mois d'octobre 1864. Cet artiste distingué, qui avait été nommé professeur de cor au Conservatoire de Paris le 16 novembre 1842, a occupé ces fonctions jusqu'à sa mort. A la liste de ses compositions pour son instrument, il faut ajouter les suivantes : 1° *Préludes mesurés et non mesurés*, op. 27, Paris, Colombier ; 2° *12 Grands Caprices*, op. 32, ib., ib.; 3° *12 Duos faciles*, op. 14, ib., ib.; 4° *Nocturne concertant avec piano*, op. 36, ib., id.; 5° *3 Grands Trios*, pour trois cors, op. 24, ib., ib.; 6° *Grand Quatuor* pour quatre cors en différents tons, op. 26, ib., ib.; 7° *24 Exercices dans tous les tons majeurs et mineurs*, op. 37, Paris, Schonenberger ; 8° *12 Grandes Études brillantes*, op. 43, ib., ib.; 9° *12 Études pour le deuxième cor*, op. 57, ib., ib.; 10° *Méthode complète de cor*, ib., ib.

GALLAY (JULES), violoncelliste amateur et dilettante passionné, né à Saint-Quentin (Aisne) en 1822, s'est fait connaître par plusieurs publications intéressantes relatives à la musique, et particulièrement à la lutherie. Ces publications sont les suivantes : 1° *les Instruments à archet à l'Exposition universelle de 1867* (Paris, imp. Jouaust, 1867, in-12 de 67 pp.); — 2° *les Luthiers italiens aux XVIIe et XVIIIe siècles, nouvelle édition du Parfait Luthier (la Chélonomie) de l'abbé Sibire, suivie de notes sur les maîtres des diverses écoles* (Paris, Académie des Bibliophiles, 1869, in-12), réimpression textuelle de l'ouvrage bien connu de l'abbé Sibire, avec une préface et des annotations importantes ; — 3° *le Mariage de la Musique avec la Danse* (réimpression de cet écrit fameux de Guillaume du Manoir), *précédé d'une introduction historique et accompagné de notes et éclaircissements* (Paris, Académie des Bibliophiles, 1870, in-12); — 4° *les Instruments des écoles italiennes, catalogue précédé d'une introduction et suivi de notes sur les principaux maîtres* (Paris, Gand et Bernardel, 1872, in-4). M. Gallay, qui est adjoint à la mairie du VIIIe arrondissement de Paris et chevalier de la Légion d'honneur, a été désigné comme membre du jury international à l'Exposition universelle de Vienne (Autriche) de 1873 ; c'est en cette qualité qu'il a rédigé le *Rapport sur les instruments de musique* (à archet) publié en 1875 (Paris, Imprimerie nationale, in-4 de 14 pp.). M. Gallay est l'un des collaborateurs du supplément de la *Biographie universelle des Musiciens*.

GALLEANI (......). Un musicien de ce nom a fait représenter en 1877, sur le Théâtre Principal, de Barcelone, une opérette en 3 actes, intitulée *Flordirosa*, dont le sujet était emprunté, ainsi que cela arrive neuf fois sur dix à l'étranger, de la pièce française connue sous le titre de *Fleur de Thé*.

GALLEGOS (J........), mécanicien espagnol, est l'inventeur d'un instrument baptisé par lui du nom de *harpe philharmonique*, et que M. Paul Lavigne (Anatole Loquin) décrivait ainsi, au mois de mai 1866, dans le feuilleton musical du journal *la Gironde* : « M. J. Gallegos est l'auteur d'un instrument de musique des plus curieux, qui nous paraît destiné à remplacer, si son auteur parvient à le répandre, les différents instruments à cordes pincées qui sont encore employés à notre époque. Cet instrument, auquel son inventeur a donné le nom de *harpe philharmonique*, contient à la fois les cordes graves du violoncelle, une guitare complète, et toute la série aiguë des cordes de la harpe. Il a deux manches : l'un de basse, l'autre de guitare, ce qui n'empêche pas sa forme d'être des plus élégantes. »

GALLETTI-GIANOLI (ISABELLA), cantatrice fort remarquable, née vers 1835, s'est fait une grande réputation dans sa patrie et est considérée par les Italiens comme la plus grande chanteuse dramatique qu'ils possèdent. Cette renommée ne me paraît pas exagérée, car j'ai entendu Mme Galletti en 1873 à Milan, au théâtre dal Verme, dans *la Favorite*, et j'ai reconnu en elle une artiste de premier ordre, douée d'une voix sonore, grasse, souple et étendue, sachant conduire cette voix avec le goût le plus parfait, et possédant en même temps un grand sentiment de la scène et d'incontestables qualités dramatiques. Il est fâcheux qu'un embonpoint exagéré vienne porter tort aux facultés de la virtuose, dont la respiration est parfois gênée et embarrassée. Toutefois, Mme Galletti-Gianoli, qui n'a connu jusqu'ici que des succès, a conservé toute son influence et son autorité sur le public, et la supériorité de son talent n'a pas été étrangère au grand succès qui a accueilli l'an dernier (1875), à Florence, la *Dolores* du jeune compositeur Auteri-Manzocchi (*Voyez* ce nom). On aura d'ailleurs une idée de la valeur que les Italiens attachent au talent de cette grande artiste par l'annonce que faisaient récemment les journaux de la Péninsule, qui affirmaient que la direction du théâtre Apollo, de Rome, l'avait engagée pour une série de représentations à 1,800 francs l'une, chiffre peu habituel en Italie.

Mme Galletti-Gianoli commençait sa carrière lorsqu'en 1860 elle était à Brescia, où on lui prédisait un brillant avenir et où on la comparait à la Malibran et à la Cruvelli. L'année suivante, elle était engagée au théâtre San-Carlo, de Naples, où elle se montrait avec succès. En 1865 on la retrouve à Londres, où le public l'accueille chaleureusement dans *Norma*. En 1866, elle est à Madrid, et n'est pas moins bien reçue ; puis elle retourne en Italie, reparaît à la Scala, va créer à Modène, en 1872, un opéra nouveau de M. Pedrotti, *Olema la Schiava*, revient à Milan, cette fois au théâtre Dal Verme, dont elle ne peut pourtant conjurer la mauvaise fortune, va faire une brillante saison au théâtre San-Carlos de Lisbonne, et en 1876 se montre de nouveau à la Scala. Malheureusement, depuis plusieurs années, la santé de Mme Galletti-Gianoli est très-précaire, et de graves indispositions viennent fréquemment la mettre dans l'impossibilité de satisfaire à ses engagements.

GALLI (Eugenio), compositeur, né à Lucques le 12 février 1810, fut élève en cette ville du chanoine Marco Santucci. Envoyé à Vienne pour y terminer son éducation, il devint un excellent contrapuntiste, et à son retour à Lucques se vit confier la chaire de contre-point à l'Institut musical, où il enseigna pendant de longues années. Devenu maître de la chapelle ducale, il écrivit plusieurs messes à quatre voix avec accompagnement d'orchestre, une messe de *Requiem* qui fut à sa mort, et selon son désir, déposée dans les archives de l'Institut, et publia des fugues pour orgue dont on dit le plus grand bien. Il mourut le premier septembre 1867, après avoir complétement abandonné, depuis quelques années, l'exercice de son art.

GALLI (Raffaele), flûtiste italien, compositeur pour son instrument, a publié plus de cent œuvres de divers genres, parmi lesquelles je me bornerai à citer les suivantes : 6 concertinos, avec accompagnement de piano ; *les Élèves en Société*, dix Divertissements brillants et faciles pour flûte et piano concertants, tirés des motifs des opéras de Verdi ; *l'Ami des Dilettantes*, suite de fantaisies sur des airs d'opéras ; duos concertants pour deux flûtes ; airs variés, fantaisies, divertissements pour flûte seule, avec accompagnement de piano.

GALLI (Amintore), compositeur et musicographe italien, est né à Rimini le 12 octobre 1845. Après avoir étudié le dessin, les mathématiques et la philosophie au Gymnase de sa ville natale, il finit par s'adonner à la musique, entra au Conservatoire de Milan, où il devint l'élève de M. G. B. Croff pour la composition, et en 1867 fit exécuter dans cet établissement une cantate intitulée *l'Espiazione*. Après avoir passé quelque temps dans la province de Modène comme directeur d'une école de musique, le jeune artiste commença à se livrer avec ardeur à la composition et à la littérature musicale.

Il écrivit quelques opéras : *Cesare al Rubicone*, représenté avec succès, *Il Risorgimento*, donné à Rome, *Il Corno d'oro*, puis plusieurs messes, un *Stabat mater*, et enfin un oratorio, *Cristo al Golgota*, qui fut très-bien accueilli ; en même temps il publiait ses premiers travaux littéraires, *l'Arte fonetica*, et un volume intitulé *la Musica ed i Musicisti dal secolo X sino a nostri giorni, ovvero Biografie cronologiche d'illustri maestri* (Milan, Canti, 1871, in-8°). Ce livre, en tête duquel l'auteur a placé pour épigraphe cette phrase de Fétis : « La musique est l'œuvre idéale de l'humanité, » a été écrit dans le but de compléter l'instruction musicale des élèves des écoles de chant choral de Milan ; il n'y faut donc chercher ni renseignements nouveaux, ni documents inédits, ni discussions esthétiques, ni vues philosophiques particulières ; mais il est conçu avec intelligence, écrit avec soin, et, tel qu'il est, peut rendre d'utiles services. On peut seulement lui reprocher quelques définitions un peu brèves et un peu singulières du génie de certains artistes, comme, par exemple, lorsque l'écrivain se hasarde à dire que Berlioz est « réputé le champion de la musique à programme, » que M. Stefano Golinelli est « le Bach de l'Italie, » enfin que M. Ambroise Thomas « est l'heureux disciple de Wagner. »

M. Galli dirige actuellement à Milan le grand établissement musical de M. Edoardo Sonzogno, qui s'occupe surtout de répandre et de publier en Italie tous les chefs-d'œuvre de l'école française, et il écrit les notices historiques de toutes les partitions qui composent la collection de *la Musica per tutti*, publiée par cette importante maison ; il est en même temps rédacteur musical du journal *il Secolo*. Ce jeune artiste prépare en ce moment la publication d'un opuscule intitulé *l'Ortofonia*, et celle d'un livre à la fois historique et théorique qui aura pour titre : *la Musica militare in Europa*.

GALLI-MARIÉ (Mme), chanteuse dramatique, est fille de M. Marié, baryton qui fit pendant plus de quinze ans partie du personnel de l'Opéra. Douée d'une voix de mezzo-soprano assez courte, mais d'aptitudes scéniques incontestables, elle embrassa de bonne heure la carrière théâtrale et tint successivement l'emploi de fortes chanteuses d'opéra dans plusieurs villes importantes. En 1859, on la trouve Strasbourg, en 1860 à Toulouse, d'où elle se rend, en 1861, à Lisbonne, pour chanter le répertoire italien au théâtre San-Carlos. De Lisbonne elle revient en France, accepte un engagement pour Rouen, où elle obtient un grand succès, et crée en cette ville, au mois d'avril

1862, le rôle principal d'un opéra de Balfe, [la Bohémienne, qui n'avait pas encore été joué à Paris. La représentation de cet ouvrage ayant eu un certain retentissement, M. Perrin, alors directeur de l'Opéra-Comique, se rendit à Rouen pour y entendre Mme Galli-Marié, en fut très-satisfait, et l'engagea séance tenante.

La jeune artiste débuta donc à l'Opéra-Comique, au mois d'août 1862, dans *la Servante maîtresse*, de Pergolèse, qui n'avait pas été jouée depuis près d'un siècle, et que l'on avait remontée à son intention. Son goût musical, la justesse de sa diction, son vrai talent de comédienne lui valurent de la part de la critique et du public un succès très-vif et de très-bon aloi. Mais comme son engagement à Rouen n'était pas expiré, Mme Galli-Marié se partagea, pendant toute la fin de la saison théâtrale, entre cette ville et Paris. Bientôt, cependant, elle fit exclusivement partie du personnel de l'Opéra-Comique, et fit à ce théâtre plusieurs créations importantes qui montrèrent toute la souplesse et la flexibilité de son talent. Également propre à exciter le rire et à provoquer les larmes, douée d'un tempérament artistique très-original et très-personnel qui lui permettait, sans imiter personne, de faire des types véritables des rôles qui lui étaient confiés, Mme Galli-Marié se fit applaudir dans toute une série d'ouvrages où elle représentait des personnages de nature et de caractères essentiellement opposés : *Lara, le Capitaine Henriot, Fior d'Aliza, la Petite Fadette, José Maria, Robinson Crusoé, Fantasio, le Passant, Don César de Bazan, Carmen*; elle reprit aussi quelques pièces de répertoire, *Marie, les Porcherons, les Amours du Diable, les Dragons de Villars*, etc. Après une courte absence, pendant laquelle elle parcourut la Belgique, cette artiste distinguée est rentrée à l'Opéra-Comique au mois d'octobre 1874.

Mme Galli Marié doit prendre place au rang des artistes nombreux qui, bien que doués d'une voix médiocre, ont rendu depuis un siècle à ce théâtre des services signalés par leur talent scénique et leur incontestable valeur au point de vue dramatique.

GALLIERI (.......), compositeur et *impresario* italien, a fait représenter le 6 juin 1867, à Milan, sur le théâtre de la Canobbiana, dont il était alors le directeur, un opéra intitulé *Zagranella*; cet ouvrage tomba si lourdement, malgré la situation de son auteur, qu'on ne put le jouer que deux fois, en dépit de modifications nombreuses qui y avaient été apportées pour la seconde représentation. Je crois qu'un peu plus tard, M. Gallieri prit la direction d'un autre théâtre de Milan, et qu'il fy fit jouer encore une opérette qui n'obtint qu'un médiocre succès.

GALLIGNANI (Giuseppe), jeune compositeur italien, qui a fait son éducation musicale au Conservatoire de Milan, avait quitté l'école depuis cinq ans environ lorsqu'il fit représenter sur le théâtre Carcano, de cette ville, le 30 mars 1876, un opéra sérieux en trois actes, intitulé *Atala*, dont le sujet était emprunté au roman célèbre de Châteaubriand. Ce début ne fut pas heureux, et l'ouvrage n'eut pas de succès.

* **GALLO** (Ignazio). Selon M. Francesco Florimo, le consciencieux historien des Conservatoires de Naples, cet artiste serait né dans cette ville en 1789, et c'est au Conservatoire *dei Poveri di Gesù Cristo* qu'il serait devenu l'élève d'Alessandro Scarlatti. On ignore l'époque de sa mort, mais on sait par tradition qu'il fut le maître de David Perez.

GALLUS ou **GALLI** (Antoine), compositeur qui vivait dans les Pays-Bas au milieu du seizième siècle, a fourni quatre chansons au recueil divisé en six livres que Pierre Phalèse publia à Louvain en 1555-1556, et dont le premier parut sous ce titre : *Premier livre des chansons à quatre parties, nouvellement composez* (sic) *et mises en musique, convenables tant aux instruments comme à la voix* (Louvain, 1555, in-4°).

GALLYOT (Théodore), violoncelliste et compositeur, ancien élève du Conservatoire de Metz, où il fut ensuite professeur de violoncelle, vint plus tard s'établir à Paris, et fut violoncelliste au Théâtre-Lyrique et aux Fantaisies-Parisiennes. Il a fait représenter à ce dernier théâtre, le 16 mars 1867, un opéra-comique en un acte intitulé *l'Amour mannequin*.

GAMBINI (Le P. Andrea), compositeur de musique religieuse, naquit vers 1665 à San Lorenzo a Vaccoli, près de Lucques. Les registres de la compagnie de Sainte-Cécile de cette ville attestent que de 1700 à 1713, sept services religieux à 4 voix et à grand orchestre, de la composition de Gambini, furent exécutés à l'occasion de la fête que célébrait chaque année la classe philharmonique de cette société, en l'honneur de sa patronne. On n'a point d'autres renseignements sur cet artiste, qui mourut à Lucques en 1725, et dont toutes les œuvres ont été perdues.

* **GAMBINI** (Carlo-Andrea), pianiste et compositeur, était né à Gênes, non en 1818, mais le 22 octobre 1819. Outre son opéra *Eufemio di Messina*, il a fait représenter *il Nuovo Tartufo* (Gênes, th. Apollo, 1854), et *Don Grifone*

(Turin, ib. Rossini, 1856), et a écrit encore *i Tessali* et *la Vendetta della Schiava*, qui, je crois, n'ont pas été joués. Son *Cristoforo Colombo* est une sorte de grande symphonie dramatique, dont des fragments seulement ont été exécutés. On doit encore à Gambini une messe à grand orchestre, exécutée en 1840, plusieurs autres messes, des hymnes, des cantates, beaucoup de morceaux de concert, pour voix ou pour instruments, deux recueils d'Études pour le piano (op. 36 et 70), et enfin la musique de *la Passion*, de Manzoni, pour 4 voix, chœur et orchestre. Cet artiste est mort à Gènes le 14 février 1865. Les compositions de Gambini sont au nombre de plus de cent cinquante.

GAMBOA (Pero de), abbé, compositeur et professeur de musique portugais, appartenait à l'ordre de Saint-Benoît vers 1640. Leão de Saint-Thomas (dans sa *Benedictina Lusitana*, t. II, p. 42) fait des éloges de ce religieux, dont les compositions sont restées inédites. J. de V.

GAMBOGI (Le P. Francesco), compositeur de musique religieuse, né vers 1713 à Camaiore, dans le duché de Lucques, mourut en 1781. Il fut maître de musique au séminaire de Saint-Michel *in foro*, puis maître de chapelle à l'église collégiale de Camaiore. Une de ses œuvres les plus importantes est un oratorio, *Giuseppe riconosciuto*, dont la partition est encore aujourd'hui conservée dans les archives de la Congrégation des Anges gardiens, à Lucques, tandis que plusieurs autres de ses compositions se trouvent dans les archives des héritiers Puccini. De 1743 à 1778, Gambogi écrivit une vingtaine de services religieux à 4 voix, avec accompagnement instrumental, qui étaient exécutés à la fête de Sainte-Cécile.

GAMMIERI (Erennio), compositeur, né à Campobasso le 11 mars 1836, fut élevé au Conservatoire de Naples, où il reçut des leçons de Busti pour le chant et de Carlo Conti pour la composition. Après dix ans d'études, il sortit de l'école, en 1859, pour aller remplir au théâtre de Saint-Pétersbourg les fonctions de *maestro concertatore*, et c'est sur ce théâtre qu'il fit représenter, au mois de février 1867, un opéra sérieux, *Chatterton*, qui fut chanté par Mme Barbot, MM. Calzolari, Polonini et Everardi, et bien accueilli du public. Depuis lors, M. Gammieri a écrit un second ouvrage dramatique, *l'Assedio di Firenze*, qui n'a pas été joué jusqu'ici. Cet artiste a composé aussi un assez grand nombre de mélodies vocales, dont quelques-unes ont été publiées.

GAMUCCI (Baldassare), compositeur et écrivain sur la musique, est né à Florence le 14 décembre 1822. Après avoir accompli ses études de littérature et de philosophie au séminaire de cette ville, et avoir travaillé le piano avec Carlo Fortini, il suivit un cours de contre-point et de composition sous la direction de Luigi Picchianti. Il s'adonna ensuite à l'enseignement et à la composition, et, tout en écrivant des œuvres nombreuses et importantes, fonda, en 1849, la Société chorale *del Carmine*, qui eut une existence longue et prospère, et dont un grand nombre d'élèves furent plus tard incorporés dans l'école chorale de l'Institut musical de Florence, école dont M. Gamucci est actuellement le directeur. La liste des compositions de cet artiste estimable comprend : six messes de *Gloria* à 3 ou 4 voix, qui ont été exécutées dans diverses églises de Florence; une Messe de *Requiem* à 4 voix d'hommes, avec orchestre; plusieurs autres messes à plusieurs voix, *a cappella*; *Beatrice*, *gli Esuli in Babilonia*, et une paraphrase italienne du Psaume XIV, cantates exécutées dans la salle de la Société philharmonique de Florence ; des psaumes, motets, cantiques, introïts, graduels, litanies, hymnes et autres compositions religieuses, soit *a cappella*, soit avec orchestre; enfin, un assez grand nombre de morceaux de piano et de chant. M. Gamucci a écrit aussi la musique d'un opéra en quatre actes, *Ghismonda di Salerno*, non représenté jusqu'à ce jour. Comme écrivain musical, il a collaboré à divers journaux, entre autres au *Boccherini*, auquel il a donné de nombreux articles, et il a publié l'opuscule suivant : *Intorno alla vita ed alle opere di Luigi Cherubini, Fiorentino, ed al monumento ad esso innalzato in Santa Croce* (Florence, Barbèra, 1869, in-8° de 60 pp., avec portrait). Enfin, M. Gamucci a communiqué à l'Académie de l'Institut musical de Florence, dont il est membre résident, plusieurs travaux intéressants qui ont été insérés dans les *Actes* de cette compagnie, et il a publié un manuel élémentaire de musique ainsi intitulé : *Rudimenti di lettura musicale per uso di tutti gl' Istituti si pubblici che privati d'Italia*. Ce petit ouvrage a eu plusieurs éditions.

GAND (Charles-François), luthier à Paris et l'un des artistes français de ce genre dont les produits sont les plus estimés, entra en 1806 comme apprenti dans l'atelier de Nicolas Lupot, le célèbre luthier parisien. Il devint son gendre après avoir été son meilleur élève.

C'est en 1824 que Charles-François Gand succéda à son beau-père. Il travailla avec un grand succès jusqu'en 1845, année de sa mort ; il eut ses deux fils pour collaborateurs et dignes continuateurs.

Gand père a eu l'honneur de terminer pour la chapelle royale des Tuileries les instruments commencés par Lupot, et que la mort avait empêché celui-ci d'achever. Devenu luthier du Conservatoire de musique, il a pendant de longues années fourni les instruments (violons et violoncelles) décernés aux élèves lauréats (1).

J. G—Y.

* GANDINI (Le chevalier ANTONIO), artiste issu d'une famille noble, était né non à Bologne, vers 1780, comme il a été dit par erreur, mais à Modène le 20 août 1786, et il étudia le contre-point au lycée de Bologne, sous la direction de du P. Mattei, ayant pour condisciples Morlacchi et Rossini. De retour dans sa ville natale, il y fit exécuter, le 16 juillet 1814, pour l'arrivée du duc et de la duchesse de Modène, une cantate de circonstance, *la Caduta dei Giganti*, qui lui valut la nomination de maître de chapelle de la cour. Le 21 octobre 1818, il faisait représenter un opéra sérieux, *Erminia*, suivi bientôt de *Ruggiero* (30 octobre 1822), et d'*Antigona* (28 octobre 1824). En 1825 et en 1829, il produisit deux nouvelles cantates de circonstance, et en 1832 il était appelé à faire partie du comité de direction du théâtre de Modène. Cet artiste, qui fonda dans sa ville natale, sous le titre de Caisse de subvention des Philharmoniques, une société de secours et de retraite pour les musiciens âgés ou infirmes, mourut dans sa villa de Formigione, le 10 septembre 1842. Les quatre opéras suivants : *Zaira, Isabella di Lara, Adelaide di Borgogna* et *Maria di Brabante*, qui lui ont été attribués à tort, ne sont pas de lui, mais de son fils Alexandre.

GANDINI (ALESSANDRO), fils du précédent, né en 1807, à Modène, fut placé d'abord au collège de San Carlo, puis à l'Académie militaire. Dès ses plus jeunes années, son père lui fit étudier la musique et lui enseigna ensuite la composition, avec le désir de le voir lui succéder plus tard dans ses fonctions de maître de chapelle de la cour. En 1827, le jeune Gandini fit représenter à Modène son premier opéra, *Demetrio*, qui fut bien accueilli et à la suite duquel il fut nommé maître de chapelle adjoint ; le 7 novembre 1829, il donnait au même théâtre *Zaira*,

(1) Gand père avait le titre de « luthier du Roi et du Conservatoire, » qui, à sa mort, passa à ses fils et successeurs, MM. Charles-Adolphe et Eugène Gand. L'aîné de ceux-ci, Adolphe Gand, est mort à Paris, à l'âge de 35 ans, le 21 janvier 1866 ; le second, M. Eugène Gand, s'est associé depuis lors avec M. Bernardel. — Les instruments superbes et d'une qualité rare qui avaient été commencés par Lupot et achevés par Gand père pour la chapelle royale des Tuileries, ont été détruits en 1871, lors de l'incendie de ce palais. C'est une perte irréparable.

A. P.

et le 17 octobre 1830, *Isabella di Lara*. En 1832, il faisait exécuter une cantate, *la Fedeltà*, bientôt suivie d'un nouvel opéra, *Maria di Brabante* (octobre 1833), et d'*Adelaide di Borgogna* (1841). Il ne produisit plus ensuite que quelques cantates de circonstance : *la Fata* (1842), et *il Genio di Modène* (1857).

Alessandro Gandini, qui avait succédé définitivement à son père, et à qui l'on doit aussi un assez grand nombre d'œuvres de musique religieuse et de musique de chambre, a occupé les dernières années de sa vie à la rédaction d'un historique complet des théâtres de Modène. Cet écrit, complété par deux plumes amies, a été publié après sa mort sous ce titre : *Cronisteria dei Teatri di Modena dal 1539 al 1871, del maestro Alessandro Gandini, arrichita d'interessanti notizie e continuata sino al presente, da Luigi-Francesco Valdrighi e Giorgio Ferrari-Moreni* (Modène, 1873, 3 vol. in-18). Cet ouvrage a fourni les éléments de cette notice et de la précédente. Alessandro Gandini est mort à Modène le 17 décembre 1871.

GANDOLFI (.....). Un artiste de ce nom a fait représenter à Naples, en 1854, un opéra sérieux intitulé *Il Sultano*.

GANDOLFI (RICCARDO), né à Voghera (Piémont), en 1839, montra dès ses premières années un tel penchant pour la musique que ses parents se décidèrent à le conduire à Naples, où il étudia l'harmonie et le contre-point sous la direction particulière de Carlo Conti. Des raisons de famille l'obligèrent à quitter Naples pour retourner dans sa ville natale et s'établir ensuite à Florence, où il termina ses études sous la direction de Mabellini. En 1863, M. Gandolfi débuta avec succès au théâtre de Santa Radegonda, à Milan, avec un opéra sérieux : *Aldina*. En 1865, il fit représenter au théâtre Regio, de Turin, son opéra *Il Paggio*, et en 1873, il donna au théâtre Carlo-Felice, de Gênes, *il Conte di Monreal*. M. Gandolfi s'est fait connaître favorablement aussi dans le genre sacré et symphonique : en 1866, il fit exécuter à Florence un *Requiem* à grand orchestre qui fut entendu peu de temps après à la cathédrale de Turin, à l'occasion des funérailles du roi Charles-Albert, et de nouveau à Florence pour celles du général Druetti ; en 1869, il fit exécuter une grand' messe à Chiavari, pour la fête solennelle du centenaire de Notre-Dame *dell' orto*. Dans la même année, il produisit aux concerts de la *Società Del Quartetto*, à Florence, une symphonie à grand orchestre, à la Société philharmonique (1872) un psaume, en 1875 une cantate, *Il battesimo di Santa Cecilia*, et, enfin, à la société *Orfeo*, une élégie pour violoncelle avec accompagnement de quatuor, harpe et harmonium, exécutée plusieurs fois avec beaucoup de succès aux concerts de cette société. M. Gandolfi a publié chez Lucca, à Milan, un album de chant intitulé *Pensieri ed affetti*. Dans les *atti* de l'Académie royale de musique de Florence, se trouvent aussi quelques mémoires remarquables dûs à la plume de M. Gandolfi, qui est littérateur à ses heures et occupe même une place dans la presse périodique musicale. M. R. Gandolfi est chevalier de l'ordre des Saints-Maurice et Lazare, et membre de plusieurs académies, entre autres de l'Académie musicale de Florence, où il exerce les fonctions de conseiller-censeur (1). — L.-F. C.

GANLENO (LOTARIO), musicien poète, a publié l'ouvrage suivant : *L'Arte del contrappunto, passatempo armonico-poetico in ottava rima*, Sienne, 1828.

* GANZ (MAURICE), violoncelliste remarquable et compositeur, est mort à Berlin le 22 janvier 1868. Il était né à Mayence non en 1804, mais le 13 septembre 1806.

GARANI (MICHELANGELO), luthier italien, vivait à Bologne dans les dernières années du dix-septième siècle et dans les premières années du dix-huitième.

GARBEROGLIO (G......), écrivain italien, est l'auteur d'une compilation chronologique publiée sous ce titre : *Serie degli spettacoli rappresentati al teatro Regio di Torino, dal 1608, epoca della sua fondazione, al presente*, Turin (vers 1875). On sait que le théâtre *regio* ou royal est le plus important de Turin au point de vue musical.

GARCIA (JOSÉ-MAURICIO-NUNES), compositeur distingué, était maître de la chapelle royale de Rio de Janeiro (Brésil), pendant le séjour que Jean VI fit dans cette ville. On sait que presque toute la cour de Portugal abandonna Lisbonne lors de l'invasion de l'armée française commandée par Junot (1807) et se rendit au Brésil. La plupart des artistes de la chapelle royale accompagnèrent le roi et sa famille. Garcia se trouvait déjà à Rio de Janeiro lorsque le roi y arriva, car il n'est jamais sorti du Brésil. Il était né dans la capitale de cet empire en 1767 et y mourut en 1830. Ses compositions n'ont pas été publiées,

---

(1) Depuis que cette notice est écrite, M. Gandolfi a composé, pour les cérémonies qui ont eu lieu à Catane lors de la translation en cette ville des cendres de Bellini (1876), une Marche funèbre qui a été publiée à Milan, chez l'éditeur de Giorgi. On doit à M. Gandolfi la publication d'un écrit ainsi intitulé : *Sulla relazione della poesia colla musica melodrammatica* (1868). Enfin, à la liste de ses ouvrages dramatiques, il faut ajouter *Caterina di Guisa*, opéra représenté à Catane en 1872. — A. P.

---

mais on les dit très-remarquables. Garcia avait fait son éducation musicale dans une espèce de Conservatoire que les Jésuites avaient établi aux environs de Rio pour l'enseignement des nègres des deux sexes. Cet établissement était situé à Santa-Cruz, dans une propriété immense que l'ordre y possédait. Voici ce qu'en dit Balbi :

« Lors de l'arrivée du roi à Rio de Janeiro, Santa-Cruz fut convertie en maison royale. Sa Majesté et toute la cour furent frappées d'étonnement, la première fois qu'elles entendirent la messe dans l'église de Saint-Ignace de Loyola à Santa-Cruz, de la perfection avec laquelle la musique vocale et instrumentale était exécutée par des *nègres des deux sexes*, qui s'étaient perfectionnés dans cet art d'après la méthode introduite plusieurs années auparavant par les anciens propriétaires de ce domaine, et qui heureusement s'y était conservée. Sa Majesté, qui aime beaucoup la musique, voulant tirer parti de cette circonstance, établit des écoles de premières lettres, de composition musicale, de chant et de plusieurs instruments dans sa maison de plaisance et parvint en peu de temps à former parmi ses nègres des joueurs d'instruments et des chanteurs très-habiles. Les deux frères Marcos et Simão Portugal (*Voy*. ces noms) ont composé tout exprès des pièces pour ces nouveaux adeptes de Terpsichore, qui les ont parfaitement exécutées ; plusieurs ont été agrégés parmi les musiciens des chapelles royales de Santa Cruz et de San Christovão. Quelques-uns même sont parvenus à jouer des instruments et à chanter d'une manière vraiment étonnante. »

Balbi dit encore : « Nous regrettons de ne pouvoir donner les noms du premier violon, du premier fagot (basson), du premier clarinettiste de San Christovão, et de deux négresses qui se distinguent parmi leurs compagnes par la beauté de leurs voix et par l'art de l'expression qu'elles déploient dans le chant. Les deux frères Marcos en sont les plus grands connaisseurs de Rio de Janeiro en font le plus grand cas. Sa Majesté a assisté bien des fois à des cérémonies religieuses où toute la musique a été exécutée par ses esclaves musiciens. « On fit si bien qu'on parvint à faire exécuter même des *opéras* tout entiers par ces Africains, aux applaudissements de tous les connaisseurs qui « les ont entendus, » dit encore Balbi. Marcos et Simão Portugal étaient chargés d'écrire ces compositions dramatiques. Garcia fut un des élèves les plus distingués de cet établissement ; le roi lui donna le titre d'abbé, le nomma chevalier de l'ordre du Christ

---

(1) *Essai statistique*, vol. II, pages 213-214.

et le chargea de la direction de sa chapelle, fonctions qu'il partageait avec le célèbre Marcos Portugal. Garcia était fort instruit dans son art et possédait la plus riche collection musicale qui existât au Brésil, collection qu'il avait formée en achetant tout ce qu'on publiait de plus remarquable en Europe en fait de musique. On cite un *Te Deum* chanté à Rio de Janeiro en 1791, comme un de ses meilleurs ouvrages. M. Porto-Alegre a fait l'éloge de ce compositeur (*Revista trimensal do Instituto*, vol. XIX, pp. 354-378).
J. DE V.

GARCIA (MARIANO), compositeur espagnol, né à Aoiz, dans la Navarre, le 20 juillet 1809, entra comme enfant de chœur à la cathédrale de Pampelune en 1817. Il y étudia le solfége et le chant sous la direction de Mateo Gimenez, puis, s'étant livré à l'étude du violon, il obtint une place de violoniste dans la chapelle de la même église. Ayant ensuite travaillé l'harmonie et la composition avec un artiste distingué, José Guelbenzu, organiste de la paroisse de Saint-Saturnin, il fut nommé, au bout de quelques années, professeur à la chapelle de la cathédrale, et devint plus tard directeur de l'école de musique de sa ville natale. Cet artiste a écrit un grand nombre de compositions religieuses, fort estimées, et qui se font remarquer, dit-on, par la clarté et l'élégance des idées, par la bonne structure des morceaux, par la facilité d'exécution, et surtout par un goût très-pur.

GARCIA (......). Un musicien de ce nom a fait représenter en 1854, sur le théâtre de Cagliari (Sardaigne), un opéra bouffe intitulé *Funerali e Danze*.

* **GARCIA** (Mme EUGÉNIE), née **MAYER**, a terminé, je crois, sa carrière dramatique à Madrid, et faisait partie, en 1858, de la troupe du théâtre italien de cette ville. Elle avait fait sa première apparition en 1830, à Novare, sous les yeux et sous les auspices de sa belle-sœur, la Malibran, qui l'avait prise en tendre affection. Aujourd'hui, et depuis longues années déjà, Mme Eugénie Garcia est considérée comme un des meilleurs professeurs de chant de Paris. Elle a publié quelques romances, *la Leçon du Rossignol*, *Dors, mon enfant*, *Romance dramatique*, etc., dont elle a écrit les paroles et la musique. Mme Eugénie Garcia a reçu du roi des Pays-Bas la grande médaille d'or du Mérite, décoration tout artistique, qui se porte en sautoir, et que le même monarque avait donnée jadis à Mme Malibran.

GARCIN (JULES-AUGUSTE S**ALOMON**, dit), violoniste, est né à Bourges le 11 juillet 1830. Dès l'âge de neuf ans il était admis, au Conservatoire de Paris, dans la classe de solfége de Pastou ; en 1843 il devenait élève de Clavel pour le violon, et passait, en 1846, dans la classe de M. Alard ; enfin il eut encore pour professeurs, dans cet établissement, M. Bazin pour l'harmonie et accompagnement, et Adam pour la composition. Voici la liste des récompenses qu'il obtint au Conservatoire : 2e prix de solfége en 1843 et 1er prix en 1844 ; accessit de violon en 1848 ; 2e accessit d'harmonie et accompagnement en 1849 ; enfin, 2e prix de violon en 1851, et 1er prix en 1853. Attaché à l'orchestre de l'Opéra en qualité de second, puis de premier violon, M. Garcin devint ensuite deuxième violon solo, et est aujourd'hui troisième chef d'orchestre et premier violon solo. Son jeu pur, correct et élégant a fait choisir M. Garcin comme professeur d'une des deux classes préparatoires de violon rétablies au Conservatoire en 1875 ; l'arrêté ministériel qui le nommait à cet emploi est du 14 octobre de cette année. Cet artiste distingué, qui fait partie de l'orchestre de la Société des concerts, a exécuté dans une des séances de cette société un concerto de sa composition, qui, sans être une œuvre absolument supérieure, se faisait remarquer cependant par la grâce du style et la distinction de la forme. M. Garcin a écrit encore, outre un concertino d'alto, diverses autres compositions pour son instrument, dont quelques-unes ont été publiées chez l'éditeur M. Lemoine.

* **GARDI** (FRANÇOIS), était né à Venise dans la seconde moitié du dix-huitième siècle. A la liste de ses ouvrages dramatiques, il faut ajouter une *farsa* intitulée *la Pianella perduta*, qui, représentée à Modène en même temps qu'une autre farce de lui, *la Donna ve la fà*, le 14 mars 1801, n'obtint pas moins, avec celle-ci, de vingt-quatre représentations consécutives.

GARIBOLDI (GIUSEPPE), flûtiste et compositeur d'origine italienne, a publié en France un grand nombre de compositions pour la flûte. Il faut citer entre autres les suivantes : *Vingt études chantantes*, op. 88 (Paris, Leduc) ; *Petite école de la musique d'ensemble et d'accompagnement pour piano avec flûte ou violon, ad libitum*, (Bruxelles, Schott) ; *le Repos de l'étude*, dix fantaisies, op. 49 (id., id.) ; *le Décaméron des jeunes flûtistes*, dix petites fantaisies (id., id.) ; *l'Indispensable*, grande étude-caprice, op. 48 (id., id.) ; *Illustrations élégantes et faciles sur dix opéras* (Paris, Brandus) ; *Soirées du flûtiste amateur*, 14 transcriptions mélodiques sur les opéras de Verdi, op. 72, (Paris, Escudier) ; *Fantaisie sur Faust* (Paris, Choudens) ; *Fantaisie sur Roland à Roncevaux* (id., id.) ; etc., etc. M. Gariboldi a écrit aussi la musique de deux opéras-comiques en un acte : *Au clair de la Lune*, et *la Jeunesse de Hoche*, représentés tous deux sur le théâtre de Versailles, le 5 septembre 1872, et celle d'une opérette, *le Rêve d'un écolier*, jouée dans un concert en 1868. Enfin, ce compositeur a publié un certain nombre de romances et mélodies vocales : *Chanson de la brise, le Crucifix, Souvenir, Loin de toi, la Cloche du soir, Elle était là*, etc., etc.

GARIMOND (H......-X......), hautboïste, né vers 1820, a fait ses études musicales au Conservatoire de Paris, où il fut élève de Vogt. Il obtint le second prix de hautbois au concours de 1840, et le premier l'année suivante. Il se produisit ensuite avec quelque succès dans les concerts, et devint premier hautbois solo à l'orchestre du Théâtre-Italien. Cet artiste a publié : 1° *Méthode élémentaire de hautbois*, Paris, Leduc ; 2° *Récréations musicales*, 20 petits morceaux pour hautbois, en deux suites, id., id. ; 3° 12 fantaisies pour hautbois et piano (en société avec Alphonse Leduc), id., id.

GARNIER (........), organiste, vivait dans la première moitié du dix-huitième siècle, et paraît avoir été un artiste habile en son art. Je n'ai pu trouver d'autres renseignements sur lui que ces quelques mots que lui consacre Titon du Tillet, dans son *Parnasse François* : — « Parmi nos organistes les plus habiles que la mort a enlevés, on ne doit pas oublier Garnier, organiste de la chapelle du roi.... » J'ignore si Garnier s'est livré à la composition.

GARNIER (ÉDOUARD), compositeur et écrivain musical, rédige depuis quelques années la partie musicale du journal *le Phare de la Loire*, publié à Nantes. Il a formé une brochure d'un article inséré dans ce journal sous ce titre : *le Concert-Ullman* (Nantes, impr. Mangin, 1873, in-18), et avait déjà donné, dans les mêmes conditions, l'opuscule suivant : *Hamlet, tragédie lyrique, musique d'Aristide Hignard. Analyse de la partition* (Nantes, impr. Mangin, 1868, in-8°). Après avoir publié, dès 1854, un album de chant auquel il avait donné le titre de *Larmes et Sourires*, M. Édouard Garnier s'est fait de nouveau connaître comme compositeur par deux autres recueils de mélodies vocales, l'un intitulé *Rêves de Jeunesse*, dont il a écrit les paroles et la musique, l'autre, *Roses et Cyprès*, dont quelques poésies aussi sont sorties de sa plume. Il y a de la facilité et une inspiration élégante dans ces deux recueils, qui ont été publiés chez l'éditeur Alphonse Leduc, et qui ont été suivis des *Chants d'automne*, six romances sans paroles pour piano, publiés chez M. Grus. On connaît encore, du même artiste, *Claudine*, « roman musical, » publié chez M. Heu. M. Édouard Garnier, que ses travaux de composition et de critique spéciale n'empêchent pas de se livrer à l'enseignement, est depuis quelques années professeur d'harmonie au Conservatoire de Nantes.

* **GASPARI** (GAETANO). Cet artiste fort distingué a publié les deux opuscules suivants : 1° *Ricerche, documenti e memorie risguardanti la storia dell'arte musicale in Bologna*, (Bologne, 1867, in-f°) ; 2° *Ragguagli sulla cappella musicale della basilica di S. Petronio in Bologna* (Bologne, 1869, in-f°). En 1862, M. Gaspari fit vendre à Paris sa riche bibliothèque musicale, dont le catalogue fut publié à cette occasion : *Catalogue des livres rares, en partie des XV° et XVI° siècles, composant la bibliothèque musicale de M. Gaetano Gaspari*, (Paris, Potier, 1862, in-8°). Outre les fonctions de bibliothécaire qu'il remplit au Lycée musical de Bologne, M. Gaspari est encore chargé du cours d'histoire de la musique dans cet établissement. Il a donné, dans le recueil officiel publié sous ce titre : *Atti e Memorie della regia Deputazione di storia patria per le provincie di Romagna* (2° série, vol. I, 1873, in-8°), un travail plein d'intérêt historique intitulé *Memorie risguardanti la storia dell'arte musicale in Bologna al XVI secolo*. Ce travail, fertile en renseignements et en documents complétement inédits, ne comporte pas moins de 120 pages in-octavo. Parmi les compositions musicales de M. Gaspari, je ne puis citer que les suivantes, 1° le psaume *Miserere mei Deus* à 5 voix, avec accompagnement d'orgue ; 2° *Ave Maria* pour voix d'enfants, avec accompagnement de piano ; 3° *Miserere* à 2 voix pour la semaine sainte, avec petit orchestre ; 4° Messe en si bémol, pour ténors et basses, avec orchestre ou orgue.

* **GASPARINI** (FRANCESCO). La liste déjà nombreuse des ouvrages dramatiques de cet artiste doit s'augmenter des opéras suivants : 1° *il Pirro*, Rome th. Capranica, 1717 ; 2° *il Trace in catena*, id., id., 1717 ; 3° *Lucio Vero*, id., th. Alibert, 1719 ; 4° *Astianatte*, id., id., 1719 ; 5° *il Faramondo*, id., id., 1720 ; 6° *Amore e Maestà*, id., th. Alibert, 1720 ; 7° *la Zoe, ovvero il comando non inteso*, id., th. della Pace, 1721 ; 8° *Nina*, opéra dont il écrivit le second acte seulement, tandis que le premier était écrit par Capello et le troisième par Antonio Bononcini. J'ignore le lieu et la date de représentation de ce dernier ouvrage, sachant seulement qu'à l'époque où il vit le jour, Gasparini était au service du prince Borghèse. La *Cronistoria dei Teatri di Modena*, à qui j'emprunte ce double renseignement, met sur le compte de Michel-

Ange Gasparini, et non de Francesco Gasparini, l'opéra intitulé la *Fede tradita e vendicata*; l'auteur de la *Biographie universelle des Musiciens* aurait donc fait confusion au sujet de cet ouvrage, et l'aurait placé à tort sous le nom de ce dernier. D'autre part, M. Cerù, qui, dans ses *Cenni storici dell'insegnamento della musica in Lucca*, écrit le nom de cet artiste : Francesco Guasparini, fixe, d'une façon précise, le lieu de sa naissance à Camaiore, et la date au 5 mars 1668.

GASPERINI (A. DE), écrivain musical français, s'est fait remarquer par ses tendances vers la prétendue musique de l'avenir. Après avoir été chirurgien de marine, de Gasperini, qui était né vers 1825, s'était lancé, comme tant d'autres, dans la critique musicale, sans avoir pris la peine d'acquérir les connaissances spéciales nécessaires à quiconque entreprend cette tâche difficile; aussi se bornait-il forcément à des généralités nébuleuses, ce manque de savoir lui interdisant toute espèce de discussion serrée et d'analyse. Il s'était acquis pourtant, grâce à la vigueur avec laquelle il brisait toutes les vitres possibles, une sorte de demi-notoriété, et avait été chargé successivement de la partie musicale de plusieurs journaux : *la Nation*, *la Liberté*, *le Figaro* (1861-1867). Collaborateur de *la France musicale* et du *Ménestrel*, il avait publié dans cette dernière feuille un travail étendu sur M. Richard Wagner, travail qu'il fit paraître ensuite en volume, sous ce titre : *La Nouvelle Allemagne musicale. Richard Wagner* (Paris, Heugel, 1866, gr. in-8°, avec portrait et autographes). De Gasperini fonda en 1867 un journal hebdomadaire, *l'Esprit nouveau*, qui ne vécut que peu de mois, et dans lequel il défendit, du reste avec vigueur, honnêteté et un certain talent littéraire, ses idées en matière d'art et de littérature. Doué d'une réelle facilité de parole, il se fit remarquer dans diverses conférences faites par lui sur des sujets musicaux. On assure que c'est lui qui avait réuni et classé les matériaux d'un petit livre intitulé : *Almanach des Musiciens de l'avenir* pour 1867 (Paris, librairie du Petit Journal, in-16). Une brochure intitulée : *De l'art dans ses rapports avec le milieu social* (Paris, Guiraudet et Jouaust, 1850, in-8°), fut, je crois, son début dans la carrière littéraire. De Gasperini est mort le 20 avril 1868.

GASSIER (ÉDOUARD), chanteur français, né en 1822, entra de bonne heure au Conservatoire de Paris, où il fit de bonnes études, et d'où il sortit après avoir obtenu en 1842 les trois accessits de chant, d'opéra et d'opéra-comique, en 1843 les deux seconds prix d'opéra et d'opéra-comique, et en 1844 le second prix de chant et les deux autres premiers prix. Engagé à l'Opéra-Comique, il débuta à ce théâtre au mois d'avril 1845, mais n'y fit qu'une fugitive apparition, et bientôt quitta la France pour embrasser la carrière italienne. Il se fit entendre successivement à Palerme, Milan, Vienne, Venise, fut accueilli favorablement, et épousa dans le cours de ces voyages une jeune chanteuse espagnole, avec laquelle il fut engagé pour l'Espagne. Pendant trois années, de 1849 à 1852, tous deux obtinrent de grands succès à Madrid, Barcelone, Séville; au mois de novembre 1854, ils venaient débuter au Théâtre-Italien de Paris dans *le Barbier de Séville*, étaient bien reçus du public, puis allaient passer plusieurs saisons à Londres, de là se rendaient à Moscou, et retournaient en Espagne, où Mme Gassier mourait en 1866. Gassier ne survécut que de quelques années à sa femme, car lui-même mourait à la Havane, le 18 décembre 1871.

Cet artiste possédait une très-belle voix de baryton, franche et bien timbrée, qu'il conduisait avec talent, et il chantait avec une égale habileté le genre bouffe et le genre dramatique, bien que le premier lui fût réellement plus favorable.

GASSIER (Josefa FERNANDEZ, épouse), femme du précédent, était née à Bilbao en 1821. Son premier maître, le fameux ténor Pasini, l'avait tirée des chœurs du théâtre royal de Madrid, où sa belle voix de *soprano sfogato* était comme perdue, et avait fait son éducation musicale. En 1848, étant en Italie, elle avait épousé Gassier. Ses succès furent surtout retentissants à Milan, où, dans l'espace de quelques mois, elle ne chanta pas moins de trente-six fois le rôle de Rosine du *Barbier*, dans lequel elle était surtout charmante. C'est ici que le jeune maestro Venzano écrivit, à Gênes, la fameuse valse vocale connue sous le nom de *valse de Venzano*, qu'elle intercalait dans la scène de la leçon de cet ouvrage, et que toutes les cantatrices propagèrent bientôt par toute l'Europe. Mme Gassier possédait un soprano très-pur, d'une grande étendue et d'une étonnante agilité, surtout dans le registre supérieur, et elle chantait, sinon toujours avec un goût parfait, du moins avec une bravoure et une crânerie incomparables. Elle mourut à Madrid, le 8 octobre 1866, des suites d'une maladie nerveuse dont elle avait pris le germe à Moscou, sous ce climat russe si meurtrier pour les chanteurs.

*****GASTINEL (LÉON-GUSTAVE-CYPRIEN)**. Cet artiste fort distingué est né le 15, et non le 13 août 1823. Il ne suivit point de classe d'harmonie au Conservatoire, mais fut reçu d'emblée dans la classe de composition d'Halévy (1843), après avoir fait lire à ce maître la partition entièrement orchestrée d'un oratorio, *Saül*, dont celui-ci se montra si satisfait qu'il fit, séance tenante, inscrire le jeune artiste au nombre de ses élèves (1).

M. Gastinel est l'un des premiers, parmi nos prix de Rome, qui, sans vouloir négliger le théâtre, aient tourné leurs vues du côté de la grande musique, et il est l'un des rares artistes français qui se soient exercés à la fois et avec succès dans les genres si divers de la musique religieuse, de la symphonie, de la musique de chambre et de l'oratorio. Peut-être a-t-il eu le tort, précisément, d'arriver l'un des premiers, et alors que le goût du public, dont l'éducation n'était point faite encore, n'était pas tourné de ce côté. Le simple catalogue des œuvres de cet artiste, que je vais dresser ici, donne une idée de son activité et de l'ampleur de son esprit : Voici ce catalogue. I. MUSIQUE DRAMATIQUE. 1° *Le Miroir*, un acte, opéra-comique, 19 janvier 1853; 2° *l'Opéra aux Fenêtres*, un acte, Bouffes-Parisiens, 5 mai 1857 (100 représentations à Paris; joué à Londres et à Berlin); 3° *Titus et Bérénice*, un acte, id., 12 mai 1860; 4° *le Buisson vert*, un acte, Théâtre-Lyrique, 15 mai 1861; 4° (*bis*) *Mexico*, cantate, Opéra, 15 août 1863; 5° *Bianca Capello*, opéra italien écrit à Rome, non représenté; 6° *la Kermesse*, opéra-comique en 3 actes, répété 60 fois au Théâtre-Lyrique et non représenté par suite de la retraite de M. Réty, directeur de ce théâtre; 7° *les Dames des Prés*, opéra en 2 actes, non représenté; 8° *la Tulipe bleue*, opéra-comique en un acte, id.; 9° *le Roi-barde*, opéra en 5 actes (paroles et musique), id. — II. ORATORIOS. 10° *le Dernier Jour*, oratorio en 2 parties, exécuté à Paris en 1853, sous la direction de l'auteur, dans un concert donné par l'Œuvre des Faubourgs; 11° *les Sept Paroles*, exécuté deux fois à Paris; 12° *Saül*; 13° *la Fée des Eaux*, poème en 4 parties (traduit du suédois), Escudier, éditeur. — III. MUSIQUE RELIGIEUSE. 14° 1re messe solennelle, pour *soli*, chœur et orchestre, exécutée à Rome et à Paris; 15° 2e messe solennelle, composée spécialement pour l'Association des artistes musiciens et exécutée deux fois à Paris; 16° messe solennelle à 3 voix et chœur, avec accompagnement d'orgue, Pégiel, éditeur; 17° petite messe à 2 voix, avec acc. d'orgue, id.; 18° *Heures chrétiennes*, 20 motets, Richault, éditeur; 18° (*bis*) paraphrase du psaume : *Miserere mei Deus*; 19° environ 30 motets et cantiques avec acc. d'orgue, Pégiel, éditeur. — IV. MUSIQUE D'ORCHESTRE. 20° 1re symphonie à grand orchestre, exécutée par la grande Société philharmonique de Paris, fondée par Hector Berlioz; 21° 2e symphonie à grand orchestre; 22° 2 ouvertures de concert (envois de Rome), exécutées à l'Académie des Beaux-Arts en 1851 et 1852; 23° symphonie concertante pour deux violons, avec orchestre. — V. MUSIQUE INSTRUMENTALE. 24° trio pour piano, violon et violoncelle; 25° 3 quatuors pour instruments à cordes, Paris, Richault; 26° quatuor pour piano, violon, alto et violoncelle; 27° 2 sextuors pour piano, 2 violons, alto, violoncelle et contrebasse, Paris, Lemoine; 28° sextuor pour piano et instruments à vent; 29° *Adagio e Allegretto in gusto di saltarello*, pour dix instruments à vent; 30° *Heures de loisir*, suite de 5 valses artistiques et concertantes pour piano et violon, Paris, Lemoine; 31° 4 sonates pour piano et violon, Paris, Richault; 32° sonate pour piano et violoncelle, id., id.; 33° *Rimembranze d'Italia, Rome et Naples*, suite de 12 livraisons renfermant plus de 30 compositions pittoresques et caractéristiques pour piano, violon et violoncelle, id., id. — VI. MUSIQUE DE CHANT. 34° *Heures de rêverie*, recueil de 6 mélodies, avec acc. de piano, Paris, Escudier; 35° 6 duos pour voix égales, avec acc. de piano, Paris, Pégiel; 36° *le Bonheur est un songe*, mélodie avec orchestre et harpe, ou orgue, harpe et piano, id., id.; 37° *Hymne à la Charité*, chanté en 1875, au grand festival du jardin des Tuileries; 38° chœurs orphéoniques nombreux, parmi lesquels *les Voix de l'Avenir, le Temple, la Lyre et le Glaive*, etc., etc.

* **GATAYES** (GUILLAUME-PIERRE-ANTOINE), guitariste, harpiste et compositeur, est mort à Paris au mois d'octobre 1846.

* **GATAYES** (JOSEPH-LÉON), harpiste, compositeur et écrivain musical, fils du précédent, est mort à Paris le 1er février 1877. Depuis bien longtemps déjà, Gatayes ne s'occupait plus de musique, ni même de littérature, car il avait abandonné, depuis au moins dix ans, les comptes-rendus de sport qu'il faisait dans le journal *le Siècle*. Il avait compté naguère au nombre des collaborateurs de la *Revue et Gazette musicale de Paris*.

---

(1) Ce n'est pas à Lyon, mais à Dijon, que les parents de M. Gastinel s'étaient fixés, et c'est dans cette ville qu'il commença son éducation musicale. — En 1845, M. Gastinel concourut pour le grand prix de Rome; reçu le deuxième sur dix-huit, au concours d'essai, il n'obtint pourtant point de récompense cette année, mais l'année suivante le premier grand prix lui fut décerné à l'unanimité. De 1811 à 1846, M. Gastinel fut attaché en qualité de premier violon à l'orchestre de l'Opéra-Comique et fit partie de celui de la Société des concerts du Conservatoire.

GATINARI (Francesco), luthier italien qui ne manquait point d'habileté, était établi à Turin dans les premières années du dix-huitième siècle.

GAULTIER (....), compositeur dramatique, vivait dans les dernières années du dix-huitième siècle. Il a écrit pour le théâtre des Jeunes-Artistes la musique de plusieurs ouvrages dont voici les titres : 1° *Phénix* ou *l'Ile des Vieilles*, féerie en 4 actes, 1796 ; 2° *Zéphyr et Flore* ou *Rose d'amour*, féerie en 2 actes, 1797 ; 3° *le Défit*, opéra-comique en 2 actes, 17 juin 1798 ; 4° *le Nid d'amours*, opéra-comique en un acte, 4 septembre 1798 ; 5° *Vert-Vert*, ou *le Perroquet de Nevers*, opéra-comique en un acte, 3 décembre 1800 ; 6° *Frosine* ou *la Négresse*, opéra-comique en un acte, 24 décembre 1801 ; 7° *le Petit Poucet*, ou *l'Orphelin de la Forêt*, féerie en 5 actes ; 8° *Joseph*, drame-pantomime en 5 actes.

GAUNTLETT (Le docteur Henry-John), organiste, compositeur et écrivain musical anglais, naquit à Wellington, dans le comté de Salop, en 1806. Destiné à entrer dans les ordres, il fit ses études dans une école tenue par son père, qui était vicaire d'Olney (comté de Bucks) ; mais il ne suivit pas la carrière qu'on avait entrevue pour lui, et embrassa la profession d'avocat, qu'il exerça pendant plusieurs années à Londres. Toutefois, cela ne l'empêcha pas de se livrer à son penchant invincible pour la musique, dont le goût s'était manifesté chez lui dès sa plus tendre enfance. En 1827, il devenait organiste de l'église de Saint-Olaf, située dans Southwark (Londres), mais il reconnut bientôt que l'exécution de la musique de Jean-Sébastien Bach, dont il était ardemment épris, était impossible sur le mauvais instrument qu'il avait à sa disposition, et dès lors il entreprit une véritable croisade contre certaines orgues de Londres, construites dans les mêmes conditions. Bien qu'il eût à combattre les effets d'une routine obstinée, il en vint à ses fins à force d'énergie, et fit placer de nouvelles orgues non-seulement à Saint-Olaf, mais dans diverses églises de Londres, de Manchester, de Birmingham, d'Ashton, de Liverpool, et même de Calcutta.

Mais les idées réformatrices de Gauntlett ne s'arrêtèrent pas là, et s'exercèrent bientôt avec autant d'ardeur sur l'accompagnement des hymnes et sur la restauration du chant grégorien. C'est alors qu'il entreprit toute une série de publications fort importantes qui valurent à son nom une grande notoriété, et dont voici la liste : 1° *the Psalmist*, 1836-1841 ; 2° *Church Hymn and tune Book*, 1843-1851, sorte d'encyclopédie d'hymnographie ancienne et moderne, publiée en société avec le Rév. W. J. Blew, et dont toute la partie spéciale à la musique est de Gauntlett ; 3° *the Hymnal for Matins and Evensong*, 1844, en société avec M. C. C. Spencer ; 4° *the comprehensive tune Book*, 1846-1847, avec M. Kearns ; 5° *Psalter arranged to the ancient Tones, with harmonies for the Organ*, 1847 ; 6° *Hallelujah*, 1848 ; 7° *the Church Musician*, 1850 ; 8° *Congregational Psalmist*, 1851 ; *Manual of psalmody*, 1860 ; 9° *Specimens of a cathedral Psalter* ; 10° *the Encyclopædia of the chant*. Gauntlett a collaboré aussi aux ouvrages suivants : *Office of Praise* ; *Tunes, New and Old* ; *Church Psalter and Hymnal* (de Harland) ; *Parish Church Hymnal*. On lui doit encore plusieurs collections de *Cantiques de Noël* (*Christmas Carols*), des Antiennes, des *Te Deum*, des *Gloria*, un volume d'*Hymns and Glorias*, le *Saint Mark's Tune Book*, un recueil d'*Hymnes pour les petits enfants* (*Hymns for Little Children*), etc., etc. Enfin, cet artiste infatigable a donné de nombreux articles aux journaux *the Athenæum* et *the Orchestra*.

En 1842, l'archevêque de Canterbury Howley conféra à Gauntlett le titre de docteur en musique. C'est la première fois, dit-on, qu'un prélat ait usé du droit qui lui appartient de conférer ce titre depuis le changement de religion survenu en Angleterre, c'est-à-dire depuis le seizième siècle. — Gauntlett était organiste à l'hôpital Saint-Barthélemy lorsqu'il est mort à Londres, le 21 février 1876.

GAUSSOIN (Auguste-Louis), professeur et compositeur, né à Bruxelles le 4 juillet 1814, est mort en cette ville, subitement, le 11 janvier 1846. Son père, français de naissance et d'origine, neveu du célèbre mathématicien Bezout, était devenu professeur au lycée de Liège, puis à celui de Bruxelles, et s'était fait naturaliser belge en 1814. Le jeune Gaussoin reçut une instruction littéraire très-soignée, ce qui ne l'empêcha pas de se livrer avec passion à l'étude de la musique. Il reçut d'abord des leçons de solfège de M. Masset, le futur ténor de l'Opéra-Comique, puis compléta son éducation musicale avec M. Snel, à l'Athénée de Bruxelles. Après avoir entrepris l'étude du chant, que l'état de sa santé ne lui permit pas de continuer, il se livra à la composition, prit des leçons d'harmonie de Charles-Louis Hanssens, et apprit la fugue avec Fétis. Nommé répétiteur de la classe d'harmonie au Conservatoire de Bruxelles, la maladie l'obligea de renoncer au professorat. Il partagea alors son temps entre la production musicale et des travaux littéraires, composant de nombreuses romances et dirigeant plusieurs journaux, l'*Annonce, la Belgique littéraire, l'Enclume, etc. En 1837, il créa à Bruxelles les concerts du peuple, ouvrit ensuite, à l'école communale de Saint-Josse-ten-Noode, un cours de chant d'ensemble pour les ouvriers, et enfin, en 1843, devint propriétaire du journal la Belgique musicale, dont il releva l'importance artistique, et dans lequel il inséra une *Histoire de la musique belge*, ouvrage considérable qui l'obligea à de laborieuses recherches dans les bibliothèques de Munich, Mayence, Darmstadt et Strasbourg, et dont plusieurs chapitres furent reproduits en France et traduits en Hollande et en Allemagne.

Outre de nombreux morceaux de musique légère, dont quelques-uns ont paru dans divers recueils : *l'Artiste*, *l'Orphée*, *l'Album de chant*, on connaît de Gaussoin les compositions suivantes : 1° Sérénade pour orchestre, exécutée par les élèves du Conservatoire de Bruxelles pour fêter la nomination de Fétis à la direction de cet établissement ; 2° *Album lyrique*, publié à Bois-le-Duc ; 3° *la Chute des Feuilles*, élégie, exécutée à la Société de Sainte-Cécile ; 4° *le Poète mourant*, cantate chantée en 1836, par Canaple, à un concert donné à la Société de l'hôtel d'Angleterre ; 5° *la Mort du Contrebandier*, cantate exécutée à la Société des Arts ; 6° *Album de chant*, publié à Bruxelles en 1843 ; 7° Ouverture à grand orchestre, exécutée en 1842 à un concert de la Société philharmonique, et faisant partie d'un opéra inédit.

*GAUTIER (Ennemond), surnommé le jeune. Il y a tout lieu de croire que c'est de cet artiste qu'il est question dans les lignes suivantes du *Mercure galant* de 1672 : « La jeune marquise que vous connoissez, qui commençoit à jouer si bien du lut, est au désespoir depuis quelques jours. Monsieur Gaultier, qui lui montroit, luy avoit assuré qu'elle en joüeroit dans peu de temps aussi bien que Mademoiselle de Lenclos : c'estoit beaucoup dire, mais il pouvoit décider sur ces sortes de choses. Ce furent les dernières paroles que ce grand maître dit en jouant du lut : car en sortant de chez la jeune marquise, il tomba malade de la maladie dont il est mort. »

On voit que dans ce passage le nom de Gautier est écrit avec une *l*, tandis qu'ailleurs il est écrit sans *l* ; mais il ne faut pas faire grande attention à ces différences d'orthographe, car, à cette époque, et l'on peut dire jusqu'au commencement de ce siècle, l'orthographe des noms propres était singulièrement irrégulière ; et ceux qui les portaient non-seulement n'étaient pas toujours fixés eux-mêmes à ce sujet, mais même, la plupart du temps, signaient de différentes manières.

GAUTIER (Louis), compositeur du dix-huitième siècle, évidemment Français d'origine, mais qui semble avoir demeuré en Hollande, car un livre publié dans ce pays en 1780 fait son éloge comme virtuose, a publié à Amsterdam, en 1763, un recueil de *VI sonates pour le clavecin*.

GAUTIER (Théophile), écrivain français, né à Tarbes le 31 août 1811 et mort à Paris le 23 octobre 1872, s'est beaucoup occupé de théâtre au point de vue de la critique, et a signé pendant environ trente-cinq ans les feuilletons dramatiques d'abord de *la Presse*, puis du *Moniteur universel*. Bien que la critique de cet écrivain, justement célèbre à beaucoup d'égards, fût nulle au point de vue musical, cependant ses articles étaient souvent intéressants par les détails qu'il donnait sur tel artiste contemporain ou les portraits merveilleux qu'il traçait de telle actrice en renom. A ce titre, on peut consulter avec fruit un recueil de ses feuilletons choisis par lui-même et publié sous ce titre : *Histoire de l'art dramatique en France depuis vingt-cinq ans* (Paris, Michel Lévy, 1859, 6 vol. in-12). Il faut signaler aussi deux ouvrages publiés après sa mort : 1° *Histoire du Romantisme*, dans laquelle on trouve deux notices sur Hippolyte Monpou et sur Hector Berlioz ; 2° *Portraits contemporains*, où l'on rencontre quelques-uns des portraits mentionnés ci-dessus, Jenny Colon, Mme Damoreau, Mlle Falcon, Mme Sontag, Mme Anna Thillon, etc. Théophile Gautier a écrit aussi un roman, *Mademoiselle de Maupin*, qui a fait un grand bruit dans le monde littéraire, et dont l'héroïne était cette chanteuse si fameuse à la fois par son talent et par ses vices. Enfin, on doit à cet écrivain les scenarios de quelques ballets représentés avec succès à l'Opéra : *Giselle ou les Wilis, la Péri, Gemma, Sacountala*.

*GAUTIER (Jean-François-Eugène). Le répertoire dramatique de ce compositeur doit se compléter par les ouvrages suivants : 1° *Le Marin de la garde*, un acte, théâtre Beaumarchais, 1849 ; 2° l'ouverture, les entr'actes et morceaux de chant du *Lutin de la vallée*, opéra-ballet en 2 actes donné au Théâtre-Lyrique le 22 janvier 1853 et dont toute la musique était attribuée au danseur et compositeur Saint-Léon ; 3° plusieurs morceaux pour *le Danseur du Roi*, opéra-ballet en 2 actes donné au même théâtre le 22 octobre 1853 et dont toute la musique fut aussi attribuée à Saint-Léon ; 4° *Schahabaham II*, un acte, Théâtre-Lyrique, 1854 ; 5° *la Bacchante*, 2 actes, Opéra-Comique, 6° *Jocrisse*, un acte, id., 1862 ; 7° *le Trésor de Pier-*

rol, 2 actes, id., 1864, (ouvrage qui ne put être joué plus de cinq fois); plus une cantate intitulée *le 15 Août*, et exécutée à l'Opéra le 15 août 1861. M. Gautier est l'auteur, avec MM. Henri Trianon et Augustin Challamel, de la traduction du *Don Juan* de Mozart donnée au Théâtre-Lyrique en 1866, et, avec M. Trianon seul, de celle du *Freischütz* de Weber, donnée au même théâtre et dans la même année. Il a écrit encore, sur un livret de M. Octave Feuillet, la musique d'un opéra-comique en 3 actes, *la Clef d'or*, et il a fait la traduction de l'*Idoménée* de Mozart; ces deux ouvrages n'ont pas été représentés jusqu'ici.

Vers 1864, M. Gautier, qui avait occupé pendant plusieurs années l'emploi de chef du chant au Théâtre-Italien, a été nommé professeur d'une classe d'harmonie et accompagnement pour femmes au Conservatoire; en 1872, il a abandonné cette classe pour prendre possession de la chaire d'histoire de la musique au même établissement. Enfin, M. Gautier, qui joint la plume du critique à celle du compositeur, et qui avait collaboré d'une façon irrégulière à un certain nombre de journaux, *le Ménestrel*, *le Grand Journal*, *le Constitutionnel*, remplit depuis 1874 les fonctions de critique musical au *Journal officiel*. Il a publié sous ce titre : *Un musicien en vacances* (Paris, Leduc, 1873, in-8°), un volume composé d'un certain nombre d'articles insérés par lui dans divers journaux. On connaît encore de cet artiste, qui a rempli pendant plusieurs années les fonctions de maître de chapelle à l'église Saint-Eugène et qui fait partie de l'orchestre de la Société des concerts du Conservatoire, un oratorio intitulé *la Mort de Jésus*, qui a été exécuté dans plusieurs églises de Paris (1).

GAUTIER (H.....), professeur, éditeur de musique, est l'auteur des publications suivantes : 1° *Petit Manuel pour l'enseignement de la musique et du chant aux petits enfants des salles d'asile, pensionnats, écoles primaires* (en société avec M. L. Girard), Paris, H. Gautier, in-8; 2° *Nouvelle méthode élémentaire de musique vocale* (en société avec M. L. Girard), Paris, H. Gautier, in-8; 3° *Manuel musical des écoles*, recueil de 60 chœurs des meilleurs auteurs, à 2 et 3 voix égales, classés par ordre de difficulté de rhythme et d'intonation, Paris, H. Gautier, in-8.

GAVARRET (LOUIS-DENIS-JULES), médecin français, né en 1809, entreprit d'abord la carrière des armes. Admis en 1829 à l'École polytechnique, il en sortit en 1831, prit du service dans l'artillerie, mais en 1833 donna sa démission du grade de lieutenant, et se livra à l'étude de la médecine. Reçu docteur en 1843, il obtint bientôt la chaire de physique médicale à la Faculté de Paris. M. Gavarret est l'auteur d'un grand nombre de publications scientifiques qui lui ont valu la décoration de chevalier (1847), puis d'officier (1862) de la Légion d'honneur, et qui ont amené son élection de membre de l'Académie de médecine. L'un de ses ouvrages les plus récents et les plus importants est celui qui a pour titre : *Acoustique biologique. Phénomènes physiques de la phonation et de l'audition*, Paris, G. Masson, in-8 avec figures.

* GAVAUDAN (La famille). On trouvera dans l'ouvrage suivant : *Figures d'opéra-comique*, par Arthur Pougin (Paris, Tresse, in-8, 1875), une étude complète sur la vie et la carrière de tous les membres de cette intéressante famille de chanteurs. Cette étude, intitulée : *Une dynastie de chanteurs ; la tribu des Gavaudan*, est accompagnée d'un portrait à l'eau-forte de Mme Gavaudan reproduit d'après une gravure du temps et représentant cette artiste dans son costume de *Joconde*.

GAVAZZENI (........), musicien italien, a fait représenter au théâtre de la Canobbiana, de Milan, le 9 juin 1845, un opéra intitulé *Romilda*.

* GAVEAUX (PIERRE). Il faut ajouter au répertoire dramatique de cet excellent artiste un petit acte intitulé *le Retour*, qui tomba avec fracas à l'Opéra-Comique le 29 mars 1802, et n'eut qu'une seule représentation. Gaveaux avait encore écrit la musique d'un opéra bouffon en un acte et en vers, *le Mannequin vivant ou le Mari de bois*, qui fut reçu au théâtre Feydeau en 1796, mais ne fut jamais représenté. Dans son *Théâtre choisi*, Guilbert de Pixerécourt, auteur des paroles de ce petit ouvrage, donne des détails à ce sujet.

GAVINIÉS (FRANÇOIS), luthier, établi d'abord à Bordeaux, se fixa à Paris vers la fin de la première moitié du dix-huitième siècle. L'auteur de la *Biographie universelle des Musiciens* ignorait si cet artiste était le père de l'illustre violoniste de ce nom, bien que cela parût probable; je n'ai pu, pour ma part, découvrir rien de certain à ce sujet; je ne puis que constater l'affirmation non munie de preuves de M. Vidal, qui, dans son livre : *Les Instruments à archet*, déclare qu'en effet François Gaviniés était le père de Pierre Gaviniés, et s'ex-

---

(1) M. Gautier a écrit, en société avec MM. Bazille, Clapisson, Gevaert, Jonas, Mangeant et Poise, la musique de *la Poularde de Caux*, opérette en un acte représentée au théâtre du Palais-Royal vers 1856.

prime ainsi sur le compte de ce luthier : « Il fut maître-juré comptable de la corporation des maîtres luthiers faiseurs d'instruments de la ville de Paris, pour l'année 1762. Les instruments de lui que nous avons vus sont communs et d'une facture plus que médiocre. Son nom est marqué au feu sur le bouton du talon du manche. Les mauvais plaisants du temps disaient que Fr. Gaviniés n'avait jamais fait qu'un bon violon, et que ce violon était son fils. »

GAZTAMBIDE (JOAQUIN), compositeur très-populaire en Espagne, naquit à Tudela, dans la Navarre, le 7 février 1822, et se livra de bonne heure à l'étude de la musique sous la direction d'un maître de chapelle de son pays natal. A peine âgé de douze ans, il se rendit à Pampelune, et travailla le piano et la composition avec un organiste nommé José Guelbenzu, ce qui ne l'empêchait pas, deux ans plus tard, et quoique fort jeune encore, de remplir l'office de contrebassiste à l'orchestre du théâtre. De là, le jeune Gaztambide se rendit à Saragosse, dans le désir de s'y établir, et s'y produisit comme pianiste; mais il revint à Pampelune, où il savait retrouver le parent qui avait eu soin de son enfance depuis l'âge de cinq ans, époque où il avait perdu son père, et s'y fit professeur. Cependant, comme il était ambitieux et sentait que son éducation musicale n'était point terminée, il prit le parti de se rendre à Madrid (1842), et, grâce à de bonnes recommandations, il entra au Conservatoire de cette ville, dans la classe d'Albeniz pour le piano, et dans celle de Carnicer pour la composition. Peu après, il entreprenait trois voyages artistiques avec le flûtiste Sarmiento et le hautboïste Soler, et tous trois se faisaient connaître avantageusement en donnant des concerts.

Mais Gaztambide songeait surtout au théâtre. Il commença par se faire chef de chœurs dans une entreprise secondaire, puis devint chef d'orchestre du théâtre del Principe, et enfin réussit à se produire à la scène dans le genre de la *zarsuela*, qui est l'analogue de notre opéra-comique. Dans l'espace de vingt-cinq ans environ, il écrivit quarante ouvrages de ce genre, dont plusieurs obtinrent de grands succès et firent à leur auteur une véritable popularité. Gaztambide se fit d'ailleurs directeur de théâtre, et pendant une quinzaine d'années se mit successivement à la tête de deux des scènes les plus aimées du public de Madrid, sur lesquelles il fit représenter un grand nombre de pièces. En même temps, il organisait et dirigeait les concerts que donnait au Conservatoire la *Société de secours mutuels*, et prenait une part active à la fondation de la Société des Concerts. Chevalier de l'ordre de Charles III, commandeur de celui d'Isabelle la Catholique, professeur honoraire au Conservatoire de Madrid, Gaztambide, qui jouissait en cette ville d'une position flatteuse et honorable, y est mort le 18 mars 1870.

Voici une liste étendue, et que je crois bien près d'être complète, des zarzuelas de Gaztambide : 1° *Escenas de Chamberi*, un acte (en société avec MM. Barbieri, Hernando et Oudrid), 19 novembre 1850; 2° *la Picaresca*, 2 actes (en société avec M. Barbieri), 29 mars 1851; 3° *Por seguir a una mujer*, 4 actes (en société avec MM. Barbieri, Inzenga et Oudrid), 24 décembre 1851; 4° *el Valle de Andorra*, 3 actes, 5 novembre 1852; 5° *Don Simplicio Bobadilla*, 3 actes (en société avec MM. Barbieri, Hernando et Inzenga), 7 mai 1853; 6° *un Dia di reinado*, 3 actes (en société avec M. Barbieri), 11 février 1854; 7° *Catalina*, 3 actes, 23 octobre 1854; 8° *el Sargento Federico*, 4 actes (en société avec M. Barbieri), 22 décembre 1855; 9° *Entre dos Aguas*, 3 actes (id.), 4 avril 1856; 10° *la Zarzuela*, un acte (en société avec MM. Arrieta et Barbieri), 10 octobre 1856; 11° *los Magyares*, 4 actes, 12 avril 1857; 12° *Amor sin conocer*, 3 actes (en société avec M. Barbieri), 24 avril 1858; 13° *el Juramento*, 3 actes, 21 décembre 1858; 14° *una Vieja*, 1 acte, 12 décembre 1860; 15° *En las astas del toro*, 1 acte, 30 août 1862; 16° *Al Amanecer*, 1 acte; 17° *Anarquia conyugal*, 1 acte; 17 bis, *Casado y soltero*, 1 acte; 18° *El Amor y el Almuerzo*, 1 acte; 19° *el Estreno di un artista*, 1 acte; 20° *el Lancero*, 1 acte; 21° *la Cotorra*, 1 acte; 22° *la Nina*, 1 acte; 23° *la Edad en la boca*, 1 acte; 24° *una Historia* (en un meson), 1 acte; 25° *un Pleito*, 1 acte; 26° *Tribulaciones*, 2 actes; 27° *la Hija del pueblo*, 2 actes; 28° *las Señas del Archiduque*, 2 actes; 29° *Del Palacio à la taberna*, 3 actes; 30° *el Diablo las carga*; 3 actes; 31° *la Mensajera*, 3 actes; 32° *Estebanillo* (en collaboration); 33° *el Sueño de una noche de verano*, 3 actes; 34° *la Cisterna encantada*, 3 actes; 35° *la Conquista de Madrid*, 3 actes; 36° *las Hijas de Eva*, 3 actes; 37° *los Comuneros*, 3 actes; 38° *Matilde y Malek-Adel* (en collaboration), 3 actes; 39° *el Secreto de la Reina*, 3 actes. Parmi ceux de ces ouvrages qui ont obtenu le plus de succès, on peut surtout citer *Catalina*, *una Vieja*, *los Magyares*, *el Valle de Andorra*, *el Juramento*, *en las Astas del Toro*, qui ont dépassé de beaucoup leur centième représentation.

GAZTAMBIDE (XAVIER), chef d'orchestre

et compositeur, peut-être parent du précédent composa des chœurs et des airs de ballet pour un drame biblique en trois actes, *la Estrella de Belen*, qui fut représenté au théâtre de la Zarzuela, de Madrid, le 23 décembre 1866. Il était alors chef de l'orchestre de ce théâtre, et n'a point cessé jusqu'à ce jour de remplir ces fonctions. Au mois d'avril 1868, cet artiste faisait représenter sur le théâtre de Jovellanos une *sarzuela* en un acte intitulée *No mas ciegos*.

* GAZZANIGA (Joseph). Aux ouvrages dramatiques de ce grand artiste, il faut ajouter l'opéra bouffe intitulé: *la Donna che non parla*, et un opéra sérieux, *Achille in Sciro*.

GAZZANIGA (Marietta), cantatrice italienne fort renommée dans sa patrie, est née à Voghera en 1824. Par suite de revers de fortune, ses parents, ayant découvert qu'elle était douée d'une fort belle voix de soprano, lui firent apprendre la musique et la destinèrent au théâtre, afin qu'elle pût leur venir en aide. La jeune fille fut confiée aux soins d'un professeur nommé Amedeo Cetta, et elle finit son éducation de chanteuse avec M. Alberto Mazzucato, aujourd'hui directeur du Conservatoire de Milan. Elle débuta en 1841 ou 42 au théâtre San-Benedetto de Venise, passa ensuite au théâtre Re de Milan, fut très-bien accueillie dès ses premiers pas et depuis lors marcha de succès en succès, se faisant entendre successivement à Côme, Varèse, Lucques, Florence, Palerme, Gênes, Trieste, Brescia, et enfin à Naples, où elle remporta de véritables triomphes. C'est à Naples, en 1849, qu'elle excita l'enthousiasme dans la *Saffo* du vieux Pacini, et que M. Verdi écrivit pour elle *Luisa Miller*. Quelques années après, elle partit pour l'Amérique, et aux États Unis, comme à la Havane, elle produisait un effet indescriptible et fut l'objet d'ovations comme on en fait dans ces contrées aux artistes qui savent charmer la foule.

La voix de la Gazzaniga est un soprano superbe, clair et limpide, dont les notes basses sont, dit-on, d'un timbre merveilleux. Sa vocalisation est très-agile, ce qui ne lui retire rien de l'énergie et de la passion qu'exigent les grandes situations dramatiques. Cette grande artiste avait épousé à Turin, en 1849, un jeune officier de l'armée piémontaise, le marquis Malaspina. Celui-ci la suivit dans son voyage en Amérique, où elle eut la douleur de le voir mourir, à la Havane, de la fièvre jaune.

GAZZERA (.....), musicien italien contemporain, a donné sur le théâtre d'Ivrea, le 25 avril 1876, un opéra bouffe intitulé : *Tre Rivali*. Au mois de mai 1877, cet artiste fit représenter sur le théâtre de Savone un second ouvrage du même genre, *Don Peperone*. L'un n'eut guère plus de retentissement que l'autre.

* GEBAUER (Michel-Joseph). Je pense que c'est à cet artiste qu'il faut attribuer la musique d'un opéra-comique en un acte, *Aimée*, qui fut représenté au théâtre Montansier en 1790, l'aîné de ses plus jeunes frères étant alors âgé de dix-sept ans seulement. Il faisait à cette époque, ainsi que ce dernier, partie de l'orchestre du Théâtre-Français comique et lyrique, auquel il était attaché en qualité de premier hautbois.

* GEBEL (François-Xavier), pianiste, compositeur et chef d'orchestre, naquit en 1787 à Furstenau, près Breslau, et mourut à Moscou en 1843. Dès 1810, à l'âge de 23 ans, il remplissait les fonctions de chef d'orchestre au théâtre Léopold, à Vienne ; en 1813, il passa en la même qualité à Pesth, et plus tard à Lemberg. En 1817 il s'établit à Moscou, qu'il ne quitta plus, je crois, jusqu'à sa mort, et là, à côté de Field, sut se faire la réputation d'un excellent professeur de piano. — Outre plusieurs opéras, dont j'ignore les titres, Gebel a écrit de nombreux morceaux pour le piano, une messe, quatre symphonies à grand orchestre, plusieurs ouvertures, et enfin des quatuors et des quintettes pour instruments à cordes.

GÉLIN (Nicolas), un des chanteurs les plus vantés de l'Opéra dans la seconde moitié du dix-huitième siècle, débuta à ce théâtre en 1750, en chantant dans *le Carnaval du Parnasse*, de Mondonville, l'ariette : *Les cieux, la terre et l'onde*..... Sa voix de basse-taille était superbe, et lorsque Chassé prit sa retraite, il fut chargé de l'emploi très-important que tenait cet artiste, emploi qu'il conserva jusqu'au moment où lui-même quitta l'Opéra, c'est-à-dire jusqu'à la clôture de 1779. Il se retira alors avec une pension de 2,000 livres. Dans ses dernières années de services, il créa sinon l'un des plus importants, du moins l'un de ses meilleurs rôles, celui d'Hidraot dans l'*Armide* de Gluck. Gélin mourut le 22 ou le 23 décembre 1810, dans un âge fort avancé, étant maire de Creil-sur-Oise. Il avait épousé, en 1764, une jeune danseuse distinguée de l'Opéra, Mlle Lany, fille du maître de ballets de ce théâtre, qui mourut dans tout l'éclat de la jeunesse et du talent, peu d'années après.

GELLERT (Ludwig), compositeur allemand, a écrit la musique de *Pyrame et Thisbé*, opéra qu'il a fait représenter sur le théâtre de la ville, à Francfort-sur-le-Mein, au mois de septembre 1872.
                                                         Y.

GEMÜNDER (Georges), luthier allemand, né en 1816 à Ingelfingen, dans le Wurtemberg, fut à Paris l'élève de Vuillaume, et alla, en 1849, s'établir à New-York. Il a obtenu des récompenses, pour ses violons, dans diverses Expositions.

* GENAST (François-Édouard), chanteur distingué, né à Vienne le 15 juillet 1797 (et non en 1789, comme il a été dit par erreur), est mort à Wiesbaden le 3 août 1860. Depuis 1829 jusqu'en 1860, il avait tenu son emploi de baryton au théâtre grand-ducal de Weimar, et ce n'est qu'à partir de cette dernière année qu'il se retira avec une pension. Genast a écrit et publié son autobiographie.

GENÉE (Richard), musicien allemand, né à Dantzick le 7 février 1824, compositeur et chef d'orchestre, a fait représenter avec succès sur le théâtre de Mayence, au mois de janvier 1864, un opéra-comique en trois actes qui avait pour titre *Rosita*. Cet artiste a écrit ensuite une opérette, *l'Ennemi de la musique*, qu'il a fait représenter à Vienne, sur le théâtre de l'Harmonie, *le Prince noir*, opéra-comique en un acte donné à Prague en 1866, et, en société avec M. de Flotow, un ouvrage en deux actes, intitulé *Am Runenstein*, qui a été joué à Prague le 13 avril 1868. M. Genée a occupé les fonctions de chef d'orchestre successivement au théâtre de Mayence, au théâtre allemand de Prague et au théâtre *An der Wien*, de Vienne, et c'est en cette ville qu'il a fait représenter encore, en 1876, *der Seecadet* (*l'Aspirant de marine*), et en 1877, *Nanon, l'hôtesse de l'Agneau d'or*.

* GENERALI (Pierre). Aux ouvrages dramatiques de ce compositeur, il faut ajouter l'opéra bouffe intitulé *l'Innocenza premiata*.

GENTILI (Raffaele), compositeur dramatique italien, dont la carrière a été brusquement interrompue par la mort, était né à Rome vers 1837. Il avait fait de bonnes études, et, à peine âgé de vingt-trois ans, faisait ses débuts à la scène en donnant, sur l'un des théâtres de sa ville natale, un opéra intitulé *Stefania* (1860). En 1862, le jeune artiste offrait au public romain un nouvel ouvrage, *Werther*, qui fut discuté par la critique avec une certaine vivacité et qui, paraît-il, était loin d'être sans valeur. Enfin, le 28 mars 1867, avait lieu au théâtre Apollo, toujours à Rome, la première représentation de *Rosamonda*, drame lyrique en quatre actes, dont Gentili avait écrit la partition sur un livret posthume de Marco Marcello. Quatre mois après l'apparition de cet ouvrage, le 7 août, le jeune compositeur mourait à la fleur de l'âge, subitement emporté, dans sa ville natale, par une attaque de choléra.

* GEORGE V (Frédéric-Alexandre-Charles-Ernest-Auguste), ex-roi de Hanovre, prince royal de Grande-Bretagne et d'Irlande, duc de Cumberland et de Brunswick-Lunebourg, a été détrôné en 1866, à la suite de la guerre entre la Prusse et l'Autriche, à laquelle il avait pris part du côté de cette dernière, et vit son royaume annexé à celui de la Prusse.

Grand amateur de musique, le prince George avait étudié le piano à Londres, de 1829 à 1833, avec Dulcken, et plus tard avait travaillé la composition avec Greulich et F. Kucken. Il avait achevé ses études musicales à Hanovre, sous la direction de E. Wenzel. Ce prince avait été frappé, dès ses plus jeunes années, d'une cécité complète.

GÉRALDY (Jean-Antoine-Just), chanteur et compositeur français, naquit le 9 octobre 1808 à Francfort-sur-le-Mein, où son père remplissait les fonctions de commissaire des guerres de l'armée française. Tout jeune encore, Géraldy étudiait la musique en compagnie de ses deux frères et de ses trois sœurs, et chantait avec eux les plus beaux morceaux des opéras de Gluck et de Piccinni, ce qui ne fut pas sans influence sur le caractère élevé que prit plus tard son exécution musicale. Le futur artiste n'en reçut pas moins une excellente éducation littéraire, car ses études classiques, commencées par lui au collège de Nancy, furent brillamment achevées à celui de Colmar, d'où il sortit avec le prix d'honneur de rhétorique, pour entrer ensuite à l'École des mines de Saint-Étienne. Nommé ingénieur civil en 1827, il était à Beauvais, en qualité d'inspecteur des carrières du département de l'Oise, lorsqu'éclata la révolution de 1830. Il partit aussitôt à pied pour Paris, et, après avoir fait quinze lieues tout d'une traite, se mêla aux combattants qui s'étaient levés contre les ordonnances de Juillet.

Le calme rétabli, Géraldy, qui avait fait naguère de bonnes études musicales avec Massimino, et qui avait en son cœur le plus sincère amour de l'art, se résolut à quitter les emplois publics pour se livrer à sa passion pour la musique. Son père, qui habitait alors Colmar, étant venu se fixer à Paris, ne chercha nullement à le détourner de ces idées, et le conduisit au contraire chez Garcia, qui, moyennant une somme de 6,000 francs, consentit à se charger de son éducation de chanteur. C'est sous la direction de cet admirable artiste, près de ses deux filles Marie et Pauline, appelées à devenir si célèbres sous les noms de Mmes Malibran et Viardot, que Géraldy apprit ce qui lui manquait sous le rapport du style, de la diction et du phrasé. Cependant, Garcia étant mort le 2 juin 1832, le jeune chanteur compléta ses connaissances avec son fils Manuel, puis passa quelque temps au Conservatoire, dans une classe d'harmonie, et enfin se mit à travailler seul, assidûment, sans le secours d'aucun maître.

Géraldy se fit entendre pour la première fois, dans un salon, en chantant l'air du comte des *Noces de Figaro*, et produisit un grand effet. Bientôt, Meyerbeer, qui venait d'écrire sa belle mélodie : *le Moine*, lui en confia l'exécution, et Géraldy, commençant ainsi sa carrière de chanteur de concerts, qui devait être si longue et si brillante, valut au compositeur un succès qu'il partageait lui-même. C'est dans les séances de la *Société musicale*, nouvellement fondée par ces excellents artistes qui s'appelaient Théodore Labarre, Gallay, Brod, Henri Herz, Franchomme et Géraldy en personne, que celui-ci se révéla au public, et du premier coup conquit ses sympathies.

Pourtant, après s'être fait ainsi une première réputation, il voulut s'essayer à la scène, et accepta un engagement qui lui était offert par l'entrepreneur Merelli pour le théâtre San-Benedetto, de Venise. Il y débuta avec succès dans le rôle de Dandini de la *Cenerentola*, de Rossini; mais après avoir chanté cinq fois, une maladie grave vint l'obliger au repos, et le fit ensuite revenir à Paris. Il recommença alors à se faire entendre dans les concerts, où sa renommée augmentait chaque jour, et se consacra à l'enseignement du chant. En 1837, Géraldy s'étant rendu à Bruxelles pour prendre part à un concert que donnait le célèbre violoniste Charles de Bériot, Fétis, qui était à la recherche d'un professeur de chant pour le Conservatoire de cette ville, lui offrit cette position. Géraldy accepta, à la condition que son cours ne durerait que trois mois chaque année, et à partir de 1843, il consacra six mois à sa classe. Il passait le reste du temps à Paris, à donner des concerts et à former d'autres élèves. C'est ainsi qu'en France il faisait l'éducation musicale de Mlles Nau, Jenny Colon, Catinka Heinefetter, tandis qu'en Belgique il prodiguait ses conseils à MM. Mathieu, Cabu, Cornelis, Agnesi, Everardi, Carman, à Mmes Bonduel, Van-Praag-Hillen, etc. Cet excellent artiste est mort à Paris, le 27 mars 1869.

Géraldy était, on peut le dire, en dépit de quelques inégalités de style qui parfois déparaient son exécution, un artiste d'école et un chanteur de premier ordre. Il se distinguait par une pose de voix merveilleuse, une excellente prononciation, une articulation nette et franche, une diction pleine d'intelligence, enfin, par une variété d'accent difficile à rencontrer à un pareil degré. Sévère et magistral dans l'interprétation des grandes œuvres du style dramatique, il excellait en même temps dans le genre bouffe, et ceux qui l'ont vu servir de partenaire à ces admirables artistes qui avaient nom Rubini, Tamburini, Lablache, Giulia Grisi, Fanny Persiani, assurent qu'il n'avait nullement à souffrir de ce redoutable voisinage. Chanteur exquis, professeur émérite et dévoué, Géraldy sut aussi se produire comme compositeur; il écrivit la musique, et souvent aussi les paroles, d'un grand nombre de mélodies vocales, dont plusieurs obtinrent de véritables succès : *la Zingara, Maria, la Lettre au bon Dieu, Amour et Mystère, Marguerite, Au bal, le Conscrit, le Contrebandier*, etc. Il a publié aussi un recueil de *Trente Études mélodiques pour toutes les voix* (en 2 suites, Paris, Brandus), et enfin il a laissé en manuscrit plusieurs morceaux religieux, ainsi qu'un opéra resté inédit.

GÉRARD ou **GERAERT** (JEAN), compositeur, vivait dans les Pays-Bas au milieu du seizième siècle. On lui doit la musique de trois chansons insérées dans le recueil divisé en six livres que Pierre Phalèse publia à Louvain en 1555-1556, et dont le premier parut sous ce titre : *Premier livre des chansons à quatre parties, nouvellement composez* (sic) *et mises en musicque, convenables tant aux instruments comme à la voix* (Louvain, 1555, in-4°).

GERMAIN. — *Voyez* **GOËRMANS.**

GERMAIN (JOSEPH-LOUIS), luthier, né à Mirecourt le 23 juillet 1822, fit son apprentissage en cette ville, vint à Paris en 1840, entra comme ouvrier chez Gand père, passa à la mort de celui-ci chez Vuillaume, puis, en 1850, retourna dans la maison Gand, alors dirigée par les deux fils. En 1862, il s'établit à son compte, et au commencement de 1870 repartit pour Mirecourt, où il mourut le 5 juillet de la même année.

« Joseph-Louis Germain, dit M. Vidal dans son livre : *les Instruments à archet*, fut un luthier de grand talent et que son extrême modestie empêcha d'être en évidence comme il aurait mérité de l'être. Lors de l'Exposition internationale de Paris en 1867, il avait été admis à concourir ; mais, par une fatalité malheureuse, l'emplacement qu'on lui attribua fut si minime qu'il ne put réussir à y mettre ses instruments, et il renonça à exposer. Ce fait est d'autant plus regrettable que Germain aurait vraisemblablement ajouté une mention de plus à celles que notre nation a obtenues à cette Exposition. Très habile dans les réparations des anciens instruments, il avait acquis dans la lutherie neuve une supériorité remarquable. »

GERMAIN (......), compositeur dramatique, a fait représenter sur le théâtre du Capitole, à Toulouse, en 1861, un grand opéra intitulé *Simon de Montfort*, dont le succès, dit-on, fut considérable, et qui fut joué ensuite dans plusieurs villes du midi de la France, où il reçut le même accueil. Peu de temps après, M. Germain fit entendre à M. Carvalho, alors directeur du Théâtre-Lyrique, la musique d'un opéra qui avait pour titre *Jeanne d'Arc*, et qui, par des considérations étrangères au mérite de l'œuvre, à ce que disaient les journaux, ne put être reçu; mais le compositeur fit accepter de la direction du Théâtre-Lyrique un ouvrage en deux actes, intitulé *le Bâtard de Cerdagne*. Celui-ci devait être mis aussitôt en répétition, mais bientôt on n'en parla plus.

GERNSHEIM (Frédéric), pianiste d'un immense talent, compositeur de mérite et surtout d'avenir, aujourd'hui fixé à Rotterdam, où depuis trois ans il est devenu directeur de musique de la Société pour l'encouragement de l'art musical, est né le 17 juillet 1839 à Worms, dans le Palatinat rhénan. Il commença à apprendre le piano avec sa mère, qui, bien que simple amateur, était une pianiste de premier ordre, et montra dès son enfance un grand amour et une véritable vocation pour la musique. En présence de ces dispositions, les parents du jeune Gernsheim (qui est de race israélite), quoique riches et appartenant à la classe aisée, résolurent de faire embrasser à leur fils la carrière artistique, et lui donnèrent d'abord comme professeur de piano M. Louis Liebe, directeur de musique à Worms. Plus tard, il se rendit à Francfort-sur-le-Mein, et de là, après avoir fait une petite tournée artistique pour faire connaître son talent de virtuose, entra au Conservatoire de Leipzig, où il reçut les conseils de Moscheles, de Rietz et du célèbre Hauptmann, un des professeurs de contrepoint les plus éminents qui aient jamais existé.

De Leipzig, M. Gernsheim se rendit à Paris, où il demeura six années, et en 1861 il accepta la place de directeur de musique à Sarrebrück, place qu'il conserva pendant quatre ans. Il fut ensuite nommé professeur de piano au Conservatoire de Cologne, et demeura en cette ville à partir de 1865. En 1870, il eut l'honneur de se faire entendre à Paris, au Conservatoire, et en 1874 il se fixa enfin à Rotterdam, comme directeur de musique de la Société pour l'encouragement de l'art musical.

M. Gernsheim a composé des ouvrages importants, dont la plupart sont publiés, et parmi lesquels nous citerons : 3 Quatuors pour instruments à cordes, op. 9, 25 et 31; 2 Quatuors pour piano, violons et violoncelle, op. 12; une symphonie à grand orchestre, op. 22, exécutée avec succès à Cologne et à Rotterdam, mais fortement discutée après une exécution au Conservatoire de Leipzig sous la direction de Reinecke; une Ouverture, op. 13; un Concerto pour piano et orchestre, op. 16; un *Salve Regina* pour chœur de femmes, solo et orchestre, op. 11; *Nordische Sommernacht*, pour chœur et orchestre, op. 21; *Salamis*, pour chœur et orchestre; plusieurs recueils de *lieder* et d'ouvrages pour le piano. M. Gernsheim est un excellent chef d'orchestre, qui commence à prendre une grande autorité à Rotterdam.

ED. DE H.

GÉROLT (Frédéric). On a représenté sur le théâtre de Nancy, le 27 janvier 1804, *Inès de Portugal*, grand opéra en 4 actes dont la musique avait été écrite par cet artiste. Le livret de cet opéra a été imprimé. M. Gérolt était établi comme flûtiste à Nancy.

* **GERONO** (Hyacinthe-Christophe), flûtiste, est mort à Paris au mois de septembre 1868.

GEROSA (Carlo), prêtre et musicien, directeur de la *Scuola teorico-pratica di cantofermo* ou École de musique religieuse de Milan, est l'auteur d'un Traité de plain-chant estimé en Italie, et qu'il a complété par des notions sur la musique proprement dite et sur le contrepoint.

GERVAIS (Étienne). Un écrivain de ce nom a publié un petit livre ainsi intitulé : *Mozart, ou la Jeunesse d'un grand artiste* (Tours, Mame, 1866, in-12 de 186 pp.). Ce volume n'offre aucun intérêt, au point de vue critique ou historique.

GERVILLE (Pascal), pianiste et compositeur, a publié une centaine de morceaux de musique légère pour le piano, qui paraissent avoir quelque succès auprès des amateurs trop nombreux de ce genre de productions frivoles, mais qui sont, ainsi que le nom de leur auteur, complètement inconnus des artistes. Dans le nombre de ces morceaux, se trouvent beaucoup de pièces de musique de danse.

GERVINUS (Georges-Godefroid), célèbre historien libéral et homme politique allemand, membre de la Diète de 1848, est né à Darmstadt le 20 mai 1805. Cet écrivain distingué, admirateur enthousiaste des œuvres de Hændel, a été l'un des promoteurs de l'association formée en Allemagne pour la publication modèle des compositions de ce maître, et a publié un ouvrage ainsi intitulé : *Händel und Shakespeare. Zur Aesthetik der Tonkunst* (*Hændel* *et Shakespeare. Sur l'esthétique de la Musique*), Leipzig, 1868, in-8°.

* **GEVAERT** (François-Auguste), compositeur, est aujourd'hui directeur du Conservatoire de Bruxelles, emploi dans lequel il a succédé à Fétis. Aux ouvrages dramatiques qu'il a fait représenter et dont la liste se trouve dans la *Biographie universelle des Musiciens*, il faut ajouter les suivants : 1° *le Diable au moulin*, un acte, Opéra-Comique, 13 mai 1859 ; 2° *le Retour de l'armée*, cantate, Opéra, 15 août 1859 ; 3° *Château-Trompette*, 3 actes, Opéra-Comique, 23 avril 1860 ; 4° *les Deux Amours*, opéra-comique en 2 actes dont le sujet était emprunté à un épisode de la vie de Hændel, théâtre de Bade, 31 juillet 1861 ; 5° *le Capitaine Henriot*, 3 actes, Opéra-Comique, 29 décembre 1864 (1). Malgré le grand succès obtenu par ce dernier ouvrage, succès auquel n'était pas étranger, d'ailleurs, le livret très-amusant sur lequel la partition avait été écrite, M. Gevaert n'eut plus l'occasion, par la suite, de se produire au théâtre. Il est vrai qu'en 1867 il fut appelé à occuper un poste important, celui de directeur de la musique à l'Opéra, emploi supprimé depuis la mort de Girard et rétabli en sa faveur, ce qui ne fut pas sans soulever de vives critiques de la part des artistes français, justement froissés de se voir préférer en cette circonstance, malgré sa valeur très-réelle, un artiste étranger.

A partir de ce moment, M. Gevaert, qui avait inutilement tenté de faire représenter à l'Opéra un ouvrage en trois actes, sembla renoncer à la composition dramatique pour s'occuper spécialement de travaux de théorie, d'archéologie et d'histoire musicales. Il avait déjà publié, en 1863, un Traité d'instrumentation, et s'occupa ensuite d'un recueil fort intéressant dont il donna le premier volume sous ce titre : *Les Gloires de l'Italie, chefs-d'œuvre de la musique vocale italienne aux dix-septième et dix-huitième siècles, collection de morceaux de théâtre, de concert et de chambre recueillis et publiés avec accompagnement de piano par F. A. Gevaert, traduction française par Victor Wilder*, Paris, 1868, in-folio. Cette collection, formée avec un goût rare, était précédée d'une Introduction historique et de courtes notices biographiques sur les compositeurs dont les œuvres avaient été mises à contribution par l'éditeur ; malheureusement, le premier volume est resté unique jusqu'ici, et n'a été suivi d'aucun autre. Très-versé dans la connaissance des langues et dans celle de l'histoire de la musique, M. Gevaert commença aussi, dès ce moment, à s'occuper d'un grand ouvrage historique sur la musique grecque, qui faisait depuis longtemps l'objet de ses études ; à la même époque, il publiait dans un recueil qui n'eut qu'une existence éphémère, *la Revue des Lettres et des Arts*, un travail sur *les Commencements de l'harmonie en France*, et faisait à la Société des compositeurs de musique plusieurs conférences sur différents points de l'histoire de l'art, qui furent insérées dans les *Bulletins* de cette Société ; l'un de ces travaux (sur *les Origines de la tonalité moderne*) lui donna lieu de soutenir dans la *Revue et Gazette musicale* une vive polémique contre Fétis.

Lorsqu'éclata la guerre de 1870 et que Paris fut près d'être assiégé, M. Gevaert quitta la France et retourna dans sa famille, à Gand. Fétis étant mort l'année suivante, il fut appelé à lui succéder dans la direction du Conservatoire de Bruxelles ; mais entre l'époque de son départ de Paris et celle où il fut mis en possession de ces nouvelles fonctions, M. Gevaert s'occupa avec ardeur du livre sur la musique ancienne dont il avait préparé les matériaux. Ce n'est toutefois qu'en 1875 qu'il put livrer au public le premier volume de cet ouvrage important, qui doit en comporter deux et auquel il a donné ce titre : *Histoire et Théorie de la musique de l'Antiquité* (Gand, typ. Annoot-Braeckman, 1875, in-8°). Ce travail fait le plus grand honneur au savoir, à l'érudition et à la sagacité de son auteur, qui a su parfaitement mettre en lumière ce que l'on connaît jusqu'à ce jour de la théorie musicale des Grecs et coordonner les documents malheureusement incomplets qu'on possède sur ce sujet, sans se lancer plus qu'il ne fallait dans le champ de l'hypothèse et de la spéculation. Je ne saurais donner ici, malgré mon désir, une analyse complète de l'œuvre de M. Gevaert, puisque cette œuvre elle-même n'est pas complète, et qu'une vue générale d'ensemble me serait interdite ; mais je puis bien dire que l'écrivain a rendu un grand service à l'histoire de l'art, en éclaircissant certains problèmes, certaines obscurités relatives à la naissance même de cet art, et en réunissant sous une forme relativement concise et tout au moins une, l'ensemble des documents se rattachant à la question et qui jusqu'ici étaient restés épars dans un grand nombre de publications écrites dans des langues diverses. L'ouvrage est fait d'ailleurs avec la plus grande honnêteté, l'auteur n'omet jamais de citer ses textes,

---

1) M. Gévaert a eu une part de collaboration dans une opérette en un acte, *la Poularde de Caux*, représentée au théâtre du Palais Royal vers 1856, et dont la musique avait pour auteurs, outre lui-même, MM. Bazille, Clapisson, Gautier, Jonas, Mangeant et Poise.

et il a soin, chaque fois que cela lui est possible, de les éclairer et de les mettre en relief par la reproduction de monuments authentiques qui leur donnent le caractère de la plus entière certitude.

Pour terminer cette notice complémentaire, je donne ici la liste des compositions non dramatiques de M. Gevaert qui sont venues à ma connaissance : *Canticum natalitiæ*, solo et chœur, avec accompagnement de piano et orgue; *les Filles de Marie*, chœur religieux à 3 voix, avec orgue; *les Cloches de Noël*, solo avec orgue; *Au nouveau lévite*, solo et chœur avec accompagnement de piano et harmonium; *le Départ*, cantate à 3 voix; *Jérusalem*, double chœur sans accompagnement; *Chants lyriques de Saül; Madrid, le Mois de Mai, Seigneur, protége-nous, Sur l'eau, la Bienfaisance, l'Absence, l'Adieu du brave, l'Amitié, Gentille blonde, le Drapeau, la Fraternité, l'Exode, le Chant du crépuscule, Chanson bachique, les Émigrants irlandais, la Veillée du nègre, la Grande route, Toulouse, le Lion flamand, les Nornes, Sérénade, les Orphéonistes, les Proscrits, les Ouvriers, les Pêcheurs de Dunkerque, le Réveil*, chœurs sans accompagnement; *Jacques Van Artevelde*, cantate avec orchestre, composée en 1863, sur un texte flamand, pour l'inauguration de la statue du grand tribun gantois, traduite ensuite en français, en allemand, en espagnol, et exécutée avec succès à l'étranger; *Philips van Artevelde, Ik Speek van zoo zelden, Aphrodite, lieder* publiés dans la collection des *Nederlansche zangstukken* à Gand; *Flandre au Lion*, ouverture pour harmonie militaire. M. Gevaert, qui s'est fait aussi l'éditeur d'un certain nombre de morceaux de musique ancienne faisant partie du répertoire de la Société des concerts du Conservatoire de Bruxelles, dont il est le directeur (*Transcription classiques pour petit orchestre*, par F. A. Gevaert, directeur du Conservatoire de Bruxelles, Shott, éditeur),a eu une part dans la publication suivante : *Chansons du quinzième siècle*, publiées d'après le manuscrit de la Bibliothèque nationale de Paris, par G. Paris, et accompagnées de la musique transcrite en notation moderne par F. A. Gevaert (Paris, 1875, in-8°).

Enfin, on doit encore à M. Gevaert, outre un manuel pratique intitulé *Vade-Mecum de l'Organiste* (Bruxelles, Schott), outre un manuel de plain-chant écrit en flamand : *Leerboek van den Gregoriaenschen zang, voornamelyk toegepast op de orgelbegeleiding* (*Manuel du chant grégorien affecté surtout à l'accompagnement sur l'orgue*, (Gand, 1856, gr. in-8°),

l'opuscule suivant, excellent par les idées qu'y sont exposées : *Académie royale de Belgique. Discours prononcé dans la séance publique de la classe des Beaux-Arts en présence de LL. MM. le roi et la reine, le 24 septembre 1876, par Fr. Aug. Gevaert, directeur de la classe* (Gand, typ. Annoot-Braeckman, 1876, in-4°). Ce dernier écrit a été reproduit dans une publication anonyme, inspirée par M. Gevaert et faite sous ses auspices : *Annuaire du Conservatoire royal de musique de Bruxelles*, 1re année, 1877 (Bruxelles, Muquardt, in-8).

* GEYER (FLODOARD), pianiste et compositeur, est mort au mois d'avril 1872. Il était né le 1er mars 1811.

GHEBART (GIUSEPPE), violoniste italien distingué, naquit en Piémont le 20 novembre 1796. Élève de Radicati, il fut admis à la chapelle royale de Turin en 1814, en devint violon-solo en 1824, fut nommé en 1839 chef d'orchestre en second, et enfin en 1846, à la retraite de Polledro, fut appelé par décret à la direction supérieure de la musique instrumentale de la chapelle et de la chambre. Déjà, depuis 1817, il dirigeait les concerts de l'Académie philharmonique, et en 1832 il s'était vu placer à la tête de l'orchestre du théâtre Regio; il conserva ces deux emplois jusqu'en 1855.

Ghebart forma, dit-on, de bons élèves; esprit éclectique et fort distingué, il fut le premier à faire connaître à Turin les œuvres de musique de chambre de Spohr, de Mendelssohn et de divers autres musiciens allemands, ses contemporains. Il se livra lui-même à la composition, et écrivit plusieurs concertos de violon, des airs variés, des duos, des études, ainsi que quelques ouvertures, des quatuors et des quintettes. On lui doit aussi deux messes, deux *Miserere* dont un à quatre voix avec chœur, et diverses autres œuvres écrites pour le service de la chapelle royale. Ghebart est mort à Milan le 22 janvier 1870.

* GHERARDESCHI (JOSEPH), est mort à Pistoie en 1815. On a extrait des œuvres littéraires de P. Contrucci une *Necrologia di Giuseppe Gherardeschi, con note di Luigi Picchianti*.

GHERARDESCHI (LUIGI), fils du précédent, né à Pistoie le 5 juillet 1791, fut élève de son père, et, à la mort de celui-ci, alla se perfectionner à Florence, où il devint élève de Disma Ugolini à l'Académie des Beaux-Arts. Après avoir suivi pendant dix-huit mois avec ce maître un cours de contrepoint et de composition et avoir obtenu le premier prix de composition, il retourna dans sa ville natale et prit possession de l'emploi de maître de chapelle de la cathédrale, que la mort de son père avait laissé vacant. Il conserva ces fonctions jusqu'en 1866, tout en se livrant à l'enseignement, et écrivit pour le service de la chapelle qui lui était confiée un grand nombre de compositions telles que messes, psaumes, hymnes et motets, soit dans le style *a cappella*, soit avec accompagnement d'orgue ou d'orchestre. On connaît aussi de lui quelques productions de concert, entre autres une cantate intitulée *Cristoforo Colombo*, qui fut exécutée dans une fête célébrée à l'Académie des sciences, lettres et arts de Pistoie. Cet artiste vraiment distingué et doué d'un talent remarquable, est mort dans sa ville natale, le 21 mars 1871, âgé de près de 80 ans. — Son fils, M. *Gherardo Gherardeschi*, élève de Mabellini, lui a succédé en 1866 dans son emploi de maître de chapelle.

GHISI (G......-C.....), écrivain italien, est auteur d'un *Elogio storico di Giuseppe Haydn*, Florence, 1839, in-8° de 16 pages.

GHISLANZONI (Antonio), écrivain italien, né à Lecco le 25 novembre 1824, fit d'excellentes études littéraires, se livra ensuite à l'étude du chant, et chanta les barytons au théâtre Carcano, de Milan. Mais il ne resta pas longtemps au théâtre comme chanteur, et bientôt il embrassa la carrière des lettres, devenant tout à la fois romancier, journaliste, critique musical et auteur dramatique. Depuis quelques années, il s'est surtout fait remarquer comme librettiste, et il est devenu sous ce rapport l'écrivain le plus recherché des compositeurs et des *impresarii*. C'est lui qui, entre autres, a écrit le livret du dernier opéra de M. Verdi, *Aïda*. Rédacteur assidu de la *Gazzetta musicale* de Milan, M. Ghislanzoni s'est toujours occupé beaucoup de musique dans ses écrits. Dans un roman en trois volumes : *Gli Artisti da teatro* (Milan, 1858, in-12), il a consacré plus de cent pages non à des notices proprement dites, mais à des notes biographiques fort utiles sur les virtuoses, les chanteurs et les compositeurs de l'Italie contemporaine. Dans un autre volume, *Reminiscenze artistiche*, on trouve une notice sur le pianiste-compositeur Adolfo Fumagalli, un épisode intitulé *la Casa di Verdi a Sant'Agata*, et divers autres chapitres relatifs à la musique. Parmi les cinquante livrets d'opéras écrits par M. Ghislanzoni, il faut citer ceux du *Salvator Rosa* de M. Gomes, d'*I Lituani* de M. Ponchielli, d'*I Promessi sposi* de M. Petrella, de *Papà Martin* de M. Cagnoni, etc. C'est aussi lui qui a écrit les paroles de la cantate *Omaggio a Donizetti*, mise en musique par M. Ponchielli.

GHITI (......), compositeur dramatique italien, a fait représenter sur le théâtre de Prato, en 1867, un opéra bouffe intitulé *Don Sussidio*.

GIACOMELLI (A.....), agent dramatique, né en Italie vers 1825, est depuis longues années établi en France, où il a fondé et dirigé successivement plusieurs journaux : *le Luth français*, journal de la facture instrumentale (1856-1857); *la Presse théâtrale* (devenue plus tard *la Presse musicale*); *Petites affiches théâtrales* (1874-1875). Ce personnage a publié aussi, sous le couvert de l'anonyme, un *Annuaire musical* pour 1857, fait sans soin et sans talent (Paris, 37, rue de Trévise, in-12).

GIACOMELLI (......), compositeur italien, a fait représenter en 1875 à Livourne, sur un théâtre particulier, un opéra bouffe intitulé *le Tre Zie*.

GIAI (Giovanni-Antonio), compositeur, né à Turin, a fait représenter, dans la première moitié du dix-huitième siècle, un opéra intitulé *Idaspe*.

GIALDINI (Gialdino), compositeur italien, a fait de bonnes études sous la direction de M. Teodulo Mabellini, compositeur et chef d'orchestre estimé. Après avoir terminé son éducation, il prit part à un concours ouvert par la direction du théâtre de la Pergola, de Florence, pour la composition d'un opéra sérieux. Sorti vainqueur de ce concours, M. Gialdini vit représenter son œuvre, sur la scène de la Pergola, le 5 mars 1868; mais le public ne parut pas partager l'avis des juges qui avaient couronné la partition, et cet opéra, intitulé *Rosmunda*, fut accueilli avec une froideur marquée. Depuis lors, M. Gialdini a écrit, en société avec quelques jeunes confrères, MM. Bacchini, De Champs, Felici, Tacchinardi et Usiglio, un opéra bouffe, *la Secchia rapita*, qui a été joué en 1872 au théâtre Goldoni, de Florence. Deux ans après, au mois d'avril 1874, le théâtre des Loges, de la même ville, donnait un autre opéra bouffe, *l'Idolo cinese*, composé en collaboration avec MM. Gialdini, De Champs, Felici et Tacchinardi.

*****GIANELLA** (Louis). Un artiste du nom de Gianella écrivit en 1790 la musique d'un ballet, *l'Argent fait tout*, représenté au théâtre de la Scala, de Milan. Il me semble que cet artiste ne devait être autre que le flûtiste Louis Gianella, qui vint ensuite s'établir à Paris et s'y fit connaître comme compositeur.

GIANELLI (......), compositeur italien, a fait représenter à Livourne, en 1865, un opéra intitulé *un Giorno di Caccia*.

*****GIANETTINI** (Antoine). Aux œuvres de cet artiste, il faut ajouter deux oratorios : *Jefte* et *il Martirio di Santa Giustina*. Je trouve dans la *Cronistoria dei teatri di Modena* Voy. GANDINI), publiée en 1873, la note suivante, dont les renseignements sont en complet désaccord avec ceux donnés par la *Biographie universelle des Musiciens* : « Gianettini dit aussi *Zanettini*, Vénitien, naquit le 1er mai 1686. Élu maître de chapelle de la cour de Modène, il occupa cette position jusqu'à sa mort, arrivée au mois d'août 1721. » Je serais disposé à croire la *Cronistoria* bien informée à ce sujet, puisqu'il s'agit d'un artiste qui a longtemps vécu à Modène et qui est mort en cette ville.

GIANNETTI (RAFFAELE), professeur de chant et compositeur, né à Spolète le 16 avril 1817, commença l'étude de la musique sous la direction d'un artiste nommé Boccetti, et entra en 1837 au Conservatoire de Naples, où il fut l'élève de Francesco Lanza pour le piano, de Spalletti, de Cimarosa fils, de Busti et de Crescentini pour le chant, de Francesco Ruggi pour l'harmonie accompagnée, enfin de Gennaro Parisi et de Donizetti pour la composition. Sorti du Conservatoire en 1844, il se consacra à l'enseignement du chant, tout en cherchant à se produire comme compositeur, et écrivit successivement trois opéras qui furent joués au théâtre Nuovo, de Naples : 1° *Gilletta*, 2 actes, 1850 ; 2° *la Figlia del Pilota*, 2 actes, 1852 ; 3° *la Colomba di Barcellona*, 3 actes, 1855. Je ne crois pas qu'il ait fait représenter aucun autre ouvrage depuis cette époque, bien qu'il ait écrit deux opéras nouveaux. Giannetti a publié un assez grand nombre de mélodies vocales, et il est aussi l'auteur de plusieurs compositions religieuses, parmi lesquelles trois messes à 4 voix dont deux avec orchestre, une messe à 3 voix et orchestre, un *Stabat mater* à 4 voix avec acc. de flûte, 2 clarinettes et instruments à cordes, un *Tantum ergo*, etc. Il a écrit aussi deux ouvertures à grand orchestre. Cet artiste est mort à Naples au mois d'août 1872.

GIANNINI (GIOVACCHINO), organiste et compositeur, né à Lucques le 20 mars 1817, apprit les premiers éléments de la musique avec Domenico Fanucchi, et étudia ensuite le contrepoint avec le chanoine Marco Santucci. Devenu pianiste, organiste et excellent accompagnateur, il se livra à l'enseignement et à la composition. On lui doit diverses pièces de musique sacrée à deux et trois voix, dans le style *a cappella*, et quelques-unes à quatre voix, avec accompagnement instrumental, qui furent exécutées de 1840 à 1843 pour la fête de sainte Cécile et en d'autres occasions. Il écrivit aussi, pour le service de la semaine sainte, deux cantates à plusieurs voix avec instruments, et mit en musique la belle cantate de Manzoni, *le 5 Mai*, pour chant avec accompagnement de piano. En 1843 ou 1844, Giannini quitta sa famille et son pays pour aller chercher fortune au Brésil, où il mourut en 1861.

GIANNINI (SALVATORE), pianiste, compositeur et professeur, fils d'un employé à l'administration des postes, est né à Naples le 24 décembre 1830. Son père le destinait à la carrière littéraire, et c'est pour son seul agrément qu'il commença, à l'âge de dix ans, l'étude de la musique avec son frère aîné, devenu depuis avocat. Mais ayant perdu son père, il se mit à travailler sérieusement avec M. Giuseppe Lillo, qui perfectionna son talent sur le piano et lui fit suivre un cours complet de composition. M. Giannini se livra ensuite à l'enseignement, et publia successivement, chez les principaux éditeurs de l'Italie, 270 œuvres diverses pour le piano, et quelques morceaux religieux à 2 voix. Il a écrit aussi un opéra sérieux, *Giovanna di Montfort*, qui jusqu'ici n'a pas été représenté. On doit encore à M. Giannini les publications suivantes : *Elementi musicali per uso dei fanciulli* ; *Nozioni elementari di musica* ; *la Prima Scuola di pianoforte*. — Deux fils de cet artiste, M. *Giacomo Giannini*, né à Naples le 27 février 1856, et M. *Alberto Giannini*, né dans la même ville le 18 avril 1857, celui-ci élève de son père, se sont déjà fait remarquer, l'un comme violoncelliste, le second comme pianiste.

GIANNOTTI (ANTONIO), musicien italien du dix-septième siècle, a fait exécuter le mardi-saint de l'année 1685, dans un couvent de Modène, un oratorio intitulé *Maddalena pentita*.

GIAQUINTO (GIUSEPPE), compositeur italien, a écrit la musique de plusieurs ballets représentés sur divers théâtres de la Péninsule. Voici les titres de ceux qui sont venus à ma connaissance : 1° *il Corrazziere di Brest* (Naples, février 1865) ; 2° *Fede* (Naples, th. San Carlo, 7 avril 1867) ; 3° *Idea* (id., id., novembre 1867) ; 4° *il Figliuol prodigo* (Milan, th. de la Scala, septembre 1873) ; 5° *Dyellah* ; 6° *Messalina* (Rome, th. Apollo, mars 1877). A la fin de 1876, M. Giaquinto a été engagé au théâtre San-Carlo, de Naples, comme compositeur de la musique des ballets destinés à être joués pendant le carnaval.

GIARDINO (........ DE). Un artiste de ce nom, qui vivait vraisemblablement au dix-huitième siècle, a publié six livres de chacun six *Sonates à violon seul et basse*, op. 1, 4, 5, 8, 9 et 11.

GIBELLI (L......), musicien italien contemporain, a fait représenter à Milan, sur le théâtre Castelli, le 27 mai 1876, un opéra sérieux intitulé *Sara.*

GIBERT, GISBERT ou **GISPERT** (Francisco-Javier), prêtre et compositeur, né dans la seconde moitié du dix-huitième siècle à Granadella, province de Lérida, fit ses études musicales sous la direction d'Antonio Sala, maître de chapelle de la cathédrale de cette ville. Devenu lui-même maître de chapelle à Taracena, où il resta de 1800 à 1804, il alla remplir ensuite les mêmes fonctions dans un couvent de Madrid, où il mourut le 27 février 1848. Au sujet de cet artiste, M. Baltasar Saldoni, dans ses *Efemérides de musicos españoles,* cite cette appréciation qu'il tire d'un manuscrit d'Ambrosio Perez, dont il est possesseur : « Comme compositeur en style de chapelle, c'est-à-dire pour voix seules, il a connu peu de rivaux; en effet, on ne peut rien entendre de plus technique, de plus pur que ses motets en musique pathétique et vraiment religieuse; quelques-unes de ces pièces sont d'une telle sévérité de formes qu'elles pourraient passer pour des compositions du xvie siècle ; elles sont nombreuses et de divers caractères, destinées qu'elles étaient aux différentes fêtes de l'année. Gibert les écrivait avec une admirable facilité, parce qu'il était réellement un savant en ce genre. Mais dans le style d'église solennel, auquel appartiennent les messes, vêpres, *Te Deum,* lamentations, litanies, saluts, etc., etc., avec orchestre, dont il a écrit beaucoup, il est très-inférieur à lui-même. Néanmoins, son talent n'est pas pour cela moins appréciable, ni sa réputation moins méritée. »

* **GIBERT** (Paul-César). Cet artiste a publié, sous le titre suivant, un recueil de compositions vocales : *Mélange musical, premier recueil,* contenant un duo, un trio, une scène, des airs, des ariettes, des romances et des chansons, avec différentes sortes d'accompagnements, tant de harpe ou clavecin en solo qu'à grand et petit orchestre, dédié à Mme *la vicomtesse de Pons* (Paris, l'auteur, s. d. in-folio).

* **GIDE** (Casimir). Aux ouvrages cités de cet artiste, il faut ajouter les suivants : 1° *La Chatte blanche,* ballet-pantomime (en société avec Ad. Adam), th. des Nouveautés, 26 juillet 1830; 2° *les Trois Catherine,* opéra-comique en 3 actes (en société avec le même), Nouveautés, 18 novembre 1830; 3° *les Jumeaux de la Réole,* drame musical en 7 tableaux, Nouveautés, 22 février 1831; 4° *l'Ile des Pirates,* ballet (en société avec Carlini), Opéra, 12 août 1835; 5° *le Diable boiteux,* ballet, Opéra, 1er juin 1836; 6° *la Volière,* ballet, Opéra, 5 mai 1838; 7° *la Tarentule,* ballet, Opéra, 24 juin 1839.

En 1847, Gide succéda à son père dans la direction de sa grande librairie artistique, qu'il géra conjointement avec M. Baudry jusqu'au mois d'août 1857. Il mourut à Paris, le 18 février 1868, laissant en portefeuille deux ouvrages inédits : *Belphégor,* opéra-comique en un acte, et *Françoise de Rimini,* opéra en 3 actes.

GIELY (L'abbé), aumônier de l'église de la Trinité, de Paris, a publié de nombreuses compositions religieuses, parmi lesquelles on remarque : 1° *Amour au Sacré-Cœur,* solos et chœurs solennels, avec accompagnement d'orgue, un vol. grand in-8°, Paris, Repos; 2° *Échos de l'âme pieuse,* chants solennels à la Sainte-Vierge, avec acc. d'orgue, un vol. in-8°, *ibid.,* 3° *une Couronne à notre Mère,* chants solennels, solos et chœurs, avec orgue, *ibid.*; 4° *une Guirlande à Marie,* chants à la Sainte-Vierge, *ibid.*; 5° *Soupirs de l'Exil,* cantiques, un vol. in-12, *ibid.*; 6° *A Jésus, gloire, amour!* solo et chœur à 3 voix, avec orgue, *ibid.*; 7° *Triomphes, roi des cœurs,* chant solennel, avec solo et orgue, *ibid.*; 8° *Monstra te esse matrem,* grand chœur à 3 voix, avec orgue, *ibid.*; 9° *Souvenez-vous,* chant avec acc. d'orgue, *ibid.*; 10° *Fleurs de Mars,* chants à Saint-Joseph, avec orgue, un vol. in-8°, *ibid.*

GIGLI (Giulio-Cesare), luthier italien, était établi à Rome et exerçait son art en cette ville dans la seconde moitié du dix-huitième siècle.

GIGOUT (Eugène), professeur, compositeur et organiste, est né à Nancy le 23 mars 1844. Il montra dès son enfance une heureuse organisation musicale, et vers l'âge de six ans le solfége et les premiers éléments de l'harmonie lui étaient enseignés par M. Bazile Maurice, maître de chapelle de la cathédrale de Nancy, tandis que M. G. Mess, organiste de la même église, lui donnait des leçons de piano, et qu'il recevait quelques conseils pour le chant d'un excellent professeur, Mme Pauline Millet, qui devint plus tard la comtesse Molitor. Les dispositions musicales du jeune Gigout intéressèrent en sa faveur l'évêque de Nancy, M. Menjaud, excellent musicien lui-même, et l'enfant fut envoyé en 1857 à Paris, où il entra, comme boursier de sa ville natale et du ministère des cultes, à l'École de musique religieuse fondée et dirigée par Niedermeyer. Ce dernier s'intéressa tout particulièrement à lui, en fit son élève de prédilection, et le jeune homme travailla avec tant d'ardeur qu'après quatre années d'études, en 1861, il avait remporté successivement les prix de plain-chant, d'harmonie, d'orgue, de composition et de piano. Niedermeyer étant mort au commencement de cette année 1861, M. Gigout continua ses études sous la direction de Dietsch, de MM. Saint-Saëns et Loret, et, à la suite des épreuves très-sérieuses réclamées pour ces concours, se vit délivrer en 1862 le diplôme de maître de chapelle, et l'année suivante celui d'organiste.

Très-attaché à sa ville natale, M. Gigout avait accepté, au commencement de l'année 1863, de tenir l'orgue du château de M. le marquis de Lambertye, situé aux environs de Nancy; ce magnifique instrument, nouvellement installé par M. Cavaillé-Coll, et l'agréable situation qu'on lui offrait, avaient séduit le jeune artiste. Cependant, sur des conseils affectueux, il renonça à retourner dans son pays, et resta à l'École de musique religieuse, où, depuis le mois d'octobre 1862, il était devenu professeur de plain-chant et de solfége; bientôt il fut chargé du cours d'harmonie, et, un peu plus tard, de celui de contrepoint et fugue, ce qui ne l'empêcha pas, en 1872, de tenir temporairement la classe supérieure de piano, lorsque M. Besozzi donna sa démission. M. Gigout a ainsi formé un grand nombre d'élèves, appelés, ainsi que lui, à maintenir et à propager les saines et sévères traditions du fondateur de l'École.

Organiste de l'église Saint-Augustin depuis 1863, cet artiste s'est tout d'abord appliqué à réformer dans cette église l'harmonisation et l'exécution du plain-chant, ainsi que Niedermeyer l'avait fait précédemment à Saint-Louis-d'Antin et à Saint-Eugène. Comme titulaire du grand orgue de cette paroisse, il s'est fait entendre dans plusieurs séances et réceptions d'orgue. Ses messes d'une heure, le dimanche, lui ont valu une notoriété méritée et sont très-suivies.

En fait de compositions originales, M. Gigout n'a encore livré au public qu'un cahier de *trois pièces pour orgue* (Paris, Richault); mais il a en portefeuille d'autres pièces pour le même instrument, des morceaux pour le piano, d'autres pour l'orchestre, une messe à 3 voix avec accompagnement d'orgue, exécutée plusieurs fois à l'église Saint-Augustin, enfin des motets, des chœurs et des mélodies vocales.

Chargé en 1864 de rédiger le chant de tout un office nouveau pour un couvent du Midi, M. Gigout pensa, dans une tâche aussi délicate et difficile, qu'il fallait se garder, par respect pour la tradition grégorienne, de *composer* du plainchant, et se borner, en remontant jusqu'à l'origine même du chant liturgique, à adapter au nouveau texte les formules mélodiques consacrées. C'est ainsi qu'il agit. Vers la même époque, il harmonisa, pour la maîtrise de Nancy, quelques messes qui furent publiées en cette ville. Au moment où cette notice est écrite (décembre 1876), cet artiste fort intelligent et fort distingué vient de livrer au public un ouvrage intéressant et important qui a paru sous ce titre : *Chant du graduel et du vesperal romains, harmonisés à quatre voix, avec réduction d'orgue ad libitum, d'après le traité d'accompagnement du plain-chant de L. Niedermeyer et J. d'Ortigue*, (Paris, Heugel, 3 vol. in-8°). Enfin, M. Gigout, qui a épousé en 1869 la plus jeune fille de son maître, Mlle Mathilde Niedermeyer, a fait pour le piano les réductions de plusieurs partitions d'orchestre, entre autres celles de *la Fronde*, opéra de Niedermeyer, et d'une symphonie du même artiste.

GIL (JOAQUIN), musicien espagnol, né à Valence le 26 janvier 1767, fut professeur de plainchant au séminaire de Saint-Thomas de Villanueva, et publia à Madrid, en 1820, un opuscule intitulé *Breve instruccion del canto llano* (Brève instruction sur le plain-chant).

GIL (F. ASIS), musicien espagnol contemporain, voué à l'enseignement, a publié à Madrid chez l'éditeur Pablo Martin, une *Méthode élémentaire d'harmonie*, et un autre traité intitulé : *L'Harmonie à la portée de toutes les intelligences.*

GIL Y LLAGOSTERA (CAYETAN), dit *Gilet*, flûtiste et compositeur, naquit à Barcelone le 6 janvier 1807. Il acquit la connaissance du solfége avec Andrevi, puis se livra à l'étude de divers instruments, mais particulièrement du violon avec Francisco Berini et de la flûte avec Ignacio Calcante. Pendant vingt-deux ans il remplit les fonctions de première flûte à l'orchestre du théâtre principal de Barcelone, et il appartint aussi, en la même qualité, à la chapelle de la cathédrale de cette ville. M. Baltasar Saldoni (*Efemérides de musicos españoles*) dresse ainsi qu'il suit le catalogue des compositions de cet artiste : 1° un nombre incalculable de rigodons, valses et contredanses à grand et petit orchestre; 2° deux symphonies à grand orchestre; 3° grande polka à grand orchestre, avec variations; 4° deux messes de *Gloria*, à grand orchestre; 5° messe de *Requiem*, avec instruments à vent; 6° deux *Rosaires* avec orchestre; 7° quatre Fantaisies pour flûte, avec accompagnement de piano; 8° une sonate pour flûte, avec accompagnement de piano; 9° un trio pour trois flûtes; 10° neuf exercices pour flûte seule.

GILDEMYN (CHARLES-FERDINAND), organiste et compositeur, né à Bruges (Belgique) le 18 août 1791, est mort en cette ville le 22 mars 1854. Enfant de chœur à Notre-Dame de Bruges dès l'âge de huit ans, il fit ses premières études musicales sous la direction de Govaert et travailla ensuite l'harmonie avec Thienpont. Depuis 1807 jusqu'à sa mort, c'est-à-dire pendant presque tout un demi-siècle, il remplit les fonctions d'organiste à Notre-Dame. En 1816, la Société royale des Beaux-Arts de Gand ayant mis au concours la composition d'une cantate sur la bataille de Waterloo, une troisième récompense, sous forme de médaille d'argent, fut attribuée à Gildemyn. Cet artiste a fait représenter à Bruges un opéra-comique : *Edmond et Henriette ou la Réconciliation* (15 septembre 1819). Il a publié un *O Salutaris* pour ténor, la réduction au piano d'une symphonie en *ut*, et a laissé en manuscrit un assez grand nombre de compositions estimables.

GILI (RAIMUNDO), compositeur espagnol, né à Villafranca del Panadés (Catalogne), le 21 février 1815, fit son éducation artistique au collège de musique du couvent de Montserrat, où il demeura cinq années, de 1826 à 1831, et où il apprit le solfége, l'orgue et l'harmonie. Ses études terminées, il devint organiste de l'église des Franciscains, puis de celle des Trinitaires, de Barcelone, et ensuite alla remplir les mêmes fonctions à l'église paroissiale de sa ville natale. Pendant son séjour à Barcelone, M. Gili fut nommé professeur de solfége au lycée de cette ville ; il fut aussi accompagnateur au grand théâtre et à celui dit *des Capucins*. Les principales compositions de cet artiste consistent en une messe de *Requiem*, un *Benedictus* et divers motets.

GILKES (SAMUEL), luthier anglais, né en 1787, mort jeune en 1827, fut élève de son parent Charles Harris, de Londres, et devint ensuite ouvrier chez William Forster, après quoi il s'établit à son compte. Ses instruments sont aujourd'hui très-estimés en Angleterre. Gilkes eut un fils, nommé William, luthier comme lui, et qui produisit considérablement ; il est surtout connu pour ses contrebasses.

*GILLES (JEAN), fameux compositeur de musique religieuse, mourut à Toulouse le 5 février 1705. Quoiqu'à peine âgé de 36 ans lorsqu'il mourut, et bien qu'il paraisse n'être jamais venu à Paris, Gilles jouit en France, pendant plus d'un demi-siècle, d'une immense renommée. Ses motets étaient toujours exécutés au Concert spirituel avec le plus grand succès, et en 1764, près de soixante ans après sa mort, on ne crut pouvoir mieux honorer la mémoire de Rameau qu'en exécutant, aux funérailles de ce grand homme, le *Requiem* de Gilles. Cette messe était considérée comme un chef-d'œuvre, et l'on disait alors « la messe de Gilles, » comme on dit aujourd'hui « le *Requiem* de Mozart. »

Voici celles des œuvres de Gilles qui sont venues à ma connaissance : 1° *Te Deum*; 2° *Messe de Requiem*; 3° *Diligam te*, motet avec orchestre; 4° *Domine, in te speravi*, id.; 5° *Jubilate Deo omnis terra*, id.; 6° *Cantate, Jordanis incolæ*, id.; 7° *Cantus dent uberes*, id.; 8° *Quemadmodum desiderat cervus*, id.; 9° *Deus, judicium tuum regida*, id.; 10° *Beatus quem elegisti*, id.; 11° *Dixit Dominus Domino meo*, id.; 12° *Beatus vir qui timet Dominum*, id.; 13° *Deus venerunt gentes*, id.; 14° *Confitebor tibi, Domine*, motet avec orgue; 15° *Beatus vir qui non abiit*, id.; 16° *Dominus, illuminatio mea*, id.; 17° *Benedicam Dominum*, id.; 18° *Judica, Domine, nocentes me*, id.; 19° *Custodi me, Domine*, id.; 20° *Sæpe expugnaverunt me*, id.; 21° *Lauda, anima mea, Dominum*, id.; 22° *Cum invocarem*, id.; 23° 3 *Magnificat*, avec orchestre; 24° Plusieurs hymnes, avec orchestre, etc.

GILLET-DAMITTE (.......), propagateur du système de la notation musicale par le chiffre, est l'auteur d'un écrit ainsi intitulé : *Mémoire à S. Em. Mgr. le cardinal Donnet et à NN. SS. les évêques du monde catholique, sur un moyen facile et économique de propager le chant d'église parmi tous les fidèles*, Paris, Dramard-Baudry, in-18 (vers 1863).

*GILLIERS (JEAN-CLAUDE), et non GILLIER, comme il a été dit par erreur. Sans aller aussi loin que M. Charles Poisot, qui, dans son *Histoire de la musique en France*, assure que ce compositeur a eu « la gloire de fonder en France le genre national de l'opéra-comique, » je crois néanmoins que Gilliers a droit à une mention toute spéciale, comme l'un des premiers et des plus féconds artistes qui aient écrit de la musique pour les pièces de la Comédie-Italienne. Les airs de vaudeville et les airs de ballet de Gilliers sont charmants pour la plupart, pleins de verve et d'entrain, et obtinrent à l'origine de vrais succès. M. Poisot a retrouvé les titres de beaucoup de pièces dont ce compositeur écrivit la musique ; je vais citer ici ces pièces, en y joignant celles que j'ai retrouvées moi-même : 1° *l'Hyménée royal* (1699); 2° *Céphale et Procris* (1711); 3° *la Foire de Guibray* (1714); 4° *le Tombeau de Nostradamus* (1714); 5° parodie de *Télémaque* (1715); 6° *la Ceinture de Vénus* (1715); 7° *les Dieux à la Foire* (1724); 8° *l'Amante retrouvée* (1727); 9° *Sancho Pança gouverneur ou la Bagatelle*; 10° *le Bouquet du roi* (1730); 11° *la Nièce vengée ou la Double surprise* (1731); 12° *la Fille sauvage* (1732);

13° *le Pot-Pourri comique* (1732); 14° *Sophie et Sigismond* (1732); 15° *la Première représentation* (1734); 16° *Lucas et Perrette* (1734).

Mais Gilliers ne travailla pas seulement pour la Comédie-Italienne; il fut pendant longtemps, avec Grandval, le fournisseur attitré de la Comédie-Française, en ce qui concerne la musique des airs et divertissements qui entraient dans les pièces jouées à ce théâtre. Voici une liste, que je crois à peu près complète, de celles pour lesquelles il travailla : *les Eaux de Bourbon* (1694), *la Foire de Bezons*, *les Vendanges de Suresnes* (1695), *le Moulin de Javelle*, *les Vacances* (1696), *le Charivary*, *le Retour des Officiers* (1697), *les Curieux de Compiègne* (1698), *la Fête de Village*, *les Trois Cousines* (1700), *Colin-Maillard* (1701), *l'Opérateur Barry* (1702), *le Galant Jardinier* (1704), *la Psyché de village* (1705), *l'Amour diable* (1708), *l'Amour masqué* (1709), *la Famille extravagante* (1709), *l'Amour charlatan* (1710), *les Fêtes du Cours*, *le Vert-Galant* (1714), *le Triple Mariage* (1716), etc., etc. Enfin, à tout cela il faut ajouter encore la musique qu'il écrivit pour quelques pièces représentées sur des théâtres particuliers, telles que *l'Impromptu de Livry*, *le Divertissement de Sceaux*, et autres. Quelques-uns de ces airs de Gilliers furent gravés et publiés par Ballard.

GILLY (Emmanuel-Antoine-Victor), appelé ordinairement du même prénom que son père, *Vital Gilly*, compositeur, né à Marseille le 4 thermidor an VIII, apprit d'abord la musique comme amateur. A la suite de revers de fortune, il songea à tirer parti de son talent et se voua à l'enseignement. Un grand nombre des artistes contemporains qui habitent Marseille ont reçu de lui des leçons. Vital Gilly a beaucoup écrit, surtout des chœurs à 3 et 4 voix, et de la musique d'église. Plusieurs de ses compositions, notamment : *l'Invocation à l'Harmonie*, les motets à grand chœur, *Cantantibus organis*, *Domine salvum fac*, *Vivat in œternum*, furent fréquemment jouées, et avec succès, aux concerts Thubaneau, de 1824 à 1839 ; une de ses messes en *la* fut très-appréciée à son époque. Beaucoup de ses motets ont été publiés à Paris chez Janet et Cotelle. Vital Gilly avait une très-grande facilité, qui était devenue proverbiale à Marseille. Bien que sa facture ne fût pas supérieure, il ne manquait pourtant pas d'une certaine habileté ; sa musique, qui est claire et d'un sentiment doux, était estimée de ses contemporains.

AL. R—D.

GIMENEZ HUGALDE (Ciriaque), compositeur de musique religieuse et organiste, est né à Pampelune le 5 février 1828. Après avoir appris de son père les éléments de la musique, il étudia le piano sous la direction de José Guelbenzu, organiste de la paroisse Saint-Saturnin, travailla ensuite l'orgue et la composition, puis alla achever son éducation musicale au Conservatoire de Madrid, où il eut pour professeur M. Eslava. Après avoir terminé ses études, M. Gimenez se livra à la composition et devint, en 1865, maître de chapelle de l'église primatiale de Tolède. Cet artiste est considéré par ses compatriotes comme un des plus distingués de l'Espagne dans le genre de la musique religieuse. Ses compositions sont nombreuses et consistent en un *Miserere* de grandes proportions, en plusieurs messes, dont une en mi bémol qu'on dit fort remarquable, en psaumes, répons, motets, litanies, etc., etc.

GINER (Salvador), compositeur espagnol, est l'auteur d'une *zarzuela* en trois actes, *Con quién caso a mi mujer?* qui a été représentée au théâtre de la Zarzuela, de Madrid, le 10 novembre 1875. J'ignore s'il avait donné précédemment d'autres ouvrages.

* **GINESTET** (François-Régis-Prosper, vicomte DE), compositeur, est mort en 1860. Avant de se livrer à la composition musicale, il avait embrassé, comme on sait, l'état militaire; d'abord capitaine-brigadier des mousquetaires de la maison de Louis XVIII, puis des Cent-Suisses de Charles X, il devint officier supérieur, et donna sa démission pour se livrer sans réserve à la culture de l'art qu'il affectionnait.

GINOUVÉS (Ferdinand), né en novembre 1844 à Cayenne, reçut les premières leçons de musique d'un chef de musique de l'Infanterie de marine. En 1850, sa famille étant venue se fixer à Marseille, il entra au Conservatoire de cette ville, et, après quelques années d'études, y obtint le premier prix de piano. Il s'est depuis livré avec succès à l'enseignement. En 1867, il a été nommé professeur d'une des classes de piano du Conservatoire.

Cet artiste a fait jouer au grand théâtre de Marseille un opéra-comique en un acte, *Wilfride*, dont l'ouverture, dans le style d'Ad. Adam, a été exécutée plusieurs fois aux Concerts populaires de cette ville. Il s'est fait connaître également par un certain nombre de romances pour la voix et de morceaux de genre ou de danse pour le piano : *le Pays des Rêves*; *Rossignol et Fauvette*; *le Grain de l'aumône*; *Eurydice*; *Menuet*; *Romance sans paroles*; *les Canaries*; *Tulla*; *l'Expansive*, etc. — La plupart de ces compositions ont été éditées par Carbonel à Marseille (1).

AL. R—D

*GIORDANI (JOSEPH). Aux ouvrages dramatiques de cet artiste, il faut ajouter l'opéra intitulé *Demetrio*..

GIORDANI (E......), musicien italien contemporain, est l'auteur d'un opéra sérieux, *la Regina di Castiglia*, qui a été représenté à Parme en 1876.

*GIORGETTI (FERDINANDO), est mort subitement, frappé d'apoplexie, le 23 mars 1867, à Florence, où il était né le 25 juin 1796. Il était professeur de perfectionnement pour le violon et l'alto à l'Institut musical de sa ville natale. On lui doit l'ouvrage suivant : *Metodo per esercitarsi a ben suonare l'alto-viola*, Milan, Ricordi.

GIORGI (NICOLO), luthier italien, exerçait sa profession à Turin, dans la première moitié du dix-huitième siècle.

GIORZA (PAOLO), compositeur, fils d'un chanteur dramatique qui était aussi peintre en miniature et qui remplit à Desio les fonctions d'organiste, est né à Milan en 1832. Il reçut de son père ses premières leçons de musique, et travailla ensuite avec un artiste nommé Lacroix. M. Giorza s'est créé au-delà des Alpes une spécialité : celle d'écrire la musique des ballets dont le public italien est si friand. Dans l'espace de vingt-cinq ans, sa plume infatigable a produit plus de quarante partitions de ce genre, qui lui ont valu une véritable popularité, et dont quelques-unes se distinguent, dit-on, par la grâce, le brio, la fougue et l'entrain. Ces qualités n'étaient pas précisément celles qu'on a pu remarquer dans *la Maschera*, que M. Giorza est venu écrire à Paris et qui fut représentée à l'Opéra au mois de février 1864; mais il serait injuste de juger sur un seul ouvrage un compositeur aussi fécond, et nous devons croire que les succès qu'il a obtenus dans sa patrie sont mérités en grande partie. Il est juste d'observer qu'une seule fois M. Giorza a essayé d'aborder le théâtre en dehors du ballet, et que cette intrusion dans un domaine qui n'était pas le sien lui a été funeste; son opéra *Corrado, console di Milano*, dont le sujet était tiré d'un épisode de l'histoire lombarde, a fait une lourde chute à la Scala, de Milan, le 10 mars 1860.

Voici une liste des ballets mis en musique par M. Giorza, et représentés en Italie ou ailleurs ; je ne la donne pas pour absolument complète, quoiqu'elle soit très-fournie : 1° *un Fallo*,

(1) Depuis que cette notice a été écrite, M. Ginouvès a fait représenter sur le théâtre Michel, de Marseille (30 juin 1877), un opéra-comique en un acte, le *Violon de Stradivarius*, qui a été très-bien accueilli.

Milan, Scala, 1853 ; 2° *i Bianchi ed i Negri*, ib., ib., 1853 ; 3° *il Giuocatore*, ib., ib., 14 janvier 1854 ; 4° *Shakespeare, ossia un Sogno di una notte d'estate*, ib., ib., 27 janvier 1855 ; 5° *il Conte di Monte-Cristo*, ib., ib., 7 février 1857 ; 6° *Rodolfo*, ib., ib., 18 février 1858 ; 7° *il Pontonière*, ib., ib., 1859 ; 8° *Cleopatra*, ib., ib., 27 février 1859 ; 9° *Giorgio Reeves*, 1860 ; 10° *il Vampiro*, 1861 ; 11° *la Contessa d'Egmont*, 2 mars 1861 ; 12° *un' Avventura di Carnevale a Parigi*, Gênes, th. Carlo-Felice, 7 janvier 1863 ; 13° *Farfaletta*, Londres, 1863 ; 14° *la Maschera* ou *les Nuits de Venise*, Paris, Opéra, février 1864 ; 15° *Leonilda*, Milan, Scala, 31 janvier 1865 ; 16° *Fiammella*, (en société avec M. Meiners), id., id., 20 janvier 1866 ; 17° *Emma* (en société avec M. de Bernardi), id., id., 4 mars 1866 ; 18° *la Capanna dello zio Tom*, Florence, th. de la Pergola, ouvrage dont un critique italien disait : « Le meilleur de ce ballet, c'est la musique de [M. Giorza, élégante, neuve et facile dans toutes ses parties, quoique peut-être un peu trop bruyante ; dans les moments où l'action dramatique prend de l'importance, les mélodies de M. Giorza acquièrent une ampleur et un prestige tels qu'on les croirait destinées à un genre de composition plus élevé et plus important ; 19° *Folgore, o l'Anello infernale*; 20° *Nostradamus*; 21° *la Silfide a Pechino* (en société avec MM. Madoglio et Sarti) ; 22° *il Biricchino di Parigi*; 23° *un Ballo nuovo*; 24° *Carlo il Guastatore*; 25° *i Palleschi ed i Piagnoni*; 26° *uno Spirito maligno*; 27° *il Sogno dell'Esule*; 28° *il Genio Anarack*; 29° *Ida Badoer*; 30° *Zagranella*; 31° *Funerali e Danze*; 32° *l'Ultimo Abencerragio*; 33° *la Giocoliera*; 34° *Gazelda*; 35° *Don Cesare di Bazan*; 36° *Cherubina, o la Rosa di Posilippo*; 37° *Salammbo*; 38° *la Vendetta*; 39° *Pedrilla*.

M. Paolo Giorza a publié, en dehors de ses ballets, un assez grand nombre de morceaux de musique de danse (surtout sous forme d'albums), dont voici les titres : *Alle Dame Milanesi*, *Pierrot o la Settimana grassa a Milano*, *Maschere italiane*, *Petit Bouquet*, *Quatro Salti*, *Alle Dame Florentine*, *l'album di Rigoletto*, et on lui doit aussi quelques compositions légères pour le piano, des mélodies vocales et enfin plusieurs morceaux de musique religieuse. Entre autres productions étrangères au théâtre, M. Giorza a écrit, pendant la guerre de 1866 et sur l'invitation de Garibaldi, la musique d'un hymne de guerre dont les paroles étaient dues à M. Plantulli, secrétaire du grand patriote. M. Giorza reçut à ce sujet la lettre suivante de

Garibaldi : — « *Côme, 15 juin 1866.* Mon cher Giorza, si, en mettant en musique l'hymne de notre ami Plantulli, vous avez puisé votre inspiration dans la fièvre d'un peuple qui veut briser les derniers anneaux de sa chaîne et redevenir digne de son passé, vous avez fait certainement une œuvre utile, et je suis sûr du succès. Croyez-moi avec reconnaissance votre — GARIBALDI. » Il ne paraît pas pourtant que l'hymne de M. Giorza ait conquis une grande popularité.

GIOSA (NICOLA DE), compositeur dramatique et chef d'orchestre, est né à Bari le 5 mai 1820. Il commença par étudier la flûte avec son frère aîné, Giuseppe de Giosa, puis avec un artiste nommé Enrico Daniele, et entra en 1834 au Conservatoire de Naples, où il continua l'étude de cet instrument avec Pasquale Bongiorno et devint bientôt *maestrino* (répétiteur) de flûte. Il travailla ensuite l'harmonie accompagnée et le contrepoint avec F. Ruggi, reçut quelques leçons de Zingarelli, et enfin devint l'élève préféré de Donizetti pour la haute composition. Il écrivit, au Conservatoire, divers morceaux pour la flûte, pour le basson et pour le violoncelle, plusieurs ouvertures à grand orchestre, beaucoup de musique religieuse, une prière pour voix de soprano avec chœur et orchestre et un hymne funèbre à 4 voix, aussi avec chœur et orchestre, exécutés dans une séance consacrée à honorer la mémoire du comte de Gallemberg, compositeur distingué, enfin deux opérettes dont les titres sont oubliés. Avant d'avoir terminé ses études et d'avoir atteint l'âge fixé pour sortir du Conservatoire, M. de Giosa quitta cet établissement à la suite de difficultés survenues entre lui et Mercadante, alors directeur de l'école, ce qui fut cause d'obstacles considérables qu'il eut à surmonter pour le commencement de sa carrière de compositeur. Il finit pourtant, non sans peine, par faire représenter au théâtre Nuovo, de Naples, son premier opéra, *la Casa degli Artisti*, ouvrage bouffe qui fut très-bien accueilli du public. En 1845, il donna au même théâtre *Elvina*, opéra semi-sérieux en 3 actes, introduisit l'année suivante, pour les débuts d'un jeune chanteur, son ancien condisciple, deux morceaux nouveaux dans un ouvrage de Raimondi, *il Biglietto del lotto stornato*, et en 1850 fit jouer, toujours au théâtre Nuovo, l'opéra bouffe *Don Checco*, un des plus grands succès obtenus depuis un quart de siècle par la scène lyrique napolitaine. Cet ouvrage est resté jusqu'ici le meilleur titre de M. de Giosa à la reconnaissance de ses compatriotes; il y a fait preuve d'une gaîté, d'une verve, d'un *brio* que l'on rencontre rarement à un pareil degré, et son inspiration est restée d'une fraîcheur toute juvénile. On cite surtout, entre les morceaux les mieux réussis de la partition de *Don Checco*, l'air de don Checco, qui est considéré comme une des meilleures pages de l'opéra bouffe contemporain.

L'année suivante, M. de Giosa aborda pour la première fois le grand théâtre de San-Carlo (1) avec un opéra sérieux, *Folco d'Arles*, qui reçut un assez bon accueil; mais un autre ouvrage, *Guido Colmar*, donné par lui au même théâtre en 1852, fut reçu avec froideur. Il revint alors au théâtre Nuovo avec un opéra bouffe, *un Geloso e la sua Vedova* (1855), mais, reparaissant dans la même année à San-Carlo avec un grand drame lyrique, *Ettore Fieramosca*, il vit celui-ci tomber avec fracas. Il partit alors pour Turin, fit représenter en cette ville, en 1856, deux ouvrages nouveaux, l'un, *Ascanio il Gioielliere*, au théâtre d'Angennes, l'autre, *l'Arrivo del signor Zio*, au théâtre Sutera, puis revint à Naples écrire pour le théâtre du Fondo un opéra-comique en 3 actes, *Isella la Modista*, qui n'eut aucun succès. Plusieurs années s'écoulent alors sans que M. de Giosa aborde de nouveau la scène, bien que pendant ce temps il ne cessât pas d'écrire, car il composa en 1858 *la Cristiana* pour Venise, *Ida de Benevento* pour l'ouverture du théâtre Piccinni, de Bari, et en 1859 *il Gitano*, pour le théâtre San-Carlo, sans compter un ouvrage français, *la Chauve-Souris*, qui devait être joué à Paris, à l'Opéra-comique. J'ignore pourquoi toutes ces partitions sont restées jusqu'à ce jour inédites. Néanmoins, après avoir fait exécuter à Bari (1859) une cantate pour les fêtes du mariage du duc de Calabre avec la princesse Marie-Sophie de Bavière, le compositeur reparut au théâtre San-Carlo avec un opéra sérieux, *il Bosco di Dafne* (1864), dont la chute fut lamentable. M. de Giosa remplit alors, pendant plusieurs années, les fonctions de chef d'orchestre à San-Carlo, à la Fenice, de Venise, à Buenos-Ayres, au théâtre italien du Caire et au Politeama de Naples, et il a fait encore jouer, dans ces derniers temps, plusieurs autres ouvrages : *lo Zingaro*, *il Marito della Vedova*, *il Pipistrello* (Naples, th. Philarmonique, 1875), et *Napoli de carnevale* (Naples, th. Nuovo, décembre 1876), dont le dernier seul semble avoir rencontré quelque faveur.

M. de Giosa est un artiste distingué, mais dont

(1) Il faut remarquer pourtant que le succès de *Don Checco* avait été si éclatant au théâtre Nuovo, qu'on avait joué une fois cet ouvrage à San-Carlo, pour une représentation extraordinaire.

la carrière dramatique est loin d'avoir toujours été heureuse. Un seul de ses opéras, *Don Checco*, a obtenu vraiment un grand succès, non-seulement à Naples, lieu de sa naissance, mais sur tous les théâtres d'Italie ; deux ou trois ont été assez favorablement accueillis, et presque tous les autres sont tombés ou à peu près; seul, *Don Checco* est demeuré debout au milieu de ce naufrage général, et reste constamment au répertoire des scènes de la Péninsule, bien que je ne sache pas qu'il ait jamais été joué sur un théâtre étranger. D'après l'opinion de la critique italienne à l'égard du compositeur, on peut croire que M. de Giosa est beaucoup plus à l'aise dans le genre bouffe que dans le genre sérieux, et que lorsqu'il veut atteindre à l'effet dramatique il se laisse entraîner à une imitation un peu étroite et parfois fâcheuse de la manière de M. Verdi. Mais si le musicien scénique laisse à désirer sous plus d'un rapport, le compositeur de romances, de mélodies vocales, de *canzone* est, paraît-il, beaucoup plus heureux. A cet égard, M. de Giosa est considéré comme un artiste d'une grande valeur, à l'inspiration fraîche, poétique et pénétrante ; tel de ses *albums* contient, dit-on, de véritables petits chefs-d'œuvre, et pour n'en citer qu'un, celui qui a pour titre *Aure Partenopee* (Milan, Ricordi), il est composé de pièces pleines d'élégance et d'originalité. M. de Giosa a publié plus de vingt albums de ce genre, parmi lesquels je citerai les suivants, tous publiés à Naples, chez l'éditeur Cottrau : 1° *la Cetra capricciosa* (5 mélodies); 2° *Omaggio a Bari* (6 mélodies); 3° *Stornelli d'amore* (6 mélodies); 4° *Gioja e dolore* (6 mélodies); 5° *le Canzoni d'Italia* (4 mélodies); 6° *Omaggio alla Principessa Margherita* (id.); 7° *Moncenisio* (3 mélodies); 8° *Ore d'estasi* (5 mélodies); 9° *Omaggio a Donizetti* (3 mélodies); 10° *Montecatini* (4 mélodies); 11° *A Stella mia* (6 mélodies); 12° *Serenata di Mergellina* (id.); 13° *Grotta azzurra* (id.); 14° *Palpito ancor* (id.); 15° *Eco dell'Oceano* (3 mélodies). M. de Giosa a écrit aussi des messes, des cantates et un assez grand nombre de morceaux de musique instrumentale de divers genres. En résumé, M. de Giosa est un artiste laborieux, actif, intelligent, digne d'estime et de sympathie (1).

GIOVANNI DA FIRENZE, autrement

(1) Je trouve, dans le catalogue de M. Ricordi, le grand éditeur de musique de Milan, mention d'un opéra de M. de Giosa, *Silvia*, que je n'ai vu cité nulle autre part. J'ignore où et quand cet ouvrage a été représenté. M. de Giosa en a encore écrit un autre, *Satana*, jusqu'ici resté inédit.

dit *Da'cascia* et **GIOVANNI** (*Messere*) **DA FIRENZE**, organiste. — Dans un manuscrit de la bibliothèque *Laurensiana* de Florence, qui est connu des bibliographes sous le titre de *il libro delle Musiche dello Squarcialupi*, parce qu'il appartint à ce musicien célèbre, on trouve une chanson et le portrait du premier des musiciens dont il s'agit, et à la fin du même manuscrit, on voit le portrait et le titre d'une chanson ou madrigal du deuxième ; la musique de cette dernière chanson n'a pas été notée sur le parchemin, bien que celui-ci ait été réglé pour la recevoir. On ne sait rien de la vie et des œuvres de ces deux musiciens, mais, comme l'on sait que Squarcialupi florissait au quinzième siècle, on en peut inférer qu'ils étaient ses contemporains ou tout au moins qu'ils l'avaient devancé de peu.

Feu M. le chevalier L. Puliti, en compulsant un ancien registre des actes de décès de la ville de Florence, y découvrit que *Giovanni di Niccolo degli organi* fut enterré dans l'église de *Santa Maria Maggiore* de cette ville, le 14 mars 1426. La note de cet enterrement est accompagnée sur le registre d'un petit dessin représentant la façade d'un orgue; ce qui, de même que la qualification *degli organi* accolée au nom de ce musicien, prouve l'estime dont il jouissait en qualité d'organiste. Cette note d'enterrement ne pourrait-elle se rapporter à l'un ou à l'autre de ces deux artistes ? Et, dans le cas de l'affirmative, auquel des deux ? Il semble qu'elle pourrait avoir trait plutôt au second qu'au premier, soit en raison de la qualité d'organiste qui lui est attribuée dans le manuscrit de Squarcialupi, soit par une sorte d'analogie qui existe entre le petit orgue dessiné dans le registre précité et le portrait dont il est fait mention ci-dessus, dans lequel l'artiste est représenté portant un petit orgue sur ses genoux.

L.-F. C.

GIOVANNINI (ALBERTO), musicien italien, né vers 1842, fit ses études de composition au Conservatoire de Milan, où il fut admis au mois de janvier 1860, et d'où il sortit au mois d'août 1863, après avoir fait exécuter, au *saggio* annuel de l'école, une cantate intitulée *gli Oppressi*, qui fut accueillie avec faveur par le public intime de ces sortes de séances. En mars 1867, il écrivit la musique d'une cantate patriotique, *la Liberazione di Venezia*, qui fut exécutée au théâtre Social d'Udine, et en 1870 il fit représenter à Modène un opéra intitulé *Irène*. Deux ans après, en 1872, cet artiste remplissait au théâtre de Plaisance les fonctions de *maestro concertatore*. M. Giovannini a publié chez l'éditeur Lucca, à Milan, un recueil de six mélodies vocales.

GIOVANNINI (C.....), professeur de musique italien, est l'auteur d'un petit manuel intitulé : *Elementi di musica ad uso della scuola elementare privata*, Milan, Lucca.

GIRALDONI (LEONE), professeur italien, est l'auteur de l'écrit théorique suivant, publié dans ces dernières années : *Guida teorico-pratica ad uso dell' artista cantante*, Bologne, Marsiglia et Rocca.

GIRARD (JEAN), chantre et chapelain de la cathédrale d'Évreux, était aussi un compositeur distingué, car il remporta en 1580, au concours du puy de musique d'Évreux, le prix de la lyre d'argent pour une chanson française : *De mon feu, de mes pleurs*.

*****GIRAUD** (FRANÇOIS-JOSEPH). Il faut joindre aux productions de cet artiste la musique de *l'Amour fixé*, ballet de Vestris, donné à la Comédie-Française en 1754.

GIRAUD (FRÉDÉRIC), théoricien français, a publié il y a quelques années un vaste ouvrage ainsi intitulé : *Le Polycorde, ou Nouveau Traité théorique et pratique de musique vocale et instrumentale* (Grenoble, l'auteur, 2 vol.). Cet ouvrage, sorte de manuel encyclopédique musical, est divisé en deux parties distinctes : *Partie vocale*, contenant : 1° l'exposé méthodique de la théorie musicale ; de grands développements sur la tonalité et la transposition ; 2° un abrégé des principes du chant grégorien ou plainchant ; 3° 230 exercices très-variés de solfège, de morceaux avec paroles, à une, deux, trois et quatre parties ; les sonneries militaires d'ordonnance pour l'infanterie (!) ; 4° L'exposé de la notation musicale en chiffres ; 5° Une méthode élémentaire d'harmonie ; 6° L'acoustique musicale appliquée ; — *Partie instrumentale*, contenant : 7° La description, le dessin et la tablature de tous les instruments en usage dans nos musiques militaires, fanfares et orchestres modernes ; 8° Études sur quelques orgues monumentales de notre époque. Professeur de musique à Grenoble, M. Frédéric Giraud est organiste de l'église Saint-Joseph de cette ville.

*****GIROD** (Le Père LOUIS), de la compagnie de Jésus, est l'auteur d'un manuel publié sous le titre suivant : *Connaissance pratique de la facture des grandes orgues, ouvrage indispensable à ceux qui sont chargés de l'acquisition d'un orgue ou de son entretien*, Namur, Wesmael-Charlier, 1875, in-8°. Le même écrivain avait publié précédemment, au sujet d'une composition de M. Balthasar-Florence (*Voyez* ce nom), une analyse critique qui avait paru dans *l'Ami de l'Ordre*, journal de Namur, et dont il a fait une brochure intitulée : *Messe solennelle de Balthasar-Florence*, Namur, imp. Doux fils, 1872, in-8°.

GIROMPINI (P.....), pianiste et compositeur italien contemporain, a publié plus de cinquante petits morceaux de genre pour le piano, morceaux qui sont pour la plupart des arrangements et des fantaisies sur des thèmes d'opéras en vogue.

GIUGLINI (ANTONIO), chanteur dramatique naquit à Fano, dans les anciens États de l'Église, en 1826 ou 1827. Après avoir fait son éducation musicale sous la direction de Collini, maître de chapelle à Fermo, il fit ses débuts en chantant sur le théâtre de cette ville, deux petits intermèdes dans lesquels il sut faire apprécier les qualités d'une jolie voix de ténor conduite avec goût. Giuglini fut bientôt appelé à se produire sur des scènes plus vastes, et se fit entendre successivement sur les plus grands théâtres d'Italie, la Fenice de Venise, San-Carlo de Naples, et la Scala de Milan, où il obtint de brillants succès. Il fut engagé ensuite, pendant quatre saisons consécutives, au Théâtre de la Reine, à Londres, passa une année à Madrid, puis vint faire une assez courte apparition au Théâtre-Italien de Paris, d'où il retourna dans sa patrie ; il reparut alors à la Scala, et enfin signa un engagement pour le théâtre impérial de Saint-Pétersbourg et partit pour la Russie. C'est là que le pauvre artiste fut atteint, au commencement de l'année 1865, d'un accès de folie subite et furieuse qui devait le conduire rapidement à la mort. Cependant, comme on ne perdit pas, dès le premier moment, tout espoir de le sauver, on le transporta en dépit de tous les obstacles à Londres, où l'appelait un traité avec la direction du théâtre italien. Au bout de quelques semaines, l'infortuné, loin de guérir, était tombé dans un état d'hébétement absolu. On songea alors à l'envoyer à Fano, sa ville natale, où résidait sa famille ; quelques-uns de ses camarades, M. Mario en tête, organisèrent en sa faveur un concert qui produisit environ 5,000 francs, deux amis se dévouèrent pour l'accompagner jusqu'en Italie, et ne le quittèrent que lorsqu'il fut au milieu des siens. Mais les soins les plus dévoués ne purent vaincre la maladie ; bientôt il fallut enfermer le pauvre fou dans une maison d'aliénés, et c'est là qu'il mourut, le 12 octobre 1865.

Giuglini s'était essayé dans la composition, et avait fait exécuter au mois de mars 1861, sur la scène du théâtre royal de Turin, une grande cantate patriotique, *il Grido d'Italia*, dont le poète Peruzzini lui avait fourni les paroles. Cette cantate, bien écrite, dit-on, et qui contenait de beaux chœurs, fut redemandée le soir de l'exécution. Elle a été publiée par les éditeurs Giudici et Strada, en même temps qu'un *stornello* du même auteur.

GIULIANI (GIOVANNI-DOMENICO), compositeur, naquit à Lucques vers 1670, et fut maître de chapelle de l'église collégiale de *San Michele in foro*. Il existe encore à Lucques de nombreuses compositions de ce maître, qu'on exécute parfois, et qui consistent en une dizaine de messes à 3 et 4 voix, en psaumes à 4 voix *a cappella*, motets, etc. De 1700 à 1708, Giuliani a écrit quatre services religieux à grand orchestre pour la célébration de la fête de Sainte Cécile. Cet artiste est mort en 1730.

* **GIULIANI** (ANTOINE-MARIA), auteur de l'opéra *Guerra in pace*, était né à Ravenne vers 1737. Chanteur, pianiste et compositeur distingué, il se fixa de bonne heure à Modène, où il devint premier soprano de la chapelle ducale, claveciniste accompagnateur de l'Académie des Philharmoniques, et enfin chef d'orchestre. Il mourut en cette ville le 21 février 1831, âgé de quatre-vingt-quatorze ans. Giuliani fut lié d'une étroite amitié avec le fameux compositeur Bonifazio Asioli.

GIULIANI (N........), est auteur d'un traité ainsi intitulé : *Introduction au code d'harmonie pratique et théorique, ou Nouveau système de basse fondamentale*, Paris, Bossange, 1847, in-8°.

GIULIANI (MICHELE), chanteur et professeur, naquit à Barletta (Piémont), le 16 mai 1801, d'un père qui était guitariste et compositeur distingué. Harmoniste habile et chanteur remarquable, il s'adonna au professorat, et, entre autres élèves, forma l'admirable cantatrice Mme Frezzolini. Il vint en France à la suite des événements de 1848, et se vit bientôt nommer professeur de chant d'abord à l'Opéra, puis au Conservatoire (1er novembre 1850). Giuliani est mort le 8 octobre 1867.

GIUSTI (C.-V.....), compositeur italien, a fait représenter en 1800, sur le théâtre Alfieri, de Florence, un drame lyrique en deux actes et un prologue, intitulé *Corinna*.

GLACHANT (........), violoniste et compositeur, fut attaché à l'orchestre de l'Opéra, où il entra en 1770, pour le quitter en 1787 ; il avait appartenu aussi comme violoniste au Concert spirituel. En 1791, on le retrouve, en qualité de premier violon, à l'orchestre du théâtre Louvois, où l'on jouait alors l'opéra, puis sa trace se perd. Cet artiste a publié un certain nombre de trios pour instruments à cordes, ainsi que plusieurs recueils de petits airs pour la voix, avec ou sans accompagnement.

GLACHANT (........), fils du précédent et sans doute son élève, violoniste et compositeur comme lui, était, en 1790, chef d'orchestre du petit théâtre du Délassement-Comique. Il écrivit pour ce théâtre la musique des deux ouvrages suivants, qui y furent représentés en cette année 1790 : 1° *Pharamond*, drame en 5 actes, « avec chœurs et chants ; » 2° *l'Homme à la minute*, opéra-comique en 2 actes. L'année suivante, Glachant fils était remplacé dans ses fonctions par un artiste nommé Le Roy, qui avait précédemment rempli cet emploi à l'élégant théâtre des Beaujolais.

GLADSTONE (FRANCIS-EDWARD), organiste et compositeur anglais, s'est fait connaître par quelques morceaux de musique religieuse, et par la publication d'un manuel intitulé *The organ student's* (*le Guide de l'élève organiste*), Londres, Augener. Cet ouvrage a eu trois éditions.

* **GLÆSER** (FRANÇOIS), compositeur, est mort à Copenhague le 25 août 1861.

* **GLINKA** (MICHEL-IVANOVITCH DE), né le 20 mai 1804 au village de Novo-Spaskoïé, gouvernement de Smolensk, est mort à Berlin dans la nuit du 2 au 3 février 1857. Pour qui voudrait compléter la biographie donnée par Fétis de ce grand compositeur, il n'existe actuellement que des sources d'informations en langue russe : d'abord les Mémoires de Glinka lui-même, puis une étude biographique de M. Stanoff, et plus récemment une autre étude publiée par M. Solovieff dans le journal *Mousikalny Listok* (1872). Il ne nous paraît que plus urgent aujourd'hui de donner la liste des œuvres de Glinka et d'esquisser une appréciation de son génie. Voici d'abord, par ordre chronologique, la liste de ses œuvres :

1822. Variations sur le thème en *ut* majeur de l'opéra de Weigl, *la Famille suisse* (premier essai de Glinka) ; Variations pour harpe et piano sur un thème de Mozart ; Valse en *fa* majeur pour piano (original). — 1823. Septuor ; Adagio et rondo pour orchestre. — 1824. Quatuor pour instruments à cordes ; Symphonie en *ré* mineur (non terminée) ; Romance : *Ma harpe*. — 1825. Romance : *Ne me tente pas* ; Variations sur la romance « *Benedetta sia la madre* » (c'est la première œuvre imprimée de Glinka) ; Musique d'un prologue écrit à l'occasion de la mort d'Alexandre Ier et de l'élévation au trône de Nicolas, (composée pour être exécutée chez le général Apoukhtine à Smolensk). — 1826. Romance : *la Lune brille* ; id., *Pauvre chanteur*. — 1827. Romances : *le Baiser, Que j'ai de tristesse* ; Scènes théâtrales pour chant et orchestre (duo avec récitatif en *la* majeur ; Chœur sur la mort d'un héros; Air pour baryton; Prière à trois voix). — 1828. Sérénade sur les paroles, *O mia dulce* (sic); Quatuor en *fa* majeur; Deux quatuors pour voix avec accomp. d'instruments, en *ut* majeur et en *sol* bémol; Romances: *Souvenir du cœur; Un moment; Dis-moi pourquoi; O nuit; Des jeunes filles m'ont dit; Ne chante pas, enchanteresse*. — 1829. Romances: *Oublierai-je; Nuit d'automne; Voix de l'autre monde*. — 1830. Quatuor pour instruments à cordes, en *fa* majeur; Six études pour contralto. (Voyage à l'étranger, maladie, retour en 1834. Il se met à travailler à son opéra « *Ivan Soussanine* », c'est-à-dire *la Vie pour le tzar*. 1836. L'ouverture et le premier acte de *la Vie pour le tzar* sont terminés et exécutés chez le Prince Ioussoupof, puis chez le comte Vielhorsky. La première représentation de l'opéra entier au théâtre de l'Opéra russe est fixée au 27 novembre 1836).

1831. Variations sur un motif d'*Anna Bolena*; Variations sur deux thèmes du ballet *Chav Kong*; Rondo sur un thème des *Montecchi e Capuletti*. — 1832. Sérénade sur un motif de *la Sonnambula* (pour piano, deux violons, alto, violoncelle et contrebasse); Romance sur les paroles: *Ah! se tu fossi mia*; Impromptu en galop, sur un motif de *l'Elisir d'amore*; Sextuor. — 1833. Trio pour piano, clarinette et hautbois. — 1834. Romances: *La forêt de chêne gronde; Ne me dis pas que mon amour finira*; Variations sur le thème du *Rossignol*; Pot-pourri sur quelques airs russes, à quatre mains; Étude d'ouverture-symphonie sur un thème russe; Romances: *Ne l'appelle pas ange; Inésille; Dès que je t'ai connue*. — 1834-36. *la Vie pour le tzar*, opéra. — 1836 (27 novembre), première représentation de *la Vie pour le tzar*. — 1836-37. Scène ajoutée à l'opéra *la Vie pour le tzar*; Fantaisie (la revue nocturne) pour voix; Polonaise avec chœur, pour le bal donné par la noblesse de Smolensk à l'occasion du passage du Csarévitch; Hymne chérubique; Deux romances: *Où es! notre rose?* et *Zéphyr nocturne*. — 1838. Romances: *le Doute*, et *Dans mon sang brûle le feu du désir*. — 1839-40. Valse et polonaise en *mi* majeur pour orchestre; Romance: *Si je te rencontre*; Nocturne: *la Séparation* (sur paroles françaises); Romance: *Je me souviens de cette heure divine; la Kamarinskaïa*, pour piano à 3 mains, (non terminé), et toute une série de romances publiée sous ce titre: *Adieux à Pétersbourg*. — 1840. Pour le drame de Koukolnik, le *Prince Kholmsky*, Glinka écrit l'air: *Le vent souffle à la porte*; Romance: *le Songe de Rachel*; Tarentelle pour orchestre, avec chant et danses.

— 1841. Chœur de sortie, en *mi* majeur, pour demoiselles de l'Institut-Catherine. — 1842. Première représentation de *Rousslane et Lioumila*, le 27 novembre, six ans, jour pour jour après le premier opéra de Glinka. — 1843. Romances: *Je t'aime, charmante rose*, et *A elle*; Tarentelle en *la* mineur, pour piano. — De 1843 à 1847. Voyages en France et en Espagne, Glinka ne compose pas. — 1847. Collection d'airs populaires espagnols: Jota aragonaise; *Souvenir d'une mazurka* et *Barcarolle* (publiés sous le titre: *Salut à mon pays*); Variations sur un thème écossais; Romances: *Ma charmante! Quand j'entends ta voix; le Toast; la Chanson de Marguerite; La Kamarinskaï* pour orchestre; *Recuordes de Castilla*, pour orchestre. — 1849-51. *O charmante, fille; Adèle et Mary*, chœur de sortie en *si* majeur pour les élèves du couvent de Smolna; Seconde ouverture espagnole; *le Golfe de Finlande*, avant-dernière romance de Glinka. — 1852. À Paris, Glinka écrit la première partie (allegro en *ut* mineur) d'une symphonie de l'Ukraine, *Taras Boulba*; il en commence la seconde partie, puis abandonne ce travail. — 1854-55. Orchestration de *l'Invitation à la valse*, du *Nocturne* de Hummel en *fa* majeur, de sa *Revue nocturne* et du chant: *Ne l'appelle pas ange*; arrangement de sa *Prière* pour voix seule avec chœur et orchestre; Polonaise solennelle pour le couronnement de l'empereur Alexandre II. — 1856. Essai d'accompagnement des mélodies religieuses russes selon leur caractère: Glinka arrange à trois voix une *prière* pendant la messe, et le chant *Que ta volonté s'accomplisse*; ces deux morceaux sont exécutés au couvent de St-Serge. *Ne dis pas que ton cœur souffre*, dernière romance de Glinka.

Il n'y a pas à insister sur les œuvres de jeunesse qui précédèrent le premier retour de Glinka en Russie vers la fin de 1834; lui même y attachait peu d'importance; mais c'est à la fréquentation d'artistes tels que Nozzari, Mme Mainvielle-Fodor et à l'admiration où vécut durant quatre années de tous les grands virtuoses du même temps, qu'il dut d'acquérir l'art de bien écrire pour les voix, art trop négligé dans la nouvelle école russe. Ce long séjour en Italie et l'influence avouée par Glinka des opéras français de Méhul et de Cherubini doivent être rappelés pour expliquer la prédominance encore très-sensible des formes de l'opéra franco-italien dans le premier opéra de Glinka, *la Vie pour le tzar*.

Ces formes n'empêchent pourtant pas que l'œuvre ne soit bien nationale d'inspiration. El ne l'est pas seulement par le sujet, qui se rapporte au moment critique où la Russie reprit enfin l'avantage dans son duel séculaire avec la Pologne; c'est le style même qui s'inspire souvent des mélodies populaires russes, et Glinka sait faire passer et pénétrer à travers tous les développements de la composition musicale ce sentiment, cette essence originale et vraiment nouvelle dans le monde de l'art. Pour mieux en faire saillir le caractère, Glinka eut l'idée géniale d'opposer l'élément polonais à l'élément russe dans la musique même: le contraste est marqué de main de maître. Le caractère polonais, hardi, provoquant, cavalier, s'exprime en rhythmes pointés, en motifs brillants; le caractère russe durant les premiers actes semble d'abord condamné aux rhythmes syncopés, inquiets, à la modalité mineure, exprimant la mélancolie, les sentiments contenus ou tourmentés; mais il a, lui aussi, son explosion de joie cordiale dans le grandiose finale « Slavsia » de l'épilogue. On peut trouver une analyse du drame et de la partition de *la Vie pour le tzar* dans notre livre: *les Nationalités musicales* (libr. académ. de Didier, 1872). La première représentation eut lieu le 27 novembre 1836. Fétis a nommé les artistes qui créèrent l'ouvrage et le chef d'orchestre qui en conduisit les études: pour ce dernier, il est curieux d'ajouter que Kavos avait composé un opéra russe sur le même sujet, *Soussanine*, lequel avait eu dans son temps un grand succès, mais que celui de Glinka mit définitivement à néant.

La première représentation de *Rousslan et Lioudmila* fut donnée le 27 novembre 1842, six ans jour pour jour après *la Vie pour le tzar*. Le succès en fut un peu plus laborieux au début; c'est la faute du livret. Le sujet vient pourtant d'un très-beau conte fantastique de Pouchkine, mais Pouchkine n'était plus là pour transformer son œuvre lui-même; Glinka, dans ses Mémoires, avoue qu'il écrivit sa partition par fragments, et qu'on ne s'avisa d'un plan, d'un lien logique que dans les derniers temps. Mais les beautés de la musique sont si éclatantes qu'elles ont fini par triompher des défectuosités du poème; aujourd'hui *Rousslan* est joué aussi fréquemment que *la Vie pour le tzar*, et le vaste hémicycle du théâtre Marie est toujours plein dès qu'on reprend l'un des chefs-d'œuvre de Glinka. L'opéra de *Rousslan* a été analysé dans une courte série d'articles publiés en janvier 1874 par le journal *le Nord*.

Si *la Vie pour le tzar* est plus populaire en Russie et a plus de chance, de par son drame, d'être représentée à l'étranger, *Rousslan*, en tant que partition, est un événement plus considérable dans l'histoire de la musique. Glinka en écrivant cet ouvrage était très-préoccupé de faire du nouveau, d'échapper aux traditions de l'art européen. Il avait recherché les mélodies orientales, et couvait son inspiration dans des modèles curieux, tantôt imaginant des gammes différentes des modes diatoniques, tantôt soudant intimement les deux modalités (comme dans la Lezglinka), tantôt employant la gamme des six tons entiers, comme il a fait au premier acte au moment où Lioudmila est enlevée dans le char du magicien, gamme vraiment diabolique, d'une solennité massive et stupéfiante. Il faut ajouter que la mise en œuvre est aussi magistrale qu'inspirée, que cette gamme en tons entiers par exemple n'est qu'un incident fugitif dans un finale admirablement conçu et traité. Il y a des morceaux à cinq temps, d'un caractère vivace; il y a de curieux procédés de rhythme comme dans le chœur des filles persanes, des partis-pris harmoniques qui veulent rappeler le moyen-âge; mais c'est par la seule vertu de l'inspiration que le compositeur arrive à nous donner la sensation des temps légendaires dans la ballade du sorcier finnois ou dans la scène du chevalier Farloff avec la fée, scène accompagnée d'une symphoniette exquise. L'air de Rousslan dans la steppe, ceux de Lioudmila au 4e acte et de Gerislava au 3e, ceux de Latmir établiraient l'originalité de Glinka comme mélodiste s'il n'y avait bon nombre de romances détachées, de ballades et de duos pour l'affirmer. On se rendra compte aussi de la souplesse d'imagination du symphoniste en comparant à la marche de Tchernomor et aux danses circassiennes de *Rousslan*, le ballet polonais de *la Vie pour le tzar*, la Kamarinskaïa inspirée de deux airs populaires grand-russiens, et les symphonies tout espagnoles: la *Jota aragonese*, les *Recuerdos de Castilla*, les *Souvenirs d'une nuit d'été à Madrid*.... Il faut en effet bien marquer que c'est la Russie méridionale des temps fabuleux que l'opéra de *Rousslan* fait revivre. Tandis que dans son premier opéra Glinka regarde encore vers l'Occident où il a fait ses humanités musicales, et donne un couronnement final à la période de semi-nationalisme essayé par ces prédécesseurs, Kavoss, Titoff, Werstowsky, dans *Rousslan* il oriente l'inspiration vers le Caucase où il avait passé une de ses années de jeunesse, vers la Russie asiatique inconnue de nous, méconnue de bien des Russes, et il découvre par là tout un monde musical inattendu. C'est cette partition surtout que les musiciens russes prennent pour leur point de départ. Des controverses fécondes se sont établies à l'entour; Alexandre Séroff, en prenant à part « les Rousalanistes » a provoqué de remarquables répliques, celles entr'autres de M. Hermann Laroche. Soit par l'imitation, soit par de libres divergences, l'école nationale a pris carrière : Dargomijsky a continué Glinka non sans un grand talent, Séroff non sans quelque génie; nous connaissons Rubinstein, mais nous ne connaissons pas assez MM. Tchaïkowsky, Balakireff, Rimsky-Korsakoff... Toute cette école militante salue en Glinka son initiateur vénéré, et personne en Europe ne doit ignorer qu'il est le père d'une nouvelle nationalité musicale (1). G. B.

* GLOEGGL (François), professeur, théoricien et écrivain musical, est mort à Vienne le 23 janvier 1872.

GLOVER (Howard), musicien anglais fort distingué, à la fois compositeur, chef d'orchestre, chanteur dramatique, virtuose sur le violon, pianiste accompagnateur et critique musical, naquit à Kilburn le 6 juin 1819. Deuxième fils d'une actrice célèbre, mistress Glover, il eut d'abord pour professeur l'excellent violoniste M. Wagstaff, chef d'orchestre de l'Opéra anglais établi alors au théâtre du Lyceum, et à l'âge de quinze ans entra en qualité de premier violon dans l'orchestre de son maître, le meilleur de Londres à cette époque. Peu après, il fut envoyé par sa mère sur le continent, et voyagea pendant plusieurs années en Italie, en Allemagne et en France, apprenant les langues des pays qu'il visitait, étudiant le violon, le piano, le chant et la composition avec les meilleurs maîtres, et se familiarisant avec les chefs-d'œuvre des diverses écoles. Avant d'entreprendre ce voyage, il avait, à seize ans, fait ses débuts de compositeur en faisant exécuter à la Société des *British Musicians* une scène dramatique avec accompagnement d'orchestre, intitulée *Oh! fatal hour* (*Oh! heure fatale*). A son retour en Angleterre, il se produisit comme virtuose violoniste, et fut très-accueilli, dès sa première séance, en exécutant une sonate de Beethoven et une autre sonate de sa propre composition. Il devint aussi, à partir de ce moment, l'un des pianistes accompagnateurs les plus recherchés de Londres, et se fit une réputation pour les jolies mélodies vocales qu'il écrivait sur les paroles de Shelley.

Bientôt, Glover entreprit une tournée artistique en compagnie du chanteur Braham, et peu après se produisit comme chef d'orchestre, compositeur et accompagnateur dans les concerts donnés en Écosse, à Édimbourg, à Perth, à Glascow, etc., par la grande cantatrice M™ Jenny Lind. De retour à Londres, il y fonda, avec M™ Glover, l'Académie musicale et dramatique, première école de ce genre que l'on connut en Angleterre, donna, avec l'unique concours des élèves de cette institution, toute une série de concerts qui furent très-remarqués, entre autres celui où il fit exécuter l'*Iphigénie en Tauride* de Gluck, et conduisit ces mêmes élèves à Manchester, où, avec la coopération de Miss Rainforth, de MM. Sims Reeves et Whitworth, donna, avec le plus brillant succès, un grand nombre de représentations d'œuvres lyriques importantes. Il s'associa alors avec son frère Edmond Glover, mort depuis, et tous deux firent le premier essai de l'établissement régulier d'un Opéra dans les provinces anglaises, essai qui reposait exclusivement sur les élèves de l'Académie musicale et dramatique. C'est à cette occasion qu'Howard Glover monta pour la première fois sur la scène : un jour que le ténor de sa jeune troupe, pris d'une indisposition subite, se trouvait dans l'impossibilité de paraître sur le théâtre, Glover quitta son bâton de chef d'orchestre, et remplit à l'improviste le rôle d'Edgar dans *la Fiancée de Lamermoor*. Dans le même temps, il confiait à l'exécution de ses élèves un opéra-comique de sa composition, *the Coquette*, qui produisit le meilleur effet. Un peu après, Glover, cette fois en compagnie de Miss Annie Romer (devenue Mistress W. Brough, et morte depuis), conduisit ses élèves à Liverpool, et donna pendant plusieurs mois en cette ville des représentations d'opéras. Là, il fit trêve parfois

---

(1) Le 26 novembre 1876 (calendrier russe), on célébra avec éclat au théâtre Marie, de Saint-Pétersbourg, avec la 448ᵉ représentation de *la Vie pour le tzar*, le quarantième anniversaire de ce chef-d'œuvre de Glinka, qui avait été joué pour la première fois le 27 novembre 1836. Le grand chanteur Pétrow, créateur du rôle de Soussanine, l'avait repris pour cette solennité, considérée comme une fête nationale, et il n'est pas besoin de dire que le succès de l'œuvre et celui de l'artiste furent immenses. Au lever du rideau, la scène du théâtre Marie présentait un spectacle imposant. Placé sur un haut piédestal, le buste de l'illustre compositeur était entouré de tous les artistes, revêtus des costumes des rôles remplis par eux dans *la Vie pour le tzar* et dans *Roussian*. Une seule personne était en costume de ville : c'était Mᵐᵉ Pétrow, l'épouse du célèbre chanteur, qui, étant alors Mlle Vorobiew, avait créé naguère le rôle de l'orphelin Vania. Sur le piédestal on lisait le nom du maître : *Michel Ivanovitch de Glinka*, 1804-1857 ; à droite : *Jour du quarantième anniversaire de l'opéra « la Vie pour le tzar, » 26 novembre 1836-1876*, et à gauche : *Au grand compositeur russe, les Russes reconnaissants*. C'est Mme Pétrow qui eut l'honneur de déposer au pied du buste de Glinka la première couronne de laurier ; après quoi M. Pétrow monta lui-même sur l'estrade et ceignit d'une autre couronne le front du compositeur. A cette vue, le public, tant au parterre que dans les loges, se leva d'un mouvement unanime et acclama avec enthousiasme l'image du maître regretté. Ce fut un moment d'émotion indescriptible. — A. P.

à ses fonctions de directeur musical pour monter sur la scène, et se montra comme premier ténor dans plusieurs ouvrages, notamment dans *la Fiancée de Lamermoor* et dans son opéra, *the Coquette*.

Glover, dont l'activité intellectuelle et physique était remarquable, reçut, à son retour à Londres, l'offre de devenir rédacteur du journal *the Morning-Post* pour la partie musicale; il avait déjà fourni un certain nombre d'articles de divers genres à ce journal, et il inaugura de la façon la plus brillante cette nouvelle carrière, qu'il devait parcourir pendant plus de quinze ans avec un réel succès. Mais il ne renonça pas pour cela à d'autres occupations, et c'est au contraire de cette époque de sa vie que datent ses plus importants travaux comme compositeur. Il produisit d'abord un assez grand nombre de romances, puis se fit une véritable renommée avec les ouvrages suivants : *Héro et Léandre*, scène dramatique; ouverture de *Manfred*, exécutée en 1850 aux concerts nationaux du théâtre de Sa Majesté; *Aminta*, opéra-comique représenté à Hay-Market; *Tam O'Shunter*, cantate écrite sur le texte de Robert Burns, que l'on dit admirable, dont Meyerbeer, assure-t-on, pensait le plus grand bien, et qui fut exécutée à l'un des grands festivals de Birmingham ; cantate de festival en l'honneur du mariage de la princesse royale; *Comala*, cantate dramatique; *Ruy-Blas*, grand opéra représenté au théâtre de Covent-Garden en 1861 ; enfin une opérette charmante, *Once too often*, donnée à Drury-Lane dans le cours de la même année et dont il avait, ainsi que pour l'ouvrage précédent, écrit les paroles et la musique. « Que le compositeur de ces divers ouvrages (disait alors un biographe, son compatriote) ait droit à une haute position, personne ne le niera de ceux qui sont capables de juger. La carrière de M. Glover a été aussi variée que véritablement distinguée. Mais nous devons, avant tout, attacher une grande importance aux rares services que, par ses connaissances étendues et son enthousiasme artistique, il a rendus en ce pays à la cause de la bonne musique. La situation qu'il occupait comme critique dans un journal aussi important et aussi influent que le *Morning-Post* le mit à même de le faire. Il n'arrive pas toujours, cependant, que tout le monde agisse de même dans les mêmes circonstances. Mais M. Glover, artiste lui-même, a toujours montré par dessus tout son amour et sa vénération pour l'art.... (1) ».

Glover quitta pourtant, j'ignore pour quelles raisons, la brillante situation qu'il s'était faite dans sa patrie. En 1868, il s'embarqua pour l'Amérique, et alla se fixer à New-York. Là, la malechance s'attacha à lui et ne cessa de le poursuivre, en dépit du talent et de l'activité qu'il déployait. Il écrivit plusieurs compositions importantes, publia (chez les éditeurs Peters, Diston, Pond et Hall) de nombreuses romances et ballades dont la valeur était incontestable, mais fut découragé par le fâcheux résultat et l'inutilité de ses efforts. Au bout de quelques années, et malgré une existence antérieure honorable et presque brillante, Glover tomba dans la misère. Le chagrin qu'il ressentit d'une situation si imméritée et si douloureuse non-seulement pour lui, mais pour sa jeune et nombreuse famille, altéra rapidement sa santé; il tomba gravement malade, et, après de longues et terribles souffrances, il mourut à New-York, le 28 octobre 1875, dans sa cinquante-septième année. — L'une des filles de cet artiste, miss *Nellie Glover*, élève de son père, possède, dit-on, un remarque talent musical.

GLOVER (Miss Sarah), musicienne anglaise, a attaché son nom à l'invention d'un système particulier de notation employé par l'Association chorale dite *Tonic-sol-fa*, laquelle remporta un prix d'honneur exceptionnel au grand concours orphéonique de l'Exposition universelle de Paris, en 1867. Miss Glover est morte à Malvern le 20 octobre de la même année.

*GLUCK (Christophe-Willibald). Comme complément nécessaire à la notice sur Gluck insérée dans la *Biographie universelle des Musiciens*, nous allons nous occuper spécialement ici des écrits auxquels a donné lieu sa rivalité avec Piccinni.

Il est assez difficile d'établir un peu d'ordre dans la bibliographie de la guerre des Gluckistes et des Piccinnistes; car jusqu'à présent les auteurs qui se sont occupés de ces débats ont reculé devant les recherches à faire et se sont bornés à fournir quelques indications sans précision et dans tous les cas fort incomplètes. C'est pour remédier à cette lacune que nous allons essayer de grouper ici, dans un ordre aussi logique qu'il nous sera possible de le faire, les nombreux écrits polémiques publiés dans le feu de la lutte et sans la connaissance desquels on ne saurait écrire l'histoire de cette grande querelle musicale.

Il nous faut tout d'abord parler d'un ouvrage qui, par la date de son apparition, ne devrait être mentionné qu'à la fin de notre travail, puisqu'il s'agit d'un recueil du plus grand nombre de ces écrits, lequel ne fut publié qu'à l'issue des

---

(1) *The Musical World*, 16 août 1868.

hostilités; mais comme ces fameuses brochures et les journaux de l'époque renfermant des lettres et articles sur la question sont pour ainsi dire impossibles à trouver, il est au mieux, pour éviter aux lecteurs des recherches longues, pénibles et souvent infructueuses, de lui indiquer au passage les pièces qu'il trouvera à coup sûr dans ce précieux volume. On en doit la publication à l'abbé Leblond et en voici le titre : *Mémoires pour servir à l'histoire de la révolution opérée dans la musique par M. le chevalier Gluck*. A Naples et à Paris, Bailly, 1781, in-8°. Nous ferons précéder d'un astérisque les brochures et les articles importants de journaux réimprimés dans ce recueil, sur lequel, du reste, nous reviendrons plus loin, c'est-à-dire à la date de son apparition. — 1. De Chabanon. *Sur la musique à l'occasion de Castor*. Mercure de France, avril 1772, p. 159 à 179. Nous croyons qu'il y a eu des tirages à part. Cet écrit ne vise Gluck en aucune façon, mais l'auteur de la lettre ci-après s'en est autorisé pour recommander au *Mercure* la lettre du bailli Du Roullet, puis on y répondit par une brochure (voy. n° 6) faisant bien partie de la polémique gluckiste. C'est pourquoi l'article de Chabanon appartient, suivant nous, à cette polémique, dont il est pour ainsi dire l'avant-coureur. — 2. L. D. L. *Sur la Musique*. Mercure de France, octobre 1772, p. 167 à 168. Lettre signée L. D. L., associé à l'Académie de Villefranche. — 3. Du Roullet. * *Lettre à M. D..., un des directeurs de l'Opéra de Paris*. Merc. Fr. octobre 1772, p. 169 à 174. Leblond n'a pas reproduit un alinéa du post-scriptum, alinéa curieux et à considérer. — 4. De Chabanon. *Lettre de M. de Chabanon, sur les propriétés musicales de la langue française*. Merc. Fr. janvier 1773, p. 171 à 191. Il y a eu un tirage à part et à petit nombre. — 5. Gluck. * *Lettre de M. le chevalier Gluck, sur la Musique*. Merc. Fr. février 1773, p. 182 à 184. — 6. *Réponse à la critique de l'opéra de Castor*; Paris, 1773, in-12 de 70 p. — 7. Arnaud. * *Lettre de M. l'A. A** à Madame D*** (d'Augny)*. Gazette de littérature, 1774. On trouve aussi cette lettre dans le tome 2°, p. 363, des œuvres complètes de l'abbé Arnaud (1808, in-8°, 3 vol.) — 8. De la Touraille. *Lettre à Madame la Marquise de ***, dans ses terres près de Mantes, sur l'opéra d'Iphigénie*. Genève, 1774, in-8° de 31 pp., datée du 17 avril. Nous attribuons cette brochure à de la Touraille, d'après un recueil de pièces gluckistes fait à l'époque et qui se trouve dans notre collection. Toutes les attributions d'auteur données manuscrites dans ce recueil et que nous avons pu contrôler étant exactes, nous sommes porté à compter celle-ci comme vraie. — 9. De Vismes de Saint-Alphonse. *Lettre à Madame de ***, sur l'opéra d'Iphigénie en Aulide*. Lausanne, 1774, in-8°, 23 p., datée du 26 avril. Même observation que ci-dessus à l'égard de l'attribution d'auteur. — 10. *Un clou chasse l'autre, lettre sur l'Opéra d'Iphigénie*, Berlin, 1774, in-8°, 16 p. — 11. De Vismes de St-Alphonse. *Lettre à M. le chevalier de M***, sur l'opéra d'Orphée*. Lausanne et Paris, 1774, in-8°, 30 p., datée du 2 août. — 12. J.-J. Rousseau. * *Extrait d'une réponse du petit faiseur à son prête-nom, sur un morceau de l'Orphée de M. le chevalier Gluck*. Leblond, en reproduisant cette pièce en 1781, dit qu'elle n'avait jamais été imprimée, mais il est à peu près certain qu'elle circulait manuscrite et qu'elle fut connue des combattants. On la trouve dans presque toutes les éditions des œuvres de l'auteur. — 13. M***. *Dialogue entre Lulli, Rameau et Orphée, dans les Champs-Élysées*, Amsterdam et Paris, 1774, gr. in-8°, 30 p., avec une très-belle gravure où l'on voit Lulli et Rameau écoutant Orphée qui tient à la main la partition d'*Iphigénie*. — 14. *Réflexions sur le merveilleux de nos opéras français, et sur le nouveau genre de musique*, Londres et Paris, 1774, in-8°, 45 p. — 15. Le C. de S. A. *Lettre à M. de Chabanon, pour servir de réponse à celle qu'il a écrite sur les propriétés musicales de la langue française*. Merc. Fr., février 1775, p. 192 à 203. — 16. Du Roullet. *Lettre sur les Drames-Opéra*, Amsterdam et Paris, 1776, in-8°, 55 p. — 17. Lasalle d'Offémont. *Réponse à l'auteur de la lettre sur les Drames-Opéra*. Londres, 1776, in-8°, 24 p. On ne parle que fort peu de musique dans ces deux brochures. — 18. Arnaud. * *La Soirée perdue à l'Opéra*. Avignon et Paris, 1776, in-8°, 26 p. Cette brochure a été réimprimée dans le 2° vol. des œuvres complètes de l'abbé Arnaud (1808, p. 380); d'autre part, elle est mentionnée dans le recueil de l'abbé Leblond comme étant de M. L. A. ; c'est pourquoi nous croyons à une erreur de Quérard lorsqu'il attribue ce petit écrit à Pascal Boyer. — 19. Framery. * *Lettre à l'auteur du Mercure*. Merc. Fr. sept. 1776, p. 181 à 184. Gluck répondit à cette lettre dans le Mercure de novembre de la même année, p. 184. — 20. Arnaud. * *Le Souper des Enthousiastes*; Amsterdam et Paris, 1776, in-8° 41 p. — 21. J.-J. Rousseau.* *Lettre à M. Burney sur la musique, avec fragments d'observations sur l'Alceste italien de M. le chevalier Gluck*. Cette lettre fut imprimée pour la première fois dans l'édition des œuvres de Rousseau publiée à Genève en 1782, mais il est supposable que, comme le n° 12, elle circula manuscrite et qu'elle fut au moins connue des fidèles de Gluck. On la trouve dans toutes les éditions des œuvres de l'auteur. — 22. *L'Impromptu du Palais-Royal. Dialogue*. Se trouve dans le n° VII, 1er juillet 1776, du *Journal de Théâtre* de Le Fuel de Méricourt. Cet article a 24 p., et quoique très-intéressant n'a jamais été cité. — 23. De Rossi. *Preuve sans réplique du progrès incontestable que les Français ont fait en musique*. Venise et Paris, 1777, in-8°, 16 p. — 24. De la Touraille. *Lettre à M. le baron de la Vieille Croche, au sujet de Castor et Pollux, donné à Versailles le 10 mai 1777*. Sans lieu ni date, in-8, 8 p. — 25. Marmontel. *Essai sur les révolutions de la musique en France*. Sans lieu ni date. (Paris, 1777), in-8°, 38 p. Cet ouvrage se trouve dans les diverses éditions des œuvres de Marmontel. La réimpression faite dans les *Mémoires* de l'abbé Leblond a été copieusement annotée en manière de réfutation, et est accompagnée d'une douzaine d'articles critiques extraits du *Journal de Paris* de juin et juillet 1777. — 26. Lesuire. *Lettre de M. Camille Trillo, fausset de la cathédrale d'Auch, sur la musique dramatique*. Paris, 1777, in-12, 43 p. — 27. A. Coudar. *Le Brigandage de la Musique Italienne*. Sans nom de lieu, 1777, in-8°, 156 p. Une épître placée en tête de l'ouvrage est signée Jean-Jacques Sonnette. Une seconde édition de 173 p. et dans le format in-12 a été publié sous la rubrique : Amsterdam et Paris, en 1780. — 28. *Problème qui occupe la capitale de la monarchie française : on demande si Glouck* (sic) *est plus grand musicien que Piccini*, 1777, in-8°. — 29. J. B. Nougaret. *L'Énéide, opéra français, pour être représenté quand il sera en état. Suivi d'Armide à son tailleur, héroïde*. Londres et Paris, 1778, in-8°, 68 p. Plaisanterie sans sel. — 30. Marmontel. *De la musique en Italie, par le prince Beloselski*. Merc. Fr., 25 juillet, 1778, p. 272 à 286. — 31. Suard, *Musique. Lettre à M. Panckoucke*. Merc. Fr., août 1778, p. 172 à 192. — 32. Marmontel. *Musique. Lettre de M. Marmontel à M. de la Harpe*. Merc. Fr., 5 sept. 1778, p. 161 à 186. — 33. Suard. *Musique. Réponse à la lettre de M. Marmontel, insérée dans le Mercure du 5 septembre*. Merc. Fr., 5 octobre 1778, p. 156 à 169. Dans sa brochure : *de la Musique en Italie* (à la Haye, 1778, in-8°), le prince Beloselsky ne parlait qu'incidemment de Gluck et de Piccinni, c'est pourquoi nous ne la faisons pas figurer ici au nombre des écrits relatifs à la guerre des gluckistes et des piccinnistes; mais il n'en est pas de même de l'analyse qui en fut faite dans le *Mercure* par Marmontel. Celui-ci n'eut garde de ne pas profiter de la circonstance pour décocher quelques malignités à l'adresse de Gluck; Suard lui répondit, et il en résulta les quatre articles polémiques ci-dessus, qui ne sont pas les moins curieux à lire de toute la série. — 34. Coquéau. *De la Mélopée chez les Anciens et de la Mélodie chez les Modernes*; Paris, 1778, in-8°. Il a été fait de grands éloges de cette brochure, que nous n'avons pu nous procurer jusqu'à ce jour et qui est peut-être la plus rare de toute la collection, avec le n° 28 cité plus haut. — 35. Coquéau. *Entretiens sur l'état actuel de l'Opéra de Paris*. Amsterdam et Paris, 1779, in-8°, 174 p. — 36. Suard. *Les entretiens de l'état actuel de l'Opéra*. Mercure Fr., juillet 1779, 2 articles, p. 113 à 126 et 301 à 313. — 37. Coquéau. *Lettre de l'auteur des Entretiens sur l'état actuel de l'Opéra, à M. S*. Merc. Fr., août 1779, p. 80 à 93. Panckoucke ayant mutilé la réponse de Coquéau en l'insérant dans son journal, celui-ci publia la brochure suivante, dans laquelle il rétablit les passages supprimés. — 38. Coquéau. *Suite des Entretiens sur l'état actuel de l'Opéra de Paris, ou Lettres à M. S... auteur de l'extrait de cet ouvrage dans le Mercure*. S. l. n. date (Paris, 1779), in-8°, 48 p. Malgré le dédain exprimé par quelques auteurs sur Coquéau, ses deux brochures non moins que sa première publication, méritent d'être lues avec attention. — 39. Bemetzrieder. *Le Tolérantisme musical*. Paris, 1779, in-8°, 32 p. — 40. Leblond. *Mémoires pour servir à l'histoire de la Révolution opérée dans la musique par M. le chevalier Gluck*. Naples et Paris, 1781, in-8°, 491 p., avec un portrait de Gluck dessiné et gravé par Saint-Aubin. Si le *Mercure*, comme on l'a vu, publia pas mal d'écrits relatifs à la guerre des gluckistes, le *Journal de Paris*, dans lequel l'abbé Arnaud et Suard inséraient leurs articles, en publia un plus grand nombre encore. Suard signait ses articles : *l'Anonyme de Vaugirard* et avait fort à faire pour se défendre contre les réponses et les attaques d'un certain *Mélophile*, qui n'était autre que Ginguené. A très-peu de chose près, tous les grands et petits articles de ce journal concernant notre sujet et dus à Arnaud ou à Suard, ont été reproduits dans le volume de l'abbé Leblond, ainsi du reste que ceux publiés dans le *Journal de Politique et de Littérature* et dans le *Courrier de l'Europe*. Il serait trop long de donner ici tous les titres de ces articles, dont le nombre touche la centaine, s'il ne la dépasse.

On sait maintenant où en trouver au moins la plus grande partie, à défaut des journaux même où ils avaient d'abord paru; mais il n'en est pas ainsi pour les articles de Ginguené (*le Mélophile*), que le compilateur tant soit peu partial de ces fameux *Mémoires* semble avoir délaissés avec intention. Pour les lire, il faut avoir recours à la collection du *Journal de Paris*. Fétis, à son article Ginguené, annonce bien comme ayant paru à part, à la date de 1783 et dans le format in-8°, les *Lettres* et *Articles* publiés dans les journaux par le *Mélophile* en 1780, 1781, 1782 et 1783, mais nous croyons qu'il y a là erreur ou confusion, cette publication ayant échappé à toutes nos recherches faites avec soin dans les Catalogues spéciaux et dans tous les Dictionnaires bibliographiques. Il est possible qu'il s'agisse ici de la brochure figurant plus bas sous le n° 43. — 41. *Réflexions sur la musique théâtrale, adressées au Rédacteur des articles Opéra, dans le Journal de Paris.* Naples et Paris, 1781, in-8°, 36 p. — 42. E. Billardon de Sauvigny. *Les Après-soupers de société, ou Petit Théâtre Lyrique et moral.* Paris, 1781, t. II, p. 16. *Les Piccinnistes et les Gluckistes.* Petite pièce où l'on voit la réconciliation des antagonistes. — 43. *Mélophile à l'homme de lettres chargé de la rédaction des articles de l'Opéra dans le Mercure de France.* Naples et Paris, 1783, in-8° de 27 p. Nous pensons fermement que cette brochure est de Ginguené. — 44. De Chabanon. *L'Esprit de parti ou les Querelles à la mode.* Comédie en 5 actes, non représentée, qui se trouve dans le volume intitulé : *Œuvres de théâtre et autres poésies par M. de Chabanon.* Paris, 1788, in-8°, 443 p. — 45. Marmontel. *Polymnie, poème posthume.* Paris, 1818, in-12, 180 p. avec gravures. Cette publication, due, dit-on, à Fayolle, fut poursuivie par Marmontel fils comme fautive et faite sans autorisation. Il en obtint la saisie, et les exemplaires en furent détruits. Depuis, une version modifiée de ce poëme satirique a reparu, avec la *Neuvaine de Cythère*, dans un volume intitulé : *Œuvres posthumes de Marmontel, de l'Académie française.* Paris, 1820, in-8°, avec un portrait de Piccinni. Le poëme de *Polymnie* était connu du vivant de l'auteur, qui le récitait dans le monde; il en avait même paru des fragments dans divers recueils littéraires. Mais la nièce de Morellet, qui connaissait l'amitié que son oncle portait à l'abbé Arnaud, très-malmené dans les vers du poëte, ayant été demandée en mariage par celui-ci, elle ne lui accorda sa main qu'à la condition de la non-publication de ses vers satiriques. Marmontel tint sa promesse.

Comme complément de la liste ci-dessus, nous devons indiquer ici quelques ouvrages contemporains dans lesquels on trouvera de très-utiles renseignements pour l'histoire de cette fameuse querelle musicale. Les *Mémoires secrets* de Bachaumont viennent en première ligne; puis le *Journal de littérature et des Beaux-Arts* (petit in-12), le *Journal de Musique par une Société d'amateurs*, le *Journal du Théâtre* de Le Fuel de Méricourt, une brochure de Corancez intitulée : *De J.-J. Rousseau.* On y a joint quelques opinions du même auteur, in-8°; *Coup d'œil sur la littérature etc.*, de Dorat, 2 vol. in-8°, 1780. *La Correspondance de Grimm et Diderot*; le *Cours de littérature* de La Harpe; les *Œuvres philosophiques, littéraires, historiques et morales* du Cte D'Escherny, etc., etc. La *Notice sur la vie et les ouvrages de N. Piccinni*, par Ginguené (Paris, an IX, in-8°), est encore une très bonne source d'informations à consulter, et peut servir de palliatif à la compilation presque exclusivement gluckiste de l'abbé Leblond (1).

Ea. — T.

* **GNECCO** (François). Il faut joindre à la liste des œuvres dramatiques de ce compositeur les trois opéras suivants : *Adelaide di Guesclino*, *il Nuovo Potestà*, et la *Testa riscaldata*.

GNOCCHI (..........), compositeur italien,

(1) La bibliographie française relative à Gluck resterait incomplète si nous ne donnions pas ici la liste des écrits publiés sur ce grand homme en ces dernières années; voici cette liste : 1° *L'Orphée de Gluck*, par Prosper Mignard, Paris, Lévy, s. d., in-12 de 14 pp.; 2° *L'Armide de Gluck*, par le président Troplong (Extrait de la *Revue contemporaine* du 31 décembre 1858), Paris, 1859, in-8° de 21 pp.; 3° *L'Alceste de Gluck*, étude dédiée à Mme Pauline Viardot, par Jules Baudoin, Paris, Lebigre-Duquesne, 1861, in-12; 4° *Les deux Iphigénie de Gluck*, par F. de Villars, Paris, Liepmannssohn et Dufour, 1868, in-8°; 5° *Lettres de Gluck et de Weber*, publiées par M. L. Nohl, professeur à l'Université de Munich, traduites par Guy de Charnacé, Paris, Plon, 1870, in-12; 6° *Gluck et Piccinni, 1774-1800*, par Gustave Desnoiresterres, Paris, Didier, 1872, in-8°. Ce dernier ouvrage est de la plus haute importance, quoique n'étant pas l'œuvre d'un musicien, en raison des faits et des documents nouveaux qu'il rapporte sur le séjour de Gluck à Paris, et il est impossible maintenant d'écrire une histoire de Gluck sans le consulter avec le plus grand soin. M. H. Barbedette a publié dans le journal *le Ménestrel*, il y a quelques années, une étude très-étendue sur Gluck. Nous ajouterons enfin que Mlle Fanny Pelletan (*Voyez* ce nom) avait commencé une édition modèle des partitions des cinq grandes œuvres françaises de Gluck, monument vraiment admirable élevé à sa gloire; elle n'a pas eu le bonheur de pouvoir achever cette entreprise véritablement artistique, mais elle a pris du moins ses mesures pour qu'elle pût être terminée après elle. — Rectifions, en terminant, une erreur typographique importante qui s'est glissée dans la *Biographie universelle des musiciens* : Gluck est mort non le 25, mais le 15 novembre 1787. — A. P.

est l'auteur d'un opéra bouffe intitulé *Lucinda*, qui a été représenté à Naples en 1868.

GOBATI (STEFANO), compositeur italien, est né vers 1850, dans un village de l'Italie septentrionale. J'ignore de quelle façon il fit ses études; mais on a raconté qu'après avoir écrit son premier opéra, i *Goti*, le jeune musicien s'en alla tout droit frapper à la porte du théâtre de la Scala, de Milan, d'où il fut rapidement éconduit, attendu qu'il n'est pas plus facile, quoi qu'on en dise, aux jeunes compositeurs de se faire jouer en Italie qu'en France. Peu chanceux de ce côté, M. Gobati, qui avait pour lui la jeunesse, la foi et l'espérance, partit pour Bologne, avec le désir d'y produire son ouvrage. Il eut la fortune de rencontrer, dans l'*impresario* du théâtre communal de cette ville, un directeur qui avait besoin d'un opéra nouveau et qui n'en avait point sous la main. Quoique peu confiant dans la valeur de l'œuvre d'un artiste forcément inexpérimenté, il consentit, faute de mieux, à monter celle-ci, tout en ne fondant pas sur elle de grandes chances de succès. L'*impresario* avait tort, paraît-il, et le public se chargea de le lui prouver. La première représentation d'i *Goti* fut un véritable triomphe pour le jeune musicien, et son nom, inconnu la veille, fut presque fameux au bout de huit jours; toute l'Italie parla pendant plusieurs mois de M. Gobati, et son opéra, joué à Bologne à la fin de 1873, fut reproduit ensuite, avec le même succès, sur plusieurs grands théâtres de la Péninsule. Le directeur du théâtre communal de Bologne lui commanda aussitôt un second ouvrage, dont le sujet était pris dans un épisode de l'histoire de la domination espagnole à Naples après la mort de Masaniello, et qui devait être joué par Mme Brambilla-Ponchielli, femme du compositeur de ce nom, Mlle Erminia-Borghi-Mamo, MM. Campanini, Storti et Nanetti. Ce nouvel opéra, intitulé *Luce*, et qui ne comportait pas moins de cinq actes, fut représenté effectivement à Bologne, le 25 novembre 1875; il ne fut pas moins heureux que le précédent, et son grand succès augmenta encore la réputation naissante du jeune compositeur.

GOBBAERTS (JEAN-LOUIS), compositeur, né à Anvers le 28 septembre 1835, a fait ses études de piano au Conservatoire de Bruxelles, et a été l'élève de M. Meyeux pour la composition. Dès l'âge de 14 ans, il obtint le premier prix dans un concours de composition ouvert par l'Académie de Louvain. Par malheur, il commença dès lors à donner des preuves d'une fécondité trop précoce et qui ne connut jamais de frein, et se mit à considérer la musique comme un métier beaucoup plus que comme un art. Producteur infatigable, cet artiste publie par centaines, depuis une vingtaine d'années, soit sous son nom véritable, soit surtout sous le pseudonyme de *Streabbog*, qui en est l'anagramme, de petits morceaux de piano, dont la valeur est mince, mais dont, paraît-il, le succès commercial est très grand, non-seulement en Belgique, mais à l'étranger et jusqu'en Allemagne, où, quoi qu'on en dise, la bonne musique n'est pas toujours la plus recherchée. Il ne restera rien de tout cela, et, avec de réelles facultés, M. Gobbaerts se condamne, alors qu'il pourrait faire mieux, au rôle de simple commerçant en musique, ce qui n'est pas absolument l'idéal de l'art qu'il exerce. On assure qu'il travaille en ce moment à la composition d'un opéra-comique. — La sœur de cet artiste, Mlle *Virginie Gobbaerts*, née aussi à Anvers, est douée d'une jolie voix de soprano qu'elle dirige avec goût. Elle a obtenu un premier prix de chant et de déclamation lyrique au Conservatoire de Bruxelles, et, après avoir appartenu un instant au théâtre des Fantaisies-Parisiennes dirigé à Paris par M. Martinet et aujourd'hui disparu, elle s'est montrée avec succès, dans l'emploi des dugazons, sur les principales scènes de la Belgique.

GOBETTI (FRANCESCO), luthier italien de l'école de Crémone, était établi à Venise dans les premières années du dix-huitième siècle. On croit qu'il avait été élève d'Antoine Stradivari.

GODARD (BENJAMIN-LOUIS-PAUL), violoniste et compositeur, né le 18 août 1849 à Paris, a étudié le violon sous la direction de M. Richard Hammer, et est entré au Conservatoire, en 1863, dans la classe d'harmonie de M. Reber. Il a pris part, en 1866 et 1867, au concours de composition pour le prix de Rome, sans obtenir de récompense. Sorti du Conservatoire en cette dernière année, M. Godard s'est livré à la composition, et a publié plusieurs mélodies : *Berceuse, Je ne veux pas d'autres choses, Chanson de Florian, Ninon, Viens, Automne, Chanson du berger, Fille à la blonde chevelure, Suis-je belle? Printemps, Menuet, Vaudeville, Chanson de Malherbe, J'ai perdu ma tourterelle*, puis quelques petits morceaux de piano, une 1re mazurke, une 1re valse, etc. Il s'est fait connaître ensuite par quelques productions plus développées et plus sérieuses, un Concerto de violon, un second *concerto romantique*, avec accompagnement d'orchestre, exécuté aux Concerts populaires par Mlle Marie Tayau, un trio pour piano, violon et violoncelle, un quatuor pour instruments à cordes. Il a orchestré et fait exécuter aussi les *Scènes d'enfants* de Schumann. M. Godard a fait partie, en qualité d'alto, de diverses sociétés de musique de chambre.

GODDARD (M*me* **DAVISON**, née ARABELLA), pianiste fort distinguée, est née à Saint-Servan (Bretagne), près de Saint-Malo, de parents anglais, en janvier 1836. Douée d'excellentes dispositions musicales qui se firent jour dès ses plus jeunes années, elle fut, à peine âgée de six ans, conduite à Paris, où elle devint élève de Kalkbrenner, le meilleur maître qu'on pût trouver alors pour développer chez un élève toutes les qualités du mécanisme. Après deux ou trois années d'études, la jeune Arabella put se faire entendre en public, dans un concerto de Hummel, et en 1846, ses parents l'emmenèrent à Londres, où elle développa son talent sous la direction de M*me* Anderson, pianiste de la reine. Appelée à jouer devant la reine et le prince Albert, qui furent charmés de son talent précoce, elle devint ensuite l'élève favorite de Thalberg, qui s'en montrait particulièrement fier, puis s'adonna à l'étude de la grande musique classique et alla faire un voyage en Allemagne pour se perfectionner. De retour en Angleterre, miss Arabella Goddard suivit un cours d'harmonie et de composition avec M. Macfarren, et commença sa brillante carrière de virtuose. Ce n'est qu'en 1850 qu'elle commença à se produire sérieusement en public, mais sa première apparition aux concerts de Hay-Market fit une énorme sensation, et son jeu à la fois clair, brillant et limpide, les grandes qualités de style, la perfection qu'elle apporte dans l'exécution de la musique classique, lui valurent bientôt les plus grands succès. Celui qu'elle obtint en 1853 en jouant, dans une séance de la nouvelle Société Philharmonique, un concerto inédit de Sterndale Bennett, fait époque dans la vie d'un artiste. Depuis lors, miss Arabella Goddard n'a cessé de se faire entendre à Londres et dans les grandes villes de l'Angleterre, prenant une part active à toutes les grandes solennités musicales, et prodiguant son talent en toutes circonstances. Elle n'obtint pas moins de succès dans les voyages qu'elle fit sur le continent, en se faisant entendre successivement à Paris, Leipzig, Berlin, Vienne, Florence et un grand nombre d'autres villes. C'est en 1860 que cette artiste fort remarquable épousa M. Davison, le critique musical renommé du journal le *Times*. En 1873, elle entreprit un grand voyage artistique au delà des mers, et parcourut pendant trois années l'Amérique et l'Australie en donnant des concerts qui lui valurent de véritables triomphes. De retour en Europe, M*me* Arabella Goddard s'est fait entendre de nouveau à Paris, au mois d'avril 1877.

GODDING (THÉODORE-CHARLES), corniste distingué, professeur de cor à l'École royale de musique d'Anvers, est né en cette ville en 1822. Élève du Conservatoire de Bruxelles, il y remporta en 1840 le premier prix de cor, puis partit pour Paris, où il fit pendant quelque temps partie de l'orchestre des concerts de Musard père, devint en 1842 professeur à l'Académie de musique de Valenciennes, retourna à Anvers en 1848, fit un nouveau voyage en France, où il fut successivement premier cor au Théâtre-Lyrique, puis à ceux de Rouen, du Havre et de Lyon, et enfin alla se fixer définitivement dans sa ville natale. L'éditeur Gevaert, à Gand, a publié de cet artiste un certain nombre de compositions pour son instrument : 40 *Morceaux de salon*; *Exercices et Préludes*; 5 *Airs variés*; *Trois Mélodies*; plus des duos, trios et quatuors pour cors, plusieurs Fantaisies pour fanfare, deux pas redoublés, etc., etc.

* **GODEFROID** (DIEUDONNÉ-JOSEPH-GUILLAUME-FÉLIX). Cet artiste a été chargé d'écrire la musique de la cantate historique qui a été exécutée à Namur, en 1869, lors des fêtes célébrées en cette ville pour l'inauguration de la statue du roi Léopold I*er*.

GODEFROY (L'abbé L....-Fr....), curé de Lailly, ancien maître de chapelle au petit séminaire d'Orléans, est l'auteur des paroles et de la musique d'un recueil de cantiques à la Vierge intitulé *Chants de Mai* (Paris, Hartmann, in-8°, s. d. [1877]).

GOËRMANS, dit **GERMAIN**, facteur de clavecins et de pianos, sans doute d'origine allemande ou flamande, était établi à Paris dans la seconde moitié du dix-huitième siècle. Cet artiste imagina un clavecin dans lequel il avait supprimé le système du tempérament, et qui, par la multiplicité des touches et des cordes, donnait tous les demi-tons majeurs et tous les demi-tons mineurs. « Ce clavecin, disait à ce sujet l'*Almanach musical* de 1782, présente le même système de sons que la harpe de M. Cousineau. Il y a pour chaque octave 21 touches qui entonnent, sçavoir : sept sons ou sept notes naturels, sept notes bémols, et sept notes dièses ; ainsi, au-dessus et au-dessous de chaque ton naturel, on trouve un demi-ton majeur et un demi-ton mineur. » Il doit y avoir une erreur dans cette énumération, car la gamme comprenant deux intervalles de demi-tons, il n'était besoin, pour chacun de ces deux intervalles, que de deux touches, et non de trois comme pour chacun des intervalles de ton. Le nombre total des touches devait donc être de dix-neuf et son de vingt et un.

GOERNER (Johann-Gottlieb), musicien allemand du dix-huitième siècle, était directeur de musique à l'église Saint-Paul de Leipzig, et organiste de Saint-Thomas, à l'époque où Jean-Sébastien-Bach était précisément directeur de l'école de musique de cette église. Chacun d'eux dirigeait une société de concerts, dont les séances avaient lieu périodiquement, et dont les membres étaient pour la plupart des étudiants de l'Université ou des élèves des différentes écoles de la ville, parmi lesquels plusieurs devinrent par la suite d'excellents musiciens. Gœrner paraît ne point avoir été sans mérite; son talent pâlissait pourtant, on le comprend, à côté du génie de Bach, et comme celui-ci, malgré son excellente nature, n'était pas toujours commode, surtout lorsqu'il s'agissait de son art, il en résulta un jour une scène assez singulière. Gœrner était à son orgue, tandis que Bach procédait à une répétition; l'infortuné eut le malheur de laisser échapper un accord peu orthodoxe, et l'on vit Bach, entrant alors en fureur, arracher violemment sa perruque, la lui lancer à la tête sans plus de façon, et s'écrier, blême de colère : *Vous auriez dû être savetier plutôt qu'organiste!*

GOETSCHY ((J......), pianiste, professeur et compositeur, a publié plus de cent cinquante morceaux de genre pour le piano, qui semblent assez bien accueillis des amateurs, mais qui sont absolument inconnus des artistes et du public vraiment musical. M. Gœtschy a publié aussi : *École du pianiste-amateur*, études mélodiques expressément composées pour développer le mécanisme des doigts et aplanir les difficultés, en présentant le travail sous une forme attrayante (Paris, Benoît).

GOETZ (Carl), compositeur allemand, était simple choriste au théâtre de Weimar lorsqu'il fit représenter sur ce théâtre, au mois de janvier 1868, un opéra romantique en 5 actes intitulé *Gustave Wasa, le héros du Nord*. Cet artiste est devenu depuis lors maître de chapelle à Breslau, où il a reproduit cet ouvrage en 1875.

GOETZ (Hermann), compositeur et organiste allemand, né à Kœnigsberg le 7 décembre 1840, commença relativement tard l'étude de la musique, et se plaça d'abord sous la direction de M. Louis Kœhler. Il entra ensuite au Conservatoire de Stern, à Berlin, et termina son éducation dans cet établissement, où il eut pour professeurs MM. Hans de Bülow et Ulrich. A l'âge de 23 ans il acceptait à Winterthur la place d'organiste laissée vacante par Kircher, et plus tard passait en la même qualité à Zurich. Tout en remplissant ces fonctions et en consacrant la plus grande partie de son temps à l'enseignement du piano, Hermann Gœtz se livrait avec ardeur à de sérieux travaux de composition, pour laquelle il semblait doué de facultés particulières. Il se fit connaître d'abord par plusieurs productions instrumentales distinguées, puis écrivit un opéra, *la Sauvage apprivoisée*, qu'il réussit, non sans peine, à faire représenter sur le théâtre de Mannheim, le 11 octobre 1874. Cet ouvrage fut accueilli avec une faveur telle que, peu de mois après, il était reproduit sur le théâtre impérial de Vienne, et de là rayonnait sur la plupart des grandes scènes allemandes, reçu partout avec une sorte d'enthousiasme. Bientôt le jeune compositeur faisait paraître une symphonie en *fa* majeur, qui, exécutée dans tous les concerts, n'obtenait pas moins de succès. La fortune enfin semblait s'attacher à lui lorsqu'une mort prématurée, due à l'excès du travail, vint l'enlever à une carrière qui promettait de devenir brillante. Hermann Gœtz mourut à Hottingen, près de Zurich, le 3 décembre 1876, au moment où il allait accomplir sa trente-sixième année.

Parmi les œuvres de Hermann Gœtz, il faut signaler surtout les suivantes : Trio pour piano, violon et violoncelle, op. 1 ; 3 pièces pour piano et violon, op. 2; Quatuor pour piano, violon, alto et violoncelle, op. 6 ; 2 Pièces pour piano, op. 7 ; *Nenie*, suite d'orchestre avec chœurs, op. 12; *Tableaux de genre (Genrebilder)*, pour piano, op. 13 ; Symphonie en *fa* majeur; 3 *Lieder* avec accompagnement de piano. Le jeune artiste a laissé, presque achevé, un second opéra, *Françoise de Rimini*, dont on a annoncé la prochaine représentation sur un théâtre allemand; les deux premiers actes de cet ouvrage étaient complètement prêts, et l'on a retrouvé des esquisses très-importantes pour le troisième qui sera, dit-on, terminé par M. Johannès Brahms et M. Franck, *capellmeister* du théâtre de Mannheim, sur la demande faite à ce sujet par Gœtz lui-même dans son testament.

GOETZE (F......), violoniste, élève de Spohr, est né le 10 mai 1814 à Neustadt. Fixé depuis longtemps comme professeur de musique à Weimar, il a fait représenter en 1866, sur le théâtre de cette ville, un opéra intitulé *les Corsaires*.

GOFFIN (Dieudonné), compositeur belge, directeur honoraire de la société chorale de Verviers, la plus ancienne de toutes celles qui existent en Belgique, s'est fait connaître par un certain nombre de cantates : *le Lever du Soleil*,

Christophe Colomb, *les Croisés*, *le Combat naval*, etc., et par un opéra-comique, *le Pic du Diable*, représenté sur le théâtre de Verviers le 1er janvier 1861. On cite comme portant un véritable caractère d'originalité une série de chants wallons dus à cet artiste.

GOFFRILLER. Deux luthiers de ce nom, *Matteo* et *Francesco*, probablement frères, travaillèrent à Venise de 1720 à 1740. On a vu à Paris quelques violons de Matteo, qui étaient des instruments d'une bonne facture.

GOLDBECK (ROBERT), pianiste, compositeur, professeur et écrivain sur la musique, est né à Potsdam en 1835. Il fut, à Brunswick, élève de M. Litolff, et en 1851 vint à Paris, où il termina son éducation. En 1856 il se rendit à Londres, où il se vit particulièrement bien accueilli par le Duc de Devonshire, et où il fit représenter une opérette intitulée *le Retour du Soldat*. Après avoir publié une série de 12 Aquarelles pour le piano, il partit pour l'Amérique en 1857, visita New-York, puis Boston, et se fixa à Chicago, où il créa un Conservatoire à la tête duquel il est encore placé. Il fonda aussi en cette ville, en 1870, un journal spécial, *the Musical Independant*, dont il est le directeur, et qui est rédigé avec soin. Parmi les compositions de M. Robert Goldbeck, on cite plusieurs symphonies et des concertos de piano.

GOLDMARK (CARL), compositeur allemand, né à Weszthely le 18 mai 1830, s'est fait connaître par la publication et l'exécution de plusieurs œuvres intéressantes, parmi lesquelles il faut citer une ouverture de *Sacountala*, une symphonie (*Ländliche Hochzeit*), un scherzo pour orchestre, un quatuor instrumental en *si* majeur, un concerto de violon, une sonate pour piano et violon (op. 25), une suite pour les mêmes instruments, une série de danses pour le piano à 4 mains, etc., etc. En dernier lieu, M. Goldmark a attiré l'attention sur lui en faisant représenter à Vienne, en 1874, un grand opéra, *la Reine de Saba*, dont le succès paraît avoir été sincère et retentissant, et qui a été reproduit avec bonheur sur d'autres scènes allemandes. M. Goldmark, qui est un artiste bien doué, et sur lequel ses compatriotes paraissent fonder de grandes et légitimes espérances, a écrit depuis un second ouvrage dramatique, *les Argonautes*, qui n'a pas encore été produit devant le public.

GOLINELLI (STEFANO), pianiste et compositeur distingué, professeur au Lycée musical de Bologne, est né en cette ville le 26 octobre 1818, et s'est fait en Italie une très-grande réputation, non-seulement pour son talent remarquable de virtuose, mais encore par les rares facultés dont il fait preuve dans les compositions qu'il consacre à son instrument. Les œuvres publiées jusqu'à ce jour par M. Golinelli sont au nombre de deux-cents environ, et se distinguent, dit-on, autant par l'élégance et la grâce de la forme que par l'élévation du style et de la pensée. Ce qui peut donner une idée de la valeur de cet artiste, c'est qu'avec l'exagération habituelle en son pays, quelques-uns de ses compatriotes ont été jusqu'à l'appeler *le Bach de l'Italie*. Parmi les compositions de M. Golinelli, on remarque les suivantes : 5 sonates, op. 30, 53, 54, 70, 140 ; 3 toccates, op. 38, 48, 186 ; 2 fantaisies romantiques, op. 58, 76 ; *Album*, dédié à Mercadante, op. 11 ; Esquisses pianistiques, op. 120 ; *Vittoria ! Vittoria !* marche triomphale, op. 141 ; *Due Canti patetici*, op. 142 ; *Pensieri*, op. 155 ; *Fantasia lirica*, op. 163 ; *Italia*, marche, op. 191 ; *Dolori ed Allegrezze* (20 morceaux, en deux livres) ; 12 Études, op. 15 ; 24 Préludes, op. 23 ; 24 préludes, op. 69 ; Deux Études de concert, op. 47 ; *Ai giovani Pianisti*, 24 préludes, adoptés par le Lycée musical de Bologne, op. 177 ; *le Viole mammole*, préludes et mélodies, op. 39 ; etc., etc.

* **GOLLMICK** (CHARLES), compositeur et musicographe allemand, est mort à Francfort-sur-le-Mein le 3 octobre 1866. On doit à cet écrivain, outre les deux ouvrages mentionnés par la *Biographie universelle des Musiciens*, un *Dictionnaire portatif de musique* (*Handlexicon der Tonkunst*), Offenbach, André, 1857, in-8°, une *Notice nécrologique sur Gühr*, Francfort, 1849, in-8°, et quelques opuscules moins importants.

GOLNICK (ADOLPHE), compositeur contemporain, a fait représenter à Londres, dans la salle St-Georges, au mois de juin ou juillet 1877, un opéra intitulé *les Héritiers de Lynn*.

GOLTERMANN (LOUIS-JULIUS), violoncelliste distingué et compositeur, naquit à Hambourg en 1825. Il fit d'excellentes études, devint un virtuose remarquable, et se fit sous ce rapport une grande réputation, qui lui valut d'être nommé professeur au Conservatoire de Prague, où il demeura pendant plusieurs années. La notoriété que Goltermann s'était acquise comme violoncelliste s'augmenta par la publication des compositions nombreuses qu'il publiait pour son instrument, compositions qui obtinrent un réel succès. Bientôt il était appelé à Stuttgard (1861), où une brillante position lui était offerte, et où il devint virtuose de la chambre royale, et *concertmeister* de la cour de Wurtemberg. C'est en cette ville qu'il est mort, le 5 avril 1876, dans toute la force de l'âge et du talent, étant à peine âgé de cinquante et un ans.

* GOLTERMANN (Édouard-Georges), violoncelliste et compositeur, est né à Hanovre non en 1832, mais vers 1825. Les œuvres publiées de cet artiste s'élèvent aujourd'hui au nombre de quatre-vingts environ, parmi lesquelles on distingue un concerto de violoncelle avec orchestre, op.14, un 2ᵉ concerto pour le même instrument, op. 30, 3 morceaux caractéristiques pour le même instrument, op. 41, 4 morceaux caractéristiques, id., 48, danses allemandes, id., op. 42 et 47, une marche héroïque pour piano à 4 mains, violon et harmonium, op. 73, une symphonie pour orchestre, op. 20, et un grand nombre de *lieder*.

GOMEZ (Eugenio), organiste et compositeur espagnol, est né à Alcanices en 1802. D'abord enfant de chœur à la cathédrale de Zamora, il étudia l'orgue et l'harmonie sous la direction de Luis Blasco et de Manuel Dancha, maître de chapelle et organiste de cette église, et ses progrès furent si rapides qu'à l'âge de douze ans, la place de second organiste étant venue à vaquer, il l'obtint. Plus tard, il devint organiste à la cathédrale de Séville, et, comme il était fort habile pianiste, cela ne l'empêcha pas de se produire avec beaucoup de succès comme virtuose. M. Gomez a publié un grand nombre de compositions, bien qu'un nombre presque aussi considérable soit encore inédit. Parmi les premières, il faut citer un grand offertoire pour deux orgues, qui a souvent été exécuté à Séville, lors des grandes solennités religieuses; des sonates pour l'orgue; des versets pour tous les tons du plain-chant; plusieurs mélodies vocales, écrites sur des paroles de Métastase; un recueil de six valses originales de salon, pour le piano; beaucoup de morceaux de genre pour piano. On doit aussi à M. Gomez un recueil important, *Repertorio de organistas*, qui ne forme pas moins de trois volumes in-folio.

GOMES (Pietro), compositeur dramatique, naquit dans le royaume de Naples, et fit représenter en cette ville, sur le théâtre *della Pace*, les deux ouvrages suivants: *la Taverna de Mostaccio*, opérette bouffe (1740), et *le Fenzenne abbentorate* (1745). Il eut aussi, avec Cecere, Logroscino et Traetta, une part de collaboration dans *la Rosmonda*, opéra qui fut joué en 1755, sur le théâtre Nuovo, de Naples.

GOMEZ (A....-Carlos), compositeur dramatique, né à Campinos (Brésil), le 11 juillet 1839, a commencé son éducation musicale dans ce pays, où il a fait représenter, je crois, son premier opéra. Envoyé par l'empereur en Europe, pour y compléter ses études, il se rendit à Milan, où M. Lauro Rossi était alors directeur du Conservatoire, et travailla assidûment avec cet artiste distingué. M. Gomez fit ses débuts de compositeur dramatique en cette ville, en écrivant la musique d'une revue de l'année qui fut jouée au petit théâtre Fossati au mois de janvier 1867. Cette revue, dont le titre en patois milanais était *Se sa minga* (On ne sait pas!), fut bien accueillie, et une certaine chanson, dite *du fusil à aiguille* (c'était après la campagne de Sadowa), eut un succès énorme. M. Gomez avait conquis, du coup, la popularité. La sympathie des Milanais s'accusa d'une façon plus vive encore, peut-être, en faveur du compositeur, lors de l'apparition à la Scala (19 mars 1870) de son *Guarany*, opéra-ballet en 4 actes, dans lequel les belles choses et les platitudes, une originalité réelle et l'imitation servile du style de M. Verdi se croisent et s'entremêlent d'une façon vraiment singulière. La partition de *Guarany* était écrite sur un sujet américain, et l'on assure que toutes les pages qui se rapportent à des épisodes farouches et sauvages sont de beaucoup les mieux réussies. D'ailleurs, une interprétation remarquable, à laquelle prenaient part Mᵐᵉ Marie Sass, MM. Villani, Storti et Maurel, ne nuisit pas sans doute au succès de l'ouvrage.

Trois années après, M. Gomez rentrait dans la lice en donnant, à ce même théâtre de la Scala, un nouvel opéra sérieux intitulé *Fosca*, lequel était chanté par le ténor Butterini, par Mˡˡᵉ Gabrielle Krauss, le baryton Maurel et la basse Maini. Ce second ouvrage fit un *fiasco* colossal; et cependant, malgré l'évidente imitation qu'on y rencontre des procédés de Meyerbeer, de MM. Gounod et Verdi, et le manque d'unité qui doit en résulter dans le style général, les critiques sérieux considèrent la partition de *Fosca* comme la meilleure qu'ait produite jusqu'ici le compositeur, surtout en ce qui concerne la forme heureuse et parfois nouvelle des morceaux. Les mêmes critiques trouvent cet ouvrage infiniment supérieur à *Salvator Rosa*, opéra en 4 actes que M. Gomez a donné au théâtre Carlo Felice, de Gênes, le 21 février 1874, et qui, après avoir obtenu un grand succès sur ce théâtre, s'est répandu ensuite sur diverses autres scènes de l'Italie, où il a toujours été fort applaudi. — En réalité, M. Gomez est un musicien instruit, dans lequel on rencontre parfois l'originalité, mais qui, le plus souvent, se traîne à la remorque de M. Verdi et de ses imitateurs. Sur l'invitation de l'empereur du Brésil, son souverain, et sous ce titre: *Il saluto del Brasile*, cet artiste a écrit, à l'occasion des fêtes du centenaire de l'indépendance américaine et de l'Exposition universelle de Philadelphie (1876), un grand hymne patriotique qui a été exécuté dans le palais de l'Exposition.

GOMION (L......), pianiste et compositeur, était, il y a vingt-cinq ou trente ans, l'un des fournisseurs les plus accrédités auprès des éditeurs de Paris, pour ces petits morceaux de piano faciles dont les jeunes amateurs des deux sexes se montrent si friands. Cet artiste a publié ainsi plus de deux-cents morceaux de musique frivole, qui n'ont pas réussi à faire sortir son nom de l'obscurité. Tandis que certains compositeurs de ce genre mettent à contribution les opéras en vogue pour en tirer ce qu'on appelle d'ordinaire des *Fantaisies*, Gomion, moins exigeant encore, s'en prenait aux chansons, aux romances à succès, et en faisait le prétexte de *variations*, de *bagatelles* plus ou moins réussies. C'est ainsi qu'il a paraphrasé ingénument un grand nombre des mélodies vocales de Mlle Loïsa Puget, de Masini, de Grisar, de Carulli, de Gabussi, de Plantade, de Bérat et de bien d'autres encore.

* **GOMIS** (Joseph-Melchior). Il faut joindre aux ouvrages mentionnés au nom de ce compositeur *Rock le Barbu*, opéra-comique représenté à l'Opéra-Comique le 13 mai 1836, deux mois et demi avant sa mort. Gomis a écrit aussi la musique d'un drame intitulé *Aben-Humeya*, donné à la Porte Saint-Martin en 1830, et il a laissé en mourant la partition, complète, d'un ouvrage qu'il destinait à l'Opéra et qui avait pour titre *le Comte Julien*. — Gomis était né à Onteniente, non en 1793, mais le 6 janvier 1791.

GOMPAERTS (Guillaume), facteur de clavecins à Anvers, naquit dans la première moitié du seizième siècle, et fut inscrit dans la corporation de Saint-Luc en 1560. Dans ses *Recherches sur les facteurs de clavecins et les luthiers d'Anvers*, M. Léon de Burbure dit que Gompaerts était probablement le parent ou l'allié de la famille Ruckers, « car, le 30 mars 1593, il fut parrain de Catherine, fille de Jean Ruckers le vieux, et, le 31 octobre 1610, il tint, avec Élisabeth Waelrant, sur les fonts baptismaux la fille de Jean Ruckers le jeune et de Marie Waelrant, portant le même prénom d'Élisabeth. »

GONCOURT (Edmond-Louis Antoine et Jules-Alfred Huot de), écrivains français, nés le premier à Nancy le 26 mai 1822, le second à Paris le 17 décembre 1830, et connus dans les lettres sous les noms d'*Edmond et Jules de Goncourt*, dont ils signaient toutes leurs publications, se sont fait connaître par de très-intéressants travaux de critique artistique dans lesquels ils ont parfois, quoique exceptionnellement, touché au théâtre et accessoirement à la musique. Parmi leurs écrits, il faut signaler sous ce rapport : 1° *Sophie Arnould d'après sa correspondance et ses Mémoires inédits* (Paris, Poulet-Malassis, 1857, in-12), ouvrage dont il a été fait une nouvelle édition, in-4°, en 1877 ; 2° *Mystères des Théâtres*, 1852, en société avec M. Cornélius Holff (Paris, Librairie nouvelle, 1853, in-8°), revue critique de tous les théâtres de Paris ; 3° *Portraits intimes du XVIIIe siècle*, 1re série, dans lesquels se trouve un chapitre intéressant sur la fameuse danseuse Camargo et l'Opéra à cette époque. — Jules, le plus jeune des frères de Goncourt, est mort il y a quelques années.

GONTIER (A.....) est auteur d'un ouvrage didactique ainsi intitulé : *Méthode raisonnée de plain-chant. Le plain-chant considéré dans son rhythme, sa tonalité et ses modes* (1859, in-8°).

GONZALEZ Y RODRIGUEZ (José-Maria), organiste et compositeur, est né à Alcala le 5 février 1822. Admis comme enfant de chœur, à l'âge de dix ans, dans la chapelle de San Isidro, de Madrid, il y fit ses études de solfége, d'orgue, d'harmonie et de composition sous la direction du premier organiste de cette église, Roman Jimeno. Dès qu'il eut atteint sa dix-huitième année, il commença à remplir les fonctions d'organiste, et en 1845 il devint organiste au collége des écoles près de San-Fernando, emploi qu'il occupait encore à la fin de 1867. M. Gonzalez, qui fait régulièrement partie des jurés du concours d'orgue au Conservatoire de Madrid, a beaucoup composé dans le genre religieux ; parmi ses œuvres les plus importantes, il faut citer : 4 messes à plusieurs voix, dont une avec accompagnement d'orchestre ; 4 motets avec orchestre ; 24 litanies à 2, 3 et 4 voix, avec orgue ; un salut à 4 voix, avec orchestre ; plusieurs offertoires et élévations ; deux fugues pour orgue ; plusieurs *Stabat Mater* ; un hymne avec orchestre, des motets avec orgue ou orchestre, des litanies à 4 voix et orchestre, etc., etc.

GOORMACHTIGH (L.....), prêtre, professeur de musique au collège de Courtrai (Belgique), est l'auteur d'un traité ainsi intitulé : *Principes élémentaires du plain-chant, suivis des règles de la psalmodie et des formules du cantus accentus*, Bruges, 1860. Ce manuel, fait avec soin, est divisé en cinq chapitres qui portent les titres suivants : 1° *Des caractères* ; 2° *De la tonalité* ; 3° *De l'exécution* ; 4° *Psalmodie* ; 5° *Cantus accentus*.

GOOVAERTS (Alphonse), bibliothécaire adjoint de la ville d'Anvers, né en cette ville le

25 mai 1847, s'occupe beaucoup de composition et de littérature musicale. En 1869, sans connaître encore, dit-on, aucune notion d'harmonie, il écrivit et fit exécuter une messe solennelle. Depuis lors, il est devenu l'élève de M. Pierre Benoît (*Voyez* ce nom). M. Goovaerts a composé aussi des chœurs, des *lieder* sur paroles flamandes et un certain nombre de motets ; on lui doit une réduction pour orgue des *Lamentations* de Palestrina pour la semaine sainte, aussi bien que des *responsoria* qui se chantent d'ordinaire entre ces *Lamentations* et qui sont l'œuvre d'Asola, Croce, Viadana, Ortiz, Hand et autres grands artistes du XVIe siècle. Collaborateur musical de divers journaux flamands ou français de Belgique, M. Goovaerts a publié les opuscules suivants : 1° *Notice biographique et bibliographique sur Pierre Phalèse*, imprimeur de musique à Anvers au XVIe siècle, suivie du catalogue chronologique de ses impressions (Bruxelles, impr. Toint-Schohier, 1869 in-8°) ; 2° *Une nouvelle œuvre de Pierre Benoît, analysée par Pierre Phalèse* (Anvers Sermon, 1871, in-8°), publié aussi en flamand ; 3° *Levensschets van ridder Léo de Burbure* (Anvers, Fontaine, 1871, in-8°). Le dernier et le plus important écrit de M. Goovaerts est celui qui a pour titre *la Musique d'église, considérations sur son état actuel et histoire abrégée de toutes les écoles de l'Europe* (Anvers, 1876, in-8°), publié aussi en flamand. Cet ouvrage ne donne pas une haute idée des connaissances historiques de l'auteur, qui affirme cavalièrement que la France n'a jamais possédé une école de musique religieuse, et qui — ceci est à remarquer — prétend constater qu'elle a été particulièrement pauvre en ce genre pendant le 18e siècle. Or, M. Goovaerts paraît n'avoir aucune connaissance des œuvres admirables de Campra et de Rameau, non plus que de celles de Mondonville, de Mouret, d'André Philidor, de Boismortier, de Lalande, de Bernier, de Gilles, de Fanton, de Cordelet, de Gervais, de Madin, de Blanchard, de Minoret, etc., qui tous vivaient précisément au dix-huitième siècle. En réalité, cet ouvrage de M. Goovaerts est écrit avec une certaine étourderie, et, quoique intéressant sous divers rapports, ne doit être consulté qu'avec précaution.

GORDIGIANI (ANTOINE), père de Jean-Baptiste et de Louis Gordigiani, fut un ténor renommé en Italie, et fit partie, sous le premier empire français, de la chapelle de Napoléon. Il se livrait aussi à la composition, écrivit la musique de quelques cantates dramatiques, et sur la fin de sa vie fut directeur de spectacle à Florence, où, le premier, il fit représenter les grandes œuvres de Mozart : *Don Giovanni, le Nozze di Figaro* et *il Flauto magico*. Il mourut en cette ville à la fin de l'année 1820.

* **GORDIGIANI** (JEAN-BAPTISTE), est mort le 1er mars 1871 à Prague, où il était fixé depuis longues années comme professeur au Conservatoire, et où il avait épousé la baronne Crescenzia Imsland. Il laissa inédit un opéra bouffe intitulé *Piccolino*. Gordigiani était né, non à Modène, vers 1800, comme il a été dit par erreur, mais à Mantoue en 1795.

* **GORDIGIANI** (LOUIS). La biographie de cet artiste original et distingué ayant été l'objet d'erreurs assez nombreuses, nous allons la rectifier ici et la compléter dans ses points essentiels, d'après une notice publiée récemment en Italie (1).

Luigi Gordigiani naquit à Modène le 21 juin 1806, et montra de bonne heure un goût prononcé pour la musique. Tout enfant, son père lui faisait chanter, sur les théâtres auxquels il appartenait, des cantates qui lui valaient beaucoup de succès. Le jeune Luigi voyageant continuellement avec sa famille, étudia successivement le piano à Brescia avec Gava, à Rome avec Sirletti, à Pise avec Benvenuti, puis il travailla l'accompagnement avec Pietro Romani, et la composition avec Disma Ugolini. Il était à peine âgé de treize années lorsqu'il écrivit une cantate, *il Ratto d'Etruria*, qu'il dédia à l'empereur d'Autriche. Trois ans plus tard, il en écrivit une seconde, *Comala*, à quatre voix, chœur et orchestre, puis une troisième, *Aci e Galatea*. Ayant perdu son père en 1820, Luigi, quoique bien jeune encore, dut songer à gagner sa vie ; il se mit à composer de nombreuses pièces de piano, mais étant naturellement inconnu, il ne trouvait aucun éditeur pour les publier ; il s'en rencontra un, cependant, qui consentit à s'en charger, à la condition que le nom de l'auteur serait remplacé par des noms allemands de fantaisie. C'est ainsi que les premiers morceaux de Gordigiani obtinrent un grand succès sous les pseudonymes de Zeuner et de Furstemberger. Ce fut alors qu'il fit la connaissance du comte Nicolas Demidoff, qui se constitua son protecteur, et qui facilita ses premiers pas. Gordigiani écrivit bientôt un opéra bouffe, *le Rendez-vous*, qui fut heureusement accueilli au théâtre Cocomero. Encouragé par cet essai, il produisit

---

(1) *Luigi Gordigiani* (Florence, Guidi, 1873, in-18 de 19 pp.). Ce petit écrit anonyme, publié d'abord en 1855 dans la *Gazzetta musicale* de Florence, reproduit ensuite dans l'*Armonia* et dans le *Boccherini*, parut enfin, en 1873, sous la forme d'une petite brochure.

deux autres partitions, *Velleda* et *Rosmun* ', mais celles-ci ne virent jamais le jour. En 1835, il donna à la Pergola, de Florence, un *Faust* qui n'eut aucun succès, et en 1840 il fit représenter sur un théâtre particulier de cette ville, le théâtre Standish, un opéra intitulé *Filippo*, dont le prince Joseph Poniatowski lui avait fourni le livret, et dont les principaux rôles furent chantés par le prince lui-même, par le prince Charles et la princesse Poniatowska. En 1841 et 1843 il donne au théâtre Léopold, toujours à Florence, *gli Aragonesi in Napoli* et *i Ciarlatani*, en 1846 il fait exécuter dans l'église de San Giovannino un oratorio, *Esther*, et simultanément écrit un ballet, *Ondina*, qui lui avait été demandé pour le théâtre de Saint-Pétersbourg, et une cantate restée inédite, *la Gordigianiana*. Enfin, en 1847, il fait jouer au théâtre Cocomero *una Vendetta corsa*, en 1849, il produit avec un grand succès *l'Avventuriero* à Livourne, et il écrit deux autres opéras : *l'Assedio di Firenze* et *Carmela*, qui n'ont jamais été représentés.

Mais ce n'est point à ses opéras que Gordigiani doit la grande renommée qu'il s'est faite ; c'est à ses *canzonette*, à ses *canti popolari*, à toutes ses mélodies si charmantes, d'un tour si mélancolique, d'un parfum si suave et si pénétrant, écrites pour la plupart soit sur de vieux chants populaires, soit sur des paroles tracées par lui-même. C'est là ce qui lui a mérité le surnom de *Schubert de l'Italie*, et ce qui lui a valu les éloges sincères de tant de musiciens, entre autres de Rossini, de Meyerbeer et d'Adolphe Adam, qui le tenaient en très-grande estime. Le nombre de ses compositions en ce genre s'élève à près de trois-cents, et elles ont été, on peut le dire, traduites dans toutes les langues (1). Luigi Gordigiani, qui était d'un caractère non-seulement mélancolique, mais étrange et fantasque, est mort à Florence le 1er mai 1860. Outre l'écrit que j'ai mentionné ci-dessus, on a encore publié sur cet artiste l'opuscule suivant : *L. Gordigiani, sa vie et ses œuvres*, par Gustave Langlade, Florence, 1863.

GORDON (ANTONIO), compositeur espagnol contemporain, a fait représenter sur l'un des théâtres de Barcelone, le 11 octobre 1866, une zarzuela en deux actes intitulée : *Si us placa per forsa*.

GORRITI (FELIPE), compositeur et organiste espagnol contemporain, a publié plusieurs sonates pour l'orgue, des élévations pour le même instrument, et un recueil complet de versets pour les vêpres sur les huit tons du plainchant.

GOSCHLER (L'abbé J.....), chanoine honoraire, ancien directeur du collége Stanislas, ex-aumônier de l'armée d'Orient en 1853-54, né dans les premières années de ce siècle, mourut à Paris au mois de juillet 1866. On lui doit la traduction française d'une partie de la correspondance de Mozart, publiée sous ce titre : *Mozart, vie d'un artiste chrétien au XVIIIe siècle* (Paris, Douniol, 1857, in-12). Cette traduction n'est point d'une fidélité absolument scrupuleuse, et l'écrivain a souvent forcé la note pour justifier la qualification d'« artiste chrétien » qu'il lui plaît de donner à Mozart, et que celui-ci, qui ne semble s'en être jamais soucié, n'a guère plus méritée que tant d'autres. L'abbé Goschler a encore publié une brochure intitulée : *Mozart, d'après de nouveaux documents* (Paris, Douniol, in-8°, 1866). Il préparait des travaux critiques et biographiques sur Beethoven lorsqu'il fut surpris par la mort.

* **GOSS** (Sir JOHN), organiste de l'église Saint-Paul, à Londres, est né non vers 1810, mais en 1800, à Fareham (Hants), où son père était lui-même organiste. En 1811 il entrait à la chapelle royale de Saint-James, sous la direction de John Stafford Smith, et devenait ensuite élève de Thomas Attwood. Quelques années après il entrait comme organiste à l'église Saint-Luc (Chelsea), remplaçait en la même qualité son maître Attwood à l'église Saint-Paul en 1838, et en 1856, à la mort de William Knyvett, se voyait nommer compositeur de la chapelle royale.

Outre les publications théoriques mentionnées dans la *Biographie universelle des Musiciens*, on doit à sir John Goss un certain nombre de compositions : une ouverture pour orchestre, en *fa* mineur ; une autre en *mi* bémol ; plusieurs chants funèbres, entre autres celui composé pour les funérailles du duc de Wellington en 1852 ; l'antienne *Praise the Lord, O my soul !* (Loue le Seigneur, ô mon âme !), écrite pour le bicentenaire des Enfants du Clergé ; un *Te Deum*, et une autre antienne : *the Lord is my strength* (le Seigneur est ma force), exécutée le 27 février 1872, à l'église Saint-Paul, dans un service d'actions de grâces célébré à l'occasion du rétablissement du prince de Galles, qui relevait d'une dangereuse maladie. C'est ce sujet

---

(1) Voici les titres des principaux albums de Luigi Gordigiani : *Melodie sacre* (10 chants religieux) ; *Mosaico Etrusco* (10 mélodies) ; *In riva all' Arno* (10) ; *Le Pensionnat* (10) ; *La Belle Toscane* (8) ; *Album fantastico* (7) ; *Ispirazioni Fiorentine* (8) ; *Rimembranze di Londra* (10) ; *Rimembranze di Parigi* (8) ; *Cinque Pezzi* ; *In Cima al Monte* (6) ; *Sotto gli Alberi* (7) ; *Iris Florentina* (10) ; *Le Farfalle di Firenze* (10) ; *San Donato* (10) ; *Album* (10), etc.

que M. Goss fut créé chevalier par la reine Victoria. Son âge avancé lui fit donner sa démission d'organiste de Saint-Paul vers la fin de la même année.

*GOSSEC (François-Joseph). Dans une notice intéressante consacrée à ce musicien remarquable et publiée dans le journal *la Fédération artistique*, de Bruxelles, du 26 novembre 1875, M. Edouard Gregoir (*Voyez* ce nom) a reproduit son acte de baptême. Il résulte de ce document que le vrai nom de Gossec était *Gossé*, particularité que les biographes les mieux informés avaient ignorée jusqu'à ce jour. Le nom de Gossec appartenant à l'histoire de l'art, je ne crois pas devoir le modifier ici, mais il n'en est pas moins utile de faire connaître sa forme véritable.

A la liste des ouvrages de ce grand artiste, il faut ajouter *l'Arche d'alliance*, oratorio exécuté au Concert spirituel, et *Rosine* ou *l'Épouse abandonnée*, opéra-comique en 3 actes, représenté à la Comédie-Italienne le 14 juillet 1786. De plus, Gossec a écrit les chœurs d'une tragédie de Rochefort, *Électre*, qui fut jouée à la cour, sans aucun succès, au mois de janvier 1783, et qui ne fut jamais représentée à Paris. Grimm mentionne ce fait, resté ignoré, dans sa correspondance. Enfin, on a récemment retrouvé la trace de deux autres ouvrages de Gossec, restés inconnus jusqu'ici : *le Périgourdin*, opéra-comique en un acte composé par lui pour le prince de Conti et joué seulement chez ce personnage, et *Bertha*, opéra-comique en 3 actes, écrit en société avec Philidor et Botson, et représenté à Bruxelles le 18 janvier 1775. M. Charles Piot, membre correspondant de l'Académie de Belgique, qui a découvert ce double fait, grâce à quelques lettres de Gossec et de Philidor dont il a eu connaissance, en a fait l'objet d'une lecture intéressante dans une des séances de cette compagnie (1).

Le 9 septembre 1877, le buste de Gossec a été inauguré sur la place principale du village de Vergnies, son pays natal.

GOSSELIN (........), luthier amateur qui vivait à Paris au commencement de ce siècle, a produit un certain nombre de violons, d'altos et de violoncelles qui ne sont point sans qualités. Intimement lié avec Koliker, luthier qui s'était fait une réputation méritée comme réparateur d'instruments, il en reçut des avis et des conseils qui furent loin de lui être inutiles. Gosselin travailla surtout de 1815 environ à 1830. Il marquait ainsi ses instruments : *Fait par Gosselin, amateur*. Les deux demoiselles Gosselin, qui furent danseuses à l'Opéra sous la Restauration et dont l'une était encore attachée à ce théâtre en 1830, étaient ses filles.

*GOTTSCHALK (Louis-Moreau), pianiste et compositeur original, naquit à la Nouvelle-Orléans le 2 mai 1829, d'un père anglais, docteur ès sciences de l'Université de Cambridge, et d'une mère française, fille du comte Antoine de Bruslé, colonel de cavalerie sous Louis XV et gouverneur de Saint-Domingue, lors de l'insurrection de cette colonie. Sa famille était riche, et le jeune Gottschalk se livra fort jeune, pour son plaisir, à l'étude du piano. Il avait à peine douze ans, et s'était déjà fait remarquer par son talent d'exécutant, lorsqu'on l'envoya en France, sur sa demande, pour se perfectionner. A Paris, il eut d'abord pour maître Charles Hallé, puis Camille Stamaty, et étudia ensuite la composition avec M. Maleden. Son intelligence était très-vive, sa facilité prodigieuse, et la musique ne faisait point tort à ses autres études ; on assure qu'à dix-sept ans il parlait avec une aisance égale le français, l'anglais, l'espagnol et l'italien.

Cependant, et tandis qu'il était en Europe, des revers de fortune ayant compromis la situation des siens, il songea à tirer parti du talent qu'il avait acquis et à embrasser résolûment la carrière artistique. Jusque-là il ne s'était fait entendre que dans les salons ; il commence alors à donner des concerts, et produit autant d'impression comme compositeur que comme virtuose. Bientôt il quitte Paris et va faire un voyage artistique dans les départements, puis en Savoie, en Suisse, et enfin, vers 1852, en Espagne, où il obtient des succès éclatants. A cette première partie de sa carrière appartiennent les compositions intitulées *le Siège de Saragosse*, *la Chasse du jeune Henri*, le *God save the Queen*; quelques années auparavant, il avait publié *la Bamboula*, *le Bananier* (qui est devenu célèbre, on peut le dire, dans les deux mondes), *la Danse ossianique*, *la Savane*, *la Moissonneuse*, morceaux écrits en 1845, alors qu'il avait à peine seize ans.

En 1853 ou 1854, Gottschalk, rappelé par son père, retourna à la Nouvelle-Orléans, et bientôt

---

(1) Le travail de M. Piot a été inséré sous ce titre : *Particularités inédites concernant les œuvres musicales de Gossec et de Philidor*, dans les *Bulletins de l'Académie royale de Belgique* (2me série, tome XL, n° 11, novembre 1875). Il en a été fait un tirage à part, qui forme une brochure de 22 pages (s. l. n. d., in-8°).—Le livret de *Bertha*, qui était de Pleinchesne, a été imprimé à Bruxelles en 1774, et indique seulement Philidor et Gossec comme auteurs de la musique de cet ouvrage; mais la correspondance mise au jour par M. Piot ne laisse aucun doute sur la part importante qu'y prit Botson.

entreprit, à travers l'Amérique, un voyage triomphal, se faisant entendre successivement à New-York, à la Havane, à Santiago de Cuba, à Porto-Rico, à la Guadeloupe, à la Martinique, etc. C'est à la Havane qu'il donna un grand festival auquel prirent part, dit-on, 800 musiciens, qui, sous sa direction, exécutèrent plusieurs de ses œuvres importantes, une symphonie intitulée *la Nuit des Tropiques*, une cantate triomphale, une ouverture, et des fragments d'un opéra inédit. Peu de temps après, Gottschalk était engagé par un de ces spéculateurs musicaux comme on n'en trouve qu'en Amérique, M. Max Strakosch, qui lui faisait faire une immense tournée dans les états de l'Union américaine. Le reste de l'existence de Gottschalk se résume dans ses fructueux voyages et dans les titres de ses œuvres. Cet artiste vraiment distingué est mort à Rio de Janeiro, le 18 décembre 1869.

Gottschalk était un artiste d'une nature étrange, d'une imagination poétique, rêveuse et mélancolique. Chez lui, le compositeur, comme le virtuose, était absolument original. Fortement impressionné, dès son plus jeune âge, par les beautés grandioses et souvent sauvages de la nature des tropiques, ému par l'incomparable spectacle qu'il avait sans cesse sous les yeux, il sut en quelque sorte faire passer dans sa musique les sentiments qui agitaient son âme à la vue de tant de merveilles, et lui donner une couleur, une saveur et une originalité toutes personnelles. Ses innombrables compositions se font en effet remarquer par des accents nouveaux, des chants singuliers, des combinaisons rhythmiques inhabituelles, et l'ensemble de ces qualités produit souvent un effet saisissant, un charme indéfinissable. Gottschalk est un de ces artistes originaux, qui ne peuvent être imités, qui ne sauraient faire école, et dont, il faut bien le dire, la tradition se perd facilement lorsqu'ils disparaissent, parce qu'après tout leur procédé n'est pas naturel et qu'ils emportent avec eux leur secret. Je ne saurais citer ici les titres de toutes les œuvres de Gottschalk; en voici seulement quelques-uns : *les Murmures éoliens, Printemps d'amour, la Danza, le Banjo, the Last Hope, Polonia, Valse poétique, le Chant du soldat, la Marche de Nuit, la Jota Aragonesa, Souvenirs d'Andalousie, Jérusalem, la Bamboula, le Bananier, Colombia, Manchega, la Savane, Minuit à Séville, la Gilanilla, la Moissonneuse, les Yeux créoles, la Chute des feuilles, la Danse ossianique, Pastorella e Cavaliere, Fantôme de bonheur*, etc., etc.

Sous ce titre : *Souvenirs de voyage d'un pianiste*, Gottschalck a publié en 1863, dans le journal *l'Art musical*, une série d'articles qui ne manquent pas d'intérêt.

GOTTWALD (HENRI), compositeur allemand et écrivain musical fort distingué, naquit le 24 octobre 1821 à Reichenbach, en Silésie. Fils d'un organiste, Franz Gottwald, il reçut de lui son éducation musicale, et à l'âge de douze ans était déjà assez habile pour pouvoir suppléer parfois son père à l'église. En 1839, il était placé à l'école du séminaire de Breslau, qu'il quitta bientôt pour entrer au Conservatoire de cette ville et se vouer définitivement à la musique. Il resta au Conservatoire jusqu'en 1843, y étudiant le violon avec Pixis, et y travaillant aussi le cor, qui devint son instrument de prédilection. En 1844, il devenait chef de musique à Hohenolbe, et en 1846 il entrait comme premier cor à l'orchestre du théâtre An der Wien, à Vienne.

De retour à Hohenolbe en 1847, il se fixait définitivement à Breslau en 1857. Il se produisit en cette ville comme virtuose sur le piano, s'y livra à l'enseignement de cet instrument, puis se fit connaître comme compositeur et comme écrivain sur la musique. En tant que compositeur, il a écrit des symphonies, des ouvertures, des messes, des morceaux pour cor et piano, mais on n'a gravé de lui qu'un trio instrumental, une sonate pour piano, un *lied* sans paroles pour cor, une messe, une cantate, un certain nombre de *lieder*, et des arrangements, qu'on dit excellents, de symphonies de Mozart pour piano et violon.

A partir de 1850, Gottwald soutint vigoureusement, à l'aide de sa plume, le mouvement en faveur de Wagner et de Liszt, dans la *Neue-Zeitschrift für Musik* (Nouvelle Gazette musicale), et l'on peut lire à ce sujet la polémique dirigée par lui contre le docteur Viol, sous les titres : *Un Oculiste de Breslau*, et *la Nouvelle École musicale*.

Gottwald est mort à Breslau le 17 février 1876.
Y.

GOUFFÉ (ACHILLE-HENRY-VICTOR), né à Pontoise le 4 septembre 1804 (1), était destiné à la magistrature et s'était préparé à cette carrière par de solides études; mais l'amour de la musique décida autrement de son existence. Il s'adonna à la contrebasse, acquit sur cet instrument un talent véritable, et pendant trente-cinq ans fut attaché à l'orchestre de l'Opéra et

(1) A la mort de Gouffé, on a donné le 27 août 180. comme date de sa naissance. Je rectifie cette date d'après les registres de l'Association des artistes musiciens

celui de la Société des concerts du Conservatoire, où il tenait la première place. C'est lui qui introduisit en France l'usage de la contrebasse à quatre cordes, qu'il imposa en quelque sorte à l'Opéra, et il inventa, avec le luthier Bernardel, un système de cordes galvaniques dites à *double trait*, qui sont aujourd'hui universellement adoptées. Gouffé avait organisé chez lui des séances de musique de chambre qui ont duré pendant quarante ans, et dans lesquelles il tenait à honneur d'exécuter les œuvres des jeunes compositeurs. Lui-même a écrit un certain nombre de morceaux pour son instrument, un concertino, une sicilienne, un rondo, diverses fantaisies, et aussi quelques morceaux de chant, parmi lesquels un *O Salutaris* d'un heureux effet. Enfin, Gouffé a publié une Méthode de contrebasse, qui est un des bons ouvrages de ce genre. Cet excellent artiste est mort le 31 août 1874, léguant à l'Association des artistes musiciens, du comité de laquelle il était un des membres les plus laborieux, une somme de mille francs.

GOUGELET (Madame), professeur de clavecin à Paris pendant la seconde moitié du dix-huitième siècle, a publié en 1771 une *Méthode ou Abrégé des règles d'accompagnement du clavecin, et Recueil d'airs avec accompagnement d'un nouveau genre*, œuvre troisième, Paris, Cousineau. J'ignore quelles étaient les précédentes publications de cette artiste, qui était probablement la femme de l'organiste Gougelet, sous le nom duquel Fétis a, par erreur, mentionné l'ouvrage ci-dessus (V. *Biographie*, t. IV).

GOULLEY ou **GOULÉ** (JACQUES NICOLAS). professeur de chant et compositeur, né vers 1774 à Saint-Jean du Cardonnay, mourut à Rouen le 30 mai 1818. Doué d'une voix charmante et de rares aptitudes musicales, il entra, par la protection du marquis d'Herbouville, comme enfant de chœur à la maîtrise de la cathédrale de Rouen, où il eut pour condisciple Boieldieu, pour maîtres Cordonnier et Broche. « A quinze ans, dit M. l'abbé Langlois dans son Discours de réception à l'Académie de Rouen, il composa et fit exécuter une messe à grand orchestre. Plus tard, il donna plusieurs ouvertures, un *Te Deum*, son beau motet *Incipite Domino*, morceaux à grand orchestre, et une cantate dédiée à M. Berton, de l'Institut. Il excellait surtout dans les romances du genre grandiose ; il en composa au moins trente, à deux ou trois voix. Une est devenue très-populaire :

O ma patrie !
O mon bonheur ! ,

Boieldieu promettait les plus grands succès à son ancien condisciple, s'il eût quitté la province. On peut dire que Goulley tenait le sceptre de la musique à Rouen sous l'empire. » Il fit plusieurs bons élèves, parmi lesquels M. A. Godefroi, qui fut organiste de la cathédrale de Rouen et maître de musique des enfants de chœur pendant vingt ans, de 1824 à 1844. C'est ce dernier qui a fourni à M. l'abbé Langlois les renseignements qui sont reproduits ici.

* **GOUNOD** (CHARLES-FRANÇOIS), le plus grand musicien de l'école française contemporaine, est le petit-fils d'un artisan fort habile qui avait le titre de « fourbisseur du roi » et pour ce fait logeait au Louvre, et le fils d'un peintre de talent, François-Louis Gounod, qui fit son éducation artistique dans l'atelier de Lépicié fils, où il se lia d'une vive amitié avec Carle Vernet, et qui obtint le second prix de Rome en 1783. Le père de M. Gounod épousa, étant déjà âgé, une jeune femme charmante et d'un esprit fort distingué, et mourut lorsque son fils était encore en bas âge. C'est, dit-on, avec sa mère, excellente musicienne, que le futur auteur de *Faust* et du *Médecin malgré lui* apprit les premiers éléments de l'art qu'il devait illustrer un jour.

Depuis l'époque où son nom a été inscrit dans la *Biographie universelle des Musiciens*, M. Gounod, à qui ses premiers travaux avaient créé une renommée légitime, a acquis, on peut le dire, une gloire incontestée, grâce à l'abondance, à la variété et à la valeur des œuvres offertes par lui au public. Ce n'est pas seulement en France que, depuis quinze ans, le génie de M. Gounod est apprécié comme il mérite de l'être ; la renommée du maître rayonne aujourd'hui sur l'Europe entière, et non-seulement l'Allemagne et l'Angleterre le considèrent comme un des plus grands artistes de ce temps, mais l'Italie elle-même, si longtemps rebelle aux manifestations et à l'influence de l'art français, a acclamé son *Faust* avec un véritable élan d'admiration. On a d'ailleurs peu d'exemples d'une vogue aussi complète, aussi universelle, aussi constante que celle qui a accueilli cet ouvrage. D'une part, *Faust*, traduit dans toutes les langues, a fait fortune jusque sur cette terre italienne, d'ordinaire si inhospitalière pour notre musique, et il a détrôné, dès son apparition en Allemagne, le *Faust* de Spohr, qui avait joui jusque-là d'une grande popularité, s'imposant, malgré sa provenance française et les susceptibilités nationales, à l'admiration de tous ; de l'autre, le succès de *Faust* fut tel chez nous qu'au bout de quelques années l'Opéra songea à s'approprier et à faire entrer dans son répertoire une œuvre si fortunée. *Faust* passa donc, dix ans après sa création, du répertoire du Théâtre-Lyrique à celui de notre première scène musicale, qui suivait ainsi l'exemple tant de fois donné par la Comédie-Française, laquelle s'est fort souvent emparé, lorsque ceux-ci lui en semblaient dignes, d'ouvrages représentés sur des scènes secondaires. L'Opéra avait agi ainsi une première fois au sujet de la traduction de *Lucia de Lamermoor*, donnée d'abord à la Renaissance; mais jamais pareil fait ne s'était produit pour une œuvre française, et il appartenait à M. Gounod d'être l'objet d'un tel honneur (1).

Pour reprendre maintenant le récit de la carrière artistique de M. Gounod à l'époque où il a été forcément interrompu par l'auteur de la *Biographie universelle des Musiciens*, il faut tout d'abord enregistrer la représentation de *la Reine de Saba*, qui fut donnée à l'Opéra le 29 février 1862. Cet ouvrage ne fut point heureux à Paris, où l'on trouva le livret fort médiocre et la musique d'une couleur uniforme et manquant d'inspiration; il fut cependant accueilli en Allemagne avec une sorte d'enthousiasme, particulièrement à Darmstadt, où, monté avec un grand luxe de mise en scène, il obtint un éclatant succès. A la suite de cet échec, M. Gounod retourna au Théâtre-Lyrique, où il donna *Mireille* (1864), opéra dialogué en cinq actes dont le sujet était emprunté au joli roman de M. Frédéric Mistral. Il y avait des pages exquises dans *Mireille*, notamment le premier acte, qui formait un tableau tout ensoleillé, plein de jeunesse, de grâce et de poésie, mais l'œuvre était inégale, mal venue dans son ensemble, et la partie dramatique était loin d'être heureuse; après un petit nombre de représentations, on réduisit la pièce à trois actes sans qu'elle réussît, sous cette nouvelle forme, à attirer les sympathies du public. Un petit ouvrage en deux actes, écrit d'abord pour le théâtre de Bade, *la Colombe*, ne fut guère plus heureux à l'Opéra-Comique, où il parut en 1866. Mais M. Gounod allait prendre sa revanche en donnant au Théâtre-Lyrique (27 avril 1867) *Roméo et Juliette*, et en s'attaquant au chef-d'œuvre de Shakespeare après que tant d'artistes illustres l'avaient transporté sur la scène musicale. Cette fois il obtint un succès éclatant, qui retentit par toute l'Europe, et qui rappela les beaux jours de *Faust*. Quelle que soit l'opinion que certains artistes un peu trop timorés aient pu porter sur ce produit de son génie, on ne peut nier que la partition de *Roméo* ne soit écrite dans un style admirable, empreinte d'une couleur pleine de poésie, chaude et généreuse, et que les lignes en soient aussi élégantes que grandioses. C'est là une œuvre largement inspirée, d'un caractère chevaleresque, passionné, hardi et contenu tout à la fois, et qui comptera parmi les plus belles et les plus nobles productions de la musique dramatique du dix-neuvième siècle. Bien des gens placent la partition de *Roméo* sur le même plan que celle de *Faust*, et j'avoue que pour moi ceux-là n'ont pas tout à fait tort, en dépit des objections soulevées par certains esprits réservés dont je parlais tout à l'heure.

Après un long silence, M. Gounod reparut à la scène avec deux productions d'un caractère particulier; je veux parler de la musique écrite par lui pour deux drames en vers, l'un, *les Deux Reines*, représenté au théâtre Ventadour en 1872, l'autre, *Jeanne d'Arc*, donné à la Gaîté l'année suivante; les partitions de ces deux ouvrages consistent en chœurs, intermèdes symphoniques, chansons, etc. Au reste, M. Gounod a touché à presque tous les genres; dans différents ordres d'idées, il faut mentionner ses symphonies, ses nombreuses mélodies vocales, qui se rapprochent du *lied* allemand et dont quelques-unes, particulièrement *la Sérénade*, ont eu tant de vogue, enfin ses chœurs orphéoniques, ses cantates, et ses chœurs avec orchestre. Mais c'est surtout comme compositeur de musique religieuse que le maître a droit de fixer aussi l'attention du public; là surtout les tendances mystiques de son esprit, les ferventes ardeurs de sa jeunesse, l'ont servi avec un rare bonheur; aussi son talent et sa fécondité se sont affirmés sous ce rapport avec un véritable éclat. Il suffira de citer, parmi les œuvres écrites par lui pour l'église, *les Sept Paroles du Christ*, sa messe de *Requiem*, ses messes solennelles, son petit oratorio de *Tobie*,

---

(1) A cette occasion, les auteurs durent supprimer le dialogue parlé, et le musicien dut remplacer celui-ci par des récitatifs, qui d'ailleurs avaient été écrits en partie pour la traduction italienne. D'autres remaniements aussi furent opérés dans l'ouvrage. Lorsque *Faust* disparut ainsi du Théâtre-Lyrique, il y avait été représenté plus de quatre-cents fois; le chiffre des représentations qu'il a obtenues ensuite à l'Opéra en porte le nombre total à beaucoup plus de cinq-cents.

Voici une particularité inconnue au sujet de *Faust*. Le fameux chœur des soldats : *Gloire immortelle de nos aïeux*, qui, malgré son succès, n'est pas un des meilleurs morceaux de la partition, n'a pas été écrit pour les paroles qu'il porte, ce dont il est facile de s'apercevoir à la façon dont il est prosodié. C'était, dans l'origine, un chœur de cosaques faisant partie d'un opéra intitulé *Ivan le terrible*, dont le poème avait pour auteur M. Henry Trianon. M. Gounod avait écrit presque entièrement la partition de cet opéra lorsque, j'ignore pour quelles raisons, il crut devoir y renoncer. Mais comme il trouva que les morceaux en étaient bons, il en utilisa plusieurs par la suite, entre autres celui dont il est ici question.

la paraphrase française du psaume *Super flumina Babylonis*, et ses nombreux motets. On a même parlé, il y a quelques années, d'un grand drame sacré, intitulé *Sainte Geneviève*, dont M. Gounod avait écrit la musique sur un poëme de M. Freppel, aujourd'hui évêque d'Angers, alors doyen du chapitre de Sainte-Geneviève à Paris. Mais, jusqu'ici, cet ouvrage important n'a pas vu le jour.

M. Gounod est revenu aujourd'hui à Paris, après un séjour de quelques années à Londres, où il s'était rendu pendant la guerre de 1870-1871. A cette époque il s'était établi en cette ville, et y avait formé un chœur d'amateurs des deux sexes (*Gounod's Choir*), à l'aide duquel il donna de nombreuses séances musicales et pour lequel il écrivit de nombreuses compositions. Le public anglais témoigna à l'auteur de *Faust* une sympathie presque ardente, qui n'était pas sans analogie avec celle que, plus d'un siècle auparavant, il avait témoignée à Hændel; l'enthousiasme en sa faveur s'affirmait en toute occasion, et la preuve s'en trouve surtout dans l'accueil qui lui fut fait à Albert-Hall lorsque, pour l'inauguration de l'Exposition universelle, le 1er mai 1871, il fit entendre, sous sa direction, sa grande cantate *Gallia*, écrite expressément pour la circonstance (1). Heureux de posséder parmi eux un si grand artiste, les Anglais, dit-on, espéraient que M. Gounod se fixerait pour toujours dans leur pays et deviendrait leur en quelque sorte. En France même, on taxait volontiers M. Gounod d'indifférence et d'ingratitude envers sa patrie malheureuse, si bien qu'en 1872 il crut devoir écrire de Spa, où il se trouvait alors, la lettre suivante au directeur d'un journal de Paris :

« .... Un de mes amis, en me communiquant le numéro d'aujourd'hui (26 septembre) de votre estimable journal, où je suis qualifié « l'Anglais Gounod », ajoute que ce n'est pas la première fois que *le Gaulois* a la délicate attention de me défigurer ainsi.

« Assurément, si je n'étais Français, je voudrais être Anglais, et je mentirais à la justice autant qu'à l'amitié, si je ne profitais pas de l'occasion qui m'est offerte de rendre hommage à tout ce que j'ai rencontré de noble, de délicat et de profondément sûr et dévoué dans les affections qui m'attendaient en Angleterre. Mais je ne sache pas qu'aucun acte ou aucune parole de ma vie, privée ou publique, ait donné à qui que ce soit le droit de me fabriquer un acte de naturalisation. Je n'ai pas à juger les personnes qui se font naturaliser ; elles peuvent avoir pour elles des raisons que je n'ai pas qualité pour apprécier. Ce que je puis dire, c'est que la notion de patrie n'est nullement, à mes yeux, une notion géographique, mais une notion morale : c'est qu'on peut rester Français et très-Français en vivant ailleurs qu'en France ; c'est qu'on n'est pas déserteur ni renégat pour être voyageur ; c'est qu'un homme appartient à son pays par le nom qu'il en a reçu et qu'il tâche de lui laisser le plus honorable et le plus illustre, en retour de sa naissance ; c'est qu'enfin Hændel a passé trente ans de sa vie en Angleterre, comme Rossini et Meyerbeer en France, pour la gloire de leur patrie.

« Je m'étonne, Monsieur, que dans ce temps où nous avons, d'une part, si cruellement souffert, et où, de l'autre, tant d'efforts s'accomplissent, en dépit de l'horreur des guerres, pour arriver à ce que les peuples voient dans les idées de solidarité autre chose qu'un vain mot, je m'étonne, dis-je, qu'à une telle époque un Français qui a laborieusement consacré sa vie à l'honneur de l'art français, trouve chez ses compatriotes un journal qui se charge de le mettre au ban de son pays et à l'index de ses concitoyens.

« ...... Je vous prie de vouloir bien, par l'insertion de cette lettre dans votre journal, me permettre de rectifier, aux yeux de vos lecteurs, la méprise dont j'ai été l'objet, et dont je désire que le désaveu soit public comme l'a été l'erreur.

« Recevez, etc.
« CHARLES GOUNOD. »

C'est pendant son séjour en Angleterre que M. Gounod termina sa partition de *Polyeucte*, depuis longtemps commencée, et qu'il écrivit celle de *Georges Dandin*, sur la prose même de Molière (1). Ces deux ouvrages n'ont pas encore été représentés, et si leur caractère profondément dissemblable a trouvé néanmoins le mu-

---

(1) Quatre grandes compositions avaient été demandées, en cette occasion, à quatre artistes différents : M. Sullivan pour l'Angleterre, M. Gounod pour la France, M. Ferdinand Hiller pour l'Allemagne, et M. Pinsuti pour l'Italie. Voici le titre inscrit sur le manuscrit original de la partition de M. Gounod : « *Gallia*, élégie biblique avec chœurs, soli, orchestre et orgue, composée pour l'ouverture de l'Exposition Internationale de Londres et exécutée pour la 1re fois le 1er mai 1871 dans Royal-Albert Hall. CHARLES GOUNOD. » — M. Gounod avait traduit lui-même un épisode des Lamentations de Jérémie, appliqué dans son esprit à la situation cruelle de la France à cette époque, et c'est sur ces paroles qu'il avait écrit sa musique.

(1) M. Gounod a fait connaître ses idées sur l'emploi de la prose en musique, par une préface écrite pour cette partition de *Georges Dandin*. Cette préface a été publiée par plusieurs journaux, entre autres par la *Revue et Gazette musicale*, dans son numéro du 17 octobre 1875.

sicien à la hauteur de la tâche qu'il s'est imposée en les écrivant, on peut compter sur deux œuvres qui auront leur large part dans l'éclat de sa renommée. Mais l'artiste s'est produit une fois encore, et d'une façon importante, depuis son retour en France. Lorsqu'en 1876 M. Carvalho fut appelé à la direction de l'Opéra-Comique, il n'eut garde d'oublier qu'il devait à M. Gounod une partie de la prospérité dont le Théâtre-Lyrique avait joui naguère sous sa direction, et que c'est à ce théâtre qu'avaient vu le jour *Faust*, *le Médecin malgré lui*, *Mireille*, *Philémon et Baucis* et *Roméo et Juliette*. Il demanda donc à M. Gounod un nouvel ouvrage, et celui-ci écrivit, avec un peu de hâte peut-être, la partition de *Cinq-Mars*, qui parut à l'Opéra-Comique le 5 avril 1877. L'œuvre était inégale, par suite de la précipitation avec laquelle elle avait été conçue, mais elle renfermait de grandes beautés et des parties puissantes, dignes en tout point du génie de l'auteur. Si le succès de *Cinq-Mars*, d'ailleurs très-réel, n'a pas été plus considérable encore, je crois qu'il faut s'en prendre à la trop grande rapidité qui a présidé à sa mise à la scène, et aux imperfections qu'on a pu relever dans l'exécution de cette œuvre, qui aurait exigé des interprètes de premier ordre.

Quelque peu d'entraînement que ses détracteurs — car il en a — puissent éprouver pour le génie de M. Gounod, ils ne peuvent du moins nier ce génie, sa puissance, son action sur le public. D'ailleurs, les artistes ainsi discutés ne sont que ceux qui possèdent une véritable valeur. Plus noble que majestueux, plus tendre que pathétique, plus rêveur qu'enthousiaste, plus réfléchi que spontané, l'immense talent de l'auteur de *Faust* brille par un assemblage de qualités bien rares, et dans ce talent on peut presque dire que l'étude, une étude constante et infatigable, a presque autant de part que l'inspiration. Non-seulement M. Gounod est un lettré fin, délicat, singulièrement instruit, versé dans la connaissance des langues et des chefs-d'œuvre, mais, au point de vue musical, peu d'artistes se sont, comme lui, nourris de la moelle des lions. Il n'est pas un grand musicien que M. Gounod ne sache pour ainsi dire par cœur, et il exprime son admiration à l'égard des maîtres avec un véritable enthousiasme. C'est lui qui, un jour, venant d'entendre au Conservatoire la Symphonie avec chœurs de Beethoven, court à un ami et lui crie, le visage en feu et tout en agitant la partition : *C'est la Bible du musicien!* C'est lui qui encore, dans un salon où l'on causait musique et où l'on discutait sur le rang qu'il fallait attribuer à chaque compositeur, prit la parole et exprima ainsi sa pensée : « Si les plus grands maîtres, Beethoven, Haydn, Mozart, étaient anéantis par un cataclysme imprévu, comme pourraient l'être les peintres par un incendie, il serait facile de reconstituer toute la musique avec Bach. *Dans le ciel de l'art, Bach est une nébuleuse qui ne s'est pas encore condensée.* »

J'ai dit que l'étude a presque autant de part que l'inspiration dans le talent de M. Gounod, ce qui est le fait de tous les artistes vraiment supérieurs ; on peut ajouter que ce talent acquiert une couleur toute personnelle, toute particulière, par l'alliance des sentiments presque mystiques de l'artiste avec une compréhension très-vive des passions humaines et des orages du cœur. Il est resté à M. Gounod, dans le cours de sa carrière, comme une sorte de ressouvenir de ses premières années vouées par lui aux études théologiques, de son penchant pour la vie monastique et pour le séjour du cloître ; peut-être est-ce là ce qui caractérise son génie d'une façon toute spéciale, ce qui lui donne son originalité, sa couleur propre et sa saveur exceptionnelle, bien qu'il soit difficile, on le comprend, de déterminer avec précision la part d'influence que les idées et les aspirations de sa jeunesse ont pu conserver plus tard sur son imagination, au profit ou aux dépens de sa personnalité artistique.

Musicalement, et en ce qui se rapporte au théâtre, M. Gounod est plus spiritualiste que matérialiste, plus poëte que peintre, plus élégiaque et plus nerveux que foncièrement pathétique. C'est peut-être là ce qui a fait dire qu'il manque de sens dramatique ; en quoi l'on s'est trompé, car ce n'est point le sens dramatique, c'est-à-dire la perception passionnée, qui parfois fait défaut à M. Gounod : ce serait, à proprement parler, le tempérament. Toujours est-il que l'auteur de *Faust*, de *Roméo* et du *Médecin malgré lui* reste un vrai poëte, un créateur inspiré, un artiste de premier ordre et de haute lignée, et sinon de ceux qui éclairent le monde et l'illuminent d'une lueur radieuse, du moins de ceux qui le charment et qui l'émeuvent, qui le touchent, l'attendrissent et le font penser.

Le catalogue des compositions de M. Gounod, extrêmement abondant, n'est point facile à dresser, surtout à cause de ce fait que, pendant son séjour en Angleterre, l'artiste a écrit et publié à Londres un grand nombre de morceaux de chant sur paroles anglaises, morceaux dont la liste exacte et complète est malaisée à produire. Voici cependant la nomenclature la plus étendue qui ait encore été faite des œuvres de M. Gounod. — A. Musique dramatique. 1° *Sapho*, grand opéra en 3 actes, Opéra, 16 avril 1851 ; — 2° Chœurs pour *Ulysse*, tragédie en 5 actes de Ponsard, Comédie-Française, 18 juin 1852 ; — 3° *la Nonne sanglante*, grand opéra en 5 actes, Opéra, 18 octobre 1854 ; — 4° *le Médecin malgré lui*, opéra-comique en 3 actes, Théâtre-Lyrique, 15 janvier 1858 (repris plus tard à l'Opéra-Comique) ; — 5° *Faust*, opéra dialogué en 5 actes, Théâtre-Lyrique, 19 mars 1859 (repris à l'Opéra, avec des récitatifs remplaçant le dialogue et quelques modifications dans la partition, le 3 mars 1869) ; — 6° *Philémon et Baucis*, opéra en 3 actes, Théâtre-Lyrique, 18 février 1860 (repris à l'Opéra-Comique, réduit en 2 actes, en 1876) ; — 7° *la Reine de Saba*, grand opéra en 4 actes, Opéra, 29 février 1862 ; — 8° *Mireille*, opéra dialogué en 5 actes, Théâtre-Lyrique, 19 mars 1864 (réduit à 3 actes le 15 décembre de la même année, et repris à l'Opéra-Comique, sous cette dernière forme, en novembre 1874) ; — 9° *la Colombe*, opéra-comique en 2 actes (écrit pour le théâtre de Bade et représenté en cette ville en 1860), Opéra-Comique, 7 juin 1866 ; — 10° *Roméo et Juliette*, grand opéra en 5 actes, Théâtre-Lyrique, 27 avril 1867 (repris à l'Opéra-Comique le 20 janvier 1873 ; — 11° Chœurs et musique symphonique pour *les Deux Reines de France*, drame en 4 actes de M. Ernest Legouvé, théâtre Ventadour, 27 novembre 1872 ; — 12° Chœurs et musique symphonique pour *Jeanne d'Arc*, drame de M. Jules Barbier, théâtre de la Gaîté, 8 novembre 1873 ; — 12 bis. *Cinq-Mars*, opéra dialogué en 4 actes, Opéra-Comique, 5 Avril 1877 ; — 13° et 14° *Polyeucte*, *Georges Dandin*, opéras non représentés. — B. Musique religieuse. 15° Messe de *Requiem*, exécutée à l'église Saint-Charles, de Vienne, en 1842 ; — 16° Messe solennelle, exécutée à Paris, en l'église Saint-Eustache, en 1849 ; — 17° Messe brève ; — 18° Deuxième messe de *Requiem* (Londres, Goddard) ; — 19° Deux messes ; — 19 bis. Messe du Sacré-Cœur de Jésus, pour quatre voix, chœur, orchestre et orgue, exécutée à Paris, en l'église Saint-Eustache, le 22 novembre 1876 ; — 20° *Stabat Mater* ; — 21° *Tobie*, « petit oratorio ; » — 22° *les Sept paroles du Christ* ; — 23° Messe *Angeli Custodes* ; — 24° *Pater noster* ; — 25° *Près du fleuve étranger*, chœur avec accompagnement d'orchestre ; — 26° *Jésus de Nazareth* ; — 27° *Ave verum* ; — 28° *O Salutaris hostia*, pour voix seule avec chœur et orgue ; — 29° *Te Deum* ; — 29° bis. *Jésus sur le lac de Tibériade*, « scène tirée de l'Évangile, » pour baryton solo, chœur et orchestre, exécutée à Paris en 1876 ; — 30° *Magnificat* ; — 31° *Vexilla regis*. — 32° *Christus factus est*, offertoire à une voix ; — 33° Six nouveaux cantiques, pour solo ou chœur (1. *Le ciel a visité la terre* ; 2. *Le nom de Marie* ; 3. *Chantez, voix bénies* ; 4. *Le Départ des Missionnaires* ; 5. *L'Anniversaire des martyrs* ; 6. *Notre-Dame des Petits-Enfants*), Paris, Choudens. — C. Musique symphonique. 34° 1° Symphonie, en *ré* ; — 35° 2° Symphonie, en mi bémol, Paris, Choudens ; — 36° *La Reine des Apôtres*, symphonie ; — 37° *Marche romaine*, Paris, Choudens ; — 38° Prélude de Bach, orchestré (exécuté aux Concerts populaires le 8 décembre 1867). — D. Musique instrumentale. 39° Méditation sur le 1er prélude de Bach, pour voix de soprano, violon, piano et orgue ; — 40° *le Calme*, méditation pour violon solo, avec orchestre ; — 41° *la Pervenche, le Ruisseau, le Soir, le Calme, Chanson de printemps*, romances sans paroles, pour piano (Paris, Choudens) ; — 41° bis. Dix morceaux originaux pour piano (1. *L'Angélus*, impromptu ; 2. *Menuet* ; 3. *Les Pifferari*, impromptu ; 4. *Musette*, impromptu ; 5. *Le Bal d'enfants*, valse ; 6. *Sérénade* ; 7. *Royal-Menuet* ; 8. *Nazareth*, chant évangélique ; 9. Prélude : « Près du fleuve étranger » ; 10. *Invocation*), Paris, Le Beau. — 42° Marche pontificale, pour piano (ib., ib.) ; — 43° 1° Valse, pour piano (ib., ib.) ; 44° Valse des fiancés, id. (ib., ib.) ; 45° *le Rendez-vous*, suite de valses, id. (ib., ib.) ; — 46° *Souvenance*, nocturne, id. (ib. ib.) ; — 47° *Ivy* (le Lierre), id. (Londres, Goddard ; — 48° *Convoi funèbre d'une marionnette*, id. (ib., ib.) ; — 49° *Dodelinette*, berceuse à 4 mains (ib., ib.) 50° *Méthode de cor à pistons*, contenant un exposé des avantages des pistons, les principes élémentaires de l'instrument, huit mélodies connues et quatre morceaux d'études (Paris, Colombier). — E. Musique vocale. 51° *Gallia*, élégie biblique avec chœurs, soli, orchestre et orgue, composée pour l'ouverture de l'Exposition internationale de Londres et exécutée pour la première fois, le 1er mai 1871, dans Royal-Albert-Hall (Paris, Choudens). — 52° *A la Frontière*, cantate exécutée à l'Opéra le 8 août 1870 ; — 53° Douze chœurs et une cantate (1. *Le Vendredi Saint*, à 6 voix ; 2. *La Nuit*, à 6 voix ; 3. *Ave verum*, à 5 voix ; 4. *La Chasse*, à 4 voix ; 5. *Noël*, à 3 voix ; 6. *D'un Cœur qui l'aime*, double chœur ; 7. *Stabat Mater*, à 6 voix ; 8. *L'Affût*, à 4 voix ; 9. *Sicut servus*, motet à 4 voix ; 10. *Prière du soir*, à 6 voix ; 11. *Le Crucifix*, à 6 voix ; 12. *Matinée dans la montagne*, à 6 voix ; *Le Temple de l'harmo-*

nie, cantate avec chœurs), avec accompagnement, un vol., Paris, Choudens; — 54° *Chœurs orphéoniques à 4 voix d'hommes, sans accompagnement* (*la Cigale et la Fourmi, le Corbeau et le Renard, la Danse de l'épée, Chœur de Chasseurs, le Vin des Gaulois, Vive l'Empereur! Hymne à la France, l'Enclume, Chœur des Amis,* etc.); — 55° *Dans une étable,* chœur avec accompagnement d'orchestre; — 56° *Les Gaulois,* id.; — 57° *En Avant!* chanson militaire pour solo et chœur, avec accompagnement d'orchestre; — 58° *Chants lyriques de Saül;* 59° Pastorale sur un Noël du dix-huitième siècle, chœur avec orchestre; — 60° Chœurs dédiés à la Société chorale d'Albert-Hall (Londres, Goddard, 3 vol.); — 61° Vingt mélodies pour chant et piano, 1er recueil (Paris, Choudens); — 62° Vingt mélodies pour chant et piano, 2e recueil (ib., ib.); 63° Vingt mélodies pour chant et piano, 3e recueil (ib., ib.); — 64° Vingt mélodies pour chant et piano, 4e recueil (ib., ib.); — 65° Quinze duos pour chant et piano (ib., ib.), extraits pour la plupart des œuvres dramatiques de l'auteur; — 66° *Biondina,* petit poème lyrique comprenant douze mélodies écrites sur des paroles italiennes de M. Zaffira conçues dans le style du *stornello* toscan; — 67° Enfin un grand nombre d'autres mélodies écrites sur paroles anglaises ou françaises, publiées à Londres (Goddard) et à Paris (Lemoine), et parmi lesquelles je citerai les suivantes: *If thou art sleeping Maiden, O! happy home, Evening song, Sweet Baby, O that we two* (avec accompagnement d'alto), *April Song, the Worker, Maid of Athens, Thy Will be done, My beloved spake* (avec accompagnement de violoncelle), *My true love hath my heart, O dille tu, the Fountain mingles with the river, The sea hath its pearls, To God, ye choir above, There is dew, When in the early Morn, Queen of love, Loin du pays, Ma belle amie est morte, la Fauvette, Si vous n'ouvrez, le Pays bienheureux, Heureux sera le jour, the Message of the Breeze* (duo), *Little Celandine* (duo); — 68° Enfin, plusieurs mélodies italiennes à une ou deux voix: *Perchè piangi! Quanti mai, Barcarola* (duo), *la Siesta* (duo), *Sotto un cappello rosa,* etc., etc.

M. Gounod, qui est commandeur de la Légion d'honneur, a été élu membre de l'Institut de France (Académie des Beaux-Arts) le 19 mai 1866, en remplacement de Clapisson. Les deux écrits suivants ont été publiés sur M. Gounod: 1° *Ch. Gounod,* par Jules Claretie (dans sa série d) *Portraits contemporains*), Paris, Librairie illustrée, 1875, in-8° de 16 pages avec portrait;

2° *Autobiographie de Ch. Gounod, et artic[le] sur la routine en matière d'art,* édités et co[m]pilés avec une préface par Mme Georgina Weld[on, Londres, William Reeves, in-8°, s. d. [1875]. Je signalerai aussi deux articles publiés s[ous] ce titre: « *Charles Gounod,* par Arthur P[el]gin, » dans le journal *l'Art* des 1er et 8 a[vril] 1877; on trouvera dans ces articles des dét[ails] inconnus et particulièrement intéressants su[r le] grand artiste, ainsi que la reproduction d[u] portrait jusqu'alors inédit de M. Gounod pe[int] par Ingres en 1844, pendant son séjour à Ro[me] comme pensionnaire de l'Académie de Fran[ce].

GOUPIL (l'abbé), est l'auteur des deux [ou]vrages suivants, publiés en 1876, à Paris, c[hez] l'éditeur M. Cartereau: 1° *Les débuts du jeu[ne] organiste,* un volume; 2° *40 Petites compo[si]tions religieuses,* un volume.

*****GOUVY** (Théodore). Nous allons comp[lé]ter le catalogue des œuvres publiées jusqu'à [ce] jour (1876) par cet artiste fécond et disting[ué]. Tous les ouvrages mentionnés ci-après ont p[aru] à Paris, chez l'éditeur M. Richault. — Séré[nade] en quatuor pour piano, violon, alto et viol[on]celle, op. 31; Trois chœurs *a cappella* (canti[que] de Rousseau) pour deux sopranos, ténor et ba[sse] avec accompagnement de piano *ad libitum,* 3?; 5° Trio pour piano, violon et violonce[lle], op. 33; Cinq Duettos pour piano et violon, [op.] 34; *Hymne* et *Marche* dans la forme d'une [ou]verture, op. 35; Sonate pour piano à qua[tre] mains, op. 36; Six Odes de Ronsard, pour [voix] de ténor avec piano, op. 37; Trois Séréna[des] pour piano seul (10e, 11e et 12e), op. 38; T[rois] Sérénades pour piano seul (13e, 14e et 15e),

---

(1) Mme Weldon, chez qui M. Gounod avait fixé s[a de]meure lors du séjour qu'il fit en Angleterre, qui, la [pre]mière, a chanté à Paris, aux concerts du Conservato[ire] sa cantate *Gallia,* et avec qui il a eu ensuite des dé[mê]lés que je n'ai pas à apprécier ici, s'est servi, pour c[ette] publication, de plusieurs écrits de M. Gounod qui étaient restés entre les mains. Ce petit recueil est [formé de plusieurs articles de M. Gounod, qui por[tent] les titres suivants: *le Public; la Critique; la Propr[iété] artistique; les Auteurs; la Critique musicale angla[ise]; Préface à « George Daudin, » comédie de Molière, [mu]sique de Charles Gounod; les Interprètes; l'Ensei[gne]ment; les Compositeurs-chefs d'orchestre; les Père[s de l']eglise de la musique,* études esthétiques.

Mme Weldon, qui semble d'ailleurs avoir mis à p[rofit le] séjour de M. Gounod en Angleterre, l'a pris encore p[our] prétexte de publications suivantes, toutes faites à [Lon]dres: 1° *Mon orphelinat et Gounod en Angleterre,* [let]tres et documents originales (sic); 2° *Mon orphelina[t et] Gounod en Angleterre,* récit; 3° *La destruction d'[une œ]uvre de Ch. Gounod,* mémoire justificatif; 4° *L['Enor]me musicale. Les Concerts Gounod,* et autres arti[cles] sur le « Métier musical »; 5° *La Querelle de la co[mpag]nie du Royal Albert Hall avec M. Ch. Gounod;* 6[° Le] *Troisième « Faust. »*

39 ; Neuf Poésies de Ronsard, pour une voix, avec piano, op. 41 ; Six Poésies de Ronsard, pour voix de ténor ou soprano, op. 42 ; Quatre Odes de Ronsard, pour voix de baryton, op. 43 ; Huit Poésies de Ronsard, pour voix de ténor ou soprano, op. 44 ; Dix-huit Poésies de Desportes, pour ténor ou soprano, op. 45 ; Trois Élégies à deux voix, avec piano, op. 46 ; Sept Poésies de Ronsard, avec piano, op. 47 ; *La Pléiade française*, 12 poésies du seizième siècle pour une voix, avec piano, op. 48 ; Deuxième Sonate pour piano à quatre mains, op. 49 ; Six Duettos pour piano et violon, op. 50 ; Troisième Sonate pour piano à quatre mains, op. 51 ; Variations pour piano à quatre mains, op. 52 ; Trois Sérénades pour piano (16e, 17e et 18e), op. 53 ; Valses de fantaisie à quatre mains, op. 54 ; Quintette pour deux violons, alto et deux violoncelles, op. 55 ; Deux quatuors pour deux violons, alto et basse, op. 56. Variations sur un air français, pour piano ; Variations pour piano ; Capriccio, pour piano et violon ; Impromptu, pour piano et violon ; Romance pour piano et violon ; Rondo-scherzando, pour piano et violon. M. Gouvy a fait entendre, dans un concert donné à Paris le 30 mars 1870, une grande scène dramatique pour voix de soprano intitulée *la Religieuse*, et un *Requiem* pour quatre voix principales, chœur et orchestre. Cette dernière composition, puissante et remarquable à tous les points de vue, a produit sur le public une impression profonde.

* **GOÜY** (JACQUES DE), et non *Jean de Gouy*, comme il est dit au t. IV de la *Biographie universelle des Musiciens*. Un savant musicographe belge, M. Edmond Vanderstraeten, a publié sur cet artiste un opuscule ainsi intitulé : *Jacques de Goüy, chanoine d'Embrun, recherches sur la vie et les œuvres de ce musicien du XVIIe siècle* (Anvers, Buschmann, 1863, in-8° de 35 pp.). M. Vanderstraeten a découvert, dans la bibliothèque royale de Bruxelles, les deux premiers volumes des psaumes en musique de de Goüy, et il en a transcrit exactement le titre, dont voici la reproduction : « *Airs à quatre parties, sur la paraphrase des Psaumes de Messire Antoine Godeau, évesque de Grasse. Composez par Jacques de Goüy, chanoine en l'église cathédrale d'Ambrun, et divisez en trois parties. A Paris, par Robert Ballard, seul Imprimeur du Roy pour la Musique. Et se vendent chez l'Autheur rue de l'Arbre-Sec, vis-à-vis la ville de Rome, et le grand Henry. M. D. C. L. Avec Privilége de sa Majesté.* » In-12 oblong.

Nous voyons par là que, quoique chanoine de la cathédrale d'Embrun, de Goüy habitait Paris à l'époque de la publication de son ouvrage. En tête de celui-ci se trouve une introduction longue et curieuse à plus d'un point de vue, que M. Vanderstraeten a eu le bon esprit de reproduire en son entier.

* **GRABEN-HOFFMANN** (GUSTAVE HOFFMANN, connu sous le nom de), chanteur et compositeur, est né à Bnin, près Posen, le 7 mars 1820. Il a fait ses études de composition à Leipzig, sous la direction de Moritz Hauptmann, s'est fait connaître par la publication d'une innombrable quantité de *lieder*, dont beaucoup sont devenus populaires, puis, après s'être établi à Dresde en 1858 comme professeur de chant, a fondé à Berlin (1870) une académie de chant. Il s'est de nouveau fixé à Dresde en 1873.

Doué d'une belle voix de baryton, M. Graben-Hoffmann s'est acquis une légitime réputation comme chanteur de concert. Son renom n'est pas moins grand comme compositeur, et il n'a pas publié moins de 95 cahiers d'œuvres de musique vocale, *lieder*, chants à plusieurs voix, etc. Sa ballade intitulée 500,000 *Teufel* (500,000 *Diables*), traduite dans presque toutes les langues, a obtenu une vogue prodigieuse et a fait le tour du monde. On doit aussi à M. Graben-Hoffmann quelques écrits pédagogiques dont j'ignore les titres, et qui ont été publiés à Leipzig et à Dresde en 1865, 1872 et 1874.

GRAEDENER (C......-G......-P......), professeur et compositeur allemand, né en 1812, a publié un certain nombre d'œuvres de musique instrumentale et vocale, parmi lesquels on distingue : Quintette pour piano, 2 violons, alto et violoncelle, op. 7 ; Quatuor pour instruments à cordes ; 8 *lieder* pour voix seule ou chœur, op. 8 ; sonate pour piano et violon, op. 11 ; Concerto pour le piano ; 3 fantaisies de concert pour piano et violon ; Chants hébraïques pour une ou deux voix. Je crois que c'est cet artiste (c'est du moins un artiste portant le même nom), qui, en 1861, a été nommé professeur de chant au conservatoire de Vienne, en remplacement de Mme Marchesi.

GRAEVER (Mme MADELEINE), pianiste distinguée, est née à Amsterdam vers 1830, et commença de bonne heure l'étude de la musique. Successivement élève de Bertelsman, de D. Koning et de Moschelès, elle fut entendue dans son enfance par Liszt, qui lui prédit un brillant avenir. Elle perfectionna son talent sous la direction de M. Henri Litolff, se fit entendre avec un grand succès, en 1852, à Amsterdam, vint ensuite se produire à Paris, puis visita l'Angleterre et partit pour l'Amérique, où elle donna des concerts dans plusieurs grandes villes. Elle s'était établie comme professeur à New-York, et s'y était fait une position honorable, lorsque éclata la guerre de sécession, qui l'obligea de repartir pour l'Europe. Elle se fit alors entendre de nouveau à Paris, parcourut la Belgique, les Pays-Bas et une partie de l'Allemagne, obtint le titre de pianiste ordinaire de la reine des Pays-Bas, et se vit partout accueillie avec une rare faveur. Bientôt elle voulut joindre à ses succès de virtuose ceux de compositeur, et se fit connaître sous ce rapport en publiant un certain nombre de productions aimables, qui ne manquaient ni de grâce, ni de charme : *la Ronde des Fantômes, le Réveil du Printemps, l'Attente*, etc. Mlle Madeleine Graever est aujourd'hui Mme Johnson.

GRAFF (CHARLES), compositeur et violoniste, est né à Also-Eor (Hongrie), le 20 mai 1833. Après avoir reçu à Fünfkirchen une éducation littéraire complète, il fut envoyé, sur le conseil et la recommandation de Liszt, au Conservatoire de Vienne, où il resta trois ans. Il en sortit, après avoir obtenu le diplôme d'«Artiste» (*freier Künstler*), distinction qui le dispensait du service militaire. Quelques mois plus tard il fut engagé comme violon-solo au théâtre « An der Wien ». En même temps, il perfectionnait son talent de virtuose en prenant des leçons de Bœhm, et poursuivait ses études de contrepoint et de fugue auprès de l'excellent contrepointiste Sechter. Il publiait aussi ses premiers essais de composition : deux petites pièces pour le piano et un *Tantum ergo*. En 1854, il entreprit un long voyage artistique qui ne dura pas moins de deux ans. Il parcourut la Hongrie, l'Autriche, les Provinces Danubiennes et une partie de la Turquie. Il donna des concerts dans toutes ces contrées, et joua devant le prince de Serbie et les cours de Bucharest et de Jassy. Sur le conseil de Servais, qu'il rencontra dans cette dernière ville, il renonça à cette vie nomade et alla à Paris se mettre sous la direction de Vieuxtemps. Pendant deux ans, il voyagea avec son maître, lui servant de second violon dans toutes ses auditions. A Londres, M. Graff se produisit comme soliste dans les concerts de « *Willis Rooms* » et de l'«*Old Philarmonic Society* ». Il se fit entendre également à Paris, à la salle Herz, dans un concert où jouait le pianiste Fumagalli. Enfin, après avoir secondé Vieuxtemps dans de brillantes séances données à Francfort, et à Vienne devant la cour, M. Graff se sépara de lui et revint dans son pays. Il y composa une ouverture pour le drame de *Don Carlos* de Schiller, qui fut exécutée plusieurs fois à Pesth, une douzaine de romances pour voix seule ou à 4 voix, et son premier quatuor. En même temps il faisait paraître à Vienne 2 morceaux de violon et 6 romances pour 4 voix mixtes. En 1858, en se rendant nouveau à Paris, il s'arrêta à Cassel po[ur] y jouer dans un concert d'abonnés au théâtre [de] la Cour. Spohr, qui dirigeait l'orchestre, l'appr[é]cia et le fit engager comme premier violon sol[o] — *Concert-meister*, — de son altesse l'électe[ur] de Hesse, en remplacement de son élève Jea[n] Bott, appelé d'autres fonctions. M. Graff occu[pa] ce poste pendant environ cinq ans. Il employ[a] utilement les deux premières années ; il reç[ut] des conseils de Spohr, écrivit plusieurs chœur[s,] son second quatuor, et une opérette, *l'Hercul[e]*, qui eut une dizaine de représentations dans [la] saison. Mais, en novembre 1859, Spohr mouru[t] et M. Graff perdit en lui un puissant appui. D[es] chagrins privés aggravèrent bientôt ce premie[r] malheur : une maladie nerveuse qui comprom[it] la sûreté de son exécution et de regrettables ri[...] valités artistiques vinrent y mettre le comble. E[n] 1863, Vieuxtemps, de passage à Cassel, le re[...] trouva souffrant et découragé. Il lui fit donner s[a] démission et obtint pour lui la place de profes[...] seur de violon à Inspruck. M. Graff ayant reçu [le] conseil d'aller passer l'hiver dans un climat plu[s] doux, pour y rétablir sa santé, déclina l'offre qu[i] lui était faite, et résolut d'habiter le midi de l[a] France. En septembre 1863, il vint se fixer [à] Marseille, où il est resté jusqu'en 1870. Aprè[s] avoir été attaché pendant une saison au Grand-Théâtre de cette ville, comme premier violon[,] M. Graff abandonna cette position pour se livrer [à] l'enseignement. En 1864, il fonda, avec MM. Th[...] Thurner et Aug. Tolbecque, des séances de musique de chambre dans le but de faire connaître les principales œuvres de l'école romantique. Ces séances furent presque exclusivement consacrées à l'audition de fragments de Schumann, Rubinstein, Brahms, Raff, Volkman, Bargiels, Litolff, Saint-Saëns, etc. — Vers la fin de 1870, M. Graff alla s'établir à Menton, où il réside encore au moment où cette notice est écrite. Ayant été chargé de divers travaux pour le roi de Portugal, il a eu occasion de connaître la préférence de ce souverain éclairé pour le style religieux des vieux maîtres italiens. Il a écrit dans cette manière une messe à 2 voix avec accompagnement d'orgue, qu'il lui a dédiée. Cette œuvre a été exécutée en 1875 dans la chapelle royale de Lisbonne, et a valu à son auteur la croix de commandeur de l'ordre du Christ.

Voici le relevé complet des compositions de cet artiste : « *Au revoir* »; *Idylle*, 2 morceaux de piano, chez Gloggl à Vienne ; — *Tantum ergo*, chez Diabelli, à Vienne ; — *Fantaisie dramatique* pour violon et piano, chez Wagner, à Pesth ; —Duo sur le *Prophète* pour piano et violon, chez

Gloggl; — Romances pour 4 voix, chez Diabelli; — 4 *Lieder* pour chant, chez Scheel, à Cassel; — Diverses romances pour chant; — une ouverture pour le drame de *Don Carlos*; — *Concerstück* pour violon et orchestre; — 6 morceaux de salon pour piano; — plusieurs fantaisies pour violon; — Motet à 4 voix et orgue; — *L'Hercule*, opérette; — 6 feuillets d'Album pour piano; — 2 chœurs pour voix d'hommes; — trois quatuors pour instruments à cordes; — Une sonate pour piano et violon; — 2 grandes fugues pour orgue; — 2 danses hongroises pour violon et piano; — transcription d'une mélodie hongroise; — une messe à 2 voix et orgue; — une suite pour piano et violon.

La qualité maîtresse de ces diverses compositions est la distinction : on peut dire qu'on n'y rencontre jamais la moindre banalité. Le tour de la pensée, le coloris, le style, les procédés, sont ceux de l'école contemporaine allemande.

AL. R — D.

* **GRAFFIGNA** (ACHILLE). Cet artiste a fait représenter au Théâtre-Italien de Paris, le 22 mars 1865, un opéra sérieux intitulé *la Duchessa di San Giuliano*, qui n'obtint aucun succès, et qui n'était qu'une nouvelle édition, remaniée et modifiée, d'un ouvrage que l'auteur avait produit antérieurement en Italie, sous le titre de *Veronica Cibo*. Vers 1872, M. Graffigna revint à Paris, amenant avec lui une troupe italienne dont il était à la fois l'*impresario* et le chef d'orchestre, et donna avec cette troupe, au petit théâtre de l'Athénée, qui était alors sans directeur, quelques représentations de *Lucia di Lamermoor*, de Donizetti. L'insuccès fut complet, et les pauvres artistes, sans ressources à Paris, eurent toutes les peines du monde à se rapatrier. En 1875, M. Graffigna était *maestro concertatore* et chef d'orchestre au théâtre Goldoni, de Florence. Au nombre des productions antérieures de cet artiste, il faut citer *l'Assedio di Malta*, tragédie lyrique en 3 actes représentée au théâtre Social d'Udine en 1854, et un ballet qui fut l'une de ses premières productions dramatiques, *la Conquista di Granata*, donné sans succès au théâtre de la Scala, de Milan, le 19 octobre 1839. Il a publié aussi quelques romances, *la Pipa, la Croce, Al Lido, il Ponte del Diavolo, la Vita di un fiore, l'Amor di moda, una Lapide, l'Ultimo istante di Felice Orsini*, etc.

GRAGNANI (ANTONIO), luthier italien, vivait dans la première moitié du dix-huitième siècle. On a vu à Londres, à l'Exposition du Kensington-Museum (1872), un par-dessus de viole de cet artiste, à cinq cordes, daté de 1741.

GRAMMANN (CARL), compositeur allemand contemporain, s'est fait connaître en ces dernières années par plusieurs œuvres qui ont été bien reçues du public, entre autres une symphonie à grand orchestre, un quintette pour piano et instruments à cordes, et une cantate, *Traver-Cantate*, pour baryton solo, chœur et orchestre. M. Grammann a heureusement abordé le théâtre en faisant représenter à Wiesbaden, le 25 septembre 1875, un grand opéra romantique intitulé *Mélusine*, qui a été accueilli avec une grande faveur. Depuis lors, ce jeune artiste a écrit un second ouvrage dramatique, *Thusnelda*, dont les journaux allemands ont annoncé la prochaine apparition, mais qui n'a pas encore été produit à la scène.

* **GRANCINI** (MICHEL-ANGE). Un des ouvrages de cet artiste porte le titre suivant : *Dell' Armonia ecclesiastica de' concerti a 1, 2, 3 e 4 voci, con una Messa, Magnificat, Litanie, Falsobordoni, e canzoni francesi parimenti a 4*, Milan, Rolla, 1622.

GRAND (......), compositeur français, qui a fait son éducation musicale sous la direction de Niedermeyer, a fait représenter en 1862, sur le théâtre de Limoges, un opéra-comique en 2 actes intitulé *Spavento*.

GRANDI (FLORIDO-MARIA), chanoine régulier de San-Salvator, né à Bologne, fut maître de chapelle en cette ville, où il avait été élève d'Agostino Filipuzzi. Il fut secrétaire, puis, en 1688, prince de l'Académie des Philharmoniques de sa ville natale.

* **GRANDIS** (VINCENT DE). On doit à ce compositeur la musique de trois oratorios : 1° *il Nascimento di Mosè*, exécuté à Modène en 1682 ; 2° *la Caduta di Adamo*; 3° *il Matrimonio di Mosè*. De Grandis fut un instant maître de chapelle du duc de Modène François II, du 1er janvier 1682 au 21 avril 1683. Ces renseignements, que je puise dans un livre bien informé, *la Cronistoria dei Teatri di Modena*, me font conclure à l'inexactitude des dates données au sujet de De Grandis dans le tome IV de la *Biographie universelle des Musiciens*.

GRANDJEAN (AXEL), compositeur danois dont le nom indique suffisamment une origine française, s'est produit pour la première fois à la scène en donnant sur le théâtre de Copenhague, au mois de mars ou d'avril 1876, un opéra intitulé *les deux Bracelets*, dont il avait écrit les paroles et la musique.

GRANDMOUGIN (CHARLES), écrivain, est né à Vesoul (Haute-Saône), le 17 janvier 1850. Employé au ministère de la guerre, M. Grandmougin, après avoir livré au public un volume de poésies intitulé *les Siestes*, a publié une *Esquisse sur Richard Wagner* (Paris, Durand-Schœnewerk, in-8° de 75 pp.), qui n'est qu'une apologie non raisonnée du système et des œuvres du fameux musicien allemand. M. Grandmougin est aussi l'auteur d'un poëme d'oratorio intitulé *la Vierge*, que M. Massenet a mis en musique et qui n'a pas encore été exécuté. Il donne des articles de critique musicale au journal *la Vie littéraire*.

GRANDVAL (Nicolas RACOT DE). Ce n'est pas pour une troupe de comédiens ambulants, mais bien pour la Comédie-Française elle-même, que cet artiste écrivit la musique d'une foule d'airs et de divertissements. Tous les témoignages contemporains s'accordent à ce sujet, et le chevalier de Mouhy, dans l'un des suppléments (celui de 1754) de ses *Tablettes dramatiques*, dit expressément : « Grandval est auteur d'une comédie intitulée *le Valet astrologue*, qui a été représentée à Rouen en 1697, et de la musique d'une partie des divertissemens qui ont été exécutés au Théâtre-Français pendant environ 40 ans. » Voici une bonne partie des titres des pièces pour lesquelles Grandval a écrit de la musique : *les Vendanges* (1694), *les Trois Gascons* (1701), *le Port de mer* (1704), *le Diable boiteux* (1707), *la Foire Saint-Laurent* (1709), *l'Usurier gentilhomme* (1713), *le Prix de l'Arquebuse* (1717), *le Curieux de Reims* (1725), *la Tragédie en prose*, *les Réjouissances publiques* (1729), *le Divorce* (1730), *le Mari curieux* (1731), *les Acteurs déplacés*, *le Mariage par lettre de change* (1735), *la Rencontre imprévue* (1735), *les Originaux* (1737), *le Fat puni*, *le Consentement forcé* (1738), *Ésope au Parnasse* (1739), *l'Oracle*, *Joconde* (1740), *Deucalion et Pyrrha*, *les Masques* ou *le Bal de Passy*, *les Souhaits* (1741), *la Fête d'Auteuil*, *Amour pour amour* (1742), *l'Isle sauvage*, *Zénéide* (1743), *l'Heureux retour*, *les Grâces*, *l'Algérien*, *le Quartier d'hiver* (1744), *la Folle du jour*, *l'Étranger* (1745), *le Rival de lui-même* (1746), *le Plaisir* (1747), *l'Isle des Vieillards* (1748), *l'Heureux indiscret* (1751), etc., etc. On voit que Grandval a écrit ainsi pour le théâtre pendant au moins 55 ans.

GRANDVAL (Marie-Félicie-Clémence DE REISET, vicomtesse DE), compositeur et l'un des membres les plus actifs de la jeune école musicale française, est née au château de la Cour-du-Bois (Sarthe), propriété de la famille de Reiset, le 21 janvier 1830. Quoique sa haute situation et son état de fortune ne fassent considérer Mme de Grandval que comme un amateur, elle est cependant douée de facultés assez remarquables et d'une puissance de production assez rare, surtout chez une femme, pour qu'on puisse sans complaisance lui accorder le titre d'artiste. Dès l'âge de six ans elle étudiait la musique, et à douze ou treize ans elle s'exerçait déjà à la composition sous la direction de M. de Flotow, qui était au nombre des amis de sa famille. Celui-ci ayant quitté la France peu d'années après, laissa très-incomplète l'éducation de son élève, qui cependant se mit à composer de la musique instrumentale, d'assez nombreuses mélodies vocales, et à ébaucher quelques opéras mais ces essais étaient fort imparfaits, et bien des années furent perdues pour elle, par suite de son inexpérience dans l'art d'écrire et d'instrumenter.

Cependant, Mme de Reiset, devenue vicomtesse de Grandval, conservait un vif amour de la musique ; elle résolut de refaire en entier son éducation musicale, et se mit dans ce but sous la direction de M. Camille Saint-Saëns. Après deux années d'études sérieuses et ininterrompues, elle avait atteint le résultat qu'elle désirait, et se vit en état d'écrire correctement et de rendre exactement ses pensées. Depuis lors, Mme de Grandval, rattrapant le temps perdu, n'a cessé de produire, et son inspiration s'est révélée sous les aspects les plus divers : musique dramatique, symphonie, musique religieuse, musique instrumentale, elle a abordé successivement tous les genres, en faisant preuve dans chacun d'eux sinon d'un génie supérieur, du moins d'un talent véritable, d'une imagination bien douée et d'une faculté productrice dont la vigueur est incontestable.

Voici une liste des œuvres de Mme de Grandval que je crois bien près d'être complète. — Musique dramatique : 1° *Le Sou de Lise*, opérette en un acte, Bouffes-Parisiens, 1859 (sous le pseudonyme de *Caroline Blangy*) ; 2° *les Fiancés de Rosa*, opéra-comique en un acte, Théâtre-Lyrique, 1er mai 1863 (sous le pseudonyme de *Clémence Valgrand*) ; 3° *la Comtesse Eva*, opéra-comique en un acte, théâtre de Bade, 7 août 1864 ; 4° *la Pénitente*, opéra-comique en un acte, Opéra-Comique, 13 mai 1868 ; 5° *Piccolino*, opéra italien en 3 actes, Théâtre-Italien, 5 janvier 1869 ; 6° *la Forêt*, poëme lyrique en 3 parties (paroles et musique) pour soli, chœurs et orchestre, exécuté à la salle Ventadour le 30 mars 1875. — Musique religieuse. 1° *Messe à trois voix*, chœurs et orchestre, exécutée à l'Athénée le 1er avril 1867 ; 2° *Messe brève*, pour voix de soprano ; 3° *Stabat Mater*, pour soli, chœurs et orchestre, exécuté au Conservatoire, au profit d'une œuvre de bienfaisance, su mois d'avril 1870; 4° *Sainte-Agnès*, oratorio, exécuté à l'Odéon, dans un concert spirituel, le 13 avril 1876; 5° *Pater noster* pour soprano, avec piano et orgue; 6° *O salutaris*, pour soprano; 7° *O salutaris*, pour soprano et contralto. — Musique instrumentale. 1° *Esquisses symphoniques*, exécutées aux Concerts populaires le 8 mars 1874; 2° Suite pour flûte et piano; 3° 1er Trio pour piano, violon et violoncelle, op. 7, Paris, Lemoine; 4° Grande sonate pour piano et violon, op. 8, ib., ib.; 5° 1er et 2° Nocturnes pour piano, op. 5 et 6; 6° Concertino pour violon; 7° Musette pour violon. — Musique vocale. 1° *Jeanne d'Arc*, scène pour contralto, avec piano et orgue; 2° Album de sept mélodies (*Barcarolle*, *la Cloche*, *Consolatrix*, *Chant d'hiver*, *la Fleur*, *le Grillon*, *Promenade*); 3° *les Lucioles*, rêverie pour mezzo-soprano, violon-solo, piano et orgue; 4° *Rose et Violette*, duo pour deux sopranos; 5° *le Bal*, valse chantée; 6° enfin, diverses mélodies, rêveries et chansons : *l'Attente*, *Pâquerette*, *Chrysa*, *les Clochettes*, *Trilby*, *Rosette*, *Chanson*, *Mignonne*, *Ne le dis pas*, *Dieu seul peut tout savoir*, *Rappelle-toi*, *la Jeune Fille et le Lys*, *Chanson de la coquille*, *Si tu m'aimais*, *Chanson de Barberine*, *la Fileuse*, *l'Étoile du soir*, *Myosotis*, *Ne grandis pas*, *Juana*, *le Petit oiseau*, *le Rendez-vous*, *la Sirène*, *la Source*, etc., etc. Entre autres ouvrages, Mme de Grandval a en manuscrit un grand opéra en quatre actes et une ouverture de concert.

GRANIER (......), violoncelliste, vivait au dix-huitième siècle. Il n'est mentionné ici que parce qu'il est un des artistes auxquels on a prétendu attribuer la paternité de la musique du *Devin du village*, aux dépens de Jean-Jacques Rousseau. Dans une brochure signée par un comédien nommé De Marignan et publiée en réponse à un article du *Journal encyclopédique* sur ce sujet : *Éclaircissements donnés à l'auteur du « Journal encyclopédique » sur la musique du « Devin du village »* (Paris, Duchesne, 1781, in-8°), l'auteur, pour disculper Rousseau de son prétendu vol de la musique de cet ouvrage, vol qui aurait été commis en 1750 au préjudice d'un nommé Garnier ou Granier, habitant Lyon, donne les renseignements suivants. — « Si elle (la musique du *Devin*) était d'un *Garnier*, elle ne pouvait pas venir de Lyon, puisqu'il n'y avait à Lyon aucun musicien compositeur de ce nom-là en 1750. J'étais à Lyon en 1749; j'y revins en 1751, et j'y restai jusqu'en 1756. Comme j'aime la musique, et que je chantais alors, je connaissais tous les musiciens qui pouvaient avoir quelque réputation. J'y ai connu ce *Grenet* (qui était en cause aussi), et j'y ai connu un *Granier*, et non un *Garnier*, mais ce Granier était à Grenoble et à Chambéry en 1750, où il avait épousé la nièce de Madame Legrand, épouse de Legrand, comédien français, et pour lors directrice d'une troupe de comédiens. Ce Granier ne vint à Lyon qu'en 1751. C'était un excellent violoncelle, qui n'avait alors que quelques faibles notions de la composition, qu'il apprit ensuite de l'abbé Roussier. Ce Granier n'a de sa vie composé d'autre musique vocale que quelques vaudevilles. Il ne commença même de composer de petits airs de danse qu'en 1757; et ce fut pour les ballets ingénieux de M. Noverre; encore ces airs lui étaient-ils, pour ainsi dire, dictés et calqués par cet admirable artiste, qui lui en indiquait l'esprit et le caractère. Lorsqu'on donna, pour la première fois, en 1754, *le Devin du Village* à Lyon, ce Granier jouait de la basse dans l'orchestre. Si la musique eût été de lui, il aurait pu s'en faire honneur : il n'y aurait pas manqué. Ce Granier vint à Paris en 1760; il entra musicien dans l'orchestre de la Comédie-Italienne; il y a composé quelques airs de ballets; il resta quelques années à ce théâtre, après lesquelles il retourna à Lyon, où il est mort il y a environ quatre ans.... En voilà, je crois, suffisamment, Monsieur, pour vous prouver que la lettre que vous avez reçue de Lyon ne pouvait pas être d'un homme qui n'y était point, et que ce même homme, qui ne savait pas la composition en 1751, n'avait pas pu composer la musique du *Devin du Village* en 1750..... »

GRAS (Victor), violoniste, époux de la cantatrice Mme Dorus-Gras, naquit en 1800, et s'adonna de bonne heure à l'étude du violon. Admis au Conservatoire de Paris, il y devint élève de Baillot, et remporta d'emblée un premier prix au concours de 1825. Il fut ensuite attaché à l'orchestre de l'Opéra en qualité de premier violon. Cet artiste est mort à Étretat, au mois de juillet 1876.

* **GRAS** (Madame Julie-Aimée-Josèphe Dorus), femme du précédent, est née à Valenciennes, non en 1807, mais le 7 septembre 1804. Dans une série de notices biographiques publiées sous ce titre : *Écrivains et Artistes vivants, français et étrangers*, par MM. Xavier Eyma et Arthur de Lucy, il a été donné une biographie de cette cantatrice distinguée (Paris, 1840, in-16, avec portrait). Il est utile de signaler aussi, ne fût-ce que pour prémunir les historiens à venir contre toute fâcheuse interprétation, une publication d'un autre genre. En 1874 a été publié en allemand, à Cassel, un prétendu roman historique, intitulé *la Sibérie* ou *les Dé-*

classés du 14 décembre, par M. le baron de Grasshoff (2 volumes). Le sujet de ce roman est la grande conspiration militaire russe de 1825, et les « déclassés » sont les malheureux qui furent internés en Sibérie après l'effondrement de leurs projets. L'auteur a jugé à propos d'entremêler au récit du drame qu'il voulait retracer les incidents d'une intrigue amoureuse dans laquelle, on ne saurait dire pourquoi, se trouve mêlé le nom de l'artiste qui fut Mⁱˡᵉ Dorus, et dont il fait la maîtresse d'un prince moscovite. Ce manquement aux convenances sociales les plus élémentaires a été relevé en ces termes par la *Revue de Belgique*, qui, dans son n° du 15 septembre 1874, rendait compte de l'écrit en question : « Il est regretable que M. de Grasshoff soit allé choisir précisément le nom d'une artiste du plus grand talent et vivant encore, pour en faire une des héroïnes de son drame. Mⁱˡᵉ Dorus, qui fit, avant 1830, ses débuts au théâtre royal de Bruxelles, a été entourée, dans tout le cours de sa carrière lyrique, d'estime et de respect. Nous tenons à le rappeler, à cause du fait qui précède et de ceux qui suivent..... »

GRASSARI (Mademoiselle GÉRARD, dite), chanteuse fort distinguée, qui pendant douze ans occupa une situation brillante à l'Opéra, naquit à Tongres (Belgique), vers 1793. « Elle est (disait un biographe à l'époque de ses plus grands succès) l'unique fruit d'un mariage contracté entre le baron Gérard, lieutenant-général, et la fille du bourgmestre de la ville de Tongres. Par suite d'un divorce entre les auteurs de ses jours, mademoiselle Gérard fut placée sous la surveillance immédiate de sa mère, jusqu'en 1814, époque à laquelle elle fut conduite à Paris auprès de son père (1). »

Douée d'heureuses dispositions, la jeune personne avait étudié la musique dans son pays natal. Arrivée à Paris, elle entra au Conservatoire, où elle termina son éducation artistique et où elle resta jusqu'au commencement de 1816. Engagée à l'Opéra, elle y débuta le 13 février de cette année, en adoptant pour le théâtre le nom de *Grassari*, qu'elle ne quitta jamais depuis.

C'est dans le rôle d'Antigone d'*Œdipe à Colone*, que Mⁱˡᵉ Grassari se montra pour la première fois au public. Son succès fut très-flatteur et très-vif, et, après avoir obtenu le titre de *premier remplacement*, elle devenait au bout de peu d'années chef d'emploi et faisait successivement d'importantes créations dans *les Dieux rivaux*, *Aspasie et Périclès*, *Stratonice*, *Aladin ou la Lampe merveilleuse*, *les deux Salem*, *Virginie*, *Vendôme en Espagne*, *Lasthénie*, *Ipsiboé*, *la Belle au bois dormant*, *Pharamond* et *Don Sanche*. De la grâce, de la noblesse, une taille élégante, une jolie figure, une voix étendue, flexible et d'une rare justesse, un excellent sentiment de la scène, telles étaient les qualités qui distinguaient Mⁱˡᵉ Grassari comme femme, comme actrice et comme chanteuse. Sa carrière, cependant, n'eut qu'une durée moyenne et après douze années de bons et brillants services, en 1828, cette artiste remarquable quitta la scène où elle avait obtenu de nombreux succès. A partir de ce moment, on n'en entendit plus parler.

GRASSI (GIUSEPPE-NAPOLEONE), violoniste, naquit à Casal-Montferrat (Piémont), le 7 juillet 1806. Fils d'un peintre distingué, il devait embrasser la même carrière que son père, mais il préféra apprendre la musique. Il eut pour professeur de violon un élève du fameux Puguani, dont il prit des leçons pendant dix-huit mois, puis il continua seul ses études. Il avait quatorze ans lorsque son père, se rendant en Russie, l'emmena avec lui, et deux ans après il entrait en qualité de premier violon dans l'orchestre d'un riche amateur, le comte Goudovitch. A vingt ans il entreprit un voyage artistique en Allemagne, visita Vienne et plusieurs autres grandes villes, puis retourna à Moscou, où il fut engagé comme violon-solo au Théâtre-Impérial. Il organisa alors des séances musicales exclusivement consacrées par lui à l'exécution des quatuors de Beethoven et il fut proclamé le roi de ces séances, dont le succès était énorme. En 1840 il vint pour la première fois en France, se fit entendre à Paris, donna cinq concerts à Lyon, puis se produisit à Marseille et dans d'autres grandes villes. Il visita ensuite les principales villes de l'Italie, retourna en Russie, se rendit en Belgique au mois de décembre 1846, et au mois de janvier suivant repartit de nouveau pour la Russie. Depuis lors on n'a plus entendu parler de lui.

GRASSI (GIUSEPPE), pianiste et compositeur issu d'une ancienne et noble famille bolonaise, est né à Palmi, dans la Calabre, le 2ᵃ février 1825. Dès l'âge de huit ans, il commença l'étude du piano sous la direction de la signora Rosa Savoia, sœur du fameux Manfroce, puis avec Carmelo Jonita. Quelques années après il vint à Naples, termina ses études avec un maître allemand resté inconnu, puis travailla l'harmonie et la composition avec Gaetano Rotondo, après quoi, ayant accompli sa dix-neuvième année, se consacra à l'enseignement et à la composition. M. Grassi a publié près de 200 œuvres pour le piano et pour le chant, et il a fait représenter o

---

(1) *Galerie biographique des artistes dramatiques des théâtres royaux*, Paris, Barba, 1826, in-8°.

exécuter les ouvrages suivants : 1° *la Vergine del Castello*, opéra sérieux en 3 actes (Naples, th. Nuovo, 1845); 2° *Don Procopio a Cardilliello ossia N'asciuta a lu Fusaro* (ib., ib., 10 mars 1849); 3° *i Tre Matrimonii* (id., id., 25 août 1852); 4° *Melodramma in onore di S. Rocco, protettore della città di Palmi*, cantate (Palmi, 16 août 1840); 5° *Cantata in onore della Madonna della Montagna* (Radicena, 8 septembre 1850); 6° *la Guida e il Solitario*, cantate pour la fête de la madone des pauvres (Seminaria, 15 août 1857). — Le fils de cet artiste, M. *Pietro Grassi*, élève du Conservatoire de Naples, est un pianiste distingué.

GRASSONI (GIOVANNI), compositeur, ancien professeur de chant à l'école normale d'Ancône, naquit en cette ville vers 1819. Passionné pour la musique, il apprit les rudiments de cet art avec un chanteur obscur, tenta ensuite de s'instruire seul à l'aide de traités spéciaux, et enfin compléta ses connaissances sous la direction d'un professeur nommé Giuseppe Bornaccini. Au bout de quelques années, il fit jouer sur le théâtre d'Ancône un opéra intitulé *Matilde di Valdelmo*, dont le très-grand succès ne l'aida pourtant pas dans la suite de sa carrière. En butte à des infortunes incessantes, M. Grassoni fut réduit à accepter la situation de chef de chœurs dans les théâtres de diverses villes d'Italie, fonctions qu'il exerce en ce moment (1875) à Mantoue.

GRAST (FRANZ), compositeur suisse, né vers le commencement de ce siècle, est mort à Genève au mois de mai 1871. Je n'ai d'autres renseignements sur cet artiste que la courte notice suivante, qui fut publiée à l'époque de sa mort dans un journal spécial de Bruxelles, *le Guide musical* : « Franz Grast avait écrit depuis cinquante ans la musique de presque toutes les grandes solennités religieuses et patriotiques de la Suisse, notamment des deux dernières *Fêtes des Vignerons*, de Vevey. C'était un esprit très-distingué et le meilleur homme du monde; il avait eu à Paris son jour de fortune, des amitiés illustres et très-diverses. Il était presque parvenu à associer, pour lui faire un *libretto* d'opéra, Scribe et George Sand. » Franz Grast est l'auteur de l'ouvrage suivant : *De l'harmonie moderne et de son union avec la mélodie*, traité théorique et pratique d'harmonie, de mélodie et d'accompagnement (Paris, Richault, in-8°).

GRAUD (ALBERT), compositeur, a fait représenter sur le théâtre d'Oran (Algérie), le 24 février 1872, un opéra bouffe en 3 actes, intitulé *la Diffa*, ou *un Douar à l'envers*.

* **GRAVRAND** (JACQUES-FRANÇOIS-URBAIN, et non *Joseph*), violoniste, est mort à Caen non en 1847, mais le 16 juillet 1854.

GRAZIANI (LODOVICO et FRANCESCO), chanteurs italiens renommés, le premier ténor, le second baryton, ont acquis dans leur patrie et à l'étranger une réputation solide, suffisamment justifiée par leur remarquable talent. Né à Fermo, dans les États-Romains, au mois d'août 1823, M. Lodovico Graziani, dont la voix de ténor était à la fois puissante et suave, débuta d'abord au théâtre Valle, de Rome, se fit entendre ensuite avec le plus grand succès à Milan, Florence, Naples, Palerme, Turin, Venise, puis fit un assez court séjour à Paris (1858), fut engagé à Londres, et de là se rendit à Barcelone, où il devint l'idole du public. Il était surtout remarquable dans *Rigoletto*, *il Giuramento*, *un Ballo in maschera* et *i Vespri siciliani*, et tout particulièrement dans le rôle d'Alfredo de *la Traviata*, que M. Verdi avait écrit expressément pour lui. Il mit le comble à sa renommée par les succès qu'il obtint à Vienne en 1860.

Son frère, M. Francesco Graziani, né à Fermo le 26 avril 1829, se distinguait aussi par la puissance et en même temps le velouté de sa superbe voix de baryton. Après avoir eu pour maître, dans sa ville natale, un professeur nommé Cellini, il débuta avec succès à Ascoli dans la *Gemma di Vergy*, de Donizetti, puis se produisit sur les théâtres de Macerata, de Chieti, de Pise et de Florence. Il vint à Paris en 1853, fit presque aussitôt un voyage à New-York, puis, de retour en France, resta attaché jusqu'en 1861 à notre Théâtre-Italien, où il passait toutes les saisons d'hiver, tandis que le théâtre de Covent-Garden, de Londres, l'engageait pour les saisons d'été. Son talent de chanteur, tout à fait formé à cette époque, était des plus remarquables, et il ne se montrait pas moins habile sous le rapport du jeu scénique. Les amateurs de notre scène italienne n'ont certainement pas oublié un artiste si distingué, et les triomphes qu'il obtint dans plusieurs rôles, notamment dans *Rigoletto*, ne se sont pas effacés de leur mémoire. En 1861, M. Graziani fut engagé pour trois années à Saint-Pétersbourg; en 1866, il reparut à Paris, mais sa voix était déjà fatiguée, et il ne retrouva plus qu'une partie des succès qui l'avaient fait acclamer naguère dans *il Trovatore*, *Don Giovanni*, *Maria di Rohan*, *Lucia di Lammermoor*, *Ernani*, *Otello*, *il Giuramento*, *il Barbiere*, *la Traviata*, etc. Aujourd'hui il n'est plus que l'ombre de lui-même, et cependant on sent encore, en l'entendant, qu'on est en présence d'une intelligence artistique de premier ordre.

GRAZIANI (Le comte MASSIMILIANO), noble amateur italien, a écrit la musique de deux ballets-divertissements en un acte, représentés tous deux au Théâtre-Italien : *il Basilico* (18 novembre 1865), et *la Fidanzata valacca* (19 mars 1866). M. le comte Graziani a publié un assez grand nombre de morceaux de musique de danse.

GREGOIR (JACQUES-MATHIEU-JOSEPH), pianiste et compositeur, naquit à Anvers (Belgique) le 18 janvier 1817. Il montra des dispositions précoces pour la musique, et à peine âgé de huit ans il exécutait en public, avec succès, le concerto en *si* bémol de Dussek. Il travailla alors avec un organiste distingué, nommé Homans, puis, après la révolution de 1830, fut envoyé par sa famille à Paris pour s'y perfectionner, et devint en cette ville l'élève de M. Henri Herz. Une maladie grave l'obligea, peu d'années après, à retourner auprès des siens pour y prendre un repos nécessaire, et bientôt Gregoir partait avec son jeune frère pour l'Allemagne, afin d'y parfaire son éducation musicale. Il prit en ce pays des leçons du fameux pianiste Chrétien Rummel, et au bout de deux années (1837) revint à Anvers, où il obtint de grands succès en se faisant entendre dans plusieurs concerts.

Depuis lors, et tout en consacrant une partie de son temps à l'enseignement, Gregoir se livra activement à la composition. Après avoir fait exécuter à Anvers un *Lauda Sion* pour chœur et orchestre, il y fit entendre, en 1847, un grand poème musical intitulé *Faust*, et l'année suivante donna au théâtre royal de cette ville un opéra en trois actes, *le Gondolier de Venise*, qui fut accueilli favorablement par le public. Il dirigeait à cette époque l'orchestre de ce théâtre, et était placé à la tête d'une société chorale allemande. En 1848, il quittait sa ville natale pour aller s'établir à Bruxelles, devenait en 1849 professeur de musique au pensionnat anglais de Bruges, et en 1850 se fixait de nouveau à Bruxelles, ce qui ne l'empêcha pas de faire de nombreux voyages à l'étranger, et de s'y faire applaudir comme virtuose et comme compositeur pour son instrument. Il obtint surtout de grands succès dans une tournée qu'il fit en Allemagne, avec le célèbre violoncelliste Servais.

Le nombre des œuvres que Joseph Gregoir a publiées pour le piano s'élève à plus d'une centaine. On doit surtout signaler parmi les plus importantes : 1° *Marche solennelle*, composée pour le 25e anniversaire du règne de Léopold I*er* ; — 2° *Marche triomphale* à l'occasion du mariage du duc de Brabant et de l'archiduchesse Marie d'Autriche ; — 3° *Aux mânes de Meyerbeer*, marche funèbre ; — 4° *Concerto*, op. 100 ; — 5° 6 *Poésies musicales*, op. 51 ; — 6° *Méditations musicales*, op. 55 ; — 7° 12 *Compositions nouvelles en forme d'études*, op. 66 ; — 8° *Souvenir d'Ostende*, étude de concert, op. 53 ; — 9° *l'Étude du diable*, op. 56 ; — 10° *Trois légendes* (1. *Pensée intime* ; 2. *Conte d'enfant* ; 3. *Invocation*), op. 93 ; — 11° *les Feuilles volantes*, six romances sans paroles (1. *Au loin* ; 2. *Mer calme* ; 3. *Rêverie* ; 4. *Oiseau messager* ; 5. *l'Automne* ; 6. *Mazurka de salon*), op. 95 ; — 12° *six morceaux de salon*, op. 98 ; — 13° *Études de moyenne force* ; — 14° 24 *Études de style et d'expression*, en 4 livres, op. 101 ; — 15° 24 *Études de style et de mécanisme*, en 4 livres, op. 99 ; puis un grand nombre de morceaux de genre, de transcriptions, de fantaisies et mélanges sur des airs d'opéras, et enfin des duos pour piano et violon ou pour piano et violoncelle, dont un écrit en société avec M. Henri Vieuxtemps, 50 avec M. Léonard, et 24 avec Joseph Servais. Cet artiste extrêmement distingué, aussi excellent professeur qu'habile exécutant, est mort à Bruxelles le 29 octobre 1876.

GREGOIR (ÉDOUARD-GEORGES-JACQUES), pianiste, compositeur et écrivain sur la musique, frère du précédent, est né à Turnhout le 7 novembre 1822. Après avoir commencé ses études musicales dans son pays, il alla les achever avec son frère en Allemagne, et partit en 1837 pour Bieberich, où il reçut des leçons d'un pianiste renommé, Chrétien Rummel, maître de chapelle du duc de Nassau. En 1841, il se faisait entendre avec succès à Londres, dans les concerts ; en 1842, il faisait un voyage artistique avec les célèbres violonistes Teresa et Maria Milanollo ; en 1847 et 1849, il faisait entendre diverses compositions à Amsterdam et à Paris ; peu de temps après, il devenait professeur à l'école normale de Lierre, et enfin il se fixait à Anvers, qu'il n'a pas quitté depuis plusieurs années.

Dès 1844, M. Gregoir s'occupa de réformer les méthodes et les systèmes d'enseignement en usage dans les écoles populaires, et publia sur ce sujet différents ouvrages qui eurent l'appui du gouvernement, par lequel il se vit bientôt chargé d'organiser l'enseignement du chant d'ensemble dans l'armée belge. Il a été aussi l'un des propagateurs les plus actifs de l'harmonium en Belgique, et donna à Anvers, en 1859, toute une série de séances publiques destinées à faire connaître cet instrument et à en répandre l'usage.

M. Gregoir a fait preuve d'une réelle fécondité comme compositeur ; il a écrit un assez grand nombre d'opéras, des odes-symphonies, des oratorios, des ouvertures, des chœurs, des lieder des chants populaires, etc., ainsi que de nombreuses œuvres de musique religieuse : *Te Deum*, messes, motets, qu'il a fait exécuter à la cathédrale et dans diverses églises d'Anvers. Il s'est aussi beaucoup occupé de littérature musicale, et, chercheur ardent et infatigable, il s'est donné pour mission de mettre en lumière tout ce qui pouvait contribuer à enrichir l'histoire de la musique et des musiciens flamands. Il serait à souhaiter que dans son désir de bien faire M. Gregoir, travaillant avec moins de rapidité, prît un peu plus de souci de la forme littéraire, fît parfois un choix plus judicieux dans les documents publiés par lui, et n'accordât pas la même importance à des faits sans valeur qu'aux renseignements vraiment utiles et dignes d'intérêt. Quoi qu'il en soit, les recherches multipliées de M. Gregoir lui ont procuré la bonne fortune de plus d'une découverte intéressante et heureuse, et, sous le bénéfice des réserves qui viennent d'être indiquées, ses travaux pourront être consultés avec profit par les historiens de l'avenir, à la condition de rejeter ce qu'ils contiendront de superflu. M. Gregoir possède d'ailleurs une bibliothèque fort riche non-seulement en musique proprement dite, mais en ouvrages didactiques et historiques relatifs surtout à l'art flamand.

Voici une liste des compositions les plus importantes de cet artiste très-actif et très-laborieux : 1° *Les Croisades*, symphonie historique en 4 parties (Anvers, 1846) ; — 2° *la Vie*, drame lyrique (Anvers, 6 février 1848) ; — 3° *le Déluge*, oratorio symphonique (Anvers, 31 janvier 1849) ; — 4° *Hommage à Henri Conscience*, ouverture (Anvers, 1851) ; — 5° *De Belgen in 1848*, drame national avec ouverture, airs, duos et chœurs (Bruxelles, 1851) ; — 6° *la Dernière nuit du comte d'Egmont* (Bruxelles, 1851) ; — 7° Ouverture en *ut* majeur (Nieuport, 1852) ; — 8° *Leicester*, drame mêlé de musique (Bruxelles, 13 février 1854) ; — 9° *Willem Beukels*, opéra-comique flamand en un acte (Bruxelles, th. du Cirque, 21 juillet 1856). M. Gregoir a publié une *Méthode théorique de l'orgue*, deux *Méthodes de musique*, une centaine de chœurs pour voix d'hommes, de nombreuses compositions pour le piano, pour l'orgue et pour le violon, des recueils de *lieder* et de chants populaires, un recueil de 4 morceaux pour harmonium ou orgue, un autre recueil de 6 morceaux pour harmonium, etc., etc. Il a écrit encore *la Belle Bourbonnaise*, opéra-comique en 2 actes, et *Marguerite d'Autriche*, grand opéra en 3 actes.

M. Édouard Gregoir a collaboré à un grand nombre de journaux : *le Guide musical*, la *Belgique musicale*, *la France musicale*, la *Plume*, la *Fédération artistique*, etc. De plus, il a publié un grand nombre d'écrits : 1° *Essai historique sur la Musique et les Musiciens dans les Pays-Bas*, Bruxelles, Schott, 1861, in-4°; — 2° *les Artistes musiciens néerlandais*, idem., idem., 1864, in-8° (2ᵉ édition, augmentée, de l'ouvrage précédent) ; — 3° *Galerie biographique des artistes musiciens belges du XVIIIᵉ et du XIXᵉ siècle*, idem., idem., 1862, in-8° ; — 4° *Documents historiques relatifs à l'art musical et aux artistes musiciens*, idem., idem., 1872-76, 4 volumes in-8°; — 5° *les Artistes musiciens belges, réponse à un critique de Paris*, idem., idem., 1874, in-8°; — 6° *Notice sur l'origine du célèbre compositeur Louis Van Beethoven, suivie du testament de l'illustre maître*, Anvers, Jorsen, 1863, in-8°; — 7° *Recherches historiques concernant les journaux de musique, depuis les temps les plus reculés jusqu'à nos jours*, Anvers, Legros, 1872, in-8°; — 8° *Histoire de l'Orgue, suivie de la biographie des facteurs d'orgue et organistes néerlandais et belges*, Bruxelles, Schott, 1865, in-8°; — 9° *Du chant choral et des Festivals en Belgique : Fédération chorale anversoise*, Anvers, Delamontagne, 1865 in-8°; — 10° *Panthéon musical*, Bruxelles Schott, 1876, 6 vol, in-8°; etc., etc. (1).

GREIVE (Guillaume-Frédéric), violoniste et compositeur, naquit à Amsterdam en 1816. Après avoir étudié le violon avec Kleine et Robberechts, il vint se fixer à Paris, où il entra comme alto à l'orchestre du Théâtre-Italien. De 1850 à 1860, il fit exécuter, soit à la société Sainte-Cécile, dirigée par M. Seghers et dont il était membre, soit dans des concerts donnés par lui, divers morceaux de musique instrumentale qui décelaient un talent solide, réel et sérieux. Il fit aussi représenter sur le théâtre de Bade, en 1863, un opéra-comique en un acte, *la Neuvaine de la Chandeleur*, qui fut très bien accueilli. Lorsque, vers la même époque, Félicien David conçut le projet, ensuite abandonné, de fonder une grande entreprise de concerts (dans la rue Richer, à l'endroit où l'on a établi depuis le spectacle des Folies-Bergère), il avait choisi Greive pour son chef d'orchestre. Atteint d'une gastrite, cet artiste modeste et distingué est mort le 19 septembre 1865, après deux années de souffrances. On a publié de lui : 1° *L'ac-*

(1) Je dois à M. Édouard Gregoir la communication d'un grand nombre de notes qui m'ont été utiles pour ce Dictionnaire supplémentaire, et j'ai mis à contribution plusieurs de ses écrits, en lui laissant d'ailleurs la responsabilité de ses renseignements.

cord du violon, avec accompagnement de piano, Paris, Gérard ; 2° *La première gamme*, id., id., id.; 3° *La première syncope*, id., id., id.

* **GRELL** (Édouard-Auguste), directeur de l'Académie de chant de Berlin, est l'un des artistes les plus versés dans la connaissance de l'ancienne musique d'église, surtout dans le style de Palestrina, et l'un de ses plus grands admirateurs. Né à Berlin le 6 novembre 1800 (et non en 1799), il commença dès l'âge de six ans l'étude de l'orgue sous la direction de J. Charles Kauffmann, devint à seize ans organiste de l'église de Saint-Nicolas, et en 1839 fut appelé à remplir les mêmes fonctions à la cathédrale. M. Grell a formé un grand nombre d'élèves distingués. Parmi ses compositions, il faut citer plusieurs ouvertures, et un oratorio : *les Israélites dans le désert*.

* **GRENET** (........), est l'un des musiciens auxquels, en haine de Jean-Jacques Rousseau, on a voulu attribuer la musique du *Devin du Village*. Il habitait Lyon à l'époque (1750) où l'on prétendit qu'il avait écrit à Paris une lettre à ce sujet. En réponse à un article paru sur ce fait dans le *Journal encyclopédique*, un comédien nommé de Marignan publia une brochure destinée à défendre la mémoire de Rousseau outragée : *Éclaircissements donnés à l'auteur du « Journal encyclopédique » sur la musique du « Devin du Village »* (Paris, Duchesne, 1781, in-8°). Dans cette brochure, écrite avec sincérité et vivacité, l'auteur, après s'être expliqué d'abord au sujet d'un autre musicien nommé Granier (*Voyez* ce nom), parle ainsi en ce qui concerne Grenet : — « J'ai connu Grenet tout aussi particulièrement que Granier ; je l'ai moins fréquenté, puisqu'il est mort vingt ans avant (ce dernier). Il était maître de musique du concert de Lyon. C'était un homme très-vif, plein du génie de son art ; auteur de plusieurs motets et d'un opéra qui a pour titre *le Triomphe de l'harmonie*. Il était effectivement grand harmoniste ; de plus, homme d'esprit, et par conséquent incapable d'écrire une lettre aussi plate que celle que vous avez reçue, et encore moins d'y avoir mis une suscription aussi bête. Il est en effet mort vers l'année 1752. Il fut remplacé dans le Concert par un musicien nommé Mathieu Billouard, et celui-ci le fut par M. Mangot, beau-frère du célèbre Rameau. Je n'entre dans tous ces détails que pour mettre les éclaircissements que je vous donne dans un plus grand jour. Si la musique du *Devin du Village* pouvait avoir été faite par un des deux musiciens que vous voulez indiquer, il n'y a pas de doute que ce serait Grenet qui en aurait la gloire ; ayant fait le *Triomphe de l'harmonie*, le préjugé serait en sa faveur. Mais la musique du *Triomphe de l'harmonie* ne ressemble en rien à celle du *Devin*. Il n'y a pas le moindre trait, il n'y a pas le plus petit air de famille. Il est aisé de les comparer. Je les ai entendus l'un et l'autre : il est vrai que je ne m'y connais pas ; mais je doute que les meilleurs connaisseurs puissent y trouver le plus léger indice qui décèle l'identité de génie. — Si Grenet avait fait la musique du *Devin du Village*, quelqu'un l'aurait su dans Lyon. Comme maître de musique du Concert, il était trop bien répandu pour que toute la ville l'eût ignoré. On ne pourra jamais s'imaginer que l'auteur d'un aussi charmant intermède ait envoyé sa musique à Paris sans en avoir fait exécuter plusieurs morceaux devant ses amis, ou devant quelques amateurs, dont le nombre est si grand à Lyon, et qui plus est, sans l'avoir entendue lui-même. On ne se persuadera jamais qu'il ait pu cacher pour toujours une aussi heureuse production à sa femme et à son fils, lequel pouvait avoir alors vingt-deux à vingt-trois ans. Enfin, Monsieur, cette musique n'a point été jetée dans un moule. Grenet, ni tout autre musicien, quelque génie qu'ils pussent avoir, ne l'ont point écrite couramment sans y faire des fautes et des ratures ; ils l'auraient copiée pour la mettre au net, afin de l'envoyer ; ils en auraient gardé les minutes : que sont-elles devenues ? La veuve Grenet et son fils n'ont certainement rien trouvé qui pût leur faire soupçonner que le défunt eût jamais travaillé sur le sujet du *Devin du Village*. Ils ont entendu cette musique, et comme tout le monde ils l'ont admirée, mais sans songer à la réclamer, sans la reconnaître.... »

J'ai tenu à rapporter ici ces paroles, parce que la brochure de Marignan est extrêmement rare, presque inconnue, et qu'elle jette un jour particulier sur cette sotte question du vol, commis par J.-J. Rousseau, de la musique du *Devin du Village*. On sait combien cette question tenait au cœur de Castil-Blaze, et les flots d'encre qu'elle lui a fait répandre.

GRENIER (Félix), amateur fort distingué de musique, est né à Marseille, le 27 septembre 1844, d'un père américain et d'une mère française. Il passa ses jeunes années en Bourgogne, étudia la musique de bonne heure, et dès l'âge de six ans eut pour maître de piano, puis d'harmonie, un organiste alsacien nommé Heckmann, qui avait été lui-même élève de Hesse et de Danjou. Venu jeune à Paris, il y termina ses études littéraires à l'institution Jubé, attenante au lycée Napoléon (aujourd'hui Henri IV), fit ensuite son droit, et à dix-neuf ans fut reçu avocat. Cela ne l'empêcha pas de continuer à s'occuper de musique, et de travailler le piano, l'orgue, l'harmonie, le contre-point et le violoncelle, avec Théodore Labarre, Boëly et M. Franchomme. Après plusieurs voyages en Amérique et en Allemagne, il revint à Paris en 1867, et y fonda une feuille spéciale, *le Courrier musical*, qui n'eut qu'une courte existence, et dans laquelle il signa des articles du nom de *Félix Stiehler*. En 1869, à la suite d'une grave maladie, le climat de Nice lui fut ordonné par les médecins; depuis lors il habite le midi, et, quoique inscrit au tableau des avocats du barreau de Nice, il est aujourd'hui attaché au cabinet du préfet des Bouches-du-Rhône.

M. Félix Grenier est l'auteur de compositions assez nombreuses, parmi lesquelles il faut citer : 2 quatuors pour deux violons, alto et violoncelle, op. 5 (en *la*) et op. 13 (en *si* bémol); Quatuor pour piano, violon, alto et violoncelle, op. 4 (en *fa* mineur); trio pour violon, alto et violoncelle, op. 1 (en *sol*); 2 trios pour piano, violon et violoncelle, op. 3 (en *ut* mineur et en *fa* mineur); 3 préludes et 3 fugues pour le piano, op. 15; 18 petites pièces pour piano, op. 14; 12 chants pour soprano, avec accompagnement de piano, op. 2; 6 *lieder* avec piano, op. 7 (Paris, Maho); 4 *lieder* avec piano, op. 8 (id., id.); divers morceaux de chant, avec piano; chants à 4 voix, sans accompagnement; chœurs pour *Esther*, tragédie de Racine, à 4 voix de femmes, avec piano; messe à 4 voix, avec accompagnement d'orgue; le psaume 94, à double-chœur, avec orchestre; enfin, un opéra en deux actes, *la Roussalka*, qui jusqu'ici n'a pas été représenté.

M. Félix Grenier, dont l'esprit est très-large, très-ouvert à toutes les manifestations de l'art, n'a pas borné ses travaux à la composition proprement dite. Il a traduit en notre langue, pour son instruction personnelle, les principaux ouvrages de la littérature musicale allemande, et déjà il a offert au public deux de ces traductions, accompagnées de notes et d'éclaircissements qui rehaussent encore la valeur des originaux. Voici les titres de ces deux publications : 1° *Vie, talents et travaux de Jean-Sébastien Bach*, ouvrage traduit de l'allemand de J.-N. Forkel, annoté et précédé d'un aperçu de l'état de la musique en Allemagne aux XVI° et XVII° siècles (Paris, Baur, 1876, in-16); 2° *Félix Mendelssohn-Bartholdy, lettres et souvenirs*, traduit de l'allemand de Ferdinand Hiller et précédé d'un aperçu de divers travaux critiques concernant ce maître (Paris, Baur, 1877, in-16). M. Grenier doit faire paraître incessamment la traduction des *Lettres sur la musique* de M. Louis Ehlert.

* **GRENZBACH** (ERNEST). Parmi les compositions instrumentales de cet artiste, je citerai les suivantes : Valse pour piano et 8 instruments, op. 5; Ländler pour piano et divers instruments, op. 6; Études pour piano en 2 livres, op. 7; Études pour piano en 2 livres, op. 8; Toccates pour piano, op. 9; 6 Marches pour piano à 4 mains, en 2 livres, op. 10; 6 Pièces de piano à 4 mains, op. 12; 6 Bagatelles pour piano, op. 13; 4 Bagatelles pour piano, op. 14.

* **GRESNICH** (ANTOINE-FRÉDÉRIC), et non *Gresnick*, comme Fétis l'a écrit, et comme je l'ai écrit après lui dans l'opuscule suivant : *Gresnich*, par Arthur Pougin (Paris, impr. Chaix, 1862, in-8° de 23 pp.). On trouvera, dans cette brochure, des détails intéressants sur ce compositeur aimable, qui méritait mieux que l'oubli dans lequel est tombé son nom; je dois cependant tenir le lecteur en garde contre deux ou trois faits de l'exactitude desquels je me croyais certain, et dont je ne suis plus si assuré aujourd'hui. Je me bornerai ici à rectifier la date de la naissance de Gresnich, qui a été fixée à tort à l'année 1752 : d'après son acte de baptême, Gresnich est né à Liège le 2 mars 1755.

En dehors de ses œuvres dramatiques, et avant de se faire connaître à Paris sous ce rapport, Gresnich avait publié un concerto pour clavecin avec accompagnement de violon, alto, basse, hautbois ou flûtes et cors, *ad libitum*, œuvre 1, et un recueil d'airs, romances et duos avec accompagnement de clavecin ou forte-piano, œuvre 2. On peut lire l'annonce de ces deux publications dans le *Mercure de France* de septembre 1782.

GRESSET (......), professeur de chant et compositeur, vivait à Paris dans la seconde moitié du dix-huitième siècle. Il a publié un certain nombre de romances et mélodies vocales avec accompagnement soit de clavecin, soit de symphonie, *les Petits oiseaux*, *la douce Erreur*, *l'Amant timide*, *l'Agréable Souvenir*, *le Choix raisonnable*, etc., et quelques duos à deux voix.

* **GRÉTRY** (ANDRÉ-ERNEST-MODESTE). Le répertoire dramatique de Grétry doit se compléter par les trois ouvrages suivants : 1° *les Fausses apparences ou l'Amant jaloux*, 3 actes, Comédie-Italienne, 23 décembre 1778; 2° *la Nouvelle amitié à l'épreuve*, 3 actes, même théâtre, 30 octobre 1786; 3° *la Rosière républicaine*, un acte, Opéra, 2 septembre 1794. Grétry a été aussi l'un des dix ou douze auteurs musiciens du *Congrès des Rois*, donné au théâtre Favart en 1794.

Il est singulier que dans un temps où l'histoire et la bibliographie musicales ont acquis une si grande importance, un artiste comme Grétry, dont l'influence a été si grande et la renommée si considérable, n'ait encore été l'objet d'aucune étude étendue, sérieuse et approfondie. Toutefois, nous avons à signaler, à son sujet, quelques publications, anciennes ou récentes, qui ne sont pas comprises dans la nomenclature donnée par la *Biographie universelle des Musiciens*: 1° *Grétry*, opéra-comique en un acte, paroles de Fulgence, Ledoux et Ramond, musique de Grétry (choisie dans ses œuvres), représenté au Vaudeville le 1ᵉʳ juin 1824; 2° *Zémire et Azor, par Grétry. Quelques questions à propos de la nouvelle falsification de cet opéra* par J. Lardin. (Paris, Moessard, 1846, in-8° de 32 pp.); écrit publié au sujet de la réorchestration de la partition de *Zémire et Azor* faite par Adam; 3° *Notice biographique sur A. Grétry*, par L. D. S. (Bruxelles, office de publicité, 1869, in-16); l'auteur de cet opuscule est M. de Saegher; 4° *Grétry, à propos de la notice que lui consacre la* Biographie universelle des musiciens *de M. Fétis*. (s. l. n. d. [Bruxelles, imp. Sannes, 1869], in-8°); cette brochure est signée: « Émile Regnard, ancien maire de Montmorency »; 5° *Hymne pour l'inauguration de la place Grétry, dans la ville de Liège, sa patrie, le 3 juin 1811*, par P.-J. Henkart (Liège, s. d. in-8°); 6° *Grétry chez Madame du Bocage*, vaudeville en un acte, par Fougas (Paris, Martinet, 1815, in-8°).

Je ne puis terminer cette notice complémentaire sans rectifier la date de la naissance de Grétry, date qui a été altérée non-seulement par les biographes, mais par Grétry lui-même, dans ses *Mémoires*, et qui doit être fixée non pas au 11, mais au 8 février 1741. C'est Jal, qui, dans son curieux *Dictionnaire critique de biographie et d'histoire*, a pu relever cette erreur importante en transcrivant l'acte de baptême du grand homme, dont voici la reproduction: *Andreas-Ernestus-Modestus, filius legitimus Francisci Gretry et Mariæ-Joannæ Defossez, baptisatus est in ecclesia nostra parochiali B. V. Mariæ ad fontes Leodii, anno Domini 1741, mensis februarii, die undecima; puer natus die octava ejusd. mensis; patrinus Andreas-Ernestus Falle, vexillator in copiis S. C. Leodiensis, matrina Maria-Catharina Bodeur.*

« Tels sont, ajoute Jal, les termes de l'acte de baptême de Grétry, inscrit au registre de l'église de Sainte-Marie, de Liège. Cet acte établit que André-Ernest-Modeste Grétry naquit le 8 février 1741 (et non le 11, comme l'ont dit quelques biographes), fils de François Grétry et de Marie-Jeanne Defossez, et qu'il fut baptisé trois jours après. La profession de François Grétry n'est point indiquée dans ce document; mais on sait qu'il était musicien. » L'article publié par Jal sur Grétry est curieux et utile à plus d'un titre; j'y renvoie le lecteur désireux de connaître certains faits ignorés de l'existence du grand musicien.

GREULICH (ADOLPHE), pianiste et compositeur, né à Posen en 1819, fit de bonnes études musicales, reçut sinon des leçons, du moins des conseils de Liszt à Weimar, et devint un habile exécutant en même temps qu'un bon professeur. Après avoir séjourné successivement dans plusieurs villes de l'Allemagne, il se rendit à Schitomir, dans la Russie méridionale, et fut appelé peu de temps après à remplir les fonctions de professeur de piano à l'Institut Catherine, à Moscou. Il mourut en cette ville, dans le cours de l'année 1868, à peine âgé de 49 ans.

GRIEG (ÉDOUARD), compositeur norwégien, est, après M. Severin Svendsen, le musicien sur lequel la Norwége fonde actuellement le plus d'espoir. Il naquit le 15 juin 1843, à Berghen, où son père était consul. Il apprit avec sa mère les éléments du piano et s'essaya de bonne heure à composer. Ses premiers essais tombèrent sous les yeux d'Ole Bull, lorsque celui-ci revint à Berghen, sa ville natale, et les instances du célèbre et excentrique violoniste décidèrent les parents de Grieg à laisser leur fils embrasser la carrière artistique. Il fit ses études au Conservatoire de Leipzig, mais une maladie l'ayant forcé d'en sortir en 1862, il retourna alors dans sa patrie. Il séjourne aujourd'hui à Christiania, où il a fondé une société de musique dont il est directeur, où il a été, ainsi que M. Svendsen, gratifié par la Diète norwégienne d'une pension qui le met à l'abri du besoin et lui permet de se consacrer tout entier à son art. N'ayant pas encore trente-cinq ans, il a bien des chances pour jouir longtemps de cette libéralité de l'État. M. Grieg compose surtout pour le piano: il a produit notamment un concerto et une sonate qui sont de ses meilleures inspirations, écrites dans un style excellent, et qui montrent qu'il peut ambitionner une des premières places parmi les compositeurs modernes d'œuvres pour piano. La qualité prédominante de ses morceaux paraît être un brillant coloris, car il n'est jamais à court de procédés curieux et il prodigue les couleurs les plus vives. Ses sonates pour piano et violon sont aussi des œuvres de style et de valeur, surtout celle en *sol majeur* (op. 13), qui forme une composition vraiment remarquable. M.

M. Grieg n'est pas seulement coloriste, ses idées musicales lui appartiennent bien en propre et sont empreintes d'une poésie charmante. Ses inspirations, il est vrai, ne sont pas toujours également belles, et leur teinte poétique est parfois trop brumeuse ; mais chacune de ses œuvres, jugée d'ensemble, est marquée d'un cachet spécial, qui commande l'attention, et l'on y reconnaît une personnalité très-distincte qui ne pourra que s'accuser et se fortifier avec le temps.

Ce jeune musicien produit d'une façon très-active, mais toutes ses œuvres ne sont pas encore publiées. Parmi celles qui ont été gravées, nous mentionnerons d'abord les compositions pour piano seul ou à quatre mains : 4 morceaux (op. 1), *Tableaux poétiques* (op. 3), *Humoresques* (op. 6), la sonate en *mi mineur* (op. 7), une fantaisie pour quatre mains (op. 11), *Pièces lyriques* (op. 12), *Morceaux symphoniques* à quatre mains (op. 14), les *Scènes populaires* (op. 19), et une *Ballade*, (op. 24). Outre les deux sonates pour piano et violon, celle en *fa* (op. 8) et celle en *sol majeur* (op. 13), il faut noter quatre *lieder* pour voix d'alto : (*la Meunière, Caché dans la nuit close, Au milieu de rêves obscurs, Que dois-je dire?*), qui forment l'op. 2 ; puis, comme compositions avec orchestre, le concerto de piano en *la mineur* (op. 16), un chœur pour voix de femme avec solo : *Foran sydens kloster*, sa musique pour *Sigur Jorsalfar* (op. 22), et celle pour *Peer Gynt* (op. 23).

AD. J—N.

* **GRIESBACH** (JEAN-HENRI), pianiste et compositeur, est mort à Londres le 13 janvier 1875.

GRIESBACH (GEORGES-ADOLPHE), frère du précédent, avait fait, comme lui, partie de la chapelle du roi Georges III, à l'époque où leur père en avait la direction, et y était entré à peine âgé de neuf ans. Il était le dernier survivant de cette chapelle lorsqu'il mourut à Windsor, le 22 mai 1875, à l'âge de 74 ans, n'ayant survécu que de quatre mois à son frère.

GRIESSER (MATTHIAS), luthier allemand, vivait à Inspruck dans la première moitié du dix-huitième siècle. Le lycée philharmonique de Bologne, dans son Musée instrumental, possède de cet artiste une viole d'amour, garnie de sept cordes pour l'archet et de douze cordes harmoniques, et datée de 1727.

GRILLI (.....), musicien italien contemporain, a fait représenter à Terni, en 1854, un opéra sérieux intitulé *il Reduce di Mosca*.

GRILLIÉ (CHARLES), compositeur, organiste de l'église Saint-Thomas d'Aquin, à Paris, a publié un certain nombre de compositions religieuses, parmi lesquelles une messe à 3 voix, en *sol majeur*, avec accompagnement d'orgue, un recueil de 12 morceaux faciles pour l'orgue, sans pédales, et plusieurs motets (Paris, Repos).

* **GRIMM** (FRÉDÉRIC-MELCHIOR, baron DE). M. Jules Carlez (*Voyez* ce nom) a publié sur cet écrivain, qui s'est si fort occupé de musique, une brochure intéressante : *Grimm et la musique de son temps* (Caen, impr. Le Blanc-Hardel, 1872, in-8° de 41 pp.)

GRIMM (CHARLES-CONSTANTIN-LOUIS), harpiste distingué et compositeur pour son instrument, né à Berlin le 17 février 1821, fut l'élève du célèbre virtuose Parish-Alvars. Attaché depuis longues années à la chapelle royale de Berlin, il a publié un certain nombre de morceaux pour la harpe.

GRIMM (JULES-OTTO), pianiste et compositeur, né à Pernon vers 1830, a fait de très-bonnes études au Conservatoire de Leipzig. Après s'être fixé d'abord à Gœttingue, il est devenu directeur de l'Union musicale de Münster. On doit à cet artiste diverses compositions pour le piano et pour le chant, des *lieder*, et plusieurs suites en forme de canon, soit pour orchestre, soit pour instruments à cordes seuls.

GRIMM (........), luthier allemand, est l'un des premiers sinon le meilleur artiste en ce genre qui soit à Berlin. On vante ses violons et ses violoncelles pour leur bonne sonorité et la belle qualité de leur vernis. Ses instruments ont été remarqués dans diverses expositions, particulièrement à Londres.

* **GRISAR** (ALBERT). Cet artiste extrêmement distingué, qui a fourni une carrière brillante, et qui a doté nos théâtres de tant d'ouvrages charmants, d'une inspiration alerte, aimable et vive, est mort subitement à Asnières, près Paris, le 15 juin 1869, à l'âge de soixante ans. Je vais reproduire ici, en le complétant, le répertoire dramatique de Grisar : 1° *le Mariage impossible*, 2 actes, Bruxelles, 4 mars 1833 ; 2° *Sarah*, 2 actes, Opéra-Comique, 26 avril 1836 ; 3° *l'An mil*, un acte, Opéra-Comique, 23 juin 1837 ; 4° *la Suisse à Trianon*, un acte, Variétés, 8 mars 1838 ; 5° *Lady Melvil*, 3 actes, Renaissance, 15 novembre 1838 ; 6° *l'Eau merveilleuse*, 2 actes, Renaissance, 30 janvier 1839 ; 7° *les Travestissements*, un acte, Opéra-Comique, 16 novembre 1839 ; 8° *l'Opéra à la Cour* (en société avec M. Adrien Boieldieu), 3 actes, id., 16 juillet 1840 ; 9° *Gille ravisseur*, un acte, id., 21 février 1848 ; 10° *les Porcherons*, 3 actes, id., 12 janvier 1850 ; 11°

Bonsoir, monsieur Pantalon, un acte, id., 19 février 1851; 12° *le Carillonneur de Bruges*, 3 actes, id., 20 février 1852; 13° *les Amours du Diable*, 4 actes, Théâtre-Lyrique, 11 mars 1853; 14° *le Chien du Jardinier*, un acte, Opéra-Comique, 16 janvier 1855; 15° *Voyage autour de ma chambre*, un acte, id., 12 août 1859; 16° *le Joaillier de Saint-James*, 3 actes, id., 17 février 1862 (deuxième édition de *Lady Melvil*, revue, corrigée et augmentée); 17° *la Chatte merveilleuse*, 3 actes, Théâtre-Lyrique, 18 mars 1862; 18° *Bégaiements d'amour*, un acte, id., 8 décembre 1864; 19° *Douze Innocentes*, un acte, Bouffes-Parisiens, 19 octobre 1865.

Dans cette liste n'est pas compris *le Naufrage de la Méduse*, opéra en 4 actes représenté à la Renaissance le 30 avril 1839; Grisar avait travaillé à cet ouvrage, en société avec MM. de Flotow et Pilati, mais sa part de collaboration était si mince qu'il ne voulut jamais consentir à se faire nommer à ce sujet. Il écrivit aussi deux morceaux pour une comédie de M. Alphonse Karr, *la Pénélope normande*, représentée au Vaudeville le 13 janvier 1860. Il a laissé en portefeuille un certain nombre d'ouvrages, dont quelques-uns seulement ébauchés, d'autres complétement achevés. En voici la liste : 1° *Manon Giroux*, 2 actes; 2° *Riquet à la houppe*, 3 actes; 3° *Rigolo*, un acte; 4° *l'Ane et le Prince*, 2 actes; 5° *l'Oncle Salomon*, 3 actes; 6° *les Contes bleus*, 3 actes; 7° *Afraja*, 3 actes; 8° *le Parapluie enchanté*, 3 actes; 9° *le Mariage forcé*, un acte; 10° *la Reine Mab*; 11° *la Mort du Cosaque*, grande scène dramatique.

Grisar avait publié plus de cinquante mélodies, romances, scènes dramatiques, etc., parmi lesquelles il s'en trouvait de charmantes. Il en a laissé quelques-unes d'inédites, que j'ai eu l'occasion de lire après sa mort, et qui étaient dignes de son talent. Au reste, on trouvera les renseignements les plus complets sur cet artiste remarquable dans une étude que j'ai publiée sur lui, avec l'aide de sa correspondance, qui m'avait été obligeamment communiquée par sa famille : *Albert Grisar*, étude artistique (Paris, Hachette, 1870, in-12 avec portrait et autographe). Peu de temps après sa mort la ville d'Anvers lui a élevé une statue, œuvre de M. Brackeleer, qui a été placée dans le vestibule du grand théâtre.

GRISART (CHARLES), riche amateur de musique, est né vers 1840. Intéressé dans une maison de banque, M. Grisart, qui employait ses loisirs à l'étude de la musique, qu'il travailla sous la direction de M. Léo Delibes, fit jouer d'abord au petit théâtre des Folies-Bergère, le 31 décembre 1871, une opérette en un acte intitulée *Memnon ou la Sagesse humaine*. Après cet essai, il ne tarda pas à obtenir ce que les artistes de profession recherchent souvent avec si peu de succès : le livret d'une pièce en trois actes. Celle-ci avait pour titre *la Quenouille de verre*, et fut représentée aux Bouffes-Parisiens, le 7 novembre 1873. La musique de *la Quenouille de verre*, assez accorte, était celle d'un amateur intelligent, mais manquant absolument de pratique, d'expérience, et surtout d'inspiration et d'originalité. Il en était de même de celle des *Trois Margot*, autre opérette en trois actes donnée par M. Grisart au même théâtre, le 6 février 1877. Entre ces deux ouvrages, le 11 mars 1876, M. Charles Grisart faisait représenter sur la scène intime du Cercle des Beaux-Arts une petite saynète musicale intitulée *Mistress Pudor*.

* **GRISI** (GIULIA). Cette admirable artiste, qui avait épousé en 1836 un Français, le comte Gérard de Melcy, et qui, après avoir fait rompre son mariage judiciairement, s'était remariée plus tard avec le ténor Mario, marquis de Candia, n'a pas échappé à une faiblesse fâcheuse et malheureusement trop fréquente. Ne voulant pas s'apercevoir que l'âge lui avait enlevé la plus grande partie de ses moyens et de ses facultés, elle se refusait à abandonner une carrière qu'elle avait parcourue avec tant d'éclat, et s'obstinait à se présenter devant le public avec les ruines d'une voix qui naguère avait été incomparable mais que les atteintes du temps avaient complétement brisée. Cet entêtement lui fut fatal : ayant accepté en 1859 un engagement pour Madrid, elle se présenta dans *Norma* sur la scène du théâtre italien de cette ville, où sa grande renommée la fit d'abord écouter avec la plus grande attention et le plus profond respect; mais au bout de peu d'instants, frappés de stupeur par la faiblesse absolue de la cantatrice, les spectateurs ne purent s'empêcher de manifester quelques marques de déplaisir; Mme Grisi, dit-on, se permit alors certains propos qui, de la scène, furent bientôt rapportés dans la salle. Courroucé de ce fait, le public crut devoir se venger, et siffla outrageusement l'actrice à sa rentrée dans l'acte suivant. Malgré des explications équivalant à des excuses que Mme Grisi crut devoir donner le lendemain par la voix de la presse, sa seconde représentation fut moins heureuse encore que la première et le spectacle ne pût être achevé. Mme Grisi dut quitter Madrid. Malgré cette algarade, elle eut le courage de reparaître encore quelques années plus tard, à Londres, au théâtre de Covent-Garden. Bientôt, cependant, elle aban-

donna définitivement la scène. Mme Grisi est morte le 25 novembre 1869 à Berlin, étant de passage en cette ville pour se rendre à Saint-Pétersbourg (1).

La sœur aînée de cette grande artiste, *Judith Grisi*, était née à Milan le 28 juillet 1805.

GRISY (Raphaël - Auguste). — *Voyez* GRIZY.

GRIVEL (Victor), violoniste, né dans les premières années du dix-neuvième siècle, a été pendant fort longtemps attaché à l'orchestre du théâtre de Grenoble en qualité de premier violon. Cet artiste a publié une brochure ainsi intitulée : *Vernis des anciens luthiers d'Italie, perdu depuis le milieu du XVIIIe siècle, retrouvé par V. Grivel* (Grenoble, impr. Allier, 1867, in-8° de 21 pp.). Après beaucoup de travaux et de recherches, il croyait en effet avoir retrouvé le vernis chaud, clair et limpide des anciens luthiers italiens, qui sont restés des maîtres inimitables, et la société de statistique des sciences et des arts de Grenoble a fait de sa découverte l'objet d'un très-élogieux *Rapport sur le vernis inventé par M. Victor Grivel* (Grenoble, impr. Allier, 1867, in-8° de 16 pp.), rapport signé de MM. Émile Gueymard, président de la société, Séguin, Lory et Boistel, membres de la commission spéciale. Grivel est mort il y a cinq ou six ans, à Grenoble, sans avoir pu tirer parti de ce qu'il appelait sa découverte. On a publié de lui un ou deux morceaux de violon avec accompagnement de piano.

GRIZY (Raphaël-Auguste) (2), chanteur, compositeur et organiste, est né à Paris le 24 septembre 1833. Admis en 1845 au Conservatoire, il y devint successivement l'élève de MM. Savard et Tariot pour le solfège, de Mozin, de M. Bazin pour l'harmonie et accompagnement, d'Adam pour la composition, et plus tard de M. Faure pour le chant, de Moreau-Sainti et de Levasseur pour l'opéra-comique et l'opéra. En 1849, il obtint un accessit de solfége, en 1853 et 1854 un 1er accessit et un second prix d'harmonie et accompagnement, en 1856 un 2e prix de fugue et un 2e prix d'orgue, enfin, en 1857, un second premier prix d'orgue. A cette époque, M. Grizy était attaché à l'orchestre du Gymnase dramatique en qualité de contrebassiste. Ayant découvert qu'il était doué d'une jolie voix de ténor, il rentra au Conservatoire pour y faire ses études de chant, ne prit part à aucun concours, mais néanmoins fut engagé à l'Opéra, le 1er octobre 1861, pour y tenir l'emploi des seconds ténors ; c'est ainsi que depuis quatorze ans il a rempli les rôles de cet emploi dans *Robert-le-Diable* (Raimbaut), *Guillaume Tell*, *l'Africaine*, et bien d'autres ouvrages. Cela n'empêcha pas M. Grizy de devenir organiste dans une église dont je ne me rappelle plus le nom, puis maître de chapelle à la Trinité, place qu'il occupe encore aujourd'hui, non plus que de se livrer à la composition. M. Grizy a fait jouer au petit théâtre des Folies-Bergère, au mois de février 1873, une opérette en un acte intitulée : *Amoureux de Zéphyrine*, et il a donné sur celui des Menus-Plaisirs, le 9 septembre de la même année, *l'Éléphant blanc*, opéra bouffe en 4 actes. Le 21 novembre 1875, il faisait jouer, dans le salon d'un amateur, une opérette qui avait pour titre *Brosseur et marquise*. Il a écrit aussi un certain nombre de compositions religieuses.

GRONDONA (........), compositeur italien, a fait représenter en 1872 à Milan, sur le théâtre particulier du comte Bolognini, un opéra bouffe intitulé *un Marito in cerca della moglie*.

GRONEMAN (Antoine), violoniste, vivait à Paris dans la seconde moitié du dix-huitième siècle. Je ne connais de lui que le recueil dont voici le titre : *Six sonates à violon seul et basse*, œuvre 2, gravé par Mlle Vandôme (Paris, s. d., in-fol.).

*GROSJEAN (Jean-Romary). M. Théodore Nisard a publié sur cet artiste, dans *l'Illustration musicale*, une notice intéressante. Cette notice, accompagnée d'un portrait et de quelques morceaux religieux, a été tirée à part sous ce titre : *Jean-Romary Grosjean* (s. l. n. d. [Paris, Repos], in-8°).

GROSJEAN (Ernest), organiste, neveu de M. Romary Grosjean, artiste fort distingué et lui-même organiste de la cathédrale de Saint-Dié, est né le 18 décembre 1844 à Vagney, commune de l'arrondissement de Remiremont (Vosges). M. Grosjean reçut de son oncle sa première instruction musicale, et plus tard travailla le piano, l'orgue, l'harmonie, le contre-point et la fugue avec M. Henri Hess, aujourd'hui organiste de la cathédrale de Nancy, et avec un grand artiste mort trop jeune pour la gloire de l'art français, le regretté Chauvet (*Voy.* ce nom), qui était un organiste de premier ordre. En dernier lieu, M. Grosjean a pris des leçons de piano

---

(1) Dans sa série biographique : *les Contemporains*, M. Eugène de Mirecourt a publié un petit volume contenant deux notices : *Julia Grisi, Clémence Robert* (Paris, 1871, in-32). La notice consacrée à la Grisi comporte six pages, dans lesquelles, il est vrai, on ne trouve aucun fait ni aucune date. Cet opuscule est mentionné ici par un scrupule d'exactitude.

(2) Les affiches de théâtre ont toujours écrit *Grisy* le nom de cet artiste ; l'orthographe que j'adopte ici est celle que j'ai trouvée sur les registres du Conservatoire.

de M. Camille Stamaty. Il était âgé de vingt ans lorsqu'il devint organiste de l'ancienne cathédrale à Uzès (Gard), et il remplit ces fonctions jusqu'en 1868, époque à laquelle, à la suite d'un concours très-brillant, il fut nommé, à l'unanimité des voix composant le jury choisi à cette occasion, organiste de la cathédrale de Verdun-sur-Meuse, puis maître de chapelle. Depuis lors, il n'a pas quitté cette ville.

M. Ernest Grosjean a publié plusieurs ouvrages importants pour l'orgue : 1° 300 *Versets composés pour l'orgue dans les tons les plus usités*, précédé d'un chapitre concernant la registration, Verdun, l'auteur, in-4° oblong ; 2° *Théorie et pratique de l'accompagnement du plain-chant*, méthode très-simple et très-facile en 2 gammes et 3 exceptions, Verdun, l'auteur ; 3° 108 *Pièces de chant* (chœurs et solos à 3 voix égales), avec accompagnement d'orgue, Paris, Ikelmer, 4 volumes (ouvrage en cours de publication). M. Ernest Grosjean a donné aussi un certain nombre de morceaux au *Journal des organistes*, publié par son oncle, années 1863, 1864, 1866, 1868, 1872, 1874. Enfin, il a publié encore : romance sans parole, pour piano, op. 7 ; Nocturne pour piano (ou piano et orgue), op. 8 ; Scherzo pour piano (ou piano et orgue), op. 9 ; Berceuse pour soprano ou mezzo-soprano avec accompagnement de piano, op. 10.

GROSS (Frédéric-Auguste), hautboïste extrêmement remarquable, né le 17 mai 1780, fut élève de son père, qui était aussi un artiste distingué (celui-ci était né en 1748 et mourut le 8 juin 1820). Gross ne fut pas seulement un excellent virtuose sur le hautbois ; il possédait aussi un très-grand talent sur le piano, et forma des élèves nombreux et habiles sur les deux instruments. Il mourut à Berlin en 1861, âgé de plus de 80 ans. — Son frère, *Henri Gross*, mort jeune à Berlin en 1800, avait été l'élève de Duport et était devenu un violoncelliste distingué. Il a laissé quelques compositions pour son instrument.

* GROSS (Georges-Auguste, et non *Gottfried-Auguste*), compositeur et écrivain sur la musique, était né à Kœnigsberg le 28 septembre 1801 (et non à Elbing en 1799). Il est mort à Hambourg en 1853.

GROSS (Pierre), professeur de musique à l'école normale de Strasbourg, mourut en cette ville, âgé de 43 ans, au mois de mai 1867. Sous le pseudonyme de William Cronthal, cet artiste publia une brochure ainsi intitulée : *Le Passé, le présent et l'avenir du chiffre appliqué à la notation musicale en Allemagne* (Paris, imp. Chaix, 1868, in-8°).

GROSSMANN (Louis), dilettante et compositeur polonais, est l'auteur d'un opéra italien sérieux, *il Pescatore di Palermo*, qui a été représenté à Varsovie au mois de février 186. Il a donné dans la même ville, le 3 novembre 1873, un second ouvrage dramatique, qui avait pour titre *l'Esprit du Voïvode*, et qui a été joué ensuite, en 1876, sur le théâtre de l'Opéra Comique de Vienne.

Cet artiste ne doit pas être confondu avec M. *Charles Grossmann*, pianiste allemand très habile qui a publié quelques compositions, entre autres un recueil de six *lieder* avec accompagnement de piano.

GROSSONI (........). Un musicien italien de ce nom a écrit la musique d'un ballet intitulé *B lisa*; qui fut représenté au théâtre de la Scala de Milan, en 1825.

GROWUELS (Hans ou Jean), facteur de clavecins, exerçait sa profession à Anvers à la fin du seizième siècle.

GRUMAIL ou GRUMAILLE (L...-F.., virtuose sur le cistre et la mandoline, vivait à Paris à la fin du dix-huitième siècle et au commencement du dix-neuvième. Il est ainsi mentionné dans les *Tablettes de renommée des musiciens* publiées en 1785 : — « Grumaille, très renommé pour le cistre, a fait plusieurs morceaux de musique avec accompagnement pour cet instrument. » On a gravé en effet de cet artiste diverses compositions, parmi lesquelles je cite les suivantes : 1° Grand Duo pour 2 lyres ou guitares, dédié à son élève Mme A. Valentin ; Trois grands duos pour guitare ou lyre et violon (Paris, l'auteur) ; 3° Recueil de duos, trios, quatuors (Paris, l'auteur).

* GRÜNBAUM (Mme Thérèse), cantatrice qui fut fameuse en Allemagne, et dont le père était populaire à Vienne comme compositeur, était née en cette ville le 24 août 1791. Elle avait vingt ans lorsqu'elle épousa l'organiste Grünbaum, qui était aussi un bon professeur de chant, et elle en avait trente-deux lorsqu'elle créa à Vienne le principal rôle d'*Euryanthe* que Weber avait écrit à son intention. Mme Thérèse Grünbaum est morte à Berlin, le 30 janvier 1876, à l'âge de quatre-vingt-quatre ans.

* GRUND (Guillaume-Frédéric), est mort à Hambourg, sa ville natale, le 24 novembre 1874.

GRUNEISEN (Charles-Lewis), publiciste anglais, né à Londres le 2 novembre 1806, de père allemand naturalisé anglais depuis 1796, pris part depuis 1832 à la rédaction d'un grand nombre de journaux : le *Guardian*, le *British Traveller*, le *Morning Post*, le *Morning* rald, etc. Cet écrivain ne s'est pas borné à traiter les questions politiques dans ces divers journaux ; il s'est aussi occupé de critique musicale, et a collaboré sous ce rapport au *Morning Chronicle* (1846), à la *Britannia*, à l'*Illustrated London News* (1853), et enfin à l'*Athenæum*, dont il rédige encore aujourd'hui la partie musicale. M. Gruneisen a été, en 1847, l'un des promoteurs et des fondateurs de l'Opéra royal italien au théâtre de Covent-Garden. On lui doit un court *Mémoire sur Meyerbeer*, et une brochure intitulée *l'Opéra et la Presse*.

* GRUTSCH (François-Séraphin), compositeur allemand, est mort à Vienne, sa ville natale, le 5 avril 1867, à l'âge de soixante-six ans.

GRUTZMACHER (Frédéric), violoncelliste allemand distingué et compositeur, est fils d'un pianiste habile qui mourut à Dessau, le 1ᵉʳ mars 1862, à l'âge de cinquante-huit ans. M. Frédéric Grutzmacher est renommé pour son talent de virtuose, qui lui a valu de grands succès en Angleterre et en Allemagne, et il a publié un certain nombre de compositions intéressantes pour son instrument, ainsi que quelques pièces de piano; on remarque, parmi ces œuvres : 1ᵉʳ concerto de violoncelle, avec accompagnement d'orchestre; 2ᵉ concerto de violoncelle, avec accompagnement d'orchestre, op. 42; Variations pour violoncelle sur un thème original, avec orchestre, op. 31 ; 3 Pièces pour violoncelle et piano, op. 30; 2 Pièces de concert, pour violoncelle et piano, op. 32 ; *Mouvement perpétuel*, caprice pour piano, op. 40 ; 3 Grandes Marches pour piano à 4 mains, op. 39, etc.

Un frère de cet artiste, M. *Léopold Grutzmacher*, est aussi un violoncelliste remarquable, et a publié quelques compositions de peu d'importance pour son instrument.

* GUADET (J......). Outre sa brochure sur *les Aveugles musiciens*, on doit à M. Guadet une *Notice biographique sur Claude Montal, facteur de pianos à Paris* (Paris, 1845, in-8°).

* GUAMI (Joseph). M. Cerù (*Cenni storici dell' insegnamento della musica in Lucca*) croit que cet artiste remarquable était né vers 1540, et qu'il mourut en 1626.

* GUAMI (François). Selon le même écrivain, François Guami serait né à Lucques vers 1544, et aurait succédé en 1596 à son frère Joseph, comme maître de chapelle de la République de Lucques.

GUAMI (Jean-Dominique), probablement parent des précédents, naquit à Lucques vers 1560, et mourut dans la même ville le 2 juin 1631. C'était un organiste fort remarquable, en même temps qu'un compositeur distingué. On lui doit un recueil de chansons latines, publié à Venise en 1585, et des motets avec accompagnement de basse.

GUAMI (Valerio), fils de Joseph, naquit à Lucques vers 1587, et se fit une grande renommée comme compositeur. Devenu maître de chapelle de la République de Lucques, il fut le premier qui écrivit une œuvre dramatique à l'occasion de la cérémonie *delle Tasche* (1). Il composa aussi plusieurs oratorios qui furent exécutés à l'église de Santa-Maria Corte-Orlandini. Il ne reste aujourd'hui aucun vestige de ces œuvres, et l'on ne croit pas qu'il en ait rien été publié.

GUARNERI (......), compositeur italien, est l'auteur d'un opéra intitulé *Gulnara*, qui a été représenté à Gênes, sur le théâtre Carlo-Felice, le 1ᵉʳ mars 1877. Cet ouvrage n'a obtenu aucun succès.

GUASCO (Carlo), ténor italien qui a joui d'une légitime renommée, naquit à Solero (Piémont) le 13 mars 1813. Tout enfant, il montrait de rares dispositions pour la musique et apprit, seul et sans maître, à jouer de la mandoline, du violon et de la flûte. Cependant, ayant commencé dans son pays natal ses études littéraires, il alla les achever à Alexandrie, où il se prit de passion pour les sciences exactes, et spécialement pour la géométrie. Il allait devenir ingénieur, lorsqu'un de ses cousins étant venu s'établir à Alexandrie comme professeur de piano et ayant découvert qu'il était en possession d'une superbe voix, l'engagea à étudier le chant et lui offrit de le faire travailler. Guasco accepta, sans toutefois renoncer à ses autres études; mais un peu plus tard, ayant eu l'occasion de se faire entendre devant le compositeur Panizza, et celui-ci l'ayant vivement engagé à se produire au théâtre, il se décida, malgré les objurgations de sa famille, à suivre ce conseil. Il se rendit donc à Milan, travailla pendant trois mois avec Panizza, et en 1837 débuta au théâtre de la Scala dans le petit rôle du pêcheur de *Guillaume Tell*, qui lui valut un grand succès. Dans la saison suivante, il chanta à la Canobbiana, où il aborda avec bonheur plusieurs rôles importants, puis parcourut la plupart des principales

(1) A l'occasion de cette cérémonie, qui avait lieu chaque année au palais de la Seigneurie lors du tirage des noms des citoyens qui devaient faire partie du Conseil, on donnait une grande fête musicale dans laquelle était exécutée une action dramatique à plusieurs voix, chœurs et orchestre, et dont le livret, toujours dû à l'un des poètes les plus célèbres de la cité, était imprimé. Beaucoup de ces livrets sont conservés à la bibliothèque publique de Lucques.

villes de l'Italie et commença la brillante carrière qu'il était appelé à parcourir. Bientôt les compositeurs se mirent à écrire leurs ouvrages en vue de ce chanteur remarquable, qui joignait à une voix d'une rare beauté un talent incontestable, et c'est ainsi que Guasco créa à Milan *Corrado d'Altamura* de Federico Ricci, *i Lombardi* de M. Verdi, à Vienne *Maria di Rohan* de Donizetti, à Venise *Ernani* et *Attila* de M. Verdi et *la Sposa d'Abido* du prince Poniatowski, et bien d'autres ouvrages. Après un premier séjour à Londres, Guasco fut engagé à Saint-Pétersbourg, fit une courte apparition à Paris en 1851, puis, étant retourné à Londres, fut une des victimes de la faillite du directeur Lumley. Il se rendit alors à Vienne, où il avait obtenu déjà de très-grands succès, y fit encore la saison de 1853, et après une carrière brillante et productive de seize années, se retira définitivement du théâtre. Guasco est mort à Solero, sa ville natale, le 13 décembre 1876, faisant un noble emploi de la fortune qu'il avait acquise. Il légua en effet une somme de plus de 200,000 francs au municipe de Solero pour créer en cette ville un asile d'enfants, pour fonder plusieurs bourses à l'Université de Turin et à diverses écoles d'Alexandrie, et pour quelques autres œuvres de bienfaisance.

GUELBENZU (José), compositeur de musique religieuse et organiste distingué, né, je crois, à la fin du siècle dernier, fut, pendant longues années, organiste de l'église paroissiale de Saint-Saturnin, à Pampelune. Je n'ai pas d'autres renseignements sur cet artiste honorable, qui était, paraît-il, un excellent professeur, et qui mourut à Madrid le 30 mars 1855.

GUERCIA (Alfonso), professeur de chant et compositeur italien, est né le 13 novembre 1831 à Naples, et depuis plusieurs années est professeur d'une des classes de chant du Conservatoire de cette ville. Cet artiste s'est fait connaître d'abord par un très-grand nombre de compositions vocales d'une inspiration aimable, et a publié les recueils dont les titres suivent : 1° *Rimembranze della villa Ciliberti* (6 mélodies); 2° *Il mio Canto* (7 mélodies); 3° *Canti patriottici* (6 morceaux); 4° *Notti estive di Napoli* (6 mélodies); 5° *A te!* (6 mélodies); 6° *Armonia* (4 quatuors); 7° *Un Autunno a Portici* (4 mélodies); 8° *L'Eco del mio pensiero* (6 mélodies); 9° *Sempre a te!* (id.); 10° *I Proverbi italiani* (id.); 11° *Speme a duolo* (id.); 12° *Rimembranze della villa Ricciardi* (id.); 13° *L'Album di mia figlia* (id.); 14° *Rimembranze di Sorrento* (6 mélodies, avec paroles italiennes et anglaises); 15° *Una Primavera a Roma* (id.); 16° *Il primo Canto* (20 mélodies); 17° *Matinées* (8 mélodies). M. Guercia a abord pour la première fois la scène en donnant théâtre Mercadante, de Naples, le 14 décembre 1875, un opéra sérieux intitulé *Rita*, production honorable, mais un peu froide, qui n'a guère obtenu plus que ce que nous appelons en France un succès d'estime; cet ouvrage était chanté p Mmes Lablach et Rossano, MM. Panzetta, Cabella et Boschi, et l'éditeur milanais M. Ricor s'est rendu acquéreur de la partition. Comme professeur, M. Guercia a publié (Milan, Ricord un ouvrage fort important, dont il a été f deux éditions : *L'Arte del canto italian metodo per voce di soprano o mezzo-sopran adottato nelle scuole del regio Conservato di musica di Napoli.*

GUÉRIN (Paul), violoniste, élève de Ba lot, né à Paris le 3 mars 1799, fut, en 182 nommé répétiteur de la classe de son maître, Conservatoire de Paris. Réformé le 1er septe bre 1831, il rentra comme professeur-adjoint 1er janvier 1837, devint titulaire d'une cla préparatoire le 1er janvier 1841, et fut mis à retraite vers 1865. Quoiqu'il ait été professe au Conservatoire, premier violon à l'Opéra membre de la Société des concerts, Guérin é un artiste absolument médiocre, à tous points de vue. Il est mort à Paris, au mois juin 1872.

GUÉRINEAU (Mme), grand amateur musique, habituée non-seulement des séan de la Société des concerts du Conservatoire, n des concours et distributions de prix de cet é blissement, a légué par testament une som de dix mille francs au Conservatoire, en é blissant que les intérêts de cette somme for raient un prix qui serait partagé chaque an entre les élèves, hommes ou femmes, qui aur obtenu les premiers prix de chant ou d'opé Mme veuve Guérineau est morte au mois novembre 1872.

GUÉROULT (Adolphe), écrivain et hon politique français, né à Radepont (Eure), le 29 vier 1810, mort à Vichy le 21 juillet 1872, n mentionné ici que pour quelques articles pub par lui dans la *Gazette musicale*, et pour courte notice sur Baillot insérée dans ce jour à la mort de cet artiste, et dont il fut fait un ti à part sous ce titre : *Baillot* (s. l. n. d., in-8 7 pp.).

L'un des fils de cet écrivain, M. *Georges G roult*, amateur de musique comme son père, quel il a succédé comme rédacteur en che journal *l'Opinion nationale*, et ancien élè l'École polytechnique, est l'auteur de la tra tion française du livre de M. Helmholtz (*Voy.* ce nom) publiée sous ce titre : *Théorie physiologique de la musique, fondée sur l'étude des sensations auditives* (Paris, Masson, 1868, in-8°). Cette traduction a été faite « avec le concours, pour la partie musicale, de M. Wolff, de la maison Pleyel, Wolff et C¹ᵉ. »

GUÉROULT (JEAN-BAPTISTE-AUGUSTE), pianiste et compositeur, né à Rouen en 1836, montra de bonne heure d'assez heureuses dispositions pour la musique pour que ses parents crussent devoir le placer, en 1847, à la maîtrise de la cathédrale. Ses progrès y furent si rapides, qu'à peine âgé de treize ans il était appelé à suppléer l'organiste du grand orgue de cette église, et que bientôt après il entrait comme organiste titulaire à l'une des principales paroisses de la ville. En 1855, il était appelé en la même qualité à l'église Saint-Jean, d'Elbeuf, où la municipalité le chargeait de la création d'une école de musique, dont il fut le directeur pendant une dizaine d'années. Plus tard, M. Gueroult retournait dans sa ville natale, où il s'est livré avec succès à l'enseignement du piano, et où il s'occupe beaucoup de composition, en même temps qu'il donne d'assez nombreux articles de critique musicale à divers recueils périodiques. Parmi les compositions jusqu'ici publiées par M. Gueroult, il faut signaler : 1° Trois chants élégiaques, sur des poésies d'Alfred de Musset, op. 9, Paris, Durand-Schœnewerk ; 2° Six chansons d'Alfred de Musset, op. 3, id., id. ; 3° Six Poésies d'Alfred de Musset, id., id. ; 4° Quatre poésies, pour chant et piano, Paris, Choudens ; 5° Trois chants caractéristiques ; puis des chœurs orphéoniques, quelques morceaux de piano, et un certain nombre de motets.

GUERRE (P....), théoricien français, est l'auteur d'un traité pratique publié sous ce titre : *Intonation musicale. L'étude des dièses et bémols réduite à sa plus simple expression et appliquée à l'enseignement de la musique vocale* (Paris, 1850, gr. in-8°). Précédemment, le même artiste avait publié un *Solfège national* (?), ou *Cours élémentaire de musique vocale* (Paris, Colombier, 2 vol. in-8°). Peu d'années après avoir livré ces deux ouvrages au public, l'auteur abandonna la pratique de l'art pour la carrière administrative, et accepta un emploi supérieur dans l'administration des chemins de fer du Dauphiné. En 1863, M. Guerre découvrit chez un libraire de Paris, M. Claudin, et acquit de lui, pour la modeste somme de seize francs, la collection complète des manuscrits autographes de Pierre Galin, l'inventeur du *méloplaste* ; cette collection intéressante, dont l'ensemble ne formait pas moins de six forts volumes grand in-quarto, est toujours, je pense, en sa possession.

* GUERRERO, ou plutôt GUERREIRO (FRANÇOIS), célèbre compositeur religieux du seizième siècle, n'était point espagnol, comme on l'a cru jusqu'à ce jour. Il naquit à Béja, en Portugal, ainsi que l'a prouvé récemment son compatriote M. Joaquim de Vasconcellos (*voyez* ce nom), d'après l'historien Barbosa Machado. On peut consulter à ce sujet l'intéressant opuscule de M. de Vasconcellos : *Ensaio critico sobre o catalogo d'el rey D. João IV* (Porto, 1873, petit in-4°). Guerreiro mourut à Séville le 15 janvier 1600. Cette date est donnée par M. Soriano Fuertes dans les éphémérides de son *Calendario historico musical* pour 1873.

GUEYMARD (Mᵐᵉ PAULINE), née LAUTERS, chanteuse fort distinguée, est fille d'un peintre de talent qui était professeur à l'Académie royale des Beaux-Arts de Bruxelles. Née en cette ville le 1ᵉʳ décembre 1834, elle commença d'abord par étudier la peinture sous la direction de son père ; puis, comme elle était douée d'une voix remarquable par son timbre, son caractère et son étendue, elle suivit les conseils de quelques amis et se livra à la pratique du chant. Admise au Conservatoire de Bruxelles, elle y fit de très-bonnes études, y obtint un premier prix de chant, et après avoir épousé un artiste du nom de Deligne, elle vint à Paris pour y suivre la carrière du théâtre. Engagée au Théâtre-Lyrique après s'être fait entendre dans quelques concerts, elle y débuta le 7 octobre 1855, sous le nom de Mᵐᵉ Deligne-Lauters, en même temps que M. Léon Achard (*Voy.* ce nom), dans un opéra nouveau de M. Gevaert, *le Billet de Marguerite*. La beauté ingénue de la débutante, sa jeunesse, sa grâce, le timbre admirable de sa voix lui valurent un succès complet. Elle créa bientôt un autre rôle dans un autre opéra de M. Gevaert, *les Lavandières de Santarem*, puis se montra dans celui d'*Annette de Robin-des-Bois*, où elle ne fut pas moins bien accueillie.

Engagée à l'Opéra vers la fin de 1856, elle y parut le 12 janvier de l'année suivante dans *le Trouvère*, de M. Verdi, et son succès fut éclatant. Elle avait fait de grands progrès, non-seulement sous le rapport du chant proprement dit, mais aussi au point de vue des qualités scéniques, et le public de notre première scène lyrique saluait en elle l'aurore d'une grande artiste. Depuis lors, Mᵐᵉ Deligne-Lauters, devenue par un second mariage Mᵐᵉ Gueymard, a parcouru sur ce théâtre une carrière brillante, se montrant successivement dans plusieurs ouvrages du répertoire courant : *la Favorite*, *les Huguenots*, *Le Prophète*, *Roméo et Juliette*, *Don Juan*, et créant les rôles principaux des grandes œuvres nouvelles : *la Reine de Saba*, *la Magicienne*, *Herculanum*, *Pierre de Médicis*, *Roland à Roncevaux*, *Don Carlos*, *Hamlet*, *la Coupe du roi de Thulé*. Chacun de ces rôles était un triomphe pour l'artiste, mais jamais peut-être Mᵐᵉ Gueymard ne s'éleva plus haut que dans ceux de Valentine des *Huguenots* et de Fidès du *Prophète*, prêtant au premier les élans d'une passion superbe et émouvante, donnant au second un caractère d'austérité touchante, d'onction vraiment maternelle, avec des accents pathétiques d'une grandeur parfois déchirante. Mᵐᵉ Gueymard quitta l'Opéra en 1876, et fit une courte apparition au Théâtre-Italien dans le rôle d'Amneris, d'*Aïda*. Elle avait remporté naguère de grands succès dans le répertoire italien, principalement en Espagne, où elle s'était rendue pendant ses congés de l'Opéra.

La voix de *mezzo-soprano* de Mᵐᵉ Gueymard, d'un velours superbe, d'une justesse incomparable et d'une rare égalité, d'une étendue de plus de deux octaves, se distingue à la fois par la puissance, l'ampleur et la qualité du son. Douée d'un profond sentiment dramatique et d'une réelle intelligence musicale, l'artiste sait guider ce merveilleux instrument avec un goût très-sûr et en tirer les effets les plus grandioses. Si l'articulation est parfois un peu molle, le phrasé est plein de grandeur, le style est remarquable par sa solidité, et l'ensemble des qualités déployées par la cantatrice se résume en un talent dont la fermeté, l'éclat et l'autorité sont les signes distinctifs. Au point de vue purement scénique, ce talent n'est guère moins digne d'éloges, et si Mᵐᵉ Gueymard n'est pas toujours échauffée par cette flamme ardente qui anime les grandes tragédiennes lyriques, elle n'en reste pas moins une artiste de grande valeur et de premier ordre, dont les rares facultés vocales sont fortifiées et complétées par un jeu dramatique d'une puissance et d'une passion parfois très-intenses. Il faut remarquer d'ailleurs qu'après vingt années d'une carrière ininterrompue, la voix de Mᵐᵉ Gueymard n'a rien perdu de son charme, de sa fraîcheur et de sa moelleuse solidité.

Mariée en 1858 à M. Gueymard, Mᵐᵉ Gueymard, dix ans après, s'est séparée légalement de son mari. Celui-ci, né à Chapponay (Isère) le 17 août 1822, a fait ses études au Conservatoire, d'où il est sorti en 1848 pour entrer à l'Opéra. Depuis cette époque jusqu'en 1868 il a tenu à ce théâtre l'emploi des forts ténors. Sa voix, qui brillait plus par le volume que par la qualité, lui a permis, pendant ce long espace de temps, de tenir constamment la scène, sans mais faiblir. Il a joué *Guillaume Tell*, *Robert Diable*, *les Huguenots*, *le Prophète*, *le Trouvère*, *les Vêpres Siciliennes*, *Roland à R... cevaux*, *la Magicienne*, *Pierre de Médicis*, *Reine de Saba*, *Sapho*, *Jeanne la Fo... Louise Miller*, *le Maître chanteur*, *la No... sanglante*, *Roméo et Juliette*.

* **GUGLIELMI** (Pierre). A la longue l... des ouvrages dramatiques de ce compositeur faut ajouter les deux suivants : *Madama ... morista*, écrit en société avec Paisiello, et *Virtuosa bizzarra*.

GUIBAL (Charles-François), juge de p... ancien élève de l'École polytechnique, est ... teur d'un écrit théorique publié sous ce tit... *Introduction à l'étude de l'harmonie*, Na... 1850, in-4°.

* **GUICHARD** (Henry). Ce personnage é... vit les paroles de deux opéras dont Granoul... de Sablières fit la musique. L'un, intitulé *Amours de Diane et d'Endymion*, fut rep... senté à Versailles, devant Louis XIV et la c... le 3 novembre 1671, et le second, dont le t... est resté ignoré, fut joué aussi devant le ro... Saint-Germain, au mois de janvier 1672. C... ce double fait qui fit éclater contre Guichar... haine de Lully, qui voyait en lui un rival p... la direction de l'Opéra, dont il cherchait alo... s'emparer. Guichard ayant obtenu ensuite ... lettres patentes pour l'établissement d'une ... démie royale de spectacles, la fureur de L... ne connut plus de bornes, et c'est alors que... homme infâme, confiant dans la protection ... roi et ne reculant devant aucun moyen pou... débarrasser d'un concurrent dangereux, ac... publiquement Guichard d'avoir voulu l'em... sonner. Une poursuite au criminel s'en su... tout naturellement, et Guichard, obligé d... défendre, publia contre Lully non pas un, ... quatre volumineux Mémoires dont voici le ... tres : 1° *Requeste d'inscription de faux ... forme de factum, pour le sieur Guichard ... tendant général des Bastimens de Son Al... Royalle, Monsieur, contre Jean-Bap... Lully, faux accusateur, Sébastien Aubry, ... rie Aubry, Jacques du Creux, Pierre Hu... net, faux témoins, et autres complices* ... ris, 1676, in-4° de 118 pp.); — 2° *Req... servant de factum, pour Henry Guich... intendant général des Bastimens de So... tesse Royalle, Monsieur, appellant, co... Baptiste Lully et Sébastien Aubry, int... et contre Monsieur le procureur général* ...

nant le fait et cause du sieur de Royans, son substitut au Châtelet, appelant a minimâ (S. l. n. d., in-4° de 73 pp.); — 3° *Suite de la Requeste d'Henry Guichard, intendant général des Bâtimens de Son Altesse Royalle Monsieur. A Messieurs les gens tenans le siége présidial en la Chambre criminelle de l'ancien Chastelet de Paris* (S. l. n. d., in-4° de 22 pp.); — 4° *Response du sieur Guichard aux libelles diffamatoires de Jean-Baptiste Lully et de Sébastien Aubry. A Messieurs les gens tenans le siége présidial en la Chambre criminelle de l'ancien Chastelet de Paris* (S. l. n. d., in-4° de 32 pp.). J'ai donné sur ce long procès, qui fit grand bruit dans Paris, des détails développés et circonstanciés dans un long travail publié sous ce titre : *les Vrais Créateurs de l'Opéra français, Perrin et Cambert* (1).

GUICHARD (......). Un artiste de ce nom fit représenter en 1799, sur le petit théâtre Mareux, un opéra-comique qui fut joué sous ce titre : *Nicette et Colin, ou le Fat dans les Départemens*.

GUICHARD (......), violoniste qui vivait au commencement de ce siècle, est auteur d'une *École du violon, grande méthode complète et raisonnée pour le violon, à l'usage du Conservatoire* (Paris, Schlesinger, in-f°).

GUICHENÉ (L'abbé), prêtre et musicien, curé de Saint-Médard (Landes), est l'auteur d'une série de trois tableaux auxquels il a donné ce titre : *Triorganum, ou Science du plain-chant, de la transposition et de l'harmonie rendue facile*, Paris, Repos.

GUIDI (Giovanni-Gualberto), éditeur de musique italien, est né à Florence en 1817. Il apprit la musique de bonne heure, étudia la contrebasse, et pendant quinze ans fut attaché en qualité de contrebassiste à la chapelle du grand-duc de Toscane. En 1844, M. Guidi fonda la maison de commerce de musique qu'il dirige encore aujourd'hui, et il donna une grande renommée à cette maison en imaginant, le premier en Europe, de publier en petites éditions de poche, très-nettes et très-lisibles, les partitions des œuvres des grands maîtres. C'est ainsi que, sur les conseils de M. Basevi (*Voy.* ce nom), M. Guidi publia, dans le format *in*-18, les partitions des trios, quatuors, quintettes et du septuor de Beethoven, et de diverses œuvres de musique de chambre d'Haydn, Mozart, Boccherini, Mendelssohn, Hummel, Spohr, Weber, Cherubini, Schumann, et des quatuors couron-

(1) Ce travail a paru dans le journal *le Ménestrel*, années 1875 et 1876, et sera prochainement publié en volume.

nés annuellement par la *Società del Quartetto*, de Florence; d'autre part, il donna, dans un format un peu plus développé, mais encore très-réduit, les partitions à orchestre de plusieurs ouvertures classiques célèbres, celles des œuvres de musique religieuse couronnées aux concours du duc de San Clemente, et enfin, tout récemment, celles de *la Vestale* de Spontini et du *Stabat Mater* de Boccherini. En rendant ainsi facile l'acquisition et la lecture de tant de chefs-d'œuvre, M. Guidi a rendu un véritable service à l'art et aux artistes, dont il a bien mérité. Ses éditions mignonnes s'élèvent aujourd'hui au chiffre de cent cinquante environ, et elles ont été récompensées dans un grand nombre d'Expositions.

* GUIDO, dit GUIDO D'AREZZO. En 1867, de grandes fêtes eurent lieu en Italie pour honorer la mémoire de cet artiste célèbre, et la municipalité de la ville d'Arezzo décida l'ouverture prochaine d'une rue et d'une place qui porteraient le nom de *rue* et *place Guido Monaco*, la première conduisant à la seconde, sur laquelle devait être érigé le monument qu'une souscription européenne permettait d'élever au fameux moine musicien. A cette occasion fut publié l'écrit dont voici le titre : *Biografia di Guido Monaco, d'Arezzo, inventore delle note musicali*, par le chanoine archi-prêtre Giovan-Battista Ristori, Arétin. Je ne connais de cet ouvrage que la seconde édition (Naples, 1868, in-4° de 79 pp.). Il n'est pas inutile de faire connaître que le manuscrit autographe du *Micrologue* de Guido faisait partie de la bibliothèque célèbre du roi Jean IV de Portugal. Ce fait a été mis en lumière par M. Joaquim de Vasconcellos (*Voyez* ce nom) dans son *Essai critique sur la bibliothèque de ce prince artiste*.

* GUIDONIUS (Jean). — *Voyez* GUYOT (Jean).

GUIGOU (Léopold), compositeur, a écrit la musique d'un opéra-comique en un acte, *le Barbier du Roi*, qui a été représenté sur le théâtre du Gymnase, de Marseille, le 19 mars 1875.

GUILBERT (...... ......), est l'auteur d'une « *Notice historique sur le citoyen Broche*, lue par le citoyen Guilbert, dans la séance du 15 Frimaire an XII° de la Société libre d'Émulation pour le progrès des sciences, des lettres et des arts (de Rouen) » (Rouen, imp. Guilbert, an XII, in-8° de 30 pp.) On sait que Broche, artiste fort remarquable et organiste de la cathédrale de Rouen, fut le maître de Boieldieu.

GUILLAUME III, roi des Pays-Bas, prince d'Orange Nassau, grand-duc de Luxembourg, né à Bruxelles le 19 février 1817, est un des rares souverains qui doivent avoir leur place marquée dans la *Biographie universelle des Musiciens*, étant une véritable artiste, qui s'occupe de musique en vrai musicien.

Ce monarque est doué d'une organisation tout exceptionnelle, possédant une connaissance des plus complètes de tout ce qui touche au domaine musical, un excellent jugement, et accordant aux arts et aux artistes la plus haute protection. Il est compositeur lui-même, et dans sa jeunesse il a pris des leçons de chant de la célèbre Malibran.

En 1871, de son propre mouvement, le roi des Pays-Bas a pris l'initiative de fonder une Institution musicale où des pensionnaires, soumis aux ordres de ce prince, reçoivent une éducation musicale complète dans le chant, l'art lyrique et dramatique, le piano, le violon, le violoncelle et la composition, le tout aux frais du roi. Guillaume III a acheté à Bruxelles un hôtel où les pensionnaires pour le chant (demoiselles) travaillent sous la direction de M. G. Cabel, où elles sont logées et placées sous la surveillance d'une dame de compagnie, et où enfin elles peuvent accomplir leurs études pour aborder ensuite le théâtre et la carrière dramatique.

Chaque élève qui désire avoir l'honneur de devenir pensionnaire du roi doit passer un examen préalable devant le commissaire royal, M. Van der Does, et les pensionnaires pour le chant ne sont admises qu'après avoir travaillé pendant six mois avec un professeur désigné par ce dernier, et après avoir fait preuve d'aptitudes réelles pour le chant et pour la scène. S. M. le roi a décrété qu'un examen comparatif devra avoir lieu tous les trois ans, de même qu'un concours de chant, où sera décernée une médaille d'or enrichie de diamants dite *médaille Malibran*, laquelle ne sera donnée qu'aux demoiselles pensionnaires de première classe pour l'art lyrique et dramatique.

Le roi a institué aussi un concours triennal pour les pensionnaires instrumentistes et compositeurs, concours où seront distribuées trois médailles : une médaille d'or pour la meilleure composition d'une symphonie ou d'une ouverture à grand orchestre ; une médaille d'argent pour la meilleure composition d'une œuvre de musique de chambre (trio, quatuor ou quintette pour piano et instruments à cordes) ; enfin une médaille de bronze pour le meilleur ouvrage pour piano seul ou pour chant avec accompagnement de piano.

Chaque année, Guillaume III donne à son château royal du Loo de magnifiques fêtes musicales pour l'audition des meilleurs pensionnaires, en présence d'un jury composé d'ar[tistes] néerlandais et de maîtres étrangers, qui [sont] conviés à ces solennités par invitations spéci[ales]. Déjà, MM. Ambroise Thomas, Reber, V[ictor] Massé, Félicien David, Liszt, Costa et beau[coup] d'autres sommités musicales ont trouvé au [châ]teau du Loo une réception royale qui se re[nouv]elle chaque année, et y reçoivent un adm[ira]ble accueil dont ils gardent souvenance.

L'art et les artistes occupent une gr[ande] place dans la vie de S. M. Guillaume III, [et] nous le répétons, n'a cessé, pendant tout le c[ours] de son règne, d'accorder le plus grand en[cou]ragement à l'art, la plus éminente prote[ction] aux artistes.

Ed. de H.

* GUILLEMAIN (Gabriel). Cet habile [vio]loniste écrivit la musique d'un ballet représ[enté] le 11 janvier 1749, à la Comédie-Italienne, [sous] le titre de *l'Opérateur chinois*.

GUILLEMIN (Amédée), écrivain et sa[vant] français, s'est acquis, depuis une quinz[aine] d'années, une notoriété légitime par le ta[lent] qu'il a déployé dans la discussion et la vulg[ari]sation des grands faits scientifiques qui pr[éoc]cupent le monde moderne. Il ne saurait [être] question ici des importants et intéressants [tra]vaux de M. Amédée Guillemin sur l'astrono[mie], mais il me faut signaler le livre qu'il a p[ublié] sous ce titre : *Le Son, notions d'acousti[que] physique et musicale* (Paris, Hachette, 18[67], in-12, avec figures nombreuses). On peut re[pro]cher sans doute à l'auteur de n'avoir pas [fait] tous les efforts possibles pour rendre plus f[acile] et moins laborieuse la lecture d'un tel ouvr[age], mais les musiciens lui sauront gré, du mo[ins] de n'avoir pas suivi l'exemple qui lui était d[onné] par tous les savants. On n'ignore pas en effet [que] ceux-ci, confondant à tort et de propos déli[bérés] deux choses aussi absolument distinctes qu[e la] musique et l'acoustique, prétendant subor[don]ner la première à la seconde alors que le d[o]maine de l'une et de l'autre est essentiellem[ent] différent, ont l'habitude de la prendre de h[aut] avec les musiciens, de leur faire la leçon au s[u]jet d'un art qui, dans ses manifestations exp[res]sives, échappe à leur jugement et n'a que [f.] avec l'étude des lois de la physique, et veul[ent,] sous prétexte de science, en remontrer aux [plus] grands génies, compositeurs ou virtuoses. M. A[mé]dée Guillemin a eu la sagesse et le bon goût [de] ne point tomber dans ce travers : traitant [une] question de physique, il est resté dans le [do]maine de la physique sans prétendre emp[iéter] sur celui de l'art, et son traité y a gagné en j[us]tesse, en clarté et en lucidité.

GUILLEMINOT (........). Un artiste de ce nom a fait représenter sur le théâtre de Grenoble, le 11 mai 1780, un opéra-comique en 2 actes, intitulé : *l'Officier français à l'armée*. Le livret de cette pièce a été imprimé.

GUILLOT DE SAINBRIS (ANTONIN), professeur de chant et compositeur, né vers 1820, fit de bonnes études musicales à l'issue desquelles il se livra à l'enseignement du chant. Il a publié un assez grand nombre de romances et mélodies vocales, et est aussi l'auteur des ouvrages suivants : 1° *vocalises pour soprano, mezzo-soprano et contralto*; 2° *12 Vocalises pour voix de mezzo-soprano*; 3° *Vocalises caractéristiques pour soprano ou ténor*; 4° *Vade-mecum du chanteur*, 50 exercices journaliers, propres à rendre la voix agile. M. Guillot de Sainbris a fondé une société chorale d'amateurs (hommes et femmes), qu'il dirige avec habileté, et qui, chaque hiver, donne à Paris plusieurs séances intéressantes.

* GUILLOU (JOSEPH), flûtiste et compositeur. Selon l'*Histoire du Conservatoire* de Lassabathie, cet artiste était né le 4 décembre 1787. Il devint professeur de flûte au Conservatoire en 1816, et abandonna cette situation en 1830, époque à laquelle il fut remplacé par Tulou.

GUILMANT (FÉLIX-ALEXANDRE), organiste fort distingué, est né à Boulogne-sur-Mer le 12 mars 1837. Son père, qui pendant cinquante ans fut organiste de l'église Saint-Nicolas de cette ville, fut son premier maître. A douze ans, le jeune Guilmant le remplaçait souvent à l'orgue, et c'est à partir de cet âge qu'il reçut des leçons d'harmonie de M. Gustave Carulli, fils du fameux guitariste de ce nom, artiste d'un véritable talent, auteur de compositions nombreuses et depuis longtemps fixé à Boulogne-sur-Mer. On peut presque dire cependant que M. Alexandre Guilmant s'est formé seul, à force de travail, de volonté et de persévérance intelligente, lisant de nombreux traités, étudiant les œuvres des maîtres et s'imprégnant de leur génie, s'enfermant chaque jour deux ou trois heures dans l'église pour y travailler l'instrument qu'il adorait, enfin écrivant constamment et méditant sans cesse sur son art. A peine âgé de seize ans, il était nommé organiste de l'église Saint-Joseph et à dix-huit ans il faisait exécuter à Saint-Nicolas sa première messe solennelle (en *fa*), bientôt suivie de deux autres messes (en *sol* mineur et en *mi* b majeur), et de plusieurs motets, également avec orchestre, œuvres qui furent toutes accueillies avec une grande faveur. Devenu, en 1857, maître de chapelle de Saint-Nicolas, il était peu de temps après nommé professeur de solfége à l'École communale de musique, et en même temps s'occupait de la création d'un Orphéon, qui, sous sa direction, remportait plusieurs prix importants dans différents concours. Enfin, à la même époque, M. Guilmant, qui ne se contente pas d'être un organiste hors ligne, et qui n'est pas seulement encore un excellent pianiste, tenait une partie d'alto à la Société philharmonique.

En 1860, le célèbre organiste Lemmens ayant eu l'occasion de l'entendre, fut frappé de ses rares qualités et lui offrit le secours de ses précieux conseils; le jeune artiste n'eut garde de refuser une proposition aussi utile et aussi flatteuse, et devint l'élève favori de ce grand maître. Bientôt M. Guilmant se fit remarquer, à de nombreuses reprises, dans les séances qui avaient lieu en différentes villes pour l'inauguration d'orgues nouvelles, et son talent s'affirma avec un véritable éclat ; on en jugera par ces lignes que lui consacrait Adrien de la Fage, à propos de l'inauguration de l'orgue d'Arras, dans la *Gazette musicale* du 3 novembre 1861 : «...... Quant à M. Guilmant, nous le connaissions déjà par quelques compositions qui prouvaient l'habileté d'un travail sérieux et consciencieux, mais nous ne l'avions jamais entendu; il a joué dans cette même séance, et ce serait déjà un assez considérable éloge de dire qu'il a su faire apprécier son talent au milieu des artistes qui viennent d'être nommés et dont la réputation est si bien méritée, mais nous devons entrer dans quelques détails à son égard, car deux jours auparavant nous l'avions entendu à une séance particulière, dans laquelle il avait joué sur ce même orgue avec le plus grand succès. Une pièce intitulée par lui *Méditation* avait sous ses doigts causé une vive impression à tous les auditeurs. Il n'en pouvait être autrement, car en elle se trouvent réunis avec beaucoup de bonheur les ressources de la science et les accents de l'inspiration : chez M. Guilmant l'inspiration semble gagner à se prescrire des bornes qui cependant ne la gênent aucunement. Du reste il ne s'en tient pas à jouer sa propre musique. Il a terminé ses études sous M. Lemmens, c'est assez dire qu'il se plaît à la lecture des grands maîtres et paraît avoir la noble ambition de marcher sur leurs traces; il semble même avoir déjà trouvé le sentier qui conduit à eux, car M. Fétis, entendant la *Méditation* dont nous venons de parler sans en connaître l'auteur, crut qu'elle était l'œuvre d'un de ces hommes à qui l'on n'attribue jamais que ce qu'il y a de meilleur. »

Un succès plus considérable encore était réservé à M. Guilmant. Après avoir, le 29 avril 1862, participé avec plusieurs autres artistes à l'inauguration de l'orgue admirable de Saint-Sulpice, à Paris, il donnait, seul, le 2 mai suivant, une séance particulièrement intéressante sur ce merveilleux instrument, séance dont M. Elwart rendait compte en ces termes : « ...... L'habile organiste de Boulogne a joué successivement un concerto de Hændel, une *toccata* et une *fugue* en *ré* mineur de Sébastien Bach, une *pastorale* de Kullak, et plusieurs morceaux de sa composition, parmi lesquels une *communion* d'un sentiment exquis a été très-remarquée. Pour finir, le jeune artiste, qui est élève de son père et du célèbre Lemmens, a touché une *marche* d'un grand style, arrangée par lui sur un thème de Hændel. L'orgue de Cavaillé-Coll est tellement compliqué, quand on mélange les jeux innombrables qui le composent, qu'il faudrait un travail de plus d'un mois pour parvenir à le bien connaître. Alexandre Guilmant n'avait eu que *deux heures* pour se préparer ! Chacun a admiré l'intelligence de l'organiste de Saint-Nicolas ; et après la séance, les artistes qui s'étaient rendus à son invitation l'ont vivement complimenté. Il est beau à un jeune artiste de quitter ses affections, ses travaux pour venir demander à Paris le baptême d'une réputation naissante ; et Alexandre Guilmant, en retournant à Boulogne, n'aura que des félicitations à recevoir de sa famille et de ses concitoyens pour l'excursion glorieuse qu'il vient de faire dans la capitale. »

On voit que bien avant son installation à Paris, qui n'eut lieu qu'en 1871, M. Guilmant s'était acquis une réputation solide, qui ne fit que s'accroître encore par les nouveaux voyages qu'il eut l'occasion de faire à l'étranger, particulièrement en Angleterre, où son talent fut surtout apprécié, pour l'inauguration et la réception des orgues de diverses églises. L'une des séances qui lui firent le plus d'honneur, sous ce rapport, est celle qui eut lieu à Paris, pour l'inauguration du grand orgue de Notre-Dame, et dans laquelle il fit entendre, avec un grand effet, sa superbe marche funèbre. Mais bientôt le jeune organiste allait enfin trouver une situation digne de lui. Le regrettable Chauvet (*Voy.* ce nom), un artiste de premier ordre aussi, ayant été enlevé, au mois de janvier 1871, par une maladie de poitrine, M. Guilmant fut appelé à le remplacer dans ses fonctions d'organiste de l'église de la Trinité, et depuis lors il a pris place au nombre de nos meilleurs artistes en ce genre, et sa renommée n'a cessé de grandir. Cette renommée s'est étendue à l'étranger aussi bien qu'à Paris, grâce surtout aux belles compositions de M. Guilmant,

qui est aujourd'hui considéré comme l'un premiers organistes de l'Europe (1).

M. Guilmant possède en effet toutes les lités qui font les grands organistes : à une truction solide, étendue et variée, à une ar de lecture infatigable, à une mémoire touj exercée et tenue en haleine qui lui permet d *tenir les plus grandes œuvres des maîtres* Imm tels de l'art, les Frescobaldi, les Bach, les H del, il joint les connaissances théoriques et tiques qui forment le musicien consommé, aident à l'improvisation et donnent à celle-ci charme, sa noblesse et sa solidité, enfin par tude constante qu'il a faite des ressources m tiples de l'instrument, de l'emploi et du méla de ses divers jeux, il en sait tirer les effets plus opposés, les plus inattendus et les plus riés. Son talent comme compositeur n'est moins remarquable, l'inspiration chez lui fécondée par le savoir, et les œuvres publiées j qu'à ce jour par M. Guilmant donnent les preu incontestables de la richesse de son imaginat et de l'excellence de ses principes artistique

Voici la liste des compositions les plus imp tantes dues à la plume de cet artiste extrê ment remarquable et singulièrement laborieu — 1° Quatre Messes à 4 voix, avec accomp gnement d'orchestre ou d'orgue ; — 2° Motet 4 voix, avec orchestre ou orgue ; — 3° 12 M tets à 1, 2, 3 ou 4 voix, avec accompagnem d'orgue ou d'harmonium, op. 14, Paris, Bléri in-8° ; — 4° *Échos du mois de Marie*, cantiqu à une ou deux voix égales, avec accompag ment d'orgue ou d'harmonium, Paris, Bléri in-8° ; — 5° *Quam dilecta* (psaume 83), à 4 vo solos et chœurs, avec accompagnement d'org op. 8, Paris, Lebeau, in-8° ; — 6° *Pièces de d férents styles pour orgue* (en 12 livraison recueil d'une rare richesse et de la plus gran valeur, dont on ne saurait trop recommander lecture et l'étude à tous les organistes, Pa Schott ; — 7° *L'Organiste pratique*, recueil pièces de moyenne difficulté pour l'orgue (2 vraisons parues) ; 8° Sonate pour le grand orgu

(1) Dans son intéressant travail sur *l'Orgue du Pal de l'Industrie d'Amsterdam* (Amsterdam, 1876), M. Ph bert a écrit ceci : — « M. Alexandre Guilmant est deve l'organiste favori du public anglais. Chaque année passe plusieurs fois la Manche pour aller donner des ries de concerts, à Sheffield surtout, sur l'admirable i trument qu'y a construit M. Cavaillé-Coll. Au dire Lemmens, dont il est un des meilleurs élèves, il capti tellement ce public, que d'excellents organistes du pa ont à redouter de se faire entendre après lui. » On p lire dans le même ouvrage le récit des triomphes (mot n'est pas exagéré) que M. Guilmant a obtenus Amsterdam lors de son voyage en cette ville pour l'ina guration de l'orgue du Palais de l'industrie.

— 9° Morceaux pour harmonium [*Prière et Berceuse*, op. 27 ; *Canzonetta*, op. 28; *Fughetta*, op. 29 ; *scherzo*, op. 30; *Aspiration religieuse* op. 31 ; *Villageoise*, op. 32 ; Air, Gavotte et Menuet de J.-S. Bach, transcrits; Allegro, Air et Finale de Hændel, transcrits; chœur et Rondeau de *Phaëton*, de Lully, transcrits], Paris, Schott ; — 10° Deux Morceaux pour harmonium (*Recueillement ; Valse*), id., id. ; — 11° Plusieurs duos pour piano et harmonium ; — 12° Morceaux pour piano seul : *Canzonetta; Idylle ; Scherzo-valse ; Pauline*, polka; *Mazurka* ; Air d'une cantate de Jean-Sébastien Bach, transcrit, etc., Paris, Schott; enfin, un assez grand nombre de morceaux de divers genres, pour chant ou pour différents instruments. M. Guilmant a écrit aussi, sur un poème de M. Charles Barthélemy, un oratorio-symphonie en deux parties, *Geneviève de Paris*, qui n'a pas encore été exécuté.

GUIMARÃES (José-Ribeiro), littérateur portugais, naquit à Lisbonne le 2 octobre 1818. Ayant achevé ses études de droit en 1844 à l'Université de Coimbre, il se proposa d'entrer dans la magistrature. Toutefois, ses opinions politiques très-libérales, les troubles qui éclatèrent bientôt et des difficultés de toute sorte vinrent retarder son entrée dans la carrière. Ce n'est que vers la fin de l'année 1846 qu'il se vit nommer juge (*Juiz de direito*) à Mertola. L'intervention étrangère mit fin à ses travaux officiels, et depuis lors jusqu'en 1854 il refusa d'accepter les places que lui offrit le gouvernement, parce qu'il ne partageait pas ses vues. En 1854 il entre comme *primeiro official* à la Bibliothèque nationale de Lisbonne, charge qu'il occupe encore au moment où cette notice est écrite (Décembre 1875). Le docteur Guimarães a droit à une place dans ce livre à cause des nombreux travaux de littérature musicale qu'il a publiés dans les meilleurs journaux de Lisbonne, notamment dans le *Jornal do Commercio*. Ses travaux dans la rédaction de ce journal si important datent de 1854, mais il avait déjà travaillé auparavant dans le *Patriota* (1852). C'est lui qui a éveillé le goût des études historiques sur la musique, marchant d'accord avec un autre amateur aussi distingué, M. Joaquim José Marques, dont je parlerai plus tard. Il est impossible de dresser ici la liste complète des écrits de M. Guimarães, et nous citerons seulement les plus importants ; d'abord une excellente biographie de Marcos Antonio Portugal (1), connu sous le nom de Portogallo (*Voy.* ce nom), une notice inédite sur son frère Simão Portugal, une *Historia do Theatro do Bairro Alto* où l'on trouve des renseignements utiles sur l'histoire de l'Opéra en Portugal, des notes inédites très-curieuses sur Angelica Catalani, sur Mercadante, et sur une foule de musiciens portugais des dix-huitième et dix-neuvième siècles. En 1873, le Dr Guimarães fit paraître à Lisbonne une excellente biographie de la célèbre cantatrice Mme Todi, qui malheureusement n'a pas été appréciée selon son mérite en Portugal ; l'auteur avait généreusement abandonné ses droits et le produit de la vente de l'ouvrage en faveur des descendants de l'illustre cantatrice qui vivent encore à Lisbonne. M. E. David a rendu hommage à cet excellent travail dans la *Revue et Gazette musicale* (1875). Dernièrement, le docteur Guimarães a fait paraître dans le *Jornal do Commercio* des *Memorias para a historia dos theatros de Lisboa*, qui sont d'une grande valeur et qui renferment de riches matériaux sur l'histoire de l'Opéra à Lisbonne. Son *Summario de varia historia* (1), sorte de mosaïque littéraire sur les sujets les plus variés et les plus curieux, renferme des notes fort utiles sur l'histoire des arts et métiers en Portugal. M. Guimarães tient le feuilleton musical du *Jornal do Commercio* et y exerce la critique d'une façon très-honorable ; ses articles sur le théâtre de S. Carlos (Opéra de Lisbonne) sont remarqués ; on trouve encore des travaux de lui dans l'*Archivo Pittoresco*, dans *Artes e Lettras*, etc., etc.

J. DE V.

GUIMET (Émile), riche industriel et amateur distingué de musique, est né à Lyon en 1836. Fils d'un inventeur dont les nouveaux procédés chimiques firent faire de grands progrès à certaines industries spéciales, et qui, en exploitant lui-même ces procédés, augmenta d'une façon notable une fortune déjà considérable, M. Guimet, tout en aidant dans ses entreprises son père, auquel il a succédé depuis, étudia avec ardeur la musique, vers laquelle il se sentait attiré par un goût irrésistible. Il travailla d'abord le piano, puis se livra à l'étude de l'harmonie sous la direction successive de MM. Joseph Luigini, Debillemont et Richard Lindau. Dès 1859, il publiait à Paris (chez Flaxland) un recueil de dix *Scènes et Mélodies*, bientôt suivi d'une série de petites pièces pour le piano, intitulées *Croquis espagnols*. Un peu plus tard, M. Guimet écrivait la musique d'un ballet en 2 actes et 4 tableaux,

---

(1) Il est juste de dire que c'est M. Francisco Innocencio da Silva, le savant bibliographe, qui a donné le premier une bonne biographie de Marcos Portugal. Ce que Fétis en dit est incomplet et parfois inexact.

(1) C'est un choix de ses meilleurs articles, publiés autrefois dans le *Jornal do Commercio*. Quatre volumes en ont déjà paru ; le 5° est sous presse.

l'*Œuf blanc* et l'*Œuf rouge*, qui était représenté au Grand-Théâtre de Lyon le 20 novembre 1867. L'œuvre la plus importante de M. Guimet est un grand oratorio, c'est-à-dire une « orientale symphonique, » *le Feu du ciel*, vaste composition pour soli, chœurs, orchestre et fanfare, écrite sur des vers de M. Victor Hugo, que l'auteur fit exécuter pour la première fois à Londres, dans Saint-James's hall, au mois de juillet 1872, et ensuite à Paris, au théâtre du Châtelet, dans deux concerts donnés par lui au mois de février 1873. La critique accueillit favorablement la partition du *Feu du Ciel*, qui ne manquait en vérité ni de talent, ni de verve, ni de grandeur.

M. Guimet a aidé considérablement, dit-on, et par son activité et par sa fortune, au développement du mouvement musical et du mouvement orphéonique dans sa ville natale, ce qui l'a fait nommer officier d'académie et membre de l'Académie des sciences, belles-lettres et arts de Lyon, dont son père a été président à plusieurs reprises. Il manie d'ailleurs la plume avec facilité, et après avoir publié deux récits de voyages, l'un en Espagne, l'autre en Égypte, il a donné sous ce titre : *Cinq Jours à Dresde*, une relation intéressante de la grande fête des chanteurs qui eut lieu en cette ville du 22 au 26 juillet 1865 (Lyon, Méra, 1866, in-12). M. Guimet a publié aussi quelques chœurs orphéoniques : *l'Hymne à la musique*, *le Conscrit*, *la Saint-Jean*, *les Faucheurs*, etc. En 1876, M. Guimet a été chargé par le gouvernement français d'une mission scientifique au Japon, et s'est acquitté de cette mission de la façon la plus distinguée. Peu de temps après, il était nommé chevalier de la Légion d'honneur. — La mère de cet artiste, Mme Zélie Guimet, fille du peintre Bidault, a fait preuve elle-même de talent dans la peinture et s'est fait remarquer par quelques bons tableaux, entre autres une *Judith* qui a figuré au salon de 1827 (1).

GUINDANI (E........), musicien italien contemporain, a fait représenter sur le théâtre de Parme, le 16 février 1876, un opéra sérieux qui avait pour titre *la Regina di Castiglia*. Cet ouvrage n'a obtenu aucun succès.

GUIRAUD (JEAN-BAPTISTE), compositeur et professeur, né à Bordeaux en 1803, fit ses études au Conservatoire de Paris, où il fut élève de Reicha et de Lesueur. Admis au concours de l'Institut, il remporta en 1826 le premier second grand prix de composition, et l'année suivante le premier grand prix. Devenu par ce fait pensionnaire de l'Académie de France à Rome, il alla passer plusieurs années dans cette ville, où il fit passer à l'Académie des Beaux-Arts les envois réglementaires, envois parmi lesquels se trouvaient des fragments d'un opéra sérieux italien, intitulé *Ruggero e Bradamante*. De retour à Paris, il essaya, comme tant d'autres, de se produire au théâtre ; voyant qu'il n'y pouvait réussir, il prit le parti de quitter la France et d'aller s'établir à la Nouvelle-Orléans, où il se fit une brillante position comme professeur. Au bout de quelques années, il revint à Paris, s'y maria, tenta encore mais toujours inutilement, d'aborder la scène, et après en avoir reconnu de nouveau l'impossibilité repartit pour la Nouvelle-Orléans. Je crois que c'est en cette ville qu'il est mort, vers 1864.

GUIRAUD (ERNEST), compositeur, fils du précédent, né à la Nouvelle-Orléans le 23 juin 1837, offre le seul exemple connu en France d'un musicien fils de prix de Rome et ayant obtenu lui-même le prix de Rome. Plus heureux que son père, M. Guiraud a pu, non sans difficulté toutefois, se produire comme compositeur dramatique, et il est un des jeunes artistes sur lesquels la nouvelle école française a le plus droit de compter.

Vivant dans un milieu très musical, M. Ernest Guiraud, qui était né avec de réelles facultés, vit ces facultés s'accroître encore sous la direction de son père, qui, tout naturellement, se chargea de son éducation artistique. Lorsqu'il fut âgé d'une douzaine d'années, celui-ci l'amena à Paris, non pour l'y fixer encore, mais dans le but de lui ouvrir l'imagination et de lui préparer les voies de l'avenir. M. Guiraud père repartit ensuite pour la Nouvelle-Orléans avec son fils, emportant avec lui un certain nombre de livrets d'opéras qu'il avait achetés dans le but de l'exercer à la composition dramatique. Parmi ces livrets se trouvait celui du *Roi David*, représenté à l'Opéra en 1846, et qui avait été le premier ouvrage de M. Mermet. Le jeune Guiraud, atteignant environ sa quinzième année, remit ce poème en musique, et son *Roi David*, joué par la troupe française de la Nouvelle-Orléans, obtint dans cette ville un succès véritable.

La représentation de cet opéra fut l'adieu jeté au pays qui l'avait vu naître par M. Ernest Guiraud, qui s'apprêtait à venir s'établir définitivement dans sa véritable patrie. Il s'embarqua en effet pour la France, afin d'y continuer ses études, d'y parfaire son éducation musicale, et s'y faire une position. Il y trouva tout naturellement d'intimes relations : les amis de son père

---

(1) Voici les titres des récits de voyage publiés par M. Émile Guimet : 1° *A travers l'Espagne*, Lyon, Méra, 1862, in-12 ; 2° *Croquis égyptiens*, Paris, Hetzel, in-12 ; 3° *Esquisses scandinaves*, Paris, Hetzel, in-12, 1876.

puis les membres de sa propre famille, parmi lesquels son oncle, M. Croizilles, violon-solo de l'Opéra-Comique, qui en prit la garde et qui veilla sur lui avec un soin tout paternel. Presque aussitôt arrivé à Paris, il entra au Conservatoire, dans la classe de piano de M. Marmontel, dont il devint rapidement l'un des meilleurs élèves. Dès 1855, il obtenait un premier accessit, remportait le second prix en 1857, et le premier en 1858. En même temps il suivait un cours d'harmonie avec M. Barbereau, qui avait été chez Reicha le condisciple de son père, et entrait bientôt dans la classe de composition d'Halévy. Ses progrès y furent si rapides qu'en 1859, à son premier concours à l'Institut, il enleva d'emblée le premier prix de Rome, qui lui fut décerné à l'unanimité. La cantate de concours avait pour auteur Édouard Monnais, et pour titre *Bajazet et le Joueur de flûte*.

M. Guiraud, qui tenait alors à l'orchestre de l'Opéra-Comique le modeste emploi de timbalier, partit donc pour Rome, comme tant d'autres ; mais son séjour dans la ville éternelle fit peut-être plus d'impression sur son esprit qu'il n'en fait d'ordinaire sur celui de ses confrères. Nature ardente, enthousiaste, doué d'un sentiment artistique très-intense et très-développé, il conserva de son voyage en Italie, de la vue de cette nature généreuse et luxuriante, de la contemplation de tant de chefs-d'œuvre accumulés par les siècles, un souvenir qui, loin de lui peser, lui est toujours resté cher. M. Guiraud, du reste, ne faillit point aux obligations imposées par le règlement aux élèves de l'école de Rome, et fit exactement à l'Académie des Beaux-Arts les envois auxquels il était tenu : il envoya la première année une messe solennelle, la seconde année un opéra bouffe italien en un acte, *gli Avventurieri*, et la troisième un opéra-comique en un acte intitulé *Sylvie*.

M. Guiraud commença sous d'heureux auspices sa carrière de compositeur. Au rebours de tant d'autres prix de Rome, qui ne peuvent parvenir à se faire jouer, il était à peine de retour à Paris et touchait encore les derniers mois de sa pension, lorsque l'Opéra-Comique livra au public ce petit opéra de *Sylvie*, précédemment envoyé par lui à l'Académie des Beaux-Arts. Représenté le 11 mai 1864, cet aimable ouvrage fut favorablement accueilli. Son auteur dut cependant attendre cinq ans une nouvelle occasion de se produire, et ce n'est que le 5 mars 1869 que le Théâtre-Lyrique fit paraître *En Prison*, nouvel ouvrage en un acte dû à la plume de M. Guiraud ; encore ce dernier ne fut-il joué que contre le gré du compositeur, qui, mécontent du livret de ses collaborateurs, mécontent même de sa partition, eût désiré ne leur jamais laisser voir le jour. Le jeune musicien donna, le 2 juillet 1870, à l'Opéra-Comique, un troisième ouvrage en un acte, *le Kobold*, qui réussit à souhait, mais dont les événements vinrent arrêter la carrière.

La guerre survenue, M. Guiraud ne voulut pas profiter de l'exemption du service militaire à laquelle lui donnait droit son titre de prix de Rome ; il s'engagea même dans un bataillon de marche, fit son devoir jusqu'au bout, et fit bravement le coup de feu en plus d'une occasion, notamment dans les deux sanglantes journées de Champigny et de Montretout, où il vit bon nombre de ses compagnons tomber autour de lui. Plus heureux pourtant que notre brave et cher Henri Regnault, venu de si loin pour se faire tuer en héros, il ne fut pas même blessé.

Une fois la paix rétablie, M. Guiraud se remit au travail. On le retrouve bientôt aux Concerts populaires, où, le 28 janvier 1872, il fait exécuter une suite d'orchestre fort remarquée et qui méritait de l'être ; cette composition le classa aussitôt dans l'opinion des artistes et du public, et vint confirmer les espérances qu'on avait conçues de son talent ; elle accusait chez son auteur une étude sérieuse et approfondie des grands maîtres, principalement dans le *prélude*, qui est de conception toute classique, et une grande connaissance des ressources de l'orchestre, surtout dans le finale (*Carnaval*), page brillante et entraînante, morceau plein d'action, de mouvement et de couleur.

Le 23 novembre 1872, M. Guiraud donnait au petit théâtre de l'Athénée un opéra-comique en deux actes, *Madame Turlupin*, dont la partition extrêmement distinguée lui fit le plus grand honneur, et qui mériterait d'être repris sur une scène plus importante. Il écrivit ensuite la musique d'un ballet en un acte, *Gretna-Green*, qui fut représenté à l'Opéra le 5 mai 1873, fit exécuter l'année suivante aux Concerts populaires une Ouverture de concert (1er mars 1874) et un air de ballet (6 décembre), et enfin donna à l'Opéra-Comique, le 11 avril 1876, un ouvrage en trois actes, intitulé *Piccolino*. Moins originale, moins neuve à mon sens que celle de *Madame Turlupin*, la partition de *Piccolino*, qui a été très-bien reçue du public et de la critique, n'en est pas moins une œuvre remarquable, dont l'allure franche et hardie tranche d'une façon très-heureuse avec celle de certaines productions contemporaines dont les auteurs, se rapprochant des tendances anti-scéniques de la nouvelle école allemande, voudraient acclimater au théâtre des procédés qui en sont précisément la négation pure.

Au reste, et musicalement parlant, M. Ernest Guiraud n'est ni un rêveur ni un élégiaque. C'est un tempérament nerveux, chaud, vivace, qui a besoin de l'entraînement de la scène, et qui est visiblement et invinciblement attiré vers le théâtre, dont il a le sentiment inné. Sa musique a les véritables qualités qui conviennent au drame lyrique : l'action, le mouvement, la chaleur, la vie, et par conséquent, au point de vue technique, le rhythme, qui est justement l'âme et l'essence de toute musique vivante. Malheureusement, et par la faute de nos administrations théâtrales, M. Guiraud n'a pu donner encore la mesure exacte de son talent, et produire une œuvre où *il se soit livré tout entier*. Mais ceci viendra rapidement maintenant, il faut l'espérer, et M. Guiraud n'en reste pas moins l'un des soutiens les plus fermes, les plus intelligents et les mieux doués de la jeune école française.

Voici la liste des œuvres gravées de M. Guiraud : 1° *Sylvie*, un acte (Paris, Lemoine); 2° *Madame Turlupin*, 2 actes (Paris, Escudier); 3° *Gretna-Green*, ballet en un acte (Paris, Durand-Schœnewerk); 4° *Piccolino*, 3 actes (id., id); 5° Suite d'orchestre en quatre parties, partition d'orchestre et arrangement à 4 mains (id., id.); *Mignonne*, mélodie, *Sérénade de Ruy-Blas* (Paris, Choudens) ; *Crépuscule*, mélodie (dans la *Revue de la musique*).

Au mois de novembre 1876, M. Guiraud a été nommé professeur d'harmonie et accompagnement au Conservatoire, en remplacement d'Édouard Baptiste, qui venait de mourir.

GUISLAIN (Pierre-Joseph), violoniste et chef d'orchestre, né à Berg-op-Zoom en 1757, se fixa de bonne heure à Anvers, et tout en remplissant l'emploi de violon-solo au théâtre, dirigeait les concerts nobles, ceux de la Solidarité et de la Société philharmonique, ce qui le rendait en quelque sorte l'arbitre du mouvement musical en cette ville. C'est lui qui, le premier, fit naître le goût de la musique classique à Anvers, surtout en y faisant exécuter les quatuors d'Haydn et de Mozart, presque inconnus avant lui. Lui-même se faisait remarquer, comme violoniste, par son excellente exécution des concertos de Viotti, Kreutzer et Rode. On cite parmi les compositions de cet artiste un Concerto de violon et un livre de six Sonates pour deux violons, publiés à Anvers, chez Wauters.

* **GUMBERT** (Ferdinand), compositeur, est né à Berlin le 21 avril 1818. Cet artiste n'a pas publié jusqu'à ce jour moins de 400 *lieder*, qui se font remarquer pour la plupart par un sentiment très-personnel et un charme pénétrant. Il a donné au théâtre Armonia, de Vienne, en novembre 1867, une opérette intitulée *Caroline ou une Chanson sur le golfe de Naples*. M. Gumbert, qui est très-versé dans la connaissance de la langue française, s'est fait aussi une sorte de spécialité de la traduction de nos opéras, et c'est à lui que l'on doit les adaptations allemandes des *Dragons de Villars*, de *l'Africaine*, de *Mignon*, de *le Roi l'a dit*, etc., ainsi que celle de la plupart des opérettes de M. Offenbach. M. Gumbert est l'un des collaborateurs actifs de la *Nouvelle Gazette musicale* de Berlin.

GUMPRECHT (Otto), écrivain musical fort distingué, né à Erfurt en 1823, a fait ses études à Breslau, à Halle et à Berlin. Il est attaché depuis 1848 à la *Gazette nationale* en qualité de critique musical, et il a acquis sous ce rapport une grande autorité, que justifie un talent très-solide et très-sérieux. Il a publié sous ce titre : *Musikalische Charakterbilder (Portraits d'artistes musiciens)* une série d'études fort intéressantes sur Schubert, Mendelssohn, Weber, Rossini, Auber et Meyerbeer (Leipzig, 1868). On lui doit encore l'écrit suivant : *Richard Wagner und sein Buhnenfestspiel* (Leipzig, 1873).

GUNG'L (Mlle Virginie), fille du fameux compositeur de danse Joseph Gung'l, a abordé la carrière lyrique en débutant avec succès à l'Opéra de Berlin, en 1872, dans *la Flûte enchantée* de Mozart et dans le *Faust* de M. Gounod.

GUNTHER (Le docteur), médecin établi à Leipzig, a écrit la musique d'un opéra, *l'Abbé de Saint-Gall*, qu'il a fait représenter, sous le pseudonyme de *Hœrther*, au théâtre Victoria, de Berlin, en juillet 1864. Cet ouvrage a eu du succès.

GUSTO (J.....Z......), compositeur, vivait vers le milieu du dix-huitième siècle à Zurich, où il se fit une grande popularité, et où il publia le recueil suivant : *Auserlesene geistliche Lieder aus den besten Dichtern. Mit ganz neuen leichten Melodieen versehen von J.-Z. Gusto* (Zurich, Ziegler, 1769, in-8°). Ce recueil ne contient pas moins de 170 chants, dont 57 à une voix, 6 à deux et 107 à trois et quatre voix, dont la mélodie est généralement aimable et facile.

* **GUYOT** (Jean), et non *Guioz*. — Un ancien officier de l'armée belge, M. Clément Lyon, qui s'est épris d'une véritable passion pour la mémoire de cet artiste, a publié récemment sur lui une brochure intéressante, qui complète et rectifie les renseignements connus jusqu'à ce jour, et dans laquelle il annonce la publication prochaine d'une biographie étendue et complète de son héros. La brochure de M. Clément Lyon a pour titre « *Jean Guyot, dit Castiletti*, célèbre musicien wallon du XVIe siècle, maître de chapelle de S. M. l'Empereur d'Allemagne Ferdinand Ier, né à Châtelet en 1512 (Charleroi, Delaere, 1876, in-8°). » Il résulte tout d'abord des renseignements recueillis dans cet opuscule, que le nom véritable de l'artiste est Guyot, et non *Guyoz*, et qu'il est né en 1512. « Jean Guyot, dit M. Lyon, inspiré sans aucun doute par l'esprit patriotique, se donna, à l'étranger et même dans son pays, le nom de *Joannès Castiletti* ou *Jean de Châtelet*. Nous verrons plus loin qu'il latinisera son nom d'une manière différente encore et qu'il en fera *Joannès Guidonius*, en accompagnant ce nom du mot « *Castiletanus* », ce qui prouve à quel point il tenait à son origine. Jusqu'aujourd'hui ces divers noms ont fait prévaloir, dans l'esprit des biographes, l'idée de deux personnages distincts ; mes investigations m'ont heureusement permis de rétablir la vérité au plus grand honneur du maître de chapelle. Jean Guyot, Joannès Castiletti, Joannès Guidonius, c'est-à-dire le compositeur de musique et l'écrivain ami des arts ne sont bien réellement que les noms différents d'une seule et même brillante personnalité. »

Si les détails donnés par M. Clément Lyon sont aussi sûrs et aussi précis qu'il le dit, l'artiste connu jusqu'ici sous le nom de *Jean Guidonius* (Voir *Biographie universelle des Musiciens*, t. IV), et considéré comme Hollandais parce qu'il avait publié à Maestricht l'ouvrage intitulé *Minervalia*, n'aurait jamais existé, ou plutôt n'était autre que celui qui nous occupe ici, et doit être confondu avec lui. En effet, M. Lyon revendique pour Jean Guyot la paternité de cet ouvrage important.

A l'âge de vingt-deux ans, selon son nouveau biographe, Guyot suit les cours de la Faculté des Arts de Louvain. « Le 5 décembre 1536, il soutient sa thèse (*responsio formalis*), sorte d'acte de préparation au grade de licencié ; l'année suivante, il prend part au concours définitif, et, finalement, le 22 mars 1537, lors de la promotion générale, ayant été proclamé 22e sur 108 concurrents, il est nommé licencié-ès-arts. » Il commence alors sa carrière. En 1546, on le retrouve à Liége, où il est chapelain à la collégiale Saint-Paul, en même temps qu'il remplit aussi l'office de maître des chantres (*præcentor*), et bientôt il devient maître de chapelle de la cathédrale de Saint-Lambert de la même ville. Dix-sept ans plus tard, en 1563, sa renommée l'ayant depuis longtemps fait mander et établir à Vienne, et l'emploi de maître de chapelle de l'empereur d'Allemagne étant vacant, il est pourvu de cet office, qu'il ne remplit pourtant que pendant une année (septembre 1563—31 août 1564), par suite de la mort de Ferdinand Ier. Il n'avait point perdu son temps d'ailleurs, car il avait fondé et inauguré à Vienne, dès le 1er décembre 1563, une école musicale qu'il soutenait en partie de ses deniers personnels. Toutefois, Guyot revint à Liége en 1564, y retrouva son emploi à la cathédrale, et mourut en cette ville le 11 mars 1588, âgé d'environ soixante-seize ans, jouissant de la renommée d'un grand artiste, de l'affection de ses proches et de l'estime de tous.

GUYOT DE FÈRE (François-Fortuné), écrivain français, né à Paris le 30 août 1791, a publié, entre autres ouvrages assez nombreux et de caractères très-divers, trois volumes d'un *Annuaire des Artistes français*, dont le premier parut en 1832 (in-12). On trouve dans cette publication, consacrée à toutes les branches des beaux-arts, quelques renseignements intéressants et quelques notices biographiques sur un certain nombre de musiciens vivant à cette époque. Guyot de Fère est mort vers 1865.

GUZMAN (Jorge de), musicien espagnol, s'est fait connaître par la publication suivante : *Curiosidades del cantollano, sacadas de las obras del Reverendo Don Pedro Cerone de Bergamo, y de otros autores, dadas a luz a costa de Jorge de Guzman, natural de la Ciudad de Cadiz, en donde actualmente exerce el oficio de sochantre de la Santa Iglesia cathedral en dicha Ciudad*, Madrid, 1709, petit in-4° de 272 pages, avec un supplément de quatre feuillets non paginés.

J.-B. W.

GUZMAN (Floriano), compositeur italien, vivait dans la seconde moitié du dix-huitième siècle. Il a fait représenter un opéra bouffe intitulé *gli Uccellatori*, et un autre ouvrage, *la Contessina*, écrit par lui en société avec plusieurs autres artistes.

H

* **BAAKE** (C........-Wilhelm), flûtiste allemand et compositeur, est mort à Leipzig le 25 mars 1875. Il avait fait, pendant longues années, partie de l'orchestre du *Gewandhaus* de cette ville.

HAAS (F.......), facteur d'orgues contemporain le plus renommé de la Suisse, est l'auteur des orgues des cathédrales de Bâle, de Berne et de Lucerne, qui se font remarquer par de solides qualités et par un fini d'exécution peu commun.

HAAS (Charles), professeur de chant, est l'auteur d'un recueil intitulé *l'Art du chant, vocalises faciles* (Paris, Prilipp), et d'un second recueil publié sous le titre de *Quinze Vocalises-mélodies*, faisant suite à *l'Art du chant* (id., id.). On lui doit aussi quelques romances.

HABENECK (Charles), écrivain politique, est l'auteur d'une brochure ainsi intitulée : *Précis historique de musique classique* (Paris, Dentu, 1861, in-12 de 35 pp.). Il est le petit neveu d'Habeneck, qui fut directeur et l'un des plus fameux chefs d'orchestre de l'Opéra.

* **HABERBIER** (Ernest), est mort le 12 mars 1869 à Bergen (Norwége) où il s'était retiré depuis plusieurs années, continuant de se livrer à l'enseignement. Il avait annoncé un concert, et, quoique se sentant très-souffrant, n'en voulut point reculer la date. Il se présenta donc devant le public, et avait déjà exécuté un de ses morceaux d'une façon fort brillante, lorsque, au moment de terminer le second il défaillit et se laissa tomber sur son piano. On s'empressa de lui porter secours, mais lorsqu'on voulut le relever, il avait cessé de vivre.

HACKENSOELLNER (Léopold), pianiste et compositeur autrichien, est fixé depuis plusieurs années à Florence, où il dirige les concerts de la Société philharmonique. Il a fait représenter, sur un théâtre particulier de cette ville, deux ou trois opérettes écrites sur paroles françaises, dont une intitulée *le Dé*, a obtenu un certain succès. Il a même donné au théâtre *delle Logge*, le 25 avril 1877, un opéra-comique français en trois actes, *la Villa du spirite*, écrit sur des paroles de M. le duc de Dino. M. Hackensoellner, qui est très-répandu dans la haute société de Florence, a épousé une chanteuse dramatique fort distinguée, Mme Barbieri-Nini (*Voyez* ce nom), aujourd'hui retirée du théâtre.

* **HÆNDEL** (Georges-Frédéric). Il n'est inutile de faire remarquer que l'écrit de M. Victor Schœlcher sur la vie de cet artiste immor[tel] publié à Londres sous ce titre : *Life of Han[del]* avait été inséré précédemment en français, [par] fragments et presque en son entier, dans [le] journal *la France musicale*. Depuis lors, [a] paru à Londres un livre de H. F. Chorley : *H[æn]del studies* (*Études sur Hændel*, Londr[es,] in-8°), et la brochure suivante : *A short comm[en]tary on Handel's oratorio « the Messiah »* (Co[m]commentaire sur l'oratorio de Hændel « [le] Messie ») par John Crowdy, Londres, Willi[am] Reeves. En Allemagne a été publié aussi, il [y a] quelques années, un écrit ainsi intitulé : *Hän[del] und Shakespeare. Zur Æsthetik der T[on]kunst* (*Hændel et Shakespeare. Sur l'est[hé]tique de la Musique*), par M. G. G. Gervi[nus,] Leipzig, 1868, in-8°. Enfin, j'ai moi-même pu[blié] lors des superbes exécutions du *Messie* d[on]nées à Paris par la Société de l'Harmonie sac[rée] sous l'excellente direction de M. Charles [La]moureux (*Voy.* ce nom), un opuscule ainsi [in]titulé : *A propos de l'exécution du Messie [de] Hændel au Cirque des Champs-Élysées [le] 19 décembre 1873*, Paris, imp. Chaix, 1[874,] in-12 de 35 pages (1).

HAËNEL DE CRONENTHALL (L[ouiSE-Augusta-Marie-Julia, marquise D'H[ÉRI]COURT DE VALINCOURT, née DE), dame c[om]positeur, descend d'une antique maison pa[tri]cienne de Gratz, et est née en Saxe, en 1[839]. Elle montra de bonne heure de rares apti[tudes] pour la musique, et ne commença cepen[dant] l'étude de cet art qu'à dix-sept ans, non dans [son] pays, mais en France, où elle était venue p[our] terminer son éducation littéraire, et qu'elle [ne] quitta plus depuis lors. Elle fut successiveme[nt] l'élève de MM. Tariot, Franchomme, Ca[rlo] Stamaty, Eugène Prévost, Demerssemann, f[it de] rapides progrès, et bientôt se livra avec arde[ur à] la composition. Le nombre des œuvres compo[sées] par Mme Haënel de Cronenthall (c'est sou[s ce] nom qu'elle s'est fait connaître) ne s'élève [pas] à moins d'une centaine, dont une bonne p[artie]

---

(1) Les deux traductions de *Judas Machabée* et du [Mes]sie données par M. Victor Wilder en 1874 et 1873 ([chez] Heugel, in-12) sont précédées de courtes notices bi[ographi]ques sur ces deux ouvrages.

a été publiée. Voici la liste des plus importantes : 1° *La Cinquantaine villageoise* (épisode de la vie de campagne), 1re symphonie; — 2° *Salut au printemps*, 2e symphonie; — 3° *La Fantastique*, 3e symphonie; — 4° *Apollonia*, 4e symphonie; — 5° *Bonheur pastoral*, 1re sonate; — 6° *La Simplicité*, 2e sonate; — 7° *Graziosa*, 3e sonate; — 8° *La Bonne Journée*, 5e sonate; — 9° *Vieux Style*, 6e sonate; — 10° *La Dramatique*, 7e sonate; — 11° *Léoncia*, 8e sonate; — 12° *Une partie de chasse*, 9e sonate; — 13° *Millweyda*, 11e sonate; — 14° *Satisfaction*, 13e sonate; — 15° *Heureux Jour*, 14e sonate; — 16° *La Pathétique*, 15e sonate; — 17° *Naïveté*, 16e sonate; — 18° *Maestosa*, 17e sonate; — 19° *Gaieté classique*, 19e sonate; — 20° *L'Enfance de Beethoven*, 21e sonate; — 21° *Georgina*, 23e sonate (1) ; — 22° *Crémone*, quatuor pour instruments à cordes. — 23° *Six Nocturnes* (*Nocturne, Regrets et Souvenirs, La Patrie absente, Ne m'oublie pas, Filius dolorosus, Florence*) ; — 24° Romances sans paroles (*Au bord de la mer, Villanelle, Méditation, Fragilité de la vie, l'Adieu, Rêves sur l'Océan, Crépuscule, l'Horizon, le Naufrage du bonheur*) ; — 25° *La Naissance de Jésus*, Noël pour piano et chant ; — 26° *Le Retour des Moissonneurs*, marche ; — 27° *Musettes gasconnes*, en forme de rondos ; — 28° *Les Cloches du soir*, fantaisie ; — 29° *La Pastorale*, bluette ; — 30° *La Source*, impromptu ; — 31° *Alla militare*, scherzo capriccioso ; — 32° *Ophelia*, romance dramatique pour piano et violoncelle ; — 33° *Joyeuse humeur*, rondo ; — 34° *L'Élégante*, polonaise ; — 35° *Jonquille*, gavotte ; — 36° enfin des valses, polkas, mazurkas, varsoviennes, qui, arrangées à grand orchestre, font depuis longtemps partie du répertoire du concert des Champs-Élysées, et un certain nombre de romances et mélodies vocales.

Mme Haënel de Cronenthall, qui est aussi l'auteur d'un opéra-comique jusqu'à ce jour inédit, *la Nuit d'épreuve*, s'est fait remarquer en 1867, lors de l'Exposition universelle de Paris, en transcrivant, pour l'orchestre du Jardin chinois, quelques-uns des airs les plus populaires de la Chine, travail qui lui a valu la grande médaille d'honneur de l'Exposition et celle des commissions impériale et chinoise. Quelques-uns de ces morceaux, transcrits pour le piano, ont été publiés; ce sont les suivants : 1° *La Descente de l'hirondelle*, air chinois cité dans le recueil des chants populaires de Confucius; 2° *La grande Tournante*, danse chinoise en l'honneur des sacrifices offerts par l'Empereur sur l'autel rond ; 3° *La Chanson du Thé*, composée au dix-huitième siècle par l'empereur Khien-Long ; 4° *Le Chalumeau de Niou-Va*, pastorale composée par Ta-Joun, musicien de l'empereur Hoang-Ti, en l'honneur de la princesse Niou-Va; 5° *La Danse des plumes*, ballet pour inviter les esprits des quatre parties du monde à assister à la fête des lanternes de Yang Cheu ; 7° *La Tasse d'or*, chanson à boire de l'empereur Ouan-Ti ; 8° *La Joueuse de flûte de Sou-Tchou-Fou*, couplets et refrain.

HÆRTEL (CHRISTOPHE), l'un des chefs de la puissante maison d'édition musicale établie à Leipzig et connue depuis plus de quatre-vingts ans sous la raison sociale *Breitkopf et Hærtel*, naquit à Schneeberg en 1763. Vers la fin du siècle dernier, il s'associa avec Christophe-Gottlob Breitkopf, et les efforts de ces deux hommes intelligents firent de la maison qu'ils dirigeaient l'une des premières de toute l'Europe. A la mort de Breitkopf, en 1800, Christophe Hærtel resta seul propriétaire de l'établissement, qu'il dirigea seul jusqu'en 1827, époque où il mourut (*Voyez* BREITKOPF).

HÆRTEL (HERMANN et RAYMOND), fils du précédent, naquirent, le premier le 27 avril 1803, le second, le 9 juin 1810. A la mort de leur père, ils prirent la direction de la maison dont il était le chef, et la gérèrent conjointement pendant près d'un demi-siècle, c'est-à-dire jusqu'à la mort de Hermann, arrivée à Leipzig le 4 août 1875. Depuis cette époque, M. Raymond Hærtel est seul à la tête de cette importante librairie musicale.

HÆRTEL (GUSTAVE-ADOLPHE), violoniste et compositeur, né à Leipzig le 7 décembre 1836, mort à Hombourg (les-Bains) le 28 août 1876, se distingua de bonne heure comme virtuose. Après avoir donné à vingt ans des concerts dans différentes villes d'Allemagne, il devint en 1857 chef d'orchestre à Brême, puis en 1863 au théâtre municipal de Rostock, où il fonda l'*Association musicale*, qui existe encore. Le grand-duc de Mecklembourg-Schwerin voulut se l'attacher comme directeur de la musique de la cour, mais en 1873 Hærtel préféra la direction de Hombourg comme plus lucrative et plus satisfaisante au point de vue de l'art.

Hærtel publia, fort jeune encore, un *trio burlesque* pour trois violons, avec accompagnement de piano, qui eut beaucoup de succès. Vinrent ensuite : une introduction et des entr'actes pour le drame *Don Juan d'Autriche*, de Publitz;

---

(1) Les sonates portant les n°s 4, 10, 12, 18 et 20, non mentionnées ici, sont extraites des symphonies citées plus haut et d'un quatuor pour instruments à cordes.

Les Carabiniers, opéra-comique en 3 actes, Schwerin, 1866; deux opérettes : *Un fol mariage* et *Der Hausirer (le Colporteur)*, toutes deux représentées à Schwerin; *Variations pour le violon*; *Fantaisie sur une barcarolle sicilienne*, pour deux violons; morceaux pour piano sur un motif de Schumann; une *Marche victorieuse*; un *Galop di bravura*; et des petites sonates pour le piano dédiées à la princesse Galitzin. Hærtel mourut des suites d'une fluxion de poitrine, laissant une jeune veuve (artiste dramatique) et trois enfants.

J. D. F.

* HÆSER (CHRÉTIEN-GUILLAUME), poëte dramatique, compositeur et jadis l'un des meilleurs chanteurs dramatiques de l'Allemagne, est mort à Stuttgard, le 27 mai 1867, à l'âge de 85 ans.

* HÆSER (CHARLOTTE-HENRIETTE), cantatrice célèbre au commencement de ce siècle, est morte à Rome au mois de mai 1871.

HAGEMAN est le nom d'une famille de musiciens néerlandais qui se sont fait remarquer depuis le commencement de ce siècle. Le chef de cette famille, *François Hageman*, né à Nimègue en 1802 et d'abord destiné au commerce, apprit la musique avec son père et fut ensuite élève d'un professeur nommé Hauff. Nommé en 1823 organiste à Zutphen, il prit une part active à la propagation de l'art musical en cette ville, y fonda une société pour la réforme du chant choral et y créa une société chantante.

François Hageman, son fils aîné, pianiste et organiste, né à Zutphen le 10 septembre 1827, fut élève de son père. Nommé organiste royal à Appeldoorn en 1846, à l'âge de dix-neuf ans, il devint, en 1848, organiste et chef de musique à Nijkerk. En 1850 il se rendit à Paris pour y terminer son éducation musicale, et se fit recevoir au Conservatoire, mais une maladie de sa mère le rappela presque aussitôt dans sa patrie. En 1852 il devint, pour le piano, élève du Conservatoire de Bruxelles, se fixa ensuite à Wageningen, accepta en 1859 les fonctions d'organiste à Leuwarden, et peu de temps après fut appelé à Leyde en qualité de directeur de musique à l'École de cette ville. M. François Hageman a publié quelques morceaux de piano, et a donné, dans le journal *Euterpe*, plusieurs travaux relatifs à la musique.

Son frère, *Maurice Hageman*, pianiste et violoniste, né à Zutphen le 25 septembre 1829, a fait de bonnes études musicales au Conservatoire de Bruxelles et est devenu par la suite directeur de musique et organiste à Groningue. Il a publié un assez grand nombre de compositions pour le piano et pour le chant, parmi lesquelles on remarque: Ouverture historique, à 4 mains; 12 morceaux pour piano; 6 morceaux de caractère; Étude d'octaves; Fantaisie nationale; Pensées fugitives; *Die Capelle*, lied pour contralto; *Vergieb*, lied pour ténor; *Fest-Cantate*, chœur pour voix de femmes; 3 *lieder* pour contralto; *Cantate*, composée à l'occasion du Congrès agricole (1859), etc. M. Maurice Hageman, comme son frère, s'est occupé de littérature musicale, et a donné aux journaux *Cæcilia* et *Euterpe* plusieurs écrits intéressants.

HAGEMAN (HERMAN), artiste qui ne semble pas appartenir à la même famille que les précédents, est né en 1812 à Neerbosch, et reçut des leçons d'un organiste nommé Courbois. Après avoir passé quatre ans au service, il revint dans sa ville natale, et y remplit pendant plus de vingt ans les fonctions d'organiste. On a publié de lui un Traité de plain-chant, un Recueil de pièces de plain-chant harmonisé avec accompagnement d'orgue, et Douze Gammes majeures et mineures harmonisées. En 1859 cet artiste était établi à Nimègue, et en 1864 il était organiste à Grave.

*HAGEN (THÉODORE), professeur de piano et écrivain sur la musique, est mort à New-York le 27 décembre 1871. Suivant les journaux qui ont annoncé ce fait, Hagen aurait vu le jour non à Dessau, en 1823, mais à Hambourg en 1822.

HAGHENS (CORNEILLE), facteur de clavecins, exerçait sa profession à Anvers dans la première moitié du dix-septième siècle, et mourut en cette ville en 1641.

HAGHENS (SIMON), facteur d'instruments, probablement fils du précédent, et né sans doute à Anvers, y fut reçu en 1641 au nombre des maîtres de la gilde de Saint-Luc.

HAILLOT (......), violoncelliste et professeur, vivait à Paris dans la seconde moitié du dix-huitième siècle. Attaché comme violoncelliste à l'orchestre de la Comédie-Italienne, il prenait aussi, sur ses compositions, le titre de « maître de musique vocale » de ce théâtre. Il a publié : 1° *Six Duos de violoncelle, qui peuvent se jouer avec un basson ou une quinte, tirés des meilleurs opéras-comiques, arrangés, dialogués et concertants*; 2° *Six Duos à deux violons et un violoncelle, dans lesquels l'auteur a inséré des meilleurs morceaux des opéras-comiques les plus nouveaux, et traités avec le plus grand soin, pour la facilité et l'agrément des amateurs, et avec lesquels ils pourront se faire entendre et paroître des virtuoses*.

* HAINL (FRANÇOIS-GEORGE), violoncelliste et

compositeur, est mort à Paris le 2 juin 1873 (1). Cet artiste, qui depuis 1840 était premier chef d'orchestre du Grand-Théâtre de Lyon, fut appelé en la même qualité à l'Opéra, où il vint prendre le bâton de commandement le 24 juillet 1863, succédant à Dietsch, qui venait d'être « admis à faire valoir ses droits à la retraite ». Pendant les dix années qu'il passa à l'Opéra, il monta les ouvrages suivants : *le Docteur Magnus, Roland à Roncevaux, l'Africaine, Don Carlos, la Fiancée de Corinthe, Hamlet, Erostrate, la Coupe du roi de Thulé*, sans compter l'adaptation de *Faust* à notre première scène lyrique et la reprise du *Freischütz* ; puis, comme ballets, *la Maschera, Néméa, le Roi d'Yvetot, la Source, Coppélia*, et *Gretna-Green*.

Peu de temps après son entrée à l'Opéra, et à la retraite de M. Tilmant, George Hainl avait été nommé chef d'orchestre de la Société des concerts du Conservatoire ; moins habile pour conduire la symphonie que l'opéra, ne connaissant pas, d'ailleurs, les traditions de la Société, il ne brilla pas dans ces fonctions, dont il se démit au bout de trois ans. Il était aussi devenu chef d'orchestre de la chapelle impériale et des concerts de la cour, et avait conduit les grands festivals de l'Exposition universelle, à la suite desquels il avait été nommé chevalier de la Légion d'honneur.

Un bras énergique et vigoureux, une grande précision dans les mouvements, une mesure dont les temps étaient solidement et distinctement marqués, l'assurance en soi-même, une confiance qu'il savait communiquer aux artistes placés sous ses ordres, avec cela le regard fier et une ferme volonté, telles étaient les qualités de George Hainl, qualités si rares à rencontrer chez un conducteur et qui forment le vrai chef d'orchestre. Malheureusement, son éducation musicale n'était pas à la hauteur de ses aptitudes, et l'organisateur des études était en lui bien inférieur au conducteur. Or, dans un théâtre comme celui de l'Opéra de Paris, où la mise à la scène d'un ouvrage inédit exige, de la part du chef d'orchestre, des facultés complexes, des connaissances profondes et étendues, il faut, pour remplir ces fonctions, non-seulement un « batteur de mesure » excellent, mais un musicien solide et éprouvé. Sous ce dernier rapport, il faut l'avouer, George Hainl n'était pas à la hauteur de son rôle, et c'est ce qui fait que l'on dut placer à côté, et au-dessus de lui, un « directeur de la musique », chargé de l'organisation supérieure des études en ce qui concernait les ouvrages nouveaux. L'artiste chargé de cette mission n'était autre que M. Gevaert.

Il serait injuste cependant d'amoindrir les qualités de George Hainl comme chef d'orchestre, qualités que nous avons énumérées plus haut. Berlioz, qui s'y connaissait, a rendu d'ailleurs, en ces termes, hommage à son talent ; c'était à l'époque où il était encore attaché au Grand-Théâtre de Lyon : — « A une supériorité incontestable sur le violoncelle, il joint toutes les qualités de chef d'orchestre conducteur-instructeur-organisateur, c'est-à-dire qu'il dirige d'une façon claire, précise, chaleureuse, expressive ; qu'il sait faire la critique des défauts de l'exécution et y porter remède, autant que les forces musicales dont il dispose le lui permettent, et enfin qu'il sait mettre en ordre et en action productive tous les moyens qui sont à sa portée, administrer son domaine musical et vaincre promptement les difficultés matérielles dont chacun des mouvements de la musique, en province surtout, est ordinairement entravé. D'où il résulte implicitement qu'il joint à beaucoup d'ardeur un esprit pénétrant et une persévérance infatigable. Il a plus fait en quelques années pour le progrès de la musique à Lyon que ne firent en un demi-siècle ses prédécesseurs (1). »

HAITES (J.....-J....), compositeur anglais, né dans la première moitié de ce siècle, est mort à Londres dans le courant du mois d'octobre 1874. Je n'ai pu découvrir aucun renseignement biographique sur cet artiste, qui s'est fait connaître dans son pays par plusieurs œuvres importantes, entre autres trois messes, un oratorio, une cantate, des symphonies, des chœurs, plusieurs ouvertures de concert, et deux opérettes.

HAKEM EL-WÂDI (ABOU-YAHYA), c'est-à-dire natif ou habitant de Wâdi-el-Cora, dans le Hidjaz, naquit vers l'an 101 de l'hégire, ou 717 de l'ère chrétienne. Fils d'un barbier nommé Maymoun, qui était d'abord esclave, puis affranchi du calife Walid 1er, fils d'Abd-el-Mélik, et qui devait aux libéralités de ce prince une petite fortune, Hakem, qui était doué d'une belle voix et d'excellentes dispositions pour la musique, prit des leçons d'un de ses compatriotes, Omar el-Wâdi, chanteur renommé, et grâce à ses

---

(1) La *Biographie universelle des Musiciens* donne le 19 novembre 1807 comme date de la naissance de George Hainl. Je ferai remarquer que les registres de l'Association des artistes musiciens portent celle du 16 novembre.

(1) Un des gendres de George Hainl, M. Lecorbeiller, qui habitait Rouen et qui a suivi de près son beau-père dans la tombe, a légué au Conservatoire de Paris, en souvenir de lui, la somme nécessaire pour instituer un prix annuel de 1,000 francs en faveur des élèves violoncellistes de cet établissement.

soins, devint lui-même un excellent chanteur et un compositeur distingué. Il se fit entendre d'abord avec succès devant le calife Walid II, languit ensuite dans l'obscurité sous le règne des successeurs de ce souverain, qui prenaient fort peu d'intérêt aux questions d'art, mais acquit la vogue et la fortune en se fixant à Bagdad lors de la création de cette ville par El-Mansour. Après être retourné dans sa ville natale pour y jouir de ses richesses, il revint à Bagdad sous le califat de Mouça El-Hâdi, et, quoique déjà vieux, sut faire apprécier son talent par ce prince, qui aimait beaucoup à l'entendre chanter. Plus tard, le calife Haroun el-Rachid le prit aussi en affection. Enfin, de retour définitivement aux lieux de sa naissance, Hakem fut attaqué d'un ulcère à la poitrine, et mourut à Wâdi el-Cora, âgé d'environ 81 ans, vers l'an 182 de l'hégire (798 de Jésus-Christ).

Quelques anecdotes donneront une idée du talent d'Hakem el-Wâdi, et de la renommée qu'il sut attacher à son nom. Présenté au calife Walid II par son maître Omar, qui était en grande faveur auprès de lui, Hakem parut devant ce prince au moment où, monté sur un âne d'Égypte magnifiquement harnaché, il se promenait dans les jardins de son palais, suivi d'un groupe de serviteurs et de musiciens. « Le calife portait un costume des plus riches : sa tunique, son manteau, sa chaussure même, étaient de brocart d'or ; à sa main gauche pendait un collier de pierreries, et il cachait dans sa manche droite un objet qui semblait être d'un certain poids. Il dit à ses musiciens : — « Chantez l'un après l'autre ; celui qui me fera plaisir aura ce que contient ma manche, ce qui est sur moi et ce qui est sous moi. » Plusieurs chantèrent, sans qu'il parût satisfait. Alors, se tournant vers Hakem : — « Chante, jeune homme, » lui dit-il. Hakem chanta..... « A la bonne heure, s'écria Walid, voilà qui est délicieux. » En disant ces mots, il tira ce qu'il avait dans sa manche. C'était une bourse de mille pièces d'or (14,000 francs), qu'il jeta dans la main de Hakem, avec le collier de pierreries. Ensuite, étant rentré dans son palais, il changea de costume, envoya au jeune chanteur qui lui avait plu l'habillement complet de brocart d'or, l'âne d'Égypte et son harnais (1). »

Lorsque Hakem se rendit pour la seconde fois à Bagdad, il y trouva deux chanteurs de premier ordre, Ibrahim el-Mauceli et Ibn Djâmi, tous deux favoris du calife Mouça El-Hâdi, ce qui

(1) *Notices anecdotiques sur les principaux musiciens arabes des trois premiers siècles de l'Islamisme*, par Caussin de Perceval.

n'empêcha pas ce prince de l'accueillir av[ec] bienveillance. Un jour que ces trois artist[es] étaient réunis en sa présence, le calife fit a[p]porter trois *bedra* ou sacs de 10,000 dirha[ms] (7,000 francs) chacun, et dit : — « Voici le pr[ix] dont je paierai le chant qui me donnera l'entrain et de la gaîté. » Ibn Djâmi et Ibrahi[m] commencèrent, et chantèrent des airs vifs d'une facture savante. Mouça, qui préférait [les] motifs simples et peu travaillés, resta froid [et] sérieux. Hakem entonna alors un de ses *haza*[dj] légers et gracieux, et le calife, transporté [de] joie, cria bravo ! se fit verser à boire, et fit [re]mettre à Hakem les trois *bedra*.

Pendant son dernier séjour à Bagdad, Hake[m] fut souvent appelé à chanter devant le calife H[a]roun el-Rachid, dont il conquit l'estime et l'a[d]miration. Lorsqu'enfin, ayant résolu de quit[ter] la cour, il vint prendre congé de lui, Haroun [lui] dit : — « Je t'accorde 300,000 dirha[ms] (210,000 fr.). Sur qui veux-tu que je te don[ne] un mandat de cette somme ? — Sur votre fr[ère] Ibrahim, fils d'El-Mahdi, » répondit Hakem. H[a]roun lui remit le mandat, et Hakem se ren[dit] à Damas, dont Ibrahim était alors gouverne[ur]. Ce jeune prince, musicien lui-même, était [un] dilettante passionné, et fut charmé de voir a[r]river chez lui Hakem, dont il connaissait la [re]nommée. Non-seulement il lui fit compter [les] 300,000 dirhams inscrits sur le mandat de s[on] frère, mais il y ajouta une seconde somme [de] 299,000 dirhams prise sur sa propre cassette, disant à Hakem : « Il ne conviendrait pas q[ue] je t'offrisse un présent égal à celui que tu as re[çu] du calife. » Ceci prouve au moins que de to[us] temps, et en tous pays, on a fait des folies po[ur] les chanteurs.

HALBERSTADT (Joseph), composite[ur] néerlandais, fixé à Amsterdam, s'est fait conna[ître] par un certain nombre de productions au mili[eu] desquelles on cite un quatuor pour instrument[s à] cordes, une Marche funèbre à la mémoire du [roi] Guillaume II, une élégie pour piano et violo[n,] un nocturne pour piano et violon, plusieurs a[irs] de ballet, etc. Tous ces morceaux ont été [pu]bliés à Amsterdam.

* **HALÉVY** (Jacques-Fromental-Élie), [né et] mort à Nice, le 17 mars 1862. A la liste des p[ro]ductions dramatiques de ce grand artiste, il [faut] ajouter *Attendre et courir*, un acte (écrit [en] société avec H. de Ruolz), donné à l'Opéra-[Co]mique le 29 mai 1830 ; *le Shériff*, ouvrage [en] trois actes, représenté au même théâtre le 2 s[ep]tembre 1839, et *les Premiers Pas*, prolo[gue] écrit en société avec Adolphe Adam, Aube[r et] Carafa, pour l'inauguration de l'Opéra-Natio[nal]

(1847). On lui attribue encore, sous le pseudonyme d'*Alberti*, la paternité d'un opéra-comique en un acte, *l'Inconsolable*, donné au Théâtre-Lyrique le 13 juin 1855. Enfin, le catalogue de ses œuvres doit encore se compléter par une cantate officielle : *Italie*, qui fut exécutée à l'Opéra-Comique le 7 juin 1859. Halévy a laissé en portefeuille les partitions, presque achevées, de deux grands opéras en trois actes, *Valentine d'Ornano*, sur un poëme de son frère, M. Léon Halévy, et *Noé* ou *le Déluge*, sur un livret de M. de Saint-Georges. On lui doit aussi quelques chœurs orphéoniques : *France et Italie*, *le Chant du Forgeron*, *la Nouvelle Alliance*, etc.

On peut dire que la mort d'Halévy a été pour la France comme une sorte de deuil public ; la postérité, qui commence pour cette belle et mâle figure, doit rendre justice au génie, au talent, aussi bien qu'aux facultés si rares et si diverses de cet artiste qui fut à la fois l'honneur de l'art musical et des lettres françaises. Halévy n'a pas été seulement un grand musicien, il n'a pas écrit seulement *la Juive*, *l'Éclair*, *la Reine de Chypre* et *les Mousquetaires de la Reine*; comme secrétaire perpétuel de l'Académie des Beaux-Arts, on lui doit encore des notices lues en séances publiques de l'Institut sur certains membres de cette compagnie, notices qui sont, dans leurs courtes proportions, de véritables chefs-d'œuvre de style, d'élégance et de sens critique ; il suffit de citer celles sur Abel Blouet, Onslow, Adolphe Adam, Simart, David d'Angers et Paul Delaroche. Quelques autres écrits, publiés dans divers journaux et recueils, ne le cèdent en rien à ceux-ci, et avaient appelé sur leur auteur l'attention de l'Académie française elle-même, qui, disait-on, n'attendait qu'une occasion pour le recevoir au nombre de ses membres. (On lira avec fruit, au sujet des facultés littéraires d'Halévy, les deux articles publiés par Sainte-Beuve dans le *Constitutionnel* du 14 avril 1862 et par M. Ernest Vinet dans le *Journal des Débats* du 15 mars 1864.)

En dépit des attaques haineuses de certains critiques malveillants, qui n'ont pas même eu la pudeur de se taire devant une tombe, mais qui, malgré leurs efforts, n'ont pu entamer la gloire du maître, la physionomie d'Halévy restera comme une des plus belles, des plus nobles et des plus remarquables de l'art français au dix-neuvième siècle. Paris ne s'y est pas trompé, lui qui a fait à l'auteur de tant d'œuvres puissantes et inspirées de si magnifiques funérailles, et qui, en lui prouvant son respect et son admiration, le vengeait des outrages qui l'avaient poursuivi pendant tant d'années.

Deux ans après sa mort, le 27 mai 1864, jour anniversaire de sa naissance, le théâtre de l'Opéra-Comique rendait à Halévy un hommage solennel. On exécutait ce jour-là un intermède lyrique, *Hommage à F. Halévy*, dont les paroles avaient été écrites par son frère, et dont la musique avait été arrangée, sur des thèmes du maître, par un de ses élèves, M. Jules Cohen. Les principaux acteurs de cet intermède étaient MM. Couderc, Ponchard, et M¹¹ᵉ Révilly.

Plusieurs écrits ont été publiés sur Halévy, après sa mort : 1° *F. Halévy, sa vie, ses œuvres*, récits et impressions personnelles, simples souvenirs, par Léon Halévy (Extrait du *Journal général de l'Instruction publique*), Paris, imp. Paul Dupont, 1862, in-8° ; l'auteur donna l'année suivante, dans le *Ménestrel*, une seconde version, très-augmentée, de ce travail plein d'intérêt, qui donna lieu à une seconde édition publiée sous le même titre, Paris, Heugel, 1863, in-8°, avec portrait et autographes ; 2° *Notice sur la vie et les ouvrages de F. Halévy*, par Beulé (Éloge prononcé à l'Académie des Beaux-Arts par le successeur d'Halévy comme secrétaire perpétuel de cette compagnie), Paris, imp. Didot, in-4° de 20 pp. ; 3° *F. Halévy, souvenirs d'un ami*, pour joindre à ceux d'un frère, par Édouard Monnais (Extrait de *la Revue et Gazette musicale de Paris*), Paris, imp. Chaix, 1863, in-8° ; 4° *F. Halévy, écrivain*, par Arthur Pougin, Paris, Claudin, in-8°, 1865.

On a réuni sous ce titre : *Derniers Souvenirs et Portraits* (Paris, Michel Lévy, 1863, in-12), ceux des écrits d'Halévy qui n'avaient point trouvé place dans le volume intitulé : *Souvenirs et Portraits*. Ce second volume, que précède une étude insignifiante de Fiorentino sur Halévy, contient les notices sur Mozart, le baron Boucher-Desnoyers, Simart, Adolphe Nourrit, Berton, les *Lettres sur la musique*, et un roman resté inachevé, *le Baron de Stora*. On trouvera dans ma brochure : *F. Halévy, écrivain*, citée plus haut, tous les renseignements relatifs à Halévy considéré sous ce rapport.

Cette notice complémentaire resterait encore incomplète si je ne reproduisais ces lignes, touchant le nom d'Halévy, tirées de la Notice de M. Léon Halévy sur son frère : « Le vrai nom de notre père était Lévy. En 1807, les Israélites de France furent invités par mesure gouvernementale, prise de concert avec une décision du grand Sanhédrin, convoqué à Paris, à changer ou à modifier leurs noms de famille, pour éviter la confusion qui résultait sur les registres de l'état civil de la similitude d'un grand nombre de noms. Notre père ajouta à son nom l'affixe hébraïque ou article *haï*, et s'appela dès lors *Halévy*, qui avait été le nom de plusieurs talmudistes célèbres, et notamment du poète *Jédédias Halévy*, qui florissait au treizième siècle de l'ère chrétienne. »

HALLAY (Mme DU), virtuose dilettante fort distinguée, vivait dans la première moitié du dix-huitième siècle, et paraît avoir été claveciniste aussi habile que cantatrice remarquable. Daquin en parle en ces termes dans son *Siècle littéraire de Louis XV* (1753) : — « Nous avons perdu, depuis quelques années, Madame du Hallay, recommandable par sa beauté et ses talens. Sa maison, dont elle faisoit les honneurs avec noblesse, étoit le rendez-vous des plus fameux musiciens italiens et françois. Elle étoit écolière de M. d'Aquin, et brilloit dans l'accompagnement et dans l'exécution des pièces. M. Rameau appelloit les doigts de Madame du Hallay ses petits marteaux. Cette dame chantoit les airs italiens avec le plus grand goût et la plus grande légèreté. »

Le peintre Largillière, à l'âge de 82 ans, fit le portrait de Mme du Hallay, pour laquelle il éprouvait, dit-on, une profonde admiration. Plusieurs poètes chantèrent cette aimable virtuose. Parmi les nombreux vers qui lui furent adressés, je citerai les suivants, bien qu'ils soient un peu prétentieux :

En vain, par quelques traits aux vôtres ressemblans,
On croiroit, Du Hallay, votre image finie ;
Aux vertus d'Artémise, aux grâces de Leabie,
Qui joindroit de Sapho l'esprit et les talens
N'auroit encore de vous qu'une foible copie.

* **HALLÉ** (Charles **HALLE**, dit), pianiste distingué, est né à Hagen (Westphalie), le 11 avril 1819. La réputation de virtuose de cet artiste est immense en Angleterre, où ses succès n'ont jamais été interrompus. Il s'y est aussi produit fréquemment comme chef d'orchestre, et, particulièrement, a dirigé en 1876 le deuxième grand festival triennal de Bristol.

HALLSTROEM (Ivar), musicien suédois, est le compositeur le plus populaire de son pays, et s'est fait connaître par un assez grand nombre de productions qui, pour la plupart, ont obtenu un vif succès. Entre autres œuvres importantes, M. Hallstrœm a écrit plusieurs opéras. L'un d'eux, intitulé *Hertig magnus*, dont le sujet était emprunté à un épisode de la Suède et qui fut représenté sur le théâtre de l'Opéra de Stockholm en 1867, fut assez froidement accueilli, par suite de la tristesse et de la monotonie répandues sur la partition du compositeur ; en effet vingt morceaux de celle-ci étaient écrits dans la tonalité mineure. Mais plus récemment, au mois de novembre 1875, un opéra fantastique de M. Hallstrœm a reçu du public de Stockholm l'accueil plus enthousiaste. Ce nouvel ouvrage, qui pour titre *la Fiancée du Gnome*, et dont livret est tracé d'après une poétique légende norwégienne, est remarquable, dit-on, par l'élégance et la grâce exquise de l'inspiration. L'an avant celui-ci, au mois d'août 1874, cet artiste avait fait représenter un autre ouvrage, *la Montagnarde enlevée*, qui avait été l'objet d'une faveur marquée. Enfin, le 6 juin 1877 M. Hallstrœm a donné sur le théâtre royal de Stockholm un opéra en 3 actes, *les Vikings*, écrit sur un sujet national et qui a produit, dit-on, un très-grand effet. Une « Idylle » de M. Hallstrœm, *les Fleurs*, pour voix seules, chœur et orchestre, a été couronnée en 1860 dans un concours ouvert par le *Musikverein* de Stockholm.

* **HALM** (Antoine), pianiste et compositeur distingué, est mort à Vienne le 6 avril 1872. Il avait été, dit-on, l'un des meilleurs amis de Beethoven.

* **HAMAL** (Jean-Noël). M. Édouard Gregoir a transcrit ainsi le titre d'un recueil d'ouvertures de ce compositeur, resté jusqu'ici inconnu : *Six ouvertures da camera a quatro violino primo, violino secondo, alto viola violoncello, e cimbalo, del signor Giovanni Natale Hamal, maestro di capella della chiesa cathedrale a Liege*, op. 1, Paris, chez M. Le Clerc, à la Croix-d'Or, 1743.

Il a paru en 1860, à Liége, chez F. Renard, une brochure in-8° de 26 pages, portant ce titre : *Essais de biographies liégeoises. Les Hamal*. Je n'ai pas eu cet écrit sous les yeux ; je sais seulement que son auteur est M. Édouard Lavableye, et qu'il complète les renseignements donnés sur la famille Hamal par la *Biographie universelle des Musiciens*.

HAMEL (Édouard), violoniste, pianiste, professeur et compositeur allemand, est né à Hambourg en 1811. Il habita Paris pendant plusieurs années, et appartint comme violoniste à l'orchestre de l'Opéra. De retour à Hambourg en 1846, il s'y livra à l'enseignement, et se vit très-recherché comme professeur de violon et de piano. Cet artiste s'est produit comme compositeur, et on lui doit sous ce rapport, outre la musique d'un opéra intitulé *Malvina*, des quatuors pour piano et instruments à cordes, des ballades et des *lieder*, et un certain nombre de morceaux pour le piano.

HAMERIK (Asger), musicien danois ou suédois contemporain, compositeur et chef d'orchestre, a fait de bonnes et solides études. Il est l'auteur de plusieurs opéras, parmi lesquels on cite *Tovelille*, dont il a écrit à la fois les paroles et la musique, et *Hjalmar et Ingeborg*; dans un concert donné par lui à Paris au mois de mai 1865, il a fait entendre quelques fragments intéressants du premier de ces ouvrages. En 1873, M. Hamerik faisait exécuter au Gürzenich, de Cologne, une suite d'orchestre qu'il intitulait *Suite du Nord*, et qui fut fort bien accueillie; depuis lors il a écrit une seconde et une troisième *Suites du Nord*, qui ont été publiées, ainsi que la première. On lui doit aussi une grande *Trilogie judaïque*, et un drame lyrique en cinq scènes intitulé *la Vendetta*. Depuis plusieurs années, cet artiste est fixé à Baltimore, où il dirige un établissement d'éducation musicale appelé Institut Peabody, et où il s'est fait une brillante réputation comme directeur de concerts.

HAMM (VALENTIN), chef d'orchestre et compositeur allemand, avait acquis une réputation dans sa patrie par la production d'un grand nombre de Marches symphoniques, dont la plupart obtinrent un succès de popularité. Parmi les morceaux de ce genre dont il s'était fait une spécialité et qui furent le mieux accueillis, il faut citer surtout la Marche du Sultan; la Marche des armées alliées; *la Prise de Sébastopol*; la Nouvelle Marche des zouaves; *la Ristori*; *la Milanollo*; la Marche turque; *Cécile*; *Émilie*; les Marches funèbres à la mémoire de Mendelssohn, de Maria Milanollo, de Chopin, de Spohr; la Marche sur un air populaire tyrolien; etc., etc. Valentin Hamm est mort à Wurzbourg, en Bavière, le 21 décembre 1875.

HAMMA (FRIDOLIN), organiste, compositeur et professeur, est né à Friedingen, dans le Wurtemberg, le 16 décembre 1818. Établi comme professeur à Schaffouse en 1840, il devenait, en 1842, organiste à Meersbourg, petit pays situé sur les bords du lac de Constance, et de là se rendait bientôt en Italie. Il se fixa alors pendant plusieurs années à Palerme, où il fit représenter quelques opéras et ballets qui furent bien accueillis du public. Lorsque, en 1848, éclata la révolution sicilienne, M. Hamma, qui professait en politique les opinions républicaines les plus avancées, y prit une part active, et écrivit un hymne patriotique qui obtint le plus grand succès et rendit son nom populaire. Il fut chargé par le gouvernement provisoire de l'organisation de tous les corps de musique militaire. Mais le mouvement sicilien, à la tête duquel se trouvait le général Mieroslawski, le grand patriote polonais, ayant été étouffé, M. Hamma suivit ce dernier dans le grand-duché de Bade, où il était appelé à prendre le commandement de l'armée révolutionnaire allemande. Là encore, M. Hamma se mit en avant, et il composa une grande marche nationale, qui, dit-on, électrisait les troupes insurrectionnelles et enflammait leur courage. Celles-ci pourtant, après leurs premiers succès, ayant été définitivement défaites, M. Hamma se vit obligé de se réfugier en Suisse. Plus tard il s'établit à Stuttgard comme professeur, puis enfin il alla se fixer à Neustadt, sur le Haardt, où il se livre encore aujourd'hui à l'enseignement du piano et du chant.

C'est M. Hamma qui a fait la belle découverte relative à la prétendue origine allemande de *la Marseillaise*. Ayant été à même, pendant un de ses séjours à Meersbourg (avril 1861), de parcourir les manuscrits d'un ancien maître de chapelle de l'église paroissiale, nommé Holtzmann, il aurait retrouvé, dans le *credo* de la 4ᵉ messe solennelle de cet artiste, le dessin musical complet de l'hymne de Rouget de Lisle, que celui-ci n'aurait eu que la peine de copier servilement. Si le fait était authentique, on aurait lieu de s'étonner que M. Hamma, pour rendre sa démonstration indiscutable, n'ait pas publié le *Credo* en question. Tant que cette preuve n'aura pas été donnée, nous persisterons à considérer cette revendication comme une plaisanterie ingénue et inoffensive. (On peut consulter à ce sujet les articles HAMMA, HOLTZMANN et MARSEILLAISE du *Kleines musikalisches Conversations-Lexikon* de Jules Schuberth, Leipzig, Schuberth, 1865, in-12).

HAMMA (BENJAMIN), compositeur, frère du précédent, est né à Friedingen le 10 octobre 1831. Après avoir étudié la composition à Stuttgard, avec Lindpaintner, il vint séjourner quelque temps à Paris, puis se rendit à Rome, où il s'initia à la connaissance intime du chant grégorien et de l'ancienne musique d'église italienne. Après plusieurs années passées hors de sa patrie, il retourna en Allemagne et s'établit à Kœnigsberg, où il dirigea la société des concerts et celle de chant. M. Benjamin Hamma est l'auteur d'un opéra intitulé *Zarrisco*; on connaît aussi de lui des chœurs pour voix d'hommes, des *lieder*, ainsi que des marches pour le piano.

HAMMA (FRANÇOIS), pianiste, compositeur et organiste, frère des deux précédents, est né à Friedingen, le 4 octobre 1835. Il a reçu comme eux une bonne éducation musicale, et s'est établi à Oberstadien, dans le Wurtemberg, où, je crois, il se livre à l'enseignement. On lui doit un certain nombre de compositions estimables pour l'orgue.

HANDROCK (JULIUS), pianiste et compositeur allemand, né à Naumbourg le 22 juin 1830, a fait son éducation musicale au Conservatoire de Leipzig, et s'est établi ensuite à Halle, où il consacre une partie de son temps à l'enseignement, et l'autre à la composition d'œuvres pour le piano qui sont estimées du public et bien reçues des éditeurs. Je n'ai pas d'autres renseignements sur cet artiste.

HANEMANN (MAURICE), violoncelliste fort distingué, né à Lœwenberg le 28 février 1808, reçut une bonne éducation musicale et devint un virtuose remarquable. Fixé à Berlin, il fut admis à l'orchestre de la chapelle royale, et organisa chez lui des séances de musique de chambre qui étaient très-suivies. Hanemann, qui jouait aussi de la flûte et du piano, n'a rien composé. Il est mort à Berlin au mois de janvier 1875.

HANON (C......-L......), compositeur, pianiste, organiste et professeur à Boulogne-sur-Mer, né à Aire vers 1825, est l'auteur des ouvrages suivants : 1° *Système nouveau, pratique et populaire pour apprendre à accompagner tout plain-chant à première vue, en 6 leçons, sans savoir la musique* (!), *et sans le secours d'aucun professeur*; 2° *Leçons élémentaires d'harmonie, pour la théorie de la méthode « Système nouveau »*; 3° *Étude de l'orgue mise à la portée de tout le monde*, formant une collection de morceaux gradués en 18 livres pour orgue ou harmonium; 4° *Méthode élémentaire de piano*; 5° *le Pianiste virtuose*, en 60 exercices gradués pour acquérir rapidement l'agilité, l'indépendance et la plus parfaite égalité des doigts ainsi que la souplesse des poignets; 6° *Extraits des chefs-d'œuvre des grands maîtres*, comprenant 50 morceaux. Les ouvrages didactiques de M. Hanon, conçus d'après un système empirique, sont d'une valeur au moins problématique. M. Hanon a publié aussi un recueil de 50 *cantiques choisis parmi les plus populaires, pour tous les besoins du culte*.

HANSON (MATHIS), compositeur danois contemporain, a fait exécuter à Copenhague, en 1861, le Psaume 130, mis en musique par lui pour voix seule, chant et orchestre.

HANSLICK (Le docteur ÉDOUARD), l'un des critiques et des écrivains musicaux les plus renommés de l'Allemagne contemporaine, est né à Prague le 11 septembre 1825. Son père, Joseph Hanslick, homme fort instruit et bibliographe distingué, lui fit donner une éducation solide et l'appliqua à l'étude du droit. Le jeune homme se fit conférer le grade de docteur en 1849, et entra presque aussitôt dans les bureaux du ministère d'État, à Vienne, où il acquit une haute situation, qu'il n'échangea, dans ces dernières années, que contre une chaire à l'Université. E même temps qu'il se livrait à l'étude du droit, avait commencé son éducation musicale, à Pra gue, sous la direction de C. Tomaschek, et il termina à Vienne.

M. Hanslick se sentait surtout attiré vers critique de l'art et les graves études de l'esth tique. De bonne heure il fit ses premières arm d'écrivain spécial dans la *Gazette musicale* Schmidt, d'où il passa à la *Feuille du dimanc (Sonntags Blätter)* de Frankle. En 1848, on retrouve à la *Gazette de Vienne*, et enfin, 1855, il entre au journal *la Presse*, qu'il n'a p quitté jusqu'ici, et où la profondeur de sa cri que, l'étendue de ses connaissances et la solid de son jugement lui ont fait un renom qui rayonné sur toute l'Europe. Dans un temps les doctrines nébuleuses, où les excentricités v lontaires de certains artistes ont jeté dans l'a un trouble profond, M. Hanslick n'a cessé prêcher le respect pour les principes sains et tionnels, l'admiration pour les grands homm qui ont posé les bases du beau éternel et q ont porté la musique à son plus haut poi de splendeur. M. Hanslick s'est toujours mont l'adversaire implacable, systématique et raison des théories meurtrières de M. Richard Wagn et de ses émules, surtout depuis l'apparition *Lohengrin*, ouvrage dans lequel le maître sax a commencé l'application de ces théories jusqu l'outrance. L'écrivain n'est point pour cela, ta s'en faut, l'ennemi du progrès ; mais, comr tous les esprits sensés, il ne voit pas le pro que l'art pourrait tirer d'une révolution violent destinée à renverser tout de fond en comble, il lui semble que les grands chefs-d'œuvre passé, si manifestement outragés et tournés dérision par quelques affolés, sont dignes enco de quelque respect et de quelque admiratio C'est ce grand sentiment de la véritable bea artistique, c'est la solidité du raisonnement par lui au service des idées qui lui étaient chèr qui ont valu à M. Hanslick le crédit et l'auto incontestables dont il jouit auprès du public.

Mais M. Hanslick ne s'est pas fait connaî seulement comme journaliste, et on lui d plusieurs publications importantes, dont succès a été retentissant. Il faut citer, en p mier lieu, une sorte de petit traité court, m substantiel, d'esthétique musicale, publié sous titre : *Das musikalische Schœne (Du Beau musique)*; ce petit livre, qui est devenu quelque façon le *vade-mecum* des musiciens dilettantes allemands, n'a pas eu moins de c éditions, dont la première date de 1854 et dernière de 1876 ; c'est sur celle-ci que M. Charles Bannelier en a donné récemment (1877), dans la *Revue et Gazette musicale* de Paris, une très-bonne traduction française (1). M. Hanslick a publié aussi une intéressante *Histoire des concerts de Vienne*, ouvrage rempli d'études fort utiles pour l'histoire de l'art, et on lui doit encore un livre très-important, plein de vues élevées, d'idées fécondes, sur *l'Opéra moderne*. C'est cet ouvrage capital, dont le succès a été éclatant, qui a valu à son auteur l'honneur d'être nommé professeur d'esthétique et d'histoire musicale à l'Université de Vienne.

* HANSSENS (Charles-Louis), est mort à Bruxelles le 8 avril 1871. Cet artiste était né à Gand, alors placée sous la domination française, le 23 messidor an X de la République, c'est-à-dire le 12 juillet 1802, et non le 10, comme il a été dit par erreur. Il est difficile, ou, pour mieux parler, impossible de dresser une liste complète et détaillée des œuvres de ce compositeur fécond, car lui-même n'en prenait que peu de souci. « Les compositions de Hanssens, dit M. de Burbure (2), n'étaient guère exécutées que dans quelques villes de la Belgique et de la Hollande : il n'eut jamais assez de souci de la publication ou de la propagation de ses ouvrages... Hanssens, après avoir conçu le plan et donné tous ses soins à la composition d'une ouverture, d'un concerto, d'une symphonie, d'un grand opéra même, bornait son ambition à en désirer entendre l'exécution dans de bonnes conditions, ne fût-ce qu'une ou deux fois. Puis, ne s'en préoccupant plus, les abandonnant en quelque sorte, il ne songeait plus qu'à en écrire de nouveaux, négligeant de donner à leurs aînés la publicité de la gravure qui eût mis les connaisseurs en état de mieux en approfondir les beautés ou d'en signaler les défauts. » Pour ce qui est des œuvres de Hanssens qui n'ont pas été signalées dans la *Biographie universelle des Musiciens*, je ne puis donc citer que les suivantes : 1° *le 5 Juillet*, ballet en un acte (en société avec Snel), Bruxelles, 9 juillet 1825 ; 2° *un Dimanche à Pontoise*, ballet en un acte, Bruxelles, 28 juin 1833 ; 3° *Valentine*, ballet ; 4° *le Château de Kenilworth*, ballet ; 5° *le Paradis du Diable*, ballet ; 6° *Marie de Brabant*, opéra en 5 actes, resté inédit, mais dont quelques fragments ont été exécutés dans des concerts ; 7° *le Sabbat*, cantate-oratorio, exécutée à Bruxelles en 1870 ; 8° Musique pour un drame de M. Gustave Vaëz, *Agneessens*, représenté à Bruxelles en 1849 ; 9° *Ouverture jubilaire*, écrite à l'occasion du cinquantième anniversaire de la fondation de la Société royale de la Grande-Harmonie ; 10° plusieurs chœurs sans accompagnement, parmi lesquels *la Tristesse* et *les Janissaires*.

Très-hostile, par tempérament intellectuel, à la musique française et à la musique italienne, Hanssens sentait toutes ses sympathies artistiques se tourner du côté de l'Allemagne, dont il admirait le génie musical, bien que ce génie soit aujourd'hui singulièrement troublé et affaibli. Comme compositeur, il manquait essentiellement d'originalité, mais non de force, de grandeur et de puissance. Hanssens a été, de 1848 à 1869, chef d'orchestre du théâtre de la Monnaie de Bruxelles, et pendant trois années, de 1851 à 1854, il en fut le directeur. Ses qualités de chef d'orchestre étaient très-réelles : il avait pour lui la flamme, l'expérience et la décision ; mais dans ses dernières années d'exercice, il était inférieur à lui-même ; j'eus l'occasion, en 1868, de le voir diriger deux ouvrages importants, et je remarquai qu'il n'avait plus ni précision, ni énergie.

Dès 1845, et lorsqu'une classe des beaux-arts fut créée et ajoutée aux autres divisions de l'Académie royale des sciences et des lettres de Belgique, il avait été nommé, par arrêté royal, un des cinq membres effectifs de la section de musique, en même temps que Fétis, de Bériot et M. Vieuxtemps.

HARDEGEN (Jules de). — *Voyez* EGGHARD (Jules).

HARDOUIN (..........), chanteur, doué d'une belle voix de basse-taille, entra à l'Opéra en 1694, après avoir appartenu aux maîtrises de différentes cathédrales de province. Chargé de remplacer Moreau, il tint le premier emploi jusqu'en 1697, époque à laquelle Thévenard, s'emparant de plus en plus de la faveur du public, le déposséda du premier rang. Hardouin se cantonna alors dans les seconds rôles. Il créa entre autres, dans le cours des vingt-cinq années qu'il resta à l'Opéra, ceux d'Apollon dans *le Triomphe des Arts*, de Persée dans *Médus*, de don Carlos dans *l'Europe galante*, de Jupiter dans *Marthésie*, de Filinde dans *les Fêtes vénitiennes*, d'Arbas dans *Idoménée*, d'Apollon dans *Médée et Jason*, de Bacchus dans *les Amours déguisés*, d'Euryte dans *Téléphe*, d'Argant dans *Tancrède*, de Valère dans *les Fêtes de l'Été*,

---

(1) Il a été fait un tiré à part de cette traduction, sous ce titre : *Du Beau dans la musique*, essai de réforme de l'esthétique musicale, par Édouard Hanslick, traduit de l'allemand sur la cinquième édition, par Charles Bannelier (Paris, Brandus, 1877, in-8°).

(2) *Notice sur Charles-Louis Hanssens*, membre de l'Académie royale de Belgique, publiée dans l'*Annuaire de l'Académie* et tirée à part (Bruxelles, impr. F. Hayez, 1872, in-12 de 11 pages avec portr.).

enfin d'Aufide dans *Camille, reine des Volsques*. Il prit sa retraite peu de temps après avoir joué ce dernier rôle, obtint une pension, et se retira en Bretagne, à Tréguier, sa patrie.

HARDY (Le colonel), officier français, grand amateur de musique, a écrit la musique d'un opéra-comique en trois actes, *les Filles d'honneur de la Reine*, qui fut représenté sur le théâtre d'Alger, où le colonel était en garnison, au mois de décembre 1854. Peu de temps après, son régiment était appelé en Crimée, pour prendre part aux opérations du siége de Sébastopol, et le colonel Hardy se faisait bravement tuer à la tête de ses soldats, lors de l'attaque du Mamelon-Vert.

HARING (Charles), second chef d'orchestre du théâtre du Capitole, de Toulouse, a fait représenter sur ce théâtre, le 15 janvier 1877, un opéra-comique en un acte intitulé *le Docteur Pyramide*. Cet artiste a fondé et dirigé à Toulouse une société orphéonique, pour laquelle il a écrit plusieurs chœurs sans accompagnement.

HARRIERS-WIPPERN (Madame), chanteuse fort remarquable, a été pendant fort longtemps l'une des premières cantatrices de l'Opéra royal de Berlin, ce qui ne l'a pas empêchée de se faire entendre à diverses reprises soit à Vienne, soit à Kœnigsberg, soit même à Londres, où elle a fait deux ou trois saisons. Douée d'une voix superbe, remarquable par la pureté de son timbre, par sa fraîcheur et son étendue, Mme Harriers-Wippern, qui était fort intelligente au point de vue scénique, se distinguait aussi par le goût et le style qu'elle apportait dans son chant. Quoique le sentiment dramatique fût loin de lui faire défaut, elle était cependant préférable dans les rôles de grâce et de tendresse, comme ceux d'Agathe du *Freischütz*, d'Inez de *l'Africaine*, de la reine des *Huguenots*, de Suzanne des *Noces de Figaro*, de la princesse de *Jean de Paris*. Mme Harriers-Wippern, qui était fort estimée aussi comme chanteuse d'oratorios et qui faisait partie de la chapelle royale de Berlin, a brillé pendant plusieurs années à l'Opéra de cette ville aux côtés de Mme Lucca, qui tenait le grand emploi dramatique. Parmi les autres ouvrages dans lesquels elle s'est fait applaudir à ce théâtre, il faut citer *Don Juan* (Zerline), *Iphigénie en Aulide*, *Rienzi*, *Lohengrin*, *Tannhauser*, *la Flûte enchantée* (Pamina), *Robert le Diable* (Isabelle), *la Fiancée*, *Faust*, *Jessonda*, *Actæa la jeune fille de Corinthe*, *Guillaume Tell*, *Olympie*, *Cosi fan tutte*, *Oberon*, *Euryanthe*, etc.

En 1868, une longue et grave maladie vint éloigner de la scène cette artiste distinguée dont la carrière aurait pu être encore brillante. Elle dut faire un voyage en Italie pour recouvrer la santé, mais le soleil et le climat de ce pays restèrent impuissants à lui faire retrouver sa voix, l'une des plus belles qu'on eût jamais entendues. Pourtant, après un long repos de dix-huit mois, Mme Harriers-Wippern, de retour à Berlin, voulut faire sa rentrée au théâtre royal au mois d'octobre 1869, dans le rôle d'Agathe du *Freischütz*; mais son organe était gravement atteint, et la voix, devenue très-faible dans les notes hautes, qui ne pouvaient être attaquées qu'avec les plus grandes précautions, avait perdu tout son éclat. Le public, dont l'artiste avait toujours été fort aimée, eut pour elle les plus grands égards; mais après deux ou trois tentatives nouvelles, et aussi infructueuses, celle-ci dut se convaincre de l'inutilité de ses efforts. Au bout de quelques mois, elle se vit obligée d'abandonner une carrière qu'elle avait parcourue avec éclat, et prit sa retraite avec une pension.

HARRIS (Charles), luthier anglais, était établi à Londres en 1800. On trouve rarement sa marque sur les instruments construits par lui, parce qu'il les fabriquait généralement non pas directement pour le public, mais pour des marchands en gros qui y mettaient la leur. C'est ce qui explique pourquoi Harris fut peu connu. Tout en exerçant sa profession de luthier, il était employé à la Douane de Londres, et c'est en cette qualité que, se trouvant journellement en rapport avec des négociants, il obtint d'importantes commissions de violons pour l'exportation. Cependant, son commerce de lutherie finit par prendre une telle extension qu'il fut obligé de s'adjoindre son parent Samuel Gilkes. Bien que copiant les instruments d'Amati et de Stradivarius, il ne voulut jamais consentir à imiter ce qu'on pourrait appeler *les ravages du temps*, c'est-à-dire l'usure apparente du vernis sur certaines parties du violon. Les amateurs anglais prétendent que beaucoup des copies de Harris valent celles de Lupot; c'est peut-être aller un peu loin.

HART (John-Thomas), luthier anglais, né le 17 décembre 1805, fut d'abord élève de Samuel Gilkes (*Voy.* ce nom), et s'établit à Londres. Plus tard, il fit une étude sérieuse et attentive des instruments italiens, et devint sous ce rapport un des plus fins connaisseurs qui se puissent trouver. Aussi, lorsque les amateurs anglais commencèrent à s'éprendre avec passion de magnifiques instruments des grands luthiers italiens, ce fut Hart qui, grâce à son expérience, sut réunir et vendre à de hauts prix les collections qui se formèrent alors de l'autre côté de

Manche. Ce commerce fut pour lui la source d'une fortune considérable. John Thomas Hart mourut le 1er janvier 1874.

HART (George), fils, je crois, et successeur du précédent, est l'auteur d'un livre intéressant publié sous ce titre : *The Violin, its famous makers and their imitators* (*Le Violon, les luthiers célèbres et leurs imitateurs*), Londres, Dulau, 1875, in-8°. Cet ouvrage, imprimé avec un grand luxe et accompagné de nombreuses gravures, est sans contredit le plus important qui ait paru jusqu'à ce jour sur l'art de la lutherie. Les idées qui y sont émises, les recherches qu'il indique, prouvent que l'auteur, grand amateur des instruments à archet, a beaucoup lu, beaucoup vu, beaucoup comparé, et qu'il s'est voué de tout cœur à l'étude de son sujet. La lutherie italienne occupe tout naturellement une des meilleures places du volume, et les œuvres admirables des Stradivarius, des Guarnerius, des Amati, des Bergonzi et autres maîtres y sont très-bien caractérisées; le chapitre de la lutherie anglaise offre, de son côté, un intérêt d'autant plus vif que les produits de cette lutherie sont à peu près inconnus sur le continent, où les instruments d'outre-Manche ne pénètrent presque jamais; mais la lutherie française a été un peu trop légèrement traitée par M. Hart, et il faut reconnaître qu'il y avait mieux et plus à dire que ce qu'il a dit sur les artistes parisiens en ce genre, les Pique, les Nicolas, les Lupot, les Gand, les Vuillaume et autres. D'autre part, il faut bien signaler une lacune étrange dans ce livre d'ailleurs plein d'intérêt : cette lacune consiste en ceci que l'écrivain, qui consacre tout un chapitre aux cordes et à leur fabrication, néglige complètement de parler des archets. De telle sorte que, rien qu'en ce qui concerne la France, il a passé sous silence les noms de tous ces *archetistes* fameux, Tourte, Peccate, Lafleur et tant d'autres, dont les produits, devenus rares, sont aujourd'hui recherchés du monde entier et atteignent des prix exorbitants. Quoi qu'il en soit de cette observation, le livre de M. Hart mérite de prendre place dans toute bibliothèque musicale digne de ce nom, car il comble une lacune importante et regrettable (1).

*****HARTMANN** (Jean-Pierre-Émile). Aux ouvrages cités de cet artiste, il faut ajouter un opéra, *la Fille du roi des Aulnes*, représenté à Copenhague au mois de novembre 1867, les ouvertures, marches et chœurs écrits par lui pour *Ondine*, dame de Borggeard, et pour plusieurs tragédies et drames du grand poète Œhlenschlaeger, un certain nombre de cantates religieuses et profanes, dont une fut composée pour les funérailles du célèbre statuaire Thorwaldsen, des symphonies, un concerto de violon, et toute une série de chansons originales qui ont joui d'une grande vogue non-seulement en Danemark, mais aussi en Allemagne. Membre de la Société musicale de Copenhague, M. Hartmann fut nommé en 1840 directeur du Conservatoire de cette ville, et peu d'années après organiste de l'église napolitaine. En 1869, il devint maître de chapelle particulier du roi.

M. Hartmann est considéré comme un des plus grands musiciens de son pays, au point de vue dramatique et en ce qui concerne la puissance chorale. Il a fêté en 1874, à Copenhague, sa cinquantaine artistique par un grand concert auquel assistaient le roi et toute la famille royale. Le produit de ce concert était destiné à former la base d'une fondation qui porte le nom de Hartmann. A cette occasion, le souverain nomma le grand artiste chevalier de l'ordre du Danebrog. Le fameux sculpteur danois Vilhelm Bissen a fait un très-beau buste de son compatriote Hartmann.

*****HARTOG** (Édouard de), compositeur distingué, s'est vu obligé depuis plusieurs années, après avoir étudié la musique en vue de son simple agrément, de chercher dans l'exercice de cet art les ressources que la perte de sa fortune lui avait enlevées. Il est aujourd'hui fixé à Paris, où il se livre à l'enseignement de l'harmonie, du contrepoint et du piano, sans pour cela négliger la pratique de la composition. M. de Hartog a fait représenter au Théâtre-Lyrique, le 29 mars 1865, un opéra-comique en un acte, *le Mariage de don Lope*, qui a été favorablement accueilli par le public : le 30 mai 1868, il donnait aux Fantaisies-Parisiennes (de Paris) un autre ouvrage en un acte, *l'Amour mouillé*, qu'il retira presque aussitôt, l'interprétation lui semblant insuffisante, et qu'il fit jouer ensuite (1873) aux Fantaisies-Parisiennes de Bruxelles, où la partition obtint un vif succès sous le nouveau titre de *l'Amour et son hôte*. Il a publié, dans ces dernières années, deux quatuors pour deux violons, alto et violoncelle, le Psaume XLIII, pour *soli*, chœurs et orchestre, composition qui a obtenu de grands succès en Allemagne et dans les Pays-Bas, et une *Suite* pour quatuor d'instruments à cordes qui fait partie du répertoire du célèbre *Quatuor florentin* de M. Jean Becker. M. de Hartog a en portefeuille les compositions sui-

---

(1) Depuis que cette notice est écrite, M. Vidal (*Voy.* ce nom) a publié sous ce titre : *les Instruments à archet*, les deux premiers volumes d'un ouvrage extrêmement considérable, consacré non-seulement au violon, mais à tous les instruments de cette famille.

vantes, encore inédites : 2° *suite* pour quatuor d'instruments à cordes; Prologue symphonique pour la *Jeanne d'Arc* de Schiller; Messe avec orchestre; six duos pour voix de femmes. Il travaille en ce moment à un grand opéra sur un livret de M. Jules Barbier, à une symphonie à grand orchestre, et à une vaste composition, *la Forêt*, pour soli, chœurs et orchestre.

M. Édouard de Hartog, qui est membre de la Société néerlandaise pour l'encouragement de l'art musical, est l'un des collaborateurs du Supplément à la *Biographie universelle des Musiciens*.

HASERT (RODOLPHE), pianiste et docteur en théologie, né à Greifswald le 4 février 1826, fut élève de Kullak pour le piano et de Dehn pour la composition, et travailla à Berlin, sous la direction de ces deux artistes, de 1848 à 1850. Il acquit un véritable talent de virtuose, et entreprit bientôt un grand voyage artistique, se faisant entendre successivement à Stockholm, à Gothenbourg, à Christiania, à Copenhague, à Paris (1855), à Weimar, auprès de Liszt, puis enfin à Berlin, où il se retrouvait au commencement de l'année 1860 et où il se produisait à la fois, dans trois concerts successifs, comme virtuose et comme compositeur. Il s'établit alors dans la capitale de la Prusse comme professeur, et y resta jusqu'en 1869. Depuis 1872, M. Hasert est pasteur de l'église évangélique de Raltenow.

*HASLINGER (CHARLES), éditeur de musique à Vienne, est mort en 1868, à l'âge d'environ cinquante-deux ans. La maison qu'il dirigeait fut, après sa mort, dirigée par sa veuve, qui la céda, vers 1876, à l'éditeur Lienau, de Berlin.

HATTON (J.....L......), compositeur anglais contemporain, est né à Liverpool vers 1815. Après avoir reçu quelques leçons élémentaires de musique, il s'est, dit-on, formé lui-même, et s'établit à Londres à l'âge de vingt ans environ. Là, il commença à se produire comme compositeur, et eut une part de collaboration dans un ouvrage intitulé *Acis et Galathée*, représenté au théâtre Drury-Lane en 1843. L'année suivante il donnait à ce théâtre son premier opéra, *Queen of the Thames (la Reine de la Tamise)*, puis partait pour l'Autriche, et faisait représenter à Vienne un autre ouvrage dramatique, *Pascal Bruno*. De retour en Angleterre, il donnait sans succès à Covent-Garden, en 1864, *Rose, or Love's Ransom (Rose, ou la Rançon de l'amour)* et peu après devenait directeur de la musique au Princess's Théâtre.

M. Hatton a écrit encore plusieurs autres opéras : *Sardanapale, Pizarre, Henri VIII, Richard II, le Roi Lear*; j'ignore si ces ouvrages ont été représentés. Mais on doit aussi à cet artiste une ouverture et des entr'actes pour drame de *Faust et Marguerite*, une cantate titulée *Robin Hood*, exécutée au festival Bradford, diverses compositions pour l'église, un grand nombre de morceaux de chant, de plusieurs sont devenus populaires. Le nombre de ses œuvres s'élève à plus de cent cinquante.

HAUBAULT (Madame), virtuose habile sur la basse de viole, vivait au dix-huitième siècle, et obtint des succès en se faisant entendre Concert spirituel. Daquin en parle ainsi dans s Siècle littéraire de Louis XV (1753) : — « légèreté, la précision, la finesse de son coup d'a chet, ses sons articulés et flatteurs, lui ont atti les applaudissements du public au Concert sp rituel. Les femmes à présent se distinguent da tous les genres, la plupart sont autant de fé qui chacune ont leur puissance et leur emploi voilà les véritables Muses, celles du Parnasse sont que bien imaginées. »

*HAUFF (GUILLAUME-GOTTLIEB). M. Édoua Gregoir, dans ses *Artistes musiciens néerla dais*, fait naître ce musicien à Gotha vers 175 et dit qu'il se fixa à Nimègue, où il devint org niste de la grande église et où il mourut, d'une taque d'apoplexie, le 14 mai 1817. Les jou naux de 1789 firent l'éloge d'une cantate de composition : *De dood van Jesus Christus*. C artiste aurait composé aussi plusieurs autres ca tates, des concertos de piano, de violon, d'alt de cor et de trompette, dont plusieurs ont é publiés à Utrecht, chez G. Van Pastenburg.

HAUFF (FERDINAND), frère du précéden mort en 1812, voyagea pendant longtemps en A lemagne et en Hollande en donnant des concert C'était, dit-on, un organiste de premier ordr mais un compositeur médiocre, quoiqu'il ait pu plié chez J. Hummel, à Amsterdam, des sonate pour clavecin, violon et violoncelle.

HAUFF (GUILLAUME-G.-T.), fils de Gui laume-Gottlieb, né à Nimègue en 1793, était bien doué pour la musique qu'à l'âge de douz ans il lui arrivait de remplacer son père à l'o gue. Plus tard, il devint organiste de l'église d la Montagne de sa ville natale, puis de l'églis Saint-Martin à Groningue, où il mourut le 31 oc tobre 1858. Il a publié dans cette dernière vill les 150 psaumes avec saluts et prières, pour o gue ou piano ; 6 préludes et sorties pour or gue; 15 chansons d'école, avec accompagne ment de piano; préludes pour l'usage de psaumes; 6 valses pour piano. Ces composition sont médiocres. — Le fils de cet artiste, M. Gui laume Hauff, élève de son père, est devenu or ganiste de l'église de l'hôpital de Groningu puis de l'église réformée de Kampen, où il rem plit aussi les fonctions de carillonneur. Il a fa une traduction hollandaise du *Traité de contrepoint et de fugue* de Cherubini, mais je ne crois pas que ce travail ait été publié.

HAUFF (JOHANN-CHRISTIAN), compositeur et théoricien renommé, est né à Francfort-sur-le-Mein le 8 septembre 1811. Il étudia la flûte, le violon et le piano, et à 17 ans faisait partie de l'orchestre du théâtre de sa ville natale. Il travailla ensuite la composition, produisit plusieurs œuvres importantes, acquit une réelle réputation comme professeur et comme didacticien, et enfin fonda à Francfort une école de musique dont il fut le directeur et l'un des maîtres les plus estimés. Outre un grand ouvrage publié sous le titre de *Théorie de la composition* (Francfort, 1863, un vol.), on doit à cet artiste des symphonies, des quatuors pour instruments à cordes, des quatuors et des trios pour piano et instruments à cordes, des sonates pour piano seul, des motets, etc.

* **HAUPTMANN** (MAURICE), compositeur et savant écrivain sur la musique, est mort à Leipzig le 4 janvier 1868. Cet artiste était né à Dresde non en 1794, mais le 13 octobre 1792. Sous ce titre : *Les lettres de Moritz Hauptmann à Spohr et à d'autres compositeurs*, M. Ferdinand Hiller (Voy. ce nom) a réuni en un volume et publié en 1876 la correspondance musicale de cet artiste intéressant.

Hauptmann était considéré dans toute l'Allemagne comme un artiste de premier ordre. A Leipzig, il était l'objet d'une véritable vénération, et lors de sa mort les grandes sociétés musicales de cette ville, *Gewandhaus*, *Euterpe*, consacrèrent des concerts à sa mémoire et à l'exécution de quelques-uns de ses meilleurs ouvrages.

Parmi les compositions nombreuses de Hauptmann qui n'ont pas été mentionnées dans la *Biographie universelle des Musiciens*, je citerai les suivantes : Motets pour voix seule et chœurs, op. 34, 40 et 41 ; 3 chants pour chœur et orchestre, op. 43 ; 6 *lieder* à 4 voix, op. 32 ; canons italiens et allemands pour 3 sopranos, op. 50 ; 6 *lieder* à 4 voix, op. 47 ; 12 *lieder*, op. 46 ; 12 *lieder* sur des paroles de Rückert, op. 49 ; 6 *lieder*, op. 55.

* **HAUPTMANN** (LAURENT), est mort à Vienne le 25 mai 1870.

* **HAUSER** (FRANÇOIS), ancien directeur du Conservatoire de Munich, est mort à Fribourg le 14 août 1870.

HAUSER (MICHEL, connu sous le nom de MISKA), violoniste et compositeur pour son instrument, naquit à Presbourg (Hongrie) en 1822. Dès l'enfance, son goût pour la musique était si ardent qu'il en oubliait les jeux de son âge. Il commença l'étude du violon avec Conradin Kreutzer, et à douze ans put se produire en public avec succès. Il se perfectionna au Conservatoire de Vienne sous la direction de Mayseder, et devint pour la composition l'élève de Sechter. Lorsqu'il eut tout à fait formé son talent, il entreprit avec son père, qui, comme amateur, était lui-même un violoniste distingué, une excursion artistique un peu timide en Allemagne. Le succès l'ayant encouragé, il se dirigea bientôt vers le nord, et visita successivement le Danemark, la Suède, la Norwège, la Fionie, et traversa toute la Russie jusqu'à la Sibérie. De retour à Vienne en 1848, il en repartit presque aussitôt pour l'Angleterre, et de là s'embarqua pour l'Amérique, où il visita le Canada, les États-Unis, le Pérou et la Californie, pénétrant ensuite jusqu'en Australie, et partout donnant des concerts avec le pianiste Laveneau, le chanteur Gérold, et Mme Pattino, cantatrice distinguée. Il était l'*impresario* de cette petite compagnie, et ne donnait pas moins de 60 dollars par jour à chacun des artistes qui étaient avec lui. De tous les points du globe où il s'arrêtait dans cette tournée colossale, Miska Hauser, qui n'est pas seulement un virtuose remarquable, mais qui est aussi un homme d'esprit et un observateur, envoyait à l'un des principaux journaux de Vienne, l'*Ostdeusche-Post*, des lettres familières, fines, humoristiques, dans lesquelles il retraçait, au courant d'une plume alerte et facile, les péripéties et les impressions de son voyage. Ces lettres eurent un grand retentissement, passèrent de l'*Ostdeusche-Post* dans toutes les feuilles allemandes, et de là dans un grand nombre de journaux étrangers. A son retour en Europe, Miska Hauser mit en ordre cette correspondance, et la publia sous le titre de *Journal de voyage d'un virtuose autrichien, lettres de Californie, Sud-Amérique, Australie*, (Leipzig, 1858-59, 2 vol.). Depuis lors, cet artiste a entrepris de nouveaux voyages, a visité la Turquie et l'Italie, et s'est fait partout applaudir. Il a publié pour le violon un certain nombre de compositions, dont quelques-unes ont été fort bien accueillies.

* **HAYDN** (FRANÇOIS-JOSEPH). Je crois utile de donner ici la liste des écrits publiés sur ce maître immortel depuis l'apparition de la *Biographie universelle des Musiciens* : 1° *la Jeunesse de Haydn*, suivie d'une notice sur Auguste Pajou, par Mme A. Grandsard, Paris, 1864, in-8° de 142 pp.; 2° *Joseph Haydn. Ein lebensbild*, par C.-A. Ludwig, Nordhausen, 1867 (ouvrage traduit et publié sous ce titre dans le journal français *l'Art musical* de 1869 :

Joseph Haydn, biographie d'après les sources authentiques par Charles Ludwig, par F. Herzog); 3° *Mozart und Haydn in London*, par C. F. Pohl, Vienne, 1867, 2 vol.; 4° *Haydn, sa vie et ses œuvres*, par H. Barbedette (inséré dans le journal *le Ménestrel* de 1870 et 1871, mais non publié en volume); 5° *Joseph Haydn*, par C. F. Pohl, Berlin, Sacco, 1875, in-8° (le 1er volume seul est publié jusqu'à ce jour, le second et dernier paraîtra prochainement); 6° *Joseph Haydn und sein bruder Michael Haydn, zwei bio-bibliographische Skizzen* (*Joseph Haydn et son frère Michel Haydn, deux esquisses bio-bibliographiques*), Vienne, impr. de la cour et de l'État, 1861.

* HAYDN (Jean-Michel). L'écrit suivant a été publié sur cet artiste : *Biographische Skizze von Michael Haydn* (*Esquisses biographiques sur Michel Haydn*), par Schinn et Otter, Salzbourg, 1808.

HAYES (Mme Catherine BUSHNELL, née), cantatrice d'un remarquable talent, était née en Irlande vers 1825, et avait fait son éducation musicale à Dublin, sous la direction d'un professeur italien nommé Sapio. Elle acquit rapidement une véritable popularité comme chanteuse de concert, mais lorsqu'elle eut eu l'occasion d'entendre, à Dublin, Mario et la Grisi, elle fut tellement frappée de leur talent et de l'impression que tous deux produisaient sur le public, qu'elle résolut de se perfectionner et d'étudier en vue de la scène lyrique. Elle se rendit alors à Paris, où elle travailla avec Manuel Garcia, puis à Milan, où elle prit des leçons de Felice Ronconi, après quoi elle alla débuter à Marseille, en 1845, dans *i Puritani*, de Bellini. Son succès ayant été très-grand, elle ne craignit plus d'aborder les grandes scènes de Vienne, de Milan, de Venise et des principales villes de l'Italie, où elle remporta de véritables triomphes. En 1849, elle parut pour la première fois à Londres, où elle ne fut pas moins bien accueillie, puis elle alla aux Indes, en Amérique, et jusqu'aux îles Sandwich et en Australie. De retour en Europe, elle épousa en 1857 M. Bushnell, qui la laissa bientôt veuve; mais elle ne survécut pas longtemps à son mari, car elle mourut à Sydenham, près de Londres, le 11 août 1861.

Au dire de Mendelssohn, l'Angleterre a fourni à l'Italie, au dix-neuvième siècle, trois grandes cantatrices : Clara Novello, Mme Bishop, et Catherine Hayes. Celle-ci était douée d'une voix pure et suave, et de manières douces et affables, que le succès ne changea point. Très-impressionnable elle était sévère pour elle-même, et le moindre contre-temps était susceptible de la priver de ses moyens. Son soprano clair et argentin produisait un effet merveilleux, et son sentiment dramatique était des plus remarquables. Elle était surtout incomparable, dit-on, dans *Lucie di Lamermoor* et dans Amina de *la Sonnambula*.

Le corps de cette grande artiste repose dans le cimetière de Kensal Green.

* HAYM (Gilles). L'article consacré à cet artiste et celui concernant *Gilles Hennius*, au tome IV de la *Biographie universelle des Musiciens*, se rapportent à un seul et même personnage, dont le nom fut sans doute parfois latinisé comme il arrivait encore à l'époque où vivait cet artiste, c'est-à-dire au dix-septième siècle. De là l'erreur commise à son sujet.

HÉBERT-MASSY (Mme Marie), chanteuse fort distinguée, qui eut son heure de vogue sinon de célébrité, s'appelait Giacomasci, et fut connue d'abord sous le nom de Mlle Massy jusqu'au jour où elle épousa le chanteur Hébert, son camarade de l'Opéra-Comique, dont elle joignit le nom au sien. Mlle Massy débuta à ce théâtre vers 1832, et son succès fut tel qu'elle fut presque immédiatement reçue sociétaire. Un critique disait d'elle en 1833 : « Mlle Massy débute à peine, et sa réputation est déjà colossale. Nous craignons que des éloges exagérés ne nuisent au développement du talent précoce de cette jeune actrice, dont la voix a besoin d'être ménagée, et à laquelle on confie des rôles qui sont un peu au-dessus de ses forces. Mlle Massy a des rôles importants dans tous les ouvrages nouveaux. Elle s'acquitte parfaitement de ceux qui lui ont été confiés dans *le Pré aux Clercs* (c'est elle en effet qui créa le joli petit rôle de Nicette), *Ludovic*, *la Prison d'Edimbourg* et *le Proscrit*; mais elle consulte peut-être plus son zèle que ses forces en se constituant ainsi l'atlas du théâtre dont elle fait partie. » Malgré son très grand succès, Mme Hébert-Massy ne resta que trois ou quatre ans à l'Opéra-Comique, et bientôt s'en alla dans les grandes villes de la province et de l'étranger, où elle retrouva la faveur du public. En 1847, elle revint à Paris et fit une courte apparition à l'Opéra, où elle se montra dans *Lucie de Lamermoor*; puis comme elle joignait à son talent de chanteuse de très-réelles facultés de comédienne, elle fut engagée au théâtre de la Porte Saint-Martin, où l'on fit pour elle un grand drame mêlé de musique, *la Farfadondaine*, dans lequel Adolphe Adam lui tailla un rôle musical très-développé. La pièce et la cantatrice attirèrent la foule à ce théâtre pendant plusieurs mois, et cependant Mme Hébert-Massy à part une nouvelle et courte apparition qu'elfit vers 1853 à l'Opéra, où, entre autres rôles, elle chanta celui de *Bertha* dans *le Prophète*, ne trouva pas le moyen de se faire engager sur une de nos grandes scènes lyriques. Elle se retira alors à Toulouse, et fut bientôt nommée professeur au Conservatoire de cette ville. Elle y est morte au mois de mai 1875, âgée de soixante-deux ans.

* HÉDOUIN (PIERRE). Aux écrits mentionnés au nom de cet artiste, il faut ajouter l'opuscule suivant : *Esquisse biographique sur Mme Scio, née Legrand* (Lille, 1857, in-8°). Hédouin est mort à Paris, au mois de décembre 1868.

HEGAR (FRIEDRICH), violoniste et compositeur suisse, né à Bâle le 11 octobre 1841, a été élève du Conservatoire de Leipzig de 1857 à 1860, et fut ensuite un instant *concertmeister* à Varsovie. Il vint à Paris en 1861, et accepta en 1865 l'emploi de directeur de musique et de chef d'orchestre au théâtre de Zurich. On doit à ce jeune artiste quelques compositions intéressantes, parmi lesquelles il faut signaler un *Hymne à la musique*, pour soprano, contralto, ténor et baryton, avec accompagnement d'orchestre, op. 2 ; un concerto de violon, avec accompagnement d'orchestre ou de piano, op. 3 ; un recueil de *lieder* avec piano, op. 7 ; 3 chœurs, op. 8, etc.

Le frère cadet de cet artiste, *Emile Hegar*, violoncelliste fort distingué, né à Bâle le 3 janvier 1843, a été, comme lui, élève du Conservatoire de Leipzig. Il est aujourd'hui fixé en cette ville, où il occupe les fonctions de premier violoncelliste au théâtre ainsi qu'à la société du Gewandhaus.

HEIJE ou HEYE (Le docteur JEAN-PIERRE), poète néerlandais fort distingué et musicien amateur, s'est fait un renom dans sa patrie, et même dans la partie flamande de la Belgique, par ses chansons et ses poésies populaires, qui se faisaient remarquer par un esprit délicat et par la peinture des sentiments les plus élevés. Le docteur Heije était l'un des dilettantes les plus instruits et les plus dévoués à l'art que l'on pût trouver dans les Pays-Bas. Président pendant longues années de la Société pour la propagation du chant populaire, secrétaire et le membre le plus actif de la Société pour l'encouragement de l'art musical, il a pris la part la plus importante au recueil de travaux historiques publié par cette dernière, et s'est dévoué avec un zèle et une ardeur dignes des plus grands éloges à la formation de la riche bibliothèque de cette compagnie. Traducteur des poëmes d'un certain nombre d'oratorios célèbres, le docteur Heije était aussi compositeur, et plusieurs de ses mélodies sont remarquables par leur fraîcheur et leur simplicité. Cet homme fort distingué est mort à Amsterdam, le 24 février 1876, âgé de 67 ans.

ED. DE H.

HEINE (F......), compositeur allemand contemporain, a publié plusieurs œuvres intéressantes, parmi lesquelles une symphonie à grand orchestre, une ouverture de concert, un recueil de *lieder* avec accompagnement de piano, etc. Je n'ai pas d'autres renseignements sur cet artiste.

* HEINEFETTER (SABINE), cantatrice distinguée, est morte à Juchau le 18 novembre 1872. Cette artiste avait épousé un commerçant de Marseille nommé Marquet, et s'était retirée du théâtre.

* HEINEFETTER (CATINKA), cantatrice, sœur de la précédente, fut attachée pendant quelque temps à l'Opéra de Paris, en qualité de première chanteuse. Sa beauté était resplendissante. Elle est morte à Fribourg en Brisgau, le 20 décembre 1858, à l'âge de 37 ans seulement, des suites d'une maladie de cœur.

HEINEMAN (JEAN), facteur de clavecins, quoique aveugle, exerçait cette profession à Anvers dans les dernières années du dix-huitième siècle. On connaît encore de lui un clavecin à queue, qui porte l'inscription suivante : *Joannes Heineman me fecit a* ° 1793, *Antwerpiæ*.

HEINEMEYER (CHRÉTIEN), flûtiste allemand très estimé, né au mois de septembre 1796, mort à Hanovre le 6 décembre 1872, s'est fait une réputation méritée comme virtuose.

HEINEMEYER (ERNEST-GUILLAUME), fils du précédent, né à Hanovre le 25 février 1827, fut élève de son père, devint un flûtiste extrêmement remarquable et acquit une renommée qui surpassa de beaucoup celle de ce dernier. Il fut pendant plusieurs années professeur au Conservatoire de Saint-Pétersbourg et première flûte au théâtre de cette ville. Il mourut jeune, à Vienne, le 12 février 1869. On lui doit quelques compositions pour son instrument.

*HEINRICHS (ANTOINE-PHILIPPE), musicien bohémien, est mort à New-York le 23 novembre 1861.

HEISE (P......), compositeur danois, a fait représenter sur le théâtre de Copenhague, au mois de septembre 1869, un opéra intitulé *la Fille du Pacha*. Cet artiste, alors à l'aurore de sa carrière, n'avait pas lutté moins de cinq années pour pouvoir enfin présenter son œuvre au public. Celle-ci obtint néanmoins un grand succès, et fut considérée comme extrêmement remarquable. Je n'ai pas d'autres renseignements sur ce compositeur.

HEISER (Wilhelm), chanteur et compositeur, est né à Berlin le 15 avril 1817. Doué d'une belle voix de soprano, il fit partie dès l'âge de douze ans des chœurs de l'Opéra et de ceux de la chapelle royale. Après avoir fait de bonnes études musicales, il embrassa la carrière lyrique, et devint chanteur au théâtre de la cour, à Schwerin, puis à Sondershausen; mais il abandonna bientôt la scène pour se livrer exclusivement à la composition. Devenu chef de musique du régiment des fusiliers de la garde en 1853, il quitta le service militaire en 1866, et depuis lors s'est consacré à l'enseignement, où, dit-on, il excelle. On doit à cet artiste plus de 100 *lieder* de genres différents, de la musique de danse, des marches pour le piano, et enfin un petit opéra qui a été donné avec succès sur l'un des théâtres de Berlin.

HELLÉ (Antoine), compositeur, a fait son éducation à l'École de musique religieuse de Paris, après quoi il est devenu maître de chapelle de la basilique de Saint-Epvre, à Nancy, où il a fait exécuter, le 7 juillet 1875, pour la cérémonie solennelle de la consécration de cette basilique, une cantate-oratorio intitulée *les Magnificences du culte catholique*. La partition pour chant et piano de cet ouvrage a été publiée à Paris, chez l'éditeur Richault. M. Hellé est directeur de la société chorale *Alsace-Lorraine*. Il a publié quelques compositions pour l'orgue, entre autres un grand offertoire et deux élévations, (Richault), un offertoire et trois messes (id.), ainsi qu'un traité intitulé *l'Art d'improviser* ou *l'Ami de l'organiste* (Paris et Bruxelles, Schott, in-f°). On doit encore à cet artiste une publication faite sous ce titre : *Le Trésor des maîtrises*, recueil d'harmonies faites sur des morceaux de plain-chant qui sont chantés aux messes, vêpres et complies, saluts du dimanche.

* **HELLENDAAL** (Pierre), violoniste néerlandais du dix-huitième siècle, se rendit vers 1740 en Italie, pour prendre des leçons de Tartini, et à son retour se fixa à Amsterdam. Il a publié en cette ville deux livres de chacun six sonates pour violon. On ignore les dates de la naissance et de la mort de cet artiste.

* **HELLER** (Stephen). Cet artiste extrêmement remarquable est depuis longues années fixé à Paris, où il passe tous les hivers et d'où il se rend chaque été en Suisse. Stephen Heller, un des poëtes les plus exquis du piano, a su se faire une place à part, et des plus brillantes, parmi les compositeurs pour cet instrument, une place due à son talent à la fois si original et si fin, si délicat et si élevé. Par malheur, le grand artiste, dont la santé d'ailleurs est toujours un peu précaire, met autant d'ardeur à fuir le bruit et la publicité que d'autres en mettent à les rechercher; néanmoins, la valeur de ses œuvres est telle qu'elle a fini par donner à son nom la notoriété à laquelle il a droit, et par lui créer un public qui sait l'apprécier selon ses mérites. L'existence calme et retirée de Stephen Heller a fait dire justement à l'auteur de la *Biographie universelle des Musiciens* que sa vie était tout entière dans ses œuvres. Il ne me semble pas inutile de dresser la liste de celles-ci, aussi complète que possible il en manque peu, dans la nomenclature que voici : Trois morceaux caractéristiques, op. 7 Grande Étude en forme de rondo-scherzo, op. 8 Trois morceaux brillants, op. 10 ; Rondo-valse op. 11 ; Divertissement brillant sur *les Treize* d'Halévy, op. 13; *Passe-temps*, recueil de compositions amusantes, op. 14; Six caprices sur *le Shérif*, d'Halévy, op. 17; Quatre Rondos très faciles sur *la Favorite*, op. 22 ; Quatre Rondos sur *le Guitarero*, op. 23; Scherzo, op. 24 ; Deux Bagatelles sur *Richard Cœur-de-Lion*, op. 25 et 26 ; Caprice brillant, op. 27 ; Caprice symphonique, op. 28 ; *la Chasse*, étude caractéristique, op. 29 ; Dix Pensées fugitives, op. 30; Petite Fantaisie et Boléro sur la *Juive*, op. 31 et 32 ; Fantaisie brillante et Caprice sur *Charles VI*, op. 37 et 38 ; *la Kermesse*, danse néerlandaise, op. 39 ; Miscellanées, op. 40 ; Caprice sur *le Déserteur*, op. 41 ; Valse élégante, op. 42 ; Valse sentimentale, op. 43 ; Valse villageoise, op. 44 ; Chant national de *Charles VI*, op. 48; Pastorale, op. 48 bis ; Quatre Arabesques, op. 49 ; Scènes pastorales, op. 50 ; Vénitienne, op. 52 ; Tarentelle, op. 53; Fantaisie, op. 54; *la Fontaine*, caprice sur une mélodie de Schubert, op. 55; Sérénade, op. 56 ; Scherzo fantastique, op. 57 ; Rêveries, op. 58 ; Valse brillante, op. 59 ; *Canzonetta*, op. 60 ; Deuxième Tarentelle, op. 61 ; Deux Valses, op. 62 ; *Capriccio*, op. 63 ; *Presto capriccioso*, op. 64; Deuxième Sonate, op. 65 ; Caprice brillant sur *le Val d'Andorre*, op. 66 ; *la Vallée d'amour*, op. 67 ; *l'Alouette*, caprice sur une mélodie de Schubert, op. 68 ; Chant national de Mendelssohn, fantaisie en forme de sonate, op. 69 ; Caprice brillant sur *le Prophète*, op. 70 *Aux mânes de Chopin*, élégie et marche funèbre, op. 71; *le Chant du matin, le Chant du Troubadour, le Chant du Dimanche*, op. 72; *le Chant du Chasseur, l'Adieu du Soldat, le Chant du berceau*, op. 73 ; Fantaisie et Valse brillante sur *l'Enfant prodigue*, op. 74; Rondo-caprice sur *la Dame de Pique* et romance variée, op. 75 ; Caprice caractéristique sur deux thèmes de Mendelssohn, op. 76 ; Saltarello sur un thème de Mendelssohn, op. 77; *Promenades d'un solitaire*, op. 78; Quatre Préludes, op. 79; *Promenades d'un solitaire*, nouvelle suite, op. 80; *Nuits blanches*, 18 morceaux lyriques, op. 82; Six Feuillets d'album, op. 83; Impromptu, op. 84; Deux Tarentelles, op. 85; *Dans les bois*, six rêveries et finale, op. 86; *Scènes italiennes*, fantaisie-tarentelle, op. 87; Troisième Sonate, en *ut* majeur, op. 88; *Promenades d'un solitaire*, troisième suite, op. 89; Nouvelles études, op. 90; Deux Nocturnes et nocturne-sérénade, op. 91; Trois Églogues, op. 92; Deux Valses brillantes, op. 93; *Tableau de genre*, op. 94; Allegro-pastorale, op. 95; Grande Étude de concert, op. 96; Douze *Lændler* et Valses, op. 97; Improvisation sur une mélodie de R. Schumann, op. 98; Quatre *Phantasie Stuecke*, op. 99; Deuxième *Canzonetta*, op. 100; *Rêverie d'un promeneur solitaire*, op. 101; Morceau de chasse, op. 102; Troisième Nocturne, op. 103; Polonaise, op. 104; Trois Romances sans paroles, op. 105; Trois Bergeries, op. 106; Quatre *Lændler*, op. 107; Quatrième Scherzo, op. 108; Feuilles d'automne, op. 109; Deux Morceaux pour un album, op. 110; Morceaux de ballet, op. 111; Caprice humoristique, op. 112; Fantaisie-caprice, op. 113; Deux Cahiers (prélude et scène d'enfants, Presto, Scherzo), op. 114; Trois Ballades, op. 115; Préludes composés pour mademoiselle Lili, op. 119; *Lieder*, op. 120; Trois Morceaux, op. 121; Valses-Rêveries, op. 122; Feuilles volantes, op. 123; Scènes d'enfants, op. 124; Vingt-quatre Études d'expression et de rhythme, op. 125; Trois Ouvertures (1. Pour un drame; 2. Pour une pastorale; 3. Pour un opéra-comique), op. 126; Études sur le *Freischütz*, de Weber, op. 127; *Dans les bois*, nouvelle série, op. 128; Deux Impromptus, op. 129; 23 Variations sur un thème de Beethoven, op. 130; Trois Nocturnes, op. 131; Deux Polonaises, op. 132; 21 Variations sur un thème de Beethoven (Andante de la sonate, op. 57), op. 133; Petit Album, six pièces, op. 134; Deux Intermèdes de concert, op. 135; *Dans le Bois*, troisième suite, op. 136; Deux Tarentelles, op. 137; Album dédié à la jeunesse, op. 138; 3 Études pour piano, op. 139; *Voyage autour de ma chambre*, 5 pièces pour piano, op. 140; 4 Barcarolles, op. 141. Quelques compositions ont été publiées sans numéros d'œuvres : Feuillet d'album, mélodie, Églogue, petit caprice; Pensée; Sérénade; Églogue; Prière. — M. H. Barbedette a publié récemment : *Stephen Heller, sa vie et ses œuvres*, Paris, Maho, 1876, in-8°, avec un autographe musical.

* **HELLMESBERGER** (Georges), compositeur et ancien chef d'orchestre de l'Opéra de Vienne, est mort près de cette ville, à Neuwaldegg, le 16 août 1873.

* **HELLMESBERGER** (Georges), fils aîné du précédent, était né à Vienne en 1828.

* **HELLMESBERGER** (Joseph), frère du précédent, est né à Vienne le 3 novembre 1829, et jouit d'une très-grande réputation comme professeur, comme virtuose et comme chef d'orchestre. Il est professeur de violon au Conservatoire de Vienne et directeur de cet établissement depuis 1860, concermeister à l'Opéra de cette ville depuis la même époque, et est devenu en 1865 premier violon à la chapelle impériale, en remplacement de Mayseder. Cet artiste fort distingué a fondé en 1849 une excellente société de quatuors, dans laquelle son jeune fils, artiste aussi fort bien doué, né en 1856, tient auprès de lui la partie du second violon.

HELMHOLTZ (Hermann - Louis - Ferdinand), médecin et physiologiste allemand, né à Potsdam le 31 août 1821, fut d'abord médecin-adjoint à l'hospice la Charité de Berlin, puis médecin à Potsdam, et successivement professeur d'anatomie et de physiologie à Berlin, à Heidelberg et à Bonn. Ses importants travaux physiologiques sur les impressions des sens lui ont valu dans sa patrie et à l'étranger une renommée considérable. Nous n'avons à nous occuper ici que de ses recherches et découvertes relatives à l'acoustique, et surtout de sa théorie de la perception des sons, théorie extrêmement remarquable, qui suffirait seule à lui faire un nom dans la science, et qu'il a eu le tort de vouloir étayer de tout un système harmonique dont les éléments sont absolument inadmissibles. Comme tous les savants qui se sont occupés d'acoustique, M. Helmholtz a voulu en remontrer aux musiciens, il a prétendu annuler les sensations si délicates de l'oreille artistique au profit de calculs essentiellement brutaux, et il aurait gâté ainsi comme à plaisir l'excellence de son système, si celui-ci n'avait été assez solide pour résister de lui-même aux erreurs et aux spéculations au moins hasardées de son inventeur.

Ce système a été exposé par M. Helmholtz dans un ouvrage important publié par lui en 1863, et dont, en 1868, une traduction française a paru sous ce titre : *Théorie physiologique de la musique fondée sur l'étude des sensations auditives* (1).

On peut dire que la partie capitale des travaux

(1) Traduit de l'allemand par M. G. Guéroult, ancien élève de l'École polytechnique, avec le concours, pour la partie musicale, de M. Wolff, de la maison Pleyel, Wolf et Cie ; Paris, Victor Masson, 1868, in-8° avec figures.)

de M. Helmholtz relatifs à l'acoustique consiste dans l'analyse et dans la définition du *timbre* musical. Chacun sait que le *timbre*, en musique, est ce qu'on peut appeler la qualité, ou, pour mieux dire encore, la couleur du son, cette particularité caractéristique qui, en dehors de l'intonation ou de l'intensité, le différencie selon la nature diverse des corps qui le produisent ; c'est cette particularité qui, par exemple, fait distinguer, à l'oreille même la moins exercée, un violon d'une flûte, un cor d'une harpe, une voix d'homme d'une voix de femme, alors même que tous donneraient la même note, soit ensemble, soit séparément. Les physiciens, jusqu'ici, n'avaient pu d'une façon certaine expliquer ce phénomène, et se contentaient de dire : Chaque molécule mise en mouvement dans le corps sonore décrivant un orbite sensible, la hauteur, l'amplitude de l'onde sonore fait l'intensité, la vitesse fait l'intonation, enfin la forme de l'onde, variable à l'infini, *doit* faire le timbre. Mais cela n'était qu'une conjecture. Il appartenait à M. Helmholtz de découvrir le vrai principe, de définir la vraie cause du phénomène. Or, d'après ses recherches et ses expériences, on sait aujourd'hui à n'en pouvoir douter, que la cause du timbre est dans les *harmoniques du son.*

Personne n'ignore ce que les physiciens entendent par les harmoniques du son. Étant donnée une corde mise en vibration, une oreille attentive distinguera, outre le son principal produit par cette corde, un ou plusieurs sons plus aigus et beaucoup plus faibles qui lui font cortége, pour ainsi dire, et qui sont comme des échos lointains, *plus ou moins concordants*, du son générateur. C'est là ce qu'on appelle les *harmoniques*, harmoniques qui s'échelonnent du grave à l'aigu dans un ordre toujours semblable, et qui présentent d'abord l'octave supérieure de la note fondamentale, puis la quinte au-dessus de cette octave, puis la seconde octave, puis la tierce de celle-ci. Or, on doit remarquer que ces premières harmoniques sont en consonnance parfaite avec le son primitif qui leur donne naissance, et c'est là ce qui leur a valu leur nom ; mais il faut ajouter que les suivantes, celles qui sont perçues par une oreille délicate au-delà de celles qui viennent d'être énumérées formeraient au contraire dissonance avec ce son primitif, et deviendraient par conséquent insupportables si elles n'étaient en réalité très-faibles et ne s'absorbaient dans la résonnance dominante. Ce phénomène est observé depuis longtemps ; mais ce sera l'honneur de M. Helmholtz d'en avoir développé la théorie définitive, après avoir découvert le rôle véritable des harmoniques, rôle qu'on ne soupçonnait même pas jusqu'à ce jour : en réalité, les harmoniques servent à *colorer le son*, à *faire le timbre.*

Je ne saurais ici retracer par quelle suite d'expériences M. Helmholtz a été amené à cette découverte importante ; ceci me mènerait trop loin. Il me suffira de dire que l'éminent physicien s'est aidé dans ses recherches d'un instrument de précision inventé par lui, et auquel il a donné le nom de *résonnateur*. Le résonnateur est une sorte d'entonnoir ou de pavillon pyriforme, construit sur des modèles de diverses grandeurs, qui a la propriété de ne recevoir et de ne faire vibrer que l'unique note qui répond à sa construction. Ainsi, si l'expérimentateur se bouche hermétiquement une oreille et qu'il applique à l'autre le bout d'un résonnateur, toute la puissance sonore d'un immense orchestre serait absolument nulle pour lui si la note propre à ce résonnateur était absente de l'accord exécuté par la masse instrumentale ; au contraire, chaque fois que cette note trouvera sa place et se produira dans l'harmonie, elle éclatera avec force dans le résonnateur ; on pourra même la retrouver jusque dans les bruits les plus confus, les plus vagues, les plus indéterminés, par exemple dans le gémissement du vent, dans les hurlements de la foule, ou dans le fracas de la mer en furie. Il y a plus encore, et le résonnateur, qui reste muet devant un son vigoureusement frappé qui lui est étranger, pourra faire entendre une des harmoniques de ce son, si cette harmonique est précisément la note qui lui est propre, à lui résonnateur. C'est donc avec une série d'instruments de ce genre, diversement accordés, que M. Helmholtz est parvenu à analyser tous les sons, et non-seulement les sons qu'on peut appeler générateurs, mais encore leurs harmoniques, qu'il a su discerner ainsi et tirer du milieu sonore dans lequel elles étaient comme enveloppées.

Dans une analyse très-intéressante des découvertes de M. Helmholtz (1), M. Gustave Bertrand a caractérisé ainsi le système du grand physicien :

« Ce système peut se ramener, ce me semble, à deux théorèmes principaux : — 1° d'abord tous les corps sonores ne sont pas également riches en harmoniques. Quand le son n'a pas d'harmoniques, quand il se réduit strictement à la note fondamentale, il est pur, mais terne et plat : il prend au contraire plus ou moins de coloration, suivant que les harmoniques sont plus ou moins sensibles. Ainsi ce cortége de notes parasites en-

(1) *Revue moderne* du 1er janvier 1868.

richit la note fondamentale, au lieu de la contrarier. Ces dissonances secrètes et intimes, qui, à découvert, interviendraient d'une manière horrible dans le style harmonique, ainsi enveloppées, ainsi absorbées, sont une beauté au contraire et un luxe : c'est essentiellement la *qualité* du son, le *timbre* en un mot. Il existait de temps immémorial une preuve pratique de cette loi : je veux parler des jeux de mutation dans les grandes orgues d'église. En voici le secret. Les tuyaux *à bouche* qui dominent dans la construction des orgues et surtout les tuyaux fermés, sont privés d'harmoniques et ne rendent par conséquent qu'une sonorité blanche, incolore. Pour relever cette sonorité dans les passages de force, on double les jeux de tuyaux à bouche avec le jeu de mutation : ce jeu fait éclater sur chaque touche du clavier, non pas seulement la note que le clavier dénonce, mais quelques autres notes accordées en tierce, quinte, octave, etc., qui sont suffisamment enveloppées pour ne point changer l'identité de la note indiquée sur le clavier, mais assez sensibles cependant pour y ajouter ce timbre inquiétant, terrible qui saisit notre oreille quand l'instrument gigantesque attaque un *fortissimo*. Eh bien ! cette singularité de la facture des orgues n'est qu'une imitation inconsciente du phénomène des harmoniques : voilà bien l'appoint des notes concomitantes, et son effet est bien de prêter à la note principale une puissante coloration. Désormais on va s'étonner que cette pratique, naïvement imaginée par les facteurs du moyen-âge, n'ait pas plus tôt donné l'idée de la loi que formule aujourd'hui M. Helmholtz. — 2° Venons maintenant à ce que nous appelons le second théorème. Les harmoniques, ainsi qu'on l'a vu plus haut, s'échelonnent du grave à l'aigu dans un certain ordre connu, qui est toujours le même. D'ordinaire, ce sont les harmoniques les plus graves qu'on entend d'abord, qui effacent plus ou moins les autres, si mêmes elles ne sont les seules perceptibles. Pourtant ce n'est pas absolu : dans d'autres cas ce sont les plus aiguës qui prédominent. Or, nous l'avons dit, les plus graves sont en consonance, et les plus aiguës en dissonance à l'égard de la note fondamentale. C'est ce qui fait le timbre plus ou moins doux, plus ou moins mordant. M. Helmholtz l'a prouvé avec la dernière évidence en étudiant avec ses résonnateurs tous les divers timbres des instruments de l'orchestre. »

Le malheur est que M. Helmholtz, ne se tenant pas pour satisfait d'une découverte aussi précieuse, a voulu baser sur elle tout un système musical, la faire servir à une prétendue théorie nouvelle de l'harmonie qu'il n'avait nullement mission d'émettre ou de proclamer. Retombant dans les erreurs de Rameau (qui du moins était musicien), il a prétendu trouver, à l'aide des harmoniques, une sorte d'harmonie *naturelle*, dont le principe est pourtant depuis longtemps condamné. M. Helmholtz n'a pas échappé à cette tendance ordinaire des savants, de vouloir non-seulement entremêler d'une façon trop étroite l'acoustique et la musique, mais encore faire la leçon aux musiciens eux mêmes et substituer des calculs algébriques à la délicatesse de la sensation auditive. Là, le physicien s'est évidemment et absolument fourvoyé. Mais il n'en reste pas moins vrai que la découverte de M. Helmholtz est des plus importantes, par elle-même et par ses résultats, et qu'elle lui assurera une renommée durable.

HELMONT (Charles-Joseph Van), musicien flamand, né à Bruxelles le 19 mars 1715, mort en cette ville le 8 juin 1790, était, dès 1737, c'est-à-dire à peine âgé de vingt-deux ans, organiste de l'église de SS. Michel et Gudule et directeur de la chapelle royale espagnole, ce qui peut donner une idée avantageuse de son talent. À cette époque, il avait déjà écrit des chœurs pour un drame en vers flamands intitulé *Griseldis*, imité de l'italien, et qui avait été représenté au théâtre de la Monnaie, de Bruxelles, le 23 janvier 1736. On connaît de lui un *Lauda Sion* à quatre voix, et une cantate publiée sous ce titre : « *Le Retour désiré*, divertissement pour la paix, mis en musique, par C. J. Van Helmont, maître de musique de l'église collégiale de SS.-Michel et Gudule (Bruxelles, 1749, in-8°). » Van Helmont avait donc échangé alors les fonctions d'organiste de cette église contre celles de maître de chapelle. Il a publié aussi une suite de deux pièces de clavecin. Enfin, dans un recueil manuscrit de *Préludes et versets dans tous les tons*, composés par divers auteurs, recueil cité par M. Edmond Vander Straeten dans son ouvrage : *la Musique aux Pays-Bas*, on trouve encore quelques compositions de cet artiste, qui était le père d'Adrien-Joseph Van Helmont, auquel une notice est consacrée dans le tome IV de la *Biographie universelle des Musiciens*.

* **HELMONT** (Adrien-Joseph Van), fils du précédent, était né à Bruxelles, non le 14 avril (comme il a été dit par suite d'une erreur typographique), mais le 14 août 1747.

HELWIGKEN (Hans), facteur d'orgues, naquit dans la seconde moitié du seizième siècle à Neustadt, dans le Holstein. On lui doit, entre autres, la construction de l'orgue de l'église de Sainte-Marie, à Thorn, qui fut terminé le 6 juillet

1809. Helwingken habita pendant quelques années la Prusse polonaise.

HEMELSOET (Louis), compositeur belge, né à Gand le 20 juillet 1836, fut d'abord élève de son père, maître de chant à l'église Saint-Jacques, de cette ville. Admis au Conservatoire de Gand, où il eut pour maîtres Mengal, Henderickx et Andries, il y obtint un second prix d'harmonie et un premier prix de piano. Auteur de plusieurs compositions religieuses, cet artiste, qui a publié un certain nombre de morceaux de genre pour le piano, des romances et des mélodies, a écrit aussi la musique d'un opéra flamand, *De Boeren-Kermis*, qui a été représenté à Gand en 1861.

HÉMONY (François et Pierre)[1], fameux fondeurs de carillons qui acquirent une immense réputation dans les Pays-Bas, étaient Français de naissance. L'aîné, François, naquit à Lerecourt, en Lorraine, vers 1597; il était versé dans la mécanique, et alla achever son éducation en Allemagne, où il s'occupa surtout des questions relatives à la fonderie des cloches. C'est sans doute aux environs de 1640 que les deux frères s'établirent dans les Pays-Bas; François était le chef de la maison, et c'est à lui que les autorités de la ville de Zuphen adjugèrent, en 1643, la fabrication d'un nouveau carillon : « Adjugé, disait l'acte, à François Hémony, Français, fondeur de cloches, la fonderie des cloches pour le carillon de la tour *Wynhuys*, à raison de seize sols la livre. » Le travail des deux frères fut conduit avec une telle habileté, que dès son achèvement leur réputation fut faite. Nombre de villes s'adressèrent à eux pour avoir des carillons, et après avoir exercé pendant plus de dix années leur art à Zuphen, ils allèrent, en 1654, s'installer à Amsterdam, où ils furent reçus avec toutes sortes d'égards; on peut s'en rendre compte par ce double fait, que la régente, connaissant leur talent et leur probité, leur délivra une permission spéciale pour construire au *Kaisergracht* une énorme fonderie de cloches, et que la ville leur accorda gratuitement un terrain dans ce but. Celle-ci les chargeait en même temps de la construction du carillon de la vieille église, qui se composait de trente-cinq cloches et y fut placé par eux en 1658.

La renommée des frères Hémony fut bientôt grande à Amsterdam. François avait perfectionné d'une façon particulière le mécanisme de ses instruments; aussi son nouveau carillon obtint-il le plus grand succès. De plus, l'habileté des deux frères comme fondeurs était telle, que bientôt ils se virent chargés de nombreux travaux d'un autre genre, et fondirent des canons et même des statues. Enfin, François avait inventé un instrument nouveau, qu'il appelait *meta harmonica*, qui fut très-bien accueilli, et dont l'écrivain Fokkens a fait l'éloge dans son œuvre : *Description de la ville d'Amsterdam* (1662).

En 1666, François Hémony, fatigué d'une longue vie de travail, alla se retirer à Utrecht, où il ne jouit pas de son repos, car il mourut en 1667. Son frère, qui avait conservé la direction de l'établissement formé par eux, ne mourut que vers 1678. Dans un espace de trente-cinq ans environ, les deux frères construisirent une foule de carillons, et on leur doit particulièrement ceux d'Anvers (celui-ci comprenait quarante cloches et coûta plus de 100,000 francs), Malines, Diest, Ostende, Bruxelles, Groningue, Zuphen, Purmerend, Gand, Goes, Basseveld, Eenaem, Delft, Rotterdam (deux carillons), Medenblik, Kampen, Amsterdam (quatre carillons), Tougerloo, Harlem, Weesp, Utrecht, Enkhuysen, Amesfoort, Leyde, Middelstum, Arnhem, Maestricht, Ceulemberg, Alkmaar, Briel, Hulst, Hoow, Deventer, etc. Les plus importants et les plus parfaits de ces instruments sont ceux de Malines, d'Anvers, de Delft et de Groningue. On assure que la totalité des carillons construits par les frères Hémony a dû coûter plus de trois millions de francs, chiffre énorme pour le temps.

*** HENNEKINDT** (Jean-François), chanteur dramatique connu sous le nom d'Inchindi, qu'il avait adopté pendant son séjour en Italie, est mort à Bruxelles le 23 août 1876. Avant de venir à Paris et de s'y faire admettre au Conservatoire, il s'était essayé déjà sur le théâtre d'Anvers, où il avait joué le rôle de Cinna dans *la Vestale*. C'est le 1er octobre 1829 que, revenant d'Italie, il fit ses débuts au Théâtre-Italien de Paris par le rôle d'Assur de *Semiramide*; après avoir chanté les ténors, il prenait donc l'emploi des barytons, et devenait le partenaire heureux de ces grands artistes, qui s'appelaient Graziani, Donzelli, Santini, Bordogni, la Sontag et la Malibran. En 1834, il entrait à l'Opéra-Comique, y créait des rôles importants dans *le Chalet* d'Adam, *le Cheval de bronze* d'Auber, *les Deux Reines* de Monpou, puis bientôt quittait Paris pour aller donner des représentations en province et à l'étranger.

Inchindi était doué d'une voix puissante et souple, et son talent de chanteur était remarquable, mais c'était un médiocre comédien. C'est pendant un court passage qu'il faisait à Bruxelles qu'il fut saisi par la maladie, et qu'il mourut dans un modeste hôtel de la rue des Longs-Chariots. Il laissait un fils, consul à Singapore.

* **HENKEL** (Georges-André), est mort à Fulda, le 5 avril 1871.

HENNEN (Arnold), pianiste et compositeur, né à Heerlen (Hollande), en 1820, a fait ses études musicales au Conservatoire de Liége, où il obtint en 1845 un premier prix de piano. Il passa ensuite deux ou trois années à Paris, puis alla s'établir à Londres, où il se fit entendre avec succès, et où il publia divers compositions : des études de concert, trois livres de mélodies caractéristiques, et une dixaine de morceaux de différents genres. En 1855, il fit une tournée artistique en Hollande, en compagnie de ses deux frères, dont il est question plus loin. M. Arnold Hennen, à qui l'on doit aussi un grand concerto de piano et une messe avec orchestre, vit retiré depuis quelques années dans sa ville natale.

Ed. de H.

HENNEN (Mathieu), pianiste et compositeur, frère du précédent, est né à Heerlen en 1828 et a fait aussi ses études au Conservatoire de Liége, où le premier prix de piano lui fut décerné en 1852. Établi depuis 1860 à Anvers, il s'y est livré à l'enseignement et est devenu professeur de piano à l'École de musique de cette ville. M. Mathieu Hennen a publié un trio pour piano, violon et violoncelle, un quatuor pour piano, violon, alto et violoncelle, plusieurs morceaux religieux et quelques morceaux pour piano seul. On connaît aussi de lui une ouverture à grand orchestre, un quintette pour piano et instruments à cordes, un concerto pour le piano avec accompagnement d'orchestre, et quelques compositions pour le chant.

Ed. de H.

HENNEN (Frédéric), violoniste, frère des précédents, né à Heerlen en 1830, a été, comme ses aînés, élève du Conservatoire de Liége, où il obtint un premier prix de violon en 1846. Venu à Paris en 1847 avec son frère Arnold, il le suivit aussi à Londres, devint premier violon de l'orchestre du Théâtre de la Reine, sous la direction de Balfe, et se fit entendre avec succès dans les concerts. Depuis 1872, il vit retiré à la campagne, auprès de sa ville natale. M. Frédéric Hennen a composé plusieurs morceaux de violon, mais il n'en a publié aucun.

Ed. de H.

* **HENNING** (Charles-Guillaume), violoniste, chef d'orchestre et compositeur, né à Berlin le 31 janvier 1784, est mort en cette ville au mois d'avril 1867.

HENNIUS (Gilles). — (*Voyez* HAYM (Gilles).

HÉNOC ou **HÉNOCQ** (Jean), maître luthier à Paris, était établi en cette ville en 1773 et faisait partie de la corporation des faiseurs d'instruments. En 1783, il demeurait rue de Seine, au faubourg Saint-Germain. A cette dernière date, un autre luthier du même nom, *François Henoc*, était installé non loin de là, rue des Saints-Pères.

HENRARD (Jean-Joseph), musicien belge, professeur de chant au Conservatoire de Liége, était né en cette ville le 24 octobre 1791, et y mourut le 1er mars 1846. Il a publié un recueil de solféges en canon en société avec Duguet et Jaspar, et quelques morceaux de musique religieuse.

HENRI (J......), pianiste, professeur et compositeur de musique religieuse, né dans la première moitié de ce siècle, a été maître de chapelle de l'église Sainte-Gudule, à Bruxelles, et est devenu ensuite professeur de plain-chant au séminaire de Malines. Il occupait encore ces dernières fonctions en 1862. Cet artiste a écrit un grand nombre de compositions, entre autres un *Te Deum* à 6 voix, qui, dit-on, est une production remarquable. Parmi celles qui ont été publiées, on cite un *Tantum ergo* à 8 voix, un autre à 6 voix, un *Ave verum* à 4 voix et solo, un *Pie Jesu* pour baryton avec chœur, un recueil de messes, un recueil de pièces de plain-chant, etc., etc.

* **HENRION** (Paul). Cet artiste, qui a joui pendant si longtemps d'une véritable popularité dans le genre de la romance et de la chansonnette, n'a pas écrit jusqu'à ce jour moins de *douze-cents* compositions de ce genre. On se rappelle la vogue qu'ont obtenue, dans leur temps, *Bouquet fané*, *Moine et Bandit*, *la Gitana*, *les Vingt sous de Périnette*, *Vive le Roi ! le Pandero*, *la Pavana*, *la Fille à Simonette*, *Ne pars point*, *mon fils*, *la Reine des Prairies*, *Sarah la Bohémienne*, et tant d'autres gracieuses mélodies qu'il est inutile de nommer. M. Paul Henrion a voulu s'essayer un jour dans la musique dramatique, et il a donné au Théâtre-Lyrique, le 16 avril 1854, un opéra-comique en 2 actes intitulé *une Rencontre dans le Danube*, qui n'obtint qu'un succès relatif. L'artiste revint alors à ses compositions légères, où il excelle parfois, et borna son ambition à écrire quelques opérettes pour les cafés-concerts : *le Soleil*, *la Terre et la Lune*, *Estelle et Némorin*, *A la bonne franquette*, *les Suites d'une polka*, *Balayeur et Balayeuse*, *l'Étudiant de Heidelberg*, *Cupidon*, *Paola et Pietro*, etc. Il en a composé une, *la Treille du Roi*, qui a été publiée dans un journal d'éducation, *le Magasin des Demoiselles*, et qui n'a pas été représentée. Il a donné aussi au théâtre des Va

riétés, au mois de septembre 1877, une saynèt
en un acte et à un personnage, *Chanteuse par
amour*. Quelques-unes des premières compositions de M. Paul Henrion ont été publiées sous
le pseudonyme de *Charlemagne*.

HENRY (JEAN-BAPTISTE), chef d'une nombreuse famille de luthiers établie à Paris depuis
près d'un siècle, fut un artiste habile. Né en 1757
à Mataincourt, près de Mirecourt (Vosges), il
vint jeune à Paris, après avoir fait son apprentissage dans sa ville natale, et s'établit dans une
des dépendances du couvent des moines Saint-Martin, afin de jouir des priviléges et immunités
attachés à cette époque à certaines corporations
religieuses ou hospitalières, priviléges qui consistaient surtout dans l'exemption de tous impôts
et gabelles, et qui permettaient à un artisan d'échapper à la formalité dispendieuse de sa réception dans une corporation. En 1788, ces franchises ayant été abolies, Henry quitta les moines
chez lesquels il travaillait pour aller s'installer
rue Saint-Martin, dans une maison qui portait
alors le n° 175, qui porte aujourd'hui le n° 151,
et dans laquelle, jusqu'à ce jour, ses descendants
n'ont cessé d'exercer leur industrie. Les instruments sortis des mains de Jean-Baptiste Henry
figurent d'une façon très-honorable parmi les
bons produits de la lutherie française de la fin
du dix-huitième siècle. Cet artiste estimable est
mort à Paris, en 1831, à l'âge de soixante-quatorze ans.

HENRY (JEAN-BAPTISTE-FÉLIX), fils aîné du
précédent, né à Paris en 1793, fut élève de son
père, s'établit en 1817 rue Montmartre, alla à
Bordeaux vers 1823, et au bout de deux ans de
séjour en cette ville fut se fixer à Marseille, où
il resta de 1825 à 1844. Il revint alors à Paris,
installa de nouveaux ateliers rue Fléchier, et
mourut en 1858. Il a, dit-on, beaucoup produit.

HENRY (CHARLES, dit CAROLUS), second fils
de Jean-Baptiste, né en 1803, fut aussi élève de
son père, auquel il succéda en 1831. Artiste habile, il prit part aux deux Expositions de Paris
de 1849 et de 1855, obtint une médaille de bronze
à la première, et une mention honorable à la
seconde. Il est mort en 1859.

HENRY (OCTAVE), fils de Jean-Baptiste-Félix, né en 1826, fut élève de Maucotel et de
son oncle Carolus. Il s'établit en 1854 à Grenoble,
où il exerce encore aujourd'hui la profession de
luthier.

HENRY (EUGÈNE), fils de Carolus, né en 1843,
a succédé à son père et occupe une place honorable parmi les luthiers parisiens.

HENRY (......). Un artiste de ce nom a fait
représenter sur le théâtre de la rue Vieille-du-Temple, en 1806, un opéra-comique en un a
intitulé *le Mari complaisant*. Il a écrit au
en société avec Dreuilh, la musique d'une p
tomime, *Clarice et Lovelace* ou *le Séducto
jouée au Cirque-Olympique en 1815.

HENRY (ANTOINE-NICOLAS), bassoniste
compositeur, fut admis au Conservatoire de P
dans les premières années de la création de
établissement, et remporta un premier prix
basson au concours de 1803. Il devint ens
premier basson de l'orchestre de l'Opéra-
mique, et fut professeur adjoint de basson
Conservatoire, de 1835 à 1840. Cet artist
publié un certain nombre de compositions p
son instrument.

HENSCHEL (GEORGES), compositeur,
niste et l'un des plus excellents chanteurs d
ratorios et de *lieder* de l'époque actuelle,
né à Breslau le 18 février 1850. Élève d'ab
de L. Wandelt, puis de Jules Schæffer, il co
mença par se faire entendre à Berlin, com
pianiste, en 1862, à peine âgé de douze ans.
1867 il quitta Breslau pour se rendre à Leip
se fit admettre au Conservatoire de cette vi
eut pour maîtres dans cet établissement Rich
Moschelès et Gœtze, puis alla compléter
éducation artistique à l'École supérieure de
sique de Berlin, où il étudia la composition a
M. Frédéric Kiel et se perfectionna dans
chant avec M. Ad. Schulze.

Doué d'une superbe voix de baryton, son
et étendue, M. Henschel se produisit com
chanteur dès qu'il eut terminé ses études, et
quit rapidement un grand renom sous ce rappo
parcourant l'Allemagne, la Belgique et la H
lande, se faisant entendre dans toutes les gran
fêtes musicales, et partout remportant de b
lants succès. Cela ne l'empêchait pas de se fa
connaître en même temps comme composite
car, quoique fort jeune encore, il a publié d
un grand nombre de *lieder*, des canons po
le piano, une sérénade pour orchestre, etc. Il
même écrit un grand oratorio, ainsi qu'un op
en 3 actes, *Frédéric-le-Beau*, dont les jou
naux allemands ont annoncé la prochaine app
rition sur le théâtre de Munich.

HENSCHEL (........), compositeur dram
tique allemand, a fait représenter il y a quelqu
années, sur le théâtre de Brême, un opéra in
tulé *la Belle Mélusine*.

* HENSEL (FANNY-CÉCILE), sœur de Fé
Mendelssohn-Bartholdy, était née à Hambou
le 14 novembre 1805.

HENSKENS (JEAN-EMMANUEL), organis
honorable, naquit à Vertryck (Brabant) en 182
Devenu organiste de l'église Saint-Jacques,

Anvers, il voulut, en ce qui le concernait, contribuer à faire disparaître des églises de campagne la musique profane que les organistes avaient le tort d'exécuter pendant les cérémonies du culte, et entreprit dans ce but une publication intéressante : *Journal d'orgue* ou *Manuel de l'organiste*, qui reproduisait des morceaux d'orgue des artistes les plus fameux de tous les temps et de tous les pays. Cette publication fort utile ne dura pas moins de sept années, et rendit de très-réels services. Malheureusement, Henskens fut atteint en 1856 d'une maladie de langueur qui le conduisit au tombeau le 25 mars 1859. On doit à cet artiste d'assez nombreuses compositions religieuses : versets, sorties, élévations, préludes, offertoires, ainsi que des pièces de plain-chant harmonisé.

* **HENTSCHEL** (Théodore), ou plutôt *Henschel*, aujourd'hui chef d'orchestre du théâtre de Brême, a fait représenter sur ce théâtre, le 5 mars 1874, un opéra-comique intitulé *le Page du roi*.

* **HÉQUET** (Charles-Joseph-Gustave), et non **HECQUET**, comme il a été dit par erreur, est mort subitement à Paris, de la rupture d'un anévrisme, le 26 octobre 1865. Il faut ajouter à ses œuvres musicales un opéra-comique en un acte : *De par le Roi*, représenté sur le théâtre de Bade le 17 juillet 1864. Outre les journaux mentionnés à son sujet, il faut ajouter *la France musicale*, *le Ménestrel*, *la Presse*, *le Courrier du Dimanche*, dont il fut aussi le collaborateur, ainsi que l'*Annuaire encyclopédique*, dont il faisait la partie musicale. A la *Revue et Gazette musicale*, Héquet prenait assez généralement le pseudonyme de Léon Durocher. Il a publié en 1864 une notice intitulée : *Boïeldieu, sa vie et ses œuvres* (Paris, Heugel, gr. in-8° avec portrait et autographes), qui avait paru précédemment, sous forme d'articles, dans le *Ménestrel*. Parmi ses travaux littéraires en dehors de la musique, on peut encore citer un *Itinéraire de Paris à Bâle, par Troyes, Chaumont, Langres et Vesoul* (Paris, Hachette, in-12).

HERBECK (Johann), chef d'orchestre et compositeur, né à Vienne le 25 décembre 1831, s'est créé une haute position artistique en cette ville, où il est tout à la fois chef d'orchestre de l'Opéra Impérial (depuis 1869), directeur de la Société des amis de la musique, et chef de la Société philharmonique. Artiste fort distingué, musicien nourri de bonnes études, M. Herbeck s'est fait connaître comme compositeur par un certain nombre d'ouvrages parmi lesquels je citerai les suivants : *Kunstlerfahrt*, pièces en cinq parties pour orchestre; *Lied und Reigen*, série de petits morceaux pour orchestre et chœurs; Airs et danses populaires, pour *soli*, chœurs et orchestre; Variations symphoniques pour orchestre; Quatuor en ré bémol, pour instruments à cordes; *lieder* à 4 voix; diverses œuvres de musique d'église. M. Herbeck a arrangé pour l'orchestre la Marche turque de Mozart, ainsi qu'Auber et M. Prosper Pascal l'ont fait en France. L'orchestre de la Société des amis de la musique, dont M. Herbeck est le directeur, ne compte pas moins de 40 violons, 12 altos, et le reste en proportion; le personnel choral se compose de 300 voix.

HERBIN (.....), compositeur, a fait représenter sur le théâtre de la Fenice, de Naples, au mois de juillet 1872, un opéra intitulé : *Tre Regni, o il Bene e il Male*. Depuis lors, il a écrit la musique de deux ballets qui ont été joués au théâtre Rossini de la même ville, l'un, *Teka, o la Fata delle onde*, le 19 février 1876, l'autre, *le Feste carnavalesche del 1876*, au mois de mars suivant.

HERING (Charles-Frédéric-Adolphe), violoniste et compositeur, est né à Berlin le 2 septembre 1819. Élève pour le violon de Lipinski selon les uns, de Hubert Ries selon les autres, il eut pour maître de composition Rugenhagen. Après avoir fait divers voyages, entre autres à Vienne et à Leipzig, il revint à Berlin, où il fonda une école de musique pour l'enseignement du violon, du piano, du chant et de la théorie de l'art. Comme compositeur, cet artiste s'est fait connaître par des symphonies, des ouvertures, des quatuors et quintettes pour piano et instruments à cordes, des messes, des morceaux de chant, etc. Il a écrit aussi un oratorio et deux opéras, mais je crois que jusqu'ici ces derniers ouvrages n'ont pas été livrés au public.

HERLAND (A...), théoricien français, est l'auteur d'un ouvrage publié sous ce titre : *Lois du chant d'église et de la musique moderne, nomothésie musicale, ouvrage utile à tous les ecclésiastiques, maîtres de chapelle, organistes, directeurs de chant, à ceux qui étudient ou enseignent la musique et qui veulent avoir une connaissance exacte de ses lois*, Paris, Didron, gr. in-8, 1854.

HERLIN (Théodore), est l'auteur de l'écrit suivant : *Du rapport synchronique du ré de la gamme*, mémoire couronné par la Société impériale des sciences, de l'agriculture et des arts de Lille (Lille, impr. Danel, 1866, in-8°).

* **HERMANN** (Constant HERMANT, dit). Les compositions publiées de ce violoniste distingué s'élèvent aujourd'hui au nombre de cent cinquante environ. On remarque, entre autres :

1° *École du violoniste*, 12 morceaux faciles sur les opéras célèbres, avec acc. de piano, Paris, Brandus; 2° *le Rêve*, caprice, *ibid.*; 3° *Perles du violoniste*, 6 fantaisies sur des opéras de Verdi, Paris, Escudier; 4° 12 Duos concertants pour piano et violon, sur des opéras de Verdi (avec Ketterer), *ibid.*; 5° *Fantaisie styrienne*, Paris, Schonenberger; 6° *Impromptu-valse*, *ibid.*; enfin, un grand nombre de fantaisies importantes sur des motifs d'opéras célèbres.

HERMANN (Hermann COHEN, connu sous le nom d'), naquit à Hambourg, de parents israélites, le 10 novembre 1821. Son père, riche banquier, lui fit donner une brillante éducation, mais le jeune Hermann aimait surtout la musique; à six ans, il jouait déjà bien du piano, et à douze ans son talent sur cet instrument était devenu très-remarquable. Des revers de fortune ayant accablé sa famille, l'enfant donna dans sa ville natale son premier concert public, qui lui valut un grand succès, se fit entendre ensuite dans le Mecklembourg et à Francfort, puis vint avec sa mère s'établir à Paris, où il arriva vers le milieu de l'année 1834. Grâce à d'excellentes lettres de recommandation il se vit accueilli dans le grand monde, et bientôt devint l'élève favori de Liszt, qui était alors au plus fort de ses succès. Celui-ci s'étant rendu à Genève pour y fonder un Conservatoire de musique, y emmena son jeune protégé et lui confia, dans l'établissement qu'il organisait, une classe de piano que le jeune artiste conserva pendant une année, au bout de laquelle il revint à Paris.

Doué d'un esprit léger et d'une humeur inconstante, Hermann quitta de nouveau la France au bout de peu de temps, fit un voyage artistique en Angleterre, en Suisse, en Allemagne et en Italie, passa un assez long temps à Venise, et fit jouer un opéra à Vérone. A la suite de ce voyage, il revint encore à Paris, qui l'attirait toujours, s'y fit entendre avec le même succès que par le passé, y renoua ses relations mondaines et y retrouva de nouveaux élèves.

Il avait environ vingt-cinq ans lorsque ses idées prirent un cours inattendu. Un sentiment en quelque sorte mystique s'empara de lui, il se mit à fréquenter les églises, et bientôt il voulut abjurer la religion juive pour se convertir au catholicisme. Il reçut en effet le baptême à Paris le 28 août 1847, et, comme si ce n'était pas assez, il étudia bientôt la théologie avec ardeur, et voulut entrer dans les ordres. Ordonné prêtre à Agen le 19 avril 1851, il entra peu de temps après dans le clergé régulier, et, sous le nom de Père Augustin-Marie du Très-Saint-Sacrement, il fit profession et prit l'habit de carme déchaussé. Depuis lors il s'est montré prédicateur ardent, et s'est distingué par la ferveur de son zèle apostolique. L'histoire de cette étrange conversion a été rapportée avec les plus grands détails dans un petit livre non moins étrange, dont je ne connais que la troisième édition : *Conversion du pianiste Hermann, carme déchaussé*, par J.-B. Gergerès (Paris, A. Bray, 3ᵉ édition, 1856, in-8)(1).

Le P. Hermann a publié quelques compositions religieuses, entre autres un recueil de cantiques intitulé : *Gloire à Marie*. En 1856, étant en tournée de prédication, il a fait exécuter une grande messe à Bordeaux. On lui doit encore quelques autres recueils de cantiques, publié sous les titres suivants : *Amour à Jésus-Christ*, *Fleurs du Carmel*, *le Couronnement de la Madone*, etc.

HERMANN (Alexandre), chef d'orchestre et compositeur, a fait représenter au Grand-Théâtre de Marseille, le 17 avril 1860, un opéra comique en un acte intitulé *un Effet électrique*, dont il avait écrit les paroles et la musique. Cet ouvrage obtint un certain nombre de représentations (2).

AL. R—D.

HERMANN-LÉON (Léonard HERMANN, dit), chanteur et comédien distingué était le fils d'un industriel de Lyon, et naquit en cette ville le 23 juillet 1814. Destiné d'abord au

---

(1) Dans son livre intéressant : *Joseph, Carle et Horace Vernet* (Paris, Hetzel, in-12), M. Amédée Durande a reproduit le fragment suivant d'une lettre d'Horace Vernet, datée de Cette, 20 mai 1853 : — «.. Il m'est arrivé une singulière rencontre sur le bateau de Valence à Avignon. Un jeune carme s'y trouvait: son air inspiré attirait mon attention, lorsque tout à coup il est venu à moi en me disant : « Ne me reconnaissez-vous pas ? Je suis allé bien « des fois chez vous, lorsque j'étais juif. Je suis le frère « Hermann, ci-devant le jeune Cohen, élève de Liszt, un « de Thalberg. Permettez-moi de vous embrasser. » Et nous voilà dans les bras l'un de l'autre comme deux pauvres. La conversation s'est bien vite engagée et elle a tourné à la religion. Jamais je n'ai entendu une telle éloquence accompagnée d'une si noble inspiration ! Comme il m'adressait la parole, il a parlé de l'influence de la foi sur les arts; tout le monde l'écoutait, et pendant cinq heures il n'a cessé d'exhorter son auditoire à former les pensées les plus chrétiennes... Le père Hermann disait ceci, que je crois vrai, c'est que l'harmonie et la mélodie en toutes choses disposent le cœur à aimer et n'inspirent que de nobles pensées en portant l'âme vers le ciel... »

(2) Ce petit ouvrage fut reproduit, en décembre 1862, au Grand-Théâtre de Bordeaux, où le principal rôle féminin en était tenu par Mme Peschard, chanteuse et comédienne aimable, qui s'est fait depuis à Paris une réputation dans le genre de l'opérette, aux Bouffes-Parisiens et à la Renaissance. Précédemment, au mois de mars 1855, M. Hermann avait fait représenter à Rochefort un grand opéra en quatre actes, *Leila*, qu'il fit reprendre aussi, en janvier 1866, sur le Grand-Théâtre de Bordeaux, en lui donnant pour nouveau titre *le Giaour*. — A. P.

commerce, il avait étudié la peinture et la musique, lorsque, se sentant doué d'une voix puissante et sonore, il songea à en tirer parti et conçut l'idée d'aborder le théâtre. Ne pouvant décider sa famille à entrer dans ses vues, et bien décidé pourtant à mettre son projet à exécution, il prit le parti de quitter furtivement Lyon pour venir à Paris, et l'on assure que cette fuite prit tout le caractère d'une aventure romanesque. Une fois arrivé, Hermann-Léon se mit à travailler sérieusement; mais comme son père lui refusait toute espèce de secours et qu'il n'avait rien pour vivre, il mit à profit son jeune talent de peintre, fit des dessins et des aquarelles qu'il vendait pour se procurer le strict nécessaire, et put ainsi continuer ses études. Il était devenu l'élève de Delsarte, et sous la conduite d'un tel maître ses progrès ne tardèrent pas à être rapides; il s'était fait admettre aussi au Conservatoire, dans la classe de vocalisation d'Henry (8 juillet 1834), mais il n'y resta que six mois environ.

Bientôt, Hermann-Léon fut engagé au théâtre de Versailles, où il débuta en 1836 dans *la Dame Blanche* et dans *le Barbier de Séville*, et où sa belle voix de basse chantante, dont les notes graves étaient superbes, produisit une vive impression. De Versailles, le jeune chanteur alla tenir son emploi à Liége, puis au Havre, où Anténor Joly, alors directeur de la Renaissance, à la recherche de bons artistes, l'entendit et l'engagea; mais lorsqu'Hermann arriva à Paris, le théâtre avait fermé ses portes, succombant sous la malechance. Il partit alors pour Nantes, où il resta une année, et de là se rendit à Bruxelles, où ses succès furent si grands qu'il fut engagé à l'Opéra-Comique. Il débuta à ce théâtre de la façon la plus heureuse, le 15 juillet 1844, dans un nouvel ouvrage de Balfe, *les Quatre Fils Aymon*, fit ensuite une excellente création dans *le Diable à l'École*, et mit le comble à sa réputation par la manière remarquable dont il joua et chanta le rôle du capitaine Roland dans *les Mousquetaires de la Reine*, d'Halévy. Hermann-Léon, en effet, n'était pas seulement doué d'une voix magnifique, remarquable par son timbre, son étendue et sa solidité, il était encore un chanteur fort distingué, joignait à ce talent celui d'un comédien accompli, et donnait d'autant plus de relief à ce dernier que ses études de peintre lui avaient fait acquérir un grand sentiment de la plastique et qu'il savait s'habiller comme personne.

Après les rôles qui viennent d'être mentionnés, Hermann-Léon en créa plusieurs autres qui ne lui furent pas moins favorables : le régent dans *Ne touches pas à la Reine*, Malipieri dans *Haydée*, le capitaine Viala dans *les Monténégrins*, Desbruyères dans *les Porcherons*, le tambour-major dans *le Caïd*, puis *la Barcarolle*, *Gibby la Cornemuse*, *Gille ravisseur*, *le Moulin des Tilleuls*, etc.

Il passait ainsi du dramatique au comique, et montrait toute la souplesse d'un talent remarquable surtout par l'ampleur et la variété. Au bout de quelques années pourtant il quitta l'Opéra-Comique, avec l'espoir d'entrer à l'Opéra. Il avait chanté, en province et à l'étranger, quelques-uns des ouvrages du grand répertoire lyrique : *Robert le Diable*, *les Huguenots*, *la Juive*, et son ambition était de s'y montrer sur la première scène musicale de France. Il n'y put réussir, en dépit de ses désirs, et rentra à l'Opéra-Comique, où il créa encore, entre autres rôles, celui du soldat Gritzenko dans *l'Étoile du Nord*, de Meyerbeer. Mais bientôt il quitta de nouveau la scène de ses succès, et parut au Théâtre-Lyrique dans un petit opéra d'Adolphe Adam, *Falstaff*.

Hermann-Léon était devenu capricieux, lunatique, et ne se trouvait bien nulle part. Il ne put rester longtemps au Théâtre-Lyrique, demeura inoccupé, et, pour charmer ses loisirs, se remit à faire de la peinture. Voyant, par sa faute ou celle des événements, les scènes lyriques se fermer devant lui, il songea à transformer sa carrière et à se montrer sur un théâtre de genre. Il était en pourparlers avec celui des Variétés et allait sans doute s'y faire engager lorsqu'il mourut presque subitement, à Paris (Batignolles), le 8 novembre 1858.

Hermann-Léon a laissé un fils, qui jouit aujourd'hui d'une certaine réputation comme chanteur de concert.

HERMIER (Michel), prêtre du diocèse de Rouen et musicien distingué, fut, de 1695 à 1697, maître de chapelle de la cathédrale de cette ville, où il fit exécuter plusieurs messes de sa composition.

HERNANDEZ (Pablo), compositeur espagnol, est né à Saragosse le 25 janvier 1834, et fut, dans ses jeunes années, enfant de chœur à Notre-Dame-del-Pilar. Il devint alors l'élève de Valentin Meton, maître de chapelle et organiste de cette église, qui lui enseigna le solfége, le piano, l'orgue et l'harmonie, et d'Ignace Rabanals, premier violon de la même chapelle, avec lequel il étudia le violon. En 1848, à peine âgé de 14 ans, il devenait organiste de l'église paroissiale de Saint-Gilles, et il conserva cet emploi jusqu'en 1856, époque à laquelle il se rendit à Madrid pour se faire admettre au Conservatoire et s'y perfectionner dans son art. Il devint, dans cet établissement, l'élève de M. Hilarion Eslava pou l'orgue et la composition, et obtint le premier prix au concours de 1861.

Tout en terminant ses études au Conservatoire, M. Hernandez était devenu, à la suite d'un concours, organiste de la basilique royale de Notre-Dame d'Atocha; en 1863, il fut nommé professeur auxiliaire de solfége au Conservatoire. A partir de ce moment, il se livra activement à la composition. Parmi ses œuvres, qui sont nombreuses, il faut surtout distinguer : *Méthode d'orgue* (introduction au *Musée organique* de M. Hilarion Eslava); six fugues pour orgue, en forme d'offertoire (inédites); messe à 3 voix, avec orchestre; *Miserere* à 3 voix, avec orchestre; Salut à 3 voix, avec orchestre; *Te Deum*, avec acc. d'orgue; Messe pastorale, id.; *Stabat Mater*; *Lamentations du Jeudi saint*, id.; *O Salutaris hostia*, id.; plusieurs autres motets, id.; Ouverture à Grand orchestre (inédite); grande Symphonie pour orchestre (id.), écrite spécialement pour la société de concerts dirigée par M. Barbieri (*Voy.* ce nom). M. Hernandez a fait représenter aussi, à Madrid, quelques *zarzuelas* en un acte, dont l'une avait pour titre : *Un Sevillano en la Habana*.

HERNANDEZ (ISIDORO), jeune compositeur espagnol, est l'auteur de deux *zarzuelas* en un acte, qui toutes deux ont été représentées à Madrid, sur le théâtre Breton, le 1er octobre 1875; l'une avait pour titre *Maese Tallarines*, l'autre était intitulée *Fresco de Jordan*. En 1876, un autre petit ouvrage du même genre a vu le jour à Madrid, sous le nom de ce compositeur et sous ce titre : *Una Leccion de toreo*.

HERNANDO (RAFAEL-JOSÉ-MARIA), compositeur dramatique, est né à Madrid le 31 mai 1822, et après avoir reçu une bonne instruction primaire, entra en 1837 au Conservatoire de cette ville, et y fit toutes ses études musicales sous la direction de Ramon Carnicer. Après avoir quitté cet établissement en 1843, il se rendit à Paris dans le but d'y compléter son éducation musicale et de s'y perfectionner. A Paris, M. Hernando commença à se livrer à la composition; il écrivit un *Stabat Mater* et quelques autres œuvres, qui furent exécutées dans les concerts de la Société Ste-Cécile, puis composa la musique d'un opéra italien en 4 actes, qu'il ne put réussir à faire jouer au Théâtre-Italien. Au bout de quelques années passées en France, M. Hernando retourna à Madrid, et entre autres compositions, écrivit une sayuete, *las Sacerdotisas del Sol*, qui fut représentée sur le théâtre de l'Institut. Au carnaval de 1849, il livra au public une *zarzuela* en un acte, *Palo de ciego*, qui fut accueillie avec beaucoup de faveur, et le 27 mars de la même année

il donnait un autre ouvrage du même genre, *Colegiales y Soldados*, qui donna au public l'idée de ce que pouvait être la musique dramatique espagnole. La joie générale fut telle à ce sujet qu'une entreprise se forma aussitôt dans le but d'exploiter le genre de la zarzuela au théâtre des Variétés, et que M. Hernando fut choisi pour compositeur et directeur de ce théâtre, avec la charge d'écrire *quatorze* actes de musique par année.

Cet engagement ne lui fut pas très-onéreux, car la première pièce qu'il donna obtint un succès tel qu'elle le rendait jusqu'à un certain point inutile. En effet, cet ouvrage, intitulé *el Duende*, et donné le 6 juin 1849, fut reçu si favorablement qu'il fournit une carrière de 120 représentations. Il fut suivi d'une autre zarzuela en 2 actes, *Bertoldo y Comparsa*, qui ne fut pas moins heureuse. En 1851, une société d'auteurs se forma pour cultiver le genre lyrique espagnol, et le président de cette société, M. Louis Olona, fut bientôt remplacé par M. Hernando, qui mit toute son activité au service de la compagnie, en ce qui concernait l'administration, ce qui ne l'empêcha pas de continuer ses travaux de compositeur. Il écrivit donc successivement plusieurs autres zarzuelas : *El novio Pasado por agua*, en 3 actes, *Cosas de Juan*, en 3 actes, *Una Noche en el serallo*, en 2 actes (non représentée), *el Tambor*, en un acte, donnée au bénéfice des soldats d'Afrique, enfin *Aurora*, en 3 actes (non représentée), et deux ouvrages écrits en société avec quelques confrères : *Escenas de Chamberi* et *Por seguir a una mujer*.

En 1852, M. Hernando fut nommé secrétaire du Conservatoire de Madrid, poste dans lequel, avec son intelligence, son zèle et son amour de l'art, il sut rendre de très-grands services. Il y exerça encore ses talents de compositeur, en écrivant plusieurs œuvres importantes : un hymne inaugural, chanté par les élèves au théâtre du Palais royal; *el Nacimiento*, fantaisie symphonico-religieuse pour la séance musicale donnée au Conservatoire à l'occasion de la naissance du prince des Asturies; un second hymne, intitulé *Premios á la virtúd*, qui fut exécuté par les élèves, sous sa direction, pour la première distribution des prix qui eut lieu au Conservatoire; enfin un chœur et une marche triomphale, que ces mêmes élèves, réunis à ceux de l'Université, exécutèrent lors du retour de l'armée qui venait de combattre en Afrique. M. Hernando a contribué d'une façon considérable à améliorer les conditions artistiques du Conservatoire, en rédigeant un projet de règlement organique, et en provoquant d'utiles et importantes réformes de tout genre. D'autre part, il a songé aussi à pousser l'art national dans les voies du progrès, en publiant sous ce titre : *Proyecto, memoria para la creacion de una Academia española de música y de fomento del arte*, un écrit qui a été accueilli avec faveur et avec reconnaissance par la presse et par tout le corps enseignant, mais qui, malheureusement, et par suite de l'inconcevable inertie qui règne en Espagne au sujet des choses d'art, n'a produit aucun résultat.

Nommé professeur d'harmonie supérieure au Conservatoire, M. Hernando a organisé et réglé l'enseignement de cette branche si importante des études musicales, en suivant les errements de la grande école de M. Eslava, et l'on assure qu'il a su mettre la classe à la tête de laquelle il était placé à la hauteur des meilleures de ce genre qui existent dans les grandes institutions musicales de l'Europe, accroissant sans cesse le nombre des élèves qui étaient sous sa direction. D'ailleurs infatigable, cet artiste excellent, qui s'était démis des fonctions de secrétaire qu'il occupait pour pouvoir se consacrer entièrement aux besoins de son enseignement, s'occupa bientôt de la fondation d'une Société artistique musicale de secours mutuels, dont il fut élu secrétaire général. Cette Société, devenue rapidement prospère grâce à son dévouement et à son activité, lui donna l'occasion d'écrire chaque année, pour ses séances générales, un annuaire ou mémorial dans lequel étaient exposés d'une façon claire et lumineuse, tous les faits intéressant les sociétaires, et relatifs à l'accroissement du capital social, aux moyens de le maintenir, aux secours distribués aux artistes malheureux, enfin à tout ce qui concerne le règlement et la marche de l'institution.

On voit tous les services que, sous des rapports si nombreux et si divers, M. Hernando a su rendre sans cesse à l'art, aux artistes et à son pays même, se multipliant chaque jour pour être utile à tous, et recherchant au lieu de les fuir, comme tant d'autres, les occasions où son dévouement pouvait se déployer. De tels exemples sont rares, et l'on ne saurait trop les encourager. En ce qui concerne M. Hernando, on sent que derrière l'artiste il y a un homme, que derrière l'homme il y a un caractère, et ce n'est malheureusement pas le fait de tous ceux qui se font de l'exercice, d'ailleurs honorable, de leurs facultés artistiques, un renom mérité.

Comme compositeur, M. Hernando ne s'est pas uniquement exercé dans le genre dramatique ; on lui doit aussi un certain nombre d'œuvres de musique religieuse, entre lesquelles il faut surtout citer une messe votive, qui a été exécutée le 22 novembre 1867, jour de la fête de Sainte-Cécile, dans l'église de Notre-Dame de Lorette, de Madrid.

* HÉROLD (Louis-Joseph-Ferdinand). A la liste des ouvrages dramatiques de cet artiste immortel, il faut ajouter *la Fille mal gardée*, ballet en deux actes représenté à l'Opéra le 17 novembre 1828, et *l'Auberge d'Auray*, ouvrage écrit par lui en société avec Carafa et joué à l'Opéra-Comique en 1830. Un opéra en un acte, dont il avait composé la musique sur un livret de Guilbert de Pixérécourt, fut reçu à l'Opéra le 28 mars 1818, mais ne fut jamais représenté. En dehors du théâtre il faut signaler, parmi ses productions inédites, les compositions envoyées par lui à l'Institut, pendant son séjour à Rome comme pensionnaire de l'Académie de France en cette ville ; ces compositions, dont les manuscrits autographes font aujourd'hui partie de la bibliothèque du Conservatoire de musique, sont au nombre de cinq : 1° Symphonie à grand orchestre, en *ut* majeur ; 2° Symphonie en *ré* majeur ; 3° Hymne à quatre voix et orchestre sur *la Transfiguration* (texte latin) ; 4° *Scena ed aria*, con cori (texte italien) ; 5° Trois quatuors (1).

Au mois de novembre 1871, le théâtre de l'Opéra-Comique donnait la millième représentation du *Pré aux Clercs*, et peu de temps après, cet incomparable chef-d'œuvre, traduit en italien sous ce titre : *Un Duello al Pré aux Clercs*, par M. Félix Cottrau, était joué avec un grand succès au Théâtre-Philharmonique de Naples. — M. B. Jouvin a publié sur Hérold une notice biographique : *Hérold, sa vie et ses œuvres* (Paris, Heugel, 1868, in-8 avec portrait et autographes) ; on trouve dans cet écrit des fragments intéressants du journal qu'Hérold tenait avec soin et sur lequel il consignait tous les faits intéressant sa vie.

* HERRMANN (Gottfried), violoniste, pianiste, organiste et compositeur, est né non à Lubeck, comme il a été dit par erreur, mais à Sondershausen, le 15 mai 1808. Élève de Spohr pour le violon et de Hauptmann pour la composition, il se distingua doublement, dès sa jeunesse, comme virtuose sur le violon et sur le piano, en même temps qu'il essayait ses forces comme compositeur. D'abord premier violon à la chapelle de Hanovre, il alla ensuite à Francfort, puis se rendit en 1831 à Lubeck, où il devint directeur de musique de la ville et organiste, et enfin, en 1844, accepta les fonctions de maître

---

(1) La même bibliothèque possède le manuscrit autographe de la cantate *Mademoiselle de la Vallière*, avec laquelle Hérold remporta le grand prix de Rome en 1812.

de chapelle à Sondershausen. Outre plusieurs opéras : *Toussaint-Louverture*, *Barberousse*, *le Feu de la Saint-Jean*, M. Herrmann s'est fait connaître par un grand nombre de compositions, parmi lesquelles on cite des symphonies, des ouvertures, des concertos de violon, un double concerto pour deux violons, un octuor pour instruments à cordes, un autre octuor avec piano, des quatuors, des trios pour divers instruments, des *lieder*, etc. M. Herrmann a la réputation d'un excellent professeur de chant.

HERRMANN (HENRI), compositeur, né le 22 mai 1827 à Francfort-sur-le-Mein, est devenu chef d'orchestre du théâtre de cette ville, et s'est fait une renommée comme compositeur de marches instrumentales et de morceaux de musique de danse. Il a publié plus de cent œuvres de ce genre.

HERTEL (PIERRE-LOUIS), compositeur de ballets, né à Berlin le 21 avril 1817, étudia le piano avec W. Greulich, le violon avec Rietz, la composition avec J. Schneider et Marx. Il se consacra spécialement à la composition de la musique de ballets, et écrivit, soit pour l'Allemagne, soit pour l'Italie, un assez grand nombre d'ouvrages de ce genre, parmi lesquels je citerai les suivants, qui furent tous représentés sur le théâtre de la Scala, de Milan : *Ellenor* (1862), *Flik et Flok* (1862), *le Stelle* (1863), *I due Soci* (1863), *Ballanda* (1863), etc.

HERTESE (HENRI), compositeur, a publié récemment un petit recueil intitulé : *Album musical pour piano et chant* (Paris, in-8°).

HERVÉ (FLORIMOND RONGER, dit), auteur et compositeur dramatique, chanteur, comédien, organiste et chef d'orchestre, est né le 30 juin 1825, à Houdain, près d'Arras. Élevé à Paris, il fit ses études musicales à la maîtrise de Saint-Roch, et devint organiste dans diverses églises. Vers 1848, tourmenté déjà du démon du théâtre, il fait une courte apparition à l'Opéra-National, et il écrit la musique d'une sorte d'intermède intitulé *Don Quichotte et Sancho Pança*, qu'il chantait lui-même en compagnie de M. Joseph Kelm, et trois ans après, en 1851, il devient chef d'orchestre du théâtre du Palais-Royal. En 1854 ou 1855, il succède, comme directeur, à un nommé Mayer, qui avait ouvert, sur le boulevard du Temple et sous le titre de Folies-Mayer, en face du groupe de théâtres qui avaient rendu ce quartier fameux, une sorte de café-concert. M. Hervé obtient le privilège de transformer cet établissement en un petit théâtre dans lequel il aura le droit de jouer des saynètes musicales à deux personnages et des pantomimes, et il ouvre ce théâtre sous le titre de Folies-Concertantes. Tour à tour machiniste, décorateur, auteur, compositeur, chanteur et chef d'orchestre, M. Hervé, dont l'intelligence et l'activité étaient d'ailleurs indiscutables, sut, à l'aide d'efforts inouïs, faire de ce petit spectacle le rendez-vous d'une certaine société légère, écrivant lui-même les paroles et la musique de la plupart des pièces qu'il y faisait représenter, en jouant souvent le principal rôle, et se mettant à la tête de l'orchestre lorsqu'il n'était pas occupé sur la scène. Il donna ainsi, en 1855 et 1856, plusieurs petites pochades musicales, d'une fantaisie échevelée quant aux paroles, d'un tour assez aimable quant à la musique, qui lui firent une certaine réputation et préparèrent le règne de l'opérette, ce genre devenu malsain, qui pèse sur la France depuis tantôt vingt ans. Ces premiers essais s'appelaient *Vadé au Cabaret*, un *Drame en 1779* (paroles et musique), *le Compositeur toqué* (id.), *la Fine Fleur de l'Andalousie* (id.), *la Perle de l'Alsace* (id.), *la Belle Espagnole* (id.), *Fifi et Nini*. En 1856, M. Hervé cédait la direction de son théâtre à MM. Huart et Altaroche, mais en y restant attaché comme compositeur et comme acteur, condition qui ne put être remplie entièrement par suite d'un procès dont nous n'avons pas à rendre compte ici. Cependant, si M. Hervé ne pouvait, momentanément, reparaître à la scène, il continuait d'écrire pour ce petit théâtre, qui avait pris le titre de Folies-Nouvelles, mais en signant ses partitions de différents pseudonymes ; c'est ainsi qu'il composa, de 1856 à 1858, la musique de *Toinette et son carabinier* (sous le pseudonyme de Brémond), gentille petite partition, de *Femme à vendre* (id.), du *Pommier ensorcelé* (sous le pseudonyme de Louis Heffer), de *la Dent de sagesse* (id.), de *l'Alchimiste* (id.).

Après s'être montré, en 1858, sur le petit théâtre Debureau et sur celui des Délassements-Comiques, M. Hervé fut engagé au Grand-Théâtre de Marseille pour y jouer son répertoire, en compagnie de M. Joseph Kelm, qui lui avait toujours servi de partenaire à Paris. De là il se rendit à Montpellier, pour tenir l'emploi des seconds ténors, et l'on assure qu'il joua en cette ville les rôles de Cantarelli du *Pré aux Clercs*, d'Hector de Biron dans *les Mousquetaires de la Reine*, et même d'Arthur dans *Lucie de Lammermoor*, ce qui ne devait pas laisser que d'être un peu étrange. Il fit ensuite un voyage au Caire, puis revint à Paris, et reparut sur la petite scène des Délassements-Comiques, où il fit jouer, en 1862, deux nouvelles opérettes en un acte, *le Hussard persécuté* (paroles et musique) et *la Fanfare de st-Cloud*. Il ne resta pas longtemps à ce théâtre, et fut bientôt engagé au café-concert de l'Eldorado, tout à la fois comme comédien, comme chef d'orchestre et comme compositeur ; il écrivit pour cet établissement une foule de chansons et de chansonnettes, des saynètes, des opérettes, quittant souvent l'orchestre pour monter sur la scène, et revenant ensuite se mettre à la tête de ses musiciens. D'ailleurs infatigable, et ne se bornant pas à ce travail, qui aurait suffi à beaucoup d'autres, il trouvait encore moyen de composer la musique de nombreuses pièces qu'il faisait jouer un peu partout : *les Toréadors de Grenade* (paroles et musique, un acte, Palais-Royal, 1863), *le Joueur de flûte* (un acte, Variétés, 1864), *une Fantasia* (id., id., 1865), *la Revue pour rien* ou *Roland à Ronge-Veau* (parodie en 2 actes, Bouffes-Parisiens, 1865), *les Chevaliers de la Table ronde* (3 actes, Bouffes-Parisiens, 1866). Après deux ou trois ans, M. Hervé quittait l'Eldorado pour entrer au théâtre de la Porte-Saint-Martin, où il reparaissait comme comédien dans une ancienne féerie, *la Biche au bois*, pour laquelle il écrivait quelques airs nouveaux (1865), et dans une grande revue, intitulée **1867**, où se trouvaient aussi plusieurs morceaux de sa composition.

Mais M. Hervé avait à la fois de la jalousie et de l'ambition. Il prétendait, ce qui était vrai, avoir inventé ou tout au moins cultivé le premier en France le genre de l'opérette ; et cependant un rival plus heureux que lui, M. Offenbach, avait accaparé, à l'aide de l'opérette, dont il avait agrandi les proportions, la faveur du public, et, servi par d'adroits collaborateurs et par son instinct du théâtre, remportait d'énormes succès avec des pièces en plusieurs actes, telles qu'*Orphée aux Enfers*, *Barbe-Bleue*, *la Grande Duchesse de Gerolstein*, *la Belle Hélène*, *la Vie parisienne*, etc. M. Hervé se dit que, lui aussi, il pourrait aspirer à des succès semblables, et se faisant de nouveau son propre librettiste, il écrivit les paroles et la musique d'une véritable folie en trois actes, *l'Œil crevé*, qu'il donna aux Folies-Dramatiques au mois d'octobre 1867, et qui fit littéralement courir tout Paris par son étrangeté inouïe et par les qualités aimables et l'entrain de certains morceaux de sa partition. Après avoir fait jouer encore au Palais-Royal une petite pochade, *le Roi d'Amatibou* (1868), il reparut aux Folies-Dramatiques, avec une nouvelle pièce en trois actes, *Chilpéric* (paroles et musique, 1868), sorte de grande parodie historique, qui fut moins heureuse que *l'Œil crevé*, ce qui ne l'empêcha pas de parodier — lui-même ! — sa parodie, et d'écrire la musique de *Chilméric*, imitation donnée à l'Eldorado deux mois après l'original. L'insuccès à peu près complet de *Chilpéric* ne le découragea pas, et six mois après, au mois d'avril 1869, il présentait au public des Folies Dramatiques une nouvelle pièce en trois actes, *le Petit Faust*, dont cette fois il n'avait composé que la musique, et qui obtint un succès prodigieux. Ce fut à peu près le dernier, et depuis lors le compositeur n'a point retrouvé de vogue semblable, quoique *les Turcs* (3 actes, Folies-Dramatiques, 1869) aient encore été accueillis favorablement ; mais le public a reçu avec froideur, et quelquefois avec hostilité, les ouvrages suivants : *le Trône d'Ecosse* (3 actes, Variétés, 1871), *le Nouvel Aladin* (3 actes, théâtre Déjazet, 1871), pièce jouée d'abord en anglais, à Londres, et dont le livret de M. Thompson fut traduit par le musicien, *la Veuve du Malabar* (3 actes, Variétés, 1873), *le Hussard persécuté* (amplification en 2 actes de la pièce déjà jouée, Palais-Royal, 1873), *Alice de Nevers* (paroles et musique, 3 actes, Folies-Dramatiques, 1875), *la Belle Poule* (3 actes, Folies-Dramatiques, 1875), enfin *Estelle et Némorin* (3 actes, Opéra-Bouffe, 1876). En 1870 et 1871, M. Hervé, dont l'ambition est exagérée, mais dont on ne saurait nier les facultés artistiques, a accepté un engagement pour aller jouer à Londres, *en anglais*, son répertoire ; il ignorait alors complétement la langue anglaise, et cependant, au bout de quelques mois d'études, il fut en état de paraître sur la scène qui l'avait appelé, et y obtint un très-grand succès. Pendant l'été de 1874, il retourna à Londres, et organisa au théâtre de Covent-Garden des concerts-promenade dans lesquels il conduisait l'orchestre et qui attirèrent le public pendant toute la saison.

Nous avons vu que dans le petit théâtre créé par lui naguère au boulevard du Temple, cet artiste avait introduit l'opérette à deux ou trois personnages : on peut dire que dans de petites pièces musicales réduites à ces proportions, il avait obtenu des succès mérités. Je ne parle pas de lui comme librettiste ; son imagination vagabonde et sa fantaisie excessive ont donné, sous ce rapport, des produits qui échappent à l'analyse, mais qui parfois étaient vraiment amusants. En tant que musicien, on ne peut nier qu'il n'eût quelques qualités : de la verve, des idées courtes, mais distinguées, élégantes même, des rhythmes aimables et légers, et une instrumentation après tout suffisante. *Toinette et son carabinier* et *Vadé au cabaret*, pour ne citer que ces deux enfants de sa musette, étaient très-gentiment réussis. Le malheur est que M. Hervé, en élargissant son cadre, n'a pas songé à agrandir sa manière.

Tel il était il y a vingt ans, tel nous le voyons aujourd'hui, avec cette différence qu'il montre parfois une ambition que rien ne saurait justifier. Ce n'est pas tout, en effet, que de vouloir faire grand; il faut encore augmenter ses procédés, se rendre maître de sa plume, et faire preuve des qualités nécessaires. Or, il faut bien constater qu'en voulant écrire des opéras en trois actes, M. Hervé a négligé d'acquérir ce qui lui manquait. Ses idées restant courtes, il n'a pas appris à s'en servir, à leur donner leurs développements logiques, indispensables; il a jugé au-dessous de lui d'apprendre à moduler autrement qu'à la dominante ou à la tierce majeure inférieure; il n'a pas daigné songer à savoir ce que c'était que de construire un morceau; enfin, il n'a pas supposé un instant que l'orchestre pouvait se composer d'autre chose que de deux pistons et d'un trombone. De tout cela, il résulte que sa musique n'est que de la musiquette, musiquette aimable et piquante parfois lorsqu'il lui arrive, ce qui n'est pas absolument rare, de rencontrer un motif accort et souriant, mais qui est à la véritable musique dramatique ce que le quadrille est à la symphonie, ce que la chansonnette est à la poésie (1).

* HERZ (Henri), a pris, en 1874, sa retraite des fonctions de professeur au Conservatoire de Paris. Cet artiste a publié un livre intitulé *Mes Voyages en Amérique* (Paris, Faure, 1866, in-12 avec portrait photographié), qui avait paru d'abord sous forme de feuilletons dans le *Moniteur universel*. Les compositions publiées par M. Henri Herz atteignent aujourd'hui le chiffre de plus deux-cents; à celles qui ont été déjà mentionnées, nous ajouterons seulement les suivantes : Septième concerto (en *si* mineur), avec accompagnement d'orchestre, op. 207; — Huitième concerto, avec orchestre, op. 218; — Fantaisie chevaleresque, avec orchestre, op. 202; — Études de l'agilité, op. 179; — *Les Contrastes*, trois grandes études, op. 214; — 24 Leçons progressives, à l'usage des jeunes élèves,

(1) Pour être le moins incomplet possible en ce qui concerne la liste des œuvres représentées, je dirai que M. Hervé a écrit aux Folies Nouvelles la musique de plusieurs pantomimes, *le Possédé, les deux Rosières, Pierrot amoureux, Biribi*, etc.; qu'il a composé, en société avec MM. Lecocq et Legouix, sous le pseudonyme collectif d'Alcindor, la partition d'une opérette en un acte, *Deux Portières pour un cordon*, représentée au Palais-Royal en 1869, et qu'il est, avec MM. Cœdès et Raspail, l'auteur de la musique de *la Cocotte aux œufs d'or*, féerie jouée au théâtre des Menus Plaisirs en 1873. Enfin, je citerai les pochades musicales suivantes, écrites par lui pour les cafés-concerts : *Entre deux vins, Moldave et Circassienne, les Métamorphoses de Tartempion, Trombolino*, etc., etc.

op. 206; — Les difficultés du piano résumées en dix études spéciales, op. 216; — *Récréations illustrées*, 12 petites fantaisies caractéristiques, op. 215; — Mille Exercices des cinq doigts; etc., etc.

HERZOG (Jean-Georges), organiste, professeur, théoricien et compositeur, né le 6 septembre 1822 à Schmœlz (Bavière), a fait ses études musicales sous la direction de Bodenschatz et de Herrling. A peine âgé de vingt ans, en 1842, il devenait organiste de l'église évangélique de Munich, était nommé en 1849 *cantor* de la même église, puis, en 1850, professeur au Conservatoire. Il quittait cette situation pour aller, en 1855, remplir les fonctions de professeur de musique à l'Université d'Erlangen, où il est encore aujourd'hui et où il dirige l'Académie de chant. On doit à cet artiste d'assez nombreuses compositions pour l'orgue.

HERZOG (Ferdinand), compositeur, pianiste et professeur, a publié à Paris, où il se livre à l'enseignement, un certain nombre de morceaux de genre pour le piano, parmi lesquels *Caprice bohémien, Introduction et Variations brillantes sur un thème original*, etc. Cet artiste, qui s'est aussi occupé de littérature musicale, a donné dans les journaux *le Ménestrel* et *l'Art musical*, il y a quelques années, plusieurs travaux intéressants, entre autres la traduction d'une biographie allemande de Robert Schumann et d'une autre de Haydn.

HERZOG (Charles), frère du précédent, pianiste comme lui, était aussi un organiste distingué, remarquable surtout par son talent comme improvisateur. Il remplissait depuis vingt ans les fonctions d'organiste de la paroisse Saint-Cyr, à Issoudun (Indre), lorsqu'il mourut en cette ville au mois de février 1876, âgé de quarante-neuf ans.

HERZOGENBERG (Heinrich von), compositeur allemand contemporain, a publié les œuvres suivantes : *Colombus*, cantate dramatique pour *soli*, chœur et orchestre, op. 11; *Odysseus*, symphonie pour grand orchestre, op. 16; Quatuor pour instruments à cordes, op. 18; 8 pièces pour piano, op. 3; 4 fantaisies pour piano, op. 4; 10 *lieder* pour voix seules, voix et chœur, ou chœur seul, avec accompagnement de piano, op. 14; Quintette pour piano et instruments à cordes, op. 17; Nocturnes pour chant, avec accompagnement de piano, op. 22; Variations pour deux pianos, op. 13.

HESPEL (Pierre-Joseph), compositeur belge, naquit à Tournay au commencement de ce siècle, et s'est fait remarquer par une assez rare faculté de production. Outre une *Méthode de piano*, une *École de l'intonation*, un *Solfège concertant* à quatre voix pour l'enseignement simultané, une *École du phrasé musical*, on lui doit quatre messes avec orchestre, une messe sans accompagnement, un *Stabat Mater* avec orchestre, 3 litanies avec orchestre, 27 cantates, 55 morceaux de musique religieuse avec orchestre ou orgue, 20 morceaux pour le violoncelle, des quatuors pour instruments à cordes, des morceaux pour harmonie militaire, une centaine de romances et mélodies vocales, plus de 60 morceaux de genre pour le piano, des chœurs sans accompagnement, etc., etc. Cet artiste, qui s'était consacré à l'enseignement dans sa ville natale, était directeur de la Société chorale des Odéonistes, la première qui ait été fondée à Tournay.

HESS (Charles-Léon), pianiste et compositeur, né à Lorient, de parents alsaciens, le 28 janvier 1844, est fils d'un professeur de piano, M. J. Charles Hess, qui a publié un assez grand nombre de morceaux de musique légère pour cet instrument. Il fit ses études au Conservatoire de Paris, où il fut admis dans la classe d'harmonie et accompagnement de M. Bazin, et travailla ensuite avec Chauvet (*Voyez* ce nom). Après avoir fait représenter sur le Théâtre-Français de Rouen, en 1875, un opéra-comique en un acte, *la Cure merveilleuse*, M. Hess fit exécuter à Paris, aux concerts de l'Association artistique (théâtre du Châtelet), le 13 avril 1876, une œuvre importante, le Psaume LXXVII, pour soli, chœurs et orchestre; cette composition, écrite sur une traduction française du texte hébreu, se faisait remarquer, malgré une certaine roideur de forme, par un sentiment religieux très-austère, une réelle habileté dans le maniement des voix et de l'orchestre, et semblait indiquer chez son auteur un tempérament musical d'une véritable vigueur. La partition pour chant et piano de cet ouvrage a paru chez l'éditeur M. Hartmann, qui a publié aussi un recueil de *Dix Mélodies* du même artiste. M. Hess a donné encore au public un recueil de *Vingt psaumes*, et il est l'auteur d'une suite d'orchestre, qui, je crois, n'a pas encore été exécutée.

* HESSE (Adolphe-Frédéric), organiste, est mort à Breslau le 5 août 1863.

HETZEL (......), compositeur, a fait représenter au mois de janvier 1846, sur le théâtre de Montmartre (commune de la banlieue de Paris, aujourd'hui annexée à cette ville), un opéra-comique en un acte intitulé *la Jeunesse d'Haydn*.

HEUDIER (......). Un artiste de ce nom était chef d'orchestre du théâtre des Jeunes-Artistes, lorsqu'il fut fermé en 1807. Il devint ensuite chef d'orchestre de celui de Versailles, et fit représenter sur ce théâtre, le 5 mai 1810, un opéra-comique en un acte, intitulé : *l'Heureux Jour ou les Cinq Mariages*.

HEUGEL (Jacques-Léopold), éditeur de musique à Paris et directeur du journal *le Ménestrel*, est né à La Rochelle. Son père, natif de Neuchâtel (Suisse), fixé plus tard à Brest, où il tenait une maison de commerce de musique, rédigea avec lui une Méthode de musique dans laquelle le système de Galin était combiné dans une certaine mesure avec les pratiques courantes de l'art. Cet ouvrage fut publié sous ce titre : *Nouvelle Méthode pour l'enseignement de la musique, inventée par H. Heugel, et développée par lui de manière à permettre d'apprendre sans maître* (Brest, l'auteur, 1833, in-8°). Peu de temps après, M. Léopold Heugel allait s'établir à Nantes comme professeur de chant, et au bout de quelques années il se fixait définitivement à Paris, où il fondait et dirigeait d'abord des cours de musique d'après la méthode dont il vient d'être parlé, et où bientôt il se mit à la tête d'une des premières maisons de commerce de musique.

Comme éditeur, M. Heugel s'est fait depuis longtemps une double renommée, d'abord par la valeur et l'importance des ouvrages publiés par lui, ensuite par les soins et le bon goût qu'il apportait dans leur publication. C'est à lui qu'on doit les nouvelles et excellentes éditions de toutes les grandes méthodes écrites pour le service du Conservatoire, à l'époque de sa fondation, par tous ces artistes célèbres qui s'appelaient Cherubini, Baillot, Mengozzi, Crescentini, Catel, Dourlen, etc.; c'est encore lui qui a publié quelques uns des meilleurs ouvrages d'enseignement qui ont été donnés dans ces trente dernières années, la *Méthode de chant* de Garcia, celle de Mme Cinti-Damoreau, *l'Art du chant* de M. Duprez, la *Méthode d'accompagnement* de MM. de Bériot père et fils, les Méthodes de piano de Cazot et d'Alexis de Garaudé, et bien d'autres encore. Parmi ses publications les plus importantes, il faut citer en première ligne l'édition splendide du grand ouvrage d'Amédée Méreaux, *les Clavecinistes*, édition dans laquelle le texte imprimé, le texte musical et les portraits luttaient de beauté et concouraient à produire un ensemble magistral. Toutes ces publications valurent à M. Heugel une série de récompenses qui lui furent décernées lors des Expositions universelles de 1855 et de 1867, non-seulement dans les classes industrielles, mais dans celles relatives aux progrès de l'enseignement, et le firent porter en première ligne, par le jury d'Exposition (classe X) de l'année 1867, pour la décoration de la Légion d'honneur.

On ne doit pas oublier de dire que M. Heugel fonda en 1857 un recueil d'une grande valeur, *la Maîtrise*, qui ne vécut malheureusement que quelques années, mais qui, placé sous la direction de D'Ortigue et de Niedermeyer, publia d'excellents travaux littéraires sur la musique religieuse, en même temps qu'un nombre incalculable de compositions dues aux plus grands maîtres anciens et modernes, Palestrina, Roland de Lassus, Frescobaldi, J. S. Bach, Hændel, d'Anglebert, Clérambault, Michel Haydn, Cherubini, Lesueur, MM. Gounod, Lemmens, Halévy, Ambroise Thomas, Niedermeyer, F. Benoist, etc. Ce recueil était sans précédent en France, et sa disparition est fâcheuse à tous égards (1).

HEULHARD (Louis-Octave-Arthur), dilettante et écrivain musical, est né à Lormes (Nièvre), le 11 mai 1849. Après s'être d'abord occupé de politique, M. Heulhard a consacré ses loisirs à la littérature musicale. Collaborateur de *l'Art musical*, de *la France chorale*, il publia d'abord une *Étude sur une Folie à Rome*, opéra-bouffe de Federico Ricci (Paris, Bachelin-Deflorenne, 1870, in-12 avec portrait), puis *la Fourchette harmonique*, histoire de cette société gastronomique, littéraire et musicale, avec des notes sur la musicologie en France (Paris, Lemerre, 1872, in-12); on trouve dans ce dernier écrit des renseignements très-précis sur un certain nombre d'écrivains qui se sont fait une spécialité de la critique musicale. Au mois de juillet 1873, M. Heulhard a fondé la *Chronique musicale*, revue dirigée par lui et publiée dans des conditions littéraires et artistiques qui en faisaient un recueil jusqu'ici unique dans le monde. Malheureusement, cette publication si utile et à laquelle présidait un goût parfait a été interrompue après deux ans et demi d'existence. M. Heulhard a rédigé pendant environ une année la partie musicale du journal *l'Événement*.

*HEUSCHKEL (Jean-Pierre), hautboïste et organiste, est mort à Biberich en 1853. Il était en dernier lieu organiste de la cour et professeur de musique à Wiesbaden.

HEWITT (John-H......), compositeur américain, né en 1801 à New-York, est fixé depuis 1845 à Baltimore. Il s'est fait connaître par un assez grand nombre de productions importantes, entre autres plusieurs opéras et quelques oratorios, parmi lesquels on cite surtout celui de *Jephté*. On doit aussi à cet artiste des ballades et de nombreuses mélodies vocales.

HEYE (Le docteur Jean-Pierre). — *Voyez* HEIJE.

HEYLLI (Georges d'), écrivain qui s'est surtout occupé des choses du théâtre, a publié sous ce titre : *Opéra* (Paris, Tresse, 1875, 3 vol. in-18), un livre qui semble accuser la prétention d'être une histoire de notre première scène lyrique, mais qui n'en est qu'une chronique sèche, banale et sans intérêt. Cet écrit n'apprend rien à ceux qui sont au courant de l'histoire de l'art musical, et il n'offre aucun attrait au lecteur ignorant qui cherche à s'instruire. Ce qui est plus fâcheux encore, c'est qu'il pèche en plus d'un endroit au point de vue de l'exactitude.

HEYSE (Paul), musicien allemand, est l'auteur d'une opérette en un acte, *Adam et Ève*, qui a été représentée à Munich au mois de mai 1870.

HIGNARD (Jean-Louis-Aristide), compositeur, est né à Nantes le 20 mai 1822. Venu à Paris pour y terminer son éducation musicale, il fut reçu en 1845 au Conservatoire, dans la classe de composition d'Halévy, et remporta au concours de l'Institut, en 1850, le deuxième second grand prix.

Dès l'année suivante (18 janvier 1851), M. Hignard faisait ses débuts de compositeur en donnant, sur le théâtre de sa ville natale, un petit opéra-comique en un acte intitulé *le Visionnaire*, et il faisait représenter ensuite, à Paris, les ouvrages suivants : *le Colin-Maillard* (un acte, Théâtre-Lyrique, 1853); *les Compagnons de la Marjolaine* (id., id., 1855); *M. de Chimpanzé* (un acte, Bouffes-Parisiens, 1858); *le Nouveau Pourceaugnac* (id., id., 1860); *l'Auberge des Ardennes* (2 actes, Théâtre-Lyrique, 1860); *les Musiciens de l'orchestre* (2 actes, Bouffes-Parisiens, 1861), en société avec MM. Léo Delibes et Erlanger. Depuis quinze ans, M. Hignard n'a pu de nouveau aborder la scène; il a écrit un grand ouvrage en cinq actes, *Hamlet*, qui n'a pu être représenté, mais qu'il a fait entendre par fragments et en diverses occasions d'une façon intime, et dont la partition pour chant et piano a été gravée chez l'éditeur Heu. *Hamlet* est une œuvre remarquable à beaucoup d'égards, et qui prouve que son auteur est doué de grandes qualités dramatiques (1).

(1) M. Heugel, qui, depuis plus trente-cinq ans, est à la tête du journal *le Ménestrel*, publia en 1840 un petit recueil mensuel, le *Bulletin musical*, qui parut pendant une année. On a réuni les douze numéros de ce recueil avec une couverture et un titre spéciaux qui portaient ce titre : *Lettres d'Émilie sur la musique*, par J. Léopold Heugel (Paris, Meissonnier et Heugel, 1840, in-8°).

(1) La partition d'*Hamlet* est qualifiée par son auteur

M. Hignard a encore en portefeuille deux opéras-comiques en un acte : *les Mules de Fleurette*, et *la Mille et deuxième nuit*.

En dehors du théâtre, M. Hignard a beaucoup écrit. Ses compositions vocales sont très-nombreuses, et l'on y distingue, entre autres, deux recueils intitulés : *Rimes et Mélodies* (Paris, Heu); plusieurs chœurs avec accompagnement d'orchestre; 6 chœurs pour voix de femmes, avec accompagnement de piano à quatre mains (Heu); 12 chœurs pour voix d'hommes, sans accompagnement (Grus); des duos, etc., et enfin deux opérettes de salon : *le Joueur d'orgue*, et *A la porte*. M. Hignard a publié aussi, pour piano à quatre mains, des *Valses concertantes* (Durand et C¹ᵉ), et des *Valses romantiques* (Hartmann). En 1871, l'Académie des Beaux-Arts lui a décerné le prix Trémont.

HILAIRE (Mademoiselle), musicienne du dix-septième siècle, était la belle-sœur de Michel Lambert, le beau-père de Lully, et se fit, comme lui, une grande réputation par le goût et la distinction qu'elle apportait dans sa manière de chanter. Son talent se fit jour dans les ballets et les divertissements qu'on représentait à la cour et chez les grands seigneurs, et dans lesquels elle brillait comme chanteuse de récits, à côté de Mˡˡᵉˢ Christophe, La Barre, Raymond, Bergeroti, les sœurs Sercamanan, etc. La Fontaine prisait beaucoup le talent de Mˡˡᵉ Hilaire, et c'est lui, qui, dans son épître à De Nyert, blâmant le prétendu fracas de l'Opéra (que dirait-il aujourd'hui ?) et regrettant le bon temps des concerts de la cour, s'écriait :

> Ce n'est plus la saison de Raymond ni d'Hilaire;
> Il faut vingt clavecins, cent violons pour plaire.

Mˡˡᵉ Hilaire demeurait chez son beau-frère Lambert, de qui elle eut sans doute des leçons et des conseils, et c'est elle qui, après la perte de sa sœur, morte à la fleur de l'âge, prit soin de sa nièce, à peine âgée de trois ou quatre ans. Les renseignements précis manquent sur cette artiste, qui paraît avoir été vraiment distinguée.

*HILL (William), facteur d'orgues très-renommé, est mort à Londres au mois de janvier 1871. Mendelssohn professait une profonde admiration pour le talent de Hill, et répétait souvent que l'orgue construit par cet habile facteur pour l'église St-Pierre, de Londres, était le plus bel instrument du monde. William Hill portait le titre de facteur de S. M. la Reine d'Angleterre.

HILL (Carl), né à Schwerin, l'un des chanteurs allemands les plus renommés de l'époque actuelle, n'est pas moins réputé pour son très-grand talent dramatique que pour le style extrêmement remarquable qu'il apporte dans l'exécution des oratorios et pour le goût très-pur qui le distingue dans celle des *lieder*, de telle sorte qu'il n'est pas moins recherché au concert qu'au théâtre et que son succès est complet dans tous les genres. Au Gewandhaus de Leipzig comme au Gürzenich de Cologne, M. Hill s'est acquis la réputation de premier chanteur de *lieder* de toute l'Allemagne; d'autre part, cet artiste, dont la voix de basse est superbe et pleine de puissance, s'est distingué d'une façon toute particulière dans l'interprétation des ouvrages de M. Richard Wagner, qui a conçu pour lui une très-grande estime artistique. Il en est résulté que ce maître s'est adressé à lui lors de la grande manifestation musicale de Beireuth en 1876, et a confié à M. Hill l'un des rôles les plus importants de sa grande tétralogie des *Nibelungen*.

HILLEMACHER (Paul-Joseph-Wilhelm), pianiste et compositeur, est né à Paris le 25 novembre 1852. Admis au Conservatoire, dans la classe de M. Bazin, il remporta en 1870 un second prix d'harmonie et accompagnement, et en 1872, un premier accessit de fugue. L'année suivante, après avoir obtenu un second prix de fugue, il prit part au concours de l'Institut et se vit décerner le second prix de composition musicale. Les deux concours suivants ne lui furent pas favorables, mais enfin, en 1876, il remporta le premier grand prix de Rome pour

---

de « tragédie lyrique », et porte en tête une préface où l'on lit ces lignes : « Hamlet est un drame psychologique qui paraît rebelle à la forme musicale, à moins de l'adapter au moule banal (?) des autres opéras et d'en sacrifier les parties les plus humaines et les plus belles. Nous ne l'avons pas voulu. Entraîné irrésistiblement à mettre en musique cette étrange et terrible tragédie, nous venons après de longues années de méditation et de travail, soumettre aux rares personnes que les questions d'art intéressent encore, une œuvre lyrique qui respecte la pièce originale dans son majestueux ensemble, dans ses détails et même dans ses bizarreries..... Sans rompre la trame musicale, nous avons intercalé dans le chant une déclamation soutenue par des mouvements d'orchestre, réalisant ainsi ce que Shakspeare semble demander lorsqu'il écrit : *Let music sound while he doth make his choice* (*Merchant of Venice*, acte III). C'était là peut-être le rôle spécial de la musique dans le théâtre antique... Si périlleuse que soit toute innovation dans le domaine de notre art, nous avons le ferme espoir que celle-ci sera acceptée, et que les lecteurs qui voudront bien nous suivre dans ce chemin non frayé jusqu'ici ne regretteront pas leur bienveillance à notre égard. » Cet ouvrage de M. Hignard a donné lieu à la publication suivante : *Hamlet, tragédie lyrique en 5 actes et 9 tableaux, paroles traduites de Shakspeare par Pierre de Garal, musique de Aristide Hignard. Analyse de la partition*, par Edouard Garnier (Nantes, impr. Mangin, 1868, in-8° de 88 pp.).

la cantate intitulée *Judith*, dont les paroles avaient été écrites par M. Paul Alexandre (pseudonyme de M. Paul Delair). La partition pour piano et chant de la cantate de M. Hillemacher a été publiée chez l'éditeur M. Lemoine. M. Hillemacher a fait exécuter aux Concerts modernes, en 1876, un morceau symphonique.

* HILLER (Ferdinand). Aux ouvrages dramatiques de ce compositeur, il faut ajouter les deux suivants : 1° *Les Catacombes*, opéra représenté avec succès à Wiesbaden, au mois de février 1862, et reproduit ensuite dans plusieurs villes de l'Allemagne ; 2° *Le Déserteur*, opéra en trois actes, donné à Cologne le 17 février 1865. En dehors du théâtre, cet artiste fort remarquable a fait connaître, en ces dernières années, les compositions suivantes : *le Printemps*, symphonie ; Symphonie (1877) ; *Nala et Damayanti*, oratorio ; *Prométhée*, grande composition chorale ; Opéra sans paroles, pour piano à quatre mains ; *la Pentecôte*, cantate pour chœur et orchestre ; le Psaume 93 ; Ouverture pour *Demetrius*, drame de Schiller ; Fantaisie de concert, pour violon et orchestre ; Fantaisie dramatique pour orchestre, en 5 parties (1. Tragédie ; 2. Comédie ; 3. Drame moderne ; 4. Ballet ; 5. Finale) ; *Rêve pendant la nuit de Noël*, ouverture pour orchestre ; deux Chœurs de femmes ; Quintette pour piano et instruments à cordes ; Suite pour piano ; *Scènes de la vie du soldat*, pour piano (*les Recrues*, *En faction*, *le Billet de logement*, *la Patrouille*, *Enterrement*). En 1871, M. Ferdinand Hiller a passé toute une saison à Londres, où il s'est produit tout à la fois comme compositeur, comme chef d'orchestre et comme virtuose, et où il a donné toute une série de séances de musique de chambre. A cette époque, il avait été chargé d'écrire, pour l'ouverture de l'Exposition internationale de Londres (1er mai 1871), une composition importante, dont j'ignore la nature et le sujet. Il représentait l'Allemagne à ce point de vue, tandis que MM. Gounod, Pinsuti et Sullivan avaient été chargés d'une tâche analogue pour la France, l'Italie et l'Angleterre. C'est à cette occasion que M. Gounod écrivit sa cantate intitulée *Gallia*.

M. Ferdinand Hiller, qui est un artiste d'une valeur exceptionnelle et d'une rare instruction, s'est occupé aussi de littérature musicale ; il a publié en 1876 un livre intitulé : *Choses musicales et personnelles* (*Musikalisches und Persœnliches*). Ami de Moritz Hauptmann (*Voy.* ce nom), il livrait au public, dans le cours de la même année, un recueil de la correspondance de cet artiste : *Les lettres de Moritz Hauptmann à Spohr et à d'autres compositeurs*. Il a publié encore un livre charmant sur Mendelssohn, *Félix Mendelssohn-Bartholdy, Lettres et souvenirs*, et en 1877 il a donné un intéressant volume intitulé *Briefe an eine Ungenannte* (*Lettres à une innommée*). M. Hiller a collaboré aussi, en ce qui concerne la musique, à divers recueils et journaux allemands. Ami de la France, pour laquelle il n'a jamais cessé de montrer ses sympathies, il n'a même pas hésité à la défendre, au point de vue artistique, quelques années après la guerre franco-allemande, devant ses compatriotes, toujours prêts à la dénigrer, voici ce qu'il écrivait, au mois de février ou mars 1876, dans la *Deutsche Rundschau* :

« On ne cesse d'accuser Paris d'être le berceau des choses les plus vides et de suivre tous les caprices de la mode. Et pourtant c'est dans Paris frivole qu'on jouait en toute perfection les symphonies de Beethoven, alors qu'en Allemagne on les connaissait à peine d'une façon superficielle. On y exécute les ouvrages de Mendelssohn comme nulle part ailleurs. Haydn était l'objet de la plus grande et de la plus active admiration dans un temps où l'Allemagne voyait encore dans les symphonies du maître que de la musique d'entr'actes. La plus notable école de violon après l'école italienne, c'est l'école française, et jusqu'ici l'Allemagne n'a pas un établissement digne d'être comparé au Conservatoire de Paris. Si Joachim, Mendelssohn et bon nombre d'autres Allemands de haute valeur ont subi l'attraction de l'Angleterre, c'est surtout, parce que l'Angleterre les appelait elle. Les Anglais aiment plus la musique, mais ils ont moins de talent que les Français ; il leur faut des étrangers pour satisfaire leur passion ; les Français se suffisent à eux-mêmes. D'ailleurs, depuis Lulli jusqu'à Meyerbeer, n'ont-ils pas donné l'hospitalité la plus brillante et la plus stimulante à des hommes comme Gluck, Cherubini, Spontini et Rossini ? Quels que soient les dissentiments présents ou à venir entre Allemands et Français, aucun Allemand de quelque intelligence ne devrait à ce point mépriser les Français, auxquels en définitive de cent côtés différents, l'Allemagne a les plus grandes obligations, auxquels il lui faut encore aujourd'hui emprunter tant d'œuvres d'art et de littérature. »

Si M. Hiller aime et défend l'art français, il n'est, en revanche, que médiocrement partisan de la personne et des œuvres de M. Richard Wagner. Lorsqu'en 1872 l'auteur de *Lohengrin* manifesta l'intention d'aller diriger en personne à Cologne, l'exécution de cet ouvrage, la *Gazette de Cologne* s'écria aussitôt : « Nous admirons le courage de Wagner, de s'aventurer dans le camp de ses ennemis les plus prononcés. » M. Hiller, se sentant désigné, releva aussitôt le trait et répondit : — « Rien n'est moins héroïque de la part de Wagner, car depuis nombre d'années on joue avec succès, à Cologne, le *Tannhauser* et *Lohengrin*, et Wagner peut être assuré de remporter un triomphe complet en venant, en personne, diriger son opéra. Comme on me fait l'honneur de me considérer comme l'adversaire de Wagner, et que l'on semble m'en blâmer, je dois rappeler, tout en déclarant que la majeure partie de ce que Wagner écrit, compose et entreprend m'est antipathique, que j'ai fait entendre dans mes concerts, d'une manière irréprochable, les œuvres de concert de ce compositeur, notamment les ouvertures de *Faust* et des *Maîtres chanteurs* et sa Marche impériale. »

HILTZ (PAUL), luthier allemand, était établi à Nuremberg dans le courant du dix-septième siècle. Le musée instrumental de cette ville possède une *viola da gamba* signée de cet artiste, et datée de 1656.

HINGSTON (JOHN), musicien anglais, vivait à l'époque du Protectorat de Cromwell. L'excellent historien musical anglais, M. Edward Rimbault, en a dit quelques mots dans la préface placée par lui en tête de son édition des *Fantasies in 3 parts* de Gibbons : « John Hingston était un ami particulier du Protecteur et le professeur de ses filles. Il avait deux fils, et tous trois chantèrent souvent devant Cromwell, à Whitehal, les chants latins de Richard Deering, qui était la musique favorite du Protecteur. Celui-ci venait assidûment aux concerts d'amateurs que Hingston donnait chez lui, dans sa maison du Parc Saint-James. Roger l'Estrange, célèbre écrivain royaliste, faisait ordinairement une partie dans ces concerts. » Hingston s'est signalé comme compositeur, notamment en écrivant des *fantasies* ou *fancies*, genre de pièces instrumentales qui tenaient des *ricercari* italiens, et que le fameux violiste Christophe Simson caractérisait ainsi dans son excellent petit livre intitulé *A compendium of practical Musick* (1665) : « Le genre le plus honorable dans la musique d'instruments et le plus profitable à l'art est la *Fantaisie* à six, cinq, quatre et trois parties, destinées communément aux violes. Dans cette sorte de musique, le compositeur, n'étant pas limité par les paroles, emploie tout ce qu'il a d'art et d'invention à conduire et traiter des fugues suivant la méthode classique... On peut voir beaucoup de compositions de cette sorte écrites autrefois en Angleterre par Alfonso Ferabosco, Coperario, Lupo, White, Ward, Mico, le docteur Colmann et bien d'autres plus récents. Il a été aussi écrit des *Fantaisies* par MM. Jennins et Lock, et d'autres éminents auteurs contemporains. Ce genre de musique, et c'est grand dommage, est aujourd'hui fort négligé, à cause de la rareté des auditeurs capables de le comprendre. » Dans son énumération des auteurs de *fantasies* ou *fancies*, Simson omet un assez grand nombre de compositeurs qui se sont occupés de ce genre de musique, entre autres des artistes célèbres comme William Lawes et Christophe Gibbons, et d'autres simplement distingués comme John Hingston et Valentin Oldys.

HINSCH (ERNEST), organiste fort habile, naquit à Dantzick au commencement du dix-septième siècle, et fut un des bons élèves du célèbre Frohberger. Lorsque Gaspard Foerster, de Dantzick, fut appelé à prendre la direction de la chapelle de Frédéric III, roi de Danemarck, il jeta les yeux sur son compatriote Hinsch, et le fit agréer lui-même comme organiste de cette chapelle.

HITZ (FRANTZ), pianiste et compositeur suisse, est né à Aarau (canton d'Argovie) le 17 juillet 1828, et a fait son éducation musicale au Conservatoire de Paris, où il a été élève de Zimmermann et de Laurent pour le piano, et de M. Henri Reber pour l'harmonie. M. Franz Hitz a publié près de deux-cents petits morceaux de moyenne force pour le piano, fantaisies, variations, bagatelles, transcriptions, etc., dont quelques-uns ont obtenu un énorme succès de vente et ont été tirés à des milliers d'exemplaires. Cet artiste a écrit aussi une messe avec accompagnement d'orgue, il a fait représenter sur l'un des théâtres du Havre, en 1870, un opéra-comique en un acte, *le Rouet de Madeline*, et il a donné à Paris (Fantaisies-Oller, mai 1877), une opérette intitulée *les Déesses du battoir*. Enfin, M. Frantz Hitz a publié un petit manuel ainsi intitulé : *Questionnaire musical, notions élémentaires* (Paris, Avocat, in-8°).

HOCHBERG (Le comte DE). — *Voyez* FRANZ.

*HOCMELLE (PIERRE-EDMOND). Cet artiste, qui, à la suite de ses études, s'est consacré à l'enseignement, a publié un certain nombre de compositions de divers genres, beaucoup de romances, et a écrit la musique de quelques opérettes représentées dans des concerts : *Un service d'ami* (1864), *le Vieux Maestro* (1872), etc. Sous le pseudonyme d'*Edmond de Bissy, il fait des articles de critique musicale insignifiants dans un journal de modes.

* **HODGES** (Édouard), docteur en musique, était né à Bristol en 1796. Après avoir passé de longues années en Amérique, il revint dans sa patrie pour y mourir en 1867. On doit à cet artiste honorable un certain nombre de compositions estimées de musique d'église.

HOERTER (Philippe), compositeur français, est l'auteur d'un grand nombre d'œuvres importantes. Bien qu'il soit mort il y a peu d'années, sa personnalité n'a été révélée au public que par le souvenir qui lui a été consacré dans un de ses écrits par M. Ernest Reyer. Dans ses *Souvenirs d'Allemagne* (publiés dans le *Moniteur universel* en 1864-1865 et réunis depuis dans le volume intitulé : *Notes de musique*), M. Reyer s'exprime ainsi au sujet de cet artiste :

« Il y a quelques mois, j'assistais à Strasbourg à une touchante solennité, à un pieux hommage rendu par ses compatriotes à la mémoire d'un enfant de l'Alsace qui vécut pauvre, inconnu, et qui fut cependant un grand musicien. On célébrait l'anniversaire de la naissance de Hœrter et on inaugurait son buste sculpté par le ciseau habile de Friedrich, une autre gloire de clocher, à qui l'on doit la statue d'Erwin (l'architecte de la cathédrale de Strasbourg) à Steinbach, le monument de Turenne à Saalbach, le *Fossoyeur* du cimetière de Bade, la statue du grand-duc Léopold à Achern, celle de Franz Deack, le Christophe Colomb de la pomme de terre, à Offenbourg, et bien d'autres monuments devant lesquels se sont arrêtés ceux qui ont parcouru les touristes l'Alsace et la Forêt-Noire.

« Qu'est-ce que Hœrter, et où sont ses œuvres? Son nom se révéla à moi pour la première fois lorsque je fus conduit par un ami à une fête artistique donnée par l'*Union musicale*, et voici ce que j'appris en écoutant la chaude allocution prononcée par le président de cette société : Hœrter naquit à Strasbourg le 30 août 1795, et il fut tour à tour tailleur, soldat et prisonnier de guerre après la capitulation de Dantzig, brocanteur et contrebassiste. Les dix années qu'il passa à l'orchestre de Strasbourg développèrent ses aptitudes musicales, et, grâce à un travail obstiné, il pénétra les secrets les plus difficiles de la science dont il voulait se rendre maître. Placé à la tête de deux importantes institutions, le gymnase et le séminaire, il dirigea aussi la *Société chorale*, présida aux travaux de l'*Académie de chant*, et donna l'impulsion à toutes les manifestations artistiques de sa ville natale.

« Voilà donc, » ajouta M. Prost, le spirituel « graphe de Hœrter, « voilà le modeste « fiquant de la rue des Tanneurs, sans ma « sans conseil, sans autre guide que lui-mê « devenu le maître, le conseil, le guide de « ceux qui demandaient à s'initier aux sec « de son art. » Hœrter écrivit plus de compositions, tant dans le genre sacré que d le genre profane : des oratorios, des psaum des chœurs et des cantates dont la plus rem quable est celle qui est dédiée à Gutemb Mais, par une bizarrerie inexplicable chez musicien, il avait entassé dans une des sa au-dessus du cloître dépendant du gymn une nombreuse collection de partitions q selon son désir, ne devraient être produ qu'après sa mort. Le 29 juin 1860, lors de l' cendie du gymnase, tout devint la proie flammes. Voilà où sont les œuvres de Hœrt à l'exception de quelques-unes qui nous s restées pour témoigner de la science, de l'insp ration, et, je dirai même, du génie du comp siteur. Parmi celles-ci, l'*Alleluia*, que j'ai e tendu exécuter par l'*Union musicale* et p un orchestre presque exclusivement compo d'amateurs, est une composition que ne déda gneraient pas de signer nos plus grands maîtres. L'incendie qui engloutissait en quelques heur le travail de trente années fut pour Hœrter coup terrible. « Spectateur de cet affreux s « nistre, nous dit M. Prost en finissant sa n « tice biographique, le vieillard versa de chaud « larmes, et la perte irréparable qu'il subissai « au moment de toucher au terme de sa ca « rière, lui courba la tête et le plongea dar « un abattement dont il ne put se relever. « mourut le 6 novembre 1863. »

Voilà les seuls renseignements qui nous res tent sur cet artiste distingué.

HOERTHER. — *Voyez* **GUNTHER** (L docteur.)

* **HOFFMANN** (Ernest-Théodore-Wil helm), compositeur, caricaturiste et écrivai célèbre. M. Champfleury a publié sous ce titre *Contes posthumes d'Hoffmann* (Paris, Miche Lévy, 1856, in-12), un volume dans lequel, ave la traduction de quelques écrits d'Hoffmann en core inconnus en France, il a donné des rensei gnements intéressants sur cet artiste. On trouv dans ce volume la notice écrite sur Hoffmann pa Rochlitz, les notes intéressantes du libraire Funck quelques notes d'Hoffmann lui-même, son testa ment, quelques lettres de lui relatives à la musi que, enfin un article de Weber et un de Marx sur Hoffmann considéré comme musicien.

HOFMANN (Heinrich), compositeur al

mand, né le 13 janvier 1842 à Berlin, où il n'a pas cessé de séjourner, a déjà su conquérir un rang assez important parmi les musiciens dans un temps relativement court. Son enfance et sa jeunesse furent celles de beaucoup d'artistes devenus plus tard célèbres, et elles s'écoulèrent dans une situation très difficile. Sa vocation musicale s'annonça dès l'âge de neuf ans : il avait alors une jolie voix et entra dans le *Dom chor* royal, où il acquit bientôt le rang de soliste. Les impressions qu'il ressentit en exécutant journellement la grande musique d'église classique laissèrent une empreinte profonde dans son esprit et formèrent le fond même de son talent bien que d'autres courants de sa vie et une sensibilité naturelle simple et naïve l'aient modifié par la suite dans un sens plus original. A quinze ans il fréquenta la nouvelle académie musicale de Théodore Kullak et apprit le piano sous ce professeur tout en étudiant la composition avec Dehn et Wüerst. Il joua plusieurs années en public et acquit un grand renom comme virtuose, mais ses goûts le poussaient surtout à produire et il ne tarda pas à abandonner le piano, pour se donner tout entier à la composition : cette détermination lui fut de tout point favorable, même au point de vue purement matériel. Après avoir fait jouer avec quelque succès dès 1869, sur différentes scènes, son opéra-comique de *Cartouche*, tombé depuis dans l'oubli, il écrivit en janvier 1873 sa *suite hongroise* pour orchestre, qui devait répandre son nom dans un public très-nombreux et le mettre d'emblée hors de pair. Il produisit ensuite presque coup sur coup sa *Chanson du Champagne* pour chœur d'hommes et orchestre, un trio pour piano, violon et violoncelle, le *Chant des Nornes* pour voix de femmes avec orchestre, un sextuor pour instruments à cordes, plusieurs compositions originales pour piano à quatre mains, trois recueils de *lieder*, une ouverture de théâtre, bien antérieure au numéro d'œuvre qu'elle porte, puis enfin la grande symphonie de *Fritiof*, exécutée d'abord avec un succès exceptionnel à Berlin sous la direction de Bilse, qui se répandit rapidement dans diverses villes d'Allemagne, et fut jouée près de vingt fois dans la seule saison 1874-75. En l'année 1875, il obtint encore avec sa légende de *la Belle Mélusine* un succès tel qu'on ne peut le comparer qu'à celui remporté par Gade avec *la Fille du roi des Aulnes*. Tout récemment, enfin, il a écrit un grand opéra héroïque en quatre actes, *Arminius* : le poème de Félix Dahn, très-différent des livrets d'opéras courants et conçu sous l'influence évidente de la poétique de Wagner, a seul été publié, mais la représentation de l'ouvrage est attendue à Dresde et à Munich.

La symphonie de *Fritiof*, une des compositions les plus saillantes de M. Hofmann, est véritablement une œuvre de valeur, aussi remarquable par la chaleur et la puissance de l'inspiration que par la facture harmonique et la richesse de ses développements symphoniques. Pour écrire cette symphonie, M. Hofmann a procédé de la même façon que M. Max Bruch pour composer son beau poème orchestral et vocal sur le même sujet, c'est-à-dire qu'il a simplement pris, afin de s'en inspirer, quelques scènes capitales dans cette légende scandinave dont l'antique tradition, remontant au viie ou viiie siècle, a fourni à un poète contemporain, le professeur et évêque Esaias Tegner, la matière de la *Légende* ou *Saga de Fritiof*. L'influence principale qui domine dans toute cette œuvre est l'influence de Wagner dont on retrouve des traces distinctes dans les deux premiers morceaux : *Fritiof et Ingeborde*, puis *la Plainte d'Ingeborde*, et surtout dans le dernier, *Retour de Fritiof*, une marche éclatante et grandiose comme il est dans le tempérament de Wagner d'en écrire. Dans la troisième partie, *Nymphes et Géants de glace*, dont le contraste entre ces deux puissances des régions boréales est marqué par la lutte obstinée, puis par la réunion de deux motifs caractérisques, celui-ci gracieux, léger et bondissant, celui-là d'une allure large et pesante, on pourrait, à étudier de près, reconnaître l'influence combinée de Mendelssohn et de Brahms ; mais ces marques évidentes de l'influence des maîtres qu'on retrouve dans les œuvres de M. Hofmann ne vont point jusqu'à affaiblir sa personnalité propre qui se dégage au contraire d'une façon très-nette. Sa *Suite hongroise* pour orchestre, dédiée à Johannes Brahms, qui eut à l'origine un succès tel qu'on vit rarement production de jeune compositeur en obtenir d'emblée un pareil et qui établit du coup sa réputation, est encore une œuvre également remarquable par l'originalité de l'idée mélodique et par la richesse des combinaisons instrumentales. L'auteur a dû seulement réunir des airs recueillis dans le pays en les faisant ressortir par de piquants contrastes, mais ce travail de mise en œuvre est combiné avec une grande habileté de main et une rare entente des effets d'orchestre. La musique orchestrale a bien toutes les préférences du jeune compositeur et son talent s'y déve'oppe à l'aise; mais ses nombreuses pièces pour piano méritent aussi de fixer l'attention, car elles sont écrites avec une connaissance sûre de la technique de cet instrument, et si elles sont parfois assez difficiles, comme est généralement la musique pour piano des compositeurs habiles à manier l'orchestre, elles sont d'autant plus intéressantes à jouer et à étudier. Ses *Danses hongroises* à quatre mains, composées, comme la *Suite* pour orchestre, d'après des mélodies nationales du pays, et les sept morceaux intitulés *Ländler (Chants du pays)* sont des plus jolies dans le nombre et se font remarquer par une saveur étrange et une grâce poétique des plus séduisantes. La seule nomenclature des nombreux ouvrages composés jusqu'à ce jour par M. Hofmann montre qu'il possède une grande facilité de production, et l'étude de ses œuvres principales prouve qu'il a d'autres qualités que cette fertilité d'imagination et qu'il est véritablement doué pour la musique; mais, sans vouloir juger déjà d'ensemble le talent très-réel d'un compositeur qui ne fait que d'entrer dans sa maturité et qui pourra fournir encore une longue série d'œuvres sérieuses, je dois dire que M. Hofmann me paraît produire trop vite, trop facilement, et que ses dernières œuvres dont j'ai pu prendre connaissance, *Printemps d'amour* ou *Chants et danses de Norwège*, m'ont paru sensiblement inférieures aux précédentes. Le premier de ces recueils débute bien par une page d'une poésie délicieuse, mais toute la suite reproduit simplement des idées ou des effets d'harmonie qui avaient déjà trouvé place dans d'autres compositions, et cette répétition ne fait que les affaiblir.

Voici la liste très-complète des compositions de M. Hofmann : Deux nocturnes pour piano, op. 1 ; — Deux valses-caprices pour piano, op. 2 ; — Trois tableaux de genre, à quatre mains, op. 3 ; — Quatre lieder à deux voix, avec piano, op. 4 ; — *Caprice*, pour piano, op. 5 ; — Grande polonaise pour piano, op. 6 ; — *Cartouche*, opéra-comique en un acte, op. 7 ; — Trois lieder pour chœur général, op. 8 ; — Cinq morceaux caractéristiques, pour piano, op. 9 ; — Petite fugue, menuet et marche de fête, à quatre mains, op. 10 ; — *Feuilles d'Album*, pour piano, op. 11 ; — *En rêve*, morceau de caractère pour piano, à quatre mains, op. 12 ; — *Valses et marche cosaque*, pour piano à quatre mains, op. 13 ; — *Valses de salon*, pour piano, op. 14 ; — Trois morceaux de caractère, (Repos à l'ombre d'une ruine Ballade, Dans l'éclat du soleil), pour orchestre, op. 15 ; — *Suite hongroise* pour orchestre (Marche du couronnement, Romance, Au bord du lac Puszta), op. 16 ; — *Chant du Champagne*, pour chœur d'hommes et orchestre, op. 17 ; — Trio en *la* majeur, pour piano, violon et violoncelle, op. 18 ; — *Nouvelles d'amour italiennes*, six pièces à quatre mains, op. 19 ; — Quatuors pour voix d'hommes, op. 20 ; — *Chant des Nornes*, chœur de femmes, solos et orchestre, op. — Symphonie de *Frithiof* (Frithiof et Ingeborg, Plainte d'Ingeborde, Nymphes et géants de g Retour de Frithiof), op 22 ; — *Ländler* sept ces à quatre mains, op. 23 ; — Cinq Ch d'amour, recueil de *lieder* (op. 24), comp soit sur des poèmes du XIIe siècle, soit sur adaptation en langage moderne : *Sans dou Peines perdues*, du Sachsendorf, *Viens à moi*, d'un poëte inconnu ; *Tristan et Iseult*, Henri de Weldecke, et *Sous les tilleuls*, de W ther von der Wogelweide ; — Sextuor pour de violons, deux altos et deux violoncelles (op. exécuté avec succès à Dresde, Berlin, Bres etc. ; — 3e recueil de cinq lieder sur des poèm de Risch, Heine, Uhland, Hœfer et Müller, 26 ; — 2e recueil de sept lieder sur des poés de Eichendorff, Heine, Uhland, Geibel et Ost wald, op. 27 ; — *Ouverture de théâtre* pour o chestre, op. 28 ; — *Printemps d'amour*, ci pièces à quatre mains d'après des poésies Rückert, op. 29 ; — *La Belle Mélusine*, poèm de W. Osterwald, trad. en anglais par G. Boyl pour chœur, solos et orchestre, op. 30 ; — Co certo pour violoncelle avec orchestre, op. 31 ; *Peine et plaisir d'amour*, quatre lieder po une voix avec piano, op. 32 ; — *Figures d femmes*, d'après les drames de Shakespeare quatre chants de W. Ostervald : Miranda Ophélia, Julia, Desdemona, op. 33 ; — *Réminis cences* (1er cahier), cinq pièces pour piano, op.34 — Trois morceaux de caractère, à quatre mains op. 35 ; — Cinq *lieder* pour une voix avec piano op. 36 ; — *Réminiscences* (2e cahier), pièces pou piano, op. 37 ; — Sans numéro d'œuvre : *Danses hongroises*, 2 cahiers pour quatre mains ; *Sil houettes hongroises*, un cahier pour quatre mains ; *Danses et chants de Norwège*, 2 cahiers à quatre mains ; *Tableaux du Nord*, pour orchestre (1).

AD. J—N.

* **HOFMEISTER** (ADOLPHE), éditeur de musique et écrivain musical, est mort à Leipzig le 26 mars 1870.

* **HOGARTH** (GEORGES), écrivain musical anglais, est mort à Londres le 12 février 1870, à l'âge d'environ 84 ans. Il n'était donc pas né en 1808, comme il a été dit par erreur, mais en 1786. Rédacteur musical du journal le *Daily News*, collaborateur du *Morning Chronicle*, de l'*Illustrated London News*, Hogarth, dont les débuts littéraires dataient, dit-on, de 1830, était

(1) Depuis que cette notice est écrite, M. Hofmann a fait représenter à Dresde, le 14 octobre 1877, un opéra intitulé *Armin*.

considéré comme le fondateur et le Nestor de la critique musicale en Angleterre. Il avait épousé la fille de Georges Thompson, à la demande duquel Beethoven avait arrangé les airs populaires écossais (*Schottische Lieder*), et lui-même était beau-père du célèbre romancier Charles Dickens. Il exerçait à la *Philharmonic Society*, presque depuis la naissance de celle-ci, les fonctions de secrétaire, et lorsqu'en 1862, cette société célébra par un concert extraordinaire son jubilé cinquantenaire, Hogarth publia un historique de ses travaux que l'on dit bien fait et fort intéressant.

HOHNSTOCK (CHARLES), artiste distingué, à la fois violoniste, pianiste et compositeur, est né en 1828 à Brunswick. Après avoir fait d'excellentes études et terminé son éducation musicale, il entreprit vers 1846 un grand voyage artistique, puis partit en 1848 pour l'Amérique, s'établit à Philadelphie comme professeur, et y resta jusqu'en 1860. A cette époque il revint en Europe, et il est aujourd'hui fixé à Brunswick, sa ville natale. Comme compositeur, M. Hohnstock s'est fait connaître par un assez grand nombre de productions importantes, consistant en symphonies, ouvertures, concertos et sonates pour le piano et pour le violon, morceaux de chant, etc. — Une sœur de cet artiste, Mlle *Adèle Hohnstock*, pianiste remarquable, a obtenu de très-réels succès de virtuose, et s'est fait entendre à Paris en 1848.

HOL (RICHARD), pianiste et compositeur néerlandais, né à Amsterdam en 1825, est une des figures musicales les plus intéressantes qu'offrent en ce moment les Pays-Bas et certainement l'un des meilleurs compositeurs qui se trouvent en ce pays. Le mérite de cet artiste est d'ailleurs d'autant plus grand que c'est à lui-même qu'il doit la plus grande partie de ce qu'il sait, et par lui-même qu'il est arrivé à la belle position qu'il occupe aujourd'hui, n'ayant jamais travaillé dans aucun Conservatoire ni étudié sous la direction de professeurs étrangers.

Les premières leçons de musique que Hol a reçues lui ont été données par un artiste nommé Martens, organiste à Amsterdam; plus tard, et pendant plusieurs années, il a travaillé avec Bertelman, professeur d'harmonie et de contrepoint à Amsterdam. Très-jeune encore, il lui fallait déjà pourvoir lui-même à ses moyens d'existence en donnant des leçons de piano, car son père voulait à toute force qu'il embrassât la carrière théologique, afin de devenir ministre protestant. Mais le petit Richard ne voulait pas entendre parler de ces projets; il ne comprenait et n'adorait que la musique, c'était chez lui une véritable vocation, si bien que son père dut renoncer à ses idées et se vit obligé de céder à ses vœux.

Après avoir énormément travaillé, étudié, après avoir beaucoup lu, beaucoup écouté, et surtout grandement profité, Hol grandissait d'année en année dans sa petite patrie, commençait à y faire parler de lui, et en 1857 fut nommé directeur de musique de la Société pour l'encouragement de l'art musical à Amsterdam, fonctions dans lesquelles il fut plus tard remplacé par Verhulst. Il était directeur de la société chorale *Amstel's mannenkoor*, et en 1863 il fut nommé directeur de musique de la ville à Utrecht et organiste de la grande cathédrale (*Domkerk*), situation qu'il occupe encore aujourd'hui.

Hol a énormément produit, et continue encore à composer beaucoup. Il appartient à la nouvelle école romantique allemande, et professe une grande admiration pour la musique de Richard Wagner, de Liszt, de Brahms, de Wolkmann et de tous les réformateurs contemporains. Parmi ses nombreuses compositions, nous citerons : pour l'orchestre, deux symphonies, un poëme symphonique intitulé *Erklärung*, et six ouvertures; pour chœurs, soli et orchestre, le 23e Psaume, *le Roi aveugle*, et *le Hollandais volant*; pour chœurs d'hommes et orchestre, *la Délivrance de Leyde* et *Vondel*; puis, deux messes avec orgue, un quatuor pour instruments à cordes, un trio pour piano, violon et violoncelle, une sonate pour piano et violon, plusieurs recueils de *lieder* sur des paroles hollandaises, et une quantité de petits ouvrages pour piano seul.

Richard Hol est chevalier du Lion d'or de Nassau, chevalier de la Couronne de chêne, et membre de mérite de la Société pour l'encouragement de l'art musical dans les Pays-Bas (1).

ED. DE H.

* HOLLAND (JEAN-DAVID). Cet artiste fut maître de la chapelle du prince Radziwill, à Nieswiez, et professeur de musique à l'Université de Wilna. Il commença à se faire connaître par la musique d'un opéra intitulé *Agatka* ou *l'Arrivée du Seigneur*, dont les paroles avaient pour auteur le prince Mathieu Radziwill, et qui fut écrit expressément pour le château de Nies-

---

(1) Depuis que cette notice est écrite, M. Richard Hol a publié sous ce titre : *le Jeune Chanteur (De Jeugdige zanger)*, un ouvrage intéressant. La théorie exposée par le maître dans ce manuel est présentée de la façon la plus claire et la plus compréhensible, les exercices sont écrits avec le plus grand soin, et tout ce qui pourrait nuire au développement normal de l'organe, si fragile et si délicat de l'enfant, est évité avec autant de prudence que d'habileté. C'est là un excellent ouvrage.—A. P.

wiez, où il fut représenté à l'occasion d'une visite qu'y venait faire le roi de Pologne Auguste-Stanislas Poniatowski. Cet ouvrage servit ensuite à l'inauguration d'un amphithéâtre construit à Léopol, dans les jardins du comte Jablonowski, et fut fort bien accueilli.

Holland publia en 1806 un traité académique sur la véritable musique (Breslau, Grass et Barth). On connaît de lui les compositions suivantes : *Deux Sérénades* pour deux violons, deux altos, clarinettes, deux cors, bassons et violoncelles; *Air* dans le genre d'une Polonaise, pour deux violons, clarinette obligée, deux cors, alto et violoncelle; *Deux Airs* pour violon principal, deux clarinettes, deux cors, basson et violoncelle; *Divertimento* dans le genre de la valse, pour deux violons, deux clarinettes, deux cors et violoncelle.

* **HOLLANDER** (Jean-Baptiste D'), compositeur, né à Gand en 1785, mourut en cette ville le 19 novembre 1839. Fondateur de la Société de Sainte-Cécile, chef de la Société d'harmonie de Saint-Sauveur, membre de l'Académie royale des Beaux-Arts, il s'est fait connaître par plusieurs compositions importantes : *Miserere* (1813); *Hymne à la reconnaissance* (1814); *Messe et chant de Noël* (1818); Messe exécutée à la cathédrale Saint-Bavon (22 novembre 1821); Messe écrite à l'occasion d'une fête artistique (1830); plusieurs motets, parmi lesquels les deux suivants : *Cantate Dominum*, et *Quis sicut Dominus*; un Air varié pour harmonie, etc.

HOLMES (Alfred et Henri), violonistes anglais, commencèrent à se produire en public il y a seize ou dix-huit ans, et obtinrent de véritables succès, non-seulement à cause de leur talent très-réel, mais surtout par le fait de la précision et de l'ensemble surprenants qui distinguaient leur jeu lorsqu'ils exécutaient ensemble de grands duos. En 1860, les deux frères sont en Danemark et se font entendre à Copenhague; en 1861, ils se font applaudir à Amsterdam; et en 1864 ils viennent à Paris, où ils reçoivent un excellent accueil. Bientôt, cependant, l'un d'eux, Henri, quitte la France, tandis qu'Alfred se fixe à Paris et y fonde, en 1866, une société de quatuors. En 1867, ce dernier entreprend un grand voyage artistique en Belgique, en Hollande, en Allemagne et en Russie, et au mois d'avril de l'année suivante, dans un concert donné par lui à l'Opéra de Saint-Pétersbourg, il fait entendre une œuvre importante, *Jeanne d'Arc*, symphonie héroïque pour soli, chœur et orchestre (paroles françaises), qui obtient un succès éclatant. De retour en France, il fait exécuter aux Concerts populaires (avril 1869) des fragments d'une symphonie intitulée *la Jeunesse de S. kespeare*, et obtient de la direction de l'Opéra l'audition d'un grand ouvrage en 5 actes, *Inès de Castro*, écrit par lui sur un livret de M. Louis Ulbach. Vers 1872, la nouvelle se répand de la mort d'Alfred Holmes, qui habitait toujours Paris; la nouvelle était fausse, et Holmes n'avait été que gravement malade. Un peu plus tard, il fit un nouveau voyage à l'étranger, dans le but de faire entendre deux symphonies nouvelles : *Robin-Hood*, et *Paris (Siége de 187...)* puis il revint se fixer à Paris, qui était son principal objectif et où il voulait surtout se faire connaître comme compositeur, après y avoir obtenu de très-réels succès de virtuose. C'est en cette ville qu'il est mort, le 4 mars 187., après une courte maladie; il était âgé seulement de trente-huit ans, étant né à Londres le 28 octobre 1837. Peu de temps après sa mort, on avait causé dans sa patrie une véritable douleur, on exécutait à Londres deux de ses compositions symphoniques, encore inédites, une ouverture dite du *Cid*, et une autre ouverture, sa dernière production, intitulée *les Muses* (1).

M. Henri Holmes, définitivement établi à Londres, s'est produit fréquemment et avec succès en cette ville, dans ces dernières années, soit comme virtuose, soit comme compositeur. Au mois d'août 1870, il faisait entendre une cantate sacrée, *Praise ye the Lord*, qui était favorablement accueillie par le public; l'année suivante il inaugurait une longue série de séances de musique de chambre, qui lui valaient de brillants succès, et en 1875, dans un grand concert, il exécutait un concerto de violon de sa composition. Je crois que MM. Alfred et Henri Holmes ont été tous deux élèves de Louis Spohr; en tout cas, celui-ci, si je ne me trompe, leur a dédié ses trois grands duos de violons op. 148, 150 et 153.

(1) Alfred Holmes éprouvait pour la France l'affection d'un fils : c'est ce qui l'avait fait se fixer dans notre pays, et c'est ce qui, après la guerre franco-allemande, lui avait fait écrire sa symphonie *Paris*, qu'il considérait en quelque sorte comme une œuvre patriotique.

FIN DU TOME PREMIER.

www.ingramcontent.com/pod-product-compliance
Lightning Source LLC
Chambersburg PA
CBHW071618230426
43669CB00012B/1984